档案文献·乙

抗战时期国共合作纪实（上）

重庆市政协文史资料研究委员会
中共重庆市委 编
红岩革命纪

主　　编：孟广涵
副 主 编：周永林　杨奎松　周　勇　牛　军　王明湘

重庆出版集团　重庆出版社

图书在版编目(CIP)数据

抗战时期国共合作纪实:全2册/重庆市政协文史资料研究委员会,中共重庆市委党校,红岩革命纪念馆编.—重庆:重庆出版社,2016.12
　ISBN 978-7-229-11712-2

　Ⅰ.①抗…　Ⅱ.①重…②中…③红…　Ⅲ.①国共合作—史料—1937—1946　Ⅳ.①K262.606

中国版本图书馆CIP数据核字(2016)第259087号

抗战时期国共合作纪实

KANGZHAN SHIQI GUOGONG HEZUO JISHI

重庆市政协文史资料研究委员会
中 共 重 庆 市 委 党 校 编
红 岩 革 命 纪 念 馆

责任编辑:曾海龙　林　郁
责任校对:何建云
装帧设计:重庆出版社艺术设计有限公司·吴庆渝　陈　永

重庆出版集团
重庆出版社　出版

重庆市南岸区南滨路162号1幢　邮政编码:400061　http://www.cqph.com
重庆出版社艺术设计有限公司制版
自贡兴华印务有限公司印刷
重庆出版集团图书发行有限公司发行
E-MAIL:fxchu@cqph.com　邮购电话:023-61520646
全国新华书店经销

开本:740mm×1030mm　1/16　印张:91　字数:1438千
2016年12月第1版　2016年12月第1次印刷
ISBN 978-7-229-11712-2
定价:182.00元

如有印装质量问题,请向本集团图书发行有限公司调换:023-61520678

国共合作
振兴中华

为《抗日战争时期国共合作纪实》题

屈武

一九九〇夏
年九十有四

炎黃古國綻新葩處：騰
歡燦彩霞難忌黑雲壓赤
土終能煉石補天涯劫波歷
盡情親在隔岸聲通總
一家掃除陰霾抬眼望
同心共建大中華
一九八九年新春　楚圖南

以"一国两制"为主线，求大同，存小异，促进团结合作，完成统一大业。

孙起孟
一九九四年二月廿九日
于北京

发展爱国统一战线
完成祖国统一大业

雷洁琼
一九九〇年四月

《中国抗战大后方历史文化丛书》

编纂委员会

总　序

章开沅

我对四川、对重庆常怀感恩之心，那里是我的第二故乡。因为从1937年冬到1946年夏前后将近9年的时间里，我在重庆江津国立九中学习5年，在铜梁201师603团当兵一年半，其间曾在川江木船上打工，最远到过今天四川的泸州，而启程与陆上栖息地则是重庆的朝天门码头。

回想在那国破家亡之际，是当地老百姓满腔热情接纳了我们这批流离失所的小难民，他们把最尊贵的宗祠建筑提供给我们作为校舍，他们从来没有与沦陷区学生争夺升学机会，并且把最优秀的教学骨干稳定在国立中学。这是多么宽阔的胸怀，多么真挚的爱心！2006年暮春，我在57年后重访江津德感坝国立九中旧址，附近居民闻风聚集，纷纷前来看望我这个"安徽学生"（当年民间昵称），执手畅叙半个世纪以前往事情缘。我也是在川江的水、巴蜀的粮和四川、重庆老百姓大爱的哺育下长大的啊！这是我终生难忘的回忆。

当然，这八九年更为重要的回忆是抗战，抗战是这个历史时期出现频率最高的词语。抗战涵盖一切，渗透到社会生活的各个层面。记得在重庆大轰炸最频繁的那些岁月，连许多餐馆都不失"川味幽默"，推出一道"炸弹汤"，即榨菜鸡蛋汤。……历史是记忆组成的，个人的记忆汇聚成为群体的记忆，群体的记忆汇聚成为民族的乃至人类的记忆。记忆不仅由文字语言承载，也保存于各种有形的与无形的、物质的与非物质的文化遗产之中。历史学者应该是文化遗产的守望者，但这绝非是历史学者单独承担的责任，而应是全社会的共同责任。因此，我对《中国抗战大后方历史文化丛书》编纂出版寄予厚望。

　　抗日战争是整个中华民族(包括海外侨胞与华人)反抗日本侵略的正义战争。自从19世纪30年代以来,中国历次反侵略战争都是政府主导的片面战争,由于反动统治者的软弱媚外,不敢也不能充分发动广大人民群众,所以每次都惨遭失败的结局。只有1937年到1945年的抗日战争,由于在抗日民族统一战线的旗帜下,长期内战的国共两大政党终于经由反复协商达成第二次合作,这才能够实现史无前例的全民抗战,既有正面战场的坚守严拒,又有敌后抗日根据地的英勇杀敌,经过长达8年艰苦卓绝的壮烈抗争,终于赢得近代中国第一次胜利的民族解放战争。我完全同意《中国抗战大后方历史文化丛书》的评价:"抗日战争的胜利成为了中华民族由衰败走向振兴的重大转折点,为国家的独立,民族的解放奠定了基础。"

　　中国的抗战,不仅是反抗日本侵华战争,而且还是世界反法西斯战争的重要组成部分。

　　日本明治维新以后,在"脱亚入欧"方针的误导下,逐步走上军国主义侵略道路,而首当其冲的便是中国。经过甲午战争,日本首先占领中国的台湾省,随后又于1931年根据其既定国策,侵占中国东北三省,野心勃勃地以"满蒙"为政治军事基地妄图灭亡中国,独霸亚洲,并且与德、意法西斯共同征服世界。日本是法西斯国家中最早在亚洲发起大规模侵略的战端,而中国则是最早投入反法西斯战争的先驱。及至1935年日本军国主义通过政变正式成为法西斯国家,两年以后更疯狂发动全面侵华战争。由于日本已经与德、意法西斯建立"柏林—罗马—东京"轴心,所以中国的全面抗战实际上揭开了世界反法西斯战争(第二次世界大战)的序幕,并且曾经是亚洲主战场的唯一主力军。正如1938年7月中共中央《致西班牙人民电》所说:"我们与你们都是站在全世界反法西斯的最前线上。"即使在"二战"全面爆发以后,反法西斯战争延展形成东西两大战场,中国依然是亚洲的主要战场,依然是长期有效抗击日本侵略的主力军之一,并且为世界反法西斯战争的胜利做出极其重要的贡献。2002年夏天,我在巴黎凯旋门正好碰见"二战"老兵举行盛大游行庆祝法国光复。经过接待人员介绍,他们知道我也曾在1944年志愿从军,便热情邀请我与他们合影,因为大家都曾是反法西斯的战士。我虽感光荣,但却受之有愧,因为作为现役军人，未能决胜于疆场，日本就宣布投降了。但是法国老兵非常尊重中国，这是由于他们曾经投降并且亡国，而中国则始终坚持英勇抗战，主要是依靠自己的力量赢得最后胜利。尽管都是"二战"的主要战胜国，毕竟分量与地位有所区别，我们千万不可低估自己的抗战。

重庆在抗战期间是中国的战时首都，也是中共中央南方局与第二次国共合作的所在地，"二战"全面爆发以后更成为世界反法西斯战争远东指挥中心，因而具有多方面的重要贡献与历史地位。然而由于大家都能理解的原因，对于抗战期间重庆与大后方的历史研究长期存在许多不足之处，至少是难以反映当时完整的社会历史原貌。现在经由重庆学术界倡议，并且与全国各地学者密切合作，同时还有日本、美国、英国、法国、俄罗斯等外国学者的关怀与支持，共同编辑出版《中国抗战大后方历史文化丛书》，堪称学术研究与图书出版的盛事壮举。我为此感到极大欣慰，并且期望有更多中外学者投入此项大型文化工程，以求无愧于当年的历史辉煌，也无愧于后世对于我们这代人的期盼。

在民族自卫战争期间，作为现役军人而未能亲赴战场，是我的终生遗憾，因此一直不好意思说曾经是抗战老兵。然而，我毕竟是这段历史的参与者、亲历者、见证者，仍愿追随众多中外才俊之士，为《中国抗战大后方历史文化丛书》的编纂略尽绵薄并乐观其成。如果说当年守土有责未能如愿，而晚年却能躬逢抗战修史大成，岂非塞翁失马，未必非福？

2010年已经是抗战胜利65周年，我仍然难忘1945年8月15日山城狂欢之夜，数十万人涌上街头，那鞭炮焰火，那欢声笑语，还有许多人心头默诵的杜老夫子那首著名的诗："剑外忽传收蓟北，初闻涕泪满衣裳！却看妻子愁何在？漫卷诗书喜欲狂。白日放歌须纵酒，青春作伴好还乡。即从巴峡穿巫峡，便下襄阳向洛阳。"

即以此为序。

庚寅盛暑于实斋

（章开沅，著名历史学家、教育家，现任华中师范大学东西方文化交流研究中心主任）

序

周 勇

"中国人民抗日战争的胜利,成为中华民族走向复兴的历史转折点。"①

"这一伟大胜利,彻底粉碎了日本军国主义殖民奴役中国的图谋,洗刷了近代以来中国抗击外来侵略屡战屡败的民族耻辱;重新确立了我国在世界上的大国地位,中国人民赢得了世界爱好和平人民的尊敬;开辟了中华民族伟大复兴的光明前景,开启了古老中国凤凰涅槃、浴火重生的新征程。这一伟大胜利,也是中国人民为世界反法西斯战争胜利、维护世界和平作出的重大贡献。"②

抗日战争时期,重庆是中国的战时首都、中共中央南方局所在地,是以国共合作为基础的抗日民族统一战线的重要政治舞台,是世界反法西斯战争东方战场统帅部所在地,为中国人民抗日战争和世界反法西斯战争的胜利作出了巨大的历史贡献。以重庆为中心的中国西部地区,是中国抗战的大后方,大后方人民在浴血奋战的抗战历史中,创造出独具特色的抗战历史文化。抗战大后方历史文化发展的主导力量,是中国共产党倡导和推动建立的以国共合作为基础的抗日民族统一战线。

在纪念中国人民抗日战争暨世界反法西斯战争胜利60周年之后,2008年以来,在中共重庆市委的领导下,重庆市实施了"重庆中国抗战大后方历史文化研究和建设工程"。在此背景下,我们根据以重庆为中心的抗战大后方历史特点,专门设计以抗战时期国共合作为题的重大研究项目,获得了中宣部的批准立项。历时八年,我们承担并开展了国家交给我们的"第二次国共合作及其经验研究",取得了一系列新进展、新成果。纳入《中国抗战大后方历史

---

① 胡锦涛:《在纪念抗日战争胜利60周年大会上的讲话》(2005年9月3日),《人民日报》2005年9月4日。

② 《习近平在中共中央政治局第二十五次集体学习时强调,让历史说话,用史实发言,深入开展中国人民抗日战争研究》(2015年7月30日),《人民日报》2015年7月31日。

文化丛书》的"第二次国共合作及其经验研究系列"就是这些成果的集中体现。

时值上述成果完成并即将出版之际，中共中央政治局于2015年7月30日就中国人民抗日战争的回顾和思考，进行了第二十五次集体学习。中共中央总书记习近平在主持时强调：长期以来，对中国人民抗日战争的研究，取得了许多重要成果；"同时，同中国人民抗日战争的历史地位和历史意义相比，同这场战争对中华民族和世界的影响相比，我们的抗战研究还远远不够，要继续进行深入系统的研究"。"要坚持用唯物史观来认识和记述历史，把历史结论建立在翔实准确的史料支撑和深入细致的研究分析的基础之上。"为此他要求"要加强国家层面的统筹协调，按照'总体研究要深、专题研究要细'的原则，制订中长期规划和具体工作方案，确定研究重点和主攻方向"。①

这一重要讲话是对中国人民抗日战争研究的顶层设计，意味着抗战研究将作为中国近现代历史学科的"显学"而成为常态，进入重点推进的新阶段。

在本课题结题的时候，这一讲话既是对既往研究的充分肯定，更是对未来深入研究的方向引领。

一、项目体系

大家看到的"第二次国共合作及其经验研究系列"是国家哲学社会科学基金特别委托项目"第二次国共合作及其经验研究——以中共中央南方局和抗战大后方为中心"（项目批准号：09@ZH012，简称"特别委托项目"）的最终成果。

这一项目的申报始于2008年重庆市酝酿"重庆中国抗战大后方历史文化研究和建设工程"之际，得到了中央领导同志和中央宣传部、中央文献研究室、中央党史研究室、国家新闻出版总署、军事科学院等单位的大力支持。这一项目由重庆市委宣传部和西南大学联合申报，以周勇教授为首席专家，由中共重庆市委抗战大后方历史文化工作协调小组及其办公室牵头，整合国内及全市研究力量，协同实施。

---

① 《习近平在中共中央政治局第二十五次集体学习时强调，让历史说话，用史实发言，深入开展中国人民抗日战争研究》(2015年7月30日)，《人民日报》2015年7月31日。

在此背景下,这一课题所涉及的一批重要的研究及工作项目被列为"特别委托项目"的子课题,有的被重庆市哲学社会科学规划领导小组办公室列为重庆市社科规划的重大项目,形成了以"第二次国共合作"为核心主题,以"特别委托项目"为中心,以重庆社科项目为延伸,以全国范围研究力量为骨干,强调基础研究与应用研究相结合、历史研究与史料搜集相结合、学术研究与应用研究相结合,主次分明、层次清晰的立体式项目结构,以达成研究力量多元、优势互补的研究体系。从而很好地发挥了中央和地方的学术引擎"双驱动"作用,呈现相互支撑、协同创新、成果互补的良好局面,为完成这一国家社科规划重大项目打下了坚实基础。

这些项目主要有:

2009年:"第二次国共合作的形成与发展研究"(中央党史研究室李蓉主持,批准号:2009-ZDZX02)、"第二次国共合作国际国内环境研究"(西南大学张国镛主持,批准号:2009-ZDZX01)、"第二次国共合作政策与策略研究"(重庆市委党校胡大牛主持,批准号:2009-ZDZX03)、"第二次国共合作模式与机制研究"(西南大学潘洵、鲁克亮主持,批准号:2009-ZDZX04)、"第二次国共合作的分歧、冲突与谈判研究"(西南大学张守广、谭刚主持,批准号:2009-ZDZX05)、"第二次国共合作的成效与影响研究"(西南大学刘志英、杨如安主持,批准号:2009-ZDZX06)、"第二次国共合作破裂以来的国共关系的演变研究"(北京大学牛军主持,批准号:2009-ZDZX07)、"第二次国共合作的历史经验及其对当前发展两岸关系的指导意义研究"(重庆市委宣传部苟欣文主持,批准号:2009-ZDZX08)。

2010年:"抗战大后方与周恩来研究"(中央文献研究室廖心文主持,批准号:2010-ZDZX03)、"抗战时期国共合作档案文献资料汇编"(西南大学潘洵主持,批准号:2010-ZDZX11)、"重庆谈判档案文献汇编"(重庆中国抗战大后方研究中心刘志平主持,批准号:2010-ZDZX12)、"国民参政会档案文献资料汇编"(重庆中国抗战大后方研究中心黄晓东主持,批准号:2010-ZDZX13)、"政治协商会议档案文献资料汇编"(重庆中国抗战大后方研究中心何林主持,批准号:2010-ZDZX14)、"中共南方局党史资料汇编"(重庆市委党史研究室徐塞声主持,批准号:2010-ZDZX10)。

2011年:"董必武与抗战大后方研究"(西南政法大学俞荣根主持,批准号:2011-ZDZX01)、"红岩千秋——南方局口述历史资料集"(重庆中国抗战大后方研究中心刘志平主持,批准号:2011-ZDZX02)。

2012年:"西部12省区市抗战大后方党史系列研究"(重庆市抗战大后方历史文化研究会周勇主持,批准号:2012-ZDZX02)。

2013年:"中共南方局与抗战大后方社会研究"(西南大学陈跃主持,批准号:2013-ZDZX02)、"中国共产党抗战大后方文献选编"(重庆红岩联线管理中心朱军、刘志平主持,批准号:2013-ZDZX05)、"抗战大后方八路军办事处档案文献汇编"(重庆红岩联线管理中心朱军、吴绍阶主持,批准号:2013-ZDZX06)、"中国抗战时期中间党派档案文献选编"(重庆市政协学习与文史委员会杨力主持,批准号:2013-ZDZX07)、"中国共产党抗战大后方活动研究"(重庆工商大学洪富忠主持,批准号:2013-ZDZX10)、"抗战时期中国共产党在重庆的舆论话语权研究"(重庆大学张瑾主持,批准号:2013-ZDZX28)。

2014年:"中国共产党抗战大后方文献研究"(西南大学中国抗战大后方研究中心刘志平主持,批准号:2014-ZDZX06)、"抗战时期美国与中共关系档案资料汇编"(西南大学张凤英主持,批准号:2014-ZDZX19)。

二、研究的意义和价值

立项研究"第二次国共合作及其经验",旨在深化考证研究,增进历史认同,解决遗留问题,构筑政治互信,探索合作新路。

自20世纪20年代以来,中国共产党和中国国民党就是中国政治舞台上影响中国近代历史进程的两大政党。虽然两大政党在政治纲领、政治信仰方面存在重大差异,但却有过两次比较成功的合作,对国家进步、民族复兴产生了重要的推动作用。令人遗憾的是,抗日战争结束以后,国共两党发生了严重的政治对抗,乃至兵戎相见,这种状况一直延续至今。

中共中央提出:"两岸应该本着建设性态度,积极面向未来,共同努力,创造条件,通过平等协商逐步解决两岸关系中历史遗留的问题和发展过程中产生的新问题。"①

在新的历史条件下,中共中央进一步提出,要"让历史说话,用史实发言,深入开展中国人民抗日战争研究";特别提出,要"推动海峡两岸学术界共享史料、共写史书,共同捍卫民族尊严和荣誉"②。为此,史学工作者应当恪守"一个中国"原则,尊重历史,求同存异,追求最大共识,增进政治互信,为推动两岸和平统一作出贡献。

因此,今天我们研究第二次国共合作的意义和价值就在于:

(一)有利于充分认识中国共产党是领导中国人民争取民族独立和人民解放的坚强核心和全民族抗战的中流砥柱,充分认识中国共产党在抗战大后方的卓越历史地位和巨大作用,深刻反映中国共产党倡导和推动建立的以国共合作为基础的抗日民族统一战线的形成和发展历程,继承和弘扬红岩精神

抗战时期,中国共产党领导的革命斗争,逐渐形成了两条战线、两个战场。一个是敌后抗日根据地的武装斗争,一个是中国共产党倡导和推进建立的抗日民族统一战线。特别是以重庆为中心的大后方,国际国内形势风云激荡,政治斗争纷繁复杂。中共中央南方局在党中央的正确领导下,始终高举抗日和民主的旗帜,坚持国共合作,牢牢把握抗日民族统一战线的领导权,正确处理统一战线中的阶级关系,凝聚民族力量,推动全民抗战,既为抗战胜利作出了重要贡献,又为民主党派阵营的形成和新中国建立后的中国共产党领导的多党合作政治格局的开创,奠定了坚实的基础。同时,在党中央领导下,以周恩来同志为代表的南方局老一辈无产阶级革命家,培育了以崇高思想境界、坚定理想信念、巨大人格力量和浩然革命正气为本质的红岩精神,体现了中国共产党精神风范中的核心价值。红岩精神同井冈山精神、长征精神、延安精神一样,都是中国共产党人和中华民族的宝贵精神财富。深入研究第二次国共合作及其经验,就是要加强对中国共产党在抗战大后方的地位和作用

---

① 胡锦涛在纪念《告台湾同胞书》发表30周年座谈会上的讲话(2008年12月31日),《人民日报》2009年1月1日第1版。

② 《习近平在中共中央政治局第二十五次集体学习时强调,让历史说话,用史实发言,深入开展中国人民抗日战争研究》(2015年7月30日),《人民日报》2015年7月31日。

的研究,梳理中国共产党倡导和推进建立的抗日民族统一战线的发生、发展历史轨迹,厘清各民主党派成长历史和经验教训,深入研究抗日民族统一战线形成的机制和方法。大力弘扬红岩精神,有利于在新的历史时期进一步坚持中国共产党的领导,坚持和完善中国共产党领导的多党合作和政治协商制度,增强民族凝聚力,加强民族大团结,为实现中华民族的伟大复兴提供强大的精神动力。

(二)有利于充分认识第二次国共合作的重大意义和深远影响,增强新时期发展国共关系和两岸关系的责任感和自觉性

1931年"九一八"事变后,面对空前严重的民族危机和国内日益高涨的抗日浪潮,中国共产党和中国国民党及时调整政策,以民族利益为重,捐弃前嫌,求同存异,毅然再次合作,共赴国难,实现了中华民族的空前团结,并最终取得了近百年来第一次民族解放战争的完全胜利,开启了中华民族走向复兴的伟大转折。通过对大陆、台湾及其他地区和国家保存资料的参照对比、梳理考证和重新解读,进一步研究抗战时期国共两党艰难曲折的合作历程,还原第二次国共合作的历史真实;系统论证第二次国共合作取得的重大成果及其对抗日战争的伟大胜利、对中华民族走向复兴的伟大转折、对国共两党的发展所产生的深远影响;总结梳理抗战结束后,两党政治对立、国家分裂对民族复兴和国家利益造成的严重伤害,将有利于我们充分认识国共两党"合则对国家有利,分则必伤民族元气"的经验教训,进一步增强新时期发展国共关系和两岸关系的责任感和自觉性。

(三)有助于化解歧见,增加互信,解决历史遗留问题,为实现祖国和平统一排除历史认知障碍

抗战时期第二次国共合作的历史,既是国共两党求同存异、相忍为国的集中体现,也是两党智慧较量和实力斗争的充分展示。第二次国共合作取得了抗战的胜利,推动了民族的复兴,同时也对国共两党产生了重要的影响。中国共产党通过与国民党的合作、与广大中间党派的合作,努力争取实现抗日和民主两大目标,获得了空前的发展,建立了一系列根据地,拥有了强大的军队,党员人数剧增,赢得了广大人民群众的支持,成为全国性大党,为中国

人民抗日战争暨世界反法西斯战争的胜利作出了重大贡献,初步得到国际社会的了解,也为新中国政治制度奠定了重要的基础。中国国民党通过合作抗日,取得了中国历史上成功抵御外敌入侵、胜利还都的"不曾有的先例"(冯友兰语)。然而,长期以来,国民党和台湾方面并不认同国共合作,甚至完全不提"国共合作",其中重要原因,就是把国民党在大陆的失败完全归咎于国民党在抗战时期所谓的"容共政策",认为在两次国共合作中,国民党都吃尽苦头,终以中华民国退出中国大陆为代价,因此决不能再搞"国共合作"。这种对国共合作历史及经验教训的认识误区,实际上已成为国民党和台湾当局的一个历史包袱,也是阻碍当前发展两党和两岸关系的制约因素。因此,深化对第二次国共合作历史的研究,以科学的历史观正确认识第二次国共合作的历史、成果、影响及经验教训,有助于增进国共两党、海峡两岸的历史认同,逐步解决两岸关系中的历史遗留问题,构筑两岸政治互信的基石,从而排除祖国和平统一的历史认知障碍。

(四)有助于借鉴历史经验,在新的形势下积极探索发展两岸、两党关系的新内容、新形式与新机制

经过30多年的改革开放,中国的面貌发生了历史性变化,中国同世界的关系也发生了历史性变化。随着国家综合国力的整体增强,中华文化走向世界,中国的国际地位和影响力正在进一步提升,两党交流合作、两岸共谋发展迎来了新的国内和国际环境。两岸关系历经风雨坎坷,随着国民党在台湾执政地位的重新确立,台湾局势发生积极变化,两岸关系也迎来难得的历史发展机遇。历史研究的终极目的不仅是知晓过去,更是理解现在,指引未来。抗战时期以国共合作为核心的党际合作、朝野合作,最终表现为团结御侮、民族复兴,表现了中华民族生生不息的顽强生命力,尤其突出地表现了中华民族持久坚韧的民族凝聚力。研究第二次国共合作的历史,就是为发展两党关系和两岸关系提供历史借鉴。这有助于站在新的历史起点上,探索基于民族凝聚力、建立党际政治互信与政治合作的制度性框架,乃至于更深入、更广泛层次的合作策略、合作模式与合作机制(如基于一个国家之下的不同政权、不同政党之间的合作),探索发展两党关系和两岸关系的新内容、新形式、新模

式,有助于促进结束两党、两岸的政治对立,实现祖国的早日统一。

(五)有助于深化对中国近代史、抗日战争史、中华民族复兴史、国共两党关系史、民主党派史的研究,进一步从学理和法理上遏制"台独",促进祖国统一

正确的历史经验教训建立在科学的理论指导和最基本的史实研究基础之上。没有客观、深入和系统的研究,不可能实事求是地弄清楚长期影响着两党感情的种种历史矛盾和冲突的来龙去脉。仅仅满足于早已设定的政治结论,既不利于学术研究,也不可能正确地总结历史上的经验教训。深入研究第二次国共合作的历史,要坚持中国化马克思主义的指导,要注重现实关怀,坚持学术标准,在还原历史的真实上狠下功夫;需要在已有学术研究成果的基础上,立足新形势,拓宽新领域,挖掘新史料,构建新体系,提出新思考;在历史研究中再攀学术高峰,从而深化对中国近代史、抗日战争史、中华民族复兴史、国共两党关系史、中国民主党派史的认识。更为重要的是,抗战历史文化研究,特别是第二次国共合作历史研究的基本前提是"一个中国"原则。因此,研究国共合作的历史就是对"一个中国"的论证,是对"一个中国"原则的坚持。因此,基于科学和理性基础上的研究,就是从学理和法理方面遏制"台独",这是海峡两岸学界对促进祖国统一最实在的贡献。

三、国内外对第二次国共合作研究现状述评

(一)国内(含台湾地区)研究现状

自20世纪80年代以来,中国史学界对国共两党关系史的研究日益深入,硕果累累。其中对第二次国共合作的研究,成绩尤为显著。

发表的论文,据不完全统计,截至目前为止,以"第二次国共合作"为主题在CNKI学术期刊网上进行检索,有研究论文1200余篇,其主要侧重在共产国际和第二次国共合作、第二次国共合作形成的历史过程和涉及的人物、对抗日战争胜利所起的巨大作用和意义、第二次国共合作期间国共两党的历次谈判、第二次国共合作为什么没能实行党内合作、抗日战争时期中共是否取得合法地位、第二次国共合作期间两党关系发生根本变化的标志、第二次国

共合作破裂主要标志和过程、西安事变,等等。另外,中共党史学会选编的纪念抗日战争胜利40周年论文集《抗日民族统一战线与第二次国共合作》(中国文史出版社,1987年版)、第一至第五届全国国共两党关系史学术讨论会论文集等,均收入大量有关第二次国共合作的论文。

出版的资料集,主要有:中共党史资料征集委员会编辑的《第二次国共合作的形成》(中共党史资料出版社,1989年版);中央统战部、中央档案馆编辑的《中共中央抗日民族统一战线文件选编(上、中、下)》(档案出版社,1985年版);重庆市政协文史资料委员会、重庆市委党校、红岩革命纪念馆合编的《抗战时期国共合作纪实(上、下)》(重庆出版社,1992年版);中共湖北省委党史资料征集编研委员会、中共武汉市委党史资料征集编研委员会编的《抗战初期中共中央长江局》(湖北人民出版社,1991年版);南方局党史资料征集小组编的《南方局党史资料(1—6)》(重庆出版社,1986—1990年版);重庆市政协文史资料研究委员会编的《国民参政会纪实(上、下、续)》(重庆出版社,1985、1987年版);中共重庆市委党史工作委员会、重庆市政协文史资料研究委员会、红岩革命纪念馆合编的《重庆谈判纪实》(重庆出版社,1983年版);中共重庆市委党史研究室、重庆市政协文史资料委员会、红岩革命纪念馆合编的《重庆谈判纪实增订本》(重庆出版社,1993年版);重庆市政协文史资料研究委员会、重庆市委党校合编的《政治协商会议纪实》(重庆出版社,1989年版);中共代表团梅园新村纪念馆编辑的《国共谈判文献资料选辑(1945.8—1947.4)》(江苏人民出版社,1980年版)》;中央档案馆编辑的《中共中央文件选集》(内部本第10—13册,中央党校出版社,1985—1987年版);中央档案馆编辑的《中共中央文件选集》(公开本第11—16册,中央党校出版社,1991—1992年版);中央文献研究室和中共南京市委编辑的《周恩来1946年谈判文选》(中央文献出版社,1996年版),以及中共中央文献研究室、中央档案馆合编的《建党以来重要文献选编(1921—1949)》(其中涉及1931—1945年抗战时期的共15册,即第8—22册,中央文献出版社,2011年版)。另有西安事变资料多种,皖南事变资料多种。

出版的专著主要有:张梅玲的《干戈化玉帛——第二次国共合作的形成》

(中国广播电视出版社，1991年版)，郝晏华的《从秘密谈判到共赴国难——国共两党第二次合作形成探微》(北京燕山出版社，1992年版)，杨奎松的《失去的机会？战时国共谈判实录》(广西师范大学出版社，1992年版)，李良志的《度尽劫波兄弟在——战时国共关系》(广西师范大学出版社，1993年版)，黄修荣的《抗战时期国共关系纪事(1931—1945)》(中共党史出版社，1995年版)和《国共关系70年纪实》(重庆出版社，1994年版)等。

此外，国共关系史、国共合作史以及中共党史、中国国民党党史著作中均有大量篇幅论述第二次国共合作问题。此方面的著作主要有：林家有的《国共合作史》(重庆出版社，1987年版)，王功安、毛磊主编的《国共两党关系史》(武汉出版社，1988年版)，杨世兰等主编的《国共合作史稿》(河南出版社，1988年版)，张广信的《国共关系史略》(陕西教育出版社，1989年版)，唐培吉等的《两次国共合作史稿》(浙江人民出版社，1989年版)，苏仲波、杨振亚主编的《国共两党关系史》(江苏人民出版社，1990年版)，李良志、王顺生的《国共合作历史与展望》(福建人民出版社，1990年版)，秦野风等的《国共合作的过去与未来》(黑龙江教育出版社，1991年版)，王功安、毛磊主编的《国共两党关系通史》(武汉大学出版社，1991年版)，马齐彬主编的《国共两党关系史》(中共中央党校出版社，1995年版)，范小方、毛磊的《国共谈判史纲》(武汉出版社，1996年版)，杨奎松的《国民党的"联共"与"反共"》(社会科学文献出版社，2008年版)等。

从20世纪80年代后期到90年代前期，国共合作研究曾一度形成高潮，发表了大量的研究论文和学术专著，也涌现出了李良志的《度尽劫波兄弟在——战时国共关系》，杨奎松的《失去的机会？战时国共谈判实录》，王功安、毛磊主编的《国共两党关系通史》和马齐彬主编的《国共两党关系史》等质量较高的著述。90年代中期以后，出现了杨奎松的《国民党的"联共"与"反共"》，这部著作使用了国共双方大量可靠、翔实的资料，论述严密，多有创见，被称为研究国共关系的"开先河之作"。

但总体而言，抗战期间国共关系研究无论在史料史实方面，还是在观点创新方面,取得突破性进展的研究成果并不多,①尤其是对国民党方面的研究相当欠缺,而低水平重复的现象大量存在,研究的视野还有待超越,研究的领域还有待拓宽,研究的史料还有待发掘,专题研究还有待深入。特别是作为第二次国共合作主要机构的中共中央南方局和重要活动舞台的抗战大后方,一直没有受到研究者的重视,这不能不说是第二次国共合作研究的重大缺陷。

台湾地区和国民党方面长期否认国共合作,1956年蒋介石撰写《苏俄在中国》,总结失败的原因、教训,认为"对共党谈判和共军收编,乃是政策和战略上的一个根本错误"。无论是国民党还是民进党,都把国民党丢掉中国大陆归因于所谓的国民党"容共政策"。陈永发的《中国共产革命七十年》(台北联经出版事业公司,1998年版)、张玉法的《中华民国史稿》(台北联经出版事业公司,2001年修订版)和《中国现代史》(东华书局,2001年增订版),都有较大的篇幅论述国共在抗日战争中的联合与斗争,但仍然仅仅是从国民党的立场来分析国共关系,具有相当的片面性。

(二)国外研究现状

国外涉及第二次国共合作研究的著述不多。日本学者波多野善大开风气之先,对国共合作进行了专题研究,并形成了一部专著《国共合作》(罗可群译,广东档案史料丛刊增刊,1982年版),这也是目前所见国外最早的一部直接研究第二次国共合作历史的学术著作。日本山田辰雄(齐福霖译)的《中国对国民党史的研究——以国共合作为中心的重新探讨》也对国共合作进行了探讨。奥夫钦尼科夫的《中国抗日民族统一战线的形成和发展》(莫斯科,1985年版)是苏联学者论述国共合作的代表性作品,但过分强调苏联和共产国际的作用。美国方面有范力沛的《敌与友:中共党史中的统一战线》(斯坦福大学出版社,1976年版),比较系统地论述了中共党史中的统一战线问题。而涉及国共关系,尤其是在中美关系中涉及国共关系的论述很多,包括易劳逸的《毁灭的种子:战争和革命中的中国(1937—1949)》(斯坦福大学出版社,1948年版)、齐锡生的《抗战期间的国民党中国:军事失利与政治崩溃(1937—

---

① 参见杨奎松:《抗战期间国共关系研究50年》,载《抗日战争研究》1999年第3期。

1945)》(密歇根大学出版社,1982年版)、迈克尔·沙勒的《美国十字军在中国(1938—1945)》、《马歇尔使华》(美国,1976年版)、苏姗娜·佩伯的《中国的内战:政治斗争(1945—1949)》(《剑桥中国史》第13卷,剑桥大学出版社,1986年版)、赫伯特·菲斯的《中国的纠葛——从珍珠港事变到马歇尔使华美国在中国的努力》(普林斯顿大学出版社,1953年版)、肯尼思·休梅克的《美国人与中国共产党人》(康奈尔大学出版社,1971年版)、约翰·斯图尔特·谢伟思的《美亚文件与中美关系史上的若干问题》(加州大学伯克利中国研究中心,1971年版)、约瑟夫·W.埃谢里的《在中国失掉的机会——美国前外交官约翰·W.谢伟思第二次世界大战时期的报告》(纽约,1974年版)、巴巴拉·W.塔奇曼的《史迪威与美国在华经验(1941—1945)》(麦克米伦公司,1978年版)等。英国有关第二次国共合作的著述包括嘉韦的《第二次统一战线的起源:共产国际和中国共产党》,论述了共产国际对中国共产党统一战线提出的影响;沈奎功的《中国共产主义者的强大道路:抗日民族统一战线(1935—1945)》,论述了中国共产党抗日民族统一战线的形成和发展过程;方德万的《中国的民族主义和战争》也对国共合作抗日有所涉及。国外研究也在美、苏等国对国共关系影响的研究方面取得了不少的成果。但总体而言,国外对国共合作的研究,由于受到意识形态、史料等多方面的影响,专题性的研究不多,也不深入。

综上所述,中外学术界对第二次国共合作已经进行了大量研究,取得了重要的成就。但是,还有大量的空白需要填补,还有许多问题需要深入,还有相当的史料需要发掘,尤其是对代表中共与国民党交往,具体实施第二次国共合作的中共中央南方局的研究,总体还相对薄弱;对国共合作舞台的大后方的研究,还处在起步阶段。因此还有相当大的空间可以施展,这是当今学人,尤其是作为第二次国共合作重要政治舞台的抗战大后方和国共合作主要机构的中共中央南方局所在地的研究机构和研究学者必须担任的历史责任。

四、项目的总体框架

本项目的基本理念是"中国立场,国际视野,学术标准,一流水平,进入西方主流社会,服务全国大局"。即:坚持国家民族立场,超越国共两党视野,站在前人研究的基础之上,以中共中央南方局与抗战大后方为中心,立足新形势,拓宽新领域,挖掘新史料,构建新体系,提出新思考,分专题深入研究第二次国共合作的国际国内环境、政策与策略、形成与发展、模式与机制、分歧与谈判、成就与影响,系统总结分析第二次国共合作的历史经验和对当前发展两岸关系的现实指导意义,服务于推动两岸关系和平发展、实现中华民族伟大复兴的大局。为此我们努力:

尊重历史事实。即从客观历史实际出发,在史料搜集、挖掘和考订上狠下功夫,通过史料的发掘来还原历史的真实。一方面要发掘和运用国共双方现存而尚未很好使用的历史档案;另一方面也要用好已经公开但利用不够的档案文献,特别是中共中央南方局档案和《新华日报》《群众周刊》等大量反映国共合作的文献资料。必须立足让史实说话。

拓宽研究领域,加强对过去较少关注或忽视的第二次国共合作的政策与策略、模式与机制、成就与影响的研究(如成就方面过去较多关注政治层面、文化层面,而对经济层面、社会层面、外交层面关注不多),特别是过去比较忽略、比较肤浅的对国民党及其政策的研究;注重构建研究框架,从纵向的发展历程研究转入横向的专题性研究。

关注历史与现实的结合。史学的任务不仅是回顾、复原历史,还要通过历史研究展望未来,探索历史发展的规律,为推进社会进步服务。

以中共中央南方局和抗战大后方为中心进行研究。中共中央南方局是抗日战争时期和解放战争初期中共中央派驻国民政府统治中心重庆的代表机关,在第二次国共合作中扮演了极其重要的角色,而抗战大后方是第二次国共合作最重要的活动舞台。以中共中央南方局和抗战大后方为中心进行研究,有助于深化对第二次国共合作诸多方面的认识。

项目研究的整体布局为三个部分:

(一)从八个方面对项目主题进行整体的深入研究

第二次国共合作国际国内环境研究;

第二次国共合作的形成与发展研究;

第二次国共合作政策与策略研究;

第二次国共合作的模式与机制研究；

第二次国共合作的分歧、冲突与谈判研究；

第二次国共合作的成果与影响研究；

第二次国共合作破裂以来国共关系的演变；

第二次国共合作的历史经验及其对当前发展两岸关系的指导意义。

以上内容是本项目研究的核心，也是本项目的代表性成果。

（二）对项目涉及的历史进行多侧面专题研究

中国共产党抗战大后方活动研究；

抗战大后方各省市党史研究；

中共南方局与抗战大后方社会研究；

抗战大后方与周恩来研究；

抗战大后方与董必武研究；

抗战时期中国共产党在重庆的舆论话语权研究。

以上内容围绕项目主题展开，是对主题所涉及的若干重大领域的挖掘，是从点和线上形成对主项目研究的深化。

（三）史料的搜集与整理

中国共产党抗战大后方文献；

中共中央南方局历史文献；

抗战大后方八路军办事处档案文献；

抗战时期国共合作档案文献资料；

国民参政会档案文献资料；

中共南方局口述历史资料；

重庆谈判档案文献；

政治协商会议档案文献资料；

中国抗战时期中间党派档案文献。

以上内容是本项目研究的特色，是整个学术研究创新的基础，也是主项目得以深化的前提。

五、项目研究的基本内容

（一）核心研究的基本内容

核心研究由八个子课题构成：

子课题之一：第二次国共合作国际国内环境研究

学术界至今尚未对该问题进行过全面系统的研究，若有也只是研究某一具体问题，没有就第二次国共合作整体系统的国际国内环境进行研究。因此我们认为，对第二次国共合作环境进行系统研究是一次新的学术尝试，本课题以求全面准确把握第二次国共合作的"生态环境"、环境表征和历史使然，为第二次国共合作的历史走向找出合乎历史逻辑的解释。这对第二次国共合作的研究是一个创新。

本子课题是整个课题研究的基础。我们力求深入系统地对第二次国共合作形成、运行和发展的外部环境和内部环境进行研究，为整个课题研究提供客观依据；同时也极大地拓宽了整个课题研究的领域，丰富和深化对整个课题的研究广度和厚度。作者把这种环境分为国际环境、国内环境、党际环境三个方面，从三个层次展开，即纵向研究影响第二次国共合作形成、发展过程中的国内外环境变化，并探究二者之间的关系；横向研究国共合作阶段决策的国内外环境及其对国共之间的影响；对比研究国共两党合作过程中各自受国内外环境变化的关系，探寻其中的规律，总结经验。

——第二次国共合作的国际环境。主要包括：一是德意日法西斯的侵略尤其是日本帝国主义对中国的侵略，这是促成第二次国共合作最主要的外部因素；二是英美等西方资本主义国家始终从自身战略利益权衡得失，在这一外部环境的影响下，国共合作始终充满变数；三是苏联为维护其自身利益，支援中国抗战和支持国共合作，牵制日本和中苏之间的博弈，支持建立广泛的反法西斯统一战线等。尽管美英和德意日进行过某种交易，甚至牺牲中国的一些利益，但根本上还是支持国共合作的，这是从积极方面促成国共合作的外部环境。

——第二次国共合作的国内环境。首先是政治环境，包括第一次国共合作的影响、各中间党派的诉求、地方实力派力量、社会贤达以及汪伪势力等因素和力量对第二次国共合作的影响。其次是经济环境。经济是基础,它对政治决策有影响作用。主要研究国共两党合作中的经济联系,以及这种经济联系对政治合作的影响。三是军事环境。两党军事力量的对比和消长,是影响第二次国共合作的重要条件。当共产党力量比较强势时,蒋介石国民党就要想方设法加以围剿;当共产党军事力量变弱时,蒋介石国民党同意改编;当双方军事斗争的矛头指向日本帝国主义侵略时,国共两党合作显得比较友好;当共产党军事力量再次发展后,蒋介石国民党又采取了军事摩擦,削弱共产党军事力量;当共产党军事力量再次减弱时,蒋介石国民党又伸出了橄榄枝,国共两党关系出现了微妙变化;当共产党力量再次强大时,国民党再也按捺不住了,于是有了后来的军事斗争,直到全面内战。四是文化环境。

——第二次国共合作的党际环境。主要是国民党、共产党、中间党派三个方面的相互影响。对于国民党来讲,作为执政党,自然要考虑处于反对党地位的共产党内外政策的变化。所以,共产党态度及政策的变化,必然会影响到国民党对共产党的态度等,从而成为一种外部环境;对于共产党来讲,处于执政地位的国民党内外政策的变化,也会影响到共产党对国民党态度的变化等,也会成为共产党制定政策和策略的外部环境;对于中间党派来说,他们虽然也处于在野地位,但他们是一支不可忽视的政治力量,或多或少能够影响国民党、共产党的政策和策略,也成为国民党、共产党的外部环境。特别需要指出的是,有时候,国民党的不同派别、共产党内部的不同意见,都可能成为一种影响决策的因素。

子课题之二:第二次国共合作的形成与发展研究

本子课题的基本任务是从历史的角度对国共第二次合作的发生、发展到结束的全过程进行系统的史实考察,给读者以第二次国共合作的完整印象,对其他子项目的研究提供史实支撑,同时形成国共第二次合作史的完整框架。

对第二次国共合作的历史,学界已经形成了一大批成果。但还没有出版将第二次国共合作作为独立的对象进行系统而全面研究且分量轻重的学术著作。特别是随着新的大量可靠、翔实的历史档案的披露和许多重要人物的日记、回忆录的公开,重新对第二次国共合作的形成与发展进行系统全面的史实梳理和深化研究就尤为迫切。

本子课题的研究着重于:与时俱进,站在21世纪的高度审视历史事件;实事求是,重视史料的掌握与运用;站上巨人的肩膀,在史学界已经取得成果的基础上前行;观水观澜,把握历史进程的关键环节。因此,在认真吸收与整合前人研究成果的基础上,重点利用中共南方局与抗战大后方等新史料,就第二次国共合作的接洽与会晤、推进与发展、合作与摩擦、破裂与对立重新进行了深入细致的梳理和研究,详细叙述了国共从分到联,再从联到分的过程,力争客观真实地描述国共两党领导人既为民族独立,也为主义、事业的坚持与妥协,最终以民族利益为重,捐弃前嫌,共赴国难,实现第二次合作并最终取得伟大的抗日战争的胜利。

在此基础上,作者形成了两个基本判断:一是国共第二次合作的历史,起于1935年中国共产党发表《八一宣言》,终于1947年3月8日中国共产党中央级人员吴玉章撤离重庆。二是国共第二次合作全过程的基本线索由八个关键环节构成,即:中共提出《八一宣言》和国民党响应—西安事变实际上结束了国共的内战—《国共合作宣言》的公开发表使中共实际上有了合法的名分—国民党五届六中全会和晋西事变所标志着的变化—林彪代毛泽东同蒋介石会谈和国民党五届十中全会表明两党关系的改善—抗战胜利后国共在新的基础上继续合作—国民党进攻中原解放区是由政治解决到军事解决的转折—中共代表团撤离是合作渠道的完全断绝。

基于以上基本判断,作者把第二次国共合作的进程分为七个阶段:1.酝酿阶段:起于《八一宣言》发表,终于西安事变之前;2.形成阶段:起于西安事变和平解决,终于《关于国共合作宣言》发表;3.展开阶段:起于国共合作宣言发表之后,终于国民党五届六中全会和晋西事变之前;4.波折阶段:起于1939年11月国民党五届六中全会和晋西事变,终于1942年10月林彪代毛泽东同蒋介石会谈之前;5.持续阶段:起于1942年10月林彪代毛泽东同蒋介石会谈,终于抗战胜利;6.继续阶段:起于重庆谈判,终于1946年6月国民党政府军进攻中原解放区之前;7.终结阶段:起于1946年6月国民党政府军进攻中原解放区,终于1947年3月中共代表团撤出南京、上海、重庆。

子课题之三:第二次国共合作政策与策略研究

在以往的研究中,对第二次国共合作的政策与策略缺乏系统与深入的研究。本子课题围绕国共第二次合作的政策和策略展开,通过回顾和总结第二次国共合作进程中的国共两党关于合作的相关政策和策略的演变,分析其演变的主客观条件和相应的机制,力求全面深入并系统地梳理、准确理解把握合作双方在政策和策略上的演变过程和基本规律,进而为后面的几个子课题研究提供更加充分的客观依据。本子课题是整个研究课题中的创新点之一。

中共的政策和策略是旗帜鲜明的。作者将其概括为:以抗日民族统一战线包括抗日、民主两大根本任务,以在各方面工作中发展进步势力、争取中间势力、孤立反共顽固势力的战略任务为总政策,以区别对待各种政治势力而采取的又联合又斗争、以斗争求团结为总策略。以总政策和总策略指导而形成并体现为"三三制"政权、减租减息和交租交息、提高与普及民众文化和民族自尊心、大力发展中共武装力量等,以形成包括政治、经济、文化、军事等具体政策的分层级的政策和策略体系。其基本的运作程序是:在总政策的指导下,形成带有方向目标性的方针性政策和为实现方针性政策而采取的总策略。方针性政策和总策略决定各项目标的具体政策。其简化的程序是:总政策→总策略(方针性政策)→具体政策。可以说,毛泽东在政策、策略混用的纷繁表述中,厘清了政策和策略的分野与程序体系结构,具体指导了当时政策策略的策划和运用,为后世留下大量生动具体的"案例"。共产党的国共合作政策和策略,从总的方面讲,更多地注意在坚持抗战、动员群众、"发展壮大"方面着力,这是一笔厚重的思想财富,值得好好研究。

国民党绝口不提其政策策略规定,但其政策策略事实上却是客观存在的。国民党在抗战中的总政策是以"三民主义暨总理遗教"为"最高准绳","在本党及蒋委员长领导之下","全国人民捐弃成见,破除畛域,集中意志,统一行动",以"求抗战必胜,建国必成"的战略总目标;具体政策,如政治方面是组织国民参政会、实现县自治、改善各级政治机构、整饬纲纪、严惩贪官污吏。虽说从表现上并不涉及中共和各抗战小党派,但其"捐弃成见"就是要求中共等党派必须归属国民党当局在思想上、政治上的统一领导,即"溶共"等政策和策略内涵已包含其中。因此,其总政策可概括为抗战、反共、统一,而其策略包含在总政策中,又通过具体政策体现反映出来。由此可以推知,在反共总政策与推进参政会这类具体政策之间,有一套具体政策和策略在起作用。从反共目标和结果的关系看,从基本历史事实即政策实践的结果看,这套策略就只能是容共、溶共、限共等。所以,国民党政策规定的方式、程序仍然是:总政策→策略(方针或指导性政策)→具体政策。可以看出,国民党的国共合作政策和策略,从总的方面来讲,更多地是从依靠政府、"内部控制"的方面着力,缺乏动员群众等方面的思路。

在实践中,第二次国共合作只是发表政治宣言,有工作平台(国民参政会),但没有具体约束机制的合作方式,只能根据国共各自政策和策略采取"遇事协商"①的方式开展活动了。

纵观抗战时期的国共关系,其合作所依据的政策和策略,是国共两党各自拟订的;两党的"合作"政策目标,除抗战外,很多重大问题上是南辕北辙的,所以后来摩擦不断;正因为有了抗战这一共同点,才使合作得以形成并延续到最终。所以,研究第二次国共合作的政策和策略,基本内容就只能是以国共历史过程为经,以不同阶段的形势演变为纬,着力展现抗战中国的基本政策和策略及其演变和作用。

子课题之四:第二次国共合作的模式与机制研究

从模式与机制的角度去研究第二次国共合作,也是过去学术研究中较少关注或忽视的。本子课题从这一新的视角,全面回顾了第二次国共合作的模式和机制,即:1.第二次国共合作模式的磋商与确立。包括两党的初步合作模式、两党关于正式合作模式的反复磋商和两党合作模式的初步形成。2.第二次国共合作的活动平台。包括抗战初期的国防参议会、《新华日报》与《群众周刊》、国民参政会、军委会政治部第三厅与文化工作委员会,以及抗战胜利后召开的政治协商会议。3.第二次国共合作的联络机制。包括国防会议

---

①周恩来在中共六届六中全会上的发言记录,1938年9月30日。转引自金冲及主编的《周恩来传(1898—1949)》,人民出版社、中央文献出版社1989年版,第396页。

及战区的划分、八路军(新四军)驻各地办事处(通讯处)和军事委员会驻延安联络参谋等。4.第二次国共合作的协商机制。包括政治谈判和军事谈判等。

在此基础上,作者分析了第二次国共合作确立后的两党合作模式和机制,探索第二次国共合作时期的两党合作模式和机制的产生、发展与破裂的演变历程与轨迹。本子课题是整个研究课题中的创新点之一。

子课题之五:第二次国共合作的分歧、冲突与谈判研究

目前学界虽对第二次国共合作的分歧有所注意与研究,但对国共政治分歧、军事冲突和国共谈判的研究相对不足。本子课题通过对抗战时期第二次国共合作的分歧、冲突与谈判进行全面系统研究,全面深入分析国共合作的特殊性和复杂性,努力加深和拓宽第二次国共合作研究的深度和广度。可以说,这是一个"问题阈"研究。

抗战时期,国共两党在政治、军事方面存在分歧和冲突,两党遇事协商谈判,两党甚至分分合合,这是第二次国共合作的常态和特点。

双方的分歧、冲突和谈判,主要围绕军队、政权、政党这三个基本问题展开。

双方的基本分歧在于:蒋介石、中国国民党及国民政府,在政治和理论上,完全缺乏关于国共合作及抗日民族统一战线的观念,并对于抗日民族统一战线形势及格局下的国共关系作出了不切实际的错误认知。这种错误认知,导致蒋介石、中国国民党及国民政府在抗战时期乃至于战后一系列重大军政处置上的严重失误,使国共两党在以抗战和建国为现实目标的第二次国共合作中冲突不断,险象环生。这种矛盾、冲突愈演愈烈的状况,既不利于战时团结抗日,也不利于战后合作建国,并导致最后两党关系的破裂。

双方的冲突表现在政治、军事、思想文化等各个方面:政治上,国民党方面掌握着中央政权,在政治上长期占据有利地位。国民党以中央政府名义,强调军令政令统一和训政体制,要求中共交出军队,取消根据地政权。国民党拒绝从法律上承认中共合法地位,长期以"文化团体"对待中共。军事上,国民党不断制造摩擦、冲突,并对陕甘宁边区实行封锁;思想文化上,强调三民主义,认为共产主义不适合中国国情等。中共方面,强调其作为政党的独

立性,并在团结、民主、抗战、建国的旗帜下,要求国民政府允许其扩编军队并补充饷弹,承认根据地民选政权,承认中共及一切抗日党派的合法地位,战时合作抗战,战后合作建国;要求国民党实行真正民主,最后提出"联合政府"的政权主张,否认国民党一党专政的合法性。中共强调,现阶段当然信奉三民主义,但将来还是要致力于共产主义的事业。

双方的谈判大致上分为战时和战后两个阶段:第一次和第二次谈判围绕防区及中共军队的扩编、边区政权的范围等具体问题展开,第三、四、五次围绕"联合政府"问题展开,第六次重庆谈判围绕"和平建国"问题展开,第七次围绕和平民主及政协会议展开。双方主张在谈判中呈现渐行渐远的总体趋势。

国共双方的分歧、冲突和谈判,为中国近代以来艰难演进的现代化进程开拓出了相对宽阔的发展空间。政治上,民主观念得到广泛传播并深入人心,并在抗战胜利后诞生出政治协商会议这样崭新的政治协商形式。军事上,敌后游击战从普通的战术形式演变为军事战略,并成功开辟出由中国共产党领导的敌后战场,创建了一系列敌后根据地,根据地、游击区和深入敌占区的武工队形成了人民战争的汪洋大海,使侵略者深深陷入无边的泥淖而不能自拔。中华民族的解放事业也由此迎来了云开日出的万道霞光,并最终迎来了抗战的胜利,民族伟大复兴的转折点终于到来。

子课题之六:第二次国共合作的成果与影响研究

在以往的研究中,对第二次国共合作所取得的成就,较多关注政治与文化层面,而对经济、社会、外交层面关注相对较弱。本子课题在吸收前人研究成果的基础上,对以国共合作为基础,国内各党派、各民族实现了空前的民族团结,在政治、军事、经济、文化、外交等众多领域开展的合作与取得的成就进行系统梳理与深入研究,重点加强对以往研究薄弱的国共在经济、外交领域中的合作进行探讨,进而分析国共合作分别对国共双方所产生的不同影响。本子课题是整个研究课题中的创新点之一。

第二次国共合作在政治上的成效主要表现在:第二次国共合作的实现,成为抗日民族统一战线的基础,尤其是克服了合作抗日历程中,曾反复出现的不利于团结抗日大局的各种投降、分裂、倒退的危机,坚持了抗日、团结、进步的大局,赢得了抗战的最终胜利。

在军事上的合作成效主要表现在:国共合作建立后,两党坚持持久战以空间换时间,两个战场相辅为用,两党在战略方针、战役战斗、军事训练等方面形成了多层面的战时军事合作关系,最终取得了对日作战的胜利。

在经济上的合作成效主要表现在:国共合作的建立,使国共两党停止了军事对抗,国民党解除了对共产党所辖区域的经济封锁,结束了国统区和根据地在此之前长时期的经济隔绝状况,缓和了封锁与反封锁的尖锐斗争,开始了有限度的经济领域的合作,为全民族抗战提供了基本的物质基础。

在外交上的合作成效主要表现在:国共合作的建立,使得国共捐弃前嫌,共同倡导、推动了世界反法西斯统一战线的建立;极大拓展了民间外交的空间,国共合作背景之下的民间外交成为国家总体外交的重要组成部分;不平等条约的废除与国家地位的提高,使得中国不断增强和提升着自己在世界的影响力和国际地位;国共还携手参与了建立联合国等涉及战后国际秩序安排的重要外交行动,最终迎来了中华民族由衰败到复兴的伟大转折。

在文化上的合作成效主要表现在:国共合作的建立,使一切不愿做亡国奴的文化工作者都联合起来,组成了我国近代文化史上最广泛、最持久的抗日文化统一战线。即便是在相持阶段到来后,国民党对内对外政策策略发生改变,对抗战进步文化实行专制主义和高压政策的时候,共产党始终坚持“相忍为国”的大局意识和“又联合又斗争”,“以斗争求团结”的策略原则,国民党也最终坚持了民族大义并作出了一些妥协,从而使国共合作“磨而不裂”。因此,在国共合作的大背景下,抗日进步文化运动始终占据主导地位,从而为取得抗日战争的最后胜利作出了独特而重大的贡献。

子课题之七:第二次国共合作破裂以来国共关系的演变

本子课题主要研究第二次国共合作破裂后,国共两党政策、策略的变化,两党、两岸之间的接触和交往及其演变,分析不同历史时期国共关系变化的内外因素,探讨国共关系的未来发展走向。研究第二次国共关系破裂后国共关系的演变,是理解和通往国共两党、两岸未来关系的桥梁和纽带。

本子课题着重研究：1.第二次国共合作破裂后国共双方的激烈对抗,包括内战的爆发、北平谈判和国民党政权的覆灭。2.海峡两岸对峙局面的形成,包括美国插手台湾事务、第三次国共合作的提出、国共两党的秘密接触。3.国共关系的缓和与两党交流的重启,"一国两制"构想的提出与隔岸政治对话,九二共识与"汪辜会谈"。4."台独"与反"台独"的斗争,"台独"的起源,台湾的"民主化"与台独的发展,民进党执政与台独势力的猖獗。5.国共关系的新篇章,两岸经贸关系的发展,国共两党党际交流的重新建立,国民党在台湾的再度执政。

本子课题的成果将以研究报告的方式呈现。

子课题之八：第二次国共合作的历史经验及其对当前发展两岸关系的指导意义

本子课题的研究主要基于2008年3月台湾局势发生积极变化,两岸关系迎来难得历史机遇的新形势。

本子课题在全面总结与借鉴第二次国共合作给我们留下的宝贵历史经验的基础上,认真探讨其对当前发展两岸关系的指导意义,积极推动两岸关系的良性发展,通过共同努力,切实做到共创双赢,促进祖国统一的早日实现。

在新时期,研究和总结抗战时期第二次国共合作的历史经验,将有利于我们对海峡两岸关系的认识,对推进祖国早日实现和平统一具有积极的现实意义。主要是：

统一的民族观念是推动国共两党合作的社会基础；

有利的国际国内形势是实现国共合作的外在环境；

共同的认识目标(即"九二共识")是促成国共两党合作的政治前提；

正确的策略方针是达成国共两党合作的关键所在；

适当的合作机制是建立国共两党合作的正确途径；

必要的妥协和让步是实现国共两党合作的重要条件。

(二)专题研究的基本内容

1.中国共产党抗战大后方活动研究。本课题侧重于对中共在大后方的作用进行研究,进而提出了中共在大后方地位和作用的观点。作者认为,中国共产党在大后方发挥了彪炳史册的重大作用,大后方既是中国抵御日寇入侵的最后战略基地,也是抗日民族统一战线政策的实践地,也是抗战期间中共实现自己的政治抱负最重要的活动舞台之一。为此,中共努力宣传坚持抗战、反对投降的政治理念,相忍为国,维系国共合作,为抗战胜利奠定政治基础;团结一切可以团结的力量,努力争取中间势力,为抗战胜利壮大进步力量;推动抗战文化发展,为抗战胜利凝聚精神力量;开展民间外交,推动建立国际反法西斯统一战线,为抗战胜利营造有利中国的国际环境。从中共在大后方的历史作用及其发挥作用的主要方式来看,中共在大后方主要是通过立场宣告、以方向引领为主的政治指导方式发挥作用,而成为大后方政治方向的引领者和指导者。

2. 抗战大后方各省市党史研究。本课题主要研究包括中国共产党第七次全国代表大会大后方代表团和中国共产党在抗战大后方地区各省市党的活动。中国共产党第七次全国代表大会设置了大后方代表团,这是党中央对以周恩来为书记的南方局在大后方八年工作的充分肯定,也客观地反映中国共产党在南方地区领导抗战而不懈奋斗的历程。我们依据这批档案史料,对大后方代表团的面貌进行了呈现。同时,本课题对中共在大后方重庆、四川、云南、贵州、广西、陕西、甘肃、宁夏、青海、新疆等省市的活动进行了全面系统的梳理和反映。两大部分共同构成了中国共产党在抗战大后方的历史全貌。

3. 抗战大后方与周恩来研究。研究周恩来的论著不少,但迄今为止,还没有一部全面反映周恩来在抗战大后方的著作,这个课题立项研究是一个创新。课题将以现有研究成果为基础,大量补充在周恩来传记、年谱中没有使用的档案史料,力图全面、真实地反映周恩来在以重庆为中心的抗战大后方的革命斗争生涯和建立统一战线的丰功伟绩,同时,也将涉及这一时期他在延安等方面的活动。本课题以周恩来为主,对其他领袖人物及其所涉及的方方面面也将适当反映,使读者看到的是活跃在抗日民族统一战线大舞台上的周恩来,是中国共产党和各抗日党派群体中的周恩来,而不仅仅是单独的周恩来个人。全书将以纪实体的风格,适当配置历史照片,力求图文并茂。这将是一部以丰富的档案史料为显著特色的著作,也是一部迄今为止最为权威地反映周恩来在抗日战争时期的历史著作。

4. 抗战大后方与董必武研究。董必武是中共南方局仅次于周恩来的主要领导人。当时,周恩来常奔走于重庆与延安之间,以军委会政治部副主任名义巡视战区,还去莫斯科治病等,南方局就由董必武主持工作。迄今为止,没有一部全面反映董必武在抗战大后方的著作,更缺乏撰写这部著作所需要的基础性历史资料。因此,本课题首要的任务就是搜集抗战时期董必武在重庆撰写的著述、诗文、电稿、信函等,其次是搜集已经发表的有关董必武在抗战时期的生平、思想的回忆和研究文章。在此基础上,再对董必武在抗战大后方的历史活动进行深入系统的研究。

5. 抗战时期中国共产党在重庆的舆论话语权研究。重庆是国共合作的主阵地,舆论话语权是考察第二次国共合作的重要领域。中国共产党在重庆的新闻传播活动,对国共关系、战时中国时局、全民族的抗日战争、中美关系均产生了深远的影响,也是第二次国共合作的"晴雨表"。本课题在充分吸取前人研究成果的基础上,运用传播学、舆论学、历史学、政治学、社会心理学等多学科的理论和方法,运用丰富的中外文第一手历史文献,以抗战大后方中心城市重庆及其周边区域为空间,以国民政府移驻重庆时期为研究历史时段,全面系统地探讨在这一时空下,中国共产党在重庆的舆论话语权变迁及其重大意义。研究认为,国共关系是考察中国共产党在重庆时期舆论话语权的重要历史语境。国共两党对于战时合作关系的认识差异,直接影响着两党新闻宣传喉舌的话语权的走向,也必将面临大众对于其话语的接受度。中共一开始就明确了从国家民族高度看待与国民党的关系。抗日民族统一战线的建立,为中共进入大后方和在重庆建立起自己的舆论阵地创造了条件。在与各党派各方面交流和宣传中,中共的政策主张得到了前所未有的认同和支持,重庆为中共发出自己的声音提供了巨大的话语空间。

(三)史料搜集与整理的基本内容

1. 中国共产党抗战大后方文献搜集整理。抗日战争时期,中国共产党对大后方工作发了一系列重要的主张、指示,形成了丰富的关于大后方工作的文献。但是,迄今为止,还没有一部这样的文献选编。我们编纂中国共产党抗战大后方文献,就是要以此梳理中国共产党关于抗日民族统一战线的理论与实践,梳理中国共产党关于第二次国共合作的理论、路线、方针、政策,梳理中国共产党在大后方建设坚强的党组织的成功经验,从而充分认识中国共产党是领导中国人民争取民族独立和人民解放的坚强核心和全民族抗战的中流砥柱,充分认识中国共产党在抗战大后方的卓越地位和巨大作用,充分认识中国共产党倡导和推动建立的以国共合作为基础的抗日民族统一战线的艰难历程和宝贵经验,充分认识中国共产党在大后方培育和形成的红岩精神,是中国共产党和中华民族的宝贵精神财富。收入的文稿,起自1931年9月,截至1945年9月,包括中共中央及中央有关领导机构作出的关于抗战大后方工作的决定、指示,毛泽东等中共中央领导人、中共中央有关机构负责同志关于抗战大后方工作的报告、讲话、谈话、电报、书信、题词等,全面系统地反映中国共产党关于抗战大后方工作的指导思想和方针政策。

2. 中共中央南方局历史资料搜集整理。南方局党史资料的收集整理,已经进行了30年。重庆出版社1990年出版的《南方局党史资料》(六卷本)是其代表作。囿于当时的条件,由中央档案馆保存的档案史料相当部分并没有收入。后来,这部分档案文献由原中共中央党史资料征集委员会南方局党史资料征集小组移交给了中共重庆市委,保存在重庆市委党史研究室。近年来,根据中共中央关于加强南方局历史资料研究编写工作的指示精神,我们将这部分档案进行了全面系统的整理,历时六年。我们将这部分档案与此前出版的《南方局党史资料》合并起来重新编辑,成为目前关于中共中央南方局历史最为完整系统的文献资料,为研究第二次国共合作提供了翔实的史料。这些年来,南方局老同志撰写了一批回忆录,弥补了档案文献之不足;近年来我们对南方局老同志的子女进行了系统的采访,形成了一批珍贵的口述史资料,这些也将结集出版。

3. 第二次国共合作历史资料搜集整理。这些年来,我们按照第二次国共合作的发生、发展、曲折、直到最后破裂的历程,做出了四题八卷、500万字的全景式专题资料著作,计分《抗战时期国共合作纪实》《重庆谈判纪实》《政治协商会议纪实》和《国民参政会纪实》。编者本着"实事求是"原则，按照历史发展顺序，以事件本末为中心，采取融大陆、台湾国共两党，中、美两国政府档案、报刊资料，以及当事人的回忆文章为一体的纪实性体例编成。本书的编辑始于20世纪80年代。30年来，关于这段历史的资料又有了进一步的公开披露。编者寻访于中国大陆和美英俄日荷等国及台湾地区，将所得史料补充于其中，从而极大地丰富了这部史料，也将深化对第二次国共合作的研究。

4. 抗战时期中间党派档案文献搜集整理。中间党派是在抗日战争这一民族危亡的时期产生、发展起来的国共两党以外的政党和派别，以民族资产阶级、小资产阶级为其社会基础，以知识分子为主体，有独立的政治主张或利益诉求。在面对外族入侵，中华民族面临生死存亡之际，各中间党派站在救亡图存、爱国民主的立场，坚持团结抗日，积极提出各自的抗战、民主、团结的主张，开展抗日救国和民主宪政活动，对推动全民族抗战，为取得抗战最后胜利作出了重大贡献。中间势力有很大的力量，往往可以成为中共和国民党顽固派斗争时决定胜负的因素。因此，中国共产党总结出"发展进步势力，争取中间势力，孤立顽固势力"这一巩固和发展统一战线基本经验。我们组织搜集了反映中国抗战大后方各中间党派主要政治主张的文献资料。这些党派主要是组成中国民主政团同盟的几个党派，如中华民族解放行动委员会（第三党，中国农工民主党前身）、中国青年党、中国国家社会党、全国各界救国联合会和中国人民救国会、中华职业教育社、中国乡村建设协会，以及其前身统一建国同志会和改组后的中国民主同盟，等等。这些史料的搜集整理，有利于梳理中间党派与国共两党关系的演变及中国各主要中间党派的发展变化脉络；有利于清晰地呈现中国各党派对中国发展道路的判断、比较和选择；有利于厘清抗战后中国走上中共领导的多党合作与人民民主国家发展道路的深厚历史根源；有利于坚持和完善中国共产党领导的多党合作和政治协商制度；有利于借鉴历史经验，促进祖国和平统一；也有利于深化对中国近代史、抗日战争史、中华民族复兴史、各主要中间党派和各民主党派历史的研究。

六、项目的主要创新点和特色

(一)登高行远,站在国家民族立场审视两党合作的历史

历史学研究必须忠于历史。抗日战争已经结束70年了,我们今天面临着海峡两岸和平发展的国内环境和开放的国际环境。在这个环境中进行学术工作,对于忠于历史有了更好的条件,是我们这一代史学工作者的幸运。因此,使我们有可能在抗战研究中,转变"国共对立"的战场思维范式,而树立"国家民族利益和国家民族立场"的文化思维范式。如此,便能秉持国家民族的立场,增强中华民族的情怀,顺应历史潮流,把握发展趋势,在这样的高度上去研究历史,评价历史,才能洞察时事,超越创新,建功民族,成就自己。

为此,我们先后两次组团到台湾考察搜集抗战历史资料和学术交流,我们在重庆和台北与国民党高层,特别是中国国民党主席马英九、名誉主席吴伯雄和副主席林丰正、吴敦义,以及国民党文化传播委员会党史馆等就合作开展抗战历史研究深入交换意见,了解双方对历史的认知,从而也对一些问题有了新的认识,甚至共识。也便有了2009年8月13日,中共重庆市委宣传部和中国国民党党史馆签署《关于抗战文化交流备忘录》。这是60年来中国国民党党史馆与中国共产党有关组织就抗战历史文化研究交流合作达成的第一份文件。

就在本系列图书即将出版的时候,2015年7月30日,中共中央政治局就中国人民抗日战争的回顾和思考进行第二十五次集体学习。中共中央总书记习近平在主持学习时强调,深入开展中国人民抗日战争研究,必须坚持正确历史观、加强规划和力量整合、加强史料搜集和整理、加强舆论宣传工作,让历史说话,用史实发言,着力研究和深入阐释中国人民抗日战争的伟大意义、中国人民抗日战争在世界反法西斯战争中的重要地位、中国共产党的中流砥柱作用是中国人民抗日战争胜利的关键等重大问题。特别是他提出,"要推动海峡两岸史学界共享史料、共写史书,共同捍卫民族尊严和荣誉。"这"三共"的前提就是共同的立场,这就是"国家民族利益与国家民族立场"。习近平总书记的讲话,是对我们这些年秉持"国家民族利益和国家民族立场"进

行抗战历史研究的肯定,也对我们进一步研究指出了明确的方向。尽管这件事情是需要付出极大努力的。

(二)放眼世界,以全球的视野观察两党合作的历史

我曾经提出过"重庆史也是中国史、世界史一部分"的观点,即要有全球视野和全局思维,才能在重庆史研究上有所作为。在这个项目中,我们提出以中共中央南方局和大后方为中心。南方局是中共设在重庆的党的秘密机构,负责处理国共关系,维系统一战线大局并领导南方各省党的工作;大后方是抗战时期以重庆为中心的西部广大地区,重庆是中国国家政权意义上的政治、军事、经济、文化和外交的中心,更由于中国与西方大国结盟,使中国各党各派与世界发生着密切的联系。这在中共党史和抗战史上,都是具有全局意义的,也因为如此,中国抗战史、中共党史和国共合作历史与世界反法西斯战争史紧密相连。但既往的研究,有就事论事的情况,有知其然而不知其所以然的情况,把一个全局的历史,搞成了一部地方历史;把全球背景下的角逐,搞成了纯粹是国共两党的争斗。其实,中国的抗日战争,并不只是中日之间的事情,而是亚洲的事,是世界的事。同理,国共合作的进程并不简单地是国民党和共产党的事,而是中国的事,也是世界的事。

因此,在这个项目中,我们努力把发生在重庆和大后方的历史事件,放在国内和国际的环境中去考察,努力以重庆和大后方为研究对象,去研究中国和世界的历史。这就要求研究者努力培养宏观、开阔的国际视野和中国胸怀,即以世界的眼光看中国,用中国的视角看世界。洞悉世界,而不囿于中国一域,更不能画地为牢。这种视角的转变,是学术得以创新的一大途径。

我们整体上作了对国共合作环境的研究,努力从国际视野的角度去研究国共关系,这使我们收获了许多新成果,比如,美军观察组进驻延安是第二次世界大战时期美国国家战略的重要组成部分。这是太平洋战争爆发以后,围绕赢得东方战场的胜利这个核心问题,美国为了自己的国家利益,与中国(包括国民党、共产党及各派政治力量)、英国和苏联等国角逐的产物,是中国为了自己的国家利益,包括国民党和共产党为了自身的利益,与美国、苏联力量角逐的产物,从而成为中国抗日战争与世界反法西斯战争发生直接联系的军

事行动,成为第二次世界大战东方战场的重大事件,更成为中国共产党融入世界反法西斯战争的重要标志和与美国关系史上的里程碑。

(三)纵横观察,从多角度深入剖析两党合作的历史

第二次国共合作是中国近现代史、抗日战争史和中共党史上的老课题,已经取得了相当丰硕的学术成果;但也感觉视野单一,还需努力扩大,以加深对这段历史的认识。我们这一轮的研究,就是努力站在前人的肩上,从整体上对"第二次国共合作"再作一次系统的研究,收获更多的新成果。主要包括三方面的努力:一是在整体设计上,如前所述,对第二次国共合作作全球视野的俯瞰;二是把第二次国共合作作为一个独立的对象,进行系统而全面的研究,我们的定位是"第二次国共合作及其经验研究",既注重本体,又注重经验总结,落脚点是为现实服务;三是设计了一批新的角度,对第二次国共合作进行系统的研究,主要是国际国内环境、国共合作历史进程、政策与策略、模式与机制、分歧冲突与谈判、成果与影响这六个方面,努力对第二次国共合作进行纵向的梳理和横向的展开,从而构成了当下对这一历史现象的许多新认识。

(四)突破狭隘,在与境外交流中努力实现国共合作史料的丰富性

目前,中国抗战大后方的历史资料分散保存于中国大陆、台湾地区和战时盟国(美国、英国、俄罗斯),以及日本国内。多年以来,影响第二次国共合作研究水平提升的一个重要原因是资料的偏狭;随着国门的逐渐打开,随着台湾地区对大陆的开放,随着时间的远去,大批档案得以开放,不少史料陆续披露,更随着思想的解放和实事求是的研究态度的进一步确立,再加之数字技术的兴起,加快了档案文献的数字化,以及互联网的互联互通,我们完全有可能从崭新的视野去研究国共合作的历史。

这就需要整合力量和资源,建立一个与此相适应的史料搜集整理体系,为此,我们设计了"抗战大后方海外档案史料征集暨青年学者培养计划",组织专家学者到美国、英国、俄罗斯、荷兰、日本和台湾地区搜集史料,至于零星的学者访问和资料搜集活动,已成常态;同时,将征集到的档案史料进行系统编辑出版,惠及学界,滋养研究,也成为我们的学术追求。

这项工作得到了国家新闻出版部门的支持,2009年国家新闻出版总署批准了重庆申报的"中国抗战大后方历史文化丛书"为国家出版重点项目。本课题首席专家周勇教授为负责人,以档案文献、学术专著、通俗读物、电子出版物等为主要形态,以反映中国抗战大后方历史文化为核心内容,以中国大陆、台湾地区和海外保存的档案文献合集出版为特色。其中关于国共合作的内容占三分之一以上,主要有《抗战时期国共合作纪实》《中国共产党关于抗战大后方工作文献选编》《中共中央南方局历史文献汇编》《国民参政会纪实》《重庆谈判纪实》《政治协商会议纪实》《中国抗战大后方中间党派文献资料选编》《中国共产党抗战大后方历史》《国共合作重庆谈判图史》《抗战时期中国共产党在重庆的舆论话语权研究》,等等。这些图书的出版为我们的研究,乃至国内外的学者研究第二次国共合作提供了准确的全面的史料基础。

(五)中流砥柱,以中共中央南方局为视角深化两党合作历史研究,彰显中国共产党在大后方的地位和作用

几十年来,中外学术界对于以延安为中心的抗日根据地的研究,已经取得了巨大的进步和相当的共识。但是,对于中国共产党在大后方和沦陷区的研究则比较浅表和零碎,使独具特色的中国共产党在抗战大后方的历史淹没于抗日战争史的宏大叙述之中,忽视了中共在大后方独特的历史作用和贡献。以至于在有的人看来,"大后方"就等于国民党,研究"大后方"就等于研究国民党。这固然与"非白即黑"的落后惯性思维有关,也与没有研究清楚身在大后方的中国共产党、大后方的抗日民族统一战线、大后方的中间党派等丰富的历史有关,也与提升历史认知的丰富性、复杂性有关。当我们承担了国家哲学社会科学特别委托项目"第二次国共合作及其经验研究——以中共中央南方局和抗战大后方为中心"后,感到很有必要专门对中国共产党在大后方的历史进行必要的梳理和深入的研究,以更加清晰、完整地认识这段历史,更加深刻地彰显中国共产党对抗日战争与世界反法西斯战争作出的巨大贡献,更加准确地定位中共在抗日战争中的地位作用。

我们认为,"大后方"既是抗日战争时期各派政治势力普遍使用的概念,也是中国共产党话语体系中的基本概念。中国抗战大后方是在中国共产党

倡导建立的抗日民族统一战线旗帜下,国共两党合作抗战的重要政治舞台。中国共产党是中国抗日战争的政治指导者①、抗日民族统一战线的倡导者和推动者,是抗日战争的中流砥柱。中共在抗战大后方的政治、经济、文化、军事、外交等方面同样发挥了重要作用。

可喜的是,我们的努力已经在国内外学术界产生了积极的反响,我们撰写的《抗战时期毛泽东对大后方的政治指导——兼论毛泽东与第二次国共合作的关系》入选2013年"全国党史界毛泽东同志诞辰120周年学术研讨会"②;著名汉学家、荷兰莱顿大学教授彭轲(F.N.Pieke)也将研究的视野转向中共中央南方局,与我们合作研究中共的统一战线历史及其影响。

(六)全局俯瞰,以抗战大后方为中心拓展研究的视野与途径

由于深化研究"第二次国共合作"的需要,"抗战大后方"概念第一次出现在国家哲学社会科学规划项目之中。这是学术的突破,更是思想的解放。因此,我们对"大后方"的基本问题进行了系统的研究。

我们认为,1937年中国人民抗日战争全面爆发以后,中国的政治版图逐渐呈现出一分为三的态势,即以延安为中心的抗日根据地,以上海为中心的沦陷区,以重庆为中心、由中国国民党统治的中国西部地区,这是中国抗战的大后方。

我们认为,推动和加强对中国抗战大后方历史文化的研究,这是深化中

---

①关于"中国共产党是中国抗日战争的政治指导者"的表述,是作者基于历史与现实的考量第一次提出来的。源于延安革命纪念馆基本陈列对延安在抗日战争中的地位作用的表述。经过全国爱国主义教育基地"一号工程"的建设,2009年,延安革命纪念馆新馆建成并开放,其基本陈列调整为六个部分:一、红军长征的落脚点;二、抗日战争的政治指导中心;三、新民主主义的模范试验区;四、延安精神的发祥地;五、毛泽东思想在全党指导地位的确立;六、夺取全国胜利的出发点。其中将延安定位于"抗日战争的政治指导中心"是关键。据报道,这一陈列大纲和陈列方案,先后经过中共中央文献研究室、中共中央党史研究室、中国人民解放军军事科学院、中国国家博物馆、中国人民军事博物馆的充分论证、反复修改。时任中共中央政治局常委李长春等中央领导同志亲临视察,作出重要指示。2006年5月,中共中央宣传部审批通过了陈列大纲和方案(见2009年8月25日《延安日报》:《认真践行科学发展观　精心打造时代精品工程——全国爱国主义教育示范基地"一号工程"延安革命史陈列布展纪实》)。延安是"抗日战争的政治指导中心",这是中央对延安及中共在抗日战争中的历史地位的新表述,表现了实事求是的思想路线和国家民族的宽广襟怀,使这一研究达到了新境界。这也反映了包括作者在内的学界的心声,故作上述表述。

②参见《全国党史界毛泽东同志诞辰120周年学术研讨会论文集》,中央党史出版社2014年版。

国抗战史、第二次世界大战史研究的一个新途径。可以更加深刻地认识和准确把握抗日民族统一战线的进程,揭示近代中国政治发展的大趋势;研究中国抗战大后方的历史,可以还原二战真相,进一步揭露日本侵华的战争罪行;可以还原中国战时首都的面貌,从而全面准确地认识和把握这段历史;可以全面展现中国战场的全貌,更加准确地反映中国在世界反法西斯战争中的作用和作出的巨大贡献。①

为此,从1999年起,以本项目核心团队为基础,我们联合中国社科院近代史所、哈佛大学、牛津大学、剑桥大学、日本和台湾学术机构,连续在重庆举办了相关的国际、两岸学术研讨会,将"中日战争共同研究"这个国际性研究平台的中国举办地定在重庆,从而吸引了世界的目光,使过去零星的学术研究,形成了整体而固定的研究群落,而且后继有人。在此基础上,我们对中国抗战大后方研究的基本问题进行了研究。②这是一次顶层设计,也标志着"中国抗战大后方研究板块"正式形成,并被认为"重庆所做的大后方方面的研究是实事求是的","这是一件功德无量的事"③。

本项目最终成果的陆续发表,意味着项目研究的结束。但是,对于第二次国共合作研究而言,则意味着新的阶段的开始。

---

① 周勇:《抗日战争研究视角、方法与途径的探讨——以大后方研究为例》,《抗日战争研究》2012年第3期。

② 周勇:《关于抗战大后方研究的几个基本问题》,《重庆大学学报》(哲学社会科学版)2015年第6期。

③ 杨天石:《重庆做了件功德无量的事》,《重庆日报》2013年9月15日。

序　言

童小鹏

一九三七——一九四七年的国共合作，是中国现代历史上最重要的历史事件之一。它的建立是赢得抗日战争胜利的重要的政治基础，是在中国共产党抗日民族统一战线旗帜下，国共两党对中国历史的重要贡献。

一九三一年"九一八"事变以后，中日民族矛盾逐渐上升为主要矛盾，抗日救亡成为全民族的共同呼声。中国共产党提出了"停止内战，一致抗日"的口号和建立抗日民族统一战线的主张；一九三五年，国民党也开始寻找途径，与共产党秘密接触。一九三六年十二月十二日发生了西安事变，由于中国共产党和张学良、杨虎城两将军以及国民党内主和派的共同努力，迫使蒋介石同意停止"剿共"，准备抗日，使西安事变得以和平解决。在此之后，国共两党代表就合作抗日等问题进行了多次谈判。其间，一九三七年"七七"芦沟桥事变发生。在抗日战争全面爆发的情况下，国共两党终于达成了合作抗日的协议。九月，以中国共产党《为公布国共合作宣言》和蒋介石《对中国共产党宣言的谈话》的发表为标志，国共两党停止了十年的抗争，第二次国共合作正式形成。中国进入了全民族团结抗战的新时期。

在抗战初期，由于国共两党的共同努力，在政治、军事、文化等方面，都合作得比较好。但一九三九年一月，国民党五届五中全会后实行消极抗战，防共、限共方针之后，反共磨擦事件不断发生，直至掀起第一、第二、第三次反共高潮，使国共合作濒于破裂之边缘。中国共产党提出了"坚持抗战，反对投降；坚持团结，反对分裂；坚持进步，反对倒退"的三大政治口号，贯彻"发展进步势力,争取中间势力,孤立顽固势力"的方针,对国民党采取又团结又斗争的策略,发动了广大工农群众,团结了广大中间力量,使国共合作得以维系,抗日民族统一战线继续发展。

到抗战后期,中国共产党根据形势需要,提出了成立联合政府的主张,国共两党一面继续在对日作战方面进行合作,一面就党派、无党派代表人士组成的联合政府问题进行谈判。其间有美国方面的插手和各民主党派的斡旋。谈判虽无结果,但它标志着经过抗日战争的考验,国共双方的力量对比已经发生了重大变化;标志着"成立联合政府"已成为全中国人民的共同呼声;预示着抗战胜利后国共合作新阶段的到来。

抗日战争胜利以后,中国共产党,各民主党派和全国人民都希望有一个和平、民主、团结的局面,以便重建久经战祸的中国;国民党则企图通过谈判,以两党合作的形式来达到一党专政的目的,并争取时间准备内战。因此,蒋介石三次电邀毛泽东主席到重庆谈判。由于中共的诚意和努力,国内外和平民主力量的配合,终于达成了《双十协定》。随后,经过谈判,又签订了《停战协定》,召开了政治协商会议,签订了《整军方案》,迫使国民党实际上接受了中国共产党关于联合政府的主张。这是中国共产党坚持国共合作,反对内战分裂的一贯立场的生动体现,是中国共产党"七大"路线的胜利。周恩来同志曾经指出:"政协路线就是毛泽东同志《论联合政府》的路线。"(《周恩来选集》下卷,第256页)

这些协定、决议的签订,得到了全国人民的热烈拥护,也得到了国际舆论的同情。但以蒋介石为首的国民党反动派,在美帝国主义的支持下,却采取了两面手法,即在签订上述决议、协定的同时,又指挥部队发动内战,指使特务制造血案,直至于一九四六年六月发动了全面内战,单方面关闭了国共和谈之门。一九四七年三月,更下令中共代表团及中共驻国民党统治区的所有工作人员限期撤回延安。至此,经过艰难困苦才得以建立,并已坚持达十年之久的第二次国共合作,终于被国民党反动派破坏了!

在中国现代历史上,国共两党曾经历了两次合作和两次分裂。第一次是中国共产党和孙中山先生倡议的,其结果是取得北伐战争的胜利,而分裂的结果则使中国人民陷入十年内战之苦。第二次是中国共产党和张学良、杨虎城将军努力促成的,也是国共两党共同努力的结果,其结果是取得了抗日战争的胜利,而分裂的结果,则使中国人民在饱尝八年战乱之后,又卷入内战的旋涡,而国民党也失去了它曾经有过的荣誉和光辉。诚如陆定一同志在一九三六年写下的一首歌词所说:"两党合作,中国就兴旺;两党合作,中国不会亡。"因此,国共合作是历史的召唤,是人民的呼声,也是国共两党本身发展的需要。"合则两利,分则两损",确实是历史的规律。

摆在我们面前的这部《抗战时期国共合作纪实》,以全面、丰富、确凿的史料,再现了抗战时期国共合作的历史进程。它的出版,是我同作者们倡议的《第二次国共合作纪实丛书》的最后完成。作者们要我为它写一篇序言,我十分乐意。因为,一则是为了表示对作者和出版社的感谢和祝贺;同时,也为自己为党史工作尽了一份责任而感到高兴。

一九三六午十二月西安事变以后,我有幸随中共全权代表周恩来同志到西安工作。一九三七年七月,抗日战争全面爆发,促成了国共两党的第二次合作。一九三七年八月,我离开西安,跟随周恩来同志先后在南京、武汉、桂林、重庆等地的八路军办事处工作,特别是在重庆红岩村工作的时间最长。一九四六年五月,我又随中共代表团离开重庆到南京。一九四七年三月七日,由于国民党反动派彻底破坏了第二次国共合作,才和董必武等同志一道被迫撤回延安。作为第二次国共合作历史的见证人,我深感有必要搜集、整理、出版这段历史的资料,提供给史学界和广大读者,作为总结历史经验教训、研究当前统一祖国事业的参考,以告慰为抗日战争、解放战争而英勇牺牲的烈士,也告慰那些为第二次国共合作作出贡献而已经离开人世的共产党员和国民党员,以及民主党派和无党派的爱国民主人士。因此,自一九八二年我从领导工作岗位上退下来以后,就和有关部门从事《第二次国共合作影集》、《南方局党史资料》和"长江局"、"南京局"党史资料的征集出版工作。

一九八三年夏天,重庆市政协文史资料研究委员会和有关部门,为纪念毛泽东同志诞辰九十周年,编辑了一部《重庆谈判纪实》来征求我的意见,我完全赞成。这是一部十分珍贵的史料著作,得到了许多老同志如陆定一、王炳南、许涤新等的支持，因而很快出版，广为发行，并在海内外引起了热烈的反响。随后，重庆市政协孟广涵、周永林同志来北京，我和他们商定，以《重庆谈判纪实》为基础，前延后续，全面反映第二次国共合作酝酿、形成、发展、破裂的历史，为后人留下一部第二次国共合作的史证。

经过八年来有关部门和许多同志的共同努力，形成了一套《第二次国共合作纪实丛书》，即《抗战时期国共合作纪实》、《重庆谈判纪实》、《政治协商会议纪实》以及《国民参政会纪实》。全套丛书共八卷约五百万字。

在中国共产党成立七十周年的光辉节日即将到来之际，这套辉煌巨著全部出齐了，我要向丛书的编辑者、出版者，以及关心、支持、帮助该丛书出版的同志们表示祝贺。我相信，这部巨著对于祖国的统一大业和学术的繁荣昌盛，都将发挥重要的作用。

我也衷心地希望和同志们一起，为进一步征集和研究中共党史而继续努力，把党的革命传统和优良作风世世代代传下去，为建设有中国特色的社会主义贡献力量。

一九九一年一月一日

于福建漳州

编辑说明

　　《抗战时期国共合作纪实》(上、下)由重庆出版社于1992年出版受到国内外学术界的重视,迄今已经25年。值此中国人民抗日战争暨纪念世界反法西斯战争胜利70周年之际,我们对书中的部分文献资料重新进行了校对、补充,将此书纳入《中国抗战大后方历史文化丛书》再版。但由于体例和客观条件的限制,还有一些十分重要的材料未能收录进去。

　　为了保持历史文献资料的原貌,在不影响理解的情况下,我们均未进行修改。

　　我们诚恳期望海内外学者和各方面人士在使用本书的同时,继续对本书给予帮助和批评

编者

2016 年 9 月

抗日民族统一战线的历史回顾[①]

周恩来

自从我们党提出抗日民族统一战线的主张,到去年提出联合政府的主张,有了发展,实际上是一个东西。联合政府就是抗日民族统一战线在政权上的最高形式。国民党对于我们的主张,不管是抗日民族统一战线也好,民主共和国也好,联合政府也好,总是反对的。因为他是站在极少数人的利益的立场上,反对我们代表的极大多数中国人民的利益。毛泽东同志在《论联合政府》的政治报告中告诉我们,这是两条路线的斗争。一方面是国民党政府压迫中国人民实行消极抗战的路线,另一方面是中国人民觉醒起来团结起来实行人民战争的路线。我们知道,抗日民族统一战线的酝酿时间很长,差不多"九一八"以后就逐渐向着这个方向发展。从"九一八"到现在,可以分成五个阶段:第一个阶段,是从"九一八"到西安事变;第二个阶段,是从西安事变到"七七"事变;第三个阶段,是从"七七"事变到武汉撤退;第四个阶段,是从一九三九年国民党五中全会到去年国民参政会开会;最后一个阶段,是从我们联合政府口号的提出一直继续到现在。在这五个阶段中,国共两党在全国抗日与民主的问题上,长期地存在着原则的分歧和严重的斗争。

第一个阶段,从"九一八"到西安事变,有五年多时间。国共两方面斗争的中心,是抵抗日本侵略还是不抵抗日本侵略。我们这方面,在全国人民面前所提出的,是要求停止内战,一致抗日。而国民党当局,在全国人民面前所

①摘自周恩来在中国共产党第七次全国代表大会上的发言:《论统一战线》。题目是编者加的。——编者

提出、所坚持的,是"攘外必先安内",实际上就是内战的方针。"九一八"以后,我们向全国国民党的军队提议,在停止进攻、给予人民以自由权利和武装人民三个条件之下,订立停战协定,以便一致抗日。毛泽东同志在报告中已经写了。我们的号召得到了若干国民党军队的响应。例如察北同盟军、福建人民政府和十九路军,以后的东北军、十七路军,都响应我们,跟我们合作。其他一些地方系的军队虽然不是完全同意我们的口号,也和我们有某些合作。就连国民党中央系的军队,在江西打我们时,也有主张开到华北去抗日的。但是那时国民党蒋介石怎样对付呢?对于我们,是不断的"围剿",更加猖狂的内战。对于那些和我们合作的友军,是进攻他们,解散他们,消灭他们。对于自己的嫡系军队,他发过这样一个命令,"侈言抗日者,杀无赦"。就是谁敢多说抗日的话,就杀了他。以后,一九三五年华北事变发生了,我们的红军主力北上了,我们就提出了抗日民族统一战线的口号和民主共和国的主张,并且在一九三六年给国民党的信中,提议召集国防会议,发动抗战,召集民选的国民大会,实现民主共和国。在行动上,我们东渡黄河抗日,响应那时华北的"一二·九"运动,掀起了全国的救亡运动。这时候国民党当局却调了大兵到山西阻拦我们抗日,目的是想把我们消灭在西北地方。在西安事变时,我曾经问蒋介石:"我们要求停止内战,为什么不停止?"他说:"我等你们到西北来。"我说:"我们已经到西北一年多了。"他就没有话说了。他的意思很清楚,是要在西北消灭我们。所以在西安事变前,还有山城堡的一仗。东边也堵,西边也堵,就是要消灭我们。对于全国的救亡运动,他是极力地压迫,最后发生七君子入狱的事。所以那时毛泽东同志写的我们党给国民党的信里说:"爱国有罪,冤狱遍于国中;卖国有赏,汉奸弹冠相庆。"虽然这样,但是因为我们不断地要求,全国人民不断地呼吁停止内战,一致抗日,所以国民党先派了两个代表到瓦窑堡来谈判,以后我们就派了代表潘汉年同志去跟他们谈判。国民党蒋介石对谈判的想法是怎样呢?那时他是把我们当投诚看待,想收编我们,直到西安事变以前,还是这样的想法,要把我们的军队顶多编三千人到五千人。至于对国民党军队中很多愿意抗日的军队,特别是东北军,就压迫他们。蒋介石对张学良将军曾经说过这样的话:"你的责任就是剿共,不许到绥远抗战。若要不然,就把你换掉。"以后召集西安会议,陈诚来了,蒋鼎文也来了,是准备以蒋鼎文代替张学良的。这样就逼出来一个西安事变。对西安事变,我们党坚持了和平解决的方针,取得了张学良、杨虎城将军的同意,把蒋介石放回去。蒋介石本人当时具体的诺言是什么呢? 就是"决不打内战了,我一定要抗日"。但是张学良送他到南京以后,他就把张学良扣起来,把杨虎城送出洋。这样一来,就激动了东北军、十七路军,几乎把和平破坏。而且他又拿军队来压迫,派特务挑拨,闹出了杀王以哲的事情。从此可见,西安事变和平解决以后,他的内战思想还没有死,并且一直没有死过。现在还可以说一件事,宋子文也是当时谈判的所谓和平使者,那时他答应在蒋介石出去以后,负责改组南京政府。结果这话一直到今天,已经有八年,仍没有兑现。去年我在重庆见他时,说过这样一句讽刺话,我说:"西安事变时你答应的诺言,我还没有给你宣布过。"事实证明他一直没有兑现。所以在这第一个阶段,虽然内战是停止了,和平是取得了,但这是逼出来的。这就是我们党中央、毛泽东同志的方针:逼蒋抗日。但蒋介石内战之心并没有死。

第二个阶段,从西安事变到"七七"抗战,大概有半年多时间。两方面争论的中心,是真正准备抗战,还是空谈准备抗战。当时我们党在给国民党三中全会的电报中,毛泽东同志在党的苏区代表会议的报告中,都是这样说:要真正地实行民主自由,真正地准备抗战。要真正准备抗战就要有民主。我们的中心口号是以民主来推动抗战。国民党当时的方针是什么呢? 是"根绝赤祸",拖延抗战。就是要把共产党的活动消灭、根绝,就是在准备抗战的借口下把抗战拖下去。这是当时蒋介石的思想。

我们来看事实。在一九三七年二月,我们给国民党三中全会的电报上,提出了四项诺言、五项要求。四项诺言大意是,答应改编我们的军队,把我们的苏区改为民主的边区,停止武装暴动推翻国民党政权,停止没收地主土地的政策。五项要求大意是,要求国民党停止内战,给人民自由和释放政治犯,召集各党派会议,真正实行抗战的准备,改善民生。而国民党的回答是什么呢? 就是来一个"根绝赤祸"的决议案。那决议有四条:取消红军,取消苏维埃政权,停止赤化宣传,停止阶级斗争。这个东西是双关的,因为红军改了名称,也可以说是取消红军,但红军还存在;苏区改了名称,也可以说是取消苏区,但苏区还存在。所谓停止阶级斗争,停止赤化宣传,就是不许我们在国民党统治区有政治活动。那时候一方面和平了,一方面又埋伏了文章。这个文章一直埋伏到现在,还是要取消我们的军队和政权。那时候国民党内也发生了一部分人跟我们合作的运动。这一部分人,孙科、冯玉祥等也在内,提出了恢复孙中山先生三大政策的决议案,但是没有被通过。那时我们曾经主张召开民选的国民大会,成立民主的政府。毛泽东同志在五月代表会上做了报告,我奉中央命令也写了一篇文章,国内国外的民主分子都很赞成。但是国民党的回答是什么呢?搞包办的国民大会代表选举。现在准备召开的国大的祸根,就是那时候种下的。那时我们主张召开各党派会议,但国民党来了个庐山谈话会,不是大家坐下来开圆桌会议,一道商量,而是以国民党作主人,请大家谈话一番。这个谈话会的方式,一直到上次王世杰同我谈判时,还想采用,提议组织什么政治咨询会,结果还是谈话会。不过庐山谈话会的时候,共产党没有身份,我同林伯渠、博古同志三个人不露面,是秘密的,现在他们提议的办法,是给个"公开",我看就是差了这一点。我们同国民党的谈判一次在西安,一次在杭州西湖,两次在庐山进行。谈判的对象是顾祝同、蒋介石等人。谈判的内容是要他们承认我们的军队,承认我们的边区,承认各党派的合法地位,组织各党派的联盟,就是统一战线。国民党蒋介石的回答是什么呢?他只准我们编三个师(四万五千人),一直到现在还是这样,而且无论如何不给建立统帅部,他要直接指挥。对边区呢?开始承认了,但是抗战以后又推翻了。蒋介石有一次对朱总司令说:"你抗战了还要边区!"他想给个总司令的名义,就可以取消边区。结果平型关打了一个胜仗,他又承认了,那是在行政院第三百三十三次会议通过的。到南京撤退,他又把这个决议束之高阁,直到现在还没有承认。对我们的党,就更荒唐了。我们要求各党派的合法地位,建立各党派的联盟,但他在庐山第一次谈话会上居然敢说:"请毛先生、朱先生出洋。"你看,他竟会这样想!我们这样好好地同他谈判,他却以送杨虎城出洋的手法来对付我们。关于发表国共合作的宣言问题,在第二次庐山谈话会上,我们带去起草好的宣言,他要动手改两句,那时候我们还客气,同意他修改了两点。但修改了他也不发表,总想把共产党合法这一点抹杀掉。要不是"八一三"打响了,就不会允许我们建立八路军总指挥部和十八集团军总司令部的组织。朱总司令和我同叶剑英参谋长到南京,开始蒋介石还没有决定给八路军的名义,但是到上海打响了,他从庐山跑回来,觉得这是全面战争了,才发表了八路军的番号,紧跟着又发表了十八集团军的番号,要我们的军队去打仗。后来宣言也发表了,但蒋介石又发表了一个谈话,一方面是承认我们,可是另一方面,还是说要取消红军,取消苏区。他说我们是一个派,不承认我们是一个党,强调要集中在国民党领导之下,还是以阿Q的精神来对付我们。

这些经历证明,我们的主张把全国人民振奋起来了。西安事变的和平解决,推动了全国抗战。这样,抗战是逼成了,谈判也算逼成了,统一战线也算逼成了。同时又证明,只有人民有力量才能逼成。而且还证明,蒋介石的反共思想是不变的。

第三个阶段,从"七七"抗战到武汉撤退,大概有一年半时间。这个时期斗争的中心,是全面抗战还是片面抗战。我们党的口号,是持久战争、人民战争,就是全面的抗战、全民族的抗战。而国民党方面呢? 他们是要速决战,只许政府抗战,不许人民起来,以此来对抗我们的持久战争、人民战争的方针。首先是"八一三"后发生的对出兵问题的争论。我们党中央、毛泽东同志的方针,是要分批出兵,不要一下子开出去。我们主要是到华北开展独立自主的山地游击战争,去创造华北战场,作持久战的准备,这样才能取得胜利。而国民党要求我们一次开出去,并只指定五台山东北边的小块地方(如涞源、蔚县)为我们的防区,企图在那个山屹崂里叫日本人把我们包围消灭。

在全国范围内,党中央和毛泽东同志的方针是坚持持久战。而国民党呢? 是幻想速胜。他们觉得,只要打几个胜仗,就可以引起国际的干涉。最大的希望是苏联出兵,次之就是英美在上海干涉。所以他们就打阵地战,把一二百万军队都调到上海,拿去拼,牺牲极大。在南京快丢失之前,蒋介石曾打电报给斯大林说:啊呀! 我这个地方已经不能苟安了,请你赶快出兵吧! 他还要求同苏联缔结军事协定。事实上,苏联已经帮助了中国的抗战,帮助了军火、飞机，还和中国签订了一个互不侵犯协定，在政治上给以帮助。蒋介石实行阵地战的结果，把主力拼掉了很多，所以在南京撤退的时候曾一度动摇过，想议和，不过没有搞成，因为日本的条件很苛刻，主要的还是全国的抗战高潮已经起来了，他不敢投降。由于国共双方采取这样不同的方针和做法，结果我们在华北就创造了游击战场、根据地，而他就失掉了华北和华中的大块土地，一直到武汉撤退，在许多次的阵地战中，损伤了很大的兵力。这是战略方面不同的意见。当然那个时候在武汉，我们自己也有错误。就是说，当时在武汉做领导工作的同志，我也在内，着重在相信国民党的力量可以打胜仗，而轻视发展我们自己的力量；在战争上强调运动战，轻视游击战。所以在武汉时期，我们在长江流域的工作，没有能像华北一样，利用国民党军队撤退的时候，到农村去，发动农民，广泛发展游击战争。在武汉谈判当中，我们还是继续坚持各党派联盟的主张，就是建立统一战线组织，制定共同纲领，改革那时的政治机构。而国民党方面呢？他们提出一个政党、一个主义、一个领袖的口号，想把我们吸收到国民党里头去，加以溶化。他们那时叫"溶共政策"，好像要拿水把我们化了。国民党是水做的林黛玉，但是我们没有做贾宝玉，化不了。另外，他们提议，只要你们加进来就好了。我们说，组织一个联合的同盟是可以的，你们是一份，我们也是一份，各有独立的组织。我们进到国民党里面去，要保持我们共产党的独立的组织，也可以像大革命时期第一次国共合作一样。但蒋介石又不干，他说，党外不能有党。我们说，你那个党内就有派，党外有党没什么关系！他说，你们可以进党来作为共产派，不要在外面。他就是想把我们溶化，当然用这个方法是谈不通的。他组织三青团，我们也主张共同参加，发展青年运动，但蒋介石也不干，他就是要拿三青团把一切青年组织都取消，统一到他那里，不许有别的党派在里面活动。这当然也就谈不通。他对我们在敌后的政策，就是让我们到敌后打敌人，削弱我们。正如朱德同志那天说的，国民党在华北很快地就退走了，不能不让我们去。所以武汉时期，他答应要我们到华北、山东去发展游击战争。徐向前同志带——五师到山东去，还得到了他的同意。但是他看到我们的游击战争有发展，人民力量有发展，建立了根据地，就害怕，所以紧跟着就派鹿钟麟、张荫梧带兵同我们磨擦。我们在政治上主张要改革政治,成立民意机关。他那个时候,一方面搞参政会,另方面还是一党专政,参政会只是一个"作客的机关",并且还解散了一些人民团体。

在这个阶段我们可以看出,国民党蒋介石速胜论失败了,依赖外国参战也落空了,投机不成,投降又不敢。他被八路军的力量、人民的力量逼得不能不走向持久战,不能不在政治上表示一点进步。但他的投机性、反动性还是继续保留的。

第四个阶段,从一九三九年国民党五中全会一直到去年参政会国共两党公开谈判为止,时间整整有六年之久。我们党跟国民党争论的中心,也就是像我们党一九三九年"七七"宣言上所说的,我们是坚持抗战、团结、进步,而国民党则是要妥协、分裂、倒退。这种斗争到现在还继续进行着。我们在这六年当中,主张积极抗战,求进步,靠自己。我们一方面要求国民党能够这样做;另方面我们在敌后做出了成绩,创造了十九个解放区,发展了很多的军队,证明了我们的办法是对的,这样才支持了国民党正面战场,推动了全国的民主运动。可是国民党在这六年中怎么样呢?是相反的,也就是我们常说的消极抗战,积极反共。毛泽东同志在这个会议的报告中,也分析了他们依靠外国帮助,等待胜利,勾结敌人伪军来制造内战的这一套。正因为这样,所以在这六年中,就有三次反共高潮,进行过三次谈判。

关于这两个"三",也可以说一说。开头有一个帽子,就是国民党的五中全会。五中全会是一九三九年一月武汉撤退以后开的。我们党在那个时候去了一个电报,态度是要求进步,反对汪精卫投降,主张严整抗战阵容,刷新政治,改革政府。但是国民党五中全会的回答是,来一个《限制异党活动办法》,会上原则通过,会后国民党蒋介石又对我们军队,对边区,对共产党,对人民的活动等等,订了许多限制的办法。总起来就是:首先,抗战只有一个领导,军令政令必须统一。一直到现在还是这样主张。第二,取消"特殊化",反对所谓"封建割据",对边区要包围要封锁。这也是一直搞到现在的。第三,不许再叫八路军,只能叫十八集团军。这是什么意思呢?八路军是平时的军队编制,就是说平常的时候也是有的,而十八集团军是抗战时期的军队编制,既然是战时编制,那么战后就可以取消了!文章在此。但是华北的老百姓回答了他:还是八路军这个名字便当,十八集团军字多不好念。蒋介石订这一条就是他准备取消八路军的一个步骤。以后他就不断地把队伍开到华北,跟我们磨擦。先后有朱怀冰、石友三、高树勋、汤恩伯这些人。并且还要取消我们的办事处,只许西安和重庆的办事处存在,其他的都要取消。因此,平江惨案发生了,竹沟惨案发生了,广东韶关办事处、桂林办事处也取消了。这些都是那个时期的事情。第四,不许国民党区域有共产党的组织。所以以后发现了共产党的秘密组织就破坏。不许有秘密的人民运动,而且不许宣传。所以《新华日报》常常被检查、扣留,党中央和毛泽东同志的许多文章不许登。一九三九年国民党五中全会这个方针,一直贯彻了七个年头。我们说国民党消极抗战,积极反共,就是从那个时候开始的。当然,根子是从历史上来的。

有了这个帽子,底下就有了三次反共高潮。第一次,朱德同志已经说了,是从打边区、取消我们的办事处和制造平江惨案开始。最主要的是在华北,且新军事变一直到朱怀冰和我们磨擦。以后蒋介石打不下去了,失败了。朱德同志说得很对,蒋介石就是怕一个东西,怕力量。你有力量把他那个东西消灭得干干净净,他就没有说的。朱怀冰被消灭完了,蒋介石从来没有提过这个事情。他只好捏住鼻子叫卫立煌和朱总司令谈判,划漳河为界。第一次反共高潮过去了,就来了个第一次谈判。我们的方针是有理、有利、有节。我们打了胜仗不骄傲,还是和他谈判。我们是相忍为国。那次是我出去谈判的。我们和他一谈判,他就想讨一点便宜。那时谈判有四件事:党的合法,边区的承认,军队的增加,还有作战地区的划分。中心是在第四条。他就是想把我们赶到黄河以北,不要新四军在长江以南。那个时候有几个"北":山东是鲁北,山西是晋北,还有一个黄河以北。他是想把我们都往北送,这真是"投畀有北"。那我们就不干,所以发生了严重的争论。他毫无让步。我们作了一点让步,答应皖南部队退到长江以北,也是一个"北",叫做江北。但是他还不干,来了一个何白《皓电》,要我们到黄河以北,也是一个"北"。他坚持《中央提示案》,因此引起了第二次反共高潮。这是一九四〇年冬天开始,是从苏北战争埋伏下来的。苏北战争是他的阴谋,他原来想先从苏北下手,后打皖南。因为苏北我们的力量小,而他有韩德勤、李守维两个军在那里。他们企图北面一压,南面一打,我们就只有"喝水"了!哪晓得他搞错了,因为苏北有刘少奇同志的领导,改正了项英同志的错误。陈毅同志领导军队,执行了中央的正确方针,来了一个"退避三舍"。他打来了我们就先退。后来在黄桥来了个反击,消灭了他们两个师。蒋介石捏住鼻子没有说话,但他是要复仇的。在苏北战争结束后,王懋功就到顾祝同那里去,布置皖南事变,但是表面上他还想麻痹你一下。那时候我在重庆。十二月二十五日圣诞节那一天,就是当年西安事变后蒋介石被放回去的那个日子,他忽然请我去他那里,大谈我们是患难朋友,大灌米汤。我看米汤不好喝,引起我的警惕,赶紧打电报给毛泽东同志,说这里面有文章。果然不过十天,他就动手包围皖南的部队,来了第二次反共高潮。因为当时皖南领导部队的同志犯了错误,所以受了损失。他就更加蛮横起来,宣布取消新四军的番号。但是我们党在毛泽东同志领导下来了一个回击,他不承认我们承认。从此新四军变成只受共产党领导、指挥的军队,不受蒋介石领导了,于是就麻雀满天飞,从十万人发展到三十万人,从三个省的地区发展到现在七八个省。这就是第二次反共高潮。等到第二届参政会的斗争取得胜利,第二次反共高潮就结束了。从第二次反共高潮到第二次谈判,中间隔的时间很长,因为这时候正是一个复杂时期,有日苏协定,德苏战争,太平洋战争,以及新疆问题。第二次谈判是在一九四二年的下半年,但事前也有些小的接触。日苏协定订立以后,紧跟着有中条山战役,蒋介石怕中条山守不住,希望我们配合,但主要是试探我们还打不打日本,当然这完全是他的糊涂想法。我们表示配合作战,但是蒋介石又怕我们,不要我们过漳河之线,要限制我们作战,这就很难配合。他在中条山,我们在漳河北怎么样打呢?同时他又不给我们下作战命令,要我们自己打。我们要一点补充,他说,只要打,我不会辜负你们的。我们打了,他又取消诺言,食言而肥。这是一次接触。后来,太平洋战争前夜,中国的情势很紧张,日本和美国有妥协的可能,这时要开参政会,他又表示要举国一致。我们为了阻止日美妥协,表示在抗日问题上还是和他一致,所以参加了参政会。那时候有一个条件,就是要把叶挺将军放出来(皖南事变中叶挺将军很勇敢,站在最前线和国民党斗争）。蒋介石答应了这个条件，并由张群担保。我们要求参政会以前就放出来，他不干。我们也打个折扣，那时候董必武同志和邓颖超同志都在重庆，两个人就只出席一个人，他来这一手，我们也来这一手。参政会开了，他仍不放。根据最近的消息，叶挺将军被蒋介石搞到重庆戴笠的特务机关里去了。世界上最不守信义的莫过于蒋介石。这是这个时期小的交涉。到一九四二年下半年谈判以前，蒋介石还想来一套手法，因为那时候新疆问题解决了，有点得意忘形，他说："我到西安去请毛泽东先生出来谈一谈。"后来林彪师长去进行第二次谈判。当时我们还是希望在抗战中能找到一个团结的办法，所以在一九四二年党的"七七"宣言中表示出团结的态度。蒋介石以为我们有点可以让步的样子，提出的条件更苛刻，坚持我们的军队不能多编，仍是八个师，军队编了以后党才能合法，边区要改为行政区，作战地区还要向北移动。这个谈判拖了很久，实际上是他不想解决问题。他是想继续投机，希望那时候有一个日苏战争，一旦日苏打起来，就把我们赶到北边去，实行他原来的计划，所以他就要拖。我和林彪去见张治中，他公开说："还不是拖！"这里头又有文章，结果拖出来一本《中国之命运》，拖出来一个第三次反共高潮。那个时候正遇上共产国际解散，蒋介石以为我们党内会有争论，于是就投这个机，来了一个取消中国共产党，而且还来了一个包围边区，打我们的心脏。第一次反共高潮打华北，第二次反共高潮打华中，第三次反共高潮打西北。我们揭露了他，全国人民都同情我们。在国际舆论上，不管苏联也好，英美也好，都反对中国的内战。所以就把蒋介石的第三次反共高潮压下去了。国民党十一中全会以后，蒋介石在国民参政会上又表示愿意政治解决，可是来了个八字由头，说我们"破坏抗战、危害国家"。第三次反共高潮过去了，我们表示，如果他愿意政治解决，我们总是可以谈的。所以去年林伯渠同志又出去进行第三次谈判。这次谈判正值宪政运动之期，我们就表示要实行民主和宪政，提出了政治问题三条，具体问题先是十七条，以后改为九条，其他的八条改为口头的，这样正式文件共有十二条。从西安谈到重庆，一直谈了差不多半年，还得不到结果。蒋介石就来了第二次《中央提示案》，集中起来就是要我们做三件事：第一，十个师以外的队伍全部限期取消。第二，规

定要十个师集中到哪里就必须到哪里。第三,敌后解放区所有的政府一律都
交给流亡重庆的省政府接收。这样的条件我们当然不能接受,谈判就在林伯
渠同志在国民参政会报告后告一个段落。

　　从这三次反共高潮和三次国共谈判中可以看出来,国民党继续反共和内
战的方针,在第四个阶段中特别明显,所以谈判时他们充满着反共思想,反共
高潮时就打起来了,这就是内战,虽然这样,文章还没有了结,还有新文章:不
是再来第四次反共高潮,就是再来第四次谈判。结果,不是反共高潮而是继
续谈判。这个谈判不仅有第三方面的民主人士参加,而且有外国人参加;同
时,谈判又是公开的。这是和过去谈判不同之点,是一个新的阶段。

　　第五个阶段,从我们联合政府口号的提出到现在。这个谈判有一个中
心,就是我们提出成立民主的联合政府,而国民党要继续一党专制的政府。
这是一个斗争,就是毛泽东同志报告里说的两条路线的斗争。我们的方针
是,立即召开党派会议,成立临时的联合政府,战后召集国民大会成立正式的
联合政府。国民党的方针是,不放弃一党专政,包办国民大会,继续一党专
制。半年来斗争更加尖锐。这样的斗争更振奋了全国的民主运动,更使成立
联合政府的主张为国际国内民主人士所拥护,所同情。正因为这样,所以谈
判也就继续下去,于是有了赫尔利到延安以及我的两次出去。赫尔利在延安
和我们签订了五条协定,同意我党毛泽东同志所提的联合政府的方针。这五
条内容主要是:为共同打败日本强盗建设新中国,要在联合政府之下统一起
来;要成立各党各派无党无派的联合政府,要成立代表所有抗战力量的联合
统帅部;要给人民自由,要实行民主的改革;要承认所有抗日的力量,装备所
有抗日的力量,统一所有抗日的力量(用联合政府来统一);承认所有党派的
合法地位。这五条不仅我们提出,而且美国大使赫尔利也是签了字的。这五
条他承认了,所以我到了重庆,就是为实现这个方针——联合政府的方针。
但是蒋介石又拒绝了。我回延安以后,赫尔利又继续邀请,我就又出去一次,
提出为实现联合联府,办法可以采取一个准备的步骤,先开一个各党各派的
会议,就是国民党、共产党、民主同盟三方面和无党无派分子的代表人物的会
议,来讨论如何改组国民政府成为联合政府,如何起草共同纲领,如何废止一

党专政。这一次谈判国民党蒋介石还是不同意,反而叫嚷什么"你们要联合政府就是要推翻政府,开党派会议就是分赃会议"。完全把我们的主张抹杀了。他还是要继续原来的方针。从《根绝赤祸案》到《限制异党活动办法》,历来的主张,就是要我们把军权、政权交出来。这从蒋介石今年三月一日的演说上就可以完全看出来,要我们把军队和敌后的政府都移交给他。他给我们什么呢?不是联合政府。他能够给我们的,就是参加政府去作客。这个客我们作了八年,我们还稀罕作这个客?要把军权、政权交出去,当然是绝对做不到的事。但是蒋介石还是要你这样做,他说可以给共产党合法,但那是把我们手脚捆起来的合法,手脚捆起来还有什么合法!当然很清楚地可以看到,这样的主张后面还有一手,就是三月一日宣布的要在今年十一月十二日召开国民大会,但这还是八年以前国民党包办选举的国民大会。他名义上要还政于民,实际上是要经过召开一党包办的国民大会,通过一党专制的宪法,来承认国民党专制的合法。假使谁出来反对,他就说你是分裂,他就要统一你,你不受他统一,他就要讨伐你,这就是他所准备的全国规模的内战。他这条方针完全是和我们对立的。今天除了抗战这点上还可说是相同之外,至于如何抗战,完全是两套。我们是要胜利——彻底的胜利,要民主——新民主主义的民主,要团结——民主的团结,不但要国内的团结而且要国际的团结。国民党是另外一套,不是要彻底的胜利而是企图妥协投降,将来能用日本的资本和武器来打内战,把伪军收编过来打内战,不是要民主而是要维持独裁,不是要团结而是要分裂,在国际上是挑拨离间,企图英美帮助来一个"斯科比",国民党就是这一条路线。

从"九一八"以来的国共关系发展到今天,一般地是停止了大规模的内战,发动了抗战,这是统一战线的成功。我们创造和扩大了解放区,振奋了中国人民,推动了中国的民主运动。但是,就是在抗战之下还是有局部的内战,还是充满了反共、反人民、反民主的行动,这是国民党所实行的。这个对立斗争现在还是继续着。我们一方面反对这种反动的消极抗战的路线,另方面还是留有余地,不关谈判之门。三次反共高潮三次谈判,三次谈判后又继续谈判。谈判是为了胜利,为了民主,为了团结,这样的谈判才有作用,否则那真是谈话会了,那就不会有结果。这是长期以来抗日民族统一战线的经过情形。

一九四五年四月三十日

(选自《周恩来统一战线文选》,人民出版社)

目　录

第二章　第二次国共合作的正式形成（一九三七年九月——一九三八年冬）

四、皖南事变发生，国共合作濒于破裂边缘

五、敌顽呼应，制造谣言挑拨国共关系

六、国内外各方人士呼吁制止内战，团结抗日

第四章　国共合作在曲折中出现转机（一九四一年六月——一九四四年八月）

第五章　国共合作走向新的阶段（一九四四年九月——一九四五年八月）

一、国共两党首次公开谈判经过，共产党提出成立"联合政府"的主张

三、国共两党围绕建国问题展开激烈斗争,中外舆论支持共产党"联合政
　　府"主张

第六章　国共两党谈判的回忆

第七章　结束语

第一章 第二次国共合作的酝酿

（一九三一年九月——一九三七年七月）

一、"九一八"事变后，全国各界纷纷要求抗日救国

1. 中国共产党为日本帝国主义强暴占领东三省事件宣言

全中国工农兵士劳苦民众们：

万宝山与朝鲜之血迹未干，日本帝国主义又公开进兵中国强暴占领奉天、安东、营口，更大规模的屠杀中国民众了！

各国帝国主义，尤其是日本帝国主义是压迫中国，屠杀中国民众的万恶强盗，半年以来从万宝山朝鲜一直杀到青岛，现在又杀到奉天、安东、营口，中国劳苦民众被杀牺牲已经累万盈千，过去"五卅"、"济南惨案"等更擢发难数，现在它更公开更强暴的占领中国土地，其显明的目的显然是掠夺中国，压迫中国工农革命，使中国完全变成它的殖民地，同时更积极更直接的实行进攻苏联，企图消灭全世界第一个无产阶级的祖国，世界革命的大本营，及实行第二次世界大战，特别是太平洋帝国主义战争，实行更大规模的屠杀政策以瓜分中国。

帝国主义强盗看得很明白：苏联无产阶级专政日益强固，社会主义建设

得到空前的胜利，五年计划立刻就要完成，这对于帝国主义非常不利，而且含着极大的危险。各国帝国主义都拼命计划想消灭苏联，以图挽救他们垂死的命运，什么全欧联盟，什么胡佛计划，其根本用意都不出此。现在日本帝国主义实行占领中国东三省，不过帝国主义进攻苏联计划之更进一步的实现。全中国工农劳苦民众必须在拥护苏联的根本任务之下，一致动员武装起来，给日本强盗与一切帝国主义以严重的回答。

同时帝国主义强盗也非常明白，现在世界革命积极发展，中国工农革命运动日益高涨，工农红军与苏维埃区域又英勇的冲破了帝国主义国民党军阀第三次的"围剿"，土地革命与反帝国主义的浪潮，尤其在万案韩案之后，已经大大汹涌起来。这一革命浪潮的高涨，必然要根本上推翻外国帝国主义及中国豪绅地主资本家国民党的反动统治，建立工农兵苏维埃政权。外国帝国主义看着中国国民党军阀已经不能消灭中国革命，看着他在中国的走狗军阀国民党已经不能随心所欲的替它保护并扩张对华掠夺的利益，因此便直接占领满洲中国领土。满洲事变便是最明显的表现。中国各派国民党及各派军阀根本都是帝国主义的走狗，张学良及整个国民党在中国民众被日本强盗大大屠杀的时候，高唱无抵抗主义与和平镇静的忍耐外交，充分的表现了他们无耻屈服，出卖民族利益的面目。全中国工农兵士劳苦民众，必须坚决一致在争取工农革命胜利自求解放的利益之下，实行反帝国主义反国民党的斗争。只有广大群众的革命铁拳，才能制止帝国主义的暴行，驱逐帝国主义滚出中国！

最后，现在正是各国帝国主义内部互相矛盾冲突，经济恐慌与政治危机更剧烈发展的时候，它们这种冲突和危机必然引导它们到第二次公开的厮杀，尤其是太平洋日美冲突的风云甚嚣尘上，中国便是他们这种冲突火并不能放过的战场。他们一方面指使各自的军阀实行火并，另一方面有机可乘便直接出兵中国，以扩张他们在华的统治利益。这种事件，不一而足，过去英日屡次进兵中国，最近美国帝国主义也正高唱用十万大军进占中国。这次日本强占东三省显然是捷足先登，准备大规模的屠杀以牺牲中国。自然帝国主义与苏联的矛盾是最根本的矛盾，所以反苏联的战争是主要的危险，但是各国帝国主义自己互相冲突的战争也日益紧迫。全中国工农兵士劳苦民众必须在反对第二次世界大战，推翻帝国主义统治，争取中国民族解放的利益之下实行坚决的斗争，一致反对日本强暴占领东三省，实行变帝国主义压迫中国的战争为拥护苏维埃中国反帝国主义反国民党的革命战争，以解放中国。

全中国工农兵士劳苦民众们！正当受着军阀战争与空前扩大的水灾的蹂躏牺牲痛苦不堪的时候，日本帝国主义又公开进兵中国，强占中国领土，屠杀中国民众了！任何一派的国民党与军阀都只能压迫红军与苏维埃，实行军阀战争，加之制造灾荒，及投降帝国主义，出卖民族利益。过去"济南惨案"及"万宝山惨案"及一切惨案都被国民党政府无条件投降出卖了！我们还要梦想国民党政府去抵抗帝国主义进兵吗？国民党军阀的统治根本就是帝国主义压迫屠杀中国民众的保镖，我们应该一致动员起来，打倒国民党，打破一切和平改良的欺骗。只有群众斗争的力量，只有工农苏维埃运动的胜利，才能解放中国。

反对日本帝国主义强占东三省！

立刻撤退占领东三省的海陆空军！

自动取消一切不平等条约！

打倒一切帝国主义！

驱逐帝国主义在华的一切海陆空军滚出中国！

没收帝国主义在华一切财产！

反对帝国主义进攻苏联，武装拥护苏联！

反对帝国主义国民党进攻苏区与红军，拥护苏区与红军！

反对世界第二次大战！

打倒各派国民党，打倒一切军阀！

变帝国主义国民党反对中国革命的战争为反帝国主义反国民党的革命战争！

中国工农兵苏维埃斗争胜利万岁！

中国共产党中央委员会

一九三一年九月二十日

（原载《红旗周报》第十九期，一九三一年十月十八日）

2. 中国人民对日作战的基本纲领（中国民族武装自卫委员会筹备会提出）①

民国二十年九月十八日，因为张学良和南京政府采取无抵抗政策，所以日本帝国主义很容易的把我们的东北三省占了去。民国二十一年一月二十八日，日本帝国主义轰炸了我们的上海闸北，但是因为上海工人、十九路军兵士、贫民、苦力、学生们英勇的武装反抗，所以日本没有能够占领我们的上海华界（闸北、南市、吴淞等等）。去年一月一日，日本帝国主义占领了我们的山海关，二月间占领了我们的热河，以后几个月，日本帝国主义占领了我们的察哈尔，实行进攻绥远、内蒙与华北。最近且以袁的美教书的方式与政府当局谈判，要求获得统治华北与中国的一切条件。东北军已经南下，日本已派遣大军实行占领黄河以北的省份，并公开宣言整个中国是它的保护国。

显然的，日本帝国主义不仅想用武装力量来实行民国四年向中国提出的二十一条，它并且用流血政策来开始实现田中内阁的所谓对华的积极政策（即完全占领全中国及把全中国变成日本的殖民地）。

因此，现在全中国的民众，不管是汉人或是其他民族（蒙古、回族、满洲、西藏、苗傜〔瑶〕等等），都处在一个非常危险的生死的关头，他们都有受日本帝国主义轰炸、枪毙、格杀、拷打、强奸、污辱的危险。他们都要更加受冻、受饿、受穷、失业，他们将要受到和高丽人、台湾人同样的悲运。他们将要受到和在东三省三千万兄弟姊妹，热河与华北千百万兄弟姊妹同样的牛马生活的痛苦！

中国人民在自己的痛苦的实际的经验当中，已经深刻的觉悟到：要想依靠国民党政府来抗日救国，已经是完全没有希望的事了；要想从美国或国际联盟方面出来帮忙反对日本，也只是一种幼稚的蠢笨的思想，因为大家都晓得，美国和国际联盟什么具体的反日办法也还没有拿出来；而且大家晓得，就作为美国和国联能拿出一点办法来反对日本，那么与中国民众一定也不会有什么好处，这只是"前门拒虎，后门进狼"的办法罢了。由此可见：中国人民只

---

①根据《毛泽东选集》中《论反对日本帝国主义的策略》一文的注释，这个纲领是由中国共产党提出，经宋庆龄等签名公布的，又叫《抗日救国六大纲领》。

有自己起来救自己——中国人民唯一自救和救国的方法,就是大家起来武装驱逐日本帝国主义,就是中华民族武装自卫——换言之,就是中国人民自动对日作战,已经成为绝大多数中国人民所公认为唯一的正当的方法了。的确,这是中国人民自救救国唯一出路,这是中国人民对日本帝国主义的战争,这是正义的战争,这是进步的战争,这是保障中国民族生存的战争,这是拯救四万万人民的战争,这是为保障我国国家独立自主和领土完整的战争,换言之,这是使全人类四分之一的人口不当亡国奴的神圣战争。

然而,因为我们对于组织和实行这个正义的民族战争,没有一个共同的具体的纲领,所以直到现在我国人民反对日本帝国主义的行动就成为散漫的、无计划的、不能集中的,所以因此也就不能成为强有力的行动。关于这一点,拿已有的具体事实一看就明白了。比如说,我们的反日义勇军、反日救国军、反日游击队,虽然在东三省、热河和日本强盗打了很多仗,虽然我们的兄弟姊妹们英勇的实行了各种各样的反日斗争(反日罢工、罢课、示威、反日宣传、抵货等等),但是直到现在,我们不仅没有能够把东三省、热河和察哈尔收复回来,并且简直还不能阻止日本帝国主义向我们继续的进攻。因此,我们认为目前绝对必要提出几点最根本最具体的办法来,作为我国人民武装抗日的共同行动纲领。我们提出下列各点:

一、全体海陆空军总动员对日作战——中国的陆军常备军,在数量上比全世界任何国家要多些,除警察、民团、商团不计外,我国人民平时要养活三百万人的军队;海军和空军虽然还比较薄弱,但是人民为得养活他们,花了很大的经费,特别在最近几年,海军和空军的开支比以前大得多了。"养兵千日,用兵一时",因此人民完全有权利要求,把一切海陆空军立刻开赴前线,对日作战,立刻停止一切内战,立刻停止屠杀中国同胞的战争。然而大家都晓得,和日本帝国主义作战,仅仅靠我们的军队是不够的,所以必须:

二、全体人民总动员——就是说,开始的时候,可以用志愿军的办法,将来要逐渐的实行征兵制,要立刻成立广大的千百万人的群众的反日民众义勇军(工人反日义勇军、农民反日义勇军、学生反日义勇军、职员及各种自由职业者——医生、教职员、新闻记者等等的反日义勇军,同样要组织商人的反日义勇军),并且要使他们到前方和后方对敌作战。此外,必须组织广大的人民的参战组织(如供给粮食队、交通队、救护队、破坏队、宣传队等等)。很明显的,要想这样做,那就必须:

三、全体人民总武装——为达到这一点,必须要求国民党中央政府和地方政府立刻把全国兵工厂、军械处、火药局已有的、正在制造和将来制造的各种武器(大炮、步枪、机关枪、手枪、炸弹、迫击炮、大炮子弹、飞机,甚至土炮、土枪、长枪、大刀等等),完全发给人民反日义勇军,以便实行武装训练,并直接对日作战。如果谁要不愿意将武器自动的发出来,那么,人民只有自动的去拿这些武器;如果这些武器还不够,那么就要想法筹款向外国购买。但是大家都知道,要对日作战,这还不够,所以我们还须要:

四、立刻设法解决抗日经费——在战争一开始时,我们提议采取下列办法,解决经费问题:

(一)没收日本帝国主义在华一切财产——银行、工厂、矿山、铁路、轮船、大商店、日货等等(这已经是一笔很大的经费,因为日本在华投资已经超过日洋二十亿,就等于中国大洋四十亿元以上),停付日债一切本息(这又是一笔大款)。

(二)没收一切卖国贼的财产。

(三)国库一切收入,都用作对日作战的经费。

(四)实行征收财产累进所得税。

(五)在国内人民和国外华侨以及一切同情中国人民的人士当中,进行广大的募捐运动。

如果这些办法都实行的话,至少可以保证第一个时期的对日作战经费;如果将来还感觉经费不够时,我们还可想出其他的办法,来保证对日作战的经费,以便取得对日作战的胜利。

此外,在对日作战时,我们还须要强有力的集中的领导机关,因此必须:

五、成立工农兵学商代表选举出来的全中国民族武装自卫委员会——这是全国人民武装抗日的总领导机关。这个委员会的各界代表,是由各团体(各界反日会、反日义勇军等)在全体会员大会或代表大会上选出来的。在各省由各界反日团体,选出各省的民族武装自卫委员会,在各县,各城市,各乡村、镇,各区,成立县、市、乡、区民族武装自卫委员会,在各工厂,各铁路,各矿山、轮船、乡材、兵营、学校、公司、商店等等组织反日会分会和反日义勇军及其他反日队伍。全中国民族武装自卫委员会,有权力解决和支配与中国人民武装抗日有关系的一切事件。此外,为保证对日作战的胜利,我们还必须:

六、联合日本帝国主义的一切敌人——首先就是要联合高丽、台湾、内蒙古和日本代管的各种岛屿的一切被日本帝国主义压迫的民族,同样的要联合在日本国内进行英勇斗争,反对日本天皇和日本帝国主义的革命工人、农民、兵士、知识界等等,以便共同打倒我们的共同敌人——日本帝国主义。同时,我们公开向全世界宣言:一切对中国人民武装抗日作战表同情、援助或守善意的中立的国家和民族,我们都认为是我们中华民族的朋友;同时,对于那些帮助日本帝国主义反对中国人民的,或者学日本强盗一样实行瓜分中国的国家,我们把他们看成是日本帝国主义的强盗伙伴,我们将他们视为中国人民之敌。

我们上列六点,虽然还不敢说是包括了组织反日战争一切必要条件,但是,我们认为这些条件是最基本的、最具体的,只要能够做到这六件事情,我们就能够实行对日作战。我们号召一切中国同胞——一切愿意过人的生活,不愿当日本帝国主义的亡国奴的同胞,立刻在工厂、矿山、铁路、轮船、学校、乡村、公司、商店、兵营等等地方,举行谈话会、露天大会、代表会等,来讨论我们这个武装抗日纲领,并且立刻实行起来;首先就要实行组织反日会、反日义勇军,实行组织援助东北义勇军募捐委员会,并采取各种方法来为本纲领推行全国而奋斗。

我们完全相信:如本纲领能见诸实行,则结果不仅能阻止日本帝国主义对我们继续进攻,不仅能收复东三省、热河、察哈尔和一切失地,而且我们能够把日本帝国主义从中国赶出去。

中华民族反日神圣战争万岁!

大中华民族解放万岁!

中国民族武装自卫委员会筹备会

一九三四年四月二十日

（选自《中国共产党历史资料丛书·第二次国共合作的形成》，中共党史资料出版社，一九八九年）

3. 国民党已不再是一个政治力量（宋庆龄）

〈上略〉

由于日本公然侵入我东北，广州和南京这两个集团由于困难当前和舆论的谴责，都不得不暂时停止公开的战争，而召开所谓"和平统一会议"。阴谋围绕着会议进行了三个月之久，争论的中心问题不外乎党中央委员会和政府中职位的分肥。关于构成全国极大多数的农民工人的苦难和急需，在这个会议上没有一个字提到。这些敌对的派系，昧于自私自利，完全看不出个人独裁，党的堕落和帝国主义瓜分中国，都是他们使国民党脱离了群众的结果。

惟有以工农政策为基础的党才能为社会主义打下基础，才能粉碎军阀的势力并摆脱帝国主义的枷锁。假如所谓"和平"与"统一"进行顺利，从而各派都满足了它的食欲，那么"和平"不过是和平地分赃；"统一"不过是对群众进行统一的掠夺而已。绝不可能想象中国人民愿见这样的"和平"，或全国愿要这样的"统一"。

我们现在已经可以在南京看到这种统一的第一个果实。仅在三天以前，在帝国主义国家使节的命令之下，这个"统一政府"竟力图镇压爱国的学生运动。在不到十二小时的时间内，兵士和流氓包围了学生，棒打枪刺，把他们像畜牲一样地赶出城去。学生多人死伤，据报另有大批失踪。

暴行是在这样的时候演出的：一支外国帝国主义的军队正向锦州推进，而所有卖国贼和帝国主义分子正受到优遇、阿谀和保护。在口头上讲着革命外交、全民民主和言论、出版、集会自由的人们到达南京后，这个暴行就发生了。可以明白地看出，新的统一的政府是由日、法、英、美等帝国主义的代理人组成的，是服务于这群利害冲突的主子的，它将继续接受帝国主义者的命令，镇压中国民族求解放的任何一种形式的群众运动。

我不忍见孙中山四十年的工作被一小撮自私自利的国民党军阀、政客所毁坏。我更不忍见四万万七千五百万人的中国,因国民党背弃自己的主义而亡于帝国主义。

因此,我不得不率直地宣布,既然组织国民党的目的是以它为革命的机器,既然它未能完成它所以被创造起来的任务,我们对它的灭亡就不必惋惜。我坚决地相信:只有以群众为基础并为群众服务的革命,才能粉碎军阀、政客的权力,才能摆脱帝国主义的枷锁,才能真正实行社会主义。我深信:虽然今天当权的反动势力在进行恐怖活动,中国千百万真正的革命者必不放弃自己的责任;反之,由于国家当前形势的危急,他们将加紧工作,朝着革命所树立的目标胜利前进。

一九三一年十二月十九日

(选自宋庆龄:《为新中国奋斗》,人民出版社,一九五三年)

4. 全国同胞只有一条路(天津《大公报》社评)

上海形势,在此文撰稿时,尚不能知昨日一日之详状。或者暂停战而成英美之缓冲,或竟激战大起。虽然,有可绝对断言者,则问题断不能解决,且时至今日,已无所谓局部问题之解决。我全国同胞从此只有一条路——死里求生,上海问题,忽焉形成全国国民精神上之统一战线,国民政府之暂迁河南,即为代表统一的国民决心开始长期奋斗之象征! 此非以上海地位特重之故,乃因沪案而证明数点,遂使我国民不得不统一,不得不奋斗耳。自“九一八”以来,三省沦陷,创巨痛深,然而政府方针犹不能决,政治纠纷犹不能已,致令青年灰心,军士丧气,世界主张公道者亦以中国内政无办法为憾。此无他,敌强民困,顾忌本多,且犹存平和解决之微望,不易为孤注一掷之决心,而因对外无策,遂益使内部涣散,此数月来之大势然也。惟至沪事发生,证明整个的危亡即在目前,平和的希望,全付泡影。中国民族至此,除整个决心死里求生之外,已别无途路。夫东省问题之任何解决,必为屈辱,屈辱固所难堪,而弱国图存,策无万全,苟不危害国本,能忍犹应尽忍。独至沪事之起,则第一,证明日本政策,在整个摧毁现在中国之政治经济组织,至少使中国成半亡国、无政府状态,步步控制,处处寻衅,将桎梏其四肢,并击破其心脏,使之宛转就死而后已。第二,证明日本政策并不接受中国屈辱的解决,乃使其步步屈服至不能作交涉对手而止。此沪案所最易证明者。世安有既承诺最后通牒之要求,而仍不免于受攻击烧杀者乎?换言之,沪案证明中国虽欲对日本屈辱求免,亦不可得,上海且然,满洲无论,中国虽欲以屈辱的条件解决满洲问题,亦绝不可能矣。第三,日本政策,至少对东南一带,加以长期的威胁,或破坏,使之无暇亦无力再索还满洲,观最近东报载芳泽荒木等会议满洲伪独立国问题,荒木等陆军方面,主张独立国一成,日本即立时正式承认,芳泽有难色,谓国际须先疏通,否则日本在外交上将再陷穷地。其通篇中最可怪者,满洲为中国领土,日本之国际宣传,动云愿与中国直接交涉,然于此割地建国问题之会议,则所顾虑者,惟欧美如何疏通,绝不提中国一字。可见日本已决心不承认中国在东三省之领土权,故不承认中国政府为交涉之对手!以上三者为沪案起后关于日本外患性质程度之新证明。夫外交到屈辱丧权止矣,然屈辱亦不能图全,丧权亦不配交涉,且其摧毁我政治经济中心组织之进行,极为猛烈,是则四万万中国民族,已到生死主奴之最后关头,当然唤起涣散之国魂,共图紧急之自卫。凡人有所瞻顾或惜恋,不易下决心,今则事实逼迫,欲瞻顾而不容,欲惜恋而不得,此政府移豫之心理,抑即国民一致之心理。事态至此,即全国心理不期而定于一矣!自此以往,已无复枝节之讨论,及政策之选择。我全国国民面前,只有一条死里求生之路!所有阶级利害,党派感情,思想派别,个人爱憎,事实上已完全一扫。盖整个民族,将被摧毁,受蹂躏,左倾右倾,皆成废话,资本劳工,同受牺牲,此种真相在闸北惨劫发生之一刹那,立时为全国同胞所认识,涣散颓废之中国社会,立时一变而为沉着紧张。此诚理有固然势所必至者也。吾人兹望第一,政府本移豫之决心,奋斗到底,前拟开之国民救国会议,此时应速开,使如一九一九年新土耳其奋斗复国时代之国民大会,使政府得广大之后援,并植改造政治之基础。而目前大计,应速使国难会议开会,集中智识,期无遗误。第二,所有军队,宜一致绝对服从国府军事委员之指挥,忠勇服务,但勿有鲁莽之行动。第三,社会各界除积极各尽所能,以为贡献之外,消极的并须维持各地之秩序治安,巩固金融商业,勿信谣,勿自乱!全国国民于此,有应切切牢记之一要义:中国之兴国御侮,绝对有把握,日本军国主义者,断不能亡我。东三省寸土,亦不容丧失。凡任何牺牲,必得代价。国民须知:中国不孤立! 正义不灭亡! 日本在上海等处之暴举愈继续,则其军国主义之末路愈近。世界舆论动员矣! 惟视我国民之智慧勇气如何耳。

(原载一九三二年二月二日天津《大公报》)

5. 假如我是蒋介石(丁文江)

……

我们主张抵抗,不是唱高调,是唱最低的低调,不是凭一时的情感,是用十分的理智,不是谋自杀,是图生存。把这个前提认识明白了,然后才能有决心,有办法。

假如有了认识,有了决心,办法在哪里呢? 要知道我们要提议具体的办法,不但先要知道许多未经公布的事实,而且要了解掌握军政权人的心理和能力;不然,空言的办法,是决不能实行的。不过假如我是蒋介石,我的办法如左:

第一,我要立刻完成国民党内部的团结。自从"九一八"以来,南京政府常常以举国一致相号召,并且对非国民党的人表示愿意合作。但是南京政府依然是党的政府,党的内部依然是四分五裂。在这种情形之下,非国民党的人有两种感想,使他不能充分的合作。一是觉得政府没有诚意;政府当局和他们共过患难的党人,在这种危急情形之下,仍然不能彻底的放弃私怨,谋国家的生存。非国民党的人加入党的一部分,是否有合作的可能。二是觉得政府没有能力。当大难临头的时候,举国一致来负责任,天下事还未可知。现在各人依然以各人的政治生活为前提:你伺我隙,我攻你短。非国民党的人加入党的一部分,于事有何裨益。这一次三中全会,在广东的重要会员都没有加入,加入的孙科和任朝枢,还有一个置身事外。在这种情形之下,要谋彻底的抵抗,是极端困难的。广东派和南京派的分裂,原因固然是很复杂,但是胡汉民和蒋介石的冲突至少是导火线。广东派之至今不能合作,蒋、胡之不能以诚相见,是最大的原因。假如我是蒋介石,我一定立刻使胡汉民了解我有合作的诚意,用极诚恳的忏悔态度,请胡到南京。天下惟诚可以动人,何况在现在的情形之下。纵然胡始终不肯来,至少使国人知道蒋有与胡合作的诚意。不来的责任,在胡而不在蒋。若胡真能到南京,不但全国人知道国民党又变为完整的政党,我们拥护他,也还值得,也还可以希望发生效力,而且世界各国(日本在内)都知道中国的首领居然是"阋于墙外御其侮"的,于我们抵抗的能力,国际的形势有莫大的影响。

第二,我要立刻谋军事首领的合作。曾经反蒋的阎锡山和冯玉祥在北方依然有相当的势力。日本人终日放谣言,说某某要拥戴某某,推倒某某建设第二个"满洲国",在北方与南京对抗,我个人绝对相信冯、阎二人与这种谣言没有任何的关系。但是要在北方抵抗日本,山西是我们真正的后路。察哈尔是我们第二道防线。北方兵工厂比较的在安全地带的是在太原。我们预料平津到山海关的区域是不能久守的,如果张学良或是任何其他的军队退出居庸关,他们和政府的联络,全要依赖山西。所以第一部要与阎锡山有彻底的谅解,由中央尽量的供给他原料,日夜增加兵工厂的工作。在北方作战所需要的子弹,当然要由山西供给。冯玉祥是提倡积极抗日的。看他在河南内战的成绩,他是壕沟战术的能手。今日不妨给他一部分的军队,守一部分的土地。如是则全国军人都了解这一次作战与内战完全不同。拼命不是为个人而是为国家的。然后军队的调遣,给养的供给,子弹的分配,才不至于因政治问题而发生顾忌,发生障碍。

第三,我要立刻与共产党商量休战,休战的唯一条件是在抗日期内彼此互不相攻击。如果共产党不能同意,无休战的可能,应该责成广东、福建、湖南、江西四省从速合围,纵不能立刻彻底的消灭他,至少要封锁他在一定区域之内,使他在抗日期内不能做破坏的工作。共产党与第三国际的关系,是大家都知道了。中俄已经复了交了。形势与去年一月不同。为抗日计,与其与苏俄订不侵犯条约,不如与中国共产党休战,这是很容易了解的。

以上的三件事实上能做到如何的程度,虽然没有把握:但是以蒋介石的地位与责任,是应该要做的,做到十分,我们抗日的成功就可以有十分的把握;做到一分也可以增一分的效能,如果对于江西的共产党有相当的办法,长江以北的军队可以尽量的向北方输送;把守卫南京及长江下游的责任交给"剿共"的军队。总司令应该来往于石家庄与郑州之间。军队战守的分布应该打破防区制度,通力合作。如防守胶济路固然可以交给韩复榘,但是蒋介石直辖的军队,未始不可加入。救援热河,固然可以责成张学良,而冯玉祥何尝不可以指挥。山海关以西一直到平津,用甚么军队布防,甚么军队作战,应该通盘划算,由全国的军队在最经济最有效能范围之内,共同担当,夫然后可谋军令的统一,劳逸的均平。

国家当然不是蒋介石一个人的国家,抵挡也不是蒋介石一个人的工作,这是不用说的。但因为地位的关系,军事委员会的委员长所负的责任,比任何人为重大,谁也不能否认。中国今日已经到了死中求活的地步。无论内政的经过如何,在今日都不能算账。当局的人果真能为中华民国为最后的挣扎,国民当然要同他站在前线准备牺牲。要不然束着手等人家宰割,固然是该死,无计划,无决心的对付,牺牲未必不大,而结果是不堪问的了!

（原载《国闻周报》第十卷第四期）

6. 东北抗日联军呼吁关内军政领袖一致抗日

南京林主席,四川毛主席,南京蒋总司令,中国红军朱总司令,广东陈总司令,广西李总司令,香港陈铭枢先生、李济深先生,宜昌陈行营主任,山西阎绥靖主任,平津宋绥靖主任,东北军张总司令、于指挥、前抗日联军方将军振武、孙将军殿英,西安杨主任,长沙何主席,重庆刘主席,西宁马镇守使,迪化盛督办,甘肃朱主席、马军长鸿逵,十九路军蔡军长,前西北军冯总司令,黄埔军校、中央军校、保定军校及全国各海陆空军学校诸同学们,前东北义勇军将领马占山、李杜、王德林等,全国各省市县政府、全国各军师团营连排长并转士兵兄弟们,全国各商会、农会、职工会、学生会、教职员联合会、妇女会、律师公会及其他各法团,全国各报馆、通讯社并转全国同胞们:〈中略〉

我们代表东北四千万同胞和各地反日队伍,向诸公们诚恳地要求:不论蒋总司令的军队也好,不论其他党派的军队也好,不论共产党领导下的红军也好,不论过去参加抗日战争的军队或未参加过的也好,互相打过仗的或没有打过的也好,都应该不分党派信仰籍贯等之不同,都不应记仇宿怨,都应该以中华民族利益为前提,马上停止内战,枪口一致对外,一致去武装抗日,一致去争取中华民族独立与统一,一致去保证中华祖国领土完整。

我们代表东北四千万同胞与各地抗日队伍向诸公诚恳要求:马上互派代表开始谈判,共谋国防政府与全国抗日联军总司令部之建立,抗日联军之编制,抗日联军军费之筹备等事宜。

现在着派张健东为驻关内总代表,与各方面谈判关于抗日救国各种问题,并将续派东北民众与抗日队伍代表向诸公请愿,迅速出兵。

诸公们!同胞们!中华祖国处在危险之中!日寇得寸进尺,正在准备新的进攻。时机迫切,不容迟缓。请速行动!临电不胜迫切待命之至!

东北抗日联军第一军军长　杨靖宇

第二军军长　王德泰

第三军军长　赵尚志

第四军军长　李延禄

第五军军长　周保中

副军长　柴世荣

第六军军长　谢文东

东北义勇军总司令　吴义成

副司令　孔宪荣

汤原反日游击队

海伦反日游击队

东北抗日救国总会

中华民国二十四年十月十一日

(原载一九三六年一月二十九日巴黎《救国时报》)

7. 东北反日总会及抗日联军政治纲领

一、有钱的出钱,有枪的出枪,有粮的出粮,有人力的出人力,共同抗日救国,争取中华民族的独立平等和国家的统一。

二、没收日本帝国主义和卖国贼的财产,一部分作抗日基金,一部分给抗日贫苦民众。

三、反对日本修铁路、修马路、修电线、修炮台、修兵营。反对日本抽丁、派马、派车、派工等等来进攻中国人民。反对日本杀人、放火、强奸妇女、强迫搬家、归大屯。

四、反对日本仔缴照、强夺中国人民土地,反对日本武装移民,要求把土地归还中国农民。

五、反对日本仔缴枪,要求发还枪械,实行中华民族武装自卫。

六、联合一切抗日山林队,在物质上和精神上,援助抗日的队伍。

七、帮助抗日军,在"满洲国"中国兵士内宣传"抗日军专打日本仔和卖国贼,不打中国兵,中国兵哗变出来当抗日军"等等口号。

八、反对日"满"伪国的一切苛捐杂税,反对日本仔垄断东三省工商业、海关,主张中国商人的买卖自由。

九、反对日本仔的奴隶教育,反对强迫教授日文和日语,反对日本仔强夺中国邮政、电信,要求思想、言论、出版、集会、结社、书信和读书等等自由。

十、反对日本仔的强迫劳动,反对日本仔逮捕和屠杀中国工人,要求工人组织工会、集会和组织工会自由,实行八小时工作制。

十一、驱逐日本海、陆、空军出东三省,打倒"满洲"伪国,建立东三省抗日救国政府。

十二、没收日本帝国主义在东三省的一切铁路、矿山、工厂、银行等等,交给抗日救国政府来管理。

十三、中、韩、满、蒙被压迫民族联合起来,反对共同的敌人日本帝国主义及其走狗。

（选自《救国文选》,救国出版社）

8. 中华民族革命同盟成立宣言

资本主义的世界,因其内在矛盾的发展,引起普遍的经济恐慌与政治危机,到现在,已渐走入自掘的坟墓。但在它最后呼吸尚未停止之前,还不得不作最后的挣扎。于是帝国主义掠夺国外市场，分割殖民地的战争，便无法避免。而帝国主义者为准备战争起见，更不得不尽量的剥削国内劳苦群众，及残酷的压榨殖民地与半殖民地的民族。

因此，日本帝国主义者，自"九一八"以来，疯狂不断的向中国进攻，强占我东三省，炸毁我淞沪，掠取我热河，实际又控制了我华北，现在更加紧侵入我华中华南及西北各省，其势非吞并我全中国不止。

不谨如此，日本帝国主义还假了中日经济提携的假面具，强迫我减低关税，承认非法借款，让与华北及全国经济的优先权。于是我们的市场尽被它掠夺，我们的金融，尽被它操纵，我们的原料，尽被它垄断。结果是我们的农工商业尽被它摧残，我们全民族的生活，均陷入困苦悲惨之境。

犹以为未足，日本帝国主义者还要干涉我教育行政，监视我学校课程，审查我书报杂志；实行取缔我一切抗日思想与言论，以图根本消灭我民族意识，使我四万万的民众，安心做它的奴隶，以至于灭绝死亡。

在日本帝国主义这样狰狞面目之下，不料，昏庸的南京政府，因为要维持私人的政权，竟不惜以全民族的利益作牺牲，所以始则不抵抗，依赖国联，次则宣言长期抵抗，继则托词一面抵抗，一面交涉，而终则以贼作父，公然倡言中日亲善；其实自始至终是欺骗我全国民众。投降日本帝国主义，甘心做日本帝国主义的工具，以至四年之内，断送了八十余万方里的土地，三千余万的人民。现在更进而出卖华北，出卖全国，我四万万人民的身家性命，无日不在南京政府的拍卖之中。

因为南京政府要投降日本，以维持其汉奸政权，所以对内不惜毁灭一切抗日的势力，压迫一切抗日的运动，钳制一相抗日思想，因此十九路军"一·二八"在上海抗战，不但得不到南京政府的援助，终且被消灭。在长城抗战的军队，也因南京政府的不发械弹不派援军而至于失败。察哈尔的抗日同盟军，以及福建的人民抗日政府，也因为南京政府的压迫，而相继崩溃。抗日的文字被扣留，被查禁；抗日的分子被逮捕，被诛戮。于是卖国有功，救国有罪，降日者升官发财，抗日者格杀勿论，是非颠倒，黑白不分，以至民气消沉，人心涣散，这是我们民族最大的损失，也是南京政府最大的罪恶。再则，又因为南京政府只知道投降帝国主义，以保持私人的政权。所以对内只有铲除异己，独裁专制，横征暴敛，肆意搜刮，统治不到八年，发行十数万万的公债，增加了无数的苛捐杂税，实行了鸦片公卖，挪用了治水及赈灾的经费，非但不用关税保护国货，反而保护洋货。于是民族工业陆续破产。农村加速衰落，商业普遍萧条，形成国民经济的总崩溃，全国人民除了少数贪官污吏，因搜刮而挟有数百千万的家产，以供其穷奢极欲外，一般民众，只是受着重重的剥削，过着非人的生活，日趋于饥饿死亡的道路之中，中产者逐渐破产，自由职业者的没落，青年与工人的失业，士兵与下级公务员生活的困难，以及侨胞的被驱逐回国，无一不是南京政府与帝国主义者狼狈为奸的赐予。

因此，中国民众在这种状态下，只有自动团结，自动武装。各党派分子，只有以民族利益为前提，捐除一切成见，站在民众的最前线，发动全国民众，与帝国主义及其工具南京政府，作坚决不挠的斗争，中华民族，才有生存的出路。

中华民族革命战争，是中国民族反对帝国主义的一个伟大联合战线。这具有历史的意义的伟大战争，必须从抗日反蒋开始，在国际帝国主义中，日本帝国主义，是中国民族最大的仇敌，南京政府蒋介石、汪精卫是中国最大的汉奸，我们必须根本铲除这两大仇敌，才能完成中华民族革命的第一步。抗日反蒋，其中具有不可分离的联系，我们目前必须集中我们一切的力量，来担负这种任务。十九路军过去在"一·二八"孤军作战的成绩，东北义勇军至今继续不断的奋斗，充分表明了我们民族革命胜利的把握，我们目前必须自信地，勇敢地，普遍地，发动我们英勇的民族革命战争，为争取民族独立，树立人民政权而奋斗。

本同盟基本政治主张：

一、争取民族独立。

二、树立人民政权。

本同盟目前行动纲领：

一、集中一切力量进行民族革命。

二、策动全国海陆空军武装、全国民众，对日作战，收复失地。

三、推翻南京汉奸政权,召集人民代表大会解决国是。

四、驱逐日本帝国主义在华势力,没收一切汉奸财产。

五、联合在日本帝国主义压迫下的一切民族及被压迫阶级,共同打倒日本帝国主义。

六、凡同情及援助中国抗日战争及严守中立的国家视之为友,其帮助日本帝国主义破坏中国抗日战争者,视之为敌。

七、铲除贪污土劣,废除苛捐杂税。

八、争取人民的身体、居住、言论、出版、集会、结社、信仰之绝对自由。

(原载一九三六年一月四日巴黎《救国时报》)

9. 全国各界救国联合会成立大会宣言

从"九一八"到现在,中华民族遭受了四年八个月的长期磨难!在这四年八个月中间,日本帝国主义,一面以建立军事根据地进攻苏联的烟幕,蒙蔽欧洲列强,一面以联合反共的圈套,诱诈我们的当局,乘机并吞了我们六省一百六十八万平方公里的土地,奴役六千万的同胞,内中被屠杀的,数在三十万人以上。

在这四年八个月中间,我们当局虽然没有整个的抗敌计划,甚至相反地是陷于无抵抗的错误,然而在辽宁,我们一部分的东北军将士,在"九一八"事变中曾经自动的孤军抗敌;在黑龙江,我们马占山的部队,曾有英勇的嫩江桥之战;其他如邓文的部队,且继续抗战达二年之久;在淞沪我们十九路军和第五军将士,曾有伟大的"一·二八"抗战;在华北,我们二十九军将士暨中央第二师及二十五师以及东北军将士,曾有光荣的长城战役;大军退却以后,冯玉祥、方振武、吉鸿昌领导下的抗日同盟军继续抗战,争取胜利。尤其,我们关外的义勇军,在李杜、王德林、苏炳立诸领袖的指挥之下,有过长时期的抗战;到现在,十五万以上的关外义勇军,依然在杨靖宇诸领袖的指挥之下,和敌人作殊死战。这种种一切,表示中国人民决计不愿容忍日本帝国主义的侵略,而且表示中华民族有力量反抗一切的侵略,争取民族解放的最后胜利,所可叹息的,就是我们过去都只有一隅之战而没有举国之战,致令敌人可以逐个的击破我们！

日本帝国主义从去年十一月开始，进一步的企图并吞华北五省。由于华北在国防资源上的极端重要，由于日本帝国主义得寸进尺的侵略和我们当局的节节退却，要造成亡国灭种的趋势，北平学生在敌人的飞机大炮的威吓底下，发动了历史上顶悲壮的"一二·九"和"一二·一六"大示威。以后，救国运动弥漫到全国各地，救国阵线扩大到社会的各阶层。华北局势能够一时的和缓下去，各地的汉奸活动和投降舆论到现在不敢公然的抬头，便是救国阵线不断抗争的结果。

救国阵线在过去的五个月中间，不断的指出：日本大陆现策的主要作用在灭亡全中国，我们唯一救亡图存的要道，在全国立刻团结一致以全力抗敌。救国阵线曾经一再的主张，全国各实力派即日停止一切自相残杀消耗国力的内战，从速团结起来一致对外；主张废弃一切欺骗人民亲敌、堕落民族气节的所谓"合作"、"亲善"、"敦睦邦交"等可耻口号，同时给与人民以抗敌的组织和言论的自由，主张联合利害相同，能以平等待我的民族，重新建立起来正确的国际关系。

五个月来事态的发展，证明我们的估计完全正确；证明我们的主张完全合理。到目下，日本帝国主义是更进一步的推进以浪人为前驱，以纪律最不堪的陆军为前卫的一贯的侵略政策；运用历史上罕有，国际上罕闻的最无耻的一贯的侵略手段。他在华北，甚至要超过了我们认为是奇耻大辱的《塘沽协定》，而增加驻兵。它的海陆军公然的不顾国家体面，而保护走私。它从走私利益扩大汉奸队伍的发展，使正当商人和民族工业陷于破产。它的军事交通网已经开始建筑沧石铁路和延长胶济铁路，已经公然在华北增修铁路，已经以武力占据北宁、平绥、平汉、津浦四路的总站，而且正在计划推广到郑州和徐州，以便随时可以控制汉口和南京。它的文化侵略，已经用智力测验的名义，企图勒令华北学生填写愿作汉奸、顺民的供状，以纪律训练的名义，实施华北奴化教育！

我们一想到东北和华北同胞正在受着敌人的任意屠杀、拘捕、拷打、奸淫和侮辱，一想到国内的各实力派依然是在敌人的刀锋底下自相残杀，以消耗民族的力量,是如何的焦急,如何的痛心! 倘使我们没有四年八个月来的继续内战,我们何至到现在还要再言准备? 倘使我们能跟着外侮的日趋急迫而赶紧的巩固内部的团结,也许敌人早已经在发抖。不幸得很,我们国内的实力派在冰山上面还是不断的努力,从事于政权的夺取,在断头台前面还要充分发挥领袖欲,民族前途是如何的危险,敌人是怎样的在匿笑,人民是怎样的在愤怒,他们都给忽略了!

事实是太显明了! 在四年八个月中间,西方列强在赞助日本帝国主义进攻苏联的错误政策之下,已经使他们在远东的利益受到致命的威胁,我们亲日派官僚在容忍日本帝国主义在东北建立进攻苏联的根据地,在梦想和日本建立国际反共同盟的错误政策之下,已经几乎要断送了整个国家命脉! 让不明瞭世界大势,不顾惜民族利害,不认识国际友敌的人们去乱撞、盲动,国家前途真太危险了!

四年八个月血的教训,和五个月来救国阵线的奔走呼号,不但使大多数的人民一致觉悟,而且使各实力派中有良心的分子也同时觉悟。比较开明的许多政治上重要人物,都已认识:埋头内争不可能取得敌人的谅解;埋头内争消耗国力之后,反而只有增长敌人的气焰。最近日本帝国主义防共协定的公然提出,更充分的使我们看清楚敌人一贯的促成中国内争的毒计,更充分的证明过去的内争是替什么人卖力!

不幸得很! 在大多数人都已经瞭若观火的时候,少数别具肝肠的人们,依然认为苏联和共产党是中国民族的主要敌人,依然认为中日纠纷可以用外交手段和平解决。他们甚至把仅有七百万人口和六架飞机的阿比西尼亚,和中国民族力量对比,而同时很武断的认定依然在抗战中的阿比西尼亚已经完全失败,以图消灭全国人民的抗敌勇气。他们的用心所在,已经是够得明白了!

在这敌寇日深而内部纠纷依然严重的时候,天良未泯的人民,都渴望着有一个广大的团结,能有一个全国统一的联合救国阵线。为了这种要求,全国各地各界的救国团体代表们,在上海开成了全国各界救国联合会成立大会,建立起来一个统一的人民救国阵线。

在大会当中,我们很公开的批评各党各派过去的错误,同时也很坦白的批评救国阵线过去的错误。批评的目的,在纠正这种错误,使它不会在将来重演,而决不是在攻击任何势力以至推翻任何势力。我们愿以赤诚告诉全国:除了汉奸势力以外,我们决不忍见国内任何的势力,再在互相冲突中遭受一丝一毫的损失;我们要把他们好好的维护起来,统一起来,巩固起来,作为反抗日本帝国主义的巨力。

大会认为在最近的华北事件当中,抗议日鲜浪人走私和日本增兵文件的公布,《塘沽协定》的全文发表,可算是最近外交上差强人意的举动。但是,抗议无效之后又怎样对付呢?此外,共协定是依然在进行,敌人军事交通网不断在扩大,增兵已经在实行,奴化教育已经在开始。这种种亡国灭种的退让,如果不同时给以有效的制止,外交文书的发表,便只成为敷衍人民的手段。大会认为:目下的危局,已经不是几件动听的外交文书所能收效;目下的主要问题是问我们有没有整个的全国一致抗敌的决心。

大会认为在现代国家意义之下,中央政府不应该只图谋政权统一的权利,而忽略政权统一的义务——主要的是国防的任务;地方政府也不应该只在平时坐享土地的报酬与人民的汗血,而不负临时保护领土与人民生命财产义务。在敌寇侵入的时候,地方政府应该认定抵抗侵略与正式宣战不同,应该认定敌来即拼是天经地义的守土之责,而决不能以听命中央为苟且偷安的粉饰。中央政府在那时,更应该通筹全局,不分畛域,动员全国应敌,而决不能诿为地方事件,视若秦越。在过去,孤军一隅之战太多了!中央政府显然已经忽略了国防的任务。尤其,地方的抗敌战士在英勇牺牲以后,中央亲日派官僚接着就提出"亲善"、"妥洽"的主张,以打消他们的功绩;那不但使人民痛心疾首,而且使死难的将士饮恨九泉!因此,我们要坚决的提出:华北当局在此千钧一发的时候,应该一面抱与土地人民共存亡的决心,一面督促中央全力对外,中央当局更应该立下决心,与民更始。

因此,对于最近华北事件,我们主张:

一、以发动一个"举国之战"的决心去应付华北事件!

二、立刻发动全国对日经济绝交,根本消灭走私,同时表示抗战决心。

大会对于中央当局精诚团结共赴国难的主张，在原则上完全赞同。但是，大会认为一面主张精诚团结，而一面又主张暂置外侮于不顾，先以内战手段排除异己！不独在理论上自陷于矛盾，在事实上也已经成为不可能。尤其，中央最近颁布《宪法草案》及《国民大会组织法》，不但丝毫没有表示在训政期间久已届满之后放弃一党的专政；反而想进一步一面在立法上巩固一党专政的基础，一面加紧对异己势力的压迫。这种褊狭的、意气用事的见解和带有权术意味的手段，和精诚二字正是背道而驰。大会认为在这国家存亡间不容发的时候，任何党派的一意孤行，不顾大局，结果都是徒然招人民的反感。

大会认为：目下国内的各党各派，事实上谁都不可能在短时期内很轻易的消灭谁。"一·二八"事变以后，中央当局曾有六个月内消灭共产党的表示；结果呢，历时四年有余，双方牺牲了数十万可以抗日的英勇战士和无量数的枪弹，到现在依然是存在着一个相持的僵局，而整个民族却已经陷于无以抗敌的苦境！这种事实证明，国内各实力派的斗争，徒便于敌人的侵略；任何实力派想用全力去消灭其他的实力派，即使能成功，结果也要因为自身实力的消耗而变成日本帝国主义的俘虏。

大会认为以往各实力派，至少在行动上多少都犯了若干的错误。这种错误，只有在推诚合作，一致抗敌的行动当中，能加以自然的纠正。大会认为政治领导权之谁属，在平时要看谁能适应人民的要求，在目下要看谁能切实领导抗日战争。放弃了当前的大敌，对敌人作无限止的让步，而想用武力征服敌党敌派，用权威排除异己，用权术巩固政权，那结果仅只有使人心离散，而自陷于覆亡！大会认为在经济力量和武装力量上面，中央都占着高度的优势，同时在政治上，中央负着最重大的责任，自然也应该接受了人民最严厉的批评和最迫切的希望。大会认为中央以往的错误，是在政治上放弃了民族革命任务，而只在武力上企图征服全国；中央目前的错误，是对外放弃了民族共同的大敌，而只对内在消灭异己上面把国防力量作孤注之一掷。我们为整个民族打算，不忍再见任何力量在内部冲突中消耗，尤其不愿意中央在错误政策之下，消耗了它高度优势的实力。只要中央能够纠正过去的错误，能够重新负起民族革命的任务,尤其能够赶紧切实领导起来一个抗日战争,它在军事和政治上的领导地位,是不必顾虑的;也只有这样,才可能很自然的取得领导地位。

大会认为在目前,全国团结一致的实现,已经有了更大的光明。李宗仁氏最近已经表示焦土抗日的决心;冯玉祥氏最近主张停止内战,亲善苏联,合力抗日;共产党也已经修改了一部分的政治主张,表示愿和各党各派诚意合作抗日。同时,大会认为在理论上,中国需要一个争取独立自由的民族革命,原为各方一致的主张。以往所争执的,只有应该采取手段的问题,然而这个问题,现在又刚好的在抗日第一的原则之下,很自然的得着解决的。

大会认为过去相互间曾经发生政治争夺的各党各派,互相猜疑和互相警戒,是必然的。但是就因为互相猜疑和互相警戒的缘故,内争便要依然继续,而一致对外便依然不可能。这种僵局的存在,要使每一个关心国事的人民感觉到忧虑与苦闷,要使民族永远陷在自相残杀的深坑里面,以至于消灭!大会认为这种危险僵局的打破,是人民救国阵线当前最迫切的主要任务;也只有人民救国阵线的力量,才能打破这种僵局,才能促成各党各派一致抗敌的联合战线,以树立民族的生机。因此,大会很郑重的向各党各派建议:

一、各党各派立刻停止军事冲突;

二、各党各派立刻释放政治犯;

三、各党各派立刻派遣正式代表,人民救国阵线愿为介绍,进行谈判,以便制定共同抗敌纲领,建立一个统一的抗敌政权;

四、人民救国阵线愿以全部力量保证各党各派对于共同抗敌纲领的忠实履行;

五、人民救国阵线愿以全部力量制裁任何党派违背共同抗敌纲领,以及种种一切足以削弱抗敌力量的行动。

大会认为救国阵线现阶段的主要任务——促成全国各实力派合作抗敌的任务,有历史上的重要性。为要完成这种重大的任务,救国阵线本身力量的扩大和巩固,是极端必需的,大会认为新的政治道德的培养,是革命势力的武器。我们应该运用新的政治道德规条,一面扩大而且巩固我们自己的势力,一面很有效的完成我们的主要任务。"推诚合作"不是我们的宣传资料,而是我们的纯洁动机,而是我们的基本信条。中国人民只有在抗日的前提之下,大家相亲相爱的推诚合作,然后可以建立伟大的人民救国阵线,然后可以用这个伟大的势力促成各党各派的合作,保证各党各派的合作,和制裁任何党派不忠实履行共同抗敌纲领。

大会很郑重、很坦白的声明:人民救国阵线没有任何的政治野心,没有争夺政权的企图,而不过是要尽一分人民救亡的天职。我们不帮助任何党派争取领导权,不替任何党派争取正统,而只是要促成一个统一的抗敌政权。我们要努力保持高度的超然性和独立性,而决不愿帮助任何党派去攻击任何党派。自然,对于任何当局对敌人的妥协,我们是要反对的。是要严重抗争的。但是,这完全是为着挽救民族的危亡,而决计没有丝毫的恶意;这是一个政策之争,而不是政权之争。有良心有手段的政治当局,正应该动用这种反对和抗争作为外交的利器,而不能加以摧残。

大会再郑重地声明:救国阵线以后对各地救国运动的开展,愿意和当地当局作诚意的磋商;我们对于在适当限制内允许我们进行救国运动的当局,愿意捐弃前嫌,推诚合作;我们很诚意的保证我们的群众,能够切实遵守磋商妥定的范围。

无疑的,我们这种主张的提出和这种任务的负担,要使敌人惊心动魄,敌人要用全力来破坏,是没有问题的。因此大会很诚意的忠告各党各派:不要听信敌人的造谣中伤,随便拿反动的罪名,很武断的诬蔑人民救国阵线。这种手段,徒然增加民族力量的消耗,中了敌人的阴谋,使敌人快意。同时,大会保证:以后救国阵线在言论方面,除了反对任何当局向敌人妥协,反对他们压迫民众,摧残言论自由,以及反对他们用错误的理论麻醉人心,用开倒车的手段阻碍民族进化之外,决不向他们下恶意的攻击。我们认为造谣中伤以及武断宣传手段,是只有在没落中的反动的敌人,才需要的。

大会认为中华民族向日本帝国主义抗战,足以振奋全世界的人心,刷新全世界的耳目。日本帝国主义的存在,不但是人类和平的重大威胁,而且是人类道德的恶魔。全世界一切为和平、人道、公理、正义而奋斗大众,自然会认定中国的抗日战争,不但在求自身的生存,而更重要的在扫除人类的公敌。这是一个国际合作驱除人类恶魔的战争,而不过是由中华民族担任了前锋的任务。全世界良心未死的大众,不但应该给我们以热烈的同情,而且要很英勇的参加到这个国际战线上来,共同抗敌。大会知悉:在过去,各国的人民团体,有许多已经和中国人民救国阵线取得联络,而与以很大的援助。大会再向全世界的大众——连日本国内有理性的大多数人民在内——提议:过去还没有和中国人民救国阵线取得联络的各种势力,立刻和我们建立联系;技术家、军事家、作家以及新闻记者,愿意参加这个国际战线的,立刻和我们通信。我们愿以热诚欢迎你们参加;你们在国外或者到中国来,都同样的可能发挥你们的伟大力量。

大会再开诚布公的通告全世界各国:一切善意援助中国抗日的国家,人民救国阵线愿竭诚加以欢迎,而且愿意永远认为友邦。中国在抗日战争胜利以后,自然要成为一个独立的新国家。新国家对于各国的在华权益,除含有侵略意味之部分,应完全撤销外,其余的一律加以尊重。新国家将来在建设上面,需要各国的协助,是非常之多的;各国在中国独立之后,在和平基础上所能开展的投资和贸易,只有比现在更有保障。大会吁请各国:不要再相信日本帝国主义的花言巧语,希望在这不顾信义,不讲公理的国际恶魔的保护之下,保持或者发展在中国的权益;你们过去所受的欺骗已经很多了。这种用分赃手段取得的权益,即使真能得到,也徒然招致中国人民的反对,而遭受更大的损失。大会再吁请各国:不要再听信日本帝国主义的花言巧语,企图以中国为牺牲,在远东发动反苏联战事,也不要在鼓励中国的内战,以图坐收渔人之利。这种种错误政策动用的结果,已经从事实上证明:是徒然帮助日本帝国主义消灭你们在远东的利益,而同时丧失了中国人民的感情。只有中国内部彻底团结,一致抗日,才能奠定东亚的永久和平;也只有在永久的和平基础上面,你们才能保持以至开发合理的利益。

大会认为这种光明磊落公平忠直的态度,能使救国阵线成为现阶段最伟大的一种人民力量,而必然可以完成目下全国人民一致渴望的精诚团结共赴国难的历史功业。这种正确态度的建立,不但可以博取大众的共信,而且可以坚定内部的互信。一切外来的谣言、蜚语,都可以自然消释;一切自觉的惶惑、苦闷,都可以豁然开朗。大会很热烈的希望全体同志,都能在精神上得着一种新的鼓励,在行动上得着一种新的生机,勇往直前的完成我们促成团结的主要任务,替救国阵线开展一个新的时代,替中华民族建立新的基础。救国阵线有最纯洁的动机,救国工作是最光荣的努力。全体同志在这个新的指示之下,应该用最坦白,最恳挚的态度,毫不犹豫、毫不顾虑的向任何人提出,理直气壮,大声疾呼的在大众前面争取最大的胜利。

中华民族团结万岁!

反日战争胜利万岁!

中华民族解放万岁!

（原载一九三六年六月十四日《救亡情报》）

10. 上海民众反日救国联合会成立宣言

全上海的民众们:

日本帝国主义占据了满洲以后,利用中国政府的"无抵抗"、"镇静"、"忍耐"之亡国政策,更进一步的攻取我们的城市,炮轰我民众。国际联盟已很鲜明的同情日本的强盛行为,而进行瓜分中国!可是政府当局呢?过去一味的镇静、忍耐和无抵抗,现在更露骨的跪在强盗大本营国联前面,请求帝国主义在锦州划设中立区共管天津,以维持它压迫、拘囚、屠杀民众及全盘出卖中国的政权!

全上海的民众们!帝国主义已开始瓜分中国,进行残杀全人类的第二次世界大战,政府当局准备着把中国的一切送给帝国主义,同时用全力压迫民众反日运动、领导我们走向亡国的道路。中国快要被瓜分了,民族快要沦亡了,只有我们民族自己团结起来,武装起来,争取自己的出路了!

现在我们民众已不甘心忍受帝国主义的侵略与政府当局的压迫及各反动派别的种种欺骗,英勇的大中学生已实行总罢课来反对帝国主义瓜分中国与政府当局的投降政策;各工厂的工人亦已准备罢工,来巩固反日战线。上海民众反日救国联合会就是在这样高潮的反日情绪下,于本月六号晚在四川路青年会由上海五十四个民企团体代表大会产生了的。他是上海唯一的彻底的反日团体。领导着全上海民众与日本帝国主义作殊死战,反对政府当局的投降政策,一直到中华民族得到真正的解放!

全上海的民众们!亡国的火苗已燃着我们的眉睫了,是我们民众行动起来自救的时候了!我们不但根本否认在锦州设立中立区,共管天津及国联派来计划瓜分中国的调查团,我们更要进一步的自动武装起来,驱逐日本帝国主义出境!

我们不管什么派别,我们只问是不是要反日,谁来压迫破坏我们民众的反日战线,我们就拿对付帝国主义的手段来对付它!

全上海的民众们!原有的上海抗日救国会只是借着抗日的名义,欺骗我们民众,帮助帝国主义及政府麻醉与蒙蔽我们民众反日斗争的情绪,所以我们根本否认它!今后本会要拼命的努力扩大反日组织,巩固反日战线,紧张反日的群众力量与日帝国主义拼个死活,我们坚决的相信日帝国主义的残暴与侵略,终会在我们民众的武力前面死亡的!

罢工、罢课、罢市、自己武装起来,打倒日本帝国主义!

反对帝国主义瓜分中国的国际调查团!

驱逐日帝国主义武力出境,收回东三省!

反对请求帝国主义共管中国的政府!

联合世界上一切被压迫民众打倒一切帝国主义!

参加上海民众反日救国联合会!

上海民众反日救国联合会印

一九三一年十二月七日

(选自《"九·一八"——"一·二八"上海军民抗日运动史料》,

上海科学院出版社,一九八六年)

11.上海各大学抗日会致政府电

火急。南京国民政府鉴:政府责任,保国安民;军人天职,守土卫境。乃自九月十八日,暴日无端进兵奉吉以来,政府以镇静欺骗国民,军人以退走苟延残喘。两月之间,关外疆土,沦为异域,东北同胞,变为夷民。而掌执国权之党,犹复守曲论直;握持兵符之将,犹复优游享乐。生等一再思维,以为长此坐视,必致后悔无及。与其亡国为奴,不若及时全节,肉食者既鄙,当早自为谋,缘本成仁取义之旨,为请内对外之行,谨先驰电前来,请政府即刻负责明白答复下列诸点:(一)请政府对日有否出兵作战之决心;(二)政府对东北失职长官张学良等,有否惩办之具体办法。以上两点,如有具体办法,请即答复,此外另有请为解释者数事:(一)马占山将军,孤军转战江省,全国人民,或输款助饷,或请缨从军,而政府何以绝对不作实际之援助,以致坐失戎机;(二)人民为国家主体,政府乃人民委治机关,国民在国政上有请愿权,在国事危急之际有自卫权,乃迩来政府更有禁止人民赴京请愿之明令,此项无端侵犯人民法律上应享受之权利之理由何在? 总之,国家存亡,人民生死,实休戚相关,国存之日,国家权利,可由少数当道者包揽,国亡之后,亡国痛苦,不能由少数当道者代受。国为全体国民之国,国事为全体国民之事,万般有罪,爱国无罪,一切权利可为政府剥夺,国民生命自卫权,不能为政府剥夺。国事阽危至此,生等受良心之指使,生死早置度外。政府对于上项答复与解释,生等认为不满意时,是政府自绝于国民,非国民先绝于政府也。(下略)

(原载一九三一年十一月二十日上海《申报》)

12.上海工人代表大会宣言

日本帝国主义强占满洲,进攻上海及中国各大城市。英美法意等帝国主义,同时进兵中国,占驻西藏、云南。其他如设立"中立区"划五口(上海、汉口、广州、青岛、天津)为帝国主义共管的"自由市"等。国际帝国主义已实际从事完全瓜分中国。中国国民党及其政府完全投降帝国主义,接受帝国主义一切要求,解散民众反日团体,枪杀反日民众,以至要解除反日士兵的武装。中国民族资产阶级完全背叛民族利益,投降帝国主义,欢迎帝国主义的共管和瓜分,反对彻底抵制日货,要求解散反日团体,并借"国难"来加紧压迫和剥削工人,提高物价。反动的上海总工会及一切反动工会,都是帝国主义、国民党破坏工人反帝运动的工具,反对工人阶级的利益,破坏总同盟罢工。在另一方面,十九路军及满洲的革命士兵,正在和日本帝国主义进行残酷的战争,民众的反日运动,蓬勃发展。苏联、日本和欧美各国的工人及革命群众,到处示威,反对帝国主义战争,及保护中国革命。中国的工人阶级,尤其是上海工人,因为帝国主义的进攻、国民党的反动、资产阶级和黄色工会的背叛,受到了不可尽言的痛苦。成千成万的工人,被日本帝国主义惨杀了,上海四十余万的工人因停厂而失业,得不到任何救济。工厂工房,被监视被轰炸。无法逃出战区,无钱购买粮食,房东逼迫房租,债主催索欠款。工会被占被封,大批工人被逮捕被枪杀。资本家还在这时候,加重工人的工作,大批开除工人,减少及克扣工资,开三日班长日班。工人的生命,没有任何保障,已经陷入无法生活的绝境。

上海工人为求自己的生存和生命的保障,为求中国民族的独立与自由,不得不起来举行总同盟罢工,反对帝国主义进攻中国及占领上海,反对国民党政府出卖民族,及协同帝国主义压迫。上海工人站在反对帝国主义国民党的最前线,愿意亲密的联合革命士兵及一切革命民众,进行十分坚决的革命斗争,以取得中国民族之完全独立与解放,及本身痛苦之解除。为此,组织上海各业工人反日救国联合会并公开向全社会宣布自己的主张如下:

一、武装民众,进行彻底的〔民族革命战争〕,驱逐日本帝国主义及一切帝国主义。一切国民党军阀及反革命阶级的武装,是不能执行反帝国主义战争。一切士兵与革命民众联合起来,组织民众自己的军队。组织工人义勇军,努力夺取武装,武装自己,援助前线与帝国主义作战的士兵。

二、民众革命,推翻出卖民族、投降帝国主义的国民党政府,组织民众自己的政权,这是民族革命战争的先决条件。革命民众及士兵,组织革命军事委员会,逮捕一切卖国长官及帝国主义的走狗,实行革命的审判。反对请求国民党"对日宣战"及"出兵"的有害主张。

三、联合日本的无产阶级,号召日本的士兵与中国劳苦民众联合起来。联合全世界的无产阶级,苏联及一切被压迫民族,反对侵略中国掠夺中国的一切帝国主义和国际联盟。反对"中立区"及一切方式的共管。收回租界,取消帝国主义在中国的一切特权。反对"单独对日"及请求国际联盟和英美等帝国主义政府"主持公道"的有害主张。

四、实行封锁日本帝国主义的军队，机关和资本家一切供给。厉行抵制日货，由民众组织检查日货队，没收一切日货救济失业工人和难民。组织民众法庭审判贩卖日货的奸商，和以粮食物品供给敌人的汉奸。

五、继续和扩大反日总同盟罢工，工人不替日本帝国主义及国民党作工。反对资本家借"国难"来加紧压迫剥削工人。由政府及雇主出钱救济罢工失业工人。停厂、罢工期间照给工资，发给工人米粮，罢工失业工人不出房租、不还债。反对三日班长日班，死难受伤工人给予充分的赔偿，发给存工，增加工资，减少工时，恢复月赏。

一九三二年二月十五日

（选自《上海工人代表大会文献》一九三二年二月十五日）

二、国民党坚持"安内攘外"政策，各界人士呼吁停止内战

1. 外交为无形之战争①（蒋介石）

一、有形战争只限于军事，无形战争则包括一切，无时不在进行中。

二、外交上之无形战争，其胜负价值超于任何战争之上。

三、要使外交负责勇进，运筹决胜，端在任之专，信之笃。

四、外交方针，操之在我则存，操之在人则亡。

五、不论为战为和，一定先要完成国内之统一。

战胜不仅限于有形之军事，凡农工商业之战，与乎科学经济之战，实较军事武力之战争，其效更大；而外交上无形之战争，其成败胜负之价值，则超于任何一切战争之上，而世人不之知也。

———————————

① 本文为蒋介石1931年11月30日在国民政府外交部长顾维钧宣誓就职会上的讲话。——编者

年事之战争,有以攻为守者,在以进为退者,亦有以守为攻,以退为进者;其奇正虚实,运用之妙,固在乎为总领者之一心,而外交之折冲樽俎,其致力之远,收效之大,有远胜于军事什百千倍者,亦在乎任之专,而信之笃,使外交当局,得以负责勇进,以收最后之胜利也。惜乎世人只见有形之战争为战争,而不知无形之战争,甚于有形之战争;只以目前之战争为战争,而不知今日之战争,乃在数十年以前无形中,早已开始战争,不过发现之于今日耳!且其胜负之数,亦早已决定于此数十年无形战争之中,更非自今日始也。然而过去胜负之数,虽已判定,而未来战争之胜负,则可定之于今日也。语云:"失之东隅,收之桑榆,亡羊补牢,犹未为晚。"今顾部长就职于危难之秋,受命于存亡之交,深信其必能力肩艰巨。

惟军旅之事,在于信任之专,故阃以外,将军主之;而外交之关系,甚于军事,尤在于信任之专也。攘外必先安内,统一方能御侮,未有国不能统一而能取胜于外者。故今日之对外,无论用军事方式解决,或用外交方式解决,皆非先求国内统一,不能违反。盖主战固须先求国内之统一,即主和亦非求国内之统一,决不能言和。是以不能战,固不能言和,而不统一,更不能言和与言战也。吾国当此内忧外患之来,军事与外交之当局所恃者,惟有耿耿之一片爱国之赤忱,竭其愚忠,尽其职责,至于成败利钝,非所逆睹;毁誉荣辱,更非所计。必须政府与国民信任之专,共同一致,为国后盾,不求急功于一时,而策成效于来兹。总理有云:"操之在我则存,操之在人则亡。"实为外交方针千古不易之遗教。特种外交委员会之外交方针乃为今日唯一至当之方针,顾部长当深体此意,懔乎遗教,布展其抱负,发挥其长才,俾我国外交,得以转败为胜,转危为安,庶不负政府与国民期望之殷也。

(选自《蒋总统集》,台湾"国防研究院",一九六一年)

2. 对共产党之政策我决不改变——在南京与日本川樾大使谈话(蒋介石)

川樾:近来常见报纸上之记载,谓贵国政府已与中国共产党妥协,敝国政府对此极为注意,……究竟现在贵国政府与中国共产党之关系如何? 可否请院长见示。

院长：敝国政府对中国共产党之政策并未有何变更，三中全会之宣言及决议案都已有明白确实之表示。

川：贵国此次三中全会对处置中国共产党之决议其中附有条件，现闻共产党已接受，确否？

院：余未闻有此消息。

川：现在贵国政府仍不承认中国共产党，确有此方针否？

院：依三中全会之决议，当然不承认中国共产党，盖中国共产党原是土匪，现其性质虽已变更，但敝国政府仍本一贯方针对付之。

一九三七年三月六日

（选自台湾《总统蒋公思想言论总集》第三十八卷）

3. 废止内战大同盟

上海全国商会联合会、沪市商会、银行公会、钱业公会，五月廿五日联合通电津、粤、京、汉、平商会及银钱业两公会，并转教育界暨各界团体及朝野名人，发起废止内战大同盟。

此种运动，本全国人民一致之公意，酝酿已久，最近动机由于吴达诠氏本月十七晚应上海地方维持会之邀，为一度沉痛之讲演，认为对外长久抵抗，非从政治、军事、教育、经济，各种建设入手不可，但唯一之障碍，为国内战争，苟内战不能废止，一切均无从说起。且认为国内民生状况，已朝不保夕，若再有内战促其崩溃，必回演历史上之惨剧，赤眉、黄巢、张献忠、李自成往事，不难再出现于全国，必致失国际间维护者之同情，遂侵略者之欲望。且申言反对任何不良之政治，不难以他种方法达到之，若以武力反对，直以暴易暴耳。民国二十年来之复辙不可复蹈，以自促灭亡云云。沪上各界名士史量才、邹韬奋、黄膺白、张熔西、俞寰澄、黄任之、刘湛恩、王晓籁、徐寄顾、张公权、李馥荪、钱新之、张啸林等，均表赞同，热心作和平之运动，十八日起，林康侯、王晓籁、徐寄顾、秦润卿分头向四团体接洽发起，四团体先后开会，全体通过，二十五日晨全国商会联合会开会后，即将通电发出，亟希望全国各界团体及名人一致参加发起云。

上海各界发起"废止内战大同盟"电到津后,各界人士一致表示赞成,津市商会银行公会钱业公会均次第开会,一致参加共同进行。段芝泉谈话云,年来四民失业,生产萧条,直接之因,固原内政不修,间接之因,实原内战环起暴发而不可止。今日中国非修明内政,无以图存,人人能知之,能言之,然欲内政修明,非先废止内战不可,外患孔亟,夫何待言,内政克修,外交方可着手。张伯苓谈话云,废止内战为全国人民之公意,饱尝内战苦痛之中国人,在此一致对外之时,良心上可判定无一人不表示赞成。所怀疑者为此项运动之效力若何,但可断定只要人人加入,效力立见,无所用其怀疑。京、平、汉、济及星加坡各商会,同业公会,银行公会,教育机关各法团名流,莫不纷纷响应。

(原载《国闻周报》第九卷第二十二期,一九三二年六月六日)

附:

废止内战大同盟章程

第一条　本会认为外侮纷来,源于内战,内乱靡已,由于内战,特集合全国人民为废止内战之运动。

第二条　本会废止内战之运动,得以下列次序行之,(一)平时本会应发布公开之文字或演说,陈述内战之罪恶,阐发和平之功效。(二)如有政治纠纷发生,足以引起内战时,本会应劝告双方信任若何民意机关(正式国民代表机关未成立前,法定民间职业团体可替代之)调处之,任何一方绝对不得以武力解决。(三)不幸内战竟发生时,本会团体会员及个人会员应一致拒绝合作,更得采用和平适宜方法制止之。

第三条　本会除专为废止内战运动外,不得为他种之行为。

第四条　凡赞成本会宗旨者,不论个人、团体、性别、职业、党派,勿须介绍,均得签名入会,并得由本会公开发表之。

第五条　本会得设总事务所于上海,并得设分事务所于必要地点。

第六条　本会得设常务委员若干人,任期一年,组织常务委员会得议决及综理本会一切事务,因会员众多,会区广大,势难召集大会,为手续简单便利起见,第一任常务委员之名额及人选,由发起人决定公推之。第二任起,由常务委员会决定公推之,必要时,得设事务职员,亦由常务委员会决定选任之。

第七条　本会得设名誉委员若干人,由常务委员会推举之。

第八条　本会不收会费,其经费得向赞助团体及个人募捐,但不得向中央及地方政府或任何公家机关请求补助。

第九条　本会应需一切事务的章程,由常务委员会制定之。

第十条　本会成立年限,暂定为五年,但期前若无内战发生,认为无须再运动废止时,得提前解散之。

一九三二年五月二十五日

(原载《国闻周报》第九卷第二十二期,一九三二年六月六日)

4. 所谓"剿匪"问题(丁文江)

现在国民政府又要大规模的"剿匪"了。不但派定了"剿匪"总司令和副司令,而且蒋介石先生已经出发到了庐山;李济深先生也有不日到蚌埠指挥的消息。但是同时忽然财政部长提出了辞职的呈文。

我们虽然不知道财政当局辞职的内幕,揣想起来,恐怕与"剿匪"经费问题总有关系。去年九月以前的财政状况,中央的收入预算有六万万六七千万,而军费的支出,每月是两千八百万,占全部收入百分之五十以上。除去内外债的担负,政费已经没有着落,不能不靠发公债周转。目前中央的收入,除去还债以外,每月不过一千五百万。其中军费是一千三百万,政费二百万。在财政当局以为军费已经占了政府的真正收入百分之八十六。公债既没有法子发,政费又没有法子减,"剿匪"再不能增加额外的经费。在军事当局则以为不但调动军队,不能没有特别的经费,而且军饷减成发给,军心不能稳固,"剿匪"就无从下手。两方面的观察不同,当然免不了冲突。

我以为这不是单是军事和财政的问题,是国民政府整个的问题。我们先要知道"剿匪"两个字怎样解释。大家都知道国民政府所谓"匪",就是武装的共产党。自从国民党反共以来,对于反共的名词,经过了几次变迁。最初的时候是"清共",以后是"讨共",到了最近是"剿匪"。但是共产党并没有因为国民党对于他们改变了称呼,就丧失了他们政党的资格;更没有因为由"清"而"讨"而"剿",减少了武装的实力。同时国民政府和政府的军队,却因为改变了口号,发生了心理上的变化。"匪"不是内乱,"剿匪"不是内争,名称一变换,就可以粉饰太平,说军政时期终了了。

这种粉饰太平的办法仍然不能抹煞事实,事实上是长江流域产生了第二个政府:政府之下,一样的有委员、有主席、有军长、有师长。政府之上,一样的有党部、有党员。江西、湖北、安徽、河南、福建合并起来,至少有三分之一的土地在这个政府统治之下。最近平汉、津浦两条干路都发生了危险。于是国民政府又提议要大规模的用兵,但是所用的口号还是"剿匪"。

我们对于国民政府,要请他们正式承认共产党不是匪,是政敌。认清了这一点,政府负责任的人,才能够感觉到他们切身的利害。认清了这一点,才能够明白政敌不是单靠军队可以消灭的。一个政治团体的生命,日子久了,总得靠他政治上的成绩可以保存。共产党所以有今天,是湖北、江西、安徽几个主席帮他们忙的。最近政府似乎也有决心改革这几省的政治,所以撤换了这几省的主席,但主席虽然换了新人,而旧主席仍然是"绥靖主任"。绥靖的成绩我们丝毫没有看见,而"绥靖主任"却大有督军化的趋势。省政府的文官如何能制裁那有兵有枪的新督军?税收仍然在军人委派的人的手里。军人委任的县长,省政府也休想更动得一个两个!只看见省城里添了一个非现役军人的主席,只看见旧主席换了新衔头,然而一省政治的改革在这种双料政制之下我们真不知从何说起!制造遍地的土匪和共产党的,原是这些旧主席和他们手下的虎狼。现在挂牌"绥靖"的,仍然是这些旧主席变成的新督军!如果他们有"绥靖"的能力,又何须政府的大举征伐?如果他们不能绥靖,只能造匪养乱,政府又何爱于这些变相督军,偏要维持他们来虐民树敌呢?

共产党是有组织、有主义、有军队枪械的政敌。国民政府为自卫计,想用兵力划除这样迫胁他自身存在的政敌,这种心理是一个政府不能没有的。然而政府何不自己反省:究竟这种政敌是谁造成的?是什么东西造成的?

无疑的,共产党是贪污苛暴的政府造成的,是日日年年苛捐重税而不行一丝一毫善政的政府造成的,是内乱造成的,是政府军队"赉寇兵,资盗粮"造成的。

昨天在一处的席上听见汪精卫先生谈起此次庐山会议得着各地将领长官的报告,说共产党在他们占据的地方并没有实行他们的共产主义的政策,所以只可说他们用"威迫",而不能说他们用"利诱"。

我们要请汪先生和蒋介石先生们平心想想:即使共产党不曾实行他们的共产主义政策,难道国民党在当国的几年之中曾经实行过《三民主义》、《建国方略》等等政策吗?他们不能"利诱"老百姓,难道国民党的政治有何种"利"可以"诱"老百姓吗?同是"威迫",何以拥有百万大兵的政府之"威"反不如红军和梭标队之"威"的有效呢?政府诸公何不想想:威迫与利诱之外,是不是还有"避害"、"救死"等等途径在老百姓心里更为重要迫切呢?

昨天听了汪先生的谈话之后,回家看见《大公报》社论的《剿匪要义》。《大公报》所谓"要义",只是一句话:"于全国中惩治一万贪污文武官!"

我们也有一点"剿匪要义":

第一,用现在政府调来"剿匪"的有纪律有训练的军队来解决皖鄂赣三省的不良军队,彻底裁遣。

第二,停止一切武力"剿匪"的计划和行动,用全力整顿江浙皖鄂赣五省的政治。

第三,裁撤戴季陶先生的考试衙门,在这五省彻底实行考试任官的制度。

第四,取消这五省内的一切苛捐杂税。

第五,彻底整顿这五省的司法行政和财务行政。

附注:丁先生写成此文,给我全权修改。从第五段以下,全是我改作的。来不及送给丁先生审校了,只好由我声明负责。

胡适

(原载《独立评论》第六号 一九三二年五月二十六日)

5. 再论废战运动（天津《大公报》社评）

进一步之废止内战运动，本报昨日已论之矣。昨据沪电，朱子桥诸君，在粤奔走奏效，载誉而归。而废战大同盟开会之期，已迫旬月间。吾人诚不知朱子桥诸君发起废战者，将来作何确切具体之主张；然敢断言无疑者，倘不将共产党问题包括在内，则废战运动为不能，且不通，是也。废止内战之解释，即如其字义，在废止一切国内之战争。然一般观念，仿佛仅指各省军队长官与中央政府间，或各省与各省间而言。对于现在进行中之赤化与"剿共"之大战，反有熟视无睹之势。此就废战本义言，于理不通。盖分明为数十万军队之大规模内战，且延长至何时何地，直不可知；舍现实的大战不论，而只号呼中央与各省，或省与省间，将来勿有内战。是所欲废止者，仅一种性质之内战，而非一切之内战。是纵令成功，内战之进行自若也。发起诸君，何必作此掩耳盗铃之举哉。

凡稍有时代认识者，莫不通感共党问题之内战，真关系国家民族之生死存亡，较之普通割据争权之战事，严重万万。诚以在外患压迫之下，当经济摧残之时，赤化滋长，环境便利，然一国不容有两种政府，社会不容有两种组织，故任令何党何人，当中央之任，势不能坐视赤化蔓延，地方破坏，故势必至于用兵。然由现在状态言，共党欲夺全国政权，实属做梦，政府欲消灭共党根株，亦为不能。是以此一战也，恐将绵延至亡国之日，犹不能息止！中国民族之精英，社会潜蓄之势力，将于此赤化战争中，整个消磨，同归于尽。若谓运动废战诸君，对于此一大事实，毫无感觉，吾不信也。毋亦有所顾虑而不敢言，或以共难而认为无从着手乎？吾人今将讨论一具体方法，以贡献于朱子桥诸君：夫若无端请求政府勿"剿共"，此不可通。盖共党方于江西组织所谓苏维埃政府，编十数军，出没各省，故政府"剿共"，出于维持统一之必要。除非有合理的和平解决之道，则战事将欲罢而不能。吾以为运动废战者，对此点宜速有试验的尽力，宜实际考察，究竟有无和平解决之望。其道无他，朱子桥诸君，宜在政府许可之下，躬赴江西，径访共党首领，问其能否废战，及如何方能废战。彼共党亦同胞，且多智识分子，对于此代表多数民意之使者，势不能无条件拒绝，必将发表种种意见，若曰：必如何如何而后可以废战。代表等皆无党派而爱国心之人,对于共党所言,良知上认为绝难赞同者,应立时论驳,要求反省,其认为有协商余地者,则归报政府,请其考量,公诸舆论,请其批评。倘能发见一致之点,则和平之途径启矣,此在形势上似甚难,而理论上则有充分之可能性也。吾人试高瞻远瞩,据理论事实以论今日之事,则赤化战争之废止,应有可能。何则?就理论言,中山先生关于国民经济之基础主张,不外节制资本,平均地权,而共党所奉为劳工祖国之苏联所行者,原则上固不出此范围。又共党今日最得意之政略,为所谓分配土地,然苏联农政,主要为国营农场、合作农场之推行,中国荒地占三分之二以上,国营合作,皆可为所欲为,何必斤斤以割裂小农土地摧残小产人民生计,为所谓革命之手段耶?至关于工业者,中山主义,本主国营,苏联办法,大抵可用,此无可争者,惟实行如何而已。中国本不成资本阶级,在此日祸猖狂之下,资劳同命,尤无斗争可论。不观淞沪之战,中国财产,损失十数万万,仅余之资本,则逃避租界以求苟全!此无所谓革命之对象也。然即此孑遗之资本,亦将来建国之实;苏联革命,国家尚有财力,不同中国,故中国之建设,必赖此若干私人资本之运用,惟当以法节制之而已,然长此混乱,此戋者亦必不保矣。若夫对外大计,今日更无可争,民族的独立与生存,既为今日唯一之需要,凡足以达此目的之方法,无不可用,要在团结一致,本天良以奋斗而已。是以单就理论考察,则此废战运动,应优有成功之望也。朱子桥诸君,试对此一大问题,奔走呼吁,以观效果如何!其有效,国家民族之幸也,倘运动无灵,亦可公表其经过,彰明其是非,然后全国社会,共下决心以解决之。夫废战运动者,政治运动也,言政治,则必有是非曲直,要在运用国民之威力,拥护其是而直,排斥其曲而非。共党问题亦然。运动废战者,应深入考察,攻其曲而非者。倘有此认识,吾信全国舆论将为其后援,是则共党对此舆论之发动,亦不能不为相当反省,而政府当局,亦断不至固持成见也。吾人盱衡危局,深感非国家形成统一的壁垒,政治发现光明的前途,则今日之国难,恐即将连继推演,以至七国瓜分!吾人常劝同胞,勿复做梦。今强敌压境,刻刻危亡,而鄂豫之交,共党方以灾民作前锋,设疑阵,致炮火之下,先死者皆灾民。此种惨酷的内战之扮演者,与夫坐视无睹而徒向广东陈说废战者,其皆梦中之人欤!同胞果能舍党利私利,只求利同胞利人类,则如此内战,必在能废能止之列也。非当局之朱子桥诸君,盍先一筹议之!

（原载一九三二年七月二十二日天津《大公报》）

6.用统一的力量守卫国家!（胡适）

凡有感觉的中国人,总都能感觉到我们这个民族现在是被环境逼迫,被时势驱使,在四个整年的惨痛经验的训练之下,快要走上一条比较有希望的大路上去了。

这条大路是统一护国,是用统一的力量来守卫国家!

这几天在南京召集的五全大会虽然是一个当国的政党的集会,然而他的意义却不限于一个政党。阎锡山、冯玉祥两位先生的先期到会,西南几十位领袖的络续赶到,党内的人也许只认这是党内的团结,党外的全国人民却不能不承认这是国家统一的象征。他们当年的分携离散是为了个人的政见或党内的争执而分携离散。他们今日重聚一堂是为了整个国家而团结统一。为了整个民族国家眼前的危机和未来的前途,他们忘了他们的私怨,"埋葬了他们的斧头",同到南京来商量讨论民族国家的大计。所以在我们人民的眼里,这一次南京的大会是国家统一的象征。因为如此,这个大会给了我们不少的兴奋,不少的希望。

我们相信,这一次全国政治军事的领袖集会于一堂,他们在解决一些党的问题和国内政治的问题之外,必定能够集中他们的心思才力来研究那整整四年不曾彻底想过的国难问题。我们相信,他们讨论的结果应该可以得到一个有办法的方案。

这个方案,我们现在还不知道,也无从预测。但我们希望这个方案的精神是一个字,是一个"守"字。这就是说,我们希望,全国的领袖现在要决定我们的国策是用统一的力量来守护我们的疆土和我们的主权。

在两年半之前,翁咏霓先生发表了一篇《我们还有别的路么?》(《独立评论》四十七号),他指出我们能走的路不是武力战争收回失地,也不是签字承认屈服,乃是和与战之间的一条路,就是"未失的土地应该如何保守勿失"。

我们的路是"守"。

翁先生在两年半之前,就很沉痛的指出说:

"我们在自己的领土内筑炮台,安高射炮,这是我们最低自卫的权利……防御工程对于守势的战事是极重要的。工程建筑得愈坚固,我们的牺牲愈小,他们的牺牲愈大。但是坚固的工事临时往往来不及,是必须预先建筑的。明知胜败利钝没有把握,但保守疆土是政府最大的天职,必须尽其力之所及,积极做去。我们应取的态度是始终不好战争不尚武力,对于一切国际的纷争只准备以公理来解决。但同时更坚决的表明对于自己的国土一寸不能放松,步步为营,处处抵抗,失了一线,还有一线,使敌人知道我们中国人还是人,不能专以武力叫我们屈服。

这样沉痛的话,说在热河失陷以后塘沽协定之前,在这两年半之中,始终不曾引起政府与人民的充分注意,这是最可惋惜的。

我们的最大错误是只看见了战与和两条路,而没有充分认识那更重要的"守"的一条路。必须能守,然后能战;也必须能守,然后能和。没有自守自卫的能力,妄想打倒什么,抵抗什么,都是纸上的空谈。甚至于连屈伏求和都不配,因为我们若没有守卫的能力与决心,屈辱之后还有更大的屈辱,永远没有止境,永远不会到一个饱和点。

我是当年曾替《华北停战协定》辩护的人。当时我的主要理由是:"华北停战虽不能使敌人将东四省退出一尺一寸,至少也应该使他们不得在东四省以外多占一尺一寸的土地。"(《独立评论》第五十三号)现在看来,我完全错了。《塘沽协定》成立以来仅两年半之中,我们完全忽略了守御的工作,所以我们不能禁止别人得寸进尺的野心!

这几年来我们虽有种种自欺欺人的口号,其实都因为全不注意一个"守"字,所以"抵抗"既绝对没有,而"交涉"也只有一再屈服,一切口号都成了不能兑现的空头支票。所谓错了一着,输了全盘,其关键全在输了这个"守"字。

我们也承认,这几年之中,政府不能用全力注意到疆土的防守,一半是因为"剿匪"的工作需要很大的注意和很大的兵力,一半也是因为国内不统一,各方的猜嫌不能全消,甚至于有两年前福建的事变,所以不容易有整个的国防计划。

正因为如此，所以这一回南京大会给我们的全国统一的象征是最能使我们兴奋的一件事。我们希望这回的统一是真正的统一，是在救亡图存的共同觉悟之下的精诚团结。

统一做到了，政府应该用这个统一的力量来积极布置整个国家的疆土主权的守卫工作。政府应该明白宣布，我们的国策是守卫我们的疆土和主权，我们不能，也不准备和任何国家作战，这是全世界人共见的。我们现在应该光明正大的唤起全国的人心，同心协力的实行这个守卫国家的国策。

在这个明白宣布的国策之下，政府应该用全力积极布置，也只有这样明白宣布的统一护国的国策，可以消释近时外间一切浮言与谣传，可以安定全国的人心，可以振作全国的民气，可以领导整个民族向着救亡图存的新路上走。

（原载一九三五年十一月十七日天津《大公报》）

7. 万般有罪，爱国无罪！（努生）

今日中国已经到了"爱国有罪"的局面了。这不止说外邻压迫我们的爱国运动，使中国人民处在"爱国有罪"的环境。政府目前许多行为，的确在中国造成了"爱国有罪"的局面了！

二月十二日，中央宣传部发表了一篇告国人书，内容指摘上海与北平的文化救国会，认救国会是有背景有作用的团体，认定智识分子做了"爪牙"与"工具"，并"深冀误入歧途者，力自忏悔，勇求自拔"，尚或"不听劝告，怙恶不改"，"政府自不得不本蝮蛇螫手，壮士断腕之决心，予以最后的严厉制裁。"本月二十一日政府又颁布一道《维持治安紧急治罪法》，用意固在维持秩序，防止暴动，然而影响所及，实足以妨碍社会上一切爱国运动。本月二十二日行政院又特令教育部禁止平津学联会，当然这是取缔爱国运动更具体更露骨的行动了。

我们这里不是为平沪文化救国会与平津学联会辩白。对文化救国会我们是局外人，该会有无背景，我们不得而知。我们不敢妄加辩白。对一切学生团体，我们无资格参加，我们更是局外人，那些团体有无背景，我们更不得而知,我们更不能妄事辩白。然而政府当局却不能忽略这些事:平沪救国会会员许多是社会上或大学里有资格有品格的学者教授,他们爱国心是真诚纯洁的。青年学生们参加爱国运动,大多数学生的爱国心,亦是真诚纯洁的。如假定这一切团体,这一切运动,诚如政府所言,是为少数人所操纵所把持,他们做了他人的"爪牙"与"工具",然而近来政府这种笼统的取缔爱国运动的法令,实足以造成"爱国有罪"的局面。在这种环境底下,真诚纯洁的爱国国民,对"爱国"两字,亦望而生畏了!

在我们看来,当局们对社会上的智识阶级及青年学生们,亦缺乏认识。想操纵想利用智识阶级与青年学生者,固有人在。尚认智识阶级与青年学生,都能为人操纵利用,都肯做人爪牙工具,又未免过分轻视了他们。这一二个月来,政府当局费如许心血,首都训话,领袖演讲,对这班智识阶级与青年学生,劝告引导,无微不至,如此,尚不能得到他们的充分谅解与团结,彼少数有背景有党派者,果有何项秘术与手法,对社会上一班智识阶级与青年学生,可以随便操纵,可以随意利用? 政府这种见解,老实说来,把少数人的手段看得太高,把政府的威望看得太低,把智识阶级与青年学生们的个性人格又看得太轻了。

到这里,我们更不可忘却了这次爱国运动所以复兴的事实。"九一八"以后,取缔爱国运动,本来是政府一贯的政策。"敦睦邦交"的明令,淞沪汉的紧急戒严令,都是过去取缔爱国运动的步骤。政府过去在取缔爱国运动上,且有十分圆满的成绩。旧年华北自治运动热烈的时候,何应钦部长到了北平,只看见自治请愿的民众,看不见正当民意的表示。这是政府取缔爱国运动成功的证据。举国的智识阶级及青年学生,在过去几年中,对"亡国"这类事,到了"坦然忘怀"的境地,他们不但不愿做共党的"爪牙"与"工具",他们亦不肯做救国自救的"爪牙"与"工具",这总算政府取缔爱国运动的成功。

在那个时候,政府当局看到这样的民气,当然有几分恐惧忧虑。北平教育界的领袖看到这样的士气,亦的确有了几分忧虑。因此有北平教育界领袖联名反对国家分裂的宣言,因此有天津教育界领袖联名反对国家分裂的宣言,因此青年学生们才敢抬起头来组织平津学联会。因此上海北平一班智识阶级始敢抬起头来组织文化救国会。根据事实说起来,学生学联会,文化救国会,在时间上又何尝不带几分随从附和的性质,尚使学联会没有反对南京代表的行为,救国会没有积极抗日的主张,当局的态度又何尝不是默许与同情? 同于我者是操纵利用,亦非操纵利用,异于我者,非操纵利用亦为操纵利用。用于我者是爪牙工具,亦非爪牙具,异于我者,非爪牙工具亦为爪牙工具。此亦难乎为今日的智识阶级与青年学生了!

我们愿恳切的奉告当局,"操纵"、"利用"、"爪牙"、"工具"这一切名词,实足以激怒智识阶级与青年学生。这种名词当局用得太多太滥,智识阶级与青年学生的反感愈大愈烈。政府当局对一切参加救国运动的国民,倘能首先承认他们意志的真诚与动机的纯清,再用真诚纯清的态度与之研究共同救国的途径。这样,即不能得到积极的合作,亦能得到消极的谅解。倘动辄加以刺戟之名词,再加以操切的手段,结果,恐怕前此不肯为人操纵者,真归于操纵,前此不肯为人利用者,真归于利用。到了智识阶级与青年学生,受疑过深。被激太甚,真肯为人操纵利用,政府虽然加之以刑罚,临之以军警,恐亦无以善其后了!

我们更愿诚恳的奉告当局,在今日中国环境中,首先应体验绝大多数国民的心理。只有党人是爱国,非党人即不爱国。只有政府当局知道爱国,社会小民不知道爱国。这种主观过甚的见解,足以激励极大的反感。"人之好善,谁不如我"。党外党内,在上在下,果能用这种真诚去求谅解与团结,国或有救。尚认爱国救国的工作,一切必自我出,他人必处在"爱国有罪"的环境,国事前途,将不堪问。

我们切不可忘却旧年华北的事实。在自治运动进行甚急的时候,我们求学联会救国会这类组织而不可得。爱国运动发生以后,彼时教育部曾经有过爱护青年,培养民气的通电,这就证明智识阶级与青年学生的爱国运动在一个时代的确有他们的功用。老实说,他们的功用,尚未完结。飞鸟未尽,良弓先藏,他日华北果再有自治请愿团这类组织发现,他日国家再求正当民意的表示恐不可得了,到那时,我们再来追悔今日"爱国有罪"的环境,恐亦晚矣!

我们更愿诚恳的奉告当局,目前智识阶级与青年学生的爱国运动,是久被压迫的情感的宣泄。这种情感,让他在正当的轨道上流露,是民族精神的振作,是青年意志的奋发。对这种情感,倘当局不能善为引用,且复加以压迫,全国造成"川壅必溃"的形势,共党对人民,将更投瑕抵隙,有所凭借了!请看今日多数青年的思想,是个什么样子的趋向!

我们既然是国民,爱国是国民的责任,更是国民的权利。扰乱秩序,破坏纪律,应受取缔。笼统的取缔一切救国团体,爱国运动,这不是维护秩序,保持纪律的善策。我们今日只有向政府当局恳切请求:万般有罪,爱国无罪!

（原载《自由评论》第十四期,一九三六年三月六日）

8.敢问当局:难道牺牲还未到最后关头吗?（啬夫）

除非甘心做汉奸的贼徒以外,谁也知道,中日关系早已经到了和平绝望的最后阶段,即抛开以前的历史不说,单就"九一八"事变而论,数日之内,日本吞并我东北三省,难道我们还应该不抵抗吗? 其后《淞沪停战协定》《塘沽停战协定》《四·一七声明》《大滩口约》,乃至《何应钦梅津协定》,中国主权的损失,难道够我们幻想和平解决的可能吗? 冀东伪政权出现,何异于溥仪称帝! 冀察政委会成立,何异于殷汝耕叛变! 内蒙独立和华南浪人的活动,又何异于东北热河的失陷! 五年以来,整个中国,在日本帝国主义钢刀宰割之下,已是断股折肱,四分五裂,难道中日关系还有和平可言吗? 再就去秋广田提出的"三原则"来说,接着是华北走私的惊人发展,华北驻军的惊人增加,防共协定的威逼成立,这简直又使断股折肱的中国,挖去了心脏,取出了筋肉,连骷髅都不如了。所谓防共协定,规定日本军队沿平汉、北宁、正太、平绥各铁路驻扎,整个华北铁路网,已在日军控制之下,整个华北地区,也就不是中国所有了。近两日来,日本在华北的驻军,不断增加,总数达两旅团以上,约一万人,日人自谓根据辛丑条约的权利,但就吾人所知,毋宁谓为根据何梅协定和防共协定的允许。华北已经成了伪国的行都,敢问我当局:"难道"和平还未到最后的绝望,牺牲还未到最后的必要吗!

不但是华北已非中国所有,华南华中,又何尝不然,汕头、厦门、漳州、晋江各处,不是尽人皆知的日本在中国的无税港,和政治策动的中心吗? 上海日本犬兵房,不是早已控制南京吗? 汉口的日本驻军,不是把握了川湘鄂各省的咽喉吗? 我们就要退到堪察加(云贵)去,也已经不可能了。敢问我国当局,你们是否存心要把中国继台鲜琉球之后,赠与日本?

中国等于已经亡了,在中国的领土里,已经没有了中国的主权,中国的大众们:我们只有自己武装起来,为民族自卫而战,为个人生存而战,为解决全世界被压迫的大众而战!

(原载一九三六年五月三十日《救亡情报》)

9.“九一八”第四周年纪念感言(陈铭枢)

国府迁都宣言中有一段自己暴露了“整个计划”、“和战大计”之秘密:“政府为避免战争计,已不恤一再迁就日本之要求,始则对于民众抗日之言论行动稍涉激烈者均予禁止,继且晓谕各种民众团体自动取消抗日名义以杜强邻之藉口。本月二十八日午后一时四十五分上海市政府对于日本驻沪领事之要求已予日领自身亦认为满意之答复,而同晚十一时二十五分日本……舰队司令官忽来通告(?)迫我上海驻军让出防地俾其占领:遂即向我军进攻,竟使上海龙华市而毁于兵燹。”

这些话真是又可怜又无耻之丑态,只因全国国民在对暴敌愤不欲生之际才容赦这可怜政府之丑态。既曰“受国民付托”,何以禁止抗日之言论? 且“晓谕各民众团体自动取消抗日名义?”既曰“决非威武所能屈”,何以“不恤一再迁就日本要求”,迁就到敌人攻打上海,炮轰南京,迁就到国府迁都洛阳,迁就到十九路军不能继续抗日,迁就到放弃热河,平津难保,迁就到缔结《塘沽协定》,迁就到和“伪国”通车通邮,迁就到撤退华北之中国军队,迁就到取消华北之“为救国而革命”的国民党部,迁就到撤换政府大官,迁就到诱禁通缉《新生》杂志记者,迁就到成立华北中日“伪”三国合作的经济协会,迁就到考虑华中五省的“亲善区”之设立! 这还不能说现国民政府之“原定方针”是对外一味向列强摇尾乞怜,一味迁就日本之要求,专“为对内自由行使职权”之“整个计划”吗? 这还不能说现政府之“和战大计”是对外则和对内则战,所谓安内不攘外的“和战大计”吗?

迁都宣言曾谓"督励军警从事自卫决不以寸土寸地授人"。然铭枢敢向国人郑重声明,十九路军之自动抗日,乃尊从中国大众抗日要求之督励,初不知"国府"有所谓"督励"。国府既欲"决不以寸土寸地授人",何以一味"迁就日本之要求",到今日尚死心塌地一味屠杀中国同胞,以借刀杀人之毒计消灭异己?十九路军自动抗日之初,现国民政府之中央军事委员长曾发过一个"枕戈待命"的通电,然此"枕戈待命"一绝无"督励"自动抗日之用意,反之,此四字却有阻止自动抗日之决心。盖一般军人都受过"以服从命令为天职"之教育,且蒋介石在数次内战中曾表示过他的勇敢,曾受资本列强之称誉。又且向中"外"宣言过"中国将决无迟疑下大牺牲之决心实行宣战",不惜"中国五十年破产之代价",故一般国人以及军队都误信蒋介石不久"将决无迟疑……实行宣战"。当时直欲自动抗日之爱国将士因受了"枕戈待命"之暗示,遂以"以服从命令为天职"之诚意,静候着"决无迟疑"的蒋介石发出"宣战"之命令,候至今日,音息杳然,不但爱国将士,即一般爱国同胞,亦受此催眠符之毒不少。

〈下略〉

(原载一九三五年十二月九日巴黎《救国时报》)

10. 共产党几时打得了(大愿)

在这困难极端严重的时候,我想国人对于共产党的消息,一定也很想知道一点吧?因为一般人认为共产党是当今对外的最大的障碍;换句话说:共产党活跃一天,政府便减少了抗敌的勇气。所以,凡谈论时局问题的人,似乎忘不了"共产党究竟还有多少实力?能不能够肃清?"这个问题的。

不过,共产党的消息,在上海报纸上是很少看得到的,现在是根据这几天天津《大公报》所记载的通讯和专电,摘略报告给一般关心的读者。

朱、毛在川北和徐向前、张国焘等统率之第四方面军会合后,曾在甘肃之白龙江南岸开过一次军事会议,毛泽东主张窜入陕北,打通国际路线;张国焘主张仍窜回四川,另立一新根据地,以图发展。在此意见分歧之下,毛乃愤然统率第一军(林彪)与第三军(彭德怀)一万余人,通过白龙江而入岷县,迁过六盘山而入陕北。至今毛之主力,尚停留于保安西北一带。合以沿途落伍,病伤等损失,仅存八九千人。朱德、徐向前一部,则由川康青边境向南回窜,先将懋功、丹巴、抚边、绥靖、崇化、金汤、宝兴各地攻陷,川军杨森、刘文辉两部,损失甚大。自顾祝同、刘湘等十七日亲赴邛崃坐镇后,情势始稍见和缓。据中央社二十四日电称,川军已将名山、雅安间各重镇克复了。现在朱、徐主力在天全、芦山方面,人数虽不详,但观其攻城略地如此其迅速,力量自亦不小。

共产党的情形既如上述,我们要问:共产党究竟几时才打得了? 假使永远打不了,我们是不是就永远不要抗敌? 我想当局诸公对于这点是应该加以深思考虑的。

（原载《国讯》第一一四期）

11. 团结御侮的几个基本条件与最低要求（沈钧儒　陶行知　章乃器　邹韬奋）

自去年十二月九日学生救亡运动开始以来,这七个月中中国国内一般政治形势,显然有重大的进步和转变。在以前,我们是陷在互相残杀、互相排挤、互相猜疑的泥沟里;现在我们已经逐渐明了,只有掉转枪头一致向外,才是我们唯一的出路。在以前,安内和攘外的先后问题还起了很大的争辩;现在政府和民众却已逐渐在抗日第一的旗帜下面团结起来。这七个月中间,全国学生救亡运动再接再厉,全国及各地救国会相继成立。一般民众对于联合抗日,已有了深刻的认识和热烈的要求,这是不消说得。此外政府对日外交,最近也比较的采取强硬态度。《塘沽协定》的正式披露,浪人走私的严重抗议,至少这两件事,表示政府不甘心屈辱到底。各地军事当局近来也开始有了觉悟。西南领袖最近公然宣布出兵北上抗日。宋明轩将军虽然在数月前,曾向日本屈服退让,但是对于日本军部屡次强迫要挟成立伪组织,却始终加以拒绝,这是值得赞许的。至于向来和国民政府对立的中国共产党和红军,最近也改变政治主张,以抗日救国为目前主要任务。就报纸所载消息,"工农苏维埃政府"已改为"人民苏维埃政府";"工农红军"已改为"人民抗日红军"。这些事实,说明了现在全国人民,不论在朝在野,不论中央或地方,不论左派或右派,都已一致认识中华民族的当前大敌,只有一个。而在这民族大敌之前,政府和人民,中央和地方,友党和敌党,已开始企图建立全民的大团结。这全民的大团结一旦建立起来,不但可以挽救国家于危亡,而且奠定民族复兴的基础。这是我们所馨香祷祝的。

可是在另一方面,我们却不能隐讳目前的一个十分严重的问题,就是大部分人民对于团结救亡的认识,还不够彻底,对于全民阵线的信念,还不够坚决。因此,虽然大家都集合在抗日救国的大旗下面,大家依然是互相倾轧、互相猜忌、互相斗争。甚至有些人以为"抗日救国"只是一种时髦的装饰品;有些人以为联合战线不过是互相利用,至多也不过是一时苟合,所以今天是同志,明天可以成为仇敌。这种错误的观念,要不是立即纠正过来,广大的民族救亡联合战线,断乎不能建立起来,即使建立起来,也一定马上就会分裂。但是谁都知道,救亡联合战线要是不能建立起来,或者建立起来以后,立即四分五裂,抗日救国是决不会得到胜利的。抗日救国不能得到胜利,那么我们的前面自然只有死路一条。

打开天窗说亮话,现在虽然大家都叫喊抗日救国,大家都在高谈联合战线,但是政府怀疑民众,民众也怀疑政府;中央不信任地方,地方也不信任中央;国民党怕被共产党利用,共产党也怕被国民党利用,这是谁也不能否认的事实。不仅如此,甚至本来是一家人,现在为了联合救亡的缘故,也纷纷互相猜疑起来。例如,同是政府中人,对于国家根本大计,却不容许公开坦白讨论;同是热心救国的人士,却互相怀疑被某派某党利用。这事实说明了什么?说明了在抗日救国的口号中,各人仍然是同床异梦,各怀鬼胎。大家难道已经把印度、朝鲜亡国的惨痛教训,忘记得干干净净了吗!

就我们个人数月来参加抗日救国运动的经验来说,我们因为完全站在人民救亡阵线立场的缘故,竟引起了各方面的怀疑猜忌。政府因为我们主张各党各派合作抗日,承认了共产党势力的存在,就怀疑我们是被共产党利用。有些思想幼稚的青年,因为我们主张各党各派合作抗日,就等于主张和国民党合作,便猜想我们是被政府收买。另一方面,中央因为我们同情西南抗日主张，就认定我们蓄意反对中央；西南当局却又因为我们求全责备，认为是替中央说话。这事实又说明了什么？说明了我们的当局，我们的一部分青年民众，对于联合救亡的原则，是怎样不够了解，不够忠实，不够热诚，不够信仰啊！照这情形发展下去，大家拿抗日救国作幌子，拿联合战线当作一件把戏玩弄，我们会达到民族解放的目的吗？

对于一切外来的怀疑猜忌，甚至造谣中伤，我们打算辩护我们自己吗？不，我们没有这个打算。我们已经决定为了国家和民族牺牲我们的身家性命都愿意。个人的毁誉更算得什么？我们发现了各种不同方面对于我们的误会，我们不仅毫不介意，而且更增加了我们的自信力。因为我们相信我们受到各方面的误会和怀疑，这事实正证明了我们过去忠实于救亡联合战线的立场；正证明我们一面不放弃一点一滴的抗日力量，另一面又不放弃一丝一毫的联合战线立场；正证明我们一面愿意任何抗日势力诚意合作，然而同时决不愿意迁就任何方面。我们敢宣誓我们今后仍坚决地站在这救亡阵线的立场，不躲避，不退却，不放弃立场，不动摇意志，一直到中华民族解放运动到完全胜利的一天。现在我们所担心的，却只有一件事，就是现在不论政府当局，不论人民大众，有一部分对于这纯洁无私的救亡联合战线，太不够理解，因不够理解的缘故，更不够忠实，不够热诚和信仰。因此，他们至今还是在互相残杀、互相攻击，即使表面上他们已经联合起来，暗下里他们也还是在互相怀疑、互相猜忌。这样，纵使他们在主观上是为了救国救民，客观上他们是破坏了联合战线，妨碍了抗日工作。这一切的一切，都只是因为对于救亡联合战线的立场，太不理解的缘故。因此我们认为对于联合战线的立场，有向政府当局和人民大众，作一番详细解释的必要。这不是为了表白我们自己，而是为了抗日救国，为了中华民族解放运动的前途。

抗日救国这一件大事业，决不是任何党报任何个人所能包办的。脱离了民众，单是政府，抗日必然失败；但是没有一个政府的领导，单靠民众自动地作战，也决不会有胜利的前途。中央政府要是没有各地方当局的合作，固然谈不到抗日；但是地方当局，在和中央政府对立的状态之下，即使出兵抗日，也未必有胜利的把握。固然，抗日救亡是火烧眉头的急事，我们遇到敌军入境,就要立即抵抗,断不能等到全国总动员成功以后,方才主动。所以我们赞成东北义勇军的英勇抗敌,赞成十九路军及第五军在上海的奋发抗战,我们也赞成西北军在喜峰口、察哈尔的抗日战争。我们赞成这种局部的抗日军事行动,目的依然在能够推动全国大规模的抗日军事行动。否则,如果我们相信单靠局部抗日,或者一党一派的包办抗日,就可以得到最后胜利。依然不免犯了重大的错误,抗日救国要达到最后的大胜利,必然要依靠全民族的一致参加;我们所以有结成救亡联合战线的必要,原因也就在这里。不然我们要是相信国民党可以包办救国,我们只要加入国民党就是了,就不必谈什么联合战线。我们要是相信共产党可以包办救国,我们只要加入共产党就是了,也不必谈什么联合战线。我们主张联合战线,就是因为相信抗日救国的大事业,决不是任何党派任何方面单独所能完成的。

在联合战线上的各党各派,尽可以有不同的主张,政府和民众,中央和地方,也尽可以有不同的意见;只要在抗日救国的一点上,求得共同一致,大家互相宽容而不互相倾轧,互相攻击,联合战线就建立起来了。那就是对于抗日救国,政府也还可以有政府的主张,民众可以有民众的主张。这并不妨害了联合战线的建立,只有政府压迫民众不许自由提出抗日主张,民众笼统地反对政府的一切主张,这样联合战线才不免于破裂。所以,互相宽容是联合战线的第一要义。为什么我们要求言论自由,要求开会结社自由,也就因为大家是中国人,在共同抗日的立场上,必须互相宽容,互相容许自由发表意见,自由结合团体。要是没有这种宽容的精神联合战线根本就无法建立起来,更谈不到抗日救国。

联合战线应该结合各党各派的力量以达到抗日救国的目的,但不能为任何党任何派所利用。固然,在一个广大的斗争中,一部分不良分子利用联合阵线,假公济私的事情,是不能避免的。但只要我们一切的行动都坦白公开,这些假公济私的不良分子,立刻就会暴露出来,立刻就会被群众唾弃的。

即使是汉奸,要是一旦觉悟,参加抗日救国运动,也未尝不可以放下屠刀,立地成佛。那时我们也断没有排斥他们的理由。而且我们相信,中华民族要不是生成奴隶根性,活该亡国灭种,决不会有人真正甘心做汉奸,许多汉奸都是因为为环境压迫,缺乏民族自信心,才不知不觉地造成了的。只有建立广大的救亡联合战线,恢复民族自信心,才能克服一切汉奸意识,消灭一切汉奸运动。

因为假定大家对于联合战线的前途,没有信仰,那么联合战线自然会不久就破裂,而抗日救国也断不能达到胜利的目的。过去的国共合作就是一个前例。但是假如大家真正能够诚意合作,对于联合战线的前途,真正有坚定的信仰,那么联合战线的基础只有一天天巩固扩大起来,直到抗日救国达到完全胜利的一天。就是在抗日救国完全胜利以后,这人民的大团结也不见得就会分裂。因为各党各派既然在一条战线上共同奋斗,终于得到了共同的胜利,大家就变成患难朋友,许多本来不能谅解的事情,就可以谅解;许多本来不一致的意见,也就可以一致起来,那时中国才真正能够统一起来。因为历史告诉我们,许多国家都是因为对外战争的胜利而促成内部统一的。这样看来,民族联合战线决不是一种短命的过渡性质的结合,问题只在于我们对于参加联合战线的态度,够不够热诚,对于抗日救国必然胜利的信仰够不够坚定就是了。

这是我们对于联合救亡所采取的立场,我们希望这个立场成为全国人民所采取的共同立场。此外我们为了抗日救国,对于中央及地方当局,对于各党各派,对于一般民众,谨以十二万分的诚意,提出我们的一些希望,我们不敢说这是代表了大多数人民的意见,但是至少我们是以国民一分子的资格,向我们的当局和民众进言。纵使我们的主张过分坦白了些,我们想,同是中国人,当局和民众是一定都会谅解我们的。

一、我们对于国民党领袖蒋介石先生的希望。五年来,蒋介石先生历次表示埋头苦干,忍辱负重,准备抗日,这是天下所共闻的,我们也承认抗日要尽可能的作迅速而有效的准备,我们所不能同意的只是准备抗日的方式。蒋先生屡次主张以先安内后攘外的方式准备抗日,不管这主张对不对,但是五年来的经验告诉我们,这一个主张是失败了,五年来安内的结果,"剿共"军事并没有片刻停止,到最近中央和西南却又发生了裂痕。可见安内政策并不能促成真正的内部统一,而唯一得到"安内"的利益的,却是我们的共同敌人。

照这情形下去,恐怕"内"不及"安"而中国全部已早成为日本的殖民地了。蒋先生要是细心想一想,应该会知道这是何等失算啊!过去的事不必再说了。在目前,敌人正在企图吞灭华北和福建,民族危机已严重到万分。蒋先生处全国最高统治地位,应该赶快设法,作抗日救亡的真正准备。真正的准备抗日,决不是所谓"先安内后攘外",而是联合各党各派,开放民众运动以共纾国难。因此我们希望蒋先生马上做到下面几件事:第一、停止对西南军事行动;第二、和红军停战议和,共同抗日;第三、开放抗日言论自由和救国运动自由。这三件事做到后,"内"不必"安"而自"安"。随后我们更希望蒋先生亲率国民政府统辖下的二百余万常备军,动员全国一切人力、财力、智力、物力,发动神圣民族解放战争。这民族解放战争达到完全胜利之后,蒋先生不仅是中华民国的最高领袖,而且将成为中国历史上最伟大的民族英雄。这是我们十二分诚意盼望的。要是不然,蒋先生置亡国灭种的危祸于不顾,依然继续"剿共",继续内战,这样,蒋先生纵使一生埋头苦干,也不能见谅于天下后世,我们相信蒋先生决不会出此下策。蒋先生在二中全会报告救亡御侮步骤与限度,自然可以代表蒋先生的最近意见。我们读了那个报告之后,觉得对于和平绝望与牺牲最后关头的解释,是比较的具体了。他说:假如敌人强迫承认伪满的时候,或者从去年十一月以后,敌人再侵害中国的领土主权,而政治外交方法不能排除这个侵害的时候,这便是和平绝望的时候,也便是牺牲最后的关头。对外在这个限度里面,尽可能的进行准备,我们是可以同意的;但是我们得再提出,除了这对外的限度之外,对内的停止内战和开放人民的抗日言论自由和救国运动自由,也是极端必需的。否则一面准备而一面自相消耗,结果就怕要所得不偿所失;政府昌言准备而限制人民自动起来准备,也不足以见谅于人民。这两点,我们是要重复提出,请蒋先生注意的。此外,蒋先生在报告中把中国和阿比西尼亚等量齐观,这在我们是不敢同意的。

二、我们对于西南当局的希望。我们同情陈伯南将军、李德邻将军和白健生将军出兵北上抗日的宣言,我们认为这至少表明西南当局对于联合救亡已有了深切的认识。但是,我们却希望西南当局对于联合战线的立场,有更进一步的了解。我们认为西南当局应该推动中央政府出兵抗日,避免和中央取对立的态度。我们又认为抗日救国应该尽量容许人民自动起来干,换句话说,必须使人民有抗日言论及行动的绝对自由。其实这是西南当局向中央公开提出的要求。我们希望西南当局在他们直接统治的区域内,首先兑现。不然,西南当局脱离了中央,又脱离了民众,孤军抗日便决不会达到胜利的目的。我们还得指出:最近广东内部的意见分歧,就是因为广东的抗日势力,没有民众的基础;否则在民众势力的挟持和鼓舞之下,我们相信谁都不敢别有企图。我们相信西南当局,对于我们这意见,一定会虚心接受的。

三、我们对于宋明轩将军和华北其他将领的希望。宋明轩将军和华北其他将领在日本帝国主义武力的直接威胁下,他们都会有拼死抗敌的决心,是毫无疑问的。这一年以来敌军步步近迫河北、察哈尔、绥远,却不见华北军队有什么动静,这也是可以原谅的。因为抗日本来必须全国动员,在全国未动员以前,地方军队局部的抗战,固然足以激发民族的抗敌情绪,但是我们所希望的不一定在于华北将领以士兵血肉作孤注一掷,而在于宋明轩将军等不再压迫学生爱国运动,不再逮捕殴打抗日的民众。不然即使有了喜峰口抗战的光荣,也无法教人们相信宋明轩将军是有抗日决心的。

四、我们对于中国国民党的希望。中国国民党我们始终认为是中华民族革命历史上的一个主角。推翻清朝专制政府的是国民党,推翻袁世凯的独裁政权的是国民党,由广东出师北伐推翻北洋军阀的统治的是国民党。所可惜的国民党自从掌握中央政权以来,历史的光辉上面,起了一层暗影。所最痛心的,在国民党统治下面,中华民国竟遭逢了从来未有的严重的国难,我们的地图,已缺了一只角。但是谁也不应该把东北四省失陷的责任,全部卸在中国国民党的肩上;在野的党派也要负相当的责任。我们所希望的,有民族革命的光荣历史的国民党,握有中国统治权的国民党,应该赶快起来促成救亡联合战线的建立,应该赶快消灭过去的成见,联合各党各派,为抗日救国而共同奋斗。这里所谓各党各派,主要的,自然是指中国共产党。这国共两党,在九年以前不是手挽着手,为着打倒北洋军阀,为着打倒帝国主义而共同战斗吗?我们不明白目前在共同的民族敌人的威胁之下,这已经分裂了的两党,为什么竟不能破镜重圆。是因为这两党中间有了深仇宿怨不能消释吗?那么希望国民党反省一下,共产党员究竟也还是中国人。我们更希望每个国民党员都明白,对共产党的仇恨,不论大到怎样,总不会比对日本帝国主义的仇恨更大罢。是怕联共以后,国民党会被共产党操纵利用吗? 那么这全在乎国民党自身。因为国民党要是真正能够联合各党各派,坚决抗日,那么共产党即使要利用国民党,也必然会被民众唾弃的。现在共产党已经提出了联合抗日的主张,国民党却并没有表示。这结果会使一般民众相信倒是共产党能够顾全大局,破除成见,这对于国民党是十分不利的。反之国民党要是一旦和共产党重新携手,共同抗日,国民党在民众中间的信仰,将要大大地提高。不然,国民党要是只打算一党包办抗日,这是国民党的自杀政策,结果只是替共产党造成机会。我们想,每个贤明的国民党员,每个忠实的三民主义信徒,都会明白这一点的。我们还得指出,在国民党的阵营里面,已经侵袭进来少数的官僚政客。这少数的官僚政客,在过去曾经不断的破坏国民党的革命功业,在最近几年间,更是进一步的推行亡国的亲日政策。在这个亲日的官僚政客集团里面,殷汝耕已经公然变成汉奸了;此外许多没有公然变成汉奸的,他们一面在国民党里面占着相当重要的地位,而另一面背地里是诅咒国民党的主义和政策;他们甚至曾经借敌人的势力,来压迫国民党。正和他们在国民党里面发挥汉奸作用一样,他们对于整个民族也是同样的发挥汉奸作用:一切政治上的秘密消息,据说都是经过了他们而泄漏给敌人的。他们要公然变成殷汝耕,只不过是时间问题罢了,这一班官僚政客的存在,不但是民族的危机,而且是国民党的耻辱。国民党不肃清这一班汉奸化的官僚政客,是不可能取得人民的信赖的。

五、我们对于中国共产党及中国红军的希望。中国共产党于去年八月一日发表宣言,主张停止内战,联合各党各派,共同抗日救国,中国红军领袖也迭次发出通电,吁请各方面,停战议和,一致对外。我们赞成中国共产党和中国红军这一个政策,而且相信这一个政策会引起今后中国政治上重大的影响。因为我们知道中国共产党向来对国民政府及统治阶级,采取绝对敌视态度,现在却能够破除成见,主张和各党各派停战合作,那么其他中国人民自然更加容易消除意见,互相结合起来了。我们所希望的,中国共产党要在具体行动上,表现出他主张联合各党各派抗日救国的一片真诚。因此在红军方面,应该立即停止攻击中央军,以谋和议进行的便利,在红军占领区域内,对富农、地主、商人,应该采取宽容态度。在各大城市内,应该竭力避免有些足以削弱抗日力量的劳资冲突。这样,救亡联合战线的展开,才不至受到阻碍。就我们个人参加抗日救亡运动的经验来说,救国会和其他群众团体中间,往往发现有些思想幼稚的青年,在抗日救国的集会或游行中间故意提出阶级对阶级的口号,以及反对国民党和国民政府的口号,以破坏联合线战。还有少数青年,在抗日运动中,依然采取宗派主义的包办方式,这种行动我们相信决不是出于中国共产党的指示,因为这是违反中国共产党最近的主张的。这事半恐怕还是出于共产党里面的左倾幼稚青年的个别行动,我们认为中国共产党应该赶快纠正他们。此外,在某些地方,还有自称为共产党游击队的,任意杀戮人民,这种不守纪律的部队,如果是隶属共产党,共产党应该严厉处分他们;否则共产党应该赶快声明,这种不守纪律的部队和共产党无关。

六、我们对于一般大众的希望。说到最后,抗日救国的基本队伍,当然是人民大众。不管中央当局也好,地方当局也好,国民党也好,共产党也好,都脱离不了民众。要是没有民众的参加,断然谈不到抗日救国。同时在救亡联合战线中,也只有民众是最热诚的,最坚决的,最坦白无私的。但是缺乏政治经验的民众,容易有一个倾向,就是只顾到目前的利害,而忘却那远大的目标。老实说,现在中国民众所受的压迫,并不只是日本帝国主义。民众因国内政治不良所受的痛苦,是十分深刻。有些贫苦的同胞,为了维持生活而被迫当汉奸,就是这缘故。所以,在抗日救国运动中,我们仍旧要顾到一般民众的切身利益,例如办理救灾,救济失业,改良劳工待遇,取消苛捐杂税,都应当切实施行,以增加抗日救国的力量。但是我们所希望于一般民众的,就是目前我们民族的大敌只有一个。我们只有把这共同的大敌打败了以后,才能彻底解决一般民众的生活问题。所以在目前,我们只有暂时忍耐些,迁就些,避免为了我们内部的纷争,削弱抗日救国的力量。至于目前民众对于政府的态度,我们认为应该竭力督促政府出兵抗日,而且尽可能与政府合作从事抗日,只有在政府不顾民众,一味亲敌,甚至承认亡国条约的时候,民众方才可以起来一致反对政府。此外,我国民众文化落后是不能否认的。抗日救国运动的一个主要任务,是在教育最落后的广大群众,使他们踊跃参加救亡联合战线,而不仅在于推动少数前进的群众,作抗日的直接斗争。这一点我们尤其希望群众的领袖们加以注意。

以上是我们从实际经验所得来的一些意见,我们仅以十二万分的诚意,贡献给我们的当局和民众。常言道:"良药苦口,忠言逆耳",我们这些意见或者不免开罪各方面。但是为了国家民族的利益,我们已顾不到一切。我们相信,只要我们这些话,能够引起各方面的注意、研究和考察,抗日救亡运动的胜利前途,是不会没有把握的。

最后,我们特地向贤明的当局,贤明的政党领袖,以及一切爱国同胞,背诵曹子建诗:"煮豆燃豆萁,豆在釜中泣。本是同根生,相煎何太急!"

中华民族解放万岁!

中华民国万岁!

一九三六年七月十五日

（原载《生活知识》半月刊第二卷第六期,一九三六年八月五日）

12. 蒋介石到底走哪条路? (凯)

自从平津事变后,我们便陆续读到中国共产党中央、中国苏维埃政府、中国红军、东北抗日联军等宣言,都一致一再郑重声明:不管过去和现在任何旧仇宿怨,而愿与一切中国的政党及部队,亲密携手,作兄弟阋墙外御其侮的救国事业。吾人当时靡不狂喜其为唯一民族自救之大道。

接着蒋介石领导国民党的第五全大会,亦议"团结救国"为口号。同时,国内外都传言纷纷,有说蒋介石已与朱毛订了协定共同抗日救国者,有说毛泽东即将到南京组织国防政府,朱德到西北组织抗日联军者。事关救国大计,有事先秘密之必要,当然没有人要求蒋介石正式声明承认。但是在这些宣传之下,蒋介石确已引起了国人的期待,大家以为蒋或许要痛改前非,开始来抗日赎罪了。

本报西安一闻君的通信,却列举了些蒋介石在西北军事布署的事实,而指出他是口是心非,假准备抗日民族大战的虚声,来进行自相屠杀的国内大战。确若如是,真是自绝于国人。

当此国难日加严重之时,摆在中国一切政党与部队的面前,只有两条路:或是消灭内战,联合一切军队,共同进行抗日救国,或是追随殷汝耕,加入日"满"中防共同盟,而永为日寇之奴隶。何去何从,看蒋介石怎样选择罢!? 吾人相信,如果蒋介石仍然玩弄过去的把戏,在"准备抵抗"之掩盖之下来继续降日卖国,进行屠杀同胞的内战,全国人民必将群起而攻,而且蒋介石的部下,首先是黄埔生等,未必无爱国青年,倡义奋起,讨贼救国者。那时蒋介石的下场,将不免为袁世凯第二。蒋介石到底是走亡国自亡的道路,还是走抗日自救的赎罪自新之路,这要由蒋介石自决。但全国人民抗日救国的神圣事业,终必达到胜利的目的,这是无可疑义的。

（原载一九三六年一月四日巴黎《救国时报》）

13. 时局中心问题——国共合作（巴黎《救国时报》社论）

国难于今,瞬及五载,在这长期不断的血的教训和苦痛当中,全国人民都痛切地知道,非抗日无以救亡,非全民团结,不能抗日,非各党各派推诚联合,便不能实现全国团结,而各党派联合的中心枢纽,便在于国共的合作。现在国内的爱国先进,均集中这一问题,舒陈意见,痛下针砭。如马相伯先生痛论"防共"、"剿共"之非,陶行知先生主张"国共合作"之谈话,孟长泳先生的"国事应由国人公决,国仇惟有国人共御,对于愿与南京合作的共产党,应即停止进攻"之论文,特别是沈钧儒、章乃器、陶行知、邹韬奋四先生所共同发表之《团结御侮的几个基本条件与最低要求》中,对国共合作问题更有详尽的发挥。这很明显的表现出全国舆论之所起,民意之所在,这无疑是国难危急之曙光,中华民族解放之灯塔。

从目前的一切事实看来,国共合作既成为全国一致之公意,则终必有实现之一日,但是实现迟早的中心关键,是在于当局的南京政府与蒋介石先生。这不仅是由于中国共产党已再四申明主张抛弃一切宿仇旧怨,联合一切党派共同救国,也不仅由于共产党所领导的苏维埃红军,曾公开的致电全国和蒋介石先生主张停战议和,一致对外,还不仅由于现在的"剿共"内战,南京是主动的,共产党所领导之红军是完全处在被攻的地位,并着着退让,避免国人之自相残杀,而且是由于现国民党内部,南京政府内部,已有不少明达的领袖,都看到了这一民族存亡的关键,而主张联共抗日。因此,无疑问的全国人民的视线,都会要集中于南京政府与蒋介石先生,来督促负有国家存亡重任者对这一关系民族生死问题表示明确的态度。

我们静观南京政府最近数月来的措施,如对浪人走私的抗议,缉私运动的加紧,不准日人在成都设立领事馆之坚持,至少这几件事,是表示在外交方针上之开始转向。就是蒋介石先生在二中全会之演讲也曾表示:"假如敌人强迫承认伪满的时候,或者从去年十一月,敌人再侵略中国的领土主权,而政治外交方法不能排除这一侵害的时候,这便是和平绝望的时候,也便是牺牲的最后关头。"这比以前是有了明确具体的表示,如果真本既定之方针,则无疑的须进行坚决抵抗的准备。因此,我们决不愿意因蒋介石先生对全民团结国共合作的问题尚无明白的态度,而推测蒋先生始终尚坚持不抵抗政策。但是我们深恐蒋先生仍陷于"武力统一为对外抵抗的前提"之成见当中,则事实上将仍是徒耗国力于内战,而无从实行抵抗,使寇势益张,国难益极,此诚国家民族之大不幸,就是蒋先生也将无以自白于天下后世!

五年来的教训,蒋先生以当局者的地位,应当比任何人都更加明白。不断内战的政策,究竟造成了何等结果?也许有人会以为全国比较统一了,南京政府比较牢固了,而事实上却再明显不过,不只东北未复,而且北方五省又陷于危急的境地。当冯玉祥先生张北抗日之时,蒋介石先生以为不服从中央命令,而拒之以兵力,可是今日之张北以至整个冀察,是否仍是南京政令所及之地,可痛的很,在那里已经是处在日寇直接蹂躏之下了!现在宁桂内讧仍在继续,而日寇正在伸张南进政策,极力在福建造乱,如再不合力抵御,恐在数月之后,又将为冀察之续。几年来糜费国币最多,消耗国力最大者,莫过于"剿共"内战,蒋先生挟全国之兵力,以困赣南闽南数十县之地,并未能使共产党领导之红军受到损害,则今日红军所处西北一带之地势,虽尽征全国之兵力,实亦无法以困之。特别在此次红军之数万里长征,在四方围追之下,□□

由大河以至不毛之地,而仍能□□以进□□□益坚,此不仅为中国任何军队所不能比,且亦为历史上所罕见。如果联合以御外侮,则以彼士气之盛,团结之坚,复加以南京军队之众多和锐利之武器,再加以全国人民一致的拥护,无疑可以制服日寇之抢掠。因此,无论何人,如果以国家民族利益为重,必然要尽一切之可能,来使这一极可宝贵之民族力量,为御侮救亡而效力。

现在全国人民已经有一致之表示了,中国共产党与红军已经有再三而四的公开明白的宣言了,的确对于南京政府与蒋先生已无徘徊犹豫之余地。沈钧儒先生等的宣言里说:"现在共产党已经提出了联合抗日之主张,国民党倘没有表示,这结果会使一般民众相信,只是共产党能够顾全大局,破除成见,这对于国民党是十分不利的",这一忠告,实在值得将先生和一切爱护国民党的人士深深考虑的!

（原载一九三六年八月二十五日巴黎《救国时报》）

14. 第二次国共合作有可能吗?（巴黎《救国时报》社论）

在抗日救国的客观环境上需要全国一致的今日,在全国人民要求全国一致的今日,在好些以国事为前提的政论家和政党主张全国一致的今日,蓦地有这样一种声浪最动人注意地触上我们的听官:"国民党和共产党又要合作了!"这种消息我们从国内各地友人的来信中,从海外各方的传说中,从某些外国报纸的记载中都可见到;有人并且活龙活现地说:"蒋介石和红军间已经订立了条约了。"

"国共合作!"这是怎样一个令人兴奋鼓舞的消息!想着在民国十三年至民国十六年间,由这两大政党的合作而昂然展开的那中国人民反帝运动的新局面;想着当时全国工农军政学商各界及一切有志青年,在这两大政党合作的旗帜下而发动的那如火如荼的反帝斗争;想着国共合作以后,马上便统一了广东(这是由国民党内军阀派别把持已久,而历来未曾统一的地方),接着便开展了北伐,竟使得北方各色卖国军阀都成了风里残云;想着由于在国共两党领导中的工农商学兵的反帝救国潮之洪涨,我们竟长驱直入地收复了汉口英租界,竟叱咤风云地屈服了英帝国主义,竟光芒四射地震惊了整个世界;

我们真惘然于当年国共合作因国民党之背叛而猝然中断！我们真惋惜于中华民族的独立好梦被蒋介石汪精卫等打破得太快！看着眼前河山破碎，寇深国危的悲景，我们更不能自已的感觉到，十年往事，不堪回首！当然呵，在这同样条件下听到国共又将合作的消息，我们更会不能自已的感觉到这（国共合作）是国难中的最迫切的需要，这是我们全国人民要求中的最主要的要求，这是我国各党派中最主要的联合，这是使我们得免于做亡国奴的一种福音，这是我们抗日救国必致易于实现的保证。

然而，我们的希望和要求虽然是这样，就国共两党本身来看，第二次国共合作究竟有没有可能呢？

现在先说共产党方面。

在去年的八月一日中国苏维埃政府和中国共产党中央所发的《为抗日救国告全体同胞书》中，该党曾这样宣言："当今我亡国灭种大祸迫在眉睫之时，共产党和苏维埃政府再一次向全体同胞呼吁：……大家都应有'兄弟阋墙，外御其侮'的真诚觉悟"。……苏维埃政府和共产党特再一次郑重宣言："只要国民党军队停止进攻苏区行动，只要任何部队实行对日抗战，不管过去和现在他们与红军之间有任何旧仇宿怨，不管他们与红军之间在对内问题上有任何分歧，红军不仅立刻对之停止敌对行为，而且愿意与之亲密携手共同救国。"说到团结一致的方法和方式，该党又这样提议："苏维埃政府和共产党现在更进一步地恳切号召大家起来，冲破日寇蒋贼的万重压迫！勇敢地：

"与苏维埃政府和东北各地抗日政府一起组织全中国统一的国防政府；与红军和东北人民革命军及各种反日义勇军一起组织全中国统一的抗日联军。

"苏维埃政府和共产党愿意作成立这种国防政府的发起人，……愿意立刻与中国各党派、各团体（工会、农会、学生会、商会、教育会、新闻记者联合会、教职员联合会、同乡会、致公堂、民族武装自卫会、反日会、救国会等等），名流学者、政治家，以及一切地方军政机关，进行谈判共同成立国防政府问题……这种国防政府，应当设法召集真正代表全体同胞（由工农军政商学各界，一切愿意抗日救国的党派和团体，以及国外侨胞和中国境内各民族，在民主条件下选出的代表)的代表机关,以便更具体地讨论关于抗日救国的各种问题。苏维埃政府和共产党绝对尽力赞助这一全民代表机关的召集,并绝对执行这一机关的决议,因为苏维埃政府和共产党是绝对尊重人民公意的政府和政党。"

继后该党为华北危急,再发《告全国民众,各党派及一切军队宣言》,申述同样意旨,该党红军将领更发致全国军事领袖:东北抗日义军领袖杨靖宇、李延禄等,十九路军将领蒋光鼐、蔡廷锴等,以及蒋(介石)、陈(济棠)、张(学良)等全国军官将领代电,再作愿意一致抗日的直接呼吁。这些都是共产党愿在共同抗日救国的基础上与国民党内一切愿意抗日者合作的正式的,具体的提议。然而,该党愿意团结一致的表示的深刻还不止此。据前《救国报》第十五期所载共产党首领王明氏的《答反封反帝统一战线者》一文,其中便有这样的表示:"再如蒋介石及其谋士们说,'中国共产党和苏维埃准备和任何人及任何军队建立统一的战线、但是他们无论如何都不愿与我和我们的军队发生关系,因此我们不得不与红军作战。'我们回答说:'这是诳话。'中国共产党、苏维埃政府和红军,已屡次宣言,表示我们准备与任何军队和任何将领,订立战斗协定去共同进行反日斗争,南京政府的军队当然也在内。至于讲到蒋介石个人,那么,我们公开宣称:虽然他作了无限卖国殃民的罪恶,但是,如果他真正停止与红军作战,并掉转枪头去反对日本帝国主义的话;那么,中国共产党和苏维埃政府不仅给他以向人民和国家赎罪的自新之路,而且准备与他及南京军队一起,在共同的一条战线上,去反对日本帝国主义。"看了共产党及其领导人物的这些连番的,确切的表示,我们不能不相信该党能以民族的需要和人民的要求为前提而愿意不问国民党对于该党一向来的残杀、诬蔑和围攻,而愿意和国民党来合作抗日。

这样,我们知道,为抗日救国的第二次国共合作,在共产党方面是完全可能的。

然而,在国民党方面呢?

现在"国共两党又将合作"的消息许多都从南京方面传出,似乎在南京内部真有所酝酿似的。可是我们既没有看见国民党发过联合他党一致抗日的文件,也没有看见国民党领导人物作过联合他党一致抗日的公开表示;倒是国民党仍旧在那里"剿共"的消息,我们却每天都可以在该党统制下的报纸上和日帝及殷汝耕反共的消息一同看到。所以,对于第二次国共合作这一问题,国民党的答复究竟是怎样,就到现在,就到全国民众要求团结,共产党再三表示愿意团结,国事愈危,决非团结不可的现在,还是不可知的。还是不知是蒋介石故意散布空气愚弄国民,或是真的事出有因的?

不过,问题还可以从另一个观点来讨论

我们知道,国民党的蒋介石,自"九一八"以来所干的事实一直是:避日寇来摧残自己同胞,降日寇来残杀自己的同胞;企图从"中日合作"中来维持自己的局面。然而到了日寇囊括我东北以后,到了我黄河各省已实际沦亡于日寇以后,到了日寇的贼眼投注到蒋介石主要根据地的长江各省而表现出磨牙砺爪的姿势以后,蒋介石却占了就要作溥仪、郑孝胥也不可得之势了。去年日寇的上海会议已明白宣布了要驱除蒋介石。事实明白指出,日寇要进犯长江,一定要企图驱逐驻在长江的军队,一定要企图瓦解驻在长江的军队,要是在华北问题上当其冲者是东北军,现在当其冲者可快要是蒋介石了。蒋介石到了或是抵抗自救,或是束手自亡的境地。他要是愿意走抵抗自救的路,那末他便不得不与一切力量联合来共同抗日,他尤其不得不与有政权,有军队,有领土,有广大群众,像共产党这样的大政党联合来共同抗日。只有这才是他的出路。这是其一。

日寇的食残横暴,戳伤了每个中国人的良心,就是在蒋介石挟持下的军队中,就是在国民党蓝衣社和其他派别中,民族意识之奋张也随日寇之侵凌而与日俱增,并且业已激荡成为种种运动与暗潮。据最近所得消息,则南京的高级军官且有因北方局势危殆,蒋介石仍然压迫学生救国运动,不胜义愤间怀书自杀的,这尤足见在蒋介石所恃以为存在的军队中,其士兵军官们的抗日要求已达到更高的热度。蒋介石要是再继续投降政策,或掉头换面的投降政策,不愿和蒋介石投死路的南京军队,其爱国义愤之爆发是没有力量能够阻止的。袁世凯因为贪权卖国而终于众叛亲离,给自己的部下逼死,这并非很远的事,更并非不能复见于今日的事。所以如果蒋介石仍然继续降日,其部下必不乏凛于民族大义之士,树起抗日讨蒋旗帜,而与其他一切反日党派实行全国大联合。而共产党就会是其中之主要者，这是其二。

我们尤其要指出的是，国民党的党员群众及其党内派别，并不见得在一切问题上都与蒋介石同一意向。我们相信国民党及其各派别连蓝衣社也在其内，必定不乏爱乡国，明理势的分子。这些人本其天良，推断理势，是会得到应该联合一切力量，尤其应该联合有政权，有军队，有领土，有广大群众像共产党这一股大力量来共同抗日的结论的。而且事实上由这一结论而来的种种活动，虽其程度不同，据闻已正在某些方面开展着。这更证明国民党中不甘随着少数顽固自私者流而自外于国人，而自趋于灭亡者固大有人在。我们相信国民党及其派别内的这一舆论和活动是会因由于得着国人的同情而大大开展起来的。这是其三。

因此，据我们观察，第二次国共合作，在国民党方面不管蒋介石的企图如何也是完全可能的。

至于在我们国民方面，记者在前面已经指出，在这只有团结才能救亡的迫切关头，对于任何国人团结运动，我们都只有赞助和拥护，更何况对于在我国反帝历史上留过光荣的成绩，表现过胜利的威力的国共合作。共产党现在已有政权，有军队，其反帝力量之大当然更在昔年之上，该党现在能够剀切表示愿以民族为前提与一切党派合作抗日，尤为大义凛然，国民党应当机立断，不要仍拘成见，或徘徊犹豫，以致误国自误，噬脐莫及。

（原载一九三六年一月四日巴黎《救国时报》）

15. 国难声中国共第二次合作之推测（萧岩）

最近以来，国共第二次合作的呼声，甚嚣尘上，时局几有急转直下之势，从共产党方面观察，我们从报章得到了去年八月一日该党与苏维埃政府共同发表的宣言内，郑重正式宣言云：

"当今我亡国灭种大祸迫在眉睫之时，共产党和苏维埃政府再一次向全体同胞呼吁：无论各党派间在过去和现在有任何政见和利害的不同，无论各界同胞间有任何意见上或利益上的差异，无论各军队间过去和现在有任何敌对行动，大家都应当有'兄弟阋墙，外御其侮'的真诚觉悟，首先大家都应当停止内战,以便集中一切国力(人力、物力、财力、武力等)去为抗日救国的神圣事业而奋斗。苏维埃政府和共产党特再一次郑重宣言:只要国民党军队停止进攻苏区行动,只要任何部队实行对日抗战,不管过去和现在他们与红军之间有任何旧仇宿怨,不管他们与红军之间在对内问题上有任何分歧,红军不仅立刻对之停止敌对行为,而且愿意与之亲密携手共同救国。此外,苏维埃府和共产党现在更进一步地恳切号召:

一切不愿当亡国奴的同胞们!

一切有爱国天良的军官和士兵兄弟们!

一切愿意参加抗日救国神圣事业的党派和团体的同志们!

国民党和蓝衣社中一切有民族意识的热血青年们!

一切关心祖国的侨胞们!

中国境内一切被压迫民族(蒙、回、韩、藏、苗、瑶、黎、番等)的兄弟们!

大家起来! 冲破日寇蒋贼的万重压迫,勇敢地:

与苏维埃政府和东北各地抗日政府一起组织全中国统一政府;与红军和东北人民革命军及各种反日义勇军一块组织全中国统一的抗日联军。"

我们读了这一段话,可以看出这不是一个普通的宣言,而是经过郑重考虑、真诚愿意和各方建立抗日救国的统一战线的负责的具体提议。在国民党方面,不久以前,也有南京、上海的某些要人,由新闻记者作"国共谅解"之辟谣。随后,国共第二次合作消息又似乎从各方面透露出来,蛛丝马迹,可见一斑。最近,巴黎《救国时报》且以《国共第二次合作有可能吗?》的标题,撰文评论。姑无论国共第二次合作之酝酿,已达到如何程度及是否能够实现,然而这一问题已引起国内外广大爱国同胞深切的注意,已被大家认为民族危机中的抗日救国的有效方案,而且打开目前沉闷空气时局急转直下的重要关键,是无可怀疑的。作者认为凡是中国人,对中国到了这样危如累卵的生死关头,对这样重大问题,不应该以所谓"明哲保身"来躲避掩蔽和抹杀这些问题的讨论,而是应该本"兴亡有责"之义,来探讨促进这些问题的公开讨论。故就鄙见所及,作纯粹客观上的分析以供参考。

一、从理论上分析国共是否可以重新合作?

大家知道,凡事没有绝对一成不变的道理。政党的政策也是如此。只要是一个认真的政党的话,它一定要根据具体环境的变迁,广大人民之要求与利益,作为自己政策的出发点。远者不必论,就从年来欧美的共产党和社会民主党,他们本来在原则立场有重要的分歧,然而法西斯主义和战争威胁人类的生存,广大人民要求团结一致反对法西斯蒂与战争。所以有些国的共产党和社会民主党,也就在反法西斯蒂反战争威胁和反资本进攻问题上合作起来,反对共同的敌人,而且也就收到了实际效果。这便是明显的例子。因此,根据中国今日空前的民族危机情形与中国广大人民要求全民团结抗日救国愿望之下,国共第二次重新合作,在一定条件之下,在理论上并不是讲不通的。

二、已往的历史经验来观察国共第二次合作

甲、国共合作时期前的中国局面。国共的正式合作,要算是民国十三年国民党改组起。所谓改组的主要内容就是实行历史上著名的“三大政策”——联俄、联共、工农政策。孙中山先生论国民党改组时曾云:“此次改组,就是从今天起重新做过……按照办法条理,合全国而为一群策群力,努力而行,则将来必定更大,此即为今后之第一大希望,此次改组即本此意。”(见孙先生在国民党第一次全国代表大会上演说词)。孙先生当时其所以毅然改组国民党,是因为当时处在外患内忧的交迫。在外患方面,正当着世界大战告终不久,列强对华又采取积极进攻政策,巴黎和会中中国外交既遭受失败,华盛顿会议上列强又决定共同进攻中国的方案。改组的前一年,正是中国受列强不断施行暴行的一年。例如临城案件,列强的无理要求:上海领事团会议所决定的淞沪共管;扬子江列强联合舰队的组织,以及由于经济侵略全国商业衰落情形,进口货超过出口货价达到三万两银子左右等等。此外仅就日本帝国主义对华的单独所进行的暴行而论,有旅顺大连租借期满之不允交还,日本水兵在沙市和长沙之枪杀学生和市民,汉口日本捕房绞死华人田仲香和以武力殴打枪杀汉口市民大会群众等等。在内忧方面,正是北洋军阀剥削摧残我全国人民之极盛时代。孙中山先生一面感觉内忧外患之交相逼迫,

与广大人民之愿望;一面又感觉到国民党本身力量之大大不足。同时从经验中又领悟到救国大事,必需"合全国而为一群策群力努力而行",方能达到革命目的。因此在内就找寻共产党和占人口大多数之工农群众共同努力。在外找寻以平等待我之民族——苏联作友谊帮助。而共产党也因为争取中国民族独立统一与消灭封建残余,为该党革命现阶段上之任务。所以在一定条件之下与这样基础之上,国共两党之第一次合作,终于由希望而变成事实了。这在中国人民解放事业上,开了一个新纪元。

乙、国共合作时期的中国局面。国共合作以后,中国局面的情形是怎样呢?在国民党本身,起了新陈代谢的作用。随后轰轰烈烈反帝的五卅运动爆发了。继上海"五卅"事变而来的,有普遍的全国反帝大示威,有震动全世界的省港大罢工,有统一广东的成功,有国民革命军北伐的大胜利,有汉口九江工人武力收回英租界的壮举,有上海工人三次武装起义的胜利。在国共合作大革命的年头中,中国人民,是何等团结着一致对外,受威势,有实力,给了帝国主义以严重打击,动摇了帝国主义在远东的基础,帝国主义八十余年来奴役中国人民的威信大大地减弱了。而伟大的中华民族争取民族解放的威力大大地提高了。回忆一下"五卅"时候的情景吧:帝国主义在南京路上的兽行,就引起了各界同胞的义愤,工人罢工,学生罢课,商人罢市,中捕罢岗,全体人民举行了对帝国主义的总抵制,使得帝国主义在中国人民面前发抖和不得不惊慌失措。回忆一下省港大罢工时候的情景吧。省港罢工者,组织了很大的武装纠察队,封锁了香港和抵制了英日货,组织了群众的革命法庭和监狱,来惩办英日帝国主义的汉奸和卖国贼,组织了公共饭堂和宿舍,来供给全体罢工和失业者及其家属,使英帝国主义铁蹄下的香港,变成了"臭港"和"死港"。使得英帝国主义损失每日达到七百万元之多,使得日本帝国主义受到巨大威胁。回忆一下北伐时期的胜利情景吧。革命的势力由广东扩展到了长江流域。不只把北洋军阀赶走,而且收回了汉口九江英租界。各界同胞得到了集会结社言论出版罢工武装的自由。各界的生活状况得到了改善。工商业得到了振兴。军阀留下来的苛捐杂税得到了大大减轻。假使没有蒋介石的"四一二"和汪精卫的"七一五"的民族叛变行为,一直照着救国的道路干下去,中国老早得到了民族独立和统一了。日本还敢进行"九一八"这几年以来的强盗兽行吗?有人说:"国共合作时代,是中国人民扬眉吐气的时代",真是言符其实啊。

丙、分共以后的中国局面。分共以后的中国局面,是非常清楚的一幅图画,以言国民党的民族主义,弄到"以党治国、日以民族主义,废除不平等条约为号召,一旦有事,不期尽反前言",改为"不抵抗主义"(见国难救济会马相伯等通电)。使半个以上的中国,"不亡于逊清,不亡于洪宪,不亡于军阀,而亡于以党治国之今日"(见同上)。以言民权主义,正是"奠都以来,青年之遭杀戮者,报纸记载至三十万人之多,而失踪监禁者更不可胜计……著作乃人民之自由,北平一隅、民国二十三年焚毁书籍竟达千种以上……焚书坑儒之现象,不图复见于今日"(华北各校电六中全会电文)。正是"岂惟政权被夺,即人权亦丧失殆尽"(马相伯等电)。以言民生主义,全国灾民据去年报纸统计数达一万万三千五百万余人之多,全国失业工人和其他失业人数达到四百多万人(见《劳工月刊》)。苛捐杂税多至不可以数计,种类名目繁多,竟有所谓同情捐者。实业状况也正是"工商凋敝,百业衰颓,入超日增,生产日减,以致市面金融濒于危殆"(沪商会请救济国内实业呈文)。从实业界这些不断之呼吁救济,就可以看到工商业千疮百孔之情形了。

这便是国民党清共以后的中国局面。可见"自国共分家以来,民权主义,早已关进博物院,偶尔谈及者有如谈古董一样,就是民族主义的呼声,近日也极其细微"(见《大公报》去年九月十五蒋廷黻撰的星期论文)。陈铭枢先生在其《"九一八"四周年纪念感言》一文中,更深刻和沉痛地指出,"国民党自'清党'之日起,即为'死党'国民党之最大犯罪为清党、为剿灭民族生力之'清党',为此后国民党一切犯罪之总根源"。"自鸣得意之'清党',其动机和命运也十分可怜!"这是陈蒋两先生为国民党所作"清党"的总结。

国共分家以后,在共产党统治下的赤区内,干些什么事情呢?我们不仅从他们各种文件宣言所标榜的政纲,口号来看,我们只从大家已承认无可讳言的一些实际事实作出发。首先在对外方面,他们曾派抗日先遣队北上抗日(见各报),与最近朱毛等电南京国民党五全代会"谓彼等愿意联合抗日,停止敌对,愿率二十万以上军队直趋华北,作决死战,以抵御日本帝国主义"(见去年十一月卅一日《密勒氏评论》)。而在他们那里是真正的驱逐了帝国主义的势力。在对内方面,工人得了八小时工作制与加了工资,和"干脆的彻底的消灭了地主阶级,实行了耕者有其田,……与租佃的免除"(见去年九月十五日《大公报》评论)。"并且赤匪还是井然地耕种一切谷物,不像一般人所想像的那样荒芜,有些地方树木和菜蔬还保存得比我们自己区域内好些"(见《国闻周报》十二卷十九期《川东北剿匪印象记》一文中)。在税收制度方面,"罢免苛捐""和传统的、现行的,从富人身上取得轻,从穷人身上取得重的税制完全相反"(见《国闻周报》十二卷十九期《川东北剿匪印象记》)。在军队的纪律和对人民的关系上:"红军纪律是很严明的,凡借宿民家,不准拿一针一线,所借东西,必需归还,如有损坏,照价赔偿,严禁奸淫或调戏民间妇女,犯者枪决,不准赌博酗酒及吸食鸦片,不烧房屋,不杀耕牛,保护行商,不摧残教育。"(见《大公报》载《被红军俘虏释放以后桑植县长胡锦心先生谈话》)因此,也就有"贺军长(系指贺龙)比王军长(指王家烈)爱惜人民"消息的记载(见前年十月十八日《大公报》)。在发展工商业方面,既"保护行商",又鼓吹私人"自由贸易"(见《大公报》去年九月十五日社论)。而且"能在富源不广博之区域内,发展自己的经济"(见前年十一月伦敦《时潮日报》)。在教育方面:不仅是"不摧残教育",而且进行消灭文盲工作,不识字的减到百分之二十。在非常困难条件之下,办有各种大学中学小学专门学校军事学校艺术等学校,这些学校,并且不收费用的。因此,"疆土超过大不列颠四倍之中华苏维埃正在为拯救中国的人民和改造其经济与文化生活而进行着斗争,它这一斗争是不能不引起我们的赞叹的"(见前年十一月伦敦《时潮日报》)。而由"这种斗争表现出来的这样坚强的意志和牺牲精神,我们不是有以自慰吗?自慰我民族、还有这大的潜伏力量,这样容易开发的力量"(见蒋廷黻先生去年九月十五日撰的《大公报》社论)。这些随便从普通的而非共产党的报纸和杂志抄来的,无可讳言的事实已足够我们从纯粹客观上说明共产党统治下赤区状况,并不比国民党统治下区域状况要坏,而且是要好。共产党把孙中山先生留下来的遗产三民主义好的方面真正接受过去和实行了。所以不能不引起中国人"有以自慰"而外国人"底赞叹的"了。这便是国共分家后中外人民对国共两党的客观的写实。

三、从目前中国的情势来观察国共第二次合作

中国目前情势最严重的问题,莫过于空前的民族危机的加深,已经到了不止要亡国,而且要灭种的地步了。"九一八"事变的爆发,与"九一八"以后四个年头的日本对华不断进攻,是日本早已预定的计划。在田中的满蒙政策中,明明说"掌握满蒙不过是初步而已"。其目的是在"控制全中国",其步骤是"欲征服中国,先必征服满蒙,如欲征服世界,先必征服中国"。民国二十三年四月十七号日本外务省又重申此意,公开声明至少要把全中国变为日本的保护国。所有日本过去和目前在华北事变的行动,都是按照灭亡全中国既定方针着着进行。可是国民党当局以为"退让","投降","忍屈一时",便可以苟安下去、维持自己的残局。四年多日本不断进攻与在"满洲国"所实行奴役政策的亡国惨痛,应该教育和说服了大多数人民认识了这一点,即是日本是贪欲无厌的,以我有限之土地,决难满足日本无止境之要求。所以"要等候五十年"的胡适先生,最近也承认"华北停战虽不能使敌人将东北四省退出一尺一寸,至少也应该使他们不得在东北四省以外多占一尺一寸的土地"。这种退让苟安心理是"完全错了"(见胡适作的《用统一的力量守卫国家》)。故抗日救国正是全中国最广大人民的迫切要求。可惜的就是蒋介石和国民党方面,还看不出"兄弟阋墙,外御其侮"的真诚觉悟来。一方面天天在那里喊着"精诚团结",另方面又还在那里进行破坏"精诚团结"的内战;一方面大喊联合各方实力人才,另方面又没有看到联合各党派共同抗日的正式表示;一方面发号施令,讨伐强逆殷汝耕,另方面又没有看到派出一兵一卒实行北上征讨,国人是很难了解蒋和南京是继续降日,佯言抗日,以欺骗和缓国人,或者还是另有其他苦衷和作用?需要蒋和国民党在最近事实上作证明。

现在我们从实际情况上,来推测国共第二次合作之可能。

第一,最近日本已公开宣布和正在实行是要把山东也包括到华北自治范围内,把华北与"满洲国"联成一片,而准备以溥仪为全国皇帝,恢复清朝、并要赶修青岛至徐州的铁路,以便更迅速从平汉津浦青徐各路占领南京汉口上

海等地,这就紧迫地威胁着蒋介石的势力了。如果在"九一八"事变或华北事变时,当冲和遭殃的还是东北军,那末现在就轮到蒋介石本身了。摆在蒋和南京面前,要就是抗日以自救,要就是继续降日以待亡。要抗日必要有实力,而蒋本身实力一部在"剿共"战线上,一部在南京周围,蒋要抗日与"剿共"同时并举,这在事实上是很困难做到的,所以要真正抗日,就不能不停止对赤区进攻和共产党作某种妥协。同时,要进行严重的持久的对日抗战,单是蒋介石百万军队还不够,必须联合全国各党派实力,首先是联合共产党,共产党在实力上有仅次于蒋介石的五十万以上正式红军,有广大的政权领土和广大的群众,谁要抗日,谁就要估计和寻找到这一伟大抗日力量,不管他愿意不愿意估计到。所以蒋和国民党要进行抗日的话,事实很困难不与共产党合作。只有抗日合作,方是出路,合作则生,分裂则死。

第二,我们从另一实际情况中来观察国共第二次合作可能问题,即是几年来失地丧权的教训,亡国奴的痛苦,威胁到每一个中国同胞头上,谁肯给自己祖宗坟墓让日寇践踏,谁肯给自己父母兄弟妻子给日寇摧残,谁肯给自己财产生命给日寇毁灭,所以当日寇再逼到忍无可忍的时候,当蒋和南京号召退让也无可再让的时候,那些不愿当亡国奴的人民,那些以保国卫民为天职的军队,那些想恢复革命光荣传统的黄埔学生,那些不愿盲从领袖卖国的国民党员,那些尚有爱国天良的蓝衣社社员,那些愿意杀身成仁,舍身取义的志士,难道不会起来实行民族大联合而举行抗日讨蒋吗?难道不会有这么一天,即是各党派各军队各团体的民族大联合,而进行抗日讨蒋救国救民的神圣战争吗?很明显的,到那时不管蒋介石本人愿意不愿意,而那些明大义的爱国军人党员会自动和有大实力的共产党联络,实行国共第二次合作,这完全是可能的事。

在国人方面,今后的立场,应该是以民族团结抗日救国为前提,团结则生,分裂则死,抗日则生,不抗日则死,我们欢迎任何党派的团结一致对外,也欢迎任何中国人的参加抗日救国战线,国共两党合作在中国人民解放事业上,在过去曾经留下过光荣的历史,在现在又是中国两大当权有实力的政党、重新携手合作,共同抗日救国,正是时代的需要和广大人民的迫切要求,谁顺着时代的需要,与舆情的要求,谁就会得到最广大人民的欢迎、拥护与胜利。否则,就会得到反对、推翻与失败。

(原载《全民月刊》第一卷第一、二期合刊,一九三六年)

16.抗日联合战线呼声中几个问题(襄才)

前几日看了沈、章等四先生所著的《团结御侮的几个基本条件与最低要求》以后,我深感这篇宣言,的确是代表着无党无派、无偏见、无作用的民众的救国要求与意见。这一篇文章传达着几万万同胞一致壮烈的呼声。五年以来惨痛的国难,使全国人民觉得欲救国非抗日不可,而欲抗日,非联合各党各派,动员全民一致奋斗不可。这大概可以说已成了除甘为汉奸者外,一切爱国民众的共同要求了,然而这样日益迫切的亡国灭种的威胁之下,在全国民众的一致要求之下,而抗日联合战线,至今迟迟未能成立,其原故到底在那里呢?

第一我们要说:这个全民抗日战线至今不能成立,其大部分责任是应该由当今的执政者——国民党政府负担的。中国现在最大的政党,除国民党以外,当然就是共产党,而所谓各党合作,其主要的也就是希望国共能有第二次的合作。去年共产党的八一宣言,就正式表示愿与任何抗日力量合作,其他各党派如民族革命大同盟也有同样的表示。但国民党政府则始终积极于所谓"剿共",对抗日联合战线的要求,始终置之不理!对待不共戴天的外敌是屈躬卑节,有求必应的屈服,而对待自己的同胞兄弟却如此誓不两立,真使我们老百姓感到莫大的疑问!老实说一句,像国民党当局这样不顾民意的一意孤行,都只有增加民众对共产党的信仰与拥护,这是一种自坏基础的自杀政策。国民党登台以后,三民主义的没有彻底实行(简直可以说并未实行),早使民众感到无限的失望,"九一八"以来的重重困难与政府之步步屈服,更使国民党之威信扫地了(有的从前是三民主义忠实信徒,"九一八"以后,对人竟惭愧得不敢自承是国民党员)。现在大部分民众对国民党的确有很深的失望与误会,有的竟把国民党与卖国贼并列了。其实,我们决不会承认,过去有过极光荣的革命历史的国民党中,除了"少数汉奸式的政客官僚"是不想抗日救国的以外,极大部分的国民党员,其爱国心都是非常热烈激昂。然而在抗日救国的基本要求上,既然一致,国民党为什么始终不能接受共产党的联合战线的要求呢?其最大的原因,据我所想,恐也不外是国民党想维持他的一党专政的地位而已。无疑地,共产党现在已有了雄厚的势力,坚固的基础,国民党用了全力去举行了六次大"围剿",非但不能消灭他,反而使他的势力愈加蔓延扩大。尤其是"九一八"以来国民党政府主政之失策,更使民众倾向共产党。这次中共更能应全民众的热烈要求,发起组织抗日联合战线,这样使南京政府更由恨生畏,恐怕接受了共产党的要求,就会更增大共产党的威望而动摇了自己的信用。怕受了共产党的利用而失去自己的统治权力。所以共产党越能适应民众的要求,民众愈热切的响应中共的政策,反使国民党愈不敢同共产党合作。其实国民党这种念头是大错特错的。一致团结抗日,是全国民众根据事实必然而来的要求。共产党之能得人民同情,也不外能适应人民的要求而已。国民党如要巩固自己的地位,其不二法门也只有依照民意去作,如此才能唤回民众的信仰与拥护。只有与各党合作才能表示适应民意抗日的决心,这样自己的地位,不但不至于被共产党抢去,并且反会更巩固起来。如果妄想用一党的力量去消灭共产党,那么在国难日益严重,大众日益贫苦流亡化的条件下,共产党势力只有日益扩大,那时共产党成了唯一能代表民意的政党,国民党才算真的倾覆了!六次"围剿"的教训还不够吗?所谓"共匪消灭在即",还不是政府自己骗自己的戏谈吗?要知道,共产党之形成与发展是有他的社会基础条件的,随着国际及国内形势之发展,这种社会基础条件只有日益发展,而共产党也是绝对无法消灭的了。

这次红军北上抗日,到了山西,快与日寇直接接触了。然而南京政府却派了大军去围攻堵截。其主要原因亦是恐红军抗日的意愿,有了事实的证明,就更增加民众对共产党的信仰,间接也就影响了自己的统治地位。如果自己既不去抗日,对另外一个政党领导民众的抗日,又加以百方的阻碍,试问国民党政府对于民众的责骂——卖国贼,日帝之走狗……——将何以自解呢?认为共产党之北上抗日是"哗众取宠"吗?那么为什么国民党堂堂数十万大军不去竟先的顾应民意去抗日呢?说共产党在后方扰乱非先安内不能攘外吗？然而现在红军放弃了他的基础红区，来北上抗日了，不但不会"扰乱"你的后方，并且要同你去抗日了，你还有什么"安内"的必要呢？说共产党抗日是虚伪，骗人吗？那么为什么不给他一个实际表现的机会呢？假如有了事实上的证明，他的"虚伪"不更容易显露吗？

实在说来，五年来长期的国难，很够国民党当局反省的了。五年来政府当局的一切内政外交实在有百非而无一是，无一能得到民众谅解的。我们不相信有过一个首创共和的光荣历史的伟大政党竟会如此始终迷不复返。联合全民抗日已成了全国民众一致的要求了。如果国民党当局还承认自己的政权不是建筑在几个"要人"的独裁，几十万军队的枪杆上，而是建筑在四万万民众的信仰上，就请在这个"来者犹可追"的机会上切实的反省一下吧！这种反省实际上也只是希望于少数的握有大权的"要人"，至于一般国民党员，也有很大的多数了解联合战线的必要了。至于极少数的汉奸官僚的国民党员，只有等待受民众的严厉制裁吧！

除了保持自己的独裁地位以外，国民党始终拒绝与共产党合作抗日者，竟不免有一种对国际势力的顾忌。中国经济财政各方面，都受了帝国主义之支配，因而帝国主义要进一步的间接操纵中国的政治。我们甚至可以说，南京政府之存在实赖英美帝国主义的援助与支持。所以过去种种对内对外的政策，都不免有仰洋大人鼻息的"灵办"气味。帝国主义势力对"剿赤"军事，的确尽了很大的助力。就连侵略中国最厉害的死敌——日本不也还是以"中日防共同盟"为号召吗？这不只是一个掩护日帝侵入中国全部的藉口，这不只是取得其他帝国主义谅解的诡计，同时是笼络南京政府的一个厉害的牢笼。帝国主义对政府这样争先"帮助"，证明了什么？证明了：帝国主义所最畏忌的是中国共产党，同时也证明了中共是反帝的最坚决的分子，证明了政府之"剿赤"不是为保持自己的地位，并且是替帝国主义服务；同时也证明了帝国主义要利用中国民族之不能团结而摄取广大的权利。

正因为今日的南京政府对于帝国主义这种"妥协"，所以对帝国主义者所深忌的中共，也不敢轻言联合。我们希望政府认清：今日谁是当前最大的敌人？抵抗当前最大敌人，是不是依靠"一丘之貉"的某某帝国主义便可成功的？意阿战争的教训，很够我们猛省的了！英日同盟的复活，再度瓜分中国的呼声，不是依旧很高吗？政府现在不能再为帝国主义的利益来屠杀自己的同胞了！反之，是应当立刻放弃旧怨，团结自己的同胞来对付当前最大的敌人，这才是"自力更生"唯一的路子（我们当然不是说忽视了外交的力量，帝国主义间的矛盾，我们是要充分利用的。中共的《八一宣言》所提出的对外政纲，已经改变了反对一切帝国主义的主张了）。即使是国共第二次合作，或者将不免遇到其他帝国主义的阻挠；但我们的目的是谋民族之生存，而所反对的也只限于日本帝国主义，如果据理力争，暂时间，也不难获得谅解及好意中立。我们不要忘了帝国主义国家内的大部分民众都是希望和平而同情中国的民族解放运动的。

还有一点：我们觉得，抗日不但需要联合全民，并且需要一个强有力集权的中央，如此才会有集中指挥，有全盘的计划。所以如果中央决定抗日，各党各省便要绝对拥护与服从中央，这样才会有强大的力量（如果将来国防政府组织成功了，当然这时国防政府便应成为统一全国的军事与行政的机关）。所以沈章宣言所云："西南当局应该推动中央出兵抗日，避免与中央取对立的态度"是很正确的。现在西南问题差不多完全解决了，不但未遂抗日的目的，并且不免有"军阀争夺地盘"之议，而无以见谅于国人。这个教训实在应当记取的。我们看日寇的毒计，不就是扶植个别的势力，使他与中央对立，然后各个击破吗？这正是帝国主义统治殖民地"分而治之"的一个惯技！我们民众看了每一次中国某个个别势力脱离了中央，而变为傀儡组织，就十分痛切感到要保持中国领土之完整，非有一个中央集权的统一政府不可。然而看到政府当局之唯命是从的屈服，又深深感到"不争气"的痛心。我们认为，政府之"统一"西南，如果目的在抗日，是可以原谅的。但也只有在抗日的目的下，才能求得中国的真正统一。

其次我们要说一说关于共产党的话。

中共自从发表全民抗日的宣言并北上抗日以来，国民对中共的印象的确大有变化。即使从前责骂共产党"祸国"的人，也有变而对共产党怀了善意的希望。但这并不是说共产党已完全为国民所谅解。实际上，仍有许多人对共产党有很深的误会,这种误会的来源,大部分当然来自政府当局的反宣传。只举最近的例子:中宣部不还是说什么"赤色帝国主义"的谣言吗? 宋哲元的演说,不是什么"洪水猛兽","共产共妻"吗? 的确,一部分国民就受了这种反宣传的毒,就我所认识的所谓高等知识分子,一直到现在有很多都还抱有这样误会的。我们所看到的共党宣传品,除了宣传抗日以外,对于自身并没有什么表白真相的辩解。这对于抗日联合战线是有很大的障碍的。因为如果对共产主义和中共相当的了解,就不会误会中共抗日之诚意,而难有切实的合作。

共产党最受人误解的地方,是他的国际主义,许多人将第三国际与各国共产党分别与关联混淆不清。因之,我常听见所谓高等知识分子说:共产党不爱自己的国家,不应当受外国人——苏联的指挥。我从前曾同国内一个有名大学的毕业生谈起中国的出路,他很悲观,以为中国现在简直没有民族独立的出路,不亡于日本,也要亡于苏联,作苏联的先锋的,就是中共,其理由则是:共产党是主张工人无祖国的,主张不要国家,假如共产党握了政权,中国一定与苏联合并了(显然他对于苏维埃的意义也没有理解)。存在这样误解的,实不乏人。固然现在知道中共主张团结抗日的人已经很多了。但他们以为这是共产党的悔过、变化;或以为中共已经感觉阶级斗争行不通了,所以才来主张民族主义及爱国主义。然而只认作是一种悔过尚不要紧,下焉者就由于对中共新政策之无了解,就认为这是一种改变口号,是想夺取政权的诡计。现在救国统一战线下,所以仍然有怀疑猜忌的现象,其大部分原因就在于这种不了解。其次就是世人对于共产党这次是否完全放弃阶级斗争的基本路线,也不甚明了。中共是否认为阶级斗争已无必要了呢? 还是暂时缓和阶级斗争,以求得全民的抗日呢? 这些问题,初看起来,似乎是次要的问题。固然现在一切的前提是抗日,各党派只有在抗日的一致口号下,取得一致的行动。或者以为如果一谈到各党派的对立所在,便不免发生冲突或误会。而联合战线就有了妨害。其实我以为各党派的基本主张,如果不取得一个大致的妥协,光光依赖一个抗日救国的共同口号,而想掩盖各党派主张的矛盾,是一件颇不容易的事。日久就会发生裂痕。关于是否放弃阶级斗争这一层,在共产党员里也有不少误会了的。如沈章宣言所说:"救国会和其他群众团体中间,往往发现有些思想幼稚的青年,在抗日救国的集会或游行中间故意提出阶级对阶级的口号,以及反对国民党和国民政府的口号,以破坏联合战线。还有少数青年,在抗日运动中,依然采取宗派主义的包办方式。"又据《永生》某期所载:有位中国"马克思主义"者曾引用马克思的《法国的内战》一书中,论巴黎公社的历史教训,证明无产阶级不应与资产阶级合作,否则就要受资产阶级的利用。他这种论调实在是没有了解半殖民地革命的特质。我们希望中共对这种共产党员不但要作个人的纠正,并且要作公开的辩论,使大家明了中共新路线的真相。此外,世人对共产主义抱误解的依然很多。大都把共产主义视作一种强盗式的"消费共产主义",所以对共产党抱一种痛恨恶绝的态度。其实共产主义是一种根据历史发展必然会发生一种学理,并且是一种很高的理想。不但现在中共只是继续资产阶级性的土地革命,绝说不到共产主义。就连苏联也还只是一个社会主义的国家,尚未达到共产主义的阶段。对于以上各点,中共都应有一种通俗确切的自白。只有在人家对你不存误会时,才能同你切实合作。

其次我们说关于统一战线政府之共同政纲问题。

自然,我们承认"主张各党派,各方面联合起来抗日救国,这并不是说把各党派消灭了。更不是说利用联合战线,把某党某系消灭了。在联合战线上的各党各派,尽可以有不同的意见,只要在抗日救国的一点上,求得一致"。但我们尤其希望联合战线上的各党各派,在几个基本问题上,要有一种互相妥协的共同政纲。其最重要的问题要算民生问题的解决。而民生问题中最重要的是土地问题。我们只要看今年春天北平天津等地学生下乡宣传的结果就很明瞭了。他们宣传回来所得的共同的结论是:农民爱国情绪并不下于学生,但他们所最感到痛苦的,还是切身的生活问题。即苛捐杂税,灾荒及没有田种的问题。所以这次下乡宣传的学生反得了不少农民的教训,他们都深感土地问题的严重!"现在中国民众所受的痛苦,并不只是日本帝国主义。"这话是很对的。老实说:在民生问题没有相当解决以前,要民众在抗日口号下,完全的坚固团结在一起是很不容易的。我们如果稍微注意一点时事,便可想象到中国农民除少数地主外,是渡着如何悲惨非人的生活。什么水灾旱灾,什么吃观音土,吃树皮,吃死尸……的事实,听了就要使人心惊胆颤! 试问这样生活着的农民,你怎么同他们说"爱国"! 他们生命就在旦夕之间,在"易子而食,析骸而薪"的时候,还说得上什么国家? 实际说来,中国农民大部分不识字,更谈不到什么政治训练,"一朝天子一朝臣"仍旧是他们牢不可拔的传统思想。他们的反日情绪也不过是原于一种固有的民族自尊心(不愿意当日本鬼的亡国奴)。他们当然不会知道亡国奴的真正惨痛,及中国必能得到解放的把握。如果大多数农民在啼饥号寒的生活里,仅仅靠一点民族自尊心,是不能使爱国情绪维持永久的。所以为提高农民的爱国抗日情绪,增强他们抗敌的力量,普及教育的政治训练固属必要,而首先要解决农民生活问题。说到这里,我们便想到中共的土地政策。共产党最基本的政纲之一,亦即最受农民拥护的主要原因,即其土地政策。共产党在联合抗日战线下,是否连他的土地政策也放弃了呢? 否,中共并没有放弃他的基本政策。王明先生在他的《新形势与新政策》一文中,提与出国防政府十大行政方针(即《八一宣言》所发表者)后又继续说:"然而,同时却应当指出下述一点,就是苏维埃政府的根本目的,是全国人民得到完全彻底的民族解放和社会解放。因此,苏维埃政府的行动,不能完全限于国防政府纲领的范围。例如,在开展土地革命问题上,苏维埃政府当然实行国防政府纲领上没收汉奸卖国贼的土地交给农民的要求,并把这种办法看作是土地革命的组成部分和出发点;但同时,苏维埃政府不仅不能放弃消灭封建地主土地所有制的原则立场,而且要根据当时当地的环境,根据客观和主观的斗争条件,来为实现这种原则而斗争。""然而这是不是说,中国苏维埃政府的土地政策,现在还照以前一样作法而没有任何变更呢? 不是的。苏维埃政府为的便利于建立广大人民的抗日救国的统一战线,为的改正自己工作中的一部分错误与缺点,对于土地政策将实行几部分重要的和必须的变更。"我觉得中共对土地政策在修改及缓和的形态下,依旧实行,实是很正确的。如果土地政策完全放弃,大多数农民啼饥号寒的压迫下,绝对没有坚决抗日的力量。我们希望各党各派在联合战线的组织下,关于若干基本问题要取得一致,要都有相当的妥协。而对土地问题尤要有一个共同的政策。如果在这些问题上，都能互相让步而有了相同的政策，这样联合战线才会坚固，才不会成为"一时利用"而不久便归破裂。

"九一八"五周年纪念日写于里昂

（原载一九三六年十月十一日巴黎《救国时报》）

17. 全国各界救国联合会为七领袖无辜被捕告当局及全国国人书

敝会领袖，沈钧儒、章乃器、李公朴、王造时、史良、沙千里、邹韬奋自经当局无辜加以被捕后，上海市当局已于二十五日正式公布诸领袖之被捕原因如下：

"李公朴等自从非法组织所谓上海各界救国会后，托名救国，肆意造谣，其用意无非欲削弱人民对于政府之信仰，近且勾结赤匪，妄倡人民阵线，煽动阶级斗争，更主张推翻国民政府，种种谬说，均可覆按，政府当局年余以来，曲加优容，苦口劝喻，无如彼等毫不觉悟，竟复由言论而见诸行动，密谋鼓动上海总罢工，以遂其扰乱治安，颠覆政府之企图，已经查有实据，现值绥边剿匪吃紧之际，后方尤应巩固不得不行使紧急处置，以遏乱萌，国难严重如此，全国上下，正宜一致努力之时，断不容少数偏激分子肆意妄行，至李等被捕后，自当依法审究，该救国会内部严加彻查，以清奸宄。总之，本市政府负有维持治安责任，不但不忍见数十万工友为彼辈煽惑而流离失所，且尤不能使三百万以上人口之都市，一听彼辈之阴谋鼓煽而陷于无秩序之状态也。"

凡此所谓被捕原因云云，敝会全体同人阅之均不禁为之愕然者久之。盖上海市政府乃全市最高之行政机关，凡所云云自必须根据事实，而后始足以取得人民悦服。惟上述之诸领袖平日行动，与敝会同人所知之真相实全然不能符合。

兹为恐各界人士不明真相，及当局或为奸人所造谣言蒙蔽起见，爰将救国会之经过种种，及当局所云敝会领袖有干法纪各点，一一申述于后，尚希贤明当局及全国人士亮察。

市府当局且下所述敝会领袖之"罪嫌"不外二者。一为言敝会乃非法组织,破坏人民对于政府之信仰,以及勾结共党等等;二为言敝会领袖鼓动罢工风潮,阴谋捣乱治安。

兹先就第一点言之,敝会乃人民自动组织之救国团体,自经成立以来,历时已将一年。夫人民有组织之自由,集会之自由,此乃世界各民主国家人民所应在之权利。且敝会所组织者非其他性质之团体乃救国团体。人民即无组织其他团体之自由,亦应有组织救国团体之自由。此一年来,敝会所有之行动,事先均曾备函政府当局,征求同意。至若敝会最近所参加之中华民族卫国将士后援会等更为与其他各公团,各协会所共同组织者。凡此种种,均足证明敝会乃一公开之团体,而非一秘密之团体;乃一救国之团体,而非其他类之团体。即令组织当时,手续或有未合,政府当局负责人于历次与敝会领袖因事会晤时亦应公开提出,而不应于事后加以"非法组织"之罪名,此其一。至若言敝会成立之目的乃在削弱人民对于政府之信仰,此尤为敝会同人所百思而不得其解者。

敝会名属救国,则其组织之目的在救国,乃昭然若揭之事实,敝会此一年来所发表之言论、主张、文件,目的均在主张要求政府立即停止内战,一致对外。此有文件可供证明,万不容他人加以诬蔑,敝会要求政府抗日,即足以证明敝会尚信任政府能接受民意,立即抗日,决无所谓削弱人民对政府信仰之丝毫存意。且一国之政府欲取得人民之信仰,其所谓应为之事实即为迅速实现人民之要求,以事实作接受人民要求之证明,而决不以高压手段,恐吓或逮捕人民之提出要求者。过去一年来,敝会领袖及敝会同人因感于国事日迫,而政府尚无明确抗日之表示,故不得不发起组织救国会,以集合人民之公意,要求政府立即抗战,设政府当局早在明确抗日之表示,则敝会领袖及全体同人即欲如市当局所发表领袖被捕原因中所述意欲假借削弱人民对于政府当局之信仰又安可得哉?

敝会倡导联合全国各党各派共同抗日,此系事实。敝会倡导联合各党各派共同抗日之原因,实因鉴于过去二十年来,中国人本身自相残杀之不智,故敝会自成立以后,即一再倡导:"兄弟阋墙,外御其侮。"际此国难如此严重之今日,想此说亦必为一切国人所接受。惟主张联合全国各党各派,并非即等于未联或已联共党。而敝会所有主张除主张即行抗日一点外,其他均不与共党相同,国民党中人士亦为敝会所主张联合者,且为已联合者。乃当局不以敝会之联合国民党中人士即目之为"勾结国民党",而对敝会文件中主张联合全国各党各派之意见即认为系"勾结共党"之明证,此亦为敝会同人所百思而不得其解也。

据闻市府当局,于审问七领袖时,因曾于某什志中发现一毛泽东《致沈钧儒、章乃器、邹韬奋、陶行知之公开信》(此公开信系因沈、章、邹、陶四人曾印行一小册名《团结御侮的几个基本条件与最低要求》中提出联合各党各派共同合作抗日之要求,故毛泽东复一公开信表示意见者),亦将此提出,作为救国领袖勾结共党之确证。夫发表意见乃人民之自由,而意见发表后,他人之反响若何,发表意见者又岂能负责?救国领袖提出主张联合全国各党各派共同抗日之主张后,共党发表公开信表示意见,此公开信之受信者,实决无即为共党之理。否则共党前尚发表一公开之《致蒋委员长及全体国民党中央委员会书》我人不亦即可因此而目蒋委员长及全体国民党中央委员为共党乎?

窃思自民国十六年以来,中国人民之优秀分子,因共党罪名而无辜被捕,被戮者已不知凡几,断伤民族之原气实莫此为甚。际此国难如此严重之今日,敝会领袖竟于亦为上海市当局加以此项罪名,而当局亦斤斤于追究人民党派之立场,而置抗日之前提于不顾,实不竟为当局惜,为全国人民冤!

市府当局所述敝会领袖罪状之二,即为言敝会领袖鼓动风潮,阴谋捣乱治安。对于此点,敝会同人实不知上海市当局何所据而云然?自救国会成立以来历次所有行动,均不外请愿,纪念国难,及纪念中山先生之类,不独于原则上皆为人民应有之行动,且于行动上更极为和平,从未有何越轨之表示。至于此次上海日纱厂工人罢工,则确为日厂工人因不堪忍受日帝国主义资本家之压迫而自动罢工者。日厂工人情形,如"包身工"之类,其压榨之惨,剥削之酷,均开古今中外之纪录。工人因不堪压迫而罢工,并非非法之罢工,而对此数万饥寒摧迫之罢工工人,于罢工后救国会方面人民悯其惨痛,加以援助,自亦人情之常。且援助此次罢工工人者,不独救国会,尚有本市其他各慈善团体;更何况此次罢工者,系日本纱厂中之被压迫华工,就中国人应助中国人之立场言,不独于原则上,救国会方面应对罢工后之工人生活加以援助,即中国之政府亦因应对此等无靠之华工加以援助,支持。并代华工向日厂方提出抗议。所谓救国会拟妄谋发动上海总罢工云云,除系奸人造谣外,实毫无成立理由之可言。

总之,救国会为一绝对人民自动组织之救国团体,凡救国会曾用救国会名义过去所提出之主张,救国会方面负责人均不欲加以否认或讳言之。惟救国会之正确主张、真相,亦不欲他人加以任何之歪曲与诬蔑。

此次敝会七领袖于一无罪证之情形下,即为市公安局会同英法租界捕房所逮捕,于法律上言之,实为非法,就领袖本身言之,实为无辜。

敝会除曾于前发宣言中表示此项举动于目前形势之下,实为在客观上助长敌人势力之措施,要求当局立即释放被捕领袖外,兹再度发表声明如下:

敝会为救国团体,绝对不愿对政府采取任何敌对之行动。际此绥远事件紧急,中华民族生死存亡之秋,政府如真欲取信于民,明示抗敌之决心,则首先对民众自动组织之救国团体即应开放而允许民众以最大限度之救国自由。

其次,更必须以事实昭信于人民,表示政府决心愿停止一切内争,一致抗日,而不再以"剿匪"之名,使神圣之民族解放战争仍无从发动,或为他人所误解。

其三,应集中全国注意力于日帝国主义者之侵略行动,及日帝国主义者对华所有之汉奸活动,勿再以赤诚之爱国者作为罪犯。政府当局其真欲抗战乎？敝会生体同人当以此三点观之。

全国各界救国联合会

十一月二十七日

（原载一九三六年十一月二十九日《救亡情报》）

18. 中共中央对沈、章诸氏被起诉宣言

中国共产党中央委员会,对上海爱国领袖沈钧儒、章乃器、邹韬奋等七氏因被认为有"共产党犯危害民国紧急治罪法第六条嫌疑"而被提出公诉案,于四月十二日发表如下之宣言:

日本帝国主义的疯狂侵略，国民党的不抵抗政策，造成了数年来沉重的国难。大好版图，沦亡异域，民族生命，危若累卵。

于是稍有热血之人，莫不奔走呼号，以解除国难，解放民族为己任。沈、邹、章、李、王、沙、史等诸先生，则为此种救国运动之民众爱戴之领袖。诸先生以坦白之襟怀、热烈之情感、光明磊落之态度，提倡全国团结、共赴国难、停止内战、一致抗日，此实为我中华男女之应尽责任与光荣模范，而为中国及全世界人民所敬仰。然亦即因此而遭日寇之愤怒，去年十一月以莫须有之罪名，被捕入狱，铁窗风味，于兹五月。国民党政府此种举动，非特为全国民众所反对、亦为世界有识人士所不满，甚且国民党内部爱国人士亦多愤愤不平。西安事变之八大要求，以释放沈章邹等先生列其一，良有以也。

西安事变和平解决，三中全会表示国民党自愿放弃其错误政策之端倪，全国人士亦正以诸先生之能否无条件开释以判断国民党有否与民更始立决心。不期四月三日苏州法院竟以"宣传与三民主义不相容之主义"之罪状而起诉矣。并扩大此案而通缉现在美国讲学之爱国老教育家陶行知先生等七人矣。此种极端错误之举措，实为全国团结一致抗日之重大障碍。实足以窥见国民党——至少其中一部人士之畏惧爱国运动之心理，及蔑视民权之态度。

吾人对此爱国有罪之冤狱，不能不与全国人民一起反对，并期望国民党中有识领袖之切实反省。

至于控诉沈、邹、章诸先生为宣传与三民主义不相容之主义，尤为荒谬。盖沈、邹、章诸氏所主张固极简单，不外将孙中山先生在民十三时代之主张重行提出而已。倘吾人熟读国民党第一次代表大会宣言，及孙中山先生在国民党第一次代表大会上演说，以之与沈、章、邹氏言论相比，实不能看出其中有任何之矛盾。沈、章诸氏之主张固与革命的三民主义内容相同，而今日国民党所需要者亦正是为重新发挥革命的三民主义。倘以沈、章各氏"宣传与三民主义不相同内容之主义"为起诉理由，则除非对三民主义给予另一种解释。但此种另一样解释，非特绝不能受中国四万万五千万人民之欢迎，抑亦将为对孙中山先生之遗教为重大之侮辱。

国民党在三中全会,虽承认举国一致和平团结之原则,然而对民众渴望之爱国自由与民主权利,固未有具体之回答。吾人为中华民族之解放与进步计,自当要求国民党之彻底放弃其过去之错误政策,而此种彻底转变之表示,应由立即释放沈、章、邹、李、王、沙、史诸爱国领袖、及全体政治犯;并彻底修改《危害民国紧急治罪法》开始。危害民国之治罪法只能适合于汉奸及日本帝国主义之间谍走狗与乎挑拨内战之祸魁,而不能施行之于爱国之民众及领袖也。此种反对日寇及汉奸之运动,固不能单只依靠于一纸法律,而必须有全国民众之自动的参与。倘民众无民主权利,则欲唤起民众亦将束手无策。

吾人要求立即释放沈钧儒、章乃器、邹韬奋、李公朴、王造时、沙千里、史良及全体政治爱国犯,立即取消陶行知等及一切政治犯之通缉令。

吾人要求立即彻底修改《危害民国紧急治罪法》!

吾人宣言:真实之抗战准备,唯有给予民众民主权利!

中国共产党中央委员会

一九三七年四月十二日

(原载《解放》周刊第一期,一九三七年四月十二日)

19. 江苏高等法院检察官起诉书
犯罪事实及证据

缘沈钧儒、王造时、李公朴、沙千里、章乃器、邹韬奋、史良暨在逃之陶行知等八人,因不满意于现政府,在上海以联合各党各派抗敌御侮为名,倡人民救国阵线口号,先组织文化界职业界、妇女界各救国会,嗣又联合大学教授救国会、学生界救国会、工人救国会、国难教育社等团体,组织上海各界救国联合会,并发表刊物,以资号召。未几复扩大范围,组织一全国各界救国联合会,于民国二十五年五月三十一日,假上海公共租界青年协会开成立大会,发表《全国各界救国联合会成立大会宣言》《抗日救国初步政治纲领》,同年七月十五日沈钧儒与章乃器、陶行知、邹韬奋四人,又发表一小本刊物,标题为:《团结御侮的几个基本条件与最低要求》,主张停止内战,释放政治犯,并与红军议和,建立一统一之抗敌政权。维时,逃窜在西北之共产党毛泽东在报纸上见及沈钧儒等所发表之言论,遂亦具函回答,引为同调;沈钧儒等得此响应,自分所愿获偿,乃益图扩展,复遣罗青担任组织江苏各界救国联合会,从此动作日趋急进,并刊行《救亡情报》,对于中央施政方针多所抨击,用以削弱民众对于政府之信仰。适上海日商各纱厂发生工潮,沈钧儒等认为有机可乘,复藉此组织罢工后援会,募集款项,接济各工人,意在使其与救国会取一致行动,当经前上海市公安局派员会同上海公共租界暨法租界捕房,将沈钧儒、王造时、李公朴、沙千里、章乃器、邹韬奋、史良等七人拘获;除史良于取保后逃匿外,遂以沈钧儒等涉有勾结共产党徒,组织非法团体,煽动罢工罢课,扰乱地方秩序,图谋颠覆政府各嫌疑,连同证件移送侦查到院。嗣同案被告史良亦于侦查中,自行投案;同时罗青亦在江阴县被获,送由军事委员会军法处转送归案侦查。正办理间,复有顾留馨、任颂高、张仲勉、陈道弘、陈卓等五人以上海各界救国联合会代表名义,具呈请求恢复沈钧儒等自由,当以该顾留馨等均系上海职业界救国会会员,任颂高并兼任该会理事,不无共犯之嫌,因予一并侦查。兹经侦查明晰,认本案各级被告共犯以危害民国为目的而组织团体,并宣传与三民主义不相容之主义属实。

上述犯罪事实,依左列各证据认定之:

一、《全国各界救国联合会大会宣言》内有:"列强攻苏之误,中国之剿共亦误","少数别具肺肝的人们,依然认为苏联和共产党是中国民族的主要敌人"。证以救亡情报中,类此主张者,亦不一而足。查共产党祸国情形,为人所共见,其宗旨与三民主义显不相容,被告等竟组织团体主张不应讨伐,并公然指摘政府历来"剿共"为错误,其有意阻挠中央根绝"赤祸"之国策极为明显。

二、前项宣言,除主张立时释放政治犯外,并称:"各党各派立刻遣正式代表,人民救国阵线,愿为介绍进行谈判,以便制定共同抗敌纲领,建立一个统一的抗敌政权"等语,证以抗日救国初步政治纲领亦有"迅速的建立起来一个统一的救国政权"字样。核与章乃器交与罗青《共产党致国民党书》所载:"我们赞助建立全中国统一的民主共和国","拥护全国统一的国防政府"各节,如出一辙。查被告等同在国民政府统治之下,沈钧儒与罗青并自称"亦系国民党党员",明知国民党为中华民国建国之唯一机构,国民政府为中华民国之唯一政府,乃竟侪之于各党各派之列,妄倡人民救国阵线,自称"愿为介绍谈判",曰"立刻释放政治犯",曰"立刻派遣正式代表",曰"迅速建立一个统一的救国政权"措词荒谬,肆无忌惮,其不承认现政府为有统治权,并欲于现政府外更行组织一政府,已可概见。

三、沈钧儒、章乃器、陶行知、邹韬奋四人所发表之《团结御侮的几个基本条件与最低要求》刊物,内有"和红军停战议和共同抗日","这里所谓各党各派,主要的自然是指中国共产党","现在共产党已经提出了联合抗日的主张,国民党却没有表示,这结果会使一般民众相信倒是共产党能够顾全大局,破除成见",陶行知于《生活》杂志所著论文,亦明认"红军为中国三大集团之一",其有意为共产党张目,并削弱民众对于政府及国民党之信仰,可见一斑。况经讯以:"共产党是无国籍的,是抱世界主义的,怎能救国?"据沈钧儒答:"我们没有研究到这个问题。"(二十五年十二月二十三日讯问笔录)又讯以:"中央军队于'一·二八'及长城之役,参加抗战时,红军均在后防乘危反攻,何能更与合作,并究以何法保证其不生后患"。被告等对此亦均不能为充分之解答,仅谓:"合作之后,如敢倒戈,不难用政府及民众力量制裁之。"更就李公朴所述:"我就书报上看来,他(指共产党,下句同)是主张抗日的;但他是否真有抗日决心,还是一个问题。"(同上日期,讯问笔录)参上以观,是共产党是否具有抗敌御侮决心,尚不可知;乃被告等既侪国民党及现政府于各党各派之列,同时复主张:"所谓各党各派,主要的自然是指中国共产党",其蔑视现政府,故为有利于共产党之宣传,已无容疑。

四、沈钧儒、王造时、李公朴、沙千里、章乃器、邹韬奋、史良、顾留馨、任颂高等,虽佥称:"伊等所主张之人民救国阵线(亦称民族阵线,联合阵线,民族联合阵线,救国阵线,救亡阵线,统一阵线)与共产党所倡之人民阵线口号不同,并据邹韬奋提出其自著之《生活日报》,以为证明。然据共同被告罗青供述:"现在名词还未统一,人民阵线,人民救国阵线,救国阵线,统一阵线,民族阵线,联合阵线,都是一样的。"(二十六年一月十九日,讯问笔录)即查阅邹韬奋所提出之《生活日报》,内有:"为明瞭起见,不可再用人民阵线这个名词,应该用民族联合阵线"云云。不但不能证明人民救国阵线与人民阵线系属两事,反可证实人民阵线口号,亦久已为被告等所沿用。此外尚有在章乃器家搜获之《中国学生救国联合会情报》第一号,其中载有:"发表宣言并募集款项,援助西班牙人民阵线政府","欢迎美国人民阵线代表来沪"等语,足见人民救国阵线与人民阵线,实系同一之名词,已无疑义。更证以周守彝、程嗣文、甘爽等所组织之火花读书会,其宗旨为反资本主义,确系共产党团体,并曾加入职业界救国会,编为一四三三组,以周守彝为组长,亦经江苏高等法院第二分院认直周守彝等系以危害民国为目的而组织团体,判处罪刑,有案可稽。而职业界救国会系加入上海各界救国联合会,上海各界救国联合会又系加入全国各界救国联合会,复为被告等一致承认之事实,是该救国会成立时,即容纳有共产党分子在内,自极明瞭。再查人民阵线系共产党标语,含有阶级作用、党派背景及对内革命之性质各点,已为被告等所不否认,而西班牙内战,系由共产党所主持之人民阵线而起,又为显著之事。被告等偏以此种标语为号召之用,且其主张联合各党各派尚未实现,即先欲援助西班牙之人民阵线政府,一面指摘我国之"剿共"为内战,一面复援助他国人民阵线之内战;谓无国际背景、政治野心,其谁能信。

五、共产党毛泽东答复沈钧儒等信函(系印刷品)内有:"南京政府五月五日颁布的《宪法》与《国民大会组织法》、《选举法》,我们认为是反民主的,根据这些法律组织的国民大会,我们不能承认他有代表全国人民和民意的权利","我们认为这种国民大会的存在是有害的","我们希望你们及全国一切救国团体,派代表参加苏维埃政府",其抨击《宪法》一点,尤与被告等所称:"含有制礼作乐的《宪法》是多余的"等语,若符合节矧毛泽东信内所述,不但无自动取消苏维埃政府之表示,且希望各团体能派代表前往参加该伪政府,被告等以其系对于救国会所表示之响应,竟将是项反动刊物由章乃器授与罗青,命其担任组织江苏各界救国联合会(见罗青历次供述)乃犹饰称:"并无危害民国之犯意",又谁能信。

六、被告等除坚不承认有鼓动学生罢课事情外,对于组织工人罢工后援会,则并不否认;并称:"工人救国会亦加入上海各界救国联合会之内"等语,其用救国会名义,散发为上海三百五十万市民请命传单,亦有:"这二十余万的工人,都可训练为冲锋陷阵的英雄"之语,对于知识简单之工人,竟不惜多方煽惑,以遂其不法之企图,乃被告等犹以"意在救国,并无其他作用"斤斤置辩,显属虚饰之词。

七、在邹韬奋家搜获共产党刊行之《斗争报》,其中虽曾批评:"章乃器是叛卖阶级的史大林派";并称:"反对章乃器们的救国阵线没有政治野心,没有夺取政权的企图,引入爱国一途,减少斗争的力量。"纵令果如所言,亦不过谓伊等之主张,与极端左倾之托洛斯基派有别,仍与三民主义不能相容,殊难以此为被告等有利之证据。

八、被告等虽称:"伊等与第三国际并无关系。"然查人民阵线即系第三国际第七次代表大会所通过之口号,其关于中国成立人民阵线议决案,内有:"在中国必须把拓大苏维埃运动与巩固红军的战斗力,与在全中国开展人民反帝运动连结起来","苏维埃应当成为全中国人民解放斗争的中心。"又中国共产党对于建立中国人民阵线内有:"在救国名义下,并发动反现政府的斗争","反对现政府及国民党。"(见附卷二十六年二月四日《中央日报》)被告等所倡之口号,既系本于第三国际大会所通过之议决案而来,其于各种刊物内复屡言:"讨赤不易成功","不相信国民党可以包办救国",并于《团结御侮的几个基本条件与最低要求》第五项载有:"我们赞成中国共产党和中国红军这一个政策"之语,尤显与前述第三国际议决案相一致,自无解于危害民国之罪责。

九、上年十二月十二日西安事变,据张学良所提出之八项主张,内有:"容纳各党各派负责救国,及立即释放上海被捕之爱国领袖,立即召开救国会议"等项,被告等对此虽坚称:"毫未与闻其事",并谓:"上年五月三十一日全国各界救国联合会成立之时,尚未闻西安有救国会"等语。此查上年五月六日《救亡情报》创刊号,即有:"西安学生悲壮的救国运动","西安各学校均有救国会的组织"之记载,该情报第二十五期,对于成立西北各界救国联合会情形,记载尤为详悉,并称:"全救会宣言和纲领我们翻印了二千多份,已普遍散发"等语,足见被告等所称:"西安并无救国会"一节,显系有意诿卸,又同年十一月二十二日第二十七期,《救亡情报》载有全国各界救国联合会致西安张学良电报:"前略,望公本立即抗日之主张,火速坚决要求中央立即停止南京外交谈判,发动全国抗日战争,并电约各军事领袖,一面对中央为一致之督促,一面对绥远实行出兵援助,事急国危,幸即图之。"此电拍发后,为时仅夹旬,即有西安事变发生,而张学良之通电,又明明以释放该被告等为要挟,且核其彼此所揭橥之主张,亦复完全相同,其双方互相联络之情形,已堪认定,虽被告原电仅系怂恿张学良联合各将领督促政府对外出兵,尚不能证明西安暴动,系出于被告等所策划,而其勾结军人,谋为轨外行动,驯至酿成巨变,国本几乎动摇,名为救国,实则害国,要属无可讳言。况查抗敌救国,政府自有整个计划,纵令被告等果具爱国热忱,亦当于政府领导之下,竭诚献替,一致进行,以期有济。乃竟假联合各党各派为名,私立救国联合会,其所倡另建抗敌政权一节,尤与张学良通电所为改组政府之主张,适相吻合。此外又复散发种种刊物,鼓吹人民救国阵线等谬说,淆乱听闻,使人民与政府间起分化之作用,是其以危害民国目的而组织团体,并宣传与三民主义不相容之主义,更属罪证确凿,灼然无疑。

十、罗青承认担任组织江苏各界救国联合会属实,并称:"与章乃器接洽时,沈钧儒、邹韬奋亦一同在座。"此外复在其身畔搜获有:(一)《全国各界救国联合会大会宣言》。(二)《抗日救国初步政治纲领》。(三)《团结御侮的几个基本条件与最低要求》。(四)《共产党致国民党书》。(五)毛泽东油印回信。(六)江苏各界救国联合会筹备会木戳等件,足证其参加以危害民国为目的之团体为不虚,依法应认为共同正犯。顾留馨、任颂高自认系上海职业界救国会会员,任颂高并兼任该会理事,一面复与张仲勉、陈道弘、陈卓等共五人,分持上海各界救国联合会传单,以该教国会代表名义,具呈请求恢复沈钧儒等自由,经将该传单暨顾留馨所持救国会刊发之国难新闻,分别扣押在案,均足以证明参与犯罪,委系由于共同之意思,自亦应以共同正犯论。

所犯法条

综上所述,本件被告沈钧儒、王造时、李公朴、沙千里、章乃器、邹韬奋、史良、陶行知、罗青、顾留馨、任颂高、张仲勉、陈道弘、陈卓共同以危害民国为目的而组织团体,并宣传与三民主义不相容之主义,依刑法第十一条第二十八条,系共犯危害民国紧急治罪法第六条之罪,除陶行知、张仲勉、陈道弘、陈卓等所在不明,已予通缉外,合依刑事诉讼法第二百三十条第二百四十三条提起公诉,并将人卷及证件,送请查收,依法审判。

　　此致
本院刑事庭
　　计送　卷十二宗,证据物件(详目录)
　　　被告沈钧儒、王造时、李公朴、沙千里、章乃器、邹韬奋、史良、罗青
(以上八名在押)
　　顾留馨、任颂高(以上二名在保)

中华民国二十六年四月三日

江苏高等法院检察官翁赞年

(选自《七君子事件》,时代文献社,一九三〇年)

三、中国共产党积极主张合作抗日

1.中华苏维埃共和国临时中央政府工农红军革命军事委员会为反对日本帝国主义侵入华北愿在三条件下与全国各军队共同抗日宣言

全中国的民众们！日本帝国主义在英法帝国主义及国联的公开援助之下,已经开始侵入华北。这是帝国主义强盗更进一步地完全瓜分中国及奴役整个中国的侵掠。这种侵掠造成了和平居民的整批残杀,城市与乡村的毁灭,以及痛苦与饥荒的增加。上海与满洲的惨状,在大部分中国的土地上,极残酷地重覆着。

因为国民党军阀蒋介石、张学良等的不抵抗与投降,因为他们对抗日士兵的压迫,遣散与屠杀,使中国士兵大批的死在帝国主义的枪炮之下。国民党军阀帮助日本及其他帝国主义者更进一步的侵略与屠杀,同时他们用一切力量镇压反帝国主义斗争、抵货运动与组织武装的义勇军。

国民党政府及其政客,解释他们的罪恶行为卖国勾当的理由之一,就是说中国苏维埃的存在,使他们不能动员一切力量来进行国防,使蒋介石不愿意与日本军阀作战,而用将近一百万的大军,去进攻已经创立了自己的苏维埃政府的中国工农。

但是中国民众愿意自己保卫自己,许多部队与几十万的国民党军队的士兵,反对屠杀自己的兄弟姐妹,赞成武装抵抗日本帝国主义。他们开始了解只有武装的民族革命战争,能够胜利的抵抗日本帝国主义的侵略。中华苏维埃政府与革命军事委员会指斥国民党的解释是愚笨的谎话,他们想用这些愚笨的谎话,在全国民众面前掩盖自己的卖国行为。

中华苏维埃政府与革命军事委员会再一次提醒中国民众,我们在去年四月已经号召全国民众与我们一起共同进行反对日本帝国主义的武装斗争,而蒋介石对于这个号召的回答是动员一切军队来进攻中国工农政府与工农红军,而不去反抗日本帝国主义。

中华苏维埃政府与工农红军革命军事委员会在中国民众面前宣言:在下列条件之下,中国工农红军准备与任何武装部队订立作战协定,来反对日本帝国主义的侵略。(一)立即停止进攻苏维埃区域;(二)立即保证民众的民主权利(集会、结社、言论罢工、出版之自由等);(三)立即武装民众创立武装的义勇军,以保卫中国及争取中国的独立统一与领土的完整。我们要求中国民众及士兵,拥护这个号召,进行联合一致的民族革命战争,争取中国的独立统一与领土的完整,将反对日本及一切帝国主义的斗争与反对帝国主义的走狗国民党军阀的卖国与投降的斗争联结起来,开展武装民族革命战争,反对日本及一切帝国主义。

中华苏维埃临时中央政府主席　毛泽东

中国工农红军革命军事委员会主席　朱　德

一九三三年一月十七日

(原载《红旗周报》第五十五、五十六合期,

一九三三年一月三十一日)

2. 中共中央致各级党部的一封信——关于召集全国民众团体的救国会议

各级党部:

一、在英法直接帮助之下的日本帝国主义占领满洲与山海关以后,近又大举进攻热河与华北,在北平、天津及汉口一带,公开进行各种军事上的准备与示威。英法帝国主义亦亟于进行囊括西南诸省的强盗计划,美帝国主义也正在费尽心血,在"门户开放"的旗帜之下,企图将中国独享,不让别人染指。这些事实都证明帝国主义瓜分中国的紧张,到了空前未有的程度。地主资产阶级的联盟——国民党和南京政府始终是帝国主义的忠实走狗,宁肯调遣百万军队去"围剿"为中国争独立和解放的工农红军,而不愿发一兵一卒去抵抗

帝国主义。只有在中国共产党领导之下的中国广大工农劳苦群众,是救中国于危亡的唯一的力量。"九一八"事变后,全国反对帝国主义的高潮,已经给了帝国主义和国民党一个很大的打击,因此他们不惜一切残酷方法来压制群众的反帝反国民党的运动,摧残人民言论、集会、结社、出版的自由。国际联盟原来是瓜分中国及一切殖民地的强盗机关,素为英法日等帝国主义所把持,而国民党却至今犹装势作态,指望国联,散布各种幻想,硬要民众"静候国联解决"。在世界上真正同情于中国之解放的只有苏联,而且也只有按照苏联的道路,中国才能达到真正的解放。

在这一个情势之下,去年十一月间在上海所举行的全国民众救国团体联合会议上就一致通过了下列的决议:主张恢复中俄邦交,电请政府退出瓜分中国之国际联盟,反对共管中国之李顿报告书;电请政府保护民众抗日团体,要求政府保障言论、出版、集会、结社及行动之自由;电请政府将全国军队除于重要都市酌留少数驻军(最多不能超过全国军额百分之四十)外,其余应全数开赴东北以武力收复失地;电请政府重新厘定全国军费,划出余额百分之八十作抗日军队之用,电请政府将东北义勇军编为正式国防军队,事实上予以充分接济;电请政府准许全国民众自动武装抗日。这一会议虽并不是由我们党来领导,在这次会议上还可以看出对于国民党的幻想,但上列的主要决议却是代表广大群众的要求。时日易逝,试问这些重要决议除中俄复交因种种关系业已实现外,其余仍徒具空文,南京政府何曾想到把它执行?这种违反民意,丧权卖国的国民党政府正是中国民族求得解放的大大障碍。

我们的党应该发动全国民众检查这些决议之执行,经过这一检阅运动来具体的揭破国民党政府清道夫的作用,以掀起猛烈的反帝和反国民党的浪潮,因此就决定了召集全国民众团体的第二次救国会议。

二、全国广大的工农劳苦群众对于帝国主义这种强盗的侵略是要抵抗而且已在抵抗了。中国苏维埃与红军之伟大的进展,满洲的义勇军在冰天雪地中英勇作战,广大白军士兵的不满与抵抗,以及工农、学生、贫民和一切革命群众反抗帝国主义的高潮表现中国的反帝革命正在大大地开展着。党必须抓住目前这个紧急关头,用全党的力量来开展和组织广大的群众反帝运动深入到最广泛的群众中去,争取和团结他们到党的领导之下,实际地进行武装民众的民族革命战争,反对日本及一切帝国主义,推翻国民党。

但是,目前党在反帝运动中之政治上的领导和组织上的巩固情形,还远不能使我们完成这个伟大的任务,也正因为我们党在反帝运动中工作比较薄弱,才使国民党易于在"安内攘外"和各种武断的民族宣传的方法之下得以欺骗群众,压制群众的反帝运动。中央号召各级党部必须以最大的坚定性和顽强性来检查和执行过去所有关于反帝工作的指示,更广泛和深入地来发展反帝运动,确立这个运动中的无产阶级的骨干和领导。

这一次全国民众团体的救国会议之筹备与召集,便是推动这一反帝工作的武器之一。各级党部应立刻战斗地动员起来,号召民众自动检查去年救国大会的决议案之执行,并组织群众,以群众的力量要求南京政府马上全部执行以上所列举的重要决议。

三、因此,这次救国会议之筹备与举行的意义:第一,便是要在最广大的群众的基础上根据着将近两年来的事变发展的具体情形,揭破国民党一切欺骗民众的武断宣传,证明国民党是帝国主义的清道夫,推翻国民党是组织民众武装的民族战争之胜利的必要前提;另一方面要着重指出只有中国共产党所领导的苏维埃运动才是中国自求解放的唯一出路。中国共产党是中国唯一的革命政党,中国革命的唯一领导者。第二,正因为中国共产党是国民党和帝国主义的死敌,且不顾任何困难一往直前,致引起阶级敌人之残酷的进攻:一方面大事"围剿"苏区,企图歼灭新中国的生命;另一方面在白区里加紧白色恐怖和组织各种卑鄙下贱的阴谋破坏。我们党应该在筹备这一个救国会议的运动中发动广大工农劳苦群众来拥护中国苏维埃和我们的党。只有在组织和扩大工农群众拥护我们的运动基础上,才能在政治上和组织上给敌人以有力的反攻,才能冲破白色恐怖而胜利地向前发展。第三,因此各级党部应利用这一会议的筹备与召集努力在各地建立和扩大各种反帝的群众组织,抓着对这些组织的领导而团结他们于党的周围。中央认为这是各级党部在发动这一运动中所应取得的最大成绩之一,且据此以判断各级党部是否真正地执行党争取群众的总路线。

四、这一救国会议的中心口号应该是:(一)争取中国的独立与领土的完整。(二)要求立即派遣全国军队百分之八十到华北去收复满洲与山海关并防卫热河及华北;把这些口号与武装民众援助东北义勇军,集会、结社、言论和出版之绝对自由及释放一切政治犯等口号联系起来,并组织群众为实现这些口号而斗争。

同时这一救国会议的筹备与召集,必须好好地联系到宣传和拥护中国苏维埃政府与革命军事委员会最近一次的宣言,第二,应与反帝非战大同盟预计今年在中国举行之反战会议联系起来。

五、在发动筹备和召集这一会议的运动中,各级党部必须严重注意的:

第一,这一会议的召集必须在最大的程度上和一切可能的范围内争取公开活动,绝对防止关门主义,自己束缚自己的毛病。因此,应毫不畏惧的,广泛地利用一切公开和未公开的组织和个人(如一切反帝的群众组织,义勇军、左翼作家、各工会、学生会等)来发起这个会议,中央责成江苏党立即在上海成立筹备总会,尽量吸收一切同情的分子来参加这个工作;同时,各地党部应动员所在党、团、工会的下层组织加紧在各工厂、学校、兵营、机关及一切群众团体中去活动成立筹备分会。

第二,在召集各组织、各区域之救国代表会议时,绝对禁止由我们党组织自上而下地委派或指定代表。要广泛地发展群众的德谟克拉西,发动群众自由选举自己信任的代表。如此才能提高群众的政治自觉和斗争的积极性,而这一反帝的救国会议,才真是广大群众运动。

第三,这一发展群众的德谟克拉西与"听其自然"的机会主义的立场没有丝毫相同之处。各级党部应绝对防止各组织负责人以争取公开和发展群众的德谟克拉西为口实而放弃党对这一工作之指导和在这一运动中模糊我们党的政治面目。要切实了解:整个反帝运动以及这一会议的成功没有我们党及每个党员之努力,在政治上和组织上积极地加以统一的有计划的指挥是决不能达到的。因此在这一会议的筹备与召集中必须有我们的坚强的灵活的党团的组织,同时要有得力的具有群众工作经验的同志指导党团活动。

第四,各级党部必须将这一会议的筹备与召集与领导广大群众为切身利益的斗争紧密地联系起来,只有我们党、赤色工会及其他在我们领导之下的群众组织更努力地发动工农士兵的日常的经济的部分的斗争以提高他们的政治水平和战斗力,才使反帝运动愈有力量,愈有巩固的基础。

第五,各级党部必须特别注意在各重要工业部门中(如铁路、矿山、五金、兵工厂等)发动反帝反国民党的工作。如在兵工厂里提出"不准用一粒子弹击打红军","武装工人抗日"等口号。在铁路、轮船上必须提出"不运一个士兵进攻苏区"。最主要的不要将力量分散,要集中火力,向敌人的命脉处打去。

第六,要在黄色工会及其他反动的群众组织内真正利用下层统一战线的策略去发动会员群众反国民党、反帝国主义的工作,揭破黄色领袖之各种武断的民族宣传。

第七,各级党部必须在群众拥护之下,将各区各组织之救国代表会在闭会后变为经常的反帝组织,同时将全国的救国代表会变成经常的反帝领导机关,将选出来的代表紧紧地握住,加强他们的政治教育,把他们变成这些群众组织的中坚分子,而经过他们使党的政治影响传达到广大的群众。

第八,全国救国代表大会拟于今年"五七"国耻日在上海召开,各级党部应动员我们的下层组织在各工厂、各组织召集群众大会选举各区或各市的代表会议的代表一并由区代表会或大产业单位选举出席全国代表大会的代表,名额不限,同时,各地应组织示威、飞行集会等群众行动来拥护这个大会。

亲爱的同志们:摆在中国面前的两个前途,或者完全沦为帝国主义的殖民地,或者是独立的苏维埃的中国,现正在非常紧张迫切的情势之中,你死我活地相争斗着。我们党的责任现在比任何时候都要严重。是否能很顺利地推翻国民党及帝国主义在中国的统治并建立新的苏维埃中国,都要看我们党及每一个党员是否能在国际的正确战线之上,以最高限度的积极精神去动员千百万的中国工农群众参加反帝国主义的土地革命。我们的党在决定中国的两个前途上,实具有左右一切的作用。中央号召全党紧密地团结在中央领导之下,不怕艰难困苦,奋往前进来争取中国革命的胜利!

中共中央一九三三年二月十日

(选自《中共中央抗日民族统一战线文件选编》(上),档案出版社)

3. 中华苏维埃共和国临时中央政府及工农红军与福建政府及十九路军反日反蒋的初步协定

中华苏维埃共和国临时中央政府及工农红军与福建省政府及十九路军双方为挽救中国民族之垂亡,反对帝国主义殖民地化中国之阴谋,并实现苏维埃政府及红军屡次宣言,准备进行反日反蒋的军事同盟,因此订立下面初步协定,条件如下:

一、双方立即停止军事行动,暂时划定军事疆界线(如附件),为在该线不得控制〔驻扎〕主力军队,同时十九路军必须运用各种方式排除或消灭存在福建与苏区接壤地间妨碍该协定之一切障碍势力。

二、双方恢复输入之商品贸易,并采取互助合作原则。

三、福建省政府及十九路军方面立即释放在福建各牢狱中政治犯。

四、福建省政府及十九路军方面赞同福建境内革命的一切组织之活动(各民众抗日反帝团体及革命民众一切武装组织,并允许出版、言论、结社、集会、罢工之自由)。

五、在初步协定签订后,福建省政府及十九路军即根据本协定之原则发表反蒋宣言,并立即进行反日反蒋军事行动之准备。

六、初步协定签订后,双方全权代表常川互驻,应由双方政府负责保护该代表等人员之一切安全。

七、双方人员有必要来往时,由各驻代表要求签发护照通行证,双方负保护安全之责。

八、本协定在福建及十九路军方面反日反蒋军事布置未完成前,双方对于协定交涉应严守秘密,协定之公布须得双方之同意。

九、在完成上述条件后,双方应于最短期间另定反日反蒋具体作战协定。

十、双方贸易关系,应依互助互惠之原则,另定商业条约。

十一、本协定在双方全权代表签订草约后即发生效力,正式协定共计两份,经双方政府及十九路军正式负责人签名盖章后,各执一份存照。

中华苏维埃共和国临时中央政府及工农红军全权代表   潘健行

福建省政府及十九路军全权代表   徐名鸿

一九三三年十月二十六日

（选自《中国共产党历史资料丛书·第二次国共

合作的形成》，中共党史资料出版社，一九八九年）

4.中国工农红军快邮代电

东北抗日联军第一军杨军长靖宇、第二军王军长德泰、第三军越军长尚志、第四军李军长延禄、第五军周军长保中、第六军谢军长文东、东北义勇军吴总司令义成、孔副司令宪荣并转所属各团营连及一切义勇军游击队抗日官兵战士，香港陈先生铭枢、李先生济深、十九路军蔡先生廷锴、蒋总指挥光鼐并转参加保卫上海一切官兵战士，南京蒋总司令中正、广东陈总司令济棠、广西李总司令宗仁、白总指挥崇禧、太原阎总司令锡山、泰山冯总司令玉祥、天津方将军振武、孙将军殿英、长安张副司令学良、于总指挥学忠、杨主任虎城、长沙何主席健、宜昌陈主任诚、四川刘军长湘、刘军长文辉、邓军长锡侯、田军长颂尧、杨军长森、甘肃朱主席绍良、马军长鸿逵、青海马镇守使步芳、新疆盛督办世才、黄埔军校、中央军校、保定军校及全国各海陆空军校同学们并转全国各军、师、旅、团、营、连、排、班长官，全体兵士以及全国各地商团民团团长团员弟兄们公鉴：

古今中外最大的惨祸莫过於亡国，最大的痛苦莫过於当亡国奴，今日东北四千万同胞在日寇蹂躏之下，财产被征发，土地被没收，武装被缴除，粮食被抢夺，学校强行奴化，文化尽被摧残，少壮迫充军役，妇女遭受奸淫，爱国志士固遭屠杀，安分居民亦被敌视。凡此一切，所有中国同胞，无分阶级派系莫不受此惨痛。亡国奴不如丧家狗，真是今日东北同胞身受之实况。现在形势，这种命运又快临到我全国同胞身上。日寇不仅侵凌我北方各省，创立实际第二之"满洲国"，而且深入长江闽粤。最近日舰，闯入汕头，集中汉口，非简单之示威，乃继续进攻我全国之步骤。如果我国继续不抵抗政策，任其横行，则国破家亡之祸即在目前。保国卫民乃军人之天职，如果值吾人之身，而使我国民族罹此惨祸，则不仅自身灾难无可幸免，而且成为历史的罪人。不久以前中国苏维埃政府与中国共产党中央发表宣言，号召全国同胞对外应有，"兄弟阋墙，外御其侮的真诚觉悟"，应一致团结；并且提议号召全国一切不愿当亡国奴的同胞和党派一起组织全中国统一的国防政府，集合一切愿意保国卫民军队和武装团结一起组织全中国统一的抗日联军以便动员我全国的力量（人力、物力、财力、武力）实行神圣的抗日民族战争。我们认为此种主张，实为目前救亡图存的唯一的出路，我们正式宣言，无论国防政府在何种方式之下成立，我们决定竭力维护，无论抗日联军在何种形式之下组成，我们决定首先加入，而且愿意与任何真正抗日的军队亲密合作，不论过去是否有过敌对作战的行动，只要他们实行抗日，我们马上认为是同仇之友军，与他们作兄弟之携手，进行抗日战争。我们进一步号召全国同胞激发爱国天良，抛弃一切内战，一致团结，共同御侮。在四万万同胞共同奋斗之下，日寇虽强，决难久逞，而我中华民族犹有复苏之望。事急势迫，已无犹豫之时，我们提议立即由各方互派代表进行谈判，并且在最短期间内召集全国抗日军人大会，决定组织抗日联军之具体方策。我全国军人均为中华民族之子孙，如不愿祖国故乡遭受异族之蹂躏，则应当幡然觉悟，挺身而起，在抗日义旗之下，一致团结起来。迫切待命，望即电覆。

中国红军总司令兼军事委员会主席朱德，副主席周恩来、王稼祥，第一军团军团长林彪，第二军团军团长贺龙，第三军团军团长彭德怀，第四军团军团长徐向前，第五军团军团长董振堂，第六军团军团长萧克，第八军团军团长周昆，第九军团军团长罗炳辉，第十军团军团长刘英暨全体指挥员、政治工作人员和战斗员同启。

（原载一九三五年十二月九日巴黎《救国时报》）

5. 中共中央、中国苏维埃中央政府为抗日救国告全体同胞书

（八一宣言）

国内外工农军政商学各界男女同胞们！

日本帝国主义加紧对我们进攻，南京卖国政府步步投降，我北方各省又继东北四省之后而实际沦亡了！

有数千年文化历史的平津，有无限富源的直、鲁、晋、豫各省，有最重要战

略意义的热、察、绥区域,有全国政治经济命脉的北宁、平汉、津浦、平绥等铁路,现在实际上都完全在日寇军力控制之下。关东贼军司令部正在积极实行成立所谓"蒙古国"和"华北国"的计划。自民国二十年"九一八"事变以来,由东三省而热河,由热河而长城要塞,由长城而"滦东非战区",由非战区而实际占领河北、察、绥和北方各省,不到四年,差不多半壁山河,已经被日寇占领和侵袭了。田中奏折所预定的完全灭亡我国的毒计,正着着实行,长此下去,跟着长江和珠江流域及其他各地,均将逐渐被日寇所吞蚀。我五千年古国将完全变成被征服地,四万万同胞将都变成亡国奴。

近年来,我国家我民族已处在千钧一发的生死关头。抗日则生,不抗日则死,抗日救国,已成为每个同胞的神圣天职!

然而最痛心的,在我们伟大民族中间,却发现着少数人面兽心的败类!蒋介石、阎锡山、张学良等卖国贼,黄郛、杨永泰、王揖唐、张群等老汉奸,数年以来,以"不抵抗"政策出卖我国领土,以"逆来顺受"的主张接受日寇一切要求,以"攘外必先安内"的武断宣传来进行内战和压迫一切反帝运动,以"十年生聚"、"十年教养"、"准备复仇"等骗人口号来制止人民抗日救国行动,以"等待世界第二次大战来了再说"的狡计来迫使我国人民坐以待亡。而最近以来,汉奸卖国贼等在"中日亲善"、"中日合作"和"大亚细亚主义"等口号之下所作的降日卖国之露骨无耻行为,简直是古今中外未有之奇闻!日寇要求撤退于学忠、宋哲元等军队,这些军队便立刻奉令南下西开去进行内战了;日寇要求撤退某些军政升官,某些军政长官便立刻被撤职了;日寇要求河北省政府迁出天津,省政府便立刻搬到保定了;日寇要求封禁某些报章杂志,那些报章杂志便立刻被封禁了;日寇要求惩办《新生》等杂志主笔和新闻记者,《新生》主笔和许多记者便立刻被逮捕监禁了;日寇要求中国政府实行奴化教育,蒋贼便立刻焚书坑儒了;日寇要求中国聘请日本顾问,蒋贼的军政机关便立刻开门揖盗了;甚至日寇要求解散国民党党部,北方厦门等地国民党党部便立刻奉命解散了;日寇要求解散蓝衣社组织,蓝衣社北方领袖曾扩情、蒋孝先等便闻风潜逃了。

中国苏维埃政府和共产党认为日寇和汉奸卖国贼对我国这些行动,是中华民族的无上耻辱！苏维埃政府和共产党郑重宣言：我们不仅对于日寇对我国的领土侵略和内政干涉，表示激烈的反抗；就是对于日寇提出解散国民党党部和蓝衣社组织底要求，也表示坚决的抗议。在共产党及苏维埃政府看来：一切中国人的事，应由中国人自己解决，无论国民党和蓝衣社卖国殃民的罪恶如何滔天，但其应否存废问题，日寇绝对无置喙的余地。

领土一省又一省地被人侵占，人民千万又千万地被人奴役，城村一处又一处地被人血洗，侨胞一批又一批地被人驱逐，一切内政外交处处被人干涉，这还能算什么国家?! 这还能算什么民族?!

同胞们！中国是我们的祖国！中国民族就是我们全体同胞！我们能坐视国亡族灭而不起来救国自救吗？

不能！绝对不能！阿比西尼亚以八百万人民的国家，尚能对意大利帝国主义准备作英勇的武装反抗，以保卫自己的领土和人民；难道我们四万万人民的泱泱大国，就能这样束手待毙吗？苏维埃政府和共产党深切相信：除极少数汉奸卖国贼愿作李完用、郑孝胥、张景惠、溥仪第二去腼颜事仇而外，我绝大多数工农军政商学各界同胞，绝不甘心作日寇的牛马奴隶。苏维埃政府对日宣战，红军再三提议与各军队共同抗日，红军北上抗日先遣队艰苦奋斗，十九路军及民众的淞沪抗日血战，察哈尔、长城及滦东各地军民英勇杀贼，福建人民政府接受红军提议联合抗日，罗登贤、徐名鸿、吉鸿昌、邓铁梅、伯阳、童长荣、潘洪生、史灿堂、瞿秋白、孙永勤、方志敏等民族英雄为救国而捐躯，刘崇武、田汉、杜重远等爱国志士为抗日而入狱，蔡廷锴、蒋光鼐、翁照垣、陈铭枢、方振武等抗日部队艰苦斗争，宋庆龄、何香凝、李杜、马相伯等数千人发表中华民族对日作战基本纲领，数年来我工农商学各界同胞为抗日而进行排货、罢工、罢市、罢课、示威等救国运动，尤其是我东北数十万武装反日战士在杨靖宇、赵尚志、王德泰、李延禄、周保中、谢文东、吴义成、李华堂等民族英雄领导之下，前仆后继的英勇作战，在在都表现我民族救亡图存的伟大精神，在在都证明我民族抗日救国的必然胜利。到现在，我同胞抗日救国事业之所以还未得到应有胜利的原因，一方面是由于日寇蒋贼的内外夹攻，另方面是由于各种抗日反蒋势力互相之间存在有各种隔阂和误会，以致未能团结一致。

因此,今当我亡国灭种大祸迫在眉睫之时,共产党和苏维埃政府再一次向全体同胞呼吁:无论各党派间在过去和现在有任何政见和利害的不同,无论各界同胞间有任何意见上或利益上的差异,无论各军队间过去和现在有任何敌对行动,大家都应当有"兄弟阋于墙外御其侮"的真诚觉悟,首先大家都应当停止内战,以便集中一切国力(人力、物力、财力、武力等)去为抗日救国的神圣事业而奋斗。苏维埃政府和共产党特再一次郑重宣言:只要国民党军队停止进攻红军的行动,只要任何部队实行对日抗战,不管过去和现在他们与红军之间有任何旧仇宿怨,不管他们与红军之间在对内问题上有何分歧,红军不仅立刻对之停止敌对行为,而且愿意与之亲密携手共同救国。此外,苏维埃政府和共产党现在更进一步地恳切号召:

一切不愿当亡国奴的同胞们!

一切有爱国天良的军官和士兵弟兄们!

一切愿意参加抗日救国神圣事业的党派和团体的同志们!

国民党和蓝衣社中一切有民族意识的热血青年们!

一切关心祖国的侨胞们!

中国境内一切被压迫民族(蒙、回、韩、藏、苗、瑶、黎、番等)的兄弟们!

大家起来!冲破日寇蒋贼的万重压迫,勇敢地:与苏维埃政府和东北各地抗日政府一起,组织全中国统一的国防政府;与红军和东北人民革命军及各种反日义勇军一块,组织全中国统一的抗日联军。

苏维埃政府和共产党愿意作成立这种国防政府的发起人,苏维埃政府和共产党愿意立刻与中国一切愿意参加抗日救国事业的各党派,各团体(工会、农会、学生会、商会、教育会、新闻记者联合会、教职员联合会、同乡会、致公堂、民族武装自卫会、反日会、救国会等等)各名流学者、政治家,以及一切地方军政机关,进行谈判共同成立国防政府问题。谈判结果所成立的国防政府,应该作为救亡图存的临时领导机关。这种国防政府,应当设法召集真正代表全体同胞(由工农军政商学各界,一切愿意抗日救国的党派和团体,以及国外侨胞和中国境内各民族,在民主条件下选出的代表)的代表机关,以便更具体地讨论关于抗日救国的各种问题。苏维埃政府和共产党绝对尽力赞助这一全民代表机关的召集,并绝对执行这一机关的决议。因为苏维埃政府和共产党是绝对尊重人民公意的政府和政党。

国防政府的主要责任在于抗日救国,其行政方针应包括下列各点:

一、抗日救国,收复失地;

二、救灾治水,安定民生;

三、没收日寇在华一切财产,充作对日战费;

四、没收汉奸卖国贼财产、粮食、土地,交给贫苦同胞和抗日战士享用;

五、废除苛捐杂税,整理财政金融,发展工农商业;

六、加薪加饷,改良工农军学各界生活;

七、实行民主自由,释放一切政治犯;

八、实行免费教育,安置失业青年;

九、实行中国境内各民族一律平等政策,保护侨胞在国内外生命、财产、居住和营业的自由;

十、联合一切反对帝国主义的民众(日本国内劳苦民众,高丽、台湾等民族)作友军,联合一切同情中国民族解放运动的民族和国家作同盟,与一切对中国民众反日解放战争守善意中立的民族和国家建立友谊关系。

抗日联军应由一切愿意抗日的部队合组而成,在国防政府领导之下,组成统一的抗日联军总司令部。这种总司令部或由各军抗日长官及士兵选出代表组成,或由其他形式组成,也由各方代表及全体人民公意而定。红军绝对首先加入联军,以尽抗日救国的天职。

为了使国防政府真能担当起国防重任,为了使抗日联军真能担负起抗日重责,共产党和苏维埃政府号召全体同胞:有钱的出钱,有枪的出枪,有粮的出粮,有力的出力,有专门技能的贡献专门技能,以便我全体同胞总动员,并用一切新旧式武器,武装起千百万民众来。共产党和苏维埃政府坚决相信:如果我们四万万同胞有统一的国防政府作领导,有统一的抗日联军作先锋,有千百万民众作后备,有无数万东方的和全世界的无产阶级和民众作声援,一定能战胜内受人民反抗、外受列强敌视的日本帝国主义!

同胞们起来!

为祖国生命而战！

为民族生存而战！

为国家独立而战！

为领土完整而战！

为人权自由而战！

大中华民族抗日救国大团结万岁！

中国苏维埃中央政府

中国共产党中央委员会

一九三五年八月一日

（原载一九三五年十月一日巴黎《救国报》）

6. 中共中央告全国民众、各党派及一切军队宣言

同胞们，兄弟们！

日本帝国主义正在组织"华北国"并向全中国进攻了，北方军阀已实行出卖我北五省的领土和九千万同胞，在南京政府方面虽然在对日问题上最近有很多争论，但在实际上仍继续不抵抗政策。

我们的整个祖国危险了！

我们的整个民族的命运已处在千钧一发之秋了！

当我四万万同胞的紧急生死关头，中国共产党中央再一次郑重号召：一切同胞们，一切爱国志士们，一切我国的军队，不分信仰，不分派别，团结抗日，一致救国！

还在今年八月一日《为抗日救国告全体同胞书》上中国共产党中央和中国苏维埃政府已经向一切不愿作亡国奴的同胞和军队具体提议说：苏维埃政府和东北各地抗日政府一起组织全中国统一的国防政府，与红军和东北反日人民革命军和义勇军一块组织全中国统一的抗日联军！

现在是行动起来的时候了！

现在是我们全中国人团结一致起来救国的时候了！

只有我们伟大的中华民族迅速团结起来一致行动，才能挽救我们的

祖国。

中共中央再一次郑重声明:中国共产党渴望着与一切爱国同胞一起携手救国。红军急切准备着与一切爱国军队联合起来共御外侮。

赶快停止中国人和中国军队之间的一切内讧吧!

全中国同胞和全中国军队赶快团结起来一致抗日救国吧!

中共中央提议:一切愿意抗日的各党派各军队各社会团体和各群众组织立刻开始谈判共御外侮的条件和方法。

中共中央提议:立刻召集一切愿意抗日的党派、军队和各界团体选出的代表参加的全民救国会,以便讨论关于团结和动员全国同胞和全国军队一致对外的具体办法。

打倒日本帝国主义——全中国人民的死敌!

全国同胞和全国军队抗日救国大团结万岁!

中国共产党中央委员会

(原载一九三五年十二月九日巴黎《救国报》)

7. 中共中央为创立全国各党各派的抗日人民阵线宣言

中国国民党、中国国家主义青年党、中华民族革命大同盟、中华民族解放委员会、中国大众生产党、中国托洛茨基主义者同盟、全国基督教青年会、全国回教徒联合会、全国公教联合会、全国青帮、红帮、哥老会、理门、全国学生联合会、全国总商会、全国邮务总工会、全国律师工会、上海文化界救国会、上海妇女界救国会、世界语学会、上海大众生活社、上海世界知识社、中苏文化协会、中山文化教育馆、平津新闻学会、平津抗日同志会、北平独立评论社、北平教职员联合会、北平自由评论社、旅平东北同乡会、南京留俄同学会、黄埔同学会、励志社、复兴社、边疆评论社、蒙藏学校、广东明德社、西安东望社、复东社、太原中外论坛社及全国各党、各派、各报馆、各军队、各工会、各农会、各商会、各学生会、各团体、各会社、各帮、各业的全体同胞们!

中国共产党年来为抗日救国而奔走呼号,而艰苦奋斗,其精诚保国的决心,谅早为全国同胞所洞悉。不久以前,在中国共产党领导下的中国人民红军抗日先锋军的东征，更给日本帝国主义与汉奸卖国贼以当头棒喝，响应了全中国人民抗日救国的伟大的民族解放运动，给了全中国人民以极大的鼓励与振奋。但中国共产党认为，只有全中国各党各派的共同奋斗，全中国人民及武装部队的总动员，我们才能给日本帝国主义与汉奸卖国贼以致命的打击，而取得中国民族的彻底解放！

因此，在全中国亡国灭种的紧急关头，中国共产党中央委员会特向全中国各党各派郑重宣言：不管我们相互间有着怎样不相同的主张与信仰，不管我们相互间过去有着怎样的冲突与斗争，然而我们都是中华民族的子孙，我们都是中国人，抗日救国是我们共同的要求。为抗日救国而大家联合起来，为抗日救国而共赴国难，是所有我们中国人的神圣的义务！

因此，中国共产党中央委员会谨以至诚特向全中国各党各派提议：创立抗日的人民阵线，以抵御日本帝国主义盗匪们的长驱直入，以反对汉奸卖国贼丧心病狂的无耻行为。并提出下列条件作为共同行动的纲领：

一、停止一切内战，一致抗日讨逆。

二、全国红军与全国海、陆、空军集中华北打日本。

三、召集全国抗日救国代表大会，组织国防政府与抗日联军。

四、言论、集会、结社、出版、信仰的完全自由，释放一切政治犯。

五、实行外交公开。

六、联合世界上以平等待我的民族与国家。

中国共产党中央委员会欢迎各党各派的中央与地方组织，能接受我们的提议，互派代表同我们与我们的地方组织共同协商具体进行办法，组织各党各派的中央的与地方的行动委员会，以创立中央的与地方的抗日的人民阵线，为上述的纲领的彻底实现而奋斗。

各党各派抗日人民阵线万岁！

中华民族的解放万岁！

中国共产党中共委员会

一九三六年四月二十五日

（选自《中国共产党历史资料丛书·第二次国共合作的形成》，

中共党史资料出版社,一九八九年)

8.中共中央停战议和一致抗日通电

南京国民政府军事委员会,全体海陆空军,全国各党、各派、各团体、各报馆,一切不愿意当亡国奴的同胞们:

自从中国红军革命军事委员会组织中国人民红军抗日先锋军渡河东征以来,所向皆捷,全国响应。但正当抗日先锋军占领同蒲铁路,积极准备东出河北与日本帝国主义直接作战之时,蒋介石氏竟以十师以上兵力开入山西,协同阎锡山氏阻拦红军抗日去路,并命令张学良、杨虎城两氏及陕北军队向陕甘红色区域挺进,扰乱我抗日后方。

中国人民抗日红军先锋军,本当集中全力消灭蒋氏拦阻抗日出路的部队,以达到对日直接作战之目的。但红军革命军事委员会一再考虑,认为国难当前,双方决战,不论胜负属谁,都是中国国防力量的损失,而为日本帝国主义所称快。且在蒋介石、阎锡山两氏的部队中,不少愿意停止内战、一致抗日的爱国军人,目前接受两氏的命令,拦阻红军抗日去路,实系违反自己良心的举动。

因此,红军革命军事委员会为了保存国防实力,以便利于迅速进行抗日战争,为了坚决履行我们每次向国人宣言停止内战、一致抗日的主张,为了促进蒋介石氏及其部下爱国军人们的最后觉悟,故虽在山西取得了许多胜利,仍然将人民抗日先锋军撤回黄河西岸。以此行动向南京政府、全国海陆空军、全国人民表示诚意,我们愿意在一个月内与所有一切进攻抗日红军的武装队伍,实行停战议和,以达到停战抗日的目的。

红军革命军事委员会特慎重地向南京政府诸公进言,在亡国灭种紧急关头,理应翻然改悔,以"兄弟阋于墙外御其侮"的精神,在全国范围、首先在陕甘晋停止内战,双方互派代表磋商抗日救亡的具体办法。此不仅诸公之幸,实亦民族国家之福。如仍执迷不悟,甘为汉奸卖国贼,则诸公的统治,必将最后瓦解,必将为全国人民所唾弃所倾覆。语云:"千夫所指,无疾而死",又云:"放下屠刀,立地成佛",愿诸公深思熟虑之。

红军革命军事委员会更号召全国凡属不愿意做亡国奴的团体、党派、人民，赞助我们停战议和、一政抗日的主张，组织停止内战促进会，派遣代表隔断双方火线，督促并监视这一主张的完全实现。

中国共产党中央委员会

一九三六年五月五日

（选自《中国共产党历史资料丛书·第二次国共合作的形成》，

中共党史资料出版社，一九八九年）

9. 中共中央致国民党二中全会书——提议停止内战一致抗日

中国国民党二中全会全体执监委员先生们：

当着亡国灭种大祸迫在眉睫的最后一瞬间，我们已顾不得你们还是对于我们怀着何等深刻的仇怨，还是集中全力向红军和苏区进攻，并在全国各地拘捕杀戮我们的同志，为了集中全国的力量，以挽救伟大的中华民族之灭亡，我们在屡次提议停止内战合作御侮救亡被你们拒绝之后，再一次的向你们正式提议：立即停止你们与我们之间互相残杀的内战及一切仇杀的行为，并立即联合起来，为挽救中国民族的灭亡进行神圣的抗日民族革命战争，保卫中国，驱逐华北、内蒙的日兵并收复东北失地。

一切对外投降、退让与不抵抗的政策，是招来亡国灭种大祸的根本原因。为要挽救中国民族的灭亡，只有立即动员全国对日武装抗战。这已经是不可争辩的真理，全国民众一致的要求。你们对于这个极明显的真理，当然比别人看得更明白。然而你们政府的负责人，如果不是甘心背叛伟大的中华民族，为什么不立即动员全国对日武装抗战？为什么要用一切力量去阻止与镇压其他军队和全国人民对日抗战？为什么尽撤华北、内蒙一切的军队和党部，继续承认日本一切无理的要求，对日屈辱退让到底？

你们中有人说："红军妨害你们抗日"。然而红军从"九一八"以来，已屡次宣言，向你们及全国各党派和军队提议："愿意抛开一切仇怨，与你们联合一致抗日。"你们为什么屡次拒绝红军的这个提议？为什么继续集中全国的军队和资源去进攻红军，阻止红军抗日？

　　我们现在再一次向你们及全国民众宣言：只要你们立即停止进攻红军和苏区，立即动员全国对日抗战，并实现民主自由与制裁汉奸，我们和红军不独不妨害你们抗日，而且用一切力量援助你们，并愿和你们密切合作。

　　我们欢迎贵党领袖冯玉祥先生的抗日言论与李宗仁先生的抗日主张；我们同意贵党西南执行部及许多领袖的抗日救国通电；我们拥护西南抗日救国军的动员令与改编；我们还欢迎国民党中任何领袖任何党员来参加与领导抗日救国的神圣战争！

　　我们愿意以全力支持西南诸领袖抗日救国的英勇事业，只要西南诸领袖坚决执行抗日反汉奸的政策到底，并实现民主自由，我们愿意在一切抗日反汉奸的斗争中与西南诸领袖密切合作。今后国民党中任何领袖任何委员起来抗日救国，我们同样愿以全力支持他们。

　　我们与红军不妨害任何人抗日救国的行动，我们坚决拥护全国抗日领袖与抗日民众诚意的团结起来实现中国的统一。

　　我们认为用"破坏统一"与"内战"的罪名，去责备西南抗日的英勇行动，是无理由的。如果没有人执行帝国主义的意志用武力去阻止西南的抗日行动，内战就不会发生。而国家的真正统一，只有在全国对日抗战的一致中才能求得。我们反对强迫西南取消对日抗战来实现统一，但我们赞成南京及全国各地，立即宣布对日作战去与西南统一。因此我们反对任何进攻西南的军事行动！

　　不立即动员全国对日作战，国家任何形式上的统一纲纪，都是不能维持的。因为政府任全国沦亡而不急起挽救，且多方镇压人民的救国运动，这就是政府最大的背叛国家民族的行为，就是严重的破坏了国家民族的纲纪。人民对这样的政府，是再没有义务来遵守他的法律命令，人民为着救国有权利来推翻这样的政府。

　　对日立即抗战与否？是目前解决中国内外一切问题的关键。现在已经到了决定问题的最后一分钟。日本帝国主义也已明白的告诉你们："你们只有在投降与抗战中找一条路走。"如果有人决心要走投降的可耻的死路，那我们不去说他，让他去继续"剿共"，与"讨伐西南"，在各种借口之下消灭（？）他一切的政敌与抗日的力量,让他去继续对日"提携""合作",用"长期抵抗"、"秘密准备"、"等待机会"等言词去欺骗民众。

然而民众是要走着抗战的生路的,民众也热烈的盼望你们之中任何人走上抗战的生路。这就要求你们立即接受西南抗日救国的请求与我们对于你们的提议,立即停止进攻红军与对西南的军事监视,立即将军队开入华北内蒙对日作战,肃清汉奸,废除一切屈辱的条约,并立即实现民主自由,释放政治犯,另颁民主的宪法,召集全国各党各派的救国会议,组织抗日的国防政府,联合苏联与世界一切的反日力量。只有这些要求的完全实现,才能团结全民族的力量,取得全国民众的拥护与世界反日力量的帮助,创立最强有力的威权政府,以战胜日本帝国主义。

我们相信贵党有不少的军政领袖与党员,同样是中华民族最好的子女,没有忘记孙中山先生伟大的反帝国主义的革命精神,能够为中国的自由平等而英勇奋战。我们盼望这一切的民族英雄与忠诚的爱国志士,立即同我们诚意的携手,抛开已往一切的仇怨,在争取中国民族解放的神圣事业中共同奋斗!我们随时都准备同贵党任何组织、任何中央委员、任何军政领袖进行关于合作救国的谈判。我们伸着手向着一切愿意抗日救国的人们!

我们盼望你们对于我们这个诚恳的提议给以善意的考虑!我们等候你们对于我们这个提议的任何答复!最后,向你们致以民族革命的敬礼!

中国共产党中央委员会

一九三六年六月二十日

(选自《中国共产党历史资料丛书·第二次国共合作的形成》

中共党史资料出版社,一九八九年)

10. 中国共产党致中国国民党书

中国国民党中央委员会诸位先生并转中国国民党全体党员大鉴:

自从本党及苏维埃政府与红军发表抗日救国宣言以来,忽已一年多了,本党及苏维埃政府与红军创议组织民族统一战线,联合全国各党各派各界一致抗日的主张,虽然得到了全国爱国领袖与爱国人民的拥护,但因贵党及贵党政府迟疑不肯采纳,致使神圣的民族自卫战争直到今天还未发动。而日寇则已乘虚直入,得寸进尺,沦亡惨祸,迫在目前,全国彷徨,不可终日。这种全国全民族的绝大危险,完全是由于贵党及贵党政府的错误政策所招来的。现在是亡国灭种的紧急关头了,本党不得不向贵党再一次的大声疾呼,立即停止内战,组织全国的抗日统一战线,发动神圣的民族自卫战争,抵抗日本帝国主义的进攻,保卫及恢复中国的领土主权,拯救全国人民于水深火热之中。如果你们还要继续内争,不把向内的枪口转到向外,不把退让的政策转到抗战,不把分离的局面转到团结,不把涣散的情况转到统一,则祸患之来,不堪设想,而诸位先生千秋万世的罪名,亦将无可以挽回。为了这个缘故,他们特以诚恳的态度致书以诸位先生及中国国民党全体党员之前。

读了贵党二中全会宣言及蒋委员长的报告之后,认为贵党二中全会对于全国人民日夜焦虑的救亡图存问题,依然没有肯定的答复,对贵党五全大会"和平未到完全绝望时期,决不放弃和平,牺牲未到最后关头,亦不轻言牺牲"的对外政策,并没有作彻底的改变,这对于全国爱国人民,不能不是非常失望的。

蒋委员长的报告,曾经对贵党五全大会的政策作了新的解释,说:"中央对于外交所抱的最低限度,就是保持领土主权的完整,任何国家要来侵害我们的领土主权,我们绝不能容忍,我们绝对不订立任何侵害我们领土主权的协定,并绝对不容忍任何侵害领土主权的事实,再明白些说,假如有人强迫我们签订承认伪国等损害领土主权的时候,就是我们不能容忍的时候,就是我们最后牺牲的时候。"蒋委员长的这种解释是非常需要的,因为中国人民始终不了解如何方可称为"和平的绝望时期"与"牺牲的最后关头"的最低限度。我们承认蒋委员长的这种解释,较之过去是有了若干进步,我们诚恳的欢迎这种进步。然而蒋委员长的这种解释,基本上依然不能满足全国人民的要求,因为蒋委员长在自己的报告中,又认为:"半年来外交的形势,并未达到和平绝望的时期,与其说是绝望,反不如说是这半年来较之以前的形势还有一线希望,我敢说最近外交的途径,并未达到最后关头。"因此蒋委员长依然不愿提出组织抗日统一战线的任务,依然拒绝了立即发动神圣的抗日战争,以阿比西尼亚的失败为借口,继续了自己的退让政策。这是非常可惜的,这是非常不能满足全国人民的要求的。在全国人民看来,东北四省的沦亡,察哈尔大部的失去,冀东防共自治政府的猖獗,冀察政委会的傀儡化,日本大军的进驻冀察,华北经济权的丧失,泛滥全国的公开走私,民族工商业的陷于绝境,国家财政的趋于破产,海关权的破坏,华北以至西北各省日本特务机关的遍设,日伪蒙军对于绥远的大举进攻,内蒙独立政府的成立,敌机在我领土上无限制的飞行,日本浪人的横行无忌,学生爱国运动与人民爱国言论遭受日寇直接间接的干涉,大批工农群众的遭受屠杀,许多爱国人民,爱国军人,爱国警察,爱国记者,甚至许多贵党的要员与贵党的官吏,无不遭受不堪的侮辱,守土军队的被迫撤退,青岛的告警,华南自治运动的策动等等,无一而非中国领土主权的极大损失。在全国人民看来,《淞沪协定》,《塘沽协定》,《何梅协定》,《华北防共协定》,以及其他没有宣布的成文与不成文的协定,无一不是丧权失地的条约。因此在全国人民看来,和平早已绝望,牺牲早已到了最后关头,除了发动全国人民全国武装力量的坚决自卫战争外,中国领土主权的全部沦亡是无法挽救的。

日本帝国主义灭亡中国的强盗计划,除了动员全中国的力量给以坚决的击破之外,是决不会改变的,它的侵掠方式的变换,侵掠方向的转移,以及所谓"经济提携"的表示,丝毫不是因为他要停止侵略,而正是为了便利于侵略。所以如果以为冀察进兵之后,日寇一时着重于华北五省的经济侵略,而即以为和平途径有了希望,这是自欺欺人之谈。如果以为日寇的侵略会停止于黄河以北,而我们可偏安于黄河以南,也是完全的幻想。看吧,正在先生们高谈和平尚未绝望的时候,察北的日伪军又大举向绥远进攻了。绥远、宁夏、内蒙、甘肃各地遍设特务机关之后,又在这些地方建立航空总站与许多分站了。在四川强设领事馆,激动了残杀爱国同胞的巨变。华北增兵之后,凶横的日军蠢蠢欲动,二十九军的防线时有小接触,华北局势日趋险恶。日寇军事考察团经济考察团等侦察集团遍行各地,无孔不入。日寇的侦探网遍布全国,并且遍布于贵党与贵党政府的各种组织中。所在这些,只是指明日寇灭亡中国的形势,是十分危险! 和平绝不可能,抗战绝不可免,已经是明白无疑的事实,先生们的想法是完全错了。

贵党二中全会宣言中曾郑重申说："御侮之先决条件,乃在集中一切救国力量于中央指挥之下,齐一其步调,巩固其阵线,故御侮救亡需求统一与纪律,实为不可动摇的铁则,而军政军令之统一,尤为近代国家之最低限度。"我们完全承认为了发动全国人民的最大抵抗力量,为了取得抗战的彻底胜利,集中与统一全国的救国力量,是绝对必要的。还在"九一八"事变时,本党及苏维埃政府与红军,即已号召全国人民与全国军队进行神圣的民族革命战争,驱逐日本帝国主义出中国。"一·二八"淞沪抗战之后,本党及苏维埃政府与红军,曾向围攻苏区的所有贵党及贵党政府的武装队伍提议,立刻停战议和,共同抗日。华北事变之后,我们又提出了迅速组织全中国各党各派各界的最广泛抗日统一战线的新政策,无数次的请求贵党及贵党政府停止内战,一致抗日,提议立即召集由全国人民及全国愿意抗日的武装队伍选举出来的抗日救国代表大会,决定抗日救亡大计,由此大会选举统一全国的国防政府与组织抗日联军,实行大规模的抗日战争。并坚决声明苏维埃政府愿意成为这样的国防政府的一个组成部分,红军愿意服从抗日联军总司令部的指挥,担任一定的战线,并保证每一作战任务的完成。本党及苏维埃政府与红军的所有这些主张,是完全符合于全国人民的要求的,是救亡图存唯一正确的政策。全国人民从来也没有像今天这样迫切要求停止内战,集中统一,以便一致抗日的了。只有日寇及其代理人,才会煽动中国的继续分裂与继续内战,因为这只能给日本强盗造成灭亡中国的条件。

然而贵党二中全会所说的"集中统一",实在未免本末倒置。须知十年以来的内战与不统一,完全是因为贵党及贵党政府依赖帝国主义的误国政策,尤其是"九一八"以来一贯的不抵抗政策造成的。在贵党及贵党政府"攘外必先安内"的口号之下,进行了连年不绝的内战,举行了无数次对于苏维埃红军的围攻,不遗余力的镇压了全国人民的爱国运动与民主运动。直至最近,还是放弃东北与华北不顾,忘记日本帝国主义是中国的最大敌人,而把一切力量反对苏维埃与红军,从事贵党自己营垒之间的内争。用一切力量拦阻红军的抗日去路,捣乱红军的抗日后方。漠视全国人民的抗日要求,剥夺全国人民的自由权利。爱国有罪,冤狱遍于国中,卖国有赏,汉奸弹冠相庆。以这种错误政策,来求集中与统一,真是缘木求鱼,适得其反。我们现在正告诸位先生,如果你们不根本改变自己的错误方针,如果不把仇恨之心放到日本帝国主义身上去,而仍旧放在自己同胞身上的话,那末你们即欲勉强维持现状,也是不可能的,集中统一以及所谓"现代国家",更是完全的空谈。

全国人民现在所要的是抗日救国的集中统一,而不是媚外残民的集中统一。全国人民现在热烈要求一个真正救国救民的政府,要求一个真正的民主共和国,全国人民要求一个为他们自己谋利益的民主共和国政府。这个政府的主要纲领,必须:第一,是能够抵抗外侮的。第二,是能够给予人民以民主权利的。第三,是能够发展国民经济减轻以至免除人民生活上的痛苦的。如果要说"现代国家",这些纲领才是真正殖民地与半殖民地中国,在现时代所要求的。全国人民现在正以热烈的愿望与坚毅的决心,为着实现这样的目标而斗争。而贵党及贵党政府的政策,则与此种全国人民的愿望背道而驰,以此而求人民的信任,是决不可能的。

中国共产党,中国苏维埃政府与中国红军,今特郑重宣言:我们赞助建立全中国统一的民主共和国,赞助召集由普选权选举出来的国会,拥护全国人民和抗日军队的抗日救国代表大会,拥护全国统一的国防政府。我们宣布:全中国统一的民主共和国建立之时,苏维埃区域即可成为全中国统一的民主共和国的一个组成部分,苏区人民的代表,将参加全中国的国会,并在苏区实行与全中国一样的民主制度。

我们认为贵党二中全会所决定组织的国防会议,以及贵党与贵党政府正在召集中的国民大会,是不能完成集中统一抗日救亡的任务的。依照贵党二中全会所通过的国防会议条例看来,则国防会议的组织,只限于贵党及贵党政府当权执政的少数官员,国防会议的任务,是仅充贵党政府的咨询机关,这种会议之不能有任何的成就与不能取得人民的任何信任,是十分明显的。而诸位先生所要召集的国民大会,依据贵党政府所通过的《中华民国宪法草案》及《国民大会组织法及代表选举法》看来,也同样的不能有什么成就,与不能得到人民的任何信任,因为这种国民大会,仅仅是贵党及贵党政府少数官员们所操纵的机关,是这些官员们的附属品与装饰品。这样的国防会议与国民大会,同本党所主张的全国抗日救国代表大会(即国防会议),中华民主共和国和它的国会,是没有丝毫相同之点的。我们认为抗日救国的国防会议,必须吸收各党各派各界各武装队伍的代表,构成真正能够决定抗日救国大计的权力机关。并从这一会议中产生全国统一的国防政府。而国民大会也必须是全国人民普选出来的国会,是中华民主共和国的最高权力机关,只有这样国防会议与全国国会,才能是全国人民所欢迎拥护与参加的,才能把救国救民的伟大事业,放在坚固不拔的基础之上,否则任何好听的名词,均决然无补实际,决然不为全国人民所同意,贵党及贵党政府历来所召集的各种会议之失败,就是最好的明证。

贵党二中全会宣言又说:"险阻之来,本可意计,断不因国事之艰虞,而自懈其应尽之职责";"本党对于国家兴亡,必当尽其心思才力,贯彻始终"。诚然,贵党是中国最大部分领土中的统治的政党,一切过去实施的政治责任,不能不由贵党负担。在一党专政的国民党政府之下,国民党决不能逃避其责任。尤其是"九一八"事变以来,贵党违背全国民意,违背全民族利益,执行了绝对错误的政策,得到了丧失半个中国的结果,这个责任是绝对不能推诿于任何别人的。然而在我们及全国人民看来,半个中国由贵党而沦亡,决不能不课督贵党以恢复领土主权的责任。同时贵党中许多有良心的分子,现在也确然憬悟于亡国可怕与民意之不可侮,而开始了新的转变,开始了对于自己党中祸党祸国分子之愤怒与不满。中国共产党完全同情于这种新的转变,热烈的欢迎这些有爱国心的有良心的,保存着并正在激发着中华民族英雄气概的中国国民党员的志气与觉悟,欢迎他们在民族危亡面前愿意牺牲奋斗与勇于革新的精神。我们知道,在贵党中央及各省党部中,中央及各省政府中,在文化界,在科学界,在艺术界,在新闻界,在实业界,在妇女界,在宗教界,在医药界,在警察界,在各种民众团体,尤其在广大的军队,国民党的新旧党员与各级领袖中,实在有很多觉悟与爱国之士,并且这样的人还在日益增加着,这是非常可喜的事情。中国共产党随时准备着同这些国民党人携手,组织坚固的民族统一战线,去反对全民族的最大敌人——日本帝国主义。我们希望这些国民党员能够在国民党中迅速形成一种支配的势力,去压倒那些不顾民族利益实际成为日本帝国主义代理人,实际成为亲日汉奸的最坏与最可耻的国民党员——那些侮辱孙中山先生的国民党员,恢复孙中山先生革命的三民主义精神,重振孙中山先生联俄联共与农工三大政策,把自己的"心思才力"去"贯彻"革命的三民主义与三大政策的"始终","贯彻"孙中山先生革命遗嘱的"始终",坚决的担负继承孙中山先生革命事业的责任,和全国各党各派各界爱国领袖与爱国人民一道,坚决的为驱逐日本帝国主义,挽救中国于危亡而斗争,为全国人民的民主权利而斗争,为发展中国国民经济解除最大多数人民的痛苦而斗争,为实现中华民主共和国及其民主政府而斗争。

中国共产党向一切中国国民党人宣言:假如你们真正这样干的时候,我们坚决的赞助你们,我们愿意同你们结成一个坚固的革命的统一战线,如像一九二五至二七年第一次中国大革命时两党结成反对民族压迫与封建压迫的伟大的统一战线一样,因为这是今日救亡图存的唯一正确的道路。

诸位先生及国民党全体党员,还没有忘记上次大革命时两党合作的光荣历史吧。因为有了这个合作,一切民族压迫者与封建压迫者,都在我们面前发抖起来了。那时的民族压迫者特别是日本帝国主义,深悉我们的合作会要进行彻底的胜利,会要使中国得到完全的解放,他们就挑拨离间,威迫利诱,无所不用其极。而且终于挑动了合作的一方,葬送了这个第一次的统一战线。先生们清夜扪心,也应该喟然兴叹吧。现在是谁也明白,如果那时中国国民党,能同中国共产党合作到底,那中国就决不会有像现在这样任人宰割沦亡及半的惨状,而决然是独立自由的中国了。现在全国人民盼望两党重新合作救国之心是迫切到了万分。他们相信,只有国共重新合作以及同全国各党各派各界的总合作,才能真正的救亡图存。然而日本帝国主义与汉奸卖国贼则一定会又一次的来破坏这种合作,因为他们明显的知道,这种合作会要给日本帝国主义及汉奸卖国贼们以致命的打击。日本帝国主义向贵党政府提出的以"防共"作中心的所谓"三大原则",就是这种预防及准备破坏国共合作的企图。但是问题是很明白的,还是同日本帝国主义及汉奸们一道,建立防共统一战线即亡国统一战线呢?还是同中国共产党及全国人民一道,建立抗日统一战线即救国统一战线呢?现在是已经到了决定的关头了,一切犹豫动摇,只是国家民族的损失,只是成全了日本帝国主义的利益。国共合作的关键,现在是在贵党的手中。诚如贵党二中全会所说:国家兴亡贵党有责,如果贵党真正愿意担负救亡国存的责任,那末现在是要下决心的时候了。等到做了亡国奴的时候,再讲什么合作,那就会悔之无及了。至于我们方面,是早已准备着在任何地方与任何时候派出自己的全权代表,同贵党的全权代表一道,开始具体实际的谈判,以期迅速订立抗日救国的具体协定,并愿坚决的遵守这个协定。

假如你们同我们的统一战线,你们我们同全国各党各派各界的统一战线,一旦宣告成功的话,那末你们我们及全国人就有权利高呼,让那些汉奸卖国贼以及一切无气节的奴才们,在日本帝国主义暴力前面高喊中国无力抗日吧,伟大的中华民族的子孙是誓不投降,誓不屈服的。我们要为大中华民族的独立解放奋斗到最后一滴血! 中国决不是阿比西尼亚! 四万万五千万人的中华民族,终会有一天,在地球上的东方,雄壮地站起来,高举着民族革命最后胜利的旗帜,同全世界一切自由解放的民族携手,连那个帝国主义成分除外的日本民族也在内,统治着整个的地球,统治着光明灿烂的新世界。让我们的敌人在我们的联合战线面前发抖吧,胜利是一定属于我们的。专此谨致

民族革命的敬礼

中国共产党中央委员会

一九三六年八月二十五日

(选自《中国共产党历史资料丛书·第二次国共合作的形成》,

中共党史资料出版社,一九八九年)

11. 致《自由评论》编者并转张东荪先生一封信(陶尚行[刘少奇])

《自由评论》编者并转张东荪先生:

一

拜读了贵刊第十期张东荪先生的大文,《评〈共产党宣言〉并论全国大合

作》之后,很感谢张先生以客观冷静的态度,站在中国民族的立场上,来讨论共产党中央与苏维埃政府在去年八月一日的《宣言》,并在讨论中提出了许多重要的问题和意见。我想张先生提出的这些问题和意见,不只是代表先生个人和贵刊;而是中国许多人和朝野各党派在实行全国大合作以救民族危亡的运动中所共同感觉到的问题,所以我们必须明白公开的答覆先生,并要求先生作更进一步的研讨,我想这对于中国不是无益的。正如先生说:"这真不啻中国民族前途的一线曙光了!"

张先生在文章前段说:"俄罗斯已完全转入国家主义一条路上去了","五年计划是国家资本主义的成功",又说中国共产党向来主张"废除私产","无产阶级专政","完成世界革命使命","受命于第三国际","对于一切不妥协",而现在是如何抛弃了这些主张,转入了国家主义与民主主义。关于这些问题,我现在不和张先生在这里讨论,因为这需要费很多笔墨,不容易得到共同的结论,且将妨害我们对于目前极重要的问题——即如何联合全民族以救危亡的问题之彻底的讨论,但我们在这里必需声明一点:即中国共产党向来没有主张过:在中国立即要废除私有财产制度,立即要建立无产阶级专政,中国的事不应由中国人自己来解决,而应由他国人来解决,共产党与中国不应为中国民族自由独立与生命而战,共产党也并没有主张过无论什么时候对于一切都不应妥协合作。相反,中国共产党与国民党曾经长期合作过,共产党历来就号召全国人民为中国的完全自由独立与领土完整而奋斗到底!素来就反对他国人对于中国民族内部的事情横加干涉。因为中国共产党向来就认为中国目前所需要的是(一)中国的完全独立自由和统一。(二)肃清一切封建残余,因此就提出了(1)驱逐帝国主义势力出中国;(2)实行土地革命作为中国革命目前阶段中的二大任务。而这二大任务的执行与完成,这不是社会主义,更不是共产主义,还是属于资本主义民主的范围和性质(资产阶级性的民主革命),因为中国资本主义的独立发展,也需完成以上二大任务,要达到社会主义更必须这二大任务的完成。中国共产党向来没有主张过,而且反对在目前阶段中就废除所有财产制度,就禁止营业自由,就实行社会主义与共产主义。

张先生说:"共产(党)必须声明在国难未渡过时期中至少十年内对于全国放弃共产主义的潜伏运动",要求共产党"对于共产主义暂停宣传",因为要"使一班怕社会革命的人们安心",并说"此点关系十二分重要,倘能如此,必定可以减少无数的阻力",似乎共产党在"国难未渡过时期中"马上在全国或一部土地上就要实行"社会革命"(即没收银行、工厂、矿山,交通工具归国有,废除重要生产工具的私有,禁止工商业的自由等);因而使人们害怕,阻碍了与其他各党派合作,因而要共产党放弃作这种宣传,但是中国共产党向来没有做过这种宣传,中国共产党十年来的宣传恰与此相反,它宣传在"国难未渡过时期中"即中国还没有完全独立与统一,和封建剥削制度没有彻底消灭以前,实行社会主义任务的革命,是不可能的。对共产党社会革命的恐怖,至少在国难未完全渡过的时期中,是完全不存在的。如果还有人怕社会革命即将来临的话,那不是经共产党的宣传中得来的,而是经敌视与诬蔑共产党的宣传中得来的。

共产党只宣传目前资产阶级性的民权革命。数年来在赤区所执行的政策是忠实于这种宣传的——在那里没有没收工商业资本家的财产,而且欢迎外面的工商业资本家去开发里面的富源,没有废除私有财产制度没有禁止营业自由,甚至连大地主的买卖与出租都有明文规定,不禁止。而且大大奖励私人的工商业及农业生产的发展。在那里仅是没收地主阶级的土地财产分给农民,取消高利贷,取消一切苛捐杂税等封建剥削。最近且规定对于富农的土地财产均亦不没收。共产党所宣传的和所做的是这样,如果有人说共产党在赤区做的不是这样,那这个人就不是冷静评论共产党的人,而是敌视共产党的人。

共产党负责声明:在过去,现在和将来都不宣传,而且反对在国难未完全过渡的时期中(即中国还未完全驱逐一切帝国主义势力,完全独立与统一的时期中)在全国或一部分土地上实行社会主义与共产主义的任务。我想人们所怕的和先生所注意的是"实行"。至于共产党人也曾经宣传过,没有立即实行意义的共产主义原理,那并不足以使人害怕。这正如孙中山先生及许多非共产党的学者,也曾经有许多著作说明共产主义原理一样。

二

张先生或者可以说：人们还怕共产党的土地革命呀！共产党要放弃土地革命才好呵，对于这个问题我们可作下列的声明：

（一）在中国害怕土地革命的人，只有百分之一，百分之九十九的人赞成，至少不反对土地革命，因为共产党主张只没收自己不劳动，全靠剥削别人为生的地主土地，分给农民所有，富农、中农、贫农以及工人小商人、职员等在乡村所有的小块土地均不没收，而且他们中的大多数可分得地主的土地。

（二）在今天，外力积极侵略下，已把中国革命目前二大任务中之第一个任务，尤其是抵抗日本的任务，提到了最重要最迫切的地位，他已成为中国目前革命的最高任务。谁个害怕与反对立即为这个最高任务奋斗的，谁就是反革命与卖国，全民族各党为完成这一任务而共同奋斗，就成为全国各党派大合作的基础，这也就是促使共产党发表"八一"宣言的原故，共产党不提出以赞成或实行土地革命为与各派合作的条件。

（三）与共产党合作抗日的其他各派，在各自的领土内实行何种的土地政策，由各派自己决定。共产党既不做推翻这些派别在其领土内之统治之企图，而且援助这些派别，那末共产党就自然不能拿自己的土地政策到这些区域去实行。

（四）在赤区内土地革命已彻底执行了的不变更，但在红军已经占领，而土地革命现在还未完全执行的区域，不论是大地主、小地主，只要他们尽力积极参加抗日救国的事业，他们的土地与财产亦不没收。

但共产党在理论上认为满足农民的土地要求，不独不会减弱中国人民抗日救国的力量，而且将大大发扬与提高占人口百分之八十以上的农民群众全部到民族革命战场上去英勇奋斗的情绪，将造成任何列强都不能战胜的革命力量。而且，因为农民免除封建剥削后，将大大改良土地提高生产，增加抗日救国的经济力量，又因为农民购买力与其经济力量的提高，将造成工业资本主义及社会文化事业等顺利发展的条件。我们认为满足农民的土地要求，与彻底战胜侵略者，二者不是矛盾的，而是一致的。

共产党将来也不拒绝，而且极愿各派协商采用政府颁布命令与法律等办法去满足农民的土地要求,即采用合法的手段避免或减少农民直接夺取土地之流血的手段,去满足农民的土地要求,共产党认为农民的土地要求如果不能满足,乡村中那样残酷的地租、高利贷和苛捐杂税的剥削如不彻底废除,就是中国共产党不存在,农民的革命运动是不会停止的(太平天国、捻匪、白莲教、红枪会、天门会抗捐运动等不断发展,就是明白教训)。

三

关于如何实现各党派全国大合作的方式问题,张先生说:"对于他党的政权"不要"想尽方法去破坏","对于国民党不是要求他交出政权",就是:"现政府不十分改变,只要在其上添设一个圆桌会议,把各党各派重要代表聚在一起决议国难期内一切大政"也可以。并主张:战前战时与战后都需要合作,最后说"红区政府"要变为地方政府而这个政府也不一定"名之曰苏维埃",意思是苏维埃政府最好取消。

共产党因为亡国灭种大祸迫在眉睫,所以在历次提议合作共同抗日之后,更进一步的提议组织各派联合的国防政府与在各种军队联合的抗日联军,这是因为在迫不及待的情况之下,各党派在对内问题上来不及协商组织成一个在全国实行同一制度与同一政策的统一政府,及同一制度同一组织的统一军队,而暂时组织联合政府与联军来一致对外。〈下略〉

共产党仅仅要求(一)停止内战,(二)抗日救国,(三)实现民主自由,以使全国人民大家来抗日救国,(四)进行救国所必须的经济与教育政策,(五)联合世界上一切反日的力量,就是共产党在国防政府十大纲领上的那些! 作为各派合作的条件(这些条件还可商议)。〈下略〉

共产党负责声明:不论任何派别,只要他们用事实来抗日与反对汉奸,不向红军和苏区进攻,不妨害红军抗日,共产党不独不破坏他们的政权,不要求他们交出一方地盘,而且用一切方法援助与拥护他们,使他们抗日与反汉奸的行动获得胜利,但共产党同时声明:继续卖国勾结侵略者侵略中国的,妨害其他军队抗日的与压迫人民救国运动的,没有合作的可能。〈下略〉

合作的方式,我们固然不拘泥,但仅仅是圆桌会议,今天可以叫各党各派代表来参加,明天又可以叫某些党派代表出去,今天可要圆桌会议通过某种救国大纲，明天又可要圆桌会议通过某种妥协投降的方案，要各党各派共同来担负亡国卖国的责任。而且汉奸与亲日的派别也可派代表来参加圆桌会议，他们经常提出不抵抗，抵抗要亡国的理论来，那么这种合作方式我们就认为是不妥当与不巩固的。而且在某种情形下，可以由抵抗变成不抵抗，所以这种方式不好。我们认为合作的至低方式是：要作到"赞成抵抗的来，不赞成抵抗的去"。但南京如自幼召集圆桌会议，我们虽不赞成这种方式，但我们准备派代表参加，只要南京抵抗，我们援助南京。〈下略〉

四

张先生提出，各派合作要"各派自行检举自己已往的错误"，说："日本本来是一个饿虎"，要侵略中国，"只苦于无很好的藉口机会"，"对付他们的方法……最好是不予以藉口，不给以机会"。"然而……中国……却时时不断的去捋虎须……这个捋虎须的责任……不应该推在国民党身上，因为打倒帝国主义的口号本是共产党的土产……而中国近十年来所有一切对外吃亏都由于这个夸大狂的口号，一方面即招惹日本来侵略，他方面又反对欧美各国，致陷中国于孤立。"这就是说：中国共产党应担负日本侵略中国的责任，因为中国共产党不应当提出打倒帝国主义的口号，而且近十年来中国所有对外吃亏的原因，都是由于这个口号，似乎只要共产党不提这个口号，那么既不会招惹日本来侵略，欧美各国也不会不援助中国民族的独立。

我们自己并且欢迎党外的人批评我们以往的错误，但对于张先生这种批评，我们就有不敢领教的地方。张先生这种说法，不独共产党要负过去日本侵略中国的责任，而且在将来抵抗日本到某种挫折时也将认为是共产党主张抵抗的罪过，而那些一贯主张不抵抗的人将要认为功臣，张先生不已经说过吗？"我们这样的国家，不配谈到战争"，既不配谈到战争，敌人用武力来侵略，你为什么要用武力抵抗呢？亡国或是某些地域被敌人占领，是共产党妄言抵抗招来的呵！我想这种责难完全可能，但我们的认识和张先生不同。

第一，"日本是一个饿虎"，这有点和日本侵略者自己的口吻相同。他说："日本人口之过剩，为著日本人的生存，要侵略中国。"其实日本并不是人口过剩，而是生产过剩，少数资本家要独占中国市场来消纳他们的过剩生产与吸取原料,这是日本要侵略中国的基本原因,既有生产过剩,就不会有真正的人口过剩,日本其所以还有饿饭的人,那只是少数资本家不肯拿出自己过剩的生产品散给日本饿饭人的原故,所以日本不是饿虎,而所谓日本人口过剩的说法,也仅仅是日本侵略者欺骗世人藉口而已。我希望张先生不要为侵略者所随便瞒过。

第二,日本既决心要侵略中国,并不苦于无藉口与机会,不给日本人藉口与机会也并不能对付侵略者,更不是"最好的方法"。因藉口是随时随地都可以找到的,"九一八"侵略先自己派人把南满铁路拆断,再派兵占领全满洲,然后向世界说:中国人拆断我的铁路,我要自卫不得不占领满洲。在塘沽协定之后,侵略者又要占领华北;在共产党退出福建之后,要占领福建,以后他要占领任何地方都可找各种各样的藉口。"强权即是公理"张先生对于这句话,总认为还有几分真实性吧?

第三,中国是具有一切的力量能够抵抗侵略者的,而且这种抵抗有很大的可能获得最后的胜利,抵抗与打倒帝国主义的口号,不是招惹日本侵略的原因,相反只有一味退让投降与不抵抗才招惹了侵略者无厌的贪欲,只有坚决抵抗才能给侵略者以打击。

第四,对于英美各国及其他国家,要采取比对日本不同的策略,应使用许多方法使他们对于中国民族独立运动同情赞助,或守善意的中立。

五

张先生说:国民党专政,共产党要负责,因为共产党曾有专政的理论。我们认为共产党不能代替国民党人的独裁负责,正如我们不能替袁世凯以来历次军阀的独裁负责一样,这些军阀没有共产党的理论给他们,可是他们居然老早就实行了专政。

至于共产党主张专政,因此有许多人不愿与共产党合作。我们说:第一,我们主张工农小资产阶级的民主专政。我们的革命是民主革命,我们说的专政就是广大民众的民主,与国民党的独裁无丝毫共同点。民主与专政我们看来是不矛盾的,在国防政府之下,我所主张实行一切不愿做亡国奴的人民(不分阶级)之极广泛的民主。而对于那些继续作汉奸卖国贼的少数分子应该认为犯罪,应该剥夺他们一切政治的自由,即对于他们是实行专政;第二,我们既不强求抗日各派在其领土之内实行苏维埃的政治制度,在他们抗日之时,又不做推翻这些派别的企图,人们也就用不着再怀疑共产党的专政了。

至于害怕"党团作用"并认为"这种作用是毁人类天性的东西",形成共产党"在暗中仍含他项作用"。共产党固然希望人们同意与接受自己的主张,因此共产党向来也就不隐瞒自己的主张,共产党向来反对使用阴谋的方式去实现自己的主张,反对党内采取这种政治阴谋的个别同志,尤其反对强迫人们来同意去接受自己的主张,共产党依靠公开宣传与说服,依靠大多数人对于自己主张的拥护与赞成来实现自己的主张,共产党相信自己的主张,依靠这种光明正大的办法能够前后取得中国人民之极大多数的赞成与拥护。所以他用不着倚靠阴谋手段与暗中计算的办法,共产党在过去、现在与将来都是执行这样的信条。

但共产党在自己参加的政府中,各种会议中,以至各种群众团体中,都是有自己的党团。共产党的党团是为着要使自己的党员在这些政府、会议和团体中主张一致,行动一致并更好的说明自己的主张而设。在能公开的环境中,这种党团是公开的,所以共产党的党团不是阴谋的团体,不是暗中危害同盟者的团体,更不是什么"毁坏人类天真性情的东西",西欧各国会议中,不独共产党有党团,其他各党派也有党团,我们不反对中国其他各派在联合政府中有他们的党团。

六

张先生说:"共产党似乎应在其治内即根据该宣言实行那些'救灾安定民生','废除苛捐杂税','整理财政金融','加薪加饷','实行免费教育'等政策"。对的!共产党在其治区内早已废除了一切苛捐杂税,现在陕北任何事物不抽一文钱的税,那里的公民没有饿饭,一切鳏、寡、老、弱、残、废的人,都有一定公款公粮救济,没有盗窃乞丐。人民的收入比以前多,生活比以前好,一切学校是免费了,大学与高级学校学生且由政府供给衣食。工资增加了,工人待遇改善了;政府机关职员,虽未实行薪俸制度,但最低的杂务工役,他们的衣食待遇同最高的长官一样。商业虽因封锁限制,但市场有很大的扩大，商人的利润比以前增加几倍，各种合作社，提高农业与手工生产的办法，在政府协助下实行。

最近又将工农共和国的口号，改变为苏维埃人民共和国，将许多政策改变到适合团结全体人民抗日救国的任务，如改变对富农的政策，给一切小资产阶级与抗日知识分子（文学家、艺术家、新闻记者、科学家、专门家等），和忠心抗日的白军军官等与选举权、被选举权，更用宽大的政策对付工商民族资本家，不没收他们的财产，保护他们的营业，欢迎外面一切抗日的以及被卖国贼虐待缉捕与失业的知识分子、军官士兵到里面去，优待他们，给予他们以工作，并给予他们发展天才的机会等。

以上这些，先生如不相信，我们欢迎先生及任何其他愿意研究中国社会制度的人们到里面参观，保证在那里不会受到任何的困难并受到满意的欢迎，并且去参观的人就此可以实地考察苏维埃制度是否适合中国的国情，而加以判断。不管怎样，共产党总算在实地从事一个崭新的社会制度之试验，对于那里的一切作一种不近人情的毁谤是无益的。进行一种客观的冷静的考察和研究是必要的。山西的土地村公有，研究考察的人是有了，我们要求你们对于我们所作的亦给以同等待遇，想亦不为过分！〈下略〉

望先生将这封信在贵刊上发表，并在贵刊上答复我，这或者对于中国民族不是无益的吧！

敬请

撰安！

陶尚行叩

一九三六年四月十三日

（原载《自由评论》第二十二期，一九三六年五月二日）

附：

评共产党宣言并论全国大合作

张东荪

一

共产主义的本国俄罗斯。近数年以来在言论上虽不肯示弱，依然是讨论那些阶级斗争的理论与唯物辩证的哲学，但在事实上却步步转了方向。五年计划是国家资本主义的成功。加入国际联盟是赞成"集体安全"而抛弃世界革命。最近更改订选举法更是向着民主主义的方面来走了，这些事实非本篇所欲详举。凡留心时事的人想早已知道。所以我们可以说俄罗斯已完全转入国家主义一条路上去了。但须知人类总是要面子的。他们尽管采取国家主义，甚至于亦采取一些民主主义，而他们却决不承认这就是国家主义民主主义征服了共产主义。因为共产主义本来包含成分甚杂。倘使欲加强辩，当然亦有几分可能性。所以事实上招牌依然是共产，而内容却颇为不同。我们亦正不必硬要抓破他们的面子，好在明眼人对于实际的情形已早看在眼中就罢了。

因此我们方痛恨中国的共产党及一班左倾青年不去切实面对事实而只认那些理论的票面价值以自己催眠自己。以至于他们对于中国今天的地位直无丝毫真正的了解。不意看见中国苏维埃政府、中国共产党中央的去年八月一日宣言，使我觉得这真不啻中国民族前途的一线曙光了。

二

该宣言中虽有责备现政府的话，现在我不愿复述。然在大旨却并不在于打破现状。其所主张的大概可归为下列数点。

（一）"当今我亡国灭种大祸迫在眉睫之时共产党和苏维埃政府再一次向全国同胞呼吁：无论各党派间在过去和现在有任何意见和利害的不同，无论各界同胞间有任何意见上或利益上的差异，无论各军队间过去和现在有任何敌对行动，大家都应当有"兄弟阋墙外御其侮"的真诚觉悟。"集中一切国力（人为物力财力武力等）去为抗日救国的神圣事业而奋斗。"

（二）"苏维埃政府和共产党愿意立刻与中国一切愿意参加抗日救国事

业的各党派各团体各名流学者政治家以及一切地方军政机关进行谈判"，以发起国防政府之组织。

（三）这种国防政府在行政方针上有最可注意的下列几条：

1. 收复失地。

2. 实行民主自由。

3. 保护生命财产居住和营业的自由（惟原文有侨胞字样，侨胞既受此种保护则内地居民自当一律待遇）。

（四）该宣言之结尾有下列文句：

"为祖国生命而战！

为民族生存而战！

为国家独立而战！

为领土完整而战！

为人权自由而战！"

此外该宣言并主张停止内战。他们愿意与任何军队不问已往有无仇怨都来亲密携手共同抗日救国。并且还说华北党部被迫撤退是可耻的。因为"一切中国人的事只应由中国人自己解决"。

这便是宣言中的大意，亦就是我们所可注意的了。

三

一个向来主张废除私产的党现在居然说保护财产和营业的自由了。以一个向来主张无产阶级专政的党现在居然说实行民主自由了，以一个向来主张完成世界革命使命的党现在居然说为国家独立与祖国生命而战了。以一个向来受命于第三国际的党现在居然说中国人的事应由中国人自己解决了。以一个向来主张用阶级斗争为推动力对于一切不妥协的党现在居然说愿意与各党派不问已往仇怨都合作起来，这是何等转向，这个转向是何等光明！我们对于这样勇敢的转向又应得作何等佩服！其实这十年来我们就是为了国家主义与民主主义而呼吁。到了现在，我们不愿带些刺激感情的口调，说民族主义已征服国际主义，民主主义已征服了共产主义。但在事实上即此却可作一个极大的证明，即证明中国今天所需要的只是对外为民族独立与对内为民主自由。至于阶级斗争与一党专政都是一些治丝益棼的东西。这事实上逼迫而生的需要既为大家所公认则我们又何必来自己居功呢？

四

虽则根本大端彼次所见相同，然该宣言却尚不无讨论的余地。无论何人都知道到了今天，说到各党派大合作，自是天经地义，无可否认。而要各派合作又自以不算旧帐，不计旧日仇怨为前提。不过我以为不算旧帐只可说是各派合作的必要条件，尚不足为充足条件。因为仅仅不算旧帐尚不足使各派真诚合作。所以我愿于不算旧帐之次，再提出一个各派自行检举自己的已往错误。先以对日问题而论，日本本来是一个饿虎，养精蓄锐了数十年，正是在想方法扩大其版图出来，而只苦于无很好的借口机会。这个情形凡有常识的人都早可看到。所以对付他的方法在今天以前最好是不给以借口，不予以机会。然而这十年来中国所取的途径却正与之相反。自己明明知道实力比不过他百倍，却时时不断地去捋虎须。等到已把这个饿虎激怒了以后，却又去低颜悦色，然而却已是来不及了。至于这个捋虎须的责任，我们在局外愿说一句公道话，似乎不应该完全推在国民党身上，因为打倒帝国主义的口号本来是共产党的土产，国民党不过传授了衣钵而已。而中国近十年来所有的一切对外吃亏却都由于这个夸大狂的口号。一方面既招惹日本来侵略，他方面又对于欧美各国致陷中国于孤立。其次说到民主自由，我以为容共以前的国民党在理论上未见的是主张一党专政的。所以按今日的情形而说，所有反民主与抹煞自由在实际上自是国民党所为。而这种行为所根据的理论却不能不说是由共产党始作其俑。因此一班爱自由与民主的人们不愿与共产党合作；他们以为一旦共产党得势，其压迫异己与破坏自由或高出于国民党之上。再其次就向来党与党之交际而言，在民主国家本来甲党不视乙党寇仇。惟在主张专政的党乃始相扑灭一切异己。两个都想专政的党相遇自然是格外眼睛出火。

所以"党际道德"（即党际信用）一名辞在这样的党是没有的。须知党间合作本来与民主政治是一件事，二者不能分开。主张各党合作则就等于主张实行民主政治。但在以往，因为共产党对于民主主义一点态度欠缺显明，所以今天虽有合作的提议而人们总不能完全忘了他的"党团作用"。所谓党团作用乃是随着共产党的潜伏运动而生的一件东西。即对于党外的人只讲利用,只认为工具。换言之,即对党以外无真诚只有诈伪。在我们看来这种党团作用实在是一个毁坏人类天真性情的东西。往往有些很坦白纯洁的青年一旦受了这种训练便到处说谎话。即以这一次的宣言而论。在我们希望国家有救的人来看,自然愿意说共产党这个主张未见得不出于本心,但在有些上过他们的大当人们则必定以为仍不外乎党团作用。就是他们明知在这个时候再高呼拥护苏联是引不动人了。只有利用人们的爱国热情来唤起人心使归向于我。我们以为如果各派合作的提议在暗中仍含有他项作用,则这个提议本身便自贬了价值了。以上三点我们在该宣言上虽得不着什么痕迹,然而共产党既真有大觉悟,似乎亦应得给我们一些痕迹可寻。这便是我对于该宣言认为美中不足的地方了。

五

现在应该再一讨论该宣言中所提议的所谓国防政府。这样的国防政府据说是由各派联合组织的。假使我是一个国民党人,我当然无条件双手举起来表示赞成与接受。因为国家的存亡已迫于呼吸,今有人尚欲对于政权为之包办,不免可笑。不但包办卖国是理所不许,即包办救国亦为古今中外所无。但从反面来看,当这样紧急的时候,不见从远者大者着想,而独斤斤对于他党的政权,想尽方法去破坏之,似乎未免胸襟不广。所以我以为国防政府除了国民党自动提议以外,我们似乎不必多讨论。因为据我这几年冷眼观察,好像国民党惟有政权是绝对不肯牺牲,余事倒像尚可商量,则又何必专向要害处来讨价还价呢? 我这句话并无他意,乃只是说各派既要合作即须真诚合作。不可以合作为名而暗中依然争夺。尚使真诚合作果真做到,则政府的改组当然不成问题。不拘改组的形式如何,而只要能实现各派合作就行了。假如现政府不十分改变,而只要在其上添设一圆桌会议把各党各派的重要代表聚在一起,议决国难期内一切大政,这样亦未始不可算一种合作。所以我们对于国民党不是要求他交出政权,乃只是要求他对于困难的应付有彻底的决心。同时允许大家向着这一个目标共同努力前进。至于说到只须国民军队枪口对外红军便一致动作，我以为这又未免太简单了。须知今天有举国一致与各派合作的需要并不限于对外作战一点。若要从事于建国似乎亦应得各派相安由息争而共同努力。所以即在平时亦不能说不需要合作。我以为合作可分三期：一即平时或开战的前夕，二为战时，三是战后。开战的前夕为期不一定，从今天起可以短到一二个月亦可长至二三年。在这个期间主要的事务是准备与充实。能多准备一分好一分，能多充实一点好一点。不仅此也，即使国家多像一些近代国家的样子则对外起来亦愈好一些。所以我们不可以为合作限于战时。须知在战前与战后亦都需要合作。战时当然不必说了。战后所需要的是一个收拾残局的建设。这种建设亦非各派合作不可。

因为在喘息甫定的时候更不宜于有党争。所以我以为各派如果真有觉悟必须认明今后举国一致的需要至少有继续十年以上或二十年之久。不是短期间即终了的。老实说，我们这样的国家不配谈到战争。在敌人未再进一步以前，决不可轻易言战。但纵使无战事而内战仍宜立刻停止。由各党息争以从事于建设。

六

因此我主张共产党这样的表示还有些不够，必须有下列的补充。

第一，共产党必须声明在国难未渡过时期中至少十年内对于全国放弃共产主义的潜伏运动。这一次宣言虽在实际上表明只作民族独立的奋斗，然对于共产主义的暂停宣传则未明言，似乎为使一班怕社会革命的人们安心起见应得提高这一点。

其实此点关系十二分重要，尚能如此，心定可以减少无数的阻力。

第二，共产党必须把其兵力统一起来集中在一个区域，以便万一有事则可担当一个侧面。这个办法自是停止内战以后的事情。但为使有些地方的后方安全起见似乎应得先行提出。

第三，共产党似乎应得在其治内即根据该宣言实行那些"救灾安定民生"、"废除苛捐杂税"、"整理财政金融"、"加薪加饷"、"实行免费教育"等政策。但须知这些政策在根本上与共产主义无关。而实行这些政策的政府亦似乎不必定名之曰苏维埃。所以我以为倘以真诚合作为前提，则纵使不得已亦只好承认事实上的政府只有一个，红区的政府似应变为地方政府。否则必无以对外。

七

以上所说的话自信是立在纯粹国民立场，并没有一句是替国民党与现政府辩护的。我再愿借此向共产党与国民党进一言：即党与党之合作在我们的眼光来看，本是一件寻常的事，不算甚么奇怪。其所以为梗就只在于各想专政。倘各党弃其专政的私欲则大家彼此即变为好友。所以我们历来不反对国民党与共产党而只反对一党专政。以为一切罪恶皆由此而生。现在共产党提议合作是显然放弃了专政，这真是一件最可庆幸的事了。并且大家须知共产主义与三民主义以外实在有很多的人们是于经济赞成社会主义，于政治相信民主主义的。这一类人们虽尚未形成具体的大规模组织却是很有潜势力。我相信有许多同情于共产党的人却其实只是这一类的信徒。亦有些挂着国民党党籍的而其心中却只是真赞成这个主张。将来万一能由这一些人们在国共两党之间于理论方面将个调停的势力，则未始非中国之福。这虽是我的希望，但亦恐成为奢望。总之，今天已到国家生命最急迫的一天了，请大家多拿出一些公心来，多减去一些私欲罢！

我未尝不知道各党合作的提议在欧美的先例上都是由于在朝党发起的。在野党虽有此意而在朝党深避固阻，当然即等于白说。因为中国这样的国家太不现代化，自然有这个奇形怪状。于是在所谓中国式的合作，例如刘备之邀请诸葛亮。但须知这只是个人知遇，乃和党派间的合作完全不同。

现在当局拉了许多党外的人，我以为依然与此无干。以前的中国无政党，自可个人登庸，而今日的中国却有政党。所谓党外无党并不是说党外没有党。乃只是想扑灭党外的各党而已。事实上却不能如愿以偿。党外的党在事实上既然存在，则党与党之间的关系问题亦必依然存在。

既有此问题则不能不设法求得一解决。此所以才有合作之说，可见合作乃是由事实而生。若想以个人知遇来代替党间合作未免有些文不对题了。

（原载《自由评论》第十期，一九三六年二月七日）

12. 毛泽东致章乃器、陶行知、邹韬奋、沈钧儒诸先生信

乃器、行知、韬奋、钧儒诸先生及全国救国联合会全体会员们！

不久以前，我们在报纸上读到了章沈陶邹四先生所发表的《团结御侮的几个基本条件与最低要求》和全国救国联合会的《宣言》和《纲领》。这些文件引起了我们极大的同情和满意，我们认为这是代表全国大多数不愿意作亡国奴的人们的意见与要求，我代表我们的党、苏维埃政府与红军表示诚恳的敬意，并向你们和全国人们声明：我们同意你们的《宣言》、《纲领》和要求，诚恳的愿意与你们合作，与一切愿意参加这一斗争的政派的组织或个人合作，以便如你们纲领与要求上所提出的一样，来共同进行抗日救国的斗争。你们说：

"我们所希望的中国共产党要在具体行动上，表现出他主张联合各党各派抗日救国的一片真诚。因此在红军方面，应当立刻停止攻击中央军，以谋和议进行的便利。在红军占领区城对富农、地主、商人，应当采取宽容态度。在各大城市内，应竭力避免有些足以削弱抗日力量的劳资冲突，这样，救亡联合战线的开展，才不至受到阻碍。"

真的，我们应当这样做，而且已经是这样做，我们在自己的行动上，经常是忠实于自己的提议和政治路线。在"九一八"事变开始，我们首先向全国一切党派提出，愿意合作抗日。有些人说，我们的提议，只是宣传的作用，而在实际上并不愿意实行这些提议，但是，几年来的事变证明这样的说法，完全是一种诬蔑。我们曾与十九路军和福建政府合作。不久以前，当西南派首领发表通电表示抗日合作的时候，我们宣言同意他们的抗日主张，同时我们向西南派的军政领袖和一切党派与社会团体发表了合作抗日的提议，并郑重声明：我们不仅在言论上而且在事实上诚恳希望一致联合，共同斗争以挽救祖国的生命。一年多以来我们进行了长期艰苦的斗争，以实现我们北上抗日的目的。虽然我们已经到了北方，可是我们想集中河北实行首先直接抗日的愿望还是没有实现。今年春季，我们在渡过黄河以后，如果没有驻扎在潼蒲路一带十万以上的中央军的封锁与阻挡，是无疑可以实现我们的愿望。当时若是我们集中力量来冲破封锁线当然可以做到的，但是，这样必然使双方受到

很大的牺牲，我们为了避免无价值的内战损失，所以暂时渡河回转陕西。在回军以后，不管对我们继续"围剿"，我们再一次的向南京政府、太原阎锡山将军、河北宋哲元将军表示愿意把我们的力量集中河北，进行抗日，并要求他们的同意。虽然他们到现在还没有满意的回答，但是我们并不因此就放弃我们所始终坚决主张的抗日救国的目的。在民族存亡千钧一发的时候，我们不愿意继续任何自相残杀的内战，我们无论何时也不会进攻南京中央军或其他军队，如果他们不向我们进攻，不阻碍中国军队抗日斗争的话。如果南京中央军或其他军队实行抗日不压迫群众爱国运动，我们准备以自己的一切力量，诚恳的帮助他们。我们愿意与任何军队、任何政党、任何派别合作，只要他们赞成准许反日、反卖国贼和爱国运动的完全自由。

有人怀疑，现在红军的力量，很难单独抗日。又有人说，抗日的先决条件，是民族统一和内部和平。还有人说，部分的抗战是有害的。但是我们不这样想。我们东北抗日义勇军能够进行继续英勇的抗日斗争，敌人的报纸都承认东北义勇军已使敌人损失"十万以上的生命和几万万的金钱"，并使日本帝国主义不能很快的侵入中国的内地。虽然他们还未取得彻底的胜利，可是对于国家民族已有了巨大的功劳与帮助。现在没有任何人能说东北义军不能单独抗日的了。我们红军在一切方面都不比东北义军薄弱，而北方人民的爱国热情亦不落后于东北人民。如果不是想混乱人民耳目的话，那么就没有根据说红军不能单独抗日。上海抗战和长城抗战失败的原因，只是因为当时领导者的动摇不坚定，没有运用紧张的运动战术，没有充分广泛的与人民合作，然而，中国红军是没有这些弱点的，所以我们认为红军够能单独抗日，并不会轻受挫折而能持久抵抗。虽然红军不能期待以现有的力量，达到抗日战争的最后胜利，但无论如何，是能单独抗日的。并且在红军继续抗日的过程中，必然能够统一全国人民和一切愿意抗日的武装力量来达到最后的胜利。

如果说，要统一全国力量以争取抗日战争的最后胜利，这是正确的；但是，如果说要先统一，然后抗日，这是不正确的。应当记得，部分的力量，已能实行抵抗，应当记得，在没有开始抵抗运动的地方，敌人决不让我们集中力量。敌人已经严厉监视着南京中央和地方政府，并一省又一省的侵占了我们的土地。在这样情形之下,只有在开始抵抗的时候,才有全国总动员的可能。实行抵抗与全国总动员应当同时开始的。在"和平"状况之下,很难有全国总动员之可能。

你们要求一切爱国运动的自由,而敌人必然马上用武装来压迫爱国运动,很明显的,战争就不可免了。现在情况日益危急,如果不立刻开始抗日战争,全国统一自卫与全国总动员必然益加困难,如果坐失时机,甚至将无统一自卫与总动员的可能。就在今日,全国总动员已经不能包括东北和北方的一部分区域了。这样继续下去,敌人可以组织更多的汉奸军队,可以宰割中国更大的区域,可以夺取一切中心城市和交通路线,那时,我们的总动员将只能在很小一部分的领土上与乡村区域中实行。难道现在不可以用统一未完,准备不足等藉口来延迟对日抵抗吗?

我们不反对真正的准备,可是我们反对藉准备之名,行不抵抗之实。任何抵抗斗争,决不会阻碍准备与总动员的工作。在任何抵抗的本身就是极大的动员,上海与长城抗战经验便是最好的证明。

在敌人监视之下进行秘密准备工作,须花费几年时间所达到的成绩,也许在抗战开始以后,只要几个星期就能达到。而且秘密准备所培养的力量,决不能补偿同时间损失的力量,更不能达到敌人在同一时间所可聚集与准备的力量。

有人说我们的单独抵抗,破坏了他们的抗日总计划。我们无从知道,他们所谓"抗日总计划"是什么。我们所要求的只是落后的人,迅速赶上我们,还未准备抗战的军政首领和党派立刻和我们一块进行抗日斗争。没有任何根据来要求我们拒绝抗日政策,停止抗日行动起来适合这些"批评家"的纲领和行动。

对日抗战将是长期残酷的战争,不经过千百次的苦战是不会取得最后胜利的。在长期苦斗的当中必然可以动员与集中全国的一切力量。而决不能把抗日战争,延迟到动员与集中完成以后。

因此,我们要求立刻开始对日抗战,首先把红军集中河北,使红军能最先开始对日抗战,我们反对利用任何藉口延缓和避免对日抵抗。竭诚希望你们帮助实行这些要求。

为了集中国力去对日抗战,我们在各方面改善了苏维埃法律与工作。除了把工农政府、工农红军改成人民苏维埃政府和人民红军外,在苏维埃选举法上,补充了一切小资产阶级职员、自由职业者,专门家和小商人与小企业主都有选举权和被选举权。宣布在苏维埃区域内一切政党社会团体、群众组织均享有公民权。欢迎一切愿意共同抗日的党派、社会团体的代表参加苏维埃政府,共同担负责任。我们已经通过决议不没收富农的土地,如果他们愿意和我们共同抗日的话,我们并不拒绝与他们联合。不没收大小工商业者的财产与工厂,并保证他们的企业,帮助他们发展,以增加苏区抗日运动所必需的物质供给。不没收积极抗日的军官与地主的土地和财产,邀请一切失业军官、兵士、职员、专门家到苏区来,并给予他们以适当工作,使他们能发挥自己的才干。特定办法优待俘虏的军官和兵士,愿意归家的,发给路费,愿意留在苏区共同抗日的,便给与工作,取消一切苛捐杂税,征收不重的统一累进税。

这就是在我们苏区通过的和施行的政纲。我们决不敌视民族中反日的阶级。红军将来进入抗日友军的区域,在友军遵守协定之下,红军同意遵守主军所规定的法令与规律,并不干涉友军区域的地方行政。关于劳资关系问题,规定了改良工人生活最低条件,按照每个企业的实际情形,订立劳资协定,劳资双方必须遵守,并避免不必要的罢工、怠工。过去监督生产,工人领导工厂的法律,已经取消了。劝告工人不提出超过本企业能力的要求。在非苏维埃区域,我们主张必须改善工人生活,但希望不加深反资本主义的斗争。我们相信争取海关自主,反对帝国主义侵略,是对于工人和资本家都有利益的。相反的,在帝国主义继续进攻之下,无论工人和资本家,都不能期待自己情形的改善。劳资的共同利益,是建立在反对帝国主义侵略之上。

至于现在河北、湖南、江西、福建、浙江及其他区域的游击队,还未能执行我们在最近所通过的法律,这是由于有许多的阻碍,使他们不能得到我们的指令。此外,残酷屠杀的"围剿"是可以激起某些报复的手段,但是我们认为这种行动是错误的。我们恳定的希望立刻改正这些游击队的错误(此外有两句英文译文意思模糊不清,故未译出,俟觅得原文后当补正)。可惜得很,我们还不能马上执行这些条件,因为决定的力量不在我们。我们认为红军是中国人民的军队,无条件地尊重并实行全国人民所表示的批评、意见与要求。关于中国人民的各种问题,我们愿意服从不愿意做亡国奴的人民民主的决议。

当然,我们的党员应当参加各地方的救国组织和各种形式的救国运动。我们愿意牺牲一切力量来拥护这些运动与组织,以便与一切党派和不愿意做亡国奴的人民共同斗争,挽救中国人民的危亡。我们的党员、无条件地服从这些组织大多数所通过的规则、纲领和决议。同样在实际工作上,甚至当我们在原则上不同意的时候,也无条件地服从大多数的意见,我们的党员不会与这些组织中的其他派别对立和竞争来争夺群众与领导权。相反的,我们愿意拥护任何派别的彻底反日的领袖,使他们能毫无阻碍地在群众中发挥自己的能力。我们的党员愿意在他们的领导之下工作。为了达到战胜强大敌人的目的,不仅需要我们自己的发展与胜利,而且需要一切联合力量的胜利与发展。我们统一战线的口号是“各政党各阶级在抗日救国旗帜之下团结起来”。因此我们认为在统一战线中提出推翻某一阶级和某一政党的口号是错误的。我们认为在国民党和国民政府中应有不少的领袖、党员、官吏能够抗日的,我们完全愿意与他们联合。因此。一般的反对国民党和各地政府是不适宜的。我们不同意、并且反对宗派主义、包办把持操纵等方式以及现在有些青年分子在实际上采用的强迫群众参加救国运动的方法。

最后,我们认为最重要的是一切党派了解抗日救国的任务,改变敌视我们的态度。关于其他问题的意见,都是不重要的。可是有人重视其他问题的许多意见,因此,就产生许多冲突和矛盾。我们完全愿意改变这些缺点。如果我们的党员在救国运动中犯了这样的错误,就希望其他党派的领袖和青年,本着救国热忱,互相劝勉。我们相信,如果为了抗日救国的必需,排除一切相互的敌意,互相忍耐,互相尊重,那么全民统一战线就可胜利完成,并可保证广泛光明的前途。依靠着统一战线力量发展的程度不只是可以战胜日本帝国主义和卖国贼,而且经过统一战线运动的一定阶段可以使中国民族脱离一切帝国主义束缚,并达到全中国的真正民主的统一。因此,我们认为统一战线决不是一个很短的暂时的现象。当然,在统一战线的各个阶段上可以有个别的人发生动摇,叛变与逃走,但是这决不能认为是统一战线的破裂。

现在统一战线比之一九二七年还有更明白的前提和更巩固的基础,因为现在民族危机比之一九二七年百倍的加深。一九二七年的统一战线主要是反对内部敌人(反对北洋军阀),现在统一战线是反对外部敌人,在一九二七年的时候,脱离统一战线的人们,还能组织半独立式的政府。而现在,那一个要脱离统一战线或者不参加统一战线,他再也不能建立半独立式的政府,并不能在中国人民各阶级中找到拥护。并且,一九二七年的经验,对于任何阶级都不能机械地运用。因为现在国际的与国内的形势,比之一九二七年已有了急激的改变,而有利于全民统一战线。所以我们对于现在统一战线的前途毫不悲观,这里没有任何可以悲观的根据。我们为了统一战线的事业,不害怕被其他党派的利用,因为我们有考虑过坚决抗日纲领。我们愿意与一切抗日讨贼的正派组织合作到底。

但是,现在最危险的是有些人幻想实现武力统一的计划。很明显的,武力统一就是不断的内战,如果我们回忆袁世凯及其他军阀武力统一计划的失败,就可以知道这些人的前途是如何的黑暗。而在现在条件下,在任何方面,武力政策危害中国民族的程度,都还超过于当时。不幸有些人对于这样的政策,还采取袖手旁观的态度。还有人企图以另一"集中战线"来对立和破坏中国人民的统一战线,这就是统一战线不能顺利发展的主要原因之一。

你们说过去的争论是在于抗日斗争的方法和"安内"、"攘外"的先后。我们觉得,这只是表面上的,实际上是有些人在民族叛逆与民族英雄之间动摇,在抵抗与投降之间选择道路。我们不相信那些主张"攘外必先安内"的人,没有看见他们"安内"政策造成怎样的结果,但是,为什么还这样坚决主张"攘外必先安内"呢?我们不反对统一,我们反对的是国内战争与民族叛徒。我们认为今天中国只有一个出路,就是一切党派,在平等基础上团结起来,实行抗日,并服从全国人民的民主政治。如果不是这一条道路,而想用武力统一,那就永远不会有中国人民的统一,只有更加使中国分裂和破坏。仅就这一原因,我们就反对这样的企图。我们拥护在平等基础上的联合抗日与民主的方法来统一中国。我们愿意服从真正代表全国人民的任何全国大会的决议。并主张把一切问题提到这样的大会去解决。并且我们同意把是否应当在全中国施行苏维埃制度的问题让全国人民实行民主的解决。

但是我们应当声明，南京政府在今年五月五日所公布的宪法草案和国民会议的组织条例和选举条件，我们认为是完全反民主的。我们不承认根据这些法律所选举的国民会议有代表全国人民意志的权利，我们不能参加这样国民会议的选举，我们与全国人民都不愿服从这样"国民会议"所通过的决议。我们认为这一"国民会议"的存在是有害的。但是我们同意参加任何真正合于民主原则所创立的人民代表机关。

最后，我们希望你们和各地一切救国组织派遣代表来参加苏维埃政府，我们希望你们介绍其他政党派别的代表来与我们进行合作的谈判。一切愿意与我们进行谈判的代表，都请直来苏区，保证不会有任何的危险。如果在苏区外任何区域也保证我们的代表不受危险的话，我们愿意派代表到其他区去，进行谈判。

我们诚意的愿意在全国联合救国会的纲领上加入签名。此致

民族革命的敬礼！

毛泽东

一九三六年八月十日

（原载一九三六年十月十三日巴黎《救国时报》）

13. 周恩来致陈果夫、陈立夫两先生信

果夫、立夫两先生：

分手十年，国难日亟。报载两先生有联俄之举，虽属道路传闻，然已可窥见两先生最近趋向。黄君从金陵来，知养甫先生所策划者，正为贤者所主持。呼高应远，想见京中今日之空气，已非昔比。敝党数年呼吁，得两先生为之振导，使两党重趋合作。国难转机，实在此一举。

近者寇入益深，伪军侵绥，已成事实，日本航空总站，且更设于定远营，西北危亡迫在旦夕。乃国共两军犹存敌对，此不仅为吾民族之仇者所快，抑且互消国力，自速其亡。敝方自一方面军到西北后，已数作停止要求。今二、四

两方面军亦已北入陕甘,其目的全在会合抗日,盖保西北即所以保中国。敝方现特致送贵党中央公函,表示敝方一般方针及建立两党合作之希望与诚意,以冀救亡御侮,得辟新径。两先生居贵党中枢,与蒋先生又亲切无间,尚望更进一言,立停军事行动,实行联俄联共,一致抗日,则民族壁垒一新,日寇虽狡,汉奸虽毒,终必为统一战线所击破,此可敢断言者。敝方为贯彻此主张,早已准备随时与贵方负责代表作具体谈判。现养甫先生函邀面叙,极所欢迎。但甚望两先生能直接与会。如果夫先生公冗不克分身,务望立夫先生,不辞劳瘁,以便双方迅作负责之商谈。想两先生乐观事成,必不以鄙言为河汉。

临颖神驰,伫待回教。专此,并颂

时祉!

周恩来

一九三六年九月一日

(选自《周恩来统一战线文选》,人民出版社,一九八四年)

14. 周恩来致蒋介石先生信

介石先生:

自先生揭橥反共以来,为正义与先生抗争者倏已十年。先生亦以"清党""剿共"劳瘁有加,然劳瘁之代价所付几何? 日本大盗已攫去我半壁山河,今且升堂入室,民族浩劫高压于四万万人之身矣! 近者,先生解决西南事变,渐取停止内战方针。国人对此,稍具好感。惟对进攻红军犹不肯立即停止,岂苏维埃红军之屡次宣言、全国舆论之迫切呼吁,先生犹可作为未闻耶!

先生须知,共产党今日所求者,唯在停止内战、建立抗日统一战线与真正发动抗日战争。内战果能停止,抗战果能实行,抗日自由果能实现,则苏维埃与红军誓将实践其自己宣言,统一于全国抗日政府指挥之下,为驱逐日寇而奋斗到底。先生素以继承孙中山先生革命传统为职志者,十年秉政,已示国人对外妥协对内征服之失策。现大难当前,国人抗日之心甚于"五卅",渴望各党合作之忱,甚于民十三年改组。先生其亦有志于回到孙先生革命的三大政策之传统而重谋国共合作乎？当先生实行孙先生革命政策时，全国群众闻风景从，先生以之创黄埔，练党军，统一两广，出师北伐，直抵武汉。及先生背弃孙先生遗教，分裂两党统一战线后，则众叛亲离，内乱不已，继之以"九一八"，五年外患，国几不国。先生抚今追昔，其亦有感于内战不可再长而抗日之不容再缓乎？苏维埃与红军为此呼吁，至再至三，但仍不得先生之坚决同意。前者东向抗日被阻于晋，今昔全国主力红军集中西北，目的更全在抗日，乃先生又复增兵相逼。先生岂竟忘日寇已陈兵绥东，跃跃欲动，即欲变西北为殖民地耶？来敢正告先生：红军非不能与先生周旋者，十年战绩，早已昭示国人。特以大敌在前，亟应团结御侮。自相砍伐，非但胜之不武，抑且遗祸无穷。若先生以十年仇隙，不易言欢，停战议和，未可骤信，则先生不妨商定停战地区，邀请国内救国团体各界代表监视停战，心知红军力守信誓，只愿在抗日战争中担任一定防线，以其全力献之于民族解放，他则一无所求也。先生其亦有意于一新此民族壁垒而首先在西北实现乎？天下汹汹，为先生一人。先生如决心变更自己政策，则苏维埃与红军准备随时派遣负责代表与先生协定抗日大计。此共产党、红军确定之政策，将千回百折以赴，不达目的不止者也。

先生为国民党及南京政府最高领袖，统率全国最多之军队，使抗日无先生，将令日寇之侵略易于实现。此汉奸及亲日派分子所企祷者。先生与国民党之大多数，决不应堕其术中。全国人民及各界抗日团体尝数数以抗日要求先生。先生统率之军队及党政中之抗日分子，亦尝以抗日领袖期诸先生。共产党与红军则亟望先生从过去之误国政策抽身而出，进入于重新合作共同抗日之域，愿先生变为民族英雄，而不愿先生为民族罪人。先生如尚徘徊歧路，依违于抗日亲日两个矛盾政策之间，则日寇益进，先生之声望益损，攘臂而起者，大有人在。局部抗战，必将影响全国。先生纵以重兵临之，亦难止其不为抗战怒潮所卷入，而先生又将何以自处耶？

奉上八月二十五日敝党中央与贵党中央书，至祈审察。迫切陈词，伫候明教。顺祝

起居佳胜！不一。

周恩来

一九三六年九月二十日

（选自《周恩来统一战线文选》，人民出版社，一九八四年）

15.毛泽东等致蒋介石先生信

介石先生台鉴：

去年八月以来，共产党、苏维埃与红军曾屡次向先生要求，停止内战，一致抗日。自此主张发表后，全国各界不分党派，一致响应。而先生始终孤行己意，先则下令"围剿"，是以有去冬直罗镇之役。今春红军东渡黄河，欲赴冀察前线，先生则又阻之于汾河流域。吾人因不愿国防力量之无谓牺牲，率师西渡，别求抗日途径，一面发表宣言，促先生之觉悟。数月来绥东情势益危，吾人方谓先生将翻然变计，派遣大军实行抗战。孰意先生仅派出汤恩伯之八个团向绥赴援，聊资点缀，而集胡宗南、关麟征、毛炳立、王均、何柱国、王以哲、董英斌、孙震、万耀煌、杨虎城、马鸿逵、马鸿宾、马步芳、高桂滋、高双成、李仙洲等二百六十个团，其势汹汹，大有非消灭抗日红军荡平抗日苏区不可之势。吾人虽命令红军停止向先生之部队进攻，步步退让，竟不能回先生积恨之心。吾人为自卫计，为保存抗日军队与抗日根据地计，不得已而有十一月二十一日定边山城堡之役。夫全国人民对日寇进攻何等愤恨，对绥远抗日将士之援助何等热烈，而先生则集全力于自相残杀之内战。然而西北各军官佐士兵之心理如何，吾人身在战阵知之甚悉，彼等之心与吾人之心并无二致，亟欲停止自杀之内战，早上抗日之战场。即如先生之嫡系号称劲旅者，亦难逃山城堡之惨败。所以者何，非该军果不能战，特不愿中国人打中国人，宁愿缴枪于红军耳。人心与军心之向背如此，先生何不清夜扪心一思其故耶？今者绥远形势日趋恶化，前线之守土军队为数甚微，长城抗战与上海"一·二八"之役前车可鉴。天下汹汹，为公一人。当前大计只须先生一言而决，今日停止内战，明日红军与先生之西北"剿共"大军，皆可立即从自相残杀之内战战场，开赴抗日阵线，绥远之国防力量，骤增数十倍。是则先生一念之持，一心之发，而国仇可报，国土可保，失地可复，先生亦得为光荣之抗日英雄，图诸凌烟,馨香百世,先生果何故而不出此耶? 吾人敢以至诚,再一次地请求先生,当机立断,允许吾人之救国要求,化敌为友,共同抗日,则不特吾人之幸,实全国全民族唯一之出路也。今日之事,抗日降日,二者择一。徘徊歧途,将国为之毁,身为之奴,失通国之人心,遭千秋之辱骂。吾人诚不愿见天下后世之人聚而称曰,亡中国者非他人,蒋介石也,而愿天下后世之人,视先生为能及时改过救国救民之豪杰。语曰,过则勿惮改,又曰,放下屠刀,立地成佛。何去何从,愿先生熟察之。寇深祸亟,言重心危,立马陈词,伫候明教。

毛泽东　朱　德　张国焘　周恩来

王稼蔷　彭德怀　贺　龙　任弼时

林　彪　刘伯承　叶剑英　张云逸

徐向前　陈昌浩　徐海东　董振堂

罗炳辉　邵式平　郭洪涛

率中国人民红军同上

一九三六年十二月一日

（选自《毛泽东书信选集》,人民出版社,一九八三年）

16. 救中国人民的关键（陈绍禹）

几年来空前民族危机沉痛的经验,使中国人民一天一天地认清了:日寇不断对中国侵略的根源,与其说是由于日寇力量之强,还不如说是由于中国本身之弱。而中国之弱首先便表现在中国人民的各种力量之间的分裂和内争。由此应当得出的唯一结论便是:救中国人民的关键是将中国人民的所有力量团结成为反日民族统一战线,首先就是要使国内两个有决定意义的有组织的政治力量(即国民党和共产党)在抗日救国的共同纲领上实行合作。

只有统一的中国才能成为强有力的中国,而只有统一的和强有力的中国,才能真正做到驱逐日寇出境和取得民族独立。同时,也只有在对外御侮和对内民主的政策基础上,才能达到国内的完全和平与统一。

只有达到和平统一,才能实行抗日救国;同时,也只有为了抗日救国,才能达到和平统一。这已经是无可争辩的真理。每个真诚的中国人都应当认识和承认这一真理。

中国共产党的最大功绩,就在于它不仅能最先发现这个真理,而且能根据这个唯一正确的思想去重新审查其过去的政策,同时并规定出了自己的新政策——在国共合作基础上建立全中国人民各种力量的反日民族统一战线的政策。

但是,很可惜的,由于亲日派分子的妨碍和逼迫,国民党——从整个党的方面说——还未确定走上这个唯一正确的道路。

国民党三中全会对中国共产党中央提议底答复,再明显没有地证明了这一点。

从本年二月十五日至二十二日在南京开会的国民党三中全会,是专为解决由全国民意及西安事变所提出的建立反日民族统一战线问题而召集的。

中国共产党对西安事变和三中全会的立场,完全是根据其在国共合作基础上建立全中国人民各种力量的反日民族统一战线的真诚政策出发的。大家都晓得,中国共产党的这种立场,不仅受到中国广大民众的赞许和称扬,而且引起许多国民党员的同情和称赞。

在某种程度内,西安事变是由于南京政府企图进行进攻红军的新的大规模内战,但东北军和十七路军不愿意与抗日人民红军作战而愿意对日抗战所引起的。然而,虽然如此,中国共产党不仅未曾企图利用西安事变来满足其部分的暂时的利益;相反的,中国共产党本其真正革命的无产阶级政党的立场,认为全体人民和全民族的利益高于一切,坚决地出来反对一切内战,要求团结全民族力量去实行抗日救国。

中国共产党用尽一切力量去帮助国民党三中全会通过符合民意的决议、希望三中全会能够解决抗日救国及与之有密切关联的国内和平及国内统一的问题。中国共产党给三中全会的电报,便是提议两党合作的具体纲领。据二月十七日《字林西报》载消息:"中国共产党中央向国民党三中全会提议采取下列五项主张作为国策,即:(一)停止一切内战集中全力共御外侮;(二)言论、出版、集合、结社自由,释放政治犯;(三)召集各党各派各军参加之救国会议;(四)迅速完成武装抗日之一切准备工作;(五)改善民众生活。"同时,中国共产党宣称:"如果贵党三中全会能将上列各项定作国策,则本党为表示其一致御侮的诚意起见,自愿地对三中全会提出下列保证:(一)停止推翻国民党政府的武装斗争;(二)改苏维埃政府为中华民国特区政府,改红军为国民革命军,并愿意接受南京中央政府和军事委员会的指导;(三)在中华民国特区内实行彻底的民主制度;(四)停止没收地主土地;(五)坚决实行抗日救国的共同纲领。"由此可见,中共在其致国民党三中全会电报中,不仅提出了唯一能达到国内和平统一以便共御外侮的正确纲领,而且在本身方面作了许多最重要的政治让步。

中国共产党之所以这样做,首先是为的便利于建立抗日民族统一战线的伟大事业,同时也就给了汪精卫等亲日分子所高唱的"有两种不同的政府和军队,国共绝无合作的可能"的谰言以致命的打击。

在电报末尾上,中国共产党以极大诚意向国民党三中全会宣称:"当此民族危机的紧急关头,绝无犹豫的余地。本党为国忠诚,可昭天日,诸公公忠体国,当能采纳刍荛,以便御侮救国。吾等均为中华民族之儿女,为此民族危机千钧一发之时,均应抛弃过去一切成见,以便亲密团结,为中国人民解放的伟大事业而共同奋斗!"(本文所引中共电报文句,均系根据《字林西报》(*North China Daily News*) 所载文句译出)。

中国共产党这一电文不仅在国内引起了广泛的响应,而且在世界舆论中取得了极大的同情;不仅得到国内一切爱国分子的热烈拥护,而且受到国民党党员及其一部分最有威信的领袖的诚意欢迎。

中国人民及世界人士严重地注意国民党三中全会的工作。大家都热忱地希望国民党能转向执行抗日救国的正确政策。

然而国民党三中全会所通过的决议究竟如何呢?根据中国报纸发表的消息,三中全会公布了两个最重要的文件,即三中全会的《宣言》和所谓《根绝赤祸决议案》。

由于亲日与反日两种倾向的剧烈斗争的结果而通过的三中全会《宣言》。主要地包括两部分问题:第一部分讲的是对外政策,第二部分讲的是对内政策。

　　在第一部分对外政策中主要地包括有下列四点：

　　第一点的主要意思是：自去年国民党二中全会以来，南京政府所实行的外交政策方针是："决不容忍任何侵害领土主权之协定"。

　　什么地方可以表现出南京政府已经实行"决不容忍任何侵害领土主权之事实"的外交方针呢？从国民党二中全会到现在这一时期内，难道在我们东北四省领土内已经没有了所谓"满洲国"么？难道在我们的河北东部领土内已经没有了所谓殷汝耕的"冀东反共自治政府"么？难道在我们的冀察两省领土内，已经不存在了所谓"冀察政务委员会"么？难道在这一时期内，日寇已经放弃了侵略我内蒙领土和组织所谓"蒙古国"（或"大元帝国"）的企图和行动么？难道在这一时期内，日寇已经停止走私活动和放弃干涉我国外交内政的一切企图么？如果这些"侵害领土主权之事实"依然成为事实，那么，试问：什么东西可以表现南京政府"决不容忍任何侵害领土主权之事实"呢？

　　至于讲到"不签订任何侵害领土主权之协定"的问题，可惜得很，由于亲日派活动的结果，南京政府和国民党在这方面，也没有什么足以自豪的。退一步说，即作为南京政府从一九三六年七月以来没有签订任何侵害我国领土主权之协定，但这又有什么真实意义呢？——谁不晓得，我们的约五分之一的领土已经被日寇占领了五年以上，虽然南京政府到现在也还没有对这个问题签订正式协定呵！现在已经是国民党应当懂得这样一种浅显真理的时候了，即是当空前民族危机的紧急关头，空谈不签订公开承认和"合法"保障日寇在中国的抢得赃物的协定，绝不能满足中国人民的愿望。

　　第二点的主要意思是："此次全会对外方针，仍当继承不变，且努力以策其进行"。

　　南京政府在亲日派影响之下所采取的已定外交方针是什么呢？就是对日寇侵略的"不抵抗"政策，实质上就是等于帮助日寇侵略的政策。这种政策已经给了中国人民以何等危害，这已经是举世皆知的事实。然而国民党三中全会在汪精卫、张群等亲日派分子逼迫之下，竟在全中国和全世界人士面前公然宣布对这种亡国灭族的"外交方针"，仍当继承不变！

　　第三点专门说到中日关系时，更特别使人感觉到亲日派的影响。在讲到现在对日交涉问题时,三中全会宣言竟说:"假使和平之期望犹未完全断绝,吾人因愿确守平等互惠与互尊领土主权原则之下,求其初步之解决……"

当日本帝国主义不仅侵占我国五分之一的领土,而且疯狂地准备完全灭亡我国的时候,国民党的最高机关在亲日派逼迫之下,竟发表这类对日中关系的宣言!在中日关系的现在情况之下,所谓"平等互惠与互尊领土主权之原则下,求其初步之解决",这或者是亲日派的自欺欺人的说法,或者是亲日派承认已被日寇占领的疆域已非中国领土,在这两者之外,很难找到其他的解释。

第四点主要地说到中国对其他各国的关系。对这个问题,三中全会宣言说:"至于其他国际关系,自当循国际和平之路线,力谋友谊之增进……"

我们中国共产党员不仅热烈地拥护国际和平,而且欢迎与一切对中国人民表示好感的国家增进友谊。中国人民在其反对全副武装的强盗底艰苦历史斗争中,非常需要和珍惜其他人民和国家对我们的同情和赞助。正因为如此,所以我们经常地努力揭穿亲日派分子使我国孤立的阴谋。许多亲日派分子在"自力更生"、"绝不依靠外力"等等"漂亮"口号之下,实行"中国人民在反日斗争中不需要任何外国人民和国家帮助"的"巧妙"宣传,实际上这些亲日分子所实行的,正是他们的日本主人所需要的政策,因为日寇恰恰是努力使中国在国际上处于孤立无援的地位,以便日寇得以垄断地对中国为所欲为。当然,谁都晓得,中国人民的解放事业,应当由中国人民本身的统一的和有组织的力量来实行和完成,但是,既然东方(日本帝国主义)和西方(德意法西斯蒂)的世界大战的主要祸首,在其侵略和抢夺别国的恶罪行动中,还相互在外国去找取帮手并且签订了军事联盟,那么,为什么中国人民在其反对主要敌人——日寇的神圣的民族自卫斗争中,不能在那些在这个问题方面今天与中国有共同利益,因而愿意在这种或那种形式和程度内参加这个反对共同仇敌的共同斗争的国家和人民中,去寻找自己的同盟者呢?

由此可以显然看出,亲日派分子所喊的实际上使中国孤立的口号,是根据日寇的所谓"特务机关"的指令而提出的。

此外,在说到中国与其他国家的关系问题时,必须还要指明下列两点:

（一）国民党必须明白懂得，即使国民党和南京政府真正愿意实行对其他国家增进友谊和维持国际和平的政策，但日寇对中国的侵略和南京对日寇侵略的不抵抗政策，是与中国对其他各国增进友谊和维持国际和平的政策不能并容的。（二）只有当中国人民和中国政府本身真正开始严重的反对外国侵略和保卫本国权利的时候，其他国家和人民对中国的友谊和同情才能成为强大的力量。

三中全会宣言的第二部分所说的是对内政策问题。这一部分实际上说到下列三个重要问题：第一个是最重要而且最紧急的问题，即是关于国内和平和国内统一的问题，其中特别是关于国民党对共产党的关系问题。第二个是关于决定在今年十一月十二日召集国民大会的问题。第三个表面上是说的所谓"经济建设"问题，实际上除了一些对所谓"阶级斗争理论"的无聊攻击和对工农劳苦民众及共产党的造谣诬蔑的词句而外，没有提出任何真能解决中国社会问题及经济问题的方法。关于后两个问题，因为篇幅关系，在本文内我不愿多讲；对于这类重要问题，需要专门论文去讨论。不过对于召集国民大会问题，我愿意在此地指出一点，即是：如果国民党不根据民意去根本改变对内对外政策，如果国民党不根据中山先生在宪政时期须"还政于民"的遗教去根本改变国民大会的选举法和组织法以及宪法草案，使之真适合于民主的精神，那么，今年十一月要开的国民大会，一定像一九三一年已开的所谓国民会议一样，不能帮助中国人民和国家解决任何根本问题。

关于国内和平与统一问题，具体些说，关于国民党对共产党和红军关系问题，虽然三中全会宣言开始说："和平统一……为全国共守之信条"，但以后不仅将"和平统一"与"停止内战"两个机体关联的问题，强为分割，而且在说到对"共产分子"的关系时，更公开说："无论用任何方式，必以自力使赤祸根绝于中国。"

这是什么意思呢？难道三中全会责成国民党和南京政府在所谓"先安内"的口号之下继续进行反对抗日人民红军的内战吗？抗日人民红军的战斗力、纪律性和对人民事业的无限忠诚，不是已经不仅为中国人民所公认，而且已经为许多外国政府的机关报所承认吗？难道三中全会责成国民党和南京政府继续摧残中国共产党吗？共产党员为中国人民解放事业的英勇奋斗的精神和事迹,不已经是有目共睹的铁一般的事实吗？共产党的战士,甚至于一部分国民党的最有威信的领袖也不能不认为是"中国青年的精华"吗?! 共产党不恰恰是受我们中国人民死敌——日寇所疯狂地痛恨和打击的政党吗?! 国民党的这种政策不仅为中国整个历史和现实所否决,而且为全中国一切爱国志士和全世界所有优秀分子所抨击。仅就几十万军队发动的西安事变看来,难道不已经充分足够地证明南京内亲日派分子继续进行所谓"剿共"内战的企图,是如何不合实际和如何含有危险吗？现在谁还不明白,煽动国民党军队反对红军的内战,实际上就是等于实行日寇的"以华制华"和"不战而胜"的政策吗？日本侵略者的这种犯罪性的强盗政策的实质是非常明显的。这种政策决不像日寇及其走狗所说的一样,只是反对中国共产党和红军的政策;日寇这种政策是反对中国全体人民的政策——首先尤其是反对中国人民中的一切有组织的政治力量的政策,而在中国现在条件之下,毫无疑问地国民党恰是中国各种有组织的政治力量中的最大力量。日寇这种政策的具体运用主要地有下列各点：

一、尽力挑动国民党军队反对抗日人民红军的内战,以便不仅利用国民党及其军队作为摧残中国最先进的政党(共产党)和最有战斗力的军队(红军)底工具,而且同时使国民党及其军队的力量消耗和减弱;

二、尽力挑拨国民党内各派别以及国民党与非国民党各派别之间的冲突,如果有可能时,挑动他们互相之间军事行动;

三、用威吓利诱的方法取得国民党的一部分政治和军事的人员及军队,把他们变成在国民党内实行亲日政策的工具,以便他们不仅能用国民党的名义来实行有利于日寇侵略的政策,而且这样能使国民党在中国人民心目中丧失威信;

四、设法将老亲日派别中的分子(首先是安福系和政学系中的一部分分子),安插到国民党的各种行政的军事的以及党的重要机关中去,以便逐渐用其他派别的亲日分子代替真正的国民党人物,然后企图达到以这些分子来篡夺国民党的目的。

难道国民党员能够容忍亲日派分子把国民党拖上这种亡国灭党的道路上去吗？

除亲日派分子以外，绝大多数的国民党员和领导者，恐怕未必会同意在实际上实行日寇这种"以华制华"的政策吧！

然而从三中全会所通过的专门回答共产党中央提议的决议看来，亲日派分子对国民党三中全会工作及其所通过的文件，确有极大的影响。

三中全会本应当写明对共产党建立反日民族统一战线提议底回答，但他却写成为《根绝赤祸决议案》；三中全会本应当表示同意在抗日救国中共同斗争基础上与共产党合作，但他却写成为"共党输诚"。三中全会本应当回忆一九二五—二七年革命时国共合作所产生的中国的民族的光荣，本应当对国民党过去所实行的引起现在中国空前民族危机的分裂民族统一战线政策表示惋惜和实行自我批评，但他却不仅曲解了一九二五—二七年革命时一切尽人皆知的事实，不仅一笔抹杀了共产党在一九二五—二七年革命中的为国为民的伟大勋劳（最显著的："五卅"运动，省港罢工，成立黄埔军校和培养军官，平定刘杨，收复东江，北伐，上海工人三次起义响应北伐军等等事变中的共产党的伟大作用），不仅丝毫不批评国民党过去分裂民族统一战线政策的错误和恶果，而且对英勇的中国共产党的过去和现在尽量谩骂和造谣诬蔑。三中全会本应当诚恳地承认国民党最近十年来内外政策的错误和"攘外必先安内"政策的危害，但全会却重复了著名亲日政客汪精卫所常说的对共产党和红军的无耻造谣。当中国民族危机的紧急关头，国民党三中全会本应当效法共产党的光荣先例，对建立民族统一战线问题表示赞成态度，以证明中国人民都有对内和平统一以便共御外侮的准备，但三中全会所通过的决议，却又一次地表明一部分国民党领导者为日寇利益居然反对本国人民力量的团结。

试把这两种文件——中国共产党中央对国民党三中全会的提议和国民党三中全会对共产党中央提议的答复——比较一下，便立刻可以看出它们之间存在着极大的差别。一个文件——中国共产党中央对国民党三中全会的提议，对中国的严重情形表示出正确的了解，对自己的政策充满着高度的原则性，对自己的人民和祖国流露着真诚的热爱，对自己民族的命运感觉到严重的责任,对自己的同盟者——国民党——表示出应有的尊重和信心,对团结全中国力量以建立抗日民族统一战线的事业表现着极度的真诚。另一个文件——国民党三中全会对共产党提议的答复,这个文件表示出政治的近视,表示出把一小群大地主和大资本家的私利看成高于一切,而同时却不顾和牺牲着中国人民的根本利益,表示出对国家和人民的命运不感觉到责任,表示出对伟大的共产主义思想抱着盲目的仇视,表示出不使中国达到内部和平统一以便实行民族自卫的企图。

然而可以完全坚信的说,无论中国人民,无论中国人民的朋友,无论历史,都不会赞成那种人,那些人惯于对敌寇委曲求全而同时对自己人民的切身利益却漠不关心;而一切好感都将属于这种人,这些人不顾政见不同而认为民族利益高于一切,尽力团结本国人民去反对外国的敌寇。

国民党三中全会在亲日派分子逼迫之下所通过的文件,不仅使对三中全会抱无限希望的中国人民表示失望,而且在对中国人民解放斗争有极大意义的国际舆论方面,引起了不良的印象。此外,这些文件不仅引起国民党内部极大的紊乱,它们同时甚至引起反对日本军阀侵略冒险政策和同情中国人民民族解放斗争的日本广大群众的无限的惊异! 这是非常使人惋惜的事。

有些人说,三中全会文件之所以带有这种性质,只不过是为的"对某国外交上的敷衍"。对的,在中国现在非常复杂环境之下,对于暴敌应当采取灵活的政策。然而第一,绝不能把国家根本政策方针去服从暂时性的外交手腕。第二,从中国对其他国家的外交关系方面说,在国家内部统一方面作下每一个正确的和严重的步骤,要比对侵略者让步和屈服,能发生千百倍的好影响。关于这一点,最明显不过的,莫若日本外交人员最近对我国之言论,由于我国国共及其他团体合作抗日救国之趋向日益开展,于是连日本外相佐藤也不能不开始说出"必须改变广田对华外交政策和承认华方要求在双方平等地位上进行中日谈判为正当"等一套话了。

然而,虽然国民党三中全会工作令人感觉到极大的缺陷,但同时必须指出,三中全会在有些方面与国共分裂后所开的国民党的一切中央全会和全国代表大会不相同。在三中全会工作中,也有好的方面。三中全会工作之好的方面,不仅表现在,不顾亲日派分子的一切阴谋和威胁,上海、北平、东北等各地社会团体所提的对外抗日和对内民主的建议,能达到三中全会的议席;也不仅表现在,东北军、十七路军及其他等军队公开向三中全会建议建立国共及各党各派合作以便共御外侮;同样,三中全会工作之好的方面,也不仅表现在国民党分共后第一次的现象———一部分中山先生的最好信徒和国民党的著名领袖宋庆龄、何香凝、冯玉祥、张人杰、李煜瀛、孙科、鹿钟麟、石瑛、张知本、石敬亭、李烈钧、朱霁青、梁寒操、经亨颐诸先生公开向全会提议恢复中山先生手订的联俄、联共、拥护工农运动的三大政策,而三中全会竟通过了实际上赞成国共合作可能的意见,虽然是说这种合作须有下列四个条件:(一)取消红军;(二)取消苏维埃政府;(三)停止赤化宣传和相信三民主义;(四)停止阶级斗争。

这四个条件的具体内容究竟是什么呢? 对于这个问题,一方面有共产党员和国民党中的忠诚爱国志士的意见,另方面有亲日派分子的及中山主义叛徒的意见。在这两种意见之中,显然存在着原则的分别:亲日派分子把前两个条件解释成"肉体上消灭红军"(或至少是所谓"用撤销红军中一切军官和政治工作人员的办法来改红军")以及强力摧毁或解散苏维埃一切组织;但是,共产党和国民党中的爱国志士对这两个条件的了解,却与此完全不同。对于红军问题,共产党员和国民党员中的爱国志士的了解是:改红军为国民革命军,但仍保存红军原有的军官成分和政治工作人员,红军加进全中国统一的国民革命军,这种军队在反对外敌的共同斗争中,为执行总的军事计划,应当服从统一的军事指挥。由此可见,这不仅仅是改变红军的名称,而且相当地改变红军的性质:即将红军改变为抗日民族统一战线的全中国统一的军队的一个组成部分和其最有战斗力的一支队伍。关于苏维埃问题,共产党员和优秀的国民党员的了解是:变苏维埃政权为一般的民主的政权,而且这个政权将其活动同意于全中国统一的中央政府。由此可见,这也不仅是苏维埃政府改为中华民国特区政府的名称,而且真正改变了苏维埃政权的性质,共产党和优秀的国民党员对这两个条件的了解是唯一正确的了解,是唯一在实际上能做到的办法。共产党员在政策中的让步,是有一定限度的、一超过这一限度,便只是对于中国人民的解放斗争有害。因此,不仅共产党员没有权利作超过这个限度的让步,而且国民党的真正爱国志士也无权向共产党提出超过这种限度的要求。如果三中全会所提出的合作四条件中的前两条件的具体内容,像我们共产党员这种了解的一样,那么,在基本上,中国共产党在各种文件上已经再三地表示过这类意见,而且其致国民党三中全会的电报中更将这类意见完全明白和清楚地提出了。

关于第三个条件,很明显地,亲日派和中山主义叛徒分子们,一定又要将戴季陶在一九二五年革命时杜撰的所谓"共信不立、互信不生"的旧"理论"搬出来。这种毫无根据的"理论"早已被全中国和全世界的实际生活和历史事实所推翻。这个"理论"根本与中山先生的学说和行动的精神不相容。亲日派分子利用这个"理论"的目的,就是企图将三中全会提出的国共合作的第三个条件解释成共产党员须负责放弃其共产主义的信仰。但是,共产党员和真正中山信徒对这个问题的了解,却完全与此不同。他们知道,在所谓"赤化宣传"这种笼统词句之下,喜欢造谣生事之徒,可以信口雌黄。谁不知道:在一九二五——二七年革命时期,帝国主义者和北洋系及安福系军阀,不仅把共产党员、而且把国民党员也都叫作"赤匪"吗?不仅把共产党的宣传、而且把国民党的宣传、也都叫作"赤化宣传"吗?而现在,谁不知道:日本军阀及其走狗们,不仅把共产党、而且把一切爱国志士都叫作"赤化分子"呢?不仅把苏维埃运动、而且把东北和全中国的抗日救国运动、都叫作"赤化运动"呢?然而,在另一方面,共产党员和忠诚的国民党员却希望利用这个机会,在全中国人民面前,清楚明白地说明共产主义与三民主义相互之间关系的问题。虽然,在共产主义与三民主义之间存在着原则的分歧,但共产党员既是马克思列宁主义天才学说的信徒,既是本国人民和世界人类的一切伟大过去遗产的接受者和继承者,因此,共产党员任何时候从未把三民主义看作是国共在为反对共同敌人而建立合作的不可克服的障碍。尤其是现在,当民族危机紧迫和大敌当前的千钧一发的关头,相反的,共产党员认为:中山先生的三个主要思想——民族主义、民权主义、民生主义——今天恰恰便利于国共合作的事业;因为共产党员和中山先生忠实信徒在中国现在条件之下,都应为中国人民的民族独立、民主自由和民生幸福而奋斗。优秀的国民党员——中山先生的忠实信徒们坚决记得自己伟大领袖的指示："对于共产主义不但不能说与民生主义相冲突,相反的,共产主义并且是一个好朋友"。他们——中山先生的忠实信徒们坚决记得他们的伟大领袖在其为中国自由平等而致力国民革命的四十年中,经常地与各党各派联合去进行反对共同仇敌的斗争,尤其特别重视和宝贵与共产党的合作。

最后,至于讲到阶级斗争问题,大家都晓得,并不是共产党"产生出"阶级斗争,相反的,而是在现代社会中的阶级斗争"产生出"共产党。但是,三中全会提出这个所谓"停止阶级斗争"的条件,以及在《宣言》上尽量反对所谓阶级斗争的理论,主要地有一个政治目的——就是企图诬指共产党人"于民族之间煽动阶级斗争,对外则适足以冲消民族整个之力量,而陷国家于灭亡,对内则适足以引起各生产分子间之混战,阻止生产建设之进展"(见三中全会《宣言》),或者"以一阶级利益为本位,其方法将整个社会分成种种对立之阶级,而使之相杀相仇"(见所谓《根绝赤祸决议案》)。三中全会对这个问题的如此说法,其目的就是企图将中国内部不能和平与统一以致不能团结全力共御外侮的罪过,诿之于共产党身上;然而,这种企图未必能得到什么效果吧!谁不知道,恰是共产党员在空前民族危机关头最先高举起号召全民团结共御外侮的旗帜呢?谁不知道,中国共产党所提出的建立反日民族统一战线政策的实质,恰就是团结中国社会中一切阶层的力量去反对共同的外敌呢?谁不知道,当"九一八"事变开始时,中国共产党便提出"以武装人民驱逐日寇出中国"的口号呢?谁不知道,当"一·二八"上海防卫战争时,中国共产党曾尽力赞助英勇抗日的十九路军呢?谁不知道,还在一九三三年春季,中国红军在共产党领导之下,便提议国民党军队停止内战以便一致抗日呢?谁不知道,最近几年来,中国红军在共产党领导之下,不仅再三宣布,而且实际上实行停止对国民党军队的攻击,而只有在被攻击时才实行自卫行动呢?谁不知道,在东北,正是在中国共产党中央的领导和中国共产党员杨靖宇、赵尚志等的努力之下,才成立了包括各党各派各阶层的抗日联军的各军队伍呢?最后,谁不知道,正是为的团结和加强中国民族力量起见,中国共产党才最先和最坚决地起来要求停止一切内争,才公开地宣布停止反对国民党政权底武装斗争呢? 谁不知道,正是为的便利于今天团结一切力量实行抗日救国的事业,中国共产党才自动地宣布了愿意停止没收地主土地的政策等等呢?

说中国共产党员故章把中国社会"分成种种对立之阶级,而使之相杀相仇",以致"对外……冲消民族整个之力量","对内……引起各生产分子间之混战",或者说共产党员对中国内部不能和平统一,以致不能团结国力共御外侮一层应负责任等等,这都是完全不正确和无根据的。

因此,三中全会所提的四个条件——如果正确地了解它们的话——并不能成为国共合作的不可克服的障碍。因此,各外国报纸传来的消息说,国共两党在三中全会所提条件及共产党中央所提建议基础上继续进行谈判,大概是合乎事实的。然而无论如何,国共及各党派在对外抵御日寇侵略和对内实行民主改革及改善人民生活共同纲领上建立合作的事业,必能不顾一切障碍而根据中国人民的意志日益向前推进。中国正处在历史转变的关头!

南京政府恢复反对抗日人民红军的军事行动的危险,是否完全已经过去了呢? 中国的情形是否已经完全确定有利于很快地建成反日民族统一战线呢? 可惜得很,暂时还没有! 亲日派分子在国民党和南京政府内的影响还很强,国民党内的情形,由于亲日与抗日倾向严重斗争,也还极矛盾。这不仅可以从三中全会的文件中看出来,而且可以从三中全会后南京政府的实际行动中看出来。撤销张群等外交部的职位代之以王宠惠,严重抗议意大利法西斯匪徒对上海中国的大戏院的强盗行为,特别是实际上停止了南京军队在陕北和甘东反对红军主力的军事行动,继续与共产党代表进行建立反日民族统一战线的谈判——所有这一切事实,在这种或那种程度内,足以说明国民党政策向好的方面的转向。但是,同时,不仅不执行原来从甘陕撤退中央军的成议,而且将四十师以上的南京军在西北一切战略要地集中;马步芳军队继续对甘陕红军部队实行凶残的进攻和南京政府不采取严重有效办法去制止马步芳的军事行动;不仅不执行允许东北军仍驻陕甘原防的成议,而且将他们调赴豫皖一带去实行所谓"改编"或"训练";直到现在还不仅未恢复张学良的军政要职,而且未恢复张学良的真正身体自由;反日民族英雄和反日民族统一战线的热烈拥护者和倡导者——王以哲将军及其同事等,在西安被奸细挑拨阴谋所杀害;直到现在,全国救国联合会七领袖仍羁押狱中,全国政治犯仍不愿释放;最后,特别重要的是,有意拖延与共产党谈判的时间,并且向红军和共产党提出一些过于苛刻的条件——所有这一切事实,都说明亲日派分子仍顽强地推动国民党实行违反民意的政策。

在今天,用一切力量去帮助中国共产党和国民党及南京政府中的反日政治军事力量反对亲日派分子的阴谋和挑衅底斗争,是每个中国人的光荣义务和天然责任。

为了完全解除亲日派分子的武装和使之不能为害于中国人民的解放事业,就必须揭穿这些分子从日寇的"思想武库"中所搬运来的反对在中国建立反日民族统一战线的各种谬说。

亲日派分子装腔作势地说:"我们赞成的是民族阵线,我们反对的只是共产党提出的人民阵线的口号。"大家都晓得,亲日派分子的这种说法是没有丝毫根据的;因为中国共产党清楚明白提出的,正是建立反日民族统一战线。反日民族统一战线当然与人民战线有分别:人民战线主要地是劳动者的阵线,它首先反对的是人民的内部敌人;而民族战线不仅比人民阵线的社会成分要广泛得多,而且它的锋芒是用来反对外国的敌寇及其走狗。亲日派分子用一般的民族阵线的空谈,来代替在实际上建立反日民族统一战线的事业。关于这一点,最明显莫过于他们到处空谈民族阵线的词句,而实际上却从不说为什么和反对什么人要建立民族阵线。

亲日派分子武断地说:"共产党的建立反日民族统一战线的口号,只是推翻国民党和政府的烟幕弹。"很明显的,这种说法是完全捏造的。谁不知道,共产党不仅在其致国民党三中全会的电报中,公开宣布"停止反对国民党政权的武装斗争",而且在很久以前,在许多文件和行动中,中国共产党均说明和证实其这种思想了。举两个最重要的文件为例来说:在一九二五年八月一日《为抗日救国告全体同胞书》中,中国共产党更明白地表示出各党派应该有"兄弟阋墙、外御其侮"的主要思想。此后,在一九三六年八月二十五日《致国民党中央执行委员会及全体党员信》上,中国共产党更加清楚明白地证实和向前发挥了国共应该抛弃前嫌以便合作抗日救国的思想。在《八一宣言》中,中国共产党不仅提出了各党各派各阶层各军队共同建立反日民族统一战线的政策,而且提出了组织全中国统一的国防政府和全中国统一的抗日联军的口号;在八月二十五日的信中,中国共产党不仅具体地说明了各党派各军队建立国防政府和抗日联军口号的内容和意义,不仅诚恳地要求在国共合作基础上建立全中国各党派各团体的反日民族统一战线,也不仅公开地宣布赞成建立全中国统一的民主共和国,以及赞成召集由普选权选出的全中国的国会,而且宣布了准备使中国苏维埃区域成为民主共和国的组成部分,从苏区选派代表参加全中国国会的工作,并在苏区内实行与全中国一样的民主制度等等。从中国政治情形的观点看来,中共《八一宣言》和八月二十五的信所说问题的主要意义是什么? 其主要意义是:

第一,如果以前问题是这样:或者国民党、或者共产党;但现在这个问题却应当另外提法:不是国共两党斗争,而是国共两党组织合作去进行反对日寇的共同斗争;

第二,如果以前问题是这样:或者红军,或者南京军;现在这个问题却应当另外提法:不是红军与其他中国军队之间的内战,而是组织包括红军及中国一切军队的全中国统一的国家军队去进行反对日寇的武装斗争;

第三,如果以前问题是这样:或者国民党政权,或者苏维埃政权;现在这个问题却应当另外提法:不是国民党政权与苏维埃政权之间的战斗,而是在民主共和国基础上将中国各种形式的现存政权合拼起来成立全中国的统一政府,以便统一国力和加强国防。

中国的工人、农民以一切进步的革命分子们,既由其先锋队——共产党作代表,已经公开宣布在大敌当前的局面下,在现在阶段上准备放弃为中国苏维埃化的斗争,那么中国的有产阶级现在也就应当将其个别的利益服从整个人民的利益,应当对中国绝大多数人民做出相当的政治上和经济上的让步。

中国共产党和红军对西安事变的立场,中共中央对国民党三中全会的提议,都不过是中共对其新政策的逐步具体化和彻底实行而已。中共新政策便是在国共及其他组织的政治军事合作基础上建立抗日救国的民族统一战线的政策。

同意改红军为国民革命军,改苏维埃为一般的民主机关,停止没收地主土地等等,中国共产党是根据中国的实际情形估计而作的,即是中国共产党看清了日本军阀及其走狗在中国的活动日益积极化和中国有完全被日寇殖民地化的这种事实,因而坚决适当地改变自己的政策。中国共产党清楚知道,如果它也像国民党一样,坚持着不肯先对自己的同盟者做必要的事实上的让步,那么,国共为中国民族独立而建立合作是终于不可能的。不管亲日派分子任何阴谋诡计,中国共产党采取一切具体办法,以便在国共合作基础上加速建立全中国统一的政府和全国统一的军队。中共相信:中国共产党的这些具体办法,同时必不可免地也要影响到国民党逐渐转向建立反日民族统一战线方面来。

由此可见,亲日派分子所谓共产党利用反日民族统一战线口号作为推翻国民党政权烟幕的胡说,简直与国民党中有些人把共产党建立反日民族统一战线的建议说成"共产党向国民党输诚"或者"根绝赤化"等一样的无稽。

反日民族统一战线的真正实质,是国共及其他组织之间的政治协定而同时保存一切参加党派和组织的完全政治上和组织上的独立性。关于这一点,国民党中的这部分人是否已经到应该懂得的时候了呢?国共在反日共同斗争中的合作不仅不应当有一个党压迫另一个党或者一个党对另一个党投降的事实,而且应当有双方互相信任互相尊重的精神。关于这一点,国民党中的这部分人是否已经到应该明白的时候了呢?现在是否已经到国民党的正式刊物和通讯社等应当停止对共产党的诬蔑谩骂的时候了呢?这种时候,老早已经到了!

亲日派分子武断地说:"共产党与国民党合作,不过是共产党一时的手腕,在这种合作建立以后,或者更具体些说,在反日斗争的终结甚至过程中,共产党一定很快掉转枪头去反对国民党。"我们中国共产党对于这种说法的回答是:第一,驱逐日本帝国主义出中国和为中国人民的民族独立的斗争,一般地讲来,绝不是一件很容易和短时间的事情;第二,中国共产党不仅希望与国民党在反日斗争的期间合作，而且准备着与一切优秀的国民党员——中山先生的忠实信徒一起，为伟大中国人民的完全独立的、自由的和幸福的将来而奋斗。

有些人无耻造谣说："建立反日民族统一战线的政策，不仅是为的中国人民的利益，而是为的苏联的利益。"这简直是胡说！日寇占领了我国的东北四省，侵入了我们的冀察和绥远，准备着并吞全中国，时常都是放的一种烟幕弹，即将他们的所谓对华行动都说成是"为的准备进攻苏联"，而"不是对华侵略"。而卖国贼和民族叛徒们却恰巧无耻地在"不为苏联利益"的借口之下来反对建立中国人民的反日民族统一战线。讲这种话的人，外表上虽然是中国人的面孔，而骨子里是日寇的忠实走狗。说这种话的人，正如已故的伟大的中国文学家鲁迅先生所说的最下作无耻的日寇走狗的托洛茨基匪徒一样，其行为"有背于现在中国人为人的道德！"

中国共产党执行建立反日民族统一战线的政策，是为的中国人民的利益，为的中国人民的解放和中国人民幸福的利益。至于讲到苏联，大家都晓得，它有足够的自卫力量，它能打退任何外国的任何进攻，它能抵御日本侵略者的进犯。然而退一步讲，即作为中国建立反日民族统一战线的事业同时也合于苏联的利益，这又有什么坏处呢？对于这一点，中国人民又有什么本可赔呢？如果说这一点只是与中国人民的反日民族解放的斗争有利，岂不更正确些吗？应当懂得，中国人民反对日本法西斯军阀的民族解放的斗争，同时即是反对世界大战的祸首，反对德意法西斯同盟军，反对殖民地民众的刽子手和反对日本人民的死敌底斗争；因此，它不仅同时合乎日本、高丽、台湾等人民的利益，也不仅同时合乎太平洋沿岸各国人民的利益——中国人民反对日本帝国主义的事业，同时是一切中国人民之友的事业，是全体先进人类的事业。

可以完全有把握地说，亲日派政客们用尽任何"思想上"的和实际上的武器都无济于事的。不仅绝大多数的中国人民，而且绝大多数的国民党员、一定日益积极地起来赞成在国共合作基础上建立全中国人民的反日民族统一战线。这种局势应当推动国民党中一切有远见的和有威望的政治的和军事的活动家们——连蒋介石先生在内,快些与那些使中国走上自杀道路的亲日派分子们绝缘。

中国的前途应当如此。因为在国共合作基础上建立反日民族统一战线,是救中国人民的唯一办法和关键。

（原载一九三七年四月十五日巴黎《救国时报》）

17. 张闻天、毛泽东关于征求国共两党抗日救国协定草案的意见致朱德、张国焘等电

朱、张、徐、陈、任、贺、关、刘、彭①九同志:

国共两党抗日救国草案电达,请你们提出意见。此草案是我方起草,准备恩来带往谈判。彼方所能容纳之最后限制尚不详知。

一、中国国民党中央执行委员会中国共产党中央委员会,鉴于日本帝国主义者对于中国侵略之有加无已,危害中国领土主权之保全与民族之生存,一致认为惟有两党合作并唤起民众,联合全国各党、各派、各界,联合世界上以平等待我之民族与国家,实行对日武装抗战方能达到驱逐日本帝国主义,保卫与恢复中国领土主权,争取国家独立与民族生存之目的。因此,双方派遣全权代表举行谈判,订立此抗日救国协定。

二、双方共同承认互矢最大之诚信与决心,一致努力于下列之伟大的政治任务:

（甲）实行对日武装抗战保卫与恢复全中国之领土与主权;

（乙）实现全国各党、各派、各界、各军之抗日救国联合战线;

（丙）实现依据民主纲领而建立的中华民主共和国。

三、为力求以上政治任务之完成起见,双方同意实行下列各项必要的步骤与方法:

（甲）从本协定签字之日起,双方立即停止军事敌对行为。

（乙）中国国民党方面承认经过国民政府军事委员会下令停止进攻红军

---

①指朱德、张国焘、徐向前、陈昌浩、任弼时、贺龙、关向应、刘伯承、彭德怀。——原注

与侵犯苏区,取消经济封锁,并承认经过单独协商一方面调动进攻红军之部队离开现在区域开赴抗日战线,一方面划定红军必须的与适宜的根据地,给必需的军械、军服、军费、粮食与一切军用品供给兵员的补充,以便红军安心进行对日抗战。中国共产党方面承认经过苏维埃政府革命军事委员会下令红军不向国民党部队攻击,承认在抗日作战时在不变更共产党人员在红军中的组织与领导之条件下,全国军队包括红军在内实行统一的指挥与统一的编制,红军担负一定之防线与战线。

（丙）中国国民党方面承认改革现行政治制度,撤废一切限制民主权利之法令,允许人们言论、出版、集会、结社等自由,惩办汉奸与亲日分子,释放政治犯,释放已被逮捕之共产党员,并承认以后不再破坏共产党之组织与不再逮捕共产党之人员。中国共产党方面承认停止以武力推翻国民党政权之言论与行动,承认在全国建立民主共和国与召集根据普选权选举的全国国会时苏维埃区域选举代表参加此国会,苏区实行与全中国一样的民主制度。

（丁）中国国民党与中国共产党共同承认,在全中国民主国会未召集与民主政府未建立之前为着实行真正的对日武装抗战,有召集基于全国各党、各派、各界、各军选举的抗日救国代表大会或国防会议之必要,此种抗日救国代表大会或国防会议有决定一切抗日救国方针与方案之权。

（戊）中国国民党与中国共产党共同承认,为着实行真正的对日武装抗战,有迅速建立统一全国的军事指挥机关（军事委员会与总司令部）,及由此机关采取真正对日抗战的一切实际军事步骤之必要。中国国民党承认,红军军事委员会及总司令部有选派代表参加全国的军事委员会与总司令部之必要,并保证该代表等顺利进行其工作。中国共产党承认,中国国民党人员在此种机关中占主要领导的地位。

（己）中国国民党与中国共产党共同承认,为着实行真正的对日武装抗战,有与苏联订立互相协定之必要,同时对日本以外之其他国家在不丧失领土主权的条件下,应保持友谊并取得其帮助。

四、双方共同承认为完善的执行本协定起见,两党中央各派出同数之代表组织混合委员会,作为经常接洽与讨论之机关。

五、双方互相承认两党应忠实的执行本协定所规定之一切原则与事项，但同时双方均保持其政治上与组织上之独立性。

六、在本协定的原则下，双方得订立关于许多个别问题之协定。

七、本协定在双方代表签字互换后发生效力。

八、本协定之修改须得双方之同意。

张闻天　毛泽东

一九三六年十月十一日

（选自《中国共产党历史资料丛书·第二次国共合作的形成》，

中共党史资料出版社，一九八九年）

四、西安事变和平解决，国民党被迫停止"剿共"

1. 陈诚关于张学良不愿"剿匪"，只愿抗日给蒋委员长电

即到。黄埔委员长蒋：钵密。汉卿特电冯庸赴西安，顷冯回汉报告汉卿嘱其代达于职者如下：东北军自南来豫鄂西开陕甘"剿匪"以来，损失甚重，迄未得到中央补充。余（汉卿）每次晋谒委座时则蒙概允接济补充，迨回防后除电令申斥外，毫无补充之事实，故将校士兵均感苦无战功，将来势必由损失而渐消灭，不能不抱抗日求生之心。近曾亲赴前方视察，遍询官兵，深感不抗日无以维军心，且将酿成巨变。故余殊觉痛心，决意统帅所部，抗日图存，此种苦衷，不求人谅，成败利钝，所不计也。如其"剿匪"损失，不如抗日覆没，外传种种，不能动摇我心。况余自赞助统一后，无一事不服从领袖，无一事不效忠委座。深仇不能报，奇耻不能雪，年复一年，隐痛日深，今之出此，不得已也。请将余之苦衷，代达辞修兄为盼等语。职意汉卿此举，比两广之抗日，尤为严重。钧座如认为抗日时机已至，则明白领导之。如认为尚非其时，则须力阻之，决不可听之而处于被动，使整个国家陷于万劫不复也。职陈诚皓亥汉印。

（一九三六年九月二十日）

（选自台湾《中华民国重要史料初编》第五编）

2. 日记二则（蒋介石）

1）一九三六年九月二十日

东北军之隐患，所谓："联共抗日，自由行动"之企图，乃因桂事和平解决而消乎？如果对桂用兵，则不测之变，不知伊于胡底？天翼（熊式辉）等主张彻底讨桂者，实不如己之弱点也。盖"共匪"利用其"抗日统一战线"之策略，一方面拉拢、煽惑所谓"中立分子"，一方面对军队进行策反工作。而东北军于"九一八"事变后，因故乡沦陷，被迫退入关内，一般官兵怀乡与抗日之情绪，尤为强烈。"共匪"乃把握此种心理上之弱点，以"中国人不打中国人"，"一致抗日"等口号，加以煽动分化，遂使东北军对于"剿匪"任务丧失战志。

2）一九三六年十一月二十八日

张学良要求带兵抗日，而不愿"剿共"，此其作事无最后五分钟之坚定力也。亦即其不知作事应有段落，俟告一段落，始可换另一段落，彼于事之始终本末与节次之理，何其茫然耶。

（选自台湾《总统蒋公大事长编初稿》卷三）

3. 蒋介石致张学良电

节略：王以哲军以后目标，改为山城堡，洪德城，不必先占环县。但望严令王以哲军于二十五日以前占领山城堡，使胡宗南军仍照预定计划向盐池安心进展。（一九三六年十一月二十三日）

（选自台湾《中华民国重要史料初编》第五编）

4. 张学良再陈抗日主张致蒋委员长电

〈前略〉居今日而欲救亡图存，复兴民族，良以为除抗日外，别无他途。比来寇入益深，华北半壁河山，几全沦陷，而多数民众咸感忍无可忍，抗日声浪，渐次弥漫于全国，中枢有领导民众之责，似应利用时机，把握现时，坚民众之信仰,而谋抗敌之实现。否则民气不伸,骚动终恐难免。彼时中枢或反处于被动地位,其失策孰甚！良年来拥护统一,服从领袖,人纵有所不谅,我亦矢志不渝,因为分所当然,情不自已。亦以探仇未复,隐痛日甚,愧对逝者,愧对国人,所日夜隐忍希冀者,惟在举国一致之抗日耳！至此间东北青年暨官佐,尤多富于抗日情绪。赤匪投机,更往往以抗日口号肆其谣惑。良为领导部下铲除共逆计,尤不能不以明示抗日为镇压分歧统一意志之策略。区区苦衷,谅蒙垂察。总之,就各方言,欲救亡必须抗日,欲抗日必须全国力量之集中。良此时在钧座指挥下尽"剿匪"之职责,尤愿早日在钧座领导下为抗日牺牲。惟冀钧座于国防会议内确定整个计划,实行抗日,良决负弩前驱,惟命是从。张学良叩,养戌机印。(一九三六年九月二十三日)

(选自台湾《中华民国重要史料初编》第五编)

5. 对时局宣言(张学良　杨虎城)

自敌伪进攻绥远以来,举国人民救亡情绪异常热烈。西北地处边陲,已成国防之第一线,军队及民众抗敌意志尤为坚决,然蒋委员长认为对内必先"剿赤",督率大军,北上陕甘,誓必将赤匪"剿"尽,方能对外。蒋委员长此种主张与民意完全相左,全国军民一致反对内战、对日抗战,数月来即请求蒋委员长将全国武力北上援绥,接受民意。奈我蒋公始终不以民意为重,反而加强"剿匪"工作,酿成内战惨祸。全国军民目睹国势阽危,千钧一发,实不容任何自削国力之举动。吁请万遍,而蒋委员长仍不听谏,西北军民忍无可忍,乘蒋委员长西来之便,请其暂留西安小住,与各将领重新讨论救国大计,共挽危亡。蒋委员长如能接受民章,立刻停止内战,对日抗争,全国军民当仍竭诚拥护蒋公,并在蒋委员长领导之下进行一切救国工作也。至于蒋委员长安全问题,西北军民负完全保障,望全国各界勿庸悬念可也。兹将张副司令及杨主任对时局宣言,披露于后,冀期全国军民得以明瞭事实经过:

南京中央执行委员会,国民政府林主席钧鉴,暨各院部会勋鉴,各绥靖主任、各总司令、各主席、各救国联合会、各机关、各法团、各报馆、各学校钧鉴:

东北沦亡,时逾五载,国权凌夷,疆土日蹙,淞沪协定屈辱于前,塘沽、何梅协定继之于后,凡属国人,无不痛心。近来国际情势豹变,相互勾结,以我国家民族为牺牲,绥东战起,群情鼎沸,士气激昂,丁此时机,我中枢领袖应如何激励军民,发动全国之整个抗战。乃前方之守土将士,浴血杀敌,后方之外交当局,仍立谋妥协。自上海爱国冤狱爆发,世界震惊,举国痛愤。爱国获罪,令人发指。蒋委员长介公受群小包围,弃绝民众,误国咎深。学良等涕泣近谏,屡遭重斥。昨日西安学生举行救国运动,竟嗾使警察,枪杀爱国幼童,稍具人心,孰忍出此。学良等多年袍泽,不忍坐视。因对介公为最后之诤谏,保其安全,促其反省。西北军民一致主张如下:

一、改组南京政府容纳各党各派,共同负责救国;

二、停止一切内战;

三、立即释放上海被捕之爱国领袖;

四、释放全国一切政治犯;

五、开放民众爱国运动;

六、保障人民集会结社一切政治自由;

七、确实遵行总理遗嘱;

八、立即召开救国会议。

以上八项,为我等及西北军民一致之救国主张。望诸公俯顺舆情,开诚采纳,为国家开将来一线之生机,涤已往误国之愆尤。大义当前,不容反顾,只求于救亡主张贯彻,有济于国,为功为罪;一听国人之处置。临电不胜迫切待命之至。

张学良、杨虎城、朱绍良、马占山、于学忠、陈诚、邵力子、蒋鼎义、陈调元、卫立煌、钱大钧、何柱国、冯钦哉、孙蔚如、陈继承、王以哲、万耀煌、董英斌、缪澄流叩文。

（原载一九三六年十二月十三日西安《解放日报》）

6. 向全国民众的广播讲话(张学良)

张副司令以全国各方对此间真象,仍多未判明,特于昨日(十六日)晚九时,派秘书长吴家象广播。兹将广播原词录后。

各位听众,各界同胞们:

现在南京方面还是封锁我们的消息,以致各方对此间真象,仍多未能判明,现在我们再把此间的情形和我们的主张,检要紧提出几点,用广播报告全国各界同胞们。我们请蒋委员长留在西安,决不是因为我们反对蒋委员长个人,而是反对蒋委员长的主张和办法,反对他的主张和办法,请他反省,请他改变以往的错误,免得他走入自误误国的路上去。这正是爱护他,真正的爱护他,君子爱人以德,细人爱人以姑息。我们不敢说是君子,但是我们决不作蒋委员长的细人。因为我们的动机,是因爱护国家而爱护蒋委员长。当然,我们绝对不能稍加危害,我们还想将来照旧拥护他;现在我们再绝对的负责声明一次:蒋委员长现在是绝对安全,精神起居饮食,也均如常。关于蒋委员长还有一点可以报告众位的:就是他最近的表示,对于"先安内而后攘外"的主张,已不像从前那样坚持,已经允许我们和他商谈抗日的问题,已经认为有几件关于抗日的事,可以照办了。我们对他确还是十分恭敬的。

在我们公布的八项政治主张上,有容纳各党各派共同负责救国,和停止内战两项,根据这两项主张,当然我们是要容共的。但各界同胞要切实明瞭,容共是为抗日,决非赤化。各位试想想,我们能承认我国十五六年北伐的时候是赤化吗?而且事实胜于雄辩,凡是疑惑我们是赤化的人,无妨来这里实地考察一下,我们极端欢迎,极端负责保护。现在已有各省份的代表,最近由外处来的,已经明瞭此间的真象了。

至于我们主张容共理由很简单的,却是很正当。因为日本是强国,我们是弱国,我们科学不如人,武器不如人,所以我们要想与他抗战,必须把全国人民的力量都用上,才能制胜;反之若是把一部分存心抗日而且有适当抗日战术的人的力量,弃而不用,至少是绝对无益的。诸位要知道,现在中国讲的是死活问题,不仅是强弱问题,立即抗日,还可以活,不立即抗日,则必死。若是有人主张不应该立时抗日,那我们可以有十二分理由来粉碎他们的主张,我们已经有许多文字发表,此时无暇细说。我们主张固然根据良心和事实的要求,同时更是服从全国的民意。中央如果不信全国的民意是这样的,那么请中央问问,不在武力压迫下的全国的非汉奸的知识分子与青年,再问问大多数有头脑而纯洁的军人与民众,还是要促成真正的团结,立刻同日本算账,去死里求活呢,还是要对日表面假装强硬,内里还是隐忍,把全国人力财力,都用在"剿"除那"剿"了数年还没"剿"清的"共匪"上,一直等到灭亡才了事呢?! 如果他们都赞成后一个办法,反对前一个办法,那么我们承认我们的主张算是不合众意,政府对我们怎么办都可以,我们都领受。古人说:"勇士不忘丧其元"。我们早已经把个人的脑袋不当作一回事了,若是他们赞成前一个办法,反对后一个办法,而政府偏要采用后一个办法,我们不说别的,我们只要问问全国同胞,这种政府,还能代表全国吗?! 还要问问政府当局,这种政府还能够不塌台吗?! 最近我们收到中央一些来电,差不多都是仅注重于蒋委员长个人的安全,而没有注意到国是。固然,关怀领袖是绝对应当的;但是,我们要知道,比领袖更重要的还有国家。领袖的安危和国家的存亡,固然不能说没有关系,但是领袖安全,未必国家就能存在。他们总应该除了关怀领袖以外,再把怎么样可以救亡的办法,来平心静气地想一想。如果不然,那就是只知对人,不知对事,一定是错误,一定为国人所不取。我们试想想,国家若是亡了,还讲什么领袖呢?! 我们这次事件,敢负责地向全国同胞郑重声明:不是为争取私人的权利,不是为解除私人的困难,完全是为实现救国的主张,不惜冒一时的嫌疑;并且费尽千方百计,不能实现主张,别得无路可走,才不得已而出此。这不是说空话的,确是有很多证据的,容我们陆续发表。至于个人的毁誉生死,早就置诸度外了。如果我们各项要求,都以实行积极抗日战事,确实发动后,我们情愿束身引罪。如果不相信,让我们先行具结划押都可以的,我们的方面是如此。至于蒋委员长方面,我们相信,就他的威望和才能讲,确是领导全国唯一的人物,不过他的政策,总得算错误。有人以为他经过这次事变,将来或者不愿再负国家的责任。但是我们要期望蒋委员长作英雄,作圣贤,英雄圣贤的心理和做事应该与常人不同,我们希望他采用立即积极抗日的政策,负起责任来救国,而不以这次事变有损他的尊严,那才是真正典型的人物,才是真正的中华民国的救星呢! 就我们现在的观察,我们总是希望、我们还相信他可以这样办,那时我们全国人民必能拥护他、服从他一致的抗战救亡,极端表现出国民程度的高尚。领袖和国民都能有这种惊人出众的办法,还能不震惊世界的吗?还有不立时把国际地位提高的吗?还怕什么国难不能渡过呢。所以,我们这次举动,表面上似乎有破坏似是而非形式上未完成的统一的可能,而实际上正是促成全国彻底觉悟,精神上真正的统一。非统一不足救国,这话我们是绝对承认。但是我们要知道精神统一才能救国,要是大家只顾赞美着形式上的统一,而不管精神上如何的分裂,不但不能济事,而且必至误事的。服从一人的命令,只能做到形式上统一,有了共同的目标,才能做到精神上统一。我国这些年来最大的毛病,就是讲形式,不讲精神,到了生死的关头,我们还可以粉饰太平,自己欺骗自己吗?各界同胞们,我们是为了整个国家民族前途,反对消灭实力,残酷的内战。要全国一致对外,才发动十二日的事。我们是绝对不造成内战的,我们唯一的希望,是国家民族的复兴。唯一的决心,是死在抗日战线上。这点敢告慰国人,并望国人对于我们的主张,平心静气,加以合乎正义,合乎公理的批评和指教。

（原载一九三六年十二月十七日西安《解放日报》）

7. 张学良关于西安事变致宋美龄电

蒋夫人赐鉴:

　　学良对国事主张,当在洞鉴之中。不幸介公为奸邪所误,违背全国公意,一意孤行,致全国之人力、财力,尽消耗于对内战争,置国家民族生存于不顾。学良以待罪之身,海外归来,屡尽谏诤,率东北流亡子弟含泪"剿共"者,原冀以血诚促其觉悟。此次绥东战起,举国振奋,介公以国家最高领袖,当有以慰全国殷殷之望,乃自到西北以来,对于抗日只字不提,而对青年救国运动,反横加摧残。伏思为国家、为民族生存计,不帽〔忍以〕一人而断送整个国家于万劫不复。大义当前,学良不忍以私害公,暂请介公留住西安,妥为保护,促其反省,决不妄加危害。学良平生从不负人,耿耿此心,可质天日。敬请夫人放心,如欲来陕,尤所欢迎。此间一切主张,元已文电奉闻。挥泪陈词,伫候明教。张学良叩。文。

（选自一九九〇年十二月二十二日《团结报》）

8. 周恩来关于西安事变的三个电报

1) 与宋子文谈判情况（一九三六年十二月二十三日）

（甲）宋子文、宋美龄、蒋鼎文昨到西安。蒋暗示宋改组政府，三个月后开救国会议，改组国民党，同意联俄联共。

（乙）今日我及张、杨，与宋谈判。

第一部分，我提出中共及红军六项主张。

子、停战，撤兵至潼关外；

丑、改组南京政府，排逐亲日派，加入抗日分子；

寅、释放政治犯，保障民主权利；

卯、停止"剿共"，联合红军抗日，共产党公开活动（红军保存独立组织领导。在召开民主国会前，苏区仍旧，名称可冠抗日或救国）；

辰、召开各党各派各界各军救国会议；

巳、与同情抗日国家合作。

以上六项要蒋接受并保证实行。中共、红军赞助他统一中国，一致对日。宋个人同意，承认转达蒋。

第二部分，宋提办法及讨论情况。

子、宋提议先组织过渡政府，三个月后再改造成抗日政府。目前先将何应钦、张群、张嘉璈、蒋鼎文、吴鼎昌、陈绍宽赶走。推荐孔祥熙为院长，宋子文为副院长兼长财政，徐新六或颜惠庆长外交，赵戴文或邵力子（张、杨推荐）长内政，严重或胡宗南长军政，陈季良或沈鸿烈长海军，孙科或曾养甫长铁路，朱家骅或俞飞鹏长交通，卢作孚长实业，张伯苓或王世杰长教育。我们推宋庆龄、杜重远、沈钧儒、章乃器等入行政院。宋力言此为过渡政府，三个月后抗日面幕揭开后，再彻底改组。我们原则同意，要宋负责，杜、沈、章等可为次长。

丑、宋提议由蒋下令撤兵，蒋即回京，到后再释爱国七领袖。我们坚持中央军先撤走，爱国领袖先释放。

寅、我们提议在这过渡政府时期，西北联军先成立，以东北军、十七路军。红军成立联合委员会，受张领导，进行抗日准备，实行训练补充，由南京负责接济。宋答此事可转蒋。

卯、在蒋同意上述办法下,我们与蒋直接讨论各项问题(即前述六项)。宋答可先见宋美龄(子文、学良言她力主和平与抗日)。

(丙)如你们同意这些原则,我即以全权与蒋谈判,但要告我,你们决心在何种条件实现下许蒋回京。请即复。

2)与宋子文、宋美龄谈判结果(一九三六年十二月二十五日)

(甲)与宋子文宋美龄谈判结果。

子、孔、宋组行政院,宋负绝对责任保证组织满人意政府,肃清亲日派。

丑、撤兵及调胡宗南等中央军离西北,两宋负绝对责任。蒋鼎文已携蒋手令停战撤兵(现前线已退)。

寅、蒋允许归后释放爱国领袖,我们可先发表,宋负责释放。

卯、目前苏维埃、红军仍旧。两宋担保蒋确停止"剿共",并可经张手接济(宋担保我与张商定多少即给多少)。三个月后抗战发动,红军再改番号,统一指挥,联合行动。

辰、宋表示不开国民代表大会,先开国民党会,开放政权,然后再召集各党各派救国会议。蒋表示三个月后改组国民党。

巳、宋答应一切政治犯分批释放,与孙夫人商办法。

午、抗战发动,共产党公开。

未、外交政策:联俄,与英、美、法联络。

申、蒋回后发表通电自责,辞行政院长。

酉、宋表示要我们为他抗日反亲日派作后盾,并派专人驻沪与他秘密接洽。

(乙)蒋已病,我见蒋,他表示:

子、停止"剿共",联红抗日,统一中国,受他指挥。

丑、由宋、宋、张全权代表他与我解决一切(所谈如前)。

寅、他回南京后,我可直接去谈判。

(丙)宋坚请我们信任他,他愿负全责去进行上述各项,要蒋、宋今日即走。张亦同意并愿亲身送蒋走。杨及我们对条件同意。我们只认为在走前还须有一政治文件表示，并不同意蒋今天走、张去。但通知未到张已亲送蒋、宋、宋飞往洛阳。

（丁）估计此事，蒋在此表示确有转机，委托子文确具诚意，子文确有抗日决心与政院布置。故蒋走张去虽有缺憾，但大体是转好的。

（戊）现在军事布置仍旧，并加紧戒备。

蒋临行时对张、杨说：今天以前发生内战，你们负责；今天以后发生内战，我负责。今后我绝不"剿共"。我有错，我承认；你们有错，你们亦须承认。

3）关于西安事变和平解决后的局势和我们的方针（一九三六年十二月二十九日）

我们以下的意见供你们参考：

一、西安事变之和平解决，意味着中国的政治生活走入一个新的阶段的开端。就是：

子、进攻红军战斗走向停止。

丑、对外退让政策将告终结。

寅、国内统一战线初步局面的形成。

卯、陕甘两省变成抗日根据地之现实的可能性。

二、西安事变及其和平解决，指示着阶级力量之分化及重新结合，特别是资产阶级营垒之决定性的分化过程，其意义就在推动和加速了资产阶级营垒中左派之集中，打击了中间道路之思想。然而分化过程没有终结，大致的情况仍然存在着三个营垒：抗日、降日、中间。新的变动就在：

子、抗日力量的增强与合法化（至少部分地）。

丑、亲日派遭受一致打击。

寅、中间派开始接近于左派（虽然依旧不免动摇地缓慢地，即保存中间之基础）。

方针：打击亲日派，巩固以西北为中心之左派，影响与吸收中派。

三、孔、宋政府是一个过渡的政府。这个政府在目前基本问题——对日问题上将采取较强硬的态度，在民主问题上或许可有一小步之前进，但显然在许多方面仍然会继续着旧的路线。我们对孔、宋政府，应当以过渡政府看待,即是:推动与赞助其抗日倾向,争取逐步的即使不大的民主改革,同时丝毫不放松对他的批评。如一切过渡政府一样,有着必然的摇摆与不同可能的前途,我们应与他每一个摇摆斗争,而争取他过渡到抗日政府。

四、在这个情况下召集抗日救国会议的运动,在发动、觉醒、组织群众及推动时局的进展上,均具有重大之意义。应该把要求南京召集和平会议和人民的促进运动联结起来。但会议召集的时期及胜利的保证,依靠于促进运动之开展,这是局势开展之一个重要的环节,加强抗日统一战线的群众性的关键。

五、局势开展之另一个中心环节是巩固西北,将西北变成抗日根据地和统一战线的模范地区的可能性变为现实性。这需要:

子、规定和实现三方面共同合作的纲领和西北的军事计划。

丑、张、杨两部之巩固与改造,红军的休整与在新的基础上之正规化,以及三方面的休戚相关的互相尊重的合作和互助。

寅、群众运动之开展和发动,在这个基础上地方政权之民主化与改造。

卯、宁、青、甘西之解决回民问题。

六、坚持全国团结一致抗日的组织者与发动者的立场:一方面,在抗日与打击亲日分子的基础上,和南京左派合作,吸取中间派到我们方面来;另一方面,结合南京之外的各派,以西北为中心,以抗日为目的和条件,为推动南京向左之力量。

七、转变党的全部工作,使之适合于新的环境,成为全国政治生活中的主导者。

子、恢复在大城市,首先在工人阶级中的党的工作。

丑、改变各地零散的游击队为农民自卫武装,并成为农民运动之策源地。

寅、迁移中央至便于领导全国政治生活之地区。

卯、教育与重新教育干部。

（选自《周恩来统一战线文选》,人民出版社,一九八四年）

9. 西安事件应当和平解决（巴黎《救国时报》社论）

本月十二日东北军领袖张学良等突然在西安将南京当局蒋介石等多人扣留，使全国政局发生巨大波动。当此日寇图我正急，绥东军事紧张，全国人民节衣缩食，一致援绥之时，突然发生这样重大的内争，对于目前中国民族生死所系之一致团结、御侮救国的运动上，实为深可痛惜的事件。

请全国人民首先是南京与东北军的当局特别注意日本帝国主义对于西安事件态度吧！在事变发生之当日，日寇就马上动员了自己在世界各国的电讯网，制造各种谣言，一方面说蒋介石已被枪毙，另一方面说南京已动员军队实行讨伐，极力双方挑拨，以造成我国的内战。及看到我国舆论一致主张和平解决，南京亦与张学良氏进行和平谈判，内战亦未爆发，日寇遂又进一步动员自己在中国外交官吏压迫南京，并正式表示反对南京承认张学良氏提出之要求，反对和平解决；另一方面又促使自己的走狗德王表示"愿意停止攻绥的军事行动以拥护南京讨伐西安"。足见日寇正在运用一切的机谋，企图利用西安事件来造成我国的内战，以削弱我抗敌御侮的力量，以实现其亡我灭我之计划。足见内战正是日寇所利，而和平乃是我国之福。因此，我们要求南京和东北军当局特别注意到日寇的这一巨大阴谋，无论如何，不要坠入敌人之圈套，不为内战之祸首。我们要求南京与东北军当局特别注意全国团结、一致御侮为中国民族唯一救亡的出路，无论如何，要在团结救亡之基础上来使西安事件达到和平的解决。

只有团结御侮是使西安事件达到和平解决的唯一正确和唯一可能的道路，这就是说，东北军领袖应当觉悟内战之危险，而极力避免军事行动；南京当局应停止讨伐的运动并彻底觉悟而用一切方法来扫除团结御侮的障碍。要达到真正团结御侮，首先要放弃武力统一的政策，停止一切内战。更具体说，要停止绵延数年苦民伤财的"剿共"、内战，以谋全国一切党派之真正合作。要达到真正团结御侮，就必须停止压迫爱国运动，释放全国一切"爱国罪犯"，首先是上海救国会领袖沈钧儒、章乃器、邹韬奋先生等，并予人民以完全的民主自由，使全国人民能更有组织的来进行救国运动。要达到真正的团结御侮，必须发挥抗日的外交政策，拒绝日寇一切谋我要求，并联合国际上同情中国人民反日之友邦,以造成反对日本帝国主义侵略的国际战线。要达到这一切,则首先要巩固南京政府的内部,就是要肃清南京政府内部的一切亲日派,使这一团结御侮的政策不致受到任何阻碍和破坏。这些一切是达到团结御侮的必要条件,也就是西安事件和平解决的条件与出路。果能如是,则这一重大的内争,可一变而为全国人民的团结,不幸的事件一变而为可喜的结局,民族之祸一变而为民族之福。那么,痛心疾首的就只有我们民族死敌日本帝国主义而已。

因此我们极端欢迎国内舆论,首先是共产党的主张。据上海电讯,中国共产党对西安事变发表宣言主张和平解决,号召双方停止军事行动,发表对事件解决之四项主张:(一)改组南京政府,肃清亲日分子并吸收反日爱国分子参加;(二)停止一切内战;(三)实行民主自由;(四)联合一切同情中国人民抗日之国家。这不仅证明共产党主张全国团结,一致抗日的始终一贯,而特别是认识了中国人民的福利所在,而指出了解决西安事变的正确道路。我们相信,这一主张,正是代表全国人民的心声,必能得到全国人民的拥护,并在全国人民一致要求之下,促成南京和东北军当局的觉醒,而达到西安事件的和平解决。

(原载一九三六年十二月二十日巴黎《救国时报》)

10. 中共中央关于西安事变致国民党中央电

南京国民党中央执行委员会:

蒋介石在此次被幽,完全是因为蒋氏在不肯接受抗日主张,不肯放弃攘外必须安内的错误政策所致。本党致贵党建议书及许多通电曾舌敝唇焦,一再向贵党与蒋氏提议,联合各党各派一致抗日,奈蒋氏对于日寇的步步进攻,依然是一再退让,对于绥东阎、傅两将军的英勇抗战,依然坐视不救,对于全国的抗日救亡运动,摧残不遗余力,反而调集大军进攻苏维埃与红军,最后并欲压迫提议抗日的东北军与十七路军,以继续扩大内战。此种举动诚为错误已极。在此情形之下,贵党果欲援救蒋氏,则决非调集大军讨伐张、杨不能奏效,实属显然。在日寇加紧侵略,晋绥危急关头,此种扩大内战行动决不能为爱国人民与爱国军人所见谅,即贵党明达之士,想亦不愿以蒋氏一人而致中华民族以万劫不复的病患。试看日寇自蒋氏被幽以来,尽其造谣挑拨之能事,以鼓动内战,甚阴毒计,昭然若揭。想贵党决不至如此轻举妄动,中日寇之奸谋。退一步,即对于援救蒋氏个人,亦非武力所能解决,武力的讨伐,适足以杜塞双方和解的余地。故本党认为,为国家民族计,为蒋氏个人计,贵党必须毅然决然立刻实行下列处置:

一、召集全国各党、各派、各界、各军的抗日救国代表大会,决定对日抗战,组织国防政府抗日联军;

二、将讨伐张、杨与进攻红军的中央军,全部增援晋绥前线,承认红军东北军及十七路军的抗日要求;

三、停止一切内战,一致抗战;

四、开放人民抗日救国运动,实行言论、集会、结社的民主权利,释放一切政治犯及上海爱国领袖;

五、实现孙中山先生的三大政策。

本党相信,如贵党能实现上项全国人民的迫切要求,不但国家民族从此得救,即蒋氏的安全自由当亦不成问题,否则糜烂横政,民族生存与贵党生命,均将为贵党错误的政策而断送干净也。时机紧迫,敢贡刍荛,尚希明察。

中国共产党中央委员会

一九三六年十二月十八日

(选自《中国共产党历史资料丛书·第二次国共合作的形成》,

中共党史资料出版社,一九八九年)

11. 中华苏维埃中央政府及中共中央对西安事变通电

南京孔庸之、孙哲生、冯焕章、陈立夫等先生,及国民党国民政府诸先生;西安张汉卿、杨虎城、王鼎芳、孙蔚如先生,暨抗日联军西北临时军事委员会诸先生勋鉴:

自西安提出抗日纲领以后,全国震动,南京的"安内而后攘外"政策,不能再续。平心而论,西安诸公爱国热心,实居首列,其主张是立起抗日。而南京诸公,步骤较缓。可是除亲日分子外,亦非毫无爱国者,其发动内战,当非心愿。以目前大势,非抗日无以图存,非团结无以救国,坚持内战,无非自速其亡! 当此危急存亡之秋,本党本政府谨向双方提出如下建议:

一、双方军队暂以潼关为界,南京军队勿向潼关进攻,西安抗日军亦暂止陕甘境内,听候和平会议解决。

二、由南京立即召集和平会议,除南京西安各派代表外,并通知全国各党、各派、各界、各军选派代表参加。本党本政府亦准备派代表参加。

三、在和平会议前,由各党、各派、各界、各军先提抗日救亡草案,并讨论蒋介石先生处置问题,但基本纲领,应是团结全国,反对一切内战,一致抗日。

四、会议地址暂定在南京。

上述建议,实为解决目前紧急关头之合理有效方法,南京诸公,望立即决定国策,以免值此国家混乱中日寇竟乘虚而入也! 并望全国人民各党各派,立即督促当局召集和平会议,讨论一定国策,共赴国难!

中华苏维埃中央政府

中国共产党中央委员会

一九三六年十二月十九日

(选自《中国共产党历史资料丛书·第二次国共合作的形成》,

中共党史资料出版社,一九八九年)

12. 蒋委员长离陕前表示对抗日救亡的具体意见

自双十二抗日救亡运动发生,西北平民提出八项救国主张,在张、杨两将军领导之下,向蒋委员长剀切进谏,以期获得举国一致,坚决对外之效果,旬日以来,张、杨两将军,无日不恳切为国家民族请命,蒋委员长亦深切认识,西北军民所提主张为确切不易之救亡要图,业于二十五日离陕赴洛之前,表示全部容纳,此种伟大精神,令人无限感佩,而中国之一致抗敌救亡,亦将于此肇其始基。蒋委员长,二十五日下午四时在西安飞机场临起飞之前,向杨主任表示具体意见如下:

一、明令中央入关之部队,于二十九日起调出潼关,并谓,"从本日(二十五日)起,如再有内战发生,当由余(蒋自称)个人负责"。

二、停止内战集中国力一致对外。

三、改组政府集中各方人才容纳抗日主张。

四、改变外交政策,实行联合一切同情中国民族解放之国家。

五、释放上海各被捕领袖,即下令办理。

六、西北各省军政,统由张、杨两将军负其全责。

此次事件经过,不及半月,而救亡图存根本大计,皆得顺利实现,固中华民族之幸,亦蒋委员长及张、杨两将军相互以至诚感动,有以致之。蒋并曾与杨主任云:"我的错误,我自己承认,你们的错误,你们承认。"以恒情判断,一部分人士,或以为"双十二"运动轶出常轨之外,然国势阽危,间不容发,缓危重轻之间,势不能多所顾虑,且张、杨两将军及西北军民,精诚所至,金石为开,使全国民众吁请已久之诸项要求,能一一见诸实施,则区区此心,当为全国民众所共鉴。蒋在飞机场于最后之一刹那,曾对杨主任剀切表示:"我所答应你们的那些事,我回南京后,一一都可实现,你们放心,不然我也不成其为国家民族之领袖。"云云。

（原载一九三六年十二月二十三日西安《解放日报》）

13. 蒋委员长接受张杨救国主张由张学良、宋子文等陪同,于二十五日下午四时离陕飞洛阳

蒋委员长自留居西安后,即虚心听取张杨两将军意见。最近恳切表示,完全接受。张代总司令对蒋委员长此种精神与态度,极为钦佩。特于昨日(二十五日)下午四时,陪同蒋委员长飞洛阳。同行者,有蒋夫人,宋子文,端纳诸人云。

（原载一九三六年十二月二十六日西安《解放日报》）

14. 对张、杨训词（蒋介石）

此次西安事变,实为中国五千年来历史绝续之所关,亦为中华民族人格高下之分野,不仅有关中国之存亡而已。今日尔等既以国家大局为重,决心

送余回京,亦不再勉强我有任何签字与下令之非分举动,且并无任何特殊之要求,此不仅我中华民国转危为安之良机,实为中华民族人格与文化高尚之表现。中国自来以知过必改为君子。此次事变,得此结果,实由于尔等勇于改过,足为我民族前途增进无限之光明。以尔等之人格与精神,能受余此次精神之感召,尚不愧为我之部下。尔等所受之感应,尚能如此迅速,则其他之人更可知矣。尔等过去受反动派之煽惑,以为余待人不公,或对革命不诚。现在余一年以来之日记,约有六万余字,两月来之公私文电及手拟稿件,亦不下四五万言,此外余手草之各种建国计划及内政、外交、军事、财政、教育等各种政策与方案,总共不下十余万言,尔等均已寓目;在此十余万言中,尔等必已详细检阅;其中是否有一言一字不为国家而为自私? 是否有一丝一毫不诚不实、自欺欺人之事? 幸自兴学带兵以来,对部下与学生训话时,尝以二语教人,尔等亦必闻知。此二语者:即(一)余如有丝毫自私自利而不为国家与民众之心,则无论何人可视我为国家之罪人,即人人可得而杀我。(二)如余之言行稍有不诚不实虚伪欺妄而不为革命与主义着想,则任何部下,皆可视我为敌人,即无论何时可以杀余。此二语为余平时所以教部下者。今余之日记及文电等均在尔等手中,是否其中可觅取一言一字足为余革命罪状者? 如果有之,则余此刻尚在西安,尔等仍旧可以照余所训示之言,将余枪决。余于今益信平日之所以教人者,自己能实践笃行,无论对上对下,觉无丝毫愧怍也。

以言此次事变之责任,当然尔等二人应负其责;但论究其原因,余自己亦应当负责。余平日一心为国,一心以为精诚与教令可以贯彻于部下,绝不重视个人之安全,防范太不周密,起居行动太简单,太轻便,太疏忽,遂以引起反动派煽动军队,乘机构害之祸心。天下事一切均有造因,此次事变之造因,即由我自己疏忽而起,以致发生如此毁法荡纪之事,使中枢忧劳,人民不安,国家受其损失。余抚躬自问,实无以对党国,无以对人民,不能不向中央与国民引咎请罪。须知国家不能没有法律与纲纪,尔等二人是直接带兵之将官,当然应负责任,应听中央之裁处;但余已明瞭尔等实系中反动派之宣传,误以余之诚意为恶意,而作此非常之变乱。尔等在事变之始,即已自认为卤莽灭裂、贻祸国家之举动,深表忏悔;现在尔等已自知受反动派之宣传,知我对尔等不仅无恶意，而且时加爱护，业已确实觉悟，而愿送余回京。余平日教诲部队，常谓部下不好，即系上官不好；要罚部下，应先罚上官。余身为统帅，教育不良，使部下有此蔑法坏纪之事，余当然应先负责，向中央引咎请罪，并以尔等悔悟之意，呈于中央。尔等此次觉悟尚早，事变得免延长扩大，中央当能逾格宽大也。尔等对于部下应告以此次事变受反动派煽惑之经过，以及余只知有国，不知其他之态度，切实安慰彼等，使彼等不因中央处置而有所恐慌。余平日教人以"明礼义、知廉耻、负责任、守纪律"之四语，上官对部下教率无方，即应负责。故此次事变，余愿以上官资格负责，尔等应听中央之裁处，而尔等之部下则不必恐慌也。

吾人无论何时应视国家之生存高于一切；应认定国家必须生存，个人不足计较；尤须知人格必须保全，民族乃有基础。故吾人之生命可以牺牲，而国家之法律纲纪不能迁就；身体可以受束缚，而精神之自由绝不能受束缚。余对中央与国家之责任，余一息尚在，决不敢丝毫推诿或放弃。尔等屡次要求余签字与下令，余始终拒绝。以人格事大，生死事小也。余之言行，不仅要留垂于后世，且欲以事实示尔等，使尔等亦知人格之重要甚于一切。余当时屡言：如余在西安允许尔等，签署只字于尔等之要求，则国家等于灭亡；盖余为代表中华民国四万万人之人格，如余为部下威力所屈，临难求免，则余之人格扫地，即等于中华民族之人格扫地以尽。无论个人与国家民族，如人格丧失，则虽生犹死，虽存必亡。余平时既以"明礼义、知廉耻、负责任、守纪律"之四语宣告国民，视为救国唯一之要道，当然应不惜任何牺牲，而维持人格与发扬正气；断不能行不顾言，使我部下与民众无所适从，而陷国家于灭亡。自经此次事变，尔等应得到一确实之教训，尔等必须知人格重于一切，国家利益重于一切。错误应坦白承认，过失应切实悔改，责任应明白担负，并应以此意告知部下也。总理昔日训示吾人，必须恢复民族道德，方可以挽回民族；所谓信义和平，均系民族至要道德。余十余年来所致力者，全为团结精神，统一国家以救国，而尤重于信义。余向来所自勉者，即"言必信，行必果"二语。凡与国家民族有利益者，余决不有丝毫自私之心，且无不可以采纳，亦无不可以实行。中央数年以来之政策方针，亦唯在和平统一、培养国力、团结人心，不忍毁损民族之力量。故此次事变,尔等将余留居西安,则引起战事之责任,即应由尔等毁坏纲纪之举动负之。现在尔等既表示悔悟,则余可请求中央;中央必仍本爱惜国力之精神,自有妥善处置,以挽救国家之危机也。

总之,现在国家形势及余救国苦心,尔等均已明瞭;余生平作事,惟以国家之存亡与革命之成败为前提,绝不计及个人之恩怨,更无任何生死利害得失之心,且余亲受总理宽大仁恕之教训,全以亲爱精诚为处世之道,绝不为过分之追求。此次尔等悔悟之速,足见尚如以国家为重。如此,即应绝对服从中央命令,一切唯中央之决定是从,而共同挽救我垂危之国运,此即所谓转祸为福之道也。

一九三六年十二月二十四日

(选自《蒋总统集》,台湾"国防研究院",一九六一年)

15. 中日问题与西安事变——与美国新闻记者 A. S. 先生的谈话(毛泽东)

美国作家 A. S. 先生于本年(一九三七年)三月一日访问苏区,在延安府会见苏维埃中央政府主席毛泽东先生。关于中日问题与西安事变,作如下谈话,摘其要点如下:

A. S. 问:共产党现在执行的反日民族统一战线政策,与你去年秋季跟斯诺(Sonw)记者所谈的,基本上有无改变?

毛泽东答:如果从基本上说来,是没有什么改变的。这表现在下列各点:

一、我们的民族统一战线是抗日的。因此,不是一切帝国主义,而且是反对日本帝国主义,因为日本帝国主义正向中国侵略。但是我们要求英、美、法等国同情中国的抗日运动,至少善意中立,在这个基本上我们愿意同这些国家建立友谊的关系。

二、我们的反日民族统一战线是民族的。这就是说,包括全民族一切党派及一切阶级,只除开汉奸在外。有人说共产党倡导人民阵线,这是不对的。共产党倡导的是民族战线,这种民族战线比起法国或西班牙的人民阵线来范围广大得多。

三、因此,这个反日的民族统一战线之主要政纲,应该包括下面各项:

(一)国内的和平统一;

(二)对日抗战;

(三)人民的民主自由;

(四)南京政府转变为真正的国防政府,容纳各党各派,罢免亲日派;

(五)国家制度改变为基于普选国会制的民主共和国;

(六)改善人民生活;

(七)发展工商业;

(八)联合同情中国抗日的国家。

问:为了完成反日民族统一战线,你们准备牺牲到什么程度?

答:这要看历史情形。从一九二七年夏天开始,国民党放弃国共两党统一战线;放弃了孙中山先生的联俄、联共与工农政策;放弃了民族独立与民主自由的政纲;并且走向相反的方面。这就使得我们不能不单独负起中国革命的责任,并执行苏维埃政权与土地革命的政策,与国民党处于对立地位。我们当时采取的这种同国民党对立的政策是完全正确的与必要的。但当"九一八"事变发生后,共产党就发表宣言:要求停止内战,愿在三个条件下与国民党订立国内和平对日抗战的协定。可是那时仅有十九路军同意我们的主张。南京方面则完全不同意,并且还举行大规模的"围剿"。及至北方问题发生,国难已临极端严重关头,我们乃于一九三五年八月一日进一步发表了组织抗日联军国防政府的宣言。同年十二月共产党又发布了建立反日民族统一战线的决议案,并提出民族统一战线的具体纲领。这个新政策宣布之后,立即得到广大民众的赞同,国民党中不少爱国分子也都赞同了这种政策。这是因为更大敌人站在面前,只有停止国内战争,才能进行抗日御侮,在中国政治上开辟了一个新阶段。但是国民党还不愿意放弃其老政策。到了去年八月,我们又写给国民党一封长信,坚决要求把敌对的目标,由国内移到日本侵略者身上,恢复孙中山的三大政策,并提出改变国家制度为民主共和国,召集普选国会。要求他们痛悔既往,与民更始。我们声明:苏区愿意实行与全国一样的民主制度。这封信获得了国民党中广大的同情。然而国民党中央并没有回答我们。西安事变爆发,国家处于重大危险前面,其危险性就在日本必然地乘机进攻,其得和平解决,实是如天之福。我们为了巩固国内和平,实现迅速抗日起见,当国民党三中全会开会之前夜,乃于二月十日给了国民党一个重要的电报。在电报里表示下列各点:

(一)苏维埃政府改为中华民国特区政府,红军改为国民革命军,并受南京政府与军事委员会的指导;

(二)在特区政府境内施行彻底的民主制度;

(三)在全国范围内停止推翻国民政府的方针(此种方针,在去年底我们就已实行,现在不过重说一遍);

(四)停止没收地主土地的政策。

这些新的表示,完全是为了消除各界疑虑,取消对立状态,以便同国民党成立反日民族统一战线。对国民党方面,则要求他们根本改变过去的政策,实行对外抗战,对内民主,改善人民生活等等纲领。

问:你们现在在这里和在别的区域,将如何实行你们的反日民族统一战线的原则? 例如对于商人、知识分子、地主、农民、工人、军队等方面的办法。

答:对商人的关系,过去与现在没有什么差别。我们从来就主张发展民族工业、商业;红军所至,无不保护商人。最近在西安、三原一带,红军不但保护商人,并且连地主的土地也没有没收一家,取得了各界的称赞。这是人人皆知的事实。至于苏区里面,商业是完全自由的。

对知识分子的关系,过去与现在也是一贯的保护政策,优待技术人员,文化人员与艺术家,对他们都采取尊重的态度。

对地主,只要他们不反对抗日救亡政策,就不没收他们的土地。

工人方面,则斟酌情形,实行各种改良待遇的办法。

对待国民党军队的态度问题。任何中国军队尤其是有光荣历史的黄埔军官都应在民族战线下亲密团结,一致抗日、枪口向外,不进行内战。红军与国民党军队虽打了十年,但我们决不记旧恨,愿和他们携手偕行,并在统一指挥之下,一致为保卫祖国而战,我们相信,他们一定是和我们有同心的。上述这些政策,我们都愿意同国民党及各界人士商量,取得一致的意见,并把这些附在抗日方针,国家制度等等主要条款之后,一并放进民族战线的纲领里面去,以便在全国范围内实行。

问:新的反日民族统一战线政策,是否即可谓为中国共产党人为建立民族战线,放弃阶级斗争,而变成了民族主义者?

答:如前所述,共产党决定实行的各种具体政策,其目的完全在为着要真正抵抗日本,保卫中国,因此必须实现国内和平,取消两个政权的对立状态,否则对日抗战是不可能的。这叫做将部分利益服从于全体利益。国内任何政党与个人,都应明此大义。共产党人决不将自己观点束缚于一阶级与一时的利益上面,而是十分热情的关心全国全民族的利害,并且关心其永久的利害。在阶级斗争问题上,我们主张从下述两方面努力,适当的解决此问题:第一,在地主资本家方面,他们是有钱有势的,首先应当尊重民族利益,对于工农的生活及待遇极力加以改善。因为地主资本家如果照旧对工农施行各种惨无人道的压迫与剥削,只顾他们一部分一阶级的利益,工农就不能生存,更不能抗日,国家就要灭亡。地主资本家也要变成亡国奴。所以稍有良心的地主资本家,都应激发爱国心,为了抗日救国的必要,赞成改善工农的经济生活与政治生活。决不能只顾自己有饭吃,工农就没有饭吃;自己有政治上自由,工农就没有自由。我想除非日本的走狗即汉奸分子,才不顾大局与民族利益,当此亡国灭种关头,还向工农尽力的压迫,剥削。这一方面的要求,我们已经代表全国工农向国民党提出,国民党为了大局与民族利益,对此应该有满意的答复。第二,在工农贫苦群众方面,他们是无钱无势的,他们是国家的基础,是最大的多数人民。当此亡国灭种关头,他们最重要的任务,同样是抵抗日本,保卫中国,并且他们将是抗日救国的主要力量,抗日救国没有他们是完全不行的。他们在得到经济生活与政治生活的改良之后,他们对于地主资本家与国民党的不满,也就可以减少。但工农同样应该顾全大局与民族利益;因此,凡与抗日救国不适合的要求,我们同样不主张提出。共产党主张改善人民生活,而停止没收土地,就是为了这个缘故。

中国共产党现在提出的这些政策,没有问题的是带着爱国主义性质的。有人说:共产党是国际主义者,他们是不顾民族利益的,他们不要保卫祖国,这是极糊涂的话。中国共产党是国际主义者,他们主张世界大同运动;但同时又是保卫祖国的爱国主义者。为了保卫祖国,愿意抵抗日本到最后一滴血。十五年来共产党领导的民族解放斗争,是人人皆知的事。这种爱国主义与国际主义并不冲突;因为只有中国的独立解放,才有可能去参加世界的大同运动。

问:如果中国反日民族统一战线政府建立起来,那么对日本的和平条件是什么? 中日两国之间是否应该进行谈判?

答:如果日本愿意和平的话,我们是不拒绝谈判的。我们的和平条件是下列各项:

第一,日本取消对中国的侵略政策,即取消其所谓大陆政策与"广田三原则",尊重中国的独立,将两国放在完全平等地位;

第二,交还东北四省及察哈尔北部,取消"满洲国",取消殷汝耕冀东政府;

第三,撤退华北驻屯军;

第四,停止日本飞机在中国境内自由飞航;

第五,取消日本在中国各地的侦探组织,即所谓特务机关;

第六,禁止在中国境内的日本人对于中国人所施的横暴无理态度;

第七,禁止走私。

只有在同意谈判这些条件的原则之下才应该进行和平谈判。一切牺牲中国领土主权的谈判,我们都要反对的。但是,你要知道,只有日本人民政府成立,才有在这些条件上谈判之可能,日本现在是军阀政府,这种可能并不存在。

问:对日作战是否已成为不可避免?

答:不可避免。在日本人民推翻日本军阀政府以前,日本的侵略政策是不会停止的,因此战争是不可避免。德日协定之后,战争的威胁更加紧了一步。

问:日本方面宣称中国国共合作是妨碍远东和平的,你如何答复这种理论?

答:日本军阀的所谓"远东和平",是说日本占领中国,而中国则不要抵抗,让其占领;同中国问题有关的各国如英、美、法、苏等也不要反对。这就是"不战而亡之国",是日本军阀需要的所谓"远东和平"。但是还有一种远东和平,那就是实行我在上面讲过的办法,日本取消侵略政策,交还东北四省,撤退驻屯军等等,使得中国人民和平地生活,世界各国与中国和平地通商,这是另外的一种远东和平。但只有这种和平,才是真正的和平,这是中国人所需要的,也是世界各爱好和平国家所需要的,也是日本人民所需要的。不需要这种和平的,仅只有日本军阀及其侵略盟友德意法西斯国家。因此,我们可以这样说:我们反对"远东和平",这就是说的前一种"和平";我们又赞同远东和平,这就是说的后一种和平。我们主张拿后一种和平去代替前一种"和平"。因为日本军口中的所谓"和平",只是战争的别名,只是使得中国人当奴隶的别名,只是使得世界各爱好和平国家大家感受威胁的别名,而且只是给日本人民以极大损害的别名。这种"和平",据我看来,是应该对他"妨碍"一下的。

问:中日战争和世界和平之间是否有矛盾? 能否找出调和的基点呢?

答:中日战争世界和平之间当然是有矛盾的。世界大多数的国家和人民都希望和平,但是日本军阀则希望战争。这种矛盾,依照日本的方针是不能调和的。要解决这一矛盾,只有一条道路,就是一方面世界各和平国家与中国一同反对日本的侵略政策,迫使日本军阀服从世界公论;另一方面,如果战争不能避免的话,中国应该坚决抗战。只有这些办法,才是同世界和平相适应的。同时,世界和平的基点,也只能建立在制裁与抵抗侵略者的政策上面。

问:《九国公约》,《凯洛格白里安公约》和《国际联盟公约》等类和平公约,你以为能够阻止日本向中国作战吗? 在中日战争中,你以为这些条约将起何种作用? 有何种意义?

答:这些条约,在今天看来,确表示着一种和平愿望,因此,侵略国家就表示了对他们的坚决反对。但这些条约,对于日本这样的侵略国家,仅只是一种道德制裁力量,要阻止日本向中国作战是不可能的。这些条约在中日战争中,决不会起多大作用,因此,也就没有多大的实际政治上的意义。要阻止日本向中国作战,必须有一种新的条约,而这种条约应该包括以武力对付日本侵略暴行的具体事项在内,如像缔结《太平洋集体安全条约》之类。只有这种条约才能真正阻止战争。战争起来时,也能够迅速结束战争。

问:在反日民族统一战线政府成立之后,中国能够立即对日作战吗? 或者还须相当的准备时期?

答:这要看日本的情形。在日本进攻中国时,不管在什么时候进攻,中国都应该立起抗战。但我们并不主张向日本挑衅,我们的方针是自卫战。因此,我们应该迅速的切实的从各方面作准备,使中国任何时候都能够应付事变,我们并不反对准备,但反对所谓"长期准备",反对借准备之名,行妥协之实。

问:如果没有国际帮助,中国人民现有的资源,财力,是否已足以发动一个胜利的抗日战争? 中国能否支持战争的财政经济负担?

答:没有友军,中国也是必须抗战的,而且以中国的资源与自然条件,是能够支持长期作战的。红军的十年作战史,就是活的证据。但是我们正在找寻友军,这是因为日本已有他的强盗同盟,中国决不能自处孤立。所以我们主张中、英、美、法、苏五国建立太平洋联合战线。这种联合战线是援助中国的,同时也是各国互助的。因为日本的侵略不但是中国的大祸,也是世界的大祸,如像德国是世界的大祸一样。何况这两个侵略国现在已经联合起来了。我以为中英美法苏五国应该赶快的联合一致,否则有被敌人各个击破之虞。

问:在现状下——即日、德、意同盟的状况之下,这样一个战争,对日本的经济,财政,贸易等影响将如何? 日本能够在这两国帮助之下渡过这个战争吗?

答:日本侵略中国,对于日本人民是完全没有利益的。日本对中国战争的最后结果,将不是日本的胜利,而是日本财政、经济以及政治的崩溃。这一点,不仅日本人民知道,就是日本资产阶级中具有远见的人们也是知道的。日本军阀,则无论如何也不知道。日本军阀已经结合了一个世界的侵略同盟,希望得到德、意的帮助和策应。他们不但希望用这种方法去渡过向中国侵略的战争,而且正准备用这种方法取得全世界。他们所做的梦当然是很完满的,但是据我看来,他们的结果将不是怎样的完满的。中国人应该有战胜日本的自信心。

问:共产党为什么主张西安事变的和平解决?大家如出意外,希望有所解释。

答:并不在意外,实在意中,如以为意外,则只是大家没有联系过去共产党的政治主张来看罢了?自从日本侵略开始以来,我们就是愿意停止内战的。因为只有国内和平,才能对日抗战,四年前三个条件下与国民党军队订立抗日协定的宣言,前年的《八一宣言》,去年的《致国民党书》等等,无不是表示我们诚恳的愿意同国民党建立新的联合战线。西安事变中,国内一部分人极力挑拨内战,内战危险是严重的。如果没有十二月二十五日张汉卿先生送蒋介石先生回南京之举,如果不依照蒋介石先生处置西安事变的善后办法,则和平解决就不可能。兵连祸结,不知要弄到何种地步,必将给日本一个最好的侵略机会,中国也许因此亡国,至少也要受到极大损害。当西安事变中,日本军阀方面,宁、沪、平、津一部分中国人方面,都说西安事变是共产党的阴谋。这种说法完全不合事实。西安事变是国民党内部在抗日问题与国内改革问题上,因政见不同而发生的,完全是一件突发的事变,我们事前完全不知道,事变之后,宁陕对立,于是又有人说:共产党把西安造成马德里,这也完全不合事实,中国与西班牙的政治环境根本不同,在中国今天唯一的是对外抗战,国内则必须和平。西安事变和平解决的事实,已经证明他们的话完全是臆测,有些则是恶意的造谣。

问:许多人不但说西安事变是共产党干的,而且说在城墙上红旗高举,又说红军在三原一带掳掠青年男女,究竟事实如何?

答:关于西安插红旗一类的事,大概只有日本人和汉奸看见了吧,可是西安人至今没有看见。掳掠青年男女的话,也必然是出于日本人与汉奸之口,只要去问三原的青年男女就会明白。现在官方文件中,还在说红军杀人放火,压迫民众,破坏农村。这些话他们已经说了十年了,可是至今还不疲倦,还要说一遍。说话的人固然有他说话的自由,可是全中国人也都有眼睛看事实的自由。现在的政府还没有制出禁止人民用眼睛看事实的法律,任何人都可以跑到红军走过或住过的地方去看看实在情形,用不着我来说。

问:外国传说共产党现在的政策是向国民党屈服、投降和悔过。于此,你有何意见?

答:我知道外面正有人这样说。可是值得注意的,是日本人却不愿意这样说,日本人只愿意国共相打,决不赞成这种"屈服投降悔过"的政策,因为日本军阀深知共产党采取与国民党协调的政策,尽管有人说它是"屈服、投降、悔过",可是实际是与日本侵略政策以严重打击的。观察中国问题有一个标准,就是凡属革命政策,日本人一定反对;凡属反革命政策,日本人一定欢迎。要检查任何一政策一行动之是否正确,只要看一看日本人是如何的反对所谓"屈服投降与悔过"的政策,就可以证明我们的政策是何等革命的政策了。共产党向国民党要求的,是请他们结束十年的老政策,转变到新的民族革命与民主革命的政策。这些要求,表现在共产党给国民党三中全会的电报中,那就是关于召集救国代表大会,人民民主自由,改善人民生活,迅速准备抗战等等。在这种情况下,共产党愿意改变苏维埃与红军的名义,取消同国民党的对立,停止没收地主土地。没有疑义的,共产党的这种步骤,是对国民党一个大的让步。但这种步骤,是必要的,因为这种让步是建立在一个重大更重要的原则上面,这就是抗日救亡的必要性与紧急性。这叫做双方让步,互相团结,一致抗日,国民党中所有明智的领袖与党员,都是明白这种意义的。但国内有一部分带着阿Q精神的人,却洋洋得意把我们的这种让步叫做"屈服、投降或悔过"。大家知道,死去不久的鲁迅,在他的一篇小说上,描写了一个叫做阿Q的人,这个阿Q,在任何时候也都是胜利的,别人则都是失败的。让他们去说吧,横直世界上是不少阿Q这类人物的。此外,还有一部分患着"左倾病"的人士,这种人各地都有,枪杀王以哲的那位孙鸣九,就是这类人物的极端的代表。这类患"左"倾病的人之中的有些人或许是爱国出于热忱,或许是为丧权失地的悲惨历史而愤激,他们的心地或许是纯洁的。但是他们之中有些个别分子,却是日寇的忠实雇佣走狗,如托洛茨基匪徒分子即是。除托洛茨基匪徒分子是有意为日寇服役外,他们之中有许多人的确是缺乏政治经验,在事变中认不清方向,不知道局部与全体,过去与现在,今日与明日的差别和联系。他们开始即反对蒋先生回京，后来又反对和平解决。在西安方面，有一部分人，不但对共产党不了解，即对张、杨及其他主持和平的人士也都不了解。他们不了解国民党进步虽极缓慢，但一致抗日的前途是存在的。国民党中，国民革命军中的抗日情绪在日益增涨，大多数的领袖与党员是能够和我们及人民一道从事于抗日救亡的事业的。国民党政策的转变诚然至今还不满意，但是业已开始了他的转变，三中全会的决议，可以看作这种开始转变的证据。他们不知道把国民党多数的爱国分子及可能走向爱国的分子，同实际卖国的分子即所谓亲日派，区别开来，他们把这二者混而为一。他们又不知道国内一切先进分子的责任，在于多方说服暂时还不能了解我们观点的人使之得到了解，以便共同赴敌，这其间需要忍耐性，有时需要退让一步，只要不违反抗日救国的大原则便可以商量。关于这部分性急的志士们，对于我们政策的不了解，我们唯有以上述的自我批评奉献他们，至于有些唯求个人与那部分利益而把民族利益置之脑后的人们，不管他们是亲日派或是口头抗日家，那就不是什么自我批评，也不是仅仅讽刺几句的问题，而是揭破他们的阴谋，使之无法施展其伎俩。

问：你们对于三民主义的态度如何？

答：我们老早就是不仅信仰共产主义，而且同时也信仰三民主义的，不然，我们为什么在一九二五至一九二七年能够加入国民党呢？我们党中曾经有若干人是国民党的中央委员及省党部委员，我就是其中的一个。林伯渠、吴玉章、董必武、谢觉哉、董惟健诸位都是。又有许多人曾经是国民革命军的领导干部，我们的朱德、周恩来、彭德怀、刘伯承、贺龙、林彪、叶剑英、徐向前诸位都是。现在的任务是必须为真正实现革命的三民主义而奋斗。这就是说以对外抗战求得中国独立解放的民族主义，对内民主自由，求得建立普选国会制，民主共和国的民权主义，与改善人民生活，求得解除大多数人民痛苦的民生主义，这样的三民主义与我们现时政纲，并无不合，我们正在向国民党要求这些东西。去年八月致国民党书中，已要求他们恢复孙中山先生的革命的三民主义。我们是最坚决最忠诚地为实现革命的三民主义的中国而奋斗的。即以我们过去实行土地革命政策而论，亦与孙中山先生耕者有其田的主张相符合。至于我们还信仰共产主义,那是不相冲突的,孙中山先生在世时曾经同意我们同时信仰共产主义;并且国民党员中有许多是信仰资本主义的,有许多还信仰无政府主义,有些人则信仰孔子主义,佛教主义,基督主义,无所不有,也无所不包。只要当前革命政纲取得一致,即构成团结救国的基础,即可泯除一切猜疑,走上共赴国难的轨道。中华民国光明灿烂的前途,实基于此。

(原载一九三七年六月十三日巴黎《救国时报》)

五、国民党民主派主张两党合作,五届三中全会后开始转变政策

1. 抗日救国的政治报告[①](李宗仁)

各位同志:

现在中国政治推演中最主要的问题,是抗日救国问题。关于这一问题,我可以分作三方面来报告:

第一抗日救国问题,是决定我们民族国家生死存亡的大关键,所以我们每一同志不但在认识上要有正确的了解,而且在行动上要有奋斗到底的决心。我们应该知道日本帝国主义从"九一八"以来,对中国的侵略是得寸进尺的,是有整个性的。换句话说,日本不达到征服我们整个国家的目的,是决不会停止压迫和侵略的。惟其如此,所以五年以来,南京政府所标称并执行的退让政策,以及不到最后关头决不轻言牺牲的说法,是绝对错误,我们国家的主权是属于四万万三千万国民。每一个有血性不甘做亡国奴的国民都不应消极旁观,让少数汉奸国贼去一日千里的出卖我们的国家。现在日本帝国主

---

①本文系 1936 年 6 月 8 日在国民党西南执行部政治委员会上的讲话。——编者

义又拼命向华北增兵,藉口合作"剿共"和取缔反日运动,来攫取华北整个的主权,这是日本帝国侵略中国的一贯公式。前年的华北是非武装区,三年后就成为直接驻兵的、事实上的"满洲国"的范围了。不消说长江一带又要成为非武装区或亲善区了。试问我们有限的主权和领土,如何经得起不抵抗主义者接二连三的出卖和断送。所以我们现在每一军人每一同志以及每一国民的唯一议事日程,就是大家一致奋起,下最大决心来实现抗日救国,争中国民族的最后生存。

第二我们从五年国难以来,失地丧权的惨痛经验中,早已认定中国除了武装抵抗日本的侵略而外,决无第二条死里求活的出路。所以从"九一八"到现在西南对于国家最主要的主张就是抗日。我们抗日救国的主张,始终不为中央所采纳。结果只有不断的辱国丧权弄成现在华北又陷在日本的军事制裁之下大祸迫在临头的严重局面。西南执行部看到华北问题是决定国家最后存亡的生死关头,才又有本月二日主张,即应全国动员实行对日抗战的各电,要求大家团结起来,一致抗日救国。然而到今天已经一个礼拜,南京政府没有一个字答复,究竟中央当局是何居心,还是以为现在还没有到最后关头,还是依照放弃东北的老文章,把华北送给日本,我们都是莫大测高深。但是为要挽救中国的危亡,我们不问中央抗日不抗日。他们抗日固然是国家的福,我们愿意大家一致抗日。他们再不抗日,我们也是非抗日不可。因为现在是决定民族存亡的关头。

第三,一四两集团军将领,已呈请西南执行部和政治务委员会把一四两集团军旗帜改换称为"国民革命抗日救国军",并已经奉命照准,颁发关防了。现在我们的军队已经分途开拔北上了。这些的出动在中国民族革命史上有最重大的意义,一方面是挽救中国危亡,实行以武力自卫答复日本的武力进攻;一方面是履行总理求中国自由平等的遗教,粉粹国贼汉奸们的不抵抗主义,而实行总理的民族主义。我们希望全中国军人的血,都是对外而流。全国军人的枪头都一致向着日本帝国主义。所以我们这一次的北上抗日,完全是为着国家生存的民族革命战争,决不是对内的争权夺利。抗日救国是一种民族革命战争,所以一切爱国救亡的革命分子,都应该踊跃参加。总理曾经指示我们,革命武力必须与民众结合。因此抗日军队与革命民众必须打成一片,是我们争得最后胜利的最主要的保证。

(原载一九三六年六月二十一日《救亡情报》)

2.关于恢复孙中山"三大政策"之提案(宋庆龄等)

总理于民国十三年改组本党,确立联俄联共与扶助工农"三大政策"后,革命阵容为之一新,革命进展一日千里。不幸十六年以后,内争突起,阵容分崩,三大政策,摧毁无遗。革命旋归失败,外侮接踵而来。尤其最近五年间,失地几及六省,亡国迫于眉睫。凡属血气之伦,莫不椎心泣血。本党同志,负革命成败民族兴亡之大任,将何以慰诸先烈不死之英魂?更将何以告数万杀身成仁残手断足之革命将士?吾等受总理托付之重,执行遗嘱,责无旁贷。苟且偷生,常自惭恶。每忆及总理当弥留之际,因关怀革命,泪盈两眶,不肯遽逝,凄惨情形,尤觉不堪卒想。近半年来,迭次接中国共产党致我党中央委员会书函通电,屡次提议国共合作,联合抗日,足证团结御侮已成国人一致之要求。最近西安事变,尤足证实此点。虽与本党向处敌对地位之中国共产党,亦愿停止危害本党政权之企图,拥护统一抗日,我党更应乘此机会恢复总理"三大政策",以救党国于危亡,以竟革命之功业。为此特向三中全会紧急提议,以应付当前之非常困难,党国幸甚。特此提案。此致中国国民党三中全会全体同志。

提案人:宋庆龄　何香凝

冯玉祥　张人杰

李煜瀛　孙　科

鹿钟麟　石　瑛

张知本　石敬亭

李烈钧　朱霁青

梁寒操　经亨颐

(原载一九三七年四月十五日巴黎《救国时报》)

3. 中国国民党第五届中央执行委员会第三次全体会议宣言

去岁七月十日第二次中央执行委员会全体会议开会之际，中央同人鉴于内忧外患有加无已，同心戮力，以谋挽救；其所郑重决议者，对外为领土主权之维护，对内为和平统一之进行。闭会以来，努力不懈，至今七月矣。此次全体会议，检阅过去之成绩，体察现在之情势，决定将来之趋向，于对内对外各问题，经详细之讨论，为郑重之决议。谨挈其大者，以告我同志及我国人。

国难之由来，总理于民族主义中已明告吾人，而于吾人所以自强之道，亦已昭示无遗。自"九一八"以后，吾人于极度痛苦中，唯有恪遵遗教，求为民族开一生路，五全大会宣言曾明确表示：谓"吾人处此国难严重之时期，所持以应付危局者，亦唯有秉持总理'人定胜天'，与'操之自我则存，操之在人则亡'之二大遗训，以最大之忍耐与决心，保障我国家生存与民族复兴之生路。在和平未至完全绝望之时，决不放弃和平；当国家已至非牺牲不可之时，自必决然牺牲。抱定最后牺牲之决心，对和平为最大之努力，期以真诚决意，转捩时局，务达自立自存之目的，与并世国家共同黾勉于世界大同之实现。"二中全会宣言，引申此意，而更加以严正之解释：谓"国家即处此非常之形势，吾人对内唯有以最大之容忍与苦心，蕲求全国国民之团结，对外则决不容忍任何侵害领土主权之事实，亦决不签订任何侵害领土主权之协定。遇有领土主权被侵害之事实发生，如用尽政治而无效，危及国家民族之根本生存时，则必出以最后牺牲之决心，绝无丝毫犹豫之余地"。二中全会以后，对日交涉，本此进行，其间数月，往还折冲，濒于破裂者数，而固守立场，始终无变。及匪伪各军进扰绥远，则合全国之力，以从事于守土御寇；西安变作，倡乱者虽欲假借种种口号，为煽动人心之具，而国人屹然无所动摇。盖数年来本党主义认识日深，如救亡图存，舍此实无他道也。此次全会对外方针，仍当继承不变，且努力以策其进行。盖吾人始终如一之目的，厥为内求自立，对外求共存，即使蒙受损害，超过忍耐之限度，而决然出于抗战，然亦只有自卫之心，绝无排外之意，故牺牲之决心与和平之期望，初无矛盾。假使和平之期望犹未完全断绝，吾人固仍愿确守平等互惠与互尊领土主权之原则下，求其初步之解决，使匪伪失其依附，主权克臻完整，如是则两国间悬而未决之问题，虽未完全着落,而以和平方法解决纠纷之可能,始得露其端倪,此在吾国,必当举国一致,于最短期间期其贯彻者也。至于其他国际关系,自当循国际和平之路线,力谋友谊之增进,凡政治的协调,经济的合作,必本两利之原则,以求相互关系之日趋于密切。此为吾国历年来所取之态度,亦即吾民族主义所固有之精神,吾人唯有坚守不渝,且益薪其发挥光大而已。

对外方针,如上所述,至于对内,则和平统一,数年以来,为全国共守之信条。盖必统一,然后可以建设现代国家,以当救亡图存之大任,必和平然后人人皆知精诚团结,共赴国难,以驯至于真正之统一。惟于此有宜注意者,和平统一与停止内战,其函义有广狭之殊:和平统一之目的,在集中整个国家整个民族的力量,以排除当前之国难,且进一步以踏入于民权主义之大道;明乎整个国家之义,则必知统治权之不可分,尤其军事、外交、财政、交通诸荦荦大端,有关于国防之需要者,不可不由中央总揽其成。否则部分独立,适成为劣等之有机体,终无所逃于国际之淘汰。明乎整个民族之义,则必知同为国民,休戚相共,纵因职业关系,个人间或团体间情感稍有差异,而整个民族之利害,终超出于一切个人一切团体利害之上。况当此外侮洊至,为国民者,存则俱存,亡则俱亡,万不可惑于阶级斗争之说,以自析其团结。凡此二义,实为和平统一之真谛,故所谓停止内战,乃谓在同一主义之下意见之分歧不取决于武力,而取决于商榷。非谓分裂国家分裂民族之举动,亦可藉停止内战之口号以为掩蔽,而无忌惮以进行。自去岁七月以后,统一事业渐以形成,地方割据之迹,将成过去,此后当依据和平统一之原则,以适应国防,且以奠长治久安之局。至于共产分子,近日虽假共同御侮之口号以号召,然征之往事,十三年以来,扬言加入本党以从事国民革命,而实则破坏国民革命,十六年以来,以暴动手段,危害民国,使国家对外之力量为之减削,人民无量数之生命财产为之荡析,种种罪恶,实不能以片言之表示,即予置信。本党为国家计,为人民计,决不忍数年以来,掷其血汗以从事"剿匪"工作之武装同志及一切同志怀功亏一篑之痛,无论用任何方式,必以自力使"赤祸"根绝于中国,免贻将来无穷之戚,而永奠民族复兴之基,此当明白为天下告者也。至于组织民众,训练民众,俾得共同参与建国之大业,实为本党之天职。自国难发生,本党深念职责所在,挺身以赴,义无旁贷。同时复深念覆巢之祸,人有同感,故以精诚团结共赴困难之意义,普及于全国,并于本党历次重要会议讨论决定国民大会之召集,五全大会更郑重决议于二十五年内召集国民大会及宣布宪法草案,一中全会根据此决议,明定以同年十一月十二日为期,并成立指挥监督办理全国选举事宜之选举事务所,订定办理选举全部限程,同年十月限程已届,而各地因种种关系,代表选举,未能如期依法办竣,始不得已决议国民大会延期举行,侯全国各地代表依法选出,即行召集。此次全体会议,以国民大会关系重大,特定于今年11月12日举行,自今以后,惟者督促主管机关依法进行,以期国民大会得以如期召集,议定宪法,共资遵守,盖不惟团结民众,于此得其具体的表现,而民权主义,亦将于此得其基础也。

抑尚有言者:国家统一之进行,必有待于经济之统一,始为真正之成功,而当救亡图存之会,国力之增长,尤有待于民力之充实。故经济建设,实为目前重要之图,而经济建设,不可不遵据总理所定民生主义以为进行,民生主义对于马克思学说判为社会病理家,而非社会生理家,郑重说明社会之所以有进化,由于社会上之大多数经济利益相调和,非由于社会上之大多数经济利益有冲突,故阶级斗争仅为社会进化之际可以发生之病态。而此种病态,可以思患预防,不必坐待其至,且努力以促成之。其尤反覆丁宁者,以中国现在之地位,欲解决民生问题,当根据事实,不当彷徨于玄渺之理想与空洞之学理,中国目前显著之事实,为一般的贫穷,所谓贫富不均,不过于一般贫穷之中,强为大贫小贫之别。故中国民生问题之解决方法,为思患预防计,则当从事于平均地权,节制资本;为增进生产计,则当从事于发达国家资本;而对于私人资本,同时加以适当之保护。凡此指示,皆为经济建设不易之方针,盖中国之所以贫穷,外由于敌国之凭陵,内由于生产之落后,若于民族之内,煽动阶级斗争,对外则适足以冲消民族整个之力量,而陷国家于灭亡,对内则适足以引起各生产分子间之混战,阻止生产建设之进度,其结果惟有使人民之小贫化为大贫,而大贫则即于死亡而已。数年以来,共产分子流毒所被,庐舍丘墟,生民涂炭,是其明证,遂使吾国于外侮洊至危急存亡之际,既须注力于国防,又须注力于"剿匪",而"剿匪"期间,于军事的扫荡,政治的保障之外,于经济建设,尤须尽其可能的努力,其关于农民者,如废除苛捐杂税,以解除痛苦,设立农业之研究机关,以改良技术,创置运销机关,以便利运销,组织农民银行与合作社,以灵活金融,治河造林,以防止灾害等,其目的皆在为农民增加其生产力。盖必生产力增加,始可以谋"耕者有其田"原则之实现,否则在目前生产条件之下,自耕农亦入不敷出,纵予以土地,不久亦必抵押变卖,而复沦为佃农也。数年以来,共产分子之所蹂躏,多在农村,农业固被其摧残,乡村仅有之手工业,亦遭其破坏,此外上海一隅,有相当数目之轻工业,为国内从事实业者数十年来拮据经营之所得,然秘密之宣传组织,使阶级斗争之毒念,潜入人心,为患亦不可胜言。总理尝言:所有工业生产的剩余价值,不专为工厂内工人劳动的结果,凡社会上各种有用有能力的分子,无论直接间接,在生产方面皆有贡献,而此种有用有能力的分子,在社会中占大多数,其所指示至为深切著明,若以阶级斗争之说煽动工人,则除工人之外,一切皆所仇视,此等有用有能力的分子,将不复能存在。即以资本家而言,数十年来,在外国雄厚资本优越技术之下,就极简陋之厂屋,用极经济之方法,兢兢业业,以谋揢拄,往往一年之中,始终忙于借款应付,偶一不继,即因而倒闭破产者,比比皆是。其艰难奋斗之情形,知其内容者,实不胜同情,何忍复言打倒?此无异欲使新兴之工业,归于幻灭,而不知工人亦必同归于尽也。为经济建设前途计,对于此等工业,必当维持爱护,即有应于必要施以统制,亦纯为此等工业之生存发达起见,至于其他较大之工业,或其性质上宜为国营者,或其事业非私人资力所能经营者,则当努力的发达国家资本,以负其责任。二中全会前后,币制之改革,金融之稳定,已有助于经济建设之进展,此次全会更当以最大之决心,最善之努力,促其发达,凡所举措,务求适合于国防及人民生活之需要,而尤必遵守民生主义之原则,务使社会利益,相互调和,平均发达,以驯至于共有、共治、共享之域,决不纵容阶级斗争之谬说,以召致社会之扰乱,亦决不酿成贫富不均之厉阶,以重贻将来之纠纷,目前救亡图存之工作,其完成有赖于此,而民生主义之实现,亦将起点于此也。

以上所举,为此次全会确定之方针,以言治标,非此无以排除当前之国难,以言治本,非此无以实践三民主义之涂辙,至于一切国本民生大计,五全大会所规定,一中、二中全会以来所奉行者,自今以后,惟有继续努力,无待于复述,凡我同志,务当深念国步之艰难,本党所负使命及责任之重大,同心同德,以期负荷,总理在天之灵,实式凭之!

一九三七年二月二十二日

(选自《革命文献》第六十九辑,台湾"中央文物供应社",一九七六年)

4. 中国国民党五届三中全会关于根绝"赤祸"之决议(民国二十六年二月二十一日通过)

本党以历史之使命,奉总理遗教,致力国民革命,以建设国家,复兴民族;本春秋无外之旨,对于世界之旨,对于世界殷殷焉薪至于大同之治,对于国内更断无町畦畛域之见;惟求集中国力,奠定统一之基,以谋中国之自由平等。故凡服膺三民主义,遵奉革命方略,而愿共同努力于国民革命者,无不引为同志,而竭成容纳。此为总理创立兴中会,同盟会,中华革命党以迄中国国民党一贯之精神。是以兴中、同盟时代,延致具有民族意识之志士,十三年改组时,则容纳共产党员个人加入本党,史实俱在,可考而知也。乃共产党人加入本党之后,竟食誓言,在本党掩护之,初则对本党阴分壁垒,继则对本党多方分化,当时本党犹力予容忍,冀其自悟,逮国民革命军出衡湘克武汉,乃复遮断本党与民众之联系,播植赤化之祸种,以谋颠覆本党革命建国之基础;阻挠东下沪宁之师,牵掣北定郑汴之役,演成两湖之恐怖,构成宁汉之痛史。北伐大业,几致停顿。又复昌言创立红军,破坏本党干部,鼓动阶级斗争,夺取革命政权。本党为巩固党基,完成北伐,以救拔人民计,乃不得不当机立断,以有"清党"之役。以共产党人以自绝于国民者,自绝于本党,往事历历,为当世所共见共闻者也。嗣复一面鼓其邪说,荧惑青年,一面结集成队,四处骚扰,为患十年余,荼毒十数省。远之如武汉、南昌、广州。长沙之变乱,以及粤之陆海丰,闽之龙岩、永定,赣之吉安、上饶、永新、铜鼓、弋阳,湘之平江、浏阳、华容,鄂之沔阳、黄安、监利,豫之商城、黄川等县,匪踪所至,田畴为墟。又复伪立政府,致赣、粤、闽、浙、湘、鄂等省,受彼等蹂躏最久,人民之苦痛最深。中央有保育人民之责,对于毒害人民之匪类,自不得不予荡除。数年以来,节节"清剿",赖我将士智勇忠诚,秉持三民主义,牺牲奋斗,卒能扶其根株。凡经匪众盘踞而为国军克复之地,立即为之区处条理,招揖流亡,不数日而渐复旧观,民获安居,咸庆得所。以我宽仁,易彼残暴,相形之下,妇孺皆知。彼等自江西总崩溃后,由湘、黔、滇边境而四川而甘、陕、宁、晋、青等省。于人民则裹胁之后,继以残杀;于庐舍则摧毁焚烧,惟恐不尽。城市农村之经济,莫不尽力破坏,鲜有孑遗。是皆陈事昭彰,无待缕举。其尤可痛心疾首者,"九一八"以来,国难严重;全国国民在统一政府之下,实行集中国力,精诚团结,悉心建设,充实国防,以御外侮,犹恐不及。而共产党人乃乘国家危急存亡之际,肆意扰乱。于淞沪之役,则猛攻赣州;长城各口之役,则猛攻抚州,危急南昌。使抗战之师,为之牵制。其他破坏国防,摧残民力之事,更变本加厉。言念及此,举国共愤。今者共产党人于穷蹙边隅之际,倡输诚受命之说。本党以博爱为怀,决不断人自新之路,惟是鉴往思来,不容再误。非彼等精诚悔祸,服从三民主义,恪遵国法,严守军令,束身为中华民国良善之国民,则中央为保持国家之治安,维护全国人民之生命财产计,不能置亿万人永久之利害于不顾,而姑息少数巧言暴行之徒,以贻民族之殷忧。就目前最低限度之办法言之:

第一,一国之军队,必须统一编制,统一号令,方能收指臂之效,断无一国家可许主义绝不相容之军队同时并存者,故须彻底取消其所谓"红军",以及其他假借名目之武力。

第二,政权统一为国家统一之必要条件,世界任何国家断不许一国之内有两种政权之存在者,故须彻底取消所谓"苏维埃政府"及其他一切破坏统一之组织。

第三,赤化宣传与以救国救民为职志之三民主义绝对不能相容,即与吾国人民生命与社会生活亦极端相悖,故须根本停止其赤化宣传。

第四,阶级斗争以一阶级之利益为本位,其方法将整个社会分成种种对立之阶级,而使之相杀相仇,故必出于夺取民众与武装暴动之手段,而社会因以不宁,居民为之荡析,故须根本停止其阶级斗争。

要之,凡独立自主之国,断不能容许有反国家反民族而依附外力之团体,亦决不能容忍任何残害民生毁弃道德之行为,本党员建国立人之责,共产党封建割裂专制残酷之策略,及其以国际组织为背景,而破坏国家统一之行动与宣传,实与建国立人之要旨绝对相反。吾人须知,必先恢复中华民族固有之精神与道德,树立中华民国独立自主之人格,乃能恢复中华民国固有之版图,承继我中华民族历史之光荣,以实现三民主义。故"赤祸"之必须根绝,乃为维护吾国家民族至当不易之大道。凡喻斯旨,果具决心,而以事实表曝于全国民之前,均所容许;否则,仍当以国脉民命为重,决不能轻信诡言,贻国家民族以无穷之患。此乃本党责任所在,敢为全国同胞昭告者也。

(选自《中国国民党历次代表大会及中央全会资料》(下))

5. 关于开放言论、集中人才及赦免政治犯问题之谈话(蒋介石)

蒋委员长于全会散会后,接见中央社记者于会场休息室,记者以外间对开放言论与集中人才二点,异常注意,特叩询中央今后之方针,并询问关于赦免政治犯问题,中央讨论与决定之经过,承一一答覆如下:

一、开放言论。此次提案中提及此点者甚多,且亦为各地言论界所注意,中央当然重视之,但中央过去并未限制言论自由,除刑法及出版法已有规定外,只对于下列三种,不能不禁止:(一)宣传亦化与危害国家扰乱地方治安之言论与记载;(二)泄漏军事外交之机密;(三)有意颠倒是非捏造毫无事实根据之谣言;除此三者以外,本属开放,本属自由,而且亦希望全国一致尊重合法之言论自由。但我国疆域广大,各地对于开放言论,每不能一致,往往有中央所许可或为中央所发表之消息,而地方当局转不许发表,舆论界时有烦言。须知中央极尊重言论自由,断不欲有意外之限制,今后更当本此主旨,改善管理新闻与出版物之办法,且当进一步扶助言论出版事业之发展,使言论界在不背国家利益下,得到充分贡献之机会。现各地当局既亦有此种要求,希望各地当局,今后一致做法,对于中央所许可发表之消息,不可随便禁止,务使全国所有消息,得以畅达于国家之每一部分,以收统一意志之效。

二、集中人才。近来各方颇注重此点,大会中亦曾讨论及此。其实中央数年来即本此方针而行,中央不但要集中人才,而且要多方征集人才,来共同努力挽救国家。但不能照共产党与所谓人民阵线者之说法,使反覆投机之政客,与捣乱国家煽惑各省破坏统一之分子,皆得托于集中人才之名,以作猎官之阶梯。中央认为国家目前所迫切需要之人才,为真能贡献于国家一切文化经济建设之专家,并不限于文章言说之士,更不是纵横捭阖奔走政治之辈。要知此种观念如不矫正,中国即不能进为统一进步之现代化国家。所以中央数年来之方针,不但要集中人才,而且要保育人才,奖进人才。真正人才,并不在乎与以禄位,使之做官,而在使各地人才,能发挥其专长之能力,在各地社会上,做种种事业。政府近来对各省事业尽量补助,促其发展,即在实行总理人尽其才之遗训,亦所以促成国家之建设。此次全会中提有中国经济建设方案,业已通过,此项方案之实行,正不知需要多少专门家与人才也。从政治方面说,中央十年以来,延揽党外有能力之分子,不知凡几。事实上对于民国十三年以前之各党各派,早无歧视,更无排斥之意,尤其是对国内具有真实学问与爱国热忱之知识分子,与大学教授,更是虚心咨访,极意尊重,切望其在教育文化上,在政治经济各种建设上尽量贡献,培育有用之青年,完成建国之大业。所以集中人才一层,可说是中央一贯之方针,今后必更进一步的期其充分实现。凡真正爱国而愿在同一目标之下,为国家尽力者,自必与以尊重,且亦欢迎之不暇。

三、赦免政治犯问题。国事危急至现在地步,建国工作又如此迫切,中央对于国内,自必以宽大平恕,召致和平,以谋一切之安定。对于过去政治上犯有错误者,矜惜宽免,不乏其例。但现在之所谓政治犯,即为反对国家破坏社会之共产党及反动分子,对于此等罪犯,定有自新条例,凡经察有悔悟实迹,准许保释者,已不在少数,故只要此等分子,真正觉悟,不再乘此国内严重之机,作捣乱国家破坏统一之举,其悔过自新且有人保证者,当然可个别予以宽免。但如不问有无悔悟诚意,而普遍的一概赦免,则中央为重视国家之法纪,保证社会之安宁,决不能随便出此。政府有政府之责任,宽大有宽大之办法,不能漫无限制,以姑息为政,而贻害社会,此当为国人所共谅。

总之:吾人今后必须集中全国之意志与力量,真诚坦白,做到团结一致,负责力行,以挽救国家目前之困难,深信全国爱国人士,必能拥护本届全会之决议,而共同努力也。

一九三七年二月

(选自台湾《中华民国主要史料初编》第五编)

6.中共中央致中国国民党三中全会电

中国国民党三中全会诸先生鉴:

西安问题和平解决,举国庆幸,从此和平统一团结御侮之方针得以实现,实为国家民族之福。当此日寇猖狂,中华民族存亡千钧一发之际,本党深望贵党三中全会,本此方针,将下列各项定为国策:

1.停止一切内战,集中国力,一致对外;

2.保障言论、集会、结社之自由,释放一切政治犯;

3.召集各党、各派、各界、各军的代表会议,集中全国人才,共同救国;

4.迅速完成对日抗战之一切准备工作;

5.改善人民的生活。

如贵党三中全会果能毅然决然确定此国策,则本党为着表示团结御侮之诚意,愿给贵党三中全会以如下之保证:

一、在全国范围内停止推翻国民政府之武装暴动方针;

二、工农政府改名为中华民国特区政府,红军改名为国民革命军,直接受南京中央政府与军事委员会之指导;

三、在特区政府区域内,实施普选的彻底民主制度;

四、停止没收地主土地之政策,坚决执行抗日民族统一战线之共同纲领。

中国共产党中央委员会

一九三七年二月十日

(选自《中国共产党历史资料丛书·第二次国共合作的形成》,

中共党史资料出版社,一九八九年)

7. 国民党三中全会后我们的任务——中共中央宣传部宣传大纲

一、三中全会的意义

国民党三中全会是一个有重大意义的会议。虽然三中全会的宣言和决议,没有明确性具体性,没有坚定的方针,没有批评自己的过去的政策的错误,有许多非常含混的语句,但无论如何它是表示国民党政策开始转变。

(一)在对内政策上——确定和平统一,使一切形式的国内战争基本上是停止了;对民主方面表示相当的扩大,决定修改选举法,承认在某种条件下开放言论和释放政治犯。

(二)在对共产党问题上——虽然指责我们,但提出了四个条件,表示可以进行谈判,在他的四个条件与我们给三中全会的通电,原则上是相当接近的,因此国共合作的原则是已确定。

(三)在对外政策上——在对日问题上,表示了"如果让步超过了限度,才只有出于抗战之一途",这是国民党第一次提出抗战,比二中全会的"牺牲未到最后关头,决不轻言牺牲"是进了一步。

在国际问题表示愿意参加到和平阵线方面来,因此使《日德防共协定》在中国失败,而太平洋集体安全制度将获成功。

(四)在行动方面——三中全会后,国民党执行自己的决议虽然非常之迟慢,但亦在开始。南京政府和国民党内个别人员的更动,多少是表示对亲日派的不利。对绥远抗战表示援助,如阵亡将士之追悼大会。西安事件和平解决,没有再挑起内战的企图,基本上停止了对红军的军事行动。派财孔赴英①,与苏联更接近等等,这些都是说明三中全会后国民党政策的开始转变。

因为国内外形势变动,迫得国民党不得不放弃自己政策。同时,国民党政策的开始转变,又影响了国内国外形势的变化。在国内则使内战停止后,团结御侮能更快实现。在国外则更加强和平阵线,而打击侵略阵线;加强太平洋的集体安全制度,而使日德防共协定更形孤立。

---

①"财孔"是指财政部长孔祥熙。

二、日本侵略中国的新政策

三中全会前日本在中国问题上遭受很大的失败：（一）进攻绥远的失败。（二）西安事变和平解决，使日本挑拨内战的计划失败。（三）华北特殊化问题没有成功。（四）拉中国加入日德防共协定没有成功。（五）三中全会的结果更不利于亲日派。（六）英国在中国问题上胜利更促进英日的冲突。

由于中国内部的团结，抗日力量的增加，日本国内冲突的尖锐（阶级与阶级间，政党与政党间），与日德防共协定使日本陷于孤立的状况，英国在中国问题上的胜利，苏联与中国的接近。这些原因不能不使日本外交散播和平的烟幕弹，如是有所谓日本外交的新政策。这一新政策一方面想用各种方式来和缓中国的抗日运动，把南京引诱到防共协定中去。另一方面则组织中国内部某些军阀，以反对南京，还想用以华制华的办法，挑起内战。佐藤外交并没有放弃广田的三原则，他只想在新政策的掩盖下，利用时间，巩固在中国已得的地位，拆散中国的团结，而准备新的占领，以达到灭亡中国。

必须在中国人民面前揭露佐藤外交的实质，使他的阴谋无从实现，使中国将告成功的和平统一不为佐藤的阴谋所破坏。

三、争取民主权利是巩固和平与准备抗战的关键

三中全会后，中国形势开始了一个新的时期，内战已经停止，南京已经转向抗日方面来。如果三中全会前一个时期我们抗日民族统一战线工作中的中心一环是停止内战，一致对日抗战，那末争取民主权利的实现便是巩固和平统一、准备对日抗战的关键。

在这一时期中，我们的工作中心一环是扩大民主运动，争取民主运动的实现。在民主原则的基础上，改革国内政治，召集国民会议，开放言论自由，开放民众运动。今天的民主运动是为着抗日，同时是在抗日运动上表现出来。

四、共产党对三民主义的态度

中国共产党从来就赞助革命的三民主义。在第一次国共合作时代，许多的共产党员，为革命的三民主义而奋斗流血和牺牲。因为中华民族独立自由解放的民族主义，给人民以民主权利的民权主义，改善人民生活和发展国民

经济的民生主义,是与共产党的主张相容的。因此,中国共产党现在依然赞助革命的三民主义,主张恢复孙中山先生的三民主义,继续孙中山先生的革命的精神。

国民党应当在孙中山先生革命的三民主义的基础上进行改组,吸收革命的分子进去,排斥亲日的和堕落的分子出去。

五、中日矛盾是中国革命目前阶段上的主要矛盾

中日矛盾的尖锐化,把国内矛盾降低到次要地位,而中日矛盾为中国革命目前阶段上主要的矛盾。因为国内战争应该以适应抗日的大局为原则。因为中国人民的利益,应当高于一切,在民族危机空前严重的关头,必须团结一切力量去反对共同的敌人。

国内阶级间的矛盾,在抗日第一的原则下,改善人民生活,给人民民主权利,这也是为着增强抗日力量。中共中央主张不分阶级的抗日民族统一战线以及给三中全会的通电,停止没收地主土地及武装推翻南京政府的方针,就是把国内的矛盾服从于中日的主要矛盾,把中华民族的利益看作高于一切。

国内政治集团间的矛盾,地方政府与中央政府间的矛盾,也必须在抗日原则下求得解决。当中央政权转向于抗日的方面时,地方政权的分裂,客观上将是有利于日本的。

六、揭露中国托派汉奸面具

中国托派在用"左"的空话,而实际上是日本的走狗,托派说三中全会一点转变也没有,托派说中国共产党投降了,托派说要反对一切帝国主义而不要抗日运动。他们的这些空话都是证明一个目的,就是他们要执行托洛茨基的指示"不要阻止日本占领中国"——在最近苏联公审拉狄克时,托洛茨基给季诺维也夫的亲笔信上就是这样写着。"托派为日本军部供给苏联的情报"(日本贵族院上的声明)。在西安事变时托派又帮助日本挑拨内战。托派在世界范围内,成为法西斯蒂的走狗。在中国问题上,则成了日本的走狗。

七、党的基本任务

有人以为和平统一后,我们的事情就好作,恰恰相反,正是和平统一后,我们的事情更多、更复杂、更麻烦而任务更繁重。我们由局部转向全面,由武

器的批评转到批评的武器,由秘密的转向公开,由对立的转向合作的,因此我们的任务更加繁重了。

目前党的基本任务:(一)坚持抗日统一战线的政策,坚持抗日救国的方针,对于民主权利的实现与人民生活的改善,都是要环绕在抗日的问题上。(二)坚持共产党的独立性,利用批评的武器,善用一切适当的斗争方式,提出自己正确的主张,批评朋友的每一动摇,使广大群众团结在党的周围。(三)建立全国范围的工作,培养每个地区的坚强的独立的干部。(四)重新教育干部,使他们了解新的策略和新的工作方式。(五)开展党内的民主,提高党员的干部的积极性、自动性、警觉性。(六)加强党内的思想斗争,反对"左倾",因为这种倾向将使党脱离群众,因为它客观上是帮助敌人来破坏抗日民族统一战线。反对"左倾"最有效的方法,是揭破反革命托洛茨基派的思想和阴谋。同时在统一战线的开展中,必须反对右倾机会主义,它表现与另一种政党同化,成为尾巴主义。

一九三七年四月八日

(选自《中国共产党历史资料丛书·第二次国共合作的形成》,

中共党史资料出版社,一九八九年)

8. 国民党三中全会(巴黎《救国时报》社论)

在国民党决定召集三中全会之始及会议过程中,全国舆论,各主张抗日救国的党派,各人民团体以至国民党内一部分明达爱国的领袖和地方当局均再三表示意见,并向三中全会提出建议与要求,认为三中全会必须坚决改变南京政府之对内对外政策,采纳和平统一、抗日救国的方针,以挽救陷于危亡的民族命运。如就电讯所传之三中全会决议和宣言之主要内容看来,三中全会竟毫未顾及全国人民之意志与要求,对于"和平统一,抗日救国"的问题,均与以直接否定的回答,谓"对外政策无变更之必要",谓"和平统一与停止内战有别","对于共产分子应是彻底肃清"等等;至少在字面上看来,是三中全会肯定申明南京政府将继续过去之对内对外政策,这真要使全国人民感觉到如何的失望与痛心!

日寇处心积虑，着着加以进攻，非尽亡中国不已，稍具爱国天良之同胞，莫不洞若观火。且无论东北四省未复，冀东伪组织岿然无恙，即在国民党二中全会以后，日寇又已利用内蒙德王等建立所谓"蒙古国"伪组织（一九三六年六月），占据察北绥东一带，以为进攻绥远和西北省之根据。虽由于绥远将士之英勇抗敌，全国人民之一致援助，曾给伪军以巨大打击，而日寇之阴谋并未因此稍息，叛贼德王、李守信等正在日寇帮助之下准备大举进犯，则所谓"二中全会以来执行了不容忍再有丧失领土主权之政策"等，实系欺人自欺之谈。至于现在日寇内阁所作对中国并无领土野心的宣言，这正与叛贼德王在西安事变时向南京所作的"愿意停止进攻绥远，服从南京，以便南京实行讨伐西安"之声明，同一用意，其目的不过是在于挑起中国内战，破坏中国团结，以实行一贯的"以华制华"的毒计而已。今三中全会不为团结全国，抗敌御侮、收复失地之准备，乃欲以和平交涉，使日寇尊重中国之领土主权以谋"中日关系之改善"。如果这是三中全会所决定的外交政策的真实内容的话，那真是无异与虎谋皮，将见日寇大逞狡计，而使我民族陷于更加危亡的境地！这是何等令全国人民失望痛心的事实！

停止内战为和平统一之先决条件，必须停止内战才有和平统一之可言，乃三中全会谓"和平统一与停止内战有别"，究何所谓而云然，真令人百思不得其解！目前停止内战、和平统一之中心枢纽，是在于国共合作，今三中全会谓"中央政府对于共产党分子的基本政策应是根本肃清"，这是直截了当的从事内战的政策，与和平统一完全背道而驰，三中全会对于民族大敌之日寇则低首下心百般忍耐，对于自己同胞之共产党人则倡言"剿贼"、"肃清"，毫不顾忌，何其勇于私斗，怯于公斗若是!? 三中全会所持之理由谓欲"维护国家之统一，尤其是政治军事财政交通之统一"，然而共产党在致国民党三中全会的电报上已明白宣言，只求南京政府实行抗日政策，便愿将苏维埃与红军改制改名服从南京政府，是共产党维护和平统一之诚意已大白于天下，不知国民党当局诸公何能再加共产党以破坏统一之罪名。如果国民党之目的不仅在于红军服从南京政府，以达到军令之统一，而是要根本消灭红军，则异常明显的不是团结国力，而是削弱国力，这不是救国政策，而是亡国政策。这决不是全国人民所能容忍的。三中全会谓"中国人民应不再受阶级斗争之荒谬理论所蒙蔽"，如果系指阶级斗争之理论而言，则阶级斗争为历史之事实，非理论上之否认所可消灭；如果系指共产党之政策而言，则毛泽东先生在致沈钧儒先生等的信中已明白回答："我们主张必须改善工人生活，但希望不加深反资本主义的斗争。……劳资的共同利益是建立在反对帝国主义侵略的共同利益上。"而在共产党致三中全会的电报上正式声明停止没收地主阶级的土地。是共产党无论在工人运动或农民运动的政策上均已为着全国团结而作明显的改变，既"不希望加深反资本主义的斗争"，又复"停止没收地主阶级土地"，以期一致合作反对日寇侵略，谋民族生存和劳资之共同利益。如果国民党亦本全民团结一致救国的方针出发而劝告地主与资本家减轻对工人农民的剥削，并采取一定的政策以改善工农贫苦人民的生活，又何致有加深阶级斗争，妨害全国团结的事实？因此，三中全会所列举之理由，无一不为铁样的事实所粉碎，如果国民党当局仍欲本此进行"剿共"内战，则只是表明毫无和平统一之诚意，不顾计民族生存之利益，而自甘堕入日寇"以华制华"之狡谋当中，是非之辨，昭然若揭，全国人民决不会让内战祸首轻易断送民族之生机也。

或谓三中全会之宣言，其用意是在应付日寇之压迫，避免日寇挑衅之藉口，南京政府之真实政策，将不为三中全会之决议所束缚。此种善意的推断，当然希望其符合事实，因为这不仅是国民党之幸事，亦国家民族之幸事。我们坚决相信，全国人民决不会为任何空洞之宣言或解释所蒙蔽，而要炯炯不移的注视南京政府每一步的实际政策。如果南京政府真有和平统一，团结救国之诚意，那么在现在至少应当立刻实行恢复张学良氏之军职，使其遣返西安，停止破坏东北军和十七路军及威胁红军之政策，释放上海救国会七领袖，并与一切主张抗日救国之党派，作真正团结抗日的开诚布公之谈判等和平统一的初步的步骤。全国人民将以此来观南京政府今后政策方向究竟何在！

全国人民在最近几年来，不只是表示了反对内战，团结抗日的坚定不移的意志，而且表现了转移历史的巨大力量。西安事变的和平解决，蒋介石先生安返南京，亲日派汪精卫、何应钦等挑拨内战阴谋屡次遭受打击，无一不是全国人民强制力的表现。国民党当局之中，不乏明达之士，决不会短见若此，让少数亲日叛徒如汪精卫之流，悖背民意，肆意横行，而加深国家民族之灾难也。

（原载一九三七年二月二十八日巴黎《救国时报》）

9. 评国民党三中全会对共产党的决议（巴黎《救国时报》社论）

国民党三中全会开会之始，共产党中央曾根据其实行国共合作，和平统一，团结抗日的一贯的政策，致电全会，要求国民党采纳对外抗日对内民主的政策，同时声明，在国民党接受抗日政策下，共产党愿意停止反对国民党的武装斗争，将苏维埃改为中华民国特区政府，红军改为国民革命军及停止没收地主阶级土地等。这一通电引起了全国人民的同情，为国民党中许多明达爱国的领袖所赞助；于是有宋庆龄、冯玉祥、李烈钧、孙科、鹿钟麟、石瑛诸先生的要求恢复总理"三大政策"的提议。三中全会在经过严重的争论以后，就通过了对这一问题单独的决议案，即所谓"根绝赤祸案"。

单就这一决议之命题，已使国人感觉到莫大的失望。全国人民所一致要求者为国共合作，和平统一，而三中全会仍以"根绝赤祸"为言，显然与民众之要求相背悖。至于决议的本文，则极尽伪造史实，曲解教训的能事，始则将第一次国共合作所造之伟业，尽攘为己有，而诬共产党"食言"，"破坏"，继则将"分共清党"以来，南京政府的错误政策所造成之民族大难，默而不言，反诬共产党为"破坏国防"。此不仅表示这一决议作者尚无凛于民族大难，实行国共合作团结御侮的诚意；特别是表示对于过去南京政府的错误政策，尚无彻底的觉悟，更使国人对于今后南京政府是否真能执行实际准备抗日和民主的政策，发生莫大之疑惧。最后更将共产党之提议合作，描写为共产党之"输诚"。共产党表示在国民党执行抗日和民主政策之下，红军和苏维埃愿意服从南京政府，这正表明共产党提倡之抗日救国政策的真诚；如果国民党真能实行实际抗日政策而达到国共合作，这也表明国民党尚能尊重人民之期望与意志；在共产党是"求仁得仁"，在国民党亦是一大进步，这正是两党互相妥协以求合作的表现，何得为"输诚"？！因此，如果将共产党的电文与国民党三中全会之决议两相对比,一则光明磊落,忠诚耿耿,一则文过饰非以求自解,一则以民族大义为前提,一则以党派之成见为主要;这在全国人民看来,实不能不倾服共产党之真诚为国,而觉到国民党中部分领袖尚昧于民族大义,这对于国家民族固然是有害无益,对于国民党也是很不利的。

然而,这一决议,虽然这样曲解事实,颠倒是非,可是在全国人民一致要求之下,在国民党中一部分明达爱国领袖争持之下,终究对共产党之合作提议,未敢予以绝对之拒绝,而不得不在字里行间隐示妥协的可能。若再细按其所提出之妥协四项办法,更只是共产党电报中所提议之和平统一五点改换词句而已。三中全会要求"统一军令"、"取消红军"、"统一政权"、"取消苏维埃",而共产党已在自己的电报中提出将苏维埃改名为中华民国特区政府,将红军改名为国民革命军服从南京政府。

三中全会要求停止"阶级斗争",似乎共产党以阶级斗争的政策分裂民族一样,其实共产党是在《八一宣言》中就要求各阶级各党派一致联合抗日救国,红军早已停止对南京政府的行动,而在此次电报中更明白申明停止武力反对南京政府,停止没收地主阶级土地,至于对中国资产阶级,共产党更从来未有"打倒"、"推翻"之政策。至于三中全会决议中的第三项,所谓信仰三民主义"停止赤化宣传"之要求,在共产党,从未认为三民主义与共产主义绝对不相容,主张所谓"共信不立,互信不生"者,正是国民党中一部分曲解孙中山先生学说的分子,其实孙中山早已说过"共产主义是民生主义的理想","共产主义不但不和民生主义冲突,并且是一个好朋友"。至于所谓"赤化宣传"不知究何所指,在历史上一切先进的思想都曾被反动势力指为赤化,以前孙中山先生的思想不就曾被反动的曹吴军阀指为赤化吗?!如果这一决议的作者系指孙中山所称颂的共产主义的思想为赤化,那便是自比于曹吴军阀之流伍了。如果系指共产党抗日救国的宣传为"赤化",则更只能出之于日寇与亲日汉奸之口,想决非国民党三中全会决议命意之所在。所以三中全会决议所提可以与共产党妥协之四点,在内容上,与共产党之提议并无何种区别,我们可以推断三中全会所提的四项办法,原则上必为共产党所乐于接受;因此国共合作问题是否成功,全以国民党是否真能执行抗日的实际政策为准绳了。

困难已至最后关头，全国人民莫不一致引领企望三中全会后之南京政府真能改变对内对外政策，这不仅可以完成与巩固国共合作和平统一的伟业，而且民族兴亡之前途，亦将唯此是赖。

（原载一九三七年三月十五日巴黎《救国时报》）

10. 中央考察团到延安（《解放》周刊时评）

五月三十日左右，在涂思宗、萧致平、邵华各氏率领下的中央考察团，经过陕北各县，在全边区民众热烈的"巩固国内和平、实现民主权利，促进对日抗战"的欢迎口号中，到达了延安，并且参加了全延安城各界民众的纪念"五卅"大会。自中国共产党致国民党三中全会通电发出后三阅月，国共关系的调整，逐渐在改善中。中央考察团到边区之行，使国共的合作，更将明朗化，在中华民族团结抗日更推进一步的意义上来说，这应该是值得庆贺的。今后倘经过国共两党之越益接近与努力，中华民族之光明前途实可望其有更大踏步的发展，这不特对于中国是重要的事，并且对世界反侵略阵营、与和平阵线方面，亦是重要的事。

自西安事变和平解决以后，有国内和平之确立。可是自从共产党致三中全会书发表，外间不少有种种揣测、怀疑及国共合作今后的前途。自然有不少的人、因为日寇与汉奸挑拨的结果，怀疑共产党提出国共合作的"诚意"的程度；同时更有不少的人，甚至即在现在，一面由于国民党过去的政策，一面由于最近以来一些占重要地位的人们仍自忙于假期与外交时症，而对于这问题未有明确的答覆，遂也怀疑及国民党政策转变与接受国共合作的诚意，而恐惧南京当局会用手段来削弱红军的力量，会分散抗日主力队伍的战斗力，甚至会用某些不可告人的方法，来进攻红军和苏区。

这两种怀疑，不是偶然的。第一种怀疑，在于这种人对民族抗日的团结尚缺乏基本上的认识。他们不知道两年来共产党一贯为国内和平与民族团结的主张与努力，他们不知道共产党在西安事变中坚持和平方针，对事件的和平解决所起的决定的推动作用。他们不知道共产党所要求于国共合作的决不是"三年的合作"，或只是"策略手腕的运用"，而是长期的合作。因为完成对日抗战以求得中华民族的解放,实现彻底的民主权利来建立民主共和的国家,彻底改善人民的生活,这一革命的三民主义的实行,决不是"三年"或短期的合作所能完成的事业,而是必须经过长期合作的奋斗,来对付共同的敌人才能实现的。因此对于共产党的"诚意"的怀疑,是完全可以冰释。

第二种怀疑,关于国民党政策转变的角度。我们想,中央考察团的此来,可以相当地证明国民党方面向着团结方向有前进一步的意图。然而我们必须说,这种怀疑的基本的打破,尚有待于国民党当局决然的给予民众以民主权利,开放言论集会结社出版的自由,释放政治爱国犯,彻底修改所谓《危害民国紧急治罪法》与《报章检查法》。全国人民要求国共合作的主要问题,是在恢复孙中山先生三大政策的基础上,在民主自由的基础上,团结两大政党、团结全国人民和精萃的人才,去为民族解放抗日事业努力。共产党尚未有在全国人民面前表露这"合作诚意"的自由。虽然考察团诸氏在"五卅"纪念大会上公开向民众承认"红军的抗日情绪与艰苦卓绝的作风,共产党领袖团结的诚恳为至所佩服"。可是各地报章说同样的话就遭"保护正当言论"的钳制,老早以前和考察团诸君说过同样的话的爱国青年与领袖尚呻吟狱中。我们应该说,国民党主动的去消除民众对这一问题的怀疑,积极的具体回复民众对国共合作的热望,现在是不能再缓的时候了!

毛泽东同志在欢迎考察团大会上说得非常恰当。"在中国历史上,我们所写的文章,是为着民族解放,是为着驱逐日本帝国主义出中国。今后要写的文章,一个人是写不成的。写民族独立固是一篇文章,写由封建专制转入民权自由更是一篇长文章,民生幸福的一篇自然是更大更长的文章。我们希望的,是使两党合作达到新的阶段,这不是短期的合作,是长期的问题。这篇文章怎样写,共产党的笔已经在手里了。"

记得孙中山先生在协和医院弥留之前,曾对汪精卫先生诸人说过如下的话:

"你们应该努力维持国共合作。这不是容易的事,敌人一定用各种方法软化你们,破坏你们。你们有这勇气么?"

我们想,这几句沉重的话,今后还用得着! 忠实于孙中山先生的国民党最高领袖各氏,今天应该回忆这句话!

（原载《解放》周刊第六期,一九三七年六月十四日）

11.在欢迎中央考察团晚会上的欢迎词①(毛泽东)

今天这个欢迎会有伟大的历史意义,因为第一次大革命时代是由国共两党干起的,现在比那个时候更加不同了,民族比那时更危险。两党一致团结,在今天比以前合作的意义与作用是更增加了。过去十年两党没有团结,现在情形变了,如两党再不团结,国家就要灭亡。中央考察团此来,使两党团结进入新的阶段,其意义是很重大〔的〕。我认为要说明如下两点:

一、有人怀疑两党合作是否有诚意,对双方都怀疑。今天的事实,考察团之此来,就说明了这一点:共产党方面在两年来政治上的表示,如文件、宣言、谈判等,都是为着两党团结,西安事变和平解决的方针表示两方的和平政策,不怕敌人挑拨,始终没有动摇。过去已证明了这一点,以后如何呢？要看以后工作来证明。在以后,应巩固两党的团结,用民主的方法来解决若干必须解决的矛盾(不利于团结的矛盾),结成坚固团体去对付我们的敌人,以求得民族独立、民主权利、民生幸福的实现。

二、又有人怀疑两党合作双方都有阴谋诡计,都是临时的策略作用。这也要看过去我们的工作到底是破坏还是团结。我想在西安事变以后,事实更加告诉了大家,是向着团结方面〔发展〕的。这主要地〔要〕看以后。同时,有人怀疑两党没有长期合作的诚意,我想这都是一种猜想,我们是希望两党长期地合作下去,并且努力向着这个目标干。

共产党方面诚意地欢迎中央考察团,丝毫没有假意。今天这个欢迎会,就是国共两党合作的充分表现。

（选自《中国共产党历史资料丛书·第二次国共合作的形成》,中共党史资料出版社,一九八九年）

---

①国民党中央考察团于五月二十九日下午五时许到达延安城,延安各部队音乐队在城南欢迎。考察团下车后即入招待处休息,六时左右特区政府设宴为考察团洗尘。宴后举行欢迎晚会,林伯渠宣布开会,毛泽东致欢迎词。这是欢迎词的大意,曾载于一九三七年五月三十一日《新华号外》。

六、国共两党正式谈判，准备再次合作

1. 国民政府军事委员会委员长西安行营主任顾祝同关于周恩来要求派代表来协商共军改编事宜致蒋介石电及蒋介石的指示

西安行营主任顾祝同电话报告："共党周恩来要求派代表来，其意在协商共军接受政府收编事宜。"

蒋指示："在政府立场，姑且每月支付二、三十万元军费，由杨虎城间接领发，共军番号暂时照旧，其驻军地点及收编事宜视情形再作商量。"（一九三七年一月三十一日）

（选自《蒋总统秘录》第十册，台湾"中央日报社"，一九七五年）

2. 顾祝同关于与周恩来谈话情况致蒋介石电

特急。上海委员长蒋。密。与周恩来谈话，彼所提出之意见，分为比较具体的与临时的办法两种：（甲）比较具体的：（一）共产党承认国民党在全国的领导地位，停止武装行动及没收土地政策，坚决实行御侮救亡统一纲领，国民政府允许分期释放在狱共党，不再逮捕和破坏，并容许其在适当时间公开；（二）苏维埃制度取消，现时苏区政府改为中华民国特区政府，直受南京国民政府或西安行营管辖，实施普选制度，区内行政人员由地方选举，中央任命；（三）红军改为国民革命军，接受军委会及蒋委员长统一指挥和领导，其人员编制饷额和补充，照国军待遇，其领导人员，由其推荐军委会任命，其政训工作，由其自做，但中央派少数人员任连络，其他各边区赤色游击队，编为地方团队；（四）共党得派代表参加国民会议；（五）该军得派代表参加国防机关；（六）希望三中全会关于和平统一团结御侮及容许民主自由改善人民生活，能

有进一步的主张和表示。(乙)如比较具体的办法一时不便施行,拟请定一临时办法即暂划一地区俾其驻扎,每月酌予接济。(丙)据出现在该方现有全数人员,因驻地粮食昂贵,官兵每人每月最低伙食非七元以上,不敷维持,故如具体的解决在地方上完全不取他款,每月全数至少非七十万元不能生存等语,究应如何办理,敬乞钧裁示遵。职顾祝同文亥。(一九三七年二月十三日)

(选自台湾《中华民国重要史料初编》第五编)

3.蒋介石指示顾祝同与周恩来谈判时注意之要点

最要注意之点,不在形式之统一,而在精神实质之统一,一国之中,决不能有性质与精神不同之军队。简言之,要其共同实行三民主义,不作赤化宣传,若在此点同意,则其他当易商量,如彼与兄面谈,可以此言切实直告。盖以总理与越飞之共同声明(民国十二年)中,越飞已承认中国不能施行共产主义,而赞成三民主义也。

(摘自李云汉:《有关西安事变几项疑义的探讨》,

原载台湾《中央日报》一九八四年六月十日)

4.蒋介石关于改编共军方针给顾祝同的补充指示电

西安顾主任勋鉴:对第三者处理方针,不可与之说款项之多少,只可与之商准留编部队人数之几何为准,当西安事变前只允编三千人,后拟加为五千人,但五千人之数尚未与之明言也。今则时移情迁,彼既有诚意与好意之表示,中央准编其四团制师之两师,照中央编制,八团兵力已在一万五千人以上之数,不能再多,即可以此为标准,与之切商。其余人数,准由中央为之设法编并与安置,但其各师之参谋长与师内各级之副职,自副师长乃至副排长人员,皆应由中央派充也。此仅对军事而言,至于其他关于政治者,待军事办法商妥后,再由恩来来京另谈可也。中正手启,铣午机京。(一九三七年二月十六日)

(选自台湾《中华民国重要史料初编》第五编)

5. 顾祝同关于周恩来回西安带来共产党输诚及新定纲领请早日核准致蒋介石电

（甲）周恩来宥日回西安，带来共党输诚后新定纲领一份，系前奉面谕草订者，拟面呈钧座核准，该件待渠带呈，抑先派人送上，请示遵。

（乙）赤军改编问题，渠谓现正积极办理，待新纲领核准后，即发表宣言，同时向部队宣言改编，筹划五月十五号左右开一代表大会，宣言核准之新纲领，五月底各代表返防，六月初即编遣，如嫌时间过长，恳钧座早日核准该纲领，彼方提早发表取消苏维埃红军等伪号，中央发表其部队长官，如是则不待开会着手编遣。

（丙）周君请示进谒确期。

以上各项如何答复，敬候示遵。（一九三七年四月二十八日）

（录自台湾《中华民国重要史料初编》第五编）

6. 中共中央书记处关于与蒋介石谈判经过和对各方面策略方针向共产国际的报告

国际书记处：

甲、恩来从杭州见蒋回来，其经过如下：

子、关于谈判内容：我方以书面提出者有下列各项：

第一部、共产党方面承认：

（一）拥护三民主义及国民党在中国的领导地位。

（二）取消暴动政策及没收地主土地政策，停止赤化运动。

（三）取消苏维埃政府及其制度。现在红军驻在地区，改为陕甘宁边区，执行中央统一法令与民主制度。其行政人员，由地方推荐，中央任命，行政经费另定之。

（四）取消红军名义，改编为国民革命军，服从中央军委会及蒋委员长之统一指挥，准备国防需要而调赴前线参加作战，其编制人员给养及补充，统照国军同样待遇，其各级军政人员由其部队长官推荐，呈请中央军事委员会任命。

（五）改编现在红军中之最精壮者，为三个国防师，计六旅十二个团，及其他直属之骑兵、炮兵、工兵、通信、辎重等部队，在三个师上设某路军总部。

（六）其余处置：原苏区地方部队改编为地方民团及行政区的保安队，编余的精壮人员改为徒手工兵队，担任修路工程，老弱残废由中央给资安置，红军学校俟办完本期后结束。红军中的医院工厂保留。

第二部、要国民党方面保证者：

（一）实现和平、统一团结御侮的方针，全国停止"剿共"。

（二）实现民权，释放政治犯，在全国各地分批释放共产党员，不再拘捕共产党员，容许共产党在适当时期公开。

（三）修改国民大会组织法及选举法，使各党各派、各民众职业团体、各武装部队均能选派代表参加，以制定民主的宪法。

（四）修改国防会议条例，使国防会议成为准备与指导对日抗战的权力机关，并使共产党亦能参加。

（五）实行准备对日抗战工作及改善人民生活的具体方案。

丑、恩来见蒋时，口头说明中共拥蒋的立场，系站在为民族解放、民主自由、民生改善的共同奋斗的纲领上的，因此中共为表示合作之诚意，特承认上述书面中之六项条件，同时要求蒋及国民党给以上述五项保证，并附口头声明六点：

（一）陕甘宁边区须成为整个行政区，不能分割。

（二）红军改编后的人数须达四万余人。

（三）三个师上必须设总部。

（四）关于副佐及政训人员不能派遣。

（五）红校必须办完本期。

（六）红军防地须增加（因此六点均为在西安与顾祝同谈判到最后时的争执要点）。其次复说明中共为国家民族利益计与蒋及国民党合作，但决不能忍受投降收编之诬蔑。对各省分裂运动，我们坚决反对，但愿蒋与南京给以机会，提高他们对抗日民主的认识，以彻底实现和平统一。

寅、蒋谈话大意：

（一）承认我们有民族意识，革命精神，是新生力量，几月来的和平运动影响很好，要我们检讨过去决定，并坚守新的政策，必能达到成功。

（二）承认由于国共分家致十年来革命失败，造成军阀割据帝国主义者占领中国的局面，但分家之责，他却归过于鲍罗廷。他指出彼此要检讨过去，承认他过去亦有错误，其最大失败，在没有造出干部，他现在已有转变。

（三）要我们不必说与国民党合作，只是与他合作。一个党在环境变动时常改变其政策，但一个政策，必须行之十年二十年方能有效。人家都说共党说话不算话，他希望我们这次改变，要能与他永久合作，即使他死后也要不生分裂，免得因内乱造成英日联合瓜分中国。

（四）要我们商量一永久合作的办法，恩来答以共同纲领是保证合作到底一个最好办法，他要恩来赶快进来商量与他的关系及纲领问题，恩来再三问他尚有何具体办法，他均说没有，但要我们商量。

（五）关于具体问题，他认为是小节，容易解决，他说国民大会国防会议在几个月后，我们可以参加。行政区要整个的，须我方推荐一个南京方面的人来做正的，以应付各方；副的以下均归我们，并由我们自己干，他不来干涉。军队人数不同我们争，总的司令部可以设，他决不来破坏我们部队，只是联络而已，粮食接济定愿设法，即使永久合作的办法尚未肯定，他也决不再打。

卯、总观蒋的谈话意图，中心在领袖问题，他明知：

（一）共产党的独立组织，不能改变，宋美龄亦承认共党可在中国公开。

（二）共产党的国际关系不能取消。

（三）共产党不会无条件的拥护他，而他又不能满足于党外合作，故他要我们想新的办法，他认为这一问题如能解决，其他具体问题自可放松一些，否则必从各方面给我们困难，企图逼我就范。

辰、我们现商定办法如下：

（一）我方起草一个民族统一战线的纲领（以抗日十大纲领及国民党第一次代表大会宣言为共同基础），征求蒋的同意，并提议在这个纲领基础上，结合新的民族联盟（或党），包含国共两党及赞成这个纲领的各党派及政治团体，共同推举蒋为领袖。

（二）我们提出修改国民大会组织法选举法的草案,征蒋同意,如蒋同意上述统一纲领及这一修改,我们可以答应赞助蒋为总统。

（三）我们准备提出修改宪法的草案,在全国范围内进行民主运动以影响蒋。

（四）对其他具体问题,我们坚持在不妨碍苏区实行民主制度及共产党在红军中的独立领导的原则之下,进行一切谈判,故对行政区的问题拟接受红军改编以四万五千人为定数,地方部队另编一万人,如此除老弱妇女外,便无多余精壮青年。

（五）如基本上及具体问题上均能满意解决,则我们拟以党的名义发表合作宣言,以争取公开活动,否则拟采取拖延办法,待事变发展,以便促蒋让步。

（六）恩来俟纲领起草好后,即将再度南下见蒋。

乙、目前各方情况及我党策略方针:

子、南京方面:亲日派的活动,较以前改变了一些策略,这是反映了日本解散议会以前的外交面目。欧美派的活动,较前增高。抗日派对我们虽表示好意,但迄未形成政治集团力量,对蒋亦甚畏惧。西西派是我们在民众运动中在文化界、教育界的强硬对手,他们最不愿意我党公开,虽然他们并不反对合作。黄埔系分为军官系与政训系,前者较易接近,后者常捣乱我们与蒋合作。士官、保定、陆大各系中亦有接近我们者。

丑、各省方面:东北军现已陆续开往豫皖驻防,一般的对我们关系均好,现在力助其内外团结。杨虎城部队经改编后,托派分子尚未肃清,拟再向其严重提出,否则必会分裂。阎锡山与我们有商业来往,其守土抗战主张确能深入民众,惟甚限制我党活动。宋、韩有五省联盟酝酿,韩并向蒋提议开晋、绥、直、鲁、川、桂六省会议,以解决与南京纠纷,蒋恐不会允许。我们在河北活动尚较自由。广西方面现正转坏,过去因抗日而引起的民众运动,现遭受摧残,胡汉民的新国民党残余入桂进行所谓"清血运动",所有左派分子均被排斥,其策略是反对南京容共,反对我们联蒋,有接近日本可能,民族大同盟被摈,近在香港,甚无聊。托派分子拟往勾引。川刘与南京冲突不致发生战争,但川刘左右极落后,在各省中欲打破其割据思想,而提高到抗日与民主阶段,以川刘为最难,与我们关系尚保持。

寅、民众方面:近半年来我党影响极扩大,但无组织力量巩固之。自七领袖被捕,上海及全国救联失败后,全国统一救国运动在国民党包办下,左派群众尚未能加入。许多新刊物亦尚不能经常存在,尤其国民党三中全会后,因我党尚未能经常的公开发表政治领导主张,致左派刊物在民主运动中,尚不能形成有力舆论,结果不能不使《大公报》及《国闻周报》的资产阶级影响扩大。上海工人斗争颇开展,国民党力图控制,我党似有一部分下层关系,但无从指导。华北为我们学生运动根据地,惟环境复杂,对统一战线策略的运用,极费力量。

卯、我们现时在各方面活动的策略中心,是为着彻底的实现全国和平统一,团结御侮的方针,加紧从各方面进行对日抗战的准备工作及民族统一战线的民主运动,特别是民主运动,在目前内战停止抗战准备期中,更有其严重意义。也只有在民主运动中,才能发展南京抗日派的政治团结,才能提高反蒋各省的政治觉醒,才能扩大全国的抗日统一运动,才能争取民族统一战线的领导,同时也才能改变一些蒋介石的独裁观念与各省军阀的割据思想,以便于抗战的发动和胜利。

中央书记处

一九三七年四月五日

(选自《中国共产党历史资料丛书·第二次国共合作的形成》,

中共党史资料出版社,一九八九年)

7. 中共中央书记处关于周恩来同志第二次与蒋介石在庐山谈判结果致共产国际书记处电

国际书记处:

恩来同志第二次见蒋谈判多日,现返西安,兹将周十五日来电所述谈判结果如下:

甲、蒋在庐山的最后表示如下:

(子)两党合作部分:

（1）成立国民革命同盟会，由蒋指定国民党的干部若干人，共产党推出同等数量之干部合组之，蒋为主席，有最后决定之权。

（2）两党一切对外行动及宣传，统由同盟会讨论决定，然后执行，关于纲领问题，亦由同盟会加以讨论。

（3）同盟会在进行顺利后，将来视情况许可，扩大为国共两党分子合组之党。

（4）同盟会在进行顺利后，可与第三国际发生代替共党关系，并由此坚定联俄政策，形成民族国家间之联合。

（丑）目前有关部分：

（1）共党根据以前申明，发表对外宣言。

（2）政府在上项宣言发表后，即发表三个师的番号，并委任师长，三个师仍照十二个团编制，人数可容至四万五千人，其编制办法与顾商定。三个师以上设政治训练处指挥之。朱、毛两同志须出来做事。编就后部队可移防。

（3）陕甘宁边区政府，仍由中央方面派正的官长（可由共方推择中央方面的人），边区自己推举副的，可由林伯渠担任，事情可由边区政府自己办。

（4）经费，军队照人数编制的一般规定发给，行政经费亦照规定发给，善后费用可由中央另发。

（5）各边区由共方派人联络，经调查后实行编遣，其首领须离开。

（6）在狱共党，可由国方开始分批释放。

（7）国民大会之二百四十名指定名额中，可指定共党出席代表，但不以共党名义出席。

（8）国防会议尚未规定会期，开会时可容共党干部参加。

（9）对其他各党派不必谈合作，由中央尽量收容，最近庐山训练班，即拟收容各方面人员训练，陕北如有人来受训练亦可，此外并欲拟召集各方人来庐山谈话。

（10）凡有破坏合作及与共党为难者，由蒋自负责任解决。但为避免国内外恐惧与反对，共党应避名干实，不必力争目前所不能实现之要求。

（寅）蒋又告宋子文声明：

（1）共党目前不要太大，易引起外方恐惧。

（2）共党首先取得全国信用。

（3）共党不要使蒋太为难，以便将来发展。

乙、我因子项组织原则及丑项编制，与边区政府等问题，都不能同意，尤其是指挥与人事问题，与蒋争论很久不能解决，经宋子文、宋美龄、张冲往返磋商，仍不能解决，蒋仍坚主设政训处指挥，我只有回来讨论。我并最后声明：不能解决时，要张冲进苏区来谈判。

中央书记处

一九三七年六月十七日

（选自《中国共产党历史资料丛书·第二次国共合作的形成》，

中共党史资料出版社，一九八九年）

第二章　第二次国共合作的正式形成

（一九三七年九月——一九三八年冬）

一、芦沟桥事变爆发，各党各派各界人士
要求全国人民团结合作，共赴国难

1. 中国共产党为日军进攻芦沟桥通电

全国各报馆、各团体、各军队、中国国民党、国民政府军事委员会暨全国同胞们！

本月七日夜十时，日本在芦沟桥向中国驻军冯治安部队进攻，要求冯部退至长辛店，因冯部不允发生冲突，现双方正在对战中。

不管日寇在芦沟桥这一挑战行动的结局，即将扩大成为大规模的侵略战争，或者造成外交压迫的条件，以期导入于将来的侵略战争，平津与华北被日寇武装侵略的危险是极端严重了。这一危险形势告诉我们，过去日本帝国主义对华"新认识"、"新政策"的空谈，不光是准备对于中国新进攻的烟幕，中国共产党早已向全国同胞指明了这一点；现在烟幕揭开了，日本帝国主义武力侵占平津与华北的危险，已经放在了每个中国人的面前。

全中国的同胞们：平津危急！华北危急！中华民族危急！只有民族实行

抗战,才是我们的出路! 我们要求立刻给进攻的日军以坚决的反攻,并立刻准备应付新的大事变,全国上下应立刻放弃任何与日寇和平苟安的希望与估计。

全中国同胞们! 我们应该赞扬与拥护冯治安部的英勇抗战! 我们应该赞扬与拥护华北当局与国土共存亡的决心! 我们要求宋哲元将军立刻动员全部二十九军开赴前线应战! 我们要求南京中央政府立刻切实援助二十九军,并立刻开放全国爱国运动,发扬抗战的民气,并立即动员全国海陆空军准备应战,立即肃清潜藏在中国内的汉奸卖国贼分子,及一切日寇侦探,巩固后方。我们要求全国人民用全力援助神圣的抗日自卫战争! 我们的口号是:

武装保卫平津,保卫华北!

不让日本帝国主义占领中国寸土!

为保卫国土流最后一滴血!

全中国同胞、政府与军队团结起来筑成民族统一战线的坚固长城,抵抗日寇的侵略!

国共两党亲密合作抵抗日寇的新进攻!

驱逐日寇出中国!

中国共产党中央委员会

一九三七年七月八日

(选自中共中央党校党史教研室编:《中共党史参考资料》)

2. 中共中央关于目前形势与党的任务的决定

一、芦沟桥的挑战与平津的占领不过是日寇大举进攻中国本部的整个计划的开始。日寇已经开始了全国的战时动员。他们一切所谓不求扩大的宣传不过是掩护进攻的烟幕弹。

二、南京政府在日寇进攻与人心愤激的压迫下已经开始下定抗战的决心。整个的国防部署与各地的实际抗战也已经开始。中日大战不可避免。七月七日芦沟桥的抗战,已经成了中国全国性抗战的起点。

三、中国的政治形势从此开始了一个新的阶段,这就是实行抗战的阶段。

抗战的准备阶段已经过去了。在这一新阶段内的最中心的任务,是动员一切力量争取抗战的胜利。过去阶段中,由于国民党的不愿意与民众的动员不够,因而没有完成争取民主的任务,这必须在今后争取抗战胜利的过程中去完成。

四、在这一新阶段内我们同国民党及其他抗日派别的区别与争论,已经不是应否抗战的问题,而是如何争取抗战胜利的问题。

五、今天争取抗战胜利的中心关键,是在使国民党发动的抗战发展为全面全民族的抗战。只有这种全面的全民族的抗战,才能使抗战得到最后胜利。本党今天所提出的《抗日救国十大纲领》,即是抗战最后胜利的具体道路。

六、今天所发动的抗日,中间包含有极大的危险性。这主要的是由于国民党还不愿意发动全国人民参加抗战。相反的,企图把抗战看成只是政府的事,处处惧怕与限制人民的参战运动,阻碍政府军队与民众结合起来,不给人民以抗日救国的民主权利;不去澈底改革政治机构,使政府成为全民族的国防政府。这种抗战可能取得局部的胜利,然而决不能取得最后胜利;相反的,这种抗战存在着严重失败的可能。

七、由于当前的抗战还存在着上述的严重弱点,所以在今后抗战过程中,可能发生许多挫败、退却,内部的分化叛变、暂时与局部的妥协等不利的情况。平津的丧失就是东四省丧失后最严重的教训,因此应该看到这一抗战是艰苦的持久战。但我们相信已经发动的抗战必将因为我们党与全国人民的努力,冲破一切障碍物,而继续的前进与发展。我们应该克服一切困难,为实现本党所提出的争取抗战胜利的十大纲领而坚决奋斗。坚决反对与此纲领相违背的一切错误方针,同时反对悲观失望的民族失败主义。

八、共产党员及所领导的民众与武装力量,应该最积极地站在斗争的最前线,应该把自己成为全国抗战的核心,应该用极大力量发展抗日的群众运动。不放松一刻工夫、一个机会去宣传群众、组织群众、武装群众,只要真能组织千百万群众进入抗日民族统一战线,抗日战争的胜利是无疑的。

一九三七年八月十五日

（原载《解放》周刊第十五期，一九三七年九月六日）

3. 红军将领为日寇进攻华北致蒋委员长电

庐山蒋委员长钧鉴：

日寇进攻芦沟桥，实施其武装攫取华北之既定步骤，闻讯之下，悲愤莫名！平津为华北重镇，万不容再有疏失。敬恳严令二十九军，奋勇抵抗，并本三中全会御侮抗战之旨，实行全国总动员，保卫平津，保卫华北，收复失地。红军将士，咸愿在委员长领导之下，为国效命，与敌周旋，以达保土卫国之目的，迫切陈词，不胜屏营待命。

毛泽东、朱德、彭德怀、贺龙、

林彪、刘伯承、徐向前叩

庚亥（一九三七年七月八日）

（选自《中国共产党党史资料丛书·第二次国共

合作的形成》，中共党史资料出版社，一九八九年）

4. 蒋委员长对芦沟桥事件之严正声明[①]

中国正在外求和平，内求统一的时候，突然发生了芦沟桥事变，不但我举国民众悲愤不置，世界舆论也都异常震惊。此事发展结果，不仅是中国存亡的问题，而将是世界人类祸福之所系。诸位关心国难，对此事件，当然是特别关切，兹将关于此事件之几点要义，为诸君坦白说明之。

第一、中国民族本是酷爱和平，国民政府的外交政策，向来主张对内求自存，对外求共存。本年二月三中全会宣言，于此更有明确的宣示。近两年来的对日外交，一秉此旨，向前努力，希望把过去各种轨外的乱态，统统纳入外交的正轨，去谋正当解决，这种苦心与事实，国内大都可共见。我常觉得，我们要应付国难，首先要认识自己国家的地位。我们是弱国，对自己国家力量要有忠实估计，国家为进行建设，绝对的需要和平，过去数年中，不惜委曲忍

[①]一九三七年七月十七日，出席庐山第二次共同谈话会上讲。——编者

痛,对外保持和平,即是此理。前年五全大会,本人外交报告所谓:"和平未到根本绝望时期,决不放弃和平,牺牲未到最后关头,决不轻言牺牲。"跟着今年二月三中全会对于"最后关头"的解释,充分表示我们对于和平的爱护,我们既是一个弱国,如果临到最后关头,便只有拼全民族的生命,以求国家生存,那时节再不容许我们中途妥协,须知中途妥协的条件,便是整个投降,整个灭亡的条件。全国国民最要认清,所谓最后关头的意义,最后关头一到,我们只有牺牲到底,抗战到底,唯有"牺牲到底"的决心,才能搏得最后的胜利。若是彷徨不定,妄想苟安,便会陷民族于万劫不复之地!

第二、这次芦沟桥事件发生以后,或有人以为是偶然突发的,但一月来对付舆论、或外交上直接间接的表示,都使我们觉到事变发生的征兆。而且在事变发生的前后,还传播着种种的新闻,说是什么要扩大塘沽协定的范围,要扩大冀东伪组织,要驱逐第二十九军,要逼迫宋哲元离开,诸如此类的传闻,不胜枚举。可想见这一次事件,并不是偶然。从这次事变的经过,知道人家处心积虑的谋我之亟,和平已非轻易可以求得,眼前如果要求平安无事,只有让人家军队,无限制的出入于我们的国土,而我们本国军队反要忍受限制,不能在本国土地内自由驻在,或是人家向中国军队开枪,而我们不能还枪。换言之,就是人为刀俎,我为鱼肉! 我们已快要临到这极人世悲惨之境地。这在世界上稍有人格的民族,都无法忍受的。我们的东四省失陷,已有了六年之久,继之以塘沽协定,现在冲突地点已到了北平门口的芦沟桥。如果芦沟桥可以受人压迫强占,那末我们百年故都,北方政治文化的中心与军事重镇的北平,就要变成沈阳第二! 今日的北平,若果变成昔日的沈阳,今日的冀察,亦将成为昔日的东四省。北平若可变成沈阳,南京又何尝不可变成北平!所以芦沟桥事变的推演,是关系中国国家整个的问题,此事能否结束,就是最后关头的境界。

第三、万一真到了无可避免的最后关头,我们当然只有牺牲,只有抗战!但我们的态度只是应战,而不是求战;应战,是应付最后关头,必不得已的办法。我们全国国民必能信任政府已在整个的准备中,因为我们是弱国,又因为拥护和平是我们的国策,所以不可求战;我们固然是一个弱国,但不能不保持我们民族的生命,不能不负起祖宗先民所遗留给我们历史上的责任,所以到了必不得已时,我们不能不应战。至于战争既开之后,则因为我们是弱国,再没有妥协的机会,如果放弃尺寸土地与主权,便是中华民族的千古罪人!那时便只有拼民族的生命,求我们最后的胜利。

第四、芦沟桥事件能否不扩大为中日战争,全系于日本政府的态度,和平希望绝续之关键,全系于日本军队之行动,在和平根本绝望之前一秒钟,我们还是希望和平的,希望由和平的外交方法,求得芦事的解决。但是我们的立场有极明显的四点:(一)任何解决,不得侵害中国主权与领土之完整;(二)冀察行政组织,不容任何不合法之改变;(三)中央政府所派地方官吏,如冀察政务委员会委员长宋哲元等,不能任人要求撤换;(四)第二十九军现在所驻地区,不能受任何的约束。这四点立场是弱国外交最低限度,如果对方犹能设身处地为东方民族作一个远的打算,不想促成两国关系达于最后关头,不愿造成中日两国世代永远的仇恨,对于我们这最低限度之立场,应该不至于漠视。

总之,政府对于芦沟桥事件,已确定始终一贯的方针和立场,且必以全力固守这个立场。我们希望和平,而不求苟安;准备应战,而决不求战。我们知道全国应战以后之局势,就只有牺牲到底,无丝毫侥幸求免之理,如果战端一开,那就是地无分南北,年无分老幼,无论何人,皆有守土抗战之责任,皆应抱定牺牲一切之决心。所以政府必特别谨慎,以临此大事;全国国民亦必须严肃沉着,准备自卫。在此安危绝续之交,唯赖举国一致,服从纪律,严守秩序。希望各位回到各地,将此意转达于社会,俾咸能明瞭局势,效忠国家,这是兄弟所恳切期望的。

(选自《革命文献》第六十九辑,台湾"中央文物供应社",一九七六年)

5.国民政府对于现在中日局势发表声明

中国为日本无止境之侵略所逼迫、兹已不得不实现自卫抵抗暴力。

近年以来,中国政府及人民所一致努力者。在完成现代国家之建设,以期获得自由平等之地位。以是之故,对内致力于经济文化之复兴,对外则尊重和平与正义。凡国联盟约,九国公约,非战公约——中国曾参加签订者,莫不忠实履行其义务。盖认为"独立"与"共存"二者实相辅而相成也。乃自"九一八"以来,日本侵夺我东四省;淞沪之役,中国东南重要商镇,沦为兵燹;继以热河失守,继以长城各口之役,屠杀焚毁之祸,扩而及于河北;又继之以冀东伪组织之设立,察北匪军之养成,中国领土主权横被侵削。其他如纵使各项飞机在中国领土之内不法飞行,协助大规模走私,使中国财政与各国商业同受巨大损失。以及种种毒辣之手段,如公然贩卖吗啡、海洛英,私贩枪械接济盗匪,使吾中国社会与人权陷入非人道之惨境。此外无理之要求与片面之自由行动,不可胜数。有一于此,已足危害国家之独立与民族之生存。吾人敢信此为任何国家任何人民所不能忍受者,然中国则一再忍受,以迄于今。吾人敢言中国之所以出此,期于尽可能之努力,以期日本最后之觉悟而已。及至芦沟桥事件爆发,遂使中国几微之希望归于断绝。

芦沟桥事件之起因,由于日本大举扩张天津驻屯军,日屡于《辛丑条约》未经允许之地点施行演习。日本此种行动已足随时随地引起事变而有余。而本年七月七日深夜,日本军队竟于邻近北平之芦沟桥,施行不法之演习;继之以突然攻击宛平县城,我守土有责之驻军,迫而为正当防止。我无辜之人民,于不意之中,生命财产毁于日本炮火之下。凡此事实,已为天下所共见。

芦沟桥事件发生以后,日本之行动有深足注意者,即其口头常用就地解决,及不欲扩大事态之语调。而其实际,则大批军队及飞机、坦克车,以及种种最新战争利器,由其本国及朝鲜与我东北,源源输送至河北境内。其实行武力侵略,向我各地节节进攻之事实,绝不能为其所用之语调,所可掩蔽于万一。

中国政府于芦沟桥事件发生后,犹以诚意与日本协商,冀图事件之和平解决。七月十二日,我外交部曾向日本大使馆提议双方即时停止军事行动,而日本未与置答。七月十九日,我外交部长复正式以书面重提原议,双方约定一确定日期,同时停止军事动作,同时将军队撤回原驻地点。并曾声明:中国政府为和平解决此次不幸事件起见,准备接受国际公法或条约所公认之任何处理国际纠纷之和平方法,如双方直接交涉、斡旋、调解、公断等等。然而以上种种表示,均未得日本之置答。

于此之际,中国地方当局为维持和平计,业已接受日本方面所提议之解决办法。中央政府亦以最大之容忍,对于此项解决办法未予反对。乃日本军队于无可藉口之中,突然在芦沟桥廊坊等处再行攻击中国军队;并于本年七月二十六日致哀的美敦书,要求中国军队撤出北平。此则予双方约定解决办法以外,横生枝节,且为吾人所万万不能接受者。日本军队更不待答复,于期限未到之前,以猛力进扑中国文化中之北平,与中外商业要枢之天津。南宛附近,我驻军为日本轰炸机及坦克车所围攻,死亡极烈。天津方面,人民生命横遭屠戮,公共建筑文化机关以及商店住宅,悉付一炬。自此以后,进兵不已,侵入冀省南部,并进攻南口,使战祸及于察省。凡此种种,其横生衅端,扩大战域,均于就地解决及不扩大事件语调之下,掩护其进行。

当此华北战祸蔓延猖獗之际,中国政府以上海为东方重要都会,中外商业及其他各种利益深当顾及,屡命上海市当局及保安队加意维持,以避免任何不祥事件之发生。乃八月九日傍晚,日军官兵竟图侵入我虹桥军用飞机场,不服警戒法令之制止,乃致发生事故,死中国保安队守卫机场之卫兵一名,日本官兵二名。上海市当局于事件发生之后,立即提议以外交途径谋公平解决。而日本则竟派遣大批战舰陆军以及其他武装队伍来沪,并提出种种要求,以图解除或减少中国自卫力量;日本空军并在上海、杭州、宁波以及其他苏浙沿海口岸,任意飞行威胁,其为军事发动,已无疑义。迨至昨(十三)日以来、日军竟向我上海市中心区猛烈进攻。此等行动,与芦沟桥事件发生以后向河北运输大批军队,均为日本实施其传统的侵略大陆政策整个之计划,实显而易见者也。

日本今犹欲以《淞沪停战协定》为藉口,将使中国于危急存亡之际,尚不能采用正当防卫之手段。须知此等停战协定,其精神目的,即欲于某地点内双方各自抑制,以期避免冲突不妨碍和平解决之进行。若一方自由进兵,而同时复拘束他方,使之坐局听受侵略,此为任何治理任何人情所不能曲解者。

中国今日郑重声明:中国之领土主权,已横受日本之侵略。国联盟约、九国公约、非战公约,已为日本所破坏无余。此等条约,其最大目的,在维持正义与和平。中国以责任所在,自应尽其能力,以维护其领土主权及维护上述各种条约之尊严,中国决不放弃领土之任何部分,遇有侵略,惟有实行天赋之自卫权以应之。日本苟非对于中国怀有野心,实行领土之侵略,则当对于两国国交谋合理之解决;同时制止其在华一切武力侵略之行动。如是则中国仍当本其和平素志,以期挽救东亚与世界之危局。要之,吾人此次非仅为中国,实为世界而奋斗。非仅为领土与主权,实为公法与正义而奋斗。吾人深信,凡我友邦既与吾人以同情,又必能在其郑重签订之国际条约下各尽其所负之义务也。

（原载一九三七年八月十五日南京《中央日报》）

6. 中华民族解放行动委员会向国民党提出的抗日主张[①]

一、提前召集国民代表大会,制定全国上下一致遵守之政治纲领,俾全国各阶层力量,能迅速集中,各方政治意见,能彻底融洽,以树立政府之坚实抗战基础。

二、实现最低限度之民主政治,以增强人民对政府之信赖,并使人民得以自由发挥其抗战能力。

三、建立特殊机关,统一各党派所领导之民众活动,俾全国宣传组织与训练,完成趋于一致。

四、成立武装民众指挥之机关,指挥全国义勇军之活动,使其与正式军队之动作,有适当配合,藉收指臂之效果。

五、于全国各地成立在乡抗日志愿军,以备征兵制未完成前之调用。

六、成立战时经济计划机关,计划战时必需之生产与分配,并分设于各省、市,以促成战时计划经济之实现。

七、对广大战区中之劳苦人民,自由职业者,中小工商业者,失业公务人员等须有妥善之救济方法。

八、除汉奸外,宜从速开释全国政治犯;并取消以前有碍民众运动之各项

---

①芦沟桥事变前夜由中华民族解放行动委员会向国民党正式提出。——编者

特殊条例。

一九三七年七月

7. 中国青年党的抗战主张

一、拥护政府抗战,以求最后胜利。

二、促进民主政治,完成各级民意机关。

三、厉行全国总动员,加强抗战力量。

四、在不妨国家之独立与统一原则之下,联合各党共同奋斗。

五、肃清贪污,解除人民疾苦。

六、策动友邦,实行制裁暴日。

一九三八年九月一日

(摘自《中国青年党第九次全国代表大会宣言》,

一九三八年九月一日)

8. 国家社会党代表张君劢致国民党蒋介石、汪精卫正副总裁信

介石总裁,精卫副总裁赐鉴:

本月三日中国国民党临时代表大会宣言,举诗经"嘤鸣求友"之意,昭示海内;同人等捧读之下,怦然有动,岂敢不勉竭愚诚,冀赞盛业。

同人等以为一国人民言行之所不能逃者,厥为历史上遗留之民族性。吾国重贤之宇宙观曰:"万物并育而不相害,道并行而不相悖",惟其心目中注意之方面多,故不好为一编与排他之论。反之,最近欧洲各国政局,常有有我无他之象:立足于无产阶级者,不容资本家之存在;立足于个人自由者,不顾及全社会之幸福。以是,党派对立与其相残之酷,颇有为我东方人所不克了解者矣。中山先生奔走革命以还,举"民族"、"民权"、"民生"三者为立国要义;主张个人自由而不忘社会公福,主张民族本位而不忘世界大同;其于采用西方政制,固已贯以吾国民族性于其中矣。今之持共产说者,渐自阶级立场转而努力于民族生存;持极权说者,亦知法西斯派主义难行于中土,此吾民族性不走极端而好调和之明证也。惟吾国有此民族性,故言治术则"儒"、"法"同

进,言宗教则"释"、"道"并尊,未尝有如欧洲之相排相残。此实吾族含宏广大之优点,而应谋所以保存之而发挥之志。此次大会宣言,即为代表此种中庸性之重要文献。语云:"和气致祥",吾国而有此气象,其为民族性本然之表现,同时即为复兴之朕兆,有何疑乎?

同人等鉴于十余年来,青年惟务外驰,竟忘国本,乃标国家社会主义,且组织国家社会党以矫正之。昔年曾刊布我们要说的话一节,胪举各项主张,内容繁复,非一函所能详,然吾人之言与中山先生遗教有若符合节者。兹举三点言之,以资参证。

第一,国家民族本位。吾辈政纲中曾有语云:

我们相信,民族观念是人类中最强的,阶级观念决不能与之相抗,无论是以往的历史,抑是目前的事象,凡民族利害一达到高度,无不立刻冲破了阶级的界限。日本人压迫到我们这种地步,虽平日在对抗中的资本家与劳工,亦都不由得不联合一气,从事于抵抗。所以,民族观念是深中于人心,而较阶级为强。

只有民族的纵断能冲破阶级的横断,却未有阶级的横断能推翻民族的联合,即以苏俄论,他的成功处不在阶级斗争的国际化,而在社会主义的民主化。

第二,修正的民主政治。吾辈政纲中曾有语云:

我们所想出的修正的拟案是甚么? 首先可说的便是:必须建立一种政治制度,在原则上完全合乎民主政治的精神,在实施上必须使党派的操纵作用有所凭借。于是这种政制在平时,不拘两党或多党,都能运用,即假定无党亦可运用;而在紧急时候,立刻可集中全民的意思与力量,不分党派,我们相信,这种制度不是不能创造的。

但欧战之后,批评民主政治者往往而见,如今之义德等国,竟目民主政治为恶劣政治,同人等以为,政治的社会之要素,不外乎二:其属于国家者为权力,其属于个人者为自由。为行政之敏捷与夫应急之处置计,岂能不提高权力;为个人之自发自动与养成自己负责心计,岂能不许以言论结社之自由,地方自治,与夫参政大权。惟有此等权利,而后人民有实际上参与政治之机会,而后知舆论界议场上政府中言论之不可以苟发,而高调与笑骂之无济于事。盖民主政治之下,人民得真正参加政策之决定,其责任心自养成,其政治智识自增进。及至国难临头,尤贵乎事权之统一,与执行之敏捷,待此同心一德,以最高权力托之于战时政府。可见正惟平日民主政治之实行,及至战时,人民自然感觉权力集中之必要。如欧战时之各民主国之战时内阁,皆其彰明较著者也。

第三,社会主义。关于经济制度,同人期望社会主义之实现。政纲中曾有语云:

1. 为个人谋生存之安全,并改进其智能与境况计,确认私有财产;

2. 为社会谋公共幸福,并发展民族经济与调剂私人经济计,确立公有财产;

3. 不论私有与公有,全国经济须在国家制定之计划下,由国家与私人分别担任而贯彻之;

4. 依国家计划,使私有财产趋于平衡于普遍,俾得人人有产,而无贫富悬殊之象;

5. 国家为造产之效率增加及国防作用计,须以公道原则,平和方法,转移吸收私人生产或其余值,以为民族经济扩充之资本。

自此三点观之,可知同人等之主张,与中山先生“民族”、“民权”、“民生”之三大要义,措词容有不同,而精神则并无二致。所以中山先生之三大要义,固已确定我国立国之大经,而莫能出其范围;然立说内容,间有出入,则以政象因时而变,药石自难尽同,此环境使然也。况衡诸《抗战建国纲领》二十六条,“在抗战期间,于不违反三民主义最高原则及法令范围内,对于言论出版集合结社,当予以合法之充分保障”云云。则政府态度与在野党派所要求不谋而合;在同人等,自当开心见诚,以国家社会党之主张行动,向公等公开而说明之。顾政治不独限于若干项之大纲,尚有因时因地因事而生之问题,非今日所能预测;同人等更愿本精诚团结共赴国难之意旨,与国民党领导政局之事实,遇事商承,以期抗战中言行之一致,此同人等愿为公等确实声明者也。更有进者,方今民族存亡,间不容发,除万众一心,对于国民政府一致拥护而外,别无起死回生之途。吾辈同志之中,有参加民元之革命者,与反对洪宪之帝制者,平日自命对于中山先生创建民国之工作,亦尝负弩前驱;因此,爱护民国之心尤为深切。则今日强寇方张,窃据僭越之际,尤当追随公等之后,巩固主权,保全国土,使中华民国长保昔日之光荣,且得今后之自由发展,此亦同人等区区志趣所在,当蒙监察者也。

特布肺腑,惟祈亮照。专此,敬颂

勋安!

国家社会党代表张君劢拜启

一九三八年四月十三日

(选自《孤岛周刊》一九三八年第一卷)

9. 全国各界救国联合会为保卫北方紧急宣言

宛平事件是日军侵占华北的阴谋的实行,这不但有旬日以来日军的暴行为证,日本的首相近卫并且亲自出面,"连日召集国内各党派、各报社、及金融界、产业界、文化界等代表暨地方官吏,说明出兵方针",实现所谓"全国总动员",并向我国民政府为肆无忌惮之侮辱与诬蔑,紧张情势,从东京到伪满,乃至于台湾、高丽各地。

来华日军,已经海陆空军全体总动员,增兵区域,从北平、天津、青岛、济南、上海以至汉口、汕头、厦门一带;丰台一地竟从日本国内和伪满增来二万名以上。战线扩大到平汉路和北宁路各重要地带。

无疑的,这并不是宛平一隅的战事,更不是偶然发生的行动;而是日本帝国主义者眼看着我国和平统一与准备御侮的工作,已到达相当阶段,不得不趁着当前比较有利的国际情势,发动这个侵略北方的阴谋,以图占领平津,驱逐二十九军出冀察之外,使之成为东北第二,造成御用的傀偏组织。如果日本这次阴谋得逞,那末,冀察将成为伪满之续;晋绥鲁豫唇亡齿寒,中部和南方,又将成为华北第二了。

旬日以来,我全中国同胞所表现的,是二十九军英勇的抗战,中央当局坚决而镇定的主持,各地同胞出力出钱的后援,举国上下,都充满着胜利的奋斗的决心,准备给予日本帝国主义以致命的打击。

然而,不幸得很,冀察一部分当局,依然迷惑在日本"和平"的烟幕之下,陈觉生、张允荣、齐燮元之流,奔走平津,包办交涉,造成猜疑,散步"局部解决"空气,以使民族敌人从容布置,一俟军事上形成北平的大包围状态,即行大举进攻。——暂时形成目前二十九军将领迟疑的徘徊的痛心局面。

亲爱的同胞们:冀察是我们的领土,二十九军是我们忠勇的兄弟,我们不能坐看国防前线的冀察,在迟疑闪烁的局面下,堕入重围,我们要以全力来制裁亲日汉奸的阴谋活动,我们要以全力来保卫我们的冀察,来援助在艰苦抗战中的二十九军健儿。

我们认为:中央对冀察当局一面指示三点:——不准接受任何条件,不许后退一步,必要时准备牺牲。——一面以实际行动援助,是完全正确的;它应该备受全国人民的拥护。

然而,对冀察方面,我们不能不指出:丰台也是我们的领土,可是现在则是日军云集的根据地,这些惨痛的教训,人民是不会忘记的。傅军守绥远,其结果是大庙与百灵庙的反攻和收复;虽不能说是根本的胜利,但也换来相当的安定;这些光荣的历史,人民也是不会忘记的。

我们不但同情二十九军以芦沟桥为"坟墓"的坚决信念,同时也希望二十九军有以丰台为"兵房"的坚决信念;我们不希望二十九军在故都城边作被动的防守战,我们还希望这次抗战应该得来比绥远更光荣的胜利。如果不然,片面退让,梦想"和平",徘徊观望,仅以少数兵力,击东则守东,击西则守西的结果,坐令日本大军得以从容集中,形成合围之势,使北方危机与时俱深,这不但对不住二十九军英勇牺牲的兄弟,全国同胞,也都要起来制裁和唾骂的。

在人民方面,他们是抗敌御侮最基本最伟大的力量,他们应该经过组织,而且应该获得最彻底的自由,才能够发挥其潜在的伟力,来拥护政府实施抗战的国策,以保证最后的胜利。因此,我们要求中央政府,除了迅即动员全国给敌人以迎头痛击之外,一面应该严令各地方当局,给予国民以各种御侮活动的自由,——最少也要给予一个最低的范围,使国民得在这个范围之内,进行他们的工作;一面迅速完成国防上(政治和经济的)最速和最低限度的准备,集中一切的人才,解放人民的枷锁,使我们的政治和社会,都成为一个胜利的能够发挥最大力量的机构,以保障民族复兴大业之完成。这是我们当此对外情绪异常高涨当中,不能不提出来的要求。

当然,在国民本身,也应该情绪高涨而镇定,态度热烈而坚决,一个个都以齐一的沉雄坚毅的步伐,来帮助政府抗敌的领导,使奸人无法利用,敌人无机可乘;在团结成一个铁的团体的状态之下,集中所有的愤怒,向我国的主要敌人——日本帝国主义者发射。

此外,全国各地的救国会和会友们,他们都是国民中最勇敢最爱国的分子,他们随时随地都准备着以他们所有的一切,供献给他们的民族,他们也随时随地都准备着以他们的经验和能力,去帮助一切非汉奸的团体和国民,他们应该尽量运用他们年余来从救国阵线中所获得的理论和认识、组织能力和其他的工作技能等等,为当时当地最大限度的努力。最具体:如领导参加各地各阶层各派别的组织,从事组织、宣传、慰劳、募捐、救护、防空、防毒、……等等工作,竭诚的拥护政府并随时随地贡献意见给当地政府,——这已经是每个救国会员以及每个中国人当前的绝对义务。

亲爱的同胞们:事急矣! 胡骑正在纵横,健儿正在浴血,北方的危机,并不减轻。不管少数亲日官僚如何活动,少数冀察当局如何醉心"和平",可是,夺取北方的大血洗,是更加紧的进行而且已经进行了! 保卫北方——也就是保卫祖国的伟大战争,马上就到来而且已经到来了! 战罢! 全国的同胞一致起来! 为民族的生存而战! 为东亚的和平而战! 为人类的文明而战!

(原载一九三七年八月十八日巴黎《救国时报》)

10. 中华民族革命同盟解散宣言

我中华民族革命同盟之成立,其目的端在促进全民族力量之集中,对日抗战,以达到中国之独立自由平等。自芦沟桥及上海事变发生后,全国在蒋委员长领导下,毅然作神圣之自卫战争,我民族已呈现空前未有之统一,在此伟大民族战争逐步展开之时,吾人应本公诚之态度,共求民族统一之巩固,促进全民抗战之成功。故于八月发表宣言,号召国内外盟员及全国同胞,全体动员,各尽其力,拥护政府,抗战到底;复于十月二十五日经最高会议议决,正式解散中华民族革命同盟之组织。吾人深信此种光明表示,足以增强全民族团结之信念。我海内外同盟组织一律结束后,所有力量,自当贡献政府,效力抗战,以贯彻吾人之素志。所望全体盟员,此后各自淬厉,本历年抗战之决心,作民族忠贞之战士;并望我政府在此存亡一发之秋,积极动员全国民众,共赴此神圣之民族战争,以争取最后胜利,完成民族解放之使命,实现民有民治民享之国家,谨此宣言。

一九三七年十一月三十日

(选自《半月文摘》一九三七年第一卷第二期)

11. 全国奋起抵御日寇之新进攻(巴黎《救国时报》社论)

七月八日晨,日寇军队,悍然在北平附近芦沟桥武装挑衅,突向第二十九军三十七师兵营及民房轰击,致我方军民死伤二百余名,使我北方政治经济文化中心之平津均受极大之震撼。幸赖首当其冲的二十九军将士,深明大义,当机立断,英勇抵抗,续以肉搏,使日寇遭受迎头痛击之下狼藉败退。二十九军将士,这种抗敌御侮,保土卫国的精神,应受到全国人民之赞扬与钦仰。我们敢代表海内外一切爱国同胞,谨向抗日卫国的二十九军三十七师将士们表示万分的敬意与拥护!

日寇在芦沟桥的暴行,不是偶然的又一"事件";而是日寇夺我北方亡我全国的侵略政策中一个有计划有准备的步骤。日寇久已视我国北方为"帝国必要的原料场与缓冲地带",所以在"华北特殊性"这样无耻的借口下,不断对我国北方作多管齐下的侵略,得寸进尺,毫无忌惮。然而,日寇侵略益急,我国民众反抗亦愈烈。近年来抗日高潮,澎湃发展。因之,南京政府以至冀察当局在全国民意督促之下,在对日政策上,虽仍未能尽符民意,实行坚决抗日国策;但亦不复为前所之一味退让,予取予求,日寇所谓"华北特殊性"的各种要求未能尽达目的。日寇情急智短,乃决定施用所谓"断然手段"。善于"乘机应变"的日寇近卫内阁,趁着日英瓜分中国的谈判仍在进行,趁着德意法西斯更加公开侵略西班牙,欧洲局势紧张,趁着我国国共及其他党派合作、和平统一尚未完全成功的时机，就计划、准备并发动了对我的武装挑衅。很显然的，其目的不仅在威胁我国当局接纳其对北方之各种要求，而且欲一举占领我北方之咽喉，以便侵占平津，进而再囊括冀绥晋陕鲁豫等省以至全中国。日寇的挑衅，既然是原定的计划，既然有巨大的阴谋，则日寇绝对不会因在芦沟桥遭受挫折而放下屠刀。可见日寇所以签订停战协定，只是一种缓兵之计，以便更加调集大军，扼占要隘，乘机卷土重来，向我大举进攻，以求达到其原定的目标。形势危急，真到了空前的地步。

乃卖国无耻之亲日派分子竟极力宣传，谓芦沟桥的冲突为"地方"事件。这显然是企图麻痹我国人心，阻挠及破坏我国援助二十九军及全国御侮抗战的运动，以便利日寇从容实现其侵占北方，灭我全国的毒谋。谁都记得，在"九一八"事变，上海战争，长城抗战等事变当中，亲日派分子都曾施用这种伎俩在所谓"地方"事件名义之下，拒绝了全国动员的援助，以致国土丧失，耻辱重重！国人如不善忘，如不愿永沦为日寇之奴隶，则对于亲日派这种卖国无耻之狡谋应立即予以一致之打击。

当此万分紧急关头，负国家安危重任的南京政府之一举一动，其影响于国家民族者殊为重大。据九日电讯，南京当局对于日寇之挑衅，表示三项愿望：（一）双方停止军事行动；（二）避免事件扩大；（三）和平解决。南京当局对于事变发展过程中有何重要措施，电话简略，一时难得详尽之报告；但只就电讯所说而言，不能不使人感觉得南京当局在这样万分急迫的生死关头，仍未能坚决实行抗敌卫国的政策，而仍在亲日派挟持之下，做其"和平解决"的迷梦。既然日寇在我领土上悍然挑衅和武装进攻，则所谓双方停止军事行动，避免事件扩大，和平解决等等的主张，不特是损辱我国应有的国度，而且简直是等于与虎谋皮。"九一八"以来多次血的教训证明这种让步投降的"和平"，只是更加助长日寇的凶焰，放肆其侵略野心而更无所忌惮。这是全国人民特别是南京政府应当永矢不忘的教训。

我们要大声疾呼告我海内外全体同胞：芦沟桥事件，实为民族生死存亡的严重关头，只有全体同胞一致奋起，抱宁为玉碎，勿为瓦全之决心，实行全国之总动员，准备全国之总抵抗，才能保卫国土，熄灭日寇的凶焰，并进而收复失地,争取中华民族的完全独立与自由。

首先我们希望南京政府能坚决改变其退让误国的政策,立即为实行全国总抵抗之动员:第一,在军事上立即动员全国军队,首先是沿平津浦两路的军队,迅速北上,增援二十九军,同时加强沿海各地之防御;立即恢复张学良将军之军职,使更加巩固东北父老所寄托的东北军之团结与抗日的决心;立即恢复有沪战经验之十九路军,并派赴前线抗战;立即允许红军东出抗日,使抗日前线能得此有觉悟、有纪律、最英勇坚决之人民红军为之中坚,以更加兴奋士气,而摧毁日寇之进攻。第二,为着更加巩固和平统一与全国之团结,须立即罢斥卖国无耻之亲日派,驱逐托洛茨基匪徒分子,以肃清南京政府中之日寇奸细,并巩固整个后方;立即实行国共合作,摈斥亲日派破坏国共合作,破坏民族团结之诡谋(如要求红军领袖毛泽东、朱德辞职之无理由的有害于民族的条件),以便集中全国人才,巩固抗敌御侮之全国最高领导。第三,为动员全国人民一致赴敌,需立即开放全国救国运动与言论、出版、集会、结社之完全自由,首先是释放救国七领袖和全国一切政治犯,使四万万同胞能各自发挥自己的意志与能力,为抗日救国而牺牲。

在东北各省的地方当局方面,首先是冀察政务委员会及二十九军当局,必须负起守土卫国之天职,坚决抗战到底,不对日寇作任何之退让妥协。晋绥鲁豫各省当局,必须了解,在民族大难之前,实无"闭关自守"之可言,而且"唇亡齿寒",冀察不保,北方各省势必随之俱亡,因此须立即奋起,动员各省的力量,增援二十九军,以抵御日寇之进攻。

在全国人民方面,首先是在抗日前线上的北方各省的民众组织,工人和学生的团体,必须发挥前此援助上海抗战、绥远抗战之经验,予与日寇抗战的军队以一切精神上物质上的援助;同时更加统一自己的力量,肃清一切日寇奸细和托洛茨基匪徒分子,以巩固自己的组织,并要求政府武装民众,以便参加对日抗战。

有在喜峰口抗日光荣历史之二十九军,现在又为抵抗凶横日寇之新进攻而英勇喋血了。我国上下,必须明白,抗敌御侮不只是二十九军的责任,而是全国人民的特别是政府当局与全国军队之共同天职。必须大家把国家兴亡的责任负担起来,学习东北抗日联军与日寇奋斗到底,誓死不屈的民族英雄的榜样,动员四万万之力量,筑成比钢铁还坚固的反日民族统一战线,发动积极的、全国一致的自卫抗战,才能打出一条民族的生路。

（原载一九三七年七月十日巴黎《救国时报》）

12. 我们的主张（巴黎《救国时报》社论）

日寇在芦沟桥挑衅之后,既一再破坏停战协定,步步进攻,复纷纷动员海陆空军,大举出兵,事变之发展,形势之严重,已完全证明,日寇此次挑衅,显为抢夺平津,占领北方,亡我全国之重大步骤,而绝非所谓"地方事件"。我们对此强暴侵凌,除奋力抵抗之外,别无出路！我全国同胞,如果不愿让北方政治经济文化中心之平津,沦于敌手,不愿让北方五省再为东北四省之续,不愿忍受国破家亡的惨痛,不愿自己之子孙,永沦为异族之奴隶,便只有奋身而起,团结一致,实行全国之总动员,为全国之总抵抗,只有在这样生死决斗之中,才能为民族打出一条生路！

形势之急迫,已再无徘徊犹豫之余地,因此,我们要再一次的申述我们的主张,告我海内外全体同胞。我们认为：

一、要实行全国的总抵抗,须立即实行全国军事上的总动员。因此,南京政府应迅即征调全国军队,首先是沿平汉津浦两线之军队,北上赴敌,增援二十九军,并加强沿海各地之防御。须立即恢复张学良将军军职,使统率已经饱尝亡省亡家之痛的东北军直赴抗日前线,必能发挥高度之抗日决心,来摧毁日寇之进攻。须恢复具有沪战光荣历史之十九路军,使能集中旧部,发展其对日抗战之经验,以共赴国难。须允许中国抗日红军,开赴冀察增援,使抗日前线能有此坚决英勇之军队为之中坚,更能兴奋士气,给日寇以迎头痛击,并争取抗战之最后胜利。

二、要实行全国之总抵抗,须立即树立反日名族统一战线。国共合作之谈判,已迁延半载,虽共产党已再三再四有诚意合作一致抗日之表示与行动,但以国民党内亲日派之阻挠与破坏,以至至今尚未完成。现在南京政府应当立即摈斥一切亲日派破坏之诡谋,如要求红军领袖毛泽东朱德辞职等之毫无理由而有害于民族之条件应毅然取消,迅速成立合作协定;以便树立全国团结之中坚。须立即召集全国各党派、各军队、各民众团体之代表会议,来确定全国动员,一致救亡的方策与计划。

三、要实行全国之总抵抗,须立即实行民主自由,只有全国人民之总动员,全国人民在有钱的出钱,有力的出力,有枪的出枪,有技能的供献技能的原则之下,一致参加抗战,才能争取抗战之最终胜利。要发扬全体人民这样伟大的爱国热情、决心和毅力,首先就需要使人民有完全自由来进行抗日救国的运动。

因此南京政府须立即给与人民以集会、结社、言论、出版、罢工、示威之完全自由。须立即停止一切压迫救国运动的行动,立即释放救联七领袖与全国政治犯,以便全国人民能迅速开展救国运动,能迅速的组织起来,发动起来,以援助和参加对日抗战。

四、要实行全国之总抵抗,须立即实行武装民众。民族自卫战争的优势,就在于动员全体人民的参加。任何民族自卫战争的胜利,没有不是由于全体人民参加所造成之结果。因此,南京政府须立即实行武装民众,使能与军队一致,在前线则参加作战,在后方则镇压和肃清日寇奸细,在敌人后方则进行游击战争,以辅助我军前线之胜利。上海抗战有工人义勇军,学生义勇军之参加,绥远抗战有壮丁团,义勇队之参加,都表现了光荣的成绩。现在全国同胞没有不愿舍身赴敌,誓死救国者,如果南京政府,决心武装民众,则数十万数百万的爱国武装健儿,可以一举而集,此实为对日抗战胜利的最主要条件之一。

五、要实行全国的总抵抗,就必须全国人民一致奋起为抗战军队与政府之后盾。全国同胞在几年来国耻重重的当中,已积有无限的爱国义愤,同时在上海抗战与绥远抗战的时候已积有很好的全国动员援助抗战的经验。现在形势较之上海抗战,绥远抗战要严重千百倍,国破家亡之危险已在目前;海内外同胞,应当一致奋起,督促政府,确定御侮之方针,实行全国抗敌之严重步骤。并发挥全国人民前此援助上海绥远抗战之经验,采用一切方法与抗战军队以精神上物质上之援助。并立即自动组织抗日义勇队、自卫军、救护队等,要求政府发给枪支,以便与军队一致参加抗战。只有这样,海内外同胞共同一致之奋斗,才能挽救民族之危亡。

六、要实行全国之总抵抗,须立即肃清一切日寇奸细。日寇亡我计划当中,广施其奸细政策,不仅在我国各地设立各种公开的、秘密的侦探机关,而且极力勾引与收买各种卖国无耻汉奸为其侦探走狗,首先是国民党内部之少数亲日派分子与各地的托洛茨基匪徒。在政府机关、军队组织、群众团体当中都有这些奸细匪徒分子之混入,这是实行全国抗战当中莫大的危险。因此南京与各地方军政当局应立即驱逐一切亲日分子、托洛茨基匪徒,严行处决一切日寇奸细,取缔一切日寇侦探机关。民众方面更应首先在一切救国团体与各种组织之中肃清一切日寇奸细,尤其是托洛茨基匪徒,同时采用各种办法侦察与举发日寇奸细的行动,监视以至消灭日寇的侦探机关,以巩固抗日之后方与前线。

以上数端均为目前动员全国、抗战御侮最紧急之方策,时局前途,国家命脉皆系于此。南京政府,近数日来虽有较强硬之表示,虽有若干军事上之布置,然而尚未有实行全国总动员,以为全国总抵抗之各种重要步骤,实令我们发生莫大之危惧!日寇动员全国之兵力以凌我,若我仍毫不警觉,束手待毙,则国破家亡之祸,立在目前!故敢提出主张,号召海内外全体同胞一致,要求南京政府:

实行上述六项主张!

实行全国总抵抗,保卫平津!

实行全国总抵抗,争取民族之生存与解放!

（原载一九三七年七月十五日巴黎《救国时报》）

13. 迎接大规模的民族革命战争（延安《新中华报》社论）

连日以来,华北形势,是一天天的越来越严重了。日寇灭亡中国的大规模的侵略战争,在芦沟桥的炮声中已经发动,特别是最近数日内,我们为保卫祖国而战斗的民族战士们的鲜血,洒遍了平津、平汉路上。看吧!大规模的民族革命战争已经迫临。中华民族的最后解放,也在此一举!

中日战争已经在华北爆发,丰台、通县、芦沟桥变成了大战的战场,双方争夺丰台、芦沟桥等重要战略地点的血战,得而复失,也不下数次,平镇截至今日止已完全陷入日军之手。日军并继续向长辛店、保定前进。同时,日机二十余架在保定、正定一带投弹轰炸。(三十日中央社)上面这一切消息,告诉了我们,日寇对华北的进攻,是一步步的紧逼着,他的目的是在于攫取华北,以至于整个中国。这也就是日本帝国主义一贯的侵略政策的必然结果。

在芦沟桥事件开始发生的时候,我们曾经再三的指出这一事件的爆发决非偶然的,是日寇有计划的挑衅。冀察当局在开始时的犹豫态度,结果使日寇利用这些时间,有着充分的准备机会,从容不迫地调集其援军,集中于平津之线,而我们缺乏整个计划,"和平"的幻想在个别领袖中的残留,致使我们的准备不充分,所以在日寇一旦大举进攻的面前,虽有二十九军将士与华北人民为国牺牲的重大决心,但是临时仓惶失措,究竟无补于事。所以冀察当局的动摇犹豫,决心下得慢,是平津失守的重大原因之一。

平津的失陷,当然是我们在战略上的一个重大损失,造下了日寇南进西伸的战略根据地。但是这绝不能就认为是我们抗敌的失败,战争的最后胜利,不在于一块土地的得失,而是在于我们本身的坚决与牺牲决战奋斗到底的决心,军事上的一进一退,是丝毫不足为奇的,我们的战术需要灵活运用,特别是在中日战争中敌人物质条件优良,我们更需要机动,只有这样,在军事上才能制胜敌人。所以平津的失守,丝毫不应因此而悲观,而丧失我们抗战胜利的信心。只有更加鼓舞起我们的杀敌精神,以不屈不挠,百折不回的志愿求得抗战的最终胜利。

最近数日内,大炮炸弹的声音已经震醒了每个中国人民,打破了"和平解决"的幻想,日寇的狰狞面目,在隆隆的炮声中揭破了,华北万分危急,中华民族的生命已经临到最后的一刹那,假如政府再不决心抗战而表示犹豫时,只有断送华北,断送四万万五千万中华民族的生命,此其时矣,非坚决抗战,不足以挽救目前的危机。我们要求南京政府立即下最后坚决抗战的决心,采取积极的军事进攻行动,发动广大人民的抗战动员,组织与武装民众来收复平津,保卫华北,争取抗战的最后胜利!

（原载一九三七年八月三日延安《新中华报》）

14. 和战之最后关头（南京《中央日报》社论）

芦沟桥事变发生以来，倏忽旬日，此旬日中，日军不断挑衅，并陆续运到大批军队，集中丰台。我平津人民群忧祸至之无日，即国际间亦莫不相顾愕眙，深以东亚和平不能保全为虑。双方撤兵谈判，虽经数度举行，而日兵不顾信义，迄无履行诺言之诚意，前途演变如何，殊难逆料。国人于此，自应予以极大之注意。

亲仁善邻，为中国数千年之古训，爱好和平，尤为中国民族一致之心理。中国政府对于以平等待我之国家，罔不极意交欢，以期共谋世界人民之幸福。总理之三民主义，本党之历届宣言，关于外交之主张，一言以蔽之，曰对内求自存，对外求共存而已，其事实上之所昭示，亦举不逾此范围。即以对日言之，自"九一八"事件以来，日方所加于中国之种种压迫与侵害，果达如何程度，世界各国，共见共闻，东邦贤达，亦所深悉。然中国仍始终不愿遽见东亚和平之破裂，以贻世界各国之深忧。惟以诚心诚意感格日方，使之幡然改图，共本平等互惠之精神，相与致力于中日邦交之调整。最近所发生之芦沟桥事变，显为日方之故意寻衅。而我军则于日本进攻时，不得不誓死抗拒外，从未以一矢相加，此可证明中国力求避免战祸之初心，迄今无改。解铃系铃，一依日方之有无憬悟与诚意以为断。日本和平解决之声，遍传道路，此不独为吾人所渴望，当亦为世界各国所乐闻。惟和平解决，决不能有何条件。良以此次事变，责在日方，吾人日前已著论列举种种证据，阐发无遗。日方果不欲使事态扩大，自应悬崖勒马，迅为无条件之撤兵。否则城下之盟，为有国者所深耻，中国亦岂遽能放弃独立主权国家之应有权利，自甘屈辱哉？

守土卫国，为军人之天职，此次前方将士对于日军之无端挑衅，炮击宛平，悲愤填膺。起而抗战，伤亡相继，卒保名城，爱国心长，令人起敬起爱。而旬日之间，日军之进击，有加无已，我军仍誓死不屈，力与周旋，此种继续奋斗精神，尤觉难能可贵。中国民族，虽酷爱和平，而一遇国家生死关头，辄不惜牺牲一切，以求保卫此疆土。往史昭昭，不难复按，此所以中国能保有五千年之历史,继继承承,迄今弗替。今兹前方将士之浴血苦战,亦即此种精神之具体说明。此次事件,倘能由日方之觉悟,无条件和平解决,自为东亚和平之福。若和平绝望,在我自惟有抗战到底,决不能让他人得寸进尺,自陷国家民族于万劫不复之深渊。守土将士,届时本其卫国之夙志,知必能再接再厉,予彼侵略者以重创。语云,哀者必胜。在昔苻坚以投鞭断流之众,大举侵晋,卒为谢玄败之于淝水。欧战中比利时以蕞尔小国,横见侵逼,不屈不挠,终大扬其光辉于世界。自古迄今,以弱败强,以小胜大,其例不可胜数,是皆力求免战而终不得不战,悲愤之气,蕴结于中,积久而后发,故能杀敌致果,克奏朕功。我前方将士今后于横逆之来,但沉着应付,不矜不骄,深信最后胜利,必属于我。

今日时局之严重,已达极度,东亚和平之前途,其枢机盖完全握于日方。日本朝野应完全明瞭中国自始即无与任何国家为敌之意,惟中国为求自存起见,对于任何国家之武力侵略,当不惜以全国之军力与之周旋。日方果真无侵略中国之野心,应即日无条件撤兵,为事实上之表白。倘仍进逼不已,或阳假和平之名,阴行侵略之实,则中国军队,中国人民,必不能默尔而息,坐待灭亡。彼时战祸爆发,责有攸归,万世千秋,难逃公论。其为不利,皦然甚明,此则吾人最后愿为日方进其一言者也。

(原载一九三七年七月十七日南京《中央日报》)

15. 神圣抗战的展开——牺牲的初步(南京《中央日报》社论)

从七月八日芦沟桥的炮声,到昨天上海的炮声,抗战的局面开展,牺牲的境界也开始了。这种局面的开展,正是中华民族解放的曙光,九十几年的压迫,尤其六年来有的忍受,我们民族的境遇太黯淡了。长期的黑暗,现在开始透露一点光明!

光明必需有代价的,代价就是牺牲。将来光明的程度,必然与我们牺牲的程度,成一个正比例。牺牲愈大,光明必多;牺牲愈彻底,光明也必永久。牺牲是我们这一时代中国人的命运,跟着牺牲必有光明降临,抱着牺牲决心的人,不必计算牺牲的收获,收获终是丰富的。

这一次的抗战,意义是神圣的。为国家的生命,为民族的尊荣,为人类的正义,我们不能不奋勇地发动抗战。这种神圣抗战的阵线中,中华民族的全体人民,都是参加战争的斗士,中华民国全国的领土,都是抗战的资源。世界自有历史,人类自有战争,性质意义,没有像这次的神圣庄严。

神圣抗战阵线中的斗士,明白抗战的意义,必须认清这个神圣抗战未来的过程。这个过程前途,大概是长久的,过程的进行,大概是有波折的,必须大家认识这个前提,然后可以应付未来必至的各种运命。意识中对各种运命预先有了准备,我们的情绪格外凝练,意志格外沉着。在抗战过程中,各个人民不必先存何希望,而只是尽量尽自己的本分,尽量把自己的一切供献于国家。

抗战开始后,人民的牺牲,必然随着抗战局面的展开而增加,牺牲就是对国家的报效,也就是对自己良心上的交代,现在人民所感受的,不过是牺牲的初步。初步的牺牲,是初步胜利的基础。最后的牺牲,是最后胜利的基础。要望最后的胜利,必须抱着最后牺牲的准备与决心。我们要记着领袖的话,"我们是弱国",弱国的最利武器,就是牺牲的决心,大家抱着悲愤的情绪,必死的决心。抗战的神圣性,当然格外扩大。抗战的胜利,也更有把握。

我们抱着这样的意志,等待神圣抗战的开展吧。意志的力量,是无可限量的。神圣抗战的进展,凭着全民族伟大的意志力沉着挺进,是必然无疑的。全国意志的一致,全国情绪的平衡,真是数千年来未有的盛事。

全国的人民,磨砺伟大的意志力量,拥护这个神圣抗战的挺进!

(原载一九三七年八月十四日南京《中央日报》)

16."九一八"纪念日论抗战前途(汉口《大公报》社评)

今天是"九一八"的六周年纪念日,年年此日。烦恼愁闷,慨叹呻吟,今年今日,却已展开了壮烈的血战,以清算六年来日本侵略中国的耻辱。

"九一八"到今天,中国民族一直在羞辱中过日子。国民的情绪,一天天的沸腾,到前年冬天北方危急之时,业已沸腾达到极点,甚至一部分人怀疑到政府国策。现在抗战展开,这一个多月以来,在南北战场的壮烈血战中,我们的陆军空军都表现了优良的成绩,比五年前增高几倍的战斗力量。政府国策的效果,国民团结的进步,皆于此大明。但是国民要了解! 这战事也决不是中国所挑动的。多年来我们的政府实在不放弃和平的期望,虽在加紧戒备之中,能忍尽忍,此次忍到退无可退了,才不得已而应战。

日本在政略上,现在已陷于不可挽回的失败,南北任何局部战斗的一时得失,与全局并不相干。何以言之? 第一:中国早已决定在任何情形下,断不屈服,换句话说,中华民族今天对日本军阀只两句话:或者你们全占了去,或者全吐出来! 中国已决心不容再零碎分割,要么全征服,要么全解放。所有"九一八"以来日本所用的一切辱华欺华名字,"特殊化","明朗化","局部化","自治化"一类话头,中国决心再不听不理。只是牺牲拼命,拼到中国完全自由独立之日为止。中国这种决心,实在是对贪婪残暴的日本军阀的一个重大打击,而竟使中国不得已而下了这种最后决心,无疑的便是日本对世界对亚洲政略上一个重大失败。国民要记得! 可怜的中国,在芦沟桥事变发生以后,我们政府,对于所谓局部解决的最初三项,并且准许了,但是依然不行。不多几日,故都北平就被占,天津就被毁了。而且接着就攻平绥,打上海了。蒋委员长多年负国家重任,谨慎又谨慎,小心又小心,爱军士,爱人民,天天渴望着和平建设,只要日本军阀给独立完整的中国留一点路,我政府是断不肯轻于决裂的。但是蒋先生在庐山,早就说过:"一到了最后关头,中国一定要打到底,断不能中途屈服妥协,因为那就要接受亡国条件,就等于投降。"这一月来展开的壮烈血战,就是蒋先生庐山演说的实行。蒋先生这种忠诚坚决的精神,代表了整个民族,贯彻到全国军队。现在不但是国民党阵营内全国军人,一致奋斗,不屈不挠。就是新编第八路的朱德、彭德怀各军长的部队,也完全在同一的精神与信念之下,为祖国效死。请看这一月来的各战场任何部队,都是宁死不退! 每一兵士,都明白觉悟其责任,知道牺牲有极高代价。这样精神统一,这样牺牲壮烈的对外战争,中国历史上是第一次。这没有别的,就是共同认识牺牲必得胜利,屈服就是亡国! 中国民族这种决心,今后在任何情形下,断不变更,那么日本军阀,凭什么能征服中国? 所以日本不论怎样凶横,在政略上业已一败涂地了。第二,中国这样大规模的抗战,当然有苦痛,战事延长,苦痛自多。但是不要怕! 因为中国打仗,只这一次,无论怎样苦,这一战之后,中国永远再无战事。换句话,我们军民这一次的牺牲,就换得来全民族子子孙孙永远的自由。这牺牲的代价,是何等高贵呢? 中国在世界上只有这个敌人,而且与日本为敌,也只是这一时,并且真正的敌人只是日本军阀,不是日本民众。所以我们只要将这一仗打完,就永享和平幸福。日本却不然。他的军备,固然为征服中国,也同时为对付世界。所以和中国为敌,打这样血战,败也是败,胜也是败。因为实力日减退,经济日动摇,对华商业丧失,世界市场被夺。所以在中国越纠缠,越深入,他对世界缺陷越大。前年多田小册子上,明明说着要驱逐一切白人势力出亚洲,真的,这些白人,坐候着他征服中国之后,再安然驱逐他们吗! 所以极常识的论断,中国是打一次仗,日本是要打无数次仗。这也是事实上日本军阀必然失败的理由。第三:中国不但是消极的抗抵日本侵略,并且是世界上有理想,有主张。中国这一战,是以自己的生命资财,为世界争取新秩序,成立新轨道。中国决心为条约尊严为国际互助而战。中国绝不侵略人,不妨害人,其理想是各国国民平等互尊,尤其要主张弱小国民要有自主之权。中国现仍忠于国联盟约,非战公约,但认为这些工具不毂。中国要拼命给世界打出一条光明之路,要与全世界主张和平自由的善良人类,共同奋斗! 我们相信中国这种精神,就是世界大多数善良人类的共同精神。试看自从血战开始以来,全世界谁不同情中国? 譬如美国,其政府虽然消极,但民众舆论一天天增加热烈同情,又如前几天香港到一英国商船是为日本所雇运钢铁往日本的,此事本亦寻常,但船上的英籍海员全体,到港后即罢工,声明不愿帮助日本侵略中国,虽因此失业,甚至下狱,亦所甘心。读此电讯,真感到无限感激,无限钦佩! 这些海员为同情中国之故而牺牲职业,遭受痛苦,我们应当怎样感谢呢? 这种事并不是偶然,我们全国军民,只要循正义之路,勇敢奋斗,不久全世界善良人类,是都要援助我们的。关于世界大势,可以这样说:国家讲利害,民众讲良心。就利害论,日本征服中国,则世界均衡全破,要实现多田小册子的驱逐白人。反之中国站稳了,全世界可以行军缩,保和平。这一利一害之间相差太远了。现时主要国家如英法俄,确然是同情我们的。中国与苏联,更成立了不侵犯协约,巩固了两国间的和平友谊。今后相信,中国与这些主要国家一定要更增进关系。美国政府,也有被舆论哄动之一日。就是德国,本来也是我们很好的友邦,近来虽然受了日本蛊惑,但相信德国国民,终能珍惜欧战后中德友谊的价值,觉悟日本是他们最大的商敌,他们也是要被日本驱出亚洲的白人。总之简单一句话,世界民众,良心上本来同情,而以国家说:利害上也不容漠视。中国不是倚外,但是这问题本是世界问题。日本军阀封锁中国,是断不能贯彻的。中国军民,要信赖自己,同时信赖世界舆论。不要说舆论是空的,只要我们自己努力奋斗,我们多助,日本寡助,是世界大势必然的归趋。我前说日本政略的失败,这也是要点之一。

　　但是全国同胞要切记! 以上是说结论,不是论过程。中国要达到此结论,必须还要经过许多艰难困苦的过程。本文业已太长了,一切问题,陆续讨论。现在乘这"九一八"纪念之日先简单呼吁于全国同胞:中国能持久必能胜利。能全国总动员,则必能为最大限度之持久。尤其在广大后方的各省各界,必须自觉责任,在中央领导之下,切实组织起来。此事中央正在集思广益,逐步实施,我们先提起此原则,今后再与大家共同讨论。今天即以下列诸语,结束本文:我们愿随全国同胞之后,敬悼"九一八"以来为国牺牲的军民先烈之英灵! 感谢肩负重任之蒋委员长及诸将帅诸党政干部及全国陆空将士,嘉勉慰劳全国前方后方辛劳工作的各级部门之公务员工,及一般做救护慰劳宣传工作的民众团体及个人! 我们当此纪念日,又不禁寄念我东北四省的同胞,及最近沦陷区域的同胞及一般流亡困苦的学生青年,至于我们自己最后誓竭心血,作战时言论界之一老兵,在领袖指导与各界合作之下,为国家,为民众,为前线将士,忠实于(报纸破损缺七字)俾益贡献于雪耻兴邦之远大。

　　　　　　　　　　　　（原载一九三七年九月十八日汉口《大公报》）

17. 北京大学全体教授为芦沟桥事件宣言

　　中华民族向来是爱好和平的,远在周秦,我们的先哲就提倡"弭兵"和"非攻"的大道理。数千年来我们对于四邻,全抱着一个息事宁人的宗旨,以礼仪相待,以仁信相期,苟非狼子野心狡焉思逞者,我们决不忍以兵戎相见,这是稍读中国历史的人所共知道的。自一九三一年九月十八日以来,日本非法侵占我们的东北四省,构成傀儡的伪组织,强据榆关,侵入长城,以暴力胁迫平津,干涉我国的内政,以武装包庇走私,败坏中国的关税,更加纵容浪人毒化华北,卵翼汉奸、扰乱地方,关内任意驻屯军队,城中强自演习巷战,像这类的举动,都是现代尊重公理的国家所不屑为的。我政府承革命之后,正在努力,从少数以暴力侵略者的手中,移入大多数的国民,日本的国策,不决于谋孤注一掷的野心家,而决于贤明练远的老成人,则中日两国未始不可亲善,东亚和平,当能日益巩固。不料我们这个希望,竟成空中楼阁,日本野心的军阀,理性日暴,气炎日张。去年十月中旬,已毫无理由的迫我撤去丰台的驻军,今年七月七日又黄夜在芦沟桥附近实弹演习。想欲模仿袭击我潘阳的故技,侵入我宛平县城,以控制我七百年来文化中心的故都。经我守军阻止,遂借端挑衅,开炮轰击,两周以来,日方不但毫无信义,屡违双方同时撤兵的约定。而且据我北宁铁路,运集重兵,侵占我农田,伤害我禾稼。在我国土之内擅设日本军用机场,东则在我北方重镇的天津,占领车站,检查邮电,逮捕记者:西则在我平汉铁路的线上,用机枪扫射火车,杀害旅客。又随地强制拉夫,微用军需,依恃武力,欺侮良善,这些暴行,都是中外人士所共见共闻的。这些暴行,非特我们从国家的立点所不能忍,即从人道和正义的立点,亦不能再忍。我民族纵爱好和平,但不能放弃卫国的职责,更不能坐视人道和正义的被摧残,而不奋起维护。现和平的希望已到了绝望的关头了。我们的政府仍本着求自存与共存的政策,始终一意爱护和平。前日蒋委员长发表的谈话。当已得着全世界有理性者的同情了。中日两国是否结成永世不解的仇恨,日本是否原作破坏东亚和平的戎首,这都系于日本政府的态度,和日本军队的行动。倘使日本还不悔悟,那么我们举国上下,惟有牺牲一切,抗战到底,不幸到了那个时候,我们就要为抵御暴力而战,为保持国土而战,为人道和正义而战,为人类的自由而战,为世界的和平而战。如果人类的大多数,都有维持人道和正义的同情,都有爱护自由与和平的决心,我们自信终究会得到最后的胜利。同人等是从事教育的人,负有维持文化的责任,天天以宣传和平与正义为事。我们不忍见同文同种的邻邦,甘冒世界的不讳,来首先摧残人类的文化,破坏东亚的和平。我们深愿世界文化界的同志,共同起来帮助我们,唤醒这些迷梦中的日本政府和军人,不立即觉悟,逼迫我们这个爱好和平的民族,使不得不共起抗战,则非特中日两国同遭浩劫,即全世界的惊涛骇浪,也要从此掀动了。我们为人道、为正义、为自由、为和平而牺牲,自所不惜。惟望全世界的明达,认清这个破坏和平摧残文化的罪魁,是日本而不是中国。

(原载一九三七年七月二十五日南京《中央日报》)

18. 彭泽民发表抗日救国的最近主张

近数月来,时阅中外报章,并叠奉海内外知友函告,获悉举国人民正于和平统一团结御侮之最高原则下,期望中枢当局早定国是,予人民以共同努力之具体救亡方针。而执政诸公因感受民意之激励,与省察内外客观形势之推移,亦深知国难日重,舆情所向,非立下决心,重定国策,将无以应非常时代之需求,收全民一致协力之宏效。前此三中全会之召集,其所通过之决议与宣言,虽或因内外特殊环境之必须顾虑,未容彻底宣示明白剀切之决策,而使爱国人民之积极心理,犹感觖望;然总其迂回隐约之辞义,与事实问题之渐次解决,已具有昭示与民更始之象征。今后循民族复兴之正路,由救国而建国,将以此为轫之新基点。泽民前以政见未符,退息海隅已逾十载,悬壶自给,本无所求。惟自念早岁追随中山先生,效命奔走,垂三十年,虽时惭绵薄,鲜所增益,然对中山先生革命救国之精义,及其晚年手订之三大政策,则始终奉为保卫祖国拯救人民之信条,不敢稍存疑异。故愿有所进言:

第一、民主政治之必须迅速确立。孙先生所创示之建国程序,由训政而宪政,由党治而民治,原为综合世界最进步之政治理论,求适合于中国之特殊国情,故运用革命方略、纳国家政治于现代化之正轨。今国内形势已渐趋好转,昔日与中央相对立之政权,业经自动提议解消,而各地方军事财政之畸形系统,亦次第奉还中央,此等进步现象之由来,并非优越武力或特殊权威所施行之结果,其唯一成功之要因,为全国人民因外患深入之危急,而发生理性政治与民族统一之要求。政府当局,正宜体察时机,善用民意,迅速履行政府历来对全体国民之诺言,而使中山先生之民权主义能完全实现。

第二、各政治党派必须平等合作,共赴国难。训政结束,宪政施行,而还政于民之结果,政党政治之出现,将为必然之事实的逻辑。现代世界民主国家无不遵此优良政体之途径,而维系其国族之繁荣。中国民族因所遭遇之严重危机,更有努力促进全体政治之需要,过去二十余年之混乱政治,皆由民主政体未能真实确立之结果。中国国民党昔为首创共和政体之革命政党,而现又完全执掌政权,成为领导全国之政府党,对国家政治隆替关键,当有深刻之体念。而同时在野各党派,因确认民族利益高过一切,已经自动声言放弃个别特殊不同之政见,以求举国一致对外之集体行动。今日当政之国民党宜本其所居之政治领导地位,履行宪政之实,断然接纳全国在野党派之共同主张,以树立民主国家之政治基础。

第三、国民代表大会之召集应以民主主义为原则。政府当局为恪守中山先生之建国程序,定期召开全国国民代表大会,实现民权主义之初步纲领,此为国民党对国家与人民所应尽之政治责任;惟目前客观事实所规定之另一方特质,即此次国民代表大会应负之历史任务,不仅限于制宪与宪法施行日期之确定,而尤有集中全国人才,结合全国党派之特殊使命,盖一面结束过去之政治纠纷,一面协定全民抗敌之最高政策,与共同遵守之政治公约。中央政府过去所召集之国民会议与国难会议,曾因当时国内之特殊政治情势,而有异常严格之限制,故未能获得全国一致拥护之成果,实为明显之事实。本届国大代表之组织法与选举法,虽曾经修正,以求符合人民之愿望,然细按其实,尚多缺憾,其主要之点,已经各党派之政治代表及国内学者多方指摘。泽民深盼政府当局,本其经国定制之天职,发挥"天下为公"之精神,重新审虑,彻底解放,务使重关国族前途之庄严代表大会真正体现民治主义之本质。

第四、应立即释放全国政治犯及终止障碍民权发展之防范工作与一切紧急条例。泽民认为在举国团结之今日,宪政实施之期,亦已不远,除对汉奸国贼之必须严厉侦缉与罪在不赦外,凡一切因政治思想之歧异,或爱国行动之逾轨,而遭受拘捕身投牢狱之青年杰士,皆属国家民族之精英,应在矜惜之列,故理应立即赦免其徒刑,责以奋发救国,接受政府之指导。在过去政府为保持政治秩序与社会安宁设想,对任何非国民党之分子,认其行动与言论,有超越被规定之限度者,姑不惜忍痛制止,加以惩治,原为不得已之措施;今形势已变,整个党派问题,将由政治途径,获得适当之解决,而对在狱之青年尚未即予释放,使其身体与精神蒙受巨大之损伤,殊与国家爱护人民之原则有所矛盾。泽民本医术活人之用心,切盼以和平团结号召全国之贤明政府迅速根据中央叠次释放政治犯之提案,早为解决。

其次,今后全国人民同在民族统一与政府领导之下,势将共同遵守救国纲领与政治纪律;所谓政治思想问题,除纯粹学理范围以外,凡涉及任何实际行动及文字宣传之思想问题,决不如过去混乱时代之严重。政府对人民之爱国自由惟负有纠正与训导之任务,而采取如过去严格禁止之理由已不复存在,因此,所有一切因防范政治反动而进行之侦缉工作及所颁布之单行法令,皆有迅速停止与明令废除之必要。

以上诸端,久为国内贤豪共同呼吁之主张,泽民年逾花甲,霜雪满头,愧无特见,故摭拾陈言,借尽匹夫之责,尚祈鉴谅。顺颂公绥!

彭泽民谨启

中华民国二十六年六月十五号

(原载一九三七年八月十五日巴黎《救国时报》)

19. 冯玉祥发表广播演说主张坚持对日抗战到底

据电讯,南京中央军事委员会副委员长冯玉祥氏于七日在广播电台演说,内中有云:

"若希望日本将其强夺去了的中国领土与主权退回中国,那就是幻想。除与侵略者抗战到底外,中国就无别途。中国在袁世凯时代,北京政府在被威胁下接纳二十一条;但现在的中国,已不是袁世凯时代的中国,日本乃动员其军队来占领整个中国。日本在平津一带完成其侵略的任务之后,现仍派兵到中国。我们底答复必须是:把我们底四万万五千万国民动员起来!"

按日寇强占平津,并继续派兵向我进攻,已是明如观火的事实。但寇使川樾同时放出恢复谈判之空气,这样企图使我国发生和平解决的幻想,使日寇更得乘机调动大军到华,占领要隘,从容摆布攻我步骤。冯氏所谓若希望日寇退回失地和主权就是幻想,我国必须抗战到底一节,实系非常正确中肯之论。同时,冯氏演说又反映着一件明显的事实,就是:南京政府内面,亲日派分子还从中挟持、阻挠南京政府实行抗战。我国国民除起来赞助南京政府内面主张抗日的贤明人士外,又必须坚决要求立即驱逐在南京政府及各地政府内之亲日分子,要求南京当局不要堕入日寇的阴陷,而下定抗战决心,立即领导全国实行抗战到底。

(原载一九三七年八月十日巴黎《救国时报》)

20. 沈钧儒由(南)京回沪发表谈话,希望各地党政工作人员积极领导民众为国家尽最大之努力

沈钧儒等七人来京,分谒中枢各当局之后,已有多日,因沪上事务,尚须处理,沈钧儒、李公朴、章乃器三人,先于昨夜十二时搭车赴沪,留邹韬奋、王造时、沙千里,史良四人,在京续谒各当局晤谈,新声社记者于昨日下午往访沈等,据沈等表示,对于此次来京感想颇佳,兹志其大意如下:我等在狱时读蒋委员长在庐山谈话,深为感动,当即拍电表示热忱拥护。出狱后晋见党政军当局,大家对于抗战决心,均表示完全一致。至于战略上时间与空间之把握,自应由政府作最妥善之设计。又此次党政军领袖所表示对国内问题,无不以宽大仁厚坦白率直为依归,此与全国民众之所以祈求者,真可谓上下一心。深信各地党政工作人员,必能本此精神,积极领导民众,使每一个爱国民众,均能贡献其赤诚,为国家尽最大之努力,以筑成坚如钢铁之民众壁垒,以保证民族战争之最后胜利。目下民众工作,应该统一领导,应该格外具体、格外沉着,自属不成问题。但必须在全国动员之下,在积极行动当中,表现其统一,表现其具体,表现其沉着。所以言统一领导,不能专靠几纸文电,与几个机构,而需要着普遍的深入的动员。而须同时注意全力动员。言沉着、决不是不动、更不是消沉;而是有计划有步骤的动。吾人须知一颗爱国赤心乃人人所同具,目下在每一弄堂里,在每一个屋角里,在每一个村落里,均有热情救国,而未得门经者,此在人民为苦闷悲愤,而在国家为极大损失。如何领导

彼等动员彼等,实为当前极艰苦之工作,希望能领导者努力,愿救国者自动出来,民族解放功业,方能缩短过程,最后关于沉着二字之意义,我等以为最切要者,为在政府已表示极大决心之今日,我们人民须在如何贡献自己与如何动员别人问题上作精密之检讨,与实际之努力。在将来更须知吾人唯一可以乐观而有把握者,为最后之胜利。至于在战争过程中,固然要苦心焦思,以取胜算。但也绝对不怕打败仗。胜了还要打,败了后同样还要打,然后能取得最后之胜利。因此人民对于战争、千万不可斤斤于一时之胜负、与一隅之得失,而只要记住"打到底"三个字。对于军士打胜仗需要慰劳,打败仗尤其需要慰劳,谁能打到底、谁就是民族英雄。决不能因一时的挫败,遽加以轻视。即须在最后胜利之日结算成绩,此即我等今日之所欲言者。

（原载一九三七年八月八日南京《中央日报》）

21.蔡廷锴由马尼拉回国抵粤发表谈话,将为完成解放中国而奋斗

前十九路军将领蔡廷锴将军于芦沟桥事变后,奉南京政府之召,由马尼拉起程回国,已志前报。现据七日电讯,蔡氏已抵广州,候轮赴沪转宁。蔡氏在粤发表声明,宣称:"本人此次入京,目的系在完成为解放中国而奋斗之任务,此外别无他图。无论政府是否决定恢复十九路军,但每个十九路军战士,随时均准备着为国家福利而流其最后的一点血,而且必将为恢复东北四省而奋斗到底,我们必须抗战至最后一个人"。

有沪战抗战光荣历史的十九路军将领蔡廷锴将军,此次应召回国,并于抵粤时作坚决抗战的表示,当使每个爱国同胞兴奋鼓舞。当此我国必须集中国力、抗战救亡之时。对于有抗战经验之十九路军将领,急应起用,使得发挥其抗日之意志与经验。本报根据一贯抗日救国的主张,曾屡次呼吁恢复十九路军及其将领之军职,并立即派至前线抗敌。南京政府此次召请蔡廷锴将军回国,可说是集中人才的一步骤;希望南京当局更进一步,立即恢复十九路军并立即起用陈铭枢、蒋光鼐、翁照垣诸将军及其他前十九路军将领,以便率领十九路军参加抗战。正如蔡廷锴将军所云,"每个十九路军战士,随时均准备

着为国家福利而流其最后的一滴血,而且必将为收复东北四省而奋斗到底"。我们相信,恢复十九路军以后,该军必能继续其沪战之光荣传统而大有贡献于抗战的前途。

（原载一九三七年八月十日巴黎《救国时报》）

22.吴玉章从巴黎经香港回国飞抵武汉发表谈话,只要对内精诚团结,巩固各党派的抗日民族统一战线,对外联合一切和平势力,坚决反对侵略,最后胜利是有绝对把握的

当年与中山先生共同领导革命的老同盟会会员,在一九二五—二七年大革命时代,曾任国民党中央委员会常务委员,同时,又是中国共产党员的著名领导者的吴玉章先生回国了,昨天（二十四日）上午从香港搭欧亚机来武汉。本报记者以吴先生为中国革命的前辈,他始终坚定地站在革命的立场,不屈不挠地继续为中国的自由解放而斗争。抗战以来,吴先生在欧洲各国努力国际宣传,这次从海外归来,对于抗战大业,对于各党各派精诚团结的抗日民族统一战线必有很多的贡献,特代表本报前往机场欢迎。同往欢迎的还有共产党中央委员会代表陈绍禹先生,八路军驻汉办事处代表吴克坚先生等五六人。

十二点半钟,二十二号欧亚机从东南角上飞来了。吴先生下机后,即与欢迎者一一含笑握手。吴先生年约五十余,瘦长身材,头发已花白了,态度和蔼,完全是个忠厚长者的风姿。

记者向吴先生表示欢迎之意后,请他发表一点意见,当承发表如下谈话:

"我在国外多年,这次回到在对日抗战中的祖国来,心中觉得无限的愉快。我虽远在海外,但从国外的报纸和各方面的消息知道国内的各党派抗日救国团结,已日趋巩固与扩大,全国人民对抗战有了更坚强的信心,尤其是这次国民党临时代表大会的良好收获,符合民众抗战时期要求的《抗战建国纲领》的公布,以及最近台儿庄的重大胜利,这一切都显示出我们已开始走向胜利之路,自由幸福的新中国的曙光已照耀在我们前面。但是,我希望我们不要因这初步的胜利而松懈了我们的团结;反之,我们要更加强抗日民族统一

战线,全国要更团结一致,集中力量在政府和统帅指导下给日寇以致命的打击。假使我们以团结获得了初步胜利,则惟有以更坚固的团结才能赶走日本强盗出中国,使中华民族获得彻底的自由与解放。我国各党派的救亡阵线一天天巩固起来,则最后胜利也就一天天和我们接近起来。"

记者又问及各国对我抗战的态度如何,吴先生说:"我们在这次抗战中绝不是孤立的,我们有着伟大的国际同情,这种同情正是我们获得最后胜利的一个重要因素。关于这方面,我在国外,见闻较多,不禁常常为这种深厚的同情所感动。世界爱好和平的国家与社会人士,尤其是工农劳苦大众,多热烈地同情并且援助中国。各国民众及各种国际团体,他们发起不买日货运动,拒绝为日运输装卸货物,向日本领事馆示威,成立各种援助中国的委员会。他们常说:'反对日本帝国主义不但是中国人民的任务,而且是全世界人类的任务。中国人民的反日斗争,也就是我们的斗争。'不过,我们应该知道我们因为有了国共及各抗日党派的抗日民族统一战线的树立而坚决抗战,我们才能得到这样广大的国际同情。我们只有以举国一致更奋勇坚苦的抗战来争取更广泛的同情。当然,在外交上我们也要努力确立独立自主的外交政策,站在主动的地位联合爱好和平的国家,使国际形势有利于我。"记者又问及国际宣传问题,吴先生称:"我是特为作国际宣传到欧洲去并蒙我国反侵略分会派我出席伦敦国际反侵略大会,关于此事当作较详细的叙述,今天无暇多谈,总之,国际宣传要特别加以注重。敌人在国际间的宣传很厉害,印了大量的各种文字的刊物、书报、小册子到处散发。我们当扩大我们的国际宣传,对敌人在国际间的各种反宣传给以迎头痛击,使国际人士不致为敌人的烟幕所迷惑。听说政府部第三厅将展开广大范围的国际宣传工作,这是值得我们欣慰的。

"总之,只要我们能对内精诚团结,巩固各党派的抗日民族统一战线,对外联合一切和平势力,坚决反对侵略,则最后的胜利是有绝对的把握的!"

"至于我个人,愿意以我全部的力量贡献给全国同胞,为民族的解放为国家独立的战争,而奋斗到最后一滴血。"说至此,记者以吴先生初到疲劳,遂告辞而归。

（原载一九三八年四月二十五日汉口《新华日报》）

23.陶行知海外归来发表谈话,抗战提高了我国的国际地位,美国和各国的援华运动有了新的发展

我国著名民众教育专家陶行知先生,自一九三六年七月出国,参加世界教育会议,在英稍事停留后转比参加世界和平大会,并赴中欧各国如捷克、希腊、埃及等地考察。还曾去过意大利和德国;在上月间抵新加坡、印度留一星期之久。以其中在美国和美洲大陆停留时间最久,经过路程十万千里英里,到过二十六个国家,不能不是一个遥长的行程。在此期间陶先生一面观察各地华侨情况,一面向国际宣传中国的抗战情势,先后历时两年。近以国内抗战形势紧张,于昨晚(九日)深夜返国抵汉,记者特至轮次访问陶先生。

陶先生首先谈起国际援华情况,最主要的是我国的国际地位因抗战而提高。由被人轻视转到特别尊重。例如抗战前中国代表演讲不为人重视,而今凡是中国代表演讲,听众皆起立致敬,听到中国的名字皆欢呼。艾登在日内瓦曾公开讲:"民主势力实是受到中国的保护,他们如此英勇抗战,实在令我们惭愧。"又如陶先生在碰到墨西哥的将领时,他们以为中国兵是世界上的模范。器械如此简劣,而却如此英勇,实在令人钦佩。诸如此类例子,在国外是常见的。足证我国地位的提高。

因为陶先生新由美国和新大陆回来,记者特别请陶先生谈谈美国及各国援华运动的新发展。

据陶先生谈,现在美国援华运动布了很大进步。首先是从个别的援助走向集体合作。许多团体从前不合作,现在因援华运动而得到团结。其次,美国的人士,特别是妇女,更深刻了解如何去援华。日本原材料输出美国占五四.五,英国占十七.四。这个数字在美国上议院六月四日已发表。因此,美国人民积极提出:"不参加侵略行为"的口号;而抵制日货运动,在美国已经发生了很大效力。至于美国政府罗斯福总统是同情我国抗战的。他们的"中国之友社",目前新的政策是在各地集中成立援华委员会,各党各派、工会、农会、妇女、儿童全在内,力量很大。

陶先生此次去国外因为宣传工作较重,对于教育考察是放在次要地位。陶先生曾去看过荷兰的学校,印度泰戈尔学校,以及甘地所办的自力更生的工人学校。一般讲来,世界人士对我抗战都异常钦佩。

因为离开祖国已经两年,陶先生极愿从速返国参加抗战建国工作;同时很谦逊的说:"对国内情况隔膜,希望各方面的指教!"并为祖国作战的需要,将来打算办一战时学校,或其他方式。

(原载一九三八年十月二日汉口《新华日报》)

二、中国共产党公布《国共合作宣言》

1. 中国共产党公布《国共合作宣言》①

亲爱的同胞们:

中国共产党中央委员会谨以极大的热忱向我全国父老兄弟诸姑姊妹宣言,当此国难极端严重民族生命存亡绝续之时,我们为着挽救祖国的危亡,在和平统一团结御侮的基础上,已经与中国国民党获得了谅解,而共赴国难了。这对于我们伟大的中华民族前途有着怎样重大的意义啊!因为大家都知道,在民族生命危急万状的现在,只有我们民族内部的团结,才能战胜日本帝国主义的侵略。现在民族团结的基础已经定下了,我们民族独立自由解放的前提也已创设了,中共中央特为我们民族的光明灿烂的前途庆贺。

不过我们知道,要把这个民族的光辉前途变为现实的独立自由幸福的新中国,仍需要全国同胞,每一个热血的黄帝子孙,坚韧不拔地努力奋斗。中国共产党愿当此时机,向全国同胞提出我们奋斗之总的目标,这就是:

一、争取中华民族之独立自由与解放。首先须切实地迅速地准备与发动

---

①本宣言于七月十五日由中共中央送交国民党。九月二十二日由国民党中央通讯社以"肤施二十二日电"电头通稿发布,刊登在二十三日的全国各报上。——编者

民族革命抗战,以收复失地和恢复领土主权之完整。

二、实现民权政治,召开国民大会,以制定宪法与规定救国方针。

三、实现中国人民之幸福与愉快的生活。首先须切实救济灾荒,安定民生,发展国防经济,解除人民痛苦与改善人民生活。

凡此诸项,均为中国的急需,以此悬为奋斗之鹄的我们相信必能获得全国同胞之热烈的赞助。中共愿在这个总纲领的目标下,与全国同胞手携手地一致努力。

中共深切知道,在实现这个崇高目标的前进路上,须要克服许多的障碍和困难,首先将遇到日本帝国主义的阻碍和破坏。为着取消敌人的阴谋之借口,为着解除一切善意的怀疑者之误会,中国共产党中央委员会有披沥自己对于民族解放事业的赤忱之必要。因此,中共中央再郑重向全国宣言:

一、孙中山先生的三民主义为中国今日之必需,本党愿为其彻底的实现而奋斗。

二、取消一切推翻国民党政权的暴动政策及赤化运动,停止以暴力没收地主土地的政策。

三、取消现在的苏维埃政府,实行民权政治,以期国家政权之统一。

四、取消红军名义及番号,改编为国民革命军,受国民政府军事委员会之统辖,并待命出动,担任抗日前线之职责。

亲爱的同胞们!本党这种光明磊落大公无私与委曲求全的态度,早已向全国同胞在言论行动上明白表示出来,并且已获得同胞们的赞许。现在为求得与国民党的精诚团结,巩固全国的和平统一,实行抗日的民族革命战争,我们准备把这些诺言中在形式上尚未形成的部分,如苏区取消、红军改编等,立即实行,以便用统一团结的全国力量,抵抗外敌的侵略。

寇深矣!祸亟矣!同胞们,起来,一致地团结啊!我们伟大的悠久的中华民族是不可屈服的。起来,为巩固民族的团结而奋斗!为推翻日本帝国主义的压迫而奋斗!胜利是属于中华民族的!

抗日战争胜利万岁!

独立自由幸福的新中国万岁!

中国共产党中央委员会

一九三七年七月十五日

（原载一九三七年九月二十三日南京《中央日报》）

2. 蒋介石对中国共产党《国共合作宣言》发表谈话

国民革命之目的，在求中国之自由平等，总理曾说明三民主义为救国主义、即希望全国国民一致为挽救国家危亡而奋斗。不幸十年以来，一般国人对于三民主义不能真诚一致的信仰，对民族危机亦无深刻之认识，致使革命建国之过程中，遭受不少之阻碍。国力固因之消耗，人民亦饱受牺牲，遂令外侮日深，国家亦趋危殆。此数年间，中央政府无日不以精诚团结、共赴国难相号召，而国人昔日之怀疑。三民主义者，亦均以民族利益为重放弃异见，而共趋于一致，足证国民今日皆已深切感觉存则俱存、亡则俱亡之意义，咸认整个民族之利害终超出于一切个人、一切团体利害之上也。此次中国共产党发表之宣言，即为民族意识胜过一切之例证。宣言中所举诸项如放弃暴动政策与赤化运动，取消苏区与红军，皆为集中力量，救亡御侮之必要条件，且均与本党三中全会之宣言及决议案相合，而其宣称愿为实现三民主义而奋斗，更是证明中国今日只能有一个努力之方向。余以为吾人革命所争者，不在个人之意气与私见，而为三民主义之实行，在存亡危急之秋，更不应计较过去之一切，而当使全国国民彻底更始，力谋团结，以共保国家之生命与生存。今日凡为中国国民，但能信奉三民主义而努力救国者，政府当不问其过去如何而咸使有效忠国家之机会。对于国内任何派别，只要诚意救国，愿在国民革命抗敌御侮之旗帜下，共同奋斗者，政府无不开诚接纳，咸使集中于本党领导之下，而一致努力。中国共产党人即捐弃成见，确认国家独立与民族利益之重要，吾人唯望其真诚一致，实践其宣言所举之诸点。更望其御侮救亡统一指挥之下，人人贡献能力于国家，与全国同胞一致奋斗，以完成国民革命之使命。总之，中国立国原则为总理创制之三民主义，此意无可动摇，无可移易者。中国民族既已一致觉醒，绝对团结，自动坚守不偏不倚之国策，集中整个国家民族之力量，自卫自助、以抵抗暴敌，挽救危亡。中国不但为保障国家民族之生存而抗战,亦为保持世界和平与国际信义而奋斗,世界明达之士,必能深切了解之也。

（原载一九三七年九月二十四日南京《中央日报》）

3. 中共中央负责人为公布《国共合作宣言》发表谈话

《解放》周刊记者以其共产党中央最近由南京中央社广播发表之宣言,影响中国时局甚为广大,特请共产党中央负责人发表意见如下:

关于国共两党联合救国之伟大事业,已在九月二十二日经过中央通讯社所发表的中国共产党宣言及九月二十三日该社继续发表的蒋介石氏的谈话,建立起必要的基础了。

蒋氏的谈话,指出了团结救国的深切意义,发出了与全国国民彻底更始的诺言,承认了共产党在全国的合法地位,这是值得赞许的。但是在蒋氏谈话中尚没有抛弃国民党自大主义的精神,尚没有能坦白的承认国民党过去十年来在民族危机中自己所应负起的责任,不免遗憾! 共产党的宣言及蒋氏的谈话,宣布了中国抗日民族统一战线的成功。今后的问题,是如何实行民主政治,改善人民生活,启发全国人民的抗日运动,用以极大的增强抗日战争的力量。这个宣言是一个公布国共合作的宣言,本应早已发表,还是在七月四日起草,七月十五日就交付国民党了的,可是推迟了两个多月才发表,然而宣言的基本精神是没有损失的,这个宣言不但将成为两党团结的方针,而且将成为全国人民大团结的根本方针。中华民族之复兴,日本帝国主义之打倒,将于今后的两党团结与全国团结得到其基础。宣言全文如下:〈略〉

（原载《解放》周刊第十八期,一九三七年十月二日）

4. 张闻天、毛泽东关于对合作宣言及蒋介石谈话的评价致周恩来电

周:

一、你们谈话请根据下列诸点:我们宣言及蒋谈话宣布了统一战线的成功,建立了两党团结救国的必要基础。

二、这个宣言不但将成为两党团结的方针,而且将成为全国国民大团结的根本方针,中华民族之复兴,日本帝国主义打倒,将于今后的两党团结与全国团结得到基础。

三、蒋谈话指出了团结救国的深切意义,确定了共产党在全国的合法地位,发出了"与全国人民彻底更始"的〔诺言〕。但还表现着自大主义精神,缺乏自我批评,未免遗憾。今后问题是彻底实现三民主义及与三民主义相符合的中共提出的十大纲领。

四、宣言是三月四日起草的,五月十五日交付的,①九月二十二日发表的。并告博古、剑英、汉年、胡服、云逸、觉哉由林转及朱、彭、任、林、聂、贺、关、刘、张②诸同志。

洛甫、泽东

二十五日

(选自《中国共产党历史资料丛书·第二次国共合作的形成》,中共党史资料出版社,一九八九年)

5. 论国共再次合作(巴黎《救国时报》社论)

一九二五——二七年第一次大革命,由于国共两党的合作,在革命事业上曾经获得了光荣伟大的有历史意义的胜利:北伐迅速的成功,革命政权的扩大,北洋封建军阀之崩溃,以及帝国主义在华统治之削弱,这些史实,是每一个中国人至今所不能忘记的。

自一九二七年国民党分共清共以后,使中国重复走上了黑暗惨淡的途程,大革命的成果惨遭毁灭,垂毙的封建势力死灰复燃,帝国主义在华统治由恢复而扩展,民众的组织与自由受到极度的摧残;而孙中山先生的革命的三民主义亦已毁弃无余。这一错误政策的结果,致演成国内连年不断的内战,特别是民族危机达到空前的阶段,东邻日寇利用我国的分裂,企图吞并全

---

①"三月"、"五月"均应为"七月"。
②并告博古、叶剑英、潘汉年、刘少奇、张云逸、谢觉哉由林伯渠转及朱德、彭德怀、任弼时、林彪、聂荣臻、贺龙、关向应、刘伯承、张浩。

中国。

"九一八"惨变,唤起全国人民团结御侮的要求,首先是中国共产党,一方面以不得已的自卫手段,反抗国民党的"围剿",同时号召与进"剿"的部队,订立抗日军事协定,虽未能及时得到国民党的采纳,但已确实开辟了国共两党合作抗日的始基。此后,一九三五年共产党的《八一宣言》,更具体提出反日民族统一战线的政策,更经过西安事变的和平解决,经过中共中央给国民党三中全会的建议,两年来坚持奋斗的结果,逐渐铲除了两党合作的障碍,打破了日寇、亲日派及托洛茨基匪徒们的挑拨离间与阴谋破坏,消除了国民党内及一部分社会人士之猜疑,而初步实现了全国人民所热烈企求的国共两党的再次合作。

看了九月二十二日报纸上公布的《中国共产党中央委员会的宣言》和九月二十三日国民党领袖蒋介石先生《关于共产党宣言的谈话》,使我们感觉到莫名的兴奋与愉快,不禁为我国家民族前途深致庆幸,国共两党再次合作的实现,除了全国人民之要求与督促的力量以外,不能不归功于两党自身的伟大襟怀。共产党为了实现自己所倡导的反日民族统一战线,曾经委曲求全作了许多事实的让步,而国民党也竟能放弃过去政策终于接受并开始执行抗日民族统一战线的政策。国共两党这种为国家民族利益,而牺牲过去成见,放弃十年来的旧仇宿怨,精诚团结一致御侮的精神的伟大表现,是最值得我们颂扬的。

国共再次合作在今天是争取抗战胜利的必要条件。由红军改编的国民革命军第八路军在晋北的连续胜利,与在共产党领导下的东北抗日联军在东北的积极活动,牵制日寇巨大的兵力,使北方战线发生巨大变化,特别是共产党领导的部队,在政治上、组织上、纪律上、作战的勇敢与坚决上,以及与民众的关系上的种种优点,将要成为改善和加强全国各抗战部队的伟大推动力量。这就更加保证了全面抗战的军事上的胜利。

就民众运动上说,共产党与民众有最密切的联系,共产党人最善于发动和组织民众。这是在第一次大革命中已经证明了的事实。今天摆在全面抗战中最严重的现象,就是民众工作的落后,因此,全国人士莫不表示忧虑,而宋希濂将军亦有不胜今昔之感。在今天条件下,应当消除害怕民众的心理,放弃统制民众运动的企图,给民众以自由活动的可能,给共产党人以发挥其组织天才的机会。则大革命时期民众运动发展的盛况,不难再见于今日。而这正是争取抗战胜利的基本问题。

国共再次合作,还不仅是争取抗战胜利的必要条件,而且是争取独立、自由、幸福的新中国实现的决定因素。共产党在自己底宣言中所提出的总的奋斗目标是:"(一)争取中华民族之独立自由与解放,首先须切实的迅速的准备与发动民族革命抗战,以收复失地和恢复领土主权之完整;(二)实现民权政治及开国民大会,以制定宪法与规定救国方针;(三)实现中国人民之幸福与愉快的生活,首先须切实的救济灾荒,安定民生,发展国防经济与改善人民生活"。这一总的奋斗目标,确实是全国人民目前最迫切的需要与要求。在国共两党通力合作真诚努力之下,证之大革命时期的经验,与共产党在以前苏区的设施,这一目标是不难达到的。

再则,国共再次合作,应当是两党互相开诚布公,应该互相尊重彼此在组织上思想上的固有系统,应当在共同抗日救国纲领下允许彼此的独立发展与批评自由,决不应丝毫存在猜疑与妒忌的心理或压抑或限制的企图。因为只有这样才能继续发展和巩固两党的合作,只有这样,才能真正克服合作前途上的阻碍与困难。

我们应当知道国共再次合作,今天还只是初步实现,我们民族的敌人——日寇,亲日派汉奸以及下流无耻的托洛茨基匪徒正在害怕这一合作,千方百计来破坏这一合作。

为了发展和巩固国共两党的合作,我们首先要求国共两党真能彻底消除成见,互谅互助,使一切民族敌人挑拨不动,离间不开;而协力同心,一致奋斗来完成中国革命的伟大历史使命。同时要求全国上下最警觉最无情的彻底肃清民族敌人——日寇,亲日派汉奸及托洛茨基匪徒。

尤有进者,在今日全国抗战的严重局面下,必须彻底和全部实现反日民族统一战线的政策,才能担负艰巨的民族解放与复兴的任务,这就是说,国共两大政党的开诚合作,固然是首要之图,然而还有许多不属于国共两党的反日党派、团体与个人,亦应予以公开自由活动与发展的机会,使一切反日力量毫无遗漏的组织到反日民族统一战线中来,这就特别须要当政的国民党,切实执行蒋先生的"今日凡为中国国民,但能信奉三民主义而努力救国者,政府当不问其过去如何,而咸使有效忠国家之机会。对于国内任何派别,只要诚意救国,愿在国民革命抗战御侮之旗帜下,共同奋斗者,政府无不开诚接纳"的诺言。

有历史意义的国共再次合作,已初步实现了,在伟大的中华民族面前,闪耀着光明灿烂的异采,它预示着我们民族胜利的前途,预示着独立自由幸福的新中国的前途,我们全民族全国人民应当以最大的努力来拥护这一合作,巩固和发展这一合作。

(原载一九三七年十月二十五日巴黎《救国时报》)

6. 读蒋委员长谈话(汉口《大公报》社评)

蒋委员长,因中国共产党发表共赴国难之宣言,前日特发表谈话,其全文已见昨报。我们愿乘此对外对内说几句话。

一、全世界要明白认识:今天的中国,是全民族团结奋斗,御侮救亡,只有民族意识,没有党派观念。但是中国是以三民主义为立国原则的。此次中国共产党宣言,声明为实现三民主义而奋斗,这是个要点。中国领袖的蒋委员长,现在正率领全国军队,连共产党改编的国军在内,与暴日作殊死战。这若干万的武装健儿,不只是消极拼命抗敌,并且积极的燃烧着建国理想,就是三民主义。中国今天,在严重的非常时期,军事紧急,好像不暇他顾。但全世界要知道:中国的建国方针,断不因战争而变更,反而因敌人之破坏而促进,中国在战时及战后,一定加速度的向真正的三民主义的建设而迈进。

中国民族确实统一了,团结了,立国原则,更加强的确定了,那么,今后的问题,只有实行。世界要注意,中国今后,一定要达到完善的民权主义的政治组织,与民生主义的经济建设。民权就是民主,若译西文,是一个字,此次共产党宣言,特别标明了民权政治,也是尊重三民主义的一证。不过这所谓民权政治,并不是西方通常的议会政治,中国政治,要超越阶级观,全民的实现民主制度,将来不否认党派,但是要在三民主义原则之下。至于民生主义的经济建设,当然不是模仿资本主义,也当然不是布尔希维克,中国经济制度,一方将要大产业国营,一方面则注重社会化。简言之,是与世界各国大趋势相应的。至于对外方针,则全照中山先生之民族主义实行。中国所求,只是自由平等,同时尊重各国民之自由平等。中国不侵犯人,不干涉他国内政,而民族主义之适应于内政者,则对于中国民族大旗帜下所包拥之若干落后的少数民族,亦务必其平等参政,平等发展。

为什么对世界人说明此点? 则有两个意义。第一:请世界认识! 中国今天,是整个团结了。共产党这样捐弃成见,共同奋斗,是加强这团结的。中国今天的对日抗战,是全民族争生存,不是某党派谋利益,蒋委员长,今天是代表全军全民,代表一切党派。全中国在政府指挥之下,争取最后的胜利。第二:是请世界认识中国的政治经济,有确实不易方针。就是中山先生的民族主义,民权主义,民生主义。任凭战局怎样变,这方针不变。而此三民主义建国之实现,与世界和平有利益,而与任何国家无冲突。蒋先生所谓不偏不倚的国策,就是指此。

二、蒋委员长谈话:"在存亡危急之秋,更不应计较过去之一切,而当使全国国民,彻底更始,力谋团结,以共保国家之生命与生存。"又说:"中国民族,既已一致觉醒,绝对团结,自必坚守不偏不倚之国策,集中整个民族之力量,自卫自助。"这几句话,就是全国同胞当前应守之信条。不过怎样实现,还要十分努力。我们希望各地党政军当局,先切实体会领袖的意见,努力奉行。现在各地有志于做抗敌工作之人,非常之多。但多半彷徨道左,无法贡献其力量,我们盼望政府的总动员计划不久宣布之后,各处党政军当局,从速依据该计划,将所有志切〔气〕抗敌的人们,组织起来。对于原来属于党派或某团体的人们,都不计较过去,而使之彻底更始,力谋团结。我们看各省市,现在一切组织都不够。真要全国动员,必须要无量数的坚贞勇敢之人,分着部门去拼命工作。而同时各都市现在流浪着不少热心的青年,正没有工作的门路,这个重大问题,是需要各地党政军当局本着领袖的意志去解决的。另一方面,我们对于向来做抗日运动的各民间组织,希望今后都要一点不存成见,参加这整个的组织，为抗敌救国，为实现三民主义而奋斗。

最后，我们全国官民要注意！抗敌与革命，是一件事。蒋委员长谈话，首先声明："国民革命之目的，在求中国之自由平等，总理曾说，三民主义为救国主义"。又对共产党说："惟望其真诚一致，实践其宣言所举之诸点，更望其在御侮救亡统一指挥之下，人人贡献其能力于国家，与全国同胞一致奋斗，以完成国民革命之使命。"这一段话，全国官民都应当牢记着。人人先从自己起，"彻底更始"。而在暴敌摧毁之下，正好去旧更新，在政治上，经济上，文化设施上，勉力扫除过去不健全不彻底的一切旧组织或旧思想，以共同建成三民主义的新中国！

（原载一九三七年九月二十五日汉口《大公报》）

7. 国共统一运动感言（宋庆龄）

这几天读了中国共产党赴国难宣言和中国国民党领袖蒋委员长团结御侮的谈话，使我异常地兴奋，异常地感动。回想国民党和共产党这两个兄弟党，在最近十年来，互相对立，互相杀戮，这是首创国共合作的先总理孙中山先生生前所不及意想到的。到最后，这两个兄弟党居然言归于好，从新携着手，为中国民族的独立解放而斗争，中共宣言和蒋委员长谈话，都郑重指出两党精诚团结的必要。我听到这消息，感动得几乎要下泪。

孙中山先生主张国共合作，因为共产党是代表工农大众利益的党，没有广大的工农群众的拥护与积极参加，中国国民党所担任的国民革命使命，是不可能完成的。孙中山先生虽然于一九二五年离开我们长逝了，但是他遗留给我们的中国国民党，依然与中国共产党合作，根据孙中山先生手订的三民主义政纲，共同致力于国民革命，因此便有一九二六——二七年北伐的大胜利。假如孙中山先生国共合作的主张，以及联俄、联共、工农利益三大政策能够继续到底，则中国国内封建势力，早已铲除净尽，帝国主义也早被驱逐出去，而中国已成为独立自由的中国了。

但是，不幸得很，十年以来，国共两党分裂，国民党放弃总理"三大政策"，共产党提出推翻国民党政府的口号，以至两党互相残杀，牺牲无数有为的青年,损失无数宝贵的精力,以从事内战,致令国家民族的真正敌人——日本帝国主义——乘隙而入。诚然如蒋委员长所谓"十年以来,一般人对于三民主义不能真诚一致的信仰,对于民族危机亦无深刻之认识,致使革命建国之过程中,遭受不少之阻碍,国力固因之消耗,人民亦饱受牺牲,遂令外侮日深,国家益趋危殆"。这不是一二人的责任,也不是任何党派的责任,凡我国共两党同志,都要内心自责,愧对我先总理孙中山先生在天之灵。

前事不忘,后事之师,在这民族危机千钧一发的今日,一切过去的恩怨,往日的牙眼,自然一笔勾消,大事都一心一意,为争取对日抗战的最后胜利而共同努力。但是过去国共分裂这一段悲惨历史,却仍然值得我们的记取,国民党同志应该谨记着:要是不顾先总理遗教,抛弃了工农大众利益,将成为民族罪人,等于国民党自杀。共产党同志也应该记住:只有在孙总理遗教领导之下,和中国国民党真诚坦白合作,把全民打成一片,才能完成反帝反封建使命。我相信两党同志,经过十年以来长期的惨痛教训,再加上日寇无情的残酷的进攻,一定能够本"兄弟阋墙,外御其侮"的古训,诚信地,友爱地团结成一体。惟有这样,才能使中华民国走上独立解放的胜利途径,孙中山先生死而有知也应该含笑九泉了!

一九三七年九月二十四日

(选自宋庆龄:《中国不亡论》,上海生活书店,一九三八年)

8. 关于国共合作的声明(宋庆龄)

一九三七年七月七日日寇进攻芦沟桥之后,国民党和共产党为了团结抗日,奠定了正式合作的基础,以代替西安事变后所获得的停战。

孙中山一生主张共同奋斗救中国。这就是他主张国共合作的原因。共产党是一个代表工农劳动阶级利益的政党。孙中山知道没有这些劳动阶级的热烈支持与合作,就不可能顺利地实现完成国民革命的使命,倘使他所主张的国共合作一直不间断地继续到现在,中国目前已经是一个自由,独立的强国了。前事不忘,后事之师。国难当头,应该尽弃前嫌。必须举国上下团结一致,抵抗日本,争取最后胜利。

一九三七年十一月于上海

（选自宋庆龄：《中国不亡论》，上海生活书店，一九三八年）

9. 读中国共产党宣言志感（任叔）

没有一个政党，不是代表一个阶层的利益的，然而，没有一个"创造人类历史"的政党，不是为大众谋利益的，在此，我对于二十三日中国共产党的宣言，表示极大的敬意。

民众对于现实的要求，决不是固定不变的。历史没有将"九一八"以来这一笔血账，严重地交在民众的手里，民众对于日帝国主义者的仇恨，也决不会有如今日这般深切。六年来的血账，民众不但间接的受到了日本帝国主义者的压迫，而且直接受到了日本帝国主义者的掠夺与屠杀，为挽救祖国的危亡，为要求民族的独立自由与解放，民众的要求是，全国上下，"精诚团结，一致抗敌"。中国共产党要求和平统一团结御侮，中国国民党接受这一要求，都是站在这一民众的立场上，都是努力在为民众谋获应有的利益！这，在我们是一样可以感激，一样可以敬佩的！

历史的指标，决不会有错误，然而历史的路，有时是可以被歪曲的。但，虽然被歪曲，最后，却还须"殊途同归"。中山先生的三民主义，及其手定的政策，确实是现阶段中国必需的指挥。殖民地的中国，只有向这一指标迈进，才有得救的希望。表现在三民主义里的民权政治纲领，谁也不会否认其正确性；"苏维埃"是一种政治的形式。政治的形式，不过是实现某种政治性质的一种手段。我们也会听到过：中国共产党所号召的，是资产性的民权革命，这和中山先生的民权政治纲领，并无抵触。十二年国民党三大政策的决定，怕也就是基于这一点。虽然，嗣后历史老人对于我们民众，会制造些不幸事件；但到了民族生命存亡绝续的今日，中国共产党，以坚决的态度，取消他过去所用的政治的形式和手段，在为谋大众的利益，保卫大众所藉以生息的土地这一点上，毅然站在统一的政府下，和国民党整齐了步伐，向前挺进，执行神圣的民族革命战争，这不能不说是中国历史上划时代的一事件。神圣的民族革命战争，我们固然要获取世界各国政府的同情的援助，然而，我们所应更进一步获取的，却是世界各国更广大的人民大众的同情与援助。香港英国船员对于租给日本的英国船装煤运日的罢工，这对于我们抗战的援助是直接而且有力的。各国政府由于所代表的阶层利益的不同，有时，可以对于侵略者，抱退婴主义，美国在没有实施中立法的今日，仍旧可以禁止军火输运至中国，这因为是代表农业经营者的美国政府的一部分人，惟恐失却这日本的最大的雇主。惟有广大的各国的人民的同情，甚至于利益，永远是站在半殖民地的中国民众同一条线上的。中国固然有一部分人士，常常恐怕孙中山先生三大政策的坚决的实行，会失却了世界各国政府的同情，尤其是以防共协定相号召的法西斯这一系统的各国的同情，但他们不知道，由于屈辱与懦弱，我们损失的却是世界各国，人民大众的更广大的同情与援助。

中山先生说过："共信不立，互信不生。"由于中国共产党这一次明白而爽朗的宣言，我们已经立下了一个共同的信仰的基础了。"和平统一，团结御侮。""为三民主义的彻底的实现而奋斗。""实行民权政治，以期全国政权的统一。"这些全都是共信的基础，现在的事，是由此而进于互信，也只有能互信，才能巩固并实现这共信。然而，也只有政府能带领民众抗战到底，毫不退让，毫不妥协，才能"相依为命"的在"共信互信"中把这垂危的中国救治过来。我们首先要做到的是，坚强自己，巩固自己，然后才可以击退侵略者。人们极易警惕于屹立的苍鹰，而不屑于蜷曲的蚯蚓。实利主义的天平，也惟有以铁的意志的秤码，能使它平衡。坚固的御侮，正是使实利主义者不再轻视我们的必要的压力！于此，我又感到这一宣言的另一方面的意义之更为重大了。

（原载一九三七年九月二十七日《救亡日报》）

三、巩固两党团结,坚持抗战到底,争取最后胜利

1. 中国共产党抗日救国十大纲领(中国共产党中央政治局扩大会议通过,一九三七年八月二十五日)

一、打倒日本帝国主义

对日绝交,驱逐日本官吏,逮捕日本侦探,没收日本在华财产,否认对日债务,废除与日本签订的条约,收回一切日本租界。

为保卫华北和沿海各地而血战到底。

为收复平津和东北而血战到底。

驱逐日本帝国主义出中国。

反对任何的动摇妥协。

二、全国军事的总动员

动员全国陆海空军,实行全国抗战。

反对单纯防御的消极的作战方针,采取独立自主的积极的作战方针。

设立经常的国防会议,讨论和决定国防计划和作战方针。

武装人民,发展抗日的游击战争,配合主力军作战。

改革军队的政治工作,使指挥员和战斗员团结一致。

军队和人民团结一致,发扬军队的积极性。

援助东北抗日联军,破坏敌人的后方。

实现一切抗战军队的平等待遇。

建立全国各地军区,动员全民族参战,以便逐步从雇佣兵役制转变为义务兵役制。

三、全国人民的总动员

全国人民除汉奸外,都有抗日救国的言论、出版、集会、结社和武装抗敌

的自由。

废除一切束缚人民爱国运动的旧法令,颁布革命的新法令。

释放一切爱国的革命的政治犯,开放党禁。

全中国人民动员起来,武装起来,参加抗战,实行有力出力,有钱出钱,有枪出枪,有知识出知识。

动员蒙民、回民及其他少数民族,在民族自决和自治的原则下,共同抗日。

四、改革政治机构

召集真正人民代表的国民大会,通过真正的民主宪法,决定抗日救国方针,选举国防政府。

国防政府必须吸收各党各派和人民团体中的革命分子,驱逐亲日分子。

国防政府采取民主集中制,它是民主的,又是集中的。

国防政府执行抗日救国的革命政策。

实行地方自治,铲除贪污官吏,建立廉洁政府。

五、抗日的外交政策

在不丧失领土主权的范围内,和一切反对日本侵略主义的订立反侵略的同盟及抗日的军事互助协定。

拥护国际和平阵线,反对德日意侵略阵线。

联合朝鲜和日本国内的工农人民反对日本帝国主义。

六、战时的财政经济政策

财政政策以有钱出钱和没收汉奸财产作抗日经费为原则。经济政策是:整顿和扩大国防生产,发展农村经济,保证战时生产品的自给。提倡国货,改良土产。禁绝日货,取缔奸商,反对投机操纵。

七、改良人民生活

改良工人、职员、教员和抗日军人的待遇。

优待抗日军人的家属。

废除苛捐杂税。

减租减息。

救济失业。

调节粮食。

赈济灾荒。

八、抗日的教育政策

改变教育的旧制度、旧课程,实行以抗日救国为目标的新制度、新课程。

九、肃清汉奸、卖国贼、亲日派,巩固后方

十、抗日的民族团结

在国共两党合作的基础上,建立全国各党各派各界各军的抗日民族统一战线,领导抗日战争,精诚团结,共赴国难。

(选自《毛泽东选集》第三卷,人民出版社)

2. 中国国民党抗战建国纲领(中国国民党临时全国代表大会通过,一九三八年三月)

中国国民党领导全国从事于抗战建国之大业,欲求抗战必胜,建国必成,固有赖于本党同志之努力,尤须全国人民戮力同心,共同担负。因此本党有请求全国人民捐弃成见,破除畛域,集中意志,统一行动之必要,特于临时全国代表大会制定外交、军事、政治、经济、民众、教育各纲领,议决公布,使全国力量得以集中团结,而实现总动员之效能。纲领如下:

甲:总则

(一)确定三民主义暨总理遗教为一般抗战行动及建国之最高准绳。

(二)全国抗战力量应在本党及蒋委员长领导之下,集中全力,奋励迈进。

乙:外交

(三)本独立自主之精神,联合世界上同情于我之国家及民族,为世界之和平与正义共同奋斗。

(四)对于国际和平机构,及保障国际和平之公约,尽力维护,并充实其权威。

(五)联合一切反对日本帝国主义侵略之势力,制止日本侵略,树立并保障东亚之永久和平。

（六）对于世界各国现存之友谊，当益求增进，以扩大对我之同情。

（七）否认及取消日本在中国领土内以武力造成之一切伪政治组织，及其对内对外之行为。

丙：军事

（八）加紧军队之政治训练，使全国官兵明瞭抗战建国之意义，一致为国效命。

（九）训练全国壮丁，充实民众武力，补充抗战部队；对于华侨回国效力疆场者，则按照其技能，施以特殊训练，使之保卫祖国。

（十）指导及援助各地武装人民，在各战区司令长官指挥之下，与正式军队配合作战，以充分发挥保卫乡土捍御外侮之效能；并在敌人后方发动普遍的游击战，以破坏及牵制敌人之兵力。

（十一）抚慰伤亡官兵，安置残废，并优待抗战人员之家属，以增高士气而为全国动员之鼓励。

丁：政治

（十二）组织国民参政机关，团结全国力量，集中全国之思虑与识见，以利国策之决定与推行。

（十三）实行以县为单位，改善并健全民众之自卫组织，施以训练，加强其能力；并加速完成地方自治条件，以巩固抗战中之政治的、社会的基础，并为宪法实施之准备。

（十四）改善各级政治机构，使之简单化、合理化，并增高行政效率，以适合战时需要。

（十五）整饬纲纪，责成各级官吏忠勇奋斗，为国牺牲；并严守纪律，服从命令，为民众倡导。其有不忠职守，贻误抗战者，以军法处治。

（十六）严惩贪官污吏，并没收其财产。

戊：经济

（十七）经济建设应以军事为中心，同时注意改善人民生活。本此目的，以实行计划经济，奖励海内外人民投资，扩大战时生产。

（十八）以全力发展农村经济，奖励合作，调节粮食；并开垦荒地，疏通水利。

（十九）开发矿产,树立重工业的基础,鼓励轻工业的经营,并发展各地之手工业。

（二十）推行战时税制,彻底改革财务行政。

（二十一）统制银行业务,从而调整工商业之活动。

（二十二）巩固法币,统制外汇,管理进出口货,以安定金融。

（二十三）整理交通系统,举办水空陆联运,增筑铁路公路,加辟航线。

（二十四）严禁奸商垄断居奇,投机操纵,实施物品平价制度。

己:民众运动

（二十五）发动全国民众,组织农、工、商、学各职业团体,改善而充实之,使有钱者出钱,有力者自力,为争取民族生存之抗战而动员。

（二十六）在抗战期间,于不违反三民主义最高原则及法令范围内,对于言论、出版、集会、结社当与以合法之充分保障。

（二十七）救济战区难民,及失业民众,施以组织及训练,以加强抗战力量。

（二十八）加强民众之国家意识,使能辅助政府肃清反动,对于汉奸严行惩办,并依法没收其财产。

庚:教育

（二十九）改订教育及教材,推行战时教程,注重于国民道德之修养,提高科学的研究与扩充其设备。

（三十）训练各种专门技术人员,与以适当之分配,以应抗战需要。

（三十一）训练青年,俾能服务于战区及农村。

（三十二）训练妇女,俾能服务于社会事业,以增加抗战力量。

（选自《中国国民党历次代表大会及中央全会资料》(下)）

3. 国共合作成立后的迫切任务(毛泽东)

还在一九三三年,中国共产党就发表了在停止进攻红军、给民众以自由和武装民众三个条件之下,准备同任何国民党部队订立抗日协定的宣言。那是因为在一九三一年"九一八"事变发生后,中国人民的首要任务已经是反对日本帝国主义进攻中国了。但是我们的目的没有达到。

一九三五年八月,中国共产党和中国红军号召各党各派和全国同胞组织抗日联军和国防政府,共同反对日本帝国主义。同年十二月,中国共产党通过了同民族资产阶级组织抗日民族统一战线的决议。一九三六年五月,红军又发表了要求南京政府停止内战一致抗日的通电。同年八月,中国共产党中央委员会又对国民党中央委员会送了一封信,要求国民党实行停战,并组织两党的统一战线,共同反对日本帝国主义。同年九月,共产党又作了在中国建立统一的民主共和国的决议。不但发了这些宣言、通电、书信和决议,而且派遣了自己的代表,多次和国民党方面进行谈判,然而还是没有结果。直至西安事变发生,在一九三六年年底,中国共产党的全权代表才同国民党的主事负责人取得了在当时政治上的一个重要的共同点,即是两党停止内战,并实现了西安事变的和平解决。这是中国历史上的一件大事,从此建立了两党重新合作的一个必要的前提。

今年二月十日,当国民党三中全会的前夜,中国共产党中央为了具体地建立两党合作,乃以一个系统的建议电告该会。在这个电报内,要求国民党向共产党保证停止内战,实行民主自由,召开国民大会,迅速准备抗日和改良人民生活等五项;共产党也向国民党保证取消两个政权敌对,红军改变名称,在革命根据地实行新民主制度和停止没收地主的土地等四项。这也是一个重要的政治步骤,因为如果没有这一步骤,则两党合作的建立势将推迟,而这对于迅速准备抗日是完全不利的。

自此以后,两党的谈判接近了一步。关于两党共同的政治纲领问题,要求开放民众运动和释放政治犯问题,红军改名问题等,共产党方面都提出了更具体的建议。虽然共同纲领的颁布,民众运动的开放,革命根据地的新制度的承认等事,至今还没有实现;然而红军改名为国民革命军第八路军(抗日战线的战斗序列,又称第十八集团军)的命令,已在平津失守约一个月之后颁布了。还在七月十五日就已交付了国民党的中国共产党中央为宣布两党合作成立的宣言,以及当时约定随之发表的蒋介石氏承认中国共产党的合法地位的谈话,虽延搁太久,未免可惜,也于九月二十二日和二十三日,正当前线紧张之际,经过国民党的中央通讯社,先后发表了。共产党的这个宣言和蒋介石氏的这个谈话,宣布了两党合作的成立,对于两党联合救国的伟大事业,建立了必要的基础。共产党的宣言,不但将成为两党团结的方针,而且将成为全国人民大团结的根本方针。蒋氏的谈话,承认了共产党在全国的合法地位,指出了团结救国的必要,这是很好的;但是还没有抛弃国民党的自大精神,还没有必要的自我批评,这是我们所不能满意的。但是不论如何,两党的统一战线是宣告成立了。这在中国革命史上开辟了一个新纪元。这将给予中国革命以广大的深刻的影响,将对于打倒日本帝国主义发生决定的作用。

中国的革命,自从一九二四年开始,就由国共两党的情况起着决定的作用。由于两党在一定纲领上的合作,发动了一九二四年至一九二七年的革命。孙中山先生致力国民革命凡四十年还未能完成的革命事业,在仅仅两三年之内,获得了巨大的成就,这就是广东革命根据地的创立和北伐战争的胜利。这是两党结成了统一战线的结果。然而由于一部分人对于革命主义未能坚持,正当革命走到将次完成之际,破裂了两党的统一战线,招致了革命的失败,外患乃得乘机而入。这是两党统一战线破裂了的结果。现在两党重新结成的统一战线,形成了中国革命的一个新时期。尽管还有某些人还不明了这个统一战线的历史任务及其伟大的前途,还在认为结成这个统一战线不过是一个不得已的敷衍的临时的办法,然而历史的车轮将经过这个统一战线,把中国革命带到一个崭新的阶段上去。中国是否能由如此深重的民族危机和社会危机中解放出来,将决定于这个统一战线的发展状况。新的有利的证据已经表现出来了。第一个证据,是还在中国共产党开始提出统一战线政策的时候,就立即得到了全国人民的赞同。人心的向背,于此可见。第二个证据,是西安事变和平解决,两党实行停战以后,立即引起了国内各党各派各界各军进入了前所未有的团结状况。虽然这个团结对于抗日的需要说来还是异常不够的,特别是政府和人民之间的团结问题至今在基本上还没有解决。第三个证据,这是最为显著的,就是全国性抗日战争的发动。这个抗战,就目前的情况说来,我们是不能满意的,因为它虽然是全国性的,却还限制于政府和军队的抗战。我们早已指出,这样的抗战是不能战胜日本帝国主义的。虽然如此,但是确实已经发动了百年以来未曾有过的全国范围的对外抗战,没有国内和平和两党合作这是做不到的。如果说当两党统一战线破裂的时候,日寇可以不费一弹而得东北四省,那末,当两党统一战线重新建立了的今日,日寇就非经过血战的代价不能得到中国的土地。第四个证据,就是对国际的影响。全世界工农民众和共产党,都拥护中国共产党提出的抗日统一战线的主张。国共合作成立后,各国人民,特别是苏联,将更积极地援助中国。中苏已签订了互不侵犯条约,今后两国关系有更进一步的希望。根据上述的这些证据,我们可以判断,统一战线的发展,将使中国走向一个光明的伟大的前途,就是日本帝国主义的打倒和中国统一的民主共和国的建立。

然而这样伟大的任务,不是停止在现在状况的统一战线所能完成的。两党的统一战线还需要发展。因为现在成立的统一战线,还不是一个充实的坚固的统一战线。

抗日民族统一战线是否只限于国共两党的呢？不是的,它是全民族的统一战线,两个党仅是这个统一战线中的一部分。抗日民族统一战线是各党各派各界各军的统一战线。是工农兵学商一切爱国同胞的统一战线。现在的统一战线事实上还停止在两个党的范围之内,广大的工人、农民、兵士、城市小资产阶级及其他许多爱国同胞还没有被唤起,还没有被发动,还没有组织起来和武装起来。这是目前的最严重的情形。它的严重性,就是影响到前线不能打胜仗。华北以至江浙前线的严重危机,现在已经不能掩饰,也无须掩饰了,问题是怎样挽救这个危机。挽救危机的唯一道路,就是实行孙中山先生的遗嘱,即"唤起民众"四个字。孙先生临终时的这个遗嘱,说他是积四十年的经验,深知必须这样做,才能达到革命的目的。究竟根据什么理由一定不肯实行这个遗嘱？究竟根据什么理由在如此危急存亡的关头还不下决心实行这个遗嘱？谁也明白,统制、镇压,是和"唤起民众"的原则相违背的。单纯的政府和军队的抗战,是决然不能战胜日本帝国主义的。我们还在今年五月间,就对于这个问题大声疾呼地警告过当权的国民党,指出了没有民众起来抗战,就会蹈袭阿比西尼亚的覆辙。不但中国共产党人,各地的许多先进同胞以及国民党的许多贤明的党员，都曾指出了这一点。可是统制政策依然没有改变。其结果就是政府和人民隔离，军队和人民隔离，军队中指挥员和战斗员隔离。统一战线没有民众充实起来，前线危机就无可避免地只会增大，不会缩小。

今天的抗日统一战线，还没有一个为两党所共同承认和正式公布的政治纲领，去代替国民党的统制政策。现在国民党对待民众的一套，还是十年来的一套，从政府机构，军队制度，民众政策，到财政、经济、教育等项政策，大体上都还是十年来的一套，没有起变化。起了变化的东西是有的，并且是很大的，这就是停止内战，一致抗日。两党的内战停止了，全国的抗日战争起来了，这是从西安事变以来中国政局的极大的变化。然而上述的一套则至今没有变化，这叫做没有变化的东西和变化了的东西不相适应。过去的一套仅适用于对外妥协和对内镇压革命，现在还是用了这一套去对付日本帝国主义的进攻，所以处处不适合，各种弱点都暴露出来。不干抗日战争则已，既然要干了，并且已经干起来了，又已经暴露出严重的危机了，还不肯改换一套新的干法，前途的危险是不堪设想的。抗日需要一个充实的统一战线，这就要把全国人民都动员起来加入到统一战线中去。抗日需要一个坚固的统一战线，这就需要一个共同纲领。共同纲领是这个统一战线的行动方针，同时也就是这个统一战线的一种约束，它像一条绳索，把各党各派各界各军一切加入统一战线的团体和个人都紧紧地约束起来。这才能说得上坚固的团结。我们反对旧的那一套约束，因为它不适应于民族革命战争。我们欢迎建立一套新的约束代替旧的，这就是颁布共同纲领，建立革命秩序。必须如此，才能适应抗日战争。

共同纲领是什么呢？这就是孙中山先生的三民主义和共产党在八月二十五日提出的抗日救国十大纲领。

中国共产党在公布国共合作的宣言上说："孙中山先生的三民主义为中国今日之必需，本党愿为其彻底实现而奋斗。"若干人们对于共产党愿意实现国民党的三民主义觉得奇怪，如像上海的诸青来，就是在上海的刊物上提出这种疑问的一个。他们以为共产主义和三民主义是不能并存的。这是一种形式主义的观察。共产主义是在革命发展的将来阶段实行的,共产主义者在现阶段并不梦想实行共产主义,而是要实行历史规定的民族革命主义和民主革命主义,这是共产党提出抗日民族统一战线和统一的民主共和国的根本理由。说到三民主义,还在十年前两党的第一次统一战线时,共产党和国民党就已经经过国民党第一次全国代表大会而共同决定加以实行,并且已经在一九二四年至一九二七年,经过每一个忠诚的共产党人和每一个忠实的国民党人的手,在全国很大的地区中实行过了。不幸在一九二七年统一战线破裂,从此产生了国民党方面十年来反对实行三民主义的局面。然而在共产党方面,十年来所实行的一切政策,根本上仍然是符合于孙中山先生的三民主义和三大政策的革命精神的。共产党没有一天不在反对帝国主义,这就是彻底的民族主义;工农民主专政制度也不是别的,就是彻底的民权主义;土地革命则是彻底的民生主义。为什么共产党现在又申明取消工农民主专政和停止没收地主的土地呢?这个理由我们也早已说明了,不是这种制度和办法根本要不得,而是日本帝国主义的武装侵略引起了国内阶级的变化,使联合全民族各阶层反对日本帝国主义成了必需,而且有了可能。不但在中国,而且在世界范围内,为了共同反对法西斯,建立反法西斯的统一战线也有了必需和可能。所以,我们主张在中国建立民族的和民主的统一战线。我们用以代替工农民主专政的各阶层联合的民主共和国的主张,是在这种基础之上提出的。实行"耕者有其田"的土地革命,正是孙中山先生曾经提出过的政策;我们今天停止实行这个政策,是为了团结更多的人去反对日本帝国主义,而不是说中国不要解决土地问题。关于这种政策改变的客观原因和时间性,我们曾经毫不含糊地说明了自己的观点。正是因为中国共产党根据马列主义的原则,一贯地坚持了并发展了第一次国共统一战线的共同纲领即革命的三民主义,所以共产党能于强寇压境民族危机之际,及时提出民族民主的统一战线这种唯一能够挽救危亡的政策,并且不疲倦地实行之。现在的问题,不是共产党信仰不信仰实行不实行革命的三民主义问题,反而是国民党信仰不信仰实行不实行革命的三民主义的问题。现在的任务,是在全国范围内恢复孙中山先生的三民主义的革命精神,据以定出一定的政纲和政策,并真正而不二心地、切实而不敷衍地、迅速而不推延地实行起来，这在中国共产党方面真是日夜馨香祷祝之的。为此，共产党在芦沟桥事变之后，提出了抗日救国的十大纲领。这个十大纲领，符合于马克思主义，也符合于真正革命的三民主义。这是现阶段中国革命即抗日民族革命战争中的初步的纲领，只有实行了它，才能挽救中国。一切和这个纲领相抵触的东西，如果还要继续下去，就会要受到历史的惩罚。

这个纲领之在全国范围内实行，不得到国民党同意是不可能的，因为国民党现在还是中国最大的握有统治权的政党。我们相信，那些贤明的国民党人会有一天同意这个纲领的。因为如果不同意的话，三民主义就始终是一句空话，孙中山先生的革命精神就不能恢复，日本帝国主义就不能战胜，中国人民的亡国奴遭遇就无可避免。真正贤明的国民党人是决不愿意这样的，全国人民也决不会眼看着尽当亡国奴。而况蒋介石先生在其九月二十三日的谈话中已经指出："余以为吾人革命信赞者，不在个人之意气与私见，而为三民主义之实现。在存亡危急之秋，更不应计较过去之一切，而当与全国国民彻底更始，为谋团结，以保国家之生命与生存"。这是很对的。现在的急务在谋三民主义的实现，放弃个人和小集团的私见，改变过去的老一套，立即实行符合于三民主义的革命纲领，彻底地与民更始。这是今天的唯一的道路。再要推延，就会悔之无及了。

然而要实行三民主义和十大纲领，需要实行的工具，这就提出了改造政府和改造军队的问题。现在的政府还是国民党一党专政的政府，不是民族民主的统一战线的政府。三民主义和十大纲领的实行，没有一个民族民主的统一战线的政府是不可能的。现在国民党军队的制度还是老制度，要用这种制度的军队去战胜日本帝国主义是不可能的。现在的军队都在执行抗战的任务，我们对于所有这样的军队，特别是在前线抗战的军队，都是具有钦敬之忱的。然而国民党军队的制度不适宜于执行彻底战胜日寇的任务，不适宜于顺利地执行三民主义和革命纲领，必须加以改变，在这三个月来的抗战教训中已经证明了。改变的原则就是实行官兵一致、军民一致。现在国民党军队的制度是基本上违反这两个原则的。广大的将士虽有忠勇之心，但束缚于旧制度,无法发挥其积极性,因此旧制度应该迅速地开始改造。不是说把仗停下来改造了制度再打,一面打仗一面就可以改变制度。中心任务是改变军队的政治精神和政治工作。模范的前例,就是在北伐战争时代的国民革命军,那是大体上官兵一致、军民一致的军队,恢复那时的精神是完全必要的。中国应学习西班牙战争的教训,西班牙共和国的军队是极困难的境遇中创造出来的。中国的条件优于西班牙,但是缺乏一个充实的坚固的统一战线,缺乏一个能执行全部革命纲领的统一战线的政府,又缺乏大量的新制度的军队。中国应该补救这些缺点。中国共产党领导的红军,在今天,对于整个抗日战争,还只能起先锋队的作用,还不能在全国范围内起决定的作用,但是它的一些政治上、军事上、组织上的优点是足供全国友军采择的。这个军队也不是一开始就像现在的情形,它也曾经过许多的改造工作,主要地是肃清了军队内部的封建主义,实行了官兵一致和军民一致的原则。这个经验,可以供全国友军的借鉴。

当权的国民党的抗日同志们,我们和你们一道负着救亡图存的责任。你们已经和我们建立起抗日统一战线了,这是很好的。你们实行了对日抗战,这也是很好的。但是我们不同意你们继续其他的老政策。我们应该把统一战线发展充实起来,把民众加进去。应该把它巩固起来,实行一个共同纲领。应该决心改变政治的制度和军队的制度。一个新政府的出现是完全必要的,有了这样一个政府,才能执行革命的纲领,也才能在全国范围内着手改造军队。我们这个建议是时代的要求。这个要求,我们党中央也有许多人感觉到,现在是实行的时候了。孙中山先生曾经下决心改造政治制度和军事制度,因而奠定了一九二四年到一九二七年的革命的基础。实行同样改造的责任,今天是落在你们肩上了。一切忠诚爱国的国民党人当不以我们的建议为不切需要。我们坚决相信,这个建议是符合于客观的需要的。

我们民族已处在存亡绝续的关头,国共两党亲密地团结起来啊!全国一切不愿当亡国奴的同胞在国共两党团结的基础之上亲密地团结起来啊!实行一切必要的改革来战胜一切困难,这是今日中国革命的迫切任务。完成了这个任务,就一定能够打倒日本帝国主义。只要我们努力,我们的前途是光明的。

一九三七年九月二十九日

（选自《毛泽东选集》第二卷，人民出版社）

4. 中国共产党对时局宣言——巩固国共两党精诚团结，贯彻抗战到底，争取最后胜利

全国各界同胞们！

自芦沟桥事变以来，我国军民在国民党政府军事委员会委员长蒋先生领导下，对暴敌已进行了五个半月的英勇抗战。虽然由于日寇军事技术的优越，由于我国政治军事经济各方面存在有不容否认的弱点，以致平津察绥太原沪宁相继失守，遭受部分的领土损失和暂时的军事上失利，然而五个半月的英勇抗战，表现出我中华民族空前未有的觉醒，造成了我民族力量空前未有的团结，显示出我军将士惊人的英勇牺牲精神，开始形成了我统一的国家政权和统一的国家军队，提高了我民族抗敌致胜的信心，相当地打击了日寇的凶焰，部分地消耗了日寇的力量，增加了日寇前进的困难，增长了日寇内部的矛盾；同时，增加了世界爱好和平的人民和进步力量对我人民和政府的同情和援助，因而也就奠定了我们今日继续抗战和争取最后胜利的基础。

中国共产党中央委员会正式宣言，蒋介石先生本年十二月十六日告全国国民书所提出之"贯彻抗战到底"，"争取国家民族最后之胜利"之主旨，与本党目前对时局的基本方针，正相符合。中共中央诚恳的号召两党同志和全国同胞，本此基本方针亲密携手共同奋斗。

中共中央郑重地向全国同胞宣言：我国抗战目前正处在一个严重困难的关头，然而部分领土和中心城市的得失，初期战线上的部分军事的失败，均不能决定中日战争的最后命运，而我们四万万五千万同胞的坚强团结，和长期艰苦抗战之毅力与信心，实为争取最后胜利之保证。且目前最大难关，既不在于兵力不济，武装不足和财政困难，亦不在于日寇的前进深入，而在于日寇于暴力之外又加紧"以华制华"的企图，并在于汉奸、敌探、托匪等正在加紧挑拨离间以破坏我国民族力量团结的阴谋，尤其在于我国民族力量的团结还未

达到应有的程度。

中共中央正式向全国同胞宣布：当今民族危机更加紧迫之时，我全民族抗战力量的更加团结，实为挽救时局的中心关键。团结全民族抗战力量的根本方针，在于巩固和扩大抗日民族统一战线，而巩固和扩大民族统一战线的中心环节则为巩固国共两党的亲密合作。中共中央认为，当满足以告慰全国同胞的，就是在国共两党方面不仅都有了更加精诚团结必要的认识，而且都有了更加亲密合作的决心。共产党不仅诚意在抗战阶段中与国民党并肩携手地共同救国，而且决心在抗战胜利后与国民党和衷共济地共同建国。在目前千钧一发的紧急关头，中共中央号召国共两党同志和全国同胞，为保障继续持久抗战，争取最后胜利共同努力，实现下列主要工作：

一、动员全中国的武力、人力、智力、财力、物力，继续守土卫国长期抗战——这首先要坚持华北和东南的持久抗战，巩固江防，保卫武汉，发展敌人占领地区的广大游击战争，援助东北及各地的义勇军，来击破敌人的前进，阻止敌人的深入，以便争取时机，加强力量，准备进行决定的战斗。

二、巩固和扩大全中国的统一的国民革命军——在政治上，组织上，武装上，加强现有军队，建立新部队，有组织的进行征募兵役运动，使我国在持久抗战中，有统一指挥、统一纪律、统一武装、统一待遇、统一作战计划的足够数量的有新式武装的和政治坚定的国防军队。

三、充实和加强全中国统一的国民准备——吸收坚决参加抗战的各党派各团体的有威望，有能力的代表参加政府工作，刷新各省吏治，肃清贪污腐化分子，使政府一切机构和施政方针，能适应抗战胜利的需要。

四、实行国防经济政策——首先须努力建立军事工业，加速军事交通和实行战时财政政策。

五、建立巩固后方，动员和组织广大民众协助军队和政府积极抗战——一方面坚决肃清汉奸、敌探及日寇走狗的托洛斯基匪徒分子，另一方面广大地动员组织和武装政府统治区域和被敌占领区域的民众使之积极参加各种有利于战胜日寇的工作，同时加紧动员千百万国外侨胞尽力于保卫祖国的各种事业。

六、扩大国际宣传和增加国际援助。

中共中央坚决相信,国共两党及一切抗战力量定能在最近期间内共同完成这几项迫切的基本工作,我四万万五千万人的大中华民族于全世界主持正义的人民和国家的同情援助之下,定能在持久抗战中最后战胜内受人民仇恨外遭列强疾视的日本帝国主义!

中国共产党中央委员会

中华民国二十六年十二月二十五日

（原载《解放》周刊第二十八期,一九三八年一月十一日）

5. 中共中央对中国国民党临时全国代表大会的提议

蒋先生转国民党临时全国代表大会全体代表同志们!

当大敌当前,河山破碎之时,我们黄帝子孙,首先是我国共两党同志,能更加亲密携手,共御外侮,在前线共同牺牲,奋勇杀敌,在后方共同奋斗,努力救国,这不仅证实我中华民族的伟大,而且显示我中华民族的复兴。当目前日寇深入和全国民众的抗战积极进行之际,加紧巩固和扩大我四万万五千万同胞的抗日民族统一战线,首先是巩固和扩大国共两党及一切抗日党派的合作,加强政府与民众间的互助,已成为国共两党同志和全体我国同胞的一致热望。贵党适于此时召开临时全国代表大会,想对于如何推进贵党本身工作,如何加强国内的团结,以及如何发扬民意去争取抗战胜利问题,与救国建国大计等问题,必有所讨论。本党谨以兄弟之谊,对上述各问题向贵党临时全国代表大会提供意见,以供参考。

（一）关于巩固和扩大各党派的团结等问题。只许一党合法存在,同时不承认其他党派合法并存的办法,既为事实所不许,取消现存一切党派而合并为一党组织的办法,亦为事实所不能解决。一切问题的解决办法,应遵照中山先生的精神,建立一种包括各党派共同去参加的某种形式的民族革命联盟,即由各党派、各团体拟定一统一战线纲领,作为各方宣传鼓动共同遵守的方针;同时由各方代表组成一由上而下的(即中央与地方)统一战线组织,以规划抗日救国的大计,和调解各党派、各团体间的关系。而参加此联盟之各党派,仍保存其政治上和组织上的独立性。统一战线纲领的内容,敝党愿与贵党及各方代表共同商讨和拟定,其发表方式,或由各党派、各团体共同署名发表,或由贵党用蒋先生名义发表,然后由各党派、各团体宣传拥护和遵守,均无不可。统一战线组织形成的方式,采取各党派、各团体选派代表组织各级组织的方式,或恢复民国十三年至十六年第一次国共合作的方式,或拟定其他的办法和方式,只要与团结抗战有利,敝党均愿与诸同志共同计划和执行。

(二)关于健全民意机关问题。为增强政府与人民间的互信和互助,为增加抗战救国的效能,健全民意机关的建立已经成为刻不容缓的当务之急。民意机关的形式,或为更扩大的国防参议会,或为其他形式均无不可,最主要的在于此机关要真能包括各抗日党派、各军队、各有威信的群众团体的代表,即包括真能代表四万万五千万同胞公意的人才;同时此机关要真有不仅建议和对政府咨询的作用,而且能有商量国是和计划内政外交的权力。

(三)关于动员和组织民众问题。被压迫民族的民族自卫战争的胜利,不仅需要政府和军队的最大努力,而且需要广大民众的全体动员和积极参加,这是古今中外再三考验过的真理。我国对日抗战虽已持续八个月之久,但民众动员和组织的不够,已成为前方将士和全体同胞所迫切感到的弱点。贵党为中国第一大政党,在政府和军队中均居于领导地位,对于抗战中这一最严重的弱点,当能积极设法加以补救。关于此问题,敝党敬向贵党提议将工、农、军、商、学各界,根据其职业地位而组织各种职业联合团体,即将已有组织的群众团体,加以健全和充实,将还无组织的民众,组织在各种群众团体以内去;同时根据地域原则,在各地方组织统一的各界群众团体的领导机关,在全国范围内成立统一的全国性的领导机关。青年、妇女、文化界等应根据其切身利益和特殊需要,而组织成各种统一的群众团体,以便真正实行有钱出钱,有力出力的原则,以便真正达到全国人力、物力、财力总动员的目的。当然所有群众团体及其领导机关,均应向政府机关登记,并采取政府及党部的领导。敝党愿尽力赞助贵党在抗日救国大前提下,造成统一的群众运动和统一的群众组织。

以上各项提议,敬请贵党中央委员会和临时全国代表大会代表,列入贵党临时全国代表大会提案,作为研究和讨论参考。此外敝党拟派代表团出席贵党临时全国代表大会,同时预请贵党选派代表团,将来出席敝党第七次全国代表大会,以示两党同志兄弟的友爱团结。贵党临时全国代表大会决议,当能促成全国精诚团结和争取抗战胜利的伟业,敝党中央委员会谨代表敝党全体同志,庆祝贵党临时全国代表大会在抗日救国事业中的伟大成功!

中国共产党中央委员会

一九三八年三月一日

（选自中共中央党史党校教研室编：《中央党史参考资料》）

6. 我全国同胞热烈的希望（汉口《新华日报》社论）

中国抗战形势正在紧张,国际形势益趋严重的今日,我们万分热烈的希望领导全国抗战的国民党也跟着日益坚强与巩固起来,为着继续抗战和争取抗战的胜利,这是我全国同胞热烈的希望!

当目前日寇深入和第二期抗战积极进行的时候,加紧巩固和扩大我四万五千万同胞的抗日民族统一战线,首先是巩固和扩大国共两党及其他一切抗日党派的合作,加强政府与民众间的相互帮助和相互信任,已成为国共两党和全国爱国同胞一致的热望。

怎样来达到坚强全国的团结,增进政府与民众的关系,以争取抗战胜利和完成救国建国大计,我们提供下列几点意见:

第一,坚强全国抗日各党派团结的问题——全国抗日民族统一战线的坚强,首先决定于巩固和扩大国共以及一切抗日党派的团结。关于抗战中的党派问题,最近曾有热烈的争辩,只许一党合法存在,同时不承认其他党派合法并存的办法,既为事实所不许,取消现在一切党派而合并为一党组织的办法,亦为事实所不能,但是抗战中的党派相互关系问题,又急须给以合理的解决。我们认为解决此问题的唯一正确的办法,在于遵照孙中山先生的精神,建立一种包括各党派共同参加的某种形式的民族革命联盟,这个民族革命联盟依据下列三个原则:

（一）由各党派各团体拟定一个统一战线纲领，作为各方宣传行动共同遵守的方针。

（二）由各方代表组成一个由上而下（即中央与地方的）统一战线组织，以规划抗日救国的大计，和调整各党派各团体间的关系。

（三）参加民族革命联盟之各党派仍保存政治上组织上的独立。

至于统一战线纲领的内容可由各方代表共同商定，发表的方式只要于团结和抗战有利，可以不必拘束，譬如由各党派共同签名发表，或者由国民党或蒋委员长的名义发表，然后由各党派各团体宣言拥护和遵守均无不可。

至于统一战线组织形成的方式，只要于团结和抗战有利，可以采取，或由各党派各团体选派代表组织各级组织的方式，或恢复民国十三年至十六年第一次国共合作的方式，或拟定其他的办法和方式均无不可。

第二，健全民意机关的问题——为增强抗战的力量，增强政府与民众间的相互信任和相互帮助，使中央政府的法令和意旨能够正确的迅速的下达和执行，使人民的呼声和建议能够及时的反映，健全民意机关的设立，已经成为非常迫切的任务。

民意机关设立的作用应当是：

（一）在民意机关内要能真正包括抗日各党派各军队各有威信群众团体的代表，即真能包括代表四万五千万同胞公意的人才。

（二）民意机关要真有不仅建议和备政府咨询的作用，而且能有商讨国事和谋划内政外交的权力。

至于民意机关形成的方式，或为更扩大的国防参议会，或为国民大会，或为其他形式均无不可。

第三，动员和组织民众问题——中国的抗战是一个被压迫民族的自卫战争。被压迫民族自卫战争的胜利，不仅需要政府和军队的最大努力，而且需要全国人民的总动员和参加，这一真理已由历史上一切被压迫民族的解放战争的经验所证明。

我国抗战已达八月之久，动员民众的力量还没有充分发挥，为着继续抗战和争取最后胜利，我们正应急切的补救这种弱点。动员一切全国民众帮助政府和军队抗战,将工农军学商各界按照其职业地域而组成各种职业的联合团体,将青年妇女文化界等按照其切身利益和特殊需要而组织成各种统一的群众团体,将已有的群众团体加以健全和充实,将无组织的民众吸收到各种群众团体内去,同时,在全国范围内成立统一的全国性的领导机关,在各地方组织统一的各界群众团体的领导机关。这些团体应向政府机关登记,并接受政府及党部的领导,在抗日救国的前提之下,发挥各群众团体自己的工作,帮助政府和军队抗战,以达到群众运动和群众组织的统一。

我们仅供献这三点意见,来达到坚强全国团结,继续抗战与争取最后胜利。

(原载汉口《新华日报》一九三八年三月二十八日)

7. 国民党临时代表大会的成就(汉口《新华日报》社论)

国民党临时代表大会于四月一日闭幕,通过了《宣言》和《抗战建国纲领》,关于党务的决议,并选举蒋委员长为国民党总裁。就已发表的文件看来,这次国民党临时全国代表大会是最近十年来国民党最有历史意义的一个会议,因为这次会议表现了国民党更向前的进步,对于抗战时期许多重要的国策,更确定基本的方针。

首先对于坚持抗战到底的方针,正如《宣言》中所说:"吾同胞同志惟有并力以赴,不达目的决不中止。中国若忧于日本之暴力以屈服谋一时之苟安,则将降为日本之殖民地,民族失其生存独立,国家之自由平等,更无可望,为中国计,岂容出此。"坚持抗战到底,以达到中华民族的独立自由解放,这是全国同胞一致的愿望与要求,国民党这次临时大会,仍本芦沟桥事变后,国民政府和蒋委员长既定的坚持抗战到底的方针,这对于坚定全国军民抗战的决心和胜利的信念是有着重大的意义。

第二,在外交问题上确立:"本独立自主之精神","世界和平不可分割"之原则,"联合世界上同情于我之国家及民族","联合一切反对日本帝国主义侵略之势力",这对于中国抗战时期的外交政策给了确定的方针,同时这个方针也就给予了那些否认日寇是参加侵略阵线之一员,而企图为法西斯侵略主义张目的汉奸托派言论以重大的打击。

《宣言》中指出:"凡爱好和平之国家,自政府以至人民,莫不同情中国,谴责日本,中国当抗战期间,得此等道德上之同情与援助,至为感奋。这种有利于中国抗战的国际形势,正是争取抗战胜利的重要条件之一。这也给予了那些认为国际形势有利于日本而不利于中国的悲观主义者,实际上是隐藏着民族失败主义的观点以重大的打击。

第三,在内政政策上,确立"改善各级政治机构";"组织国民参政机关";"整饬纪纲";"惩治贪官污吏,并没收其财产";"对于汉奸严行惩办,并依法没收其财产";"发动全国民众,组织农工商学各职业团体,改善而充实之,使有钱者出钱,有力者出力,争取民族生存之抗战而动员";"加强军队之政治训练","指道及援助各地武装人民","在敌人后方发动普遍的游击战争";"经济建设,以军事为中心,同时注意改善人民生活,""发展农村经济","树立重工业基础","实施物品平价制度";"改订教育制度及教材,推行战时教程"等等;这些政策都是争取抗战胜利必要的条件,须要用最大的力量,使之真正在有利于抗战与团结的原则之下,具体的实现起来。这是我们热烈的希望!

至于说到三民主义,大会《宣言》亦加以阐述。对于民族主义,大会《宣言》依据第一次全国代表宣言说明两方面的意义:"一则中国民族自求解放,二则中国境内民族一律平等。"在我国目前抗战中来说,就是坚持反对日寇侵略的自行战争,争取中华民族的独立自由解放,以平等原则联合国内一切其他民族,共同奋斗,以反对日本帝国主义对中国境内一切民族的压迫和侵略,达到中国境内各民族共同的解放。这是孙中山先生所遗留给我们未完成的任务。在殖民地半殖民地和被压迫民族的国家内,为争取民族独立解放的民族主义,他是进步的革命的。因此这种革命的民族主义与希特勒墨索里尼日本军阀对外侵略的民族主义完全是两件事,完全是相反的。因此我们始终为这种争取民族独立解放的民族主义而奋斗。中国人民为着自己的民族独立解放的民族主义,是与世界无产阶级和被压迫民众争取自己解放的国际主义并不是相冲突的,而是相成相助的。

大会《宣言》说到民权民义在抗战时期之重要,指出"抗战之胜负,不仅取决于兵力,尤取决于民力,民力之发展与民权增进,相为因果"。被压迫民族的解放,历史上的经验已经证明,必须要有全民族力量的团结。我们应该依据有利于抗战与团结的原则,来"发展民力",与"推进民权"。过去有些人以为在抗战时期不能谈民主,大会宣言就给予那种错误以反驳。

大会《宣言》又说到民生民义,在大会纲领中亦指出抗战时期的民生民义,应以军事为中心,同时注意改善人民生活,因为抗战期中,一切经济的设施,必须以争取战争的胜利为目标,改善人民的生活,这首先要求有产阶级在抗战时期不仅不应增加对于饥寒交迫工农劳动大众的剥削,而且应当自动减轻他们的痛苦,改善他们的生活。这样既可以增强民族的抗战力量,同时也可减弱各阶级间相互的冲突和斗争。使人民无饥寒之痛苦,无家庭之顾虑,使人民有健强之体力,愉快之精神,而得专心献身国事,或增加生产于后方,或为国杀敌于前线。

国民党这次临时全国代表大会的成就,正是中国继续抗战和争取胜利的重要步骤,我们深望这些进步的继续发展,这些成就的一一实现。

（原载一九三八年四月四日汉口《新华日报》）

8.答复子健同志的一封公开信（陈绍禹　周恩来　博古）

子健同志:

四月二十六日来信收到。你来信所提的两个问题,最近还有两个同志也来信问过,所以我们决定把你的信发表,并公开答复你,同时,也就作为对其他两同志来信的答复。

首先应当指明的,就是你对于这两个问题的了解和解释,基本上都是正确的,这证明我党同志对于目前政治问题及党的问题,平时能严格注意和正确了解,这是值得欣慰的事。

为的使你和其他同志对这两个问题有更具体更深刻的了解,兹特详为解答如次:

关于第一个问题的第一部分,即国共两党关系问题,更具体些说,即中国共产党是否准备最近也如国家社会党一样致函国民党表明共产党对国民党及对三民主义态度问题,你的了解是对的。中国共产党自一九三五年《八一宣言》时起,即表示愿与国民党及一切党派建立抗日民族统一战线,一九三六年八月中共中央曾专门致书国民党,提议恢复两党合作,一九三七年二月国民党三中全会时,中共中央曾向三中全会提供两党具体抗日救国合作的基本纲领和办法;去年芦沟桥事变及"八·一三"全面抗战开始后,国共两党关系迅速确定和增进;因而有去年九月二十三日中共中央宣言的发表及蒋先生在九月二十四日谈话的发表。在去年九月二十三日宣言中,中共中央不仅又一次坦白说明自己抗日救国政策的内容,而且又一次恳切说明中共对国民党及中山先生手订的三民主义基本方针的赞助和拥护的立场,同时,在蒋先生的九月二十四日谈话中,正式代表国民党和国民政府承认共产党的合法地位;自此以后,在抗战以来的整个时期中,国共两党关系自益增进,已为举世公认的事实。因此,确如来信所说,共产党没有再重复一次类似去年九月已经发表的说明国共关系一类的文件的必要。至于最近国家社会党上书蒋、汪两总裁于先,中国青年党致函蒋、汪两总裁于后,表明他们赞同三民主义的最高原则,并愿与国民党共赴国难;同时,蒋、汪两总裁复函慰勉并在实际上承认国家社会党及青年党的合法地位,这的确是值得欣慰的事情,这不仅是使最近以前一时期所谓党派问题的争执(即国民党以外,中国是否应允许其他党派合法并存问题)得到光明合理的事实上的解答,而且是使抗日民族统一战线得到进一步的巩固和扩大。盖除国共两党之外,应吸收一切抗日党派和群众团体参加抗日民族统一战线,本为中共夙来一贯之主张,今竟能逐步见诸事实,中共同志当然对之表示无限欢迎和快慰。至于第一个问题中的第二部分问题,即共产党对于国民党临时代表大会所通过发表的宣言及《抗战建国纲领》的态度问题,来信所谈,一般的也正确,不过有更深刻更具体了解的必要。首先要说明的,即中共中央在国民党临时全国代表大会开幕以前,的确曾给大会一个建议书;不过当时因某种关系,国民党在大会开幕前不便宣布召集大会及大会开幕日期和地点问题,所以中共中央也不便将其致大会建议书发表;现在因许多同志和朋友及欲知道这一建议书的内容,兹特将全文披露于左:〈略〉

由此可见,在国民党临时代表大会未开幕以前,中共中央即以最大的注意力和热忱来赞助大会的工作。在这一建议书中,中共中央不仅向大会提供自己当前几个重要政治问题的意见,而且预祝大会的成功,并相信大会的决议能大有裨益于全国精诚团结和争取抗战胜利的伟业。在国民党临时全国代表大会开幕的前一天(三月二十八日)《新华日报》的社论,实际上即为这一建议书的主要内容,在《国民党临时全国代表大会宣言》和《抗战建国纲领》四月二日夜交各报发表时,当时因《新华日报》收到宣言较迟,收到《纲领》更迟,来不及撰述社论,但当即对大会宣言发表短评,称之为“一个有严重意义的大会宣言”。在这个短评里说:“当寇敌深入和第二期抗战积极进行之际,领导我国军民抗战的第一个大的政党——国民党,召开了临时全国代表大会。因此,全国同胞一致热望着国民党这一临时大会的决议,大有助于抗战救国的事业,本日各报发表的中国国民党临时全国代表大会宣言,一方面表示出国民党在蒋委员长领导之下,又一次坚决地昭示着抗战到底和抗战必胜的毅力和信心,另方面鲜明地表示出国民党领袖和全体同志对于建国事业的希望和计划。这一个宣言,对于国民党本身的今后工作,对于全中国同胞当前的救国事业,无疑地均有严重的意义。我们曾诚挚地预祝国民党临时全国代表大会的成功,我们更热烈地希望国民党在临时全国代表大会后,能更加努力去加强国内各党派抗日救国的大团结,能更加积极去加强民众与政府的互助,能更加提高我军将士的抗战精神和抗战信心,以加速我国抗战胜利和建国成功的伟大历史时期的到来。”次日,四月四日,《新华日报》立即又发表社论,命题为《国民党临时代表大会的成就》。社论一开始便说:“国民党临时代表大会于四月一日闭幕,通过了《宣言》和《抗战建国纲领》和关于《党务决议案》,并选举蒋委员长为国民党总裁。就已发表的文件看来,这次国民党临时全国代表大会是最近十年来国民党最有历史意义的一个会议,因为这次会议表现了国民党更向前的进步,对于抗战时期许多重要的国策,更确定了基本的方针”;社论接着历举大会《宣言》和《纲领》中所明白昭示的对内对外的政策以及对于三民主义的阐述,在结尾时,社论以极恳切的态度说:“国民党这次临时全国代表大会的成就,正是中国继续抗战和争取胜利的重要步骤,我们深望这些进步的继续发展,这些成就的一一实现。"此外,《新华日报》四月五日之社论为《抗战与改善民生》,四月六日之社论为《抗战中的民权主义》,四月九日之社论为《抗战与外援》均为根据国民党临时代表大会的《宣言》和《纲领》的基本精神而对内外政策加以发挥和建议的。

《新华日报》为代表中共主张之报纸,为中外共认之事实;故《新华日报》这几篇社论之主张,即为中共对国民党临时代表大会的《宣言》和《抗战建国纲领》的响应,这是明白无比的事实。从这些社论当中,任何人不仅可以看出中国共产党对国民党临时代表大会的《宣言》和《纲领》作恳切的响应,而且有热忱具体的建议。由此可见,张国焘在其声明中,企图藉对国民党临时代表大会的《宣言》和《抗战建国纲领》为更恳切的响应一层,作为他与中共中央的分歧点,显然是毫无根据而白费精力的。

我们愿利用回答你的信的机会,再一次说明中共中央对国民党临时代表大会《宣言》和《纲领》的态度,我们认为此次国民党临时代表大会所通过的宣言和纲领,对于抗战建国问题有重要的意义,《宣言》和《抗战建国纲领》所提出的我抗战时期的一般施政方针,我们是赞同和拥护的。它和中共中央历次发表的抗战时期的政治纲领的基本方向,是共同的;不过有一点,我们还未得到国民党中央明白指明的,就是这一《纲领》发表时命名为《中国国民党抗战建国纲领》,因而我们到现在还不清楚知道:国民党领导机关是把这一纲领只作为国民党一党的纲领,还是用国民党大会名义提出交各党派及各团体共同讨论和研究,以便得到各方意见而变成抗战时期各党派各团体共同遵行的抗日民族统一战线的纲领,关于这一问题,中共中央准备再与国民党领导方面交换意见。

关于第二个问题,即中央开除张国焘党籍的问题,新华日报四月二十二日所发表的《中共中央开除张国焘党籍决议》,已经简明地指出张国焘被开除出党的原因。〈下略〉

对你所提两个问题的答复,暂止于此。以后遇有问题,望不时来信,我们当尽可能地抽时间答复你。

此致同志的敬礼!

陈绍禹　周恩来　博古同复

一九三八年四月廿八日

（原载一九三八年四月二十九日汉口《新华日报》）

附：

子健同志给陈绍禹、周恩来、博古的信

绍禹、恩来、博古三同志：

我是一个在学校中工作的一个共产党员，昨天我和两个非党员的同学谈话中，发现了两个问题，我虽然根据我所懂得的见解答复了他们，但我自己不晓得我的意见到底是否全对，所以决定写这封信给你们，请你们抽暇为我解答一下。

第一个问题是共产党对国民党临时全国代表大会的《宣言》和《纲领》的态度——最近以来因为报纸上发表了张君劢先生代表中国国家社会党致国民党蒋、汪两总裁，以及蒋、汪两先生对他的答复信；同时，张国焘在他的登报声明中，也说到什么他主张中共中央对于《国民党临时全国代表大会宣言》和《抗战建国纲领》应取恳切之响应，因此，有一个同学在谈话中间问我说：中共是不是准备最近也与国家社会党一样致函国民党表明共产党对国民党和三民主义态度呢？我回答他说：共产党与国民党的抗日救国合作早已建立，在去年九月二十三日，中共中央便发表了宣言，说明共产党抗日救国主张及对国民党与三民主义关系；同时，九月二十四日蒋先生代表国民党发表谈话承认共产党合法地位，自去年九月以后，两党关系日臻亲密，两党负责同志且时相过从，遇事协商。这与国家社会党的情形不同，国家社会党致函国民党领袖，表明他对抗战建国态度及对国民党和三民主义最高原则之关系。同时，蒋、汪两先生公开复函承认他的合法地位。这都是第一次，这是很好的事情。但是，共产党与国民党这类函件往还，早已见之于去年九月，现在无再行重复一次的必要。至于对这次国民党临时代表大会的《宣言》和《抗战建国纲领》的态度，我说，我曾听说，中共中央在国民党临时代表大会开会前，便曾经有一个建议书给大会，不过到现在我还未见到这个建议书罢了。此外，在大会

《宣言》和《纲领》发表后,《新华日报》已有过几次社论说明中共对大会《宣言》和《纲领》的基本精神的赞助和拥护,态度都很恳切;所以对这次大会《宣言》和《纲领》问题,中共也没有专门发表致函国民党函件这类举动的必要。

第二个问题是中央开除张国焘党籍的问题——另一个谈话的同学问我说:据张国焘声明说,好像他不过有些政治意见想找陈绍禹、周恩来、秦博古三先生谈谈,而中共中央似乎在他正在谈判的过程中,便把他开除党籍了,这是否太急了一点呢? 我回答他说:开除张国焘的详细情形,我还不知道;不过我知道,张国焘在党内的确是个著名的老机会主义者和小组织者,党对他屡加教育和纠正,他却屡次承认错误后,又重犯错误,特别是一九三五年的重大反党错误,的确已应当开除党籍;此次他又破坏党的纪律擅自离开工作,当然应该开除出党。我绝不相信张国焘所说的话。我知道共产党中央对每个党员党籍问题,素持慎重态度,此次开除张国焘党籍经过,绝不会像张国焘在各报上登的声明所说的那样简单。

我不知道,我对于这两个同学问题回答对不对,因此,请三位同志迅速帮助我弄清楚与了解这些问题。匆笔,敬致行礼!

子健上
一九三八年四月二十六日
(原载一九三八年四月二十九日汉口《新华日报》)

9. 致蒋介石信 (毛泽东)

介石先生惠鉴:

恩来诸同志回延安称述先生盛德,钦佩无余。先生领导全民族进行空前伟大的民族革命战争,凡我国人无不崇仰。十五个月之抗战,愈挫愈奋,再接再厉,虽顽寇尚未戢其凶锋,然胜利之始基,业已奠定;前途之光明,希望无穷。此次,敝党中央六次全会,一致认为抗战形势有渐次进入一新阶段之趋势。此阶段之特点,将是一方面更加困难;然又一方面必更加进步,而其任务在于团结全民,巩固与扩大抗日阵线,坚持持久战争,动员新生力量,克服困难,准备反攻。在此过程中,敌人必利用欧洲事变与吾国弱点,策动各种不利于全国统一团结之破坏阴谋。因此，同人认为此时期中之统一团结，比任何时期为重要。唯有各党各派及全国人民克尽最善之努力，在先生统一领导之下，严防与击破敌人之破坏阴谋，清洗国人之悲观情绪，提高民族觉悟及胜利信心，并施行新阶段中必要的战时政策，方能达到停止敌之进攻，准备我之反攻之目的。因武汉紧张，故欲恩来同志不待会议完毕，即行返汉，晋谒先生，商承一切，未尽之意，概托恩来面陈。此时此际，国共两党，休戚与共，亦即长期战争与长期团结之重要关节。泽东坚决相信，国共两党之长期团结，必能支持长期战争，敌虽凶顽，终必失败；而我四万万五千万人之中华民族，终必能于长期的艰苦奋斗中，克服困难，准备力量，实行反攻，驱逐顽寇，而使自己雄立于东亚。此物此志，知先生必有同心也。专此布臆。敬祝健康！并致

民族革命之礼

毛泽东谨启

民国二十七年九月二十九日

（选自童小鹏主编：《第二次国共合作》，文物出版社，一九八四年）

10.中国共产党扩大的六中全会政治决议案（节选）

四、国共长期合作，保证抗战建国大业的胜利，
为三民主义的新中华民国而奋斗

为了完成中华民族的当前紧急任务，为了顺利进行抗日持久战，就必需国共两党长期合作。国共两党合作是抗日民族统一战线的基础，是抗战建国大业完成与胜利的保证。因此，建立国共两党的长期合作，不仅是国共两党同志的热望，而且是我全中国人民和一切中国朋友的希望。抗战建国是长期的事业，抗战时期的合作，造成战后合作的基石。强敌的存在，三民主义之成为两党合作的政治基础，两党十余年来的相互关系所给两党党员及全国人民的深刻的教训，全国军民对于两党长期合作的切望以及为建立三民主义的新中国而奋斗的共同目标，所有这一切，就使两党长期合作的事业，具有坚定的科学基础和理论根据，因此就能够由希望变成事实。为此目的，扩大的六中全会正式决定：不在国民党中及其军队中建立共产党的秘密组织。再一次正

式宣言:中国共产党对于拥护三民主义,拥护蒋委员长,拥护国民政府的诚心诚意。再一次恳切的责成所有的中国共产党党员,以互助互让和同生死共患难的精神,以尊重合作中各党政独立性的立场,以谦和互敬互商的工作态度,去亲近国民党同志和一切抗日党派的同志。这不仅是为了减免国共两党间的磨擦,不仅是为了改善和加强两党合作的关系,而且是为了达到两党长期合作的目的。扩大的六中全会谨向国民党总裁蒋先生和国民党中央执行委员会宣称:中国共产党认为国共两党合作的最好的组织形式是共产党加入国民党和三民主义青年团,并将加入国民党与青年团的共产党员的名单交给国民党领导机关,并且不在国民党及青年团中进行征收共产党员的活动。第二种形式则是由两党组织各级的共同委员会来进行两党合作的事宜。六中全会认为两党合作组织形式的适当解决,对于亲密两党关系保证两党长期合作有极重大的意义。

由于国共长期合作的实现与持久抗战的胜利,将产生一个独立自由幸福的三民主义的新中华民国。中国的内部环境(以各党派各阶级的抗日民族统一战线的力量取得抗战胜利和建国成功)和国际的条件,都指明在这一历史阶段中既不会是所谓"一党专政"的国家制度的建立,也不会是苏维埃或社会主义国家制度的出现,而将是一个新式的民主共和国,即三民主义的新中华民国。这一新中华民主共和国的建立,是在长期艰苦抗战中去打下基础和在抗战胜利后去发扬光大的。《抗战建国纲领》的公布,国民参政会的召集,省市参政会召集的实现,各抗日党派合法权利的取得,人民言论、出版、集会、结社自由权利的逐渐实现,陕甘宁边区、晋察冀边区及敌后方抗日根据地中民主之实施,民生之改善,——所有这一切,都是抗战以来国家制度走向民主化道路的具体证明。争取抗战胜利的过程,将与实现民主,改善民生的过程相因相成。中华民族抗战胜利,实现民族独立的时候,一定就是新式的民主共和国奠定其基础的时候。这一新的三民主义新中华民国的建立,将是中华民族历史发展上的空前进步,将在中国人民解放事业中起着光前裕后的伟大作用。

(原载一九三八年十一月二十七日,重庆《新华日报》)

11. 中国共产党扩大的六中全会致蒋委员长电

蒋委员长介石先生暨中国国民党中央执行委员会诸先生勋鉴：

先生于国家危急之际，坚决领导全国军民进行持久抗战，并获得了全民族的团结统一，给了日寇以巨大打击，奠定了最终战胜敌人复兴民族之基础。敝党扩大的六中全会谨以至诚向我国英明领袖致崇高的敬意！

中共扩大的六中全会于会期中得聆蒋先生《告全国国民书》，对于汉口、广州撤退后之抗战形势及我国坚持抗战取得最后胜利之方针，昭示无遗，给了悲观妥协论者以严重打击，增加了全国人民抗战胜利的信心。敝党同人完全同意并表示热烈之拥护。

中共同人深信，我国目前正处于由战略防御转入战略相持的过渡时期，虽困难犹多，但过去十六个月的抗战已经造成我国空前的进步和成绩，我全国人民必能在蒋先生的坚强领导下，在国共两党及一切抗日党派的持久协力之下，坚持抗战，巩固和扩大全民族的团结与统一，在军事、政治、民运各方面，采取进一步设施和改革，期以最大之努力动员全国一切生动力量，增强抗战实力，停止敌之进攻，从艰苦的相持阶段中准备新的力量，改变敌我形势，实行反攻，驱除日寇。我们相信伟大的中华民族曾经经历过艰巨斗争的磨炼，定能举国一致，精诚团结，渡过抗日难关，争取最后胜利。

中共中央一本过去主张，愿以至诚拥护我民族领袖，拥护三民主义；并在三民主义和《抗战建国纲领》的政治基础上，责成全体共产党员，本互助互让、同生死、共患难之精神和互敬互商之工作办法，亲密两党间的关系，巩固两党的长期合作，团结全民族，以争取抗战最后胜利和三民主义的民主共和国之实现。

最后，中共扩大的六中全会以关怀民族命运之热忱，敬祝蒋先生健康，并向国民党中央各同志致

民族解放之敬礼！

中国共产党扩大的六中全会

一九三八年十一月五日

（原载《解放》周刊第五十七期，一九三八年十一月二十五日）

12. 拥护民族领袖——蒋委员长（延安《新中华报》社论）

蒋委员长上月三十一日的《告全国国民书》，将政府抗战决心与取得抗战最后胜利信心重新向全国人民昭示，这不仅给那些和平妥协论者与失却抗战前途的分子以明确的回答，而且是我国坚持持久战的正确战备方针，他告诉我们争取最后胜利的具体道路。全国人民应该竭诚拥护的。

边区政府与边区人民，都很清楚地了解，在今天全国的团结统一最高统帅的坚持抗战，对于争取抗战胜利具有决定的意义，所以我们不是口头上而是十二万分诚心的来拥护我伟大的抗战领袖——蒋委员长。

首先，边区政府与人民，对蒋委员长历次所昭示的抗战必胜建国必成的方针，始终坚信不疑。蒋委员长关于动员民众参战的指示，边区民众是已充分的动员起来了。关于更便利争取抗战胜利，民主政治建设，边区已具有相当的基础。其次，边区政府的一切施政，均是以三民主义和《抗战建国纲领》为最高原则，从没有而且不会有违背这一原则的。这不仅为中外人士所赞评，而且为到过边区的人士所称道。对于各地方政府，边区政府一贯站在友谊的立场上，采取互相帮助的精神，以互相商量的办法，求得彼此间的亲密团结，共同拥护唯一的中央政府，拥护蒋委员长的领导，坚决反对一切破坏团结统一的活动，反对一切汉奸伪组织。

在此国家危急之际，抗战进入更困难的时期，敌人正指示汉奸组织伪中央政府来反对蒋委员长与国民政府之时，我们要以全民族团结统一的伟大力量，来粉碎敌人的阴谋诡计，拥护我贤明领袖——蒋委员长！拥护国民政府！

我们谨以至诚，敬祝蒋委员长的健康！

（原载一九三八年十一月二十日，延安《新中华报》）

四、国共两党团结合作,抗日热潮空前高涨

1.中国共产党中央革命军事委员会命令

南京已经开始对日抗战,国共两党合作初步成功。为着实现共产党中央给国民党三中全会红军改名之保证,使红军成为抗日民族战争的模范,推动这一抗战成为全民族的抗日革命战争,以争取最后的彻底胜利,特依据与国民党及南京政治谈判结果,宣布红军改名为国民革命军第八路军,着将:

前总指挥部改为第八路总指挥部,以朱德为总指挥,彭德怀为副总指挥,叶剑英为参谋长,左权为副参谋长。

总政治部改为第八路政治部,以任弼时为主任,邓小平为副主任。

第一军团十五军团及七十四师合编为陆军第一一五师,以林彪为该师师长,聂荣臻为副师长,周昆为参谋长,罗荣桓为该师政训处主任,肖华为副主任。

二方面军二十七军、二十八军独立第一第二两师及赤水警卫营前总直之一部等部,合编为陆军第一百二十师,以贺龙为师长,肖克为副师长,周士第为参谋长,关向应为政训处主任,甘泗淇为副主任。

四方面军二十九军、三十军陕甘宁独立第一、二、三、四团等部,改编为陆军第一百二十九师,以刘伯承为师长,徐向前为副师长,倪志亮为参谋长,张浩为政训处主任,宋任穷为副主任。

以上各部改编后,人员委任照前总命令行之。各师改编为国民革命军后,必须加强党的领导,保持和发挥十年斗争的光荣传统,坚决执行党中央与军委会的命令,保证红军在改编后成为共产党的党军,为党的路线及政策而斗争,完成中国革命之伟大使命。

中国共产党中央革命军事委员会

主　席　毛泽东

副主席　朱　德

周恩来

一九三七年八月二十五日

（选自平型关大捷纪念馆编：《平型关战役文献资料汇编》，中共党史出版社，二〇一二年）

2. 第八路军总副指挥就职通电

〈衔略〉日寇进攻，民族危急，敝军请缨杀敌，义无反顾！兹幸国共两党重趋团结，坚决抗战，众志成城。本月养日（八月二十二日）奉国民政府军事委员会蒋委员长委任令开，特派朱德为国民革命军第八路军总指挥，彭德怀为副总指挥，等因奉此，遵即将红军改为国民革命军第八路军，并宣布就职。部队现已改编完毕，东进杀敌。德等愿竭至诚，拥护蒋委员长，追随全国友军之后，效命疆场，誓驱日寇，收复失地，为中国之独立自由幸福而奋斗到底。肃电奉闻，敬候明教。

中华民国国民革命军第八路军总指挥朱德，副总指挥彭德怀叩有。

一九三七年八月二十五日

（选自平型关大捷纪念馆编：《平型关战役文献资料汇编》，中共党史出版社，二〇一二年）

3. 抗日红军改为第八路军，出动抗日屡获大胜

数日来关于我国抗战的消息，其中最令人兴奋起舞的就是人民抗日红军改编为国民革命军第八路军，开赴前线抗战的消息已经由各方面证实，而且接着就有该军在晋东北接连得到震动全球的空前胜利消息。

团结一致共同御侮

——红军改编为第八路军经过

人民抗日红军改编为全国统一的军队之一部分，在晋北平绥路一带进行抗战，早已有所传闻，现此项消息，经已证实。据九月十一日纽约《前驱论坛

报》载,美联社讯:中国人民抗日红军十万人已正式改编为国民革命军第八路军。南京政府曾于九月十日发表通告,大意谓,外敌当前,无论国民党员或共产党员,都须联合一致,共同御侮,驱逐日寇出中国。该通告最后宣称,国民政府军队与红军战斗十年,现在内战已正式宣告结束,一致对外。南京政府已于八月二十二日任命前人民抗日红军总司令朱德将军为第八路军总指挥,彭德怀为副总指挥。前红军总政治委员周恩来将军则在中央军事委员会之高等顾问。

朱德将军发表宣言

——与全国军队一起抗战到底

该报并谓,第八路军总指挥朱德将军已通电全国,宣布就职,电中有云:"我们曾屡次向国民政府要求开到前线抗日。我们是决心抗日的。现在我们已经得到蒋委员长的许可,并已将人民抗日红军改编为国民革命军第八路军。我们终于获得了东出抗日的机会。我们拥护蒋委员长的领导,并誓与全国军队一起,抗战到底。我们决与日寇作殊死战。我们深信,我们必能收复东北失地。"

这是根据美联社的电文重行译出的,只是朱德将军就职通电的大要,而且辗转翻译,字句与原文当有出入,候本报接到原文时,再当全行发表;但即就电讯译文看来,亦已可见人民抗日红军将士从来为团结一致,共同抗日之主张而坚决奋斗的精神。

第八路军出动抗日

——使我全国军民均异常兴奋

纽约《前驱论坛报》及美国共产党机关报《工人日报》均载称,不久前,共产党领袖毛泽东、朱德、周恩来等曾赴南京,①居留二星期之久,与蒋介石先生磋商抗日国策及抗日战略,事后朱德、毛泽东即返陕北,进行动员事宜。美联社通讯员曾谓此次晤会是"最有意义之事件"。纽约《前驱论坛报》并称朱德为"中国的天才军事家",毛泽东为"中国的天才政治家"。美国《工人日报》

---

①有误,毛泽东未赴南京。——编者

载,红军改编为第八路军,出动抗战,开赴晋绥交界之前线,此一消息于九月八日传到上海,在上海抗战之军队及民众闻讯后均万分兴奋。

美国共产党机关报《工人日报》九月十八日载,该报驻沪通讯员宣称,朱德将军指挥下之第八路军前哨,已在山西北部开始与日军接触。该通讯员并谓:"第八路军前哨与日军接触的消息,是全中国人民的珍闻,也是全世界一切反法西斯人们的珍闻",因为人民抗日红军抗日意志之坚定,战斗能力之强大,已为历史的事实所证明,此次出发抗日,必然给日本侵略者以极大的打击而大有帮助于全中国军队与人民的抗日事业,也大有帮助于全世界反法西斯的事业。该通讯员并指出,红军改编为第八路军,其组织成分则一如从前,盖红军之许多突出的优点,即是其成为不可战胜的力量之原因,第八路军须保证和发展其特长以为其他抗日军队之模范。

抗战以来空前胜利

——日寇狼狈败退被我军追击

吾人接到第八路军在北方前线抗战的消息后,即认为红军素来英勇善战,在抗日作战中必更能发挥其特长,出奇制胜,给日寇以重大打击。果然,于二十五、二十七及二十八等日接到中央、路透及其他通讯社与报纸关于第八路军在晋东北一带接连得到我国抗战以来空前大胜利的捷报。据二十五日上海电,各报载,朱德将军之第八路军之一部开抵灵邱、浑源一带抗战,日前与日军方面坂坦第五师团及樱升混成旅之一部接触,日军深入至浑源、广灵与灵邱间之山地,被我军第八路军及马占山骑兵部队联合包围攻击后,日军全军覆没,阵亡三千人,被俘二千人,我军得枪械子弹及其他军用胜利品无算。

又据二十七日上海电,本日各报载:朱德将军指挥下之我军第八路军之一部又在晋东北得到比日前更大的新胜利。《大公报》及《申报》之晚报载有第八路军司令部之捷报,内中宣称,第八路军之一部于二十五日在平型关向日军反攻,结果日军一万余人,全被第八路军击溃。第八路军另一部队同时克复平型关北面之新泉关、沙东及堡子(均译音)等地,寇军官佐士兵被俘甚众,我军获得大批汽车、坦克与其他军用品。日军残部向下蔡村(译音)败退,但在那里又受我军第八路军追击部队包围。又据美联社二十八日南京电：我军第八路军于二十五日在晋东北再次大胜后，乘势北上追击败退之日军，途中又给日军以打击，日军又被击毙五百人，被俘三百人，其余则向应县狼狈败退。

以第八路军为模范

——大公报对全国军队之号召

上海《大公报》社论关于国民革命军第八路军之屡次伟大胜利作评论云："因为这一部分的国民革命军底战士们有最高度的政治觉悟和最严明的纪律，所以他们和民众有密切的联系，于抗战时得到民众充分的帮助，这就是该军能够接二连三得到伟大胜利的原因。"最后该报号召我国其他各军以国民革命军第八路军为模范，与民众发生密切关系，才可得到胜利。

各国报纸对于第八路军之接连胜利均极为注意，多认为是我国抗战以来的首次伟大胜利，并多指出这些胜利的重大意义。从战略上言，这不只是日寇长驱直入占据山西之计划受了严重的打击，而且击破了日寇从晋东转入冀北威胁平汉路上我军左翼的企图，因此就破坏了日寇在北方战线上整个原定计划的实现。从政治上言，第八路军这些胜利必然更加激励我国军民坚持抗战到最后胜利的勇气与决心，同时也就使全世界反对法西斯、反对侵略的一切人们得到更大的奋兴与推动。

（原载一九三七年九月三十日巴黎《救国时报》）

4.西南运输处主任宋子良关于第八路军请求代办国内外团体捐助该军物品应否照办，请核示电

准第八路军总指挥朱德寒代电略称：国内外团体捐助该军药品救护汽车，并自购交通卫生等物品，均存港待运，委托办理等由，应否照办，理合电请核示。

蒋委员长批示：照办

一九三八年七月二十二日

（选自台湾《中华民国重要史料初编》第五编）

5.蒋介石关于速发第八路军防毒面具六千颗条示何应钦

速发第八路代表叶剑英防毒面具六千颗。何部长。中正。(一九三七年八月二十六日)

(选自台湾《中华民国重要史料初编》第五编)

6.周恩来关于平型关附近激战及其为支持华北抗战,争得最后胜利之四项建议电

自阳曲来

限即刻到。南京军委会转黄部长季宽兄勋鉴:建密。迩日沧保失陷,平型关附近激战,华北战局重心已趋太行山脉。为支持华北抗战,争得最后胜利,建议:一、河北我军亟宜背靠太行山脉转移侧面作战,并与八路军联络发展大规模游击战争,俾免铁桥被毁,受蹙河边。二、河北无生力军,请速令桂军增援娘子关地带支撑要点,进行侧面作战。三、请转告张荫梧先生,对河北民训工作、宜放手做去。特重在武装民众组织,当地游击战争配合大军支持华北长期抗战。四、请转陈蒋先生,且速发表林祖涵任边区长官,以便消除内外疑虑,使一二九师得迅速开拔,从事抗战。缕陈管见,尚祈示复。周恩来叩感印(一九三七年七月二十七日)

(选自《国民政府军令部战史会档案》(二十五)3089)

7.八路军朱德、彭德怀总副司令报告在平型关一带对敌激战迭获胜利等情电

1)一九三七年九月二十八日电

急南京大元帅蒋、总司令刘钧鉴:密(一)有日平型关战斗得敌高级司令部地图一张,图上绘有平律直主攻平型关、雁门关、保定及津浦路之部署部队番号、标示七件,依此图可对全部军事秘密了解。该图上攻入涞源之敌,系向易州前进,不是向阜平前进。攻入大同之敌,除留守外转向浑源,沿长城外与攻入灵邱之敌合攻雁门关。攻入灵邱之敌则攻平型关,依该县与浑源部队夹长城,进此地图。昨(感)日已由林师长送交孙副总司令楚转呈阎司令部矣。

(二)有日战斗已将敌原定计划破坏,使浑源及涞源两路转向平型关,解围攻平型关部队变为突围而逃。职朱德、彭德怀俭午印

2) 十月三日电

特急。京大元帅蒋、石庄司令长官程、太原司令长官阎钧鉴:石庄刘总司令、卫总司令、西安蒋主任、台怀杨总司令、傅总司令勋鉴:尚密。职路自进入战斗以来,除以主力位于平型关、雁门关、朔县之线之两翼侧外;另组织四个支队,挺入后方。计划骑兵支队约六百人马,在涞源、紫荆关、易县、唐县、曲阳地区活动。杨独立主队约三千人,已深入灵邱、广灵、蔚县地区。宋独立支队千人,挺进于朔县、平鲁、左云、怀仁、浑源间。李独立支队千人已出动朔县明北地区,各该支队均以袭扰敌之后方、截击运输连络部队、破坏交通道路、发动群众、组织群众、扩大游击战争等为任务。计自各支队出动后,先后均有胜利。职路截至十月一日止,总共缴获敌汽车八十余辆,均已烧毁,九二野炮一门(无子弹),七三七五炮弹三千余发,步枪三百余支,机关枪二十余挺,其他军用品甚多;并毙敌千余人。但以检藏不慎,被敌机炸毁步枪千余支,机关枪百余挺现涞源、广灵、灵邱交通已被我完全截断,敌人白天已不敢运输,改由夜间行动。我各支队亦采取夜间伏击、袭击手段,连日以来每日夜均有小战,每战必有少数缴获,斩杀小部敌人。计前后我伤亡官兵共约六百余人,内副团长、营长各二名(此伤亡数请与公布)。据各该支队与电报称:敌后方极为空虚,民众抗日情绪极高,对我军热烈欢迎与帮助。特此奉闻。职朱德、彭德怀江午印

(选自《国民政府军令部战史会档案》(二十五)3087)

8. 介景和报告八路军在平型关附近与敌激战情况电

南京大本营等一部部长黄:1135突。昨敌我在平型关附近决战,竟日我八路军占蔡家峪东西各地,将敌主力包围于鹞子涧、六郎村。昨夜敌一部向王庄堡突围。而去,我除分队追击外,余仍在包围歼灭中。又本日午前各方报告:十五军当面之敌,除师福沟附近夜间不断进攻外,其左右地区均向后退,浑源、应县大道上拂晓起,先有敌大队步兵,队形混乱,向西移动。后又有

汽车约二百辆,满载士兵向西驶去。综上各情形,敌似有改变企图模样。职介景和宥午印(一九三七年九月二十六日)

(选自《国民政府军令部战史会档案》(二十五)3081)

9.国民政府对八路军勇战平型关,痛歼日寇的嘉慰电(九封)

1)一九三七年九月二十六日电

岭口朱总司令、彭副总司令:漾亥电悉。谨密布置周详,至深嘉奖。尚希奋勉杀贼,以完成民族革命之大业为盼。中。(寝巳)侍参京

2)九月二十八日电

阳曲朱总司令、彭副总司令勋鉴。寝寅电悉,密有。歼寇如麻,足征官兵用命,指挥得宜,捷报南来,良深嘉慰。尚希益励所部,继续努力,是为至盼。中。(俭)侍参京

3)十月六日电

朱总司令玉阶。密汲午电敬悉。捷报传来,无任欣慰,袭敌侧背,断其连络,收效甚大,希更发动民众,扩大行动,使敌有后顾之虑,则于战局更有裨益也。中〇鱼申一作元

4)十月七日电

五台朱总司令玉阶、彭副司令德怀:密江午支电均悉。宋支队奋勇杀敌,收复井坪,殊为欣慰。若能扩大游击,向平绥线山地行动,使敌感受痛苦,尤有意义。并希转前方将士,代致嘉勉为盼。中。虞巳一作元印

5)十月八日电

管理部张部长,拚第十八集团军朱总司令德沔(阳曲)电称:职路进入战斗以来,以主力于平型关、雁门关、朔县线之两翼侧外,另组织四个支队袭击敌之后方,截断运输,破坏交通,发动群众,组织扩大游击战争等为任务。计各支队先后均有胜利,总共缴获汽车八十余辆,九二野炮一门,七三七五炮弹三千余发,步枪三百余支,机关枪二十余挺,并毙敌千余人。现涞源、广灵、灵邱交通已被我完全截断,敌不敢白日运输。但我伤亡官兵六百余名,内副团长、营长各两名,务请颁给奖恤等语。即希查照核办径复为盼,军委会等一部

齐一作元

6）十月十七日电

五台朱总司令玉阶兄。密删辰电悉。接诵捷报,无任欣慰,着即传谕嘉奖。中。筱辰一作元

7）十月十七日电

阳曲朱总司令玉阶、彭副总司令德怀。密删酉元甲各电均悉。贵部林师及张旅屡建奇功,强寇迭遭重创,深堪嘉慰。仍希继续努力,以竟全功为要。中。筱酉一作元

8）十一月十日电

急。山西第八路军朱总司令、彭副司令。密庚酉电悉。所陈各节,至为适当。现正如是处置,仍希贵部继续努力,使敌陷于进退维谷之苦境,俾得将其逐次歼灭之为要。中正蒸巳一作元印

9）十一月十五日电

急。肤施朱总司令、彭副司令。蒸亥电悉。密。叠战胜利,深堪嘉慰。嗣后仍希更勉,以挫敌锋为盼。中。删巳一作元印

（选自《国民政府军令部战史令档案》(二十五)3089）

10. 蒋介石关于八路军勇战平型关的战绩致程潜电

磁县程司令长官,有线电发,颂云兄。密。据朱玉阶兄删酉电称(甲)林师已占平型关刻与团城口附近南援之敌人激战中,一部已占沙河镇,包围大营镇,威迫繁峙。(乙)代县之敌受我特务团袭扰,城内甚慌。(丙)宋支队切断岱岳、怀仁交通后,另一部已挺进怀仁、大同之间,破坏交通,袭敌动输,深入崞县、原平之敌之路已断形成深围。又据元申电称,据一二〇师张旅长电称:该旅之一部于昨夜在崞县北之十里铺伏击,毙敌五六十名,焚毁汽车十二辆,缴步枪十余支。该旅仍在崞县附近与敌激战中。又我右翼纵队之一部,连日攻代县后,已调增援直南北,阻敌南进。又太原筱电话称:娘子关之新旧关均在我手,关沟敌已全歼,我八路军在宁武阳方口平型关断敌后方。石家庄南与娘子关两方之敌,尚无连系等语。特达中。酉一作元(一九三七年十

月十七日）

（选自台湾《国民政府军令部战史会档案》（二十五）3089）

11. 国民政府军事委员会军令部部长徐永昌嘉勉聂荣臻部电

代电

汉口第十八集团军办事处转聂司令荣臻：鱼电悉。贵部转战幽燕，撼敌腹心，无任佩慰，盼继续努力，扬我军威。徐○○铣辰一元鄂。（一九三八年五月十六日）

（选自《国民政府军令部战史会档案》（二十五）2029）

12. 叶剑英转陈中共冀热边区委员会关于八路军在冀热区打击日寇掀起民众抗日热潮等情致蒋委员长电

委座钧鉴：

谨将朱、彭总副司令转来中国共产党冀热边区委员会贺电译呈鉴核。

附电一件

职叶剑英谨呈

一九三八年八月二十九日

朱彭总副司令请转蒋委员长及全国抗日团体：

自八路军宋邓部队进入冀热边，不断打击敌人，收复兴隆等县后，掀动了冀东的抗日浪潮，民众成群结队的欢迎国军青天白日满地红的国旗，又在冀东飘扬起来。在日伪铁蹄下的民众忍无可忍了，于是在共产党的邀请之下，当地的国民党员以及无党派的抗日分子，进行和衷共济的协商。解释了过去一些不应有的误会，在抗日高于一切的原则下，坚强的团结起来，组织起抗日联军，并推举无党派的体（电码不明）翁云，国民党员洪麟阁，共产党员李运昌为起义的总副司令。乘宋邓军队继续向南伸展与敌人进行残酷战斗之际，于七月九日爆发了昌黎、滦县、乐亭、迁安、遵化、丰润等县的抗日大起义。起义以后，抗日联军曾以无限的英勇牺牲精神，在民众帮助及伪军反正的配合之下,屡次击溃日伪军的进攻,收复了大部分的县城。有许多县城是得而复失,失而复得,起义领袖之一共产党员张树婉同志,于攻占丰润县城之役,作了光荣的牺牲。经过了一周的血战,终于粉碎了敌人的围攻,大量地破坏了铁路、汽车路、桥梁、电线等。北宁路直至半月之后,尚未通车。炸毁了日敌的铁矿、金矿,给了敌人开发冀东计划以严重的打击;并求得了与宋邓军队的会合这一伟大胜利,更加兴奋了整个的冀东和热河民众,于是在七月十六日又爆发了唐山矿工七千人的抗日起义,这次起义,亦为共产党员及一位国民党员的共同领导。发动后曾与日伪军作了两次激烈战斗,领导者中有几个共产党员,一个国民党员和一个中华民族解放先锋队员作了壮烈的牺牲。其后这一部分也与抗日联军取得了会合。最近各个方面的形势都在开展着各自部分的队伍,都在发展着国共两党党员及无党抗日同志是亲密的团结着。一切作战方针及民众运动,都取得了一致的见解。正因为对敌人的威胁与损失极大,所以斗争的环境亦是异常的艰苦,几乎每天都在剧烈的战斗中。但是在这里有着国共的亲密合作,有着广大的民众拥护,有着坚强的八路军和抗日联军,有着以共产党员为骨干的数千矿工队伍,所以他的发展前途,特别是给予日寇的打击是不可限量的。我们庆祝冀东的初步胜利,庆祝冀中国共两党及无党同志的亲密合作;我们并以坚持的努力为创造冀热边抗日根据地配合全国抗战争取最后胜利而斗争。最后,谨向蒋委员长及全国将士、抗日团体致热烈的民族解放敬礼! 中国共产党冀热边区委员会。(一九三八年八月三十日)

（选自台湾《国民政府军令部战史会档案》（二十五）979）

13. 叶剑英关于参加南岳游击干部训练班工作情况向中共中央的报告

我们参加南岳游击干部训练班工作已经两个半月,谨将工作情形报告如次。

一、准备工作

自参加游训班工作及军委会发表汤恩伯任该班主任、叶任副主任后（后改由蒋兼本班主任,白、陈兼副主任,汤任教育长,叶任副教育长),估计此次工作为统一战线形成后参加训练中央军干部的创例。同时,本班性质亦属创举。各主要课程亦均无现成教材。当即召集留衡主要参加诸同志讨论工作方式、教材准备,对该班教育管理、生活各方面的建议,并对参加人员进行统一战线必要的教育工作。嗣与汤数次晤谈,并同赴渝见蒋,经过情形业经报告。返衡传达长江局指示后,参加人员遂于二月十日移来南岳。

二、训练班组织情形(附各种组织表册及学员简历名册,略)

第一期原拟五个队,后增一队共六个队,每队一百二三十人。第一、二、三队为各战区送来军官,第四队为汤部三十一集团教导团的一个队并有少数战区送来〔的〕军官,第五队为政治部、青年团、红十字会等送来之青年学生。第六队为西南行营增送之军官与学生及八战区迟到的军官。各队均不分部队职级与水平,采混合编制。

上周汤更收容被衡山县党部解散之前进工作团百八十余人,编为第七队,工兵学校毕业学生送来一队,编为第八队。均拟编归第二期。

第一期学员包括全国各战区、各部队送来之军官。按学历大部为黄埔及南京军校毕业。一部为军校高级研究班、保定军校、云南讲武堂、东北讲武堂,及其他地方军队教育机关毕业者。绝少行伍,按职级大部为少校,一部为上校、中校及上尉。战区送来者大部为军官,政训工作人员极少。

第五、六、七队均有女生,共百余人。

三、九周来训练班的一般情形

由于汤本人一般比较进步(如对统一战线及游击战的认识与态度均较好,开校讲词公开引用毛主席论新阶段,对我党衡阳公开代表李华杰之被捕及青年记者学会陈侬非的失踪等在全校会议上慷慨反对,对我们建议多能接受,对我们所拟讲授大纲极少修改,朴实肯干),与某种成见的存在,虚心的不够,及部分顽固分子的存在等,故一般情形各表现其优缺点。

(一)优点(与国民党其他军校相较)

1.较广地实行民主。各种会议的建立,学员代表参加学校各种会议,学员自治会的建立等(仿救亡室工作)。

2. 教授法部分地采用了启发式。

3. 教员学员均采集体研究、集体创作。

4. 实行"教""学""做"合一。

5. 教职员与学员生活打成一片,均参加朝会早操,共饮食等。

6. 区队长由学员选充,提倡自觉纪律。

7. 建立小组会议(党的、学习与生活的、混合不分)。

8. 建立课外工作,各队出壁报。

9. 划南岳附近三个区为实习区,每星期日实际做民众工作,各队订竞赛条约。

(二)缺点

1. 在上述各工作中尚存在许多缺点。

2. 非必要课程的存在及时间分配的不当。学员代表曾迭次提出意见,请减免典范令等课程,增加游击战课程时间。

3. 就教职员学术研究生所研究的问题与内容及对军委会的建议来看,与其说是学术的研究与如何开展游击战争,毋宁是着重于如何统治抗战中的游击战。

4. 教职员及学员除青年学生外,顽固分子虽居少数,但具决心坚决开展游击战者亦非多。

四、我们工作情形

首先与汤商定,为便于集体研究,我们参加人员集中住在第一教官室,订定工作六大注意(坚定的立场,苦干的作风,谦和的态度,简朴的生活,虚心的学习,严肃的纪律)请其他各主要教职员参加我们的讨论会。汤几次在会议中提出第一教官室的工作方式与作风,在课堂与学员代表以及个别反映中一般影响颇佳,与友党友军关系亦无不良现象。

根据我们现在已有的材料看来,的确证明开办游训班的动机是包含着两方面的。

一方面是真正为了开展敌后游击战的目的。这是为着抗战利益的好的动机,这表现在不少前方将领选送他们的部属来学训时之殷切属望与大感兴趣(有些部队在前方遇到了关于游击队的问题时,写信来征求在班学训的战友之意见);同时,表现在各方面对游训班的良好印象(如白第一次参观后回桂所表示,各大报均派记者来访问参观等)。另方面,则包含着控制敌后游击战以限制我党所领导之敌后游击战的企图。在这一企图下,被混入了不少以"混资格"为目的的分子,这一点在提出关于毕业后如何使用的问题上,表现得最明显。他们提出建议委员长自中央到省区均添设游击战的管辖部门,以要求尽先安置他们。有的要求简派游训班学员任敌后专员、县长等行政官吏。假使真的这样做,当然替那些以升官发财为目的的分子大开了方便之门。这一精神也表现在学习精神上,固然大多数学员的确是用了极大的注意想真正学到一点东西,但也有不少表示着"混过三个月拿文凭"的分子——见墙报的批评反映中。其次在汤本人的表现上也可以看这种矛盾的心理,他非常愿干,但又常常有一种不敢放手干的样子,他非常愿意研究游击战、民众运动等问题,但有时又为某种成见所局限(畏惧游击战发展了,自己抓不着,见蒋给本班的训词中有"凡游击队人员应时时提醒本身为整个革命军系统下战斗员之一念"之句)而做了许多保守结论(见突击三日制),因此,我们的第一个结论是:"学员中好的多,坏的少,控制游击战企图则是越上级越明显,而属于中央军派来的学员又较其他派系的为明显。

至于我们所散布的影响方面来讲,一般的都还好,但也有不少的顽固分子(大都属于康泽系的)仍然在做他们"鸡蛋壳上找裂缝"的勾当,企图用制造事实的阴谋来搬弄是非的可耻行径,据报某次秘密的党会上捏造李涛是游训班中共的负责人,某队××学员任交通,又说李涛深夜中与某学员打电话讨论发展共党问题等事实以及在南岳街上宪兵勾引我们的勤务员……等。这些材料,虽不完全可靠,然而这种少数顽固分子的阴谋是存在的。当然还可以从这些材料的反面看出由于我们的影响扩大了,已引起他们的不安,而出此下策。在班本部的负责人说来,都还能顾全大局,汤在这方面起了不少作用。即政治部主任陈烈(参加广暴后向蒋自首的同志)一般的也能顾全大局(上面所述那个捏造事件,即被他打消,并对《新华日报》记者秋江表示,外面以为我们这里有共产党,而引以为虑,其实他们都是中共的老干部,决不会不顾大局）。而队上的官长则表现较坏，因此，我们的影响反映在行政系统方面的，是高级的越能顾全大局，越是下级的负责人则较坏。下级行政人员的表现，就是严格的限制学员与我们接近的机会，不但学员的讨论会不令我们参加，同时还严格的限制学员来找我们——当然我们也并不想去接近下层而引起上层的疑虑，但在学员中则有着一种不能接近我们引为遗憾的表示。

根据上列分析，我们认为在统一战线的前途上，这项工作是有不少作用的。我们相信在游击战方面，首先使他们认识了游击战的重要性与非神秘性，实际的体验了游击战中"政治重于军事，民众重于士兵"的真理（我们的课材，也着重解释这两个口号）。这就使那些为着抗战利益的进步学员，找到了一条光明大道，而更接近于我们；同时也给那些少数顽固分子从事实上证明了中共对友党的诚恳态度，与对国家民族的无限忠诚，使他们那种不敢公开的企图，受到群众的监督、良心的谴责而有所顾虑，可能使其中一些成见较浅的分子有所觉悟。因此，我们的结论是这次参加游训班的工作，由于我们有坚定的立场，诚恳的态度，一般的说是有收获的，对统一战线有利的。

五、第一期学员毕业后的分配

本班已向军委会提议，第一期已决定于五月十五日结束，学员毕业后一部分回各战区或原籍任游击队的基层干部，少数优秀分子留充二期干部（军训部已决定续办第二期，汤回部队，由李默庵继任教育长，地址如合办则设重庆，分办则分设汉中及桂林）。军委会各战区及各省县均设专司游击战的机关，一部分教职员及学员充任该项干部，陈诚已大致同意，候蒋最后决定。

谨致

敬礼

叶剑英

一九三九年四月二十三日于南岳

（选自《南方局党史资料·军事工作》，重庆出版社，一九九〇年）

14. 中国国民党临时全国代表大会设国民参政会案

决议：在非常时期应设一国民参政会，其职权与组织方法，交中央执行委

员会详细讨论,妥订法规。(一九三八年四月)

（原载《最近本党历次大会重要决议案》,中央训练团编）

15. 国民参政会第一届第一次会议宣言

国民参政会成立于抗战周年之日,同人等深知在此国家民族兴亡荣辱之交,惟有整个民族,精诚团结,艰苦奋斗。故于本月十二日以全场一致郑重决议,拥护本年四月中国国民党临时全国代表大会所制定之《抗战建国纲领》,作为国民政府抗战时期施政方针,共同在最高统帅蒋委员长领导之下,努力奋斗,以取得最后之胜利,而达到建国之成功。兹当本会第一次大会休会之日,更本全体公意,作下列之宣言:

我中国民族立国东亚,自古以和平为国是,民国以来,遵奉孙中山先生之三民主义,期以自由平等之中国,与世界各国共保和平。不料邻邦日本,竟以征服中国为国策,以武力侵略为手段。"九一八"之变,占我东北四省,撕毁公约,拒绝调解,否认国联调查团报告书,使我虽欲委曲退让、和平解决而不可得。迨塘沽停战后,我政府忍辱负重,仍以和平外交,冀其转圜,全国各界,亦勉抑悲愤,服众政府之指导。乃日本军阀,更变本加厉,蚕食冀察等省,芦沟桥案之起,证明敌阀用心,必欲步步并吞,使我完全丧失立国自存之凭藉而后快!我政府至此,始万不得已,决定为生存自卫而抗战。去年七月,蒋委员长庐山之演词,即代表政府与全体国民最后之决心,求远守之弗渝者也。我中华民国,本为统一完整之国家,国民政府实全国国民共戴之政府。自"九一八"以来,国难严重,不但一般无党派之国民,更坚其拥护统一之心,即各党各派亦咸舍小异而趋大同,翊赞统一,共同救国。一年以来,我全体将士忠勇赴战,壮烈牺牲;我全体国民,包括边疆各民族,无分党派宗教职业,一致决心,忍受艰苦,奋斗到底。盖中国于敌寇凭陵之日,反得发扬其整个民族之爱国意识与牺牲精神。故日本军阀,虽恃其陆海空之暴力猛烈进攻,而决不能屈中国民族自卫之意志。

同人等膺选来会,集议经旬,本深知全民之公意,更熟察时势之要求,除决议及建议各案,提送国防最高会议依法处理外,谨再披沥悃诚,宣告中外:

其一,中国民族从不敌视日本人民,至今依然。中国抗战之目的,纯为自卫,中国必须恢复其领土主权行政完整,此乃任何国家立国自存之最小限度立场。中国全体国民,誓以一切牺牲达此目的。惟根据一年来之事实,不得不向全世界主持正义之各国人民与良知未泯之日本人民,切实宣述日本军阀万恶之罪状。当战事发动之始,敌阀犹诡称对中国无侵并之野心,且不与中国民众为敌。乃交战经年,万恶毕露,凡所占领之地,莫不残戮我人民,淫杀我妇女,焚掠我城市乡村,夺据我公私产业。且一年以来,敌机轰炸,任意逞凶,老弱妇孺,日死千百,学校医院,并成焦土。综其凶行,不但志在消灭我国家独立,并将毁灭我一切文化,夺取我一切资源,使中国民族永远沦于无羞耻、无智识、无生活的奴隶地位而后快!本会兹特代表我全体国民庄严宣布:中国民族必以坚强不屈之意志,动员其一切物力人力,为自卫,为人道,与此穷凶极恶之侵略者,长期抗战,以达到最后胜利之日为止。

其二,中国在过去一年中,得到世界公论之热烈的同情与援助,此乃我全体国民所感谢不忘者。中国对世界本有其一贯的理想方针,即中国民族,遵奉孙中山先生之遗教,相信欲求中国之自由平等,必须唤起民众,乃联合世界上以平等待我之民族,共同奋斗。自去年抗战开始以来,世界多数国家之政府,与其最大多数之人民,莫不同情中国而谴责日本。在政府方面者,如美国与国联会等国政府当局之仗义执言;在人民方面者,如国际反侵略大会与各国人民团体之援华反日。使我国民得精神之安慰,信正义之不孤。本会兹敢郑重声明:我四万万五千万之中国国民,必永远拥护国际和平组织及一切国际和平公约,必永远赞助世界人士为增进国际和平人类进步之一切努力。同时则希望各友邦政府及人民,熟察世界和平不可分之事实,而各有实践其对于和平与人道上之责任,今后更继续的并扩大的同情中国,援助中国,而以一切可行之方法,孤立日本。此不但为正义计,且亦为利害谋!日阀有征服世界之野心,中国则为世界和平而奋斗,此各友邦朝野所深悉,应不待同人等之渎陈。

其三,更有特别声明者,敌阀于北平及南京,擅设傀儡组织,又称不以国民政府为对手,并诋毁蒋委员长不遗余力。同时,则以中国行将赤化之说,肆意宣传。凡其颠倒是非,造谣煽惑之用心,无非欲欺蒙世界,以达其并吞中国之目的。本党同人,兹据实宣布:南北傀儡组织,乃敌阀之俘囚,吾族之败类,虽僭称政府,而无任何政权,仅供敌阀名义上之利用,决无言论行动之自由,此在国际法上,且远逊于丧失独立后之被保护国之地位。夫中华民国独立自由之国家也!神圣不可侵犯之统治大权,既以国民公意,托之国民政府,而蒋委员长则我国家之最高统帅,而全国军民所共认为代表我国家意志之领袖也,今敌阀否认我政府,仇视我领袖,大兵进攻,百端摧毁,一面扬言,将与其自设之伪组织提携,此徒证明其决心并吞中国,完全消灭中国独立!一言蔽之,否认国民政府,即否认中国国家;而仇视我蒋委员长,即为仇视全中国民族之国家意识,而欲我全国军民投降屈服,甘为亡国之民而后快也。至于赤化之谣,亦属不攻自破。中国今日全国一致,各党各派,在《抗战建国纲领》基本方针之下,共同奋斗。纲领俱在,事实甚明,敌阀亦非不知,特为便利其侵略之计,不惜昧良造谣,以冀蒙蔽世界于万一耳。

以上三端,彰吾族之决心,布敌阀之罪状,盖将以增加世界公论之认识,而根本消灭敌阀在文明世界隐蔽煽惑之一切阴谋。然于此更有向我全国同胞掬诚相告者:"九一八"至今,敌阀对中国之蹂躏,乃吾民族之奇耻巨痛。今南北沦陷区域之同胞,方忍垢含羞,日夜祷祝国军之胜利;而我前线军民之浴血抗战者,方前仆后继,英勇牺牲,此诚存亡荣辱,成败利钝之紧要关头。熟察大势,敌阀在军事上,经济上,外交上,日陷穷途,覆亡可待,然其暴力犹在,正图最后一逞。故我全体国民,惟有继续并加强一年来之奋斗精神,更绝对认清国家民族之利益所在,以统一与团结为一切行动准绳。在军事上,更森严军令,砥砺技能,凡我将士,更恪尽任务,视死如归,凡我壮丁,俱踊跃从军,此为后继,务须继续求建军之完成,并发动沦陷区域之一切军事组织,以疲困及歼灭敌人;在政治上,须本抗战建国纲领,力求庶政之革新,树立民主政治之基础。目前施政中心,尤在救济,并组织难民失业失学者,使之贡献于抗战;在经济上,则务须厉行节约运动及劝募公债运动,一面集中一切智力资材,增进生产,加速建设,务期巩固金融,开发资源,以求军需之自给,并为民生之保障。凡此诸端,仅举概要,皆长期抗战之所必需,惟有全体国民一致努力,方可奏效。

　　夫国难之险,险于覆舟;应战之急,急于救火。凡我同胞,安危相关,生死与共,唯有尽一切努力,忍一切牺牲,以求贯彻抗战之唯一目的。本会同人,乘此休会之日,特声明今后愿与全国军民共同誓约,拥护国民政府,拥护最高统帅,拥护抗战建国纲领,一一见诸实行。并乘此机会,代表国民,致谢蒋委员长及全体将士之劳苦,敬礼一切为国牺牲之英灵,奉慰伤病残废之战士。其次,致谢在前方后方忠诚尽听(职)有功抗战之一切公务员士,与服务各项抗战工作及参加自卫游击之各界男女老少同胞。再次,致谢海外全体侨胞,关怀祖国,援助抗战之热心,与中外慈善团体,或个人对于救济事业之努力。同时,代表国民再郑重致谢各友邦政府及人民,对中国民族抗战之同情与协助。此外,同人等更代表全体同胞,慰问一切遭难流亡同胞,及阵亡将士家族。而最后声明,凡为抗战建国之个人牺牲,皆为换起民族万代之自由及人类共同之福利,代价无穷,光荣不朽! 至于抚恤善后一切事宜,国民誓共同永远负其全责。同人等谨以至悲至苦之心怀,宣布至大至刚之公意,中外共鉴,生死弗渝,谨此宣言。

(原载一九三八年七月十六日《中央日报》)

16.《新华日报》发刊词

　　在民族自卫战争的怒潮中,本报得与读者诸君及全国同胞相见,本报同人实觉无限之感奋及欣幸,其愿于此相见之初,一倾本报创立之初衷及今后努力鹄的。

　　日寇猖狂,国家破碎,我前方数十万将士正以热血头颅为民族之独立生存而流血牺牲,我后方千百万民众亦正以英勇坚毅之精神为前线之胜利而努力奋斗。全中国沸腾着。"贯彻抗战到底,争取最后胜利。"在今天成为彻响于全中国的雄伟壮烈的呼声。我们坚信在伟大的民族觉醒的基础上,在我们的力量更广泛的动员,更严密的组织,更亲切的团结的基础上,中华民族的儿女们是有充分的力量足以战胜日寇,维护我们珍贵的民族生命的。本报愿在争取民族生存独立的伟大的战斗中作一个鼓励前进的号角。为完成这个神圣的使命,本报愿为前方将士在浴血的苦斗中,一切可歌可泣的伟大史迹之忠实的报道者记载者;本报愿为一切受残暴的寇贼蹂躏践踏的同胞之痛苦的呼吁者描述者;本报愿为后方民众支持抗战参加抗战之鼓动者倡导者。在"抗日高于一切,一切服从抗日"之原则下,本报将尽其绵薄提倡与赞助一切有利于抗战之办法、设施、方针,力求其迅速确实的实现,而对于一切阻碍抗日事业之缺陷及弱点,本报亦将勇敢地尽其报急的警钟的功用。本报愿与全国一切志在救国的抗日的战士与同道,互相勉励,手携手地共同为驱除日寇争取抗战最后胜利而奋斗。

不仅如此,我们深信,当前挽救国家危亡的民族自卫抗战,实为我中华民族复兴之必经途径及其起点。为我们民族的光辉的前途计,不仅需要在今天全国同胞精诚团结共同救国,而且需要在抗战胜利后和衷共济共同建国。国族独立、民权自由、民生幸福的新中国是我们民族优秀的儿女近百年来前仆后继再接再厉所力求实现的理想,我们愿意在踏着先人们奋斗的血迹而为崇高的理想而斗争时担负其应尽的职责。

欲求抗战的最后胜利,欲求独立自由幸福的新中国之实现,其在今天和将来,均舍加强我们内部的团结,巩固抗日民族统一战线外,别无方法与途径,这是挽救时局和复兴中华的关键。本报同人前曾为创造此伟大的团结而努力奋斗,于今团结初成之时,本报更将尽其所能为巩固与扩大抗日民族统一战线而效力。本报愿将自己变成一切抗日的个人、集团、团体、党派的共同的喉舌;本报力求成为全国民众的共同的呼声;同时本报将无情地抨击一切有害抗日与企图分裂国内团结之敌探汉奸及托派匪徒之阴谋。务使实现地无分南北东西,人无分老幼男女之铁一般坚固的团结,并且在这个团结之中,各种力量能够互相帮助,互相扶持,共同负责,共同发展,四万万五千万人民的坚固团结,将成为牢不可破的新的长城,保护我们民族的生命,将成为坚不可碎的新的基石,创立起独立自由幸福的新中华!

当此发刊之始,本报更希望全国人士及读者诸君,对本报力加扶持、赞助、培植、指导,使新华日报能与我们光明灿烂的新中华同时生长发育与同垂永久!

(原载一九三八年一月十一日汉口《新华日报》)

17. 中华全国文艺界抗敌协会宣言

中国新文艺运动的历史,才只有短短的二十年。在这二十年中,内忧外患,没得一日稍停,文艺界也就无时不在挣扎奋斗,国土日蹙,社会动摇,变化无端,恍如噩梦;为唤醒这噩梦,文艺自动的演变,一步不惜地迎着时代前进。从表面上看,它似乎是浮动的,脆弱的;其实呢,它却是一贯的不屈服,不绝望;正因为社会激剧的动荡,所以它才不屈不挠的挺身疾走,文艺家因生活窘迫,因处境困难,有的衰病,有的夭亡;可是前赴后继,始终不肯放弃了良心,不肯为身家的安全而畏缩。这二十年中的文艺是紧紧伴随着民族的苦痛挣扎,以血泪为文章,为正义而呐喊。未曾失节,未曾逃避,能力容有不足,幸未放弃使命。作品在量上容或太少,在质上或嫌微弱,可是检读二十年来所有的著作,到底能看到社会的良心与最辛酸而纯洁的情感。

就最近的事实来讲,"九一八"与"一·二八"后,文艺界无日不在忧心国防,因而时时把东北四省人民的苦痛,与侵略者的罪行,血淋淋的提献在全国的同胞的眼前,以期共赴国难,重整山河。成绩若何? 未敢自是:救亡图存,咸具此心。

芦沟桥敌军的炮火,是缠紧了东北四省的毒蛇,又向华北张开血口。由华北而华中,而华南,京沪苏杭继成焦土,武汉湘粤迭受轰炸。我们几十年来千辛万苦所经营与建设者惨被破坏,我们的父老弟兄姊妹横遭屠戮奸劫,连无知的小儿女,也成千论万的死在暴敌刺刀下,日本军人以海陆空新式的杀人利器,配备着最残暴的心理与行为,狂暴代替了理性,奸杀变作了光荣,想要灭尽我民族,造成人类历史上最可怖可耻的一页。除非我们全无血性,除非我们承认这野兽应在世上横行,我们便无法不舍命杀上前去,为争取民族的自由,为保持人类的正义,我们抗战;这是以民族自卫的热血,去驱击惨无人道的恶魔;打倒了这恶魔,才能达到人类和平相处的境地。

这时候,文艺界同人本着向来不逃避不屈服的精神,以笔为武器,争先参加了抗敌工作,有些同人,还到民间与军队里,去服务,去宣传,以便得到实际的观察与体验,充实写作的能力,激发抗战的精神。但是,在这神圣的抗战中,每个人都感到问题是怎样的复杂,困难是如何的繁多。即专就文艺本身而言,需怎样表现才更深刻? 取何种形式才更合适? 用什么言语才更有力量? 都成为问题,就是印制与推行也都遇到不少的困难,减降了宣传的顺利。每个人都想竭尽才力,切盼着相当的收获,可是每个人都遭到这定非单骑所能克服的艰难,我们必须联合起来。

对国内,我们必须喊出民族的危机,宣布暴日的罪状,造成全民族严肃的抗战情绪生活,以求持久的抵抗,争取最后胜利。对世界,我们必须揭露日本的野心与暴行,引起全人类的正义感,以共同制裁侵略者。旷观世界,今日最伟大的事业,是剔除侵略的贼寇,维持和平;内察国情,今日最伟大的行动,是协力抗日,重整山河。在这些伟大事业与行动中,我们文艺工作者自然须负起自己的责任,而我们又必须在分工合作,各尽所长的原则下,倾尽个人的心血,完成这神圣的使命,为了这个,我们必须联合起来。

以人力来说,在我们当中,有些人也许因年事稍长,或事业变更,略示沉寂。可是无疑的他们曾经努力过,曾经有他们的园地与读众;在这危急存亡之秋,我们必须虔诚的献给他们以新的血液,使他们的老手也举起刚燃起的火把来。还有许多年轻的朋友们,因感到国破家亡的恐怖与激愤,不由的想拿起笔来,道出他们纯洁心灵中的愤慨。可是,他们的热烈或不足以帮助他们的文笔,这就有待于较有经验的作家们,去扶持、鼓励与批评,以增长他们以文艺为武器的作战能力,成为民族革命文艺的生力军。总之,我们必须把力量集聚到一起,筑起最坚固联合营阵,放起一把正义之火,烧净了现存的卑污与狂暴。

就工作而言,我们各有各的特长与贡献,就是各自为战,也自有好处。不过,在这到处是血腥与炮火的时节,我们必须杀开血路,齐心协力的反攻。我们必须有通盘筹妥的战略,把文艺的各部门配备也来,才能致胜,时间万万不许浪费,步骤必须齐一。在统一战线上我们分工,在团体创造下我们合作。这才能化整为零,不失联络;化零为整,无虑参差。遵从团体的命令而突进奇击,才是个人的光荣;把每个人最好的意见与能力献给团体,才有雄厚的力量。在共雪国仇,维护正义下,有我们的理论。在善意的纠正,与友谊的切磋中,有我们的批评,在民族复兴,公理战胜的信念里,有我们的创作。在增多激励,与广为宣传的标准下,有我们的翻译——把国外的介绍进来,或把国内的翻译出去。有了这样的合理的,一致的配备与团结,我们所有的刊物必能由互助而更坚强的守住阵地,我们的同人由携手而更勇敢的施展才能,我们的工作由商讨而更切实的到民间与战地去,给民众以激发,给战士以鼓励。这样,我们相信,我们的文艺的力量定会随着我们的枪炮一齐打到敌人身上,定会与前线上的杀声一同引起全世界的义愤与钦仰。最辛酸,最悲壮,最有实效,最不自私的文艺,就是我们最伟大的文艺,它是被压迫的民族的怒吼,在刀影血光中,以最深切的体验,最严肃的态度,发为和平与人道的呼声。今天我们已联合起来,马上就去作这个,能作到这个,我们才会严守在全文化界中的岗位,而完成我们争取民族自由独立与解放的神圣使命。

抗战救国既是我们的旗号,我们是一致的拥护国民政府与最高领袖,我们相信文艺是政府与民众间的桥梁,所以必须沿着抗战到底的国策,把抗敌除暴的决心普遍的打入民间;同时,把民间的实况转达给当局,一方面我们竭诚的去激励士气民气,一方面我们也不能不揭发了各方面的缺点和弱点,以求补救与革新。诚心抗日的是我们心目中的英雄,妨碍抗日的是汉奸,我们的善恶分明,也希望使全民族辨清是非。

在大会成立的今天,我们谨向最高领袖与前线将士敬礼,谨向全国受难流离的同胞作最同情的慰问,并谨向各界人士请求协助与指导!

(原载一九三八年四月一日汉口《新华日报》)

18.祝中国学生代表大会(汉口《新华日报》社论)

中国学生救国联合会决于三月二十五日至二十七日召开代表大会。这在抗战的意义上,我们觉得是非常重要的。

在每一次的革命运动中,学生都是起着很大的作用,占着很重要的地位的。“五四”运动,是中国革命史上辉煌的一页;“五卅”运动,学生发挥了更大的力量;北伐伟业,更是黄埔学生以及各地学生效命疆场舍身为国的史绩;这次抗战爆发,平津京沪以及其他各地学生在事前事后的奔走呼号宣传鼓动,以及发动,参加各地游行队伍的劳绩,更是无可磨灭。中国学生是中国救亡运动中一支极有力量的队伍。

我们这次抗战,造成了历史以来没有过的大时代,远非"五四"、"五卅"、北伐等时代所能比拟。现在的抗战是对外的,全面的,反法西斯侵略的斗争,是整个被压迫,被屠杀,被奸淫,被奴化的中华民族,出死入生,为祖宗争光荣,为自己争人格,为子孙争生存,为世界争和平的斗争。这次抗战所给予我们的使命比以前是更伟大了,任务比以前更艰苦了,前途比以前是更光辉了,需要我们发挥出比以前无数倍的力量来完成我们的任务,争取我们的前途。

要能充分发挥出这一力量,其最基本的条件,是全国学生精诚团结的统战线。这次抗战的能够坚强地支持到现在,其根本条件就在于全国上下,地无分南北,人无分老幼,精诚团结的抗日民族统一战线,这是无需要再说的了。因为要能抗战到底,牺牲到底,使最后胜利终究属于我们,就必须要能够动员全国范围内的一切抗战力量,作有计划、有系统的配合,来处处互助人人合作,与暴敌作长期的抗战。在全民族的抗战是如此,在各种人民的参加抗战也是如此。全国学生在抗战以来所发挥的力量固然已经不小,但至今还没有形成一个坚强巩固的统一战线,不能不说是一个很大很重要的弱点。这次中国学生救国联合会代表大会,曾到有一百多代表,代表六十余团体,但它还没有能够成为全国学生参加抗战一个坚强的、统一战线的营垒,是不容讳言的。因此,我们对于这次召开的中国学生代表大会,就不禁抱着热烈的希望,希望这次代表会议,能够定下全国学生大团结的基础。

为了加强与统一抗战力量,为了更有系统更有计划的分配与布置全国范围内的救亡工作,为了使本身利益和整个民族利益获得更合理的配合与联系,工友们已在筹备全国总工会了;为了同样的理由,我们也希望中国学生救国联合会,能在这次代表大会上,使自己成为策动全国学生参加救亡工作的一个强有力的组织,帮助全国学生在抗战中把自己的力量运用得更适当更有效,使自己的教育更适合于抗战,自己的利益更能服从于抗战的利益。

教育,是学生获得能力的源泉,也是学生本身利益的主体。学生要使自己的能力更适合于抗战,只有加强抗战教育,要使自己的利益更能服从于抗战的利益,也只有自身受抗战教育。因此,抗战教育是中国学生从抗战以来全国一致的要求。怎样使全国学生受到充实的抗战教育,应当是这次学生代表大会以及今后学生救国联合会的第一个中心任务。抗战教育,不只限于课堂上有抗战的功课,而且要从参加实际的救亡工作中来教育自己,来研究与学习目前中国的抗日民族统一战线要怎样来使它日趋于巩固与扩大。这不但要使自己的救亡工作是巩固统一战线的工作,而且还要帮助文化水平比自己低下的爱国同胞明白了解怎样来执行统一战线,扩大统一战线的工作。从教育机关中去研究与了解统一战线的理论与实际,获得参加抗战的技能,自然是学生培养自己抗战能力的基本任务,然而要完成这一种任务,就必须要到实际的救亡工作中去做进一步的学习与研究。从最近抗战教育研究会与武大抗战教育推进会所合办的抗战常识究研班的一个报道中,就很明白的看到只有课堂上的理论还不能达到抗战教育的目的。怎样帮助全国学生得到完满的抗战教育,不能不是这次代表大会的中心任务之一。

学生所能参加,所应参加的救亡工作不是纯一的而是多样的,在后方有宣传民众组织民众的工作,因此,抗战教育也就要是多样的。怎样来把全国学生有系统有计划地分配到这些工作里去,并使他们各能受到适合自己工作的抗战教育,是完成这一任务的必要条件。

抗战以来全国学生的参加救亡工作,不可讳言的有一部分力量是耗费在不必要的磨擦之中,因而削弱了自己的抗战的力量。怎样来接受过去的经验,使今后的救亡工作尽量减少磨擦,把自己的力量在参加抗战中运用得更适当,这也是抗战教育应有的意义。因而帮助全国学生做到这一点,也就是完成上述这一任务的必要条件。

我们希望这次学生代表大会能够完成这一任务,我们以十分热忱祝贺大会的成功!

(原载一九三八年三月二十五日汉口《新华日报》)

19. 在中国共产党和八路军驻武汉代表欢迎世界学联代表团茶会上的欢迎词（陈绍禹）

主席，各位来宾，各位同志，各位青年朋友们！

我代表中国共产党欢迎世界学生联合会代表团，我代表中国共产党员向世界学联及他所代表的千百万学生青年致亲爱热烈的敬礼！（鼓掌）

柯乐满、雅德、博路德、雷克难四位青年朋友，不仅是英国、美国、加拿大的学生领袖，而且是世界学联的著名领导人物，特别是柯乐满先生，更是全世界青年运动的一位久已著名的领袖。我们很感激世界学联，在我国遭遇空前民族灾难的时候，在我国第二期抗战严重困难的关头，派遣这样有威信的代表团，来帮助我国的学生青年，来鼓励我国的抗战军民，来抗议日寇的残暴兽行，来赞助我国的英勇抗战！

远在很久以前，我国的学生救国联合会就邀请世界学联派遣代表团来华视察，现在代表团远涉重洋，已来到我国抗战的政治军事中心武汉了，我国学生青年的第一步目的达到了，世界学联的第一步工作成功了，这是非常值得欣庆的事情。

现在，世界学联代表团正开始进行第二步工作——实地考察我国的抗战情形和青年运动，我国的学生青年和各界人士，都应该用一切力量来帮助代表团完成这一艰巨而伟大的工作。

代表团在我国能考察的和应该考察的是什么呢？

代表团各位青年朋友和世界青年们，早已从报纸上看到和从许多由华归国的欧美人士口中听到日寇在中国的残暴兽行。他们曾经听到：日寇的飞机每天轰炸中国不设防的城市，炸死成千累万的中国和平居民，轰毁成千累万的中国人民的家屋财产，毁灭成千累万的中国学校和文化机关；他们曾经听到：日本法西斯军阀纵容日本的官兵，屠杀成千累万的中国青年，奸淫和惨杀从九岁到七十五岁的中国妇女，焚毁城市和乡村的无量数的中国人的住宅，蹂躏无量数的中国人的田园和庐墓，抢掠和运走无量数的中国人的财产。但是，代表团朋友们！请你们现在亲眼看一看，你们就可以相信：你们原来从报上看到的消息，远不过日寇兽行和中国苦难的百分之几的缩影。现在你们将要亲眼见到:许多亲爱的慈母在日寇蹂躏至死后犹紧紧怀抱着自己热爱的婴孩,许多热血的青年在日寇侮辱至死后犹怒睁着复仇的双眼和紧捏着奋战的双拳,许多中国士兵和老百姓被日寇毒瓦斯惨杀而暴露出惨绝人寰的情景。总之,你们亲眼看到这些情形后,将使你们更加相信:日本法西斯军阀是二十世纪的吃人的野蛮禽兽,是人道正义文化的公仇,是全世界青年不共戴天的死敌!(大鼓掌)

代表团各位青年朋友们和世界青年朋友们,已经从报纸上看到和从由华归国的欧美人士口中听到:在日寇侵略和民族存亡的严重关头,分裂的中国团结成强固的统一民族了;他们曾经听到:过去曾经血战过十年的国共两党携手合作共御外侮了,过去曾经不断纷争的各党各派现在亲密团结共同救国了。同时,他们也曾经听到:中国各党派合作并不巩固,因而中国前途尚难乐观等一类的传言。现在,代表团朋友们! 你们亲眼看一下,你们就更可相信:中华全民族的确能实践"兄弟阋墙外御其侮"的先哲明训,中华民族的确已经结成一道牢不可破的抗日民族统一战线;同时,中华民族各党派一定不仅能在抗战时期携手合作共御外敌,而且能在抗战胜利后共同建设独立自由幸福的崭新的中华民国。(大鼓掌)代表团朋友们! 请看! 今天会场的情形,这里聚首一堂亲如兄弟姊妹的人们中间,有国民党的同志,有共产党的同志,有国家青年党和国家社会党的同志,有第三党的同志,有各界救国会的同志,有各种不同信仰的青年;同时,有工、商、军、学各界群众团体的代表。代表团朋友们! 更重要的,请你们很快到前方去亲眼看一下那里的情形,那里的军队和人民中间,有各党各派的同志,有各种不同信仰的青年,有工农商学各界的同胞,他们的枪炮朝着一个敌人——日寇放射,他们的仇恨向着一个敌人——日寇发泄,他们千万人的心团结成一个抗敌热心,他们千万人的爱交流成一个祖国热爱,他们千万人的血混合在一起为祖国为民族为自由为创造新中国而洒流,谁也分不出哪是国民党同志的血,哪是共产党同志的血,哪是其他党派同志的血,哪是无党派的战士的血。(大鼓掌)此外,代表团朋友们! 从亲眼目击当中,你们一定更加相信:中国共产党员和中国共产主义信仰的青年,在民族团结和各党派合作推进抗日救国伟大事业中,确实是坚强地站在应有的岗位,忠实地执行应有的使命,热烈地进行应做的工作,英勇地实行必要的牺牲!

代表团朋友们和全世界青年们,曾经从报纸上看到和从由华归国的欧美人士口中听到:在一致对外的大潮流中,中国军队统一了,中国军队英勇抗战了。他们曾经听到:过去互相打架的中国军队统一了,过去以勇于私斗怯于外战著名的中国军队英勇地走上抗日前线了。他们曾经听到:在上海,在吴淞,在南京,中国军队是如何英勇抗战,在芦沟桥,在丰台,在平型关,在忻口,在临沂,在台儿庄,中国军队是如何英勇杀敌。同时,他们也曾听到:中国军队还有什么派系之争指挥不统一等的传言。现在,代表团朋友们! 请你们亲自到前线去看一下,你们将更加相信:十个月的对日抗战已经锻炼出真正统一的中国新军队,全国军队都服从国民政府军事委员会蒋委员长的指挥和领导,(大鼓掌)现在作战力量强的已经不只是中央军五路军、八路军,所有过去各种不同系统和能力不等的军队,现在都成了保国卫民的劲旅! (大鼓掌)你们从中国军队的英勇将士的苦斗中,一定会看出中国光明前途的全景!

代表团朋友们和全世界青年们,曾经从报纸上看到和从由华归国的欧美人士口中听到:中华民国统一了,中国有了统一的政府。他们曾经听到:过去的中国苏维埃政府曾经自动改组为陕甘宁边区政府,过去与国民政府采取某种对立的某些省政府已经服从统一的中央政府了。现在,代表团朋友们! 当你们亲眼看到的时候,你们将更相信:中国在行政上是空前的统一了,陕甘宁边区政府确是服从中央政府的一个地方政府,各省确是都服从在蒋先生领导下的统一的国民政府。

代表团朋友们和全世界青年们,早已知道:中国工农劳苦大众是最能吃苦耐劳和英勇奋斗的力量。他们曾经听到:上海、天津、北平、青岛各城市工人职员,如何英勇地进行反日罢工;铁路海关汽车邮电矿山工人职员,如何英勇地帮助政府抗敌;战区的农民如何热烈地帮助军队和组织抗日游击队;后方农民如何勤奋地努力于增加生产。现在,代表团朋友们! 你们去亲眼看看:我们的交通运输工友是怎样在不断轰炸之中英勇地工作着;我们兵工厂和一切有关军事工业工友,是在怎样艰难困苦状况下努力于增加生产的工作;我国的工农和劳苦大众是怎样地以空前未有的民族意识和革命觉悟来为民族为自身的解放而艰苦奋斗着,同时,不仅如此,即我国的有产阶级的大部分人士,今天也正为民族生存和自身权利而充满着抗日的情绪和参加抗战的工作。

代表团朋友们和全世界青年们,曾经听到:中国妇女是最受压迫最落后的妇女,同时,也曾经听到:中国妇女大众已经英勇地走上抗日救国的前线。现在,代表团朋友们! 当你们亲眼看一下的时候,你们便更可相信:你们常在报纸上见到的中国革命的著名妇女领袖宋庆龄、何香凝女士,努力于抗战工作的蒋委员长夫人宋美龄女士,积极为救亡运动奔走的冯副委员长夫人李德全女士,组织妇女慰劳团亲赴前线工作的陈波儿、丁玲、胡兰畦、谢冰莹等女士,率领广西女学生军亲赴前线的裴曼纳女士,冒万险去赠上海八百壮士国旗的杨惠敏女士,在前线直接参加战斗的朱德夫人康克清女士,在前线直接为抗日游击队工作的赵侗的母亲赵老太太,不过是中国现在千百万英勇抗日妇女中的几个已被外报登载的代表,在全国各地正在抗日救国巨潮中不断涌现出成千累万的中国各界女英雄。(大鼓掌)

最后,代表团朋友和全世界青年们,特别注意的当然是中国的青年。世界青年曾经知道:中国青年二十年来有为民族解放而英勇奋斗的光荣历史,有为文化为自由而艰苦奋斗的光荣战绩,有与世界青年为人类解放而携手合作的国际精神。现在,代表团朋友们! 当你们亲眼看一看中国实际情形的时候,你们就更可看出中国青年的光荣和伟大! 你们可以亲眼看到:在前线上英勇杀敌和光荣牺牲的中国几百万将士当中,绝大多数是青年分子;在前线和后方进行抗日救国的宣传组织工作的人们当中,绝大多数是青年学生;死守宝山而全部殉国的六百烈士是青年;坚守上海四行仓库的八百壮士是青年;我国极可敬爱的空军将士尽是我国最好的青年。(热烈鼓掌)"二一八"在武汉击落敌机十余架而英勇牺牲的李桂丹队长,"四二九"以肉弹撞敌机而壮烈牺牲的陈怀民,在飞机受伤被迫降落敌区,在击杀数十敌寇后而壮烈自杀的阎海文,都是二十岁左右的热血青年,"五一九"完成我国空军初次远征日本的光荣任务的徐大队长焕升,佟副队长彦博,队员蒋绍禹,韩光华,安锡九,梅元白等;中国军队第一次大胜日寇的平型关战斗的指挥官、八路军师长林彪,都不过是二十至三十岁左右的可敬爱的青年。中国历史上的第一个真正民众的歌曲家,中国大时代的民族歌者,千万人爱护的义勇军进行曲等救亡歌曲的作者,但不幸早年夭亡的聂耳,不过是一个二十几岁的青年。现在日益成长发育的成千累万的中国新兴文学家、艺术家、歌曲家、记者、编辑等,绝大多数是如日方升的青年朋友。代表团朋友们! 你们在亲眼看到中国青年以后,你们一定会说:中国青年是世界青年的一支生力军,中国青年可以当得起英国、美国、加拿大、法国、西班牙等各国青年的一群好弟兄,中国学联学生为会员而感到自豪和光荣! 同时,我可以补说几句,中国青年的力量不仅在青年本身,而且在青年的前辈和后辈。中国青年足以自豪的是,他们有很好的模范的前辈,九十九岁的老人马相伯先生,年已花甲的于右任先生、张溥泉先生、张伯苓先生都各在努力积极领导抗战建国以及教育青年的工作,做我们青年的先导。(大鼓掌)即就今天到会的老前辈略举几人为例看来,也大足为中华民族自豪。年近花甲的邵力子先生、徐季龙先生、黄炎培先生、孔庚先生等,都是为中国之自由平等而奋斗几十年的前辈,都正努力为国家民族生存而努力;(大鼓掌)年近七十的沈钧儒先生,不仅亲来努力于救亡工作,而且前几天还亲自与青年学生一起去排队欢迎世界学联来汉的代表;(大鼓掌)年近六十的吴玉章先生,不仅为革命奔走四十年,而且在抗战后亲赴欧洲各国去奔走呼号。(大鼓掌)同时,我可以介绍你们的一个模范的丈夫和父亲,他在抗战开始后,毅然抛弃了他的爱妻和儿女,欺瞒了日本全部警察和暗探,跑回祖国来参加抗战工作,这就是我们青年爱戴的著名作家郭沫若先生!(大鼓掌)此外,中国青年的后辈——中国儿童,是新中华民国的最有希望的幼芽。中国儿童们近年来努力于抗日救亡事业的英勇和聪明,已经引起了全中国和全世界的注意;今天到会的有九岁十岁的孩子参加,而已经历数省终日作救亡工作的孩子剧团,便可作为我国可爱儿童的一部分代表。(大鼓掌)

代表团朋友们! 你们看见这些情形之后,你们一定会想:有这种好的青年,成年,老年和儿童的中华民族,是绝对不会被日寇征服的,中国对日抗战一定能够得到最后的胜利的!(大鼓掌)

此外，代表团朋友们和全世界青年们，早已知道：日本法国斯军阀不仅反对和蹂躏中国人民，而且屠杀欧美各国的在华侨民和侵犯欧美各国的在华利益。现在，代表团朋友们！当你们亲眼看一看国情形势，你们更可相信：英大使的被击，巴纳号的被炸，飞鸟号的被轰，欧美侨民在上海南京北方各地的被屠杀被侮辱，欧美侨民在东北、平津、上海、青岛、厦门等地的财产和权利被损害，远只不过是日本法西斯军阀准备进行反对欧美大战的小尝试。同时，现在你们亲眼看到：意大利法西斯蒂公然帮助日本，德国法西斯蒂公然要求我们政府解雇已经在华工作数年的德国慰问团。因此，你们将更加相信：中国人民反对日本法西斯军阀的自卫战争，不仅是为的保障中华民族的生存和独立，而且是为的保障世界和平和世界人道与正义，因此，你们更加感觉到：中国人民反对日本法西斯军阀的解放事业，就是欧美和全世界先进人类的共同事业。（大鼓掌）因此，你们将更加相信：英国、美国、法国、加拿大、比利时、荷兰以及其他一切各国的无产阶级和青年以及一切爱好和平的人士，必须与中国、西班牙、阿比西尼亚、奥国等被侵略国的人民联合起来，必须与正受法西斯侵略威胁的捷克的人民联合起来，必须与社会主义国家及世界和平柱石的苏联联合起来，共同抵抗和消灭全人类的公敌——法西斯恶魔！（热烈鼓掌）

今天到会的，不仅有世界学生代表团，不仅有英、美、法、苏各国驻华记者，不仅有法、英、美、比、荷等国的外交人员，而且有日本反法西斯反战作家鹿地亘先生及其夫人池田幸子女士，这就是全世界先进人类大联合的缩影，这才是人类未来的象征。（大鼓掌）这证明只有日本法西斯军阀反对中国人民，而中国人民反对的也只是日本法西斯军阀。同时，中日人民之间存在着兄弟般的友谊；（热烈鼓掌）这证明中国人民抗日自卫战争不是孤立的，世界先进人士和爱好和平的人士都是站在中国方面反对日本法西斯军阀恶兽的。

代表团朋友们！

在你们把中国各方面情形观察以后，我们希望你们回到英、美、加拿大和欧美各国去，在学生中，在各界人民中，尽量暴露日本法西斯军阀侵略罪恶的真相，努力宣传我国被迫而进行英勇自卫战的实情，以便达到我国青年和我国各界同胞对你们的希望。我们希望欧美青年及世界一切人士，不仅给我国抗战军民以精神上的同情,而且给我们以物质的援助。就是一方面要在欧美及亚非各国做到:(一)抵制日货;(二)不卖军火及军事原料给日本;(三)不借款给日本;(四)坚决抗议和制止日寇在中国轰炸放毒及奸掳焚杀等兽行;(五)反对日寇封锁中国海岸和国际交通。同时,另方面,并对中国做到:(一)要求各国政府借款给中国政府,要求各国政府供给中国政府以军火和军事原料;(二)募捐金钱和医药帮助中国军民;(三)募集军事技术志愿军(飞机师、坦克手、炮手、化学家等)派遣来华;(四)大规模地救济中国难民妇女和儿童。

我们坚决相信,世界学联代表团在全世界青年拥护和帮助之下,一定能够满足我们希望的;因为青年是世界上最伟大的力量,全世界没有一件青年不能作成的事业。未来的中国,来来的世界,都是青年的。因此,我们共产主义者不仅对于青年抱着一切希望,而且具着无限的信心!凡是为青年赞成拥护和参加的事业,没有不成功的!(大鼓掌)

中国青年和国际青年亲密地联合起来,为创造新中国和新世界而努力奋斗!(继续很久的热烈鼓掌)

(原载一九三八年五月二十六日汉口《新华日报》)

20.争取更大的新胜利——在武汉各界第二期抗战扩大宣传周第五日的广播词(周恩来)

我在说话之先,首先向我们最高统帅、前线将士及全国同胞致热烈的胜利的敬礼!

一、这次胜利的意义

我首先来说明这次鲁南胜利的意义。鲁南胜利是我们二期抗战的初步胜利。这个胜利虽然是初步的,但他的意义却很伟大。

第一,我们摧毁了日本强盗最精锐的两个师团——坂垣和矶谷。

第二,我们缴获了日本强盗许多新式武器,如大炮,坦克车,步枪,轻重机关枪及其他的胜利品。

第三,证明了我们二期抗战中战略战术的进步和成功。

第四,证明了我们部队战斗力的提高,和战斗情绪旺盛。

第五,证明了我们各战区各战线以及战场上的配合动作收了成效。

第六,证明了战区中军民合作的成绩与游击战争的发展。

第七,愈加暴露了敌人兵力不够,军纪败坏与战斗力不强等弱点。

所以这次胜利虽然在一个地方,但他的意义却影响战斗全局,影响全国,影响敌人,影响世界。

二、日寇正准备新的进攻

敌人的情况将要发生怎样的变化呢?这是我们跟着要回答的。日本强盗虽然无耻的否认这次台儿庄的惨败,但上海、天津两方面的增兵,却不能掩盖他的实际恐慌,同时也证明敌人的冒险进攻,还要继续。

本来敌人自从开始第二期进攻计划以来,满以为依靠原有的在华兵力,便能实行他的第二期进攻计划。他这种轻视我们的狂妄举动,完全没有认识愈深入中国愈加困难的真理。因之,第一步打通津浦夺取徐州的计划,在二月中便遭受了初次失败。继着,第二步突入晋南,扫荡黄河以北的计划,又在二月中开始碰了壁。接着,第三步又回转了方向,仍从津浦南进,并且增加了两师兵,企图重新实行他的打通津浦的计划,不料这次失败更大,竟使他弃甲曳兵而逃。现在敌人决不会认输,他只有从国内增加兵来。敌人开在中国内地的军队番号,大约已达到二十九个师团,在国内约尚有八个师团,在我国东四省约尚有八个师团,台湾尚有二个师团,高丽也有两个师团。据估计敌人向上海天津方面增加的兵力最大限度可达到八个师团。如果这个做得到,则敌人留在国内及东北四省台湾朝鲜现有的兵力,只剩十二个师团了。并且自开战场到现在,敌人在华损失的兵力,已经超过二十万,已经不止八个师团,所以即使八个师团全能开来,也不能弥补过去的损失。何况愈进攻,兵力愈分,愈深入,兵力愈少,愈持久,兵力愈消耗疲惫。再加上敌人的纪律败坏,也是有加无已,甚至敌人自己的报纸——中央公论,都不免泄露这种残暴无耻的消息。这种量与质综合起来的弱点,随着战争发展下去,将使敌人的战斗力逐渐减弱。

不过敌人目前的冒险进攻,是必然要继续的,并且会依靠增加的兵力,根据失败的教训,采取更有力的进攻步骤。

敌人将从那个方向进行新的进攻呢?

大约估计,可能从下述的三个方向:

第一,使用更集团的兵力,仍从津浦南下,但主力可能使用在敌人的右翼;

第二,更可能的从津浦南段北上,但主力使用在迂回合肥方面;

第三,沿平汉线两侧,突过黄河,切断陇海,使津浦线我国大军放在敌人的外翼。

在新的进攻中,敌人根据失败的教训,可能有下述的改变:

第一,敌人将会更集团的使用他的兵力,改正一些过去轻视我军的观念;

第二,敌人从有进无退的锥形直入的战术,可能改正为更灵活的使用包围迂回,使用有进退的运动战;

第三,敌人有可能改变过去专攻一方面的作战方针,与逐渐增加的弱点而向各方试攻,控制强大的突击兵力于待机位置,等到发现我军弱点在那一方面时,再直向那方突破;

第四,敌人在各线上的配合动作,也必会较以前加强。

估计到敌人将要发生的这些情况,我们全国军民才能懂得注意敌人新的进攻,才能争取更大的新的胜利。

三、争取更大的新的胜利

更大的新的胜利怎样争取呢?

我认为首先要更加巩固全国的团结。抗战九个月来,我们中国有了空前的统一的政府,统一的军队,统一的最高统帅和民族的觉醒,结成了不分党派,不分信仰,不分区域,不分种族的全民族的大团结,这是抗战必胜,建国必成的基本条件。尤其二期抗战后,全国各政治党派中心力量集于武汉,最近国民党临时代表大会,又发布了战时的《抗战建国纲领》及其宣言、决议等等,更能推动全国的团结,趋于巩固。我们热望这种团结,一直巩固下去,一直发展到全国,一直团结到抗战胜利以后。

次之,我们更加努力争取前线上的胜利。二期抗战虽远不是决定最后胜负的战斗,但我们的胜利,如果能一次一次的增加,一线一线的开展,我们定能阻止敌人的深入,保卫我们抗战的中心——武汉,以便争取时间,准备新的力量,进行决定最后胜负的战斗。因此,我们热望前线上的将领更能坚持以运动战为主的战略方针,发挥野战军灵活的运动战与歼灭敌人的特长,派遣有力部队挺进和坚留在敌人后方去进行战斗,坚守必要的支前工事,广大的发展群众、自卫武装和游击战争,取得各战线上更好的配合,以争取更大的新的各战线上的胜利,以粉碎敌人整个二期的进攻计划。

再次,我们要努力争取时间,建立新军,以准备决定的战斗。建军,不仅是抗战必胜的保障,而且是建国必成的保障。我们热望全国军民都努力来参加建军的伟大工程。要做好这伟大的工程,就须有好的自愿的自觉的人民来当兵,就须有政治坚强的有战斗经验的干部,就必须有统一的适合抗战需要的编制,就必须有自觉的严格的军队纪律,就须有近代化的技术条件高的武装配备,就须有新的军事政治的训练,尤其须有能使官兵一体的军民一致的政治工作。有了这样的国防军,才能保障新的胜利的到来,保障最后胜利必属于我们。

最后,我们努力于抗战期中的建国。抗战期中的建国纲领,国民党的临时代表大会已经规定明白,无疑的要将成为国民政府在抗战期中的施政方制。我们热望全国军民要努力实行这个纲领,最重要的,是训练全国军队,一致为国效命;动员全国力量参加抗战,实现国民参政的职权;充分保障纲领中规定的人民权利,给广大民众以武装的组织和训练;推行战时教育;集中主要生产力于建立军事工业,树立重工业基础和发展农村经济;同时注意改善人民生活;并坚持联合世界上同情于我之国家及民族的外交方针。这一切努力,都是为的在抗战中树立起建国的基础,保证抗战的最后胜利!

全国同胞们! 前线上的官长士兵们! 我们从这四个基本工作上,就是说要从巩固全民族的团结,争取前线上的胜利与建国的工作上,来争取更大的新的胜利,以粉碎敌人第二期的进攻计划。保卫我们抗战的中心——武汉,准备最后决定的战斗,以打倒日本帝国主义强盗,复兴我们中华民族!

(原载一九三八年四月十七日汉口《新华日报》)

21."七七"抗战一周年,全国各地将举行纪念大会

抗战以来,转瞬周年。闻政府已决定在各大城市建筑无名英雄墓,以资纪念。并订于七月七日上午为全国阵亡将士默哀三分钟。各地于是日一律举行纪念。武汉各界将举行盛大纪念会。

(原载一九三八年六月二十二日汉口《新华日报》)

22.武汉各界举行盛大集会,沉痛悼念阵亡将士

抗日阵亡将士纪念碑奠基

抗战阵亡将士纪念碑奠基典礼,于昨日(六日)下午在汉口中山公园举行,计划陆海军及各界代表四千余人。主席团为陈部长诚,周部长佛海,郭司令忏,陈特派委员沣岭,彭特派委员国钧,吴市长国桢,周副部长恩来,郭厅长沫若,贺衡夫,苏汰余,陈逸云等。由陈部长主席,行礼志哀后,并报告,词毕举行奠基典礼。由郭厅长陪同陈部长步行下台立碑石阶上,执铲破土,由各界代表分别至阶上献花,并由武汉合唱团唱奠基颂词。武昌各界昨日在中山路圣泽里举行,平汉、粤汉两路员工,亦赴武昌赛阳兵总站,举行该路抗日殉难员工纪念碑奠基典礼,情况均极悲壮。

沉痛悼念阵亡将士

抗日阵亡将士暨死难同胞追悼大会会场改在汉口市商会内。十日,由中央代表居委员正主持,彭、陈两特派委员及郭厅长、吴市长,各界代表依次列后。居委员代表献花,唱挽歌,读祭文。国民参政会代表孟广厚,中宣部周部长,教育部张次长,政治部周副部长,郭厅长先后祭奠。行政院孔院长,张副院长,何部长(钦)均莅会公祭。

蒋委员长躬悼国殇

八日,武汉各界参加公祭之机关、学校、团体代表不下三万人。军委会战时工作干部训练团,下午前往公祭,于院长右任,陈司令绍宽等均于雨中前往致祭。至七时许蒋委员长戎装佩剑,躬临致祭。由郭司令忏,郭厅长沫若陪同步入祭堂,蒋委员长献花公祭时,俯首默哀,眼眶盈泪。临走时,犹频向家属代表致礼。

中共与八路军代表祭奠先烈

中国共产党代表团陈绍禹、秦博古、林祖涵、董必武、邓颖超、李克农、孟庆树、吴实如于八日下午二时前往致祭。由陈绍禹领导行礼。于先烈灵前香烛缥渺中，肃穆祭奠。并对先烈子女致以最崇高的敬礼。

八路军于八日上午九时派代表叶剑英、罗炳辉、边章五、李涛、钱之光、袁超俊、孔石苏等二十人前往致祭。礼仪极为隆重，情绪极为悲壮。

（根据一九三八年七月八日、九日汉口《新华日报》综合整理）

23. 武汉三镇，万人空巷，踊跃输将，捐款救国

七日为武汉三镇民众献金的第一日。晨九时许，市民络绎超至各献金台。其爱国热情，莫不意溢眉宇。汉口方面献金台有四处。计中山路水塔献金台由黄琪翔夫人郭秀仪女士主持，并亲自捐献五十元。全场群众，拥着上台输将，献金达三千五百余元。江汉关献金台由李宗仁夫人郭德洁女士主持，揭幕后献金情况，特别热烈，达五千多人，献金一万八千余元。总理铜像前献金台由沈慧莲女士主持，蒋委员长及夫人宋美龄女士等计献金一万九千余元，为备台之冠。汉阳码头献金台由陈逸云主持，献金结果，成绩不差。武昌司门口献金台由陈辞修主持，领导鄂省府重要战员到场，献金达一万元。此外，国民参政会各参政员献金计共二万元，每个参政员纷纷踊跃输将。还有一市井小民，卖蚕豆的孩子，妇女，车夫都自动前来献金，有的当场把结婚戒指摘了下来，捐献国家。

此次献金各界极为踊跃。据记者所知，汉口全市各店主为全体店员职工捐献一个月薪金，各房东捐献房金一个月，两项总计为四十七万元。复兴、裕华、申新、大成四纱厂共同献金十万元。各献金台七、八两日共收捐款不下三十万元。今日为献金最末一日，照前昨两日各界献金热情推测，或可达到百万元之希望。

（根据一九三八年七月八日、九日汉口《新华日报》综合整理）

24. 华侨巨商陈嘉庚将携大批慰劳品返国

南洋爱国华侨巨商陈嘉庚,决定于六月初携带大批慰劳品返国,慰劳伤兵,视察国防。陈氏现任新加坡筹赈祖国伤兵难民委员会主席,马来西亚华侨筹赈委员会联合通讯社主任。经手所募之款已超过二千万元,陈氏可望六月二十日左右抵汉口,即赴徐州及江西、山西前线慰劳,并将旅行被难各省区访问难民疾苦。

(原载一九三八年五月十一日汉口《新华日报》)

25. 郭沫若到达武汉,将出任政府要职

革命文学先进郭沫若先生,昨(十一日)由粤来汉,闻政府拟请其担任某项要职。郭先生于去年抗战开始时,抛妻别子,潜回祖国,积极参加抗战,历赴前线慰劳战士,在各报发表抗战言论很多。上海沦陷,后赴广州继续努力,复刊《救亡日报》。今又来汉任政府要职,对抗战必有更大更多的贡献。

(原载一九三八年一月十二日汉口《新华日报》)

26. 国共两党最近的关系[①](叶剑英)

第四个问题,诸位要我答复的就是:

国共两党最近的关系究竟怎样?(鼓掌)

这个问题,不单在座诸位要提出,全国的同胞都要提出,大家心目中,都以为在共同抗战方面来看,似乎他们两兄弟很合作,但在个别的问题上,又好像彼此之间,在咕咕唧唧的磨擦得起劲,究竟是怎么一回事呢? 关于这点,兄弟干脆地这样答复:国共两党,目前虽有若干磨擦,但决定不会重演十年来惨痛的内战的历史!(鼓掌)

在民国十三年的时候,中国共产党曾和国民党有过一次密切的合作,那时中国共产党虽然对全国全世界宣言:为了三民主义的实现,中国共产党愿意和国民党推诚合作,一致努力,(鼓掌)两党合作以后,两广统一了,北伐也

---

①摘自一九三八年五月二日叶剑英在广州国立中山大学演讲:《目前抗战中的几个主要问题》。

得到初步的胜利。这是两党合作后很明显的成绩。不幸到了民国十六年，两党又分家。这决不是因为三民主义本身问题，而且三民主义和共产主义之间也并无根本不能相容的地方，孙中山先生就曾再三解释过这点，他说：共产主义是三民主义的理想，三民主义是共产主义的实行，关于国共分家的责任究竟谁负呢？关于这点，现在我引出在汉口所经历的一件小事来说，很有趣的。有一天，陈辞修先生请了白健生、黄琪翔、严立三、周恩来等先生和兄弟共六个人吃饭，当大家谈到十年来国共两党分家的惨痛历史这一个问题时，严先生这样说：过去十年惨痛历史的演成，大家都要负责，国民党和共产党各负三分之一的责任，那么还有三分之一呢？这就是各地方政府特别是广西负责。（笑、鼓掌）

现在我们过分强调过去的纠纷，对于当前的抗战是无益的，我们不必再去说，我们要知道的是，过去的历史教训了国共两党，使他们无时无刻不注意到避免过去惨痛的历史的重演。所以自两党携手时起，便各自派出代表，经常在一起讨论到当前抗战种种问题，国共两党的避免磨擦问题，以致动员民众的方法等等问题大家来寻求其解决办法。经过各方面的努力，彼此间的了解的程度已经加深了许多。

自然，因为经过十年来的对立，国共两党的干部，已形成了相当深地对立的意识，现在虽已和平合作，但这种意识一时还没有完全消灭。所以在这些问题上，还不免有些微小的磨擦。例如抗战期间应该发动民众，给民众以相当的民主权利和相当的改善人民生活这些问题，就曾经成为双方所争论的问题，但由于一方面两党的负责人尽力设法消灭当中的矛盾和争执，一方面是抗战的经验证明了，如果不发动民众，作战不能胜利，不给民众相当的民主，不相当的改善人民生活，则不能使得广大的民众起来拥护抗战。因之，最近举行的国民党临全大会，对于这些问题都确定解决的办法。在临全大会的宣言里，在所议决的抗战建国纲领里，都曾郑重地指出：在不违反三民主义最高的原则之下，政府应该指导和辅助人民达到言论、集会、结社、出版等自由，关于民生问题，亦再三说到要在抗战期间，同时要注意到改善人民的生活，这些事实说明了两党间对于一些问题虽会有观点不同的现象，而且事实会使双方逐步走上同一达到"和衷共济,通力合作"的地步,更由此而保证了抗战的最后必得胜利。

说到抗战胜利战争结束以后,国共两党的关系怎样? 这次抗战的领导者是国民党的总裁蒋先生,抗战全部胜利以后,国民政府,国民党蒋总裁的地位应该是至高至上,(鼓掌)而那时的我国已成为真正的民主共和国。人民有权参政,有真能代表民意的机关,这些民众代表尽管意见有不相同,而在民意机关的合法状况之下,可互相讨论、批评,得到适当的解决,那时的贤明政府,也将能掬诚地采纳大多数人民的意见,使建国的事业能非常顺利地进行。

总之,两党合作不仅在抗战过程中间必能逐渐消除彼此间的磨擦,而特别是抗战以后,也决不会重演过去十年的惨痛的历史的。

(原载《叶剑英抗战言论集》,1940 年 3 月)

27. 中共中央关于帮助国民党及其军队工作原则的决定

以我们之知识、力量、干部及经验,来帮助国民党及其军队工作,应根据以下原则:

一、凡我们的帮助,能推动国民党及其军队之进步,有利于整个抗战者,应决心帮助之。

二、但他们想利用我们的知识、经验、干部,造成对付我们的条件,制造磨擦,而不利于整个抗战者,我们应拒绝帮助。

三、因此,帮助必须是有条件的、有限度性的、有进展程度的。否则,所谓大公无私、披诚相见,实际上只(是)自己搬石头打自己脚,不但于我不利,且于整个抗战有害。

因此,凡我对国民党及其军队各项工作之建议、计划、供献经验及供给干部等,均应遵守上述原则。望加注意。

一九三九年一月二十六日

(选自中共中央宣传部:《中共党史教学参考资料》第二批,一九五七年)

28. 八路军朱总司令兼任第二战区副司令长官就职通电

委员长蒋、副委员长冯、各院部长、国民参政会驻会参政员、天水行营主任程、桂林行营主任白、战区司令长官卫、战区司令长官阎、战区司令长官顾、战区司令长官张、战区司令长官司李、战区司令长官朱、战区司令长官陈、战区司令长官蒋、各省主席、各总司令、总指挥、各军长师长钧鉴,各学校,各民众团体:兹于本月二十日奉蒋委员长电开,该员着升第二战区副长官。等因奉此,遵即于本日在晋东南军次宣誓就职。德今后仍竭至诚,执行抗战建国方针,秉承委员长暨中央政府意旨,追随全国友军之后,精诚团结,坚持抗战、为巩固敌后抗日根据地,争取反攻,驱逐日寇,建立三民主义新中国而奋斗到底,肃电奉闻,敬候明教。朱德叩,宥(二十六)午。

(原载一九三九年三月二十八日延安《新中华报》)

29. 蒋介石嘉慰彭副司令电

彭副总司令德怀,二月间奉命东进晤河北省府主席鹿钟麟氏,商谈河北问题。适暴敌集中兵力进行"扫荡",冀中、冀南危急之际,彭副总司令坚留河北,指挥战斗,稳定民心,振奋士气,坚持河北平原抗战,出危入难,转战达三阅月。刻已返晋,将再晤鹿主席,商讨一切。委员长蒋特点嘉慰,并示坚决方针。其原电如下:

"彭副总司令德怀兄:××电悉,艰难奋斗,至念贤劳。冀省为华北敌伪之心脏,吾人必须坚决把握,严重打击敌人。所赖以维系人心,号召抗战者,端赖我军政长官同舟共济,密切合作,保持机动之优势。务盼兄速即前往与瑞伯(即鹿钟麟)会谈,在精诚相见、亲爱合作、共同杀敌、保全冀省原则之下,消除隔阂,解决误会,免为敌乘为要。中正"

(原载一九三九年六月六日延安《新中华报》)

五、合作伊始,磨擦即起,共产党相忍为国,维护团结

1. 中共陕西省委与国民党陕西省党部争论的真象

《解放》周刊编者按:从中共陕西省委于双十节写给国民党陕西省党部一封公开的信后,西安各报于十月二十二日登载鲁迅纪念大会一段消息,指责中共省委的公开信为"汉奸挑拨离间"于是中共省委有十月二十三日的谈话发表,加以说明。省党部复于二十九日登载"省党部负责人谈话"于西安各报,并指中共省委有与中共中央九月二十二日的《宣言》相违背。我们最近才获得中共省委一切材料及省党部的谈话,经详细翻阅后,认为中共省委的公开信和谈话,与中共中央的《宣言》,完全一致,而且是具体的在陕西执行中共中央的方针。就是省党部二十九日的谈话,也说到中共省委所提的六项建议,"都是本部本市各有关机已推行或正在推行的诸项工作"。中共省委的六项建议既是为国民党省党部"已推行或正在推行的诸项工作",又何得指为是"汉奸挑拨离间"呢?如果中共省委的公开建议确系汉奸挑拨离间,那么国民党省党部岂不是自己承认"已推行或正在推行""汉奸挑拨离间"吗?我们想省党部不会这样做的,这只能证明省党部并不否认中共省委建议的正确,中共省委的建议正是省党部"已推行或正在推行的诸项工作"。这又何能指为与中共中央的宣言相违背呢?

这里的道理是很明显的,省党部只是想用"汉奸挑拨"的方法来拒绝中共省委对他正确的批评。这种方法是愚笨的,因为指中共省委为"汉奸挑拨",这是全国人民所不能置信的,徒然降低省党部自身的信仰。

省党部开始想用否认中共省委的存在来拒绝中共省委的批评,但是中共省委并不因此放弃自己的立场,却愿意派自己的代表与省党部接谈。省党部在这些方法都失效之后,只能出之于一些谩骂。这也是非常愚笨的,因为政

治上的问题并非谩骂所能了事的。这也徒然只能丧失自己的信仰。

我们诚恳的希望省党部内开明的国民党负责者，能开诚布公，以自我批评的态度，收回自己的谈话，接受中共省委的公开建议，共同讨论布置和进行陕西的民众运动，这是国家民族之福。

同时我们希望国民党中央党部应当站在为发展陕西民运的立场上来检讨省党部的工作。对省党部内某些不能执行与违反中央党部意旨的分子，给以必要的处分。

因为省党部的谈话在西安各报已登载，而中共省委的公开信和两次谈话均未能在各报公开登出，恐外间未明真象，或偏一面之词，故特将中共省委的各文件登载《解放》。

十一月十一日

附：一、中国共产党陕西省委致国民党陕西省党部一封公开的信

　　二、中共陕西省委第一次谈话——十月二十三日

　　三、中共陕西省委第二次谈话——十一月一日

（原载《解放》周刊第二十四期，一九三七年十一月二十日）

附一：

中国共产党陕西省委致国民党陕西省党部的公开信

陕西省党部诸位先生：

自芦沟桥事变发生后，在日寇大举灭亡中国的侵略战争前面，我们根据本党数年来一贯的抗日救国主张，曾于七月十九日致书于贵党部，对贵党发起组织之抗敌后援会，表示赞助。为了开放民众运动，增强抗敌力量，以便实现全民族的全面抗战，并向贵党提出下列六项建议：

一、立刻扩大救亡运动到各县各区各乡各界民众中去！

二、加紧组织民众，对当前的救亡团体加以保护，对一切无组织民众立刻加以组织！

三、武装民众，训练全陕西青年壮丁为抗战后备军！

四、开放民众运动，给民众以抗日救国之民主自由！

五、发动民众肃清汉奸,巩固后方!

六、给华北抗战将士以种种切实有效之援助!

这些建议,不仅是全陕民众全国同胞一致的要求,而且也是争取抗战胜利的必要条件!

三个月来,日寇对华侵略战争的炮火,已经蔓延到全中国的领土,三十师团寇军,无数的军舰、飞机、大炮、坦克车、毒瓦斯,横行于中国华北与华南,今日之北平、天津,已变为当日之沈阳、长春,平绥线上从南口到大同,平汉线上从良乡到保定,津浦线上从马厂到德州,均已先后为敌人占领,目前敌人的铁蹄,则已踏入山东绥远和雁门关内!敌人在上海的进攻,已经继续了两月,敌人的海军,封锁了全中国的海面,敌人的空军,袭击着全中国的城市,敌人的目的,是要把中华民族归于毁灭而后已!

在敌人的侵略战争面前,中华民族已经在中国共产党所指示的抗战道路上怒吼起来!政府亦已下了抗战决心,神圣的全国性的抗战,已经开始了!在南口,在上海,在晋北,我们的军队,都同敌人做了最英勇最残酷的抗战!他们为了中华民族解放事业,他们光荣的流最后一滴血!这些都是证明中华民族是伟大的,是不能征服的!只要执行中国共产党抗日救国十大纲领的抗战方针,我们一定能够最后的战胜日本帝国主义!

然而在短短的三个月内,我们的察哈尔全部沦亡了!我们的河北丧失了大半,我们的山西失掉了一角,我们的鲁绥也被敌人侵入了!如果我们来研究华北抗战的教训,不能不指出这些失利的根源,就在于这三个月的抗战,还只是单纯政府与军队的抗战,还不是全民族的全面抗战!凭着我们英勇的前方将士,孤单的与敌人肉搏,而不把战区及后方民众发动起来,予以援助和配合!宋哲元氏宁愿将平津拱手让于敌人,而不愿开放民众运动,不愿平津民众武装起来保卫平津!张垣、大同没有例外,保定、沧州也是一样,这是何等痛心的教训!华北和上海抗战的经验,更加证明中国共产党屡次向全国人民指出的真理,即没有数万万中国民众直接起来参加抗战,那末这个抗战是不能取得最后胜利的。中国抗战已经发展到今日如此严重的阶段,我们对于华北抗战失利这些教训,岂能不警惕吗?岂能重复华北与上海抗战中这些错误于今后的抗战吗？不能！不能！一千个一万个不能，否则便将成为中华民族的千古罪人。

可是我们看看陕西省党部在三个月来对于民众救亡运动是抱着何种态度和采取何种方针呢？芦沟桥事变后，省党部虽然在全国民众热烈的抗战救亡情绪下面，组织了陕西抗敌后援会，但这个抗敌后援会，不是为了开放民众运动，而是为了"统制"民众运动！不是为了扩大救亡运动，而是为了"限制"救亡运动！利用"统一"之名，取缔救亡团体，假藉"合法"之权，压迫救亡运动；西北各界救国联合会与学生救国联合会，党部施行种种压迫威胁阴谋欺骗加以"取缔"，而设计委员会不过空有其名而已；青年学生在街上募捐，党部不准；青年学生演救亡戏剧，党部禁止；青年学生到乡下宣传，党部骂他们是"自由行动"；青年学生组织战地服务团，党部不准他们开会；青年学生在街上讲演，党部派便衣队跟在他们后面；几十种救亡前进书籍杂志，党部下令禁止销售；若干存有救亡书籍的青年学生，党部查出加以逮捕；若干教育界的抗日分子，党部授意撤职了！有的还在准备撤职；若干抗日分子"汉奸"罪名下逮捕起来了，而真正的汉奸却未见抓到几个！或者抓到又把他们放掉！党部主要人员正在宣传"读书救国"的理论，周伯敏氏要学生读十年书后再参加抗日！否则便是"汉奸"；公安局侦缉队有人说"现在主要的是对付共产党，汉奸是其次的"，这当然是执行着党部的意志。在二号报上我们看到设计委员会民运组通过一个比较进步的《民运工作纲要》，但四号报上就看见党部方面有人声明那是要不得的！抗敌后援会中间不少对救亡事业的积极分子行救亡工作的时候，党部就说他们是共产党，就要停止他们的工作！诸如此类，不一而足。

西安事变特别在芦沟桥事变后，全陕民众对省党部抱着很大的希望！希望省党部在抗战发动后能够改变从前对民众运动那种传统的错误政策，我们也曾屡次致书于省党部，要求省党部开放民众运动！但是三个月来省党部始终抱着"救国有党在，不与民相干"的政策，不但不信赖民众，反而更加惧怕民众；不但不开放民众运动，反而处处限制压迫民众运动！致使三个月来陕西民众救亡运动，不能大大开展起来！几百万民众还在无组织状态！还没有把他们吸收到抗战阵线中来！这是我们认为非常可惜的事！这个责任自然当由省党部负责！

在我们国家民族生死存亡的今天，我们认为民族利益应当高于一切！一切个人利益与一党利益，都应服从于总的民族利益！我们诚恳的忠告省党部诸位先生，请你们把头脑放冷静点！把那些对日寇有利而对于自己民族有害的糊涂思想，赶快清洗掉吧！请你们把眼光放远大点！把对于最忠实于民族利益的共产党的心思和注意力，转移到我们民族敌人那边去吧！不要再斤斤于一党利益和个人利益了吧！诚恳的忠实的拿出力量来为民族解放而共同奋斗吧！这是我们对省党部热烈的希望，也是全陕西全中国民众对省党部的希望！

敌人的炮火与铁蹄，眼看就要到陕西来了！陕西民众，再不能坐着不动！再不能像华北民众一样无组织的听天由命！陕西民众领略到华北抗战的教训，要一致的怒吼起来，组织起来，武装起来！在抗日民族统一战线旗帜之下，结合成为千百万民众的民族抗战的军队！为保卫西北华北上海与收复失地而奋斗到底！为中华民族独立解放而奋斗到底！在西北这个抗战的巨潮即将到来！这是任何力量不能加以阻挡的！我们欢迎这个巨潮的到来，我们愿为这个抗战的巨潮的胜利而斗争！我们希望省党部能有深刻的觉悟，不要再固执自己的错误方针，不要使自己离开这个巨潮，更不要走到与这巨潮相反的方向！我们希望省党部加入这个巨潮！推进这个巨潮！我们希望省党部与全陕西全中国民众站在一起！为全民族的全面抗战的最后胜利而奋斗。

因此我们坚决要求省党部立刻进行自我批评！改变自己过去对民众运动的种种错误政策！立刻开放民众运动，给民众救国抗战的民主自由！组织民众，武装民众！彻底实现我们七月十九日向省党部提出的六项建议！彻底实现陕西民众救亡统一战线！

国共合作万岁！

抗日民族统一战线万岁！

中华民族解放万岁！

打倒日本帝国主义！

一九三七年双十节

（原载《解放》周刊第二十四期，一九三七年十一月二十日）

附二：

中共陕西省委负责人第一次谈话

（十月二十三日）

十月十九日鲁迅纪念大会中七八千群众一致认为党部统制镇压民众运动之不当并提出"改组省抗敌后援会"等四项要求。而中央社消息则谓"有少数人不明本省抗敌后援会情形，以致言词间颇露对该会不满"。这是有意歪曲事实，自欺欺人。当日会场七八千人，有目共睹，有耳共闻，岂能轻轻以"少数人"掩盖乎？该消息又谓"陕西省党部目前接得不负责任亦无印信地址之中国共产党陕西省党部油印品一件，内容措词极为荒谬"；又谓"此经函询八路军办事处后，据函覆云并无此事，足见显系汉奸挑拨离间无疑！"查中共陕西省委双十节发表之致陕西省党部信（是铅印品非油印品），站在救国立场，向省党部做诚恳坦白之批评与建议，这在目前陕西救亡运动现状下，完全必要！而省党部竟认为"极为荒谬"，究竟荒谬之点何在？又不指出，当然他们也不能指出，要指出只能说是"显系汉奸挑拨离间无疑"，想来不免好笑！至于说"八路军办事处函覆云并无此事"，显系捏造之词。因为八路军办事处并不是中共陕西省委，彼此亦无直接联系，彼何能云"并无此事"呢？省党部在民众要求开放爱国运动前面，竟恼羞成怒，"决定俟后遇有'反动分子'在街头粘贴'反动'标语或集会，决定予查缉依法惩办，并规定今后民众集会应先由负责人呈准省党部及警备部后始得举行"。省党部倘仍这样子下去，徒然增加民众反感而阻碍救亡运动之发展，对于抗战前途，更属不利。吾人以为省党部此种态度，有失政党及政治家之风度。真正的政党及政治家，应当以民族利益及民众利益为依归，应当倾听民众的意见，对于自己的错误，不要隐瞒，应当坦白的向民众承认，并在实际行动中加以改正！如此才能提高自己的威信，才能取得群众的拥护。今省党部固持自己错误方针，更决定不准民众自由集会，镇压民众救亡运动，实为遗憾之至。

（原载《解放》周刊第二十四期，一九三七年十一月二十日）

附三：

中共陕西省委负责人第二次谈话

（十一月一日）

中共陕西省委双十节致国民党党部的公开信，其内容与意旨，完全根据目前抗战形势和陕西民众运动的需要，站在国共合作和抗日民族统一战线的立场上，向国民党省党部做切实而必要的建议和批评。吾人为国家民族利益，此种诚恳态度和坦白精神，当为社会各界爱国人士及陕西党国先进所洞悉。省党部负责人十月二十九日关于中共陕西省委此项公开信的谈话，表示出党部诸公不但不愿完全虚心和诚恳的考虑与接受吾人的建议与批评，反而给吾人此项建议批评，加以"造谣"、"破坏统一的抗日阵线"种种罪者，实为遗憾！吾人现愿就省党部负责人此次谈话内容错误诸点，加以解释与纠正，以正视听！

中共陕西省委七月十九日写给省党部的信，曾将原文刊载于当时三原出版之《西北三日刊号外》上，同时用毛笔书就一封并在信尾盖有"中共陕西省委员会"之图章，邮寄省党部。而当时省党部始终未予致覆。今省党部负责人谈话声明没有接到此项函件，而仅谓于街头巷尾看见，并以此种事实非难中共陕西省委"不是一个光明的行为"，且声明"不承认陕西省有中国共产党陕西省委会之存在"。这除了表示省党部自高自大的精神外，没有别的意义。依吾人想，不管邮差送到党部也好，或者街头巷尾看见也好，但中共陕西省委七月十九日的那封信总是看到了的；不管党部承认也好，或者不承认也好，但陕西省有中共陕西省委之存在则是千真万确的真实。吾人所处之环境，仅能允许吾人用此种公开函件或印刷品来表示自己的主张和意见，中共陕西省委当然不满足于此种办法，如果党部诸公觉得此种办法"不是一个光明的行为"，那么，中共陕西省委今后愿派出自己的代表，直接与党部和各民众团体交换各种救亡意见。吾人诚恳希望省党部能给吾人以救亡活动之完全公开的机会和自由！

省党部负责人谈话中,指责中共陕西省委的公开信与本党中央九月二十二日宣言的精神不合,同时对本党中央九月二十二日的《宣言》有意加以种种曲解,以显示彼等自大主义的精神,实在是不应当的。省党部负责人谈话谓本党中央九月二十二日的《宣言》"承认放弃阶级斗争的理论",这完全与事实不符。不但在本党中央九月二十二日的《宣言》内,即在本党历来所发表的任何文件内,都找不到这样的话。因为在有阶级和剥削关系存在的社会,阶级斗争是不可避免的社会现象,这是社会科学的初步常识。吾人主张在团结抗日的总目标下,适当的解决国内若干矛盾,主要是要改善人民大众的生活,以便避免可能发生的对于抗战不利的各种磨擦。本党所以停止推翻国民党政府方针及暴动政策,停止赤化运动及没收地主土地政策等,原因即在于此。又谓本党"要拥护中央一切国策,服从最高领袖蒋委员长的一切领导等"。这种说法也是错误的!在本党中央九月二十二日《宣言》内根本找不出这种话或这种意思!中国共产党在政治上和组织上是完全独立的政党,他服从于国家民族利益和民众利益,服从于自己的革命纲领和政策。今日国共两党是在共同抗日的目标下合作,如果谁来企图把这种有原则的(为了抗日)平等的(政治和组织的独立性)统一战线,曲解为无原则的无条件的拥护任何国策或服从什么人,吾人认为这是对于国共两党抗日统一战线发展中极有害的自大主义精神和阿Q思想!自然国民党中央及蒋委员长执行坚决的抗战方针,吾人是始终拥护的。最后还说"八路军赴晋北抗战,共产党人在各地参加抗敌后援工作,都表现了他们对抗战的一切和国民党的主张完全相同"。八路军赴晋抗战是事实,共产党人在各地参加抗敌后援工作,也是事实,但不能因此就说共产党"对抗战的一切和国民党的主张完全相同"。因为这不是事实。全国人士谁都晓得中国共产党和中国国民党在抗战问题上是一致了。正因如此,才奠定了国共合作初步成功的基础;同时全国人士也都明白,在抗战方针即如何争取抗战最后胜利的具体政策的问题上,可惜国共两党还没有能完全一致!中国共产党提出的《抗日救国十大纲领》是目前唯一能够争取抗战最后胜利的方针,但是这个方针至今还没有为国民党所采纳和执行,正因如此,才招致了华北与上海抗战许多失利和不利情况!这些痛苦的教训,吾人在致省党部信中已经沉痛的提到了！究竟中共陕西省委致省党部公开的信，在什么地方与本党中央九月二十二日《宣言》的精神不合呢？这完全没有根据的！吾人应当指出中共陕西省委致省党部的公开信，完全是根据本党中央九月二十二日《宣言》的精神出发的，完全是以兄弟党的态度不忍坐视省党部这种错误政策和办法再继续下去，所以才做诚恳坦白的劝告！为了国家民族利益，为了国共两党进一步的合作，这种相互间的批评是完全必要的。吾人在今后任何时候都将保持这种对友党批评的自由和权利，同时也欢迎友党对本党进行诚恳坦白的批评！关于中共陕西省委在七月十九日信上提出的又在前次公开信上所重申的六项建议，省党部负责人谈话中，虽然一则曰："这种放马后炮的建议是根本失掉了建议的意义的。"再则曰："我们如不能理解为画蛇添足，是只能说其用心是在用漂亮的口号做为政治的手段。"但有一点是承认了的，即中共陕西省委六项建议是对的，并且认为"是本部及本市各关系机关已推行或正在推行的诸项工作"及"都是本部过去和现在的中心工作"。果真如斯，那吾人当然要馨香祷祝。可是事实上却又不然。拿扩大救亡运动一项来说，省党部负责人自己也承认"各县工作欠充实而且没有普及各区各乡！"这个原因在什么地方呢？省党部负责人推到"时间和事实问题"与"民众的智识程度和心理"问题上去。时间是三四个月了，事实是现在比任何时候都更好的进行救亡工作，民众智识程度虽然比党部诸公要差很远，但救国情绪或恐过之，这些难道是救亡运动不充实不能扩大的主要原因吗？不是的！主要的原因是党部领导的错误方针，这已是无可争辩的事实。党部负责人虽然声明"本党向对民众运动不会加以禁止"，但这种好听的话，陕西民众已听得厌烦了！所可惜的是事实与行动和党部负责人所讲的是完全两样！党部给民众运动加上一个"法规"，一切都要合乎这个"法规"，就在这个"法规"之下，任何人都没有参加救亡运动的自由！请问在党部这种"法规"或"法令"的统制之下，如何能谈到"开放民众运动"呢？如何能谈到人民有抗日救亡的自由呢？更如何能真正谈到千百万人民参加抗战事业呢？这个"法规"或"法令"，难道不是党部过去对民众运动的那一老套吗？而这一老套，在今天全民族抗战的"非常时期"，难道还能再继续下去吗？党部发言人又很夸耀的说:"本市各报所载各县市乡村的抗敌后援通讯,不异于中国国民党推动抗敌后援的工作报告!"无论谁听到这种话,都会哑然失笑的!党部诸公如果满足于报纸上那些所谓"抗敌后援通讯",完全是一种迷误。吾人生活在群众中,对于各县抗敌后援工作知之甚详。在那些报上所宣传的各地抗敌后援工作的通讯与各地抗敌后援工作的实际情况,相差何止以道里计?如果党部诸公不相信的话,最好能亲身出马到各县去看看。关于组织民众问题,党部负责人谈话好像表示已经很完善地做到了,可是几月来我们除了看见西北各界救国联合会及所属各救亡团体被迫停止活动外,在全陕西境内,简直很难找出党部领导组织的真正有群众基础的民众组织!要有的话那也至多不过一个机关和招牌而已。党部负责人以为有了保甲就够了,就不需要再组织民众了。其实这种保甲只是官办的不民主的行政组织,这是完全不能代替真正群众的自觉的民众救亡组织的!关于"武装民众训练全陕壮丁为抗战后备军"的问题,党部负责人说"更是一种废话",所谓废话也者,是因为党部已经做好了。请看党部负责人的谈话:"国民军事训练委员会和陕西师管区筹备处举办国民军训,训练壮丁,征调壮丁,都不是尽人皆知的事实吗?"不错!这些都是尽人皆知的事实。可是请再进一步看看这种训练壮丁和征调壮丁的结果是如何呢?这种训练和征调难道不完全是强迫命令的吗?是的!在这种强迫命令之下,难道不是造成大批大批的壮丁逃亡吗?是的,许多壮丁逃亡后难道不是被迫当了土匪吗?是的,当壮丁被征调或逃亡后其家属难道不是无人管而饿起肚子吗?是的!那么这和真正的训练民众工作有何相同之点呢?为什么说我们提出的许多武装民众是"废话"呢?至关于学生军训,吾人从未加以阻挠,相反的还要自己党员并说服那些左倾青年去受军训。但吾人不同意那些军训的内容,因为那些军训内容是离开了抗日的必需;相反的,是利用军训之名进行某种武断的欺骗的宣传,对这种军训内容,吾人当然不能苟同。至关于发动民众,肃清汉奸,巩固后方问题,党部负责人认为"这是不成问题的问题!"但几个月来,党部究竟发动了民众起来肃清汉奸没有呢?究竟抓到了几个汉奸?姓甚名谁?在西安抓到了某些汉奸分子,为何又释放了呢?这些是吾人所不能明白的,希望省党部能在事实上给吾人和全陕西人民以切实的回答吧！最后关于给抗战以切实之援助，据说"我们是有具体的办法在实行"。但吾人同样不了解这些具体办法，究竟是些什么？这当然没有秘密的必要，可以而且应当向民众宣布的！总之，省党部负责人答覆对吾人六项建议都执行了，而且说吾人之六项建议为"马后炮"，是"画蛇添足"。依吾人观察，在党部所执行的和吾人六项建议的希望还相差的很远很远。因此，吾人向省党部之六项建议，至少现在还不是"马后炮"或"画蛇添足"吧！如果从"根本"上来看，吾人对省党部这些建议在目前还是有意义的！

至关于吾人对省党部的若干批评，是完全有事实根据的！当然是完全负责任的，并且是全陕人所共知的事实。在前次的公开信上，吾人批评的也许太严格和认真了一点，在党部诸公看起来好像是"太不客气了！"但是自古道"忠言逆耳利于行"，希望党部诸公能从吾人批评之精神和事实上去了解！能从问题的本质上去了解！如果党部诸公真能了解吾人之建议与批评而在实际行动中加以改正，那对于陕西民众运动和整个抗战前途是何等可观呢？吾人对省党部负责人此次谈话对其某些错误开始表示承认，如承认"各县工作之欠充实而且没有普及到各区乡"，是极端欢迎的！吾人希望党部诸公"百尺竿头更进一步"真正"以国家民族利益为前提"，把自己过去做过的和现在正做着的许多错误方针，加以深思！决心纠正！只要党部诸公一念之转变，则陕西民众运动便将如狂潮一般的展开！

同时吾人必须声明一点：即在前次信上所批评的完全是根据着省党部所做的一切错误提出来的！吾人指出省党部组织抗敌后援会是为了统制民众运动，和限制救亡运动的目的！这是根据了数月来一切具体事实所得出的正确结论，这是全陕所有先进人士和爱国青年一致的呼声。省党部负责人谈话特别提出此点，并谓"这种说法，不只是对本部的诬蔑，而且诬蔑了全省各界各机关各团体，更侮辱了抗敌后援会里不怕辛苦勤奋从公的工作人员！"其用意是很显然的；企图把中共陕西省委对党部的批评转移到其他各界各机关团体及抗敌后援会中其他爱国志士方面去，以便引起各界各机关各团体同胞对中共陕西省委的不满！吾人以为这是没有必要的，请允许吾人借用党部负责人的一句话："徒见其心劳力拙而已！"

省党部发言人最后声称:"我们不止愿意而且期待和努力推动救亡运动的普遍!"吾人但愿这种诺言今后能完全变成事实!吾人也热烈的希望党部诸公能将自己所说的"至以诚恳的态度对本部有所建议,本部无不竭诚欢迎的",在今后行动中加以证实。须知事情不在乎说的好听,而贵乎实际做到。一个政党的负责人对民众的"郑重声明"是应当负责任的!吾人诚恳的希望省党部从这里开始彻底的转变吧!

吾人希望全陕各界爱国人士及全体同胞,对中共陕西省委致省党部的公开信所提出的问题,加以注意讨论并提出自己的意见,因为这是关系抗战胜利和失败的问题,关系全陕全国民众当不当亡国奴的问题!每个人都不能缄然!都应当起来说自己心里所要说的话!

目前华北抗战已入严重阶段,归绥、包头已失,太原危急,陕西即将进入抗战的前线。当此时危祸急之际,吾人极愿全陕各界同胞,坚决团结在抗战到底的方针下,消弭一切纷争,结成统一战线,共同为保卫西北、保卫华北与全国而奋斗到底!

(原载《解放》周刊第二十四期,一九三七年十一月二十日)

2. 巩固国共合作,争取抗战胜利(张闻天)

接着华北中心城市太原的陷落,又是南京首都的被占。芜湖、杭州、扬州、合肥、徐州、青岛、济南、厦门、福州、广州等沿海各省重要中心城市,正在危急中。日寇军队正倾其全力,企图一鼓作气,鲸吞中国沿海各省,以达到征服中国与独霸东亚的野心。

中华民族正处在危急存亡千钧一发的关头。全中国人民的任务,就是不屈不挠坚持抗日民族自卫战,到最后的胜利。

我们并不否认,自芦沟桥事变到现在,我们中国在抗日民族自卫战中受到了暂时的部分的失利。然而我们应该告诉全中国人民,这种暂时的部分的失利,在殖民地半殖民地国家开始反抗帝国主义侵略的民族自卫战中,早在中国共产党及国民党中有远见的领导者的意料之中。但是,暂时的部分的失利,决不是中华民族的永久的与完全的失败。中日两国决胜负的战争尚在前面。中日两国最后的胜负决不是在几个月内所能解决的,而是要在持久战中去解决。这也是中国共产党及国民党中有远见的领导者所早已指出了的。

我们不用讳言,中国曾经是一个半殖民地半封建的国家,所以武器不精,军队不强,政治不够修明,民众缺乏组织与训练,所以我们在开始反对拥有强大武装力量的日本帝国主义时,不免要受到暂时的部分的失利。然而我们同时应该看到,正是因为我们的抗战是神圣的进步的民族自卫战,所以我们能够这样举国一致的去反对我们民族的共同敌人。在短短五个月的民族自卫战中,我们已经看到了中国内部空前的统一与团结,我们已经看到了十年来对立的国共两党的重新合作,我们已经看到了国民政府的国策的基本转变,我们更看到了全国军队那样勇敢的在前线上同敌人血战。全中国广大的民众觉醒起来了,他们都积极的起来帮助政府与军队负担各方面的战时任务。只是短短的五个月,然而中华民族却以空前未有的速度前进着。这些空前的进步,没有民族自卫战的发动,是不可能的。

然而正是由于抗日民族自卫战还只有五个月,所以政府与军队方面还有许多弱点没有纠正,广大的民众还没有大量的起来帮助政府与军队去抗战,国内的团结与统一,首先是国共两党的合作,还没有达到完全满意的地步。然而我们相信,中国的抗战愈是持久,则中国国内的团结统一必将愈加巩固,国共两党的关系必将进一步的改善,政府军队与人民之间更将完全打成一片,因而中国更将愈加坚强起来,愈将向着民主共和国的前途迈进,而能够最后的战胜日本帝国主义。

对于其势汹汹,不可一世的日本帝国主义者的最好方法,也就是持久战。我们相信,只要中国抗战愈是持久,则日寇的困难亦愈多。他们的财政经济的困难,将在持久战中大大增加起来,它的国内的阶级矛盾,它的殖民地反对日本帝国主义的民族斗争,也将在持久战中尖锐化起来。而且中国地大物博,日寇愈是深入中国内地,则他的兵力的分配愈是不够,他的后方愈不巩固,而愈将便利于我们的各个击破与包围歼灭。

在国际上,中国的持久战,更将提高中国在国际上的地位,取得全世界人民及爱好和平与民主国家的同情与援助。

所以只要我们能够坚持抗战，我们就一直能够得到最后的胜利。每个中华民族的子孙，对于中华民族的前途，应该有这种必胜的信心，而且就在此时此刻此地，尽我们的一切力量去争取中华民族的最后胜利。

然而我们必须严重指出，今天坚持抗战，争取抗战最后胜利的中心关键，就是在于扩大与巩固抗日民族统一战线。而这个统一战线的基础，就是国共两党的合作。所以使国共两党合作发展与巩固起来，更是今天坚持抗战，争取抗战最后胜利的中心之中心。

中国共产党员与中国国民党员以及全中国人民应该最清楚认识这一点，抓住这一点。如果国共两党的合作，能够继续发展下去，巩固下去，则中华民族的最后胜利，就有了保证。如果国共两党的合作中途分裂，如像过去大革命时一样，则中华民族就要被日寇所灭亡。过去国共分裂后的痛苦的教训，是不能再行重复的了。整个中华民族的利益，要求国共两党的亲密的合作与团结，而不是分裂。

我们的敌人，日本帝国主义，中国的汉奸，与托洛茨基派的匪徒们，显然完全懂得这一点。所以他们利用各种阴谋诡计，来进行挑拨离间，来企图达到分裂国共两党合作的目的。而我们两党内部，还有一些顽固的与幼稚的分子，还抱着过去十年来的对立所造成的一些成见与仇恨，不肯互相推心置腹的亲密合作，以至造成相互间一些不必要的怀疑与磨擦。而这种怀疑与磨擦，正好为日本帝国主义者，中国的汉奸与托匪所利用。

所以我们认为，目前国共两党间还存在着的一些不必要的怀疑与磨擦，对于巩固国共两党合作上来说，是不利的。特别在今天中华民族危急存亡的关头，这类怀疑与磨擦实有立刻说明与纠正的必要。

为此目的，中国共产党同志必须向国民党同志诚恳的说明下列几个问题：

第一，是关于两党关系的问题

有人说共产党同国民党合作是假的，共产党的目的，是要在合作的中间削弱国民党的影响与力量，是在利用合作的名义同国民党争取领导权。我们认为这是一种非常有害的谣言，为我们共产党与国民党人所决不能相信的。

我们认为共产党对于国民党不应有这种思想。正像国民党对于共产党也不应有这种思想一样。因为今天全中国人民的共同敌人是日本帝国主义。为了反对我们的共同敌人，而建立全中国抗日民族统一战线，而国共两党实行合作，这都是诚心诚意的事。这中间决不能包含有丝毫的虚伪与玩弄。共产党的真诚，由共产党历来的一切言论与行动上，可以完全证明，我在这里不必多说了。如果这种合作是出于至诚，那末，谁也不能希望自己朋友的力量，在合作的过程中削弱下去，因为朋友的力量的削弱，即是合作的共同的力量的削弱，即是减弱了反对共同敌人的力量，这是任何以国家民族利益为第一位的政党所不愿意作的，因为这只有对于日寇有利。这种简单的道理，我想所有共产党人与国民党人都是应该清楚了解的。

相反的，我们两党在合作的过程中，不但不是要互相抵消，互相削减，而正是要"互相帮助，互相发展"。我们相信只有这样的合作，才能扩大与巩固国共两党的力量，因此，也就可以扩大与巩固抗日民族统一战线，因此也就能战胜日寇。

至于说共产党要在国共合作的过程中同国民党争取所谓领导权，这种说法，显然同共产党抗日民族统一战线的基本政策，完全不相符合的。共产党人始终认为，像抗日救国这样的大事，决不是一党一派所能担负起来的，所以共产党人始终主张各党派的合作，以达到"共同负责，共同领导"的目的。这并不是同国民党争取领导权，而是愿意在民族国家危急存亡之秋，帮助蒋介石先生所领导的国民党担负起一部分责任。关于目前抗日战争中，蒋介石先生所领导的国民党已经处在领导的地位，这是谁也不能否认的事实。因为国民党是中国最大的一个政党，而且向来是一个统治的党。如果国民党能够像现在这样在蒋介石先生领导之下坚持抗战方针，则国民党的影响不但不会缩小，而且会大大的增长起来，其领导的地位自然不但不会动摇，而且会更加巩固起来。

共产党人始终认为，在各党各派合作的过程中各党各派所占领的地位决不是由一党一派自己的愿意来决定，而是要由全国人民的公意来决定。既然国共两党合作抗日，自然国共两党均将为全国人民所拥护。

所以在我们共产党人看来，今天的问题不是"争取领导权"的问题，而是争取替国家民族多做一份事业的问题。如果一个党派，兢兢业业于自己的领导权，而不去在替国家民族多做一份事业上着想，那这样的党派就不能得到人民的拥护，这是显而易见的。

当然这并不是说，国共两党中间不能有任何不同的意见。因为既然是两个不同的政党，既然双方都有自己独立的组织与批评的自由，所以虽是两党今天在抗日救国的基本方针上是完全一致的，但对于某些问题的看法不能完全相同，也是不足为奇的。因此在某些如何争取抗战胜利的具体问题上，两党间产生某些不同的意见，也应该在我们的意料中。这种个别具体问题上的不同意见，对于怎样争取抗战胜利的具体工作上不会有什么妨碍，而且真理常常经过"共同讨论，共同协商"而更加明显起来。两党的领导者不但应该注意不使这种个别具体问题上的不同意见，变为尖锐的对立，变为破坏合作的罪恶行为，而且要能够善于在"抗日高于一切"、"一切为了抗日"的基本原则下，"互相谅解，互相让步"的方法，求得不同意见的合理解决。如果这样，则我们国共两党的关系，决不会因为某些争论而走向磨擦以至分裂。

对于那些有意把某些争论扩大化，有意在争论的中间推波助澜，以破坏国共合作的人，我们双方应该严密的戒备，因为这些人不论他们的居心如何，实际上是要破坏民族统一战线与国共合作的。对于日寇、汉奸、托匪等这类挑拨的活动，我们两党的人，应该共同给以致命的打击。对于那些误入歧途，受了日寇、汉奸、托匪欺骗的人们，不论他们过去在中华民族前面犯了怎样重大的错误，我们两党的人，应该给他们以很好的解释与规劝，使他们回头猛省，站到民族统一战线方面来。对于两党内那些犯过这种错误的顽固的与幼稚的分子，则应该加紧教育，使他们能够深刻懂得两党密切合作及民族统一战线的必要，抛弃一切过去的成见与仇恨，为民族的共同利益而努力。总之，我们国共两党的方针，是要使站在日寇方面的人愈少愈好，而站在我们民族统一战线方面的人则愈多愈好。我们国共两党的同志，应该在这方面有更多的努力。

最后，我们再讲一下国共两党合作的时间性的问题。国共两党方面，近来有些人正在忧虑,恐怕国共两党的合作不能持久,而又是中途分裂,使中国的抗战再度失败。这种忧虑,显然是从整个国家民族利益出发的。对于这个问题,我们共产党人是这样想的:我们共产党人不但愿意在抗日问题上,在实现孙中山先生的民族主义问题上,同国民党合作,而且愿意在实现孙中山先生的民权主义与民生主义上也同国民党合作。我们愿意同国民党共同建立民族独立,民权自由与民生幸福的民主共和国的新中国。如像本党九月二十二日所公布的宣言上所说的:"孙中山先生的三民主义为中国今日之必需,本党愿为其彻底的实现而奋斗"。我们认为建立这样的新中国,不是一件容易的事,这没有国共两党的长期的合作是不可能的。这决不是几年的事,而是很长时间的事。那时国共两党的关系,一定更加密切,国共两党的威信,一定更加提高,民主共和国也因此得以更加巩固起来。这是我们预先可以看到的。

第二,是关于国民政府的问题

有人说,共产党人总是要反对政府,总是不拥护政府,而且甚至说共产党人把现在的政府看做俄国的克伦斯基政府,因而共产党人要推翻现在的政府,另行组织新的政府。我们认为这是一种非常有害的谣言,为我们共产党人与国民党人所决不能相信的。我们应该向国民党同志声明,我们是竭诚拥护现在蒋介石先生领导下的国民政府的,因为这个国民政府今天是一个已经开始担任着国防任务的政府,已经开始代表着民族利益的政府,这是全中国人民自己的中央政府,也是我们共产党人的中央政府,这个政府同俄国二月革命后的克伦斯基政府完全不相同。克伦斯基的政府是拥护当时帝国主义侵掠战争的政府,是代表当时英法少数帝国主义者及俄国少数资本家利益的政府。只有托派匪徒们,才把我们的中央政府来同克伦斯基政府相比拟,好达到他们反对政府抗战,拥护日寇灭亡中国的目的。我们共产党人是坚决反对托匪们的这类荒谬主张的。

我们共产党人只是认为,我们的中央政府今天还有很多的弱点与病态,所以在过去一时期内对于政府某些弱点与病态曾经进行了比较严格的批评,并且提出了许多具体的建议。我们的批评与建议的中心所在,只是要使我们的政府更能负担起国防的任务,使我们的政府更能在抗战中提高他的威信与地位。因为我们认为没有为人民所爱戴的坚强的中央政府来领导抗战,那抗战的胜利是没有保障的。所以我们批评与建议的目的,只是要使现在的中央政府向前进步,向前发展,更加健全,更加充实,成为统一战线的坚强的中央政府,而完全不是要在现在政府之外再成立一个新的政府。

为了要加强我们的中央政府,我们共产党人今天首先要求政府,将各党各派有威信的能够坚决抗战的分子吸收到政府中去,以充实政府,以加强政府领导抗战的力量。我们共产党人,在今天民族危急存亡的紧急关头,愿意尽一切力量帮助政府,为争取抗战的最后胜利而斗争。一切对于国家民族有利益的事,我们共产党人愿意帮助政府与政府合作。但我们诚恳的声明,我们决不愿意同任何人争夺政府中的领导位置。

至于还有人说,共产党人主张分裂,不主张统一,这种说法也是毫无根据的。共产党向来主张中国内部的团结统一,而且已在事实上表现了出来。苏维埃政府的取消,红军的改编,不就是主张统一的最明显的例证吗?中央政府关于陕甘宁边区政府的命令,虽是尚未发表,但只要国共两党能够推诚合作,互相谅解,我们相信这个问题是不难立刻解决的。

共产党人已经一再声明,我们反对封建割据的局面,而主张建立统一的民主共和国。共产党人始终要向着这个目标奋斗。共产党人以后仍将本此方针,切实帮助中央政府改进地方政府,对地方政府一视同仁,并帮助地方政府进步,使地方政府成为中央政府的有机的一部,以消除中央与地方的对立。因为这样完全统一的政府与统一的国家,才能最大限度的集中全中国的人力、财力、物力,去战胜日本帝国主义。

第三,是关于国民革命军的问题

有人说共产党人只说八路军好,不说其他国民革命军好,所以共产党人不要其他的军队,甚至说共产党人只要组织新军队,不要老军队。我们认为这是非常有害的谣言,为我们共产党人与国民党人所决不能相信的。我们应该向国民党的同志声明,我们对于那些在前线上英勇牺牲与受伤的国民革命军将士,八路军的将士也在内,表示深切的敬意。一切在前线上英勇牺牲与受伤的将士,都是为了整个国家,整个民族的利益,而不是为了一党一派的利益。他们的牺牲与创伤是光荣的。这不只是一党一派的光荣,而是中华民族的光荣,我们想:有着这样众多勇敢杀敌的革命军人,证明中华民族是不会亡的!

我们不赞成那种说法,似乎现在前线上抗战的军队,还是过去军阀的军队,现在前线指挥作战的军官,还是军阀。自从他们参加对日抗战以来,一切过去的旧部队,已经有了基本的转变。这些军队现在已经是开始担任着国防任务的军队,这些军官已经是革命的军官。他们已经不是为了某一个人的地盘与地位而作战,而是为了保卫中华民族的整个生存而作战。在这中间,我们可以断言,已产生并将产生出无数的在中国历史上永垂不朽的民族英雄。

但是我们共产党人深切的感觉到我们的军队还有很大的弱点,我们在军事指挥上也还有很多可议之处,所以自抗战以来,我们对于这些方面进行了比较严格的批评,并且提出了许多具体的建议。我们的批评与建议的中心所在,只是要使得我们的军队更能担负起国防的任务与取得抗战的胜利。我们共产党人始终相信,没有几百万有高度政治觉悟,有坚强的战斗力,有全副新式武器的统一的国民革命军,中国的战胜日本是不可能的。

所以我们共产党人主张扩大与建立统一的国民革命军。我们愿意帮助国民党与国民政府进行这一巨大的工作。为达到这一目的,我们具体提议:

(甲)在各部队中,建立政治工作制度,以达到下列目的:(一)加强军队的战斗力;(二)改善军民的关系;(三)改善官兵的关系。

(乙)实行统一的军事指挥,统一的作战计划,统一的教育与纪律,统一的装备与供给。

(丙)改善军事技术与指挥。

(丁)培养大批军事政治干部,改善与扩大军事与政治的学校。

(戊)建立国防军事工业。

同时我们向国民政府提议,为了扩大国民革命军到数百万,目前征兵的办法立刻应该有必要的改善。这种办法,常常造成政府与民众间的不必要的对立。中国共产党人愿意在这方面帮助政府,使征兵法令的实行,不但不引起全中国人民的不满,而且可以造成全中国人民武装上前线的热潮。

有人说共产党只要游击战,不要正规战。这种说法也是不合事实的。共产党人认为要最后战胜日寇,没有正规战与游击战的配合是不行的。所以共产党今天主张扩大与建立几百万有高度的政治觉悟、有坚强战斗力、有全副新式武器的、统一的国民革命军。中国共产党愿意同国民党在一起,在蒋委员长领导之下,为创造这样的军队而奋斗。

第四,是关于民运问题

在这个问题上似乎国共两党的磨擦比较的多,一部分国民党同志常常惧怕共产党到民众中去活动,似乎共产党人一到民众中去就会动员民众来反对政府。其实这是一种误会。国共两党既然为了对付共同的敌人而合作,那么他们在动员民众参加抗战方面,也应该一样的合作而不分彼此。目前国共两党在动员民众方面的一些磨擦,实在是不必要的。

我们希望国共两党,以后在民运方面有亲密的合作。国民党方面尽管可以大胆的开放民运,放手的去同共产党合作,而共产党方面保证民众运动的发展,不是同政府为难,而是帮助政府。我们认为目前国共两党在民运方面的一些不必要的磨擦,常常由于国民党中某些同志对自发的民众运动的过分戒备,过分不放心共产党在民众中的活动而产生的。而某些共产党同志也却又由于国民党同志方面的不必要的限制与不放心,而常常发生一些过左的与偏激的言论与行动,这种言论与行动反过来更使国民党同志觉得开放民运的危险,而加强其限制。于是双方的对立似乎愈来愈尖锐。其实只要双方能够开诚布公的把问题谈清楚,以后民众运动,就能顺利的向前发展。这岂不是国家民族之福。

有些人由于不了解共产党的民运方针,因而常常怀疑共产党不要民运的统一,只要民运的分裂。其实,我们共产党人在民众运动中,同样主张统一,而反对分裂的。因为既然全中国人民有着反对日寇的共同任务,为什么又要在组织上使之互相对立与分裂呢?所以我们主张工人方面,有工人的统一的抗日救国的组织,农民方面有农民的统一的抗日救国的组织,青年学生方面有青年学生的统一的抗日救国的组织,妇女方面有妇女的统一的抗日救国的组织,以及商人方面、职员方面、文化人等方面,均有他们自己的统一的组织,而这许多的组织都统一于各地方的以至中央的抗敌后援会或动员委员会中,受其总的指导。抗敌后援会或动员委员会在领导这些民众团体时,只要它们的基本方向不错,就不必多方限制他们活动自由,干涉他们内部的生活。相反的,应该用各种方法启发这些民众团体参加战时动员工作,发扬他们的创造性与积极性。同时,抗敌后援会或动员委员会,应该容许各种民众团体的代表参加,使下情得以上达,上情也经过他们得以下达。一切问题均可共同讨论,共同解决与共同执行。我们想,我们如果在民运方面能够实现这样的统一,那动员民众援助政府与军队抗战的力量,必将增加数十倍,以至数百倍。这岂不是国家民族之福。

我们知道,我们的政府与军队现在是处在非常困难的状况之下,如财政经济的困难,兵伕补充的困难,巩固后方的困难,交通运输的困难,在目前是显而易见的。这些困难的解决,只有依靠民众力量的发动。共产党愿意在这方面用大力来帮助我们的政府与军队解决这些困难。

我们共产党人认为,在目前中华民族危急存亡的关头,大家的任务,决不是什么争取领导权的问题,而是如何动员民众与武装民众,帮助政府与军队去战胜日寇的问题。

国民党同志常常责备共产党人,不应该提出"改善民生"的问题,使民众同政府对立,使政府为难,其实这是国民党同志方面的误会。首先,共产党"改善民生"的口号,并不是同目前抗战的任务对立或并立的,相反的,这个口号应该服从于抗战的任务。这个口号的提出正是为了要更便利于动员民众积极参加抗战,其次,"改善民生"的口号,并不是要求政府负担它今天所不能负担的任务,而是要使政府依据当时当地的具体情况,用各种方法去减轻民众的某些过重的不合理的负担,比如像贪污中饱的铲除,重利盘剥的废止,过高地租的相当减轻,捐税制度的改变为统一的累进税等,都是与人民生活的改善有直接关系的。这些办法的实行,不但对政府毫无困难,而且的确可以使政府的机构健全起来,使政府与民众打成一片。第三,政府还可以用发展国防教育与文化事业,提倡合作社,发展手工业与土产,举行各种低利借贷,修理水道沟渠等办法替民众生活的各方面谋幸福。这些事都是政府在抗战时期所能够做到的。如果政府能够经常注意民间的疾苦，那这些工作是一定可以做到的。我们共产党人也愿意在这方面帮助政府去取得民众的信任与爱戴。

如果国民党同志认为我们所说的话是有理由的，那么我们希望立刻开始国共两党在民运方面的密切合作，实行互相协商互相帮忙的原则，以推动民运工作的前进。我们相信，我们在这方面的成就将来一定很大。四万万中国人民有组织的力量，将最后粉碎日寇的进攻。

上面四个问题，就是我们共产党人在中华民族危急存亡千钧一发的关头愿意向国民党同志诚恳说明的。我们相信，这种说明可以使国共两党的关系，从此大大改善，使抗日民族统一战线更加扩大与巩固起来，使抗战能够坚持到最后胜利。

我们认为，只有那些中华民族的败类，才会利用目前抗战的暂时的部分的失利，与由此而发生的一些困难，宣传各种投降妥协的主张，散播民族失败主义的空气，企图使抗战不能坚持，使中国为日寇所灭亡。但是全中国人民都是不愿做亡国奴的。他们在暂时的部分的失利与由此而发生的一些困难面前，并不悲观失望，并不自暴自弃，相反的，他们将以全中国人民的团结的力量，将以强大的抗日民族统一战线，将以国共两党的密切合作，去粉碎日寇的进攻，去转败为胜，最后驱逐日寇出中国，收复失地，建立独立自由幸福的新中国。

一九三七年十二月二十一日

（原载《解放》周刊第二十八期）

3. 西安救亡运动的一个紧急问题（黎威）

二月二十二日，《西安晚报》披露了一个消息：陕西省党部奉令解散西安文化界协会等十三个救亡团体，计有：西安文化界协会，西安编辑人协会，西京市中等学校教职员联合会，西京世界语学会，西安新文字促进会，西北青年文艺工作者协会，民族解放先锋队西安分队，木刻漫画研究会，新时代歌咏团,西安民族抗战戏剧社,西北青年救国联合会,西北作家协会,陕西青年抗日决死队。

解散的理由据说是这样:全面抗战展开以来,全国上下莫不同仇敌忾,以争取最后胜利,乃本市尚有少数非法团体,未经备案,私自活动,甚至意见分歧,互相攻讦,影响所及,至大且深云云。

然而事实上这些团体都是积极从事于救亡工作的,并且它们的工作成绩,非常之好。当局正应当予以合法的保障,并且领导它们。这样才能把全体人民的积极性组织起来,充实抗战的力量。

说这些团体"意见分歧,互相攻讦",是没有根据的。事实上,这些团体是最能在"抗日高于一切"的原则之下,团结奋斗的。这些团体和党部直接领导之下的西北青年抗敌协会,很能合作互助。不久以前,向"民先"发动召集了西北青年抗敌协会,西北青年文艺工作者协会,西安新文字促进会,西安妇女慰劳会,民族解放先锋队西安分队等团体的联席会议,制定了共同遵守的工作纲领。

但同时倒有些这样事实:

西安新文字促进会为了普遍宣传新文字和救亡知识,创办了《新文字壁报》和《老百姓墙头报》,每天张贴在钟楼下面,因为文字的通俗简明,读者非常欢迎,有些住在很远地方的市民、商店职员、工人、学徒和小商人也跑来看。这个壁报就常常被一些人撕掉。但新文字促进会的工作都能沉着努力,第二天早晨,就又把新的壁报张贴起来了。

西京世界语协会为了普遍宣传世界语和救亡知识,创办了《世界语壁报》,这壁报在西安几十种壁报中要算比较出色的了,看的人很多。但也常常被一些人撕掉。有一次,正当一个住在附近的工匠站在那里读世界语壁报的时候,有一位同胞走来伸手把壁报撕了,徜徉而去。那工匠一面愤然的骂着,一面又把壁报张贴起来了。

西安文化界协会在反侵略运动宣传周的文化日那天,曾经有过四项提议,其中一项为呈请政府根绝在西北活动的托派汉奸,并处张慕陶以极刑。当时有一位先生对这提议力持反对的意见,他说托派不是汉奸,主张根绝托派的人才是汉奸。

这大概就算是意见分歧，互相攻讦吧！我希望领导我们的党政当局，能够消灭这些分歧和攻讦，把全国一切力量，都团结在贯彻抗战到底，争取最后胜利的旗帜之下，而不是用解散的手段，来削弱自己的力量。

（原载一九三八年三月十二日汉口《新华日报》）

4. 中国共产党中央委员会启事

据各方面所得消息，近来日寇汉奸及其他别有企图分子或伪造所谓共产党领导机关文件及所谓共产党领导人的文章言论，在各地印发；或故意翻印共产党领导机关在过去国内战争时代的文件及共产党领导人在过去国内战争时代的文章言论，在各地散发；意在用挑拨离间手段，破坏国共及其他党派抗日救国的合作和全民族力量的团结。中共中央兹特郑重声明：本党领导机关文件及其他领导人文章言论经党在延安出版之《解放》，汉口出版之《群众》，山西出版之《前线》等杂志及《新华日报》上发表，有关本党之书籍小册等，均由延安解放社及请托汉口中国出版社印行，对于其他任何地方任何机关或个人印发的所谓"共党文件"或"共党领导人的文章言论"，概不负任何责任。此外，中共中央并请各界人士遇有此等伪造或未得本党同意而擅自印行的文件或书册时，立即函寄陕西延安本党中央委员会或汉口本党负责人周恩来、陈绍禹、秦博古等。不仅可以辨真伪，且藉以追究此等所谓文件或书册印发的来源，以杜奸宄而固国共及一切抗日救国力量的团结。

民国二十七年四月一日

（原载一九三八年四月六日汉口《新华日报》）

5. 中国共产党中央委员会紧要启事

迳启者：近日各地迭次发生冒充敝党名义假造各种文件证章事件，在外招摇撞骗挑拨本党与国民党当局及抗日团体之团结，藉达离间国内之统一与破坏对日之抗战。敝党特郑重声明：对此类事件不负任何责任；并切盼各地机关、团体及各界人士，凡遇有上述事情发生，务请随时报告延安敝党中央委员会或敝党在武汉之负责人陈绍禹、周恩来、秦博古,藉明真相,以便转请当地军政机关依法办理,团结抗战实利赖之。此启。

（原载一九三八年四月十八日汉口《新华日报》）

6. 国民革命军第八路军武汉办事处紧要启事

迳启者:近日各地时有假借敝军名义在外招摇撞骗及挑拨友军及各抗日党派事情发生,殊有碍全国团结一致抗战之国策。敝军特郑重申明:对此类事件不负任何责任;并希望此后凡遇有此类事件发生,务请各地机关团体及爱国志士随时报告或将启事人扭送本处或当地军政机关办理,以遏乱萌,而维后方秩序。此启。

（原载一九三八年四月十八日汉口《新华日报》）

7. 关于所谓《中国共产党的策略路线》一书的公开信（周恩来）

××先生:

手示敬悉。承寄《中国共产党的策略路线》〔张浩(林毓英)讲〕一小册亦已收到。

手示中谆谆见嘱:"以此书曾在××大会上散发,并于会外亦颇多流传。社会传言,似有人欲藉此掀起政治波澜者。当此寇深祸急之秋,国内精诚团结,一有破裂,实足以招致亡国之祸而有余。亟盼兄等能有以剀切之剖明,藉白真相,而固团结。"语重心长,感佩无似。旬日来,友好中或亲自过访,或赐书垂询,所谈多关此事。现特于报端作覆,想定能荷先生同意。

赐书有云:"初读此书,见其引证庞博,条理分明,用词造句几肖贵党同志手笔。然细释内容,则非特与贵党历次决议及兄等言论不合,且有数处破绽毕露,可断定其为膺鼎。夫揣摩效颦,鱼目混珠,揆诸伪造者之用心,惟在破坏抗战与国共之团结,但其伪造之技巧确相当高明,……"一语破的,甚佩卓见。

首先欲告先生者,该书在武汉印散之前,弟等不论在陕北或其他任何地方,均未见过。而在武汉,正当许多书籍禁印禁卖之时,忽该书广为翻印(弟等见到者已有两种版本,既无印刷人名,又无出版年月),并广为赠送,即此一端,亦可知其作用之所在。在政治斗争史上,伪造文件亦不乏先例,如一九二四年因所谓《季诺维也夫文件》所引起的极严重的后果,即为其显例之一。

推伪造者的用意,其一,为破坏与诬蔑敝党的政治口号与政策,如民主共和国的口号,本是指明中华民国的立国性质,本党中央在一九三六年九月十七日决议上曾明白指出:"中央认为在目前形势之下,有提出建立民主共和国口号的必要,因为这是团结一切抗日力量来保障中国领土完整和预防中国人民遭受亡国灭种惨祸的最好办法。"王明同志亦曾恳切说明:"统一的民主共和国,对于中国人民和国家是一个大进步,是使中国人民和国家在政治上、经济上、文化上自由发展的一个重要步骤。这种统一的民主共和国将千百倍地巩固加强和增进中国人民和国家反对外国敌人的国防力。"而在这本所谓"讲义"中,则认为"真正的民主共和国才能推倒国民党,党的专政,真正民主共和国的实现,就是无产阶级专政的开始,是建立社会主义社会的起点,以至于实现社会主义的革命"。(十页)两者对证,伪者立现。其尤可笑者,所谓"讲义"中竟将无产阶级专政的开始与社会主义社会的起点,放于社会主义革命之前。似谓社会主义革命乃在社会主义社会建立之后,杂乱颠倒,实无社会科学的初步常识。又如抗日民族统一战线,敝党曾再三再四说明其内容是以国共两党合作为基础的抗日各党派的共同合作。同时,敝党曾屡次声明愿与国民党亲密合作,在合作中热忱期望友党的进步与强大,以便能互相帮助,共同发展,互相策勉,而在该书中却将民族统一战线曲解为联合国民党外之各党派以孤立国民党。试一翻阅敝党致国民党书(一九三六年八月)以来之敝党各种文件及行动,当能明察该书为别有用意的伪造。其他如抗日联军国防政府等口号,敝党中央领导同志曾再三说明:国防政府口号的内容,既不是反对国民政府,也不是改变国民政府名称,而只是说国民政府应实行抗日卫国以尽国防的任务;抗日联军口号的内容,既不是离开现有中国军队而创立军队,也不是改变中国军队的名称,而只是说中国过去各种不同系统的军队,应当联合统一起来,而实行对日抗战。但该书伪造者对此两口号的内容,亦莫不横加曲解,其目的显在一方面破坏敝党的和平统一、团结御敌的新政策,另一方面企图挑拨我国各政党和各军队之间的恶感。

其二,则为捏造事实,藉以破坏敝党与国民党之间的精诚团结。如将国民党内某某某某强分为左派、右派与亲日派,列举姓名并冠以"打击"、"分化"、"争取"、"联合"之类的形容词,无非欲用以掀起国民党诸领袖对敝党的不满。如捏造在福建事件"杀了他派来的代表,袭击他的队伍"之类,藉以挑起李、陈、蒋、蔡诸先生对敝党的恶感,并暗示敝党之不顾信义。然当时之代表××先生固健在武汉,如能获读此书,当亦为之哑然失笑。其他如说在张、杨部队中联给上层鼓动下层,在西安事件和平解决中,故意造作杜秘书长反对等说法,俱为有意挑拨之举,尤欲重陷杜先生。但是,我们深信,国民党诸领袖及社会闻达均能明察秋毫,洞悉伪造,挑拨者断难达其目的。

其三,则为故意在全国人民面前,将敝党之坚决抗日政策,描写成为所谓"阴谋手段"。该书不单重量的说:"抗日在明处,土地革命在暗处,进行到某一高潮,就将土地革命放在前面。"(三十三页)而在别处则直截了当写为"假停止内战的口号","假民族统一战线"等等词句。以共产党员之张浩,而直称共产党之口号政策为"假……"实属不近情理之至,伪造者在这方面是"破绽毕露"了。抗战以前,本党为停止内战一致抗日的利益,曾自动宣布在现有阶段上停止以武力没收地主阶级土地的政策,在西安事变时,本党主张和平解决以便团结抗日的光明磊落的态度,均为举世皆知的事实。抗战以来,本党同志与全国将士一起在前线上共同奋斗,屡获胜利亦为全国人士所共见。伪造者的谣言,应早为事实所粉碎。

其四,则为欲重复久已为人所唾弃之所谓"共产党杀人放火,背义无信"等等的滥调。如该书中谓"烧杀太重太残,使一切人畏惧",如谓"保留苏区以便收留作战的人",如谓"读遗嘱是一个开玩笑,是一个好玩的事"。等等,伪造者显欲将共产党描写为所谓"好乱成性,幼稚胡闹"之人。但是,这类滥调早已为人民所唾弃。

至于伪造者的技巧,确有相当"高明"。因为:第一,去年春张浩同志确曾在抗大讲演过所谓党的策略问题;第二,该书中所引证列宁、斯大林文句,确出诸列斯二氏著作之中文译本;第三,张浩当时之演讲,确有对本党政策不了解和解释错误之处,而本党负责同志之一——博古同志确曾在抗大公开纠正其错误(该书第五十九页曾提到"博古同志对我所讲来一个否定")。张浩同志当时的错误,是在将抗日民族统一战线的政策认为系一时之策略变更,而本党中央则确认为系在一定历史阶段上之革命战略的变更。凡此数项,伪造者均凭为依据,而妄添伪造。节外生枝,藉以乱真,藉以惑人。很可惜,据说竟有少数人被伪造者所惑而代为流传散布其书者。

然而,伪造者亦尚有功夫未到之处:第一,所选年月太远,即张浩讲演在去春国民党三中全会左右,而三中全会决议对国共关系尚有保留词句;第二,所选人物不适当,张浩(林毓英)同志,虽为本党党员,但并非本党中央负责人,同时,虽然林毓英也姓林,但无论如何,伪造者绝不能达到将此事责任牵涉于林彪同志之目的(颇有人告我林毓英即林彪)。凡此,不能不是伪造者的大失着;第三,此书内容虽揣摩尽致,煞费苦心,但毕竟不能不自行暴露破绽,泄露马脚。

尤重要者,则惟团结方能救国,已为全国人士所共信。伪造文件或其他方法,决不能破坏我中华民族之铁一般的团结。国共两党及各抗日党派之亲密合作的阵线,亦决非此种伪造伎俩所能摇撼。观乎国民党临时代表大会之成功,吾人益信:抗日民族统一战线将益加巩固与发展,抗战之最后胜利将属于我伟大之中华民族。敌寇在挫败之余,虽益加强其挑拨离间(弟等曾见另一文件:所谓《中国共产党上海支部决议书》。其文章语气俱为日文,而其内容则为攻击本党与国民党合作,可断言其为日寇特务机关之手笔),但团结与胜利将击破此种挑拨。先生革命先进,如有所见,尚望随时见示。专复,敬致敬礼!

周恩来

四月二十五日

(原载一九三八年四月二十七日汉口《新华日报》)

8.答复××先生的一封信(陈绍禹　周恩来　秦邦宪)

××先生:

奉读来书,承先生关怀全国团结与国共合作,甚为铭感!关于"从共产党机关报(解放周刊)看共产党的真面目"一传单,在今年一月间已在西安散布,后来时有增补。最近在长沙、常德、广州、武汉、重庆各地均发现此一传单。正因为该传单没有署明何人、何党、何派,那一机关印发的,所以未置答辩。从这种不负责任的态度中,也可看出散发这种传单的阴谋何在。在政治斗争中采取这种卑鄙的手段,当然不会获得国人任何的同情。在抗战如此紧急,国内团结正需加强巩固的时候,散发这种传单的行动,无非企图破坏抗战,破坏统一战线,挑拨国共合作关系,不管印发人的主观愿望如何,客观上只能有利于日寇。因此,许多爱国人士常常把散发这种传单的人当作破坏民族团结和破坏抗战事业的败类看待,亦不足怪。据我们所知道,散发这种传单的人,虽然客观上起着帮助日寇的作用,但这些人不一定都是直接与日寇有关系,由于这些人之中的一部分人目光短小,行动幼稚,而汉奸托派从中怂恿,使这些人不自觉的走上了他们的圈套。

我们希望这些人能够停止这种不负责任的行动,有什么问题尽可以公开讨论,共同商量。这种不负责任的行为,不但不足以损害共产党的威信,而且恰好激起人民对于他们自己的不良反感。譬如襄阳中学教员刘幼芝先生散发这种传单的结果,只是降低他自己在学校内的信仰,而促成学生对于他不良的反感。

我们希望政府对这些人深加劝责,同时希望全国人士当发现这些人的这种幼稚行动时,亦须当面批评,善意规劝,使其深明大义,以国家民族利益为重。此复,并致

抗日敬礼!

陈绍禹　周恩来　秦博古

五月十八日

(原载一九三八年五月二十一日汉口《新华日报》)

附：

××先生给陈绍禹、周恩来、秦邦宪的信

绍禹、恩来、邦宪三位先生：

抗日战争正万分紧张，全国各阶级各党派，主要是国共两党正亲密合作，共同抵抗民族公敌日本帝国主义者之际，此地襄阳中学里面，突发现一种惊人传单，标题为"从中国共产党的机关报（《解放周刊》）看共产党的真面目"，后面注明"欢迎传阅"等字样，但没有下款。这种传单究竟何人，何党，何派，那一机关印发的？完全没有人负责。不过，这种传单的散发，并不是秘密的，而是公开的，明目张胆的。据我调查的结果，在襄阳中学内面，是由该校教员兼级训导刘幼芝在该校学生尤其是在该校初中学生中间，普遍的公开的散发，特别是在由他一手造成的"襄中恢宏读书会（初中学生一部分）"里面散发。他并嘱咐该会会员在校内外广为传阅。及细看传单内容，完全是破坏统一，破坏抗日，破坏国共合作，公开违反抗日最高统帅蒋委员长对外国记者所称"国内已无党派之争"的声明，完全是替日本帝国主义强盗张目。刘幼芝既身为该校教员，且兼任级训导，竟公开散发此种传单，以破坏抗日民族统一战线，淆乱一般纯正青年学子的观念，使之对于国共合作及各党各派各阶级大联合大团结减少了信任，而陷于怀疑惶惑态度，影响所及是削弱了抗战的力量，搅乱了抗战的阵营，破坏了全民族为了争取生存实行坚决抗战的伟大的事业，而直接是与日本强盗遥相呼应。兹将襄阳中学教员刘幼芝所负责散发的传单，寄给三位先生一阅，并要求将此信在报端披露，将此种破坏阴谋，在全国各界同胞，全体抗战将士，全国各政党，各团体，各机关的面前，公开揭破，以遏乱萌。专此谨致

抗日敬礼！

××

二十七年五月十二日

（原载一九三八年五月二十一日汉口《新华日报》）

9. 巨潮中的逆流（《解放》周刊时评）

自国民党发表《抗战建国纲领》以来，我们一方面看到全国最大多数人民的热烈拥护与赞助，而另一方面却又看到极少数顽固分子的捣乱与破坏。最近我们从各方面接到很多关于少数顽固分子的捣乱与破坏《抗战建国纲领》的实施的报告。比如说最近在武汉、长沙、西安、开封等各大中心城市，都发生没收抗战救亡的刊物与书籍，甚至蒋委员长的《抗战言论集》与陈部长的《演讲集》也在没收之列。同时又到处发现一类专门利用造谣诬蔑挑拨离间的卑鄙下流手段，向共产党攻击的杂志、小册子与口头宣传。甚至用种种威吓利诱的办法，企图封闭或瓦解救国团体，用秘密恶毒的手段，逮捕积极救国分子。在陕甘宁边区的内部与周围，这种捣乱破坏的事件，更是不胜枚举。

少数顽固分子这种活动的目的，当然是不难了解的。首先，他们料到在《抗战建国纲领》实施之后，政府机构必然有极大改革，他们怕失去他们过去在政府中那种贪污腐化与倒行逆施的自由。第二，他们料到在《抗战建国纲领》实施之后国民党必将有极大的进步，他们怕失去他们过去在国民党中那种自利派别与包办垄断的地位。第三，他们料到在《抗战建国纲领》实施之后，全国抗日民族统一战线一定有更大的充实与发展，他们怕民众的觉醒，民众的积极参加抗战，甚至怕日本帝国主义与汉奸国贼。正是因为他们要勉强保存他们在党政机关中的那种不合理的特殊地位，正是因为他们惧怕抗日民族统一战线的充实与发展，所以，他们要用一切下流无耻的方法，同中华民族内部一切进步的势力进行"斗争"与"磨擦"。他们口头上天天叫喊着"反对斗争"、"反对磨擦"，而实际上，他们却是斗争与磨擦的专门家与能手。

然而，不论怎样，顽固分子们这种阻碍中华民族进步的事业，终究是无望的。中华民族的走向彻底的独立与解放，是历史的必然，是全民的要求，决不是极少数的顽固分子所能阻挠的，虽是他们的捣乱与破坏也会给民族以很多的损害。然而也正是由于这些顽固分子所做的事业是无望的事业，他们在民族革命巨潮前面感觉到自己的无力与渺小，所以他们的斗争更带着疯狂性与盲目性。我们今天还不能说这些顽固分子已经是不愿意抗日的分子。我们相信其中还有不少愿意抗日的分子。但是，他们为了保存私人的与派别的特殊利益与反对抗日民族统一战线的发展所进行的斗争与磨擦,吸收了他们差不多全副的精力与注意,所以他们事实上不但对于抗日不能有什么尽力,而且实际上所做的工作,常常是有害于抗日的,这已经是最明显不过的事实。

正是因为他们的斗争带着这样的疯狂性与盲目性,所以他们甚至走到与托派奸徒联合一起向一切进步势力进攻。他们不愿意抗日民族统一战线,然而同托派奸徒的统一战线,却是坚决执行的。他们不愿意想一想他们这种行动会得到何种不幸的结果。他们不知道他们这种行动不是他们利用了托派奸徒,而正是托派奸徒利用了他们。他们今天玩弄着毒火,而我们可以预言明天这把毒火会把他们烧死的。这样的例子不是也已经发生了吗?

托派汉奸现在正在得意着。他们依靠着党政机关中多数顽固分子的支持大出其刊物小册子,用他们造谣诬蔑挑拨离间的全部本领向着全国一切进步的势力进攻,去公开配合日寇灭亡中国的行动。他们甚至走到这样的地步:诬蔑孙中山先生的民权主义为全人类敌人希特勒、莫索里尼的法西斯主义!何等的大胆啊!

可惜,天下事常常走着同私人愿望相反的道路。顽固分子愈是利用这些奸徒进行破坏捣乱的活动,他们就愈是为全国有良心的中国人民所唾弃。托派汉奸愈是利用顽固分子肆无忌惮,他们为日寇服务的真面目,愈是表现的明显,他们就愈为全国有良心的中国人所不齿。顽固分子应该想一下,他们这种办法究竟对于中华民族的独立解放有什么好处? 对于他们自己有什么好处?

我们愿意以极诚恳的态度警告这些顽固分子说:如果你们真的还有抗日志愿的话,那末,赶快回头吧,同一切托派汉奸及一切黑暗势力分开吧,同全中国人民在一起去打倒共同的敌人日本强盗吧。中国人民这方面多一个人,就是多一分抗日的力量。我们欢迎你们到我们这方面来。你们今天所走的道路,是十分危险的,如果你们不及早回头,那末民族抗战的巨潮会把你们最后扫荡得不知去向的! 那时你们不要后悔无及。

同时,我们要告诉全国的同胞们:不要在这些顽固分子以及在他们掩护下公开活动的恶棍们的叫嚣跳骂的面前,表示张惶失措,或是悲观失望。这不过是在抗战巨潮向着光明前途奔腾前进的一些逆流而已。中国历史发展的方向,是对我们有利,对他们不利的。全国人民的任务,是在以坚定的立场加紧团结自己的内部,坚持抗战到最后胜利的方针,同时提高大家的注意力使这些逆流不能危害到我们民族解放的神圣事业!

(原载《解放》周刊第四十一期,一九三八年六月八日)

10.蒋介石关于对飞运陕北物资须经过特别许可等情致甘肃省政府主席朱绍良的手令

兰州朱主席。甘肃省政,目前以组织民众,彻底改革教育,以各地民众学校为基础,使之成为管教养卫之中心,使民众全为政府所用,不为反动派引诱为第一要政。请兄彻底做到,万勿徒事消极。今日西北实为中国存亡唯一之关键也,教育厅长应即更换或暂保葛武棨充任亦可。其次,处事应特别注重,凡事应操之在我,不可放纵。无论货物交代行人来往,皆应用正式手续,不可漫无限制,致陷于无国界状态,造成东北第二也。对于其高级外交官员,为国交计,固应与以礼貌,但亦须内方外圆,不亢不卑也。以后无论飞机、汽车或货物,到兰后必须由战区司令部接收、经营,向各地运出,必须请示于中正许可后方得放行。如其有欲飞向陕北或运往陕北之飞机物品,更非得中正之许可,与中央之护照,切勿擅自放行。此例万不可开也。闻苏俄大使即将经兰州来汉,则请优礼遇之。已令外交部特派驻兰外交员办理交涉也。中正手启。文午机牯印(一九三七年十二月十二日)

(选自台湾《国民政府军令部战史会档案》(二十五)13302)

11.中华民族解放先锋队为遭受当局解散敬告各界人士书

全国党政军长官,各界父老先生,诸姑兄弟姐妹钧鉴:

全国青年朋友们,全世界青年朋友们:

最近武汉卫戍司令部政治部举行民众团体登记,审查结果,顷经宣布:我们——中华民族解放先锋队,以"迭经奉令取缔"的简单理由,竟受到解散了。

按武汉卫戍司令部政治部发布的"调整武汉民众团体总登记审查标准说

明书"第八条是这样规定的："民众团体有名无实,或其行动显与抗日利益或社会治安相违背者,本部令其解散。"民先队是否一个有名无实的空头团体呢,民先队的行动是否违背抗战利益或社会治安呢? 海内外先进父老会替我们答复这些问题,成千成万的兄弟姐妹会替我们答复这些问题,在鲁西北范筑先先生部下,在平郊赵侗先生的队伍里,在晋察冀边区和山西全省的几十万跟敌人拼命的民先与非民先的青年游击队员会替我们答复这些问题,战区与非战区,从海南岛一直到沦陷敌手的平津冀察的千百万热爱祖国的同胞也会替我们答复这些问题。他们看见了民先从三年前风雨飘摇的华北勇敢地举起了拥护统一抗日反汉奸的旗帜,他们看见了民先为祖国的自由在妖氛鬼气之下的华北所受到的磨难,他们更看见了抗战开始后万千民先队在前后方之活跃,他们看见了民先队员沈超、张九萼、史伟、张书阁、金谷兰及其他壮烈牺牲的同志们,有的身上插进了敌人的刺刀,有的被敌人活活绞杀,有的被汉奸谋害出卖,他们看见了这些英勇青年的血和被敌人挖出来的肝肺——这抹也抹不掉的记忆,这牺牲为国家的标职。

在卫戍司令部政治部给我们的通知书,和报纸上发表的解散理由是"迭经奉令取缔",我们不知道这究竟是指的什么命令? 我们只知道除了民先西安队部于本年二月间接到陕西省党部的取缔命令之外,我们并不曾接到过任何取缔活动的明令。陕西省党部违反了《抗战建国纲领》保障民众运动的规定,忽视了最高统帅发动民众奋起抗敌的号召,任意取缔民众团体的活动,非法拘捕热心爱国的青年,这已经引起了全国舆论的不平和海内外救国团体的责难。关于陕西省党部的这种非法措施,我们已向党政长官和社会人士一再提出申诉与呼求,总期望这局部的不幸事件会极速的得到合理解决;是不是陕西省党部的决定同样的适用于武汉呢? 是不是一省一市的局部措施会影响全部国策呢? 我们仅以万分的虔诚请求武汉党政军长官,根据抗战建国的利益,根据不可动摇的事实,对于这一解散处分,再度作周详的调查与考虑!

我们是热爱祖国的青年,我们爱护我们的政府,我们也愿意服从政府的法令,正如我们听从父兄的指导一样。但是我们在这里不能不以满腔的忠忱,敬告我贤明的党政军长官,解散民先对于抗战是没有丝毫好处的,而且也是不可能的,因为它的工作,它的历史证明了它正是千千万万青年所需要的团体,它正是抗战利益与祖国的解放事业所需要的团体,我们坚决的抵抗解散民先队,我们并不因遭受无理解散而放弃责任。相反的,我们将更团结我们的力量为民族解放事业流最后的血。因为我们深切的了解,保卫祖国并不是那个人的事业,而是全民族的责任,解散只是形式的,但是责任才是光荣的。我们不是正在争取祖国的自由么？我们不是正要千百万青年奋起卫国么？我们愿意遵从政府的法令,但我们更要忠实于国家民族的利益,我们要继续并发扬民先的传统,我们要在抗战建国的最高原则情况指导之下努力工作以争取中华民族之彻底解放！

最后我们更愿意说:对于青年活动的消极限制和强制参加都是没者丝毫好处的。青年有火热的心和坦白的胸怀,他们热爱祖国,他们愿意为祖国奉献自己的全部精力与生命,敬爱的党政军长官,请大胆的信任青年,给青年以救国的充分自由,积极地扶植青年的活动吧！我们更希望党政军当局花更多的力量去对付日寇,不要耗费无益的精力来对付我们青年。

武汉已经万分危急,抗战行将进入更艰苦的阶段,在动员民众保卫武汉声中我们接到了解散命令,我们真是万感交集,衷心如捣,但我们并不气馁,我们将仍本我们为民族解放的誓言,决心奋斗到底。谨掬诚宣言如左,渴望党政军长官社会先进和各界父老给我们以指导与援助。

中华民族解放先锋队

八月二十日

（原载一九三八年八月二十一日汉口《新华日报》）

12. 青年救国团紧要启事

本会刚于京燕甫陷之际,在武汉成立,迄今七个半月,虽如合法问题、经费问题等困难障碍,自始即相逼而至,致工作未收应有之成效,然赖全体团友坚持果敢精神,各界先进与青年友人之竭诚协助,终获今日之成就,辱蒙赞许为青年团体中之有规模有成绩者,犹忆数月前,警察机关非公开非正式的威吓本团解散时,警宪及特务人员日以数十驻守团部,各界人士立起代为奔走呼吁，其后房主以本团积欠租费过多，限令迁徙，复蒙各界慷慨解囊，得济燃眉，大义热肠，思之感彻肺腑。此次本团又遭解散事件，日来劳关注之先进及友人等纷至团部慰问，或以信函垂询，铭感之余，谨布事实经过于后，尚盼不吝教言，剀切指示，则蒙其益者匪仅本团已也，民众运动前途实利赖之！

本团成立以还，上呈军委会前第六部，前武汉青年妇女团体指导专员，湖北省党部，汉口市党部，军委会政治部请求立案辅导，将及十次之多，历时七个月，未获结果。虽然，武汉历次抗战运动，本团均曾积极参加，蒙各党政领导机关赐予工作机会，可谓已部分取得实质的合法地位。本月七日接奉武汉卫戍总司令部政治部通知，云此次民众团体总登记业经审查完竣，本团应"列入继续考查一项"，本团虽以长期苦斗后仍不能正式合法为遗憾，犹幸可在政府积极督率下继续工作，来日正长，历史决不负苦心之人。后二日，本月九日又奉通知，命于即日下午至政治部（卫戍总司令部政治部，下同此）谈话，以时间仓促，负责同志多出外工作，乃由袁汝镛、智体洁、姜纪常、刘玉柱、胡传永五同志准时前往，承政治部胡副主任（越）接见，示以各方面对本团素有不谅解者，近时本团又太活跃，已无法维持"继续考查"之原议，着即解散，干部分子经考核后参加三民主义青年团及战时干部训练团，团员归入各个团体及工作队，并命迅造团员名册呈报备查。袁同志等当说明未经本团合法讨论前，不能代表团体表示可否，个人意见，则深以为欠妥。至三民主义青年团及战时干部训练团之参加与否，宜尊重个人意志，不便出以强迫，此其一。方今武汉之危，诚如覆舟，上至政府下至民众均应以抢救此险为紧急任务，若徒斤斤于组织形式之划一，致使工作上之紧急部署蒙其影响，将为不智。即以本团而论，响应政治部号召，扩大保卫武汉宣传，加紧组织战时工作队，甫经布署就绪，一旦解散，损失至难补偿，此其二。其三，三民主义青年团之历史作用虽有定评，惟其为严格纪律的、干部性的、半军事性的组织，以之代替一般青年群众组织，殊非善策。本团代表陈述意见后，未得具体结果，咸认为领导机关与民众团体间素日接触过少，原则见解尚有极大出入，实属遗憾。乃约期再谈而散。至十二日午，本团复遣袁汝镛、姜纪常两同志趋谒胡副主任，说明经本团研究结果，认为解散民众团体损害极大，质言之，密切关联于政府动员民众之精神,关联于国内团结之动态,本团已央人向最高统帅提出,至希慎重考虑。胡副主任乃告以如于本月十五日前不能自动办理结束手续,政治部已拟妥彻底执行解散令之办法,且已有充分布置,并面促本团缴呈团员名册。袁同志等当恳以稍缓数日,俟抽暇赶制后送部。回后又奉训令,限本团于十二日下午六时前将团员名册备文具报。嗣时正值"八·一三"纪念前夜,本团全体动员扩大宣传,负责同志欲求片刻安息而不得,十三日后,一昼夜始将名册制后,于十五日晨送出。十七日晨本团又接政治部通知,明令解散,二十日下午警备司令即来查封团部。查政治部解散令文云:"查该团本未取得合法地位,在本部登记后,经审查结果,列入继续考查类,本望予以调整,期其健全。近查该团行动,多与政府规定不合,且对本部命令抗不具复,应即予以解散处分,除周知军警机关执行处,仰即遵照勿违!"捧读之下,惊诧莫名,盖本团成立七个半月,经常参加各党政机关领导之抗战行动工作,素未闻半语正式指摘批评。即谓青年习性或不免于疏忽、越轨之处,自审尚无。至于应得解散处分之罪,更万思不解,除以团员名册事,情如上述,深可原谅外,亦从来未有抗不复命事情。本团近时工作,以号召民众参加战时工作队为中心,报名者达六百余人,以历时已久,政治上迄无收容编队办法,一部分经本团介绍参加各种工作,一部分痛心散去。工作成效,见诸报章,谅非不合规定之所指也。惟本团既已正式奉命解散,即将提交全团同志详加讨论,并一面上呈负责官长,恳请收回成命。此外,妨碍本团之不幸事件纷至沓来,近日流氓至团部捣乱,击破玻璃窗格,殴打团员,于通衢壁上张贴文告,污称本团开办妓女训练班等事,尤属荒谬绝伦。同时,近日来各界先进对本团诸事奋极关切,不及一二作复,特刊报端,聊申谢忱。战局且亟,武汉漫遭轰炸,我贤明当局及各界人士,当不忍令本团千余有组织的虔诚青年鸟兽哄散,化其力量于乌有也。

青年救国团谨启

八月廿日

(原载一九三八年八月二十一日汉口《新华日报》)

13. 抗议解散三团体——民族解放先锋队、青年救国团、蚁社

（汉口《新华日报》社论）

昨日卫戍总政治部解散青年救国团、民族解放先锋队、蚁社三团体消息公布，这是非常令人惊奇令人愤懑的一件事！当武汉危急的时候，而最有工作历史，最有群众基础的三个团体却遭受了解散，这不但违背全国人民一致动员保卫武汉的呼声，而且也违背政府坚守武汉的国策。这一行动不但表示国内政治还有许多未尽善之处，未开明之处，而且也表示民族团结尚未达到必要巩固的程度。当此武汉危急，人心惶惶之际，这一行动对于国内影响，对于国际听闻，不但是一件最大的遗憾，而且令人莫得其解。

全中国，全世界都知道中华民族解放先锋队是中国共产党直接领导的青年群众团体，从华北事变以后，他们在民族解放运动上在抗日救国事业上尽了最大的努力，现在全国各地都散布有他的队员积极的参加军队，参加政府领导的各种抗敌工作及民众运动，尤其在沦陷区域中，他们不怕任何困苦与牺牲，在那里坚持反对日本帝国主义的斗争，在那里进行反日的游击运动。

全武汉、全中国都知道青年救国团是一个最活动最活跃的青年团体，他们在各种运动中，尤其在保卫武汉的工作，积极的艰苦的参加工作，当卫戍政治部组织工作队的命令发表了，不到几天的工夫就动员了五百人的救护队，正因为这个团体内有个别的共产党的同志积极的参加工作，才使这个团体能够获得这样的工作成绩。

蚁社是一群职员的文化救亡团体，他们在上海在武汉都有过很好的工作，这些团体在他们的行动中，不但没有任何地方表示违背政府的国策，而且在一切工作中都是在政府领导下协助政府。从抗战的利益上来说，从国内民族团结的影响上来说，从国际援华同情的观听上来说，解散这些团体都是没有好处的。

站在抗战的利益上，站在民族的利益上，站在保卫武汉的利益上，政府对于这种有工作有群众的团体，不但不应实行解散，而应积极的来领导和扶助。如果有工作有群众的团体反而遭受忌克和解散，那么将使抗战中的民众动员不但遭受打击，而且将使民众动员很困难做得起来。如果前线军队作战有

"赏罚严明"的纪律,那么后方动员民众也须要"赏罚严明",现在将有工作有群众的团体解散,而一些无工作的空头机关反而予以扶助,这何能奖励民众运动的发展?统一战线中民族运动应当是互相帮助互相发展,而不是互相忌克。如果有些团体的工作做得好,而其他没有工作的团体工作应当采取竞赛的方法迎头赶上去。

整理和登记民众团体应当是从积极指导和扶助出发,使没有工作的团体加强工作,使没有群众的团体充实群众,使已有工作已有群众的团体发挥工作扩大群众,这样才能使中国广大无组织的民众,迅速的都组织起来。

我们坚决抗议解散三团体,要求立即恢复三团体活动的自由!

中国共产党及其所领导下的民众团体,始终坚持拥护政府抗战的国策,始终愿意动员自己的一切力量帮助政府,以达到争取抗战胜利的目的,但是对于这种违背政府抗战国策,违背民族团结、违背抗战利益、违背民族利益的举动,不能不表示严重的抗议!

（原载一九三八年八月二十一日汉口《新华日报》）

14. 反对危害和平统一的阴谋（凯丰）

自西安事变和平解决后,国内和平统一工作逐渐开展,国共合作谈判亦开始进行。中国共产党以大公无私光明磊落的政治态度,始终贯彻自己的为反日民族统一战线而奋斗。从西安事件后不但中共中央和陕北红军主力在与国民党进行谈判,即各地游击区的红军和地方部队,亦在中共中央总的反日民族统一战线方针之下,进行与各该地国民党军政当局建议停战谈判。有些地区被国民党地方当局拒绝,如湘鄂赣边区,豫鄂皖边区曾屡次提议停战谈判,但国民党的地方当局一再举行"围剿",使得这些地区的战争一直到最近还未能完全停止。

闽粤赣边区以张鼎丞同志为领导的苏区和红军,曾屡次向广东"围剿"部队建议停战谈判,后来余汉谋部一五七师黄涛接受了闽粤赣边区红军第一第三支队何鸣同志的建议,于七月四日举行停战谈判,成立政治协定,内容:

"一、红军第一支队及第三支队和抗日义勇军改为国民革命军受一五七师指挥。

二、在不推翻现政府方针下,共产党方面有宣传组织独立批判之自由。

三、在一五七师防区内,共同组织以保证民众爱国运动的自由,如救国宣传组织与排除汉奸浪人禁绝烟赌等。

四、停止封锁苏区。

五、释放被捕之红军人员,红军所抓之土豪也尽行释放,办法:

A.一五七师所捕之红军人员及参加组织之民众,在苏区未判徒刑的与红军所捕之土豪尽于七月十五日以前释放。

B.在潮漳之属所捕之红军及共产党工作人员于八月底释放。

六、保留红军之原有指挥人员及政治工作人员,编配由其枪支人数来决定,编竣后师部有派员巡视检查帮助之权利。

七、红军第一第三支队及义勇军用保安队名义直接由一五七师指挥,待闽西之红军接洽改编妥当后,即编入同一系统。

八、伙食暂发每天官长四角,士兵两角,待到指定防地后,即按每月发给薪饷,待遇与一五七师同。

九、在未发动抗日战争前,不得调离漳属。

十、双方应遵守双方中央所谈判之最后政治协定,持双方中央政治协定公布以后,有不合以上各条可以修改之,不够者补充之。

十一、以上各条由签订之日起,双方应即通知双方之各部队各党部及政府实行。”

并规定闽粤赣边区红军集中的地点分为三处,即漳平之大块场,永定之金丰里,平和之卢溪。这一谈判告成后,在七月十三日津沪各报大肆鼓吹“共匪”张鼎丞投诚。当时接到这些材料后,我们就已估计到国民党地方当局之缺乏诚意,因为国内和平统一即已现端倪,国共合作亦在开始进行,这种诬蔑的宣传,适足以阻碍国内和平统一的前进。

但共产党认为目前民族危机已到万分的紧张,日本进攻华北的炮火已经开始,并不欲以此为计较。而闽粤边的红军何鸣同志亦仍忠实履行谈判的协定,将红军部队向指定的地点开进。

可是据最近的消息，七月十三日一五七师师长黄涛以集中训话为名，预先埋伏大军，把红军包围缴械。接到这一消息后，使我们不能不严重的抗议。因为共产党以坦白的热忱，推进和平统一与国共合作，而国民党地方当局则施行阴谋诡计，破坏和平统一，这只能是直接有利于日本帝国主义的侵略。这种违背信义的行为，原是中国军阀的老习惯，中国的军阀总是想用各种阴谋诡计，达到损人利己的私欲。这种阴谋用之于军阀之间，则是军阀间不断的自相猜疑，自相火并。如果把军阀的这种阴谋，用之于国共合作，则适足以妨害国内的和平统一，同时也必然会损害国民党的政治信仰。

一个军阀要维持他的统治，他可以单靠武力来强制其他弱于他的军阀服从他。因此他可以不择手段的去做，甚么卑鄙下流无耻的事他都可以做出来，因此阴谋的手段常为军阀惯用的伎俩。可是一个政党他要取信于人民，他是不能不择手段的，他主要的必须以自己的政治主张去取信于人民，他不能依靠阴谋，如果要是一个政党依靠阴谋去战胜他的政敌，他是自趋灭亡，自掘坟墓。国民党是中国的一个大政党，如果他容许他的地方党部去进行阴谋诡计，陷害别人，他也无异自己宣布自己的破产，而变为一个阴谋的团体。广东政府对于闽粤边红军所采取这种阴谋，只是宣告自己的完全破产，宣告自己的汉奸行为，宣告自己的阴谋诡计的行为，宣告自己完全失去了国民党的政党风度！

我们希望南京政府和国民党中央慎重处理这一事件，因为这正是试验国民党对国共合作的诚意。虽然这一事件是国民党的地方当局做的，但国民党中枢也不能推诿他应负的责任。第一当国共合作一开始进行谈判的时候，共产党方面就提出愿意派人去湘鄂赣、豫皖鄂、闽粤赣三个游击区域去处理那些地域的问题，但是国民党方面始终拖延这个问题的解决。第二国共合作谈判的进行，还没有解决具体问题，宣言与纲领均未发表，这种拖延的办法，使团结御侮的工作受到不少的阻碍。第三国民党内部还有某些人物对于国共合作表示暗中的反对，从中播弄阴谋诡计，以达到破坏合作的企图。或是由于国民党中某些人物对于国共合作是挽救中国民族危机的唯一道路的意义，还欠正确的了解。或是由国民党对国共合作问题在自己党内解释太不充分。

如果国民党中央还承认自己是一个政党，他应当表示自己政党的风度，他应当严厉斥责广东地方当局所干的阴谋。如果国民党中央愿意表示他对于和平统一的诚意，他应当以这个事件来作为试金石。

我们要求南京政府和国民党中央最低限度应当：

一、恢复闽粤边何鸣部缴械前一切原状，发还一切枪支武器，释放一切人员。

二、惩办广东地方当局。

三、国共双方另派专员在开诚布公的基础上进行新的谈判。

国民党中央如果愿意对国内和平统一表示诚意的话，应当用这件事来发展自我批评，教育国民党员，"打小算盘"，"因小失大"这不是一个政党的风度，而且用这个事件来提高国民党员对于国共合作的了解。

同时应当表示诚意，由国共双方互派代表进行谈判，关于解决闽粤赣边、湘鄂赣边、豫鄂皖边的问题。

我们赞扬闽粤边同志对于推行和平统一与国共合作的忠诚热心，同时因为闽粤边的事件，我们不得不警告一切边区的同志，一切边区的共产党员，全体共产党员同志们，应继续坚持中共中央反日民族统一战线的路线，同时应有高度的政治警觉性，不要遭阴谋家的暗算，不要遭汉奸的暗算。中国俗话说得好："害人之心不可有，防人之心不可无"，闽粤边的事件，只是证明两方面，一方面证明阴谋家还存在，应当"谨防扒手"，另一方面证明共产党员中某些同志的革命警觉性的不够。我们全党的同志应当从两面中去学得教训。闽粤边的事件并不是证明反日民族统一战线的不可能，而是证明反日民族统一战线的成功只有在正确的党的方针之下才能达到。每个共产党员应当从闽粤边的事件中学得正确的执行党的反日民族统一战线，继续坚持党的反日民族统一战线。

八月十二日

（原载《解放》周刊第十四期，一九三七年八月十六日）

六、国民党提出组成一个大党，
共产党力争平等合作

1. 论新阶段（节录）（毛泽东）

五、长期战争与长期合作

现在，我们专就抗日民族统一战线的长期性问题来讨论一番，向着异常关心国共两党关系的人们所已经发生了的许多疑问，作一个全般的答复。这一点，对于巩固与扩大抗日民族统一战线，巩固与扩大国共合作，顺利地执行当前紧急任务，渡过战争的难关，是有重要意义的。

问题有如下各点：战争的长期性决定合作的长期性，战争中的合作决定战争后的合作，长期合作的内容与主要条件，三民主义与共产主义，长期合作的组织形式，长期合作中的互助互让政策，民主共和国问题。这些，都是很多人所关心的，我们都得明确的给以答复。

（一）战争的长期性决定合作的长期性

由于抗日战争是长期的，整个抗日民族统一战线也能够且必须是长期的，其中主要的两个党——国民党与共产党的合作，也能够且必须是长期的，这是一切政策的出发点。因此，我们的政策，无论如何要一个长期的民族统一战线，要一个长期合作，无论如何要共同维持一个统一政府，反对分歧与分裂，方才有利于渡过战争难关，对抗敌人破坏，打退日本帝国主义，并于战后完成建立新中国的任务。这是和一九二四至二七年的国共合作根本不同的，那次是短期的，这次是长期的。

（二）战争中的合作决定战争后的合作

所谓长期合作，不但是在战争中的，而且是在战争后的。抗日战争是长期的，战争中的合作已经算得是长期的了。但是还不够，我们希望继续合作下去,也一定要继续合作下去。这有什么保证呢? 保证就在:战争中的合作决定着战争后的合作。抗日民族统一战线中主要的国共两党,必须同患难,共生死,力求进步,并经过长期的努力,才能打退日本帝国主义。否则不能。战争之后,这样长期同过患难的有了进步的两个党,就造成了继续合作的基础。那时的国内国际条件将更有利于合作,也是现在想得到的。没有疑义,战争中的合作必有其各个合作阶段的内容,战争后的合作将更有新的内容。然而战争中的合作,将决定着战争后也能够合作,这不是没有根据的预断。

(三)长期合作的内容与主要条件

所谓长期合作就是长期的民族统一战线,所有阶级,从资本家到工人,所有政党,从国民党到共产党,所有民族,从汉族到苗瑶弱小民族,所有军队,从中央军到八路军,所有政府,从国民政府到陕甘宁边区政府,只有民族叛徒除外,一切都在内,而且是长期在内的。民族统一战线内,有些人在长期战争中,当着熬不过艰苦斗争、个人利益超过民族利益时,会要变为民族叛徒的,因此民族统一战线是要不断地把这些民族叛徒们除外的。但这些除外,依然是民族统一战线。其理由,即长期合作的主要条件,首先是敌人战争的野蛮性与长期性。由于敌人战争的野蛮性,严重地危害着全民族各个阶层的生存,这样就迫使上层阶级也不得不与其他阶级一道抗日。上层阶级中一部分是难免退出抗日战线的,但其他部分和其他阶级大体一样,是受压迫的,不反抗便无出路。又由于这种野蛮性的战争是长期的,就决定了合作是长期的。这些是决定长期合作的一方面。但是还有第二方面,要合作中的各党,首先是国共两党,采取正确的政策,进行必要的工作。什么样的政策与工作呢?应该是从长期战争与长期合作的基点出发而规定出来与实行起来的政策与工作。应该是照顾现在又照顾将来,照顾这一阶级又照顾那一阶级,照顾这一党派又照顾那一党派,照顾这一军队又照顾那一军队,照顾这一民族又照顾那一民族的政策与工作。否则政策不对,工作不行,自乱步骤,将使合作难于持久。这样,一方面,敌人战争的野蛮性与长期性,又一方面,统一战线中的正确政策与必要工作,就使中国的民族统一战线不但应该是长期的,而且能够是长期的;是民族战线,不是人民阵线;是包括战争中与战争后的国共合作,不是企图在战争后又分裂又内战的国共合作。

(四)三民主义与共产主义

三民主义是抗日民族统一战线与国共合作的政治基础,但是三民主义与共产主义的关系如何呢? 共产党员对三民主义应取何种态度呢? 直至现在还有一些人不清楚,因此有再一次解释的必要。

还在一九三七年五月间开的我们党的临时性的代表大会上,就通过了如下的关于"坚决实行三民主义"的提纲:

"共产党是否同意三民主义? 我们的答复是同意的。三民主义有它的历史变化。孙中山先生的革命的三民主义,曾经因为同共产党合作与坚决执行而取得人民的信仰,发动了一九二四至二七年的胜利的大革命。又曾经因为排斥共产党("清党"运动),实行相反的政策,而失去人民的信仰,招致革命的失败。现在则因民族危机与社会危机极端严重,全国人民与国民党中爱国分子,因而有两党合作的迫切要求。因此重新整顿三民主义的精神,在对外独立解放的民族主义,对内民主自由的民权主义,与增进人民幸福的民生主义之下,两党重新合作,并领导人民坚决的实行起来,是完全适合于中国革命的历史要求,而应为每个共产党员所明白认识的。共产党决不抛弃其社会主义与共产主义理想,他们将经过资产阶级民主革命阶段达到社会主义与共产主义的阶段。共产党有自己的党纲与政纲,其党纲是社会主义与共产主义,这是与三民主义有区别的。其民主革命政纲,亦比国内任何党派为彻底,但对于国民党第一次及第二次代表大会所宣布的三民主义纲领,则是基本上没有冲突的。因此我们不但不拒绝三民主义,而且愿意坚决实行三民主义,而且要求国民党同我们一道实行三民主义,而且号召全国人民实行三民主义,使国民党、共产党、全国人民,共同一致为民族独立、民权自由、民生幸福这三大目标而奋斗。"(《中国抗日民族统一战线在目前阶段的任务》,第十二项)

去年九月二十二日,我们党的中央为公布国共合作成立的宣言中,又着重地说到:"孙中山先生的三民主义为中国今日之必需,本党愿为其彻底实现而奋斗。"

一个共产主义的政党为什么采取这种态度呢? 很明显的,民族独立、民权自由与民生幸福,正是共产党在民族民主革命阶段所要求实现的总目标,也是全国人民要求实现的总目标,并非某一党派单独要求的东西。只要看一看从共产党诞生以来的文献,它的政治纲领,就会明白。因此,在过去,不但在一九二四至二七年国共两党第一次合作时期,我们共产党员曾经坚决实行了三民主义;就在一九二七年两党合作不幸破裂之后,我们的一切做法,也没有违背三民主义。那时,我们坚决地反对帝国主义,这是符合于民族主义的;我们实行了人民代表会议的政治制度,这是符合于民权主义的;我们又实行了耕者有其田的土地制度,这是符合于民生主义的。那时,我们的一切做法,并未超过资产阶级民主革命基本范畴的私有财产制。在现在抗战的阶段与战后彻底完成民主共和国的阶段,都是三民主义的阶段,都是资产阶级民主革命性质的阶段。为了彻底完成这个民主阶段的任务,一切共产党员,毫无疑义,应该依照自己的一贯的革命总方针,自己的决议与宣言,同中国国民党、全国其他党派、全国广大人民一道,诚心诚意地实行三民主义。谁要是不忠实于三民主义的信奉与实行,谁就是口是心非,表里不一,谁就不是一个忠实的马克思主义者。在中国,任何忠实的马克思主义者,他是同时具有现时实际任务与将来远大理想两种责任的。并且应该懂得:只有现时的实际任务获得可能彻底的完成,才能有根据有基础地发展到将来的远大理想那个阶段去。所谓将来的远大理想,就是共产主义,这是人类最美满的社会制度,孙中山先生也曾经认为必要,实行它才能解决将来的社会问题。所谓现在的实际任务,就是三民主义,这是"求国际地位平等,求政治地位平等,求经济地位平等"的现阶段的基本任务,是国共两党与全国人民的共同要求。因此,共产党员应该如像他们研究共产主义一样,好好研究三民主义,用马克思主义的眼光,研究三民主义的理论,研究如何使三民主义具体地见之实施,研究如何用正确的三民主义思想教育人民大众,使之由了解而变为积极行动,为打退日本帝国主义,建设三民主义新中国而斗争。

(五)长期合作的组织形式

为了保证长期合作,还要解决合作的组织形式问题。我们曾经批驳了一党主义,不论是对于过去历史上说,对于当前任务上说,对于中国社会性质上说,所谓一党主义都是没有根据的,都是做不到的,行不通的,违背一致团结抗日建国的大目标,有百害而无一利的。那末,各党共存,而互相结合为一个抗日民族统一战线,要不要一种统一的共同的组织呢？要的,必要的,没有这种统一的共同的组织,不利于团结抗日,更不利于长期合作。因此,各党应该认真研究,找到一种最适合于长期合作的统一的共同的组织形式。现在我们就来研究一下。

由于中国政治经济及各党派的历史特点,今天看来,抗日民族统一战线可能有下述三种组织形式。

第一种,国民党本身变为民族联盟,各党派加入国民党而又保存其独立性,但与第一次国共合作不同。如果国民党同意共产党员加入,我们将取何种态度呢？首先,我们是赞成这种办法的,因为这是抗日民族统一战线最好的一种组织形式,有利于抗日建国。不但共产党,任何其他抗日党派都可加入国民党,只要国民党同意,我们是决不反对的。如果这样做,那我们可以实行同一九二四年合作不相同的办法,即第一、所有加入国民党的共产党员都是公开的,将加入党员之名单提交国民党的领导机关。第二、不招收任何国民党员加入共产党,有要求加入者,劝他们顾全大局,不要加入。第三、如果我们的青年党员得到国民党同意,加入三民主义青年团的话,也是一样,不组秘密党团,不收非共产党员入党。用这种办法,可以大家相安,有利无害。这是第一种统一战线的组织形式。

第二种统一战线的组织形式,就是各党共同组织民族联盟,拥戴蒋介石先生作这个联盟的最高领袖,各党以平等形式互派代表组织中央以至地方的各级共同委员会,为着执行共同纲领处理共同事务而努力。这也是一种很好的形式,我们也是赞成的。这种形式,我们很早就提议了,可惜还没有实行。

第三种统一战线的组织形式,就是现在的办法,没有成文,不要固定,遇事协商,解决两党有关之问题。但这种形式太不密切,许多问题不能恰当的及时的得到解决。例如许多大政方针之推行,下级磨擦问题之调整,都因没有一种固定组织,让它延续下去,所以这种办法对于长期合作是不利的。然而如果第一二办法不行,这种办法暂时也只得仍之。

总之,长期战争中的长期合作,组织形式问题也是一个重要问题。我们极力赞成有一种统一的形式,使之利于长期合作。

(六)长期合作中的互助互让政策

长期战争需要长期的统一战线,前已说过,这是一切政策的出发点。因此,共产党员在其工作中,在其同友党发生关系中,随时随地都要顾到这个长期性。凡于长期合作有利的,应该坚决的勇敢的做;不利的,则决不应做。

这里就发生各党之间互助互让的问题。说互助,例如各党都要发展,都要巩固,任何一党除了发展与巩固自己之外,还应对友党的发展与巩固取赞助态度。国民党的发展与巩固,共产党员应取何种态度呢?一句话,赞助之。其理由是国民党的发展巩固利于抗日战争,利于全民族,因而也利于劳动人民与共产党,我在前面已经说过了。现在国民党组织三民主义青年团,共产党员应取什么态度呢?没有问题,取赞助态度。我们希望三民主义青年团有广大的发展,依照蒋介石先生关于三民主义青年团的宣言做去,该团的发展是有光明前途的。也正是为着赞助,我们对于该团现行办法中之某些事项,希望有所修正,不然,好的动机,将难得好的结果。三民主义青年团应该成为全国广大青年群众团结救国的统一组织,吸收各党各派各界的青年个人与青年团体加入进去,成为使整个青年一代集体地受到民族革命的教育训练之一个大集团。因此,组织上应该民主化,政治上应该发扬团员的自动自觉精神,发扬青年群众的积极性,这是我们对于三民主义青年团的态度与意见。

互助就不是互害。损人利己,在个人道德是不对的,在民族道德更加不对。因此,无理的磨擦,甚至捉人杀人等事,无论如何是要不得的。共产党员决不应该以此对待友党。而如若友党以此对待我们时,我们也决不容置之不理。凡无理的事必须以严正态度对待之,才是待己待人的正道。互相规过,是朋友间的美德,也是政党间应该提倡的作风。

统一战线中有什么互让呢?有的。我们曾经在政治上作过一些让步,那就是停止没收土地,改编红军,改变苏区制度,这是一种政治上的让步,这是为了建立统一战线团结全民共同对敌的必要步骤。我们的友党也作了让步,那就是承认共产党的合法地位等等。这种为了团结抗日,为了长期合作的互让政策,是很好的,很对的。只有政治上糊涂或别有用心的人才会说:共产党投降了国民党,或国民党投降了共产党。

现在我们又主张所有各统一战线中的党派,互不在对方内部招收党员,组织支部,进行秘密活动。我们认为这种政策是必要的。现在当然和过去不同,在过去内战时期,国共两党间除了公开的战争之外,还互相使用秘密手段,进行破坏对方的活动。合作以后,当然不应有互相破坏的动机与行为了,但是互相在对方内部秘密招收党员组织支部的办法,也应该停止,使彼此安心,才能适合于长期战争中长期合作之目的。我们现在正式向国民党同志申明:我们停止在你们内部作招收党员组织支部的活动,不管统一战线采取何种的共同组织形式,我们都是这样做。但同时,也希望你们这样做。双方约定之后,下级党员如有违背,由违背之一方的上级负责处理。

此外,双方同志接触,应采谦和、尊敬、商量态度,不采傲慢、轻视、独断态度,以改善双方之关系,这也是必要的。

一切我们所说的,共产党员应该首先实行,不管对方某些人员或尚未用同样政策、方法、态度对待我们,但我们仍然这样做,做的久了,对方某些一时尚未明白的人员也会明白了。

共产党员对于一切为国为民的事业,应该坚持自己的立场,始终不变地向着战胜日寇建立新中国的方向走去,谁要违背了这种立场,这个方向,谁就丧失了共产党员的资格。但共产党员又必须有互助互让的精神,必须有尊重友党及和友党同志用谦和商量态度解决问题的精神,一切有友党同志的地方,都应和他们商量解决有关事项,不应独断。没有这种精神,就不能巩固统一团结,所谓为国为民事业,战胜日寇建立新中国之目的,也就达不到。因此,决不能把必要的互让政策解释为消极行为。不但互助是积极的,互让也是积极的。因为必要的让步,是巩固两党合作求得更好的团结与更大的进步之不可缺少的条件。

(七)民主共和国问题

虽然我们的党还在一九三六年的九月间,就公布了关于建立民主共和国的决议案,虽然中央同志曾经多次的说明过这个问题,但外间对于我们的主张仍有许多不明白的。这是一个关于抗战前途的问题。抗战的结果将怎么样呢？所谓抗战建国，照共产党的意思，究将建立一个什么国呢？这是存在着的问题。再一次解释这个问题，对于巩固各党各派长期合作的信心，是有利益的。

建立一个什么国呢？一句话答复：建立一个三民主义共和国。

我们所谓民主共和国就是三民主立共和国，它的性质是三民主义的。按照孙中山先生的说法，就是一个"求国际地位平等，求政治地位平等，求经济地位平等"的国家。第一、这个国家是一个民族主义的国家。它是一个独立国，它不受任何外国干涉，同时也不去干涉任何外国。即是说，改变中国原来的半殖民地地位，它独立起来了；但同时，无论它强盛到什么程度，决不把自己变为帝国主义，而是以平等精神同一切尊重中国独立的友邦和平往来，共存互惠。对国内各民族，给予平等权利，而在自愿原则下互相团结，建立统一的政府。第二、这个国家是一个民权主义的国家。国内人民，政治地位一律平等；各级官吏是民选的；政治制度是民主集中制；设立人民代表会议的国会与地方议会；凡十八岁以上的公民，除犯罪者外，不分阶级、男女、民族、信仰与文化程度，都有选举与被选举权。国家给予人民以言论、出版、集会、结社、信仰、居住、迁徙之自由，并在政治上物质上保证之。第三、这个国家是一个民生主义的国家，它不否认私有财产制，但须使工人有工作，并改良劳动条件；农民有土地，并废除苛捐杂税重租重利；学生有书读，并保证贫苦者入学；其他各界都有事做，能够充分发挥其天才。一句话，使人人有衣穿，有饭吃，有书读，有事做。我们所谓民主共和国，就是这样一种国家，就是真正三民主义的中华民国。不是苏维埃，也不是社会主义。

中国要变为这样一个国家，要同谁作斗争呢？要同日本帝国主义作斗争。日本帝国主义剥夺我们的独立，我们就要向他要独立。日本帝国主义把我们当奴隶，我们就要向他要自由。日本帝国主义使我们陷入饥寒交迫，我们就要向他要饭吃。怎样要法？用枪口向他要。一句话，赶走日本帝国主义，就有一个独立自由幸福的三民主义新中华民国。

（原载一九三八年十一月七至十日重庆《新华日报》）

2. 陈绍禹、周恩来等关于一个大党问题与蒋介石谈判情况向中央的报告

中央书记处：

我们昨见蒋，对六中全会后毛信问题，蒋谈毛信他未见过，后又谈因事多，即或许看过也忘记了。对两党关系问题他说：共产党员退出共产党，加入国民党，或共产党取得〔消〕名义将整个加入国民党，我都欢迎，或共产党仍然保存自己的党我也赞成，但跨党办法是绝对办不到。我的责任是将共产党合并国民党成一个组织，国民党名义可以取消，我过去打你们也是为保存共产党革命分子合于国民党，此事乃我的生死问题，此目的如达不到，我死了心也不安，抗战胜利了也没有什么意义，所以我的这个意见，至死也不变的。共产党不在国民党内发展也不行，因为民众也是国民党的，如果共产党在民众中发展，冲突也是不可免，三民主义青年团章程如果革命需要可以修改，不过这是枝节问题。根本问题不解决，一切均无意义。我们分别解释一个组织办法做不到，如跨党办法做不到，则可采取我们提议的其他方式合作。蒋答：其他方式均无用。蒋说此问题时态度很慎重，见我们对一个组织问题不同意，即说：绍禹同志到西安时我们再谈一谈。同时晚间并派张冲来说委员长他太率直，并非说不合并只要分裂，请不要误会。

陈、周、博、吴、董①

（选自《南方局党史资料·统一战线工作》，重庆出版社，一九九○年）

3. 加强抗日各党派的团结（汉口《新华日报》社论）

最近国家社会党和中国青年党均先后发表给国民党的正式函件，申明各该党的政治主张与孙中山先生的遗教及其毕生奋斗之基本目的相符合，并申明国民政府为今日举国共认之政府一致拥护，愿本精诚团结共赴国难之旨，与国民党遇事商承。国民党总裁蒋、汪两先生在回复该两党的函件中，一则曰："望全国贤智之士，或加入本党，共同负荷，或秉持共信，一致努力"；二则

---

①姓名全称是陈绍禹、周恩来、博古、吴玉章、董必武。

曰："苟蕲向之从同,必团结而无间"。

抗战开始以来,全国团结统一,日臻进步,从去年九月二十三日中共中央发表国共合作宣言,次日,蒋委员长发表《关于中共宣言的共赴国难的谈话》,从此国共合作正式成立,抗日民族统一战线愈益发展。在这九个月的抗战中,全国各抗日党派虽精神上的团结早趋一致,而正式宣布合作则还只限于国共两党。从国家社会党和中国青年党最近给国民党的正式函件发表后,全国各抗日党派的正式合作已经是扩大和加强了,这不但是我们认为非常高兴的事,而且是全国人民引为非常庆幸的事。

由于各抗日党派正式合作的扩大与加强,党派问题的争论亦可从此而减弱,而抗日民族统一战线,亦可从此而增强。因为抗日民族统一战线的坚强,首先决定于巩固和扩大国共以及一切抗日党派的团结。只许一党合法存在,同时不承认其他党派合法并存的办法,既为事实所不许,取消现存一切党派而合并为一党组织的办法,亦为事实所不能。因此解决党派问题的唯一正确办法,在于各抗日党派宣布正式合作,结成某种形式的民族革命联盟,拟定一个共同遵守的统一战线的纲领。

从国家社会党和中国青年党的正式函件和国民党总裁蒋、汪两先生的覆函发表以后,以前所争论的只存一党合法存在,或取消其他一切党派而合并于国民党内的问题,现在已经不存在了。同时,过去除国共两党外不承认其他抗日党派存在的问题,现在也已经解决了。

虽然抗日各党派的团结是扩大了,加强了,但是我们认为,为着发挥这种团结的力量,为着增强抗战的力量,我们认为抗日各党派的团结,必须组成某种形式的民族革命联盟和议定共同遵守的统一战线纲领。

同时我们还认为要进一步的扩大和巩固抗日民族统一战线,充实抗日民族统一战线的力量和基础,必须:

一、继续扩大和巩固各抗日党派的团结与合作;

二、吸收各种职业的和救亡的民众团体参加抗日民族统一战线;

三、把已有的各种民众团体和组织充实起来,把还没有组织的民众组织起来,或吸收到现有的组织内来。

只有如此,才能使抗日民族统一战线,成为四万五千万人的中华民族的伟大团结;而只有伟大的中华民族的团结和一致,才是抗战必胜和建国必成的保证。

(原载一九三八年四月二十九日汉口《新华日报》)

4.论保障救亡团体和抗日党派的合法权利(汉口《新华日报》社论)

当着抗战形势非常紧张之时,民族生存遭受空前的威胁,敌骑纵横,蹂躏中原。我前线将士正在英勇的与敌人搏战,我无辜的同胞到处遭受敌人摧残轰炸。要挽救目前这种危机的局面,要拯救中华民族的生存,要争取抗战的胜利,只有全国人民和抗日党派加强一致的团结,动员和组织全国人民帮助政府和军队抗战。第二期抗战经验明显的告诉我们:在抗战中军事上政治上都有很大的进步,尤其是军事上的进步更为显著。但是,我们不得不指出在动员和组织民众方面还是非常的不够,政治上的进步异常迟缓,尤其是地方政治没有多大的改进。

国民党临时代表大会的《抗战建国纲领》,实现得非常之不够,而在有些个别地方的国民党部和地方当局,不但没有执行《抗战建国纲领》,而且到处发生曲解违背《抗战建国纲领》的行动。本报昨今两天发表的各种压迫救亡运动封闭救亡团体和拘捕甚至屠杀共产党员及其他抗日分子,便可作为地方党政当局违背《抗战建国纲领》的明证。

国民政府早在去年八月间就废除《紧急治罪法》,国民政府亦开始释放政治犯,而有些地方的政治犯亦逐渐释放,但是还有些地方政府的监牢中还关有不少的政治犯未释放,如河南、安徽、江西等处,而且如湖南平江、福建宁德不但不释放,反而将已判徒刑或期满之政治犯枪毙,在有些地方不但旧的政治犯没有释放,而且又在逮捕新的救亡分子。

《抗战建国纲领》上规定:"发动全国民众,组织农工商学各职业团体,改善而充实之,使有钱者出钱,有力者出力,为争取民族生存之抗战而动员。"西安当局不但不去执行这个纲领的规定,反而将十三救亡团体解散,并逮捕热心抗战救亡的分子于志元、何诚志、蔺克义。有些负责民众动员的机关不但自己不去亲身指导民运，反而将民众已有的救亡组织加以阻碍或加以解散。蒋委员长亲电嘉许勖勉的西北青年救国联合会，西安党政当局不但不依据蒋委员长的意志去加以扶助和指导，反而违背蒋委员长的意旨加以摧残和封闭。

蒋委员长在对法国记者的谈话中说："党派之争，现已不复存在，国民政府在孙总理各项原则不受破坏之条件下愿与各党携手合作，以对付共同的敌人。"有些地方的党政当局，不但不根据蒋委员长的意旨去推进各党携手合作，反而违背蒋委员长的意旨摧残共产党员和救亡分子。如最近在湖南、江西、湖北、福建各地都发生暗杀共产党员及救亡干部的事件。

《抗战建国纲领》规定："在抗战期间，于不违反三民主义最高原则及法令范围内，对于言论出版集会结社，当予以合法之充分保障。"有些人不但不根据《抗战建国纲领》加以扶助和指导，反而到处乱禁救亡书报；而破坏团结攻击苏联之反动托派刊物如《抗战与文化》、《抗战响导》，却反而受到某些机关之津贴而允许公开发行。

当着新四军受命改编，开赴前线杀敌时，那些地方当局，不但不去好好的处置他们留在后方的人员家属，反而对于伤病兵员都加以屠杀，摧残后方人员家属，这怎能巩固前线作战的士气。

我们认为这种现象，是妨碍全国人民的团结，妨碍全国民众运动的发展，妨碍争取抗战的胜利，必须消除这种现象，才能使"抗战必胜，建国必成"有最后的保证。

这些现象的发生，当然主要的原因是由于地方政治的黑暗，有些人还在醉生梦死，不知中华民族已到如此严重危机。同时我们也不得不直言的，就是国民政府和中央当局虽然颁布了不少的正确的法令和纲领，但是还缺乏采取坚持实现自己的法令和纲领的步骤和具体方案。虽然承认抗日各党派之合法存在，尚未颁布保障各党派合法存在的法令。

我们认为要消除这些现象，希望国民政府和国民党中央当局采取坚持的步骤和具体的方案来实现《抗战建国纲领》。我们相信国民政府和中央当局一定能够纠正这些地方政治的黑暗,如阳新县被捕的刘青年十人,经湖北省政府何主席严电后,已经释放,这就证明这些地方的黑暗,是违反中央的国策,而且中央当局能够设法纠正的。这里首先需要改善政治机构和改革地方政治。

为着解决西安被捕案件和对新四军后方人员家属摧残事件,我们提出下列意见。

第一,惩办摧残新四军伤病兵员及后方人员家属的凶手,赔偿被难人员家属的损失。立即释放西安被捕救亡分子,并恢复被封救亡团体的活动。国民政府应明令各省县将一切旧政治犯释放,并颁布保障救亡团体和救亡干部的法令。

第二,统一司法机关,消除现在各机关随便捕人,乱封团体,乱禁书报的现象。

第三,对于各抗日党派之合法存在,应由国民政府公布保障的法令。消除现在一方面承认各党派之合法存在,而另一方面地方党政机关却又滥用权威,逮捕和暗杀各党派分子之现象。

现在这种地方行政的混乱现象,一刻也不能让其继续存在,只有全国人民和各党派的团结,坚持实现《抗战建国纲领》,才能消灭黑暗的地方政治,也只有彻底消灭一切有害于抗战建国事业的行动,才能保证抗战建国事业的胜利。

(原载一九三八年六月九日汉口《新华日报》)

5. 与延安《新中华报》记者其光先生的谈话(节录)(毛泽东)

问题四:有些人说,现在国民党应该实行"一党专政",你对这个问题有什么意见呢?

答:对这个问题,我可以分两方面来回答您。

第一,如果您所说的"一党专政",是指国民党一党掌握国民政府政权而言,那末,今天这是已成的事实。因为,谁都知道,在国民政府内负责的只有国民党党员,或国民党自愿指定的人物。中国的其他各党派,现在均无代表参加政府,我们中国共产党,是国民党以外的我国第二个大的政党,我们今天并不要求参加政府。关于这一点，我们党的领导人陈绍禹同志，在其去年十二月二十五日与美国记者白得恩先生的谈话当中，以及我们党的另一领导人张闻天（即洛甫）同志，在《解放》二十八期所发表的《巩固国共合作争取抗战胜利》一文中，已经代表中共中央坦白恳切地声明过，关于这一点，我可再代表中国共产党中央作一次郑重声明：我们中国共产党现在诚恳地帮助国民党对日抗战，但我们现在并不要求参加国民政府。

第二，一党掌握国家政权的所谓一党执政，并不一定要采取"专政"的办法。如果，所谓"一党专政"的办法，实际就是等于国民党过去十年所实行的政策，那我以为有考虑的必要。在我看来，今天国民党虽可以维持一党掌握政权的局面，但为了集中抗日救国的人才和表现抗日救国的民意，似应当采取相当的民主办法，当然这些民主办法是绝对有利抗战的民主办法，是绝对巩固政府和更增加人民对政府拥护信任的民主办法。

问题五：现在有人说，国民党应该再实行"党外无党"的政策，换句话说，即是不允许国民党以外有任何其他政党合法存在的政策，先生对此问题有何意见？

答：只允许国民党一党合法存在，不仅不承认共产党和其他政党（国家主义青年党，国家社会党等）的合法存在地位，而且企图以武装力量去消灭国民党以外的其他党派，这在中国不仅不是什么新的理论，而且是曾经实行过十年的旧的事实。然而这个事实的惨痛结果，是：不仅内部纷争不已，而且招致来空前未有的外患。十年来中国实际政治生活的痛苦的经验告诉我们：国民党企图用武力消灭其他党派的政策，已经遭受失败；同时，中共在中国现有条件下企图造成一党领导的政权，也未收到预期的效果。第一次因国共合作而取得北伐胜利的经验，十年来因国共分裂而形成严重民族危机的事实，教训了国共两党同志和全中国人民一件苦的真理，即是中国统一局面造成的事实有效办法，不是以某一党派反对或企图消灭另一党派的内争，而是把各党派力量在共同政治基础上，形成民族统一战线——首先是国共两党的亲密合作。六个月来我国之所以能够实行对日抗战的根本前提，便是由于国内民族力量的团结和统一；而我国民族力量团结和统一的具体方式和具体内容，便是以国共两党合作为基础的各党派形成的抗日民族统一战线的建立——即是国共两党不仅相互抛弃了过去互不承认和互相对立的立场，而且在抗日救国基础上实行携手合作；即是国民党放弃过去否认共产党和其他党派的立场，实行一切抗日党派团结御侮的方针，共产党和其他反日的党派也放弃过去去反对国民党的立场，实行与国民党合作，去进行抗日救国的共同事业。由此可见各党派力量结成的抗日民族统一战线，是中国对日抗战的必要前提；没有这个前提，破坏了这个前提，便是实际上使中国继续内乱，中国一有内乱，便无法继续对日抗战，这是显而易见人所公认的真理。也正因为如此，所以日本法西斯军阀于军事侵略以外，时刻企图使用"以华制华"的毒计，首先是企图再挑拨中国各党派之间的内争，以便破坏抗日民族统一战线。由此可见今天有些人宣扬的不许国民党以外的任何政党存在的理论，实际上是中国历史事实已经否定了的理论，是使中国回复到团结抗战以前的纷争局面的企图，同时就是使中国已由抗日民族统一战线而形成的统一局面不能继续，因而也就是使中国再形成无力对日抗战的局面。因此，无论宣扬这种理论的人，口头上如何空喊"国家统一"，如果他们的理论不幸而见诸实行，实际上所得的结果，一定是破坏今日既经形成的统一局面；因而无论宣扬这种理论的人，口头上如何高呼"抗日"，如果他们的理论不幸而见诸实行，实际上所得的结果，一定是破坏抗日团结，使对日抗战不能继续。正因为如此，所以我深信：这种藉统一之名而行有害统一之实的理论，这种藉抗日之名而行有害抗日之实的理论，这种实际上要使中国退回到国内团结一致以前的悲惨局面的理论，一定会受到爱国人民的反对，一定会受到全国抗战军队的否认；同时也就一定会受到国民党的贤明领袖人物和一切为国为民而愿继续抗日的国民党同志们的斥责和厌弃。这是毫不足奇的，首先因为这种理论完全不合于实际，违反着实际。这些人说，国民党之外，如其他党派也有合法存在的地位，便因党争而妨碍抗日；事实的证明是：原来只许国民党一党合法存在而不许其他政党有合法地位时，中国确实有极大的党派内争，以致中国未曾抗日——顶多也不过局部抗日，以致中国无力进行全面的抗日战争；恰恰相反，当国民党一允许其他政党有合法存在地位并与其他政党合作时，中国的确停止了内战,消失了党争,造成了空前未有的国家政权和军队的统一局面,因而才能进行空前未有的神圣的民族自卫战,以保障民族的生存和争取民族的解放。这些人说:国民党以外,如允许其他政党有合法存在地位时,则多党合作的事实,便成为妨碍国家统一和破坏国家统一的因素。中国的事实证明是:只国民党一党有合法地位而同时不许其他政党有合法地位时,国内纷乱到不断的国内战争;恰恰相反,国民党一允许其他政党有合法存在地位时,国内统一的局面立见,各政党之间,对某些问题即有争论,也绝不会用武器作批评,顶多也不过相互以友谊的批评作武器。英、美、法、比、捷、瑞等国的事实证明:多党合作存在的事实,绝未曾妨碍或破坏这些国家的统一。由此可见,只允许国民党一党合法存在,中国才能统一,才能抗日的理论,是不合中国实际生活的理论,是使中国既不能真正统一,又不能真正抗日的理论,这种理论绝不能为中国爱护统一和坚决抗日的军民所接受。

问题六:现在有人说共产党既宣布相信三民主义,便不能再相信共产主义,先生对此问题的意见怎样?

答:首先我要声明的是,有些人说共产党员宣布为三民主义的实现而奋斗,就是等于放弃自己的共产主义的信仰,我可以再一次正式代表我们的党郑重声明:这只是拨弄是非者的谣言,这绝不合乎事实。我们是共产党员,我们宣布愿意与国民党同志们一起去为中山先生的未竟的革命事业——即为中国的国际地位平等,政治地位平等,和经济地位平等的三民主义的事业而奋斗;同时,我们绝不会放弃我们自己虔信多年并为之牺牲奋斗多年的共产主义。其次,有人说,如果你们宣布为三民主义实现而奋斗,同时又信仰共产主义,这便不合乎三民主义的立场,因为三民主义与共产主义根本不相容。关于这一点,我可以再一次郑重提出:这种说法完全不对的。这种说法完全既不合乎手创三民主义和国民党的革命导师孙中山先生的理论和行动,也不合乎中国革命的实际情形。从理论上看起来,三民主义的民族民权民生等主要内容,与共产主义所主张彻底推翻帝国主义压迫,使中国人民达到民族独立;彻底摧毁封建压迫,使中国人民得到民主自由;彻底改造中国经济制度,使中国人民达到民生幸福,这些思想恰能相容的。因此,共产主义与三民主义绝不是不能容和的,因而本党与国民党也不是不能合法并存和携手合作的。关于这一点,中山先生在民主主义演讲中不止一次地明白指示过。例如,在民主主义第二讲里,中山先生公开指责有些国民党员这种意见的错误。他说:"所以一讲到社会问题,多数的青年便赞成共产党,要拿马克思主义在中国去实行,到底赞成马克思主义的那般青年志士用心是什么样呢? 他们的用心是很好的,他们的主张是要从根本上解决。我以为政治社会问题,要正本清源,非从根本上解决不可,所以他们便极力组织共产党在中国来活动,我们国民党的旧同志,现在对共产党生出许多误会,以为国民党提倡三民主义,是与共产主义不相容的。"(见《中山全集》第一集民生主义第二讲,四十二页)由此可见,中山先生公开指出国民党员中有些同志认为三民主义与共产主义不相容,是一种误会。为什么发生这种误会呢? 中山先生在这段演讲里(即同上《全集》的四十四页,四十五页)特别指明是:一般地是由于这般人不了解三民主义的互相结合性,特别是由于这般人不了解民生主义。因此,在解释这种原因以后,中山先生在这篇演讲里继续说:"为什么我敢说我们革命同志对于民生主义还没有明白呢? 就是由于这一次国民党改组,许多同志因为反对共产党,便居然说共产主义与三民主义不同,在中国只要行三民主义便够了,共产主义是不能容纳的。然则民生主义到底是什么东西呢? 我在前一次演讲,有一点发明,是说社会的文明发达,经济组织的改良,和道德的进步,都是以什么为重心呢? 就是以民生为重心,民生就是社会一切活动中的原动力,因为民生不遂,所以社会的文明不能发达,经济组织不能改良和道德退步,以及发生种种不平的事情像阶级战争和工人痛苦那些种种压迫,都是由于民生不遂的问题不能解决,所以,社会中的各种变态都是果,民生问题才是因。照这样判断,民生主义究竟是什么东西呢? 民生主义就是共产主义,就是社会主义,所以我们对于共产主义,不但不能说是和民生主义相冲突,并且是一个好朋友,主张民生主义的人,应该要细心去研究的。"孙中山先生在演讲中接下去发问说:"共产主义既是民生主义的好朋友,为什么国民党员要去反对共产党呢? 这个原因,或者是由于共产党员也不明白共产主义为何物? 而常有反对三民主义的言论,所以激成国民党之反感。但是这种无知妄作的党员,不得归咎于全党及其党中之主义,只可说是他们个人的行为,所以我们决不能够以共产党员个人不好的行为,便拿他们来做标准去反对共产党,即是不能以个人的行为,便反对全体主义。那末,我们同志中何以发生这种问题呢? 原因就是不明白民生主义是什么东西,殊不知民生主义就是共产主义。"从中山先生这段演讲里面,我们应当得出哪些结论来呢? 结论应当是:第一,三民主义与共产主义是能相容并存的,三民主义与共产主义是一个很好的朋友关系;第二,认为三民主义与共产主义不相容的人,实际上是不懂三民主义的人,特别是不知民生主义为何物的人,这些人应该是国民党中的极少数;同样,认为共产主义与三民主义不相容的人,实际上也是不了解共产主义的人,特别是不了解共产主义与三民主义相互关系的人,这种人应该是共产党中的极少数。而对于这个问题的解决办法,中山先生认为这只是某一方面的个人行动,任何一方面不能因此来反对另一方面的全党及其主义;第三,中山先生认为不仅主张共产主义的人,应该了解三民主义;同时,中山先生指示:主张民生主义的人,也应该细心去研究共产主义。这是一种光明磊落大公无私的态度。我们共产党员非常赞美中山先生这种态度。的确,世界上任何一个伟大的思想和主义,不会是某一部分人或某一个党的专利品,它应当而且必然欢迎别的任何人任何党来研究来实行的。我们不仅愿意为实现三民主义而奋斗,同样,我们更欢迎任何人——首先是国民党的同志们遵照中山先生的指示来细心研究共产主义。因为我们深信:凡是愿意为人类解放事业奋斗而又真正研究和懂得共产主义(或马克思主义)的人,一定会承认马克思主义是解决社会问题的最高的理想,是集几千年来人类思想的大成,共产主义社会是全人类最美满最愉快最幸福的社会,绝没有什么可怕的东西。正因为如此,所以我国近代最伟大的革命家中山先生才说:"……从前人类战胜了天同兽之后,不久有金钱发生,近来又有机器创出;那些极聪明的人,把世界物质都垄断起来,图他个人的私利,要一般人都做他的奴隶,于是变成人与人争极剧烈的时代。这种争斗要到什么时候才可以解决呢? 必要回复到一种新共产主义时代,才可以解决。所谓人与人争,究竟是争什么呢? 就是争面包,争饭碗,到了共产主义,大家都有面包和饭吃,便不至于争,便可以免去人与人争,所以共产主义就是最高尚的理想,来解决社会问题的。"(见《中山全集》第一集民生主义第二讲,第三十八页)对于马克思主义的价值,中山先生曾说:"至于马克思所著的书和所发明的学说,可以说是集几千年来人类思想的大成,所以他的学说一出来之后,便举世风行,各国学者都是信仰他,都是跟住他走。"

从以上所说的一切,您可以看出,在中山先生亲手著作的三民主义理论中,绝找不出三民主义与共产主义不相容的指示来。至于讲到中山先生对这个问题在行动中的表现,更是尽人皆知的事实。中国共产党正式成立于一九二一年,自成立以后,中山先生与共产党员便有着亲切的关系,所以到一九二四年中山先生决定改组国民党时,便公开与共产党合作;而且合作的方式是非常亲密的,即不仅建立国共两党的国民革命联盟,而且允许共产党员以个人资格加入国民党组织中去,共同担任革命的工作。当时共产党在全国不过几百党员,成立历史不过几年,而且共产党员并以个人资格去加入国民党,去共同为国民革命而奋斗,即在那种情形下,中山先生是否曾向共产党员提出过除三民主义外不允许同时相信共产主义的要求呢? 没有! 即在那种情形下,中山先生是否提出只允许国民党一党存在,不允许共产党同时合法存在的主张呢? 没有! 不仅没有,而且中山先生还坚决反对别人提这种要求和这种主张。这正是中山先生伟大远见和洞悉实情之处,因为中山先生深切懂得:任何主义和政党的产生,绝不是偶然的,而是有其社会基础和历史根源的,任何人的信仰,绝不是可以强制制止或取消的,古今来为信仰杀身成仁的不可胜数,任何有社会基础和群众拥护的组织,绝不是可以强制解散或消灭的,古今来多少革命团体在万重压迫极端镇压下依然存在和发展。而现今的情形,比之当时,还更不相同,中国共产党已经有十七年奋斗的革命历史,有数十万党员,有久经战斗的坚强组织,有为主义为党为革命为中国人民解放和为全人类解放而百折不屈英勇奋斗的领导和干部,有千百万群众的信仰和拥护,那里能谈得到取消共产党员的共产主义的信仰和党的组织呢? 如果说只是因为我们宣布了我们愿为三民主义的彻底实现而奋斗一言,就应当取消对共产主义的信仰,这完全是误解,因为我们对三民主义与共产主义相互关系的了解,的确如中山先生一样,即我们认为他们是好朋友是相容的,所以我们共产党员不仅在第一次国共合作时,曾以共产党员的资格去与国民党同志一起,为三民主义的实现而奋斗,即在国共分家后,我们在自己单独的革命苦斗中,也还是为的中国的民族独立,民权自由和民生幸福的目的,即是与三民主义根本思想相符合的目的。今天和过去国共分裂时不同的,只是过去我们共产党员在国共合作破裂后,单独地为自己的共产主义思想和革命的三民主义事业而奋斗,今天在国共重新合作时,我们共产党员又与国民党同志们在一起为共同的革命事业而奋斗。所以在这种情形下,如果有人要求共产党员放弃共产主义的思想和组织,这不仅不能为共产党所接受,而即直接违反着中山先生的理论和行动。

从中国的实际情形来看,第一次国共两党的合作,造成了一九二五—二七年革命的蓬勃发展,和北伐军的伟大胜利;而国共关系破裂,便造成了十年来外患内忧空前严重的局面。现在国共两党一经合作,对外便能发动空前未有的光荣的民族自卫抗战,对内便能造成近数十年来空前未有的政权和军队的统一,便造成空前未有的全民族中各党派各阶层力量的大团结,使全国同胞和全世界人士感觉到,这是中华民族生死关头中的唯一生机和希望。两个主义和两个党同时合法并存,对于中国人民和国家是有利或有害,应该根据活的,人所共知的事实来判断,而不应该根据少数人的偏见和主观愿望为决断根据。中国的过去和现在的铁一般的事实,既经一再声明;三民主义与共产主义互相合作,则国家统一革命发展,三民主义与共产主义互相对立,互相否定,则国家分裂,革命困难。所以任何违反这种事实的意见,必然都是不能实现的,——设或不幸而实现了,定造成国家民族新的灾难。

由此可见,认为三民主义与共产主义不能相容的意见,以及由此而认为国民党与共产党不能同时合法并存的意见,都是毫无根据而且有害国家民族解放事业的意见。这种意见既违背中山先生的理论和行动的遗教,又违反中国的实际情形,这种意见的实际危险,就是有把目前举国一致对外的良好政局,转移成视线对内增加内部困难的可能局面。

因此,在谈话结束时,对这个问题我再重复郑重地告诉你几句话:如果所谓国民党一党专政的内容,即是说国民党一党掌握政府的政权,这是已成的事实,这没有问题。我们共产党员虽然自己不参加政府,但我们对领导抗战的国民政府绝对拥护,今天只有日本法西斯军阀,才否认国民政府并企图推翻国民政府,今天只有执行日寇特务机关意旨而行动的托洛茨基及其门徒,才会造谣说国民政府是克伦斯基式的临时过渡政府,因而才对国民政府采取"表面上虚与委蛇","实际上准备打倒"的汉奸政策。我们共产党员对国民政府的拥护和帮助,是绝对真诚的,是从国家民族根本利益的根本立场出发的,同时,如果把国民党一党专政的内容,扩大到和曲解成除国民党外不允许共产党和其他党派合法存在,除三民主义外不允许共产党员有自己的共产主义的信仰等等,这绝不是新的理论,而是旧的实际,这是再重新回转到十年来走不通的道路和做不到的办法。这一思想如不幸而见诸实际行动,则即有害统一而又有害抗日,则是使中国既经形成的抗日民族统一战线解体,因而也就是使抗战救国的事业,发生危险。因此这一思想客观上一定会被日本法西斯军阀和汉奸所利用。也正因为如此,所以我确难相信,这种意见能得到国民党中以国家民族根本利害为重的有识之士的同情,当然,更说不上这种意见能得到宝贵统一和彻底抗日而无党派偏见的军民大众的同情了。不过这个问题既恰当着民族危机更加紧迫的关头,能公然提出,这就不能不唤起共产党员和其他一切抗日救国的党派和同胞们的严重警惕,这的确不只有关国共两党关系的问题,而是有关于各党各派和整个中华民族生死命运的问题。所以我希望全国各界同胞各党派有远见的贤明之士,都严重注视这一问题的发展趋势,尽一切努力使以各党派合作的中国抗日民族统一战线不受威胁,使国家统一和抗日救国的事业不受危险,以达到抗战到底,争取国家民族最后胜利的任务。

（选自《解放》周刊第三十一期,一九三八年二月二十五日）

6. 五中全会与党派问题(陶百川)

这次五中全会没有正式讨论党派问题,然而关于党派问题的种种传说,经此可告一段落;因为这次全会宣言,对于党派问题曾有剀切而很适当的指示,所以许多流言可以不攻而自破。党派关系依旧可以维持现在的状态。

目前所谓党派问题,"推开天窗说亮话"其实只是国共两党的关系问题。因为中国国民党、中国青年党和国家社会党的相互之间,感情都很融洽,步调也颇一致,只有中国国民党与中国共产党之间,——其实也可说是中国青年党、国家社会党与中国共产党之间,还存着若干不快之感。有人也许在说这由于党派的成见,有人或会说这是某些人故意制造出来的。但我以为这些都不是真正的原因(我不敢说双方所有的同志都没有一丝的成见,或绝无一人在制造纠纷),真正的症结,是在张君劢先生致毛泽东先生那封公开信里所说的三点,即第一,中共不肯把军队交给全国最高统帅蒋委员长,而毛先生且以此沾沾自喜(见《论新阶段》);第二,中共还占领着一个特区,俨然自成一国家;第三,中共依旧信奉马克思列宁主义而主张阶级斗争。有几位同志因为中共在陕北特区是打倒国民党,在沦陷区是反对国民党,而仅在后方则要与国民党合作,因而以为中共是"两面派",因而痛恨中共;我们倒不注意这些纯粹的党务问题,我们只注意有关抗战建国前途的统一和国策等问题。我们以为上述三点没有圆满的解决,中共必得不到国民党和其他各党乃至全中国爱护统一和信仰三民主义的人的同情,即世界各国爱护民主统一的友邦人士,也将以此为中共的白璧之玷。

中共也知道许多人对中共不很谅解,因而焦虑着"合作"的前途,因而在中共扩大的六中全会议决,所谓《长期合作的组织形式》,主张共产党员加入国民党和三民主义青年团(但不取消共产党),并将加入的共产党员的名单交给国民党的领导机关(但仍保留其在中共的党籍)。中共这个办法,遑论不是国民党所能接受(因为国民党怕蹈民国十六年的覆辙),即使中共如愿以偿,然而上述三点不能得到合理的解决,团结前途恐怕还是有障碍。

这次全会宣言,有一段谈到党派问题,说得很沉痛:"国家难危至此。必尽量增加抗战建国之实力,以收众志成城之效。全国同胞不问其过去政治见解与派别之如何,凡愿实行三民主义而参加本党从事国民革命抗战建国之神圣事业者,无不诚挚欢迎。"但是"本会议认为团结必本于真诚,而革命精神必求其纯一。……本会议敢郑重声明:吾人绝不愿见领导革命之本党发生二重党籍之事实,更不忍中国实行三民主义完成革命建国一贯之志业,因信仰不笃意志不坚,致生顿挫。"五中全会希望"自今以后,吾同胞必须精诚团结,竭智尽忠,信行三民主义。"这个宣言,无异答复了中共六中全会关于《长期合作的组织形式》的议决案。我所看见的几家报纸的社评,都赞成国民党这个光明正大的态度。党派问题大致可告一段落了,然而党派问题的症结却依旧在在。"国内之团结如何而后可以永保,不能不惟先生与所率领之共产党是望矣。"(引张君劢先生《致毛泽东先生一封公开信》)

（原载《血路》第四十九期,一九三九年二月四日）

7. 党派关系的一个新阶段（黄旭初）

中国国民党临时全国代表大会之后,国内的党派关系开了一个新局面。首先,张君劢先生代表国家社会党上书蒋汪正副总裁,说:"方今民族存亡,间不容发,……尤当追随公等之后,巩固主权,保全国土。"张先生因"政治不独限于若干项之大纲,尚有因时因地因事而生之问题,非今日所能预测",为求与国民党政见之始终一致,并代表国社党切实声明:"同人等更愿本精诚团结共赴国难之意旨,与国民党领导政局事实,遇事商承,以期抗战中言行之一致。"

接着,左舜生先生代表中国青年党,也上书蒋、汪两先生,对国民党有所表白。其最后一段说:"同人等睹目前之艰,念来日之难,仅有与国民党共患难之一念,此外都非所计及。"

对于以上两党代表的信,蒋、汪两先生覆函表示欣慰。

中国共产党呢? 他是否也拥护国民党? 何以他没有正式的表示? 一部分人似乎这样怀疑着。中国共产党领导人陈绍禹、周恩来、秦博古三先生,因于二十九日以答覆一位同志的方式,在一封公开信中,解答一般人的怀疑,并对国民党再度表示了态度,函中最重要的一段这样说:"去年芦沟桥事变及'八一三'全面抗战开始后,国共两党关系迅速确定和增进,因而有去年九月二十三日中共中央宣言的发表及蒋先生在九月二十四日谈话的发表。在去年九月二十三日宣言中,中共中央不仅又一次坦白说明自己抗日救国政策的内容,而且又一次恳切说明中共对国民党及中山先生手订的三民主义基本方针的赞助和拥护的立场；同时，在蒋先生的九月二十四日谈话中，正式代表国民党和国民政府承认共产党的合法地位。自此以后，在抗战以来的整个时期中，国共两党关系日益增进，已为举世公认的事实。因此，确如来信所说，共产党没有再重复一次类似去年九月已经发表的说明国共关系一类的文件的必要。"至对于国民党代表大会以后的态度，函中说《新华日报》已有五篇社论，切实表示；因为"新华日报为代表中共主张之报纸，为中外共知之事实；故新华日报这几篇社论之主张，即为中共对国民党临时代表大会的《宣言》和《抗战建国纲领》的响应，这是明白无比的事实。"

经过这样一来一去的声明以后，党派关系的争议，似乎可告一段落了。在这里，我们不能不钦佩蒋、汪两先生以及国民党干部处置这个问题的贤明。而各党各派虽然不能如临时全国代表大会宣言所希望那样"有志之士，一致加入（国民党），共同奋斗。"但能这样披肝沥胆，表示拥护国民党的热忱，我们也应当表示钦佩和欣慰。

不过对于这个问题，我个人还有一些感想：

第一、中国现时党派之多，是超过了各层阶级和各种主义；除了国民党和上文所述的三党外，尚有不少乡党朋党等小集团。这些党派，大家表示拥护政府，可是有的难免把政府看成一块"陆稿荐"的招牌；大家表示服从蒋总裁，然而大家视领袖为一个大家庭的家长，大家看到了民族的危机，可是有的仍在趁着这个危机，拼命地为各自的"私房"谋发展。这种现象，是使中国无法形成一个真正强大的中心力量。临时全国代表大会，看到这个弱点，虽没有明白要求合并各党各派，但为了挽救民族的危机，不得不大声疾呼，在其宣言中热烈的希望"有志之士，一致加入，共同奋斗"。蒋汪两先生覆张君劢先生的函中，也念念不忘的提及："更望全国贤智之士，或加入本党，共同负荷，……"然而可惜张左诸先生都没有这样的做；这实在有些美中不足。

第二、任何民族，不能也不应抛弃他的历史。一个民族任何时代的中心思想和文化，都是由其自己的历史演变而来。只有靠着民族的移殖而带去了这个民族的文化，或输送一些外国文化以充实固有的文化，决不应，也不能，将另一文化一式一样地移殖到有文化的民族里来，而把固有的思想和文化完全抹杀，一脚踢翻。例如马克思主义到了俄国，不复是马克思主义，而成为列宁主义，并把世界革命一变而为"一国社会主义"的建设。这是一个很好的例证。又如中国共产党一开始就想抛弃中国民族的历史，移殖马克思或列宁主义作为我国民族的中心思想，并想另外建立一种外国的文化。可是这十年来的教训，使他不能不回头过来说："三民主义为中国今日所必需"。但是我真不懂：一切党派既皆以三民主义为其中心信仰，为什么还要抱残守缺，放不下自己那一套！更为什么有的还要用"舶来品"，而不用道地的国货！

由于这两点缺憾，——一是中心力量的问题，一是中心思想的问题，我们对于党派关系恐怕不能像表面那样的乐观。我们既没有方法使各党各派与国民党合并成一个中心力量，也没有方法使其以三民主义作为他们唯一的中心思想，我们为民族国家的前途，只有希望大家相守诺言，切实团结，"遇事商承，以期抗战中言行之一致！"

（原载《血路》第十七期，一九三八年五月七日）

8. 致毛泽东先生一封公开信（张君劢）

泽东先生惠鉴：顷读先生六中全会报告书，判析抗战情势，至为详尽，且抱定长期作战政策，决心尤为坚定，佩仰无已。窃以为战事胜败，为民族之存亡，非独一党一派之利害。彼日人先以兵力占吾领土，继则组织伪政府以代之。夫政府者行使国家最高权力者也，此而可由敌代为指定，何异乎中国之未成年者而须由监护人代行使其权利，彻底言之，不啻彼自居上国，而以中国为被保护国。此而可以容忍，则更有何事不可以容忍！故我以为中华民国应继续作战而不可以言和者，以其视吾国为可由被处置之一片土地，而不视为平等独立之国家故也。日人所提条件，有时出于近卫，有时由于板垣，要不外二端：一曰国民政府改组，二曰与伪政府合流。意即在反对蒋先生，此两条果有人起而接受之者，则国民政府不成其为国民政府，降而与汉奸为伍矣。日人既已提此二条，其心目中已不以国民政府为对手，而更有何和议之可言，在我更何从而有妥协之可能！惟其然也，今后之国策，除国内团结以图作战之持久外，别无他途。

虽然,国内之团结如何而后可以永保,不能不惟先生与所率领之共产党是望矣。第一,号为近代国家以统一为特征,尤贵乎军事权之统一,英美俄法等,何尝一国以内而有两种军队,诚以军队之教练与任命,必须出于一源,而后行动乃能一致。而先生文中曾有下列语句:"国共两党都有军队,这是特殊历史造成的结果,不是缺点而是优点。由于有两党的军队,使得抗日战争中两党克尽分工合作的最善责任。互相观摩激励的好处,也更多了。"依吾人所见,军队应属于国家,不可使军队与特殊主义发生联系。如以资本主义灌输于军队中,则彼等遇国内之信社会主义者将起而压迫之;反是者,如以社会主义灌输于军队中,则彼等遇见国内之资本主义者将起而推翻之。可见军队惟有属于国家,不可属于一党。目前之中央军不可目为党军,且信奉三民主义,未见有何特殊政治路线,希望将来走上隶属于国家下之途径,当不甚远。先生所率之军队名曰国民革命军,更望毅然首倡以八路军之训练任命与指挥,完全托之蒋先生手中。此所以增进全国之团结而利于抗战之持久者一也。

第二,各国之政党,从无有占领一特区以行特殊政策者,以一国之内惟有一种法律,一种行政系统,乃能成为现代国家。其稍有特殊化者,则如爱尔兰之于英,以其本为被压迫者乃争取独立以得之者也。其次为少数民族,如昔日德意志民族之处于捷克国中。今吾国号为统一,先生等亦以拥护国民政府自号于国中,而今则特区之内,俨然自成一天地,自立官制,自立税制,自立学校。若国中凡组织政党者,皆起而效法。先生等之所为,则中国将分为若干行政区,而国家非反对封建割据之局不止矣。先生等与其同志以打破割据相号召,更望取消特区之制,以增进全国之团结而利于抗战之持久者二也。

复次所欲与公言者,则为共产党之理论。共产党之特点与其所以异于他党者,在其阶级性,在其认定以阶级斗争为夺取政权之出路。公等昔年所以特注意于无产者,且标土地革命之说者,即在于此。此马克思之学说,而列宁从而实现之者也。乃公等社会革命工作正在进行中,忽而有"九一八"之巨变。于是先生等悟阶级斗争之不适于中国,转而标出民族战争之说。此种转变,诚为国家之大幸,应表而出之者也。然民族斗争云者,以全体人民为主体,不应更有阶级之成见。至于三民主义,本以"民族"为出发点,与马克思之视阶级为历史支配者迥乎不同，而先生之报告，乃有下列之语："谁要是不忠实于三民主义的信奉与实行，谁就是口是心非，表里不一，谁就不是一个忠实的马克思主义者。"自此段文字观之，似乎信奉三民主义者，即是忠实的马克思主义信徒，二者之间，可以画一个等号。此种说法，不独使国人对于三民主义之内容，更加糊涂。即对于马克思主义，亦令人有迷离惝恍之感。此种名辞之意义扩张，在先生文字中之后段如"爱国主义就是国际主义在民族革命战争中的实施"云，亦事同一律。窃以目前阶段中，先生等既努力于对外民族战争，不如将马克思主义暂搁一边，使国人思想走上彼此是非黑白分明之一途，而不必出以灰色与掩饰之辞。诚能如是，国中各派思想，同以救民族救国家为出发点，而其接近也自易易矣。此所以促进全国之团结而利于抗战之持久者三也。

　　抑吾人所以为此言者，皆根据近代立国之常轨而言，必如此而后抗战乃胜，建国乃成。谅高明定能鉴察。盖国家遭此大难，其存其亡，间不容发，内部多一分诚意，即抗战增一分实力。如公所谓动员民众与政治民主化云云，非各方诚信既孚，决无实现之望。苟在蒋先生领导之下，而别有一党焉，自有党军，自有特区，自标马克思主义，则先生所提出之"长期合作方式中之民族联盟"，如何而有实现之可能乎？

　　目前之障碍，既在此三点，应谋所以消除之，乃能达于真正之团结。吾辈既存心于御外敌保祖国而念念不忘者为国家至上之一义，则何必沾沾于一党一派之利益而不肯抛弃之乎！吾人读先生报告，以光明前途属望于国中各党，因此不敢自安缄默，聊奉本先生所谓"互相规过是友朋间美德"之语，而竭诚言之，倘蒙采纳，则精诚团结更进于今日，而一切鼓起民众以共趋一的之效自见矣。非然者，仍今日旧状而不变，则精力之消耗于猜疑与磨擦中者，不知几何，而天下后世必以抗战之失败归罪于今日之党争，有断然矣。先生等近年爱民族爱国家之心有目共睹，若能更进一步而图之，岂独抗战之幸，中华民族万年不拔之基，亦在是也。专此敬祝

为国努力！

张君劢谨启

十二月十日

（原载一九三八年十二月三十一日重庆《中央日报》）

附：

请教张君劢先生

林北丽

君劢老伯左右：西来后，久思诣谒，以人事牵率，数数未果。昨于报端，获睹大作《致毛泽东先生一封公开的信》，骤读之，语长心重，诚哉仁者之言蔼如也。顾浅学如北丽者，再四维诵，转多未解，窃疑长者所云云，不惟不足以感召毛先生，将使热心抗战与团结者，不因毛先生之报告书而削弱其信念，而反因长者之一书，起猜疑与磨擦之渐，甚且变本加厉焉，其影响且犹不止如长者所云："精力消耗于猜疑与磨擦中"已也。果尔，则长者或亦自悔其立言之轻率，然而晚矣！

长者此书，列举三点，一言以蔽之，似皆为拥护中央而巩固其威信者，独惜所言多乖于事实，非值理论之未尽善，且由于事实之失真，设不幸而不善读长者之书者，误以此而怀疑于抗战军事与政治之不统一、不合理，则中央之威信转以坠，党派之分裂转以深，谚有云"天下本无事，庸人自扰之"，又岂长者下笔时之本意哉？

长者谓，"军队应属于国家，不可使军队与特殊主义发生联系"，此大谬也。世界上任何国家，必有所以立国，立国之道，主义而已。故军队在一方面固可为国家之工具，而另一方面，必其能为此一国家所以立国之主义而奋斗，其军队始有价值，其军人之流血，乃不为无意识之牺牲。若但标榜曰"军队应属于国家"，则今之"满洲国"固亦自号为国家，且已取得长者所崇拜之德意志国家之承认，吾人亦将率军队属之乎？不特此也，今之华中华北伪组织，亦自称代表中华国家，吾人亦将率军队属之乎？不问所以立国之主义，而仅问其属于国家与否，势必至神圣卫国之军队，凡窃国之异族，叛国之贼子，皆得凭藉其威力而负之以趋，以其危险为何若?! 长者亦曾一思之否耶？抑主义之为物，无所谓特殊，特殊云正确云者，盖持自其客现与主观之对立而言耳。

矧今日中华民国以三民主义立国,天下皆知,长者必欲中华民国之军队,不属于三民主义而属于空洞无边际之国家,知者或谅长者之忽于择辞,苟有从而谤者,且误长者之言近于为日满与伪组织宣传,而反对举国一致服膺之三民主义与中华民国,是虽加长者以煽惑军队之名,亦无不可,不知长者又何以自解也?"共产主义是三民主义的理想,民生主义是共产主义的实行"。国父孙中山先生尝三数剀切为国民党同志道之,长者犹有所哓哓,"见骆驼而骇为马肿背",浔毋类是? 北丽至此,益叹长者真不愧为自所铺张排比之国社党领袖,宜不知三民主义并不知共产主义为何物也。

长者又谓边区政府形同割据,此更远于事实。边区政府之由来,抗战后北方民众与军事间相互维系之形势,实使之然,此在沦陷区域之人士,莫不皆知,且莫不皆赜其体制,故此为战时之产物,而非永久不变更之组织,至今中央予以事实上之承认,亦知其有利于抗战也。况政府之上,冠以边区二字,同时又受中央之协助,即在名义一方面,亦已与中央政府之有省政府、市政府、县政府相同,若如长者言,岂亦将尽举中华民国之省政府、市政府、县政府而废止之乎? 有以知其不可也。是则长者之所指割据,又为"无的放矢"矣!

最后长者致疑于共产党之势力于民族斗争为放弃阶级斗争,遂有"不如将马克思主义暂搁一边"之说,斯又可发人一噱者也。夫以一阶级政党,含有国际性之政党,而与数阶级之政党,平流共进,以从事解放一国对外之斗争,此自有其无上之意义,意义唯何? 盖今日抗战,表面上虽仅为一国对外之斗争,而实际则此斗争并非一国家一民族对于其他国家与民族之斗争,乃为一民族在其自身与国家解放之基础上,负有为全世界民族之和平而斗争之义务,更发挥此划时代之使命者也! 此一伟大使命之完成,最受压迫之世界无产阶级,当然解放,忠于马克思主义、列宁主义者,正宜摩顶放踵以求其实现,此其一;次则"暂搁一边"云云,在政客官僚固优为之,忠于某一主义或对于某一学说真有信仰者,必不忍出此,且以今日之中国共产党为之,不惟对于共产主义为不忠,对于国民党为不信,长者属望共产党以政客僚之不忠不信督促之,邦人君子将视长者为何如人乎? 此其二;至于长者此意或有所托,辞非尽乎? 此则今日稍明政情者能详,非一女子所敢知也。徒以先君在日与长者相契,而家母与庚白亦数称长者之好学,辄忘其固陋,妄有所就质,愿长者更一熟思之,则抗战幸甚!

世侄女

林北丽谨启

二十七年除夕

（原载一九三九年一月十四日重庆《新华日报》）

9. 抗战中的党派问题（陈独秀）

在民族危急存亡的今日,全国中不分在朝在野的各党各派,如果认为民族利益高于党派利益,无可犹疑的应该避免无关于抗战胜负之根本政策的争论,而以全力用在民族解放的战争上面。国共两党为了民族危机,停止多年的内战,在军事上合力抗日,这是无可非难的事。这一联合,数月抗战中也收到了相当的效果,可是同时两党磨擦的暗潮,日渐浮出于表面,这是众人皆知无可讳言的事,因此国人颇为惴惴,深恐此种磨擦如果继续发展下去,或至影响于抗战前途,并且这一问题日渐成为私人谈论时局的中心,这一忧虑,不是毫无理由的。其实这种磨擦,除了根本原则不计外,其种子已包藏于联合之最初时期,即两党对于联合之方式都未免鲁莽:一方面国民党未能抛弃招降的态度;一方面共产党在政治上事事迁就允诺,未能坦白的坚持自己抗日的政治主张,因此事后在政治态度及宣传上,引起了国民党对共产党有言行不符的疑虑,一切磨擦便自然的日渐发生了。此种磨擦如果双方都感觉有停止的必要,下列办法或者可以收相当的效果:(一)国民党承认共产党及其他在野的党派,都公开的合法存在,要求他们合力抗日,而不取招降的态度,并且不妨碍在野党对政府党政治的批评。(二)共产党及其他党派都以在野党的资格,绝对拥护抗日战争,一致承认国民党一党政权及其对于抗日战争之军事最高统率权。这一事实,不要把开放党权和开放政权混作一谈。在原则上,政治上的争论,有可能推动政治进步,直接间接有利于抗战。非政府党党员在政府附属机关担任工作,这本与政权无关,政府对于所属机关之用人,应采人才主义,不必一党包办,在野党亦应避免政府附属机关中地位之竞争。

非政治的斗争即地位斗争,有百害而无一利,各党各派如果把民族利益放在党派利益之上,这种斗争是应该停止的,党派间以至一党中小派别之非政治的无原则的地位斗争,只有为敌人开辟道路!

(原载《血路》第六期,一九三八年二月十九日)

10. 谈什么党派问题(胡秋原)

百川、龙章二兄:

赐示嘱撰一“综合评述国民党外各党派”之文,颇觉难于动笔,并非因这问题很大,实在因这问题太小。若仅写一篇新闻式之文字,则将各党派公布之主张重抄一次,评论一番,事至易也。但严格言之,今日除国民党及共产党外,尚有若干之政治意见群,此自系事实,但能否称为政党,弟个人不能无疑。盖既称为一党,应有其系统之政见,经常之党务,而以中国之大,最低限度倘一党无一万以上之党员,五省以上之支部,似亦难于言党也。近人颇言各党各派合作,即民族之统一。弟意今日各党各派,多非有何真实之基础,而国中无党无派者,恐犹系最大多数也。故各党各派之声愈高,国民即不胜烦腻之感。无论政府及国民党对各党派问题取何种态度,但国人所关心者,为抗战之胜利,政治之清明,生产之发展,对党派问题实异常冷淡也。虽然,人为政治动物,树立政党,亦为人权。惟在抗战之中,应无论党之余裕,抗战胜利以后,中国已为一民治国家之时,自不妨大谈而特谈也。

论党犹可,论派最为可异。今日政治学中未闻有论政“派”者。中国之派可多至无穷,若欲集各派代表于一堂,固无选择之标准,恐亦无此广厦也。

弟今日之不主张谈“各党各派”者,实因:第一,今日国家根本问题不在此。今日政治纲领已立,以后之事,即在实行。而实行一须用人才,二须树法纪。今日但有人才法律问题,而无党派问题。第二,中国之朋党主义,病国甚大,今日高谈各党各派,是长朋党之风,于政治健康,颇为不利。第三,军事生产教育为今日当务之急,使聪明才智之士分心力于党派问题,民族之损失也。

且今日之党派问题亦不致成为问题也。以政见而论,无论共产党及其他政治群,无论其主张何如,有不赞成抗日及抗战建国纲领者乎? 以法律地位而论,则法律范围内言论集会自由,国民党已承认之矣。若谓必须解决党派问题集中人才,弟敢断言,有党派之人才固多,但无党无派者,即无人才乎?若谓必须解决党派问题集中力量,则今日"各党派"果能代表全国之人民乎?

今日国家问题有千百倍重要于党派问题者。而今日政治问题亦不在于党派,而在于人才与法纪。如国民党及政府励精图治,集中人才,树立法纪,切实实行《抗战建国纲领》,国民决无问题。否则各党派问题即解决,国事亦不得解决也。而同时所谓"各党各派"亦应承认国民党执政之既成事实,极力拥护领袖与政府,执行《抗战建国纲领》,渡此民族空前大劫。即各党领袖亦应抱此大志:国家用我,国家之福;国家不用我,亦以在野之身,为种种努力及种种建议。不必以党派问题为号召,免增枝节! 如政府有诚意,其主张自不致落空。若政府无诚意,即高谈党派亦无用也。

如果今日有党派问题,即为共产党问题而已。但此问题今日事实上业已解决,即政府已承认共产党之合法存在是也。今日自仍有若干特殊问题,即边区与共产党军实质之问题。但今日各种特殊问题犹多,例如外蒙西藏问题。弟信今日努力抗战建国,一切问题解决之可能性日大。在中国为一民主国家之时,自不应有所谓边区与共军;而在中国为一自由联邦之时,蒙藏自应为联邦之一员也。凡此一切,弟于拙作《中国革命根本问题》中均略言之,只要努力抗日,加速现代化之工程,一切问题均可迎刃而解矣。

然最根本之问题,即在国民党本身之健强与复兴。有一巩固贤明之民族中心力量,今日无不可解决之问题,明日亦无不可解决之问题。今日为国民党威信最高之日,亦举国喁喁望治之秋;兴党兴国,国民党之责,国民之望也。

总之,实行《抗战建国纲领》,大家莫谈党派问题。此弟函之微意。弟不仅今日无党,如此主张;在日寇未逐之前,即有党籍,亦必如此主张。即以此意答兄等之嘱可乎? 匆颂
著安。

弟　胡秋原

四月三十日

（原载《血路》第十七期,一九三八年五月七日）

第三章　国共关系的恶化

（一九三八年冬——一九四一年六月）

一、中国国民党五届五中全会制订"限共"、"防共"方针

1. 中国国民党第五届中央执行委员会第五次全体会议宣言

去年四月临时全国代表大会后,本党根据大会决议及《抗战建国纲领》,率厉全国同胞继续努力于神圣之抗战;同时即于抗战之中,进行建国之工作。十阅月来,军民一德,意志弥坚:战区虽有转移,国基益形巩固。及广州失守,武汉撤退,抗战局势乃由前期而转入后期。前期抗战之主旨,在于消耗敌人力量,暴露敌人阴谋,完成后期抗战之方略与布置;而后期抗战之任务,则在承接前期奋斗之成绩,发挥我前后方及被占地区内一切抗战力量,以期获得最后胜利与建国之成功。第五次中央全体会议适举行于抗战后期开始之今日,追念十八阅月来之战绩,及吾全国将士民众之光荣牺牲与贡献,深觉继此以后之奋斗,实为决定我民族存亡兴替之关键。爰就内外事实,详悉检讨,确立后期抗战方略,努力实行。兹为我全党同志,全国同胞举其要旨,竭诚以告。

过去十阅月中之抗战,敌人侵略愈深,兵力愈竭,财政经济社会之危机愈

加深重;自鲁南之战至江河两泥诸役,敌兵伤亡,又加五十余万,战费且增至九十余万万,国内政潮迭起,倾轧益深;至最近数月间,乃发表其所谓"建立东亚新秩序"之宣言,希图藉此诳论,掩其暴恶,然世界各国已无不洞烛其隐。我神圣抗战之目的,在求国家独立,民族生存;失地虽广,死伤虽多,而全国军民同仇敌忾,精神益振,人人以必死之决心,为国家建永生之大业。吾国素为爱好和平之民族,今之所以坚忍抗战,不辞一切牺牲者,实为日本军阀不断以武力侵略,肆其蚕食鲸吞,逼我人于最后关头之结果。自"九一八"事变发生,日本悍然不顾一切,破坏九国公约,国联盟约,非战公约,实行占领在东北四省,前年七月七日,更逞其横暴,进攻芦沟桥,占领平津;我国脉民命,已至存亡绝续之时,全国上下,无可再忍,故虽自知武备武器不如敌人,然为保持国家民族之生存,不得已而从事艰苦惨烈之抗战。和平尚有一线之望,绝不放弃和平,牺牲已至最后关头,自必决然牺牲,此吾党总裁再三申述之决心,亦我国民一致信守之国策。彼日本军阀,并吞大陆之野心,在外则为世界之公敌,在内则为人民所共恨。观乎"九一八"事件以后,数年之间,彼之首相被暗杀者三,藏相被暗杀者二,海陆军大将被暗杀者四五,大学教授被捕禁者逾百人,人民之因反战而被刑僇者,且无虑数千人,其今日所保持之统一,仅为军阀淫威之表现。古语有之曰:"两军相遇哀者胜矣"。我全国同胞抵御侵略之悲愤,维护和平之正气,已足为克敌之主力;际兹后期抗战开始之时,更为全国同胞共同一致坚持奋斗之要义。临时全国代表大会宣言有云:"吾人之所求为合乎正义之和平,非屈服之和平;屈服只以助长侵略。中国若怵于日本之暴力,以屈服谋一时之苟安,则将降为日本之殖民地,民族失其独立生存,国家之自由平等,更无可望。"至于抗战最后之目的,则临时全国代表大会更明白指出:"为确立主权与行政之完整,实现平等自由之国家,不达目的,决不中止。我总理创造革命救国之三民主义,领导国民复兴中华,建立民国,为国家争独立,为民族争生存,为东亚谋永久之和平,为世界树尊严之正义;今之抗战,义亦如斯。"彼日本之文明,始则求之于高丽,继则学之于吾国,食衣住行之物,仁义道德之理,何一非吾所与? 吾国以富强著于东亚者几千年,日本之强数十年耳,而高丽已早为其所灭,今更进而图并我中国。观彼军阀之狂言,直欲统制全球,臣服欧美,其退出国际联盟,撕裂九国公约,犹仅为施狂暴于世界之见端耳。吾国今日之所以坚决抗战者,其目的固在抵御侵略吾国之敌人,恢复我主权领土及行政之完整;实亦为惩创破坏条约尊严危害世界和平之戎首。切望举世维护和平之友邦,发挥协商一致之精神,保障利害共同之条约,施有效之方法,消蔓延之战祸。盖必如此,乃可以求得世界人类之和平,增进人类之幸福,此吾四万万五千万人民共同之认识坚定不移之决心也。

综观一年来国际形势之演变紧张,颇有似乎昔年欧战之前夕,而危机之深广,则远非欧战时可比;即以暴日侵略中国战事开始以来之情形例之,彼以空军轰炸不设防城市,扫射非战斗员之国民,焚烧城市乡村之文化建筑,其残暴凶猛之情景,均非欧战之所有。凡世界爱好和平,崇尚正义之国家,政府人民,无不同具迫切之感应;过去数年间仅欲以唇舌文字相号召,重申国际公法之效力,阻止战祸之蔓延者,今亦转变方针,同时谋以实力作自卫共卫之保障。盖时至今日,无论何人,已明知日本之侵略中国,即为威胁太平洋印度洋间世界最大市场之开始。去秋敌军侵迫武汉,进袭广州,封锁长江珠江两大河流,国际联合会适于此际集会,英法苏俄等各友邦,仗义戮力,一致声援,爰通过盟约第十六条所规定之制裁,适用于日本之侵略。最近国联行政院一月十九日之决议,复邀请与远东时局有关各国相互协商,俾采取有效措置,予吾国以援助。而美国总统罗斯福,亦于此际力持九国公约对暴日作坚决之警告。英法继起,共维斯约。此其目的,不独在制止暴日之侵略,亦实在于消弭一切破坏世界和平之惨祸。吾国处艰危之际,对此扶颠持危之高谊,固深感不忘,亦确信吾中华民族,竭尽其维护公理正义之精诚,所贡献于人类文明世界和平之前途者,必足以副各友邦之厚望;更确信吾中华民国具有足以消弭世界战争促进世界人类和平生活之本质。当欧战甫终,从事于大战之各国,正苦于善后乏术之时,我总理即发表其发展中国实业之伟大计划,并认为惟此伟大之计划,乃能充实当时威尔逊总统所提倡之国际和平,消弭战后各国循商业战争旧路,而重造国际战争之原因。以救国救民之心,倡救人救世之议,更于此伟大著作中,对于日本必加紧侵略中国,世界各国必陷于不能自解之困境,反复说明。虽言之于二十年前,而于现在所暴露之事实,无不一一吻合。我全国国民，人人遵奉总理之遗教，应人人共信此救国救世之典章。今美总统特举九国公约，号召世界，维护公约以图恢复东亚之和平；而国联合员诸国，亦皆知美总统之主张，为世界共同幸福之前导。惟暴日之疯狂正烈，各国之行动未彰，欲竟抑制暴日之全功，须更加肯定公约之真义。查九国公约之重大原则有二：一为尊重中国主权领土及行政之完整，二为门户之开放与机会之均等。详察公约之精神，熟观目前之事实，则知非阐扬第一原则之大义，确保其实际之效力，则第二原则，必无从实现。证以我总理二十年前建议于全世界之开发中国实业计划，更足确信吾国民不独赞助门户开放之原则，亦且愿以公平互助之原则，与世界各国作互助和平之合作。总理发展中国实业计划结论中，最警切之语曰："日本于每一战争之结局，辄获最厚之报，无怪日本军阀以战争为最有利之事业。今中国既已醒觉，日本即欲实行其侵略政策，中国人亦必出而拒绝之；即不幸中国为日本所占领，不论何时何处，断非日本所能统制有利"。二曰："列强之行动，如真实协力为共同之利益计，则彼军国主义欲为物质向中国战争者，自无所施其伎俩"。三曰："为万国互助而谋共同开发中国经济者，自能实现，为个人或一民族之私利者，自当消灭于无形"。吾人遵奉总理遗教，熟察国际趋向，抗战必胜建国必成之信念，既已确乎不可移易；当此神圣之牺牲已发挥无上光明之今日，尤望全国军民，益振其奋斗之精神，勇猛前进，以争取抗战之胜利，树立建设中华民国之根基，以与世界友邦在互助和平之原则下，作真诚之合作，完成建设中华民国之伟业。必如是而后不负吾同胞千百万人之壮烈牺牲，且使吾全国国民与其子孙以及世界无穷之人类，共受我军民以生命所造成所保障之和平幸福于无穷。彼日本军阀狂悖之思想，狡毒之企图，残酷之行为，今日所施于吾国者，还将结成彼所受更为悲惨之果。"九一八"以后，彼国中所不断发生之悖逆事件，已暴露其端倪，"七七"事变以后，残暴行动所造成之恶果，恐较其用以残杀吾同胞之武器暴力为尤多也。

明乎以上所述，可知坚决抗战，为国民革命一贯之使命，亦为吾人救国救世唯一之真诚。暴敌狂悖狡毒之行，不仅徒劳，充其所极，必自陷于不拔之深阱。全体会议认为后期抗战最终胜败之决定，其因素已早种之于前，而吾全国军民,自开战以至于今,其英勇忠诚,一德一心之精神,世界友邦,主持正义,维护公约之行动,更已确立吾国必胜之基础。唯其如此,自今以后,吾人之责任益加艰巨。欲击破暴敌最后挣扎之猛烈侵略,更须竭尽吾全国国民所有之心力,物力共同致力于加强团结,积极奋斗与努力建设三事;而提高民族精神与整饬革命纪律,更为上述三事成功之保障,谨揭要义如下:

一、所谓加强团结者

本会议认为团结必本于真诚,而革命精神必求其纯一。临时全国代表大会郑重申言,期望全国有志之士,集中本党,共同奋斗。本届会议,兹再恳切致望国家艰危至此,必尽量增加抗战建国之实力,以收众志成城之效,全国同胞不问其过去政治见解与派别之如何,凡愿实行三民主义而参加本党从事国民革命抗战建国之神圣事业者,无不诚挚欢迎;惟国民革命之目的,在求得国家之独立与民族之生存,故必保持中国民族真诚纯一之精神,而后国家之基础始能永固。本会议郑重声明,吾人绝不愿见领导革命之本党发生二重党籍之事实,更不忍中国实行三民主义完成革命建国一贯之志业,因信仰不笃与意志不坚致生顿挫。世界各国当革命建国之始,无不由于举国一致,上下一心,乃能排除艰难,以底成功。中外古今,绝无二道。自今以后,吾同胞必当精诚团结竭智尽忠,实行三民主义,为后期抗战尽最善之努力,为建国伟业立不拔之基础。

二、所谓积极奋斗者

吾同胞当知"行百里者半九十",最后行程,常最艰苦。吾人检讨过去一切工作,实犹未尽努力,所努力者,未尽确实,未尽协调,亦未能言行一致,始终一贯,贡献其全力,以适应战时之要求。今之后期抗战,实为吾国与日本军阀最后成败之决赛;举凡前方后方,尤其在被占区域或邻近战区之军民,一切思想行动,苟不能严加反省,严加检举,严加改正,以其能力自由生命完全贡献于国家,增加反攻之力量,则无数先烈牺牲奋斗之成绩,固功亏一篑,而我民族亦将不免于覆亡。故我同志同胞,自今以往,必须共矢忠诚,在最高统帅领导之下,绝无保留,绝无犹豫,勇往迈进,由此生死存亡之大战中,争取国家独立民族生存之成功。

三、关于加紧建设者

吾人须知建国之主力，在于建军；非有坚如金石之国军，则民生无所保障，民权无从维持，民族无由生存。而心理建设、政治建设与经济建设，实为建军之基础。所谓心理建设者，必当根据总理知难行易之学说，发挥总理军人精神教育之主旨，普及国民军训，增进教育效能，推广战时服务，使全国同胞，无一不为三民主义之革命战士，以不成功即成仁之精神，求得最后之胜利。所谓政治建设者要在严明赏罚，综核名实，集中力量，增进效率，加强民众组织，统一民众行动，解除人民痛苦，改善人民生活；而在后期抗战开始生死存亡所系之关头，尤宜组成中央党政军统一指挥之机构，使全国党政工作，得与军事相切合，以收共同行动之效，故特设置国防最高委员会，以统一党政军之指挥。关于经济建设，不仅为抗战胜负所系，亦为建国成败所关，必当依于战时人民生活之需要，分别轻重，斟酌缓急，实行统制经济，调节物资之生产消费。举凡抗战必需之重工业，矿业，民生日用必需之轻工业，手工业，急要之铁道航空线公路等，应竭力之所能，努力兴举；更以巩固币制，流畅金融，促公私产业之发展；他如农林畜牧之改进，内地蕴藏之开发，后方各省生产能力之增加，尤当合政府人民一切资本技术之力，切实加紧推行。此种经济建设，固为充实抗战之实力，亦为实行民主主义之基础。至于在抗战期中，世界各友邦政府人民，或以物力财力相协助，或为精神道义之声援，或救济伤病饥寒之军民，或助我兴复被敌摧毁之学校，凡此高义，皆所永铭。深信吾国此次抗战之结果，必能恢复我国家主权领土及行政之完整，必能重振国联盟约、九国公约、非战公约之权威；岂独门户开放机会均等之原则得以实行，我总理二十年前建议于世界，以国际和平互助之结合，共同开发中国实业之伟大计划，亦于是得以实现。以我原料之富，市场之广，随后建设需要之切，对于消纳外资与技术合作，即竭各工业国现有之能力，亦绝不虞其过量。而我全国国民，今日多出一分之力，战后必多获十百倍之利，盖凡真正之经济利益，于世界人类绝无所私也。

上述三事，为我全国所应积极努力之目标，而根本要义尤在提高民族精神，整饬革命纪律，以实现革命建国之三民主义。总理昔日讲述军人精神教育,痛切说明"人类有精神之用,非专恃物质之体","欲任非常之事业,必有赖非常之精神",特举智仁勇为革命救国者必须具备之达德。唯"合于道义"之智,始为革命所需要之智;唯能"临事不避,一往无前,有不夺不惧之决死精神",始为革命所需要之勇;亦唯"舍生救世,舍生救国,不顾利害,竭尽责任",始为革命事业所赖以成就之仁。无求生以害仁,有杀身以成仁。始于大智,终于大勇,始能建设国家,完成革命,以保我民族奕世无疆之生命。我全国同胞,当此生死关头,惟有以成仁取义之决心,实行三民主义之大道,人人誓死,奋勇效忠,以吾人数十年必死之生命,立国家亿万年永生之根基,则抗战不患其不胜,建国不患其不成。其在本党同志与一切任国家军政之人员,尤当人人怀乎自身职责与革命纪律之严重,以身作则,为民前锋。必须确立森严之纪律,树信赏必罚之正义,而后乃能集众志为一心,合众力为一体;不因一隅之失,危及国家,一人之误,祸及公众。须知抗战杀敌,先死争于须臾;而建国大业,乃为永久不磨之工作。若不绳以严明之纪律,岂能收成功之实效;故革命纪律之严格执行,即为抗战精神之彻底振作,此实抗战建国胜利成功之最大保障,必须尽全力以实行者也。

本党本于革命建国之历史的使命,当国家民族危急存亡之秋,领导全民,毅然负荷,责任愈重,使命愈艰。凡我同志,务以至诚,遵守决议,一心一德,接受总裁提高党德巩固党基之指示,振作精神,集中意志,坚定信仰,充实能力,深入民众,深入战地,深入沦陷区域,深入下层乡村,刻苦坚忍,以身作则,临难必先,赴义恐后,以此精神,竭尽职责,本以此精神,感孚中外。望我全国同胞,闻义或有后先,行义绝无二致。此次抗战之能坚持不移,百折不挠者,实为我全国同胞,人人奋发,不惜牺牲一切,以从事救国建国大业之伟绩。今战抗已入后期,大功只系一篑,得道多助,世界之同情已集于吾国,有志竟成,兴复之大功必归于吾氏,行见抗战胜利之日,即建国告成之会,愿我全党同志,全国同胞,共喻斯意,悉力赵之!

一九三九年一月三十日

(选自台湾中国国民党中央委员会党史委员会编:《革命文献》第六十九辑)

2. 防制异党活动办法

极密

中国国民党中央执行委员会秘书处代电

各省市 $\dfrac{\text{党部}}{\text{政府}}$ 密查

本党应付异党之对象与办法。在此团结御侮时期,关系极为重要,应以绝对保守秘密为原则。倘不慎而泄漏入于异党分子手中,则不仅易滋误会,甚且发生磨擦。为防患未然计,嗣后各地方党政机关关于应付异党之对象与办法,必须层层负责,尽量避免书面传递之方法。各机关拟具对策时,亦应根据地方事实、环境,立言不可动辄用中央口气或翻印中央所颁布之原则。至必须保存之文件,亦应指定忠实可靠人员,严密保管,以免泄漏。除分行外,特此电达查照,并密饬所属各主管人员,切实遵照中央执行委员会秘书处删印。

防制异党活动办法

查共产党在本党权利所及之区犹能猖獗活动长足发展,考其原因虽非一端,而本党组织工作之不健全而予人以可乘之机实为主要因素。目前共产党控制下之陕北,彼能无论男女老幼悉纳于各种组织之中,而由该党分子予以切实之领导与控制,遂造成今日形同铁桶之陕北特区,不但外人不易轻入,即入内亦难立足,更无论有所活动。本党目前防制异党活动之方,亦唯有采取此种坚强组织之办法方能奏效,盖即所谓以组织对付组织之意义,兹根据是项原则制订具体办法如下:

(甲)关于积极方面

一、加强民众组织凡各界民众均应尽量加入一种法定人民团体如工会农会同业公会学生自治会妇女会等接受本党领导

二、各地各种法定人民团体如迄未成立者应即限半年内组织成立已成立而组织松懈徒具虚名者应即切实整理各使健全

三、对无所归属之人民如失业失学青年及闲散群众等应即依据时地之需要成立各种团体如战时工作团战地服务团或某某工作队等务使此种组织领

导工作均由本党居先发动勿予异党以可乘之机待其发起组织反始又忙于对付

四、各种民众团体中应即成立本党党团或派遣党同志居中发生党的领导作用已派有同志而不负责者应即撤换务使所有参加各种民众团体之分子均能接受党的训练党的指导党的监督而不为外界所诱惑

五、各级教育行政机关工作人员及公立大中学校教职员应多派本党党员充任各公私立大中学校尤应有党的组织加强党的领导与活动以坚强本党在教育界及学生界之壁垒

六、地方党政机关应经常派员至各级学校及各民众团体实行精神讲话或乘党部举行纪念时命令各该学校与民众团体负责人全体参加不断予以党的训练并提示防范异党活动之必要与方法以资启迪

七、各地党部对于富有爱国思想及革命性之青年应尽量吸收加入本党或青年团使为奉信本党主义而努力倘当地尚无青年团组织或一时尚不能加入本党或青年团者则应组织各种外围团体以罗致之务使所有革命爱国青年均在本党领导之下从事活动

八、地方政府机关对于保甲之编制应多选举本党党员及思想纯正之青年担任保甲长并经授以各种政治常识及防制异党活动之训练与指导使每一保甲长均能兼尽政治警察之任务并能领导所属人民一致防制异党之活动

九、如异党活动最烈之区域应实行联保连坐法使人民不敢与异党分子接近而受其利用必要时并于保甲组织中建立保甲通讯网指定乡村中纯良知识分子担任调查异党活动之通讯工作以辅助保甲长力量之不逮

十、各地党部应即发展乡村中之本党组织并经常进行乡村中之宣传工作提高人民对于本党之信仰并晓示参加异党组织之利害以及防制其活动方法

（乙）关于消极方面

一、各地党部及军政机关对于异党之非法活动应采取严格防制政策不可放弃职守纵因此而发生磨擦设非出于本党之过分与不是亦应无所避忌

二、无论在战区与非战区凡未经事前呈准有案而假借共产党或八路军与新四军等名义擅自组织武装队伍者当地驻军得随时派兵解散不得有误

三、如发现有宣传阶级斗争鼓动抗租抗税罢课罢工破坏保甲扰乱治安者无论其假借任何名义应一律依法从严制裁

四、无论任何社团应先办理立案手续后方准活动目前各地各种灰色社团如青年文化救亡流亡等团体凡未立案而擅自活动者各地党政机关应即依照整理民众团体办法切实取缔勿稍宽纵

五、已准立案之各种灰色社团地方党政机关应重新切实办理登记严格考核其活动并指派本党忠实积极之同志经常参加指导不听者得依法限制其活动

六、对请求立案或备案之各种新组织社会团体及报社如发现有异党分子在内或其动机不明且无本党党员参加者应经过切实调查确保无他后始予照准

七、对已立案之各种社会团体中如发现有行为不轨之异党分子主管党政机关应令饬所隶属之社团取消其团员资格并强制其服务之机关学校或工厂等外除其职务借以警戒其他分子

八、各级军政机关与学校等非有特殊情形并经呈准者一概不准擅自延用异党分子对于已用人员各该机关负责人应随时监督考查倘发现有异党或左倾分子应立即撤销其职务否则一经检举应负渎职之责

九、各地党部及警察局新闻邮电检查所等机关对内容反动及违反抗战建国纲领之各种宣传刊物如图书杂志报纸小册子壁报等应随时查禁若经一再查禁而仍秘密发行者应从严制裁以儆刁顽

十、各地党部对于目前异党之猖獗活动及其阴谋野心应密谕全体党员注意以启迪其警觉性并饬令经常调查异党之组织活动情形报告党部以作随时应付之根据

十一、各地印刷业派报业运输业机器工业等公会应尽先健全其组织与领导一面防止异党之羼入活动一面并领导其消极抵制该党宣传刊物之印刷与发行

十二、为使防制异党工作易收实效起见各级党政机关应于每星期定期经常会商进行办法并互相交换情报

十三、各地党政军机关对于防制异党活动工作除经常联络进行外并应将进行防制情形随时分别呈报中央

一九三九年四月

（选自《中国现代政治史资料汇编》第三辑第十一册）

3. 共党问题处置办法（分别密令各省党政军高级长官）

（甲）原则

一、"国家至上，民族至上，军事第一，胜利第一，意志集中，力量集中"为我国同胞实行抗战建国之最高原则，故凡违背国家民族之利益，减低军事胜利之把握，促使意志力量之分散之言论或行为，均为国人所共弃，断不容其存在。

二、共产党自抗战伊始，即自动宣言愿奉行三民主义，共赴国难，服从领袖，本党希望其实践宣言，服从中央，遵守法令，彻底取消其一切"特殊化"之行为与组织。今后一切设施与行动，必须合乎国家之统一与独立为唯一原则，不再自居于整个国家体制之外。

三、共产党既宣言奉行三民主义，拥护抗战建国，其中定不乏忠诚为国之志士。为巩固统一，团结御侮，争取胜利，完成建国而努力，本党领导国民革命，居国内唯一执政政党之地位，对任何政治集团，均当负督导监察之责。其于共党，事当本大公无私，与人为善之精神，予以精诚感格，使之服膺革命，恐惧歧视之心理，固须彻底扫除，利用敌对之观念，更应根本打破。

四、揆诸抗战以来之事实，共产党贡献于国家民族者少，谋一党之私利发展者多。在我固处处宽大为怀，相忍为国，而共党反觉有机可乘，日益放肆，长此以往，殊非国家民族之福。故吾人对共党虽仍应抱与人为善之态度，但对其非法活动与无理要求，必须严厉取缔或拒绝，断不可迁就退让，再事姑息。否则，适足以演成严重之局势。

五、处置共党与对俄外交本为截然二事。中俄唇齿相依，邦交之亲睦，势所必然，况日寇之横暴，尤为两国共同之敌人。中国现在艰苦抗战，苏俄亦不愿袒庇共党，致碍抗日。故吾人欲求对俄外交之进步，更非坚定本党对共态

度,而有严正之立场不可,若多事瞻顾,使共党之气焰日益嚣张,则非仅启英美法之疑虑,影响其对华援助之信念,且于苏俄之国际外交亦增多困难。

六、处置各地共党问题,我党军政步调必须完全协同一致,且特别着重层层负责与执法以绳。即凡共党违反法令与破坏统一等事件,各级均当依照法令,随时随地予以处分而纠正之。

七、最后,吾人处置共党问题,完全根据我最高革命领袖持平的及理智的态度,一以整个国家民族利益,而为长期久远之谋划,决非狃于任何偏见,故事吹求,以激成共党之不安,此种至大至公之精诚,当为全体同志所必须深刻了解。

(乙)对共党各种活动之限制

一、军事方面

(1)八路军与新四军之军政军令,必须统一于中央,旧八路军之番号,即应饬令取消,并通报全国。

(2)正规军只有驻地,并无防区,八路军与新四军自应服从上级司令部之指挥调遣,不得要求划给区域。

(3)游击部队可划定游击区域,但非得军事委员会之命令不得脱离驻区,尤不得越出其活动范围,八路军与新四军派遣游击部队,事先须请示中央,规定其位置与动向,借与各友军取得联系,配合整个战略部署,否则即以违抗军令处置。

(4)八路军与新四军既经改编为国民革命军,必须完全造成国家武力,故其编制与补给办法,必须遵照军政部统筹规定,绝对不准自由招募,尤其不准就地征粮或收缴民枪,乘机扩充私有武力。

(5)陕北河防警备区改派其他部队接防,十八集团军另调第二战区防务。

(6)游击根据地之规定及当地政权之建立,应由主管战区司令长官协同战地党政委员会决定,而委派地方官吏及征收赋税,则仍归各该所隶省府办理。

(7)共党军队政训工作,应照军委会政治部所颁布之宣传纲领及其他规定之政训工作办法行之,而政工人员之编制与人事,亦应悉依政治部命令行之。

（8）在八路军与新四军之驻在区，军事委员会得指定中央与之互派联络员，监视其整个活动。

（9）共党不得以其军队或其他名义，随地设立后方办事处，以为秘密工作与通讯之掩护，嗣后所有各地办事处，非经呈准中央者，一律封闭。

二、党务方面

（1）党内党外均应一致遵奉抗战建国纲领，以实行三民主义为最高原则，任何纠纷皆当取决于领袖。

（2）共党在各地不得有任何公开或秘密之组织，如个别共产党员在各地公私机关团体服务者必须开列名单，呈报中央，否则一经发现，即以战时非常活动论罪。

（3）共党外围组织"民先队"与"救国会"应即令取消，其分子一律由中央指定机关接收训练。

（4）共产党员非经中央特许，绝对不准服务于各部队机关及军事性质之学校，交通及产业机构中。上述各部门尤应严格防范共党潜入活动，发展其秘密组织。

（5）共党应即停止违反本党政策之种种荒谬宣传及共产主义思想之传播，关于"统一战线"、"新阶段"、"拉丁化运动"、"新启蒙运动"、"民主政治问题"，与"少数民族问题"等反动宣传活动，即应取缔。

（6）共党不得单独设立机关报与杂志，及印刷前述种种反宣传品之书店，违则即行封闭，至于共党言论，在可能范围内准其发表于本党外围刊物。

（7）对付共产党员之态度，可分为两种，上层注重"理性之折服"，以"严正"对之，中下层当予以事实上之"打击"，以"严厉"对之，然对于思想不正之青年，各级负责同志，尤宜开诚感格，善为诱导，使之悔悟。

三、行政方面

（1）绝对否认共党所谓"陕甘宁边区"之组织，中央应决定认此为地方问题，授意各该省政府自动以种种必要手段，恢复管辖权力。

（2）共党在华北各省游击区内组织之地方政权，应即令移交冀察战区党政委员会分会。

（3）教育与训练机关，必须绝对统一于中央，"陕北公学"与"抗大"应令停办，或归中央接收，至少其教员应由中央派遣。课程应呈请教育部核定。

（4）任何地方，不得建立违反本党立场及中央法令之经济制度。

（5）根据重庆财政会议，战地省政府得发行以法币为基金之省钞及辅币（军用流通券）；但各省发行之数量，应先呈准，不得滥用滥发，以防流弊。

（丙）目前亟待解决之问题

一、陕甘宁边区问题

（1）调整陕北行政区域及人员——划绥德、清涧、吴堡、榆林、米脂、葭县、横山、安定、府谷、神木、延川等十一县为第一行政区，肤施、保安、安塞、延长、甘泉及靖边之一部分等七县为第二行政区（必要时可增划甘省之合水、环县及庆阳之一部分归陕西第二行政区），洛川、宜川、鄜县、宜君、中部等五县为第三行政区。第一、三两行政区之专员保安司令及各县县长，由本党遴选忠实精干有斗争经验之同志担任，第二行攻区，则准由共党保荐，由省任命。

如上述办法实行困难时，则就伪边区目前所占据之区域，成立陕北行政委员会，直属陕西省政府管辖，其人选得由共党提出名中之一部分，向陕西省政府推荐，经核准后任用。

（2）加强"边区"党务——由中央遴选大员，赴陕北及邻近"边区"各县办理党务，积极训练干部，吸传党员，组织民众，对"边区"组成极坚固之封锁网，并会同当地军政负责人，组织党团，策划指导一切，逐渐肃清其势力。

二、八路军新四军问题

（1）统一编制及确定兵额——八路军新四军之编制，应与其他国军之编制名实一致，其兵额亦应有限制，由军委会派员点编，经点编后，不得再以任何名义组织游击队或其他武力，其后非因作战伤亡，不得擅自补充或扩编。

（2）确定作战任务及区域——由军委会明令定之，嗣后只准在指定区域内执行任务，非得军委会命令不得越出范围。

（3）各地方当局分别与该军之负责人切实约定，不得与地方发生关系，并不得作民众运动。

三、"晋察冀边区"问题

（1）伪"晋察冀边区政府"及其所组织之各县地方政权，应严令解散，限期移交各该省政府管辖，所发行之纸币，责令其负责收回，否则以军饷作抵。

（2）充实冀省之行政机构及人员，由本党中有斗争经验之精干同志充任各县县长，并与当地党部游击部队密切联系，积极与共党斗争。

四、其他问题

（1）抗大、陕公、妇女大学、工人大学等校，先勒令停办，听候解组。

（2）新中华报、新华日报、解放、群众等一律禁止发行。

（3）共党的组织，停止发展，不得在各机关、各部队、各学校，各团体中吸收群众。

（丁）积极防止办法

以上所述均偏于消极的取缔，唯今日之处置共党问题，决非仅消极所可奏效，尤贵乎本党自身之充实力量，健全发展，积极推进各项工作，以与其作积极之斗争，方克有济。故吾人欲求共党问题之圆满解决，与其处处只责备他人，不如事事求诸在我，而从本身努力。

一、党务方面

（一）关于一般的：

（1）积极加强并统一本党之民众运动，使各阶层民众，皆在本党领导之下，努力实行三民主义，以杜绝共党活动之机会。

（2）全国各级党政军机关，应尽量吸收优秀青年，予以训练，分配其工作（是项经费将由中央统筹办理）。

（3）健全本党基层组织，发展本党党员，使每保或每甲皆有本党党员之分布，以任领导民众、防止共党活动之责。

（4）严厉统制出版事业，凡书店、报社、印刷所等，一律收归国有国营。

（5）大量印行本党各种宣传书籍、报纸、杂志等，广泛宣传，并充实文化驿站，普遍于全国各地，组织广泛的发行网，以利宣传。

（6）大批训练党部中下级干部，整饬党纪，健全各级组织机构。

（二）关于游击区的：

（1）配合军事环境与游击部队密切联系,在各游击区内选择若干有利地位,作为发展游击区党务之根据地,在每一根据地开办一规模完备之训练班,大量吸收游击区内之青年,施以训练,担任党的工作。

（2）在游击区根据地以外之各县,视环境之需要与可能,亦各举办相当规模之训练班,或流动训练班,就地训练青年。

（3）在邻近游击区,如豫西、豫北、陕北、皖南及冀察晋边境等处,选择若干重要地点,各举办规模较大之训练班,以吸收离乡青年。

上述各种训练班采分科训练方式,俾养成党的组织、训练、宣传、民运等各种有专长技能之人才。

（4）大量发行报纸及各种宣传刊物,并在各沦陷县份,建立普遍之秘密交通网,以供宣传品之传递。

（5）用各种不同方式不同名义以组织游击区内之民众。

二、行政方面

（1）改善地方行政机构,特别加强战区之地方行政干部,尽量选用贤能与青年,绝对不可利用贪污、土劣,作防止共党之工具。

（2）地方各级行政人员,对于处置共党问题,必须尊重当地党团之意见,并尽力协助党团,进行检举与肃反工作。

（3）地方各级行政官吏,非经中央特许,不得引用共党分子在机关或学校中服务,利用共党之心理,必须根本打破。

三、军事方面

（1）加派有力部队,或忠实精干之游击干部前往冀、鲁,俾加强本党在华北之武力,以限制共党之发展。

（2）加派有力部队开入陕北,或陕北就地编组军队,以树立本党在该区内之武力,保障党政工作之推进。

（戊）方式与技术

一、中央党政军高级长官每月会商一次,研讨对共党问题之处置,地方党政军每月或一旬开联席会议一次,战地则由党政军委员会分会协同当地最高军事机关,随时协商或规定例会。

二、党政军各机关对付共党之态度，中央可示宽大，地方务须谨严，下级积极斗争，在分工上，党部负斗争责任，政府处调和地位，军队则为后盾。

三、各级处置共党问题方式，在可能范围内，应尽量以命令行之，关于各项案件处置经过，必须随时详报中央备案。

四、制裁共党活动，应尽量运用民众力量，党政机关避免直接出面，尤须避免党派斗争之痕迹。

五、党政军各机关，应指定本党忠实同志专责办理关于共党之案件，以保持绝对机密性。

六、搜集各地共党活动资料，每半月汇编调查专报，密令各级有关机关，协同防止。

七、以组织打击组织，仍为对共党必要之方针，无论政治、军事、经济各方面，均应加强本党党团及特种组织之活动，并使中央颁布防止异党活动办法，具体执行。

八、加强特务工作，以对付共党之间谍，组织特种党团，打入共党组织。

九、利用共党内部派别矛盾与思想斗争，以分化其内部力量。

十、以一切有效办法，尽量取缔共党各地组织网，通讯网及其发行网。

一九三九年六月

（选自《中国现代政治史资料汇编》第三辑第十一册）

4. 共党问题处置办法①（分别密令各省党政军高级长官）

甲　最高原则

一、关于共党问题之症结，目前不在陕北几个县，而在共党应有实践共赴国难宣言之诚意及服从中央命令、执行国家法令、实行三民主义、彻底取消其一切"特殊化"之行为与组织，而不自居于整个国事体制之外。

二、本党所希望共党者，为巩固统一，一致抗敌，争取国家之独立，民族之生存，其有违背国家民族之利益、破坏法令纪纲、妨碍抗日者，本党断不容许。

---

①本件是国民党继一九三六年六月秘密发布的《共党问题处置办法》之后，秘密发布的又一项反共文件，名称与前一文件相同，内容则更加具体。——编者

三、对于共党应根本打破利用观念,并彻底扫除恐怖心理,一本大公无私与人为善之精神,予以精诚感格,使共党向革命之道路前进,而不复把持割据,作非法之活动。

四、共党问题之处置,必须我全体同志,具备坚强之决心,随时警惕自励,坚守我革命之立场,断不可迁就退让,或有所姑息,否则适足以演成严重之局势。

五、吾人要求共党今后一切设施与行动必须合乎国家统一与独立为唯一原则。关于目前一切纠纷之解决,端在共党首先真诚恪守中央命令,执行国家法令,使事态平复,然后始可谋正当之解决。

六、吾人处置共党问题,完全根据我最高革命领袖持平的及理智的态度,以整个国家民族利益而为长期久远之谋划,决非狃于偏见,故事吹求,以激成共党之不安,此种至大至公之精诚,当为全体同志所必须深刻了解。

乙　施行通则

一、绝对立于主动领导地位,原我执政政党之职责,予共党以严格之督导监察,使之自反自觉,共趋革命途径,绝非如国际两个国家之对立与合作方式。

二、对共党之态度与方针,当以抗日为中心,始终坚持本党抗战建国纲领,以积极领导共党参加抗日,且尤当立于抗日之立场打击共党破坏抗日及取缔其妨碍抗日之行为。

三、与共党斗争要诀,厥在健全本身,惕励自我,由各自职务上奋发淬厉,努力于工作之竞赛,谋积极的实干苦干,而不仅作消极之防止取缔,顾有侵犯我革命职责者,必当予以严格之教训。

四、处置各地共党问题,我党政军步调必须完全协同一致,且特别着重层层负责与执法以绳,即凡共党违反法令与破坏统一等事件,各级均当依照法令,随时随地予以处分而纠正之。

五、以我执政党之立场,凡国内任何团体或个人,均应一律视为国民一分子,共党自亦决不能例外,故共党所有越轨举动,均当按法处置,但我人又应了解本党之伟大精神,厥在不畏强暴,不侮鳏寡,故对守法之共产党人,不可故事欺压。

丙 具体办法

一、目前极待解决之问题

(一)陕甘宁边区问题

(1)陕甘宁边区政府之非法组织,非但破坏国家之统一与行政体制,实为分散力量妨碍抗战之最大障碍,绝对不能令其存在。

(2)划陕西之肤施、保安、安塞、延长、甘泉、靖边等六县为陕西省第二行政区,必要时将甘肃之庆阳、合水、环县之一部,划为一行政区隶属甘省府,专员及县长人选可准由十八集团军推荐,经省府核准转请任用。

如上项办法实行困难时,则就边区政府目前所实际占据之区域,成立陕北特种行政机构,直属陕西省政府管辖,其人选得由十八集团军提出一部分,经省府核准后转请任命。

(3)在上项区域内之一切行政,应切实遵照中央法令办理,不得有特殊状态之存在。

(4)a,陕西之府谷、神木、榆林、横山、定边。b,自横山经米脂、绥德、安定、清涧至延川。c,自宁夏之盐池、豫旺经甘肃之庆阳、西峰镇、正宁、宁县。d,自陕西之长武经栒邑、淳化、耀县、宜君、中部、洛川、鄜县至宜川。以上各区域,酌量加强军事力量,以维持地方之治安。

(5)划陕西之府谷、神木、榆林、横山、定边、米脂、绥德、安定、清涧、吴堡、葭县、延川为陕西第一行政区(专员公署改在榆林),宜川、洛川、鄜县、同官、宜君、中部、耀县、淳化、栒邑为第三行政区(专员公署改设耀县)。

(6)十八集团军擅委之河防司令、警备司令、应明令撤销,另由我方派员充任河防司令,担任自宜川经延川、延长、清涧、绥德、吴堡、葭县、神木、府谷一带之河防任务。

(7)十八集团军之募补区,应明令撤销。

(8)陕省及甘省封锁线内,各区之行政专员及县长,应遴选本党干练忠勇之同志充任。

在此项区域内应切实维持地方自治,县集权于县长,区集权于专员。所有各区内之党政及保安武力,统归各该区专员节制指挥。

(9)各区除现在的武力外,应按中央编制,增编保安团队各两个,经费中央补助。

(10)各区保甲经费,由中央酌予补助。

(二)对晋察冀边区问题

(1)晋察冀边区行政委员会及冀中、冀南两主任公署与国家整个行政体制不合,应遵令撤销,改划行政专员区,冀中、冀南可照去年九月阎司令长官意见,各划四个行政区,直隶河北省政府,晋东北五台等十六县,原为山西第一行政区,可仍归旧辖。

(2)以上改划之各行政区专员人选,可由原边区行政委员刘奠基、胡仁奎二同志中遴选之。各县县长人选,升别考核,重予加委之。

(3)十八集团军所设立之所谓晋察绥军区及其分区,应即撤销,统由各该所隶战区司令长官部接收管辖,其所属游击部队,统归战区司令长官指挥调遣。

(4)选择若干重要据点,配备党政军力量,发展党务行政,训练青年干部,逐渐肃清反动势力。

(5)尽量发动地方人士及本党同志,在此边区内发展本党民众运动,树立抗日肃反力量,俾增强我华北抗战基础。

二、一般取缔办法

(一)军事方面

(1)第十八集团军既经改编为国军,其军令、军政,应统一于中央。所有该军编制、补给等,均应遵照中央法令办理,不得有"特殊表现"及私行征募等情事。

(2)为统一指挥机关之名称,所有以前各路名称不属于战斗序列者,均经通令取消,第八路军名义亦经同时取消,不得再行沿用。

(3)国军之驻地视情况为转移,统由军委会或战区以命令规定之,十八集团军自应服从上级命令,不得要求划给区域。

(4)第十八集团军之战斗序列与游击区划分,统由军委会以命令行之,该军不得自由变更越出命令范围,凡经命令改入于另一战区者,应受该战区司令长官统一指挥。

(5)严禁十八集团军强提团枪或缴友军枪械及私编部队,私委名义,其已委之各部名称、番号,经报由军委会核准有案者,经费由战会统筹支配,严禁向地方征发与派款。

(6)陕北由清涧河以北之河防,改派其他国军接替。

(7)游击根据地之规定及当地政权之建立,统由该管战区司令长官协同战地党政委员会核定,其地方官吏之委派及赋税之征收,仍归各该隶省府办理。

(8)十八集团军政训工作,应照军委会政治部所颁布之宣传纲领及其他规定之政训工作办法行之。而政工人员之编制与人事,亦应依政治部命令行之。

(9)军委会为求与十八集团军密切联系起见,照各军前例,派联络参谋若干员,前往联络考查,该参谋等应适时呈出报告,以便指导、考核、纠正。

(10)十八集团军除在军委会行营及战区长官部所在地,经准设置办事处外,其未经军委会核准者,一律取缔,以杜流弊。

(二)党政方面

(1)全国上下均应一致遵奉抗战建国纲领,以实行三民主义为最高原则,任何纠纷,皆当依照法令处理。

(2)共党在各地不得假借名义,为任何公开或秘密之组织及民众运动,如经发现,即勒令解散,并予以应得之处分。

(3)共党外围组织,如民族解放先锋队、西北青年救国联合会、工人救国会、农人救国会、妇女救国会、全国学生联合会等,应即严令取消,由中央指定机关接收训练。

(4)共产党员非经中央特许,绝对不准服务于各部队、机关及军事性之学校、交通及产业机构中,上述各部门尤应严格防范共党潜入活动,发展其秘密组织。

(5)个别共产党员在各地一般公私机关团体服务者,必须开列名单呈报中央,否则一经查觉,即以战时非法活动论罪。

（6）共党应即停止违反本党政策之种种宣传及共产主义思想之传播与该党党章决议宣言实际活动情形之公布,关于"统一战线"、"新阶段"、"拉丁化运动"、"新启蒙运动"、"民主政治问题"与"少数民族问题"等等宣传活动,即应取缔。

（7）共党如办有报章、杂志、书店或印刷所等,均应依法办理立案登记等手续,并遵照法令之规定,报章、杂志不得载有违禁之文字或广告,书店不得发售违禁之书籍刊物,违则即行封闭。其他报章杂志如刊载有共党色彩之非法文字,亦应同予取缔。至出版事业收归国有国营时,共党所办之报章、杂志、书店及印刷所等,则一律不许继续存在。

（8）对付共产党员之态度可分为两种,上层注重"理性之折服",以"严正"对之,中下层则予以"事实上之教训",以"严厉"对立,但对于思想不定之青年,则宜开诚感格,善为诱导,使之悔悟。

（三）行政方面

（1）绝对否认所谓"陕甘宁边区政府"之组织,中央决定认此为地方问题,授意各该省政府自动以种种必要手段,恢复管辖权力。

（2）共党在华北游击区内组织之地方政权,应即令移交冀察战区党政委员会分会。

（3）教育与训练机关,必须绝对统一于中央,"陕北公学"与"抗大"应令停办,或归中央接收,至少其教员应由中央遣派,课程应请教部核定。

（4）任何地方不得建立违犯本党立场及中央法令之经济制度。

（5）根据重庆财政会议,战地省政府得发行以法币为基金之省钞及辅币（军用流通券）,但各省发行之数量,应先呈准,不得滥印滥发,以防流弊。

三、积极防止办法

以上所述均偏于消极的取缔,惟今日之处置共党问题,决非仅消极所可奏效,尤贵乎本党自身之充实力量,健全发展,积极推进各项工作,以与其作积极之斗争,方克有济。故吾人欲求共党问题之圆满解决,与其处处只责备他人,不如事事求诸在我,而从本身努力。

（一）党务方面

1.关于一般的：

（1）积极加强并统一本党之民众运动，使各阶层民众，皆在本党领导之下，努力实行三民主义，以杜绝共党活动之机会。

（2）全国各级党政军机关，应尽量吸收优秀青年，予以训练，分配其工作（是项经费将由中央统筹办理）。

（3）健全本党基层组织，发展本党党员，使每保或每甲皆有本党党员之分布，以任领导民众、防止共党活动之责。

（4）严厉统制出版事业，凡书店、报社、印刷所等，一律收归国有国营。

（5）大量印行本党各种宣传书籍、报纸、杂志等，广泛宣传，并充实文化驿站，普遍于全国各地，组织广泛的发行网，以利宣传。

（6）大批训练党部中下级干部、整饬党纪，健全各级组织机构。

2.关于游击区的：

（1）配合军事环境与游击部队密切联系，在各游击区内选择若干有利地位，作为发展游击区党务之根据地，在每一根据地开办一规模完备之训练班，大量吸收游击区内之青年，施以训练，担任党的工作。

（2）在游击区根据地以外之各县，视环境之需要与可能，亦各举办相当规模之训练班，或流动训练班，就地训练青年。

（3）在邻近游击区，如豫西、豫北、陕北、皖南及冀察晋边境等处，选择若干重要地点，各举办规模较大之训练班，以吸收离乡青年。

上述各种训练班采分科训练方式，俾养成党的组织、训练、宣传、民运等各种有专长技能之人才。

（4）大量发行报纸及各种宣传刊物，并在各沦陷县份，建立普遍之秘密交通网，以供宣传品传递。

（5）用各种不同方式不同名义以组织游击区内之民众。

（二）行政方面

（1）改善地方行政机构，特别加强战区之地方行政干部，尽量选用贤能与青年，绝对不可利用贪污、土劣，作防止共党之工具。

（2）地方各级行政人员，对于处置共党问题，必须尊重当地党团之意见，并尽力协助党团，进行检举与肃反工作。

（3）地方各级行政官吏，非经中央特许，不得引用共党分子在机关或学校中服务，利用共党之心理，必须根本打破。

（三）军事方面

（1）加派有力部队，或忠实精干之游击干部前往冀、鲁，俾加强本党在华北之武力，以限制共党之发展。

（2）加派有力部队开入陕北，或陕北就地编组军队，以树立本党在该区内之武力，保障党政工作之推进。

丁　方式与技术

一、中央党政军高级长官每月会商一次，研讨对共党问题之处置，地方党政军每月或一旬开联席会议一次，战地则由党政军委员会分会协同当地最高军事机关，随时协商或规定例会。

二、党政军各机关对付共党之态度，中央可示宽大，地方务须谨严，下级积极斗争，在分工上，党部负斗争责任，政府处调和地位，军队则为后盾。

三、各级处置共党问题方式，在可能范围内，应尽量以命令行之，关于各项案件处置经过，必须随时详报中央备案。

四、制裁共党活动，应尽量运用民众力量，党政机关避免直接出面，尤须避免党派斗争之痕迹。

五、党政军各机关，应指定本党忠实同志专责办理关于共党之案件，以保持绝对机密性。

六、搜集各地共党活动资料，每半月汇编调查专报，密令各级有关机关，协同防止。

七、以组织打击组织，仍为对共党必要之方针，无论政治、军事、经济各方面，均应加强本党党团及特种组织之活动，并使中央颁布防止异党活动办法，具体执行。

八、加强特务工作，以对付共党之间谍，组织特种党团，打入共党组织。

九、利用共党内部派别矛盾与思想斗争，以分化其内部力量。

十、以一切有效办法,尽量取缔共党各地组织网、通讯网及其发行网。

（选自彭德怀:《三年抗战与八路军》,

新华日报华北分馆,一九四〇年八月）

5. 异党问题处理办法（中国国民党中央党部战地党政委员会公函）

实奉　委座办四灰（二）代电节开:"办公厅转陈该会战党瑜字一七六三号函暨附件均悉。查该会对异党问题处置办法所拟实施方案,尚妥。关于党政部分对晋冀察边区问题三四两项,仍应由该会会同中央各党务机关确实推行情由希查照迅速办理为盼。"等因,奉此,自应遵办,除分行外,相应抄同原方案函请

查照办理,并将办理情形随时见复为荷。

此致

中央社会部

附异党问题处理办法党政部分对晋冀察边区问题第三次第四次实施方案各一份

主任委员　蒋中正

民国二十八年十二月二十日

抄件第三项

一、办法原文

选择若干重要地方,配备党政军力量,发展党务行政,训练青年干部,增强本党力量。

二、实施方案

甲、关于配备党政军力量发展党务行政者:

1. 就本党在晋冀察边区内势力所及之地,选举若干据点,配备党政军力量,密切联系,推进党务工作。可能时,或将该边区划为一个游击区,设立党政军一元化之机构,以便统一指挥,力图发展——由中央党部战地党政委员会分别转饬办理。

2. 分区设立党务指导专员,负责推进各区党务工作——由中央党部办理。

查本项工作,中央业已着手进行,所谓晋察冀边区,共划分为五个区域,其中河北三区,山西、察哈尔各一区,每区设一党务指导专员负责,办理各区党务工作,经费由中央直接拨发,总计二万余元,并已选派各该省党委员兼任党务指导专员分别前往主持矣。

3. 建立县以下党部组织健全边区党的基础,——由中央党部战地党政委员会,分别督促各该边区党务指导专员负责办理,普遍完成,务使未有组织之县,赶速成立组织,已有组织者,加以调整,使之健全。

乙、关于训练青年干部者:

1. 就中央训练团,由战地党政委员会会同中央训练团负责在"战地工作人员训练班"中,招收一部分晋冀察边区青年,予以训练派回工作。

2. 就西北干训团训练班训练,由天水行营负责在西北干部训练班中加紧招收该边区青年,予以训练派回工作。

3. 就边区实施训练。

(一)由中央训练团负责在边区选举适当地点设立训练,公开举办边区青年干部训练班。

(二)由中央党部、政治部、天水行营,分别就已受训练之干部,选派前往边区,分发各县,担任训练下级干部及实施训练青年之工作。

(三)由中央各机关就现有各职员中选忠实干练之同志,派往边区分任训练青年之各项实际工作。

抄件第四项

一、办法原文

尽量发动地方人士及本党同志,在此边区内发动本党民众运动,予以抗日力量。俾增强我华北抗战基础。

二、实施方案

甲、关于发动地方人士者:

1. 发动党外的公正士绅,担任或领导当地抗战及地方福利工作,遵照总裁昨今两年告全国教育界及士绅书意旨照办。

2.积极争取边区内人士对于本党之同情,尤其工农大众,并进一步加入本党。

3.地方公正人士具有资望能力,且临大节而不可夺者,应尽量策动或辅助之,树立抗战据点。

4.利用公正人士作掩护,积极展开本党工作——由各该地党政分会及当地党部负责办理。

乙、关于发动本党同志者:

1.策动当地本党同志,并联络信仰本党主义的人士,建立新的基层干部,分布于各团体内,充实并发展其组织。

2.训练青年干部,建立民运中心小组,向边区各县普遍发展,使其在各团体内发生领导作用,形成中心势力。

3.凡未成立团体的地区,或虽成立而组织不健全,分子过复杂者,应由当地党部设法调整或重新组织之。

4.本党同志应深入党外势力控制之地区,运用秘密方式,组织或参加各种团体工作;如系新组织者,可用种种不同名称(如商店工厂小学)发展本党力量;如系参加既成团体者,可以私人关系(如亲戚同学同乡)密切联络团体之主持人,并取得其信仰,使于无形中仍受本党领导。

5.如党外势力控制之团体无法取得领导权者,设法使其主持人中间发生分化作用,而自动停止其活动,但应避免明显磨擦,以及一切无谓纠纷。

——各该地战地党政分会及当地党部负责办理——

(附稿)密令各级专员县长中等学校、通知各厅处

查西北各省失学失业青年,往往惑于异说,趋于歧途,以致陷身邪僻,贻害党国,实有厉行矫正之必要,因特设立西北青年劳动营,专收此类青年,予以精神及技能上之训练,俾成抗战建国之有用人才,业已委派胡宗南为主任,萧作霖为教育长,负责办理,并于十一月一日组织成立。营本部设咸阳,直辖两大队,洛阳兰州各设一独立大队,所有招集学生办法,应由西北各省各级党政军机关负责收容保送。合行抄发办法一份,令仰饬所属严密遵照执行,务使行为煽动思想歧误之分子,咸有感化反省之机会,并须妥慎办理,免贻误党固,是所至要。

西北青年劳动营学生招集办法(极密)

一、本办法依据西北青年劳动营组织大纲第十二条之规定拟订立。

二、本营学生不分性别,男女兼收。

三、本营学生凡在十八岁以上二十八岁以下,具有中等程度,身体健全者,不论其思想如何庞杂,意志如何错误,一律予以甄别收容。

四、本营学生之招集办法如下:

甲、由委员长天水行营,通令西北各省各级党政机关,负责收容保送思想错误之失学失业青年。

乙、由委员长天水行营通令西北各省政府,各部队,于要隘处分别设置盘查所,凡见有应行收容之青年,一律扣留,送营甄别受训。

丙、由本营派人前往各重要地区,会同党政军警机关及民众团体,设法收容各地失学失业青年。

五、各项招集学生详细办法另订之。

六、本办法经呈准后施行。

(选自平江县党史资料征集办公室编:《平江惨案史料汇编》,

中国人民解放军政治学院出版社,一九八五年十一月)

6. 沦陷区防范共党活动办法草案

查共产党在沦陷区之活动几较普通区为重视,为积极,以目前情势而论,大有失地愈多该党发展愈速之趋势。研其原因,一半由于日伪与本党之势力均多所不逮,一半即由于该党党政军在该区域内均能协同一致切实合作,故每至一地即如入无人之境,致令其组织活动日益坐大。本党对付之策,一方面唯有健全本党在沦陷区内之组织机构,使每个党员发挥牺牲奋斗之革命精神,然后以组织对组织,以宣传对宣传,处于实际工作中与对方竞争,扫除过去放任退避之病态;另方面即须尽量统一沦陷区内党政军之领导与指挥,使各方面工作均能密切联系,彻底合作,打破过去各自为政之现象,方克有

济,兹将各项办法分述于下:

一、关于组织方面

(一)对现任各级党部重要人员应严格甄别,凡不能从事实际工作及逗留后方者予以裁撤,另选刻苦耐劳不惜牺牲之干练同志充任之。

(二)对留在沦陷区内之党员,于最短期内机密办理登记,恢复组织生活,切实予以领导。

(三)对留在沦陷区内之青年,应普遍吸收为新党员,加强本党之组织力量。

(四)由中央于后方各地大量征收沦陷区域流亡在外之党员,予以短期训练,派回沦陷区,在该区内党部领导之下从事工作。

(五)沦陷区各级党部应切实执行党的纪律,对不服从及不能保守秘密者,一律予以严格制裁。

二、关于宣传方面

(一)由中央经常编制宣传大纲,颁发各沦陷区党部,向民众宣传,以增进沦陷区民众对时局动态之了解,及对本党之信仰。

(二)对共产党各种歪曲宣传与恶意宣传,由沦陷区各级党随时随地向民众揭发其荒谬之点,俾免民众受其麻醉。

(三)共产党在沦陷区之各种不法行动,如强迫摊派所谓"合理负担"、收征民枪、残害忠良等,应随时随地搜集事实,向民众宣传,揭发其罪恶,使民众易于认识共产党之真面目,而免受其欺骗。

(四)宣传之方式,应酌量当地环境,采取下列各种方式,灵活运用之:

(甲)组织宣传队。

(乙)发行油印报纸刊物。

(丙)利用群众集会之处所经常派人讲演。

(丁)写贴壁报与标语。

(戊)个别口头宣传。

(五)宣传工作应与组织工作打成一片,凡属党员均应担负宣传之责,并应列为对党员工作考成之一。

（六）针对共产党之宣传，应随时注意技巧，避免正面冲突。

三、关于民运方面

（一）斟酌环境之需要，尽量组织各种民众团体，予以党的训练，切实领导工作，毋使自由散漫，而予共产党以可乘之机。

（二）于后方各地大量招收沦陷区流亡在外之青年，予以训练，组织回乡工作队或服务团等，派回沦陷区，在本党领导之下，从事工作，以增强本党之下层力量。

（三）对于地方原有之各种封建团体，应尽量派人参加，发生党团作用，以免为共党所利用。

（四）对共产党民众运动之发展，应采积极抵制手段，避免放弃与退让等消极办法。

四、关于特务方面

（一）策动沦陷区本党忠实党员，打入共产党各级组织，从事内线工作，刺探其内情，并分化其力量。

（二）策动本党党员及优秀青年，打入共产党所操纵之各种民众团体及游击部队，起党团作用，分化其组织，并夺取其领导权。

（三）策动全体党员，从事共产党活动防范之调查监视等工作，打破过去一般党员对共产党之放任态度。

（四）沦陷区各级党部，对于防范共产党工作，应列为重要工作之一。

（五）省市县党部以下之各级党部，亦应指定专人负责策划对共产党之调查工作。

（六）对共产党在沦陷区之各种活动情形及不轨事情，应经常收集材料，具报中央。

（七）共产党各种组织活动，应运用公开与秘密等方法及本党组织力量，予以打击与破坏，以阻止其发展。

五、关于其他方面

（一）为防范共产党工作能收实效起见，沦陷区之党政军组织，应保证密切联系，统一工作步骤，尽量避免各自为政之现象：

（甲）行政官吏应尽量由党员充任。

（乙）确定省政府主席及县长为该省县内党政军之领导人。

（丙）在本党领导下之沦陷区游击队，应由当地党部派遣忠实干练之党员，担任政治训练工作。

（丁）在行政机关及游击部队中之党员，应普遍建立党员小组谈话会。

（二）对八路军新四军之游击区域，由中央严格限制，不得任其发展。

（选自彭德怀：《三年抗战与八路军》，

新华日报华北分馆，一九四〇年八月）

7. 运用保甲组织防止异党活动办法（中国国民党中央执行委员会组织部通告）

案准军事委员会办公厅密函开：

"查关于异党问题处理办法，业经决定在案，其中第三节积极防止办法——党务方面——关于一般的健全本党基层组织，发展本党党员，使每保甲皆有本党党员之分布，以任领导民众及防止共党活动之责，决定办法由中央组织部会商内政部妥定办法施行等语，记录在卷，相应密达查照，希即办理为荷。"

等由，准此，经与内政部会订《运用保甲组织防止异党活动办法》一种，复请军事委员会办公厅转陈委座奉谕照办在案，除由内政部通饬各省市政府遵办，并由两部会函国民精神总动员总会，及中央调查局查照办理外，合行抄原办法一份通告该党部遵照办理严守秘密，并将办理情形具报为要。

右通告 山西省执行委员会

附抄《运用保甲组织防止异党办法》一份

校对

李朴三

监印

二十八年十二月

中国国民党中央执行委员会组织部——通告

中华民国二十八年十二月二十七日发

发文仁瑜普字一八四二号

运用保甲组织防止异党活动办法（极机密）

一、保甲内应尽量发展本党组织，甲长除非常时期保甲长选用办法选用外，并应以本党党员充任为原则，来入党者，设法介绍其入党，国民学校校长同。

二、保甲长就职时应举行宣誓，适用宣誓条例内自治职员誓词。

三、每月保民大会，应切实讲解国民精神总动员纲领精神之改造第五项所列各款，并由国民精神总动员总会编印关于上项通俗小册子。

四、特别地带如陕北等地保甲长，必须由党政机关核办。

五、中央调查统计局各地之情报网，或特工人员，应与当地保甲长中之忠实同志（事先须经过严密考查）设法取得密切联系。

六、上级党政机关对于保甲长之思想行动应注意考查，如发现有错误者，应即予纠正或惩办。

（选自彭德怀：《三年抗战与八路军》，

新华日报华北分馆，一九四〇年八月）

8. 国民党五中全会（《群众》周刊社论）

最近闭幕的国民党五中全会，已公布其宣言及重要决议。从国民党五中全会的宣言及文件中可以看到，这次全会的基本精神，仍为继续去年四月国民党临时大会及蒋委员长从抗战开始后历次宣言中所指出的坚决抗战，加紧团结，争取胜利的基本方针。在抗战正处在一个过渡阶段之际，国民党五中全会继续坚持这一基本方针，这对于坚定全国抗战的决心和争取胜利的信念，是有非常重大的意义。

最近闭幕的国民党五中全会，与去年十月间开过的中共六中全会，在坚持抗战加紧团结，克服困难渡过难关，生长新的力量争取最后胜利的基本精神是团结一致的，同在抗战进入新的困难的阶段中举行的两个全会，正是反映出全国人民的团结，抗战到底的决心，争取胜利的信念。只要从这两个全会的宣言文件中，就可完全打破日寇的挑拨造谣，就可粉碎汉奸亲日分子的阴谋。这两个全会的共鸣的精神,正是表现中国人民和各抗日党派力量的团结,正是表现中国有着战胜日寇的力量。同时也表现了虽然中国目前遭受着的困难,但是已经有克服困难渡过难关的先决条件,已经奠下了克服困难渡过难关的初步基础。

国民党五中全会正举行于第一期抗战结束,而抗战形势正将转入第二期之过渡期间,在过去十九个月的抗战,给予全中国人民最丰富的经验,这些经验是数十万将士的血肉所换来的,这些经验正是告诉我们,中国有着战胜日寇的条件和力量;同时也告诉我们:要在怎样的条件下和克服那些弱点,才能战胜日寇。五中全会正是指出:"十阅月来,军民一德,意志弥坚。战区虽有转移,国基益形巩固。及广州失守,武汉撤退,抗战局势乃由前期而转入后期。前期抗战之主旨,在于消耗敌人力量,暴露敌人阴谋,完成后期抗战之方略与布置。"国民党五中全会在叙述过去抗战的成就后,同时指出:"吾人检讨过去一切工作,实犹未尽努力,所努力者,未尽确实,未尽协调,亦未能言行一致,始终一贯,贡献其全力以适应战争之要求。"我们应当了解过去抗战的成绩,这是坚定抗战必胜的信念,我们应当认识过去抗战的弱点,这是克服困难的前提。在国民党五中全会上对于过去抗战的总结,在基本上是符合于过去抗战的客观事实的,不夸大自己的成绩,也不掩饰自己的弱点。这正是使我们有可能来正确的认识敌我力量的对比,寻找克服困难的方法,以达到增加我们自己的新的力量,求得最后的战胜日寇。

国民党五中全会指出抗战之目的,为求中国之独立解放,并说明:"可知坚决抗战,为国民革命一贯之使命,亦为吾人救国救世唯一之真诚。"同时国民党五中全会号召全国人民:"欲破暴敌最后挣扎之猛烈侵略,更须竭尽吾全国国民所有之心力物力,共同致力于加强团结,积极奋斗,与努力建设三事。"这三个基本任务,正是克服困难战胜日寇的基本的条件。

关于加强团结,首在巩固抗日民族统一战线,而巩固抗日民族统一战线,尤须亲密国共两党合作之关系。去年十月间中共六中全会着重指出:"为了完成中华民族的当前紧急任务,为了顺利进行抗日持久战,就必需国共两党长期合作。国共两党合作是抗日民族统一战线的基础,是抗战建国大业完成与胜利的保证。因此建立国共两党长期合作,不仅是国共两党同志的热望,而且是我全国人民和一切中国朋友的希望。"全国人民的团结,国共两党合作关系的进步,正是全国人民和全世界朋友的希望,只有日寇和汉奸才希望中国的分裂,才进行挑拨离间的阴谋。但是这种挑拨阴谋,在全国人民坚持抗战和加紧团结的努力之下,会被完全粉碎的。在这加紧团结的基本原则之下,不管国共两党合作的具体形式如何,不管那种形式对于合作更其有利,我们相信国共两党的合作,在现存的两党关系的基础上,在全国人民和全世界朋友的希望之下,必能继续进步,更加亲密两党的关系,以保证两党长期合作。

国民党五中全会无论如何是抗战以来国民党一次有重大历史意义的会议,无论从国民党本身的进步与团结上来说,无论是从坚持抗战与全国人民的团结上来说,都是一次重大历史意义的会议。

(原载《群众》周刊第二卷第十四期,一九三九年二月十四日)

9. 中共中央致国民党总裁蒋介石先生暨五中全会电

重庆中国国民党总裁蒋先生暨五中全会诸先生大鉴:中国共产党中央委员会谨向中国国民党五中全会致民族革命之敬礼。盖自一年半以来,由于坚持抗战国策与全国英勇奋斗,已使日寇之进攻大受打击,国际之同情日益增长,中国之胜利奠定始基,牺牲虽大,效果已彰,循此奋进,定能达抗战必胜建国必成之目的。武汉放弃广州不守之后,抗战正向新阶段发展,日寇乃于军事进攻外,加重其分化中国内部之阴谋。吾人对策,唯有全国更进一步的精诚团结,巩固与扩大抗日民族统一战线,拥护蒋委员长,坚持抗战到底,实行新的战时政治、军事、财政、经济、党务、民运、文化诸政策,以便增加力量,渡过难关,对抗敌人阴谋,消灭汉奸毒计,停止敌之进攻,准备我之反攻,救国之道,端在于此。伏读蒋委员长十月三十日告国民书,十二月二十六日驳斥近卫演说,名言至论,举国同钦。乃汪逆精卫自绝国人,逃奔就敌,高张亲日反共之旗,实行背党叛国之计,贵党中央开除其党籍,撤销其职务,辞严义正,千古不磨。适于此时,贵党五中全会开会于重庆,同人深信,必须总结过去之经验,昭示今后之方针,严整抗战阵容,密切军民联系,刷新政治,发皇民运,以慰全国国民如饥似渴之望,以固国共两党长期合作之基。同人深信,抗战高于一切,团结必能胜敌,国共两党之长期团结,乃与团结全国,团结抗日各党派,实现民族解放之伟大事业,丝毫不可分离。抗战虽为一艰难过程,团结则为一无坚不摧无敌不克之利器。同心断金之义,同舟风雨之思,知诸先生必有同情也。肃电致贺,敬颂

勋祺

中国共产党中央委员会叩敬

一九三九年一月二十四日

(选自《中共中央统一战线文件选编》(下),档案出版社)

10.中共中央为国共关系问题致蒋介石先生电

恩来同志转中国国民党总裁蒋先生惠鉴:

顷得恩来同志来电,谓先生在贵党五中全会前,切望敝党提出今后国共两党合作之意见,不胜欣慰。兹特向先生坦白披沥陈之:

一、芦沟桥事变以来,举国在先生领导之下,进行对日的民族革命抗战,显示出四万万五千万人的伟大民族团结,为世界上任何暴力不能征服之力量。胜利之基始奠,前途之希望无穷。此皆先生领导之功勋与前线将士、全国党派、全体同胞积极努力之业绩,千载而下,与有荣施。然而抗战过程,实一艰难斗争过程,日寇汉奸深知我民族团结之基础和骨干,实为国共两党之合作;因此,敌人计划遂特别努力于破坏国共两党,及两党之合作事业。在抗战进入新阶段之际,日寇对策,厥为于军事进攻之外,加紧进行"以华制华"之毒计;其中尤特别着眼于强调反共口号,不特藉以欺蔽世界之舆论,尤其企图藉此以破坏国共两党之合作,并破坏与分化国民党。汪精卫在强调反共口号之下,实行逃走而叛党卖国之活动,实为日寇此种阴谋之具体表露。先生在驳斥近卫声明之演讲中,曾公开指明反共即灭华,实为一针见血之论,名言至理,中外同钦。盖共产党为中华民族进步之力量,国民革命不可缺少之因素,反共实即反对中华民族解放之事业,反共实即反对国民党抗战建国之友军,

反共实即反对并分裂国民党。凡此,皆当前历史之具体真理,谅先生必有同感也。

二、抗战以来基本事实,表现两党合作日趋进步,两党同志日趋团结,中外人士皆认此为抗战必胜、建国必成之主要根据;此不仅为两党同志之光荣,抑且显示中华民族之伟大。因此,凡关心中华民族命运者,无不企盼国共两党之巩固的与长期的合作。因此,敝党扩大的六中全会决议及毛泽东同志代表敝党致先生信,均诚挚具体的提出国共两党长期合作之主张和方法,用意所在,无非欲与先生及国民党同志,相见以诚,相守以信,积极的拥护先生及政府之领导,巩固发展抗日民族统一战线,以便团结全国,渡过难关,对抗敌人阴谋,消灭汉奸毒计,停止敌之进攻,准备我之反攻。此物此志,凡在国人,已昭然共见。

三、但两党为反对共同敌人与实现共同纲领而进行抗战建国之合作为一事,所谓两党合并,则纯为另一事。前者为现代中国之必然,后者则为根本原则所不许。共产党诚意的愿与国民党共同为实现民族独立、民权自由、民生幸福之三民主义新中华民国而奋斗,但共产党绝不能放弃马克思主义之信仰,绝不能将共产党的组织合并于其他任何政党。此不论根据抗战建国之根本利益,根据两党长期合作之要求,根据中国社会历史之事实,根据三民主义中民权主义之原则,可以根据孙中山先生之遗训,都非如此不可。

四、两党合作过程中常有磨擦现象,最近尤甚。许多地方不仅原有的共产党员政治犯未曾释放,而且常有逮捕和杀害共产党员之事。陕甘宁边区问题,虽经先生一再承认,但政府机关延不解决,少数不明大义分子,遂藉以作无谓之磨擦。查禁敝党书报,侮蔑敝党言论之事,尤层出不穷。甚至八路军伤病员兵在三原附近者,亦被地方当局武装包围威胁,几至酿成流血惨剧。其他歧视共产党员与八路军员兵之事,不一而足。特别在冀鲁等地敌后游击区域中,各种排挤、诬蔑八路军与共产党之行为,几乎每日皆有。此等情形,殊为严重。至于磨擦增加之原因,一部分固由于日寇汉奸挑拨离间之阴谋,得逞其计,另一部分不能不归咎于少数不明民族大义,不顾国家存亡者之固执成见,一意孤行。此种不幸事件积累之结果,定将不利于中华民族抗战建国之事业;日寇汉奸正注视此等事件之增加,而发出得意之狞笑。因此,必须停止此种现象,断不应任其发展,致陷民族国家于不利。

五、但敝党中央深信:巩固与扩大国共两党长期之合作,为全国爱国同胞和世界先进人士所切望,为全民族抗战建国所必需。敝党六中全会已将保证两党长期合作办法,及敝党所能让步之点及其一定限度,恳切提供先生及国民党全党同志之前;深信贵党五中全会在先生贤明远见的领导及各中委公忠谋国的精神之下,定能对敝党中央建议加以慎重考虑,而得到有利两党长期合作之恰当的结论,以慰全国人民殷殷之望,以固抗战建国胜利之基。民族前途,实利赖之。专此,敬致

民族革命的敬礼!

中国共产党中央委员会

一九三九年一月二十五日

(选自《南方局党史资料·统一战线工作》,重庆出版社,一九九〇年)

11. 关于一个大党问题给蒋介石的复信(周恩来)

委座钧鉴:

上次承面嘱电询中共中央对国共两党关系之进一步做法,现已收得延安复电,仅呈录如另纸。

按目前两党关系,非亟加改善,不能减少磨擦,贯彻合作到底。国民党全会开会期间,各省同志,定多对中共不满言论,然综其所据之事实不外(一)畏惧中共发展;(二)指摘中共下级有反对国民党口号或文件;(三)陕甘宁边区不开放,若较之中共党员在各地所受之苛刻待遇,直不可同日而语。盖中共既成为党,当然需要发展,惟因合作既属长期,故中共六中全会特决定不再在国民党及国民党军队中发展党员。如国民党容许中国共产党员加入国民党及青年团兼为党员团员,则中共党员名单可公开交出,以保证相互信任。且中国之大,无组织群众之多,中共更愿在某些省区减少发展,以示让步。但最基本的保证,还在:一方面,中共绝无排挤或推翻国民党之意图,另一方面国民党在钧座领导之下,突飞猛进,必然日益巩固其政权之领导,则对中共部分

之发展又何足惧。中共下级诚然有某些幼稚行动,然充其量不外袭用过去某些口号,且其中亦须有所区别。有些文件确为抗战以前之文件,有些下级党部对中共中央之政策路线尚未彻底了解;有些更一望而知其为伪造或更为陷害者所捏造。至言边区,则凡进入参观、访问、视察或调查者,无不备受欢迎、招待,学校更公开讲授,人人得聆其内容;国民党部在延安有组织;陕西民政厅派去之县长仍在各县城行使其职权。凡此,何能谓边区不开放!?

　　然返观中共党员在各地所身受者,则已超出于常轨之外。职屡以此向各地当局请求解决,或因职权不统一,此许而彼不应,或因意存敷衍,面许而实不许,于是积案累累,无从解决。甚至某些问题,如《抗战与文化》及释放政治犯问题,为钧座所亲批示者,亦复迁延不办,使职无以复中央,无以对同志。浸至最近《新华日报》以拥护政府、拥护抗战并得钧座批准之报纸在西安翻印,竟被国民党部封闭,并波及其他代印报馆,而《抗战与文化》则谩骂中共及其领导人如故,仍得在西安出版。中宣部犹以此为未足,更行文内政部勒令已在广西省政府登记之新华日报分馆不许在桂林翻印,而《新华日报》在各地代售之被禁,许多公共机关阅读该报之被罚,更属常事。西安一向磨擦事多,对青年学生转往陕北学习,不从积极方面争取,动辄施以压迫,扣留拘禁常至数十人,最近且拘捕八路军副官及抗日大学职员不放,并以武装包围在三原附近之八路军伤病兵,几至酿成流血惨剧。更可异者,庆阳早经划为八路军留守防地,而鲁大昌部得令自西峰镇强欲开入。报告行营,亦未得复。中共党员抗战年余,在各地不仅无抗战自由,甚至生命亦常难保。贵阳被捕之人,事隔经年,政府认为可放,行营认为可保,而党部作梗便莫由得罪。邵阳合作指导员为政府所派,只因其为共产党员,便撤职被押,迄今未审,实亦无事可审。浙江周钦冰案,其所被搜出之文件,非为旧稿即系捏造。因其与中共现行之政策,完全不符。现在各省狱中属于共产党政治犯者,比比皆是,去秋所呈名册,迄无消息。职备位会中,每思同党尚作狱囚,何能自解?苦以此责备下级党员幼稚,则中共六次扩大全会,意即在检讨抗战与统一战线政策,以期下达全党,不意代表回归各省途中辄被留难,不曰护照难办,即曰该会为中共派遣大批干部分往各省。甚至中共党员如徐特立、曾山,人所共知者,其所携来之中共决议及政治经济书籍,经贵阳时亦全都没收。无人无书,政策未由传达,若以此责中共下级幼稚,责何能负? 此类事件,不一而足。

职及党中同志,为团结计,为防止敌人挑拨叶,迄未对外宣传,甚至延安刊物亦并无此等之记载。乃中共愈顾大局,少数不明大义之人竟愈加一意孤行,外地报纸存恶意攻击者有之,特别张君劢致毛泽东公开信其内容与汪精卫反共之主张无异,而国民党报却竞相登载。钧座试思之,中共之容忍已至如何程度,而反对者,给予敌人挑拨之机又如何? 职寻思再四,认为国民党同志尚有如此作法者,全因国民党中央对中共所取之态度迄未一致,迄未明示全党,致下级党部只能根据自身所见,各行其是。今全会既开,依据年余经验,当能对中共六中全会之建议,作深刻之讨论,成立具体决议。即使彼此了解尚嫌不够,互信未立,犹难产生进一步办法,亦望国民党同志能于此次会中对国共两党关系与合作前途,有一基本认识。本立而后道生,中共扩大的六中全会深信国共两党有长期合作之必要和可能。故不避任何困难,愿为此基本信念而努力。深望国民党同志,更能恢宏其量,于此基础上建立共信,以努力于事实之验证。

目前为解决事实上纠纷,可先由两党中央各派若干人合往各地,视察实际情形,可就地解决者,则解决之;不可解决者,则来中央商讨。实际之接触既多,基本之信念可固;困难既多经解决,进一步办法必随之产生。中共中央之所允诺保证者,亦得于实际中证明其诚意,而增益两党之互信。职所见本末如此,仅率直陈之如上,愿钧座予以考虑而解答之也。专呈敬请
崇安!

周恩来呈

一月二十五日于重庆

(选自《南方局党史资料·统一战线工作》,重庆出版社,一九九〇年)

12. 中共中央关于国民党五中全会问题的指示

关于国民党五中全会问题,中央有下列意见:

一、根据蒋介石的开幕词,五中全会宣言,及各方所得材料,可以看出:

（一）五中全会的主要方针，仍为继续抗战和联共抗战，同时并在提高抗战信心，打击悲观失望情绪，以及企图使国民党本身进步，发展与强化等方面，作了相当的努力，这些都是五中全会主要的、积极的方面。我们应加以赞助和发扬。

（二）据各方消息，蒋在五中全会前后，曾一再宣称：抗战到底的意义，是恢复芦沟桥事变以前的状况；中日问题的解决办法，在于召集太平洋会议；对共产党政策，目前是联共和防共，最后达到以三民主义溶化共产党的目的。同时，五中全会公开文件，虽未明白表示这类意见，但其实质上亦包含有抗战最高目的为恢复芦沟桥事变前状况，及不依靠民众而依靠外援，对民权主义实行，一无表示，蒋在参政会演说，则公开反对民主政治，这都是不正确的。这些缺点错误的根源，基本上是由于蒋和资产阶级对如何继续抗战和争取抗战胜利问题，历来就与我们有不同的路线，是由于他们对抗战的不彻底性和对外依赖性，以及对本国真正革命力量壮大的恐惧心之再一次暴露，同时，也是由于目前战争形势，国际情况及日本情况所促成。

二、根据上述分析，我们对国民党五中全会决议，赞助其继续抗战和联共抗战的积极方面，对其缺点错误，则应根据我党六中全会决议，进行口头上、文字上的批评解释工作。目的是要以我们和全国大多数人民拥护的彻底抗战路线，来克服他们的不彻底抗战路线。在批评时，一般的不作为正面批评五中全会及蒋的意见的方式提出，批评态度应婉转说理，积极严肃，以争取全国大多数同情为主。

中共中央书记处

（选自《南方局党史资料·统一战线工作》，重庆出版社，一九九〇年）

二、国民党封锁边区，摧残共产党人，两党军事磨擦日趋严重

1. 第八路军在华北陕北之自由行动应如何处置

甲　问题性质之认识

目前共党势力，虽以华北陕北为根据，然其活动范围，则普及各地，而尤以华中各游击区为甚；故对第八路军在华北陕北自由活动之处置问题，实即对整个中国共产党活动之处置问题，如处置得当，则共党自由活动之范围，或仅及于华北陕北，其他区域则无发展之余地；如处置失当，则第八路军将利用沦陷地方中央统治力量鞭长莫及之情势，扩大其自由行动之范围。结果中国抗战形成国民党失地日本与共产党分地之局面，日本与共党相反相成，本党统治之土地，将一失而不易复得。

乙　共党在华北陕北活动之主要方式

一、自设边区政府，形同割据，破坏中央政制。

二、自委地方官吏，俨然一独立国家。

三、擅设征收机关，任意抽捐派款。

四、宣传共产主义，发展共党组织。

五、排除非共党之政治军事力量，甚至向敌军告密，不惜借刀杀人。

六、招编散匪，收缴民枪，乘机扩充其武力。

七、以一切可能手段，使中央所派党政人员，在共党势力范围内无丝毫活动余地。

八、控制有力部队于陕北，以巩固赤色中央根据地。

九、自设班所学校，诱惑流亡青年，训练军事政治干部。

十、派遣有力干部,打入非八路军系统内之军队中,秘密活动,尤注意拉拢中下级军官。

丙　共产党在各地(华北陕北在内)发展之原因

一、中国共产党始终在矛盾环境之中生存发展。盖有十九年陇海路大规模之战争,而后共党得乘机进袭长沙;江西四次"围剿"时代,亦因粤闽军队不与中央军队协同,共党得以苟延残喘。抗战以来,共党利用政治经济各方面之矛盾,得有在各地活动之机会者亦以此耳。

二、共党绝对不择手段,只求达到目的,绝对不讲信义,只求利用一时,此为共党一贯之手段,对于共党本无信义可言,苟有可以利用之机会,彼等必不顾一切,以发展其组织。

三、在中央系统之下,除军队之统一,已逐渐完成外,党政方面之矛盾百出,相互磨擦,且地方当局亦有标奇立异未能全合于中央法令者,本党内部既如此,又安能防止异党之乘机活动!

四、目前党政机关,充满暮气,负责人员大多利用腐化分子,以排斥青年,青年忿于封建旧势力之压迫,就不免误入歧途。

丁　处置华北陕北及各地共党活动之方法

一、基本方针

(一)党内党外,一致遵奉《抗战建国纲领》,以实行三民主义为最高原则,任何纠纷均应决于领袖。

(二)唤醒党魂,提高党德,恢复党的自信,扫除恐惧共党之心理,健全本身,奋发努力,以工作的竞争,代替意气的斗争。

(三)以执政党之地位,严格监督共党,绝对不许有破坏抗日及违反法令之幼稚行为,同时须绝对打破利用共党之心理,盖利用共党者,终必自取失败,为共党所害。

(四)在游击区内,以全力树立三民主义政权,凡地方党政人员,均不准擅离其工作地区,且应努力接近民众,加紧本党领导作用。

(五)对于思想不正之青年,各级负责同志均宜开诚感格、善为诱导,陶养既久,必然翻然觉悟,而愿为本党效力。

（六）改善地方行政机关,尽量选用贤能,尤须扶植青年干部,使为改进地方政治之基础,绝对不可以贪污土劣作防止共党工具。

二、具体办法

（一）规定游击根据地之建立及其政治组织办法,使共党失去活动之凭借。

（二）积极发展游击区内三民主义青年团组织,使青年不敢为共党所诱惑利用。

（三）尽量收容青年,予以适当之组织训练,及正确之政治教育,由各部分大批收容,依照统一训练青年办法,分别实施,并集中分配任用,预定每年收容十万人,十年可完成国防人才百万计划。

（四）边区政府,事实上无法取消,然听其自生自灭,亦非良策,可由中央规定,凡游击区内事实需要而成立之临时特殊政治组织,应由主管战区司令长官管辖节制,而委派地方官吏,及征收税款,尤应严格遵照中央法令。

（五）任何地方不得建立违反本党立场及中央法令之经济制度。

（六）游击区部队,根据重庆财政会议,得发行以法币为基金之军用流通券,但各部队发行之数量,应先行呈准,不得滥用滥发,以防流弊。

（七）训练干部之权,应绝对实行中央集权,任何军队及地方政府,除特许者外,一概不许自设班所学校,或类似机关,训练政治军事干部,本党直辖军队及地方政府,尤应以身作则,首先实行,以免共党借口。

（八）健全本党组织,整饬党纪,并尽量吸收农村优秀青年入党入团。

（九）现有县党部以下之党务干部,大多能力薄弱,腐化幼稚,应遴选已受严格训练之青年,充当各县党部干部。

（十）共党常利用左倾文化人以为共党外围,今后本党同志应努力文化运动,引导文化界入于正轨,并尽量编辑阐扬,总理主义及总裁言论之刊物,同时健全发行机关,各地分区翻印,大量出版,以阻止共党思想之传播。

（十一）确定民众团体之管理指导权,以免大家可以管,大家都不管之弊,而予共党以可乘之机。

（十二）参加本党机关之共党分子,须一律公开,不准有任何秘密党团活动,否则严予取缔,或竟以汉奸论罪。

一九三九年

(选自彭德怀:《三年抗战与八路军》,

新华日报华北分馆,一九四〇年八月)

2.国民政府军事委员会委员长天水行营处理异党实施办法

天水行营二十八年十一月十一日天行治字

第一四五五号密令(绝密)

案奉

军事委员会本年八月办四宥代电开:"关于异党问题处置办法业经会议决定在案。查陕甘宁边区目前亟待解决之问题:

甲、(一)陕西之府谷、神木、榆林、横山、定边;(二)自横山经米脂、绥德、安定、清涧至延川;(三)自宁夏之盐池、豫旺经甘肃之庆阳、西锋镇、正宁、宁县;(四)自陕西之长武经枸邑、淳化、耀县、宜君、中部、洛川、鄜县至宜川,以上各地区应详酌各地现情,或增加地方保团队,或加派驻军,其力量期于能应付当地事变。

乙、(一)十八集团军指委之河防警备司令应予明令撤销,另由中央派员充任河防司令,担任自宜川经延长、延川、清涧、绥德、吴堡、葭县、神木、府谷一带之河防任务。(二)十八集团军之募补区应否明令撤销,其兵员补充由军政部另行规定,均希主持施行,权宜办理。至一般取缔办法,军事方面如陕北曲清涧河以北之河防,应否改派其他国军接替亦权宜负责办理;在行政方面,教育与训练机关必须统一于中央。陕北公学与抗大,应否令饬停办,或归中央接收,应由教育部会商中央训练团暨天水行营程主任向十八集团军接洽办理;除分电教育部及中央训练团外,特电希查明办理为盼。"等因奉此。查本案为处理异党针对环境之实施办法,关于着手执行,务须严密,亟应联合党政军有关机关部队齐一步骤,通力合作,并各据其职责权限按照办法指定所负任务,相度机宜,尽量推行,严慎办理,以期芟夷滋蔓,而弥隐患。除分令甘宁政府省党部暨十战区司令长官司令部外,合行抄发上项实施办法一份,仰于令到之日克日会商筹办,并将实施情形随时具报备核,切切此令。

呈奉核准处理异党实施办法

甲　关于政治方面者:

一、本会代电四项所指各县,一律划为沿边区各县份充实力量,逐步削弱伪边区,使其范围不致扩大。

二、由陕甘省府督饬各该省保安处积极加强所有沿边区各县之保安团队,并严限完成。万一有不能充实之县份,则调国军补充之。

三、限期切实整编沿边区县份之保甲,并一面训练保甲人员,一面计划广设保学。

四、除各县常派员视察督导沿边区各县各项工作外,另由本行营随时派员巡回视察督导,俾资改进。

乙　关于党务方面者:

一、沿边区各专员县长,务必须确能了解本党主义,具有刻苦耐劳精神与斗争经验,并富政事政治常识而绝对廉洁者充任,并将现有人员重新考核调整并报本行营备核。

二、令陕甘宁三党部暨省府设法酌增沿边区之党政各费积极进行工作。

丙　关于军事方面者:

一、密。

二、巩固沿边区各县,应由陕西保安处调保安团四团分别布置,以两团配备于南线之枸邑、耀县、洛川、宜川一带,以两团配备于北线之定边、横山、米脂、绥德、延川一带,并择适当地点屯驻统一指挥,期以实力推行政令,遇有事变亦易解决,至宁夏之盐池、豫旺及甘肃之环县、庆阳、宁县一带,亦应同样办理,并得酌驻国军辅助之。

丁　关于教育训练及募补方面者:

一、停办抗大陕公,以符公令。(另有具体办法)

二、结束募补区域,成立陕北师管区。(另有具体办法)

(选自中国人民解放军政治学院编:《中共党史参考资料》(八))

3. 陕甘两省防止异党活动联络办法

陕西省第三区行政督察专员公署代电署字第一三九一号

事由:密

郿县蒋县长鉴:极机密,案奉陕西省政府本年十月西江府秘调字第一一四号代电内开:"极机密。查陕北各县与甘肃陇东毗连地区,均有反动分子活动,纷抗日甚,亟应由两省遏止,以防制其发展。前经本府会同甘肃省政府商定《陕甘两省防制异党活动联络办法》,呈奉军事委员会电准备查,应即密为实施,借资联系。除分电外,合行抄发原来办法电仰该专员密饬所属有关各县遵照办理为要",等因,附原办法一份,奉此除分电外,合行抄发原件,电仰该县长遵照办理,仍将办理情形具报为要。锺相毓俭印。抄附原办法一份。

陕甘两省附制异党活动联络办法

一、目标

甲、消极的:防止异党活动维持现状。

乙、积极的:制裁异党活动恢复原状。

二、原则

甲、齐一步骤。

乙、加强力量。

三、共同认识

甲、我们只有一个党(国民党),一个政府(国民政府),一个领袖(蒋委员长)。

乙、各党各派均已接受国民党领导,无论异党之借口如何,均一律不予承认。

丙、一切畸形组织,如边区政府之类,在未经中央核定及正式委派负责人以前,应认为非法,不予承认,并绝对避免行文关系。

丁、一切由异党部队改编之部队,如十八团军之类,均应认为中央军队,举凡中央一切法令均应遵守。

四、共同方针

甲、地方绝对强硬不稍退让。

乙、省府秘密策动借资缓冲。

五、政策之决定

甲、两省政府应将现阶段之政策互相通知,酌加调整共同执行。

乙、政策如需转变时应将决定策略互相通知,必要时得先行征求意见。

丙、双方意见如有不同,或一方决策他方因故障不能执行时,仍应随时协助。

六、情报之沟通

甲、两省政府应将过去异党活动情形摘要通知,以备参考。

乙、异党现在从事活动之工作,应互相通知,设法防制。

丙、异党预备从事之工作,应互相通知,设法防范。

丁、异党一切阴谋,应互相通知,设法防范。

七、政治之联系

甲、现被异党占据之区域,或行使政权困难之区域,应以共同力量加紧工作,图谋恢复。

乙、两者交界之插花地,应即速共同整理清楚,以免异党之利用(在未整理前交换代管)。

丙、一省管辖之地区,如中隔特区不能管辖时,得由他一省毗邻之县代为暂管。

丁、特区不堪虐待之人民逃去时,应不分省界妥为安抚,或送回原籍县府收容之。

戊、异党虐待人民,以及一切非法行为,两省政府应为呼吁,并共同予以制裁。

己、一切受鼓惑参加异党之分子,两省政府应责成地方严加盘诘,如有截获应互为收容,或饬交原籍县政府收容。

八、军事之联络

甲、两省毗连各县,应择定若干地点实行联防会哨。

乙、一方如采取军事行动,对方应予声援。

丙、异党如有进攻某方之企图,应事先通知防范,如时间紧急时,亦得逞令有关区县遵办,不受省区之限制。

丁、保安团队及军事配置,应采取密切之联系与合作。

戊、原管县政府因情况混乱指挥不便时,得由毗连之县政府暂行指挥,不受省区之限制。

己、因联防所需之给养,由两省政府负担,事机紧迫时,得先由地方筹措,再行归垫。

九、本办法关于地方方面,由毗邻县政府商定详细实施办法,呈由两省政府核定施行。

十、本办法如有未尽事宜,得由两省政府随时会商备修正之。

十一、本办法自两省政府核定之日施行。

一九三九年

(选自彭德怀:《三年抗战与八路军》,

新华日报华北分馆,一九四〇年八月)

4. 国民政府军事委员会军令部关于肃清淮河流域及陇海路以南异党军队的指导方案及蒋介石的批示

第一　方针

一、国军以肃清淮河流域及陇海路东段以南附近地区异党之目的以李品仙、韩德勤各集团之一部进出于淮南路以东及洪泽湖以南地区,以李仙洲军(附骑兵一师)与韩德勤之一部进击于淮河以北地区将该地区内非法活动之异党压迫于大江以南或相机"剿灭"之,务须截断新四军与十八集团军南北之进击,预期于六月中旬以前,肃清该地区内非法活动之异党势力。

第二　部署概要

二、第二十一集团军须派出有力之一部(至少一个师)及地方游击团队,进击于津、浦淮南两路中间地区驱逐该地区内之新四军第四支队后,推进至洪泽湖以南地区与第八十九军及李明扬部之各一部协力肃清地区内非法活动之异党。

三、第九十二军(附何柱国骑兵一师及该地区内之地方团队)进击于涡阳、永城、夏邑、宿县、萧县附近驱逐该地区内之新四军彭雪枫部后推进洪泽湖以北地区与第八十九军之一部协力肃清该地区内非法活动之异党。

四、第八十九军以一部驱逐沭阳、宿迁、涟水边境非法活动之异党,以一部及李明扬部之一部驱逐大桥仙女庙(江都县属)附近地区非法活动之异党,尔后分别进击于洪泽湖南北地区与第二十一集团军之一部及第九十二军协力肃清该地区内非法活动之异党。

五、于总司令应指派一部,监视陇海路东段以北附近地区非法活动之异党。

六、第三战区对于渡江南窜自由行动之异党须严密监视,并预作有效之处置。

七、鲁苏战区之进"剿"部队由贾副军长韫山统一指挥之。

八、豫皖边区淮河以南地区之进"剿"部队由李兼总司令品仙统一指挥。

九、第一战区何柱国骑兵一师暂归李军长仙洲指挥。

十、各进"剿"地区内之地方游击团队统归该地区内之最高指挥官统一指挥。

十一、第九十二军仍属第五战区战斗序列。何柱国部之骑兵一师,仍属第一战区战斗序列。

第三 附记

十二、为使各部队之行动一致起见,将进击之步骤分为两个时期。

第一期:预期于五月中旬完成。

第二集团军之一部及第九十二军(附骑兵一师)在本期内分别肃清津浦路南段以西地区。

第八十九军之一部及李明扬之一部在本期内肃清运河以东地区。

第二期:预期于六月中旬完成。

各进"剿"部队协力肃清洪泽湖南北地区,对于其在洪泽湖策立之根据地彻底覆灭之。

蒋介石的批语:

第一方针部分的批语:此次正式作战,用大规模进"剿"办法必难奏效。

应以政治工作为主,再配合正规特种训练之小部队,以纪律最严明,政治知识最充实之官兵编组之。如此进"剿",方能有效也。中正。

第二部署概要部分批语:此项恐不能实施。在淮河以北地区,如用正规军与之斗争,难能奏效或反吃亏。

第三附记部分批语:此种进"剿"不可用长期计划,只要侦察准备时间充分,若一开始动作,最多不能过半月,必须用最迅速之移动与之一网打尽。如果半月时间未能奏效,则可暂时向安全地区集中,作第二次进"剿"办法为妥当。如果正规军在淮河以北地区防"剿"至半月以上,即使伪军不能阻碍我行动,而倭寇亦将乘机来攻也。中正。

一九四〇年三月二十二日

(选自台湾《中华民国重要史料初编》第五编)

5. 蒋介石关于"剿"办苏皖鲁豫边区八路军、新四军的密电的实施方案

1)致李品仙电

急(第二十一集团军)。李兼总司令,蒸戌游民保勤唒雨电均悉(加表)。密。(一)着选编纪律严明、政治知识充实之多数机动小部队,各配备以优秀政工人员,统一指挥,预为充分之准备,先肃清淮南路两侧及蒙、涡、宿、永附近地区之伪军、伪组织。尔后相机迅速进击于洪泽湖南北附近地区,与韩兼副总司令部队协力,将伪军压迫于大江以南或一举"剿灭"之。务截断南北伪军之联系,并侧重政治工作。(二)进"剿"要领:(甲)行动须迅速,企图须秘密,力求击破伪军之主力,或将其向倭寇较多之地区压迫。(乙)伪军化整为零时,划分区域扫荡。(丙)伪军化零为整时,则集结各进"剿"部队,相机一举聚歼之。(丁)进"剿"开始后,如经半月未收预期之成果时,则撤回安全地区,准备第二期之进"剿"。(三)已电李仙洲军删日由桐柏开阜阳、怀远,归该兼总司令指挥。(四)除分令外,仰即遵照,并将准备及"剿"办情形,随时具报为要。中。俭申令一游。

2)致韩德勤电

急(鲁苏线区)。韩兼副总司令,佳志电悉(加表)。密。(一)着选编纪

律严明、政治知识充实之多数机动小部队,各配备以优秀政工人员,派员统一指挥,预为充分之准备,先肃清运河以东之伪军、伪组织后,相机迅速进击洪泽湖南北附近地区,与李兼总司令部队协力,将伪军压迫于大江以南或一举"剿灭"之。务截断南北伪军之联系,并侧重政治工作。(二)进"剿"要领:(甲)行动须迅速,企图须秘密,力求击破伪军之联系,或将其向倭寇较多之地区压迫。(乙)伪军化整为零时,划分区线扫荡。(丙)伪军化零为整时,则集结各进"剿"部队,一举聚歼之。(丁)进"剿"开始,如经半月未收预期之成果时,则撤回安全地区,再准备第二期之进"剿"。(三)除分令外,仰即遵照,并将准备及"剿"办情形随时具报为要。中。俭申令一游。

3)实施方案

"剿"办苏皖鲁豫边区非法活动之伪军指导方案

第一 方针

(一)国军以肃清苏皖鲁豫边区伪军组织之目的,以李品仙集团与韩德勤部选编多数,加强机动之小部队,预为充分之准备,迅速进击于淮河南北附近地区,将盘拠于该地区附近之伪军、伪组织压迫于大江以南或相机歼灭之。

各进"剿"部队应该以政治工作为主,并侧重截断南北伪军之联系。

第二 指导要领

(二)各进"剿"部队应对伪军之主力迅速击破之,或向倭寇较多之地区压迫之。

(三)进"剿"开始后,经半月不能奏预期之成果时,则撤回安全地区,再准备二次之进"剿"。

(四)伪军如化零为整时,则集结进"剿"部队相机一举击破之。

(五)伪军如化整为零时,则将进"剿"之区域划分之,由各进"剿"部队分区担任扫荡之任务。

第三 部署大要

(六)第二十一集团军(附九十二军)应以精练之一部编成多数之小部队,先肃清津浦路淮南路中间地区及蒙城、涡阳、宿县、永城边境附近地区之伪军,尔后相机进"剿"泗县、灵璧附近地区之伪军。

（七）韩德勤部应以精练之一部编组多数之小部队先肃清江都边境及涟县、宿迁、沭阳边境附近地区之伪军,尔后与第二十一集团势力相机进"剿"洪泽湖南北附近地区之伪军。

（八）各进"剿"部队由李兼总司令及韩兼副总司令员统一指挥之。

第四　附记

（九）各进"剿"小部队须以纪律最严明、政治知识最充实之官兵编组之,配备以优秀政工人员,并预为相当之训练。

（十）进"剿"之前,预为适当之准备为要。

一九四〇年三月二十八日

（选自台湾《中华民国重要史料初编》第五编）

6. 国民政府军事委员会委员长天水行营主任程潜关于陕甘边区民众请取缔八路军、特区政府呈蒋委员长电

迭据陕甘边区各县法团及民众代表呈称,八路军在边区擅组特区政府,妄颁法令,勒捐钱粮,强抽壮丁,恳严令取缔等情。查陕甘宁边区各县共党,另立政权,与地方政府发生磨擦,阻碍政治推行,如不早日彻底调整,诚恐遗祸将来。究应如何办理,敬乞裁示。

一九三九年三月十五日

（选自台湾《中华民国重要史料初编》第五编）

7. 徐永昌、蒋介石关于增强陕绥甘宁边区兵力的往来文电

一、徐永昌一九四〇年八月五日给蒋介石呈文

甲、胡宗南有申电节称:(一)晋西北叛军,民华中学及牺盟政工人员二千余,均退驻葭米、绥吴一带,与原驻该地中共连合,并抽集壮丁,搜编民枪,极形活跃。闻贺龙部亦有西调陕北说。(二)自绥德被占晋西尽入中共叛军势力范围后,陕北榆林已陷入三面包围之中,情势日趋严重。(三)现驻该处部队仅邓宝珊之一旅及高双成之一师,殊感不足,似应统筹加强力量,以固陕甘绥宁边区等语。

乙、签议意见:(一)为如强陕甘绥宁边区防务邓宝珊不能负责,业经签呈钧座,加强南双成职权,并变更第二八战区作战地境,将晋陕绥边区划归八战区,以便由八战区统一指挥,业奉批准,并电令发表在案。(二)查马鸿宾部现已到达伊盟,高双成在伊盟部队可回陕北增强防务。目前与中共协定进行期间,既有以上增强防务措置,似不宜对陕北增兵。(三)惟李文军现在乡宁附近,阎长官划定该军担任乡宁吉县(不含)议南河津以北稷山以西地区游击。该地区仅能对汾河北岸新绛河津少数敌人游击,不能直接威胁同蒲路,似无投置一军兵力之必要。为对陕北收镇慑之效,拟将李文军调回河西岸宜川、韩城附近地区。

右各项经签奉　总长批"可"。李文军调回宜川,须签呈委座后再下令等因,该军可否调回,敬乞　核示,谨呈

总长何

委员长蒋

蒋介石批语:李文军可准备西调但暂缓行可也。

二、蒋介石八月十日给胡宗南电　长安,胡总司令。密。有编南电悉。查马鸿宾部现已到达伊盟,高双成在伊盟部队可回陕北增强防务,并为指挥便利,已将三边以北地区划归第八战区,而以高双成为陕北警备司令。以上增强陕北防务处置,均经明令发表,目前毋须另行增兵,特复知照中。灰辰令一亨印

三、蒋介石八月十日给阎锡山电　兴集,阎长官。(春)密。为对陕北收镇慑之效,第九十军李文部,似可作西调宜川、韩城之准备,但暂缓实行,特电知照,中。灰辰令一亨印

(选自《国民政府军令部战史会档案》(二十五)2078)

8. 胡宗南要求调派三十六军、二十七军赴陕以应非常事变致蒋委员长电

长安

限即到。重庆委员长蒋。筱机俞电奉悉。匪党情势,日趋紧张。其基干

部队,如贺龙、刘伯承、林彪等师,均已陆续渡河西调。窥其用意,盖以在江北河北各区,可藉敌伪之掩护,以游击流窜之方式而生存。故集结主力于陕北,消极可确保边区根据地,积极可南取西安,或经平凉,以出陇南,或西驱兰州,北取宁夏,均有可能。或避实击虚,南守北进,先略取榆林,进占伊盟,以打通国际路线。总之,一旦国共破裂,主战场必在陕甘无疑。如我陕甘部队被异军击破,则西北全局瓦解。查陕甘驻军,自何文鼎师由陇东北调绥西,孔令恂军由陕东调至中条以后,兵力大感薄弱,陇东原三个师,正面现仅由九十七及预七两师守备。陕境可使用之兵力,仅九十军三个师,十六军两个师(欠禹门守河防之预一师),及七十六军两个师(欠西安警备之一九六师)而已。自碉堡完成后,防线绵亘千余里,处处薄弱,控置部队甚少。陕东河防之第一军,亦无预备队,如欲实施直捣肤施之攻势作战,或异军集中兵力攻我某一点时,甚党顾此失彼,兵力不敷。查第一战区河南及晋南防务调整后,集结之部队甚多,敌情亦甚和缓。如原拟调至宝鸡整训之十四军,现仍在洛阳附近,根据匪情判断,权衡全局,似应调整。战略配置,拟请将现驻灵宝之三十六军赵锡光部,及在晋东南之二十七军范汉杰部,调至关中控置,以应付非常事变。如蒙裁可,再将全般部署及对肤施攻势作战计划呈核。如何乞电示遵。职胡宗南叩养译印。(一九四〇年十二月)

(选自台湾《国民政府军令部战史会档案》(二十五)1851)

9. 关于土桥和庆阳事件(延安《新中华报》社论)

当正须加紧国内团结以动员全国力量为祖国生存而战的时候,当日寇于军事进攻之外更加紧实行以华制华阴谋的时候,同时,当汉奸汪精卫等人公开答应近卫声明而狂吠反共的时候,不幸相继发生了土桥事件和庆阳事件,殊堪痛心!

据八路军后方留守主任萧劲光同志致蒋委员长电:"八路军原驻三原附近云阳地方之残废伤兵共三千余人,前因西北情况紧张及避免敌机之轰炸,于去年十二月疏散一部分移驻栒邑属土桥一带,以保安全。查栒邑、淳化二县,为西安事变和平解决时经委座划为八路军驻防之区,况伤兵残废住居何地,当地政府负有优待保护之责,亦经委座明令规定。不意陕西第七区行政专员张明经、栒邑县长张中堂,竟敢不顾防区规定,违抗委座意旨,集中七区保安队八百余人,将属部残废伤兵包围,鸣枪示威,殴打侮辱,迫令退出土桥一带。"又据萧主任致鲁军长大昌、王师长治岐电:"庆阳、合水、镇宁、宁县、镇原等五县,为西安事变和平解决时蒋委员长划归第八路军驻防之区……。不意去年十二月贵军一部,忽尔开入庆阳属之自马铺、赤城、镇城一带,进迫敝军驻防部队,压抑当地民众运动,道路传闻,指日消灭八路,占领庆阳一带,群情惶惑,不可终日。近日增兵一团,对敝部三八五旅取包围形势,步步逼进,如临大敌。又散发传单,于西峰镇出版之报纸上对敝军横加诬蔑,肆意谩骂,种种行动,骇人听闻!"

这就是土桥事件和庆阳事件真相的大概。八路军一年半以来在华北坚持了敌后抗战,在连续不断大小几百次的战斗中,打击和消耗了敌人,收复了许多失地,扫荡了很多伪政权,粉碎了敌人几次的围攻,建立了抗战的模范根据地,成为今天阻止敌人进攻西北的有力屏障。试思我们收复一寸一尺失地,不知牺牲了几多英勇战士的头颅、血肉,我们在后方的人们还有今日的平安,不知花费了前线多少健儿的鲜血与健康。每一个有心肝热血的人,能不向这些为民族而负伤残废的战士表示虔诚的崇敬与爱护,当他们以残缺之身,历尽千辛万苦,从前线归来,正冀图得一安全之地,从事休养,以期早日归队,重返前线杀敌。他们一颗伤病的心,满期望着同胞们精神上安慰与物质上的援助。然而现在他们所得到的恰恰相反,不但得不到地方政府的优待与保护,"反在自己国土之内,八路防区之中",方从敌机轰炸的威胁下喘息过来,枕席未安,复遭张明经等武装驱逐,鸣枪包围,侮辱殴打,旧伤未愈,添上新创,使三千受伤战士,于天寒地冻中,得不着一席栖身之地;甚至断绝食物供给,使全体病伤员,得不到一饱之餐。同属国家军队,同为黄帝子孙,以捍卫国土为民族而流血牺牲的战士,竟受到如此待遇!"该残废伤员伤兵等——莫不痛哭流涕,群情愤激,即欲齐往西安重庆,请愿惩凶,要求保护",这当然是人情之常。

今天大敌当前,绝不应同室操戈。"消灭八路军",应该是日本法西斯军阀的幻想,而不应是中国自己军队的企图。我们应该"占领"的,是在敌人的后方,而不应是八路军的防区庆阳等地。土桥事件和庆阳事件的首谋者,无论他主观上的愿望如何,客观上是帮助了敌人,事实上是中了汪精卫灭亡中国的毒计。为抗战前途计,为巩固国内团结计,此种暴行,除应受到全国人士之一致斥责与阻止外,对这类事件之首谋者,政府应加以严厉制裁,以保障今后不致再有同样事件之发生。

最后,我们要警告那些少数的顽固分子,你们不要上敌人挑拨离间,以华制华的当,应牢牢紧记蒋委员长说的"反共即是灭华"的至理名言。

(原载一九三九年二月二十五日延安《新中华报》)

10. 萧劲光关于边区周围纠纷不已,请求派遣大员共同查明,合理解决致蒋委员长电

重庆军事委员会政治部周副部长恩来、八路军办事处董代表必武钧鉴:转奉委座。电敬悉,半年以来,边区各地纠纷,实属多不胜举,而陇东栒邑两处事件,更为严重,除已于历次据情电呈委座外,兹再分别详述,仍请转陈委座,藉明真象。

甲、陇东方面

自去年十二月间,一六五师突然侵入我庆阳防地之白马铺、赤诚镇一带,对我实行军事压迫,虽经委座令饬该师仍返原防,但该师始终不遵令撤退;而陇东专员钟竟成,即乘机大造磨擦,除公开宣传反八路军反共产党,肆意谩骂,造谣诬蔑外,同时进行其有计划的挑衅行为,如阻止我军购粮,阻止我军募补,杀害我军员兵,以及指挥保安队或便衣袭击,或公然称兵,数月以来,迄未休止。而我军始终未越防一步,亦未增加一兵,对于数十次挑衅,均尽量容忍。此次镇原事件,钟专员之布置,我军亦早有所闻,初犹以为友方决不曾有若何大举,致影响后方,破坏团结。及至四月中旬,钟专员调动数县之保安队及正规军已开至镇原附近,并以城内之保安队借打野外为名,混同一部外来军队进入城内,作里应外合之夹击,该城我军仅一个营,孤悬百余里外,驻防已三年之久,素得民心。当时友方攻击图谋,为该营发觉,遂不能不闭城自

卫,图免于难。此时城围已合,围攻甚急,而友方留守城内之保安队二十余人,又举行暴动响应攻城,该营迫不得已,始临时将该二十余人之武装收集,以免事态扩大。现该营被围月余,交通断绝,情形甚危。宁县情形,更为严重。宁县方县长在事前曾调集保安队壮丁七八百名,增造马刀镖枪数百件,当镇原我军被围攻之际,方县长即指挥保安队及壮丁对我驻军夜袭,砍杀哨兵,冲入营房,该城我军仅二百余人,从梦寐之中,起而自卫,死伤累累,始将逞乱团队击退。然友方增兵攻击,从此,宁县亦陷在友军重围中矣。两处消息频频传来,劲光深恐事态扩大,影响全局,除令王旅就近提出交涉外,当即急电兰州朱长官请允许双方派员调查,共谋适当解决,建立永远和好。承蒙朱长官派参议谭季纯,劲光则派委员王观澜于五月七日在庆阳驿马关作初次商谈,约定停止军事行动,撤退围城部队,开启城门,恢复县政,西峰报纸停止挑战宣传,及侮辱八路军言论,为双方恢复和好之初步办法。讵料友方延不履行,不但不撤围城部队,反于五月十四、五等日,又复增加兵力,开炮轰击。此事已先后电呈委座,并奉委座六日电令开:已令朱长官转饬严令制止,如某一方面再有捣乱或挑拨之行为,引起冲突,破坏抗战之事,应予严惩。但友方仍置之不理,依然对该两城包围,攻击如故,而谭参议又避而不见,并有返兰之说。近又据报某师驻平凉之一团进驻镇原南九十里之白水镇,平凉九十七师开一营抵西峰,西峰又增兵一营往赤城,而我方始终仍只两营驻军,困守镇宁两个县城内,并未增加一兵一卒,事实俱在,随时可查,今友方反加我军以称暴动,破坏团结之罪名,颠倒事实,诳报上峰,应请代向委座陈明真象。

乙、枸邑事件

五月二十四日我残废院采买员陈应通,出外购物,为该县保安队杀害,我残废院闻讯悲愤填膺,自动派出代表并往县府请愿惩凶,并要求保障安全,张县长竟指挥保安队以排枪扫射,残废代表二十余人中九人被惨杀,同时向我驻军独一营进攻,致起冲突。张县长又调来保安第六、九两团达千余人之众,向该营围攻,侵夜竟分路连续猛攻七次。该营为避免事态扩大,有碍抗战团结,逐离防退至店头、骆池等地,当退出时,有残废十七名为友方捕去,已被杀死十四名,其余三名,生死莫卜。查我残废员兵,以抗战余生,息养后方,前以移驻土桥,备受迫害,今又大遭屠杀,消息传来,痛心曷极,业已电呈委座,并请求蒋长官派员调查惨案真象,惟闻陕省又调二十八师之两个团来枸,情形如何,尚不可知。以上陇东、枸邑两地事件之真象及目前情况,确系如此。此外,安定县之杨家圆保安队于五月十九日袭击我募补工作人员,杀我警四团第九连连长及随带之兵士五名。靖边、宁县之保安队侵入龙州镇、草山坪地带,亦已数月,仍未退出,且常在该地拘捕人民,劫掠牲口,其他边区与友区邻接地带,及我军驻防区内,大小事件,时有发生,每查事件起因,均系友方无端生事,藉以引起磨擦,虽亦间有我方人员小不能忍,而使纠纷增大者,然亦随时力加制止,从未有过分行为。至于违背政府法令及扩大边区地域之举,更属友方故意捏控,以达倾陷我军破坏团结之目的。总之,友方在各处进行之反八路军、反共产党、进攻边区的宣传与行为,实为一种经常而普遍的现象,我方任何容忍,总不能获得彼辈谅解,倘稍出于合理的自卫,则一切罪过,均因听一面之诳报,而尽加诸我方,长此以往,前途何堪设想。谨此电呈,敬乞呈明委座派遣公正负责大员,前来边区,与我方负责代表共同切实查明,以谋公平合理解决,以安后方固团结,而利抗战,是为至祷! 萧劲光叩歌西秘。

(原载一九三九年六月九日延安《新中华报》)

11. 八路军朱德、彭德怀总副司令反对枪口对内进攻边区的通电

重庆:八路军办事处转蒋委员长、林主席,国民政府各院部长、中央党部、国民参政会、战区党政委员会、中央社、《大公报》《新华日报》《中央日报》。

西安:八路军办事处转天水行营程主任、第十战区蒋长官、陕西省政府蒋主席、胡总司令宗南。

兰州:朱长官。

各战区各省司令长官、总司令、省政府、省党部、省参议会、抗敌后援会、新闻学会及各民众团体各报馆公鉴:

陕甘宁边区二十三县,尚是二十五年十二月西安事变和平解决后,蒋委员长早已承让之区域,其中包括陇东之庆阳、合水、正宁、宁县、环县、镇原,陕

西之淳化、栒邑、鄜县、洛川、安定、清涧、绥德、米脂、吴堡、葭县、靖边、定边及宁夏之监池,三年以来,均属八路军后方,军民协作,相安无事,前线之军心赖以维持,后方之团结赖以树立,当此在我则抗日第一,团结为先,在敌则政治诱降,反共为亟之际,稍有人心,诚不应挑拨事端,制造磨擦,更不应枪口对内,遗笑之友邦。乃自本年三月流行所谓《防制异党活动办法》以来,压迫之风,起于国内。湖南有平江惨案,河北有张荫梧事件,山东有秦启荣之进攻,河南有确山县之流血,而在西北,则高呼消灭边区,打倒共产党,环边区之四周,处处进攻,迄无宁日,以正规之国军,行对内之战斗。于是宁县、镇原则被围两月,栒邑则杀人夺城,鄜县则重兵压境,靖边则扰乱无已,安定则两次袭击,而绥米河防区域之专员何绍南,则日谋所以破坏防军,暗杀八路人员。然自七月委员长派周副部长恩来到西北调停后,一时平静,方期磨擦从此消弭,阴云为之净扫。不意近月以来,情势逆转,日复变本加厉。所谓《处理共产党实施方案》,乃从新发现于各方,而调兵遣将,攻城略地之消息,又不绝于耳矣。蒸日九十七师千余人及保安队袭攻宁县,我驻军罗营长受伤,兵士死伤过半;寒日九十七师二千余人袭攻镇原,我驻军五营死伤百余,两城均被九十七师夺据。现复集中大军准备向庆、合进攻。陕西方面则闻正在计划夺取淳化鄜县,准备进攻延安。而其欺骗群众动员士兵之口号,则为共产党捣乱后方。夫共产党则亦何负于国,何损于民,深入敌后流血苦战者,非共产党领导之八路军新四军乎?力持抗战团结进步,反对投降分裂倒退者,非共产党之一切党员乎?以边区论,共产党几曾越过二十三县以外之寸土尺地乎?攻栒邑,夺宁县,占镇原,而执行其所谓"消灭边区"、"打倒共产党"之任务者,究何人乎?大好河山,半沦敌手,而唯此区区二十三县是争,清夜扪心,能不为之汗颜乎?所望我蒋委员长、国民政府维护法纪于上,全国党政军领袖与各界人士主持公道于下,痛国亡之无日,念团结之重要,执行国家法纪,惩办肇事祸首,取缔反共邪说,明令取消《防制异党活动办法》及《处理共产党实施方案》,制止军事行动,勿使局部事件日益扩大。语曰:"其亡其亡,击于苞桑。"国事至此,唯有精诚团结,消弭内争之一法,否则影响前线之军心,动摇抗战之国本。敌攻于外,而自坏其长城,国脉虚危,而自伐其腑脏,我四亿黄帝子孙,真不知其死所矣！迫切陈辞,敬候明教。

国民革命军第十八集团军总司令　朱　德

副总司令　彭德怀

第一一五师师长　林　彪

第一二〇师师长　贺　龙

第一二九师师长　刘伯承

陕甘宁边区政府主席　林伯渠

陕甘宁边区参议会议长　高　岗

第十八集团军后方留守处主任　萧劲光

叩有

（原载《解放》周刊第九十六期,一九四〇年一月二十日）

12. 八路军朱德、彭德怀总副司令驳陈诚所谓八路军游而不击，致林主席、蒋委员长电

庆国民政府林主席,军事委员会蒋委员长,行政院蒋院长,孙副院长,监察院于院长,立法院孙院长,考试院戴院长,司法院居院长,覃副院长,国民参政会诸参政员先生,中央党部各委员,战地党政委员会,西安军事委员会委员长行营程主任钧鉴。

据报,政治部陈诚主任在韶关演说,有谓八路军游而不击,延安无一伤兵就是证据等语。事之真实与否未可知;然自汪精卫倡言八路军游而不击以来,奸人四方传播,竟以此为破坏职军信誉,破坏国共团结之口号。陈主任贤者,可信其不作此不负责任毫无常识之乱言。然职军将士闻之,未免寒心,愤慨之情,殊难禁遏。窃以八路军抗敌所及,东至于海,北至于沙漠,可谓处在国防之最前线。敌国来华四十个师团中,与八路军新四军作战者十七个师团,占全数五分之二以上。两年半中,八路军新四军所在防线,未曾后退一步,归绥、大同、张家口、古北口、北平、天津、烟台、青岛、徐州、浦口、南京、镇江、无锡、芜湖、离城十里八里即飘扬我祖国国旗者,始终是八路军新四军。两年半中,我八路伤亡达十万,而敌伪伤亡则达二十余万,我俘虏敌伪达二

万,缴获敌伪枪支达四万。全军二十二万人,月饷不过六十万元,平均每人每月不过二元七角二分。而币价跌落,实值十五万元,则平均每人每月不过六角七分,全国无此待遇菲薄之军。有二三千人而升级为军者,有七八千人而升级为集团军者,我八路则至今三个师,始终不予升级。八路对于国家民族亦可谓无负矣。而毁谤之来,则谓游而不击,谓发动民众为非,谓实行三民主义与抗建纲领为非,谓恢复失地建立抗日政权为非,谓培植民众武装巩固抗日根据地为非,事之可怪,未有过于此者也。冰天雪地,衣单食薄,弹药不继,医疗不备。然而奋战未尝少懈,执行上峰之命令未尝少懈,遵循人民之指道未尝少懈,八路军之于国家民族,亦可谓无负矣。而一切怨毒之矢,不入耳之言,则集中于八路,奇冤大辱,又有过于此者乎?我八路在晋绥,在河北,在察热,在山东,收复沦陷区,建立根据地,屏障中原,保卫西北,天经地义,至迫切、至正当也。而论者谓为非是,必欲破坏之。昨日败军之将,丧地之官,望风而逃,惟恐不及者,今日貌堂皇,声吊款,举指而骂,挥军而进,从八路军阵后打入,亦谓之"收复失地",摧毁我根据地,取消我游击队,取消我民众团体,杀戮我工作人员,百端磨擦,必欲同归于尽而后快,古今之奇事怪事,又有奇怪于此者乎?! 陕甘宁边区,八路军之后方也,区区二十三县,至今不予法律上之承认。且点线工作布于内,大军包围发于外,今日袭一城,明日夺一县,亦谓之"收复失地",更谓之"打倒伪边区","消灭伪八路"。警报纷传,后方不固,磨擦事件,百次千回,而我前线犹死撑硬打,一步不退,八路军亦可谓无负国家民族矣。咸榆公路,陇海铁路,八路必经之交通线也。三民主义青年团拦路劫人。特务机关,关卡林立。凡赴八路之青年,一概阻拦,设立招待所,谓之"唤醒盲从八路者"。抗大学生,无走路自由权,一经被劫,再无从寻,勒写悔过书,绑入干训团。青年何辜,遭此荼毒。甚且盗窃八路军车,伪造八路军护照,物证俱在,可以覆按,以此例他,他可知矣。此等行为,伤国家之体制,毁中央之尊严,法纪坠地,遗笑万邦,其不可为训,亦彰彰明矣。特务机关,姿意横行,勾引八路军与共产党人员,立有赏格,上级二百元至三百元,中级一百五十元至二百元,下级四十元至一百元。造作谣言,则有千百件之情报,厉行破坏,则用无数万之金钱。在湖南则有平江惨案,在河南则有确山惨案。一个《限制异党活动办法》之不足,继之以《对于异党问题处理办法》,又不足,再继之以《处理异党问题实施方案》。开训练班,上磨擦课,"以限共"、"溶共"、"反共"之声,甚嚣尘上,山雨欲来风满楼,意者又将重演十年前之惨祸乎?然而我八路军历千辛,冒万苦,忍辱负重,不敢告劳者,大敌当前,抗日第一,为国家民族负责,寄希望于光明之前途也。抗战两年半,全国事实昭示,军事有进步,政治无进步,贪官污吏,到处横行,土豪劣绅,作恶无尽,被辈发国家难财,吃磨擦饭,黑暗重重,屈指难数,而官官相卫,壅于上闻,此亡国之气象也。古人有言,"大官不言,则小官言之"。今且污辱及于苦战之军,纷扰及于后方之地,阻挠及于交通之途,此而隐患,则国家民族危矣。凡此将士之呼声,德等未敢充耳不闻,默然不告,诚以如此下去,绝不利于抗战,绝不利于团结。再四思维,惟有请求钧座派遣陈主任诚,亲临前线,实地考查,究竟伤亡几人,俘获几事,复地几里,攻战几回,后方之纷扰几端,道路之阻挠几次,俱可一览瞭然,陈主任贤者,维护前线将士之心,至深且切,必不惮于一行。德等恭候莅临,如旱望云,如饥望岁,钧座一纸遣派之令,陈主任欣然命驾必矣。如此则流言可销,诬谤可止,纷扰可靖,阻挠可息,奸人可以消迹,正气可以伸张,而前线与后方团结一致,抗战之胜利可期矣。所有请派陈主任诚到前线考查职军形情,以雪冤诬,杜磨擦,固团结而利抗战一切,敬谨上呈,是否有当,敬祈裁决示遵,不胜屏营待命之至。

国民革命军第十八集团军总司令　朱　德

副总司令　彭德怀

政治部主任　王稼祥

第一一五师师长　林　彪

副师长　陈　光

政治委员　罗荣桓

第一二〇师师长　贺　龙

副师长　萧　克

政治委员　关向应

第一二九师师长　刘伯承

副师长　　　徐向前

政治委员　　邓小平

晋察冀边区司令　聂荣臻

冀中纵队司令　吕正操

政治委员　　程子华

山东纵队司令　张经武

政治委员　　黎　玉

陕甘宁边区留守处主任　萧劲光

叩　删

（原载《解放》周刊第九十七期，一九四〇年一月三十日）

13.二十七集团军杨子惠部杀害新四军平江通讯处工作人员

六月十二日下午三时，驻湘鄂边之二十七集团军（杨森部）总司令部派特务营余连长率领枪兵，至湖南平江县属之嘉义镇，将我新四军在平江之通讯处（新四军傅秋清支队原为平江浏阳地区之游击队编成，故在该地设通讯处）包围缴械。并将我新四军参议涂正坤同志（年四十二岁平江人）、通讯处军需吴贺众同志（三十八岁平江人）二人当场枪毙，至半夜，又将我八路军少校副官罗梓铭同志（三十六岁浏阳人）、通讯处秘书吴渊同志（四十五岁江苏人）、新四军司令部少校秘书曾汉声同志（三十岁平江人）及该团家属赵禄英同志（女三十岁岳阳人）等六人活埋于平江之黄金洞。通讯处物件被掠一空，计缴去盒子枪六支，长枪二支，手枪二支，掠去纸币五千元、新四军符号军用证明书、公文信件等一批，密码一本，十四日始释放我通讯兵八人。此次事件发生后该部既未宣布理由，复严厉禁止群众谈论，但同时又复告我通讯兵谓系该会所致。

至今该连长已被扣留以资掩饰。但此事已引起各方不满，平江当局对此事件即不表赞同，当地民众更形激愤，群起声援。我为顾全大局，勿使此不幸事件扩大，致影响抗战与团结，除据理力争外，对于民众之愤激情绪，特多方解释。查此次惨案之发生，纯系一部分反共分子有计划的行动。在此次惨案中，叛徒孔荷宠为重要角色，彼亲率反共人员到平布置此次惨案，而杨部乃系执行凶手。闻孔荷宠已开列大批名单准备继续捕杀新四军工作人员。

新四军负责同志，已电呈最高当局，请求严惩凶犯，抚恤被劫害者之家属，并严禁以后再发生同样事件。

（原载一九三九年七月十一日延安《新中华报》）

14. 周恩来为平江惨案，请蒋介石严令查明真象致陈诚电

重庆政治部部长陈：顷接湖南电告新四军通讯处，于六月十二日突被二十七集团军杨子惠部特务营余连包围缴械，当场击毙该通讯处主任涂正坤及职员吴贺众二同志，嗣又将该通讯处罗梓铭、曾汉声二同志及新四军家属六人活埋于黄金洞内。事后迄未宣布罪状，并禁止谈论此事等语。查涂正坤、罗梓铭等八同志均系负责之共产党员，在平江工作多年，与地方上向称和睦，涂同志且曾参加平江县动员委员会，努力抗战工作，众所深知，今竟遭此惨景，显系别有用心者所为。惟杨部隶属九战区，部队行动有主使，前弟在渝曾闻中央调查统计局派有特工委员会专驻湘鄂赣担任反共，今兹惨案，不能谓为无关。且另据电讯，谓孔荷宠部亦曾参加此事，远道闻之，殊增愤慨。弟此次回肤，原冀与敝党中央商讨巩固团结大计，并求平服磨擦事态，乃北事未平，南变又起，推波助澜者大有人在。此种阴谋，弟敢断言决非止于反共，其目的必在造成国共裂痕，以便其破坏抗战，走入不得不对日妥协之途，其处心之深，用意之毒，显系破坏分子所为。吾辈矢志团结，坚持抗战，对兹惨案，必须有以善其后，方能得事理之平。否则激荡愈多，愤懑难抑，弟虽努力，亦难收效矣。用特电请转呈委座，严令查明此案真象。对死难者务请给以抚恤，对肇事者务请严予惩治，并责令保证以后再不发生此类事件，使中共党员得有生存之保障，实无任盼祷之至。至若通讯处应否取消，亦只能以命令行之，和平商之，决不能作为以武力杀人之藉口也。谨电直陈，伏维察鉴。周恩来叩。冬。

一九三九年七月二日

（原载一九三九年八月一日延安《新中华报》）

15. 陈诚复周恩来电

十八集团军办事处转周副部长恩来兄:顷接薛代司令长官伯陵兄佳午策电称,东电敬悉。杨总司令,前迭据地方政府民众急报,嘉义旧土匪潜在谋乱,在地方四出抢劫,枪杀国军来往官兵,灭尸缴械。二十七集团军派队前往"剿"办,该匪主力当即起猛烈抵抗,双方激战,互有伤亡。涂正坤等招集土匪,扰乱后方,枪杀国军,灭尸缴械,危害地方,实属目无国法,该集团军派兵前往"剿"办,维持后方治安,系适当处置。特复等语,特达查照。陈诚皓机（一九三九年七月十九日）

（原载一九三九年八月一日延安《新中华报》）

16. 周恩来驳所谓涂正坤等"招集土匪,扰乱后方"与事实不符并致陈诚电

重庆军委会政治部部长陈:皓治机电敬悉。伯陵兄转杨总司令所称各节,查与平江惨案实际内容完全不符。原新四军通讯处在平江向属合法机关,且与当地政府驻军久有联络,决不能诬为土匪机关,此其一。该通信处负责人涂正坤且兼平江动委会委员,经常出席会议,众所周知,决不能诬为窝藏土匪,此其二。湘鄂赣由傅秋涛团开往江南编入新四军后,其通讯处在平江一带,协助政府肃清土匪,迭有成绩,文白兄知之最清,今竟诬其为与匪相通,宁有是理? 此其三。当武汉撤退,鄂南失利,国军向南转进之际,当地土匪团队均曾劫夺散兵枪弹,独该通讯处招待散兵负责送还。当时驻军、政府均有好评,一转瞬间,竟诬其灭尸缴械,其何能信,此其四。当弟由江南转往南岳之时,深知平江通讯处与地方关系素睦,且孔荷宠亦曾与之来往,而兄两至长沙,亦言湖南无磨擦,何相距月余竟造此口实,无论如何,不能令人置信,此其五。查涂正坤、罗梓铭等人弟所深知,敢断言其不至藉通讯处勾结土匪,为夺枪灭尸之举,此其六。即照杨总司令所称,指明该通讯处窝藏土匪,抗拒国军,但据实际所知,杨部所派之兵于六月某日袭击该通讯处,并无任何抵抗,涂等即遭惨杀,罗等即遭活埋,此项惨案路人皆知,何能以一纸电文,掩尽天下耳目,此其七。且新四军既为国军,该通讯处即使有任何可议之处,亦应于

事先电令该军制止,何以事前该军一无所知,事后亦无切实详报,可见主其事者,纯为阴谋惨杀,此其八。据此八因,弟敢正式抗议杨总司令掩饰惨案真象之覆电,并为此被难之新四军高级军官及中共负责同志再电请兄雪冤。倘兄愿弄清事实真象,以便公平处理,则请中央或九战区特派专员会同剑英兄前往查明,定可使此沉冤大白于天下。否则弟等虽力主团结,力持大体,而阴谋者则到处挑起事变,甚至不惜制造惨案,挑动内讧,以便其投降之阴谋。明达审慎如兄,其将何以解此?临电悲愤,伫候回音。弟周恩来叩漾。(一九三九年七月二十二日)

(原载一九三九年八月一日延安《新中华报》)

17. 周恩来、叶剑英为平江惨案致徐永昌并国民政府军事委员会及各部长官电

案奉军令部交下寒酉一元慎渝电开:重庆第十八集团军办事处叶处长剑英兄并转周副部长恩来兄勋鉴,支午一元慎代电计达,兹奉交下薛代长官佳未策电称,查杨总司令前选据地方政府民众急报,嘉义有土匪潜伏,谋乱地方,四出抢劫,枪杀国军来往官兵,灭尸缴械,二十七集团军派队前往"剿"办,匪众猛烈抵抗,双方激战,互有伤亡,查涂正坤等纠集土匪,扰乱后方,枪杀国军官兵,灭尸缴械,危害地方,实属目无国法已极,该集团军派队"剿"办,维持后方治安,系适当处置等语。捧读再三,莫名惊讶。薛代长官所述杨总司令电文,皆空洞案由,毫无事实,且未确指此空洞案由为新四军留守通讯处人员所犯。薛代长官却将杨电所云,一一置之涂正坤等头上,岂以为死已灭口,任何冤诬,被害人将无徒置辩耶?究竟杨电所云地方政府何时具报?民众系何姓名,住址何在?所报是否属实?该军曾否详查?嘉义潜伏之土匪何名?谋乱有何确据?四出抢劫之地点时间何在?被抢劫者之姓名籍贯如何?国军何部官兵被杀?所灭者何尸?所缴者何械?杨军已派队"剿"办,匪众究有若干?如何进行抵抗?激战之态势如何?伤亡之情形奚若?凡兹所指,疑心重重。薛代长官如认为人命重案,不宜含糊了结,便当再饬杨总司令详查具报,方能定讞。今薛代长官竟不分皂白,将杨电所未指明为涂正坤等者,硬认为

涂正坤等之所为,如此判断,殊难令人心服,新四军在嘉义之留守通讯处,自第一团于民国二十六年九月改编时即已成立,涂正坤、罗梓铭等任该处职员,与武汉行营湘省政府平江县府及当地驻军绅民交接往来,已二十有一月,薛代电谓涂正坤等纠集土匪,扰乱后方,有何事实? 涂正坤不仅为新四军留守通讯处主任,且被政府聘为平江县动员委员会委员,涂等为人公正,素为地方人民所信仰,曾帮助政府及当地驻军肃清平属土匪,张文白先生任省主席时人尽知之,而反谓其纠集土匪扰乱后方何耶? 去岁武汉撤退,大军南移,平属土匪民团收缴败兵枪支,新四军留守通讯处独收容溃兵,将人枪交还原部队,此事地方政府当地驻军绅民莫不知之而称道不置。薛电谓涂正坤等枪杀国军往来官兵,灭尸缴械何其与事实相反若此耶。杨军自知理屈,故电文空洞其词,而于抄袭新四军通讯处后,杀者杀,埋者埋,将涂罗等十人置之死而不敢宣布罪状,且更禁止人言。其处理之乖谬,不仅人知之,彼亦自意之矣。薛代长官竟承认其为适当处置,毋乃故为杨部余连之妄动干戈,虐杀无辜作护符乎? 嘉义惨案,有其政治上之原因,杨电概括其词,显有难言之隐。杨电所不敢公然承认涂正坤等为匪者,薛代长官公然断定涂正坤等为目无国法已极,其祖露杨部冤杀友军职员家属,真情毕露。新四军嘉义留守通讯处成立未及两年,如认其存在为不适当,通知新四军撤销之可也。涂罗等如有违法行为,以法律纠绳之可也。事前既未照例通知,事后亦不宣布罪状,凭空加以罪名,杀人居然无罪。古今中外宁有此冤乎。涂罗诸君中共党员,为救国而参加革命者十有余载,今无端突被友军余连袭杀,爱国同胞不仅为涂罗诸君呼冤,而深虑国共两党不睦,以影响于抗日,非细故也。盖国共团结,为我国战胜日寇之基本条件,强敌入境,颠危之祸,迫于燃眉,我国人只有同心合力,庶可挽狂澜于既倒。不幸抗战阵营中,顽固分子以排斥异党为事,到处制造磨擦。汉奸亲日派乘罅抵隙,肆其挑拨离间,以破坏两党关系,两党自相鱼肉,抗战力量损耗,日寇遂坐收渔人之利矣。杨部余连所加诸新四军嘉义留守通讯处十人之虐杀,其为对于国共两党间投一暗影,昭然若揭。薛代长官正应查明事实,秉公处理,给遇害者以优恤,处加害者以常刑,使真正违法乱纪,有助敌寇之行为,不再见于治下,庶乎其可。今任意加爱国者以土匪之名,沉冤莫白,命实际助日寇者免国法之讨,怙恶难悛,此风一开,后患胡底。职等对薛代长官佳未策电,认为有奖乱长恶之嫌,期期以为不可。特陈明事实,敬祈鉴核。电恳饬薛代长官再派员驰赴肇事地点,查明真象,雪冤治罪,以照信谳,不胜迫切待命之至。

一九三九年七月二十二日

(选自《南方局党史资料》一九八八年第二期)

18.周恩来、叶剑英为平江惨案致何应钦并国民政府军事委员会及各部长官电

钧鉴奉军政部何部长渝马秘电开:政治部周副部长恩来兄十八集团军办事处叶主任剑英兄东代电诵悉。经电饬第二十七集团军杨总司令查复去后,顷据齐电复称,查前据职部二十军军长杨汉域转一三四师师长杨干才寒电称,职师近发现少数士兵拐逃等事,职为加紧管理,通饬全师,此后再发现此类事项,责令连排长赔偿,并施惩处在案。昨据派出嘉义监破公路之余连连长元日报称,职连逃兵,探得时在新四军办事处出入。职以各军办事处早奉明令撤销,显系假名招摇,运兵拐械无疑。乃于是午率兵四名前往调查,该处公然纠众拒捕,双方械斗,互有伤亡,结果逃兵溃去,仅于该处搜获长短手枪九支马枪二支,等情,谨呈鉴核等情,前来。职以清查逃兵至双方械斗及伤亡,无论我方是否运兵拐械行为,该连长之处置,殊不免于失当,除立饬将该连长撤职以儆效尤外,呈奉前因谨据实电陈,伏乞垂察等语,特达查照为荷,等因,奉此。窃念嘉义惨案,经蒙军政部长查覆之二十七集团军杨总司令齐电,较之军令部转发薛代长官佳未策电,情况稍明,杨部余连长无故而称兵,新四军留守通讯处人员无辜而被杀,杨总司令齐电已略露端倪,尚非全豹,但已足以证明薛代长官佳未策电之包庇部属,任意杀人,捏造罪名,诬良为匪,而职等驳薛代长官之文为至当不易而犹有所未尽也。薛代长官佳未策电称,查杨总司令前迭据地方政府民众急报,而杨总司令齐电,只称该部二十军一三四师师长杨干才据余连长报告,并无地方政府民众急报字样,且余连只有元日一次,亦非迭报,报告在事后,亦非事前,此薛佳杨齐两电所述事实不符

者一。薛电又云,嘉义有土匪潜伏。谋乱地方,四出抢劫,枪杀国军往来官兵,灭尸缴械。杨电云余连长元日报称,职连逃兵,探得时在嘉义新四军办事处出入,职以各军办事处早奉明命撤销,显系假名招摇,运兵拐械无疑。余连长已报称嘉义新四军办事处,其非如薛电所云土匪潜伏可知,余连长报告谨认为显系假名招摇,运兵拐械无疑,亦无谋乱地方,四出抢劫,枪杀国军往来官兵,灭尸缴械等事,此薛佳杨齐两电所加于嘉义新四军留守通讯处之罪名,彼此不符者之二。薛电云,二十七集团军派队前往"剿"办,匪众猛烈抵抗,双方激战,互有伤亡,杨电余连长报告,仅云率兵四名前往清查逃兵,该处公然纠众拒捕,双方械斗,互有伤亡。余连长系监破公路,自率兵四名前往清查逃兵,二十七集团军并不敢承认派队前往"剿"办,至双方激战与双方械斗情形亦异,所同者仅互有伤亡而已。此薛佳杨齐两电彼此不符者三。薛电云该集团军派队"剿"办,维持后方治安,系适当处置。杨电则云职以清查逃兵,至双方械斗及伤亡,无论他方是否运兵拐械行为,该连长之处置殊不免于失当,立即将该连长撤职,以儆效尤。杨总司令不仅不敢居派队"剿"办维持地方之功,却反认为余连长之处置失当而立将其免职,此薛佳、杨齐两电彼此不符者四,凡诸不符之处,都证明薛代长官佳未策电之毫无根据,凭空捏诬了事而已。但是杨总司令齐电本身而论,亦破绽甚多,如偏信余连长片报面之告,实则余连长之报告一阅即可知其不实一也,逃兵何名? 所拐何械何时在嘉义新四军办事处出入? 何人作证? 查第九战区司令长官司令部不准非该战区作战部队在该战区内擅设办事处、通讯处、留守处之通电,系七月皓日才在报端公布,该连长何能于月余以前便知各军办事处早奉明令撤销? 新四军嘉义留守通讯处,只有新四军不承认,始可谓之假名,该连长何得谓显系假名招摇? 即令真有假名招摇,却又有何理由,遂断定其为运兵拐械无疑? 至该余连长率兵四名,前往清查逃兵,该处既纠众拒捕,双方械斗,互有伤亡,该处有众几何? 双方伤亡情形奚若? 该余连长所率之四各兵伤者几而亡者几? 该连长率兵四名有伤亡后,卒将该处所纠之众歼灭,缴获长短枪十余支,何其勇也? 惜乎所斗者非日寇也! 凡此应驳斥而不加驳斥,故予优容,二也。不管该余连长之报告如何,照处理事件之惯例,应予调查,杨总司令完全不采取调查手续,试图含糊了事,三也。人命关天,该连长报告中已云双方械斗,互有伤亡,杨电所谓他方之伤者亡者,固可以漠不关心,坐视其无罪至死,余连之伤者亡者,亦毫不加以顾恤,是以人命为雏狗,四也。军政部饬查之电,何等严重,杨总司令竟将余连长捏造事实,毫无理由之报告,不加驳斥,据以电复,虽予余连长以免职处分,而罪重罚轻,何以服天下?是放纵部属之横行,而搪塞上级之追问,五也。杨总司令齐电,仍未揭露嘉义惨案真象,处置殊欠妥慎,职等决难甘服,但杨总司令齐电,已将薛代长官佳未策电所据事实,所加涂正坤等罪名,所下断语,全部推翻,同时亦证明薛代长官对嘉义惨案,胸有成见,并未饬查,即行具复。薛代长官殆以为涂正坤等均系共产党员,值抗日中有人提倡同时反共,死十共产党员何足轻重,坐罪共党,含糊了结,或反可以见功于顽固者流。身为方面大员,受国家重寄,不顾强敌入境,挑起鹬蚌之争,犯法者文饰为有功,无辜者武断为有罪,随便栽诬。草菅人命,如此荒谬颠顸,实为古今中外所罕见。职等前奉军令部寒酉一元慎率电时,曾驳斥薛代长官佳未策电,并恳请电饬薛代长官再派员驰赴肇事地点,查明真象,雪冤治罪在案。今奉军政部何部长渝马秘电,证明薛代长官胸有反共成见,决不能公平处理本案,理合请饬该代长官回避,并恳钧座遴派公正大员驰赴肇事地点,详细调查,将杨总司令已撤职之余连长交付军法审判,并保障被害人家属及同事有陈诉与质证之自由,庶沉冤可雪,国法可伸,军纪可立矣。谨电呈复,敬祈垂鉴。

一九三九年七月二十八日

(选自《南方局党史资料》一九八八年第二期)

19. 周恩来关于平江惨案的谈话

问:平江惨案的经过详情,及我们对此事的态度如何?请为告知。

答:平江惨案的经过情形,已见七月十二日之《新中华报》,不过我应说明惨案发生,系在六月十二日下午三时,我于六月十八日离开重庆时,尚一无所知,即八路军在桂林通讯处亦于二十日后始从平江逃出之新四军通讯处工作人员口中得悉概况,据称惨案发生,一周后,肇事军队及当地特务机关犹禁止将此事外泄,并闻该特务机关更在秘密继续逮捕大批共产党员,以图扩大事态。于此可见,平江惨案的发生完全出于反共分子之预定阴谋。据我所知,某特务机关且曾于事先派有组织前往主持此事,而孔荷宠亦曾参与其事,至肇事之部队不过为执行此项阴谋之刽子手耳,甚或为人唆使,成为借刀杀人者亦未可知。故此事发生后军队之企图则为掩尸灭口,特务机关之企图,则为扩大事态,据闻地方当局及公正士绅则不直此事所为,而军队当局,则因事无佐证,纯为惨杀,企图掩盖真象,延不发表。及至我们严电质问,始则于其覆薛岳长官电中诬陷新四军通讯处招集土匪扰乱后方,继则于其呈覆何总长电中又诬新四军通讯处运兵拐逃,前后事实不符,想见其周章狼狈。我方之态度不论新四军、八路军及共产党员闻此惨耗,无不悲愤填膺,盖不仅涂正坤、罗梓铭等同志为湘鄂赣群众之领袖,共产党优秀之干部,遭此损失,无可补偿,更因此等惨案竟出于抗战前线,肇事者为我抗战之国军,遇害者亦为我抗战之将士,此等反共阴谋竟波及抗战前线,不能不承认其计之毒,心之狠,盖武装惨杀,最易引起内讧,内讧一起,必致破坏抗战,此正中投降派制造内部分裂逼我中途妥协之阴谋,亦正如我们所指反共之结果必为投降的实际准备。所幸新四军通讯处同人及各地同志均能极端顾全大局,勉抑悲愤,以正常之手续向最高当局声诉,并向肇事者严重抗议,求雪此案。我个人为此事曾两电军委会政治部长兼第×战区司令长官表示抗议,要求抚恤死者,惩办凶手及保证以后再不发生此类事件。现将此两电录后,一看自明。

问:政府当局对此惨案的态度及处置如何?

答:政府当局之处置如何,我们现在尚不知道,但已知者为最高当局确曾有令查究此事,何总长、陈兼长官亦曾电查此事。惟据杨森总司令两次覆电于何、陈两先生转覆我者,其内容前后不符,显系其属下蒙蔽真象,不敢据实上陈,而以招集土匪或运兵拐逃为辞,血口喷人,殊为遗憾!不过杨总司令尚知此事属于部下妄为,已将连长撤职,虽尚不足抵其应得之罪,但较之薛长官佳午策电所称适当处置,颇有很大不同,此仅就杨总司令两次片面电报,亦可看出此事的真象,必有不可告人者在。而薛长官更轻轻谓之为适当处置,殊属遗憾万分!即杨总司令本人恐亦不愿承担此项考语。故我第二次致陈兼长官之电,不得不再度抗议,请雪沉冤,不达目的不止,想最高当局,本大公无私之怀,必能平反此案,为死者伸冤,为生者保证其最低合法权利也。

（选自《南方局党史资料》一九八八年第二期）

20. 必须制裁反动派①（毛泽东）

今天是八月一日,我们在这里开追悼大会。为什么要开这样的追悼会呢?因为反动派杀死了革命的同志,杀死了抗日的战士。现在应该杀死什么人?应该杀死汉奸,杀死日本帝国主义者。但是,中国和日本帝国主义者打了两年仗,还没有分胜负。汉奸还是很活跃,杀死的也很少。革命的同志,抗日的战士,却被杀死了。什么人杀死的?军队杀死的。军队为什么杀死了抗日战士?军队是执行命令,有人指使军队去杀的。什么人指使军队去杀?反动派在那里指使。同志们!照理说,什么人要杀抗日战士呢?第一是日本帝国主义者要杀他们,第二是汪精卫等汉奸卖国贼要杀他们。但是现在杀人的地方不是在上海、北平、天津、南京,不是在日寇汉奸占领的地方,而是在平江这个地方,在抗战的后方,被杀死的是新四军平江通讯处的负责同志涂正坤、罗梓铭等。很明显,是那班中国反动派接受了日本帝国主义和汪精卫的命令来杀人的。这些反动派,他们是准备投降的,所以恭恭敬敬地执行了日本人和汪精卫的命令,先把最坚决的抗日分子杀死。这件事非同小可,我们一定要反对,我们一定要抗议!

现在全国抗日,全国人民在抗日的目标之下结成一个大团结。在这个大团结里面,有一部分人是反动派,是投降派。他们干什么呢?就是杀抗日分子,压制进步,勾结日寇汉奸,准备投降。

这样一件杀死抗日同志的大事,有谁出来过问呢?自从六月十二日下午三时杀了人之后,到今天是八月一日了,我们看见有人出来过问没有呢?没有。这件事应该由谁出来过问呢?应该由中国的法律出来过问,由法官出来过问。如果在陕甘宁边区发生了这样的事情,我们的高等法院早就出来过问

---

①这是毛泽东同志在延安人民追悼平江惨案死难烈士的集会上的演说。

了。但是，平江惨案快两个月了，法律和法官并没有出来过问。这是什么缘故呢？这是因为中国不统一。

中国应该统一，不统一就不能胜利。但是什么叫统一呢？统一就是要大家抗日，要大家团结，要大家进步，要有赏有罚。应该赏什么人呢？应该赏抗日的人，赏团结的人，赏进步的人。应该罚什么人呢？应该罚破坏抗日、团结、进步的汉奸和反动派。现在统一了没有呢？没有。平江惨案就是证据。从这件事情就可以看出，应该统一的没有统一。我们早就要求全国统一。第一个，统一于抗战。现在涂正坤、罗梓铭等抗日同志不但没有受赏，反被惨杀了；而那些坏蛋，他们反对抗战，准备投降，实行杀人，却没有受处罚。这就是不统一。我们要反对这些坏蛋，反对这些投降分子，捉拿这些杀人凶手。第二个，统一于团结。赞成团结的应该受赏，破坏团结的应该受罚。但是现在赞成团结的涂正坤、罗梓铭等同志，他们倒受了处罚，被人惨杀了；而那些破坏团结的坏人却没有受到一点处罚。这就是不统一。第三个，统一于进步。要全国进步，要落后的人向进步的人看齐，决不能拉进步的人向落后的人看齐。平江惨案的那些刽子手，他们把进步分子杀了。抗战以来，被暗杀的共产党员和爱国志士已经不下几十几百，平江惨案不过是最近的一件事。这样下去，中国就不得了，抗日的人可以统统被杀。杀抗日的人，这是什么意思？这就是说：中国的反动派执行了日本帝国主义和汪精卫的命令，准备投降，所以先杀抗日军人，先杀共产党员，先杀爱国志士。这样的事如果不加制止，中国就会在这些反动派手里灭亡。所以这件事是全国的事，是很大的事，我们必须要求国民政府严办那些反动派。

同志们还要懂得，近来日本帝国主义的捣乱更加厉害了，国际帝国主义帮助日本也更加积极了，中国内部的汉奸，公开的汪精卫和暗藏的汪精卫，他们破坏抗战，破坏团结，向后倒退，也更加积极了。他们想使中国大部投降，内部分裂，国内打仗。现在国内流行一种秘密办法，叫做什么《限制异党活动办法》，其内容全部是反动的，是帮助日本帝国主义的，是不利于抗战，不利于团结，不利于进步的。什么是"异党"？日本帝国主义是异党，汪精卫是异党，汉奸是异党。共产党和一切抗日的党派，一致团结抗日，这是"异党"么？现在偏偏有那些投降派、反动派、顽固派,在抗战的队伍中闹磨擦,闹分裂,这种行为对不对呢?完全不对的。(全场鼓掌)"限制",现在要限制什么人?要限制日本帝国主义者,要限制汪精卫,要限制反动派,要限制投降分子。(全场鼓掌)为什么要限制最抗日最革命最进步的共产党呢?这是完全不对的。我们延安的人民表示坚决的反对,坚决的抗议。(全场鼓掌)我们要反对所谓《限制异党活动办法》,这种办法就是破坏团结的种种罪恶行为的根源。我们今天开这个大会,就是为了继续抗战,继续团结,继续进步。为了这个,就要取消《限制异党活动办法》,就要制裁那些投降派、反动派,就要保护一切革命的同志,抗日的同志,抗日的人民。(热烈鼓掌,高呼口号)

一九三九年八月一日

(选自《毛泽东选集》,人民出版社)

21. 延安各界追悼平江惨案诸烈士大会致全国通电

国民政府林主席,蒋委员长,各院部会长,中央党部,各战区长官,各省党政军民学各界人士公鉴:阅报惊闻新四军在平江之通讯处,突于六月十二日,被二十七集团军派队包围;办事处负责人涂正坤、罗梓铭等及其家属惨遭杀害,并闻已开列大批名单,准备在各地捕杀共产党员等语;延安各界民众闻讯,莫不愤慨填胸,一致表示抗议!查新四军英勇抗战,转战大江南北;两年以来,有功无过。不意前线之血战方酣,而后方竟发生如此严重之惨案,国家法律之谓何?两党团结之谓何?盖自《限制异党办法》秘布流行以来,各地不法之徒,如虎附翼,置民族大义正常法律于不顾,共产党员被惨杀者有之,遭活埋者有之,受武装袭击者亦有之!汉奸汪精卫公开煽诱于外,投降妥协分子秘密活动于内,欲破坏抗战,先破坏团结;欲破坏团结,先排斥共产党;惨案之兴,此其主因。致请我中央政府顾念团结抗战之重,明令昭雪本案冤抑;严查主使,惩办凶犯;并通令全国不得再有同类事件发生。同时,严令禁止近日秘密流行破坏团结之所谓防制异党办法,并请各界诸公,同声呼吁:以塞乱源而利抗战。不胜迫切待命之至!延安各界追悼平江惨案诸烈士大会叩东。

(原载一九三九年八月四日延安《新中华报》)

22. 八路军朱德、彭德怀总副司令关于安徽太和县政府非法残杀荣誉归队干部致白崇禧电

白副总长钧鉴并转安徽李主席勋鉴卫长官勋鉴：

顷接新四军六支队司令员彭雪枫电告，前据十八集团军洛阳办事处电称，有一一五师副官部明胜奉命从西安后方医院率伤愈干部六名，看护两名，路经豫东皖北职部防区赴鲁归队，嘱职部安为护送等语，俟经多日，未见到来，正查询中，忽于本月十四、十五、十六日，接部明胜自太和县政府拘留所邮寄平信两封，挂号信一封，内略谓彼等于十六日行经原墙集时，突被驻当地之太和民团扣押太和县府拘留所，断绝饮食，生命危急，请求救援。当经职部于十八日派联络部科长吴宪持函赴太和县府交涉，但太和县府一再否认此事。然顷据太和来人报称，该县府确曾扣押八路军副官部明胜等八人，已于七月十九日晚将彼等由拘留所提出，由县府后门越过城墙到太和通亳州之公路南端秘密枪毙，二女尸当天掩埋，六男尸暴露道上，次日观者甚众，附近居民知此事者莫不震惊愤慨等语。查部等均为现役抗战之官佐，且为荣誉伤愈之归队干部，该太和县府，竟敢如此非法残杀，实属令人发指。不仅破坏司法手续，抑且分裂团结，破坏抗战，以累积战功荣誉归队之将士，竟遭如此残死，将何以慰前方浴血抗战之将士。且该地为我后方人员通至豫皖苏鲁之孔道，如此横阻，将何以保来往官兵之安全。谨将此次惨案经过，据实陈报，并向我公沉痛呼吁。至乞主持正义，制裁暴行，通知皖省当局，严惩太和县政府肇事祸首，抚恤死者家属，并保证今后不得再有类似事件发生。以张公理，而利团结抗战，不胜迫切待命之至。

（原载一九四○年八月六日延安《新中华报》）

23. 八路军朱德、彭德怀总副司令关于张荫梧部诬蔑、扣留、杀害八路军致蒋介石、徐永昌电

1）一九三九年七月十四日电

部长徐钧鉴。据职部吕正操灰电称，四月中旬张荫梧部派来冀中，因该部在指挥上错误，处处陷于被动地位。前曾两次在博野张梁被重围，均经职

派队增援,始得脱围南去。惟张部南去后,屡次派特务人员潜入冀中,组织别动队、民军与富绅暗杀团等,专门破坏抗日政权及各种抗日政策,瓦解职部,暗杀我工作人员共九员,捕去者十六员。此事曾经破获,派入职部瓦解部队之民军队长湛世容及刘志源可为铁证。曾在三月间张荫梧亦曾阴谋陷害职部,当时敌向冀中六路进攻,我一分区部队转移源县南区,张荫梧便增调高明礼部北上,专门逮捕我工作人员,企图进攻我一分区部队。至使我军前阻于张,后阻于敌。张部居心,实属叵测,似此阴谋层出,若不设法制止,于抗战前途损失甚巨等情。查张荫梧部在冀南冀中一带专事磨擦,破坏团结,破坏抗战,陷害友军,请严电制止为感。职朱德、彭德怀叩寒。

2)八月十五日电

特急重庆委员长蒋,主任李,史密(加表)。据报称,张荫梧部自源县肇祸后,近在冀西更变本加厉,发生以下各惨痛事件。

一、八一晚,职部在赞皇之办事处及各民众团体,因敌情关系转移住所,往中马峪村。忽被民军伏击,当场击伤办事处主任,并捕去我工作团人员十余人,所有马匹,文件,钱物均抢劫一空。

二、吴家谟我工作团负责人张清流、李焕朝等同志,于七月真日在南淯被暗害。

三、在摩天岭岗底之张荫梧部扣留我军九名,已将四名暗杀,投尸摩河,已捞获被残害之尸首两名,尚有五名被拘押未放。

四、我二大队卫生员十六名,被驻野虎川之张荫梧部二团第二大队六大队扣留,有八名被毒打逃回,余被扣留未放,后又逃回一名,经多次交涉仍无效。

五、我东昌花店之工作团百余人,因迁移驻所,忽被驻东昌之民军袭击,并用机关枪扫射。我徒手之工作团人虽负责人王旭同志,已负重伤,共伤亡十余人,被捕失踪人数尚未详。衣物、文件均被抢掠。

六、冀西游击队供给部队,从路东购买纺织机十二架,运至黄北坪,被张荫梧部扣击。

七、驻赞皇大谢村之民军,于七日开民众大会,公开进行反共、反八路军宣传,并宣言取消冀西各州政府。于八日派军民约八百余人,逼近临城古道。另调一部进驻下红鹤岭,与芮纵队侯为墉配合,有色,园鹤,北堌县府与我游击队哨兵将有一触即发之势。民军一部进驻范驿庄、石家栋东滑等地,约四五百人,已将专员公署包围,形势异常紧急。

八、现张部到处捕杀我军及政府人员,封锁粮食,断绝我军交通,见底岭各处我军少数人员,均无法通过,至在赞皇各地,大肆进行宣传,俱先妥协,求得接济,然后抗日之曲线救国理论,公开反共、反八路军。声言要打完共产党、八路军,然后打日本等情。查张荫梧部已屡次肇祸于冀中、冀南,今值敌寇大举西犯时,又复迭次扣留杀害诬蔑职部。张部不知大敌当前,覆巢危卵之诚。专事磨擦,残害同胞,迭次电请鹿主席严予制止,均属无效,究张部意见为何,殊难索解。谨电钧座,迅予制止,彻底解决,不胜盼祷之至。职朱德、彭德怀叩删扬印。

3)八月二十九日电

部长徐钧鉴,关于张荫梧部在冀西破坏团结,惨害职部人员之情形,前于灰电呈报在案。兹后据吕正操报称,张部不但未停止其军事行动,犹任变本加厉。谨将近日之事实,再分陈如下:

一、本月灰电呈报六项事实,嗣经详细查明,职部在赞皇之办事处及民众团体,因当时敌情关系,迁移驻地,途经赞皇西塔村时,竟被张部有计划的突然加以袭击,该办事处主任即被击伤,工作人员十余人被捕,并将所有马匹、文件、财物等已抢劫一空。在摩天岭岗底捕去职部九人,四人被残杀,投入槐河中,现于河中捞获二人尸体。其被扣押之五人,仍未释放。张部第二团第二大队,在野狐泉捕去职部之卫生员十六人,八人被严刑毒打后,乘隙逃回。继又逃回一人,余经多次交涉,卒无效。职部在东昌之徒手工作团百余人,被张部突然袭击,并用机枪扫射,计伤亡十余人,负责人王旭,亦受重伤。至捕押人员数目,仍未查明,所有衣物、文件等,均被抢劫无余。

二、职部冀西游击队洪×部,由路东购买纺织机四十一架,途经黄北坪,被张部悉数劫去。

三、张荫梧部在赞皇大谢村,于本月虞日召开民众大会,公开进行反共、反八路军,申言取消冀西各县政府后,于齐日调民军八百余逼近临城及配合民军一部有包围我县政府及游击队之形势。另有一部,约四百余人,已将专员公署包围,形势异常紧张。

四、目前张部仍到处捕杀职军及政府工作人员,封锁粮食,断绝交通,并在赞皇各地大肆宣传先要与敌寇妥协,求得接济,打完共产党、八路军,然后再打日本之荒谬言论。查张荫梧部竟于敌寇在冀中、冀南进行大规模扫荡之时,迭次捕杀与扣押职军及政府工作人员,职等为团结抗战,顾全大局计,曾屡请鹿主席严予制止,以免事态扩大。而鹿主席竟置若罔闻。今张荫梧部公然不遵中央法令,狡悍以逞,杀害同胞,殊难索解。谨此恳请钧座速予制止,听候中央秉公处理,以冀有利于团结,有利于抗战,则不胜感盼之至。职朱德、彭德怀叩养。

（选自《国民政府军令部战史会档案》（二十五）5405）

24. 和中央社、《扫荡报》、《新民报》三记者的谈话（毛泽东）

记者问:有几个问题请教。今天在《新中华报》上看了毛先生九月一日的谈话,有些问题已经说到了,有些尚请毛先生补充。问题分三部分,就是写在纸上的,请逐一赐教。

毛答:可以根据先生们的问题表,分别来讲。

先生们提到抗战的相持阶段是否到来的问题。我以为,相持阶段是有条件地到来了。就是说,在国际新形势之下,在日本更加困难和中国绝不妥协的条件之下,可以说已经到来了。这里并不否认敌人还可能比较大的战役进攻,例如进攻北海、长沙,甚至进攻西安,都是可能的。说敌人的大规模战略进攻和我们的战略退却在一定条件下基本上已经停止,并不是说一切进攻的可能和一切退却的可能都没有了。至于新阶段的具体内容,就是准备反攻,一切都可以包括在这一概念之中。这就是说,中国要在相持阶段中准备一切力量,以备将来的反攻。说准备反攻,并不是立即反攻,条件不够是不能反攻的。而且这讲的是战略的反攻,不是战役的反攻。战役上的反攻,例如对付敌人在晋东南的军事"扫荡",我们把他打退,这样的战役反攻不但会有,而且是必不可少的。但是战略上的大举反攻时期，现在还没有到，现在是对于这种大举反攻作积极准备的时期。在这个时期内，还要打退正面敌人一些可能的战役进攻。

如果把新阶段的任务分别来讲，那末，在敌人后方，一定要坚持游击战争，粉碎敌人的"扫荡"，破坏敌人的经济侵略；在正面，一定要巩固军事防御，打退敌人可能的战役进攻；在大后方，主要的是积极改革政治。这许多，都是准备反攻的具体内容。

改革国内政治之所以非常重要，是因为敌人在目前，主要的是政治进攻，我们就要特别加强政治抵抗。这就是说，民主政治的问题，应当快点解决，才能加强政治上的抵抗力，才能准备军事力量。中国抗战主要依靠自力更生，那末，在新的国际环境下，自力更生就更加重要。自力更生的主要内容，就是民主政治。

问：刚才毛先生说，为了自力更生达到抗战胜利，民主政治是必要的，那末，在现在的环境下，用什么方法来实现这个制度？

答：军政、训政、宪政三个时期的划分，原是孙中山先生说的。但孙先生在逝世前的《北上宣言》里，就没有讲三个时期了，那里讲到中国要立即召开国民会议。可见孙先生的主张，在他自己，早就依据情势，有了变动。现在在抗战这种严重的局势面之下，要避免亡国惨祸，并把敌人打出去，必须快些召集国民大会，实行民主政治。关于这个问题，有各种不同的议论。有些人说：老百姓没有知识，不能实行民主政治。这是不对的。在抗战中间，老百姓进步甚快，加上有领导，有方针，一定可以实行民主政治。例如在华北，已经实行了民主政治。在那里，区长、乡长、保甲长，多是民选的。县长，有些也是民选的了，许多先进的人物和有为的青年，被选出来当县长了。这样的问题，应该提出让大家讨论。

先生们提出的第二部分问题里，有关于所谓"限制异党"问题，就是说，关于各地磨擦的问题。先生们关心这件事是很对的。关于这件事，近来情况虽然好一点，但是根本上没有什么变化。

问：共产党对这个问题的态度，曾向中央政府表示过没有？

答:我们已经提出抗议。

问:用什么方式提出的?

答:还是在七月间,我们党的代表周恩来同志,已经写信给蒋委员长。八月一日,延安各界又打了电报给蒋委员长和国民政府,要求取消那个秘密流行成为各地磨擦根源的所谓《限制异党活动办法》。

问:中央政府有无答复?

答:没有答复。听说这个东西,国民党里面也有一些人不赞成。你们知道,共同抗日的军队叫做友军,不叫做"异军",那么,共同抗日的党派就叫友党,不是"异党"。抗战中间有许多党派,党派的力量有大小,但是大家同在抗战,完全应该互相团结,而决不应该互相"限制"。什么是异党?日本走狗汪精卫的汉奸党是异党,因为它和抗日党派在政治上没有丝毫共同之点,这样的党,就应该限制。国民党、共产党,在政治上是有共同之点的,这就是抗日。所以现在是如何集中全力反日、防日和反汪、防汪的问题,而不是集中全力反共、防共的问题。口号只能是这样提。现在汪精卫有三个口号:反蒋、反共、亲日。汪精卫是国共两党和全国人民的共同敌人。共产党却不是国民党的敌人,国民党也不是共产党的敌人,不应该互相反对,互相"限制",而应该互相团结,互相协助。我们的口号一定要和汪精卫的口号有区别,一定要和汪精卫的口号对立起来,而决不能和他相混同。他要反蒋,我们就要拥蒋;他要反共,我们就要联共;他要亲日,我们就要抗日。凡是敌人反对的,我们就要拥护;凡是敌人拥护的,我们就要反对。现在许多人的文章上常常有一句话,说是"无使亲痛仇快"。这句话出于东汉时刘秀的一位将军叫朱浮的,写给渔阳太守彭宠的一封信,那信上说:"凡举事无为亲厚者所痛,而为见仇者所快"朱浮这句话提出了一个明确的政治原则,我们千万不可忘记。

先生们的问题表中还问到共产党对待所谓磨擦的态度。我可以率直地告诉你们,我们根本反对抗日党派之间那种互相对消力量的磨擦。但是,任何方面的横逆如果一定要来,如果欺人太甚,如果实行压迫,那末,共产党就必须用严正的态度对待之。这态度就是:人不犯我,我不犯人;人若犯我,我必犯人。但我们是站在严格的自卫立场上的,任何共产党员不可超过自卫原则。

问：华北的磨擦问题怎样？

答：那里的张荫梧、秦启荣是两位磨擦专家。张荫梧在河北，秦启荣在山东，简直是无法无天，和汉奸的行为很少区别。他们打敌人的时候少，打八路军的时候多。有许多铁的证据，如像张荫梧给其部下进攻八路军的命令等，我们已送给蒋委员长了。

问：新四军方面有无磨擦？

答：也是有的，平江惨案就是惊动全国的大事件。

问：有些人说，统一战线是重要的，但是按照统一，边区政府就应该取消。关于这，先生以为如何？

答：各种胡言乱语到处都有，如所谓取消边区，即是一例。陕甘宁边区是民主的抗日根据地，是全国政治上最民主的区域，取消的理由何在？何况边区是蒋委员长早已承认了的，国民政府行政院也早在民国二十六年冬天就正式通过了。中国确实需要统一，但是应该统一于抗战，统一于团结，统一于进步。如果向相反的方面统一，那中国就会亡国。

问：由于对于统一的了解不同，国共是否有分裂的可能？

答：如果只说到可能性的话，那末，团结和分裂两种可能性都有，要看国共两党的态度如何，尤其要看全国人民的态度如何来决定。我们共产党方面，关于合作的方针，早经讲过，我们不但希望长期合作，而且努力争取这种合作。听说蒋委员长在国民党五中全会中也说过，国内问题不能用武力来解决。大敌当前，国共两党又有了过去的经验，大家一定要长期合作，一定要避免分裂。但是要给长期合作找到政治保证，分裂的可能性才能彻底避免，这就是坚持抗战到底和实行民主政治。如果能这样做，那末，就能继续团结而避免分裂，这是要靠两党和全国人民共同努力的，也是一定要这样努力的。"坚持抗战、反对投降"，"坚持团结、反对分裂"，"坚持进步、反对倒退"，这是我们党在今年的《七七宣言》里提出来的三大政治口号。我们认为只有这样做，中国才能避免亡国，并把敌人打出去；除此没有第二条路好走。

一九三九年九月十七日

（选自《毛泽东选集》第二卷，人民出版社）

25. 蒋介石关于晋西事件处理方针致程潜电

西安程主任烦云兄:狮密,顷据黄树芬报告,称阎长官对此次韩钧叛变拟分两案处理:(一)分汾东西借剿叛军名义北上肃清共党势力;(二)就事论事,用政治方法解决。惟前者有扩大之虑,后者有养疽之虞。究以如何处理为宜,请检示等语。查此次晋西部队叛变,共党否认系其策动,我为整肃纪纲,剿灭叛军,自属名正言顺。阎长官所拟一、二两案,以第一案为妥,除复饬转达外,特电知照,中正灰未令一元慎印。(一九四〇年一月十日)

(选自台湾《国民政府军令部战史会档案》(二十五)979)

26. 鹿钟麟等请速派重兵扼守、阻止八路军向晋东南及豫北移动致何总长转陈蒋委员长电

军政部6874。密极机密。总长何转陈总裁蒋:顷闻十八集团军向中央声明因冀粮缺乏,自动向晋东南及豫北移动。查上述地区为第一、第二冀察苏鲁,四战区之陈络中枢,尤为冀察苏鲁之唯一补给要线,若一旦被其掌握,则黄河以北之国军必将陷于受困,无以立足之绝境。是则不惟等于放弃华北西岸,更恐山河变色,沦为赤区。此地粗视,似属限于一隅,然其影响所及,势必动摇国是,颠覆国基,万祈钧座迅订针对大计,并密令一、二战区,将晋东南与豫北之部队从新部署,凝成一片,对晋城、武涉、磁邯之交通,尤盼速派重兵确实扼守。时迫势急,伏乞早日睿断,并候示复。职鹿钟麟、石友三、朱怀冰同叩文未参印。(一九四〇年二月十一日)

(选自台湾《国民政府军令部战史会档案》(二十五)979—9)

27. 八路军朱德、彭德怀总副司令关于朱怀冰、石友三部制造磨擦,袭击八路军致蒋委员长电

委员长蒋钧鉴。真未令一元电奉悉,谨遵令办理,并将原委呈报如下:

一、朱军于一月来因邢沙一带粮荒严重向南开至涉武一带驻扎,直磁属贻壁、羊台一带,自民国二十六年国军主力撤出磁县后,即由职属先遣支队一大队在该地领导游击,坚持抗战。两年以来,不无微劳。职属青年纵团第二

团亦早依托该区配合作战,曾收复彭城,对六合沟矿区敌军予以极大威胁,并维护东西交通之要道。乃朱军开抵该区后极欲将该两部歼除驱逐,而后快筑碉挖河,形成包围,切断交通,绝其给养。该两部派员阵络交涉,均置之不理。朱军并于二月十八日二十一时,突令两团之众向驻贻壁、羊台等地之该两部围攻。职等闻讯后,当即令其撤退以避冲突。不意朱军乘其撤退之际,猛烈袭击,致使该两部遭受严重损失,而朱军于事后反诬该部向其攻击。朱军于攻占贻壁、羊台后,气焰益张,用过去"剿共"办法,层层筑堡,多至百余座。步步进逼,摧残抗日政权,解散民众团体,没收我资材,断绝我东西交通,惨杀我往来人员,虐待抗战军人家属,并军纪坏极。职等曾屡电鹿总司令及朱军长交涉,事过旬日,均置之不理。并电呈程主任、卫长官,请派员会组调查团彻查真相,亦久未蒙复。职部一再遭受朱军压迫摧残,不能求得适当解决,群情激愤,被迫不得已而自卫。不幸被迫转入漩涡者,只有一二九师一个团及聂、吕两司令所率获已之两个团,共计三团,不过六千人。一一五师所辖之一旅,在鲁西南济宁一带抗日,一旅驻陵川、高平间,与庞军杂居,均未参加。在朱军万人进逼之际,因双方官兵咸知抗日,不愿内战;咸如精诚团结,不愿分裂。朱军压迫其对内,而其下级官兵乃不战自退。职部官兵忠于钧座抗战到底,设对内部冲突属不胜其悚惧也。朱军自退后,职等严令所部于林县境向平汉路之敌袭击。

二、石友三部在鲁南时坚持抗战,职属驻鲁南部队曾助其扩大兵员,帮同训练游击,相处极洽。不意石部自到冀南后,受奸人诱惑,与日寇勾结,专意与职部驻冀南部队磨擦。最近三月来,石部曾瓦解与惨杀职部冀南工作人员至千人以上,曾迭电呼吁上峰予以制裁,但迄无有效制止办法。职部仅出于自卫,现已通令停止。所有属部与朱军及石部冲突原委情形,谨电奉复。窃思此种事实,会论是非曲直,胜负谁属,均系亲痛仇快之结果,职等凛阋墙御侮之训,实不胜惶悚沉痛之至。职朱德、彭德怀叩寒。(一九四〇年四月十四日)

(选自台湾《国民政府军令部战史会档案》(二十五)979)

28. 八路军朱德、彭德怀总副司令关于石友三与敌公开勾结,不应姑息纵容,请求亲加处理,将其调开致蒋委员长电

蒋委员长钧座:尊电奉悉,查石部现驻鲁西南地区,两年以前即为陈部一一五师彭支队游击之区域,该区经彭支队之长期组织民众,艰苦经营,与敌残酷斗争不下百余次,始得以该区为凭藉,经常袭击徐州,破坏陇海路,予陇海路沿线,敌人以莫大威胁,在战略上起相当大的作用。及自石部进抵该区后,和敌公开勾结,与敌和平共居,对抗日民众则摧残捕杀,甚于敌寇。对彭支队则包围进攻激战五日,必欲尽行消灭而后快,职等曾数电呈报而未蒙有效制止。于是杨得志部乃迫不得已南下驰往解围彭支队,并检得程主任致石密电,内略谓:除划曹县、定陶、菏泽、东明、考城、武单县等八县为该集团军防区外,并指定该集团军负有消灭小股共军及切断华北共军与华中共军联络之任务等语。检阅之下,不胜惊异。此电若系石所假造,更证明石之异谋,若果为程主任所命,则纵容奸邪,摧毁抗战力量,殊足为程主任盛德之累。尤有憾者,以石友三年来勾通敌寇,破坏抗战之罪行累累,抵鲁西南后,国家不加严惩,优容姑息,反而明奖奸邪,晋升为集团军总司令,增兵加饷,划其防区。此种措施,实使职等惶惶不解!尝谓敌强不足惧,惟此种奸邪陷害忠贞之现实,最足以祸国而有余,职念及此,未尝不失声痛哭也。钧座领导华北抗战,素持大公,万众素仰。万恳查明忠奸,严正赏罚,将石部调至洛阳附近,亲加整理。则既可免鲁西南之涂炭,更可保全一部力量,不致为石个人领入歧途。否则切断职部华北、华中之联络事小,其为虎作伥,替敌人掩护陇海路,妨碍抗战则难容忍也。素装厚爱,故敢直陈,敬祈采纳为祷!职朱德、彭德怀皓。

(原载一九四四年五月三十一日延安《新中华报》)

29. 周恩来、叶剑英关于石友三部北渡老黄河进攻八路军致何应钦电

据报:石友三集团军第一八一师、新编第六师、第四师、第三师、第八师及特务旅等部已北渡老黄河,分三路向河北省境南乐、清丰、汴阳等县第十八集团军所属部队进攻。抗战三年,国人方且沉痛纪念,益奋敌忾。而于此际更

继续发生此等情事。敝军除竭力避免冲突并作必要自卫部署外,尚恳左右对石部此种行动迅予制止,以利团结,以便大计之商讨。

一九四〇年七月七日

(选自《南方局党史资料》一九八七年二期)

30. 石友三等报告冀鲁边区战况致蒋委员长电

1)石友三一九四〇年七月十三日电

即到。重庆委员长蒋迤密(加表)。亥电计蒙钧览。(一)退据玉皇庙马口尊金堤一带之"共匪",经我各部猛勇之攻击,至未刻晋匪全线溃向范县以西五里候方子铺方面逃窜,其伤兵数百向郓城方向运去,我各部正向范县及其以西地区右迫。(二)本日计毙伤匪五百余,俘一百六十二名,我阵亡中校参谋杨楸泰一名,并伤亡连长以下官兵及政工人员六十余员各等情谨闻。职石友三叩元庆印。

2)石友三七月十四日电

即到。渝委员长蒋,迤密(加表)。"共匪"杨勇、萧华等部,元日被我军击溃,向范县以西五里候方子铺附近逃窜。寒晨忽由山西方面开来,一一五三团由冀中方面开来赵成金部三团回到谷瞳集、将军砦、卜王庙、范县观城一带,人数充足,装备完整,与萧、杨等匪会合,人数料两万以上,有向我军决战企图,现在颜村铺诸县西南附近与我一八一师正激战中。详情续陈。职石友三叩寒戌印。

3)熊斌七月十六日电

渝委员长蒋卷密。极机密。石友三文电称(一)盘据大杨铺白羊寺大屯龙王庄(在范县西南三十里)一带之萧华、杨勇两部开由朝城方向加增之"共匪"共约一万二千,异常顽强,尤以萧华部为甚。经孙良诚部、邵鸿基部及一八一师之张旅、新六师之一旅并新四旅,终日痛击,卒将该匪击退一部,向黄河南逃窜,大部溃退据玉皇庙、马口、前金堤(范县西南约十里)一带,我各部正艰攻中。(二)是役毙伤匪约千五百,俘获另报。我阵亡营长王毓龙、于耀光两员,伤亡官兵千余员名等情谨闻。职熊斌铣申办劲。

4）石友三七月二十二日电

即到。委员长蒋迤密（加表）。（一）退据右鼠集、文明砦、濮县北附近，经我跟追之朱、石两部进攻痛击，战至申刻，匪不支分向范县观城方面窜逃。（二）高师长推进至柳下屯濮县西附近，濮县西南地区之匪，已向濮阳以南方向窜去，谨禀。职石友三叩养未印。

（选自台湾《国民政府军令部战史会档案》（二十五）979）

31. 八路军朱德、彭德怀总副司令关于石友三通敌叛国，请查明究办致蒋委员长电

委员长蒋，长官卫，西安办公厅。查石友三所部，并纠合亲日军二万余人，公开在敌军掩护与帮助之下，向冀鲁豫边区猛攻驻在该区之职军，职等曾电呈制止在案。兹据报，职部驻濮范间遭石军猛烈攻击，职军之杨得志部不得已而还击，当缴获石军此次进攻职军之军事会议决议案，及石本人通知所属各部队与日寇联络办法密函各一件，谨电呈如下：

甲，石军军事会议之决议案。一、主旨：本集团军（指石军）此次北上为遵奉总裁蒋命令，为救国家救民众，为本身生存及发展计，必须铲除妨碍抗战之共"匪"，然后始能抗战。在目前第一阶段，决定肃清共"匪"，第二阶段再决定执行之。二、军事实施步骤：第一步以濮县为根据地，以范县、观城及清丰东南濮阳以东地区为军事活动范围，部队先集中濮县四周，给共"匪"以打击，并镇压民众，然后积极向外扩张。第二步，待第一部地区工作成熟巩固，然后在清丰、南乐、濮阳以西地区，以本军全力开展，就是稳扎稳打办法。第三步，待第二部工作成熟后，与平汉路以西国军取得连络，然后再向冀南中心地区开展。三、部署：先以濮县为核心，以观城范县及濮阳以东为支援，成掎角之势，添设坚固工事及碉堡，积极屯粮，然后在"匪"区由旅或坚强团为单位，约二三十里之距离（就是"匪"犯时能相互援助）各个据点，星罗布置之。四、工作事项：（一）首先在打击共"匪"，搜查共产党潜伏分子（并用政治力量），使本区民众统一向我。（二）设置情报网连络站，使每二十五里派出五人，经常远出调查"匪"情，并在村中考查共"匪"分子及探子，并将姓名、村落（用政治

去做)造册传布各军队,随时指挥之(但不移动)。此计划由参谋处详拟,交县政府执行。(三)筑寨,每一单位据点,必择形势打成三个至六个寨(由各村协助工作,只在为掩护各村用的),以资固守并屯粮。(四)搜捕共"匪"重要分子,即行枪决,其被迫者,送县内由县成立感化院感化之,以示宽大。乙,石友三十月二十二日致各部队密函一件(内容系指示与日寇连络办法)。一、开始与日军接近后,发生误会,彼此应立即后退,并派员连络说明。二、飞机来时,可用白布在屋顶上铺开,不准射击。三、各部队不准越过界线胜发给养,及有武装部队活动(受"匪"军压迫时,不在此限)。四、昼间连络法,用识别旗,(或白旗)左右摇动。夜间用红色电筒连续速射。五、昼夜行军,应距其驻地十里(最小限度)。六、在黄河以南行动,应在日没前,不得在午后八时以后。七、本军受"匪"压迫须向驻军以外活动时,应一面活动,一面通知各驻军,遇我须要派部队时,即随时援助(但兵力不能限)等情。据此则石友三之通敌叛国证据明确。且石部现所据之濮县、范县、观城等县城为敌军让与者尤为通敌明证,敢情钧座念时势之艰危,悟奸邪之蒙蔽,毅然撤免石友三本兼各职,明令讨伐,以正明德,而安人心为祷。职朱德、彭德怀(马)二十一日扬。

（原载一九四〇年八月九日延安《新中华报》）

32.石友三卖国通敌,中央下令就地枪决

第一战区司令长官部,日前奉中央命令,枪毙通敌叛国之石友三,并致三十九集团军全体官兵通电,电云:石逆通敌叛国,认贼作父,为虎作伥,似此卖国之逆贼,实为我国家民族之大耻辱,应立即撤职,就地枪决等语。

※　　　　※　　　　※

石友三秉性轻佻,反复善变。(缺)始终觉未能发挥其野性,故利用机会,任意扩张部队,以遂私图。我中央向以宽大为怀,宥其既往,并寄以专职,使在大河南北立功致效。不意故习不改,野性难驯,近来对于中央作战命令,阳奉阴违,亦多不遵行。其弟石友信尤多不法。中央未便再事优容,若留此败类,适必影响军纪,乃下令卫长官就地先后枪决,以伸法纪云。

（原载一九四〇年十二月十九日延安《新中华报》）

33.蒋介石密令"剿"办竹沟中共四县联合办事处致李长官电

有线

老河口李长官。密据洛阳马日密报共党筹备之确山、信阳、桐柏、沁阳四县联合办事处,于本月一日在竹沟正式成立,并举行会议。当推吴墍绪为主任,各县设干事一人,暂定经费每月四百八十元,警卫方面先由确山派一中队驻竹沟,其他三县部队临时听调等语,特电知照查办。中。有未令一元轩印。

一九四〇年十二月二十五日

(选自台湾《国民政府军令部战史会档案》(二十五)2160)

34.关于竹沟事变(彭雪枫)

一、竹沟事变的经过

去年十一月十一日,在豫南确山县的竹沟镇——就是我们新四军第八团队留守处的驻在地——发生了一件空前的、最不幸的事变。就是确山县长许工超纠合了确山、信阳、汝南、沁阳等县的常备队,以及第一战区豫南游击司令戴民权(这个戴民权就是去春在阜阳被赖副师长所全部击溃大部消灭的土匪头子)共一千八百余人,进攻竹沟留守处。我留守处为了保护工作人员和伤病人员的生命安全,起而实行自卫,打了两天一夜,我终以寡不敌众撤出了竹沟,我牺牲中队长一名,伤政治指导员、副中队长、分队长各一名。反动派的队伍进入竹沟之后,将留守处医院的伤、病、残废人员及抗战官兵家属和当地民众惨杀了二百多人!而且又将现在前方指挥作战的周骏鸣团长的家产全部没收,将留守处的财物抢掠一空。许工超所率领的千余常备队、土匪、流氓、地痞进占竹沟之后,仍继续步步进逼,确山、桐柏一带的群众领袖王国华同志(就是那位有名的王老汉)率领留守处人员退避到竹沟附近的龙窝。

竹沟事变是一件大事情,比较平江惨案还要严重的多。竹沟事变,虽然是反动派、土匪、地痞、流氓,向着坚决抗战的伤病及残废人员,向着抗战军人家属的有计划的有步骤的大阴谋的一部分!

事变发生以后,我军部即急电上峰报告,并向卫司令长官请求以下四件事：

（一）立即停止军事行动。

（二）竹沟留守处工作人员速回原处办公。

（三）抚恤死难员兵，退还所抢劫之财物。

（四）惩办凶手许工超及其同谋者。

这就是竹沟事变的经过。

二、竹沟留守处设立的根据

现在皖东——敌人后方的来安、滁县、全椒一带作战的我第八团队，是国内战争时代，豫南确山、沁阳、信阳、桐柏一带的赤色游击队。芦沟桥事变之后，主力红军政编为第八路军；华中、华南的红军改编为新四军；豫南周骏鸣、王国华同志所率领的这一支武装，奉令改编为四支队八团队。前年三月二十九日在信阳集中之后东征；越平汉路，穿大别山，到达皖东之无为、永安、滁县、全椒等地作战，至今已两年了。他们在皖东与敌人作过大小无数次的战斗，打击了敌寇汉奸，发动了游击战争，去年收复来安城的就是他们。即如我们本部队中，也有不少的同志是竹沟附近的人。我们这些同志在十四个月中，大小七八十仗的艰苦奋斗，自问有功无过，无愧于心。所有八团队和我们这一支队年余以来在与敌人浴血大战中的伤病员，特别是残废人员，只有送到比较安全的地方——竹沟留守处，使他们得到适当休养才能继续杀敌，这是我们设立留守处的基本原因。第二是我第八团队官兵家属的安置，我们官兵是既无恒产又无薪饷的，他们的家属，只好安置在一个地方，使全体官兵在前方安心作战，这是设立留守处的第二个原因。第三作为一个和前方通讯联络及与地方当局办理杂务的机关，部队生根在竹沟，与竹沟社会风土人情的关系特别密切，部队出征之后，一切要解决还未解决的或要清理而未清理的土地财产的纠葛等，都必须设立一个留守处来代办这些善后的事宜。

当第八团队出征之际，我八路军、新四军武汉办事处为竹沟设立留守处事曾呈请了军事委员会政治部陈部长、军政部何部长，并得到了批准。我周副部长、叶参谋长亦曾向蒋委员长当面报告，也蒙面允。去夏本人于赴洛阳谒见程潜司令长官时，也谈及竹沟留守处的情形，并蒙嘱留守处人员安心工作。由此观之，在情理上说，在法律上说，我们都有根据有理由在竹沟设立留守处。

三、竹沟留守处一贯被顽固分子、反动派、地痞流氓视为眼中钉

竹沟留守处从设立的第一天起，就被顽固分子、反动派、地痞流氓们所嫉恨、所破坏，成为他们造谣中伤、寻衅找事的对象。为什么呢？

（一）竹沟留守处，阻碍了当地土豪劣绅、贪官污吏，在竹沟及其附近的横征暴敛，有我们在，使他们不敢大胆为非作歹。

（二）竹沟留守处，挡住了竹沟及其附近（那一带是沁、确、信、桐边最慌乱的地方）的土匪、地痞、流氓勾结在一起，打家劫舍，胡作妄为。因此，土豪劣绅、贪官污吏、地痞流氓和土匪们，便结成一条统一战线来反对我们。一开头总是造谣中伤，说我们绑票勒索，说每日来往于竹沟说票赎票的就"络绎不绝"。又说我们"赤化"竹沟，打土豪分田地，建立了"苏维埃"。你们看，他们多么缺乏常识？

他们于造谣中伤之外，就配合着武装进攻，在竹沟以西的邓庄铺就曾抢走了我们一千套军装，杀害我们的干部和战士。他们还伪装土匪，伪装新四军到竹沟附近一二里处抢劫，以便嫁祸于人。土豪劣绅于造谣生事之外又配合着"告状"，而且一直告到蒋委员长面前。蒋委员长电令当时的信阳警备司令王师长澈查。王师长当派一八八团夏团长轻装开赴竹沟，因为夏团听多了先入耳之言，所以对于竹沟以疑虑的态度处之，其时我们在竹沟仅有保护伤病人员的一排人，情形自然有点严重。因为似乎免不了要发生"误会"。但是我们光明正大，问心无愧，沉着的坚持抗日民族统一战线，首先派同志向夏团解释不白之冤，使夏团由戒备一变而为友谊，我们举行了盛大的欢迎，热烈的联欢。夏团在竹沟住了十天，各处明查暗访的结果，进一步的对我们有了正确的了解，把顽固分子、反动派、贪污土劣们的造谣阴谋揭穿了。双方感情融洽，真相得以上达，于是不久夏团以任务完成，遄返原防了。事后蒋委员长于致第一战区司令长官部暨河南省政府的电文中对于竹沟留守处曾说："与民间相安无事，所传各节均属子虚。"等语。于是顽固分子反动派费尽九牛二虎之力造成的阴谋，终被"事实"所粉碎，气焰因而稍杀。但是他们还是继续活

动的,他们的阴谋还是层出不穷的,这就是竹沟留守处成立之后所继续遭受的不断的不幸事件。

四、抗战官兵不死于前线敌人之手、反而死于大后方自家人的刀下

两年以来,我们自信有功无过,我们天天在和敌寇汉奸血拼着,我们有功没有赏,反而受罚了,我们受到活埋、枪毙和一千八百人的总围攻及大屠杀。谤谛、造谣、污辱,以至于没收我们的财产,四方八面纷至沓来!古今奸臣卖国受上赏,忠臣爱国处死刑,是最令人拍案顿足的痛心之事!岳武穆精忠报国,然而他的报应是父子们枉死于风波亭上,还能不使人痛心吗?

确山县长许工超是"勇敢"的,然而他的"勇敢"不用于攻击他跟前的信阳的敌人,却用之于攻打自家人的留守处。对敌则畏缩不前,对友则耀武扬威,敌人打正面,他们就打包抄,彼此之间的动作十分协同。河北磨擦专家张荫梧对待八路军的伎俩,许工超倒仿效的一模一样!

五、揭破投降派反动派反共、反八路军、反新四军的阴谋

首先是造谣中伤——凡是八路军、新四军、共产党或与八路军、新四军、共产党接近的先进人士,都是顽固派、反动派造谣中伤的对象,他们血口喷人,播弄是非,挑拨离间,无所不用其极。谁也知道日本帝国主义对于造谣是很有学问的,顽固派、反动派恰是师承了日寇——青出于蓝,而胜于蓝。

其次是假造文件——以共产党员的口气造文件,讲暴动、讲反对蒋委员长,制造假名单,但是事实胜于雄辩,造谣掩盖不了真理。洛甫同志最近在一篇文章上曾说到:"八路军,新四军,共产党为全国一切愿意抗战、团结、进步的最大多数人民所爱戴、所拥护,为日本帝国主义、汉奸、投降派、捣乱派、顽固派所痛恨、所攻击,这就是我们党的特色。这没有什么坏处,这正是我们可以自傲的地方!"我们最怕的是好人骂我们,至于顽固派,反动派骂我们攻击我们,当然是意料中的事,日寇汉奸决不攻击汪精卫,因为汪精卫是汉奸。日寇汉奸投降派攻击我们,因为我们坚持抗战,反对投降;捣乱派分裂派攻击我们,因为我们坚持团结,反对分裂;顽固派守旧派攻击我们,因为我们坚持进步,反对倒退。我们了解了这点,自然可以知道攻击我们的是什么东西了。

最近某保安处副处长温某,曾公开在民众大会上攻击我们,大意是说:

"（一）新四军是土匪队伍，勒民诈财，收缴民枪；（二）假使发生有共产党就捉起来，轻者坐牢，重者枪毙；（三）民众赶快武装起来，我们虽不能打倒日本，但打八路军新四军是很充足的。"同志们，你们看，这位先生的"勇敢"，并不亚于许工超。古语有云："勇于公战，怯于私斗。"这是中国人为人处世的道德。可是这位温大人、温老爷却反其道而行，他是勇于私斗，而怯于公战的"模范"，他怯于对敌，而勇于对友，不打敌人打朋友，这是温大人的"哲学"。

同志们！这就是顽固分于、反动派怎样在那里制造谣言蛊惑民众，怎样造成投降、分裂、倒退；怎样反对抗战、坚持投降，反对团结、坚持分裂，反对进步、坚持倒退的一连串反动的政治路线与挑拨阴谋！

假如八路军、新四军这样忍辱负重，站在最能打击敌人的岗位上的抗战队伍是"土匪"，那我们很希望全中国的军队都"土匪"化；假如像八路军、新四军这样纪律严明，到处受民众热烈拥护爱戴的抗战队伍是"土匪"，那我们也希望全国的军队都"土匪"化；假如八路军、新四军这样功劳大、报酬小的抗战队伍是"土匪"，那我们是愿意全国的队伍全部"土匪"化！果真如此，"土匪"的定义在这里也就应该改变另一种新的涵意了。

清朝末年，慈禧那位西太后对付当时孙中山先生领导的革命运动——推翻清朝的江山的对策，是"宁赠友邦，不与家奴"。这是西太后的基本政治原则和政治作风，现在的反动派却继承了西太后的这种家风，发挥了西太后的这种"优良传统"。你们听，他们说："宁亡于日，不亡（？）于共！"亡于日，他们还可以做个亡国奴，如亡于共就要"灭种"了！最近又新兴了一个口号，是"宁亡于英法，不亡（？）于苏联！""七七"事变以前，汪逆夫妇在香港曾公开讲演说："中国最大的敌人是共产党。"同志们，你们看汉奸、顽固派、反动派的血口里喷出来的是什么脏东西！我们希望全国抗日人士与广大人员，大家起来，扫清这种脏东西，克服投降派、反动派以反共准备投降的危险阴谋与罪恶活动，坚持抗战、团结、进步到底；我们更要求蒋委员长与国民党、国民政府严厉惩办这种破坏团结抗战国策的奸徒，以巩固国共合作，争取抗战最后胜利。

（原载《解放》周刊第一〇一期，一九四四年三月八日）

35. 罗炳辉、张云逸为江苏第三游击区第一游击分区翁达部队大举进攻新四军,呼吁全国惩办祸首,遏止反共狂澜致蒋委员长电

新四军五支队司令部为翁达大举进攻残杀抗日民众,通电全国各级政府、各将士、各机关、各团体、各学校、各报馆并转海外同胞钧鉴:

顷上蒋委员长、顾司令长官、江苏韩主席一电文云:□项军长转呈委员长蒋、司令长官顾、江苏韩主席钧鉴:

查江苏第三游击区第一游击分区指挥官翁达,自二十一日晨起指挥其所属十六团十八团十三团及六九七团六九八团连同盱眙各处×支队仪微、六合等县警备队数千人,大举向职部在竹镇王集半塔集西高庙、古城等处之部队进攻,炮攻职司令部达五昼夜之久,至今未息。窃职部自前年奉命东进,转战于×桐公路及巢湖沿岸,配合友军打击进攻武汉之敌。武汉失守以后,又奉命深入敌后,越过淮南,游击于津浦南段。直迫皖北。去年秋间又横驰津浦向东挺进,直捣××公路,逐渐粉碎敌之所谓模范区。两年以来,大小数百战,伤亡指挥员千余人,毙敌伪军二千余名,俘获敌伪三百余名,缴获长短枪二千余支,曾三次粉碎敌人对路东扫荡,已使路东广大地区,北至淮河,南至长江数百里锦绣河山人民得睹祖国国旗,脱离敌伪蹂躏,虽不敢言功,亦可告无罪于国人矣。当职部未来以前,敌伪横行,汉奸肆虐,国军撤往后方,政府退避边隅,民众情绪消沉,土匪四出骚扰。职部到达后,一面抗战,一面宣传抗战国策,传播三民主义抗建纲领,及更遵统帅历次训示,唤起民众,组织人民,团结士绅,尊重政府,在沦陷区尤注意协助政府恢复保甲,推行政令,因此职部所到之处,民众奋起,敌伪绝迹,政权恢复,政令推行,盗匪扑灭,人民奋起,职部纪律森严,军行所至,秋毫无犯,群情爱护,士绅协和,对于抗日友军更秉承互助互让精神,平时友谊往来,战时互相救助,如竹镇之役,我奋勇击敌,解六合常备队之围,樊家集之役,汜苏十三团十六团被困,职部闻讯驰援,冒风雨,耐饥寒,血战竟日,将头敌击溃,救出友军。职部平时收容友军落伍散兵,更屡予以优待送还。凡此种种,远近周知,职等之忠诚为国,天人共见,方谓从此可以内自团结,外抗强敌,下拯人民。乃事有出人意料者,数月以

来,在反共浪潮影响之下,痛心事竟层出不穷,无理磨擦四处发生。如六合、仪微、盱眙、天长等县,对我战士人员,则捕而杀之,对我抗战标语,则涂而去之,袭我游击部队,缴我抗日武器,阻我动员民众,逮捕无辜人民,摧残民众团体,杀害负责人员,甚至以怨报德,十六团不念我相救之德,反而在樊家集残杀我战士二人,死后并用刺刀戳杀。凡此种种,职等初犹以为是下层干部之错误,不视为有计划之反共阴谋,几次派员交涉,无不委曲求全,而利团结,并令部属固守驻地,不准还枪,一面仍函望其停止进攻,谁知翁等决心捕灭职部,继续进攻不已,并将我王进集之特务营堡垒攻破,缴获人枪十余,剥皮惨杀,无一生还。十六团在竹镇竟将我战士二人用菜刀惨杀,悬首街头,并将竹镇大小商店掠劫一空,农会商会妇会理事及乡保长被捕多人,竹镇民众逃亡载道,马集等处之民运人员被捕三人,旋被杀害,各地被杀者尚不知凡几,翁部进攻尚有加无已,而敌伪进攻又相逼而来,据报六合之铖架已于昨日被敌占领,有向竹镇进攻之势,滁县光明敌伪集中数千人,企图进占来安自来桥等处,与翁部适遥相呼应使职部处于内外夹攻之境,路东抗战将遭受影响,地方糜烂后患堪虞。思翁部同属国人,在此大敌当前,竟敢操戈同室,直接破坏抗战,间接帮助敌人,丧心病狂,一至于此,职等为团结计,为抗战计,为地方人民计,除采取自卫行为,相机给以还击外,特电呈钧座,恳请迅赐电令翁部停止进攻,停止屠杀抗日民众摧残民运,并将祸首翁达治以国法,以消后祸,而维抗战,不胜迫切待命之至,特此奉达,尚希军政长官、海内贤俊、爱国同胞一致伸张公道,仗义执言,共弥此反共狂潮,以拯救分裂危机,团结幸甚!抗战幸甚!罗炳辉、周骏鸣、邵树×叩有。

（原载一九四〇年四月三十日延安《新中华报》）

36.周恩来、叶剑英转报新四军总部抗议韩德勤等部袭击情形致何应钦函

敬之总长钧鉴。顷接新四军总司令部发来急电谓,自六月四日以来,江北韩司令长官所部江南冷主任欣所部,皖南五十二师所部,迭有向新四军进袭包围,并切断交通之举。事态严重,且有扩大之势,新四军各级负责人极为

忧虑,深恐有采取自卫手段之必要。敬恳钧座设法急电制止各该部队业已发动之不妥行为。并对此后前线各抗战部队之关系,一秉至公,重加调处,以免不断发生冲突,有碍目前大计之商讨,是为至祷。兹将所得电报一并附呈诸希洞鉴。专此敬颂。

周恩来、叶剑英谨启

一九四○年七月七日

附抄新四军总司令部来电乙件

兹将近日新四军方面情况汇报如下

一、江北方面韩副司令长安所属李明扬部自本月四日起继续向新四军驻仙女庙、吴家桥、大桥地区之管文蔚部进袭,管部为避免冲突未事抵抗,因而损失奇重。现该部已转移地区,候命处理。

二、江南方面冷主任欣所指挥之第四十师及第二挺进纵队,连续将新四军第一支队驻溧阳水西之直属医院,驻飞鲤鱼桥之第四兵站,及驻社诸之第五兵站等围袭。据逃出之杂务人员报称,各医院兵站均损失惨重,伤兵亦多伤亡,至详细情况因交通切断,尚未明了。

三、皖南第五十二师,自六月下旬以来在青弋江、南陵、泾县、宣城之线,到处建筑工事,有切断新四军前后方联络之势,并时有挑衅行动。

(选自台湾《国民政府军令部战史会档案》(二十五)979)

37.八路军朱德、彭德怀总副司令关于韩德勤部大举进攻新四军致蒋委员长电

委座钧鉴。文电奉悉。当以苏省情形不明,电令一一五师陈代师长查复,同时电询新四军叶军长希夷,去后。兹据陈代师长复称:职属彭明治部,原在苏徐一带,抗击日寇,已历二年。本月东日,职部忽接新四军陈司令毅万急电报,略谓:敝部被韩主席大军围攻甚急,请求救援,等语。该部当以新四军抗战有功,忽被围击,事出非常,未敢坐视不救,故派一部南下,嘱其相机调解。迭据报告,沿途仅与保安队稍有接触,并无俘获友军官长之事,惟韩主席大军确向新四军围攻事实等语。除令该部继续采取调解态度外,谨复。职陈

光叩条。等情据此。复接叶军长希夷电称:据陈司令毅巧电报称:职属管文蔚部,在江都泰县一带抗敌,已历年余,屡被韩主席德勤攻击。职在苏南复被冷军长欣压迫,进退维谷,万不获已,率两个团渡江,与管部会合,以求生存。迭请韩主席划分防区,消弭纷争,以利抗日,职部及管部均愿受其指挥。韩氏不惟不理,且压迫更甚。九月中旬,苏绅韩国钧、黄逸峰诸先生通电苏北各军,主张停止纷争,共同抗敌,词严义正,职即深表赞同。乃韩德勤氏复电,略谓新四军如有合作诚意,应先退出姜堰,再言其他等语。此时泰县如皋等八县代表,先后接到韩电,到姜堰(在泰县西)职部接洽,职为顾全大局,委曲求全起见,表示可以退出姜堰,八县代表闻之感动。不谓职部退出姜堰之日,即韩氏开始大举进攻之时。盖韩氏对于职部之退让,认为示弱,乃以所谓"陈毅贼胆已寒,急击勿失"之理由,令其主力八十九军——一七师,三三师、及独立第六旅一万五千人之众,从东台海岸南下,向职部七千饥军包围前进。三十日占我营溪及加力市,东日进至芦家庄,距职部后方黄桥镇仅三十里。职以内部相残,虽胜不武,为再三忍让计,迭令所部南撤,乃我节节退让,彼节节进攻,微日直迫黄桥城外。职部伤亡累累,军心愤激,不可遏止。职亦以南滨大江,无地可退,为自卫计,始忍痛还击,战至鱼辰,将韩军击退。该军纪律极坏,逃散甚众,仅一部被俘,均加优待,绝未损害一人,一俟和解,即可释归。惟韩氏及某方全部反共文电俱被缴获,朱符信印,标志灿然,虽欲抵赖,亦不可得。庚日以来,韩氏所派代表及各县绅商代表纷集职部,要求和解,职以求仁得仁,立即答允。当事急时,曾请八路军彭明治部南下救援,现令所有职部及八路部队一律停止,以待和解。所有韩氏恃众进攻,职部被迫自卫情形,苏皖游击军李总司令明扬,税警团陈司令泰运,及各县绅商民众代表,或距战场密迩,或在职部目睹,可为证明。所有处于苏北一切抗敌友军及绅商人民,一律不直韩氏之所为,此非职一人之私言,乃苏人之公言也。职部但求生存抗日,毫无他望,对于韩氏出此亲痛仇快行为,实深遗憾,惟有恳请转呈上峰,速令韩氏停止进攻,和平解决,以利抗日,不胜盼祷之至,等情据此。兹奉电询,理合据情奉复,叶挺号。等由准此。查敌后抗战,日益处于艰难境地,惟有团结一致,相继为国,乃能图存。职等近以百团大战进至第二阶段,军务忽忙,目不暇给,兹奉钧示,始知苏省出此令人不快之事。除商同叶军长分令各部严守抗日防地,并就地与韩主席和平解决外,谨此奉复,敬祈鉴察。职朱德、彭德怀叩马午。

(原载一九四〇年十月三十一日延安《新中华报》)

38.《解放》周刊发表《苏北事件真相》的编者按

编者按:亲日派阴谋家,正在利用种种无稽的藉口,来挑拨反共内战,准备对日投降。苏北事件正是这种藉口之一,本刊兹将苏北事件的真相发表,是非曲直,请全国抗日人士公断。

本年十月四日,江苏省主席韩德勤调遣数万大军,向苏北新四军陈毅支队作武装进攻,陈毅部被迫自卫,遂发生黄桥战斗,即最近引人注意的所谓苏北事件。

事件发生前后,韩德勤氏,利用种种便利条件,大发各种宣言通电,说新四军"擅自渡江","蓄意磨擦",颠倒是非,隐蔽真相,而投降派阴谋家及内战挑拨者,更推波助澜,企图利用所谓苏北事件,作为向苏北新四军和华中新四军八路军作新的大规模进攻之藉口。但事实胜于雄辩,人证物证胜于一切造谣。用将我们已得到的有关苏北事件的各方重要函电一部分披露于此,是非曲直,一目了然。

当此敌寇政治诱降空前严重,内战危险空前紧张之际,当此全国同胞应当更加协力反对投降反对内战之时,我们衷心地希望韩主席,悬崖勒马,勿再作鹬蚌之争,尤望中央政府当局明令皖南各友军撤去对新四军军部之包围,停止十五万大军向皖东皖北开拔,向新四军进攻之行动,捐弃前嫌,一致抗敌,挽救时局危险,这不仅是我们的企求,也正是全民族所切望的。

现在,我们将苏北事件的真相略述于下,以供国人正真的评判。

一、新四军陈支队被迫渡江〈略〉

二、韩德勤领导反共〈略〉

三、陈毅支队被迫自卫〈略〉

(原载《解放》周刊第一二一期,一九四〇年十二月十六日)

39. 国民党中央党部图书杂志审查委员会图书杂志原稿审查纲要

第一、目标

一、消极的目标　在防止庞杂言论,齐一国民意志,适应战时需要。

二、积极的目标　在助长纯正言论促成文化之向上发展,树立以三民主义为中心之文化。

三、为达到消极的目标　必须注意调查、审查、处理、检查等项工作,为达到积极的目标,必须注意宣传联络等项工作,欲达到目标,执行方略,更应注意工作人员之态度与修养。

第二、方路

甲、调查

一、调查范围

1. 在书店及出版方面,应调查其名称、地点、营业状况,出版书刊总数及其类别与名称,经售书刊之范围,以经售何家书刊为主体,资本总额,资本来源,盈亏情形,何类书刊最为读者欢迎,何类书刊销数最差。经理之姓名与详细履历,编辑人员及其他负责人姓名与详细履历,创办之历史与经过,抗战以后出版书目,最近计划出版书目等等。

2. 在杂志方面,应调查其名称与地点,创刊经过,刊期类别,每期页数及字数,创刊旨趣与言论中心,发行人姓名及详细履历,编辑人姓名及详细履历,发行人与编辑人之背景及言论态度、经费数目与来源,经费收支概况。杂志之主要对象,销行之总数,社会上对该刊物之印象,主要撰稿者之姓名与履历等等。

二、调查方法

1. 间接调查,即将制就之调查表格分寄各该书社、出版社、杂志社限期自行填送,此种方法成效极少,因出版界每有延不填报,即按期填报内容亦多略不详,但也不妨进行,以作初步之参考。

2. 直接调查,即由各地审委会直接派员或会同有关军警机关及调查机关,分别访晤其负责人员,按照予拟之各项问题作详细之谈话。

3.秘密调查,除公开调查外,尚应进行秘密调查。例如各书店、出版社、杂志社负责人之背景,不便直接公开调查,必须秘密的从其他有关方面加以调查;又如各刊物销行数目,必须从其承印之印刷所加以调查,乃更确实,举此两例可及其余。

三、调查工作应注意之点

1.调查之前,应有详细之计划与步骤,确定具体之范围,以免重复偏颇之弊。

2.调查工作务须达到"最详细"、"最标准"之目的。

3.调查人员态度应温和、诚恳,绝对不可引起被调查者之反感。

4.调查人员应有忍耐心,如一次调查无结果,不妨再作第二次与第三次之调查,务须达到目的,不可敷衍塞责。

5.调查应有持久性,应随时注意其变迁,分别修正补充,必要时不妨再作一次详细调查,但以不扰出版界为原则。

6.每次调查工作完竣后,应将所得结果详细整理制成统计,以作参考,并呈报中央审委会及有关机关备查。

乙、宣传联络

一、集体的

1.各地审委会于调查所在地各书店、各出版社、各杂志社负责人姓名及履历、背景之后,应即分别举行茶会,互相交换意见。

2.举行集会之前,应先与出版界本党同志研究讨论要点,并须发生党团作用。

3.此种集会应分别举行。对各杂志社与出版社负责人之集合,除讨论审查手续外,关于思想问题、时事问题亦应提出讨论,俾可在言论上发生直接效用而收宣传指导之功。至对于一般书店主人,则可专门讨论审查手续与检查工作。

4.关于时事问题之讨论,应根据中央宣传部一周指示及其他重要指示。

5.对各杂志社与出版社负责人之集会,最好每月举行一次,由各地审委会主持,并请当地有学识、有声望之本党同志参加,作宣传指导工作。

二、个别的

1.各地审委会应经常派思想纯正、态度诚恳之人员,分别与各书店、出版社、杂志社负责人作个别之联络。

2.个别联络方式,以谈话为主。在可能范围内对各杂志及出版社、发行人与编辑人,应每半月与之作个别谈话一次。对各书店主人亦应经常与之见面谈话。

3.在个别谈话前,首应明了对方过去历史与思想程度等项(可从调查表及其所发表之文学条证),然后准备适当的谈话材料。

4.和蔼、诚挚的态度,是与人接近之必要条件,对于思想不同以及素不相识之人谈话时,应特别慎重并应绝对避免使对方发生不愉快之谈话,以期获得效果。

5.在谈话时,不宜主观太强。如对方有不妥言论,亦不宜疾言厉色,予以纠正,应徐图改变其态度。

6.对方如对审查手续与时间请求予以便利时,应尽可能的予以接受,只要手续不乱,效能不减,审查人员应力求出版人的便利而不计本身之便利。

7.对方如对审查意见与各种指示有批评时,如为建设性的应虚心接受,其误解者,应婉为解释并将其批评详细报告审委会,予以切实的注意与改进。

8.每次谈话结果,应报告审委会,内容重要者并应摘要报告中央审委会。

三、侧面的

1.侧面联络,应从直接产生作品之作家着手,对于文字优良,能得到读者信仰之作家,更应特别注意联络。

2.教育界对图书杂志之创作及推广关系颇大,应择其平素为学生信仰者与之联络。

3.作家与教育界中不乏党员,应设法与党部联络,使其发生党团作用。

4.联络方法可分别举行各种座谈会、演讲会、讨论会、研究会等,或本身设法组织与策动或尽量设法参加其固有的组织。

5.各地审委会对于有学识与能力之同志,应尽量吸收其参加审查工作。

丙、审查

一、审查方法

1. 各地审委会,对于送审之图书杂志,应由收发于点收时,分别详细登记于一定之表格内。对于杂志,应特别注意目录及页数之核对与登记,以免疏虞。

2. 各地审委会应分别制定图书杂志审查表,以备应用。图书审查表内容,应包括图书名称、著作人、呈审书局、图书类别、册数、送审时间、审毕时间、发还时间、审查者内容、撮要审查意见、处理办法、批示等栏;杂志审查表内容,应包括杂志名称、刊期、呈审者、卷期数、送审时间、审毕时间、发还时间、审查者内容、撮要审查意见、处理办法、批示等栏。

3. 各地审委会对于送之图书,应按照其性质及种类,分别支配与适当人员,于规定期内从事审查,其性质专门或内容复杂不能自行决定者,应呈请中央审委会核定。

4. 各地审委会对于当地所有杂志,应按照其性质与种类,固定支配与所有审查人员分别审查,俾收驾轻就熟工作一贯之效。

5. 审查杂志者,对于其所担任之各种杂志,应按期登记其送审时日、卷期、数目,对于各杂志社填送之目录亦应按期保存,以便查考。

6. 图书杂志原稿之审查时间均有规定,应以紧张、敏捷之情神处理一切,手续方不致延误、疏忽。而送稿者、收发者、审查者、核定者之间,更须力求运用灵活,不能有片刻迟延,尤不可有丝毫疏忽。

7. 图书原稿之价值无从估计,绝对不可遗失,免使送审者对审委会发生不良印象。

二、审查标准之运用

1. 全国书刊种类复杂,论调亦互相歧异,图书杂志审查标准仅在原则上作弹性的规定,故从事审查工作者尚应特别注意其运用方法。

2. 关于涉及国防军事、外交秘密之文字以及在报纸上从未披露之各项有关消息,应特别注意,不可任其轻易在书刊上发表。

3. 凡过分暴露后方弱点,影响国际视听之文字,如关于兵役、军训、后方治安及伤病兵待遇等问题,即有如作者所指摘之不良现象,亦希望其以建议方式促起政府注意,不必在刊物上尽情泄露,过分描写。

4.关于刺激民众与政府对立,及分化边疆与内地以及宗教阶级各方面感情之文字,应特别注意。

5.其立论如损及民族国家之利益,防碍军政军令与行政之统一,利用抗战形势以鼓吹国家民族利益以外之任何企图者,应特别注意。

6.敌人或汉奸所特创对我不利之名词与口号,各书刊不得随意引用。又对于摘引敌人及汉奸之言论,如不加剪裁而在驳斥时又未能在理论方面予以重大打击,此类文字亦应注意,以免转为敌人宣传。

7.对于译文应注意原作者对我之态度。如原作者对我之态度不利或有为敌人宣传辩护之处,则不可轻易放过,如原作者为敌人则更应特别注意。

8.言论界抨击思想谬误,妄作主张者之态度,应以不逾政府之处分与指示为限,如有过分张大或牵涉太多之文字,亦应予注意,至政府尚无明文处分而辄捕风捉影,肆行加以攻击者,尤应加以纠正。

9.对于理论文字,应注意其是否有曲解割裂本党主义,分化抗战势力,纯以私利为立场,颠倒革命史迹,诬蔑领袖及本党之言论,至于学理上之见解不同,文字上之优劣互异,不触犯审查标准者,可不必深究。

三、审查意见之签注

1.图书杂志审查后,如有不妥和谬误之处,应指示修改或免登者,须慎重签注审查意见,分别发还。

2.审查意见之内容,应具体慎密将不妥或谬误之处分别指出,以便修改,切忌用空疏含混之语句,使人无所适从。

3.审查意见之范围,应在审查标准及中央重要文告与领袖历次训示范围以内,不可牵涉太多,措词太杂,以免送审者提出反驳理由,丧失审查机关之信仰。

4.审查意见之措词,应诚挚委婉,以友谊之态度指示应行修改或免登之理由,官场上习用之语句如"殊属荒谬"、"殊属不合"等应避免采用。

5.审查意见之文字应简单扼要,恰如其分,不必要之语句一字不应添入,以求时间与人力之经济。

6.审查意见经发缮后,应慎重核对,并应将原稿妥为保存,以便查考。

丁、处理

一、关于手续方面者

1.各地审委会对于当地出版之书刊,应根据严密之调查,分别促其依法送审,其藉故拒不送审者,依照规定处理。

2.已经审查之图书杂志原稿,于出版时应由审查人迅即复核,其有无更动稿件内容及将未送稿件排入,是否遵照指示修改或删削,如发觉是项错误应即分别情节轻重予以适当之处分。

3.各杂志出版期间均有一定,如过规定时间尚未审查(如周刊逾七日、旬刊逾十日未见送审),应即查询其有无延期出版或发行合刊或因故停刊不送审等情,以便分别处理。

4.各地审委会须发之审查证号码,应通知各杂志社及书店出版机关依照规定地位刊出,以保障其发行,否则检查时即可没收。

5.各杂志审查证号码,仅限于本期,不得沿用下期,各图书审查证号码,仅限于本书,不得沿用于他书,如有故犯者,应依法处理。

6.审查者应每日注意各图书杂志之出版广告,各图书杂志出版时,如不依法请复核,除一方面催请送核外,并应迅即派员购买以凭审核。

7.已经审查之图书杂志,每页上均应盖“审查讫”之图记,原稿中如有修改之处,不论其为原作者或编者所修改,亦应由审查机关加盖图章,以防其审查后擅自更改。

二、关于不妥文字之处理

1.送审之图书杂志,如有不妥文字,应用颜色笔将不妥之处一一标志,并将指示修改之审查意见,分别粘在应行修改之稿件上,使送审者易于辨识。

2.审查人虽如未得编辑人或原作者之同意,不可就送审之原稿上直接加以删削或修改,以免引起送审者之不满。

3.如遇某种文字经指示修改或删削之处甚多,仍应令其于付印前再行送核,以昭慎重。

4.凡不能登载之文字,除须发审查意见说明不能登载之理由处,应将原稿暂时扣存,到相当时期再行发还。

戊、检查

一、检查范围

1.各地审委会内,应设专负检查责任之组织。

2.检查人员每周应向审委会报告检查经过,并择要转呈中央审委会。

3.检查工作之范围,为当地各书店、摊贩、印刷所、图书馆、民教馆、阅览室等(各重要书店每周应检查两次,其他小书店摊贩及印刷所待每周检查一次)。

4.检查各书店时,除对已通行查禁之书刊,应彻底肃清外,遇有新出版或新寄到之书刊,无审查证号码者,应即依照"战时图书杂志原稿审查办法"及"各地图书杂志审查委员会组织通则"处理。

5.检查各印刷所时,应依照"印刷承印未送审图书杂志原稿取缔办法"处理。

二、检查方法

1.检查人员应熟记中央及本会通行查禁之书刊名称。

2.检查方式应斟酌情形,兼采公开与秘密两种。

3.检查人员执行任务时,出示审委会制发附有照片之检查证,以昭郑重。

4.检查书店摊贩时,应清查其进货簿及书柜上书刊;检查印刷所时,应清查其定印单簿,以免隐匿。

5.如书店有栈房者,应同时检查其栈房,以期彻底。

6.凡通行查禁之书刊,经查出者,应全部运回,呈报名称、数目,定期公开焚毁。

三、检查员应注意事项

1.检查人员应与当地邮电检查机关取得密切联络。

2.检查人员应设法与当地转运公司取得联络。

3.检查人员应与当地特务机关取得联络,俾能明了各书店、印刷所负责人之背景与活动。

4.检查人员执行任务时,态度应绝对温和,一切行动均应根据法律,不得有滥用职权之行为。

5.检查人员不得有遇事取巧,敷衍塞责或其他,以减少工作效能之行为。

6.检查人员虽有各军警机关调用,但应绝对遵守各地审委会之命令,服从其指挥。

7.各地审委会对于检查人员,得按照其服务情形分别奖惩。

第三、审查者之态度与修养

一、审查工作者,应自信为出版界之帮助者而非干涉者,为全国书局及作家诚挚的友人而非严酷的监视者,必如此乃能仰中央维护文化事业之至意,而不致发生隔膜。

二、审查工作者,应有忠于职守之精神,此种工作地位极崇高,关系极重大而又有时间性,非有忠于职守、鞠躬尽瘁之精神,不足以应付裕如。

三、审查工作者,应有继续不断之求知精神,以一己之学识,应付各方面无穷之作品,如不继续在求知方面,为不断之努力,则必有匮竭而不敷应用之一日,故审查工作者除应忠于职守外,更应努力求知。

四、除各科专门智识外,审查者手头必备之图书,为三民主义建国方略,建国大纲(中宣部印)、领袖抗战言论续集及三集中国国民党宣言集增订本,抗战文献,抗战法令(独立出版社出版)一切关于理论方面之指示,均应以上列各书作根据,并每日时事亦应注意。如中央文件领袖训示,更应剪贴熟读,使此种理论默化于脑中,运用于笔下。

一九三九年三月

(选自《南方局党史资料·文化工作》,重庆出版社,一九九〇年)

40.国民党中央党部图书杂志审查委员会图书杂志查禁解禁暂行办法

二十八年五月四日第五届中央常务委员会

第一二〇次会议修正

一、各地图书杂志审查委员会(以下简称各地审委会)发现有反动嫌疑之书籍,应详加审查,将不妥之处,加以标识,检附原书拟具审查意见,转请中央图书杂志审查委员会(以下简称中央审委会)核办,如认为有紧急处分之必要时,得由当地审委会,请当地政府予以暂行扣押之处分。

二、各地审委会发现有反动嫌疑之杂志,除以未经依法声请登记得由该会依出版法第二十六条之规定,请当地政府予以停止发行处分并呈报中央审委会备案外,应详加审查,并将不妥之处加以标识,检附原件拟具审查意见,转请中央审委会核办,如认为有紧急处分之必要时,得由当地审委会,请当地政府予以暂行扣押之处分。

三、中央审委会通令查禁之书籍,如其发行人将不妥之处切实删改,得检同修正本二份,分别向当地审委会及中央审委会呈请解禁。当地审委会接到此项呈请,应即拟具初审意见,转请中央审委会核办,其查禁本应由发行人悉数呈解当地审委会销毁,并具立永不再版切结。

四、中央审委会通令查禁之杂志,如能证明其查禁之原因已经消灭,得由其发行人向当地审委会及中央审委会申述理由呈请解禁。当地审委会接到此项呈请,应即拟具初审意见转请中央审委会核办。

一九三九年五月

(选自《南方局党史资料·文化工作》,重庆出版社,一九九〇年)

41.国民党中央社会部取缔进步文化团体的有关文件(三件)

1)社会部密函　七月二十六日

渝字第五一三六号

中国国民党中央执行委员全社会部密函

中华民国廿八年七月二十六日

近查各地常有异党书店于推销恶化书籍,蛊惑青年思想之外,并作为接洽交通开会等之掩护机关,而其操纵之文化团体即为宣传与引诱民众之外围组织。顷据密报昆明生活书店、读书出版社昆明分社、新知书店、世界语学会、战时知识社、中华全国文艺界抗敌协会云南分会、战时书报供应所昆明分所等或则公开发售违禁书刊或则暗中从事异党活动,对于抗战建国之前途殊有不利之影响,亟应切实注意,严密防范,特抄附原报告一份函请贵会查照上述各书店团体,其已领有营业执照或向当地主管官署立案者,务希切实指导纠正。其为非法成立者,应严予取缔并策动党员多设书店从事斗争,建立本党在当地文化界之核心暨外围组织,随时相机运用,仍希将办理情形见复为荷,此致云南省党部

附原抄报告一份〈略〉

部长陈立。

2)社会部密函　七月二十六日

渝字第五一三七号

中国国民党中央执行委员会社会部密函

中华民国廿八年七月廿六日

近查各地常有异党书店,于推销恶化书籍,蛊惑青年思想之外,并作为接洽交通开会等工作之掩护机关。而其所操纵之文化团体即为宣传与诱惑民众之外围组织。顷据密报泸县沱江女子商店、泸县书店、战时宣传技术人员训练班、乐山生活书店、自流井新华日报代派处、万县生活书店、解放书店以及成都、丰都生活书店等,或则公开发售违禁书刊,或则暗中从事异党活动,对于抗战建国之前途殊有不利之影响,亟应严密注意,切实防范用。特抄附原报告一份函请贵会查照转饬各该县党部,切实注意防范,并策动党员多设书店从事斗争,建立本党在当地文化界之核心暨外围组织,以便相机运用。仍希将办理情形,随时见复为荷,此致

四川省党部

附抄原报告一份〈略〉

部长陈立。

3)社会部密函　七月二十六日

渝字第五一三八号

中国国民党中央执行委员会社会部密函

中华民国廿八年七月廿六日

据报"沙坪坝生活书店规模甚大、兼营新华日报、新蜀报分销000抄至籍

事诱惑"，又据密报"中央大学左倾团体计有中大文学会、中苏问题研究会，前者侧重研究无产阶级文学，后者则着重苏联问题研究与鼓吹，曾于六月十八、十九两日在中大学生俱乐部举行苏联生活照片展览会、六月二十六日举行政治讨论会，讨论题目为'苏联如何解决民族问题'，并经常请人民阵线分子到会指导"等语，查共党在各地普遍设立书店，于推销反动书籍，蛊惑青年思想之外，并作为接洽交通、开会等工作之掩护机关。而其所操纵之文化团体即为宣传与诱惑民众之外围组织，亟应严密注意，切实防范，务希密令该地区分部，策动党员注意其活动情形，并从事消极及积极性之各种斗争，并希将办理情形，随时见复为荷。此致

直属重庆市执行委员会

（选自《南方局党史资料·文化工作》，重庆出版社，一九九〇年）

42.国民党中央国家杂志审查委员会查禁毛泽东著《新民主主义论》一文代电

重庆新闻检查局公鉴　奉中央宣传部谕美宣字第 13183 号笺函开为某党发表之"新民主主义论"一文，违背抗建国策，应予查禁，函达查照等因，奉此遵查，该文内容异常荒谬，某党于此抗战形势更于我有利之时，提出此种荒谬之名词，显系别有用，而其必发动党内及同情该党之报章杂志作普通之宣传亦为意料中事，除分电所属各级审查机关审查原稿时应切实注意，凡遇有宣传此类名词之文字，应一律予以检扣或删削补送外，用特电请查照饬属，切实注意办理为荷。中央图书杂志审查委员会元印

中华民国二十九年六月十三日

（选自《南方局党史资料·文化工作》，重庆出版社，一九九〇年）

三、中国共产党提出三大政治口号，国共两党尝试谈判，解决军事冲突

1. 中国共产党中央委员会为抗战两周年纪念对时局宣言

亲爱的同胞们！英勇的将士们！

中国共产党中央委员会，谨以无限之热忱与兴奋，纪念伟大神圣之民族抗战的两周年！

两年来，我前方数百万将士，以热血头颅抵抗暴寇，忠勇奋发，劳苦倍尝，当此抗战两周年之日，中共中央谨向蒋委员长及我保卫国土之忠勇将士，致崇高的敬礼。

两年来，我数万万民众及海外侨胞，万众一心，精诚团结，努力生产，协助军队输财输力，支援前线；而在沦陷区域之同胞，虽身陷水深火热之中，仍群起抗敌，奋斗不懈；中共中央谨向我全国同胞及海外侨胞致亲切的敬意。

两年来，在火线上，在敌机下，在敌人暴行中，万千壮士，英勇捐躯，老弱妇孺，惨遭蹂躏，中共中央谨问我民族英烈致沉痛的哀悼，谨向英烈之遗孤遗族致亲切的慰问！

两年来，世界各国人士，或则主持公理，仗义执言，或则慷慨输将，助我抗战，或则抵货拒运，制裁暴寇；中共中央谨向同情及援助我之友邦人士致敬佩的谢意！

同胞们！将士们！

民族解放战争的两年，对于中华民族是奋发的，进步的，光明的两年。伟大的民族战争，摧毁着千百年遗留下来的阻碍我民族前进发展的许多障碍，锻炼了全民族的精诚团结、进步统一，发扬了忠勇奋发威武不屈的精神，唤起了全世界的同情和景仰，粉碎了日寇速战速决的狂妄企图，奠定了继续抗战争取最后胜利之始基，开创了独立自由幸福的新中国的远景。

　　强盗侵略战争的两年,对于日本帝国主义者,是黑暗的,困难日益增长的两年,两年战争的结果,日本帝国主义者被迫地进入了心所不愿力所不及的长期战争中,差不多一百万万的战费,近百万的伤亡,换来了广大辽阔的战区,处处遭受打击的战线,迫近危机的经济状况,孤立失助的国际地位,厌战反战日益蓬勃的民情,日寇正在这种国力消竭危机四伏的穷途上迈进。

　　两年抗战的结果,已经最鲜明的显示了:只要坚持抗战到底,巩固团结统一,不畏困难,不惧险阻,力求进步,奋斗勿懈,那末,最后胜利一定属于中华民族的,而最后胜利的时机,也一天天地更加接近了。

　　正因为这样,日寇在其速战速决的战略失败后,采取了速和速结的政略。近半年来,日寇在军事上集其主力于"扫荡"游击区,对沿海各地作海盗式的袭击,而在前线上的部队只能保持相机进取的姿态,日寇侵略之现阶段已侧重于以政治上诱降的阴谋来灭亡中国了,那狡诈无赖的近卫声明,不过是这种阴谋的公开暴露。虽是这种声明,仅获得少数民族败类的无耻响应,而为全国人民伟大而壮烈的巨吼所反对。然自此以后,日寇却更积极施行其政治上诱降的活动,它一方面利用丧失胜利信心,胸怀贰志的国内投降妥协分子,另一方面利用国际间对法西斯侵略者惯于妥协的反动力量,企图以此来达到它降服中国的目的。

　　在日寇策动下,汉奸汪精卫之流,公然匍伏敌前,粉墨登场,为和平之狂吠,作卖国之掮客。而国内投降妥协分子,则散布谣言,煽惑人心,故意制造日寇可能放弃灭亡中国之野心的梦呓,制造我军力不足、财力不足与万民心厌战的胡说,散布国际调解应予接受的空气,散布不亡于敌即亡于共的谬论。迹其种种论调与行动,无非是替日寇之诱降灭华为内应,替汉奸之叛国亲敌作声援。盖日寇视中国之进步与团结为灭亡中国之最大障碍,乃不得不千方百计摧毁中国的进步,破坏中国的团结,而这些国内投降妥协分子,则起而应亡,如捧纶音,蠢蠢欲动。他们暗藏于抗战阵营之中,乘间抵隙,便利私图,呼朋引类,奋其魔力。对抗战之各种进步主张与设施,或消极怠工,或破坏捣乱,对一切进步的力量与团体,则肆意摧折,不遗余力。对赤忱为国忠贞正义之士,则视为仇雠,排击不休。对现代科学的进步思想与文化,则目为洪水猛兽,毁之惟恐不力,去之惟恐不尽,对共产党、八路军、新四军、陕甘宁边区,则更是他们造谣诬蔑、攻击陷害的对象,视为眼中钉,明攻暗毁,无所不用其极。对国家民族前途所赖的青年,则束缚其思想,桎梏其行动。而尤重要者,就是尽力分裂国内团结,制造纠纷,鼓励磨擦,挑拨内讧。其所用手段,则为伪造三民主义,以破坏革命的三民主义;加紧阴谋活动,以分裂国民党;伪造情报,散布流言,以破坏共产党;造作事端,挑拨感情,以离间国共两党之团结,并引起国内各党、各派、各界、各军之间的嫌隙与裂痕。凡此所为,或直接受命于日寇,或间接而被其利用,一言蔽之,以分裂达投降之目的而已。盖不仅因为共产党、八路军、新四军、陕甘宁边区乃坚持抗战,坚持统一战线的重要力量,亦且因为国共团结乃民族统一战线的骨干,三民主义乃民族统一战线的政治基础,如不分裂这个团结,破坏这个基础,就不能造成其投降乞和的条件。阴贼险狠,愈出愈奇。国人不能不深加注意了。

至于国际反动力量,那末虽然我国的抗战获得了世界各国人民各先进人士的同情与援助,但是在帝国主义的反动营垒中却存在着鹬蚌相争渔翁得利的私利主义者,存在着想以中华民族为牺牲而与侵略者妥协的阴谋事,这些分子随时准备重演慕尼黑的罪行而以中华民族为宰割对象。此种现象现时虽尚未表面化,但暗中策动,渐见积极,稍不注意,便有被其牵入圈套之可能。

凡此所述,一则日寇政治诱降的恶毒阴谋,二则中国投降妥协分子之投降与分裂的罪恶活动,三则国际东方慕尼黑的暗中酝酿;三者汇合,便造成今日抗战形势中的两种最大危险,即中途妥协与内部分裂的危险。这就是今日政治形势中的重要的特点,可能的趋势。认清这个特点,克服这个趋向,才能使抗战获得胜利而避免悲惨的命运。

同胞们,将士们!

今日而与日寇言和平,就是屈膝投降;中途妥协,就是亡国灭种。日寇诱降中国的甜言蜜语,不过是灭亡中国吞并中国的钓饵。投降妥协分子的挑拨离间,分裂团结,防共反共,制造内讧,无非是出卖民族国家投降屈膝的实际准备。东方慕尼黑即令与西方慕尼黑有形式上之不同,而其实质亦将毫无二致。

同胞们,将士们!

我们以热血头颅所换来的抗战的光荣成果,能让投降妥协分子的罪恶活动所毁灭所断送吗?我们用全民族的努力所缔结所公认的抗日民族统一战线与国共合作,能让投降妥协分子所破坏所分裂吗?我们千百万先烈的鲜血,能让他白白的流去吗?我们愿意受日寇甜言蜜语的钓饵,而置国家民族于万劫不复之地吗?我们愿意作国际投降交易场上任人宰割的羊羔吗?不,决不!

同胞们!将士们!

我们要:

坚持抗战到底——反对中途妥协!

巩固国内团结——反对内部分裂!

力求全国进步——反对向后倒退!

我们要继续抗战,抗战到把日寇驱逐至鸭绿江的对岸!

我们要巩固团结,团结得如钢铁一般的强固!

我们要向前进步,进步到三民主义新中国的建立!

我们要反对投降妥协分子的罪恶活动!

我们要反对国际反动派的东方慕尼黑阴谋!

同胞们!将士们!

坚持抗战,动员一切人力、财力、物力,展开全民族的全面的抗战,巩固国内团结,坚持抗日民族统一战线与国共合作,力求进步,彻底实行三民主义,建立独立自由幸福的新中国,坚决反对投降,反对分裂,反对倒退,这就是全中华民族继续努力的总方向。

同胞们!将士们!奋斗吧!我们要胜利,我们无论如何要胜利,我们就一定能胜利!

拥护蒋委员长,拥护国共合作,精诚团结!

抗战胜利万岁!

中华民族解放万岁!

中华民国二十八年七月七日

（原载《解放》周刊第七十五、七十六合期）

2. 中国共产党致中国国民党书

中国国民党蒋总裁并转国民党中央执监委员会及全体同志公鉴：

当兹中华民族英勇抗战两周年光荣纪念之日，中国共产党中央委员会谨代表全体党员向诸同志致热烈的民族解放之敬礼！

两年来的英勇抗战，已显示出我中华民族威武不能屈的伟大民族精神，暴露了日寇灭亡中国独霸东亚的狰狞面目，击破了敌人速战速决的狂妄企图，奠定了我长期抗战的胜利始基，并伸张了人类正义，博得了国际同情。这一空前的伟大的民族抗战之所以获得如此成绩，应当归功于前线将士的英勇牺牲，沦陷区域民众的坚持不屈，举国人士、海外侨胞的出力出钱，尤其是我民族领袖蒋委员长的坚强领导与贵党的奋斗不息，而国内各民族各阶级各党派的精诚团结，抗日民族统一战线的巩固与发展，更给了这一成功以基本上的保障，精神上的推动。但是抗战是长期的，欲使抗战持久，必统全国更加团结，更加进步，一切汉奸叛徒，民族败类，投降妥协分子，必须受到舆论反对，国法制裁，然后抗战营垒方能更加巩固，最后胜利方能终属我们。正为这个缘故，我们愿乘抗战两周年纪念之时，特向诸同志一论目前抗战局势及如何支持长期抗战之具体方针，敬希垂察！

※　　　　　※　　　　　※

目前局势正处在由一期抗战进入二期抗战之过渡阶段。在这过渡阶段中，我们正遭遇着新的困难与新的危险，这正如蒋委员长在本年四月十七日广播中所说："越到接近胜利时，我们的环境必然更艰难，更困苦，更危险。"什么是新的困难呢？我们认为是：如何支持持久抗战与如何发动全面战争，与敌后真能变为前方，使小胜真能积成大胜，使全民族的生动力量都能参加抗战，都能得到民权保障，使新的战斗力量真能生长起来，以争取相持阶段到来，准备我之反攻。什么是新的危机呢？我们认为是：日寇汪逆正在公开反蒋反共，秘密引诱投降，民主国家的妥协派正在企图作劝降的活动，在国内，投降派的暗藏分子正在阴谋挑拨，妥协分子正在消极捣乱，反共分子正在制造纠纷,这一切,有造成我内部分裂而被投降派出卖的可能。因此,中途妥协与内部分裂,便成为目前抗战局势中的两种最大危险。不克服这两种危险,不仅抗战的难关难以渡过,即亡国的命运亦难避免。这两种危险的根源,究竟在那里呢?请为贵党诸同志一申论之。

两年作战,在敌人方面虽占领了我许多城镇海口,铁路矿山,但尚未遑消化,虽杀伤了我万千将士,无数同胞,但并未能歼我主力,虽蹂躏了我老幼妇孺,树立了傀儡政权,取得了多次的进攻胜利,但也未能使我丧失战斗意志,而敌人自己的国力,却因之消耗极大,出兵过百万,死伤六七十万,战费达一百万万,公债近二百万万,现金枯竭,通货膨胀,产业衰颓,物价高涨,失业者日增,厌战反战的情绪日益蓬勃,这完全是出于敌人始料之外。一期战争,敌人速战速决之方针既破,欲以此基础来支持长期作战又决不可能,于是二期战争开始,敌人乃转入以速和速结之方针,实施以战养战之办法,进行公开招降与秘密诱降,企图以此达其逼我妥协之目的。此两期方针,虽各有不同,然其性质是属于策略上的变更,并非基本国策的变更。不论田中奏折,不论广田三原则,不论近卫声明,不论以后敌寇任何的声明,尽管形式上有许多不同,其基本国策都是要灭亡中国,独霸东亚的。除非敌寇的统治推翻,敌寇的基本国策是不会变更的。但是策略变了,策略的内容便有很大的不同。当着一期战争,敌人的重心是在前进,企图以进攻歼我主力,占我土地,丧失我战斗意志,破坏我经济生产,屠杀我战区同胞,蹂躏我老幼妇孺,以此残暴威力,逼我屈服。到了进入二期战争,敌人的重心已在敌后,进攻是相机试探,企图用以战养战的办法,在军事上扫荡重于进攻,经济上开发重于封锁,建设重于破坏,政治上重在利用傀儡伪军,特别是汪逆之流,分裂国共关系,分化国民党内部,精神上重在麻醉、欺骗、怀柔,以此缓和政策,逼我妥协。第一期可说军事重于政治,这一期已是政治重于军事。军事进攻为重,我们是威武不能屈的民族,反而愈战愈强,决不屈服。政治进攻为重,公开招降的如近卫文麿的声明,固然经不住蒋委员长的当头一棒,而不得不辞职下台,所招走的只是汪精卫一流的汉奸,但是平沼上台,由公开招降,进而秘密诱降,其手段的狠毒甚于军事进攻,其方法之阴险过于公开招降,故就表面上看,他可以不谈和战,而谈建设,实际上他乃欲以前线之和缓消沉,懈怠我前方将士,麻痹我后方民众,以敌后之扫荡经营,消灭我游击部队,收买我经济汉奸。倾销仇货,吸收我法币,广发伪券,捣乱我金融。利用内奸,分化国民党,运用外交离间英、美、法。扶植汪逆精卫,对抗我国民政府,树立怀柔政策,软化我落后民众。制造伪府伪军,实施以华制华,分裂国共关系,破坏统一战线。苟能造成我内部分裂,则中途妥协可期,否则勾引我民主友邦,要他们劝我投降,万一此皆无效,依其扫荡之效果,又可继续进攻,运其反共之阴谋,更可扩大内讧。在敌人则尽量利用我之人力、物力、财力削弱我国,在我方则困难如不战胜,危机如不克服,有被迫造成不战不和之局面的可能,而难图反攻。七七事变,敌既能不宣而战,则今后发展,敌亦可不议而和。凡此种种,均为投降与分裂的危险的根源之在敌人方面者。

两年作战,在国际方面,同情日益扩大,援助日益增加,这是值得感谢的。但由于国际形势在总的趋势上虽渐趋明朗,然在其发展上都是曲折的,长期的,而且变化还多,故欲期欧美列强对日寇实施集体制裁,决非目前即可希望之事。盖欲期集体制裁能够实现,必先之以英、美、苏在远东问题上能彻底合作;欲期英、美、苏合作必先之以欧洲集体安全制度能完全成功;欲期集体安全制度的成功,必须目前英、法、苏之互助协定能在互惠平等的基础上得到解决。这是长期的战斗过程,决非目前一蹴可及。即在目前,英法等民主国家妥协派如不根本放弃对侵略国家之妥协政策,对苏联之歧视心理,对弱小国家之哄骗办法,美国国内之孤立派如不根本改变其政策或遭受打击,则不仅欧洲集体安全无望,英美接近难期,而有再度妥协德意出卖小国的可能,即在东方,也有妥协日寇出卖中国的可能。故国际上之对日集体制裁,我们是应当要求的,对国联盟约,非战公约及九国公约,我们是应当拥护的,但集体制裁,必须在国际间完全互惠平等的精神之下,在国际上集体安全制度成立之后,才能有保证的实施国联盟约的制裁侵略,实现九国公约的互惠平等。这只有自力更生,抗战到底,方能争取国际形势对我的好转,决不是今天所能希望得到,亦决不是今天国际会议所能解决的。如果今天有什么国际会议或国际协商来调解中日战争,必然是日寇及其他法西斯强盗所勾引成的,必然是东方的慕尼黑会议。目前日寇正向伪蒙边境挑衅,正向英、法、美各国特别是英国压迫,其目的便在分裂国际阵线,促成东方慕尼黑会议的出现。即使这种会议在形式上与西方慕尼黑会议是有多少不同,那因为中国是在坚持抗战,日寇又急欲结束战争,故表面上尽可有许多甜言蜜语,甚至有某些形式上的让步,但实质上必然是出卖中国劝诱我们投降,给日寇造成灭亡中国独霸东亚在国际上的合法地位。所以今天希望国际会议能解决中日战争,犹之抗战初期希望国际出兵来解决中日战争一样的幻想,一样的错误。只有那些妥协分子才会幻想今天国际会议能解救我们,能使日寇让步,铁的事实回答却是些:海南岛的占领,斯巴特莱拿岛的占领,鼓浪屿的示威,长江流域的封锁,天津租界的封锁,上海租界的挑衅,潮汕的占领以及英日谈判等等。这都是日寇压迫英、法、美首先是英国让步,而绝不是民主友邦压迫日寇的让步啊!凡此种种,又均为投降与分裂的危险的根源之在国际方面者。

两年作战,在我们自己方面,长期抗战的胜利始基久已奠定,二期抗战政治重于军事与重视敌后的方针亦已公布,蒋委员长自驳斥近卫声明后,反对敌人诱降反对中途妥协与巩固国内团结之言,更不止三令五申。惟自南岳会议迄今,已过半载,我们在坚持持久抗战与发动全面战争之实际工作上,在反对敌人诱降反对中途妥协与巩固国内团结之实际斗争上,却收效并不甚大,有些情况正向相反方面发展。譬如敌后游击,我们并未能以三分之一兵力、人力、财力用在敌后,并未能都以健全的部队,坚强的领导派往(增援)敌后,并未能以统一的军政权利付诸深入敌后之有功部队,反而因心怀成见,意存歧视,发生许多不应有之磨擦,造成若干不应有之限制,以致半年多日寇扫荡敌后之计划,竟获得某些成功,尤其是群众关系不好之部队,常被逐出敌后,游击战术不精之部队,时受重大损失,于是敌后游击根据地之创造不能如所预期,敌寇以战养战之办法却在着着迈进。如此,敌后既不能变为前方,小胜便难期积成大胜。相持阶段之争取,势必因之推远,反攻时期之到来,更将遥遥无期。譬如新的力量的生长,在动员上已日感困难,而前方募兵后方征兵的方法尚未能大加改善;在制度上,已整编多次,而各主力部队的人员编制,武器配备,常未能整齐一致;在训练上,已时逾半载,而近代化机械化的主干力量尚未能粗具规模;在军事工业的建设上,已计划多端,但经济各部门之配合,财政上之保障,交通上之转运,技术上之提高,都未能集中全力,使之告成;尤其在政治工作之改善上,已会议多次,但重视部队、重视主力、重视前线、重视敌后之政治工作;仍然很少成绩。如此,欲期部队充实,主力坚强,既可阻敌深入于目前,又能驱敌出国于来日,恐还不是有把握的事罢!譬如民众动员,抗战建国纲领宣布年余,国民参政会亦有许多好的决议,中央及地方上的动员法令更是盈篇累牍,然而实际的动员工作,却是受着异常限接,动员组织却是时受干涉,时遭解散,动员人员却是时受怀疑时遭逮捕,动员宣传更是常受检查,常被禁止,动员训练更是常受打击,常被破坏。动员机关的本身,多还不能得到抗战的自由,更何望于动员群众,不分前方后方,不分男女老少,不分阶级、信仰,真能作到有力出力有钱出钱的地步?!如此,而欲发动全面战争,恐将事与愿违,南辕北辙。更有甚者,蒋委员长关于中途妥协即是投降之声明,虽为全国军民所绝对拥护,贵党开除汪逆精卫之决议,国府通缉之明令,虽为一切抗日人士所日夜企求,但汪逆之流的投降派,却深知公开反对必遭全国之唾弃,且更有助于国内之团结,因此他们乃用暗藏法办,厕身国内,伪装拥护中共,反对投降,实际上则到处散布敌力可怕,我力无用之胡说,动摇抗战前途,乱嚷我国不亡于日必亡于共的妖言,煽惑举国人心;收买革命中变节分子,暗中活动,企图分裂贵党,破坏领导,打击一切进步思想爱国行动,向后倒退,故使群众不满,以冀实现其造成内部分裂抗战无力,不得不趋于妥协之阴谋。犹有妥协分子,对抗战向无信心,但辄贪据权位,作事则消极,总之,妨碍抗战;议论则不讳言和,影响人心;对国防经济建设,不着眼于配合抗战,不着眼于分区生产,不着眼于紧急需要,致今计划虽有,实施甚微,去抗战之需要实远。更有投机者,在抗战中犹复利用权位,从事倒把,于是资金外流,法币跌价,生产停滞,物价增高,此不能不影响抗战之持久,尤不能不障碍全面战争之发动。至若反共分子,则头脑顽固,故造事非,胸怀成见,颠倒黑白;对共产党员暗杀者有之;逮捕活埋枪决者有之;强指为汉奸者有之;久捉不放者有之;对中共出版之书报多查禁之;对中共参加之团体多封闭之;对中共往来之朋友多怀疑之;对中共所从事之工作多限制之。对八路军新四军惟恐其影响扩大,诬其游而不击,或不游不击者有之,攻其扩大力量扩大地盘者有之,于是以武力制造纠纷,以政权逼其削弱,更以素怀成见之队伍监视其后,以冀限制其发展,缩小其活动。对陕甘宁边区,不仅对久已商定之边区范围,不愿予以合法承认,即连已宣之十八县,亦思有以缩小之,故边区周围之县长保安队借辞挑衅者有之,武力进攻者有之,得寸进尺,务以消灭边区而后快。不止此也,凡青年中一切进步分子,多怀疑其与中共有关,其所发表之言论则必受检查,其所出版之书报则多被查禁,其所组织之团体则多予封闭,以此以为可以减除中共之外围,而不知愈如此,反愈使人民离心贵党,反愈使贵党难以团结全国青年。不特此也,甚至对社会之耆绅稍持正论,党中央之元勋稍主公道者,亦一律视之为共党张目。抗战将领,地方当局,苟其所行有与中共主张暗合者,则目为危险;苟其所言有称赞八路军、新四军之战绩,边区之治绩者,必谓其已受人骗。充其极,非反共不足以表其对贵党之忠诚,非反共不足以有别于一切进步分子。如此发展,纠纷则无已时,危亡亦可立待,此正中日寇汪逆之阴谋,而决非我国抗战军民之所愿。凡此种种,又均为分裂与投降的危险的根源之在于国内者。

有此三方面的根源,分裂与投降的两大危险益彰彰明甚,而反共的活动,更成为日寇汪逆投降派借以挑拨全国,造成内部分裂中途妥协之最重要的关键,最实际的步骤。蒋委员长说得好:"反共即是灭亡中国",凡是在目前二期抗战紧要关头堕入反共旋涡的都将自觉的或不自觉的作了日寇灭亡中国的俘虏,作了汪逆分裂中国的内应,而成为投降的实际准备。

　　　　　　　　※　　　　　※　　　　　※

为什么说反共即是投降之必然的实际准备呢?

因为第一,日寇方面反共,正如蒋委员长所说"完全是一个烟幕弹"。在这个烟幕弹下,隐藏着几种用意:对内用以动员他们统治力量,继续侵华战争;对国际用以连结德意,引诱民主国家的妥协派;对我国则用以破坏我民族团结,挑拨我国共关系,造成我内部分裂,使持久抗战难以继续,全面战争难以发动,以便达到其诱我投降之目的。现在汪逆精卫正在活动建立伪府伪党,号召反蒋反共,其目的便在响应日寇这种号召,用以分化国民党,分裂国共关系,破坏全民族团结,离间国际关系,以便于日寇灭亡中国,独霸东亚之国策得以实现。所以日寇之反共烟幕弹,其目的决不止于反共,实乃包括反对贵党,反对贵党总裁全民族领袖蒋委员长,反对共产党,反对国共团结、反对一切抗日党派,抗日团体,抗日言论,抗日思想,亦即反对全中国人民之全套法宝。若有人以为日寇之反共,仅限于反对一部分中国人民,仅限于反对中国共产党,便可置身事外,甚至企图以反共和缓日寇之进攻,买得日寇之欢心,斯不仅为日寇之烟幕弹所欺,抑且自列于汪精卫之流亚。殊不知内部分裂一起,即使敌党努力抗战,即使贵党最大多数深明大义之士,在贵党总裁领导之下,更加反对此种分裂,即使前线将士全国人民更加要求团结,然而分裂必至削弱力量,分裂必至动摇信心。力量削弱,抗战难期持久,信心动摇,团结何能巩固?故一着失,必满盘输,日寇之进攻不足惧,汪逆之活动不足虑,唯我全民族内部,国共两党,苟不怵于日寇反共之阴谋,汪逆挑拨之诡计,稍一不慎,必遗大祸。届时国亡种灭,虽欲分别你我,分别国共,置身事外,决不可以,此愿我国共两党及全国人士深长思之者一。

第二,国际方面,法西斯蒂之反共,无疑的是在助桀为虐,是在转移目标,企图以此分裂国际援华之阵线,勾引民主国家中之妥协派,劝诱或压迫中国投降妥协。两年来,他们的作法太明显了。德意在欧洲的舆论,公开诬蔑中国抗战无力,替日寇捧场,意大利空军公开参加日寇侵华战争,德国政府响应日寇请求,撤退在华顾问,德使陶德曼对于屈辱议和的奔走,意大利秘密讲和的试探,最近德国沙赫特博士东来,企图拉拢英日关系,在东方重演他在欧洲拿手好戏之慕尼黑会议。有人以为意大利固可恶,但中德经济关系,重于日德经济关系,完全出卖中国与德国无利,殊不知经济关系与政治关系不能分离的,德国固愿在中国维持其经济利益,但他想,何尝不可在其同盟国统治之下和与中国的傀儡政府分赃之下,取得经济利益?德国既承认伪满,汪精卫之陈璧君向人夸耀世界有十二国家可以承认他的伪府,我们敢断言,德国必居其一。回想国民参政会第一次会议时,坚主德意路线之李圣五,大捧法西斯并奥侵捷成功之陶希圣,贪庇李、陶言论之当时议长汪精卫,故均为赫赫一时之德意路线者,而今安在?故国际上之反共,必为日寇之帮凶,必为汉奸之外援,我必须坚决排斥,方能一新外交阵线。诚然,对外政策在集中火力,对日抗战时树敌应愈少愈好,但对敌人之帮凶,不目为敌,已极客气,更何能望其为我分忧,靠其为我说项?倘不能毅然斩断对德意之幻想,则国外继沙赫特之后,必续有人来,国内继李圣五、陈公博之后,必大有人在。在贵党主政全国,虽说不得不虚与委蛇,但外交阵列不明,必致使国际之同情我,援助我者怀疑踟蹰;尤其使民主国中之妥协派以己之心度我,疑我抗战不坚,企图妥协,而故与德意开妥协之门者。这些国际妥协派特别是张伯伦政府,是最实际不过的人,他们算计中国如果妥协,德意出面调解,必至伤害他们在华利益,倒不如亲身参与调停,如果能造成东方的慕尼黑会议,则所出卖的必是中国,而他们的利益或可保全。故不能因为欧洲的局势侵略与反侵略的两条阵线日趋树立(但正如以前所指,也不是无有变化的),便以为他们在东方竟无妥协的可能,且现在东京进行的英日谈判便正是这一可耻的妥协阴谋的表现。须知民主国家的妥协派若不失败到底,他们决不肯放弃与侵略者妥协的企图和阴谋,而反共之烟幕弹,在国际上亦正是法西斯侵略者与国际妥协派所常耍弄的国际玩物。我们如不与国际反共阵线严格分开,以为那是反对苏联的事,或者反对共产党的事,则必至入了国际反共之圈套,而牺牲自己民族利益,归于万劫不复。因为国际反共的烟幕弹,经过最近几年的试验,已经证明是专门用以牺牲弱小民族利益的,是专门用以侵犯民主国家利益,而压迫其与侵略国家妥协的。试看阿比西尼亚之亡,奥国之被并,捷克之被侵,阿尔巴尼亚之亡,西班牙之失败,是反对苏联,还是侵犯英法等民主国家在各该国中之利益?是专门反对各该国之共产党,还是反对这些弱小民族之全体?德、意、日反共阵线之在东方运用,必然是牺牲中国民族之全体利益,必然是侵犯各民主国家之在华利益,并勾引和压迫国际妥协派,哄诱和压迫中国投降,决无其他好意,此愿我国共两党及全国人士深长思之者二。

第三,国内方面反共的活动,是有他内外在的因素,外在的原因已如上两段所说。内在的原因则由于十年来国内战争历史上的痕迹以及统一战线构成后防共限共政策之所引起。历史的痕迹早应在抗日血战中洗掉,但因为全面战争的发动是不平衡的,各地方的感觉和认识不尽相同,上下级的了解和觉悟也不尽一致，工作的制度和作风还未能取得协调，所以历史的痕迹不易一时忘掉，因而常常引起可能避免的磨擦与误会，此应贵、我两党各自检讨，各自谴责，而力求消灭者。然欲巩固国共团结，若只限于消极的消灭历史痕迹，而不积极的建立今后互信共信之道，则其效果必难收获。敝党自民国二十五年发布致贵党同志书以后，中经西安事变，贵党三中全会，"七七"、"八一三"抗战，敝党对外宣言，贵党全国临时代表大会，敝党扩大的六中全会以及敝党同志在国民参政会之各项提案，及对于保卫武汉之意见等等，凡所向贵党提议及主张者，无不根据"一切服从抗战，抗战高于一切，一切为着统一战线，一切经过统一战线"之最高原则，以及"民族至上，国家至上，军事第一，胜利第一，力量集中，意志集中"之最高原则，竭其智能，尽其忠忱，为我中华民族之解放事业，为我国共两党之精诚团结，提供各项意见，并为此意见之实现而奋斗。对信仰，则我于共产主义基本信仰外，承认三民主义为我抗日民族统一战线之政治基础，为我全民族解放斗争之共同纲领。对政纲，则承认抗战建国纲领为我国民政府在抗战期间必须实行及全国国民必须遵守之施政纲领。对贵党，则承认在今日中国政权及军队中之领导地位，寄其最伟大最热烈之希望于贵党之进步与发展。对抗战主张，则坚持持久战，坚持发动全面的、全民族的解放战争，拥护蒋委员长，拥护国民政府，领导抗战达于长期的最后胜利。对政治制度，则主张实现国内各民族、各阶级、各地方平等的民主政治，以建立三民主义的新中国。对民众动员，则坚持必须给人民以抗日的集会、结社、言论、出版之自由，给一切劳苦大众以最低生活之保障，始能达到有力出力，有钱出钱之合理要求。对敝党，则忠诚的实践自己的宣言，取消苏维埃制度，改建民主的边区，取消红军，改编为国民革命军，取消以暴力没收地主土地的政策，改行统一战线的政策，并声明在贵党的组织中，在贵党领导之军队中，不再发展敝党组织，以增强互信。对贵、我两党关系，则坚持长期合作，并结成以国共两党为基础之抗日民族统一战线，以团结全国，以巩固抗战。凡此所举，均为敝党三年来不仅口说，不仅笔述，而且忠实执行者，不仅敝党全体党员身体力行，而且号召全国人士所共同努力者。此亦不但敝党之主张，实亦全国人民之共同愿望，贵党有识之士，尤其贵党总裁，所久已同意者。夫共信既立,互信应生。乃贵党一部分人士犹鳃之,然以敝党为可惧可虑,始而主张防共限共,近更变本加厉,发展而为反共之说,于是有反共之行。其所根据之理由,一曰:"有党派即有磨擦,党不统一,国家即不能统一";二曰:"有党即有发展,中共发展,必碍国民党之发展";三曰:"党有武力,必生对立,对立存在,抗战难胜,建国难成"。此等说法似是而实非,两三年来敝党曾多次著论,辟其不当。盖政党之存在与消灭,当依其所代表之阶级是否存在及其本身是否进步为断,世界上绝无进步之阶级,进步之政党能以武力消灭者。中国之有贵我两党及其他抗日党派,乃由于中国历史之演进。国共分家固不幸造成十年来之内战,但第一次国共合作更造成民国十四至民国十六之伟大革命高潮,而今日之合作又造成三年来之统一与抗战。可见两党或多党之存在,并不碍于中华民族之解放,其分别只在合作与分裂,苟合作则众擎易举,抗战必胜;苟分裂则互相抵消,复亡可待。故敝党之存在,仅能谓有利于抗战,有利于建国,更有助于贵党之领导。贵党苟以全民族为重,而自居于代表全民族利益之地位,必能宏大其胸襟,加强其团结,为各党倡导,为全民族表率,则党派之磨擦自可减少,党派之利益决不至与全民族之整个利益相违背。至谓敝党发展将碍贵党生存,则按之历史,举世各国,各党并存者甚多。按之理论,则贵党果以代表全民族自任,则其发展又岂我无产阶级政党所能限制?!按之事实,中国之大,人口之众,合全国之有党籍者不过百数十万耳,但以国中才智之士计之,亦必超过此数,若举各民族,各阶级中之优秀分子计之,岂止千万,则妨碍发展之说,必可不攻自破。其稍足动人听闻者,唯"党有武力问题"。然此乃中国革命历史之所演进,非可以他国历史比拟。盖一般民主国家形式上均无党军,法西斯国家之党军则与其国防军对立,苏联之党军则由其一阶级之专政而成。中国之历史条件,与上述各国无一类似,十数年之努力既不可使党军取消,而唯有在民族解放之大前提下,集中国共两党之武力,统一于我最高统帅蒋委员长指挥之下,与日寇浴血奋战,为民族奠定复兴之基。有人想,有党的武力便有对立,便不免于内讧,那他是只着眼于数十年来中国军阀的纷争,十年来国共两党的内战,而没有看到这两年中华民族已处在伟大的变动时代,发动了历史上空前的神圣的对外抗战。在这伟大的抗战洪流里面，只要他真正献身于民族革命，流血于抗日战争，他必然会忘掉过去的一切，必然会在抗战队列中同心努力，一心杀敌。抗战既是长期的，终我们这一辈的一生能使抗战胜利，建国成功，已经不很容易，又谁能设想三民主义新中国建立以后的争论，需要努力解决？！今天的抗战将士，既已长期的血汗交溶在一条战线，凝结成卫国的长城，又谁能设想在抗战成功之后，民族英雄的队伍里，敢于自毁长城，重起纷争？！况且武装的斗争是斗争形式之最高表现，今日抗战已使过去不同信仰，不同地方的各种武力统一起来，向着共同的敌人斗争，则各民族、各阶级、各党派、各地方之团结，不仅不会破裂，而且会在武力影响之下，感动之下更加巩固起来，所以中国之抗战建国，有汉、满、蒙、回、藏等各民族之参加；有工、农、兵、学、商各阶级之团结；有国民党、共产党及一切抗日党派之合作；在国共两党及地方上的武力之共同奋斗，这是中华民族的伟大，这是前无古人后无来者之历史创作。我们应发扬光大这一历史创作，我们应骄傲这一民族的伟大，决不应自任不行，自取失败。因为这种复杂的历史，创造出这种复杂的条件，这正是我们民族的光荣，而不是不行，这正是我们民族的创造，应该使他成功，而不应该使他失败。所以在今天来看，反共不仅在国外已成为日寇汪逆及法西斯阵线之烟幕弹，而且在国内也毫无根据，也专门成为制造分裂招致失败的因素。更有人说反共的言行固然超出今天团结抗战的范围，但站在国民党的立场上，防共限共的政策势不可无。然而我们要问，防共的根据何在？限共的范围如何？假使贵党认为敝党三年来之言行尚不足以证明忠于统一战线，忠于抗战建国，而必须作意外之防备，即是说在阴谋推翻贵党，独占政权，而必须加以防制，则敝党敢竭诚相告：此种离开共信立场所发生之不应有的怀疑，不仅无此事，而且无此理。因在事，则贵党既为全中国之第一大党，且居于全国政权及军队之领导地位，又有全民族拥护之抗战领袖，只要抗战持久，建国前进，则贵党之声誉必日隆，信仰必日高，敝党有从何而非之？！在理，则统一战线为敝党所发起，民主政治为敝党所主张，今欲致全民族之团结，各阶级之合作为一党独霸之局面，此不仅自食其言，仰为全民族所不能接受。如是则失败者将非贵党，而为敝党，斯贵党又何惧于此种所谓阴谋。故敝党于去岁扩大的六中全会中便已认明,只要抗战持久,统一战线必能前进,否则反共活动果发展到一定限度,必至破坏团结,走向妥协。敝党有此坚信,故对贵党及蒋委员长之领导抗战诚必拥护,而对反共活动则不惮反复言其利害,冀有以祛除贵、我两党向之疑虑,以巩固此长期抗战之共信。共信既立,互疑不生,防制之道,无由发生,然后精诚团结方能日趋巩固,两党合作方能期底于成。限共之说主之者则以为中来既亦存在,只有以地区以条件限制其发展,方能保证贵党之领导。其限共之方,则中共之言论尽量限制其发表;中共之书报尽量限制其发行;中共参加的团体尽量限制其活动;中共影响之群众尽量限制其来往;中共之组织尽量限制其发展。在政府机关凡中共党员概被检举,在沦陷地区,凡中共游击部队亦受限制。因一切原则概为限制,故限制不得,必为强制,强制不可,必趋破坏,其结果逮捕暗杀,查禁解散,仍入于反共之途,敝党敢坦白相告,党与党之竞赛,只能以进步相比,非能以限制成功。比赛进步乃积极的,以此可团结干部,影响群众,建立模范,加强领导,则党的进步必一日千里。限制他党乃消极的,愈恃政权之力限制他党发展,反足以磨练他党,麻痹自己,使自党愈难进步。敝党认为以贵党今日之地位,领袖之声威,三民主义之伟大,处抗战之局势,果能坚持领导一意前进,揭破妥协阴谋,严斥反共谬说,则贵党之发展如日中天,此又何待于限制?! 更有以溶共之说进者,此乃理论之争,敝党殊不愿于此多所论列。唯信仰着非一朝一夕之所成,而为社会发展之所规定,古圣先贤创之于先,志士仁人牺牲于后,方蔚成千百万人之伟大信仰,孟子所谓富贵不能淫,威武不能屈,唯信仰始足当之。故敝党处今日抗日民族统一战线时代,不仅自重其信仰,抑且尊重他人之信仰;不仅自受其牺牲传统,抑且敬重他人之殉道精神,不仅自重其党纪,抑且尊重他人之党德;不仅自重其先烈,抑且尊重他党之先进,不仅疾视其叛徒,抑且厌恶他党之败类。尤其对于贵党在历史上之功绩,贵党孙总理之领导革命,蒋总裁之领导抗战,无不致其景仰之忱,但谓此即证明中共可被溶于国民党,未免离题万里。盖唯尊重他人之信仰者,方能自重其信仰。共产主义虽为三民主义之好友,究非等于三民主义,共产党员可相信三民主义为达中华民族解放之必由道路,但绝对不能强共产主义信徒必抛弃自己信仰。故溶化之说虽为政治斗争之一名词,但用之于信仰有别之两党中间,殊感觉其不称。总之,溶共也罢,限共也罢,防共也罢,今日倡之国中,徒见纷扰,决无裨于贵党之发展,更无利于抗战之进行,其结果主观之愿与不愿,必其趋反共之一途而后已。日寇之反共,国际法西斯之反共,尚为外来之烟幕弹;国内之反共则必自造分裂,而最直接最实际影响于抗战建国,最便于日寇、汪逆、国际法西斯蒂、民主国家妥协派之合作阴谋的实现,而被诱入妥协之途,此更不能不愿我国共两党及全国人士深长思之者三。

明乎以上所说,反共实为诱降、劝降、投降之实际准备,已经毫无疑义,以贵党领导全国军政,坚持长期抗战之立场,应该断然的排斥这种意见,制止这种活动,加紧全国团结,巩固国共合作,然后才能克服当前危机,战胜各方困难,以争取有利于我之相持阶段的到来。

※　　　　　※　　　　　※

然而排斥这种意见,制止这种活动,必须更进一步纠正目前对于整个形势的错误估计。因为反共思想的存在,除了上述的直接来源外,还有他目前的政治环境。为什么抗战初起那时候没有发生严重的反共问题,而现在竟至甚嚣尘上;这因为当时全国军民,万众一心,集中全力在抗战上头,那时大家了解,抗战如果不胜,谁都免不了当亡国奴;抗战若胜,大家全都有份。所以地方上虽有磨擦,日寇虽在挑拨,当时暗藏的投降派如汪精卫之流虽已在宣传中国不亡于日必亡于共的胡说,但基本上因为抗战第一的观念很强,所以挑拨者便难成功。现在抗战进入二期,由于敌人的政策,国际的形势,国内的情况,有了若干变化,于是某一部分人便以为整个抗战形势变了,对内应该重于对外。结论何以是如此呢? 这是由于对整个形势的错误估计而来。首先是对于战争局势的错误估计。他们不了解敌人在两年作战当中,虽已消耗其国力之过半,而不愿继续消耗,但敌人新的政策却想用以战养战的办法,利用中国的人力、物力、财力,补偿他的损失,继续攻打我们,以逼我屈服,诱我投降;反而以为敌人既已无力增兵,且愿速和速结,是敌人已处于进退维谷之地位,遂不得不使战事趋于消沉(其实这是正面的,一时的消沉,敌后的扫荡正在加紧)。同时他们对于自己新的力量的生长又无信心,认为单凭中国的武装力量,是不能将日寇的强大兵力驱逐出中国的,甚至以为战役的反攻也作不到,因之,他们认为敌人既已不再进攻,我们亦无力反攻,这便是相持阶段的到来。照这样看法这是不生不死的局面,决非敌我各种力量错杂对峙的相持阶段。正因为他们这样想,似乎中日两方都无法解决这个战争,而不得不仰仗于外来的因素,于是错误的估计便进入第二步。

第二步是对于国际援助的错误估计。这种人在抗战初期大都是希望国际出兵的,现在他们又希望以国际会议来解决中日战争。他们不了解,今日欧洲的形势虽趋向好转,但是曲折而且会有变化的。他们也不了解,由西方的集体安全,发展到东方的集体制裁,是需要一个长期的奋斗过程,决不是眼前可以到来的事。他们更不了解,今天远东如有国际会议,只能是东方的慕尼黑会议,出卖中国利益,压迫中国妥协,不仅不会有什么新的华盛顿会议,甚至连三国还辽的故事也不会重演。不幸他们竟这样想,所以他们对于解决中日战事,竟依靠这个外来的法宝,而不依靠自力更生,并且他们也不相信自力可以更生,于是错误的估计,便进入第三步。

第三步是对于自力更生的错误估计。这种人不相信自己的力量可以在作战中壮大,可以锻炼成近代化、机械化的国防军,可以建立起相当范围的国防工业,以便长期的战胜日本帝国主义,反而想依靠外援来解决中日战争的最后命运。他们不了解战略上的持久战是要长期的打下去,而且不是拖下去的,反而想以拖的办法支持二期抗战,等待国际会议的援助。同时又因为共产党及八路军新四军在敌后游击战争之发展,他们不了解这种发展正是有助于抗战,正是全国武装力量发展壮大中之一部分,反而大惊小怪,认为八路军与新四军之发展是在威胁他们,而不是威胁日寇。他们放着日寇集中大力扫荡华北,限制新四军在江南的发展不问,却危言耸听的说中共发展之可怕。甚至有人说,日寇中共同为敌人。这种错误观点的主要根源,便是不愿意自力更生;自己不愿意进步,却怕人家进步,自己不努力发展,却怕人家发展,自己不去深入敌后,却又怕人家在敌后收复失地。因为他们这样想,这样做,所以他们对内便重于对外,对共便重于对敌,自力更生便更置之度外,于是错误的估计更进入第四步。

　　第四步是对于投降派活动的错误估计。他们以为汪精卫被开除通缉后，国内的投降派已经肃清；他们以为汪精卫走上东京，复遭梁鸿志、王克敏的揶揄，便毫无作用，一钱不值；他们更以为只要过去汪精卫的羽党或者暗藏的投降分子声明拥护中央拥护抗战，而只反共，便可许其集中全力对内，不必对汪再有什么顾虑。殊不知汪精卫之傀儡登场，决不等于王克敏、梁鸿志，因为王梁是北洋余孽，在北伐后的中国已少作用，而汪贼在贵党中的影响，在国内的关系，决不能说无附和者，且其旧日羽党及暗藏之投降分子，齐集反共旗帜之下，正为汪逆作响应，为日寇作内奸。汪逆在外高唱反共、反蒋、亲日三大原则，暗藏的投降派在内则专意反共，其形式虽有不同，其造成内部分裂，中途妥协之作用则毫无二致。此祸不除，挑拨不已，自力必日相煎削，结果将徒为汪逆日寇所窃笑。或者谓，若除此祸，必引内争，是以自力相煎，有害于抗战，不若争取之为愈。殊不知贵党总裁有云"我抗战为革命战争"，革命能争取群众，争取中间分子，争取动摇分子，却不能争取内奸。内奸者隐蔽之奸细，阴谋之专家，较公开之汉奸为尤可恶，其言甘，其心毒，不去之尽，不能巩固革命之阵线，不能取得抗战之最后胜利，证之革命往事，历历不爽。即以汪逆精卫及其徒党在贵党中之播弄是非，翻云覆雨，亦可知其为害之大，决非一人而已。且内奸无群众，更不敢公开作投降妥协之言，其所恃惟在反共掩护之下，进行秘密活动。只要贵党揭开其反共烟幕弹，毅然决然肃清此类分子，则抗日阵线必能一新耳目，汪逆危害方不至于坐大，妥协根源亦将因之扫除。

　　总上所述，各种错误的估计，在今日国内一部分人士当中，实已形成系统，若不揭穿，其祸害将无底止。盖忽视敌人阴谋，幻想国际会议，不信自力更生，轻视投降派之活动，其结论可使信之者对内重于对外，对共重于对敌，其影响所及则危害抗战，可断送国脉无疑。因为凡是如此想如此作的人，其在军事上决不愿努力于敌后游击战争的发展，我后①新的力量的准备，在政治上不愿实行抗战的民主，不愿进行全民的动员，不保护民众的利益，不坚决肃清汪逆残余，托派分子及德意路线之徒，不打击妥协思想，不取缔反共活动，

---

　　①似掉字。

在经济上对国防经济的建设消极,对经济汉奸的制裁畏惧,对节约运动的提倡无信心,对捣乱法币操纵金融的分子无制裁。一句话,一切不求进步,而愿安于落后。这种人,他的想法不是希望日寇自行崩溃,便是等待国际会议解决,宁可放任投降妥协分子作反共活动,决不信抗战力量自己会能壮大。这种估计,这种作法,只有使目前的危险加强,而不能使危险减少。我们甚愿贵党认清这一危险,注意这一危险;即使这种思想是一部分人的思想,这种作法是一部分人的作法,也要能够坚决肃清,坚决纠正,然后方能使内部分裂之祸得免,中途妥协之害不生,斯则敝党寄其最大之热望于贵党者。

〈略〉

第四,以上各方面的进步,中心关键系于全民族的团结,全民族的团结系于各党派的合作,各党派合作的中心,决定于国共两党的关系。全中国军民,全世界人士,不分敌我两方,不分赞成与反对,都关心这个问题。凡是拥护中国抗战,希望中国建国成功的人,都愿意国民党进步,共产党进步,国共合作长期。只有希望日寇侵略成功,中国失败的人,才愿意国民党退步,共产党削弱,国共合作分裂。前一种人是占全中国全世界之最大多数,他们听到国共关系进步则喜,关系不好则忧。后一种人是中国的汉奸,投降派,全世界上侵略分子,他们既反对蒋委员长,反对共产党,亦反对国民党,更破坏国共合作。这种政治上的分野,在现在抗战时期最明显不过,人心之向背也最明显不过。但因为还有人直到今天仍不明白这个道理,仍以为抗战同时可以反共,反共可以同时建国,反共可以使国民党独存独荣,这种观念恰恰与现在全中国全世界之最大多数所想的相反,而正好为日寇汉奸侵略派所利用,不仅用以反共,而且用以反国,不仅用以分裂国共关系,而且用以分化国民党,使真正的革命之三民主义,真正革命之国民党归于失败,这便是反共的必然逻辑。此中利害,敝党于此信中言之甚详,想贵党总裁及全党明达之士决不愿见此反共即反国,分裂国共关系即制造内部分裂,中途妥协之祸害见于国内。然欲消灭少数分子反共成见,加强各党派合作,必须实际的改善国共两党的关系。具体的办法敝党扩大的六中全会之所建议者,一部分未得贵党五中全会之所赞同,而大部分尤成悬案,至今未决。敝党敢再申前请,谨述其具体意见如下：

一、各党派之联盟组织或共同委员会，原为民族革命中各党派合作之最好形式，如一时尚不易具体实现，敝党以为至少应在沦陷区域如华北华中各游击区成立国共两党乃至各党之共同委员会，商讨整个敌后之党政军大计；在全国范围则应采取不拘形式之各级党部人员的合法来往，减除隔阂，并利各事之商讨。

二、各省参议会，原为省一级之初步民意机关，但已成立者，敝党推举之人员均遭拒绝。各省拒绝之理由，指敝党所推举者有人反对。其实若根据十年来的痕迹来作标准，便不合今天团结全民族的原则，若云敝党所推举者不都是大学教授，不都是高官缙绅，则任何民主政治的国民代表都不能有这个限制，何况国民参政会敝党的代表亦非以此种资格入选，更何况各省参议会的人选，并非尽如人意，反对者亦大有人在，敝党特在此表示抗战，并要求取消此项禁令，容许敝党推举之代表得参加各级参议会。

三、抗战两年，敝党党员过去因政治犯关系而在狱未释者至今犹占相当数目，许多地方因新的磨擦而被捕者，应均请贵党转令各地政府，一律予以释放。过去敝党党员被通缉者，应请明令取消，已便恢复国民权利，免致被人暗害。敝党出版书报应请许可登记发行。已登记者应请通令严禁扣留保护发行，敝党党员及八路军新四军将士，应受国家公平待遇，非经法律程序不能任意检查逮捕。敝党党员所参加之民众团体，政府工作，应视为公民之权利，不得受任何歧视或被排挤开除。敝党及八路军新四军之一切机关经登记者，应取得合法保护，不得受任何方面之无理检查与非法压迫。以上一切最低限度之民权保障，如不能实现，不仅敝党党员对之深为遗憾，不仅全国人士对民权主义之实现发生杞忧，即全世界同情中国抗战希望中国实现民主政治的人士，亦将不能了解。

四、陕甘宁边区在事实上早已存在，原则上及办法上亦早经蒋委员长承认，但终因一部分行政人员不愿予以合法承认，至今成为悬案。最近且因中央有解决之意，于是地方上一部分军政人员，特别是派驻边区之县长保安队，故造纠纷，煽起事变，使两方对立，使中央难以解决。此等不明大义之人，虽尚在推波助澜,希冀酿成大乱,差幸识大体者尚居多数,现事愈渐趋平缓。敝党以为陕甘宁边区问题,应该迅告解决,照原定之范围,容敝党为民权政治之设施,以直隶于中央,以不仅示全国人以榜样,给各地方以模范,并可以杜绝日寇、汉奸、投降挑拨者诬蔑边区赤化之借口,给全世界民主国家友邦人士以边区真正实现民主政治之证明。一部分人的顽固见解,以为承认边区即是表示分裂中国疆土,承认封建割据。其实省区的划分,原是历朝所常有的事,即在贵党主政以后,也曾划三特别区及宁青两地为省,划鄂豫皖、湘鄂赣为边区。今兹划区,正有前例可援,盖与分裂中国疆土,丝毫无涉。若之封建割据,则边区所实行者为民权政治,决非封建制度,何能称为割据?中山先生有云:“凡一省全数之县皆达完全自治者,则为宪政开始时期”,边区各县自改制后,久已实行全民选举,故成为完全自治省区,实已毫无疑义。且边区既已存在,民权政治实行很久,因未得明令公布,地方官吏常施行无理由之封锁,又禁止外人参观,至使中外人士常惶惑不解誉之者故神其说,毁之者故甚其词,反致真假难言,是非颠倒,称为西北之谜,此与国家之统一,中外之观听,反而有碍,诚为贵党所不取。更有人顾虑在边区所辖之范围内,有一部分地主将受歧视,敝党敢负责相告,此在改制后久已无此现象。盖敝党在边区所主张者为民权政治,一切成年之男女公民均有选举权及被选举权,地主并无例外;对土地政策凡旧日地主,回至故乡者,政府均一律分与土地,地主之土地未被分配者,并未再行没收,对贵党在地政学会中所提之收买土地试行办法,敝党亟愿赞助其实行;对商人政策,则边区一切苛杂久已豁免,只收营业累进税及统税;至其他一切政策,不仅符合于抗战建国纲领之原则规定,抑且合于中央一般法令,此可向全国关心边区政治者为明白之保证。

五、八路军新四军在敌后作战之成绩久为中外公认,尤以敌人累次大举扫荡,均未得逞,更证其坚强不屈,确成为坚持敌后抗战发展游击战争之中坚。然该两部队所受之待遇,都不同于其他抗战友军,其所发展之游击队,常不得合法承认;其所恢复之地区,常不容其停留;其所活动之范围,常受他人破坏;其所恢复及参加之地方政权,常被歧视,甚至被迫取消。以如此之部队纵不求因功受赏,亦断不应使之经费不足,衣服无着;枪弹缺乏,而复受人排挤。敝党敢请贵党念及抗战之殷，八路军新四军奋战之勤，给以应有之经费，拨以必需之枪弹，规定其游击地区，授之以统一职权，容许其参加地方政府，责成其恢复失地建立根据地，敝党敢保证此等任务能够绝对完成。果使八路军新四军得在敌后尽力活动，牵制敌人主力径向后移，与敌周旋到底，则对于抗战之持久，友军作战之配合，敌人以战养战计划之破坏，我们新的力量之培养，后方建设事业之进行，均将有极大的帮助。此对于贵党抗战建国之领导，诚百利而无一害，于国共两党之长期合作，最后胜利之争取，三民主义新中国的建立，亦更有决定之意义。

凡此所陈，虽不禁言之缕缕，然意有犹未尽，盖望之殷者不觉言之切，意之诚者不觉言之长。当兹风雨同舟，鸡鸣不已之时，敢本知无不言、言无不尽之意，致此长书于贵党，敬请贵党诸同志一卒读之。

敝党深信：两年抗战吾人既已戮力同心，共赴国难，为长期抗战奠定了胜利始基，则目前过渡阶段，虽有若干困难，严重危机，吾人果能一本精诚团结，再接再厉之精神，必能克服困难，战胜危机，争取相持阶段之到来，准备最后胜负之决战。

敝党深信：三年来吾人为和平统一团结御侮，曾经战胜若干挑拨者之挑动内战，曾经排斥若干投降者之妥协主张，使统一战线得以告成，使持久抗战得以继续。今兹所处之危险虽甚严重，但日寇汪逆诱降之阴谋，国际妥协派劝降之试探，国内投降派逼降之活动，果被吾人揭破无余，则吾人必能不为其甘言所诱，不为其挑拨所动，而坚持抗战到底，反对中途妥协。

敝党深信：国共两党既曾两度合作，十年内战又复创痍满目，果使稍具民族正气者，又谁肯重起阋墙之祸?! 况复大敌当前，反共亦即反国，分裂国共亦即分裂贵党，此既中敌人之奸计，复受挑拨者之阴谋，不仅为全国军民所反对，抑且为世界正义人士所不赞同。吾人既坚持长期抗战，则必不容此反共活动作投降之准备，且必然会毅然觉醒，坚持全国团结，反对内部分裂。

敝党深信：两年抗战已给我民族国家以空前之进步，但我为极弱国家，外侮侵凌已达百年，今一旦奋起抗战，决不是一朝可胜。当兹进入二期抗战之际，不论从军事上、经济上、政治上以及两党关系上，吾人必能以更多之努力，更大之进步,克服落后现象,发动全面战争,以领导全国,力求进步,反对向后倒退。

敝党深信:中华民族是伟大的,抗战是持久的,国共合作是长期的,只要吾人坚持持久抗战,坚持抗日民族统一战线,坚持国共合作,中华民族必不会被人灭亡。不仅不会灭亡,且要雄立宇宙,为民族解放,为世界人类解放,高举着胜利之旗,向前迈进。

中华民族解放万岁!

国共两党团结万岁!

中国共产党中央委员会一九三九年七月七日于延安

(选自《中共中央抗日民族统一战线文件选编》(下),档案出版社)

3. 要求明令取消《防制异党办法》(延安《新中华报》社论)

抗战二十五个多月来的铁的事实证明:中华民族只有团结,只有统一,只有进步,才能够坚强的抵抗日本法西斯军阀的侵略,予以严重的打击。今天中国抗战最大的危险,就是内部分裂、中途妥协的危险。中国人民正需要克服这个危险,因此必须:坚持抗战到底——反对中途妥协;巩固国内团结——反对内部分裂;力求全国进步——反对向后倒退。不如此,整个中国都将会灭亡;不如此,四万万五千万中国人民,不管他是什么党派,不管他是什么阶层,都将会变成日本帝国主义的奴隶!

然而在抗战的中途,国内竟流行着一种排斥异己,制造磨擦,开倒车的秘密办法——《防制异党办法》。根据这个办法规定的原则,各地实行对共产党及一切进步力量和革命青年的言论、思想、行动,加以严密的防制;对于他们的一切正当组织,也加以多端的破坏。"如共产党活动最烈之区域,应实行联保连坐法,使人民不致与异党分子接近,……并于保甲组织中建立通讯网……担任调查共产党活动之通讯工作","指出参加异党之弊端以及防制共产活动之方法"警惕"共产党之猖獗活动及其阴谋野心"。凡此一切,都是在这个办法中所明文规定的。

由于这个办法在各地秘密地颁布了和秘密地实行着,竟引起许多不幸甚至流血的事端,最近几月来国内磨擦现象的增加,暗杀活埋共产党员、八路军新四军工作人员以及抗日分子和进步青年,闹成地方武装冲突,不久前更造成全国公愤的平江惨案等,就是因为颁布了和实行着《防制异党办法》的结果。我们相信,此种《防制异党办法》存在愈久,则此种不应有和不幸的事端,必定愈演愈大,层出不穷,最后必当影响着中国抗战的光明前途,实际帮助着日本帝国主义进行"以华制华"灭亡中国的毒计,因此,为着坚持抗战,争取最后的胜利,为着四万万五千万人民的民族解放的利益,我们不仅起来坚决反对这名为"防制",实为反共反进步反抗战的办法,同时坚决要求立即明令取消这种反共反进步反抗战的办法。否则如果这种所谓《防制异党办法》仍然存在,不加以取消,最后必然引起国内分裂,破坏团结,破坏统一,破坏国共合作,破坏抗战,破坏一切进步,这是中国人民所不容许的。"抗战则生,不抗战则死","团结则存,不团结则亡",今天每个中国同胞都应该更加认识这个真理!

中共今天只有一个目标:团结一切抗日党派和人民,打倒日本帝国主义,建立三民主义的新中国,绝没有什么"阴谋野心"。中国共产党忠实于抗日民族统一战线,忠实于民族的利益,是举世皆知的事实。当国难严重的紧急关头,国民党和共产党应该成为亲密的战友和亲密的兄弟,而不应该一方把另一方骂成为"异党",今天所谓"异党"应该是日本法西斯,伪组织,伪军队,伪政府;应该是汉奸卖国贼王克敏、汪精卫、陈璧君、周佛海之流,所谓"防制"也应该是防制他们的灭亡中国与出卖中国的一切阴谋活动,而不应该专门颁布反共反对一切进步力量和抗日青年的办法。

反对共产党和反对一切进步分子,只是符合于日寇汉奸利益的口号,便利于他们的活动,对于中国是极端危害的。也许顽固分子会说,他们是一面抗日,一面"反共"、"防共",这似与日寇汉奸计划不相同。但是,这是绝对不可能的!抗日则必须联共,反共则必须投降,结果将走到极悲惨的境地。十年来内战的经验和教训谁能够忘掉呢!

目前取消《防制异党办法》,的确是整个中国的进步、团结、统一,坚持抗战,争取最后胜利的一个关键。谁固执维持《防制异党办法》谁就必定是投降的准备分子,必将受到全中国人民的唾弃!

(原载一九三九年八月二十五日延安《新中华报》)

4. 中共中央关于目前时局与党的任务的决定

一、目前国内时局的特点是在我战略相持阶段中,大资产阶级的投降方向与无产阶级、小资产阶级及中产阶级的抗战方向两方面展开日益明显日益严重的斗争。由于国内抗日进步势力克服投降倒退的力量还不足,就使得投降与倒退的危险依然严重地存在着,依然是目前时局中的主要危险。但由于共产党、八路军、新四军的阻力,国民党中大多数人的阻力,全国人民的阻力,日本灭华的坚决方针,英美法与日本之间还存在着相当严重的矛盾,欧战削弱了英法在远东的地位,因而很难迅速召集远东慕尼黑会议,苏联的强大及其积极援华的方针等。国内国际的条件,就使得投降与举行全国的反共战争甚为困难。由于这两方面的情况,就使目前抗日进步势力和投降倒退势力形成了一个严重斗争的局面。双方斗争的结果,或者是时局的好转,或者是时局的逆转。但好转的可能性并未丧失,如有正确方针,加上全国的努力,是能够改变目前局面,争取时局好转的。我们的基本任务,就在于强固抗日进步势力,抵抗投降倒退势力,力争时局好转,克服时局逆转。如果以为时局好转的可能性已经丧失,只是一个逆转的前途,因而不去力争好转,只是消极地准备对付全国性的突然事变,这种意见显然是不正确的。

二、最近日汪协定的披露,伪中央政府的准备成立,与蒋介石反汪宣言的发表,给了国内投降派反共派与顽固派一个新的打击,又给了抗战派、联共派与进步派一个新的推动,这是对于争取时局好转有利益的。但是目前投降倒退势力不但还没有受到根本的打击,且有更加猖獗的可能,局部的地方性的突然事实还会继续发生。这是由于以汪精卫为首领的亲日派大资产阶级与国内投降倒退势力相呼应,而抗日进步势力一时还不可能迅速团结起来去克服投降倒退势力的原故。蒋介石宣言强调了抗战,但没有强调团结与进步,而没有全国的团结与进步,则坚持抗战与争取最后胜利是不可能的。因此,克服逆转可能,争取时局好转,还是一个艰苦斗争的过程。而随时准备对付可能发生的突然事变(在目前是局部的地方性的事变),仍应提起高度的警觉性。

　　三、为了力争时局好转,克服逆转危险,必须强调抗战团结进步三者不可缺一。并在这个基础之上坚决执行下列的十大任务:第一便要普遍扩大反汪反汉奸的宣传,坚决揭穿一切投降分裂的阴谋,从思想上政治上打击投降派与反共派,坚决明确与具体地证明反共是投降派准备投降的反革命步骤。第二便要猛力发展全国党、政、军、民、学各方面的统一战线,组织进步势力,同国民党的大多数亲密地合作,用以对抗投降派与反共派。第三便要广泛开展宪政运动,力争民主政治。没有民主政治,抗日胜利只是幻想。第四便要抵抗一切投降反共势力的进攻,对任何投降派、反共派、顽固派的进攻,均须在自卫原则下,在人不犯我,我不犯人,人若犯我,我必犯人的原则下坚决反抗之,否则任其猖獗,统一战线就会破裂,抗日战争就要失败。第五便要大力发展抗日的民众运动,团结一切抗日的知识分子,并使知识分子与抗日民众运动抗日游击战争相结合,否则就没有力量打击投降派、反共派与顽固派。第六便要认真实行减租、减息、减税与改良工人生活,给民众以经济上的援助,才能发动民众的抗日积极性,否则是不可能的。第七便要巩固与扩大各个抗日根据地,在这些根据地上建设完全民选的没有任何投降反共分子参加的抗日民主政权。这种政权不是工农小资产阶级的政权,而是一切赞成抗日又赞成民主的人的政权,是几个革命阶级联合的民主专政。对一切破坏抗日根据地的阴谋,必须加以坚决的打击。对一切暗藏在抗日武装、抗日政权、抗日团体中的汉奸反共分子,必须加以肃清。第八便要巩固与扩大进步的军队,没有这种军队,中国就要亡国。第九便要广泛发展抗日的文化运动,提高抗日人民抗日军队与抗日干部的文化水平与理论水平。没有抗日文化战线上的斗争以与总的抗日斗争相配合,抗日也是不能胜利的。第十便要巩固共产党的组织,在无党和党弱的地方要发展党的组织。没有一个强大的共产党,就不能解决抗日救国的任何重要问题。如果能坚决的并具体正确的执行上述十大任务,就一定能够强固抗日进步力量,克服投降倒退力量,争取时局好转,避免时局逆转,击破大资产阶级分子破坏抗战与破坏统一战线的阴谋。

四、目前宣传鼓动的口号是：

（一）拥护抗战到底的国策，反对汪精卫的卖国协定；

（二）全国人民团结起来，拥护蒋委员长，打倒汉奸汪精卫；

（三）拥护国民政府，打倒汪精卫的伪中央；

（四）拥护国共合作，打倒汪精卫的反共政策；

（五）反共就是汪精卫分裂统一战线的阴谋，打倒一切反共汉奸；

（六）加紧全国团结，消灭内部磨擦；

（七）革新内政，开展宪政运动，树立抗日民主政权；

（八）开放党禁，允许抗日党派的合法存在权；

（九）人民有抗日救国的言论、出版、集会、结社自由权；

（十）发展民众运动，实行减租、减息、减税，改良工人生活；

（十一）巩固抗日根据地，反对汉奸、反共派、顽固派的阴谋破坏；

（十二）拥护抗日有功的军队，充分接济前线；

（十三）发展抗日文化，保护进步青年，取缔汉奸言论；

（十四）中华民族解放万岁！

（原载《解放》周刊第九十八、九十九合期）

5. 中共中央关于与国民党共同进行反汪运动给南方局的指示

南方局：

关于与国民党共同进行反汪运动问题，我们基本上同意恩来向叶楚伧表示的意见，同时有下列两点意见请你们注意：

（赵）利用反汪运动机会广泛的进行反对一切投降派的运动，并着重指明反共与投降问题的密切关系，证明反共是投降派的阴谋，是亲日恐日分子准备投降的一种步骤，因为只有打击共产党和破裂国共合作，投降派才能达到破坏抗战和降日卖国的目的。在反对汪派汉奸斗争中，我们应更亲密的加强与一切主战爱国的进步分子及国民党群众的联系，与他们一起动员群众共同进行反对一切投降派及反共分子的斗争，以达到巩固国共合作和巩固及扩大抗日民族统一战线的目的。

（钱）必须向蒋及国民党中坚决主战的军政人员公开说明汪在国民党内及政府中还有不少同情分子，日寇及汪逆正用一切力量企图使他们作里应外合的勾当，其主要方法为倒蒋反共，因此不仅在政治上须尽量揭露和孤立一切同情汪派汉奸主张分子，而且在实际上采取必要办法防止他们倒蒋反共的一切阴谋，我们决定根据恩来与叶所谈各点及我们上述补充意见之方针，在延安及通令全党进行大规模的反汪及反一切妥协投降的群众运动。你们对此问题还有何意见，及你们在这方面所进行的工作以及与国民党继续谈判情形，切望随时见告。

中共中央书记处

（选自《南方局党史资料：统一战线工作》，重庆出版社，一九九〇年）

6. 八路军、新四军讨汪救国通电

重庆林主席，蒋委员长，国民政府各院部会，国民参政会，中央党部，中央社，新华日报，大公报，扫汉报，中央日报，青年新闻记者学会，反侵略大同盟，中苏文化协会，妇女慰劳会，各战区司令长官，各集团军总司令，各军师旅团长，各省政府，省党部，省参议会，省抗敌后援会，三民主义青年团省团部，全国各党派，各报馆，各民众团体及海外侨胞公鉴：

汪逆登场，全国震愤。伏读国民参政会通电及蒋委员长在参政会之演说，诛奸讨逆，大义凛然。德等率部深入敌后，为保卫祖国而战，已历三年，深知敌伪阴谋，在于分裂我内部团结，以求侵覆我国家，灭亡我民族，宰割我人民。近日以来，敌伪所至各地，竟敢高揭伪青天白日旗，遍设伪军伪党，号召和平反共。夫所谓和平即投降也，反共即灭华也，固已昭然若揭。然一部分丧心病狂之人，随声附和，亦复所在多有。欧战扩大，国际阴谋分子与敌伪沆瀣一气，企图建立所谓东方反共阵线，抗战危机，千钧一发。当此之时，国内少数不明大义之徒，或策动投降，或实行反共，而以反共为投降之准备步骤，盖反共之极，势必至于投降，而投降之前，尤必倡言反共，汪精卫之覆辙，其明证也。故居今日而言，抗战之危机，实不在敌伪之猖狂，而在我抗战阵线内部投降反共分子之存在。敌人近在中条山脉附近设置无线电广播，倡言国共即

将分裂,中国即将内战。呜呼,是何言欤? 夫敌之厚者我之薄,亲所痛者仇所快,德等转战疆场,不恤肝脑涂地,唯求全国继续团结,不中敌人奸计,消弭磨擦,反对内战,在我蒋委员长领导之下,合四万万五千万人之心为一心,坚持抗战局面,争取最后胜利。以我中华土地之大,人口之众,乘敌寇衰竭之时,遇欧战方酣之会,如能加紧团结而不自坏其长城,再接再厉而不丧其勇气,则抗战未有不胜,建国未有不成者。德等不敏,誓率全军为祖国流最后一滴血,驱除敌伪,还我河山,虽赴汤蹈火所不敢辞。尚祈各界先进,全国同胞,群策群力,共救危亡,临电不胜屏营企祷之至。

国民革命军第十八集团军总司令　朱　德

副总司令　彭德怀

新四军军长　叶　挺

副军长　项　英

率所部全体将士叩删

(原载《八路军军政杂志》第二卷第四期,一九四○年四月二十五日)

7. 孙科复朱德、彭德怀总副司令等电

第十八集团军朱总司令彭副总司令叶军长、项副军长公鉴:删电诵悉,承示敌伪造谣,意图分裂我阵线,至佩卓识。嗣后共凛敌厚我薄亲痛仇快之戒,精诚团结,民族复兴,同济艰难,特披忱悃,旌麾在望,翘企维假。弟孙科有。

(原载一九四○年五月十日延安《新中华报》)

8. 盛世才复毛泽东先生电

延安毛泽东先生钧鉴并转中共中央委员会钧鉴:江电奉悉。值此抗战第三周年,全国人民热烈纪念伟大节日之时,贵党独能深具卓见发表宣言,以贯彻救亡事业争取最后胜利,彻底解放中华民族相号召,不仅正确把握现实,而且语重心长,至诚跃然纸上,实深感奋。世才秉政西陲,自抗战军兴,即号召全疆十余民族,坚决拥护抗日民族统一战线,精诚团结,巩固国防后方,保障交通运输的安全,争取抗战的胜利。现在抗战已进入相持阶段,对敌反攻之

阶段行将到来,三年抗战已证明日寇必然崩溃,民族解放必然成功,最后胜利必属于我,然此决非徒把空言所能达,必须全国一致团结到底,始克有济。世才谨代表全省军民,誓愿贯彻初衷,继续为抗日民族统一战线而努力,以与破坏抗战,制造分裂为职业的汉奸、走狗,敌探以及一切危害抗战的各色各样敌人,作无情斗争,务求彻底消灭,庶使国防后方固若金汤,保证前线胜利,以求中华民族之彻底解放。除将贵党宣言原文发交《新疆日报》登载,以广宣传外,谨电奉复。新疆省边防督办兼省政府主席盛世才寒

（原载一九四〇年七月二十三日延安《新中华报》）

9. 中国共产党中央委员会为抗战三周年纪念对时局宣言

全中国的同胞们,将士们,各党各派的抗日同志们！当此伟大抗战的三周年纪念日,中国共产党中央委员会谨以最诚恳最热烈的心怀向我全国同胞,前线将士,各党各派抗日同志致民族革命的敬礼,向我三年以来的殉国烈士致无限的哀悼,向我负伤将士与被难同胞致深切的慰问。

英勇抗战的三周年证明:日本帝国主义是必然要崩溃的,中国决不会亡,最后胜利必然属于我中华民族。因为日本帝国主义已在我三年英勇抗战中大大削弱了,中国抗战到底的意志已凝结于全民族的心目中,而目前国际形势的变化基本上是有利于中国的。

但是抗战的空前困难时期也到来了,日本帝国主义正在加紧向中国进攻,并宣布了它的东方门罗主义。中国抗日阵线中的一部分人正在发生动摇,而后国际方面袭来的阴谋,则有由德意的劝和政策代替英美法东方慕尼黑政策的可能。

日本帝国主义的加紧向中国进攻,与希特勒莫索里尼的飞机大炮互相呼应,企图藉此达到它们帝国主义战争的目的:重新分配世界与奴役世界人民。而英美法帝国主义则在一贯执行其反苏反共与对德意日让步的自杀政策下,使法国遭受了亡国惨祸,使英国遭受了严重失败,而在美国则使其太平洋大西洋上的利益同时受到了严重的威胁。帝国主义大战现已发展到了一个新阶段,帝国主义相互间的冲突没有完结,而由帝国主义战争所引起的空前的

经济危机与政治危机,正在袭击全人类的生存,必然要引起世界革命的爆发,革命危机正在一切被压迫人民与被压迫民族中间深刻的酝酿起来,我们是处在一个战争与革命的新时代。一切帝国主义战争都是屠杀人民的战争,惟有未被卷入帝国主义战争漩涡的伟大强盛的社会主义国家苏联,才是全世界被压迫人民与被压迫民族的真正援助者。中国抗战的可靠的朋友,正是苏联与全世界人民。

在目前的国际新形势下,被内外危机重重压迫的日本帝国主义正在进行其最后的冒险,企图用封锁我国际交通线,向我正面进攻及举行天空轰炸等加重压力与加重困难的办法,达到其分裂中国内部,逼迫中国投降之目的。中国的一部分动摇分子,在这种增加了的压力与增加了的困难之下,必然更加动摇起来,走上对敌投降的道路。这些人头脑昏聩,意志薄弱,熬不住艰难困苦,看不清抗战前途,一遇危难,就想动摇,这些人是抗日阵线中最危险的人物。

全中国的同胞们,将士们,各党各派的抗日同志们!现在是中国空前投降危险与空前抗战困难的时期,我们不应当隐蔽这种危险与困难,中国共产党认为自己的责任是向全国提醒这种危险与困难。并指出:全国应该加紧团结起来,克服这种危险与困难。

汪精卫的投降是破产了,他同他的党徒现在已变成了日本帝国主义手中最下贱的玩具。法国资产阶级的投降是把全法国人民变成了希特勒的奴隶,投降是绝对没有出路的。中国共产党完全同情法国人民的境遇。中国共产党坚信,在法国共产党的坚强领导之下,伟大的法兰西民族是不会灭亡的,法国人民的斗争与中国人民的斗争配合起来,战胜外来的压迫者。

全中国的同胞们,将士们,各党各派的抗日同志们!任何敌人的进攻必须抵抗,任何困难必须克服,任何投降阴谋必须反对,任何投降分子必须同他斗争到底,全国必须加紧团结,内部磨擦必须消除,国共关系必须调整,内战危险必须根绝,抗日民族统一战线必须巩固,全国人民必须在蒋介石先生的领导下抗战到底,各党各派的诺言也须实践。

中国共产党中央委员会向全国同胞及友党同志声明:我们是始终实践自

己的诺言的。我们在中华民国二十六年九月二十二日的宣言:为彻底实现三民主义而奋斗,停止土地革命,取消暴动政策,红军改为国民革命军,苏维埃改为地方民主政府等项,我们都已认真执行,后来没有违背。我们在陕甘宁边区内,在敌人后方各抗日根据地内所执行的政策,完全是符合于三民主义的政策,没有任何一项超出了三民主义的范围。我们现在重复声明:在整个抗日战争与建立民主共和国的时期内,我们将始终执行三民主义的政策。一切责备共产党违背诺言的,完全是恶意的诬蔑。在这个问题上,我们要求中国国民党亦尊重它自己的诺言,认真实践其允许过人民与允许过我党的一切政治上与具体问题上的条件,以利团结和抗战。

中国共产党中央委员会声明:在团结抗战与国共合作期间,采取任何对内的暴动政策与破坏政策是绝不许可的。我们始终拥护蒋介石先生及国民政府抗战到底的国策,始终执行不暴动不破坏的诺言,一切关于共产党又将采取过去内战时期的暴动政策与破坏政策的流言,完全是奸人的造谣。同时我们要求中国国民党亦应放弃对于共产党的破坏政策,以保证两党的团结一致与长期合作。

中国共产党中央委员会声明:我们约束自己领导的抗日武装队伍,将其行动限制在战区与敌人后方及陕甘宁边区二十三县境内,而不向其他地方作任何足以引起友军冲突的行动,而在战区及敌人后方则与一切抗日友军协同作战。但要求各抗日友军对其部下亦应加以约束,勿向八路军新四军采取足以引起冲突的任何行动,以保证抗日战线上的团结一致。同时要求国民政府极力援助八路军新四军及一切抗日游击队,因为八路军新四军及一切抗日游击队乃是位于国防最前线的军队,而在三年以来八路军新四军进行了大小一万余次的英勇战斗,坚持了广大敌后地区的抗战,钳制了全国百分之四十至五十的敌人,而其处境则是最险恶的,其生活是最困苦的,其弹药则是最缺乏的。

中国共产党中央委员会声明:我们继续执行本党六中全会在民国二十七年十一月所作"不在一切友军中发展党的组织"的决定,一部分地方党部尚未严格执行此决定者应即加以纠正。本党对持一切抗日友军的政策是团结与巩固他们,而不是分裂与破坏他们。但是我们要求中国国民党及各抗日友军亦以同样政策对待八路军与新四军,以求泯去猜疑,齐心抗战,而使一切军队同在最高统帅指挥之下担负杀敌致果之任务。

本党同人认为:要克服即将到来的空前的投降危险与空前的抗战困难,必须取消现在存在着的"反共"、"限共"、"溶共"、"防共"、"制共"的政策,因为在这个政策的执行中已经产生了消弱抗战力量,引起人心不安的严重结果。须知抗战决不能采取既要对外又要对内的两面作战政策,这种政策实无异于自杀,法国达拉第政府的反共覆辙,中国应该引为深戒。

本党同人认为:要克服空前的投降危险与空前的抗战困难,必须改变在抗战中的许多作法,必须实行抗战的言论、出版、集会、结社自由,必须释放一切被捕的共产党员与爱国分子,必须承认一切抗日党派的合法存在权,必须召集民主的国民大会,必须废止有害的特务作风,必须改变不适时宜的财政经济政策、文化教育政策与兵役政策,必须把抗战的中心放在自力更生上面,而不应依赖任何不可靠的外援。

全中国的同胞们,将士们,各党各派的抗日同志们!空前的投降危险与空前的抗战困难是到来了,我们必须克服这些危险与困难。中国共产党坚决相信,这些危险与困难是完全能够克服的,中国存在着克服任何危险与困难的一切必要条件,只须中国政府与中国人民善于去利用。中国是土地广大资源丰富人口众多的国家,决非阿比西尼亚与西班牙可比,更非荷兰与比利时可比,亦非法国可比,而日本则还不如德国。中国还保存着数百万大军,有国共两党与全国大多数人民的团结,有帝国主义相互间的矛盾可以利用,有强大的苏联与世界革命斗争可以为援。中国从鸦片战争以来的整整一百年中,经历了无数的危难,取得了丰富的经验,而孙中山先生的英勇奋斗,尤足为我全民族的模范。当此民族危难深重之秋,我们一定要执行孙中山先生的伟大遗教,执行他的革命的三民主义与联俄联共扶助农工的三大政策,执行他的临终遗嘱,打破一切悲观动摇与没有出路的情绪,不屈不挠再接再厉的奋斗下去,则投降危险必然克服,抗战必然胜利,建国必然成功,中华民族的前途是无限光明的。

打倒日本帝国主义！

抗战到底！

团结到底！

中华民族解放万岁！

中国共产党中央委员会

（原载《解放》周刊第一一一期，一九四〇年七月十六日）

10. 中共中央关于目前形势与党的政策的决定

一、目前形势

目前国际国内形势，都表示出我们是处在新的巨大变化的时期中。

一、目前国际形势的特点是三大阵线的斗争。第一个是德、意、日帝国主义阵线，第二个是英、法、美帝国主义阵线，第三个是苏联和平阵线。两大帝国主义阵线的多数国家为着重分世界的帝国主义战争已经进到生死斗争阶段，而苏联领导的和平阵线，则因苏联的强大国力与正确政策，未被卷入帝国主义战争而超脱于战争之外，这是目前形势的最基本特点。

二、两大对立的帝国主义阵线，由于德国进攻，意国参战，法国投降，英国已退出欧洲大陆的结果，陷于严重的不平衡状态中，目前双方都在重新组织力量，准备进行新的巨大冲突。德意准备向英国进攻，英国收集法国殖民地准备抵抗德意，日本准备在太平洋参加德意战线，美国正在加紧武装起来走上战争轨道，帝国主义战争有由欧战扩大到世界范围的趋势，帝国主义互相间的冲突没有完结。

三、超脱于帝国主义战争之外的苏联，则正在进一步解决在波罗的海方面、在巴尔干方面、在近东方面的安全巩固问题，正在准备着最伟大的革命力量，为应付世界巨大事变与争取世界永久和平而斗争。

四、空前激烈的搅乱整个世界秩序的帝国主义战争，正在引起各资本主义国家人民大众与殖民地被压迫民族迅速革命化，革命正在全世界特别是欧洲与印度深刻的酝酿起来，第二国际正迅速破产，共产党在群众中的信仰正迅速增加，苏联在全世界人民中的信仰正迅速高涨。

五、由于日本切断我西南国际道路并积极向正面进攻,企图用增大的压力分裂中国内部,压迫中国投降,这样就使中国抗战局面亦处于新的环境中,空前的困难时期与空降的投降危险快要到来了。但同时克服投降危险争取时局好转的可能性也增加了。

六、投降危险的来源,主要的现在已不是英、美、法的东方慕尼黑政策,而是日本的压力与德意胜利对于日本的鼓励以及可能的劝和政策,国民党顽固派的反共政策又大大的削弱了自己,因此,国民党内部的再分裂,新的汪精卫派的产生,已经不可避免,全国人民中无出路的情绪必然会增加。

七、但国际国内存在着许多有利条件,便于我们去执行克服投降争取好转的条件。这些条件是:(1)英、美、法已不复是引诱中国投降的重要因素,英美虽想牺牲中国保存南洋,但日本已不能听命,我们可以利用英、美、法与德、日、意两个帝国主义阵线之间的冲突,特别是日美在太平洋上增长着的矛盾。(2)日本有其内部与外部的困难,其力量已在我们三年抗战中大大削弱了。(3)苏联的无比强大与世界革命运动的发展,这是中国抗战的可靠朋友(以上是三个外部条件)。(4)我党抗战中的力量是大大增加了,这是克服投降争取好转的主要决定因素。(5)广大的中间势力还保存着抗战的积极性(这些中间势力是:国民党中的多数党员,中央军中的多数军官,多数的杂牌军,中等资产阶级,中小地主及开明绅士,上层小资产阶级,各抗日小党派)。(6)大地主大资产阶级的内部矛盾及其与中产阶级小资产阶级的矛盾,使其无法统一地进行投降与统一地进行"剿共"(以上是三个内部条件)。所有这些条件,给了我们以充分可能性,去避免统一投降与统一"剿共"的危险,而使时局逐渐走向好转。党内对于时局的悲观情绪必须在认识这些条件上加以克服。

八、增加了的投降危险与增加了的好转可能性,将表现于抗日阵线内部的分化。首先是大地主大资产阶级的分化,一部分人因为日本的压力、抗战的困难与对于共产党及民众的恐惧,必然分裂出去变为投降派,其另一部分人则可能因为种种原因(特别是我们的政策)实行好转,变为较前积极些的抗日派。这种一部分大地主大资产阶级的好转,虽然只能是在不损害其根本阶级利益条件下的好转,不能有彻底的好转,但延长合作抗日的时间是可能的。

其次是中间势力中也会发生分化。我们的任务在于争取一切可能好转的部分,争取国民党的主体延长合作时间,而孤立与驱逐一切投降派。

九、今后的一年将是异常困难的一年,全党必须紧张起来,把自己变为团结全国抗日力量的核心,认真的明确的执行中央的政策,达到克服困难克服投降危险争取时局好转的目的。

二、党的政策

根据上述国际国内形势的分析,全党应当执行下列各项党的政策。

(一)主要的不是强调英、美、法东方慕尼黑政策的危险性,而是强调在日本压力下一部分人悲观失望与实行投降的危险性。不是如同国民党某些人一样蒙蔽事实真相,说什么"一切皆于中国有利",而是指出抗战困难与投降危险空前严重,号召人民为克服这种困难与危险而斗争。

(二)指出英法失败的原因在于反苏反共,指出法国投降的悲惨教训,今后中国如欲反苏反共,必然重蹈法国的覆辙。过去的反共政策已使抗战力量大大削弱,如不改变这个政策,抗战胜利是无望的。

(三)强调抗战的有利条件。特别强调苏联的强大,强调世界革命形势的有利,强调中国抗战力量远非法国可比,宣传中国人民在三年中英勇奋斗的成绩以打击悲观情绪,孤立投降派。

(四)强调自力更生。为此必须要求国民党改变其在抗战中的作法,例如应即召集民主的国民大会,取消反共政策,改变特务作风,改变错误的财政经济政策,文化教育政策及兵役政策等,宣传八路军新四军依靠民众自力更生的模范实例。

(五)强调团结一致。我们在过去一时期内强调自卫斗争是完全必要的,非如此不能打退当时的反共高潮,促成顽固派的重新觉悟。现在是反共高潮下降时期,故又应该强调团结,过去的斗争也正是为着争取团结。必须使党员懂得,现在强调团结并不是停止一切斗争,国民党的反共政策一天不停止,我们站在自卫立场上的斗争是不能停止的。但现在我们斗争的主要火力应该向着真正的投降派,而不是向着一般的顽固派,在反共高潮已经降低,某些顽固派初步表示某些好转之时,我们应对他们强调团结,以便争取合作时间的延长。

（六）我们军事力量的发展（这是完全必要的），限制在战区与敌人后方及陕甘宁边区二十三县境内，而不向国民党后方作任何可以引起冲突的行动。某些部队不愿深入敌后，而在时局严重时便想向国民党后方行动，便想恢复内战时期的游击生活，这种想法是错误的。

（七）在一切友军中（包括中央军杂牌军在内），根据六中全会决议最后无保留的确定不发展党的组织的政策，原有党员一律停止组织生活，以便建立党的信誉，扩大交朋友的工作，争取二百万友军继续抗战。对于这种交朋友工作毫无成绩的地方，须受到党的严重责备。

（八）向国民党及全国声明：我们没有违背自己在民国二十六年九月二十二日的宣言（为三民主义的彻底实现而奋斗，停止土地革命，取消暴动政策，红军改为国民革命军，苏维埃改为地方民主政府），我们过去现在及将来都是坚决执行自己这个诺言的。而国民党则违背了它的诺言，例如对于党派的合法存在权问题，承认边区问题，实行三民主义及《抗战建国纲领》等等，都与其诺言相违反，我们应要求国民党实践其诺言，而打破"共产党违背诺言"的欺骗宣传。

（九）纠正在执行统一战线政策中的左倾错误。一年以来在反磨擦斗争中发生了许多左的错误。例如在军事斗争中有些地方未能坚持自卫原则：乱打汉奸；财政经济工作中侵犯商人财产滥罚滥捐等的过左政策，不执行各阶级联合政权的原则，对中央建立"三三制"政权的指示怠工。对根据地不作长期打算，不爱护根据地，浪费人力物力。对中央"大量吸收知识分子"的指示表示怀疑与不执行。对待顽固分子只有斗争没有团结，把国民党看成都是顽固派，而不懂得国民党多数党员都是中间派并有许多进步分子，顽固分子只占极少数。甚至把顽固分子看作汉奸，把中间分子看作顽固分子，要求中间分子有进步分子一样的表现，不承认中间分子的地位。对非党干部表示不信任，不接近，没有同非党干部共同工作的习惯。以及杀戮被捕的顽固分子杀戮侦探等等。这些都是从狭隘思想出发的左倾错误表现，如不严格纠正，党的统一战线政策是要受到危害的。但同时，对右倾错误亦不应放松。例如对时局的悲观情绪,无原则的迁就国民党,对建立抗日根据地与发展抗日力量取消极态度,对国民党内奸政策无警觉性,混同共产主义与三民主义的原则差别,干部的发财思想,贪污腐化,工作中的官僚主义与事务主义,以及惧怕自我批评等,如不纠正,便将丧失党的独立性与革命的前途。

(十)对全党加强统一战线教育。必须使党员懂得统一战线教育即是阶级教育的重要一部分。既须使党员明白如何实现无产阶级的独立性,又须使党员明白无产阶级如何同其他阶级结成统一战线去反对共同的敌人,二者是党的教育不可分离的两方面,决不能随便放弃一方面。党内至今还有许多干部不懂得统一战线中的策略问题,他们把复杂的问题单纯化,各种错误便从此发生。因此全党必须加强进行策略教育,克服干部的单纯化现象。应把这种策略教育列入干部教育的正式课程,作为成绩考核的重要标准。

(十一)继续巩固党的工作。目前组织上的基本方针,仍然是巩固而不是发展,重质而不是重量。必须严格审查干部,肃清内奸,以便有效地防止国民党的内奸政策。必须从党内将内奸分子(敌人及国民党派来的与收买的分子)、投机分子(为个人利益混进党内表现严重的贪污腐化与脱离群众的分子)、与太落后分子(不到会、不缴党费、又不做任何工作的挂名党员)这三种人洗刷出去,而对于其他分子则加强教育。必须使党员懂得"党内要严党外要宽"两个不同的原则,而这样两个不同原则正是相辅为用的,目前则存在着相反的现象,党内反而是宽的,党外反而是严的,这种现象必须纠正。

(十二)加强各个根据地内的组织工作。现在有些根据地内如晋察冀边区等有了好的组织工作,军事、政治、财政、经济、文化、教育各方面都上了轨道。而在另外许多区域,则由于对支持长期斗争认识不足,还存在着很大弱点。必须认识今后的斗争是异常艰苦的,而要长期支持就必须改变过去粗枝大叶的工作作风,代之以有计划的细心的组织工作,并在各方面执行党的正确政策,否则必然要失败。

(十三)必须继续扩大与巩固八路军新四军及抗日游击队,这是保证抗战胜利的最基本的力量。扩大的方向是敌人占领区域。在人力物力已经发生困难的区域主要的方针是巩固,而在其他区域则主要的方针是扩大,并于扩大中巩固之。

（十四）在八路军新四军的一切作战地区，必须坚决执行中央关于瓦解敌军与伪军的指示，必须在今后一年中表现瓦解敌伪军的成绩，必须认识过去三年在这方面的成绩是微弱的。

（十五）在国民党区域的党，必须严格执行党的组织上的隐蔽政策与精干政策，而对党外则执行广泛的统一战线政策，以便揭穿与孤立投降派。

（十六）在日本占领区域则须认真建立党的组织，并须同样执行隐蔽政策与精干政策。对党外则在于谨慎的组织群众，加强工人运动，积极瓦解敌伪军，争取两面派汉奸，以便孤立日寇汉奸而最后驱逐之。

（十七）加强华侨工作，设法向印度、缅甸、荷印、安南、暹罗、菲律宾的民族独立运动取得联系，尽量给以帮助，使它们的斗争与我们的斗争配合起来。

中央号召全党同志为坚决执行上述各项政策而斗争，果能如此，则克服困难，克服投降危险，争取时局好转，是有保证的。

一九四○年七月七日

（选自中共中央党校党史教研室主编：《中共党史教学参考资料》）

11. 中国共产党六月提案①

一、请实行《抗战建国纲领》所规定之人民集会结社言论出版之自由：

甲、请明令保障各抗日党派之合法存在。

乙、请即释放一切在狱之共产党员，并保障不因党籍信仰之不同而横遭扣留、拘禁、非刑与歧视。

丙、请停止查禁各地抗日之书杂报志，对《新华日报》之出版发行，请予以法律保障，禁止各地之非法扣留，并允许该报登载中共之文件决议及其领导人之言论文字。

---

①一九四○年六月至八月，中共代表周恩来、叶剑英与国民党何应钦、白崇禧在重庆进行了九个月的谈判。本书收录的《中国共产党六月提案》、《中国国民党复案》、《中国国民党提示案》、《中国共产党八月复案》和《周恩来关于调整作战地区及游击部队办法之提议三项》等五个文件，是两党在这次谈判中提出的正式提案。曾摘录刊登在 1940 年冬南方局编印并散发的《团结抗战！反对内战！》一书上。——编者

丁、请通令保护十八集团军及新四军之家属，一律按抗战军人家属优待，禁止非法骚扰和残害。

二、请在游击区及敌占领区内，实行《抗战建国纲领》所规定之指导及援助人民武装抗日，并发动普遍的游击战。对各该地区之地方政权，请予开放，实行民主，对当地民众组织，力予扶植，使各党各界之人才，均能充分发挥反对敌伪斗争之能力与效果。为加强经济战争，避免敌人吸收法币，争夺外汇起见，请批准各游击根据地发行以法币为基金之地方流通券。

三、关于陕甘宁边区、第十八集团军及新四军问题：

甲、请明令划定延安、延长、延川、保安、安定、安塞、甘泉、鄜县、定边、靖边、淳化、枸邑、宁县、正宁、庆阳、合水、环县、盐池及河边之绥德、米脂、吴堡、葭县、清涧共二十三县为陕甘宁边区、组织边区政府、隶属行政院，并请委任林祖涵同志为边区政府主席。

乙、请扩编第十八集团军为三军师，其所属游击部队按各地战区所属游击部队同等待遇。

丙、请增编新四军至七个支队。

丁、为确定战争职责及避免误会和冲突计，请规定第十八集团军新四军与友队作战分界线。

戊、请依同等待遇，按时补充第十八集团军、新四军以枪械、弹、药、被服、粮秣及卫生通信交通等器材。

一九四〇年六月

12. 中国国民党复案

一、关于党的问题，俟宪法公布后再谈
二、关于陕甘宁边区问题

中央决定：

区域：绥德、米脂、吴堡、葭县、清涧、延安、延长、延川、保安、安定、安塞、甘泉、鄜县及定边、靖边两县之各一部（县城不在内），以上共十五县（内定边、靖边不完整）。

名称:改为"陕北行政区",其行政机关称为"陕北行政区公署"。

隶属及管辖"陕北行政区公署"暂隶属行政院,但归陕省府指导,并直接管辖该区内所属各县。

组织:区公署设主任一人,其详细组织由政府以命令定之。县以下之行政机构,一律不得变更。

政令:区内政令,一律按照政府现行法令办理。

人员:区内主任及各县县长准由十八集团军保请政府任命。

驻军:十八集团军在陕甘宁留守部队,一律撤至该区内。

附记:

(一)除此一区外,其他任何地方一律不得援例。

(二)各方面公务人员以及公物等件,经过该区时应给予便利。

(三)区内不准私自发行钞票。

(四)在绥德须设立军事委员会办事处及驻军。

(五)区内人民过去有反共情绪者,一律不得加以仇视。

三、关于十八集团军及新四军作战地境问题

中央决定:

(一)发表朱德为冀察战区副司令,免去第二战区副司令长官职务。

(二)(第一案)将十八集团军全部与新四军全部调赴河北省境内,并将新四军加入冀察战区之战斗序列,少数调赴该战区。

(第二案)将十八集团军之大部及新四军之全部调赴河北省内、其十八集团军之一部留置晋北作战,但所留部队应编入第二战区之战斗序列,但山西之政治党务军事,驻军不得干涉,绝对服从第二战区司令长官之命令。

(三)冀察战区之地域为冀察两省全部,其地境线为冀察两省与其他各省之交界线。

(四)战区地境为临时性非永久性,亦非政治性,军事委员会之作战命令绝对不受限制。

(五)十八集团军及新四军须于奉命后一个月内全部开到河北省。

(六)十八集团军及新四军调赴冀察战区河北省后,不得在原驻各地设立

留守处办事处通讯处及其他一切类似机关。

（七）冀察战区发表后，十八集团军新四军非奉军事委员会命令不得擅自越出战区地境线外，该战区内之作战行动，应绝对服从该战区长官之命令。

（八）冀察战区之军队，不得干涉地方政治及党务，北平及天津二市，仍直属于中央，并不得擅发钞票。

（九）冀察二省主席由中央遴选任命，省府委员得由战区总副司令保荐三人至五人。现任庞、石二主席须各率所部分驻扎大名蔚县附近，以便执行职权。

（十）十八集团军及新四军开入冀察战区后，除军事委员会别有命令规定外，其他各战区以及任何地方，一律不得再有十八集团军及新四军名义之部队。

四、关于十八集团军及新四军编制问题

中央决定：

（一）十八集团军除编为三军六个师三个补充团外，再加两个补充团，不准有支队（师之编制为整理师两旅四团制）。

（二）新四军编为两个师（师之编制为整理师两旅四团制）。

（三）十八集团军及新四军应遵守下列各条：

1.绝对服从军令。

2.所有支队纵队及其他一切游击队一律限期收束，编军之后不得再委其他一切名义或自由成立部队。

3.军事委员会随时派员点验。

4.人事经理遵照陆军法规办理，经费暂以军为单位，直接向军需局请领。

5.对于所属官兵之待遇，须遵照中央规定之饷章，军事委员会随时派员点验。

一九四〇年七月二日

13. 国民政府提示案①

一、关于党的问题

中央最后决定：

依照《抗战建国纲领》第二十六条之规定。

二、关于陕甘宁边区问题

中央最后决定：

区域：为陕省之绥德、米脂、吴堡、葭县、清涧、延安、延长、延川、保安、安定、安塞、甘泉、鄜县、及定边、靖边两县之各一部（定边县城不在内，靖边县城在内），甘省之合水、环县及庆阳之一部（县城在内）以上共十八县（内定边靖边庆阳不完整）其全部区域如附图〈略〉。

名称：改为"陕北行政区"，其行政机关，称为"陕北行政区公署"。

隶属及管辖："陕北行政区公署"暂隶行政院，但归陕省府指导。又区内各县，由该区公署直接管辖，不再设中间机关。

组织：区公署设主任一人，其详细组织，由政府以命令定之，县以下之行政机构，一律不得变更。

政令：区内政令，一律遵照政府现行法令办理。

人员：区内主任及各县县长，准由十八集团军保请政府任命。

驻军：十八集团军在陕甘宁留守部队，一律撤至该区内。

附记：除此一区外，其他任何地方，一律不得援例。各方面公务人员以及公物等件，经过该区时不得留难。区内不准擅自发行钞票。区内人民过去有与十八集团军感情不融洽者，一律不得加以仇视。在绥德须设立军事委员会办事处及驻军。

三、关于十八集团军及新四军作战地境问题

中央最后决定：

（一）取消冀察战区，将冀察两省及鲁省黄河以北，并入第二战区，阎锡山仍任战区司令长官，卫立煌、朱德仍分任副司令长官。（鲁省黄河以北，简称

---

①本案于一九四〇年七月十六日拟定，20 日发出，21 日送到。

鲁北,其区域包含——利津、蒲台、滨县、化、无棣、乐陵、惠民、德平、高河、陵县、临邑、济阳、德县、平原、禹城、齐河、思县、武城、夏津、临清、高唐、清平、博平、荏平、聊城、邱县、馆陶、堂邑、冠县、莘县、朝城、阳谷、寿张、范县、观城、濮县——共三十六县。其南面以黄河为界。)第二战区之地境如附图(略),但此项地境,为临时性,非永久性,亦非政治性。军事委员会之作战命令不受限制。

(二)关于作战指挥,应由战区司令长官禀承军委会命令办理。各副司令长官应绝对服从司令长官之命令,实行作战,并不得干涉战区内各省之政治党务,或擅发钞票。

(三)为遂行作战便利起见,晋东南方面,由卫副司令长官负责,冀察两省鲁以及晋北之一部,由朱副司令长官负责,晋西南方面由战区司令长官直接负责。

关于晋省内作战地境之细部划分,由阎长官统筹呈军委会核定。

(四)十八集团军全部及新四军全部,应扫数调赴朱副长官所负责之区域内(即冀察两省及鲁北晋北),并将新四军加入第十八集团战斗序列,归朱副长官指挥。

(五)十八集团军及新四军须于奉命后一月内,全部开到前条之规定地区内。

(六)十八集团军及新四军调赴前条规定之地区后,不得在原驻各地设立留守处办事处通讯处,及其他一切类似机关。

(七)十八集团军及新四军调赴前条之规定地区后,不得变更名义,留置部队或武器弹药于原地,更不得藉抗日民众力量为掩护,秘密武装在原地活动,以免惹起地方纠纷。

(八)十八集团军及新四军在前条规定之地区内,非奉军事委员会命令,不得擅自越出地境线外,又除军事委员会别有命令规定外,在其他各战区内以及任何地方,一律不得再有十八集团军及新四军名义之部队。

(九)冀察两省主席,由中央遴选任命,省府委员得由朱副长官保荐三人至五人。冀察两省政府暂设在大名蔚县附近,以便执行职权。

四、关于十八集团及新四军编制问题

中央最后决定：

（一）十八集团军除编为三军六个师三个补充团外，再加三个补充团，不准有支队（师之编制为整理师，两旅四团制）。

（二）新四军编为两个师（师之编制为整理师，两旅四团制）。

（三）十八集团军及新四军应遵守下列各条：

1. 绝对服从命令。

2. 所有纵队支队及其他一切游击队，一律限期收束。编军之后不得再委其他一切名义，或自由成立部队。

3. 军事委员会随时派员点验。

4. 人事经理遵照陆军法规办理。经费暂以军为单位，直接向军需局请领。

5. 对于所属官兵之待遇，须遵照中央规定之饷章，军事委员会随时派员点验。

14. 中国共产党八月复案①

一、悬案应行解决者：

甲、请依陕甘宁边区现在所辖之区域（见附图，略）划为陕北行政区，其区内组织，另以命令定之。

乙、请扩编第十八集团军为三军九师，其编制照甲种军及调整师办理。

丙、请改编新四军为三个师，其编制亦照甲种军及调整师办理。

丁、请改组冀察两省政府，两省政府主席由中共方面保荐，省府委员应包括各抗日有关方面人员。

二、关于划分战区问题：

甲、同意第十八集团军及新四军应划定作战地区与友军之作战分界线。

乙、但为实行上项原则，应请中央解决以下各项问题。

---

①本案于一九四〇年八月中拟定，九月初首提交中国国民党中委张冲先生转递。嗣因正值谈判作战地区问题，故暂行搁置未转，而后苏北冲突便起，此案遂搁置下来。

丙、各抗日党派之全国合法权：

1. 请中央明令保障各抗日党派及各抗日人民团体之合法存在；

2. 请即释放一切在狱之共产党员及其他抗日分子，并保障不因党籍信仰之不同而横遭扣留拘禁非刑与歧视；

3. 请停止查禁各地抗日之书报杂志，对新华日报出版发行请予以法律之保障禁止各地非法扣留，并允许该报登载中共之文件决议及其领导人之言论文章；

4. 请通令保护第十八集团军及新四军之军人家属，一律按照军人家属优待，禁止非法骚扰和残害。

丁、中国人民之敌后游击权：

1. 请明令指导及援助在敌占区扩大发展抗日的人民武装游击队；

2. 请明令规定在敌占区实行政权开放，建立民主的抗日议权，并扶植抗日的民众组织之发展；

3. 请明令规定抗日游击区有发行法币为基金的地方流通券职权，以加强各该区的经济战争，封锁敌人吸收法币夺取外汇。

戊、第十八集团军新四军之作战权：

1. 请规定华北五省第十八集团军新四军部队之作战地区，并规定其与友军在该区内之作战分界线；

2. 请依同等待遇，按时补充第十八集团军及新四军的枪械弹药被服粮秣及卫生通讯交通器材；

3. 请依扩军成例，先行补充第十八集团军及新四军一批枪弹器材（请领表另附）以便继续作战。

15. 周恩来关于调整作战区域及游击部队办法之提议三项

一、扩大第二战区至山东全省及绥远一部。

二、按照十八集团军新四军及各地游击部队全数发饷。

三、各游击部队留在各战区划定作战界线，分头击敌。

一九四〇年九月

16. 中共中央关于为击破国民党反共进攻所提十二条谈判条件致周恩来、叶剑英电

世亥电悉。我们应从各方面采取攻势,击破国民党的反共进攻:(一)皖南部队北开,但须延缓开动时间,解决补充条件,保证道路安全。(二)苏鲁皖三省部队事实困难绝对不能移动,立即停止霍守义、莫德宏之进攻,否则引起冲突,我们不能负责。(三)华北部队无饷无弹,如再不发给,迫至无路可走,惟有渡河下南。(四)停止进攻边区之军事部署,停止构筑封锁线,我们保证不向彼方攻击,所谓我向宜川宜君攻击,全是谣言。(五)彼方释放罗世文,我方释放孙启人。(六)停止陇海咸榆两路捕人扣车扣货,已捕之人、已扣之物一律释放回还。(七)如张国焘、叶青加入参政会,我方决不加入。(八)桂林办事处决不自动取消,如彼方要封,则让其封闭。(九)取消何应钦停发八路军军饷之命令,要求立即发给十一月经费及十月余欠。(十)停止石友三隔老黄河之行为,并停止其配合敌伪进攻八路军。(十一)保证各办事处之安全,如有逮捕暗杀、失踪等事,彼方应负其责。(十二)拒绝与何应钦、白崇禧谈判。要求与蒋直接解决问题,或与指定之他人谈判,否则宁可不谈判。以上十二项除参政员一项外,均用朱、彭、叶、项意见提出,由你们代表转达之。也不必同时一次提出,遇谈判某一项或某几项问题时,相机提出之,但各项态度均坚决不变。

一九四四年十二月一日

(选自《南京局党史资料》一九八七年二月)

17. 何应钦、白崇禧致十八集团军总司令朱德、副总司令彭德怀转新四军军长叶挺皓电

第十八集团军办事处叶参谋长剑英即转朱总司令玉阶彭副总司令德怀叶军长希夷钧鉴:民族之存亡,基于抗战之成败,抗战之成功,基于军纪之严明,第十八集团军及新四军在抗战之初期,均能恪遵命令,团结精诚,用克御侮宣勤,不乏勋绩,孰意寇氛未靖,龌龊丛生,纠纷之事渐闻,磨擦之端时起,张荫梧之民军横遭解决,鹿钟麟之省政复被摧残,晋叛军之捕逃,石友三之被

逐,不特自由行动,抑且冰炭相消,削减抗敌力量,中央以宽大为怀,冀全终始,以济难危,乃命应钦崇禧,与周副主席委员恩来叶参谋长剑英谈商办法,几经研讨,询谋金同,乃于本年七月十六日,综合商谈结果,提出极宽大之具体方案,呈奉核定,交周副主席委员于七月二十四日飞陕,与玉阶德怀诸兄切商遵办,并于七月二十八日,由应钦电令各部,饬与十八集团军新四军避免冲突,但周副主席委员返渝后,对于商定之案,迄无确切遵办表示,又提出调整游击区域及游击部队办法三种,致中央处理更感困难。最近十八集团军徐向前部,于八月十一日,分头向山东省政府所在地鲁村进攻。沈主席以遵令避免冲突后撤,十四日,徐部遂陷鲁村,又复继续进攻鲁省政府及所属部队,损失甚大,经统帅部严令撤退,并令于总司令学忠查报。据于总司令歌电复称,查徐向前部于十四日攻占鲁村,本部一再电徐制止撤出鲁村,徐当即复电愿遵令办理,但并未实行,迨新博一带之敌进犯鲁村,徐部乃于十八日不战而退,该地遂于十八日晨被敌占领,二十二日敌退,徐部复入鲁村,至二十三日始撤去等语。此外苏北方面,新四军陈毅管文蔚等部,于七月擅自由江南防区渡过江北,击袭韩主席所属陈泰运部,攻陷如皋之古溪蒋坝等地,又陷泰于黄桥及泰县之姜堰曲塘,到处设卡收税,收缴民枪,继更成立行政委员会,破坏行政系统,并截断江南江北补给线,统帅部严令制止,仍悍不遵令,复于十月四日向苏北韩主席部开始猛攻,韩部独六旅十六团韩团长遇害,五日又攻击八十九军,计掳去该军二十三师师长孙启人,旅长苗瑞体以下官佐士兵数千人,五日晚又继续袭击,致李军长守维翁旅长秦团长等被冲落水,生死不明,其他官佐士兵遇害者不计其数,现韩主席部以陆续撤至东台附近,而该军尚进攻不已。同时北面十八集团军彭明治部,复自十月六日起,由北向南夹击。查苏北鲁省皆非十八集团军与新四军作战区域,各该军竟越境进攻,似此对敌寇则不战而自退,对友军则越轨以相侵,对商定后提示之方案则延宕不遵,而以非法越轨视为常事,此不特使袍泽寒心,且直为敌寇张目也。综观过去陕甘冀察晋绥鲁苏皖等地历次不幸事件,及所谓人多饷少之妄说,其症结所在,皆缘于第十八集团军及新四军所属部队,一、不守战区范围自由行动,二、不遵编制数量自由扩充,三、不服从中央命令破坏行政系统,四、不打敌人专事吞并友军,以上四端,实为所谓磨擦事件发生之根本,亦即第十八集团军与新四军非法行动之事实,若不予以纠正,其将何以成为国民革命军之革命部队,除苏北事件委座已另有命令希切实遵照外,兹奉谕将前经会商并奉核定之中央提示案正式抄达,关于第十八集团军及新四军之各部队,限于电到一个月内,全部开到中央提示案第三问题所规定之作战地境内,并对本问题所示其他各项规定,切实遵行,静候中央颁发对于执行提示案其他各问题之命令。至周副主任委员恩来所提调整游击区域及游击部队办法三种,其第一第三两种,决难照办,其第二种应俟开到规定地境后,再行酌办,特并附达,盼复。参谋总长何应钦副参谋总长白崇禧皓秘印,附抄二十九年七月十六日中央提示案一份,周恩来所提调整游击区域及游击部队办法三种一份。

(选自台湾《中华民国重要史料初编》第五编)

18. 八路军总司令朱德、新四军军长叶挺等复何应钦、白崇禧佳电

限即刻到。重庆第十八集团叶参谋长剑英即转何参谋总长敬之、白副参谋总长健生两公钧鉴:两公皓电经过叶参谋长转到,奉悉。当以事关重大,处此民族危机千钧一发之时,为顾全大局,挽救危亡,经德等往复电商,获得一致意见,兹特呈复,伏乞鉴察,并祈转呈统帅核示祇遵。(甲)关于行动者。职军所有部队,莫不以遵照国策,服从命令,坚持抗战为唯一任务。四年以来,抗御众多之敌,并收复广大之失地,所有成绩,为国人所共睹,亦为委座迭次明令所嘉奖。即如此次华北百团大战,自八月号(十九)日开始以来,已经两月有半,现方进入第二阶段,曾奉委座命令,勖勉备至,全军感奋。又如皖东、皖南战役,粉碎敌之进攻,亦属最近期间之事。凡此所陈,非为自叙劳绩,实欲以表明遵照国策,服从命令,捍卫民族国家奋斗到底之决心,实贯彻于全军之上下,而未敢有丝毫或离也。其中一部发生龃龉事件,如尊电所示者,言之至堪痛心。其发生之原因,消除之方策,德等早经迭次陈明在案。最近苏北事件,德等已于马电详陈委座。鲁南事件亦有复杂原因,甚堪注意。除令该

地部队服从钩令约束行动外,拟请中央速派公正人员予以彻查,如属咎在职军,德等决不袒庇,愿受国家法律之处理;如属咎在他方,亦祈按情处理,以明责任。古人有言、兼听则明、偏听则暗、言之理正,贵得其平,况在艰苦异常之敌后抗战,多一分磨擦,即多一分困难,自非不顾大局专以磨擦为能事之人,未有不愿消除纷争团结对敌者。故德等主张彻底查明其是非曲直,便于永杜纠纷,以利抗战。倘承俯允,乞速施行。(乙)关于防地者。中央提示案中所列各条,七八月间经周恩来同志传达后,德等以中央意志所在,唯有服从,但下属苦衷,亦宜上达。缘华中敌后各部,多属地方人民为抵抗敌寇,保卫家乡而组织者。彼等以祖宗坟墓、田园庐舍、父母妻子所在,欲其置当前敌军奸淫掳掠之惨于不顾,转赴华北,其事甚难。委座庐山谈话及告沦陷区同胞书中所示,彼等又正衷心遵循,毫无违异,今忽令其离乡背井、驱迫上道、其事至惨。自平江惨案、确山惨案发生后,新四军后方各处如赣南、闽西、湘赣边区、鄂东、皖西、豫南等地家属及留守人员,横被摧残,毫无保障,今又欲华中各部北移,彼等凛于前例,莫不谈虎色变。况华北地区,水、旱、风、虫、敌五灾并至、树叶为粮、(此处似有脱文)左道相望,该地军民已甚感维持之困难,有请转移者,有请他调者,德等方力为抑止,告以苦撑,实亦甚难容纳其他之部队。以此种种,曾请恩来转呈中央俯允大江南北各部队仍守原地抗战,一俟驱敌出国,抗战胜利,自当移动以守集中之防地。兹奉电示,限期北移,德等再三考虑,认为执行命令与俯顺舆情,仍请中央兼筹并顾。对于江南正规部队,德等正拟苦心说服,劝其顾全大局,遵令移动、恳中央宽其限期、以便解释深入,不致激生他变,转增德等无穷之罪。对于江北部队,则暂时拟请免调,责成彼等整饬军纪,和协友军,加紧对敌之反攻,配合正面之作战,以免操之过急,转费周章。德等对于此事,深用苦心,欲顾全地方,则恐违中央之命令,欲执行中央之命令,则恐失去地方人心,而抗战胜利,全赖人心之归属,两公高瞻远瞩,必不河汉斯言。目前正属奸伪思逞,谣言纷起之时,理宜策动各方统一对外,以免为敌人所乘,自招分崩离析之祸,且煎熬太甚,相激相汤,演成两败俱伤之局,既非中央之用心,更违德等之所愿。我为蚌鹬,敌为渔人,事与愿违,反悔无及;此则德等肺腑之言,深愿为两公一吐者。两公虚怀若谷,全局在胸,必能维持调护,挽此艰难之局,固不待德等多言也。(丙)关于编制者。义军孤悬敌后,欲杀敌致果达成统帅所付之战略任务,并尊重三民主义与抗战建国纲领所示原则,唤起民众,组织民众,组织游击队,因而超过原来编制,此任务与组织之联带关系,实亦有其不得不然者。然以十五万之众,领四万五千人之饷,虽有巧妇难以为炊,故不得不委诸民众协助,因而于敌后中有敌寇而无友军之处,于驱除敌寇之后,建立抗日政权,创造抗日根据地,以民众之衣粮,给民众之武力,御凶残之敌寇,卫自己之家乡,诚有未可厚非者。惟衣单食薄,艰难作战,历尽人间之至苦,然不为法律所承认,不为后方所援助,则精神痛苦,无以复加,故有请中央允予扩充编制之类。中央亦为顾全事实起见,允予酌为扩编如提办案内所示,职等闻之,实深庆幸。兹所求者即请早日实行,并请对于编制额数酌予增加,以慰前线将士之心,亦为国家培养一部可靠之抗日力量,非第楚弓楚得,无用怀轩轾之心,实亦为国为家,正赖此干城之选。(丁)关于补给者。敌后艰苦,已如上述,而子弹、医药、用品等件,尤为缺乏。职军已十四个月来未蒙发给颗弹片药,有一枪仅余四发、五发子弹者,有一伤仅敷一次、两次药物者,××(缺损二字)作战则子弹缺乏,肉搏负伤则听其自然。虽明知中央亦处艰难境地,然义军之特殊困苦,不得不上达聪听,以求于艰难之中,稍护涓溪之助。其他补给各项,均曾列数上陈,敬请一并核示。(戊)关于边区者。陕甘宁边区二十三县一案,悬而未决者四年于兹。近且沿边之周围,驻屯大军二十余万,发动民夫修筑三道之封锁线,西起宁夏,南沿泾水,东迄河滨,绵亘数省,规模宏大,耗巨额之经费,筑万里之长城,而于远道北来之青年学生及职军往来人员,或被扣留暗杀,或被监禁于劳动营,以此争相惊疑,纷纷揣测,不日大举进攻,即日准备妥协,德等闻之盈耳,辩之焦唇,良以悬案未决,反加封锁,空谷来风,猜疑易启,亦无怪其然也,合亟恳请中央对于悬案则予以解决,对于封锁则予以制止,释军民之疑虑,回合作之根基,实一举手一投足之劳耳。(己)关于团结抗战之大计者。德等认为抗日至于今日,实争取最后胜利千载一时之机,盖帝国主义战争扩大持久之形势已成,日寇正忙于应付太平洋上严重局面,如能坚持团结抗战国策,不为中途之妥协,不召分裂之惨祸,则我中华民族必能在我最高领袖及中央政府领导之下,争取独立解放之出路。惟德等鉴于近月以来,国际国内之许多阴谋活动,诚有不能己于言者。闻日寇正策动中国投降,软计与硬计兼施,引力与压力并用。德国则采劝和政策,欲诱中国加入三国同盟。而国内一部分人士,复正在策动所谓的反共高潮,肃清投降道路,内外相煽,欲以所谓中日联合"剿共"结束抗战局面,以内战代抗战,以投降代独立,以分裂代团结,以黑暗代光明,其心至险,其计至毒,道路相告,动魄惊心,时局危机,诚未有如今之甚者。德等转战疆场,不惜肝脑涂地,苟利于国,万死不辞,所祈求者惟在国内团结不能破裂,继续抗战不变国策,故于钧座所示各节勉力进行,而对部属弱点,则加紧克服。亦求中央对于时局趋向,明示方针,拒绝国际之阴谋,裁抑国内之反动,而于联合"剿共"内战投降之说予以驳斥,以安全国军民之心,复望改良政治,肃清贪污,调整民生,实行主义,俾抗战重心,置于自力更生基础之上,此皆国家民族成败之所关,万世子孙生存之所系。心所谓危,不敢不告,敬祈转呈委座,采择施行,无任屏营待命之至。第十八集团军总司令朱德,副总司令彭德怀,新四军军长叶挺,副军长项英同叩佳。(一九四四年十一月十九日)

(选自台湾《中华民国重要史料初编》第五编)

19. 何应钦、白崇禧复朱德、叶挺等齐电

(特急)第十八集团军办事处叶参谋长剑英,即转朱总司令玉阶,彭副总司令德怀,叶军长希夷,项副军长英钧鉴:密,佳电诵悉,已转呈委座,另有命令由刘次长(按:即刘斐)嘱叶参谋长传达饬遵。惟应钦,崇禧深觉兄等来电所陈各节,大都以对外宣传之词令,作延缓奉行之口实;似此呈复命令,未免太乏真诚! 夫坚持抗战,争取胜利,必须有彻底统一之军令,使各部队分工合作,共同一致,而后防战攻守,乃能悉中机宜;必须有严格整齐之军政,使各部队质量配备,皆遵规定,而后抗战御侮乃能集中有效;同时地方行政系统,不容擅加割裂,袍泽同心杀敌,不容阴谋兼并,是皆克敌致果不易之原则,亦即全国各军所应必守之纪律。兄等身为军人,自必深明此义,今披阅来电,按之事实,则兄等对统帅命令,仍以推诿延宕为得计,迄无确切遵从之表示;而凡所

指陈，更以避实就虚为掩护，绝无平心静气之反省；此实应钦，崇禧之所大惑，且对兄等不胜其痛惜，而愿再竭精诚，以相告语者也。

来电不云乎？该军所有部队，莫不以遵照国策，服从命令，坚持抗战，为唯一之任务；倘事实洵如所言，是乃统帅之所殷切期勉，举国之所共同仰望；然而兄等部队之实际行动，果何如者？第十八集团军，自抗战之始，即列入第二战区之战斗序列，新四军自成立之初，即列入第三战区战斗序列，均各有指定之作战目标与作战地境。乃对此命令规定之范围，迄未始终遵守，以求达成任务，始则自由侵入冀、察，继则自由分兵鲁省，终则阴移新四军，渡江而北；明派扰鲁部队，伺隙而南，桴鼓相应，夹击苏北；似此擅离规定之战区，夹击苏北之友军，究系遵何命令？而且所到之处，凡属友军，莫不视同仇敌，遍施袭击，苟非意存兼并，宁至一无例外；此种任意相残之战争，又系遵何命令？其尤可痛者：各该省区，原有各军，受命抗敌，对于兄等部队之突来攻击，事前既略无猜疑防范之心，临时更力避冲突为志；因之当受不意之夹击，竟由忍让而被创；及至事后又须恪遵中央严禁阋墙之旨，未敢稍存报复之心，只有纷向中央呼号哀诉，佥谓：苦斗前方，不败于当面凶悍之敌寇，而将亡于并肩作战之袍泽。应钦，崇禧每览前方此类报告，既不胜一一上闻，更无词可以相慰，往往揽电踟蹰，咨嗟累日；而兄等部队侵袭之计已售，割掠之势坐成。来电所谓龃龉事件，所谓磨擦纠纷，胥属于由此而生。祸端谁启，责有久归，通国皆已共见，盖无论苏北或鲁南各区域，实与新四军及十八集团军所指定作战之地区，固风马牛不相及也。如果贵军能服从命令，不作此规外行动，则磨擦何由而起，纠纷更无由而生，此固不待智者而明矣。

且自兄等自由行动以来，统帅迭有命令制止；讵兄等部队于提示案送达后三个月内，反愈变本加厉，相继大举攻击鲁、苏、统帅又严令制止，然兄等遵令撤出鲁村之报告甫来，而苏北喋血之巨变重起。默查兄等部队之所为，不惟不体念中央委曲求全之苦心，且更利用中央一再优容爱护之厚意，冀逐渐扩充而一气贯通晋、冀、鲁、苏，完成其外线长蛇之势，又无与敌寇纠缠之劳、驯至师行所至，见敌则避，遇友则攻，得寸进尺，更无止境，既存兼并之心，遂忘寇患之亟；我之所痛，即为敌之所利。河北方面，自鹿、朱、高、孙等部，因兄等横施攻击,奉令调开以后,我军实力遽行薄弱;敌遂得舒其喘息,部署军事,发展交通;故一面兄等部队方庆握手苏北暨正渲染宣传百团大战之时,一面敌人横断河北之德石铁路,自本年六月中旬动工,未受丝毫障碍,竟得迅速完成者,且于十一月十五日大事铺张,举行开车典礼。此即兄等排除友军,自残手足,养寇资敌,所谓团结抗战中实际行动之表现也。

至对于政治方面,在兄等部队所到之处,凡县以下之基层机构,则假借民意以摧毁之,凡主管全省政务之省政府,则罪以磨擦口号,滥用暴力以破坏之;上自地方军政当局,下至县乡工作人员,该军欲加排除,则一律诬以投降妥协之恶名,驱迫残戮,极人间之至惨!在晋、冀各地如是,在苏鲁战区亦复如是,闻者惊人,见者错愕!而身受迫害之军民,间关幸免,怨愤相訾,至谓该军在晋、冀、鲁、苏之所为,迹其手段,几与敌人到处残戮我同胞与制造傀儡维持会之方式,如出一辙。揆其居心,则凡敌后各地,非属该军设置之政治组织与民众力量,必须一网打尽,为虎作伥,为敌前驱。此言虽激,亦既为道路所彰闻;而兄等乃至称为"驱除倭寇之后,建立抗日政权";其实,凡在中央命令系统下设置之地方组织,何一非抗日政权,该军特为标揭,显存彼此之心,别抱扬抑之见。况若干敌后地方,原无敌人盘踞,该军开至其地,放弃原来任务,已违作战本旨;即该地系为该军所收复,如果服从命令,亦应将其行政组织,交由中央设置之省政机关,负责建立,不容别立系统,辄自把持;否则,全国各战区作战部队,设均效法兄等所为,到处自由建立政权,则中央对于各省之行政组织,岂不根本解体,再无维持余地。不惟此疆彼界,形成封建割据之局,而当前领导全国民众艰苦抗战之大业,岂非纲纽尽解,再无提挈可能。此则兄等部队在抗战之中,破坏政治军事之实情也。

抑兄等来电所称之防地,竟并指华中敌后该军所到地区而言,似谓该军由攻击友军,破坏行政系统,而自由调入之各地方,均应为该军所据有,亦且有移动之困难,非中央所得而区处,否则且影响人心。夫部队作战地境及任务,皆由统帅部命令所指定,决无固定而不能遵命移动之防地;如非别具作用,则任何部队,皆应奉令开调,更无失去地方人心之理由。须知冀、察、鲁、苏、豫、鄂、皖等战区内,中央均于敌军后方,配置正规军及大量游击队,其余地方团队及民众武力,则规定由地方政府统率,在军事统一指挥下,一致抗战。实施以来,军政双方,极为协调,民众配合,亦极融洽,抗绩昭著,实力增强;若无兄等自由行动之部队擅自侵袭其间,不使各友军腹背攻击之忧,民枪被收缴之害,民粮被征光之苦,损伤军民作战力量,逼其自相抵消,则在敌后方之战绩,庸讵止此!

至兄等谓:"华中敌后,多属地方人民为抵抗敌寇,保卫家乡而组织者,欲其置当面敌军奸淫掳掠之惨于不顾,转赴华北,其事甚难"云云。将谓此项部队为正规军耶?则正规军队岂有不能遵令调动之理?信如所云,则凡籍隶战区各省,如冀、鲁、豫、苏、湘、粤、桂等省之部队,均将不能调赴其他战场作战,有是理乎?将谓此为地方团队及民众游击武力耶?则中央早有明令,概归地方政府负责统率管理,非兄等职权之所应过问,更不能谓与兄等所部发生关系,遂应将其人数武器全部纳入兄等部队编制之内,反使各地民众倍增胁徒之痛也。因此,又证明兄等来电所谓编制方面,因任务与组织之连带关系,因而超过原来编制,现在有五十万人之说者,果指此而言乎?夫统帅部对于各军任务分配,均祝其军队之素质与敌寇之情况,而规定作战之地区与作战任务;第十八集团军原在晋北作战,新四军原在江南作战,其性质装配,皆与规定地区恶相配合,乃兄等均不遵照命令,擅自放弃规定任务,而肆意越境略地,夺枪勾兵,自由扩编,放十八集团军遵令改编之始,原仅四万五千人,而至今竟称为五十万人,今姑不问其人员武器有无虚实,亦不计裹胁成军能否作战;而事前既未照章核准,事后又不许中央过问,仅要求中央照数发饷;现在全国集团军总司令计不下数十人,从未有未经奉准,而自由扩编者;敌后游击队,且不下百余万,亦未有不经点验编组,而自由领饷者,兹兄等所称人数,若为未奉核准,而擅作毫无限度之扩编,恐再阅几时,势必号称百万;中央安有如许财力,地方安有如许民力,供给此核定数目以外,无限制之兵源?数本无此数,而漫为虚报,则法定编制尚应剔除缺旷,更无不经点验而滥发之理。苟有其一,皆悖抗战建国,统一军政之原则。

至于补给方面,该军年来新领子弹、药品,中央均按照该军法定编制及作战消耗状况,充分发给,与其他国军一律待遇,毫无差别;乃兄等来电竟谓:

"十四个月未发颗弹片药,有一枪仅余四发五发者,有一伤仅敷一次两次药物者。"倘果如所言,则此十四个月来,该军在河北连续攻击鹿钟麟、朱怀冰、高树勋、孙良诚各部,在山东连继攻击沈鸿烈等部,在苏北连继攻击韩德勤等部,以及其他各地攻击友军之一切行为,其弹药从何而来?而且最近第八十九军军长李守维等多数师旅团长,皆被新四军与十八集团军不意袭击南北夹攻以殉职矣。国人方谓中央以抗敌之饷粮,弹药,赍为该军攻击友军,蹂躏地方之资,多加责难,而来电抹煞事实,尚以久未补给为言,其将何以自解?

再如来电语及边区问题称:"边区二十三县一案,悬而未决,四年于兹";又称:"群相惊疑,纷纷揣测";及"悬而未决,又加封锁",云云。查所谓边区,纯系兄等自由破坏地方行政系统之不法组织,中央迭经派员与兄等商洽,蕲求正当解决,而每度洽商结果,均以兄等坚持特殊组织,不容中央一切政令实施于该区,体制规章必欲独为风气,复对地域范围争持固执,以致迄无成议。此何得视为悬案?且中央虽不承认所谓边区之法律地位,固始终为抗战大局而曲予优容,初来尝因该军之侵凌压迫,而有一兵一卒相还击;而兄等部队,则已驰突数省,军政大员之被残害者,已不可数计,以视兄等动辄夸大宣传之平江事件,确山事件,重轻之去,何啻天渊!何况平江,确山等处,皆非兄等防地,无论中央与地方,亦未有明令之许可,贵部更无任意擅留之理由;而且当此敌探汉奸潜伏各地,甚至冒称各军名义,肆意扰乱,为害后方之时,若不严格取缔,谁能认其真伪,辨其邪正!各地政府职责所在,自不能不依法处理。如果贵部能严守法纪,不越规擅留,则此等平江、确山事件,即无从发生。乃兄等不自反省,竟以此为口实,颠倒是非,信口雌黄,此岂团结一致,精诚抗战之所为乎?今中央提示案,对于边区已示宽大解决之道,若仍有意违延,不肯接受,专图散布蜚语,中伤中央,冀达扩张割据地盘之私欲,则视听昭彰,是非俱在,岂能尽掩国人之耳目?

此外,来电中最足令人骇诧之点,即谓"国内一部分人士,正在策动反共高潮,肃清投降道路,内外相煽,欲以所谓中日联合剿共,结束抗战局面,以内战代抗战,以投降代独立"……又称:"求中央对于时局趋向,明示方针,拒绝国际之阴谋,裁抑国内之反动……等语。"查中央执行抗战国策,一贯不变,迄来敌伪势蹙力穷,我抗战方针之正确明显,抗战决策之坚强有效,不唯全国妇孺所共知,即友邦人士与国际舆论亦皆一致称颂,今不意兄等乃竟不察事实,而尚有请中央明示方针之要求,至所谓"中日联合剿共结束抗战局面……"恐只有汉奸伪组织发此呓语,即敌寇亦已不敢再存此妄想;而兄等反为此言,诚何异为敌伪张目! 更不知兄等曾否计及此言之将摇惑人心,而贻抗战以极不利之影响? 抑兄等迭次对于各地友军之攻击,均先加以妥协投降之名,今观来电所称,诚又未明意向之何在矣?

溯自抗战开始之时,中央以精诚团结,一致御侮相倡导,兄等以取消原来特殊军政组织,实行三民主义,归属于中央统一指挥之下,矢诚矢信,胥以国家民族利益为前提,用能使举世刮目,敌寇丧胆,以奠抗战胜利之始基;诚使兄等率循初志,服从命令,尊重法纪,督率所部恪守军人本分,发挥军人天职,终始一贯,为国效命,事之可幸,孰逾于斯! 不意抗战方及中途,而兄等部队渐有背离国策,玩忽军令之行动。兄等不加戒饬,致使迷途日远,举措益非,诚不能不引为痛惜! 检讨最近一年以来,兄等部队之行动,弃置当面之敌寇,惟务地盘之扩充,遵照国策之谓何? 逾越指定之战区,阻挠军令之执行,服从命令之谓何? 日寻攻残之纷争,抵消作战之效力,坚持抗战之谓何? 然而中央为顾全抗战之大局,统帅为爱护抗战之实力,对于兄等部队种种违令干纪之行动,不惟迄今大度包容,不如罪谴,而且始终顾全,期以精诚相感;始则改划作战地区,屡将被兄等攻击之国军,设法他调,以避免磨擦;最后,且不惜将抗战有功之冀察战区总司令鹿钟麟与该战区抗战有功之国军各部,均予调开,而如提示案中所示,准予玉阶兄指挥冀察区内指挥之大权,俾十八集团军及新四军,全数集中该区域内,得有广大之作战地域,尽量发展抗战之功用,并免与友军亲处,根本消除所谓磨擦之因素,藉使全国各军,同仇敌忾,无所牵制,得以各对当面之敌,专心作战。中央之所以维护兄等所部,委曲求全,盖已无微不至矣。切望兄等迅即遵令将黄河以南之部队,悉数调赴河北,厚集兵力,扫荡冀察残敌,完成抗战使命,全国军民同胞,所薪求于兄部者,惟此而已矣!

总之,提示案中对于兄等希望之一切问题,均已体切规定,平停至当,应钦、崇禧十月皖电复本革命大义,开诚规劝,此次委座续发命令,又更逾格体谅,宽展限期,务盼兄等确切遵照,依照实施。应钦、崇禧所以不惮再三申告,纯为贯彻抗战国策,争取最后胜利,确认军令法纪之尊严,必须坚决维持,始能策励全国军民,共趋一鸽;亦惟有冀兄等听从军令调度,忠实执行任务,始能有裨于抗战。中央对兄等所部自必爱护扶持之有加。若仍放弃责任,专以扩地凌人为目的,任命智辩如何动听,而前方袍泽鉴于晋、冀、苏、鲁之前辈,势必人人自危,中央亦难终遏其悲愤。所愿兄等,推察本源,抚躬循省,屏绝虚矫,憬念时艰,勿为敌伪所称快,勿为同胞所痛心,深惟覆巢完卵之戒,切悟焚萁煮豆之非,同仇御侮,必出以真诚,善始全终,宜持以贞信! 本急公忘私之义,求遄来谏往之功,时机不容再误,遵令公忠,一枪一弹,皆为杀敌而施,同德同心,永绝萧墙之隙。现在举国军民皆对抗战抱有必胜信念,而所鳏鳏引为忧虑者,厥为兄等部队之纵横争夺,以损及军事之效能:倘得由兄等翻然悔悟,放弃规外之行动,负起抗敌之大任,将见寰宇鼓舞,精神愈奋,胜利靠近,来电所谓"国家民族成败之所关,万世子孙生存之所系",其在斯乎! 其在斯乎! 尚希兄等熟思而深察之,幸甚! 幸甚! 参谋总长何应钦,副参谋总长白崇禧。齐秘。

(选自台湾《中华民国重要史料初编》第五编)

20. 八路军朱德、彭德怀总副司令关于政府当局停发经费事致何应钦电

〈衔略〉顷因何部长应钦停发敝军经费事,特致何部长询问理由一电,文曰:"限即刻到,重庆军政部何部长应钦勋鉴:据敝军西安办事处报告,皓日掘军需局面告,奉何部长命令,从本日起,停止发给十八集团军经费,即十月份未领之二十万元,亦一律停发等语。贵部长果有此命令否耶? 抑军需机关妄说耶? 如有此命令,则用意何在? 欲使饥寒交迫之敝军立即饿死冻死耶? 抑别有深谋秘计非德等浅陋所能窥测耶? 谨电奉询,即祈赐复。朱德彭德怀叩位等语。"查敝军经费特少,早已饥寒交迫,今仅此少数经费而亦停发,不啻置敝军于死地。敬祈主持公论,仗义持言,取消惨无人道之乱命,维持艰难百战

之饥军,则拜赐大德,无有穷期矣。朱德彭德怀叩艳。

(原载一九四〇年十二月一日延安《新中华报》)

21. 蒋委员长手令新四军展期限令北移

令朱彭叶项(即发)。前令第十八集团军及新四军各部,限期开到黄河以北作战,兹再分别地区宽展时期。凡在长江以南之新四军全部,限本年十二月三十一日开到长江以北地区,明年一月三十日以前,开到黄河以北地区作战。现在黄河以南之第十八集团军所有部队,限本年十二月三十一日止,开到黄河以北地区,希遵照何白正副参谋总长十月皓电所示之作战地境内,共同作战,克尽职守,毋得再误。此令。蒋中正。十二月九日。

(选自台海《中华民国重要史料初编》第五编)

四、皖南事变发生,国共合作濒于破裂边缘

1. 国民政府军事委员会通令

据第三战区司令长官顾祝同删(十五)亥电称:国民革命军新编第四军违抗命令,不遵调遣,自上月以来,在江南地区,集中全军,蓄意扰乱战局,破坏抗日阵线,阴谋不轨,已非一日。本月初,自泾县潜向南移,竟于四日胆敢明白进攻我前方抗日军队阵地,危害民族,为敌作伥,丧心病狂,莫此为甚。我前方被袭各部队,对此不测之叛变,若不忍痛反击,不仅前线各军之将士无以自卫,而且整个抗战之国策,亦必被其破坏无余,瞻念前途,痛愤无已,职为应付危急,伸张纲纪,不能不为紧急处置。关于该军叛变全部阴谋,业于元(十三)日将拿获该军参谋处长之供词,电陈钧鉴。兹已将该新编第四军全部解散,编遣完毕,该军军长叶挺于当时就地擒获,该军副军长项英潜逃未获,正在饬部严缉归案。所有处置新四军叛变经过,理合先行呈报,敬候钧核示遵

等语。据此,该新编第四军抗命叛变,逆迹昭彰,若不严行惩处,何以完成国民革命军抗战之使命,着将国民革命军新编第四军番号即予撤销,该军军长叶挺着即革职,交军法审判,依法惩治。副军长项英着即通令各军严缉归案讯办,藉伸军纪,而利抗战。特此通令。

一九四一年一月十七日

(选自台湾《中华民国重要史料初编》第五编)

2. 国民政府军事委员会发言人为制裁新四军叛变经过发表谈话

此次事件,完全为整饬军纪问题。新编第四军之遭受处分,为其违反军纪,不遵调遣,且袭击前方抗战各部队,实行叛变之结果。缘中央为调整军事部署起见,曾于二十九年十二月九日下令,限新四军全部于去年十二月三十日以前,开到长江以北地区,三十年一月三十一日以前,开到黄河以北地区作战,并指定繁昌、铜陵一带,为其北移路线。讵该军并不遵照命令行动,又复藉端要索,希图延宕。顾长官为维持军令尊严,督令该军,遵由原地北渡。该军悍然不顾,仍擅自行动,非特不向北渡江,而自由泾县向太平地区南窜,企图袭击上官总司令部。适第四十师由苏南换防,调至后方整训,新四军早已详悉其行军道路,及知该师于本月一日到达三溪,遂于四日晚,全部潜赴茂林(泾县南约八十里),分兵左中右三路,向该师袭击。该军仓卒被袭,不得不加以抵抗,藉资自卫。第三战区顾司令长官,为整饬纪纲,乃下令制裁。至十二日止,该军已被全部解散,所有拿获该军长叶挺,现已交军法审讯,该军番号业经明令撤销,此该军违反军令卒被制裁之经过也。

此次新四军违令叛变,非出偶然,而实本于该军一贯之阴谋。据顾长官元亥电转报,拿获该新四军参谋处处长赵凌波之供词,即可明瞭其真相。该项供词如下:

一、叶挺等奉令开动时,即决意不遵令北调,早已定谋,移赴苏南,先盘踞金坛、丹阳、句容、郎溪、溧阳等县,扩充东南政治分局,加强机构,期于短期内,掌握京、沪、杭三角地区,建立根据地。

二、先以政工人员干部官佐武装士兵，陆续开赴苏南，在金、丹、句、郎、溧五县间，扩充细胞，以待全部到达后，展开反抗，并并吞第二游击区内之抗战国军再演苏北黄桥之局势，以便向太湖浙西扩展。

三、为要挟开拔费及弹药各五十万计，集中全部兵力于泾县繁昌一带。

四、嗣奉令规定由皖南原地渡江，颇为失望，但仍希领到弹款，再藉口敌舰封锁，决不由皖南渡江，以贯彻盘据苏南之目的。

五、第四十军由苏南换防调至后方整训，新四军详悉其行军道路，嗣知该师于一日下午到达三溪与榔桥镇之间，新四军认为此乃其袭击第四十师唯一之机会，遂于江（三）日定谋，支（四日）夜全军潜赴茂林，分兵左中右三路，取先发制人之手段，以期各个击破。其所定计划，系歼灭第四十师后，即以其左支队，在丁王殿、板桥一带，牵制一〇八师，以中右两支队急趋胡乐司，甲路东岸一带。夺取仓库被服粮弹，直袭某地上官总司令部，然后与左支队分趋郎溪溧阳，会同苏南部队，再夹击冷欣部及郎溪一带抗敌之国军，造成扩大扮乱之局，使中央穷于应付，胁迫中央容纳其要求。

六、叶项等微（五日）辰分发各电，婉转陈词，系故作缓兵之计，且佯示无意启衅，以便嫁祸国军等语。

该军叛变阴谋，昭然若揭，第四十师仓卒应抗，出于自卫，顾长官对该军相机处置，全部编遣，实为维持军纪上之必要措施。

当此全国抗战一致团结之际，竟发生此种叛变之事，殊可痛心，中央以军令必须贯彻，纲纪必须维持，而后方能争取抗战之最后胜利，故断然将该军番号取销，并将叛军官长分别交军法审判严缉治罪。此次事变，幸赖前方将士戮力用命，当地民众明辩忠奸，协助戡乱，而新四军官兵中大多皆深识大义，不甘附逆，纷纷投诚，用能于数日之中，平定变乱，此未始非顾长官应变若定所致也。

一九四一年一月十七日

（选自台湾《中华民国重要史料初编》第五编）

3. 国民党中央宣传部等关于皖南事变宣传要点代电

各级党部等钧鉴:兹颁发第一二六次宣传要点如下:皖南新四军一万余人借口遵命北移,不遵统帅部指定路线,竟由太平向东南进发,拟先解决上官司令部,再消灭冷部,进据江南,并拟由江南进入苏北,攻击韩德勤部,以达其窃据江苏全省之阴谋。该军一再违抗命令,吞并友军,自应受军纪严厉之制裁。……我宣传机关对于此事应注意次列两点:(一)此次事件纯出于皖南新四军之不遵命令,攻击友军,在纪律上自应受相当之制裁,乃纯粹军纪问题,绝不含政治的或党派斗争的意义;(二)军纪之执行以行为为根据,此次违抗命令破坏军纪者只新四军,各言论机关如有评述应以新四军为范围,予以评述,对中共及十八集团军可勿涉及,希即查照办理为要。中央宣传部、军事委员会政治部、三民主义青年团中央团部子梗印。

一九四一年一月二十三日

(选自台湾《国民政府军令部战史会档案》(二十五)11651)

4. 中共中央关于皖南事变的指示

一、皖南新四军军部及主力八千余人于本月四日起,开始遵照党中央向国民党让步的决定服从蒋介石命令,向江北移动,不料国民党当局早有"聚歼"计划,我军行至泾县之茂林即为国民党军队七个师重重包围,激战七昼夜,全部覆没。这是抗战以来国共同党间,也是抗日民族统一战线内部空前的严重事变,应该引起全党及全国人民的注意。国民党现已公开宣布新四军叛变,叶挺交军法审判。国民党这一政治步骤,表示他自己已在准备着与我党破裂,这是七七抗战以来国民党第一次重大政治变化的表现。

二、国民党这一表现的原因是:

第一,亲日派何应钦及CC系陈立夫等经过反共,准备投降的阴谋活动。

第二,顽固派头子及英美派代表,由于英美集团与德意日集团间矛盾之扩大与英美拉拢中国之积极,及日本在中国的进攻行动受到了英美的牵制等原因,他们的气焰大为高涨,认为此乃向我党进攻以巩固其统治的有利时机。皖南事变即是三国同盟以来国民党内亲日派英美派同谋的一连串反共事变的继续发展。

三、皖南事变及国民党的公开处理,在全国人民及全世界公正人士前面,暑露着国民党破坏抗战破坏团结的真面目,暴露着他们的阴险毒辣,没有信义,没有道德,它将使国民党的威信大受损失,同时揭破其关于统一军令政令之宣传的全部虚伪性。因此,皖南事变同时造成了我们在政治上给国民党亲日派英美派向我们的进攻以有力回击的有利条件。新四军是积极抗日的,北移是服从命令的,现在得着的是被消灭,被宣布为叛变与被交军法审判。一切理由都在我们方面。

四、为了反对国民党的进攻,中央特决定:

甲、在各抗日根据地内经过刊物、报纸、会议、群众大会,对于国民党亲日派顽固派同谋歼灭皖南新四军的行动,提出严重抗议,并到处提出下列口号:

(1)立刻释放叶军长,释放一切被俘将士,抚恤伤亡,惩办祸首!

(2)立刻停止华中二十万大军前进"剿共",反对内战,中国人不打中国人,前线国军同八路军新四军团结起来,枪口一致对日!

(3)立刻停止陕甘宁边区周围的碉堡线,把一万万元的碉堡建筑费,用到国防建设上去,用到改善人民生活上去!

(4)取消一党专政,改革政治机构,实行民主政治,召集真正代表民意的国民大会。释放张学良、杨虎城、马寅初以及一切抗日救国的政治犯。保障言论、集会、出版的自由!

(5)坚持抗战,坚持团结,坚持进步,驱逐亲日派头子何应钦、陈立夫!

乙、在宣传鼓动工作中应无情地揭破国民党当局自抗战以来,对人民,对革命分子则肆意压迫与屠杀,对日寇汉奸则消极应付与宽容,有功者罚,有罪者赏等一切倒行逆施的黑暗的反动的方面;指出只有改革政治机构,实行民主,才能使抗战坚持到最后胜利。

丙、八路军新四军在政治上、军事上应充分提高警觉性和作战的充分准备。

丁、在大后方应经过各种不使党的组织遭受破坏的、侧面的、间接的方式去动员舆论与群众,特别抓住物价高涨去提高人民的不满情绪到要求驱逐亲日派,改组国民政府,实行民主抗日的水平。

一九四一年一月十八日

(选自中共中央党校党史教研室编:《中共党史教学参考资料》)

5. 中国共产党中央革命军事委员会命令

国民革命军新编第四军抗战有功,驰名中外。军长叶挺,领导抗敌,卓著勋劳;此次奉令北移,突被亲日派阴谋袭击,力竭负伤,陷身囹圄。迭据该军第一支队长陈毅、参谋长张云逸等电陈皖南事变经过,愤慨之余,殊深轸念。除对亲日派破坏抗日、袭击人民军队、发动内战之滔天罪行,另有处置外,兹特任命陈毅为国民革命军新编第四军代理军长,张云逸为副军长,刘少奇为政治委员,赖传珠为参谋长,邓子恢为政治部主任。着陈代军长等悉心整饬该军,团结内部,协和军民,实行三民主义,遵循《总理遗嘱》,巩固并扩大抗日民族统一战线,为保卫民族国家、坚持抗战到底、防止亲日派袭击而奋斗。

一九四一年一月二十日,于延安

(原载一九四一年一月二十六日延安《新中华报》)

6. 中国共产党中央革命军事委员会发言人对新华社记者的谈话

此次皖南反共事变,酝酿已久。目前的发展,不过是全国性突然事变的开端而已。自日寇和德意订立三国同盟之后,为急谋解决中日战争,遂积极努力,策动中国内部的变化。其目的,在借中国人的手,镇压中国的抗日运动,巩固日本南进的后方,以便放手南进,配合希特勒进攻英国的行动。中国亲日派首要分子,早已潜伏在国民党党政军各机关中,为数颇多,日夕煽诱。至去年年底,其全部计划乃准备完成。袭击皖南新四军部队和发布一月十七日的反动命令,不过是此种计划表面化的开端。最重大的事变,将在今后逐步演出。日寇和亲日派的整个计划为何? 即是:

一、用何应钦、白崇禧名义,发布致朱彭叶项的皓、齐两电,以动员舆论;

二、在报纸上宣传军纪军令的重要性,以为发动内战的准备;

三、消灭皖南的新四军；

四、宣布新四军"叛变"，取消该军番号。以上诸项，均已实现。

五、任命汤恩伯、李品仙、王仲廉、韩德勤等为华中各路"剿共"军司令官，以李宗仁为最高总司令，向新四军彭雪枫、张云逸、李先念诸部实行进攻，得手后，再向山东和苏北的八路军新四军进攻，而日军则加以密切的配合。这一步骤，已开始实行。

六、寻找借口，宣布八路军"叛变"，取消八路军番号，通缉朱彭。这一步骤，目前正在准备中。

七、取消重庆、西安、桂林等地的八路军办事处，逮捕周恩来、叶剑英、董必武、邓颖超诸人。这一步骤也正在开始实施，桂林办事处已被取消。

八、封闭《新华日报》；

九、进攻陕甘宁边区，夺取延安；

十、在重庆和各省大批逮捕抗日人士，镇压抗日运动；

十一、破坏各省共产党的组织，大批逮捕共产党员；

十二、日军从华中华南撤退，国民党政府宣布所谓"收复失地"，同时宣传实行所谓"荣誉和平"的必要性；

十三、日军将原驻华中华南的兵力向华北增加，最残酷地进攻八路军，与国民党军队合作，全部消灭八路军新四军；

十四、除一刻也不放松对于八路军新四军进攻之外，在各战场上的国民党军队和日军继续去年的休战状态，以便转到完全停战议和的局面；

十五、国民党政府同日本订立和平条约，加入三国同盟。以上各步，正在积极准备推行中。

以上，就是日本和亲日派整个阴谋计划的大纲。中国共产党中央曾于前年七月七日的宣言上指出："投降是时局最大的危险，反共是投降的准备步骤。"在去年七月七日的宣言中则说："空前的投降危险和空前的抗战困难，已经到来了。"朱彭叶项在去年十一月佳电中更具体地指出："国内一部分人士正在策动所谓新的反共高潮，企图为投降肃清道路。……欲以所谓中日联合'剿共'，结束抗战局面。以内战代抗战，以投降代独立，以分裂代团结，以黑暗代光明。其事至险。其计至毒。道路相告,动魄惊心。时局危机,诚未有如今日之甚者。"故皖南事变及重庆军事委员会一月十七日的命令,不过是一系列事变的开始而已。特别是一月十七日的命令,包含着严重的政治意义。因为发令者敢于公开发此反革命命令,冒天下之大不韪,必已具有全面破裂和彻底投降的决心,盖中国软弱的大地主大资产阶级的政治代表们,没有后台老板,是一件小事也做不成的,何况如此惊天动地的大事?在目前的时机下,欲改变发令者此种决心似已甚难,非有全国人民的紧急努力和国际外交方面的重大压力,改变决心的事,恐怕是不可能的。故目前全国人民的紧急任务,在于以最大的警惕性,注视事变的发展,准备着对付任何黑暗的反动局面,绝对不能粗心大意。若问中国的前途如何,那是很明显的。日寇和亲日派的计划即使实现,我们中国共产党和中国人民,不但有责任,而且自问有能力,挺身出来收拾时局,决不让日寇和亲日派横行到底。时局不论如何黑暗,不论将来尚须经历何种艰难道路和在此道路上须付何等代价(皖南新四军部队就是代价的一部分),日寇和亲日派总是要失败的。其原因,则是:

一、中国共产党已非一九二七年那样容易受人欺骗和容易受人摧毁。中国共产党已是一个屹然独立的大政党了。

二、中国其他党派(包括国民党在内)的党员,懔于民族危亡的巨祸,必有很多不愿意投降和内战的。有些虽然一时受了蒙蔽,但时机一到,他们还有觉悟的可能。

三、中国的军队也是一样。他们的反共,大多数是被迫的。

四、全国人民的大多数,不愿当亡国奴。

五、帝国主义战争现时已到发生大变化的前夜,一切依靠帝国主义过活的寄生虫,不论如何蠢动于一时,他们的后台总是靠不住的,一旦树倒猢狲散,全局就改观了。

六、许多国家革命的爆发,只是时间问题,这些国家的革命和中国革命必然互相配合,共同争取胜利。

七、苏联是世界上第一个大力量,它是决然帮助中国抗战到底的。

因为上述种种原因,故我们还是希望那班玩火的人,不要过于冲昏头脑。

我们正式警告他们说：放谨慎一点吧，这种火是不好玩的，仔细你们自己的脑袋。如果这班人能够冷静地想一想，他们就应该老老实实地并且很快地去做下列几件事：

第一、悬崖勒马，停止挑衅；

第二、取消一月十七日的反动命令，并宣布自己是完全错了；

第三、惩办皖南事变的祸首何应钦、顾祝同、上官云相三人；

第四、恢复叶挺自由，继续充当新四军军长；

第五、交还皖南新四军全部人枪；

第六、抚恤皖南新四军全部伤亡将士；

第七、撤退华中的"剿共"军；

第八、平毁西北的封锁线；

第九、释放全国一切被捕的爱国政治犯；

第十、废止一党专政，实行民主政治；

第十一、实行三民主义，服从《总理遗嘱》；

第十二、逮捕各亲日派首领，交付国法审判。

如能实行以上十二条，则事态自然平复，我们共产党和全国人民，必不过已为甚。否则，"吾恐李孙之忧，不在颛臾，而在萧墙之内"，反动派必然是搬起石头打他们自己的脚，那时我们就爱莫能助了。我们是珍重合作的，但必须他们也珍重合作。老实说，我们的让步是有限度的，我们让步的阶段已经完结了。他们已经杀了第一刀，这个伤痕是很深重的。他们如果还为前途着想，他们就应该自己出来医治这个伤痕。"亡羊补牢，犹未为晚。"这是他们自己性命交关的大问题，我们不得不尽最后的忠告。如若他们怙恶不悛，继续胡闹，那时，全国人民忍无可忍，把他们抛到茅厕里去，那就悔之无及了。关于新四军，中国共产党中央革命军事委员会已于一月二十日下了命令，任命陈毅为代理军长，张云逸为副军长，刘少奇为政治委员，赖传珠为参谋长，邓子恢为政治部主任。该军在华中及苏南一带者尚有九万余人，虽受日寇和反共军夹击，必能艰苦奋斗，尽忠民族国家到底。同时，它的兄弟部队八路军各部，决不坐视它陷于夹击，必能采取相当步骤，予以必要的援助，这是我可以率直地告诉他们的。至于重庆军委会发言人所说的那一篇,只好拿"自相矛盾"四个字批评它。既在重庆军委会的通令中说新四军"叛变",又在发言人的谈话中说新四军的目的在于开到京、沪、杭三角地区创立根据地。就照他这样说吧,难道开到京、沪、杭三角地区算是"叛变"吗?愚蠢的重庆发言人没有想一想,究竟到那里去叛变谁呢?那里不是日本占领的地方吗,你们为什么不让它到那里去,要在皖南就消灭它呢?呵,是了,替日本帝国主义尽忠的人原来应该如此。于是七个师的聚歼计划出现了,于是一月十七日的命令发布了,于是叶挺交付审判了。但是我还要说重庆发言人是个蠢猪,他不打自招,向全国人民泄露了日本帝国主义的计划。

一九四一年一月二十二日

(原载一九四一年一月二十六日延安《新中华报》)

7. 八路军总司令朱德、新四军军长叶挺等抗议皖南包围通电

限即刻到。重庆蒋委员长,林主席,何总长,白副总长,冯副委员长,军令部徐部长,刘次长,政治部张部长,孔副院长,孙院长,居院长,覃副院长,戴院长,于院长,国民政府各部长,中央党部,三青团部,与集阎长官,榆林邓总司令,陕坝傅副长官,兰州朱长官、谷主席,迪化盛督办,西安熊主任、蒋主席、胡总司令,洛阳卫长官、孙副长官,漯河汤总司令,郑州孙总司令,沈邱何军长,立煌李副长官、莫军长、区军长、张军长、信阳一带王副总司令仲廉,老河口李长官,恩施陈长官,上饶顾长官,皖南探送上官总司令云相,王总司令缵绪,苏南冷军长欣,浙江黄主席,刘总司令建绪,福建陈主席,江西熊主席,广东余总司令、李主席,桂林李主任、黄主席、张总司令向华,贵州吴主席,昆明龙主席,重庆刘总司令,成都邓主任、潘督办、张主席,康定刘主席,重庆八路军办事处叶参谋长,中央社,大公报,中央日报,扫荡报,新蜀报,桂林八路军办事处,西安八路军办事处,洛阳八路军办事处,兰州八路军办事处;与集八路军办事处,各报馆,各团体钧鉴:我江南新四军军部及部队万人遵令北移,由叶挺等率领行至泾县以南之茂林地区,突被国军七万余人重重包围,自鱼至文,血战七昼夜,死伤惨重,弹尽粮绝,挺等率部遵令北移,并遵守顾长官祝同指定路

线向苏南转移北上,不意全是诱我聚歼之计。在战斗中据所获包围军消息,此次聚歼计划,蓄谋已久,布置周密,全为乘我不备,诱我入围,其所奉上峰命令有一网打尽,生擒叶、项等语。德等远在华北,未悉命令移防底蕴,迄今始知聚歼计划。今不问对敌行动如何,但对我则是聚歼,何白两总长皓电、齐电所称之仁义道德何在?所谓破坏抗战破坏团结者究属何人?所谓军政军令军纪者究在何处?似此滔天罪行,断不能不问责任。同时全国正准备大批逮捕,大批杀人,与袭击八路军各办事处,在西北则修筑万里长城之封锁线,在华中则派遣二十余师正规军实行大举进攻,国内局面顿改常态。我八路军新四军前受日寇之扫荡,后受国军之攻击,奉令移防者则遇聚歼,努力抗战者,则被屠杀,是而可忍,孰不可忍?持电奉达,务恳中央立解皖南大军之包围,开放挺等北上之道路,撤退华中之"剿共"军,平毁西北之封锁线,停止全国之屠杀,制止黑暗之反动,以挽危局,以全国命。敬恳诸公仗义执言,予以援助。临电悲愤,不尽欲言。朱德、彭德怀、叶挺、项英率全军将士同叩元(一月十三日)

(原载一九四一年一月十六日延安《新中华报》)

8. 周恩来关于新四军遵命北移,途中受友军包围,战况激烈急请制止致张淮南信

顷接延安、苏北两地急电,我新四军部队自皖南遵命北移,于本月九日,在途中受友军包围,前后夹攻,战况激烈,叶项正副军长,正分途突围云云。据此情况,竟出弟意料之外。弟为信任墨三先生,曾数电叶、项正副军长,力保三战区友军部署,只在监视新四军移动,劝其放心北进,不必顾虑多端。不图叶、项之师方动,合围之势已成,截击于途,追逐于后,江南如此,江北可知!?弟纵团结有心,然面对此事实,虽有口难以为弟党同志解也。现以急函报左右,希即转达何、白两公,请急电制止,以挽危局,否则势态扩大,弟不能负任何责任也。

一九四一年一月十一日

(选自《南方局党史资料》一九八七年第二期)

9. 新四军皖南部队惨被围歼真象

江南惨变，亲痛仇快，而军事委员会通令与其发言人及重庆中央、扫荡、益世、商务、时事各报纸则对新四军任意污蔑，曲解事实，混淆听闻，即较公正之报纸在言论统制之下，亦不能揭露阴谋，发表公论，致黑白不分，沉冤难明。吾人为使国人能明白事变真相，揭露内战阴谋，以挽救目前严重危局起见，特择其有关重要的八项，分别记明如下：

一、关于所谓新四军违抗命令不受调遣的问题

二、关于新四军渡江路线问题

三、关于新四军移动时间问题

四、所谓"借端要索"问题

五、究竟谁打谁的问题

六、所谓要在江南建立根据地的问题

七、叶、项正副军长与新四军部队

八、取消番号与审判军长

一、关于所谓新四军违反命令不受调遣的问题

新四军奉命坚持大江南北敌后抗战，虽然物资弹药极端困难，天然与人造的地形，极端不利，但他却能尽一切的有效方法克服困难，打击敌伪，使拥有四个师团，四个独立旅团之敌，不能离开大江南北的据点周围一步，其炸毁交通要道，破坏敌伪组织，尤为经常显著之成绩。且这些英勇行动，不仅为中外人士所称赞，亦为上级官长所嘉奖，截至去年五月四日止，奖电已达五十二件之多，如一九三八年六月二十六日蒋委员长致叶军长电称："……以有进无退之决心，召示部属，足征精忠报国，至堪嘉慰。中正"；一九三九年十二月十一日第三战区顾祝同司令长官致叶军长电称："……查该部游击努力，缴获独多，应予传令嘉奖，以资鼓励，……顾祝同"；又如上官云相二十八年三月二十六日电叶军长称："……贵部奋勇杀敌，壮烈牺牲，不胜钦佩，悼念之至，……上官云相"。

事实已充分证明：新四军在敌后抗战中，是坚决的执行了上级的命令并光荣的完成了上级的命令。就是在这次调往江北的行动中，也没有丝毫违犯

上级命令之处,这可从下面的事实证明:

一、叶、项正副军长在答复何、白两总长的佳电中,已公开的表示,留江南新四军部队可全部渡江北移。

二、因为新四军决定北移,所以叶军长曾亲赴第三战区司令长官部请示移动手续,顾长官亲自与叶军长拟就经苏南渡江北上的路线与移动的时间,同时第三战区司令长官部并派有联络参谋到新四军军部,一面监察,一面联络。

三、上官云相总司令允许新四军假道苏南渡江。

四、事实上新四军江南部队大部已于十二月五日开始出动,陆续经苏南渡江北上。

五、敌人本月十七日广播中称我新四军一部:"由宣城附近窜至我(敌自称)占领地区之金坛、句容方面败走,我各部队乘此好机,于十四日以来在各处捕捉该敌,予以歼灭";这证明皖南新四军一部,已经在被友军围歼之后,从不断的血战中进到了苏南。

六、蒋委员长在去年三月全国参谋长会议上,总结过去抗战的报告中沉痛的指出:在抗战中战绩最坏,纪律最差的是第三战区,在会场上所发的对冬季攻势总结的报告书中所指标的部队,恰恰是今日围攻新四军的部队。

七、新四军虽在开拔费、伤病抚恤安置费及弹药等毫无补充条件之下,而其留在皖南部队仍毅然于一月四日全部出动。铁的事实告诉我们:新四军过去是坚决的执行了抗战的命令。现在是坚决执行着渡江北上的命令,此次也正因为他坚决的执行命令,毫不避忌的将一切行动计划告诉了顾长官及上官总司令和友军,而友军却在新四军必经的路上,布置包围的埋伏,以致受了这样惨重和不可补偿的损失。同样证明那些袭击新四军,包围与消灭新四军皖南部队的友军,正是那些在去年冬季攻势中不执行命令,按兵不动、不受调遣、抗战成绩最坏、纪律最差、最不遵守命令的军队!

二、关于新四军渡江路线问题

新四军江南部队既经决定渡江北上,故走那条路线问题乃随之而生。原来新四军大江南北的交通运输,是靠由皖南敌区(芜湖附近)渡江经无为的路线来维持的。后来桂军开到无为地区后,就经常袭击新四军的交通运输,新四军参谋长兼江北指挥官张云逸夫人、孩子及曾昭铭等二十余人,并军饷七万元被扣后,这条路线即完全断绝。虽经屡次抗议要求开放,但终归无效。因此新四军大江南北之交通运输停顿数月之久,不得已始改道苏南过苏北。这次新四军江南部队北移,原由三战区长官顾祝同与叶挺军长当面规定经由苏南渡江,乃循此路线,实行月余,渡江者已逾两万,所剩者只皖南军部、直属团队及后方机关伤病员兵、老弱妇孺万余人,徒手者过半,忽于年前十二月二十五日奉命改道经皖南铜陵、繁昌渡江北上,实际上此路决不可能。其原因:

(一)新四军皖南部队背受友军五个军之三面包围,即东有冷欣之×××军,南有张文清之×××军与莫兴硕之×××军,西有范子英之×××军与陈万仞之×××军,北面则有敌人之封锁,新四军渡江北调,敌人早已广播,故陆上加紧布置,其十五师团集中于繁昌、铜陵地区,数百汽艇往来梭巡于扬子江上,而皖北李品仙最近更抽调三师之众,集中无为地区,占领渡口,封锁道路,扣留交通器材,且公开声明将消灭新四军于江滨,故此路绝对不能通过。

(二)我为侦察这条交通钱,江北指挥官张云逸曾派小部到无为地区侦察,受桂军猛烈袭击而失踪,江南军部曾派其军需处副处长张元培渡江,尝试二次,亦均失败,并被友军夺去一些船只。

以上说明了新四军要从皖南渡江北上,是绝不可能的,长江天堑难渡还是其次,而主要的是由于敌人封锁,与友军包围阻截。新四军为了避免与李品仙部发生冲突,免遭无谓牺牲,所以坚决要求仍依原来渡江路线,由苏南渡江北上,顾司令官首先同意,上官云相总司令亦表示允许,委员长后来也准许假道苏南,所以新四军由泾县向苏南前进的道路是完全正确的,是执行上级的命令,那些所谓"新四军非特不向北渡江而且由泾县向太平南窜企图袭上官总司令部"等字句,只是故造借口,不能作任何事实根据,真所谓"冤沉三字狱"也。并且新四军顺此前进,离开军部所在地(云岭)只一天行程,便在茂林地区遭受友军之包围、袭击和消灭的事实。更足以说明他们是在企图配合敌寇共同消灭新四军的阴谋失效后,不得不狰狞地单独来实行这一阴谋的罪行。

三、关于新四军移动的时间问题

甲、敌后部队的转移,不能像大后方一样,可以很快的毫无顾虑的集中调动,所以新四军的北移,他要经过敌人重重封锁,渡过天堑长江,处处要准备作战,弹药的补充、给养的筹措、时机的选择以及路线的规定等都必须要有充分的准备。

乙、最高统帅开始是了解这种困难的,所以才有去年十二月十日延长新四军二个月移动期限手令的颁布,说"前令新四军各部限期开到黄河以北作战,兹再分别地区,宽展时间,凡在长江以南之新四军全部,限本年十二月三十一日开到长江以北地区,明年一月三十日前开到黄河以北地区作战……"

丙、事实上江南部队大部已经在中央的限期内陆续的到了江北地区,只留下皖南的军部、直属部队及后方人员万余人,因为这种种困难不能解决,不能很快行动,不得不延迟到本月四日。就到这个时候也仅仅得到了口惠而实不至的开拔费二万元(因为领款的人还在三战区未回),其余更连空虚的口惠都没有。

丁、何总长应钦本月十一号在最高国防会议上,曾公开的讲新四军的情形很好,根据下边的报告已准备开拔,不过还有些小的困难,他已下令顾长官就地解决。实际上对新四军皖南部队围攻的惨剧业经继续了五昼夜,也还未找到新四军的丝毫过错。这证明新四军的移动,不仅没有借任何事实拖延时间,相反的他还不顾及无弹无饷的痛苦,友军不予让路的困难,竟毅然就道迅速开拔,也正因为这样,他才受到了前所未有的大损失,演成了皖南的惨局。

四、所谓"借端要索"问题

甲、新四军的军饷自去年九月份起无理停发后,经叶、项正副军长几次请求,才补到十二月份,但本年正月份又不发了。

乙、新四军的弹药,自去年三月份起到现在,十月有奇,除收复南陵一役因消耗过巨,至再三要求始获发五万发。此外,颗粒未得到上级补充,并且这五万发弹药,也远不能补充这次战役的消耗。

丙、四年血战中,新四军一万多的伤亡。许多残废呻吟,遗孤叫苦,直到今天,没有得到政府方面分毫的抚恤。

丁、开拔费直至本月四号,仅仅批准二万元,并且也还未领到。

事实证明,新四军请求发给军饷、弹药、抚恤费、开拔费,是为完成上级命令所绝对必需的最低限度的需要。按照事实,也是任何部队应受的必然待遇,根本就不能说是要索。所谓"借端要索"的罪状,只不过更加暴露了故意困饿新四军以更便利施行其消灭新四军的阴谋罢了。

五、究竟谁打谁的问题

事实胜于雄辩,友军有计划有步骤的消灭新四军是有铁的事实为证:

甲、新四军的大部是分布在长江以北地区,一部在苏南,而在皖南的只有军部、直属部队及其后方人员万余人,但其中伤病人员即有二千余人,其余亦非战斗人员。既为避免与友军磨擦而假道苏南,难道还能对比自己力量大约七八倍的友军发动攻势吗?

乙、事变发生,周恩来、叶剑英两同志连日以电话询问,顾长官避不接谈,去电亦不得复,证明其有意回避责任。

丙、中央特务机关通电全国称:"日来各战区剿匪军进行顺利,匪首叶、项被擒,各有关战区加紧布置"云云。

丁、上官云相总司令十三日通电称:"已歼灭新四军七千余人,奉令对新四军应一网打尽,生擒叶项"等语。

戊、上官总司令十三日另一通电更称:"新四军主力已被消灭,残匪二千余人仍图挣扎,限十四日午十一时全部解决"云云。

这一切都证明,谁在阴谋计划消灭谁啊?

六、所谓要在江南建立根据地问题

甲、叶、项在其佳电中已公开声明江南部队转移江北。

乙、如果要建立江南根据地,为什么还要放弃已有三年基础的皖南根据地,而愿转移苏南敌区北上呢?

丙、既准备在江南建立根据地,为什么原在该区的第一、第二两支队及三支队一部又先后开往江北而不开回江南呢?

丁、假定是准备建立江南根据地,为什么当去年周恩来同志与中央进行谈判时,顾祝同、韩德勤要新四军江北部队调往江南,新四军不趁机南下呢?

凡此种种,都说明"建立江南根据地"之说是妄言,皖南的人民是可以为新四军作证的。

七、叶、项正副军长与新四军部队

军事委员会发表通令,重庆一些官方报纸都借口说新四军这次遭受围歼,只是因为二、三长官不对所致,但请看以下事实的回答吧!

甲、叶、项正副军长是抗战有功的将领:

(一)蒋委员长二十七年六月二十六日致叶军长电中称:"(衔略)以有进无退之决心,召示部属,足征精忠报国,至堪嘉慰。中正。"

(二)白副总长二十八年二月二十六日致叶军长电称:"(衔略)英勇杀敌,斩获奇巨,至堪嘉许,尚希再接再厉,以奏大功。白崇禧。"

乙、叶、项正副军长抗战高功,不仅全国皆知,抑且举世闻名。全世界知道叶挺、项英坚持江南游击战争,打击敌伪最要害的京沪、京芜国道的人决不在少数,描写他们的书都出了很多本。

丙、叶军长因为上级故与为难,在去年十一月俭日曾与中央提出辞职,并未获准,且顾长官在十二月东日挽留电文中还说:"该军开拔在即,领导统率,正深依赖,所呈辞去一节,应毋庸议",现在忽又说罪在他个人了。

丁、叶军长在开拔前,为请示移动路线,曾亲到三战区司令部。如新四军只有一、二长官为难,为何不即扣留叶挺个人?且项副军长为报告新四军四年抗战及困难情形,曾于十二月要求到重庆来,为什么中央不准他来呢?

这一切都说明决不是个人问题,更不是叶、项两人问题,而是有计划的消灭新四军的问题,新四军皖南部队被包围、被聚歼,最后的两千多人,已在一月十三、四日血战七昼夜,及此次阴谋被举发之后,上官云相就下令消灭净尽,这不是明证么?

八、取消番号与审判军长

甲、新四军江南部队,坚持在京沪、京芜地区作战,他的四年来光荣战绩,已深深的印在中外人士的脑中,尤其沦陷区域的人民,更无不看新四军是他们自己的部队一样,今天把他们无故的消灭,并且取消番号,审判军长,这是全中国人民全世界正义人士都不能同意而动公愤的事！

乙、新四军皖南部队只不过是全军的一部（约十分之一），今天取消了他的番号，那么，究竟大江南北的新四军部队何以善其后？这是组织内战者必欲迫使新四军无路可走，并假手敌伪配合"剿共"的阴谋。但新四军皖南部队既已因上当而被消灭，难道大江南北留下的新四军仍会上当么？没有番号的人民武装就不能抗战么？

丙、叶挺将军是北伐战争中的先锋，是敌后抗战中的勇将，不是诬蔑所能毁他，也不是审判所能屈他的，而且在打伤了他的臂后，捉起来加以污辱，这更增加人们愤怒。他的精神，他的忠勇，早已深深的种植在每个新四军战士的血液中；这个不是取消番号、审判军长所能解决的；而且我们去看到千千万万的叶挺起来，那更是打不伤、捉不到、审不完的！

丁、还有些官家报纸，更拿叶、项正副军长比着韩复榘、石友三，这不仅是侮辱民族战士，而且是泯灭良知。谁都知道韩复榘是逃跑将军，而叶、项正副军长抗战以来，深入敌后，驰骋于京芜、京沪道上，出入于敌伪封锁中，四年苦斗中百战功勋，试问这样的勇敢将军，举世能有几人？谁都晓得石友三是通敌汉奸，半年前八路军的将领早已揭发他的阴谋，指出他配合敌伪夹击八路军的罪行，而当时军委会办公厅还说这是谣言。不料事实昭彰，难于掩盖，终遭显戮，而重庆官方报纸，还故意曲解他是违犯军纪军令。但这一次中央日报，因为要诬蔑新四军，哄骗八路军，竟不自觉说出石友三的罪行，是暗通敌人危害友军（当然石友三所危害的友军只有八路军），而恰在同天重庆官方所发表的日本广播上，正说到他要配合三战区的"剿共"，来乘机消灭窜入苏南敌区的新四军。这幅对照的讽刺画，已足够证明谁是石友三？谁是被石友三之流所包围奸灭的友军？

够了，新四军是光荣的！

叶挺、项英的战绩是不可动摇的！

一九四一年一月十九日

（原件存红岩革命纪念馆）

10. 抗议无法无天之罪行（延安《新中华报》社论）

前期本报刊载，元月朱、彭、叶、项抗议包围皖南新四军通电称："我江南新四军军部及部队万人遵令北移，由叶挺等率领行至泾县以南之茂林地区，突被国军七万余人，重重包围，自鱼至文，血战七昼夜，死伤惨重，弹尽粮绝。"电讯传来，闻者心惊，读者发指，此等自毁军令，自坏国法，自相鱼肉，自损国力之举，实可谓无法无天之至！

溯自新四军奉令成立以来，以新组之师，武器服装极其残缺，即奉令开赴前线，抗御劲敌，屡建战功。论功行赏，对此抗战有功之部队，理应给予补给扩充，使我抗日卫国之精锐部队，保卫东南半壁，不意补充既不可得，当时竟一再下令，强使北移，朱总司令等为顾全大局挽救危亡起见，苦心说服新四军皖南部队遵令北移，并遵守第三战区司令长官顾祝同指定路线，向苏南转移北上。不意所谓命令移防者，竟是诱我聚歼之计，据朱、彭等元电所称："在战斗中据所获包围军消息，此项聚歼计划，蓄谋已久，全为乘我不备，诱我入围，其所奉上峰命令有一网打尽生擒叶项等语。"同时，全国正准备大批逮捕，大批杀人，与袭击八路军各办事处，在西北则筑万里长城之封锁线，在华中则派遣二十余师正规军实行大举进攻，由此可见：亲日派阴谋家和反共顽固派分子，正实行制造内战破坏抗战，制造分裂破坏团结之滔天罪行！

何应钦、白崇禧等曾以军委员会正副参谋总长之资格，发出皓、齐两电，要求皖南新四军军部及部队北撤，不料遵令北移之日，即阴谋进袭之时！既下命令强人以撤退，又下命令进攻遵令撤退之友军，出尔反尔，命令之尊严何在？总长之人格何存？

军委及第三战区顾祝同等，既再三下令新四军军部及皖南部队北撤，又指定苏南为移防路线，乃遵令向苏南移动之日，即七万大军乘机包围之时！手段毒辣如此，何白所称中央之仁义道德何在？

当新四军军部及江南部队被诱被围之时，军事当局一方面下"一网打尽，生擒叶、项"之命令，另方面又作沿途驻军绝不留难之诺言，口是心非，惨无人道，国家之法纪何在？当局之信用何存？

呜呼！命令！命令！军纪！军纪！天下无穷罪恶，均假汝之名以行！

由此可见:违令者即下令者,毁法者即造法者,而今而后,全国军民·当更能洞悉此辈平日高唱军令森严国法神圣之论调,无非借作损人利己祸国殃民之遁词!

当德意日批评罗斯福援英为违反国际法时,罗斯福在其致七十七届国会咨文中公开宣称:"独裁者们所说的国际法,只是片面的东西,它缺乏互相遵守此法之精神,而仅仅成为压迫之工具。"罗斯福的这种说法,我们也可借用来赠给我国平日最敬佩罗斯福的那些独裁者和阴谋家们;也就是说:"这些口是心非之徒所说的军令国法,只是片面的任意杜撰的东西,它们缺乏互相遵守此等法令之精神,而仅仅成为压迫摧残异己之工具。"

言行不符,损人利己,本是此等人所代表的阶级之天性,对根本没有仁义道德之人,本不应责备他们不仁不义不道德。中国古谚所说的"说的是仁义道德,做的是男盗女娼"恰可作为此辈人的写照。此等人之所言所行,正如鲁迅所说"有背于中国人为人的道德!"

但是,此等人今日之所为,非仅关他们个人的道德信誉问题,而实关整个国家民族命运问题。他们以分裂代团结之阴谋,以内战代抗战之罪行,实为帮助敌伪和危害民国之大不韪!对此辈此等无法无天之罪行,不仅我们共产党八路军及新四军绝不能容忍,即全国爱真理论公道之大多数军民同胞亦绝不能坐视,我们呼吁和号召全国军民同胞和全世界公正人士与我们团结一致:

为惩办阴谋祸首而奋斗!

为解救皖南新四军部队而奋斗!

为撤退华中"剿共"军而奋斗!

为平毁西北反共封锁线而奋斗!

为停止全国大屠杀惨变而奋斗!

为挽救中华民族危亡而奋斗!

我们深信:正义一定战胜罪恶!光明一定战胜黑暗!

(原载一九四一年一月十九日延安《新中华报》)

五、敌顽呼应，制造谣言挑拨国共关系

1. 为晋南战事作一种呼吁（重庆《大公报》社评）

昨论抗战大局，我们认为现在才是中日两民族斗争真正开始之时，无论敌人的军事企图是全面进攻或是局部进攻，我们都应切实执行军事第一，全力抗战，粉碎敌人的一切军事企图。敌人最近的攻势虽有四线，而其主攻之点在晋南。它先攻扰各黄河渡口，封锁了黄河沿岸，截断了晋豫间的交通，然后以重兵"扫荡"中条山。这是一个大战役，其意义也甚大。山西是北方的高原，有山西即可控制北方数省；中条山是山西的锁钥，握住中条山即可不失山西。抗战军兴，随冀察之陷，山西也被敌军侵入。依普遍见解，太原临汾相继失陷，山西的大势已为敌有。但当时统帅部严令在晋部队不得渡河，三四年来，我军始终出没于中条山一带，于是山西大势我与敌人共有。我军握此形势，既使冀之敌不安，且使敌人根本不敢窥伺关陕，为我西北一大屏障。中条山一带，地区虽不甚广，这三四年来却是我们在北方最大最要的战略据点。现在敌人集合七八个师团的力量，从事中条山的争夺战，我们自应重大视之，纠结重兵，群策群力，与敌博战，以粉碎敌人三四年来所未能做到的这一军事企图。

晋南的战事，迄目前止，是敌人占了些便宜，于是它便作种种的夸大宣传，不是说我军死伤重大，就是说某某军官被俘，这已经我事军发言人予以驳斥。尤其离奇的，是它对于第十八集团军的种种说法：（一）敌方广播："以中条山为中心盘踞于山西东省南部之第十八集团军主力，于我军攻击重庆军时，不但始终持对岸观火态度，且出动游击队威吓重庆军侧面，并乘机解除败残军之武装。"（二）上海十六日合众电，敌陆军发言人秋山盛夸日军在晋南之战绩，并称："日军与共产军素不彼此攻击"。（三）华盛顿十八日同盟电，华盛顿《明星报》发表社评称："中国共产党可以背弃蒋委员长，转而帮助汪

精卫。"这些说法,固然大部出自敌人的捏造,惟既播之中外,其事实真相,自为中外人士尤其我们忠良军民各界所亟愿闻知,因此我们热忱希望第十八集团军能给这些说法以有力的反证。第十八集团军要反证这些说法,最有力的方法,就是会同中央各友军一致对敌人作战,共同保卫我们的中条山,粉碎敌人的"扫荡"!

这次晋南战役,敌人用了大兵力,志在必得,但这三四年来敌人时刻求逞,迄未得达,这次它之所以能占些便宜,主要的还是因为我军未能协同一致之故。以上所举各项说法,我们皆不愿相信。晋南战役,业已经过半个月之久,我军苦战,全国关切,而十八集团军集中晋北,迄今尚未与友军协同作战,则系事实。我们相信统帅部必然已有命令,要十八集团军参加战斗,因此我们竭诚呼吁:凡在山西境内的国军,务必协同一致,共同战斗,歼灭敌军! 这是四年来保卫北方的一次最重要的战役,敌人是悉力来攻,我们必须同心抵御,丝毫不得懈怠! 要知道敌人如水,堤防稍有罅隙,它便泛滥横决,我们要北方,便绝对不放弃山西;我们要山西,便绝对不放弃中条山:所以这晋南之战,我们必须用全力来争必胜! 而况山西是十八集团军参加抗战以来的光辉战场,由平型关之役以来,始终为敌人所头疼,现在到了敌人用最后之力来与我们争山西之时,十八集团军更应贯彻一贯的精神,协同友军,建立抗战御侮的功勋。十八集团军向主团结抗战,并常将其衷曲向国人呼诉,全国同胞皆知十八集团军是抗日的、是会打游击战的,现当晋境敌军求逞之际,近在咫尺的十八集团军,岂能坐视敌军猖獗而不抗? 岂能坐视国军苦战而不援? 在国家民族的大义名分之下,十八集团军应该立即参加晋南战役;在其向所服膺的团结抗战精神之下,十八集团军更应该立即赴援中条山。十八集团军若这样做,不但敌谣全消,忠勇大彰,而坚持团结之信条也完全做到而实践了。我们谨代表国民舆论,作热诚激切之呼吁!

(原载一九四一年五月二十一日重庆《大公报》)

2. 致《大公报》张季鸾、王芸生两先生书（周恩来）

季鸾
　　两先生：
芸生

　　读贵报今日社论——《为晋南战事件一种呼吁》，爱国之情，溢于言表，矧在当事，能不感奋！惟贵报所引传说，既泰半为敌人谣言，一部又为《华盛顿明星报》之毫无根据的社评，不仅贵报"不愿相信"，即全国同胞亦皆不能置信。盖美国虽为助我国家，但美国报纸论断通信社消息，却不能尽据为信，例如华盛顿十九日合众电，竟称"据拥护政府最力之参议员多玛斯对合众社记者谈称……彼素即主张以逐渐之方法调解中日战事"，我们能因此便相信美国政府已接受日本之和平提议么？况中共与汪逆，久成"汉贼不两立"之势，国内某小部分人或可与汪逆重谈合作，中共及绝大多数之中国军民，吾敢断言，虽战至死，亦决不会与汪逆同流合污，投降日寇。至敌人谣言，则所造者不止一端，即单就晋南战事论，南京二十日同盟电，亦曾说："当晋南、豫北战事发生之前，胡宗南为奉命包围红（？）军计，曾自晋南抽出所部五师调至陕甘宁三省……以至晋南渝（？）军实力大减。"我想贵报对于此种说法，当同样"不愿相信"。

　　再贵报所引事实，一则谓："十八集团军集中晋北，迄今尚未与友军协同作战"，再则谓："我们相信统帅部必然已有命令，要十八集团军参加战斗"。但我可负责敬告贵报，贵报所据之事实，并非事实。在贵报社论发表一周前，晋南白晋公路一段即为第十八集团军部队袭占，停止通车；其他地区战事正在发展，只因远在敌后，电讯联络困难，此间遂不得按时报道，而中枢及前线旬余军事磋商，与夫配合作战之计划，皆因军机所限，既不便且不得公诸报端，亦不宜在此函告，于是惯于造谣者流，曾公开向人指摘第十八集团军拒绝与友军配合作战。我曾为此事一再向中枢请求更正，不意市虎之言，竟亦影响于贵报，当自承同业联络之差。惟环境限人，贤者当能谅我等处境之苦。

　　最后，贵报更寄其希望谓："在国家民族的大义名分之下，十八集团军应该立即参加晋南战役；在其向所服膺的团结抗战精神之下，十八集团军更应该立即赴援中条山"。贵报的热忱，我们感奋，贵报的热望，我们永远不会辜负。我们一向主张团结抗战,而且永远实践团结抗战。去年华北百团大战,战中未得到任何配合,战后未得到任何补充,虽中外电讯竞传捷音,贵报备致奖誉,而犹为人诬为虚构战绩,然我们并不因此抱怨。今年皖南事变后,正当着敌人从信阳出击我友军东进之侧后,而李长江又适于此际叛变于苏北,我们在苏北、皖北的部队,决没有丝毫放松与友军配合打敌,并且还追击了叛军李长江,这也证明我们并不是抱怨者。今年二三月日寇在华北分区扫荡,由五台而太行而冀南而山东,我们决没有丝毫放弃华北抗战的根据,尽管十八集团军饷弹俱断,尽管无任何友军可以配合,尽管有人造谣说十八集团军已撤回陕北,然事实胜于雄辩,十八集团军终于击破了敌人扫荡。虽弹药越打越少,但我们更不会以此抱怨别人。并且,也不如敌人谣传十八集团军主力是以中条山为中心(自去年漳河划线以来,我们严遵军令,中条山并无十八集团军一兵一卒)。而是远处在敌人重围中的。不过我们可负责向贵报及全国军民同胞声明:只要和日寇打仗,十八集团军永远不会放弃配合友军作战的任务,并且会给敌人以致命的打击的。同时,十八集团军作战地界,奉命不与友军混杂,免致引起误会。我们现在仍守在漳河之线,未入林县一步,犹为敌人故意挑拨,说十八集团军袭击林县某总司令部队,而此地亦有人据此为言者,想见情况之杂。

诚然,"山西是北方的高原,有山西可以控制北方数省,中条山是山西的锁钥……"但山西高原并非仅限于中条山,管涔山可以俯瞰塞外,五台山可以连接冀察,太行山可以东出河北平原,吕梁山既可屏障大河以西又可配合太岳山,控制汾河流域。临汾失守以后,不仅因中条山留有中央大军,握此北方锁钥,且因山西所有高原,都控制在我军手中,方使敌寇三年多屡试渡河,屡遭失败。尤其因二十七年春晋东南反敌扫荡一战,早奠定了中条山锁钥之基。回想彼时各军协同作战之盛,诚愿能复见于今日。

故所欲者我不为,故所不欲者我为之。四五年来,常持此语自励励人。今敌欲于积极准备南进之际,先给我以重击,并以封锁各方困我。力不足则辅之以挑拨流言,和平空气。我虑友邦人士不察,易中敌谣,故曾向美国通讯社作负责声明,已蒙其十九日在上海广播,不图今日在此复须作又一次声明。

我信贵报此文是善意的督责,但事实不容抹杀,贵报当能一本大公,将此信公诸读者,使贵报的希望得到回应,敌人的谣言从此揭穿,我欲言者虽未尽万一,但个中况味,亦雅不欲再公之笔端,为敌人造挑拨资料。惟信不久战况揭晓,捷报传来,当必较千言万语为能作更有力的证明。匆匆书此。敬颂

撰安! 不一。

周恩来　谨启

五月二十一日夜

（原载一九四一年五月二十五日重庆《新华日报》）

3. 读周恩来先生的信（重庆《大公报》社评）

读周恩来先生给本报的信,我们十分欢喜,迅速的全文发表,并乘此贡献周先生几句话。

在国家生死存亡的艰苦抗战之中,凡中国军队,在战线上不打敌人,就等于帮助敌人,何况还有勾结。所以敌人所造之谣,太污辱中国人,凡中国人当然不相信。因为根本上断不相信这紧要关头,中国民族战线上会出现了叛徒。

我们前天的评论,其实只一句话,就是期待十八集团军将协同作战的事实尽速表现出来。我们愿声明,只要有此事实,就满意了,且并不苛求或奢望一定有大的战果。因为我们深知国军的艰苦,断不能期待每一部队在每一战役中都能胜利。倘作此期待,是太不明了中日战争的性质,太轻视抗战本质的艰难。

我们期待此事实,并非是为打破敌人,因为敌人造谣,向来得到相反的结果。几十年来,敌阀对中国一贯的行着造谣挑拨的伎俩,"九一八"以来,更猛烈的作分裂中国的运动,阴谋恶辣,无所不至。而结果呢? 中国大势,乃正与敌阀的希望相背而驰。这就是中国民族自卫的意识在危险时机自己发动起来。周先生信上说得好:"敌所欲者我不为,敌所不欲者我为之。"这些话,非常精确。正是我们在北方办报多年的政策标准,也正是十几年来中国大势演进的推动力量。简言之,就是民族自卫意识的觉醒。我们前天为什么要呼

吁？就是抗战四年的结果，敌我都到了严重阶段，这时候，敌人希望中国分裂自乱的心理，当然更迫切，因而中国人团结自卫的需要，也当然更紧急。而中共不比一般人，其组织有国际性，其国家观与普通人不尽同，在抗战以前有斗争多年的历史，抗战以后，到最近又显出了龃龉，正当此时，苏日中立条约成立了，中共向来最信仰苏联，所以人们要知道中共今后的政策是否受苏日妥协何等影响。这种推论，本来很浅薄，然一般同胞，在这紧要关头，当然要求表明中共今后是否仍在民族自卫的阵线。这是国家前途一大问题，所以我们期待有协同作战的事实，以速慰同胞之望。

读周先生的来信，关于此点得到圆满答复，就是十八集团军一定协同作战。我们知道周先生这几年对于促成团结抗战，尽力之处特多，在现时，几乎是政府与延安间唯一有力的联系。此次给本报的信，我们不但相信其有根据，有权威，并且相信他正为此事而努力。因此，我们除发表来信之外，并贡献意见，致其希望。以为近数月的情形，甚有危机，本来需要解决，最好藉此次在晋协同作战为起点，对于统帅部与十八集团军之间的许多应妥善处理的事情，都协商解决，重新组建团结的壁垒。我们以为此事并不难，其所企求中共诸君考虑者，只对于建国的根本认识之一点。此根本一点，如认识一致，则相信一切问题皆不难迎刃而解。我们试回顾十数年来的历史，中共这样有抱负能奋斗的政治团体，若回首民十六以后十年之间对国家究竟贡献了什么？我们的看法，是负号的，不是正号的。因为民族自卫的需要上，是应当迅速从无组织到有组织，从非国家到是国家，从内乱分裂到和平统一，从散漫麻痹不能自主自卫到运用灵活能够自主自卫，从不能抗战战亦速败到能够抗战战而不败。这一段落的工作，甚紧要，亦甚艰难。蒋委员长领导的事业，简言之，就是这一大事，而这工作，是民族独立建国的需要，所以其力量非常强大，任何障碍皆不能阻其前进。中共在抗战开始前，奋斗多年，不幸而与民族自卫的需要，成了相反的形势，所以努力的结果，实际上是负号。我们在今天，只希望认识一点，就是：敌我的形势，自己的国力，世界的时机，都绝不容许存一种观念，以为现在的国家中心失败了，还可以再建一个中心，然后将国家再组织再统一起来，这样的事，是必无的。"九一八"以后，中国只有这一段时机可以建国,现在抗战四年了,若使现在的国家中心失败了,那就是亡国之局。所以一般军民同胞的基本认识,是必须皆护国家中心的国民政府,以贯彻自主自卫之目的。这是唯一的出路,此外无路。当然,政府的施政用人,要时时改进,并且政治制度,要随时加以进化,一切党派,在三民主义原则之下,应当诚意合作,不可互相猜防。但是最要紧的,是前述的根本认识,倘此根本一点不能一致,则合作成了空谈。我们希望认识蒋委员长十几年来全力拥护此国家中心,决不是为自己,也不是为国民党,而是为中国建国家的基础。这个政府,是在强敌压迫下,在仅少时间中,唯一可能建设的国家中心。对于这个中心,同胞们都有拥护的责任,我们以为中共诸君也有拥护的责任,因为这中心失败了,就要同归于尽。我们深信,倘中共对此根本一点能有同感,则政府与统帅部,对于中共及十八集团军之各项问题,一定能负责作妥善之解决。倘若根本认识业已一致,而各地的文武官吏还要故意磨擦或防备,我们就要代中共作不平之鸣。

抗战开始以来,中共领导的抗战工作,在北方实在曾表现其特长。其最要根据,是退出的一般军队不能回北方工作,而十八集团军所属部队能够深入敌军占领地工作,这种工作实在是不容易的。但最要注意者,就是一定将此有用之组织的力量,对国家永作正号的贡献,切不可对于根本认识又发生错误的感觉。我们说这些话,周先生或者不同意,不过我们是很诚意的,并且不是疑惑,而是陈述希望。以山西为例,倘若其他国军失败了,太行山、五台山的十八集团军,也定要受敌人所谓"扫荡",反过来说,大家协同作战,牵制敌军,则不但阻碍敌人,使之不能肃清山西,并且对于河南陕西是有力的保障。这几年,敌人不能肃清山西,凡在晋部队都有功劳,现在若受了敌人各个击袭,岂不尽弃前功。晋事如此,全局亦然。我们诚恳希望不但在山西能协同作战,对于国家全局应当再有团结合作的新表现。最好毛泽东先生能来重庆,与蒋委员彻底讨论几天,只要中共对于国家前途的基本认识能真实成立一致的谅解,则其他小的问题皆不足障碍合作,而这种团结抗战的新示威,其打击敌人的力量,比什么都伟大。在此意义上,愿周恩来先生今后更多多尽力。

(原载一九四一年五月二十三日重庆《大公报》)

4. 国民政府军事委员会发言人就十八集团军行动答《大公报》记者问

记者顷见《大公报》五月二十九日短评"问军事委员会"一则,颇重视十八集团军行动问题,究竟真相如何,无从悬揣,当往访军委会发言人。谈话如左:

记者问:本日《大公报》短评,已见着否?

发言人答:已见着。

记者问:晋南作战时,是否有命令给该集团军付予任务?

发言人答:长官部有命令,令其于晋南作战时,在敌后协同国军作战。

记者问:该集团军接到是项命令后态度如何?

发言人答:该集团军当有回电称接受命令。

记者问:该集团军称接受命令后,事实上是否已协同国军作战?

发言人答:截至今日止,尚未据报与敌军正式接触。

(原载一九四一年五月三十日重庆《中央日报》)

5. 周恩来就晋南战争发表的声明

记者以五月三十日中央社所发表之关于十八集团军行动问题,有"截至今日止,尚未据报与敌军正式接触"一语,特走访周恩来同志询其真相。据周恩来答复如下:中央社所发表之谈话,共有三点。前两点皆证明我在五月二十一日夜致《大公报》函中所举之事实确有根据。惟第三点,即"截至今日止,尚未据报与敌军正式接触"一点,则与事实不符。盖在中条山战事发生以后,中枢以作战相问,我即表示抗战到底为我们意志,十八集团军必能协同作战无疑,嗣后十八集团军朱、彭总副司令先后电告协同作战决心及配合作战计划,我均呈报最高统帅部,并定由朱、彭总副司令向战区长官部直接电陈作战意图及经过。自是以后前方战况紧张,且又远在敌后,其首要之联络为前线,次之则为长官部,我处辗转收得战报如白晋公路之战况,不仅业已呈报统帅部,且已公诸报端(见五月二十三日本报)。根据此点,决不能谓为"尚未据报"。至战报少,更不能谓为"尚未……与敌军正式接触",因最近一周,单就中央社之洛阳专电(附后),便有六次提及晋东我军或十八集团军作战地区之战况的,而《大公报》两次西安专电(亦附后),更证明太行山及晋北我军均在与敌作战。大家均知道太行山晋东晋北无其他部队,同浦路、白晋路、正太路、平绥路、平汉路大部均为十八集团军作战地区,通讯社限于规定不得以作战部队之番号标出,但不能以此便谓无十八集团军在内。再此等电讯发自前方,见闻自更翔实,既经前方军事机关检查于先,又经后方军事机关复审于后,揭诸报端,已历多日,岂能谓为非战报!? 且四年来,所有各部队战报,皆赖中央社为之报导,何以独苛求于十八集团军?

《大公报》说得好:"我们愿声明,只要有此事实,就满意了,且并不苛求或奢望一定有大的战果。"但我们当然并不以此等战果为满足,我们愿意接受国人善意的督责和更多的希望。我们期待着更大的战果的来临。我敢负责声明:"十八集团军是敢于接受敌人回头扫荡的挑战,以求得阻止敌人之冒险渡河的。但同时我却企求国人注意,在我上次致《大公报》公函发表以后,敌人挑拨的烂言,已停止了,但最近两日却又广播起来了。我们应勉励勿为敌人流言所动,更勿为敌人挑拨所中。我们全中国军民应团结成一个铁拳一样,好击碎敌人的进攻,也击碎敌人的挑拨流言!"

(原载一九四一年六月一日重庆《新华日报》)

6. 谣言与烟幕(延安《解放日报》社论)

造谣惑众是市井无赖的惯技,而政治流氓就把这种卑劣的手段用之于政治斗争中,竟自称曰:"散布合理的流言"。

在社会政治斗争中,先进的阶级和先进的政党,它们手中握着正义和真理之旗,不害怕公开和坦白的向着广大的群众宣布自己的政纲、目的,表明自己的政治任务和政治行动的方向,进行公开和严肃的斗争来反对当前主要的敌人。他们用不着玩阴谋、耍手段、造谣言之类的下流无耻的办法,因为他们有自信:真理是在他们方面的,它们的前途是光明的。所以,它们的行动,光明磊落,坦白严肃。而那些政治流氓们,因为要维护其违反真理和正义的私利,而自知他们主张、纲领、政治任务和政治目的是得不到广大人民的欢迎的,所以不敢堂堂正正的行动,只能鼠窃狗偷,鬼鬼祟祟,因而玩阴谋、耍手段、造谣言之类,就成了他们的拿手好戏。造谣——或者"散布合理流言",就为他们所偏爱,因为在公开坦白的政治斗争中既斗不过对手们,那么只好乞援于造谣了。何况,古书上说过,"曾参杀人、慈母投杼",诗人亦唱过,"三人成市虎,浸渍能胶漆",其效力不是很大么?

不仅如此,谣言也还有别的作用,就是遮眼罩和烟幕弹的作用。不是有这么一个故事么?当一个小偷偷了东西之后,被人发觉,大呼捉贼。此君急中生智,亦高叫:"贼在那边、那边",竟得脱身。政治上的没落人物在做亏心事的时候,亦常常藉谣言来转移视线,来隐身的。

这种"造谣术"的最近例子,就是所谓:"十八集团军集中晋北不与友军协同作战"的广泛地有计划地发布的流言。这个谣言最初散布者乃是专长此道的个中老手——同盟社。日寇于本月初发动了一个小规模的军事攻势,而同时却发动了一个大规模的谣言攻势。同盟社的广播连篇累牍地散布各种谣言,尤以八路军决不与中央军协同作战,八路军集中陕北准备乘机向西安出动,八路军乘机扩张势力收缴中央军枪械之类为特多。日寇这种军事攻势和谣言攻势的目的是很明显的,一个字足以尽之,曰:吓! 或者说吓降! 军事攻势在炫耀其兵力,其意若曰,你若不降,我将占你的故乡,占你的一切海口,歼灭你在中条山的几万军队,进占你的洛阳、西安、昆明、重庆,你怎么办? 谣言攻势在挑拨国共关系,描画一幅黯淡的画图来吓你说,你看国共关系恶劣至此,自力更生,还有什么希望呢? 快降吧!"八路军不打日本"之类的谣言是烟幕,吓降诱降是目的,其技至浅,其理至明。

奇怪的是某些中国人,不是汪精卫之类双料的汉奸,而是抗战营垒中统治阶层里的某些风云人物,居然亦一字一句地抄写同盟社的广播来代替它作一次义务的转播。像《大公报》和中央社这类新闻机关,居然一方面说:"敌方所传大部出乎捏造自不能信",另一方面又重述着"敌方所传",称"十八路集团军集中晋北迄今尚未与友军协同作战则为事实"。日本人一个钱不花,就有中国人义务地替他的谣言当留声机和见证人。宁非怪事!

可是,"怪事"实际上是没有的。只要懂得我们上述故事中的贼的急智,就可以理解这次谣言唱和中的"机"了。重庆军委会发言人在本月二十三号就多少泄露了这个"机"的一部分,他说:"上周寇军全面发动,总计达三十万人之多,其结果不过如此,以此种方式而侈谈解决'中国事变',不但世无相信之人,即敌寇亦自知其不可能也。"这不就是说,此种(军事进攻)方式是不能解决的,换种方式吧!果然,同盟社接着就纷纷报告日各战线军事当局均称第一期作战已结束。谣言唱和,这次竟完成了红叶题诗式的媒介作用。可惜的是,香港的一部分参政员竟为这个小小手法所迷惑。

我们认为在这里无须再事"辟谣"了,因为八路军、共产党人对于抗战的坚持,对民族的忠忱,是决非谣言所能摇撼的事实,是不怕火烧的真金。尽管新四军被宣布为叛军,八路军两年没有领到一颗子弹,五个月没有领到半文制钱的饷项,然而新四军、八路军的将士们,没有一分钟停止过和敌人苦战,而为着策应晋南作战,八路军在华北正在全线出动浴血酣战。这是连造谣的人和传布谣言的人心里都深知的事。其所以造谣和传谣,都是别有怀抱的。

其怀抱为何?在造谣者为诱降,在传谣者为投降,而都想在共产党身上做文章,共产党成了他们题诗的红叶。日本人当春兴大发时,题诗一首于其上,从长江飘将上来,这边的人儿得了诗,果然打动春心,跃跃欲试,抬起红叶,转题一首,又从长江飘将下去,这就是同盟社与中央社近日抓着共产党问题一唱一和的由来。还有德国的海通社,美国的合众社,英国的路透社,为着各自不同的目的,将双方的情诗到处传播,其目的均在"催装",不过英美是为着反共反苏反德,德国是为着反英美,这个不同而已。"你们赶快结婚罢,好去发动太平洋战争"——这就是德国的目的。"你们赶快结婚罢,好造成反共反苏反德的东方慕尼黑"——这就是英美的目的。我们不能不忠告中国国民党的领导人员们,这种结婚乃是"劫婚",将来是不好过日子的,理应拒婚为上。从共产党身上做文章,也是做不出好文章的,不信,你们瞧罢!

全中国的同胞们,注意在这种谣言烟幕遮盖下的投降危机呀!远东新慕尼黑的极大危险在一天天的增长。以"吓蒋投降"为目的的这次"军事攻势",现在是暂时的过去了,继之而来的必然是诱降。这虽是日本人"一打一拉,又打又拉"的老把戏,但却包含着新意义,因为正在一九四一年五月至十月的时机中。全国同胞起来揭破他、粉碎他,乃是民族生死所关的巨大任务!

(原载一九四一年五月二十八日延安《解放日报》)

7.晋南战役的教训(延安《解放日报》社论)

一打一拉,是敌人亡华政策的两个法宝。敌发动的五月攻势,这是打。近来盛传的东方慕尼黑,这是拉。如拉不成,又将继之以打,这是决然无疑的。

敌人五月进攻的主要方向,是在晋南,华中方面,是其配合。晋南方面,由于我方存在着种种内在的弱点,故使敌人暂时的占了上风。这些弱点中,主要的一个,就是反共。反共结果,使得内部不团结,将士无信心,所以吃了大亏。要使今后多打胜仗,必须放弃反共政策,亡羊补牢,犹不为晚,这是我们向友党友军的诚恳的建议。

当晋南作战时,敌人很乖巧的利用了我们友党的弱点,和他的军事攻势并行,发动一个反共的谣言攻势,说八路军不愿配合作战。然而铁一样的粉碎了这些谣言。请看下面的事实罢:

一、在冀南:五月七日之夜,八路军配合当地群众七千余人,开始大规模的破击战,截断了敌之连络和交通。

二、在白晋线:于五月九日,八路军在子洪口开始伏击敌之汽车,在沁源南北,破坏铁路三里多,从十二日起,白晋铁路已不通车。

三、在正太线:五月十六日八路军攻占获鹿以南之泉火车站,并径以东微水车站,及寿阳、榆次、苏家庄各车站。

四、在同蒲线:五月十五日,在崞县原平间,破坏铁路十余里,十七日破坏大同以南宋家庄至尚庄间之铁路一段。

五、在平汉线:破坏涿鹿以南铁路数段,在保定以北,炸毁敌火车一列,北平热河间,炸敌货车一列,我军曾一度攻占水冶镇汽车站。

六、在平绥线:攻占饷来以西之沙城堡车站,破路三里多,在蔚县至张家口间,破坏敌之汽车桥一座。

简单举出上述的配合行动,即足证明敌之谣言毫无根据。由于八路军在敌后配合行动,给敌寇以重大打击,迫使进至封门口风陵渡之敌,发生后顾之忧,不敢冒险西渡。使河防友军,得着余裕时间,加强其防卫力量。

从晋南战役,更一次证明:八路军在华北和新四军在华中,英勇的站在抗战的最前线,坚持在敌人的后方。基于全体将士高度的民族自觉,及我们党的领导,谣言绝不能离间我军与抗日友军的团结。断绝弹粮接济,绝不能减弱我们的抗战力量。即使政府不给情报,不下命令,我们也不能坐视抗日友军孤立应战。直到今天为止,敌寇在造谣,应声虫在叫嚣,然而事实已经回答了一切。

敌人现在正在与美国谈判,想经过美国劝中国投降,所以目前存在着严重的投降危险。但其军事进攻又正在准备,以使劝降不成继之进攻,其目标必在郑洛与西安。所以我们一面须反对其"拉",一面又须准备对付其"打"。而中心关键则在从晋南战役得着教训,希望我们的友党友军放弃反共政策,给八路军以饷弹与命令,使能更有效的配合作战。而在八路军方面,是始终准备了与友军配合作战的。保卫郑洛、保卫西安,这就是今后两党两军的严重任务。

(原载一九四一年六月九日延安《解放日报》)

六、国内外各方人士呼吁制止内战,团结抗日

1. 宋庆龄、柳亚子、何香凝、彭泽民要求撤销"剿共"部署,坚持实行联共抗日致国民党中央宣言①

蒋总裁暨中央执行委员、监察委员诸同志:

抗战进入第五年度,敌人失败之局已定,国际于我有利之势已成,今年已

---

① 本宣言起草时还不知道皖南事变实际上已从1941年1月6日开始发动,至13日结束。在国民党当局阻挠下,此宣言未能在香港和大后方公诸报端,但已在社会上流传。2月9日,又由延安《新中华报》予以刊载。此宣言现有几种文本,文字略有异同。本书所录,完全根据原件影印件。标题是编者加的。——编者

迫近最后胜利之年，我国人自当坚信而共作决心以赴之。惟是日寇失败命运之决定，并非即为我民族解放之最后完成，我之抗战尚未脱离危机，仍须经历更大之艰难困苦，则诚如总裁今年元旦所昭示。溯自我党前年临时大会确定抗战建国纲领以来，明示国策，为建国而抗战，亦为抗战而建国。实即指出最后胜利之机，系于国内种种适宜之设施与措置。如被沦陷区域之收复，被凌压人民之解放，三民主义之实现，国家民族独立自由和平地位之达到，均将以此为基点。

然而，最近则有讨伐共军之声竟甚嚣尘上，中外视听为之一变。国人既惶惶深忧兄弟阋墙之重见今日，友邦亦窃窃私议中国（抗日）之势难保持。倘不幸而构成"剿共"之事实，岂仅过去所历惨痛又将重演，实足使抗建已成之基础隳于一旦。而时势所趋，又非昔比。则我国家民族以及我党之前途，将更有不堪设想者！

夫共党问题原为世界性之问题，世界之病态不除，此种势力组织必存在，我总理早已揭示其端。此种世界性组织，既由世界资本主义之影响之所及而存在，即我假武力作一时侥幸之解决，仍必复生滋长，决不能以人工加以消失，已为无疑之问题，此一义也。我总理过去提携共党共同努力于国民革命，伟谋远见，无待赘言。是以总理临终时曾致书苏联，其本旨，外在联合苏联，而内在训示吾人应以国内和平合作团结互助为重心。各同志对此当能念念不忘。今兹日寇欲沦亡我国于殖民地，日寇为我党之敌人，亦正为共产党之敌人。敌人之死敌，亦即为我之良友，则我党之不宜以如何消灭共党为决定政策之出发点，实亦毫无疑义，此又一义也。今日之中国共产党既在我政府领导在下，则俾其发展所长，为吾党之他山，成抗战之干城，此正符于总理天下为公之伟大怀抱，亦即切符总裁昭示国人发挥国家无限潜力之意旨，是则无碍我党、有益民族，又更为目前迫切之要义也。

且党派问题，决非处理共党一党之问题，而为处理我党以外各抗日党派之一般原则。各党依法自由发展，本为民主国家当然之定则，而各党派在同一革命目标下不互猜忌，尤为我国正在抗战建国时期所必要。吾党领导革命，以进于创行宪政，权之所在，责无旁贷。今日大敌在外，内已一致，一切问题,在乎发展内容,而不拘泥形式,在统括大体,而不苛求枝节。设使有力于此,无从运用以对外,迫而施之于内,以竞生存,在我为自势〔孤〕其势,在人且将谓我领导无方,殊非我党诸同志之始愿。为期中国革命之完成,为保我党领导于不坠,要在示人以宽,感人以诚,动人以德,处人以信,我总裁及中央诸同志,知必已筹虑及之。

更抑进者,总裁屡次训言,敌人所欲于我者,我当避免,敌人所不欲于我者,我当坚持。今日敌人既濒败境,惟欲我抗建实力之削弱,以至于消灭。于是惟欲我发动"剿共",以展成无限制之内战。而在我痛心敌人以战养战之阴谋,应从扶植沦陷区域各种抗日实力入手,力避敌人以华制华之毒计,当于保障国内绝不酿成分裂开端,盖已成为莫可争辩之关键。诚如此,国内前后种种磨擦事件无因而生,敌人近来种种谣言攻势不攻自破,总裁所痛过去敌人之挑拨离间,脔割分裂政策,将永无实施机缘。功罪之分,成败之界,至为显明,匪独国人所深知,抑亦友好所均悉。

我总理遗训,唤起民众,联合以平等待我之民族,共同奋斗,至理昭垂,于今尤为切合。总裁所云,地无分南北,人无分老幼,均有抗日救国之责任,早已普及深入于国人之心。乃有胜利抗战进入第五年度,今年诚为我国最艰辛最重大之一年,而"剿共"问题。竟恍若迫在眉睫,引起国人惶惑,招致友邦疑虑,又因以便利敌人之乘间抵隙,不得不有望于总裁暨中央诸同志之毅然决然进谋国内和平之巩固。窃以为慎守总理遗训,力行我党国策,撤销"剿共"部署,解决联共方案,发展各抗日实力,保障各种抗日党派,一举手措足之劳,即可转〔奠〕定抗建基础,安如磐石。至于共产党之所言所行,苟系有违国人公意,必不为国人所爱护,何须施以武力;如其有力可用,我党自应询国人公意而加以爱护,导至于有用之地,亦无所用其危疑。我党政策,彰彰在人耳目,如何发扬广大,责仍在我。凡诸所陈,率秉爱国爱党之衷心,希垂察焉。

宋庆龄

何香凝

柳亚子

彭泽民

民国三十年一月十四日

（选自尚明轩主编：《宋庆龄同志画册》）

2. 柳亚子为皖南事变复国民党中央电[①]

重庆中央党部叶秘书长呈转中央诸同志勋鉴：

　　齐电敬悉，承召诣谕，同济时艰，惭感无任。惟是士君子出处，大节自有本末，闻量而后入者矣，未闻入而后量也。此次新四军不幸事变，中枢负责人士，借整顿军纪之名，行排除异己之实。长城自坏，悲道济之先亡；三字埋冤，知岳侯之无罪。舆论沸腾，士民切齿，而当事者犹未闻有悔祸之心，何也？在昔奉天罪己，唐室因以中兴；韩原愎谏，晋侯于焉覆国。以今烛古，无待蓍龟矣。谓当开诚布公于天下，以共见严惩祸首，厚抚遗黎，然后公开大政，团结友党。涤宦海之颓波，驱祸夷于穷岛。庶几还我河山，成功有日。弟虽然无状，要当抠衣扶杖，乐睹太平耳。否则，三军可以夺帅，匹夫不可夺志。西山采蕨，甘学夷齐；南海沉渊，誓追张陆，不愿向小朝廷求活也。涕泣陈词，刀锯待命，总理在天之灵，实昭鉴之。匆匆不备。

弟柳亚子叩。灰。

一九四一年四月

（选自台湾《中国国民党第五届中央执行委员会第八次全体会议记录》）

3. 盛世才称颂新四军坚持抗战，屡建奇功，要求立即用政治方法解决国共磨擦致陈代军长电

　　新四军陈代军长、张副军长、刘政治委员、赖参谋长、邓政治主任并转各部队长官、全体将士钧鉴：敬电奉悉，此次皖南事变，诚属抗战中之晴天霹雳，凡属爱国同胞，莫不惊诧痛愤。查贵军转战大江南北，深入敌后，劳苦功高，

---

　　①皖南事变后，国民党召开五届八中全会，曾通知国民党中央监察委员柳亚子出席会议。柳亚子随即以快邮代电答复，要求严惩皖南事变的祸首，"公开大政，团结友党"，否则即拒绝出席会议。国民党中央不但不接受这一要求，反而决议开除了柳亚子的党籍。——编者

坚持抗战,屡建奇勋。不幸正当贵军与敌浴血苦战之际,阋墙变起,不独国人痛心,且亦震骇国际听闻。目前全国同胞对国家民族最迫切之任务,应该是:(一)反对投降分裂,制止内战,以贯彻抗战到底之国策。(二)立即释放有功于国家民族之抗日将领叶军长及其部属,并绝对保证其生命安全。(三)彻底打击破坏抗战者,肃清亲日派汉奸托匪。(四)立即用政治方法解决各党派间特别是国共两党间之一切磨擦纠纷,务以国家至上,民族至上为前提,极力避免内战或武装冲突,以免减弱抗战实力。(五)极力巩固与扩大抗日民族统一战线,加强抗战建国力量,以便乘机大举反攻。(六)确定亲苏外交政策,以求得全民族之解放。(七)在自力更生原则下极力争取外援,利用国际间有利条件,以完成抗战建国之伟大任务。根据以上各点,尚冀全国同胞一致动员,努力团结,彻底肃清汉奸托匪亲日派投降派,坚持抗战,以完成中华民族解放之神圣事业。谨电奉复。盛世才。

(原载一九四一年二月十三日延安《新中华报》)

4.张一麐要求保邦定危,制止内战致林主席、蒋委员长电

皖南事变后国内局势岌岌可危,旅港人士恳焉心裂,张一麐等先生四百余人联名发出文(十二日)电,吁请停止内战,兹录其电文如后:

重庆国民政府林主席、蒋委员长钧鉴:

抗战第四年在国际信用正值黄金时代,而不幸有皖南事件发生,中外报纸同声惋惜,日伪以为和平反共,大放厥词,国人鉴于十年阋墙之争,友邦有暂缓援华之议,危机四伏,间不容变!钧座一身之荣誉,为全国命运之所关,窃以为拔奉塞沮,恳请明令凡属抗战部队,俱应加以优容保护,示以大度,表以至诚,使友邦无疑虑之揣,而幸灾乐祸之流无间可入,用敢掬成恳请,钧座凛"保邦定危"之训,断然制止内战,使目前形势有利之条件,不用于对内,而用于对外,心所谓危,不敢不告,故希垂察!

(原载一九四一年三月三十日延安《新中华报》)

5. 上海各界民众团体为新四军事件致蒋介石、毛泽东暨各党领袖电

全国各报馆,转全国同胞、国民政府林主席,国民党蒋总裁,共产党毛泽东先生暨各党领袖,并参政会诸公钧鉴:

　　据报载新四军以不遵令调防,致碍友军,已由第三战区顾司令长官下令,以武力制裁,并由军事委员会命令,取消其番号。此事内幕究若如何,因电文简单,我上海民众,未能尽悉蕴底。窃以值此抗敌不遑之际,忽有偌大不幸事件发生,政府或有难言之隐。然鹬蚌相争,渔翁得利,先哲明训,足资儆惕。况新四军成立以来,转战大江南北,其卫国卫民之功绩,中外各报迭有记载,事实俱在,均可复案,纵有误会,亦不难以政治手腕解决之,何至兵刃相见,而贻同室操戈之讥。我上海民众现在各就本位,戮力抗建大业,聆此消息,不胜惶骇,心所谓危,碍难缄默。用特电陈,务祈领袖诸公,念我祖宗血地,尚未收复,半数同胞,正陷水火,相忍为国,团结对外,并盼全国同胞,一致呼吁,终止磨擦,消弥内战,抗战前途,实利赖之。

上海各界民众团体叩

(选自《皖南事变资料选》,安徽人民出版社)

6. 司徒美堂提议召开各党各派各界领袖组织特别委员会,调整国共关系致蒋介石、毛泽东电

(快邮代电)重庆国民党总裁蒋中正,延安共产党主席毛泽东两公钧鉴:敌南宁撤退,暂止军事行动,改取和平攻势,加强政治侵略,对我分化诱降,仍期亡我祖国。美堂等默察阴谋,慎防奸计,于敌造谣离间我国上下,颇形忧虑,祇以力行团结,互相勉力,坚决信心,以为对策。最近读朱、彭、叶项发表致何白佳电,胪列国共磨擦事件,言词痛切,初尚不敢轻言,适中外电讯播传其事,始悉我军事当局确曾下令新四军移防,以及国军二十万锁陕甘宁边区二十三县,国共分裂形势严重,祖国将有内战重起之虞,各阶言之确凿,证之佳电信而有征,海外闻之,万分惊骇。思大敌当前,谁甘分裂,自坏长城,自促亡国。况国共两党,经公等领导,相忍为国,团结抗战,数年一日,大著殊勋,不仅全

国同胞额手称庆,即我海外侨胞,亦无限敬佩,而世界人士,尤啧啧称羡焉。际兹残局转好,国际转利。迩者美国决定以援华为国策,行见抗战胜利,指日可待,何期我国共两党,乃于此时间有兄弟阋墙,煮豆燃萁之传闻耶!思之再三,信疑仍未敢肯定也。夫以我全国抗战局面,此时若因国共磨擦,弄成分崩离析,则前线慷慨之英勇将士,不独头颅枉掷,实血空流,即我全国同胞之家产荡然,琐尸流离,而我后方之海外侨胞之踊跃捐输,牺牲一切,亦属枉费血汗,结果仍成为无国之民也!每念及此,谁不痛心。伏愿公等深明大义,决不忍艰难辛苦抗战四年之结局,如此惨酷。然则目前国共两党之纠纷将何以无形消弭之下?边区四年之悬案,将何从根本解决?在公等身为领袖,或胸有成竹。在侨胞远处海外,实谈虎色变。国共两党一日未臻团结,侨胞一日未能放怀也。盖我全中国抗战,我四万万五千万同胞人人须要出财出力,甚至出命,团结一致,以争取整个国族之生存。万不容任何党派各自为战,各自为政,各不容任何党派互相倾轧,贻误抗战以至亡国。今为我整个国族争取生存计,美堂等数以血战,向我国共两党呼号,敦请公等,速请负责,解决两党纠纷,放弃前嫌,重修兄弟之好,搞好抗战,先使河山光复,领土完整,即使将来之神州禹城,楚弓楚得,无论何党获主中原,我海外侨胞亦皆附从。惟此时此际,因国共两党争夺领导地位,分裂祖国,以致使人民及子子孙孙千万劫不复之境,则其罪恶,亦莫之能恕。公等苟能如廉蔺交好亲自会面,开诚相与,制止纠纷,至为上策。如若不能,则共和国家主权在民,即由蒋公领导,经毛公同意,召集各党各派各界领袖,组织特别委员会,以为国共两党之仲裁,亦未尝不可。苟国共两党获得精诚团结,蒋公之领导抗战前途,必更顺利。如能及时召集真正代表民意之国民大会,制定国家大法,奠定民主基础,巩固抗战大局,则不只内讧可永不发生,即暴敌之政治攻势,更无所备其技也。美堂等对国对共,两无嫌怨,谨秉我洪门三百年"国家至上,民族至上"之老革命团体精神,以代表我全美洲十万洪门侨胞,特向公等作□□之献,如蒙采纳,国家幸甚,民族幸甚。

驻美国纽约全美洲洪门总干部监督　司徒美堂

部长　阮本万

吕超然

叩齐

（原载一九四一年二月二十日延安《新中华报》）

7.陈嘉庚呼吁制止内争,加强团结致中央政府电

国民参政会转中央政府钧鉴,全国军政长官全国同胞公鉴:

去岁春间,庚以南侨总会主席名义,代表海外一千一百万华侨,率领慰劳团回国慰劳,并考察战时军政现象,民间情形,以及经济生产事业,语其大旨,不外两端:一则藉睹祖国抗战实情如何,最后胜利有无把握;二则搜寻各种进步实证,携回宣传,鼓舞侨胞,加强捐汇。自春徂冬,阅时九月,西北高原,东南濒海,足迹所经,凡十五省。而耳目所及,士兵则艰难苦战,不顾死生,民众则踊跃效劳,不惜血汗,爱国精诚,真足使人感奋;惟政治不及军事,贪污尚据要津,啧啧人言,亦无可讳。所幸领袖贤明,举国拥戴,强敌虽然未退,胜利确有可期。比及南归,据实报告。寸心本无爱憎,片言绝不扬抑。海外华侨,捐资救国,纯为热情所驱,不以有党而增,亦不以无党而减。推倒清朝,翊赞民国,救济灾难,捐输教育,数十年如一日,千万人同此心。当地法令,共产党人既不许潜藏,国民党又未能活动,百千人中,有党籍者一二而已。多数华侨,咸能明识大体,发扬正义,不分党派,爱护国家。抗战之初、获得国共两党,统一对外,莫不踊跃欢呼。不意中途磨擦,谣诼繁兴,遂至热望冰消,义捐停缴,或者疾首蹙额,骇汗相告。庚总侨团,义难坐视,乃于回国期中,分谒渝延两党领袖,垂涕而道,苦劝息争,用以顾全大局。蒋委员长表示优容,毛泽东先生托述拥戴。庚闻之良慰,且亦以此引告国人,期勿相惊伯有。乃南归未逾一月,危机又遍国中。值此敌焰犹张,国仇未雪,如复自为鹬蚌,势必利落渔人,民族惨祸,伊于胡底。华侨无党派立场,无利害私见,睹兹异象,弥切杞忧。庚久处炎荒,罕闻政治,人间名利,视者漠然,党派异同,更非所问,兹逢第二届参政会开幕,猥以愚拙,谬厕一员,爰举所怀,以告同胞。尚祈一致主张,弭止内争,加强团结,抗建前途,实利赖之。天海非遥,愿闻明教。

陈嘉庚叩歌

（民国三十年二月五日新加坡发）

（原载《海外呼声》第二辑）

8. 菲律宾侨胞团体抗议国民党制造皖南事件，致蒋介石电

重庆蒋委座钧鉴：闻解散新四军，侨胞关怀，总攻在即，不甘自起分裂，请保存实力，共同对外，伏恳钧座，俯纳侨情，力谋精诚团结，俾胜利早达。

菲律宾纳卯抗敌会

中华商会

妇女慰劳会

航空建设协会

教育会

青年会同叩

（原载一九四一年三月二十七日延安《新中华报》）

9. 国民大会华侨代表一致主张开诚相商，共御暴敌

国民大会海外华侨五代表，初意国大将于短期内召开，遂于去年十一月匆匆从海外各地赶程回国，但抵港时已悉国大延期举行，该代表等为参观国内后方的战时建设起见，故到港后不久，即飞重庆转各地参观，回历川贵湘粤各省，费时八十余日，一月二十一日始自韶关乘机飞港。此时适逢国内皖南事件发生，全国震动，诚恐抗日民族统一战线即将分裂而发生阋墙之祸。今日我国之民意如何，此时固万不容忽视，而华侨之意见，更必须重视，因此香港记者特分别走访五代表，叩询对国内抗战团结诸问题之意见，兹分别记录于后：

一、澳洲华侨代表黄襄望先生之意见

澳洲华侨代表黄襄望先生，广东新会人，年五十余，在澳经营食品业，平时对祖国事业素具热诚，抗战后彼个人捐款及购买救国公债为数不少，据其对最近发生之皖南事变发表如下意见：

"在大敌当前,民族危机涤重的今日,国内团结须比前更牢更坚固,因非团结即无以抗战,非抗战则亦不能促进团结,团结抗战实为一事,在今日团结抗战实为必须之举,但如在此时竟发生分裂内战,则国族前途,将不堪设想了。

"至于解决最近发生最不幸的皖南事变的办法,个人意见以为最好由中央立即召集国共两党领袖,举行会议,此时应开诚布公,放弃一切成见,觅求解决此事件之途径。总之,在今日绝对不能分裂,必须继续团结和敌人打下去。"

二、巴拿马华侨代表郑华秋先生之意见

巴拿马华侨代表郑华秋先生,广东中山人,在巴拿马营杂业将近十余年,据他对记者说:

"皖南事件之发生,诚为抗战以来最不幸的事件之一,而且也是最痛心的事!"

"今自我们共同的敌人只有一个——就是日本帝国主义,我们要打倒他,我们就需要团结,在巴拿马:我方有许多团体党派,以前是对立的,可是,当抗战一起,他们都放弃过去的一切成见,大家精诚的合作起来,干着募捐宣传的工作,由此推想,国内的党派为什么不可以更团结呢?其实可以的,只要大家都为民族利益的大前提着想。"

三、智利华侨代表孙海筹先生之意见

智利华侨代表孙海筹先生,广东中山人,在智利经商,他说:

"希望皖南事件得迅速合理解决,武力冲突不要继续下去!"

四、美国东部华侨代表李功权先生之意见

美东华侨代表李功权先生。广东鹤山人,年六十余,在美东费城经营"杂碎馆",他对记者表示:

"皖南事件诚属不幸,我等同胞闻之,大为忧虑,希望此事能得合理解决,一切均需为抗战的胜利着想。"

五、加拿大华侨代表黄容生先生之意见

加拿大华侨代表黄容生先生,广东台山人,现年四十余,他说:

"古人云：'兄弟阋于墙，外御其侮。'在今天，民族公敌在前，各党派应团结一致，枪口对外。"

以上五位代表，都是国民党的党员，有两位还是在海外兼办党务的。

（原载一九四一年四月三日延安《新中华报》）

10. 美国加州州长等抗议蒋介石进攻新四军，发动内战

旧金山市援助中国委员会书记赞德勒（P. CHNADIER）女士宣称：本月有六位加里福尼亚著名人物致电重庆中国中央政府蒋介石，抗议其对共产党领导之新四军所发动之战争，谓此事"将使美国赞助者统统离去"。在电报上署名者有州长虞尔森（C. L. OLSON），加里福尼亚大学校长德汉博士（D. R. M. DEVTSCH），评论家罗维尔（G. KOVELL），太平洋关系西方学院研究院院长康立夫教授（PROF. I. P. CONO LIFFE），旧金山市教会联合会主席斯马克（SCHMILK），及巴森斯主教（E. T. PARSONS）。该电报称："中国阋墙之争将使美国赞助者纷纷离去。吾人深信必须维持统一始能击败日本之侵略并维持美国之友谊"。赞德勒女士称："中国之友人悉获新四军被聚歼叶挺将军遭逮捕之消息，大为震惊。中国之统一系中国光辉成就背后之主要力量。分裂只是帮助了日本侵略者。日本人能够很容易的由自相残杀而死的中国人尸体上前进。此事实业已为一月二十二日纽约论坛报上所载斯诺之通讯所证明：汪精卫之傀儡军队最近能够占领中国政府军队与新四军发生战事之地点。中国中央政府在抗日战争中有极大之成绩。八路军新四军曾英勇的作战，并在中国的大部分土地上抗击了日本人。吾人希望统一问题有圆满之解决，盖统一对胜利及建国至为重要。"

（原载一九四一年三月二十三日延安《新中华报》）

11. 美国总统特使居里声言：国共纠纷未获解决前美国无法大量援助中国

美总统特使居里来华后，连日与重庆当局各首要商讨各有关问题，并曾飞往成都一行。居里此次来华对国共两党关系，尤为重视，曾与重庆当局一

再讨论此事,并与共产党驻渝代表周恩来先生晤谈甚久。据确息,居里在渝时向蒋介石声言,美国在国共纠纷未获解决前,无法大量援助中国,中美间之经济对财政各问题不可能有任何进展之云。

(原载一九四一年三月九日延安《新中华报》)

12. 国际舆论呼吁中国团结抗战

苏联驻华大使潘友新于一九四一年一月二十五日拜会蒋介石,表示:进攻新四军削弱了中国人民的军事努力,这有利于日本侵略者,这对中国来说,内战将意味着灭亡。苏联驻华使馆武官崔可夫也分别会见了何应钦等国民党将领,表示,现在正在同侵略者打仗,为了赢得这场战争,人民应该团结一致,何以要打自己人,要屠杀自己的士兵和军官呢? 大敌当前,政府同人民发生任何武装冲突都是咄咄怪事。内战只有害于反侵略战争,因为苏联人民和红军难以理解,为什么中国军队不抗击共同的敌人——日本侵略者,而开始相互残杀。

苏联《真理报》刊载"皖南事变"消息后写到,对于皖省新四军之攻击,已使中国各阶层之爱国人民大为震惊,尤以劳动群众为然。中国进步人士表示意见,认为此种事变实为大规模行动之开端,其目的不仅在于消灭新四军且亦在于消灭八路军。彼等认为,此举将酿成中国内战而削弱中国。

美国名流、美国外交政策协会毕生,太平洋国交讨论会与美国和平动员委员会菲特里克·爱·斐尔兹,《美国月刊》社长菲立浦·耶菲,《民族周刊》编辑麦克斯韦尔·斯德华、亨利·阿特金逊博士,乔治·斐希夫人,《纽约先驱论坛报》华兹,联名致电蒋介石,电称:最近攻击新四军及逮捕叶挺将军的消息,引起美国人民极大的关切。这样的行动只会帮助日本而有损中国在美国的令誉,我们觉得,恢复中国的团结是为了制止极权国家在亚洲的侵略所必要的。美国青年大会致电蒋介石:报纸传闻,中国团结破裂,我们听了很惶惑。美国青年大会拥护中国为争取民族的胜利与世界和平而继续团结。美国神学院联合会致电蒋介石:美国的朋友都为中国的分裂而惊惶。加强民主的统一战线,是到达民族胜利的唯一道路。华盛顿官方及各界对中国现状颇为注视。希望蒋介石谨慎处理，不致使事态发展为中国的危机，轴心国远东盟友之胜利。

英国伦敦援华会致电周恩来，对"皖南事变"深表忧虑。电称：团结抗战实为中国之基本力量，为我辈所热烈拥护之中国抗战事业，切勿为内部争斗所败坏，而遭日本宣传及亲日分子所暗算，因此，本会祈求必须加以处置，以便克服目前困难。在恢复中国完全独立之基本的共同信念上，继续合作。

缅甸仰光华侨业余社、缅华佛学青年会、学生救亡联合会等十八个民众团体发表宣言，吁请坚持团结，反对分裂。宣言指出：事实证明，新四军问题完全不是单纯的"军令"问题，而是国共磨擦的问题，是国民党的军队与共产党的军队的冲突问题，那些企图掩蔽了问题的政治严重性而主张以武力对付新四军，以武力对付共产党人的，实际上是中敌人挑拨内战，反共反华的毒计。发国难财的贪官污吏，为日本帝国主义乘机利用一切顽固分子，磨擦专家挑拨离间，制造反共空气，煽动反共情绪。汪派汉奸今日也混在抗战阵营中，假扮拥护国民党擎着三民主义的旗子来诬陷共产党，抨击共产党，我们如果不健忘，应该还会记得：汪精卫还没投降前诬蔑与攻击过共产党，说"共产党是在捣乱的"。因此，我们要紧记着，反共就是投降的准备，我们要站稳立场，正视事实，不为谣言所惑，不中敌人毒计。

（根据崔可夫：《在华使命》和重庆《新华日报》、

《皖南事变资料选》等综合整理）

七、在危机中坚持抗日，坚持团结

1. 八路军全体将士为抗战两周年纪念通电

重庆林主席，蒋委员长，各院部会长，各战区司令长官钧鉴：全国各军将士各党先进各界同胞钧鉴：

当兹抗战两周年之际，八路军全体将士谨向我国抗战最高领袖致崇高的敬意，谨向全国前线将士致兄弟的慰问之忱，谨向全国同胞致亲切的抗战的敬礼！

我国军民在蒋委员长领导之下，浴血抗战，已历两载。前线将士之牺牲精神，可歌可泣；后方民众之努力为国，矢勤矢忠，而全国各党各派各军各界之团结，尤为抗战之基础。时至今日，虽我国之困难犹多，然终能努力克服；敌人之气焰犹张，然实力则已消减。倘能坚持持久战，巩固国内团结，充分发扬民力，政治益求精进，必能最后战胜顽寇，而置民族于复兴之境。

两年抗战之经验，证明伟大的中华民族，非武力所能征服，举国人民已抱有抗战必胜建国必成之信念。不幸民族败类汪精卫等受日寇诱降政策之鼓惑，丧心病狂，背叛民族，或则公开投降，或则隐蔽活动，散布失败情绪，制造内部磨擦，以和平相号召，以反共反八路军为藉口，其目的无非欲削弱抗战军民之意志，分裂统一团结之力量，以实现其帮助日寇亡我国家之目的。

八路军受命以来，配合友军，转战华北，大小数千载，伤亡十余万，尽忠职守，不敢后人，而敌人之屡遭重创，广大国土之夺回，民众抗日情绪之提高，各军各界之团结，三民主义纲领之实施，实为两年努力之成果，甚堪告慰国人者也。全军将士深知华北敌情日益严重，新的困难正在增加。感责任之艰巨，痛投降分子之无耻，敢不益加奋勉，一本蒋委员长坚持抗战国策，奋战到底，全军将士确认抗战必胜妥协必亡之真理，敢恳中央严惩投降妥协分子，取缔反共反八路军活动，实施抗战法令，全军将士坚信我国必能以团结进步之原则，击破敌人汉奸之阴谋，完成战胜日敌之伟业。吾人之素志，在于驱逐日寇出国境，吾人祝捷地在于鸭绿江边，吾人之目的，在于三民主义共和国之实现，此的不达，誓死不休，区区至城，谨电奉达。尚祈时赐指导，俾免陨越。抗战幸甚！民族幸甚。

朱德、彭德怀率林彪、贺龙、刘伯承、聂荣臻、萧克、徐向前、陈光、萧劲光暨八路军全体将士叩，阳。

（原载一九三九年七月十一日延安《新中华报》）

2. 边区抗敌后援会致林主席、蒋委员长电

重庆国民政府主席林、军事委员会委员长蒋钧鉴：汪逆精卫，叛国投敌，近复往来日沪，谋组织傀儡政权，经国府明令通缉，边区民众一致拥护。惟汪逆党徒，仍在各地进行活动，或倡言反共，以破坏团结，或隐言妥协，以危害国策，尽种种方法，为汪逆内应。甚至少数人士，亦为谬论所惑，日以制造磨擦，进攻边区，分裂国共合作为能事，故汪逆余孽，实应彻底肃清，如任其逍遥法外，不仅今日影响军民抗战信心，且伏将来妥协投降之隐患，恳请严令制止一切反共主和破坏团结之言行，以坚抗战之念，而杜妥协之源。谨电驰陈，伏维叩鉴。

陕甘宁边区民众抗敌后援会

六月二十三日

（原载一九三九年七月十一日延安《新中华报》）

3. 大敌当前，团结为重，安定友方不再阻挠募兵，双方协商成立和解办法

关于安定友方县长田杰生，阻挠八路军征补新战士情形，已志六月九日本报现经第×战区政治部派代表调解，现已和平解决，兹将解决之办法发表如后：

一，募补问题之解决办法：

甲，即日成立募补委员会。对成立募补委员会由警备团及安定县政府商酌各指派相等人数组织之。各联保组织募补分会，由县募补委员会指示组织之。如感募补委员会人员力量之不足，则组成动员宣传大队，其队数与人数由县募补委员会决定，宣传人员双方派定。

乙，募补宣传大纲，由县募补委员会制定之。

丙，募补委员会正式成立时，在贺家沟之警×团×即刻调回原该地。

丁，募补期间，自成立募补委员会开始之日起，×月×日止。

戊，募补委员会之组织及工作细则，由县募补委员会制定之。

二，撤兵问题解决办法：

甲,在杨家园子发生事件时,双方增加之部队,一律撤归原防。

乙,撤兵限六月六日上午九时完毕。

三,对双方伤亡士兵及人民死亡之处理。

甲,本月六日上午十一时在杏家湾合并举行追悼会。

1.成立主祭团由田县长、郝团附、×教导员、黄参谋长、李处长,政治部代表组织之。

2.由郝团附主祭。

3.除尽量发动民众参加外,双方各参加五人。

乙,由第二战区政治部设法向各方筹措一部分款项,抚恤双方伤亡士兵及人民。其比例为警×连三份保安队一份人民两份。

四,警×团派遣下乡工作之民运人员如奉有绥德区抗敌后援会之命令者,得照常工作,不得阻止;凡未奉绥德区抗敌后援会命令者不得工作,以昭事权之统一。

附:已在各联保之工作民运人员,仍暂留各联保,听候绥德区抗援会命令之指示。

五,双方须抱定亲爱团结之精神,保证今后不得发生同样不幸之事件。

六,今后双方不得有破坏政府与敌对言论行动。

（原载一九三九年六月二十七日延安《新中华报》）

4. 八路军朱德、彭德怀总副司令关于抗击进犯晋东南之敌的对策向蒋委员长的请示电

委座钧鉴:(一)敌于上月底进犯晋东南即占据和顺,本月号日又占冀城,近又大批囤积粮弹,临汾敌二三千人已于十八日进占浮山、洪洞、赵城,二十日敌又分三路向安泽进犯,现已抵苏堡镇、灵石,敌东犯静升,敌第二十师团现向侯马、槽岭、买集结,平汉线敌移驻安阳,最近敌之企图大规模开始向晋东南逃窜。(二)晋东南地形险要,地区辽阔,交通不便,军民团结,民众动员,以及工作进步,而在敌方更有九路进攻时之惨败教训。敌近向晋东南地区进犯的计划开始可能采取局部的逐渐分割,逐渐推进,逐渐缩小围攻,和构筑据

点,修筑交通路,并取慎重和持久的姿态。安泽、沁水、垣水、曲晋、城林、辽县与子洪口等地,可能成为敌最近攻击的目标。(三)职等为保障晋东南的抗日根据地,拟利用一切有利条件给进犯的敌人以基本歼灭的目的。谨将对策列下:

(甲)各抗日民众团体协同政府进行广泛深入的来反对敌人新进攻的战斗动员,以求一切工作适合于战斗,并集中一切力量,争取战争的胜利。

(乙)职路目前在晋东南的部队暂以现在姿势,分别抗击进犯之敌,并准备适时的集中主力,突击敌人。

(丙)我河北部队即积极反攻,以策应晋东南的作战。

(丁)组织职路晋西北和晋察冀边区的部队,配合作战。

(戊)职拟请钧座电令晋南友军各部队抗击由临汾冀城线东犯之敌,与职路配合作战。

以上恳请各项是否有当谨请示遵。职朱德、彭德怀叩迥。(一九三九年二月二十四日)

（选自台湾《国民政府军令部战史会档案》(二十五)1919)

5.蒋介石嘉慰新四军电

(有线)泾县新四军叶军长、项副军长:号午电悉。密。当我各战场正在积极反攻敌人之际,该军能相机策动,予敌以重大打击,殊堪嘉奖,仍仰转饬所属,继续努力,以竟全功为要。中。敬未令一元远印。

一九三九年四月二十五日

（选自台湾《国民政府军委会军令部战史会档案》(二十五)2107)

6.八路军朱德、彭德怀总副司令拥护蒋介石领导全国坚持抗战电

国民政府主席林,委员长蒋钧鉴:"七七"事变,于兹三年,钧座领导全国坚持抗战,以我积弱之势抗阻虎狼之师,而能再接再厉,愈战愈强,陷敌军百般苦境,奠我国于胜利之基,举世同钦,万众拥戴,今当抗战三周年纪念日,职

等谨率十八集团军全体将士敬祝钧座健康并向钧座致抗战的敬礼！当前敌我相持之际,亦正国际形势剧恶之时,英法此次失败,军力固有悬殊,而主要在于政策之错误,法由于内部团结不固,而遭灭亡,英误于一贯反苏政策,亦遭惨败,盱衡世变,惕厉弥坚,未尝不深服先总理发现三大政策之独见远见,与钧座团结抗战领导之正确也。目前敌寇正利用时机,一面鼓动奸邪制造磨擦,以图分裂我抗日阵营,一面封锁我交通,轰炸我都市,加强对我正面军事之进攻,于沦陷区里反复"扫荡",以图迫我屈服于暴力之下,艰危情势为空前所未有。惶惶谣诼,势必繁兴。惟职等深信国际援助尚有强大苏联,国内力量亦在方兴未艾,敌寇则外强中干,树敌日众之势,果我能坚持团结进步方针,定操抗战建国成功之胜算。留兹危难震撼之秋,职等谨激励部属再向钧座矢誓忠诚。职将率领全军将士,坚持拥护中央,拥护钧座坚持抗战,为彻底实现三民主义与抗战建国纲领而奋斗到底,艰难险阻在所不避,一息尚存,此志不移,惟恳钧座加强进步,加强团结,坚持抗战建国既定方针,铲除奸邪,实斥谣诼,则国家民族幸甚,临电实不胜感祷之志。职朱德、彭德怀筱(十七日)电。

(原载一九四四年七月二日延安《新中华报》)

7. 八路军在鲁西奋勇歼敌殊堪嘉慰,蒋介石致朱德等电

此次我军突破敌之围攻,鲁西此一次大战后,对晋南鲁西根据地当更形巩固。蒋委员长特电朱彭总副司令嘉勉。原电如次:

"朱彭总副司令:筱(十七日)电悉,各该部在鲁西奋勇歼敌,特堪嘉慰。特覆。中正二十七日。"

(原载一九三九年八月四日延安《新中华报》)

8. 叶剑英转报八路军百团大战兵力部署致蒋委员长电

委员长蒋钧鉴谨将总司令朱副司令彭养梗敬三电译抄呈鉴察

　　附抄电三件①

职叶剑英谨呈

（一九四〇年八月二十七日）

　　委员长蒋钧鉴：（一）奉委座迭次电称，敌在太原集中两师团之兵力渐增强晋南，准备进攻潼洛。又据职部各兵团迭次报称，关外之敌向关内增加，津浦及冀中，冀南敌，陆续南移，向陇海东段集中，似有进攻潼洛，犯我西北，断我西北国际交通线企图。（二）为打击敌人企图配合晋南及华中各友军作战，保卫西北，打破敌消灭华北抗日根据地，实行这一政策的毒计，职部决以组织百团兵力，对正太线进行大规模的进攻战，限期截断该线，彻底毁灭铁路交通及主要公路线，进行大规模的破坏，截断其交通，以彻底粉碎敌寇进犯西北之企图，争取整个战局之好转。百团大战已经历一月余之准备，但恐电报机密不密，恐有泄漏，故未早报，特此申明。（三）百团大战除职部之一一五师主力和山东部队未编入战斗序列外，一二〇师、一二九师、晋察冀军区各部主力及决死队之请求参战部署计一〇五个团。这是华北抗战以来空前未有之积极主力向敌进攻。谨将大战兵力部署报告如下：

　　（甲）正太线三十个团。（乙）平汉线由芦沟桥至邯郸段十五个团。（丙）同蒲线大同至洪洞线十二个团。（丁）津浦线由天津至德州段四个团。（戊）汾军公路六个团。（己）白晋线六个团。（庚）北宁线两个团。（辛）平绥线两个团。（壬）沧石线四个团。（癸）德石路四个团。（子）邯济线三个团。（丑）代县至蔚县线四个团。（寅）平太线×××至大同六个团。（卯）辽平县辽县平顺三个团宁武岢岚静东四个团。共一百〇五个团，并已分为三个集团，分由聂荣臻、贺龙、关向应、刘伯承、邓小平指挥之大战，已于八月二十号二十时开始，战斗序战胜利已全部取得。正太全线交通截断，大战正在发展中，战况请见战报。请分电各战区各支军部队抑制当前之敌，以利大战之进展。谨电奉闻。职朱德、彭德怀养。（一九四〇年八月二十七日）

（录自《国民政府军令部战史会档案》（二十五）979—923）

---

　　①只有养电，梗敬电缺。

9. 蒋介石等嘉奖八路军百团大战伟大战绩电

1）蒋介石电

八路军百团健儿连日以来,仍继续发挥其伟大威力,向各地猛烈破坏,据前方捷报,在鲁冀晋各地毙伤敌又达一千五百以上。蒋委员长顷特节电朱副长官、彭副总司令传谕嘉奖。兹将该电原文抄录如下:"朱副长官、彭副总司令。迭电均悉。贵部窥此良机,断然出击,予敌甚大打击,特电嘉奖。除电节其他各战区积极出击,以策应贵部作战外,仍希速集所部,积极行动,勿予敌喘息机会,彻底断绝其交通为要。中正。"(一九四〇年九月)

2）卫立煌电

八路军百团大战捷报传至各方后,为全国人民所庆贺,蒋委员长特电嘉奖。兹录×战区卫司令长官贺电如下:

其一:×日×号电均敬悉。查顽寇陆续增兵,企图扫荡华北,截断我西北国际交通,兄等抽调劲旅,予以迎头袭击,粉碎其阴谋毒计,至深佩慰。除已饬各部迅速动作,配合贵部作战,完成兄等歼战大计外,谨此电复。弟卫立煌宥。

其二:朱副司令长官××电均敬悉。贵部发动百团大战,不惟予敌寇以致命之打击,且予友军以精神上之鼓舞,我××部队配合贵集团军于某日开始向当地顽敌袭击,除饬加紧动作,策应牵制外,敬复。弟卫立煌俭。

（选自一九四〇年九月二十日延安《新中华报》）

10. 蒋介石嘉奖八路军朱德、彭德怀总副司令电

朱副长官、彭副总司令,迭电均悉。贵部窥此良机,断然出击,予敌甚大打击,特电嘉奖。除电饬其他各战区积极出击以策应贵部作战外,仍希速饬所部积极行动,勿予敌喘息机会,彻底断绝其交通为要。中正。

（原载《八路军军政杂志》第二卷第九期,一九四〇年九月二十五日）

档案文献·乙

抗战时期
国共合作纪实（下）

重庆市政协文史资料研究委员会
中共重庆市委党校 ◉编
红岩革命纪念馆

主　　编：孟广涵
副 主 编：周永林　杨奎松　周　勇　牛　军　王明湘

重庆出版集团 重庆出版社

第四章　国共合作在曲折中出现转机

（一九四一年六月——一九四四年八月）

一、苏德战争爆发，国共关系趋向缓和

1.中国共产党中央委员会为抗战四周年纪念宣言

全国同胞们，抗战将士们！

我伟大中华民族为抵抗日寇保卫祖国的神圣战争，已经整整四年了。当此抗战第五年到来之时，正值国际形势发生严重的变化，疯狂的德国法西斯罪魁希特勒已经大举进攻苏联，苏联政府正在统率二万万人民与数百万红军举行粉碎法西斯侵略的伟大战争。

同胞们，将士们！苏联这一反法西斯的战争，完全是和我们的抗日战争属于同一性质的，都是保卫独立，保卫自由，反抗侵略的正义战争。而在德国法西斯方面，则与日本法西斯进攻中国完全相同，乃是侵略的、奴役的、非正义的。因此，我们与苏联是完全站在同一战线上，成败与共，休戚相关。

自苏德战争爆发以来，对于苏联的同情，迅速散布于全世界。而在我国人民，则关切之情，尤为深至。一则因为苏联是扶助被压迫民族的社会主义国家，四年抗战，助我最多最力者唯有苏联；再则因为苏德战争直接影响我国

的抗战,希特勒如在苏联得逞,则中国即将遇到严重的危险。故我国人民,咸知苏联人民所进行的战争,不但是保卫苏联的,而且是保卫中国,保卫一切民族之自由独立的。苏联的成败,即是中国的成败,即是一切民族之民主与自由、独立与解放、公理与正义、科学与光明的成败。而希特勒则不但是苏联的敌人,而且也是一切自由民族特别是中国的敌人,因而打倒希特勒,不但是苏联人民各国人民的任务,而且也是中国人民的任务,毫无疑义,法西斯希特勒的疯狂进攻,适足以加速其死亡,法西斯的敌人已遍布于全世界。一个强大的反法西斯侵略的阵线,正在全世界树立起来。目前是全世界法西斯阵线与反法西斯阵线的伟大斗争时代,双方的决斗已经开始了。

欧洲的法西斯国家,为着拉拢日本,巩固法西斯同盟,反对中、苏、英、美之目的,不惜明目张胆,承认中国叛逆汪精卫,希特勒莫索里尼的魔爪现已伸向太平洋,其为我四万万五千万人民与全人类的公敌,实已暴露无余。而法西斯日本西陷中国泥淖,南与英美抗争,经济衰颓,民心怨愤,如又欲撕毁日苏中立协定,树敌于伟大之苏联,则其死亡崩溃之日,必愈益临近。惟其情况愈危迫,则横决以求一逞之心,必愈难阻遏,反苏之危险固已增长,灭华之方针则决不放弃,南进以侵犯英、美、荷、澳之野心,亦依然存在。法西斯同盟对于全世界的威胁,西方与东方同时增长。惟有建立于反法西斯国际统一战线基础之上的坚决的斗争,方能制凶焰于已燃,挽狂澜于既倒。一切幸灾乐祸侥幸取巧的心理,均属浅薄无识之表现。至于张伯伦覆辙的重蹈,汪精卫后尘的学步,所谓绥靖政策与投降路线者,尤为愚不可及之下策,宜为中国与欧美民主国家所不取。中国人民对于远东慕尼黑的危险,是永远坚持反对的。

我伟大中华民族的神圣抗日战争,不独为了挽救自己祖国的危亡,亦且有助于国际反抗侵略的奋斗。四年以来,全国军民奋起抗战,不顾牺牲,不怕困难,前仆后继,再接再厉,付出了很大的代价,渡过了许多的难关,卒能使敌寇胆寒,环球心折,奠定了民族复兴的基础,产生了新生中国的雏形,此皆我上下同心,军民协力,党派合作,友邦增援之所致,值得我们欢欣庆祝,大书特书的。

然而敌人之进攻方兴未艾,协以谋我者,且有凶恶的法西斯同盟,南京之傀儡既为虎作伥,内部的亲日分子诪张为幻,政治犹未澄清,民生愈见凋敝,党派仍有磨擦,民意尚未伸张,各种惊心怵目之暗影,竟有越来越大愈闹愈凶之势。尤可异者,反共成为政策,"异党"见于文书,军纪军令之美名,却假以打击抗日部队最积极者,于是皖南事变发生了,新四军被解散了,特务横行,非法逮捕之事层出不穷了,抗战之元气为之斫丧,抗战初期之新气象因而挫折了。凡此阴暗方面,如不加以消除,则抗战四年的成绩有中堕之忧,全国军民有无所适从之感,而国际同情亦将失所附丽,这是国人应该深切警惕的。

中国共产党中央委员会认为当此抗日第五年开始,国际形势发生变化之时,正我除旧布新的好机会,全国人民必须执行许多重大的战斗的任务,从外交以至内政,皆宜有新的改革与建树,方足以适应目前形势,一新国人耳目,达成抗日建国之目的。本党不敏,谨陈如下各端:

一、拥护国际反法西斯阵线,促进中、苏、英、美、及其他一切反对法西斯的国家民族一致联合,反对德、意、日法西斯同盟,拥护国民政府对德、意绝交的正义行动,并准备采取新的步骤。

二、加强反对汪精卫傀儡政府的斗争,肃清汪逆余党,巩固抗日阵营。

三、加紧全部国军的整理训练,加强前线各军的配合作战,接济敌后各抗日部队的军饷弹药,积极反攻敌人。

四、加紧各抗日根据地的政治经济文化设施,由政府予以援助,俾能长期坚持于敌后,使敌人无法抽调兵力西进、北进、南进。

五、加强各抗日党派的合作,调整国共关系,解决新四军问题,承认各抗日党派的合法活动。停止逮捕共产党员及一切爱国分子,消弭内部磨擦,培养抗战实力。

六、给一切爱国人民以言论出版集会结社的自由,发动民智民力,反抗敌寇。

七、改革政治机构,罢免贪官污吏,引用开明人员,从政府机关中淘汰暗藏的亲日分子,肃清敌人的第五纵队。

八、禁止贪官污吏奸商劣绅囤积居奇,操纵国民经济,实行调剂粮食,平抑物价,以苏民困。

九、改革兵役动员制度，禁止敲诈、贿买、强迫、虐待，代以鼓励人民上前线的政治动员，以利抗战。

十、调整中央与地方的关系，信用本地人才，团结少数民族，以固后方。

本党认为上述各项，实为今日内政外交之基本方针，如能见之施行，则全国之气象必焕然一新，一切困难皆可克服，抗战建国之胜利便有了坚固的基础。

中国共产党再一次声明：本党坚持抗日民族统一战线政策始终不变，愿与中国国民党及一切爱国党派一切爱国人民团结到底，为抗战建国的共同目标而奋斗。对于三民主义与抗战建国纲领，本党实为最忠实最坚决的执行者。本党对于民国二十六年九月二十二日的宣言，实践到底，央无丝毫违误之处。八路军、新四军始终是国民的一部分，最忠实最勇敢的执行抗战任务，抗击了半数以上的敌人，收复了广大的失地，建立了敌后的许多抗日根据地。在这些根据地上，一步一步的实行了三民主义，实行了各党派各阶层合作的"三三制"的民主政治，保证一切抗日阶层（包括地主、资本家在内）的人权政权财权，实行了一方面减租减息，一方面交租交息的农村政策，实行了一方面改良工人生活，一方面加强劳动纪律的劳动政策，实行了发展农工商业、改良人民生活的经济政策，实行了消灭文盲愚昧、提高民族精神的文化政策。凡此一切，无一不在证明：中国共产党是保卫祖国的先锋队，是言行一致的革命政党，是团结抗日的模范，是艰苦奋斗的典型。而敌人汪逆与亲日派则集矢于本党，务欲破之坏之消灭之而后快，盖彼等深知本党之存在，实为其灭华计划之最大障碍，如不灭共，则断断不能灭华。所可怪者，一部分尚在抗战的国内人士，其污蔑陷害与破坏本党之心，竟与敌人如出一辙，称之为匪军，谥之为奸党，摧残镇压，不遗余力，大敌当前，相煎何急，诚有令人百思不解者。所望此等现象，迅速加以消除，回复抗战初期之状态，化戾气为祥和，易相克为相助，共以国家民族为重，则抗日前途，光明立见，抗战第五年的局面，必可变为团结进步胜利的局面，这就是本党所馨香祷祝的。

同胞们，将士们！抗战的第五年是决定世界命运的一年，也是决定中国命运的一年，大家应该警觉起来，特别团结，特别努力，坚持我们民族解放的旗帜,脚踏实地,向前奋斗,配合各国人民反抗法西斯的斗争,争取我们的完全胜利。中国共产党完全相信,只要我们坚持努力,不犯错误,我们的目的是能够达到的。最后胜利是一定属于我们的。

打倒日本帝国主义!

打倒法西斯奴役!

援助苏联!

抗战胜利万岁!

全世界反法西斯阵线胜利万岁!

中国共产党中央委员会

中华民国三十年七月七日

(原载一九四一年七月七日延安《解放日报》)

2. 国际的团结与国内的团结(延安《解放日报》社论)

由于苏德战争的爆发,全世界分成法西斯阵线与反法西斯阵线,世界各民族的斗争与中国的抗日战争汇合起来了,中、苏、英、美及一切反法西斯的国家民族,现在已在政治上有了一致性,这是目前国际形势的基本特点。在此种情况下,中国抗日阵线的内部关系,也应该较之过去有所改进,加强民族团结,是目前的急务。在此基本立场上,中国共产党中央在七七抗战四周年纪念日发表了它的辉煌的宣言。这个宣言所解释与号召的中心口号只有一个,就是国际的团结与国内的团结。

中共中央的宣言指出:希特勒进攻苏联和苏联反对希特勒进攻的战争,不是仅仅两个军队的战争,也不但是全苏联人民反对希特勒的战争,而且是全人类反对全人类公敌的战争。打倒希特勒及其国际法西斯阵线,建立和拥护国际反法西斯阵线,应该是一切自由民族的共同任务。

中共中央的宣言指出:希特勒及其国际法西斯阵线是一切自由民族的死敌,也是中国人民的死敌,这是因为希特勒、莫索里尼已经公开承认日本傀儡汪精卫,希特勒辈如果得志,就将是中华民族奴役和灭亡。因此中国人民应该积极促进国际反法西斯阵线的形成,应该积极加强抗战,打倒法西斯阵线的东方主角日本帝国主义。

中共中央的宣言又指出：为要战胜法西斯阵线，为要打倒日本帝国主义，需要国际的团结，而且更需要国内的团结。中共中央在宣言中提出了加强国内团结的基本方针，并再一次表示了坚持国内团结的一贯立场。中国共产党所执行的各种政策，是服从于民族团结的，中国共产党所提出的各项主张，正是为着这个民族团结。

可以庆幸的是，抗战统帅蒋介石先生在今年七七所发表的《告全国军民书》和《告友邦书》对于国际的团结和国内的团结，和中共中央的意见是基本上一致的。蒋先生在他的宣言中对于目前的国际形势说："今天世界上侵略国家和反侵略国家，已形成显然分明的两大分野，轴心国家的侵略范围在欧洲与亚洲同时扩大，一切爱好自由的友邦很自然的站在一条战线上。我们抗战必须在世界局势发展中尽到我们的责任，乃能求得最后的胜利，达到真正的成功。"关于抗战问题，他表示了国民党反对日寇、汪逆的决心和加强国内团结的愿望。他警告国人不要因为敌人的南进北进而放过反攻的机会，使积年之功毁一旦，并号召"全国军民要一致精诚团结，提高战斗力量"。这种表示，对于时局的推进是有益的，是值得欢迎的。

国际的反法西斯团结，因为苏联的英勇抵抗，因为希特勒对于全世界野心的暴露，正在发展之中。中国的抗战环境，在法西斯德国和法西斯日本的加紧勾结之下，也已遭遇严重的危机，我们希望国内的团结也能够迅速加强起来。

严重的国际国内环境，要求一切不愿意丧失自由的人们团结起来，谁违反这个方向，谁就是自觉的或不自觉的站在敌人方面，必须警觉，敌人是要破坏我们的团结的，对于这种破坏必须给予无情的回击，这又是为着加强国际国内团结必须注意的一方面。

全世界全中国一切反对德意日法西斯的力量团结起来，打倒法西斯恶魔，打倒日本帝国主义，打倒团结的破坏者，胜利是我们的。

（原载一九四一年七月八日延安《解放日报》）

3. 团结起来打敌人[①]（周恩来）

中共中央为抗战四周年纪念宣言上曾指出，法西斯日本"反苏之危机固已增长，灭华之方针，则决不放弃，南进以侵略英美荷澳之野心，亦依然存在"。现在日寇内阁又改组了，不管其是在积极准备北进，或者南进，或者南北并进，但其灭华之方针决不会有任何变更，而且还会先来个西进。且即使日寇北进的方针定了，甚至先来个对海参威的海上封锁，他也要先行或者同时扫荡华北，甚至突入西北，以巩固其北进攻苏的陆上根据。假使敌人不北而南，或者兼行南进，他也要以加强安南的军事根据地和扰乱甚至切断我西南交通为先决条件，或者说作为与英美讲价的条件。因此，不论在任何情况下，我们总应准备敌人西进，乃至迎头打击敌人西进，这才是万全之策。等待胜利，总是一种最有害的心理，尤其是专门希望日寇打别人，最是一种没出息的想头，而且对于联合友邦，争取外援，也颇不合情理。并且我们已经单独的打了四年，即使敌人已经发动了北进和南进，我们也应更加努力作战，反攻敌人，以配合友邦行动，这不仅称得起患难相共的朋友，并且也才能争得出我们独立解放的胜利前途。所以不论敌阁如何改组，敌人的行动如何改变，我们的任务总是打敌人。那些天天争论于敌人究竟北进还是南进，天天希望敌人北进或南进，甚至天天等待敌人的北进或是南进以解决我们困难，以决定我们对内政策的人，在现实的演进中，不仅有时会使希望落空，有时会使高兴过度，并且根本上最有害于自力更生，最有害于争取胜利。

这种思想，便是从国际反法西斯侵略的任务上看，也是不妥的。我们抗战四年，久已成了东方反法西斯的先锋。现在全世界都正在或将要走上反法西斯的战场，而纳粹德国正是法西斯头子，日意是其帮凶，苏德战争又是世界战争的主体，中国抗战则已经起了牵制世界法西斯帮凶的作用。因此，为着使全世界集中目标，集中力量，打击世界法西斯头子，不仅苏联，不仅英国，便连美国也要用极大的力量去作战，去协助，而对于日本如果它还不北进南进，我们更应继续担任牵制日本的光荣的任务。这是中华民族值得自豪的侠义

[①]本文是周恩来为一九四一年七月二十日重庆《新华日报》写的代论。——编者

行为,这是中华民族见义勇为的优良传统。所以我们现在对于英美苏联,不是要求他们对日作战,而是要求他们加紧援华,对日禁运,共同制裁法西斯侵略。如果敌人一旦北进或南进,我们更应努力牵制敌人,使其陷于两面乃至多面作战的困难,以尽国际反法西斯侵略阵线的成员之一的责任,那才不愧为东方反法西斯的先锋,才能以中苏美为中心结成全世界反法西斯侵略的阵线。

还有,从中国抗战内部来说,也只有团结起来打敌人之一道。中国抗战的对象,是要驱逐日寇出中国,现在更加上与世界反法西斯战争连接一起。如此巨大任务,非团结起全中国人民,全中国军队,才能达到。中国抗战的目的,是要实现三民主义的新中国。如此巨大任务,也非集合全中国人民的势力,各抗日党派的才智,通力合作,才能达到。

为打倒这个对象,达到这个目的,首先必须加强军事力量,这就须全中国的武装力量,不论前线后方,不论战区敌区,不论中央地方,不论属于任何系统,都应团结于最高统帅指挥之下,一致杀敌,而不容有任何磨擦,任何歧视。如果有人说,最近第十八集团军,又在晋冀察等地擅自行动了,我可负责答复他们:为配合中条山作战,十八集团军部队,曾向白晋路平汉路南段袭击敌人,但任务完成后,便立即退还原防,而山东荏平、乐陵、惠民等县,原属十八集团军作战地区,友军何以开入,何故发生冲突,且究竟有无其事,十八日电十九日便登报,不仅朱总司令不及呈复,连我也未得到事前任何通知,这就是事实真象,这就叫"擅自行动"。不过我们总是要求团结,而不是要求分裂;要求一心杀敌,而不是要求分心对内。只有这样,才能团结杀敌,而不致给敌人造成任何分化机会。

次之,必须加紧国防建设,这也须团结起一切建设的力量,以建立国防工业的始基。尽管今天建立国防工业的可能性很低,但并非一无可能,一无所有。我们纵观世界战局,法西斯侵略国家,杀人凶器之多且强,奴役人类之残且暴,直欲将世界文明一齐毁灭。如果我们再不从此得出教训,再不从此努力国防工业的建立,而仍听其自然,诿诸客观困难,那真是自暴自弃,甘为人奴。没有自力更生的力量,不要说不会将敌人赶走,即使敌人自己崩溃了,或者友邦把它打败了,我们也不会得到彻底解放,强盛的立于世界。所以,我们自始就应该不分国营私营,不分厂方工方,不分技师专家,都应团结一起,集中力量,为着加紧国防生产建立国防工业而奋斗。

再次,必须加强政治民主化,这更须不分种族、阶级、党派、信仰、性别,而团结在民主旗帜之下,一致努力。有人说,以中国之大,各党派外还有着最大多数无党无派的人民,他们最能表现出中国人民的公正意志。这是非常正确的。唯有最能尊重人民公意的人,才是最富于民主思想的人,才是最能团结的人。要想从政治上动员民力,参加抗战,就必须团结起中国的广大人民,听取他们的意见,顾及他们的生活,发展他们的组织,给他们以合法自由,然后才能得到他们踊跃从军,努力服务,加增生产,热心献粮的好处。又有人说,政府应与现有纠纷之党派提议协商,劝告合作。这也是非常正确的。我们所望的也正是"加强各抗日党派合作,调整国共关系"(《中共中央七七四周年宣言》)。而不是肃清异党分子,或者说,对共政策已确定,只需待时而动,无再行考察之必要。我们所望的是调整关系,而不是制造纠纷。我再重复说一次:"团结则存,分裂则亡;合作则胜,独霸则败。"这是今天中国抗战的铁则。谁不遵守这个铁则,谁将成为万世的罪人。

总之,今天的国际形势,今天的国内情况,都须要我们团结起来打敌人。不打敌人,我们没有别的出路。不团结起来,我们无法打败敌人。

我们号召全中国的人民,全中国的军队,全中国的党派,大家向着一个目标前进,这就是:团结起来打敌人!

（原载一九四一年七月二十日重庆《新华日报》）

4. 中国共产党中央委员会为纪念抗战五周年宣言

全体同胞们！全体将士们！

在抗战五周年的日子,中国共产党中央委员会谨以至诚向全国同胞、全体将士致民族解放的敬礼,向死难的志士致深切的哀悼,向负伤的将士致热烈的慰问。

中国共产党中央委员会又以同样的心怀向全世界反法西斯侵略的战友

们致民主的胜利的敬礼。

抗战第六个年头开始的时候,全世界反法西斯的斗争,是处在胜利的前夜。在民主同盟国方面,我们看见:苏联前线的胜利,后方的巩固,红军的英勇,人民的积极,英美同盟国军火生产的扩大,人民抗战情绪的高涨,海防空军的壮大,第二条战线的积极准备,苏英同盟、英美协定的成立,反侵略国家更进一步的大团结,所有这些,都说明苏英美同盟国今年战胜希特勒及其欧洲伙伴,是有充分把握的。

在法西斯轴心国方面,我们看见:德国东线春季夏季攻势的破产,空中优势的丧失,德意人民的不满,被占领国人民的反抗,军火生产的下降,生活必需品的缺乏,战线上死伤的浩大,人力的不足。而德意的东方伙伴——日本,则战线延长,兵力分散,经济枯竭,运输困难,而其致命伤则在对敌甚多,无一获得解决。所有这些都说明,法西斯轴心已日益接近失败死亡的末路。

世界战争中胜败谁属,已很明显,今年打败希特勒,明年打败日本,我们应有此信心,应为这个目标而共同奋斗。尤感兴奋的,不仅胜败谁属已定,而且战后世界的趋向也有了明确的方针。去年八月《大西洋宪章》的宣布,今年一月二十六国的宣言,最近苏英同盟条约及英美协定的签订,都规定战后的世界是自由的、民主的、和平的世界。不扩张领土,不干涉别国内政,各国人民有选择政治制度的自由,不让法西斯侵略主义再有抬头的可能。凡此一切,都被中苏英美及一切反侵略国所共同承认,这是全世界人民的共同希望,也是中国人民的共同希望。中国共产党中央委员会声明:我们拥护这些宣言,我们愿意本着这些宣言的基本原则,与中国各爱国党派协同一致,参加战后新世界与战后新中国的建设。

在这样的国际形势之下,摆在我国抗战面前有两大问题:(一)如何争取时间,克服困难,以达抗日的最后胜利;(二)如何对目前的抗战及抗战后中国的建设取得各党派的一致意见,以便更好的团结抗战,团结建国。这就是时间与团结的两大问题。

在时间问题上,如果说苏英美三国今年有打败希特勒的把握,那么中英美三国明年便有打败日寇的把握,如果日寇敢于背信弃义的侵犯苏联,则强大的苏联远东军必能给日寇以严重打击,这是毫无疑义的。但是我们知道到胜利的路虽则很短,却尚有极大的困难。日寇还在"扫荡"敌后与进攻正面,日寇还在挑拨中国内部的团结,抗战营垒中等待心理与侥幸心理还是存在,国共关系还是很不正常,财政经济的困难还是很大。抗战第六年虽是接近胜利的一年,然而也是抗战以来存在着重大困难的一年,稍一不慎,稍一懈怠,我们已往的成绩就有丧失的危险。我们一定要警戒这个危险,我们一定要熬过这个困难的年头,方能争取快要到来的胜利! 为此,必须全国同心合力,争取时间。中国人民已经与日本帝国主义苦战了五年,还须以排除万难坚忍卓绝的精神熬过今明两年,这一难关渡过,胜利就在前面。

在团结问题上,中国共产党认为:中国各抗日党派不但在抗战中应是团结的,而且在抗战后也应是团结的。战后的中国应当是独立的与各友邦发生平等互惠关系的中国,而不是殖民地半殖民地或附庸国。战后的中国应当是统一的和平的中国,而不是分裂的内部互相战争的中国。战后的中国应当是民主的中国,既不是专制的半封建的中国,也不是苏维埃的或社会主义的中国。战后的中国应当是民生幸福的经济繁荣的中国,既不是只顾一部分人的经济利益,而使大多数人受苦的中国,也不是以暴力没收土地没收工厂的中国。战后的中国应当是各党派合作经过人民普选的民主共和国,而不是少数人专政,多数人无权的中国。总之,战后中国的新秩序的建立应当依照孙中山先生的三民主义,国民党的抗战建国纲领和中国共产党的施政纲领与社会政策。中国共产党声明:自抗战开始我们就是为着共同抗战并共同建设这样的新中国而奋斗。还在民国二十六年九月二十二日中共中央发表的宣言上,就宣布:"(一)孙中山先生的三民主义为中国今日之必需,本党愿为其彻底的实现而奋斗。(二)取消一切推翻国民党政权的暴动及赤化运动,停止以暴力没收地主土地的政策。(三)取消现在的苏维埃政府,实现民权政治,以期全国政权之统一。(四)取消红军名义及番号,改编为国民革命军,受国民政府军事委员会之统辖,并待命出动,担任抗日前线的职责。"五年以来,中国共产党不仅忠实于自己的诺言,并且把这些诺言具体化。诸如八路军、新四军的英勇抗战,共产党坚持与国民党及各抗日党派的合作政策,在敌后各抗日根据地上发布切合情况的施政纲领，土地政策，劳动政策，文化政策，并实行政治上的三三制等等，莫不是根据这些诺言的精神与原则而实施的。我们现在再一次声明，这些诺言的精神与原则，这些纲领与政策，不仅适合于抗战时期，而且适合战后的建设时期，中共誓为其彻底实现而奋斗。只是为私利所昏迷的人们，才不分皂白，乱说中国共产党在抗战中破坏抗战，在抗战后企图独霸中国或赤化中国。当此抗战接近胜利之时，全国人民不但要有争取最后胜利的共同方针，而且要有战后建设中国的共同方针，以便建立互信，泯除猜疑，一致为着争取最后胜利与一致为着独立的、统一的、和平的、民主的、繁荣的、各党各派合作的战后新中国而奋斗！

中国共产党认为：全国军民必须一致拥护蒋委员长领导抗战，中国共产党承认，蒋委员长不仅是抗战的领导者，而且是战后新中国建设的领导者。

中国共产党及一切抗日党派间的关系，加强国内团结，不给日寇以任何挑拨离间的机会。我们愿尽自己的能力来与国民党当局商讨解决过去国共两党间的争论问题，来与国民党及各抗日党派商讨争取抗战最后胜利及建设战后新中国的一切有关问题。

中国共产党认为：必须按照三民主义与抗战建国纲领的原则改善内政，使人民更踊跃的为抗战而服务，才能战胜日寇，并为战后新中国的建设树立前提。

中国共产党认为：必须坚定全国军民的胜利信心，克服悲观失望的情绪，消除等待侥幸的心理，一切为着抗战的胜利，一切为着反攻的实施而奋斗，一切不利于抗战的言论与行动是应该取缔的。

同胞们！将士们！抗战五年了！五年中我们中国人民表现了无限的英勇、坚忍、刻苦、耐劳、不怕牺牲、不怕困难的精神。我们坚决的相信，中国人民一定能够继续这种精神，一直到赶走日本帝国主义出中国，建设起独立自由民主繁盛的新中国！

中国共产党中央委员会

民国三十一年七月七日

（原载一九四二年七月七日延安《解放日报》）

5. 毛泽东关于国共合作中之斗争方针问题致周恩来电

恩来同志：

十九日电昨日阅悉，又接五日电。兹复于下：

一、林彪见蒋时，关于我见蒋应说我极愿见他，目下身体不大好，俟身体稍好即可出来会见，不确定时间。如张文伯愿来延则先欢迎他来延一叙，如此较妥。

二、我们与民主政团及地方军人的合作，应服从于国共合作，国共合作是第一位的，决定性质的，其他合作是第二位的，次要性质的，如果二者发生矛盾，应使第二位服从第一位，这是基本原则，必须坚持。

三、目前似已接近国共解决悬案相当恢复和好时机，对于国民党压迫各事，应极力忍耐，不提抗议，以求悬案之解决与和好之恢复，并请注意。

四、我西安办事处已于三日接办公厅通知，四日接三十四集团军通知邀林彪前往，现在交涉飞机，准备日内动身。

毛泽东

一九四二年九月八日午时

（选自《南方局党史资料·统一战线工作》

重庆出版社，一九九〇年）

6. 周恩来关于对国民党及其他党派统战工作的意见致毛泽东电

毛主席：

一、八日午电，十日收到。

二、国共合作为主，地方与各党派为辅，是历来统战的方针。不过武汉时代太重视国共合作，甚至幻想一些成果，致完全冷落了各小党派及地方势力，且为国民党所吓住，反令其易于操纵，这不能不是一个教训。重庆时期，在你的斗争三原则及革命的两面政策指示下，国内外统战工作都得到了新的开展，除主要由于我中央领导正确和党的力量发展，使压迫者不得不有所顾虑外，统战工作亦曾在这方面有若干成绩。因此，自去年反共退潮后，此间即一方面在国共关系不团结状态下采取不刺激办法,另方面却努力于国共以外其他方面(外交、地方、各党派、文化界)统战工作的开展。现在国共关系有趋于政治解决可能,我们自应主动的争取这种可能。你指示的两项原则完全正确,且应坚持。

我们做法是这样:

子、对国党争取谈判机会,但有步骤。

丑、如国党在实际上压迫过甚,我们仍与之说理,请求解除压迫太过的事,也要从正面批评,不能默尔而息,使其误认我为屈服,已不复有何要求。

寅、对其他方面,统战中心在要求其与中央比进步、非比落后,坚决反对其弄乱了再说的观点。即在三四月时,我们与地方谈话亦说明:即使中央进攻边区,我们一边抵抗,一边仍要求停止内战,拥蒋抗战到底。并告诉他们不要以武力响应,只是表示考虑在适当时也要求停止内战。现在当然更不同了。对他们怕蒋、反蒋而不自求进步、自强力量的办法,要诚恳的要求他们改正。

三、以上三点,你看对否? 请示。

恩来

一九四二年九月十四日

(选自《南方局党史资料·统一战线工作》,

重庆出版社,一九九〇年)

7."三三制"的理论与实践(延安《解放日报》社论)

为什么要行"三三制"?

一、历史决定中国革命的任务是争取民族独立、民权自由。即是说:对外驱逐日本强盗出中国;对内实行广大抗日人民的民主政治,且必须各阶级联合出力,才能有民族民主的革命胜利。

因此,中国民主革命不能是一阶级专政的旧民主主义,而必须是各个革命阶级联合专政的新民主主义。

二、中国是一个两头小中间大的社会,无产阶级和大地主大资产阶级都占少数。最广大的人民是中间阶级。任何一个政党的政策,如果不顾到中间阶级的利益、不尊重中间阶级的参政权利,要把中国事情弄好是不可能的。

三、孙中山先生提倡"天下为公"的学说,反对天下为家的满洲皇帝,反对变相天下为家的袁世凯、段祺瑞、曹锟、吴佩孚之流的军阀专政,同样也反对资产阶级专政的欧美式民主,而创立革命的三民主义。国民党第一次代表大会宣言上说:

"吾人欲证实民族主义实为健全之反帝国主义,则当努力与赞助国内各种平民阶级之组织以发扬国民之能力,盖惟国民党与民众深切结合之后,中国民族之真正的自由与独立,始有可望也。""近世各国所谓民权主义,适成其为压迫平民之工具,若国民党之民权主义,则一般平民所共有,非少数人得而私也。""凡真正反对帝国主义之个人及团体,均得享有一切自由及权利。而凡卖国罔民以尽忠于帝国主义及军阀者,无论其为个人或团体均不得有此等自由及权利。"

孙中山先生是革命实行家,这样讲就这样做,辛亥革命,就是孙先生联合各阶级的革命。后来的国民党更是各阶级各党派联合革命的证明。孙先生在主张召集国民会议的宣言上这样说:

"预备会议以左列团体之代表组织之:

(一)现代实业团体;(二)商会;(三)教育会;(四)大学;(五)各省学生联合会;(六)工会;(七)农会;(八)共同反对曹吴各军;(九)政党。

"国民主义之组织,其团体代表与预备会议同。惟其代表须由各团体之团员直接选举。……全国各军皆得以同一方法选举代表以列席于国民会议。于会议以前所有各省的政治犯完全赦免,并保障各地方之团体及人民有选举之自由,有提出议案及宣传讨论之自由。"(见孙先生北上宣言)

由此可见,如果孙中山先生的国民会议实现了,他不会让国民党员在政权中超过三分之一,因为他把国民党和各政党并列,而各政党又和各民众团体并列。这就是孙中山先生的"三三制"。

共产党怎样? 共产党是无产阶级的政党,但在他成立的日子起,一直就主张联合民主政权。民国十六年国共分裂是人家不要他,而不是他不肯和人家合作。内战时他没主张过无产阶级专政,而是主张革命的统一战线政权。二十五年的"八一宣言";二十五年十二月的决议都是说明:一切反日反卖国贼的分子,不论他代表那一阶级,那一政治派别,那一社会团体,那一武装队伍,都可以加入国防政府和抗日联军。

抗日开始以后,这类文件更多了。二十九年毛泽东同志在一篇文章上说:

"在政权问题上,我们主张统一战线政权,既不赞成别的党派一党专政,也不主张共产党的一党专政,而主张各党各派各界各军的联合专政,即统一战线的政权。共产党人在敌人后方消灭敌伪政权建立抗日政权之时,应采取我党中央委员会决定的三三制。不论政府人员中或民意机关中,共产党员只占三分之一,而使其他党派及无党派人士占三分之二。

"不论何人,只要不投降不反共,均可参加政府工作,任何党派只要是不投降不反共的,应使其在抗日政权下有存在与活动之权。"

三十年五月一日西北中央局制定在陕甘宁边区的施政纲领上说明:

"本党愿与各党各派及一切群众团体进行选举联盟,并在候选名单中确定共产党员只占三分之一,以便各党各派及无党无派人士,均能参加边区民意机关之活动与边区行政之管理。在共产党员被选为某一行政机关之主管人员时,应保证该机关之职员有三分之二为党外人士充任。共产党员应与党外人士实行民主合作,不得一意孤行,把持包办。"

拿共产党在政权上的主张和孙中山先生的主张比较,完全一致,共产党也和孙中山先生一样这样说就这样做:陕甘宁边区和敌后抗日根据地都已实行了"三三制"。因为他深切知道,没有各阶级各党派的联合政权,不能发扬全民的民主力量,就不能有全民的民族解放的胜利。如果某党派占优势,政权就归某党独霸,那是违反历史规律,背叛民众要求,必然要使革命走向失败。

除有良久革命历史的国共两党外,几十年来所兴起的,包括中小资产阶级、知识分子以至其他阶层的民主运动,远之如"好人政府派",近之如"救国会"、"民主政团"以及某些较小的党派。他们的纲领,都是要求"选贤与能",

要求政权大家有份。他们不赞成"一党专政",更反对把他们当"阿斗"。

四、"三三制"是共产党约束自己的一个制度,人民不选或少选共产党员,共产党无权去要求他选或多选。但当选的共产党员若超过三分之一时,共产党就得离去一些。为什么要这样? 因要革命须要有坚强的领导的党,而处于优势的领导的党,很容易走到把持包办。把持包办,不但广大人民不满意于党的本身,同时对党也很不利。党得不到群众的拥护,其党必归于失败。

五、抗日民族统一战线的政权性质,是确定了,那末"三三制"的普遍实施也是可以确定的。共产党占优势地区可行"三三制",国民党占优势地区可行"三三制",二个党派以上势力平衡的地区更须要行"三三制"。"三三制"实施的社会基础,一方面由于有共同敌人需要有各个阶级共同出力;另方面也由于各阶级都有力量,互相制约,不能不产生各阶级的联合政权。因此"三三制"为抗战的需要而产生,而不会因抗战胜利而结束。正如共产党在《共赴国难宣言》上说的:"共产党不仅诚意在抗战阶段中与国民党并肩携手地共同救国,而且决心在抗战胜利后与国民党和衷共济地共同建国。"

同一政权机构中容纳不同利益的阶级即剥削阶级与被剥削阶级,不是阶级的对立可停止,而是说这个对立长期存在于统一的里面。只要我们政策正确,大家一致爱和平,求进步,不纵容某些发昏的人,那末,中国完全有可能由这三三制坦途走向民族解放以至于最终的人类解放。

（原载一九四二年三月二十六日延安《解放日报》）

8. 在边区参议会的演说(毛泽东)

各位参议员先生,各位同志:今天边区参议会开幕,是有重大意义的。参议会的目的,只有一个,就是要打倒日本帝国主义,建立三民主义的中国。现在的中国不能有任何别的目的,只能有这个目的。因为现在我们的敌人不是国内的,而是日本和德意法西斯主义,现在苏联红军正在为苏联和全人类的命运奋斗。我们则在反对日本帝国主义。日本帝国主义还在继续侵略,它的目的是要灭亡中国。中国共产党的主张是要团结全国一切抗日力量打倒日本帝国主义,要和全国一切抗日的党派、阶级、民族合作,只要不是汉奸,都要联合一致,共同奋斗。共产党的这种主张,是始终一致的。中国人民英勇抗战已有四年多,这个抗战是由国共两党的合作和各阶级各党派各民族的合作来支持的。但是还没有胜利;还要继续奋斗,还要使三民主义见之实行,才能胜利。

为什么我们要实行三民主义?因为孙中山先生的革命的三民主义,直到现在还没有在全中国实现。为什么我们现在不要求实行社会主义?社会主义当然是一个更好的制度,这种制度在苏联早已实行了,但在今天的中国,还没有实行的条件。陕甘宁边区所实行的都是革命的三民主义。我们对于任何一个实际问题的解决,都没有超过革命的三民主义的范围。就目前来说,革命的三民主义中的民族主义,就是要打倒日本帝国主义;其民权主义和民生主义,就是要为全国一切抗日的人民谋利益,而不是只为一部分人民谋利益。全国人民都要有人身自由的权利,参与政治的权利和保护财产的权利。全国人民都要有说话的机会,都要有衣穿,有饭吃,有事做,有书读。总之是要各得其所。中国社会是一个两头小中间大的社会,无产阶级和大地主大资产阶级都只占少数,最广大的人民是农民、城市小资产阶级以及其他的中间阶级。任何政党的政策如果不顾到中间阶级的利益,如果中间阶级不得其所,如果中间阶级没有说话的权利,要想把国事弄好是不可能的。中国共产党提出的各项政策,都是为着团结一切抗日人民,顾及一切抗日的阶级,而特别是顾及农民、城市小资产阶级以及其他中间阶级的。共产党提出的使各界人民都有说话机会、都有事做、都有饭吃的政策,是真正的革命的三民主义的政策。在土地关系上,我们一方面实行减租减息,使农民有饭吃;另一方面又实行交租交息,使地主也能过活。在劳资关系上,我们一方面扶助工人,使工人有工做,有饭吃;另一方面又实行发展实业的政策,使资本家有利可图。所有这些,都是为了团结全国人民,合力抗日。这样的政策我们叫做新民主主义的政策。这是真正适合现在中国国情的政策;我们希望不但在陕甘宁边区实行,不但在敌后各抗日根据地实行,并且在全国也实行起来。

我们实行这种政策是有成绩的,是得到全国人民赞成的。但是也有缺点。一部分共产党员,还不善于同党外人士实行民主合作,还保存一种狭隘的关门主义或宗派主义的作风,他们还不明白共产党员有义务同抗日的党外人士合作,无权利排斥党外人士的道理。这就是倾听群众意见,要联系群众,而不要脱离群众的道理。《陕甘宁边区施政纲领》上有一条,规定共产党员应与党外人士实行民主合作,不得一意孤行,把持包办,就是为了防止这一部分还不明白党的政策的同志而说的。共产党员必须倾听党外人士的意见,给别人以说话的机会。别人说得对的,我们应该欢迎,并要跟别人的长处学习;别人说得不对,也应该让别人说完,然后慢慢加以解释。共产党员决不可自以为是,盛气凌人,以为自己是什么都好,别人是什么都不好;决不可把自己关在小房子里,自吹自擂,称王称霸。除了勾结日寇汉奸以及破坏抗战和团结的反动的顽固派,这些人当然没有说话的资格以外,其他任何人,都有说话的自由。即使说错了也不要紧的。国事是国家的公事,不是一党一派的私事。因此,共产党员只有对党外人士实行民主合作的义务,而无排斥别人、垄断一切的权利。共产党是为民族、为人民谋利益的政党,他本身决无私利可图。它应该受人民监督,而决不应当违背人民的意旨。它的党员应该站在民众之中,而决不应该站在民众之上。各位代表先生们,各位同志们,共产党的这个同党外人士实行民主合作的原则,是固定不移的,是永远不变的。只要社会上还有党存在,加入党的人总是少数,党外的人总是多数,所以党员总要和党外的人合作,现在就应该在参议会中好好实行起来。我想,我们共产党的参议员,在我们这样的政策下面,可以在参议会中受到很好的锻炼,克服自己的关门主义与宗派主义。我们不是一个自以为是的小宗派,我们一定要学会打开大门与党外人士实行民主合作的方法,我们一定要学会善于同别人商量问题。也许到今天还有这样的共产党员,他们说,如果要与别人合作,我们就不干了。但是我相信,这样的人是极少的。我敢向各位保证,我党绝大多数党员是一定能够执行我党中央的路线的。同时也要请各位党外同志了解我们的主张,了解共产党并不是一个只图私利的小宗派、小团体。不是的,共产党是真心实意想把国事办好的。但是我们的毛病还很多。我们不怕说出自己的毛病,我们一定要改正自己的毛病。我们要加强党内教育来清除这些毛病,我们还要经过与党外人士实行民主合作来清除这些毛病。这个叫做内外夹攻,才能把我们的毛病治好,才能把国事真正办好起来。

各位参议员先生不惜辛勤,来此开会,我很高兴的庆祝这个盛会,庆祝这个盛会的成功。

(选自《毛泽东选集》第三卷,人民出版社)

9. 反对政权建设中的关门主义（延安《解放日报》社论）

去年我党"七七宣言"提出了"在共产党占优势的地区,共产党员在民意机关和政权机关中不得超过三分之一"的原则。此后,华北各地及边区次第实行。今年根据这一重要的原则,陕甘宁边区举办了乡、县、边区的三级选举。十一月间召开了第二届边区参议会,严格地依照"三三制"原则改选了边区政府和选出了边区参议会的常驻委员会。但是在乡、市、县参议会和乡市县政府乃至边区参议员的选举里,却未能完全实现这项规定,许多地方共产党员超过了三分之一;有的县份共产党员竟占多数;有的县份勉强拉几个党外人士来"点缀一下";也有的县份请了党外人士进来,但是工作作风依旧不变,不晓得怎样去和党外人士实行民主合作。所有这些现象,固然是因为中国一向缺少民主的传统,边区周围还受着反民主势力的包围,边区内部各阶级间还残存着过去的阶级仇恨,但是主要的却不能不归咎于"一部分共产党员还不善于同党外人士实行民主合作,还保存着一种狭隘的关门主义或宗派主义的错误思想"（毛泽东同志在二届边区参议会上的演说,见十一月二十二日本报）。

这种错误思想表现在那里呢?

第一、表现在有些同志认为"三三制"只是"拉拢"党外人士的一种"手段",只是"一部分的统一战线工作",而没有认识"三三制"就是现阶段中国革命所要求的政权形式,没有认识到中国现阶段所要建立的政权正是"三三制"的政权,而不是任何其他形式的政权。这些同志时常这样想"不要'三三制'不是也已经干了这许多年的革命,而且有了这么多的革命成绩了么?"他们却时常忘记了从这许多年的革命中间吸取教训,他们不懂得"中国社会是一个两头小中间大的社会",他们不懂得如果不使最大多数的中间阶级各得其所，"就会有亡国、亡党、亡头的危险！"

第二、表现在某些同志时常藉口"找不到好人"而拒绝与党外人士实行民主合作。他们不懂得：中国今天既存在有各种不同的阶级和阶层，自然就有各种各样的思想、行为与习惯，而且我们不应该忘记：我们的敌人不是国内的，而是日本帝国主义，我们今天的主张"就是要团结全中国的力量打倒日本帝国主义，要和全国各党各派各阶级各民族合作，只要是中国人，只要不是汉奸，都要联合一致，共同奋斗"。中国人的好坏标准，在今天只能有一个，那就是看他是不是赞成抗日。这就是中国全体人民大团结的范围，也就是我党一切政策和主张的出发点。把自己一党一派一阶级的尺度去断量全国人民的好坏，决做不到全民族的团结。毛泽东同志告诉我们："决不可把自己关在小房子里，自吹自擂，称王称霸。"愿我同志在与党外人士相处时，三复斯言。

关门主义错误认识的第三种表现就是有的同志以为："共产党员只占三分之一，共产党就不能起领导作用。"抱这样念头的人根本就误解了"领导"的意义，领导并不是仗势凌人，而是靠了思想上的合于科学，政策上的主张正确，行动上的令人佩服。共产主义里的"阶级专政"永远是包括最大多数人的几个或一个革命阶级对于少数反革命分子的专政。对反革命分子是专政，对革命分子是团结，是合作，而且越团结得紧，越合作得好，革命越能得到更好更大的胜利。反之，只是站在群众之上发号施令，只在官府衙门里多抢位置，作威作福，那并不是什么领导，那乃是把持，乃是包办，乃是专制。"共产党员只占三分之一能不能起领导作用呢？"我们的回答是"能，而且只有占三分之一时才能更高度的发挥领导作用。"

关门主义错误的第四种表现就是：有的同志担心：县以下一般党员同志大多是工农分子，文化程度、办事能力、世故经验大都比地主士绅差的远，万一个别坏分子在区乡间因缘勾结，布置自己党羽，造成个人势力，回转头来欺压当地群众可又怎么办呢？这里，我们应该记得我们的党是一个有着正确的政策的伟大政党，而政治生活中决定的力量是群众自身的力量。正确的主张和政策得到广大群众的赞助和拥护，便成为决定历史的力量。违反历史要求与人民意志的坏分子是不能得到群众的信任的，纵或能蒙蔽欺骗于一时，终究亦会被群众所识破与抛弃,而且即使有这样的情形,那终究只是食中之噎,决没有因噎废食的道理;如果是党外人士以自己的主张高明、办事能干、勤苦奋发而获得了群众的拥护爱戴,那对于我们又有什么不好呢? 我们所要求的,中国所需要的不正是这样的人物吗?

最后,我们愿意指出,如果有人竟是这样的想:"在'三三制'政权下,共产党员既只占三分之一,那么共产党对于一切事情的成败功罪就只负三分之一的责任。"这种办法也是不对的。实行"三三制",不是减轻了共产党员的责任,而是加重了共产党员的责任——即与党外人员推诚合作共同负责的责任,在这样的新的任务面前,我们不能不在思想上、政治上和行动上更加提高我们自己,更加加强我们党性的锻炼。历史要求我们如此,我们一定要如此努力。

(原载一九四一年十二月二十九日延安《解放日报》)

10. 中国国民党十中全会宣言

我国抗战,时逾五载,牺牲虽重,众志弥坚,民族精诚,因而昭著。今岁国庆纪念日,乃得吾联邦美国、英国宣告自动废弃其在华所享各种不平等之特权。此实国父毕生致力而临终不忘之遗志,亦吾后起者所共矢以求实现之急务。吾中国国民革命运动,至此乃更见光明,五十年来之努力奋斗于今益证为成功。本会议以国父诞辰七十六周年纪念日,集会于陪都,盱衡世局,瞻望前途,愿将所见,为国人告。

我国父自民国纪元前十八年创立兴中会,提倡革命,其动机实为救亡而图存。盖目击当时吾国在清朝统治下之危象,上则"因循苟且,粉饰虚张,下则蒙昧无知,鲜能远虑",国命系于一缕,外侮迫于崇朝,非团结奋斗,必将有亡国灭种之虞。乃号召一切具有革命志愿之同志,毅然负起解放民族拯救国家之神圣使命。其间仁人志士杀身毁家,百折不回,前仆后继,造成悲壮热烈之史绩,莫非我民族高尚文化与坚强意志之表现。自兴中会至中国同盟会,凡经十八载之苦斗,而始推翻清朝专制,以有中华民国之创立。自民元组织国民党至中华革命党以至改组为中国国民党,而有北伐之役,亦凡经十八年之苦斗，而始打破军阀统治，以有统一之告成。自民国十七年以还，国民政府锐意建设，力图自强，而强邻日寇动加妨害，我全国国民由济南五三事变所受之痛切印象，以迄"九一八"遭受大举侵略之国难，咸知抗日图存之一战，为复兴民族所必经。及芦沟桥事变之爆发，国家命运已至最后关头，本党乃提挈全国国民以共起。五年以来，英勇将士之浴血牺牲，全国同胞之冒险犯难，再接再厉，愈久愈奋，然后敌寇乃始认识中国为不可侵犯之民族，而友邦对我乃有此尊重中国自由平等之具体表示。吾人所获取消不平等条约之初步成就，其奋斗盖若是其悠久，其得之盖若是之艰难，倘吾人稍存苟且侥幸之心，不能乘此良机发奋图强，积极奋斗，则失之亦复至易。是以今日之国事，正在成败兴废绝续之关头，而吾人所应惕厉省察者，即为如何乃能负荷此继往开来之大任，此乃郑重为我同胞首先提示者。至于今后对内对外努力之要义，综而举之，具如下述：

一、确立国际政策。我国民革命所一贯崇奉之最高原则为救国而兼救世之三民主义，中国之复兴实与世界和平有密切之关系。措国基于永固维世界之和平，为建立中华民国之铭言。而"以建民国，以进大同"之训示，则为吾国家絃户诵之国歌。世界战局今已演成为一切爱好和平民主国家共同抵抗侵略国家之大战。按诸国父生前观测世变之预言，丝毫不爽。公理必须伸张，强权必须扑灭，全世界人类必须获得真正之平等自由，而无复有被侵略被压迫之痛苦。此为今日东西人士共趋之新向，决非任何强暴势力之所能遏阻。观于吾盟邦苏联红军保卫史城之艰苦强勒，美国海空军所罗门海战之英勇迈进与英美联军北非战役之坚决神迅，皆不徒为战争武器优于敌人之所致，而实为人类革命精神发抒之效果，良足使人欢欣鼓舞，而弥增其前途胜利之信心。往者人类以错误罪恶而造成之痛苦世界，是否将此次人类之奋斗而进化为正义和平之世界，国父三民主义救人救世之抱负，是否将由人类之觉醒而见诸事实，胥视乎吾反侵略全体联合国家今后继续努力之何如。吾国对于世界战争之责任与未来之希望本党总裁已迭次宣示于世界。其主张即时成立国际平等互助之团体，以实现和平与公道，永绝战争罪恶之根源，宜必为世界有识之政治家所共信。吾人当此战争急剧之时，将如何更开展其锐厉无前之奋斗,到战争结束之后,将如何更发挥其光明磊落之精神,以竟吾国革命之全功,此愿吾国民当仁不让亟起以图之者也。

二、加强抗战力量。吾人今日正在与敌寇作殊死之战斗,当前之战局虽日见有利,而作战之努力宜更谋加强,欲求整个反侵略战争胜利之完成,必先由吾中国自尽其在东亚大陆上主力作战之重任。吾人应知国家之存亡成败以及今后千百年升沉兴替之前途,悉系于吾人在此次战斗中成就之何若,更应知最后胜利达成以前,必须经过最艰苦最猛烈之一大决战,方能消灭敌寇,永绝祸根。此一决战断非抗战初期与过去五年之规模所可比拟。是以吾人此日不可徒悬想于世界之未来,而忘尽天职,更不可只观察世界战局之演进而遽存空洞之乐观。吾人自抗战开始以来,一贯守定自力更生之要义,作最后艰苦之打算。吾全国军民当知百余万蹂躏神州之敌寇,非他人所能代为驱除。十余省为寇军占领奴辱之土地与同胞,非他人所能代为匡复而解救。抑且由战后之世界以言,若非吾人以自身最大之牺牲造成最后彻底之胜利,则国家将来仍不能获得真正平等之地位。吾人今日尤应矢忠矢勇,急起直追,集中全国四万万五千万人之全力于战斗,而人人立志作最后决战之牺牲。执行国家总动员法令,所以求军事最后之胜利;节衣缩食,实行战时生活,所以求军事最后之胜利;奉公守法,厉行经济管制,所以求军事最后之胜利;履行兵役工役,充实人力物力,所以求军事最后之胜利;延长工作时间,增进生产数量,革新服务精神,提高行政效率,亦莫非为求得军事最后之胜利。一切均为前线,誓死乃能求生,此愿吾国民真诚一致速起努力者也。

三、确定建国要务。抗战建国,本为一事而不可分。"建国于抗战之中",不仅事半而功倍,亦为不易之定理。回溯吾全国志士仁人五十年来为国效命之经过,其第一阶段为扫除复兴之障碍,求得国家之统一,此事既由北伐成功而完成。其第二阶段为解放民族之束缚,求得国家之独立,此事今犹在吾人奋斗之中,将随抗战胜利而迎刃以解。其紧接而至之问题,则为如何由救国而建国,造成吾中国为三民主义之现代国家,使民族主义实现之后,民权民生问题,亦随之而得圆满之解决,而后中华民国乃能表里充盈,永久适存于世界。本会议深思熟计,认为以中国地域之广大,人口之繁庶,民众知识能力与生活水准之悬殊,非把握重点,不足以确立中心;非重基层,不足以求致实效。爰决定以实行国父实业计划与完成地方自治为今后一切努力之总目标。各级政治与经济,咸集中于发动劳力,贡献劳力,以建设乡村,俾乡村民众于集体劳动之中,增进地方之生产,改善个人之生活,提高知识之水准,练习四权之行使。必基层建设确有基础,而后国家力量得有寄托。必乡村人民具备现代国民之初步训练,而后乃有能力以参与国家之政治,克尽国民之义务。简言之,即在健全地方基层之政治组织与经济组织,以为实现民权主义与民生主义之基础。以劳力创造资本,以劳力开发土地,合四万万五千万人之心力智力与劳力,以达成我国父兼顾国防民生建立现代国家之宏愿。兹事体大,非全国一致改变其昔日空虚无当之积习,与迷恋都市之心理,而痛下刻苦切实从基层努力之决心,难冀其有成。此愿明举以告吾国民者也。

四、集中建国意志。回忆民国成立以来,吾国家所以备尝忧患,人民之所以饱经痛苦与牺牲,实皆由于未能举国一致,真诚笃信我国父救国救世的三民主义之所致。大道在迩,而求之于远,真理唯一而旁骛目纷,国力由此而断丧,民力由此而削弱,标新立异之结果、私图未遂而国事贻误已深。今我国已经五年余艰苦之抗战,而世界思潮亦已随第二次大战之演进而必然改变。由于吾人废除不平等条约努力既得之成就,更可确知国父所指示革命救国之主义与方略实为我中国自救自存之唯一要道。前乎此者,已步步证实为成功;测诸将来,亦必将力破群疑而实现。我神明华胄,孰无爱国之赤诚,所未能一致精诚归向,而尚有貌合神离或阳奉阴违之现象者,非囿于成见,即蔽于自私。吾人认为国事蹉跎,不容再误。今日吾国家欲起死回生,勿负此千载一时之良机,则对外必须互助合作,实现人类平等之公理;对内尤必须共同团结,共矢精诚无间之决心。是以吾人愿呼吁全国爱国之人士,对吾国最近五十年革命奋斗之历史作一真切之回溯,必能发现国父手定之三民主义与革命方略,非仅中国国民党一党之典则,而实为我中华民国全体国民求得生存必循之途径。顺此者必昌,逆此者必败。中国至于已不应再有所谓政见之异同,亦不容同在兴亡关头之国民再有互相猜疑、互相排拒、互相牵制妨碍之现象。吾人愿昭示全国,凡能诚意信仰三民主义,不危害抗战之进行,不违背国家之法令，无扰乱社会之企图与武装割据之事实者，我政府与社会不问其过去思想行动之如何，亦不问其为团体为个人，一体尊重其贡献能力效忠国家之机会。必有举国一致之真诚团结。而后乃能负起空前艰巨之使命，此尤愿特为标揭，以冀引起我全国有识人士之共鸣者也。

以上四端，为吾人目前革命工作基本之鹄的，愿与全国同胞同心一德以赴之。惟立国之根本要道，精神与物质必须并重，而不可偏废。是以本党临时全国代表大会曾特举道德修养与科学发展之二义，告吾国人以不可忽视。盖必道德与科学二者相互配合，而后个人乃能真正有所贡献于国家，而后其国家乃能真正有助于人类之进步。我国父昔日以迎头赶上科学勖吾国人，而开宗明义，则谓应昌明我民族固有之道德，恢复我民族固有之精神。诚以现代进步科学技术之成果，必须与真正理解仁爱和平之道德精神配合而为用，然后人生乃能支配科学，利用科学以求人类共同之福祉，而非为科学役使人生，鼓励人类自私之欲念以造恶。吾国以科学落后之故，而陷于积弱；侵略国家以误用科学成果，而为祸世界以自趋绝灭，皆为世界最大之痛史。今者西方具有科学基础之反侵略国家，皆已觉悟于人类道德文化有发扬扶持之必要。世界未来之光明，将因东西各国道德的觉醒而开启。吾人于此宜补救自身对于科学之所短，宜光大我固有文化之所长。故对于科学知识之研求，科学技术之深造，科学教育之普及，必须于抗战中集中精神，积极推进，以促成我中华民国之现代化与工业化。而同时更须恢复张我忠孝仁爱信义和平固有之道德信条，实践我推己及人明礼重义与至公无私之美德，为国家牺牲，为人类服务。以此精神与道德为立国立人之基础，乃能完成抗战建国之使命，克尽吾人对于时代之责任。此又吾国有教育之责者，在此世局更新之际所宜特别认识者也。

本会议举行于非常之时会，抚前策后，弥觉吾党同志革命天职之未尽，弥觉吾国家今日所处时代之重要与前途之远大。本会议所特别警惕者，吾人当此难得易失之时机，若或因循坐误，自堕前功，则将为先烈之罪人，民族之不肖。所欣奋策励者，则我民族已由半世纪之奋斗，而开一新临之时代，正待吾人从头努力，以发扬革命之前绪，完成建国之全功。民族兴衰与个人功罪，盖悉系于此时。临时而惧，既当懔九仞一篑之言，有志竟成，愿益劲填海移山之勇，特摅其忠诚，撮取要义，以告全国。惟我全党同志全国同胞共勉之。

（原载一九四二年十一月二十八日重庆《中央日报》）

附：

中国国民党第五届第十次全体委员会议特种研究委员会
报告今后对共产党政策之研究结果案

（一九四二年十一月二十七日通过）

第十二次大会中，总裁盱衡时局，对外对内作政策上之指示，对共产党仍本宽大政策，只要今后不违反法令，不扰乱社会秩序，不组织军队割裂地方，不妨碍抗战，不破坏统一，并能履行二十六年九月二十二日共赴国难之宣言，服从政府命令，忠实的实现三民主义，自可与全国军民一视同仁。恭聆之余，于十一月二十六日晚集会详细研究，佥认总裁经审慎考虑而发表之指示，大会应敬谨接受，拟在宣言中特此种意思明白宣示。惟为防止基层党政机关及人民误解起见，应由国民政府发表文告：在我国境之内，无论其为何人及其何种名义，凡有私自组织军队企图割据地方，违反国家纪纲，扰乱社会秩序等情事，皆为国法所不容，政府必予以依法之制裁。务望均能彻底觉悟，服从法令，严守纪律，精诚奉行三民主义。诚能如此，则不问其过去之思想与行动如问，亦不问其为团体或为个人，政府当一视同仁，不特不予歧视，而且保障其公民应得之权利与自由。至本党更应加强组训，使一般同志对共产党皆有确切之认识，对于思想迷误之青年，尤应感化劝导，尽量宽容，使之信仰三民主义，克尽国民天职，以完成时代之使命。

（选自台湾《中华民国重要史料初编——对日抗战时期》）

11. 中共中央发言人对中国国民党十中全会发表谈话

关于中国国民党十中全会宣言及特种研究委员会之报告，本报记者特于昨日走访中国共产党中央发言人，叩询其意见，承答如次：

全会坚持抗战、加强团结之意图，吾人深具同感。如宣言称："最后胜利达成以前,必须经过最艰苦最猛烈之大决战,方能消灭敌寇,永绝祸根,守定自力更生之要义,作最艰苦之打算","吾人今日尤应尽忠尽勇急起直追,集中四万万五千万人之全力于战斗。""对外必须互助合作,实现人类平等之公理,对内并必须共同团结,共示精诚无间之决心","必有举国一致之真诚团结,而后乃能负起空前艰苦之使命。"这些都是很对的,由此足证在对外对内的最重要政策上,国共两党之见地,基本上并无二致。十中全会这一表示,实足庆幸。抗战以来,共产党,八路军、新四军即始终站在祖国战争的最前线,虽孤悬敌后,饷械弹药,异常缺乏,饥寒交迫,困难万分,犹始终服从蒋委员长之命令,坚持阵地,未尝后退一步。蒋委员长曾云:"地无分南北,年无分老幼,无论何人,皆有守土抗战之责任。"共产党员及敌后人民,本此训示,组成游击队,与主力军配合一致,抗拒敌军,用能坚持五年有半,至今尤屹若长城,抗击敌军十五个师团,占在华敌军之半数,其所以能够如此,不是没有原因的。至其在各抗日根据地之设施,悉本孙中山先生之三民主义,蒋委员长之抗建纲领,暨国民政府之各种基本法令,参照地方民意,定出许多具体办法,致使民情悦服,协助抗战,达成长期支持之目的。本党曾在民国二十六年九月二十二日发表《共赴国难宣言》,其中列举如下四端:"(一)孙中山先生的三民主义为中国今日之必需,本当愿为其彻底的实现而奋斗。(二)取消一切推翻国民党政权的暴动政策及赤化运动,停止以暴力没收地主土地的政策。(三)取消现在的苏维埃政府,实行民权政治,以期全国政权之统一。(四)取消红军名义及番号,改编为国民革命军,受国民政府军事委员会之统辖,并待命出动,担任抗日前线之职责。"凡此所陈,五年以来,吾人未敢稍有逾越,并且不但在抗战期间吾人是竭力遵行的,而且准备在抗战完结之后继续遵行。凡此均所以求得与中国国民党及全国各党派各阶层达到精诚团结,完成抗战建国之时代使命。特种研究委员会报告中所列各项,与中共上述宣言所列四端,其基本精神,亦并无歧异之处。至对待共产党之态度,特种研究委员会报告在标举各项要求之后,宣称:"政府当一视同仁,不特不予歧视,而且保障其公民应得之权利与自由。"此种表示,实为吾人多年以来之竭诚要求,今获此种明确之宣告,庆幸尤深。总之,中国共产党人的立场,一切以抗日民族统一战线为基础,凡合乎团结抗战之利益者,无不诚意实行,这是坚持不变的。深望中国国民党人士谅解吾人此种为国为民之诚意,达到进一步之合作,则敌寇虽嚣,终当被我驱逐出境,一个强盛独立之中华民国,是不久就可以建设成功的。

(原载一九四二年十二月九日重庆《新华日报》)

12. 南方局关于国共关系的报告提纲

(甲)国民党十中全会的宣言和决议:

(一)日寇入滇,浙赣战起,直接促成了国内形势的转机,而停止进攻边区,是一个主要的关键(时间在五六月)。

(二)蒋委员长两次见周及林师长来渝,造成了两党关系的缓和及谈判之门重开(时间在七至十一月)。

(三)郑延卓赴延放赈,其意义在恢复两方关系,宣示中央德意,试探我党真意(时间在十一月)。

(四)蒋委员长在十中全会关于中共问题的报告,其基本意思,是趋于政治解决的。

(五)特种研究委员会的讨论,表现了国民党中有三种意见的存在:第一种,认为中共问题无法解决,只有打才能了之。第二种,认为现在还不是解决的时机,只有拖,只能造成有可能于解决的时机。第三种,认为现在是解决的时机,而且应该解决,但解决的方案又有多种;只有谈,才能互相了解,得到两党解决方案。这三种意见只是三种主要的倾向,还不能包括尽国党全方面的意见。有些人还摇摆于第一、二意见之间,可以半拖半打,上面宽下面紧,上面好下面坏。有些人只动摇于第二、三种意见之间,认为一面拖,一面谈,并不矛盾,可以徐图解决或能相机解决,不过完全主张打的人已渐渐少了。

(六)十中全会的宣言的精神是好的,是值得称赞的,但尚有尾巴——两面政策的尾巴(叫抗战中的怠工、民主中的党治、联共中的反共等),尚有缺点———一般政策的缺点(如统治人民,管制经济等)。

(七)关于中共问题的决议,是趋向于政治解决的,但条件尚多,局部压迫并未取消,在国民党中仍能作可好可坏的各种解释。

(八)然而可总结一句:十中全会的宣言和决议已不是内战危机的扩大,而是由军事解决转向政治解决的开始,也就是好转的开始。这虽是数的变化,但如发展下去,将要起质的变化。

(乙)我党的表示:

(一)我党中央发言人的表示(见《新华日报》十二月九日二版)在强调好的,同时并重申我党立场,以推动其好转。

(二)我党中央的指示要点:

一、历史的估计——一九三九年到一九四一年的两次反共磨擦均有国内国外的因素。

二、从去年停止大的冲突到今年的好转,其中经过显然的国内国外因素的推动和影响。

三、国民党十中全会决议,给四个年头的国共关系作了一个总结,这总结指出了国共继续合作及具体谈判与解决过去存在着的两党争论的途径,虽然这些争论问题,还不见得很快就能完全的解决(我党中央指示文)。国民党十中全会宣言和决议,在某一意义上与国民党三中全会宣言决议的精神,是相同的,即表面好像很凶,实际上是好转。

四、我党的态度,在于根据党中央发言人的表示,进行解释说明我党立场及将来仍准备遵守的诺言,关于军队我们可以不扩充,关于作战地区,战后当然要有所调整,关于边区,我们早就要求合法化,关于对共产党员,我们要求实现国民党十中全会的诺言,予公民应得之权利与自由。但必须估计国民党以政治解决代替军事解决,其政治进攻和压迫,还会有的,虽然某些方式会有所改变,我们一方面应防止这种压迫,另一方面应继续采取诚恳协商,实事求是,有理有节的态度,力戒骄傲自大,有损无益的态度,以争取更多的好转(我党中央指示文)。

(丙)国民党的干部会——国民党对待共党三个阶段的变化:

(一)第一阶段:(一九三六到一九三八年;西安事变到武汉撤退;三中全会到五中全会)是重在组织上解决,即图融化共产党时期。

（二）第二阶段：（一九三八到一九四二年；迁都重庆到经营西北；五中全会到十中全会）是重在军事上解决，企图削弱和消灭共产党时期。

（三）第三阶段：（一九四二年到从经营西北，十中全会开始）是重在政治上解决，即图控制共产党的时期的开始。

三个阶段的发展和变化都由其各个时期的国内外因素为之推动的，各种条件是相互影响的，但每一个范围内，都有其主要的内在因素存在，在第二阶段中，经过两次反共高潮，而第三次反共高潮未得最后形成，这也由于国内外因素的影响，因之也促成了第三个阶段的开始。

（丁）目前国内的形势和国际的情况：

（一）希特勒德国先败，日本后败的形势是定了的，因之国民党对世界战争胜利的信心是增加了的。而今年击败希特勒，明年击败日本的口号之所以发生变化，主要原因在未能开辟欧陆第二战场。

（二）德胜或苏德两败俱伤而美独胜是不合理的想法，已经幻灭了，世界民主的前途是定了的，因之某些对法西斯的崇拜者多少给予了些精神上的打击，因之国民党对世界民主的前途也不得不认识和承认。

（三）日寇的战略是保存主力，待机发动，因为要保存主力，所以他不去攻苏，攻印澳，而加紧南洋的掠夺和开发，加紧在华以战养战，以华制华，加紧南洋的交通战和某时期对某一方面的和平攻势，因为日寇待机而动，所以只能够付少收多，仍会有军事上的进攻，而主要的方面会在中国，在中国他可不增加新的力量，便能击溃中国一方，因之这就使国民党对日寇局部进攻的可能性及其严重性也可以有新的认识。

（四）由于国民党对美的依赖性，不能不使他对于美国朝野的舆论有着极大的顾虑，美国要员访华后的观感，威尔基的备忘录，美国对于援华军火与兵力的控制，美国对于苏联的友好态度，英美对华某些特权的取消，英美民间的舆论都不能不使国民党在目前放弃其进行内战的企图。

（五）苏联的伟大胜利，日寇攻苏危险的减弱，英苏同盟，美苏协定，邱吉尔、威尔基先后访苏，苏联对中国态度的一贯，都不能不使国民党重新趋于联合苏联。

（六）国际间民族解放的趋势，多少给了国民党一些弄好国内关系的影响。国内情况：

一，军事上反共的失利，及其目前消灭我党我军之不可能，相当教训了国民党的当局。

二，我党我军在敌后的困难增加，减低了对国民党威胁。

三，我党一年一年对国民党进攻的隐忍，特别是今年"七七宣言"的表示，国民党至少相信在目前我们是决无推翻他们的企图和可能的，虽然即在抗战后，我们也不会有这种企图。

四，目前国内人力物力的艰难，财政经济粮食危机的增加，民众生活的痛苦，行政效率的低能，军队战斗的减弱，国民党部工作的涣散，人心的动荡和不满，都不能不使国民党需要集中内部力谋改善和缓和。

五，国民党内主张政治解决的呼号，引起各地方势力的离心，发制各小党派的民主结合，各中间分子，自由要求，都不能不使国民党考虑到国内分裂时的不利条件。

六，蒋委员长与国家民族的胜败不可分离，其不能不有前途究竟如何和目前实际作不通的考虑，这是一个直接的决定因素，因此这各种国内外因素的发展，各种条件的错综复杂和相互影响，便不能不使国民党决定了以政治解决代替了军事解决，以控制共产党代替了削弱和消灭共产党的办法，但这种代替并非完全取消，而是孰为主从的意思，也就是后者附属于前者的意思。

（戊）前途的估计：虽然如上所述，国共关系趋向于好转，但并非无坏转的一面，国民党矛盾存在，国内矛盾存在，而国民党的两面政策、矛盾政策亦仍然继续。国民党领导机关的意见，亦未臻统一，故坏的一方面并未取消，可是好转已渐增长，坏转已渐减弱。一般讲实行政治解决，控制我党我军，不外乎下列几个主要条件：

一，要我军听调动，　　　　　　二，缩小我军防区，

三，限止我军数目，　　　　　　四，统一军制军政，

五，缩小边区范围和权利，　　　六，统一法令政令，

七，统一币制税收，　　　　　　八，加紧思想统制，

九,加强特务活动,　　　　　　十,限制我党发展和活动,

十一,强调除奸,　　　　　　　十二,进行挑拨。

目前空气是缓和了,关系是恢复了,但好转是一个趋势,能否具体解决问题,还在两可之间(或拖或相机解决),因为在好转开始中还存在两个应极端注意的重要事实:一个是两个解决问题的看法和办法还有很大的距离,另一个是局部的压迫还没有放松,如在大后方政治上的压迫,对新四军区域军事上的进攻,对华北边区经济上的封锁,仍然继续着,这须我们十分警惕。不过前途的发展,国内外因素的增长,使国民党不得不继续改变,由数变走到质变,这种变化仍然不会彻底,因为是带被动性的,但变得多或少我党的政策也是有关系的,这与世界战争胜利的彻底与否,战后民主政治扩大与否,我国也是有关系的方面之一。总之,国民党在蒋委员长领导之下是有可变性的,而且已向好的方面变,可能国民党十中全会的各项决议和各项实施其意图是好的,但实际方案是错的,或者是矛盾的,等到实行不通,会仍然有变的可能,我们的任务便在促进其变,欢迎其变,而不在阻止其变,反对其变。

(己)我党的基本方针是不变的,应坚持抗战,坚持团结,坚持进步与民主是不变的。我们的目前方针即在现阶段促进国民党好转的方针应该是:

(一)争取好转,勿忘防御,即是说加强策略教育不刺激,不挑衅,以诚恳协商的态度,以实事求是的精神,争取国共关系的好转,问题的解决,加紧秘密工作,严格党的纪律,以防御意外的袭击,局部的事变。

(二)争取合作,勿忘斗争,即是加强统战工作,多主张少批评,以争取和国民党及各党各派别各阶层关系的无间的合作,加强学习,加紧调查研究,改造自己以利思想斗争。

(三)争取发展,勿忘巩固,即是说坚持大后方立场及任务(勤于学,勤于业,勤于交友)以开展党的社会基础,加强党性锻炼,实行精兵简政的精神(一个人作两个人的事,一笔钱作两笔用,机关小工作多,架子小效能大),以巩固党的队伍和存在。

为实行这些方针,整风仍是目前不可懈怠的任务,为实行目前方针,我们必须准备克服行将到来的空前的困难。世界战争趋向于好转,而情形会更加

复杂和艰难,要克服艰难,要有胜利的信心,只有团结的意图是不够的,必须有具体而切实的办法。我党今后应一方面努力于敌后,坚持边区的建设,大后方的埋头苦干,沦陷区的隐蔽待机;另方面努力向国民党及各党派各地方,各中间分子多提积极的建议,多提有效的办法,少作消极的批评。为圆满的实行目前方针,党必须加紧两条战线上的斗争,要防止由于目前趋势而走到"左"倾的过分乐观情绪,同时也要纠正由于不相信可以争取好转的右倾悲观情绪。在大后方特别要防止由于局势好转而松懈自己的警惕性和工作的积极性,要防止满足于表面上的和缓,而忽视努力推动以争取实际上的好转,要防止从局部的光明出发,过高的估计全部好转,同时也要防止从片面的黑暗出发,否定这一好转的开始和可能。

一九四二年十二月十二日于重庆

（选自《南方局党史资料·统一战线工作》,重庆出版社,一九九〇年）

二、两党举行谈判,协调双方关系

1.周恩来关于毛、蒋会面似嫌略早,最好先由林彪或朱德出面打开谈判之门,向毛泽东的请示电

毛主席:

本晨来电收到。

至今日蒋尚无回电,我当往见刘为章探竟究。对目前形势,虽有以政治解决趋势,但具体问题尚未谈到,且实行压迫,一无减轻;而会晤地点又在西安,因此蒋毛会面似嫌略早。最好林或朱打开谈判之门,如蒋约林或朱随其来渝,亦可答应,以便打开局面,转换空气;一俟具体谈判有眉目你再来渝,便可见渠。

我意如此,中央意如何？请示复。

周恩来

一九四二年八月十九日

（选自《周恩来书信选集》，人民出版社）

2. 毛泽东致蒋介石信

（前略）前承宠召，适染微恙，故派林彪同志晋谒，嗣后如有垂询，敬乞随时示知，自当趋辕聆教。郑委员延卓兄来延宣布中央德意，惠及灾黎，军民同感，此间近情已具告郑兄，托其转陈，以备采择。郑兄返渝之便，特肃寸楮，借致悃忱。敬颂勋祺，不具。

毛泽东谨上

一九四二年十二月一日

（选自台湾《中华民国重要史料初编》第五编）

3. 蒋介石与林彪谈话纪要

（民国三十一年十月十三日午后五时，于曾家岩官邸）

委座：汝此次来渝，毛润之先生有何意见转告余否？

林彪：我未动身以前，延安方面接得校长电报，毛先生即提出中共中央会议讨论，并约我数度谈话，其所指示者，大抵系根本问题——如中共对于抗战建国之观察，与国内统一团结问题，以及对于委座之期望等，今天晋谒对此诸问题，谨面呈梗概。先就中共对抗战建国之观察言：此次世界大战，同盟国必获最后胜利，固属毫无可疑，因此，中国抗战必胜，亦属不成问题。现在轴心方面德国与日本所有力量，业已尽量使用，尤其德国虽倾其全力进攻苏联，但至今不能决定战局，其兵力已遭受惨重损失，彼之官长士兵皆系久经训练而成者，一旦伤亡，短期间即无法补救，将来第二战场开辟之时，德国必感兵力竭蹶，无以应付。至于苏联，过去虽丧失许多土地，但已予德军以极大消耗，而红军兵力尚极雄厚，今后不仅可以防御，而且可以进攻，例如斯大林格勒之战，红军抵抗，至为激烈，于势必可固守，即令万一失陷，亦必可达到拖延时间之目的，使德军不能于冬季严寒季节降临以前侵占此城。其他如北路之列宁格勒与中路之莫斯科,去年德军既不能攻下,今年工事业已加强,防御力量更增雄厚,以后更无法攻破,所以苏联抗战足可持久。英美两国因见苏联对德尚可支持,故于其本身实力尚未准备完成之时,迟迟未辟第二战场,但一旦时机成熟,必向德国进攻则无可疑,否则,如任令德军在欧洲获胜,则英美在欧洲之势力尤其在地中海与近东方面之基础,必将全部沦于轴心之手,此为英美所决不容坐视者,故苏联坚信抗战结果,最后必胜,不过时期稍长,损失重大,战后须重新建国而已。

至于英美对于日本,将来必从太平洋以海空军合力反攻,我国与苏联亦可协同从陆上进击。校长所说日本之失败,必从海上开其端,殆为事势之所必然。但我国之胜利,必须从整个战局发展中,盖尽自己之努力,始可达到目的。故要支持此抗战局面,始终牵制敌人,以便反攻获得胜利,必须依据目前国内之情形,力求政治与经济之进步,方能充实力量完成任务。

我国抗战之目的,在建国;抗战胜利以后,即须积极进行建国工作。审察我建国之条件,较之并世列强,独为优厚,如历史之悠久,人口之众多,土地之广大,物产之丰饶与乎气候之适宜于生产,民族之统一而单纯,皆为列强之所不及,余曾旅居苏俄,见其国内民族之复杂,历史传统与语言文字均不一致,而天气严寒,农作物种类稀少,人口亦少于中国一倍以上,其他英美各国,论人口之众庶与历史之久长,亦皆不如我国。我国处在亚洲大陆之上,东连太平洋,拥有四万万五千万同胞,战时可出兵员自二千万至四千万人,且皆坚毅勇敢,堪称举世无匹,即如上海抗日之战,比之前此英国新嘉坡之防御战,则勇怯强弱,判然可见。故我建国之条件,堪称世界第一。

我欲建国,是否需要甚长之时期始能成功?苏联昔于第一次世界大战之后,开始建国,仅二十年即告完成,至今日乃能抵抗强大德国之侵略,考其所以成功之原因,即在于政治上能团结,而于建设方面能聘用外国技术人才,运用外国资本与新式机器,故能事半功倍。吾人今后建国,如能效法苏俄,则以我国各种条件之优越,亦必可于二十年内,大告成功,以创造世界第一富强之国家。反之,如我建国失败,则敌人仍将入侵,我国家即有灭亡之危险!

再讲吾人要建设何种之国家,无疑的,乃是要建设一三民主义之国家。

在民族方面,务使国内外民族一律平等,而不主张向外侵略,在社会方面,必须依照孙总理民生主义之理想前进,而非走向资本帝国主义之路。但是否要建设一苏俄式之国家,则以我国条件之不如人,时机尚未成熟,不能强求。因此我们目前是要建设一个以总理的主义与校长的领导为根据的新国家,对内乃最能团结,对外乃最不招各国之攻击。此种国家,如能建设成功,即可成为世界上第一等强国!

其次,为国内统一与团结问题。此一问题关系根本重要! 吾人要求抗战胜利与建国成功,必须国内能够团结,能够统一。否则,即无成功希望。此次余离延安来重庆时,毛先生一再告余,今后吾两党"应彼此接近,彼此相同,彼此打成一片",以求现在能彻底统一,更求将来能永远团结。此三句口号已成为中共普遍成熟之思想,见之于中共"七七宣言",且已成为政治上全党所一致遵从之行动,谁也不能动摇。因此,就中共言,不仅现在决不采取违反此种思想之畸形政策,即到将来亦必如此;不仅现在要拥护委座,即到将来,亦必拥护。此乃国际国内环境促成我党思想之进步,而认此种思想完全可以实践,只要大家于委座领导之下,能一致努力,相信其必能贯彻。盖瞻望国家战后之情况与民族复兴之需要,舍此路莫由也。过去外面传说国共纷歧之所在,不外主义与党的问题。但此二者皆可趋于一致,即如共产主义与三民主义实具有共同之理想,所谓"天下为公,世界大同",即此两主义根本一致之观点。中共虽信奉共产主义,但决不能照恩格斯、马克思、列宁与史达林所定之具体办法依样实行,盖恩格斯与马克思,有恩格斯与马克思所处之时代环境,而列宁与史达林,亦有列宁与史达林所处之时代环境,彼等所主张者与所实行者,决不能依样行之于中国。不过此两主义终结之目的,在求人民生活之解决,则无二致。其不同者,为历史辩证法。但此法亦无其他奇异之处,语其内容,不过一实事求是之方法而已。故我党现在主张反对主观主义与教条主义,即不主张将恩格斯、马克思、列宁与史达林的教条,主观的搬来中国应用,我党共产主义之目的,在救中国,与三民主义为救国主义,理论上毫无二致。而我党一切政策方略所由决定之方法,即历史辩证法,亦即与中国通常最注重之实事求是之方法,可谓完全相同。所以就两党之理论方法与所处同一之客观情势与所抱同一之总的目的而言,并无分歧之点。只要彼此不采取主观主义与教条主义,而能认识救国之需要,以共趋于救国之鹄的,则客观需要如何设施,即如何设施,自然能归于一致。即如孙总理在三民主义中所指示革命救国之方略,与校长对于抗战建国所决定之方针,凡此规定,中共均无异议。本此努力,相信我两党基本之政策与理论,即可日趋一致,而臻于完全之统一。

再次,关于党的问题,我党名称虽为共产党,实际即为救国之党,过去所制定之所谓"十大纲领","三大纲领",语其要旨,不外求民族之独立,民权之平等,与民生之自由,近半年来,我党已将向来之理论与方策作一总检讨,结果亦不外上述三要旨,此项检讨,不久在会议中即可决定宣布。至于就党的组成分子而言:则现在老辈同志亦如国民党之诸先进大抵为辛亥革命之参加者,而后一辈之青年同志,当初亦皆首先加入国民党,后来始转入共产党。我个人即属如此,当时乃完全激于救国之热忱,本于救国之一念,故投身黄埔,加入国民党,至今在我脑海中所留最深刻的印象,厥为校长当日之训诲。但以后因认识共产党为救国的,始加入共产党,初不料国共两党会有后日之分裂与斗争。但两党虽有分歧,我之根本思想,在于救国,决无改易。至谓共产党人,多为共产主义之书本知识所蔽,实则不然,可以说凡属中共党员,皆未读过很多之共产主义书籍,只以目击当时帝国主义者所施于中国之侵略压迫,如划设租界,实行领事裁判权,夺取我内河航行权等种种不当中国人为人,不当中国为国家之事实,大家激于义愤,心切雪耻救国,故相率入党。即现在许多青年学生之要求加入共产党,其根本动机,亦复如是。此辈皆系知识分子,并非无产阶级——中国现在尚无大规模之工厂,纯粹之无产阶级尚不多见——即不能以无产阶级革命党目之。即令将来中共要实行无产阶级革命,亦必须经过救国的阶段。则至少此一阶段中之中国共产党在中国民族革命运动中无异于中国国民党之一部分,此其性质过去固属如此,现在犹然如是。将来如何,则须视中国国民党政治上之发展如何而定。因此,吾人现在不可仅从书本知识上来判定中共之趋向,而完全要根据客观事实之需要以观察。夫中国目前既尚在救国之阶段,则国共两党目前唯一共同之任务即在救国,此客观事实之需要与时代之使命既属相同,然则两党之间,尚有何鸿沟之可言。

此外,关于社会主义,通常亦认为两党之分歧点。本来所谓社会主义,乃社会科学之理论,由于社会之演进与发展而产生,为世界各国之所公认。即在极端反动之德意两国,其所行法西斯主义,亦于理论上承认社会主义之存在。总理于民生主义讲演中,更谓"民生主义,即社会主义"。由此可知社会主义并非共产党所独有之思想,实为全世界所共有之理论。不过任何国家如条件未曾具备,时机尚未成熟,即不能实行社会革命! 否则,必致失败! 如我中国现在所急需者为挽救危亡,距离社会革命时期,尚极辽远,在此抗战建国之过程中,一切必须依照救国之条件进行始克有济。否则,倘在此时一味仿效苏联,实行共产主义,则必归于失败。至于将来如须实行社会革命,是否还须经过流血之斗争,则考诸各国社会革命史,有须流血者,有不须流血者,即如日本之推翻藩阀,实行宪政,就其性质与影响而言,实无异于革命,然系完全出于自动之改革。我中国目前既无社会革命之事实,对于此点根本不成问题。即令将来有社会革命之必要,亦不必经过流血,只须自动的根据客观事实之需要,加以改革,即可成功。总之,根据国内国外种种情况观察,我国现在尚在历史发展过程之中,目前唯一需要在救国,在建设经济基础。至于将来社会条件如何成熟,是否需要社会革命,此完全为将来未定之问题,也许为吾人及身之所不克亲见。固然过去在中共党员当中,尚有许多教条主义与主观主义者之幼稚现象,但现在已完全改正,今后如能作到"彼此接近,彼此相同,彼此打成一片",则将来国共两党也许可以合而为一。目前因为彼此作风各异,一时尚难强同,吾人唯依三民主义与抗战建国纲领努力,以为"彼此接近,彼此相同,彼此打成一片"之依据,期毋违国民之公意,而共趋于团结抗战与统一建国之鹄的。此则中共所盼于委座领导之下,奠立稳固基础,以底于最后之成功者也。

过去尚不免有一种思想,影响于抗战异常重大。即一部分人总是希望挑起内战,果如所期,则抗战建国,将前功尽弃。委座高瞻远瞩,固已有鉴及此,而为之尽力消弥。但盼彼辈之怀此错误思想者,亦能接受委座之指导,以改变其心理。须知中国社会之特点,决不容国内再发生战争,否则,必为全国社会之所反对。而且中国地域辽阔,万一内战不能避免,则我回旋之地,绰有余裕,一处不能固守,他处可以防御,平原不能抵抗,山地可以持久,而且我国经济,尚在自给自足时代,非如欧美各国之依赖大规模生产者,须受经济之限制。我到处可以种棉织布,生产稻麦,虽至山地,亦有包谷可食,故就经济条件言,对于国内党派问题,亦不是用兵所能解决,因之亦不能发生内战。至于军事上,如不能硬性攻击,亦可采取软性战争,则其性质,实极残忍。总之,无论就中国之社会、地理、经济与军事各方面而论,皆希望中国从此能统一团结,而不可发生内战。此为中共之观察,特为校长呈明。其他尚有许多具体事项须请示委座者,容后再呈。毛先生此次本愿应召与校长会晤,因病未克如愿,以后希望两党能互相派人来往,以资联络。

委座:汝在重庆尚有几日勾留?

林彪:我在渝尚须晋谒何总长,并访问昔日诸同学。

委座:在汝离渝以前,余再定期召汝谈话。

(选自台湾《中华民国重要史料初编》第五编)

4. 林彪、周恩来对两党问题所提四项要求

一、党的问题。在《抗战建国纲领》下取得合法地位,并实行三民主义,中央亦可在中共地区办党办报。

二、军队问题。希望编四军十二师,请按中央军待遇。

三、陕北边区。照原地区改为行政区,其他各地区另行改组,实行中央法令。

四、作战区域。原则上接受中央开往黄河以北之规定,但现在只能作准备布置,战事完毕保证立即实施,如战时情况可能(如总反攻时),亦可商承移动。

一九四二年十二月二十日

(选自台湾《中华民国重要史料初编》第五编)

5. 何应钦就林彪、周恩来所提四项要求,逐项排列并附具研究意见列表签呈蒋委员长

十二月二十六日据政治部张部长治中面交与林彪、周恩来谈话后,林、周所提要求四项,谨将原要求逐项排列,并附具研究意见,列表签呈伏乞鉴核。

民国三十一年十二月三十一日

附一:

林彪与周恩来向张部长治中所提要求四项之原文及研究意见

林、周要求原文	研究意见
一、党的问题在抗战建国纲领下取得合法地位,并实行三民主义,中央亦可在中共地区办党办报。	1. 目前中共党员号称六十万,依估计当亦不下四十万,其分布于前方及潜伏于后方之组织,已如十二月二十七日,联发字条八三九号签呈附件一之附图第四,此外尚有潜伏于党政军各机关之内者,如准其取得合法地位,则尔后不但对其公开分子之活动难于防制,即对其潜伏分子之防制,彼亦可于受到清查时立即公开,以取得法律上之保障,且其党既取得合法地位,则不便绝对禁其于前后方各地(尤其是学校),设立机关吸收党员,结果将使防制工作完全失效。 2. 中共如不解体,而谓其能实行三民主义绝无此事,查民国二十六年九月二十二日,中共发表共赴国难宣言,内有一条即系愿为彻底的实现三民主义而奋斗,但迄今除曲解三民主义外,并谓国民党没有实行三民主义,共产党才真正实行三民主义。 3. 所谓"中共地区"一名词,根本上不能承认,而办党办报更无须中共之许可,假使此点不予注意,即等于承认在中国若干地方尚有第二个政府。

续表

林、周要求原文	研究意见
二、军队问题希望编四军十二师,请按中央军队待遇。	1.查十八集团军原只四个师,"新四军"原只四个支队,相当于一个师以上,总共不过四个师,而因其自由窜扰自由扩张之结果,以致到处均有奸伪非法部队,其窜扰地区及人枪数目,如十二月二十七日,联发第八三九号签呈附件一之附图第一及附件二之附图第一、第二,故目前在军政方面并非编不编之问题,亦非编多编少之问题,而是编后是否即能收束之问题,及编后人事经理教育训练,尤其是政训是否即能按中央法令办理之问题,(据张部长面告林周谈话时,亦曾谈到此问题,据林周表示人事经理仍欲委任包办,政训人员并请缓派等语),又在军令方面尚有编后是否即能听命之问题,至于军饷之糜费犹在其次。 2.二十九年七月十六日中央提示案:"十八集团军除编为三军六个师三个补充团外,再加两个补充团不准有支队"。 "新四军编为两个师"。 此项指示,事前原系根据中共要求,而事后并未接受,现在彼等又提四军十二师之要求,我如允予考虑,即使将来不再作更多之要求,而名义饷款给与之后,彼在军政上是否即肯收束,在军令上是否即肯听命,殊无把握,况现在新四军番号业已取消,如再准其编为四军十二师,则无异多予以九个擅自扩军之工具,一经彼等在沦陷区内加以配置,则此十二个师所分布之地方,将变成十二军区,彼等既有正式国军名义,即可发号施令,并征丁征粮,所有地方合法政府,均难以拒绝,且番号既多,扩充更易,其尔后实力特更见扩张。 3.二十九年以前中共部队所以十分猖獗者,盖因国军与民众均认彼等为国家军队未加防备,以致吃亏不小,现在国军与民众均知彼等非法部队,未为政府所承认,已无法蒙混,若中央再允其要求,而给予正式国军之番号,则彼又可以逞其欺骗袭击之故法,恐难免再蹈二十九年以前之覆辙。

续表

林、周要求原文	研究意见
三、陕北边区照原地区改为行政区,其他各地区另行改组,实行中央法令。	1.二十九年七月十六日,中央提示案关于"陕甘宁边区"问题决定: "区域:为陕省之绥德、米脂、吴堡、葭县、清涧、延安、延长、延川、保安、安定、安寨、甘泉、鄜县及定边、靖边两县之各一部,甘省之合水、环县及庆阳之一部,以上共十八县(内定边、靖边、庆阳不完整)。 名称:改为"陕北行政区",其行政机关称为"陕北行政区公署"。 隶属及管辖:"陕北行政区公署",暂隶属行政院,但归陕省府指挥,又区内各县由该区公署直接管辖,不再设中间机关"。 此案亦经中共事前同意,事后并未接受。 目前除上述十八县以外,在: 南面:占有淳化、栒邑、耀县即所谓囊形地带,但县城均尚在我手。 西南面:占有正宁宁县镇原之各一部(镇原县城在我手)。 西北面:占有盐地之一部。 北面:占有横山、榆林之各一部(县城在我手)。 东北面:占有神木、府谷之各一部(县城在我手)。 林周所谓"原地区"当系包括上述现占地区而言。 除"陕甘宁边区"外,其他各地之非法政治组织,已如十二月二十七日联发第八三九号签呈附件一之附图第二。 2.查目前情况与二十九年作提示案时应有不同,当时因国际环境关系,对中共重在羁縻,现则中共绝对不能造反,我如能解决即解决之,如其时机未到,则不妨使其停止于非法地位,留待将来之解决,已无再事牵就予以法律根据之必要,至所谓"其他各地区另行改组"云云。"改组"二字,更绝对不能承认,盖所有非法组织只有取消并无改组,否则随时非法建立,改不胜改,将不知伊于胡底也。

续表

林、周要求原文	研究意见
四、作战区域原则上接受中央往黄河以北之规定，但现在只能作准备布置，战事完毕保证立即实施，如战时情况可能（如总反攻时）亦可商承移动。	1.查开往黄河以北之命令，乃系一作战命令，并非分割疆土，战后军队即须复员，再开往黄河以北有何用处，且此项命令久未遵行，已失时效，应即取消，假使将来分散制裁，更易收效，至所称"如总反攻时，亦可商承移动"，应明告彼等，军令绝对尊严，随时依情况而颁发之命令，必须绝对遵行，立时行动，绝无所谓商承。

（选自台湾《中华民国重要史料初编》第五编）

附二：

何应钦与周恩来、林彪谈话纪要

一、关于韩德勤于学忠等部被攻及18AG企图攻占榆林事

周：上次托张部长报告总长的事，总长的指示如何？

（按系指周、林等所提党、军队、边区、作战区域等问题，如附件一。查此案曾拟具研究意见，于三十一年十二月三十一日，以联发字第八四二号签呈鉴核在案，尚未蒙批示）。

总长：我已研究过了，我觉得目前最紧要的，是精诚团结一致对外，尤其先应在沦陷区域内，双方部队应协同合作，不能再有磨擦发生，最近又接到前方几个电报，即：

一、敌伪猛犯淮东韩德勤部后。各部分向敌包围圈外转进，我112D至涟水北六塘河附近，即受前新四军残部之围攻，不得已向西转进，沿途复遭该军之截击，损失甚重，此电是韩德勤、霍守义先后拍来，但韩自此以后即无消息。

二、前新四军三、四两师乘韩部顾军西开，倾全力向韩主席驻地袭击，独立第六旅及王思夏部毫未戒备，致全部溃散，王、李两旅长均殉职，刻前新四

军主力由陈毅率领继续向西侵袭中。

三、韩主席被新四军劫往洋河镇南界头集(宿县南)。

以上两电,均系战区方面情报人员拍来,如果属实,真为不幸。

四、根据18AG最近在陕北横山、米脂间地区,五家坡、高家园子附近新开到十一连兵力,另于米脂附近集中了几个团,似有进攻榆林之企图。

五、据报山东方面于总司令近亦遭18AG之袭击,于之环境在目前已相当艰苦,只可扶助,不可压迫,希望转达前方注意。

以上各事,不知真象如何,请周先生查一查。

周:关于第一项经过情形,我大概知道,当敌伪对苏北进行"扫荡"时,韩主席曾派人与陈毅商讨协同抗敌方法,陈亦认为必要,故结果极为圆满,陈毅与韩主席年来相处甚善,韩主席已划定地区为新四军驻地,当顾部突围转进,一部入新四军驻地范围,顾部下军官,因不知彼此联络情形,以为奸伪分子必须驱逐,故拘捕党务人员,因此双方发生冲突,但当时陈毅尚在东边,离六塘河甚远,及赶到事情已过,经商谈结果,将人械全部归还。

关于第二、三项,尚不知情,想不会有此等事,俟查出再报告总长。

关于第四项,这完全是谣言,我敢担保绝对不会有,数年来,边区相处最好的,要算榆林方面,彼此从未发生过冲突与误会。

林:我也敢担保不会发生这种事,不过最近有这样一件事,延安方面来电:"抗大"因本校迁移绥德,故人员器材全部向该地移动,但均系徒手人员,并无武器,恐系传误。

周:关于攻击于学忠的事,恐怕也是谣传,一定遵照总长指示,转达延安方面,尽力扶助。

二、关于在沦陷区内双方部队应避免冲突协同制敌事

总长:前次张部长对我谈"大家团结制敌"的话,我听后非常兴奋,在目前我们确实要团结集中力量,一致对外。敌人一贯政策,是以华制华,如敌现在沦陷区内之一切措施,及加强伪军装备等都是要达到他以华制华的目的,同时并进行挑拨离间,使我们内部不能团结,减削对敌力量,如果我们中了敌人的诡计,将来只有同归于尽,所以目前应解决的迫切问题,双方不能再有冲突。

周:总长所言,至为真确,就目前国际环境观察,我们的胜利在望,但在胜利未临以前,其间尚有一段艰辛过程,在这艰辛过程中,我们能效力于国家的,是希望在沦陷区以内站得住,以备将来对敌总反攻之助,所以中共中央在去年"七七抗战宣言",及告第18AG及第四军将士书中,亦强调要坚持敌后工作。关于在沦陷区内避免冲突一节,延安方面亦有此种决定,我等当接受总长指示,电告延安,同时也请总长电前方各部队,应避免冲突,因最近在鄂东、山东、广东方面,时有小冲突发生也。

三、关于二十九年皓代电中央提示案

周:关于二十九年总长皓代电所提示各点,原则上我们已接受,不过请中央考虑者,即时间与数量问题耳。

(按时间,系指开赴黄河以北时期,数量系军队扩编数量)。

总长:关于这一点,现在情形较前略有不同,俟我请示委座后再告。总之,我们的大前提,要彻底团结共同抗战。

四、最后之请示四点

周:林师长拟于最近期间回返延安,兹有四事,请示总长。

(一)由张文白先生转报各点,如何解决,请加指示。

(二)林师长拟于返延安以前,与我同见委员长一次,请总长代为请示。

(三)前方药品极缺乏,请发给若干以资救济。

(四)由各方到此家眷近百余人,拟送往延安,已与办公厅交涉,请发给护照与汽油,请总长批准。

林:延安方面,很希望两党问题解决,彻底合作,彼此在现阶段能做到如何程度,即做到如何程度,如此则对整个问题,多少有些促进与改善。

总长:所请各点,待我请示委座后结果如何,由张部长转告。

民国三十二年三月二十八日

(选自台湾《中华民国重要史料初编》第五编)

附三：

与中共谈话要点草案

一、关于党的问题：依照《抗战建国纲领》第二十六条之规定。

二、关于"陕甘宁边区"问题：

1. 区域：为陕省之绥德、米脂、吴堡、葭县、清涧、延安、延长、延川、保安、安定、安塞、甘泉、鄜县及定边、靖边两县之各一部（定边县城不在内靖边县城在内），甘省之合水、环县及庆阳之一部（县城在内）。

以上共十八县（内定边、靖边、庆阳不完整）。

2. 名称：改为"陕北行政区"，其行政机关称为"陕北行政区公署"。

3. 隶属及管辖："陕北行政区公署"，暂隶属行政院，但归陕西省政府指导，又区内各县由各该区公署直接管辖，不再设中间机关。

4. 组织：区公署设主任一人，其详细组织，由政府以命令定之，县以下之行政机构，一律不得变更。

5. 政令：区内政令，一律遵照政府现行法令办理。

6. 人员：区内主任，由中央简派，其所辖各县县长之任免，依照各省通例办理。

附记：

一、在绥德设军事委员会办事处及驻军。

二、其他各地区所有之非法行政组织，一律撤销，由各该省政府派员接管，恢复其原有行政系统及区划。

三、关于18AG问题：

1. 18AG编为两军六师，（每军三师，每师三团）及一独立旅，（二团制）不准另设支队，或其他名目，改编后按照国军待遇，各级政工人员，应由中央派定之。

2. 18AG改编后，应遵守下列各条。

（一）绝对服从军令。

（二）人事经理按照陆军法规办理，经费采实费经理制，以军为单位，直接向各地军需局请领。

（三）对所属官兵待遇，须照中央规定饷章转发，不得有挪用情事。军队教育，应依照中央颁布之战时教育纲领，及各种教育法令实施，军事委员会随时派员点验校阅。

（四）18AG之作战任务，由军事委员会随时以命令定之。

（五）在各战区自行成立之武力，一律取消，由军事委员会责成各战区遣散之。

（选自台湾《中华民国重要史料初编》第五编）

6. 美国驻华使馆二等秘书庄莱特与周恩来谈话备忘录

昨天下午，我应中国共产党驻重庆代表周恩来的邀请，访问了他的办公处。

周主动透露，目前中国共产党与国民政府的关系是"轻松的"。不过他继而说到，不存在"实质性的"变化。他说，被认为是相当有前途的共产党将军林彪，现正在重庆，并且受到委员长的接待。他说，在过去的三年半中，中共军队没有得到中国国民政府的财政和军事支持。他宣称，中共军队与国民政府军队之间，仍偶尔有小的冲突，主要是在江西、安徽和湖北等省。他说，保留在华北的国民政府军队，只有晋西南的阎锡山将军部，以及黄河以北的河南省北部的一些军队。周说，卫立煌将军在河南洛阳的指挥职务已经被撤换，因为他与共产党过于友好，并且过于积极地与日本人作战，这不适合重庆最高指挥官的希望。周说，卫立煌将军现在正住在成都。

周为他认为的国民政府消极的军事和经济政策感到痛心，并说他担心，这会在中国与盟国间引起误解。他认为，如果不是由于目前困难的供应问题，在对日作战方面，中国能够更为积极——特别是（进行）游击战争。在经济和财政领域，周感到，中国应该增加生产——特别是农业生产——并应该削减经费。但是他说，这些计划都没有被执行。

周评论了日本未来行动的主要的可能性：他不认为日本会攻击西伯利亚、印度和澳大利亚。他认为，（日本）更有可能发动一次旨在消灭中国抵抗力量的进攻。他提到，云南是日本人最有可能入侵的目标，长沙和西安是另外两个可能的进攻目标。

周评论说，日本人正尽一切努力，加强他们在华北的地位。他说，在一九四二年，日本人已经实施了所谓"第15次战役"，以达到消灭华北的中国抵抗力量的目的。如同其他战役一样，这次又失败了：中国共产党在这些地区坚持下来。他说，在彭德怀领导下的山西太行地区，一位中共副司令在战役中牺牲了。周说，日本正在劫掠华中，以作其粮食资源。他说，日本人在占领区正在越来越多地利用傀儡军队，日本则撤到其他地区。他指出，根据他得到的可靠情报，已经有两个日本师从华北转移到华南。

关于新疆的局势，周说，新疆省政府主席、过去十年中的地方统治者盛世才将军，是一位非常明智的人。他认为，中国国民政府会被很好地劝告，逐步取得对新疆的控制。

分手时，我表示希望在以后几个月到西安去。周说，如果我有意到陕北的共产党特区去（并能获得国民政府当局的同意），在接到大使馆的通知后，他会很高兴地安排我进入延安。我说，如果可能的话，我很想到延安去旅行，我会记住他的话的。

一九四三年一月二十日于重庆

（牛军译自《美国对外关系》）

7. 美国驻华使馆二等秘书庄莱特与林彪谈话备忘录

昨天，中国共产党驻重庆的代表设午宴，包瑞德上校、戴拔斯上校、柯乐柏先生和我出席，因而有机会同林彪将军进行了一些非正式的谈话。（以下是林彪简历，略——编译者注）。

林将军说，他在1942年10月初就离开了陕西西安，坐了大约三个星期的卡车，才到达重庆。他说，延安的生活现在非常困难，唯一能得到的主要食品是小米。他说，中国共产党的主要领导人毛泽东身体尚好，但由于住在潮湿的土窑洞里，他患了风湿病。他说，尽管到现在为止已有大约六年了，共产党军队的战区司令朱德身体很好。他说，朱德将军同副司令彭德怀一样，正在战区。

林将军说,自从来到重庆,他已经两次受到他的老师委员长的接见。他说,委员长颇有礼貌地接见了他,他与委员长共同讨论了国共关系的问题,作为共产党的代表,他要求撤销对陕北共产党特区的包围,向共产党提供资金、弹药和药品。他继续说,委员长表示了同情,但是什么事也没有做。他说,国民党已经决心将共产党军队编入政府军队,不过他说,只要国民政府和国民党不给中国人民民主,这恐怕办不到。

林将军说,中国共产党面临弹药(他用中国话说是子弹)和药品的严重缺乏,国民政府从不供给。他说,共产党也没有任何铜类的供应。他补充说,他们的军工生产品只是有限的手榴弹和地雷。他指出,在军火供应缺乏的情况下——共产党至今主要从日军手中缴获——共产党所能做的,比沉默多不了多少。他声称,共产党人只要能获得装备、弹药和药品供应,他们就能继续进攻,在整个华北地区有力地打击日军。

林将军对日本人表示了如下的看法:自太平洋战争爆发以来,日本从华北撤走的军队很少。他们在华北现在有八或九个师(不包括满洲),其中约有四个师在山西。日本人的明确目标是消灭其占领区的中国抵抗力量,从那里赶走所有的中国军队,巩固他们在这一地区的政治和军事地位,掠夺这里的人力和资源,以维持他们在整个东亚的霸权。林将军继而表示,日本人不可能达到这些目的,中国人民不会支持日本,日本想从他们占领区扫荡中国的抵抗力量,将会失败。林将军称,如果有机会,日本人一定会尽力从俄国手中夺取西伯利亚。

一九四三年一月三十日于重庆

(牛军译自《美国对外关系》)

8.美国驻华使馆代办文森特致国务卿

共产党驻重庆的代表周恩来来访,随后进行了如下谈话:

为解决国共问题而进行的谈判,断断续续持续了半年,现已中断。去年十一月,共产党将军林彪应委员长的邀请,来到重庆。他仍在这里,等待未出现的良好的解决办法。他将愿意提供情况(可以说林彪是无意识地提到这一点)。周宣称,共产党人已经在原则上同意削减他们的军队,并将军队集中到黄河以北的地区。但是关于后一点,他指出,从被隔绝的地区通过日占区转移部队,是不可能的,而且从国民党不准备占领的地区撤出他们的军队,会产生有害的影响。周告诉何应钦将军说,自从几年前国民政府提出这两项要求,情况已经发生了变化,必须重新予以考虑。中国共产党人在为实现三民主义的原则的斗争中进行合作时,将继续实行他们的四项主张:国民政府承认共产党参加战斗和参加政府的合法权力;承认在共产党地区的地方政府有合法地位;支持共产党军队,以使他们能够同日本人作战;国民政府在民主建国的纲领下,在战时和战后,与一切党派自由合作。这里的国民党官员坚持说,在考虑共产党的这些迫切要求之前,必须遵守那些不明确的一般性的原则。这一问题现在僵持不下。我认为,在以后的一段时期里将继续僵持下去,我不认为有任何立刻爆发内战的可能性。周恩来同意我的这个看法,但(认为)国民党领导人决心消灭共产党,现在仍是合作的真正障碍,这种决心现在可能比一年前更为强烈。从国民党的立场看来,最重要的谈判目标是将共产党作为中国的一种武力予以消灭,如果不能通过谈判消灭共产党,那么当被认为可能是适当的时机出现时,就使用武力。

周并不指望日苏之间的形势会有任何根本性的变化,尽管他认为,俄国人在解除了德国的威胁后,可能进攻日本。他亟待美国有能力的军事的和文职的观察员前往华北游击区,根据准备从空中和陆地给予日本人最后打击的需要,对这一地区进行研究。他设想,那种行动就如同配合最后的日苏战争一样,并表示中国军队可以从华北进入南满。他还谈到,中国军队需要准备进抵长江前线(进攻宜昌和汉口),以及更南的地方,当预期中的美国海军全力以赴地登陆作战开始时,取得向日军施加强大压力的优势。他相信,依靠国内的自然和工业资源,中国已经生产出足够的装备,加上外国的少量的援助,不包括空军,(中国军队)能够实施有限的进攻作战。他对目前中国消极的军事行动表示痛惜、遗憾,并责备国民党领导人表现出的缺乏进攻精神。

一九四三年三月六日于重庆

(牛军译自《美国对外关系》)

9. 美国驻华使馆代办艾其森致国务卿

一、从延安来的共产党将军林彪,在最近一次与大使馆的一位官员谈话时,对国共关系作了如下的评论:

六月六日,蒋介石与在重庆的共产党代表林将军和周将军会谈时通知他们,他对两党的分歧的看法没有改变,即共产党应该放弃它的政府和军队,然后可允许共产党选择或者加入国民党,或者成为类似目前自由中国存在的其他党派那样的少数党。(尽管林是应委员长的邀请,于一九四二年十月来到重庆的,但是,正如大使馆在五月六日654号电报中报告的那样,林仅见到蒋三次,并为这次最后会谈一直等待了六个多月。)委员长并没有提出其他条件作为讨论分歧的基础。

林和周计划于近日内返回延安,与那里的共产党领导人讨论这些问题。能够达成协议的前景不容乐观,但是另一方面,他不认为内战迫在眉睫。他的看法是,委员长将不得不考虑,世界的民主趋势被盟国可预见的胜利加强了,而且蒋也不打算靠武力消灭共产党,甚至在战后也是如此,尽管他承认,不能完全排除那样一种可能性。

二、根据一位与共产党有密切联系的消息人士称,林和周此时正返回延安,以获得共产党赞成被撤销的一些表明国共关系已经改善的声明,这些声明将于中日战争的周年纪念日七月七日在重庆(发表)。这一消息人士说,周感到,有必要使自己了解在延安的第一手情况,并告诉共产党领导人,关于重庆形势的真实情景。林和周是带着四卡车非军用品和两卡车药品启程的(中央政府当局在此前已有几次允许向延安供应药品了)。

三、在上面提及的谈话中,林作了如下的补充说明:中国一般形势的发展,现在依靠、战后将继续更为依靠国际形势的影响(例如:美国空军的胜利鼓舞了中国人的士气和斗志,加强了重庆方面反对伪军和反对地方分子分裂的力量)。中国能够并将继续抵抗日本人,因为重庆当局认识到,与日本人议和,会导致内战,并使局面比现在更糟。还因为他们确信,同盟国必定会胜利,重庆缺乏对日作战的军事努力,会受到不利的批评。中央政府赞成日本人进攻俄国(这是不可能的),这样会使日本人需要从中国撤出军队,从而使重庆占领包括华北在内的失地。中国现在有、甚至在国民党内也存在自由主义因素,这给予了这里未来的民主希望。

一九四三年六月二十四日于重庆

(牛军译自《美国对外关系》)

10.美国驻华使馆代办艾其森致国务卿

一、有理由通知你一位中国人士给大使馆官员的关于国共谈判、以及中国共产党驻重庆代表周恩来返回延安的消息和评论。这一消息曾在六月二十四日下午二点的 1012 号报告中提及。

(a)在目前的重庆谈判期间,蒋介石向周和从延安来的中共代表林彪提出如下建议:如果共产党放弃在延安的边区政府和它控制的(其他)地方政府,以及使它的军队归中央政府指挥(共产党的军队将被统编,然后分散到自由中国各地),就给予共产党合法地位,以及有权在全国建立它的党组织。蒋要求共产党在 8 月底给予答复,并声称如果共产党不接受,他将被迫采取"适当的步骤"。国民参政会已经定于 9 月召开,如果共产党拒绝各点建议,参政会有可能发表声明,抨击和揭露共产党的阻碍策略。

(b)共产党采取了坚定的立场,它不可能接受这些条件。未来局势的发展很大程度上取决于国际形势。如果缅甸公路重开,中央政府的军队得到足够的装备,从而成为将日本人赶出中国的一个重要的因素,重庆就有可能重新控制华北。共产党会无力抵抗强大的中央政府军队(根据共产党会被消灭的结论),国共问题将不复存在。如果中央政府军队没有被充分地装备起来,成为打败日本人的一个因素:如果日本人在美、英海军和其他军队的压力下从中国撤退,重庆政府将没有足够的力量重占华北,它将肯定会面对那里和满洲实际上被共产党占领。但是,中央政府不希望由于进攻共产党,被人冠以在中国挑起内战的头衔。共产党会被很好地劝说接受蒋的建议,因为通过证明愿意为统一而合作,共产党会获得人民的好感。

二、报告人是一个强烈的民族主义者。可以认为,他的看法至少代表了重庆政府中的一部分官员。总而言之,他们是国民党打算用这种或那种方式,使共产党不再作为中国一个重要因素的象征。从某种意义上说,他们也是在支持共产党的论点,即中央政府呼吁军事援助,其推动力来自消灭共产党军队的愿望同来自打败日本人的愿望一样多。

一九四三年七月六日于重庆

(牛军译自《美国对外关系》)

三、形势突变,国共关系又趋紧张

1. 中国之命运(节录)(蒋中正)

……至于自由主义与共产主义之争,则不外英美思想与苏俄思想的对立。这些学说和政论,不仅不切于中国的国计民生,违反了中国固有的文化精神,而且根本上忘记了他是一个中国人,失去了要为中国而学亦要为中国而用的立场。其结果,他们的效用,不过使中国的文化陷溺于支离破碎的风气。在这种风气之明,帝国主义者文化侵略才易于实施。于是中国的学系政派,或明目张胆,或旁敲侧击,或有意,或无意,以帝国主义者的立场为立场,以帝国主义者的利益为利益,几乎忘其所本,亦不知其所学何为和所为何事。甚至对社会作宣传如此,对国民施教育亦如此,而使国民把帝国主义者不平等条约对我国的侵略和压迫,视若固然,漠视无动于衷。这真是文化侵略最大的危机,和民族精神最大的隐患。我们国民应该及时觉察,彻底改革,方得救国自救,以造成一个独立平等的中国和自立自强的国民。

(摘自第三章第五节)

……在这个时期,使中国国民党的基础几至于破坏,国民革命的生命几至于绝灭的事件,就是民国十五、六年之间,汪兆铭和中国共产党在中国国民党中及国民革命军中积极的进行分化工作。中国国民党到了这种情形之下,对于容共政策，就不得不重加检讨了。这段故事，我自然不忍追述，但当时汪共同谋的内幕，我到了今天还是不明不白。究竟是汪兆铭利用共产党呢？还是共产党利用汪兆铭呢？还是汪共互相利用呢？这件事情始终是成了一个谜。然而汪共同谋的事实是很明显的，尤以汪(兆铭)、陈(独秀)联合宣言为最著。但当时的事实，明明是中国共产党人在国民党内，违背了他个人资格入党的信约，而且他们一方面在理论上以为国民革命是资产阶级的民主革命，要乘国民革命的发展，而转化为无产阶级的社会革命。又以为国民党并不是一个政党，不过是各阶级的政治联盟，要乘国民党的发展，来发展共产党的组织，当时共产党的领袖们如陈独秀等，在《新青年》、《向导》各刊物里面对于这种理论，到处都是赤裸裸的表示得详尽无遗。而又在另一方面行动上，他们对国民党内部，在各种事实上，挑起了左右派系的冲突，对于一般国民与社会之间，则煽动社会革命的阶级斗争。他们又在阶级斗争的口号之下，对于农工则视为属于共党独占的工具，而造成产业的停顿。其他经济社会之损失，更不待言。尤其是当时他们对于青年乃以读书求学为反革命，以浪漫放荡为觉悟分子。他们号召青年，相率鄙弃我民族的固有道德，甚至以礼义廉耻为顽固，孝悌忠言为腐朽，狂澜溃溢，几乎不可挽救。乃复于民国二十年至二十五年之间，赣南、湘东以及皖西、豫南、鄂西、川陕各地，兵连祸结，闾阎为墟。至今痛定思痛，追原祸始，仍不外乎是由于这汉奸汪兆铭一手造成的所谓"宁汉分裂"的一幕惨剧而来。因此国民革命军内部竟告破裂，而北伐军事亦遂陷于阻滞与内讧之中。这是国民革命过程中最深刻的教训，亦是历史上最悲惨的一页。总之国家大事，只有出于至诚，本于大公，方能成功。否则利用他人，或被他人利用，甚至于狼狈勾结，互相利用，以求得一时侥幸的成就，到了最后，毕竟是不能逃于"诚者自成"与"不诚无物"的公例，其结果是没有不失败的。何况革命是一件国家民族唯一的大事，绝无侥幸成就的可能。我到了今日为什么还要提起这些话呢？就是因为这一段革命的教训太痛苦了，国家的损失太大了，人民的牺牲太惨了。如果没有这六、七年的内乱，则今日抗战局势，自然大不相同，就是太平洋及世界局势，亦必因之大变。敌寇决不敢向中国这样大举侵略：即使他来侵略，也早已被我们逐出国境之外,这并不是意外的事。所以这段教训是活泼泼的,是现实的,是最宝贵,最值得研讨的,是不会随事实的过去而失去其意义的。我要使国内爱国者,和有志于革命的分子,都能惩前毖后,引为殷鉴,那对于我们以后革命的前途,必有补益,故仍不得不忍痛的一述。

(摘自第四章第二节)

……。同时思想的分裂,言论的分歧,亦泯灭于"国家至上,民族至上"的认识之中,于是抗战之初,国内各社团、各党派,即一致宣言,拥护政府,共赴国难,而中国共产党之宣言,并确切申述四项诺言:"为三民主义的实现而奋斗;取消暴动政策及赤化运动,停止以暴力没收地主土地的政策;取消苏维埃政府,以期全国统一;取消红军名义及番号,改编为国民革命军,受国民政府军事委员会的统辖,待命出动,担任抗战前线的责任。"当时中正发表谈话,以为"国民革命之目的,在求中国之自由平等。总理曾说明三民主义为救国主义,即希望全国国民一致为挽救国家危亡而奋斗。不幸北伐告成之后,十年以来,一般国人对于三民主义不能真诚一致的信仰,对民族危机亦无深刻之认识,致使革命建国之过程,遭受无穷的阻碍,国力固因之消耗,人民亦饱受牺牲,遂令外侮日深,国家乃日趋危殆。惟在此期间,中央政府仍本其一贯的统一御侮政策,忍辱负重,无日不以精诚团结、共赴国难为前提。而国人昔之怀疑三民主义者,亦均以民族利益为重,放弃异见而共趋一致。保证国民今日皆已深切感觉存则俱存,亡则俱亡之意义,咸认整个民族之利害,终超出于一切个人、一切团体利害之上"。总之,中国共产党此次发表的宣言,为民族意识胜过一切的例证。由此可以证明惟有三民主义为汇萃我整个民族意识的思想,更可以证明中国国民党为代表我全体国民的要求,和各阶级国民的利益而组织,为革命的唯一政党。任何思想离开了三民主义,即不能长存于民族意识之中。所以抗战的最高指挥原则,惟有三民主义。抗战的最高指导组织,惟有中国国民党。我们可以说,没有三民主义就没有抗战,没有中国国民党就没有革命。即任何党派,任何力量,离开了三民主义与中国国民党,决不能有助于抗战,有利于民族的复兴事业。这一点显明的事实,是应该为全国国民,尤其是知识分子所彻底认识的。

(摘自第四章第四节)

……中国国民党和三民主义青年团乃是实行革命建国的总指挥部。成年的国民务须加入国民党,青年的国民,只有加入青年团,才可以顾全民族全体的幸福,保障国家整个的利益,策划国家民族永久的安危。所以他们对于入党入团,有权利也有义务。同时,中国国民党和三民主义青年团,对于有志气,有热忱,有民族思想的成年的国民和青年,有要求他们入党入团的权利,也有容许他们入党入团的义务。要知道我们中国千百代祖宗留下来的遗产,都要由这个党、这个团来改造,来整理;亿万年子孙立命的基业,亦要由这个党、这个团来开创,来充实。本党本团,为了完成继往开来的责任,所以有权利要求全国国民来共同负责,也有义务容许全国国民来共同革命。

在今天以前,我全国的国民对于雪耻图强的运动,虽有一致的认识,而对于建国的方针,和立业的途径,还有分歧的见解。到了今天,废除不平等条约的初步工作,是已经做到了,三民主义与国民革命的成绩,亦已经昭著于国民的面前了。我以为时至今日,各方面爱国的革命有志之士,都应该作深切的反省,和彻底的自觉,并肩携手,共赴于三民主义的信仰之下,加入中国国民党,成为亲爱精诚的同志。要知道现在的时机,真是千载一时,也确是千钧一发。具体的说,中国往昔的命运,是以不平等条约能否取消的这一举,来决定其盛衰荣枯,而今日不平等条约既已取消了,则中国今后的命运乃就要决之于国内政治之是否统一,与国力之能否集中的一点之上。换言之,中国从前的命运在外交,就是操在外国的帝国主义之手。而今后的命运,则全在内政,就是操在我们全国国民自己的掌上。如果我国内政能统一,国力能集中,而全国国民再能加以一致努力,共同奋斗,则中国的命运,就归纳于"精诚团结,奉公守法"八个字,如此中国的命运为独立,为自由。否则就是"诈欺虚伪,毁法乱行"八个字,仍如过去之封建军阀,武力割据,破坏统一,妨碍建设,则中国的命运为衰荡,为灭亡,不独继续为次殖民地,且使我中华民族世代子孙将尽为奴隶牛马,永无翻身之日,更无复兴之望。这是我们中国命运的分水岭,其决定即在此抗战时期,而不出于这二年中。但是中国复兴是已经成为"命定"的事实,无论任何反动势力,亦不能为之摇撼。今日的中国,正是在中国哲理所谓"否极泰来"的时候。大家知道江宁条约正满百年,甲午国耻亦足五十年，而我们民国二年第二次革命失败，至今亦正是一世——三十年了。凡是一个民族，只要其人心不死，精神不灭的话，那"剥极而复"、"周而复始"的宇宙法则，是可以相信他永远不会变更的。不过这个"命定"的事实，仍要看我们全国国民，尤其是全国革命分子的努力与觉悟的程度如何了。换句话说："事在人为。"一切事业，决非株守坐待者所可期成；一切机运，亦非怯弱自弃者所能幸致；必须我们为之自动的创造。如果我们能够勇猛精进，发扬蹈厉，则自然现象，无不可以克服，而社会现象，亦无不可以改造。否则我们必致坐误时机，只有剥极不复了。所以国家民族之存亡兴废，与团体个人之成败祸福的命运，仍在我们自定与自择，而决不可听天由命，自误其事业的前途，甚至自忘其人生的意义。所以我的人生观，就是我常说"生命的意义，是创造其宇宙继起的生命。生活的目的，在增进我人类全体的生活"。这句话就是说，宇宙间一切新的生命，皆要由人来创造，亦要由人来决定。而国家的命运更要由我全国国民之本身来创造来决定，自无疑义。一八四二年以来，各种不平等条约的订立，致我国家民族于衰败与奴辱者，由我国民自启之；而今日一切不平等条约废除，使我国家民族获得平等与自由者，亦由我国民自得之。人生的意义之伟大和国民力量之雄厚，有如此者，我们可以不自勉自重、自立自强么？我深信我们今日之民族的复兴，和国家的富强，是决无问题。而且从此以后，凡违反民族利益，背逆时代潮流的武力割据，和封建反动势力，不止没有侥幸的可能，而且没有存在的余地。否则，国家的命运就要因此而断送了。你看我们四万万五千万人口的国家，到了今天的大时代中，而且又有我们国父的三民主义，为国民革命指导的原理，岂有灭亡之理？

全国同胞们！国家的存亡，民族的祸福，就是这样明明白白的摆在我们面前，就要我们在这个时候有所抉择。国际形势与世界潮流，都不容我们有瞻顾观望，或徘徊犹豫的余地。所以我全国国民，尤其有志报国的革命志士，为国家的独立，为民族的自由。为雪耻，为图强，为后世子孙不沦入奴隶牛马的悲运，那就应该要共同一致的集中于三民主义的中国国民党之中，来完成我们国民的责任和义务。

其次关于全国青年之于三民主义青年团，更当有正确明瞭的认识，今后全国青年们如果真要发展你革命大志,完成你建国大业,必以加入青年团为立身与报国唯一的程序,而且是必取的途径。中国在不平等条约撤废与抗战胜利之后,唯一的目标,乃为建设三体合一(文化、经济与国防)的新国家。而建设基本的方案,为国父手订的实业计划。实业计划所需要的人才之多,由前面略举的几个实例,就可明瞭了。此种基本工作的基本人才,皆要由我们现在就学与最近毕业的全国青年来充任。故每一青年在今日就一分钟的写读,每一分钟的练习,都是国家民族新生命、新动力的来源。我青年何幸而生于此世界第二次大战之今日,又何幸而能实际参加此空前剧变的舞台,更何幸而能参加此伟大无比的建国事业,置身于此独立自由的历史前页?我青年在此人生发轫之初,就逢着这样千载一时的机会,务须冷静的考虑你个人的前途,和彻底认识现代国家的需要,再不可如往昔之盲从冲动,误入歧途,以致错过一生,造成永生的遗恨。须知三民主义不独是中国悠久的文化,和民族崇高的德性之结晶,亦且为现代世界潮流必然的趋势。而青年团为三民主义青年统一的组织,我全国青年惟有在青年团指挥之下,方能端其趋向,循其正道,而不至于自误以误国家。亦惟有在青年团工作计划之内,才能依正确的方向,定一生的事业。我青年团团员,在青年团中所受者为严格的训练,所守者为严肃的纪律。而其所培植者为民族整个的生命,所保全者为国民全体的利益。他的事业为振衰起废;他的任务,为雪耻图强;为国家尽全忠,为民族尽大孝;为圣贤,为豪杰,为民族的血管,为国家的骨干,皆在于此。故全国青年不独领认识其入团为事业的发轫,而且感觉其入团为光荣的开端。所以全国青年更应知青年团的生命,即是我全国青年的生命,青年团的健全,即是我全国青年的健康。由此所造成的国家民族的新生命、新动力,才足以当此伟大的时代,尽其伟大的使命。

总之,中国国民党和三民主义青年团是与国家民族凝为一体的组织,这是历史所昭示的事实,不必再加分说。但这里还有一点,应该为我国民重行申述的,就是中国国民党乃是全国国民共有共享的一个建国的总机关。中国国民党如能存在一天,则中国国家亦必能存在一天,如果今日的中国,没有中国国民党,那就是没有了中国。如果中国国民党革命失败了,那亦就是中国国家整个的失败。简单的说，中国的命运，完全寄托于中国国民党。如果中国国民党没有了，或是失败了，那中国的国家就无所寄托，不仅不能列在世界上四强之一，而且就要受世界各国的处分。从此世界地图上面，亦将不见中华民国的名词了。所以大家应该知道，自国家有机体的生命上说，没有了三民主义，中国的建国工作就失去了指导的原理。所以三民主义是国家的灵魂。自国家有机体的活动上说，没有了中国国民党，中国的建国工作就失去了发动的枢纽。所以中国国民党是国家的动脉，而三民主义青年团是动脉里面的新血轮。如果全国革命分子和有志青年，真正要与国家共存亡，和民族共荣辱，以国家的事业为个人的事业，以民族的生命为个人的生命，那就应该要一致加入中国国民党和三民主义青年团，才能够尽到国民最崇高的责任，达到人民最完备的境界，亦必如此，才得完成我们共同建国的伟大使命。

　　上面的说明，或不免引起国人两种感想：有一种感想，以为这不过是劝导中国国民党党外的一般人士入党。还有一个感想，更进一步，以为这是对于中国国民党党外的各种党派或各种组织，积极的有什么作用的心理，甚至消极的有什么妨碍的意思。我对于抱前一种感想的，可以率直的答复道：我期望全国革命分子、有志青年，加入中国国民党和三民主义青年团，是因为他们有这个权利和这个义务。只要他们有救民族、救国家的意志，他们就应该要自主自动的来入党入团，不必要我来劝导。我对于抱后一种感想的，也可以率直的答复道：我对于中国的各种思想与组织，只要他不割据地方，反对革命；不组织武力，破坏抗战；只要他对于国家民族和革命建国真有利益；我不但没有加以妨碍的意思，而且希望他亦能发展，亦能成功。我对于国家民族和革命建国的定见，是固执不变的。但是我对于任何思想或任何的组织，绝没有什么成见的。不过我为了国家，为了主义，亦为了人民和朋友的关系，无论为公为私，都不能够不掬我的赤忱，尽我的天职，向国内各种思想和各种组织，竭诚忠告。我先要请教今日对中国国民党持反对态度的各位朋友们，你反对中国国民党，是不是因为中国国民党的主义不良？还是中国国民党的政策不对？如果你认为他的政策是对的，主义是好的，他的革命是于国家，于民族皆有利益的，若只以为他的行动或态度有什么错误，那你就应该来纠正他，来补救他，而不应该因此就反对他，破坏他，甚至不惜因破坏中国国民党，以破坏国家整个的生命！谁都知道破坏国家整个的生命，就是破坏你本身以及你世代子孙永久的生命，这个关系太大了。我以为大家对于中国国民党如果能用客观的态度，拿过去历史的事实来证明他，出现在世界的变局来分析他，就将来国家的前途来推求他，就可知道中国惟有三民主义是博大精深的思想，亦惟有国民革命是正大光明的路线，而且惟有中国国民党，他是领导革命创造民国的总枢纽，他是中华民族复兴和国家建设的大动脉。除此之外，在这个军政和训政时期之中，无论用何种名义，或何种策略，甚至于组织武力，割据地方，这种行动，不是军阀，至少亦不能不说是封建。这种变相的军阀和新式的封建，究竟对民族，对革命是不是有益，还是有害？大家痛斥从前把持军队，割据地方的军阀是反革命，难道这样新式封建与变相军阀，就是真革命？如果这样武力割据，和封建军阀的反革命势力存留一日，国家政治就一日不能上轨道，军政时期，亦就一日不能终结。不惟宪政无法开始，就是训政亦无从推行。这样于国家于革命的前途之妨阻和损失之大，真是不知伊于胡底。你看列强苏联和英美各国尚且都希望我们民族解放进步，国家独立自由，所以他们在中国百年来无限的权利，和无上的势力——就是根深蒂固的不平等条约，到了今天都已自动的先后放弃了。为什么我们国内的党派，倒反而不肯放弃他武力割据的恶习，涤荡他封建军阀的观念，那还能算是一个中国的国民？更如何说得上是"政党"？世界上那一个国家的政党，有从事武力和割据的方式，来妨碍他本国的国家统一，而阻碍他政治进入轨道的？这样还不是反革命？还不是革命的障碍？这样革命的障碍，如果不自动的放弃和撤销，怎么能不祸国殃民？不止是祸国殃民，而且最后结果非至害人自害不可。我是始终主张国民政府对国内的各种意见，和各种纠纷，都要用很宽大的态度来容纳，和很合理的方法来求得解决。但是大家如果不肯彻底改变封建军阀的作风，和没有根本放弃武力割据的决心，那就是无论怎么宽大，决不会发生什么效果，亦找不出有什么合理的方法了。我相信大家都是爱国家、爱民族的志士仁人，过去各方面无论其有何种歧异的见解，或有任何敌对的行动，无不可以为国家的生命，为民族的前途消除他个人的成见，和彼此的芥蒂。使我国政治能够真正的统一，早上轨道，不致使外国人再讥笑我们是落后国家，是劣等民族；更期望训政能顺利推行，宪政可尽速实施；国家成为一个平等独立的国家；人人成为一个独立自由的公民。这样才不愧为中华民族的子孙，才配得上成为民主国家的政党。我们革命党人要讲实话，做实事。而且要时常记着"忠言逆耳，良药苦口"的格言。我以为这样集团组织，名为革命，其实是破坏革命；名为爱国，其实是害国；不仅于国家民族不利，于革命建国有害，而且与个人的前途只有妨碍，而个人的事业亦只有归于失败。我很精诚很坦白的不惮重复的对各位再进忠告，大家如果仍旧保持过去的态度，继续过去的作风，无异于妨碍你们自己的前途，阻止你们自己的事业，而且使国家力量不能完全集中，建国不能圆满进行，真是于个人毫无利益，而于国家和民族有莫大的损失。我们须知国家的命运，正在这样生死存亡的决定关头，凡是国家每一个人才，都不容他任意自弃，每一分力量，都不容他随便浪费。所以我们希望大家，为国的利益，为民族的生存，都要一德一心，共同集中于三民主义的信仰之下，一致团结于中国国民党的组织之中。因为这是大家的权利，也是大家的义务，并不是我为了中国国民党对大家有什么企图或妨障的意思。大家还应该知道，五十年来，中国国民党从不因为各党派的反对或妨碍，而放弃他的革命工作，所以才有今日初步的成功。今日以后，中国国民党亦绝不因为有各党派的反对或破坏，来阻止他的革命事业，而且他非至于最后的成功不可的。我们都知道，最近五十年来，凡反对中国国民党的，无论其为如何强大的党派，或为如何雄厚的武力，尤其那过去依赖日本帝国主义作凭藉、作后盾的军阀与党派，他最后的结果，没有不失败的。须知这并不是中国国民党有什么特殊的力量，而乃是时代与历史的使命所造成的。这时代与历史的使命，绝不是任何势力能反对和破坏的。反对愈力，只有使他们成功愈快；破坏愈烈，只有使他们力量愈大。所以我常说，如中国国民党有自败之道，那不待有人来反对他，而他自然会失败的。否则对他的任何反对或破坏，绝不会生效的。所以各方面、各党派的反对，于中国国民党本身革命的事业，绝不致有所损害，亦不会被其阻止。但是中国建国工作，又恐受到不良的结果，我全国国民痛苦牺牲所得的独立平等的地位，亦未免因此遭受极不利的影响。而国内才智之士，不能够共同努力于如此伟大的建国工作，且将误用其才智，错过这机会，在个人实是最可惜的事情，而在中国国民党，也可以说是他对大家没有尽到他的责任和义务。所以我不得不再三的唤起大众，共同勉励。我相信大家一定能够体谅我的话是肺腑之言。

（选自蒋介石：《中国之命运》，重庆正中书局，一九四三年）

2. 读《中国之命运》（重庆《中央日报》社论）

总裁手著的《中国之命运》昨日已出版，各大都市同时发行。这是国人渴望甚殷的著作，成千成万的读者自必以先睹为快。记者就是千万热切期待者的一人，如饥如渴的，已经把这十万言的大著，穷半日之力，读完了一遍。愿将读后的几点感想，率直贡献出来，供一般读者的参证；管窥蠡测之讥，自然顾不得了。

第一，命运须自决而非可听天。总裁开宗明义，在第一章里就说明他著书的宗旨，在于希望"我全国国民深切认识我中国的命运担在我全国国民的双肩，而决于战局发展的今日"。于是从第二章至第五章，历述我国百年来国耻的由来，革命的起源，不平等条约的影响，由北伐到抗战的史实，以及平等互惠新约的内容，无非"抚今思昔，策往励来"所造成。不平等条约的重重国耻，固由于我们的自启；而北伐抗战的贯彻，平等新约的订立，亦为我全国国民捐头颅，流鲜血，百折不回，革命奋斗的成果。故"剥极而复"，"否极泰来"，依情理言，中国今日固必然走上复兴的大道，几已成为"命定"的事实，然而"一切事业决非株守坐待者所可期成，一切机运亦非怯弱自弃者所能悻致，必须我们为之自动的创造"，"决不可听天由命，自误其事业的前途，甚至自忘其人生的意义。"（第七章）因此，我们读了这部伟大著作，首应确立我们革命的人生观，相信这个团体乃至国家民族的命运其成其败，为祸为福，都是由人力所创造，而且可以用人力来改革。革命者的一生，就是要力行，要服务，要用奋斗和牺牲的精神，致力于建设国家，改造世界，保障和平，解放人类的大业。总之，我们确信中国的命运在于我们的自定与自择，"操在我们全国国民自己的掌上。"

第二,建国须力行而不托空谈。总裁在第五章里指示今后建国之重心,要求国民信仰国父"知难行易"的学说,"不矜不伐的笃行,实事求是的实践",向着心理、伦理、社会、政治、经济五项建设的目标,埋头迈进,则"文化、经济、与国防合一的整个建设计划"一定可以成功。他希望"革命建国的理想,不致落于空谈",故以经济建设为例,就实行实业计划最初十年内所需用的人才与物资列举数字,以证明一切事业必须脚踏实地的快干,苦干,才能实现我们的理想。他勉励"无名英雄"的中小学教师,称许他们为"无上之至宝";他鼓励全国青年各立大志,或为军人,或为飞行员,或为乡社自治员,或为边疆屯垦员,或为土木、机械、电机、水利、建筑、化工、纺织、染化、轮机、驾驶、航空、医药、印刷,……各种的工程师与技师,务必人人"自立自强,互相策励","立定志气,抱定决心,认定目标,朝着建设的方向急起直追,来完成这千载难得的建国使命"。

第三,力量须集中而不能误用。总裁根据革命的决定,证明"中国国民党和三民主义青年团乃是实行革命建国的总指挥部",因而要求成年的国民加入国民党,青年的国民加入青年团,"他们对于入党入团,有权利也有义务"。时至今日,确是千钧一发,中国今后的命运为独立,为自由,抑为衰落,为灭亡,就看我们今日全国有志气有热忱有民族思想的成年国民和青年,是否能集中其革命力量于共同组织之中,而齐一其行动? 总裁说:"如果我国内政能统一,国力能集中,而全国国民再能加以一致努力,共同奋斗,则中国的命运,就归纳于'精诚团结,奉公守法'八个字,如此中国的命运为独立为自由。"所以一切革命的力量,全国国民的聪明才力,都能集中于三民主义的大纛之下,为国家民族而贡献,则此力量才不致误用,才能发生伟大的效果。否则,"误用才智,错过机会,不但在个人为可惜,而且分散力量,阻碍建设,就国家民族言,尤其是一种不可补偿的损失"。"中国国民党是国家的动脉,而三民主义青年团是动脉里的新血轮"。这个党,这个团,必定本着总裁宽大能容的态度,接纳一切忠于国家民族的才智之士,尽到集中力量建设国家的责任和义务。

第四,科学为服务而非为掠夺。我们要建国,当然要迎头赶上西洋的科学和技术,但同时我们相信科学技术原为人生服务而非为役使人生。国父早已指示:"人生以服务为目的,不以夺取为目的。"这种渊源于中国固有的"仁民爱物"的思想而建立的人生哲学,养成了中国国民的德性。所以我们为建国而求科学技术的进步,决不是像日寇一样走上帝国主义侵略的道路。总裁以为"人类科学的进步,本以服务人生为动机。科学发明的滥用,致令人类因科学进步而增加残忍,并不是科学的罪恶,而是我们中国高尚伟大的政治哲学不昌明,深远悠久的政治理想不树立的过错"。这的确是指示了今后新中国建设的光明大道。中国不但自己决不因赶上科学文明而变成帝国主义,而且正如总裁所说认为"第二次大战的结束必须同时为帝国主义的结束,世界永久和平才有坚实的保证"。早在十九年前,国父就说过,"应该用我们固有的文化做基础,要讲道德,……另外还要学欧洲的科学,振兴工业,改良武器,……并不是学欧洲来消灭别的国家,压迫别的民族的,我们是学来自卫的"。建国的工作,就是自卫的工作。我们能学了科学技术来自卫,来建国,我们才可以算得自立自强。中国的自立自强,乃是要为改造世界服务,为保障和平服务,为解放人类服务,而绝非为掠夺与自私。总裁明示我们:"中国反对帝国主义存在于世界,亦决不肯自循帝国主义的轨迹,再蹈帝国主义者的覆辙。"

总裁在这部大著中,已经指示了中国革命建国的南针,已经照耀了中国独立自由的大道。他不但告诉我们已往奋斗的历程,并且决定了今后继续奋斗的正确路线与中心工作。中国的有志之士! 中国的热血青年! 大家应该都读《中国之命运》这部大书,读了以后,赶快共同一致,创造中国之命运!

(原载一九四三年三月三十一日重庆《中央日报》)

3. 读《中国之命运》(张治中)

细读总裁所著《中国之命运》一书,其内容俱据历史的分析,说明过去国势衰落的原因,及现在革命获得初步成功的因果,并指示革命建国的正确方向,其目光之远大深刻,实无比伦。这不仅是我中国建国所应遵奉的南针,亦同为建立世界永久和平的宝笈。这伟大的著述,包蕴宏广,从任何一点研究,

皆具有奥义无穷。我细读数过,何敢有所献替,谨以个人读后感想所及,简略的申述如下:

一、总裁所深切指出的不平等条约在国内所产生的各种恶影响,诚为中国近百年来衰弱与变乱的最大原因,按诸中国历史上所谓国外交通,如汉时张骞、班超之通西域,汉著以降,佛教传入中土,中印的接触始繁,但此类国外交通,其影响都是文化上的交换,国外文化旋即为中国所吸收,融合而为中国文化,故时于社会波动甚微。迨近百年来与欧西各国海上的交通频繁,影响渐大,鸦片衅起,西力东渐,始以炮舰打开门户,继以不平等条约严加桎梏,恶毒愈深,社会激荡愈大,而国本愈形摇落。政治、法律、经济固已深受其影响,而受害之最大者,尤以社会、伦理、心理诸方面为甚。试从国家秩序与人民道德两方面来看:中国的社会组织,本以家族为中心,一切风俗制度,都是家族的扩大。制度的特点,在于正父子兄弟之道,明长幼尊卑之序,组织条理,厘然不紊,社会既宁,国族乃安。中国数千年来,此组织未有更易。乃因在不平等条约的桎梏之下,发生经济状况的变动,生活压迫的严重,家族本位,逐形崩溃。本位既失,人民遂如一盘散沙,不能结集,社会基础,既呈动摇之象,国家秩序,自亦随之凌乱。又我国人民道德,基于人伦。数千年来儒家教义,皆以阐明人道为职志。人道之要,在于自修其身;而其效果,则为齐家、治国、平天下。修身之要,在于格物、致知、诚意、正心,即所谓穷理尽性。此亦中国社会思想的特点,人民道德的始基。乃因被外力之压迫,大受摇撼。眩于物质的享受,立论的新奇,遂使尘滓蔽其灵性,嗜欲超乎天理。于是民族道德逐日益堕落。惟总理深识其危险,故于民族主义中提倡八德以救其敝。总裁在本党五全大会时,对民族主义有更明确的解释说:"所谓民族运动决非单纯的对外运动,盖民族运动应有内外两面。……对外应向国际为吾民族求自由平等,固主张废除一切不平等条约,但同时对内极力主张精神建设、物质建设,……应了解民族运动之两面必须同时平衡进展,方有成功之望。"此乃总裁将民族主义更积极的阐发,使民族运动,一面对外争取独立解放,一面对内致力于精神建设,从道德基础上,伦理原则上,完成民族主义对内的一面,以铲除因不平等条约而发生国家秩序的凌乱与人民道德堕落的恶影响。

二、因外力的压迫与不平等条约的桎梏，国力日益衰落，国家濒于危亡，于是整个民族逐渐失其自信力，发生种种矛盾冲突现象。自卑自衰者，以为外力之终不可抗，国家之终不可救，惟有屈己以媚外；有志之士，则主张急起急追，全盘欧化。见解的高下虽不同，然鄙衰中国文化，漠视本国国情，这种错误观念却是相同的。因有此错误，遂形成政治上思想上的纷歧错杂。读了一本《原富》，便主张中国是资本主义的国家，读了一本《资本论》，便主张中国是共产主义的国家，人人拿了一张外国药方，以为可以治病，而元气愈益斫丧，病乃愈深，此皆由于不知固本培元，失其民族自信力之故。中国近百年来情势的转变，本很复杂，由于外力的侵入，由于不平等条约刺激，人民思想变动更大。这种变动，大体说来，是出于外铄，而非出于自发。因其为外铄，故鉴于欧陆之强盛，以为外国都是好的；因为非自发，故以为中国为落后，一切都是要不得的。舍己从人，国何以立？然更进一步言之，人民思想的变动，虽缘于外铄，而外力深入，浸润既久，已发生渗透的作用。经济制度之改变，社会风习之转易，思想学说之更新，凡此都是现实；我们决不能无视这现实，将历史倒拉回一百年，深闭固拒，以图自保。这个问题的重点是必须以国家为本位，以民族为中心，要深切认识我民族精神与国民德性实有优秀与特长之处，我们应加阐发，择善而固执之。以此与外力相接引，与欧化相接触，相交换，相融合，我国族始能光大，国力始能高扬。古训所谓："有诸己而后求诸人。"总裁说："自强始可以自由，自立始可以独立。"这诚不易之论。秉此准则，则缘于外来而产生的各种政治主张，如所谓资本主义，所谓共产主义，都是抄袭的外力药方，不足以救中国。新中国的建立，应以独立自主的思想运动为基础，所以惟有三民主义才能建国，惟有本党的领导才能完成建国。

三、总裁对于全国青年和三民主义青年团期许的殷切，训诲的周至，我想每一个青年都会深深的受到感动。本书上说："每一青年在今日每一分钟的写读，每一分钟的练习，都是国家民族新生命新动力的来源。""青年团为三民主义青年统一的组织，我全国青年惟有在青年团指挥之下，才能端其趋向，循其正道，而不至于自误以误国家。他的事业，为振衰起废；他的任务，为雪耻图强；为国家尽全忠，为民族尽大孝，为圣贤，为豪杰，为民族的血管，为国家的骨干,皆在于此。""三民主义是国家的灵魂,中国国民党是国家的动脉,而三民主义青年团是动脉里的新血轮。"总裁为使国人能上承千百代祖宗之遗产,下开亿万年子孙之基业,故对全国青年倍切爱护与重视。青年这一名词,是象征着光明生命。他有健旺的体力,有强烈的意志,有发扬的气概,有纯洁的心情,有热烈的求知欲,此五点都是青年的特征。但行动易流浪漫,意气易趋浮躁,思想易涉空幻,这又是青年常有的弱点。因此,一受到不良社会的打击,每易丧失其本性,变为弱者。青年原要改进社会,转移风气,乃反为社会风气所改移,在国家与个人,俱为重大损失。青年团的组织就是要使青年在总裁直接领导之下,在思想上施以科学的训练,在行动上予以严格的锻炼,成为刻苦耐劳、任重致远、改造社会、建设国家的人才。我深切愿望我全国青年,都能不负总裁的期许,在青年团的组织下,共同踏上救国的大道,为国家树立百年的基础。

最后,我们应该更加警惕,现在抗战胜利已经在望,不平等条约已经取消,国民革命已经得到初步成功了。总裁说:"国民革命的初步成功,即为建国工作真正的开始。"建国的成败,系于全国人民身上,以后国人的责任更益加重了。要负起这个重大的任务,全国人民都应该有自觉,建树正确的人生态度。丹麦哲学家霍夫丁曾说过:"我生在这个世界,对于我的生活,必有一个态度,我的能力就从那方面用。人类有自觉以后,就生这个态度,这个态度的变迁,人类用力的方向亦就变迁。"此言甚是。我希望国人有个新的人生态度,共同用力于革命建国的方向。本书第六章所说的"革命建国的根本问题",就是对我们人生的态度的正确指示,大家应详细研读。综括起来说:"行知难行易之教","求穷理知言之极","严自由法治之辨",这是一般国人都应当遵行的。

（原载《中央周刊》第五卷第三十二期,一九四三年三月）

4. 读《中国之命运》(陶希圣)

我们期待总裁有一部大著指示我们中国革命建国途径。这个期待,现在已经实现了。总裁新著《中国之命运》已经发行了。

我们期待总裁有一部大著，是很久很久的事情。我们的期待是由于下面的各点。

第一，总裁以一身系国家民族的安危存亡。换句话说，今日国家民族的命运，实决定于总裁之手。我们虽经常在总裁殷谆告诫、明确指导之下，生活着、工作着，可是我们心目里总有多少根本问题，不能得到详密的指示。特别是这些根本问题，不是偶然发生的。这些根本问题的来源，或由于古旧的传统，或由于百年的演变，或由于五年十年二十年的积累。我们断不敢望总裁以政务业集之身，而追溯往事，至五年十年二十年以上或竟至百年千年五千年之久，以开导我们。然而我们何尝不在渴望之中？从今日起，我们渴望而得不到的指示竟然出乎意外的得到了。总裁的新著，不啻一部近百年史论，尤不啻一部中国民族史论。这部新著，把中国五千年立国之道，百年来衰落之由，和五十年来国民革命的奋斗，五年半抗战的牺牲，无不指出其详明确切的意义，所以我们预测每个国民必皆本此书之论点以察往事而励今兹。

第二，中国今后的前途和我们今后的作法，是我们每一个国民，当此国家民族的生命在存亡绝续里头，盘旋于心中而不能释的问题。我们虽经常从总裁的演讲和书告里面得到指点，然而全盘的计划和整个的方针，还是不容易寻绎出来，今后我们就有了寻绎的来源了。这个来源，是扼要而鲜明的，集国父《建国方略》、《建国大纲》和《三民主义》于十万言中，贯之以总裁的力行哲学，张之以抗战的时代精神，达之于日用寻常之微末，出之以宽猛相济之气度，兼继往开来之伟大，与耳提面命之亲切，而摆在每一读者的面前，指示其解决中国问题的答案。所以我们预测每个国民必皆以此书为今后努力的南针。

第三，在各种根本问题之中，思想问题，在今日可以说最难解决而最为严重。所以我们期待，总裁的指导亦最为切迫。我们深知总裁的力行哲学。我们曾读总裁的《行的道理》。本此哲学以应用于国计民生各方面，无不得其会通，由此而使我们获得安身立命。救国济世的途径，不为邪说所惑，不为异论所迷，仍不得不进而有所望于总裁更详密更周到的著作。现在这部新著，虽不是哲学的专书，然而其中随处都是宝贵的教训，随处都是精深的哲理。所以我们又预测每个国民必皆以此书为思想的明灯。

张江陵说:"德与功,本也。言,华也。道德有诸中,于是以宜其蕴蓄,则为有德之言,而德非言之所能尽也。功绩底于成,于是以述其梗概,则为启从之言,而功非言之所能尽也。惟不得已而发之于言,而言又不足尽其蕴,断其言为也,听之而有味,爱之而心传。"又说:"道德者事之实也,文词者爱之华也,训诰典谟,圣人岂殚精极虑作意而为之者哉? 几微内洞,文采外章,扬德考衷,启发幽秘,不求文而自求耳。"这两段语,正是我们对于《中国之命运》一书的看法。这部书不能尽总裁之德,亦不能尽总裁之功。这部书是总裁不得已而发之于言,而其言又不足以尽其蕴。这部书是不求文而自文的。古人称三不朽,曰立德,立功,立言。总裁文德武功,彪炳千古,抗战建国总裁之功,超越往古;力行哲学与"人类役使科学",其思想理论,蕴发于《中国之命运》一书,立德立言,蔚然大备。我们要从这许多观点来读此书,国家民族辉煌之前途,益使我兴奋而激励。

(原载《中央周刊》第五卷第三十三期,一九四三年四月)

5. 读《中国之命运》(罗刚)

一

《中国之命运》可说是我民族领袖蒋委员长的告国民书。由于中国六年来艰苦的抗战,而获得不平等条约的废除;由于不平等条约的废除,奠定我们建设国家的基础,使中国历史转入新的时代。在这个新旧时代交替的时候,蒋委员长以民族领袖的地位,抚今追昔,策往励来,特陈述我国家民族百年的经历,指出我国家民族今后的方向。尤望我全国国民深切认识我中国之命运,担在我全国国民的双肩,而决定于战局发展的今日,绝没有瞻顾徘徊的余地,更不容有盲目倚赖的心理。这是著作本书的主旨。

从"时代"与"建国"两个意义上看,本书是三民主义以后一本最重要的著作。我们研究中国近代史,可以从近百年的历史中看出三个重要阶段;一是鸦片战争;一是国民革命运动;一是抗战建国运动。鸦片战争的结果,开中国数千年来未有之变局。这个变局,国父在民族主义中,以"次殖民地"一个名词来征象它。而"次殖民地"局面的造成,实因近百年军事政治外交等等的失败,而构成种种不平等条约的束缚所致。国民革命运动就是反抗这个变局而发生。国民革命的目的,是要用自力更生的力量,解除鸦片战争后不平等条约的桎梏,打破这个"次殖民地"的地位,将中国造成一个自由平等国家的新局面。三民主义就是这个运动的实典。因为中国的自力更生,使日本帝国主义者的大陆政策,遭受严重的打击,遂发动对中国的积极侵略,而中国历史亦因之转入抗战建国的时代。抗战建国运动在性质上看,原是国民革命的一部分,就时代的意义上看是中国近代史一个新时期新阶段。《中国之命运》一书,实在是代表这个新时期的伟大著作。这是本书的时代意义。

二

在我们抗战建国现阶段的工作中,最伟大的成就,当然首推不平等条约的废除。这个伟大的成就不仅使我们国家从近百年来的"次殖民地"局面中解放出来,同时奠定了建设新国家的基础。但是有了这个基础,尚待我们去努力建设。在现代国际上能够真正成为一个自由平等的国家,必有其自立之道。自由平等是赋有积极的与消极的两重性质。仅有消极性的自由平等,仍不是真实的自由平等。不平等条约的废除,是消极的解放,积极性的自由平等,尚有待于建设。我们必须做到有不惧外力侵略的强固国防,有坚强不屈万众一心的国民心理,有不依赖外来接济的自给经济,有科学昌明思想发达的学术文化,才能使我们国家真正成为一个自由平等的国家。本书指示我们过去革命工作之艰难缔造,以及在革命过程中所遭遇的障碍,并指示我们每一个国民今后努力的方向。换言之,我们能够照书中所指示的去做,才能建设新国家,才能使我们国家获得真正的自由平等。否则徒有其名,而无其实,仍是为山九仞功亏一篑。因此,本书所指示的一切,不外是"建国"的方法。在理论上与三民主义的精神是一贯的,在实践上特重于五大建设的实施。这是本书与建国的关系。

书中有一个根本要义,为读者所不能忽略的就是在第七章中所示:"宇宙一切新的生命,皆由人来创造,亦要由人来决定。而国家的命运更要由我全国国民本身来创造来决定,自无疑义。一八四二年以来,各种不平等条约的订立,致我国家民族于衰败与奴辱者,由国民自启之;而今日一切不平等条约的废除,使我民族获得平等自由者,亦由我国民自得之。"这段话含有最精确的人生哲理。这种"求之在我"的哲理,亦是中国固有的民族精神。中国的古训说:"天作孽,犹可活;自作孽,不可活。"又曰:"自求多福。"又曰:"人必自侮,而后人侮之。"无论个人或一个国家民族,有了这种求之在我的精神,然后才能自重自立自强,始足以图存。根据此义以观将来,我们就不难了解中国之命运,不是操在外人之手,而是操在我们全国国民之手;不是操在我们子孙之手,而是操在我们这一时代人的手里。明白了这个道理,然后才能了解我们民族领袖谆谆的告诫,和殷殷的期望,是何等的真切。

三

书中以"宗族"替代"民族"含有深切的意义。这在三民主义的理论上是一个新的发展,可以从中华民族历史的发展上得到证明。中华民族在构成的分子上,是融合多数民族而成的,在融合的初期,国内各民族的界限是存在的,但经过相当时期的融化,民族的界限就渐渐消灭,而化为若干宗族了。如春秋时代所谓华夏,仅限于黄河流域各国,长江流域的吴楚,尚是蛮夷之邦。五霸的霸首齐桓公以尊王攘夷为号召,即首先伐楚,孔子虽小管仲之器但对管仲佐桓公攘夷的功绩极其赞许。他说:"微管仲吾甚左衽矣。"晋人对于楚人,亦说:"非我族类,其心必异。"可见当时黄河流域的人,并不将长江流域的人当作同族。但到战国时期,就不相同了。当时的人,对于七国都是等量齐观,一视同仁,黄河流域对于长江流域人的夷夏界限已经根本消灭了。这是由民族化为宗族的一个证明,珠江流域在西汉尚是蛮夷之邦,南越王赵佗报汉文帝书,自称为蛮夷长,到了后来百粤亦融为一族,这又是由民族化为宗族的一个明证。征之近代,满族自入关后,渐与汉族同化,在清朝时代虽然保存汉满的界限,但乱在大部分满人与汉人都融合为一,亦看不出什么明显的民族界限了。根据过去的事实,我们可以断言,如将来国家建设走上轨道,交通发达,教育普及,乱在国内各民族所残留的民族界限,亦将一一消灭而化为宗族,亦是无容疑义的。理论是跟着事实发展的,同时亦是预示事实发展的趋势。当此国家建设正在发展的时候,是需要事实的说明与理论的指示,所以,蒋委员长在书中以宗族替代民族,不仅表示事实发展的趋势,并指示我们努力的方向。现在中国领土内的国民,无论在血统上或在生存的利害关系上,都已经打成一片。我们亦何必拘泥于若干形式的不同,而尚保持民族的畛域,授敌人或汉奸以分化与离间的机会呢?

四

本书对于自由主义与共产主义的弊害,亦痛切言之,关于自由主义一点,有人深恐此书翻译出国后,易引起西洋人的误会,因为他们所崇奉的是自由的思想。我以为真正能够了解中国的西洋人,一定不会发生误会,就是发生误会,我们也不能够舍己从人,一个国家有一个国家的国情,国情不同,其所需要的亦不同。自由主义与个人主义有连理的关系,个人主义在西洋社会所形成的弊害,已经到了必须改弦更张的时候。从西洋历史上看,法国大革命正是自由主义极盛的时期,罗兰夫人被自由主义送上断头台而大声疾呼说:"自由自由,天下许多罪恶,假汝以行。"今日中国是新旧转变的时期,正与法国大革命的过渡时代相同。自由主义在一个混乱时期的发展,只有造成分崩离析的局面,对于国家前途,弊多利少,五四运动后自由主义对国家的影响如何,在书中已经分析得很详细,我们何能自蹈覆辙。英美各国社会政治一切已经有秩序有组织,原可让自由主义自由发展,他们的国情与中国不同,何能以彼例此。而且我们反对自由主义,并不是盲目的极端的排斥自由主义或个人自由。中国民族性是素来宽大的,中国国民党禀赋民族的精神也是主张宽大的。所以,蒋委员长在书中说:"中国国民党对党员只要求其行动不违背党的原理,而对其个人思想的自由,则不加严格的限制。所以中国国民党里面,有曾为国家主义者或自由主义者或共产主义者或无政府主义者。"由此可见我们对思想的自由,不但不是极端的排斥,而且是相当的承认。自由是有限度的,我们要求是有限度的自由,所反对的是无限度的自由。在我们的建国的途程中,需要统一的信仰与集中的意志,凡是不破坏这两个条件的思想自由,中国国民党是从来不主张干涉的。西洋的革命,因为没有自由而争自由,争得自由以后就觉得宝贵,所以崇尚自由主义,我们历来太自由了,国民如一片散沙,将国家民族的自由亦断送了。所以我们不能再崇尚自由主义。欧美各国不乏明哲之士,我想对于这个不同之点亦当能了解。

中国共产党问题是现代中国政治上一个极严重的问题。亦是全国国民所关心的一个问题。每一个国民都愿意知道政府当局对这个问题的看法,现在从这本重要的著作里,可以得到一个明晰的指示。蒋委员长对于过去的历史表示惨痛的回忆,认为宁汉分裂是历史上最悲惨的一页。"这一段革命的教训太痛苦了,国家的损失太大了,人民的牺牲太惨了。如果没有这六七年的内乱,则今日抗战局势,自然大不相同,就是太平洋及世界局势,亦必因之大变。敌寇决不敢向中国这样大举侵略;即使侵略,也早已被我们逐出国境之外,这并不是意外的事。"这在悲痛的回忆中,深致惋惜。至对于今日中国共产党所造成的局势,亦表示极严正的态度。"你看列强苏联和英美各国尚且都希望我们民族解放进步,国家独立自由,所以他们在中国百年来所有无限的权利,和无上的势力就是根深蒂固的不平等条约,到了今天都已自动的先后放弃了。为什么我们国内的党派,倒反而不肯放弃他武力割据的恶习,扫荡他封建军阀的观念,那还能算是一个中国的国民?更如何说得上是'政党'?世界上那一个国家的政党,有从事武力和割据的方式,来妨碍他本国的国家统一,而妨碍他政治进入轨道的?这样还不是革命的障碍?……我是始终主张国民政府对国内各种意见,和各种纠纷,都要用很宽大的态度来容纳,和很合理的方法来求解决。但是大家如果不肯彻底改变封建军阀的作风,和没有根本放弃武力割据的决心,那就是无论怎么宽大决不会发生什么效果,亦找不出有什么合理的方法了。"同时于严正的态度中,并致恳切的期望。"我相信大家都是爱国家爱民族的志士仁人,过去各方面无论其有何种歧异的见解,或有任何敌对的行动,无不可以为国家的生命,为民族的前途,来消除个人的成见和彼此的芥蒂,……凡是国家每一个人才,都不容他任意自弃;每一分力量,都不容他随便浪费。所以我希望大家,为国家的利益,为民族的生存,都要一德一心,共同集中于三民主义信仰之下,一致团结于中国国民党的组织之中。因为这是大家的权利,也是大家的义务,并不是我为了中国国民党对大家有什么企图或妨碍的意思。"这种坦白严正的精神与诚挚恳切的态度,使每一读者都要受到感动。而且这番话亦可代表大多数国民的意见。

中国共产党不乏爱国之士，自不能无动于衷，应当重新检讨自身的命运而有所更张。否则这个僵局不打破，终非国家之福。

五

总之，本书没有一句话，不是从蒋委员长的心腑里流露出来的。以一个创造历史的伟大人物，在其革命的过程中，正不知遭遇到多少磨折，尝受到多少辛酸，现在将他所经历的，所感受的，所希望的，一一诉之国民，更显得语重心长，亲切有味。我们每一个人要将自己置身在中国现代史的舞台上，去读这本书，去细细体会内中所说的话，才能感觉更真切的意义。

（原载一九四三年四月二十七日重庆《中央日报》）

6. 评《中国之命运》（节录）（陈伯达）

四、关于国共关系

蒋介石先生关于第一次国共合作，抹杀了各种主要的历史事实，而且对于忠勇为国的中国共产党做了极其"忍心害理"的诬蔑。书中这一部分是具有绝大挑拨性的文字，想由此煽动人民对于中国共产党的仇恨。这一重大的历史，关系中国的命运太大了，不可以不表而出之。

一九二四年，即民国十三年，中国国民党在孙中山先生指导之下进行改组，形成了第一次国共合作。当时孙中山局处广州一隅，革命旗帜不鲜明，甚至实力不出元帅府一步，军、政、财一切权力都握在假革命之名行反动之实的军阀手中，而国民党更无一处有健全的革命组织，足以为革命的辅翼。就是在这样时候，在孙中山先生的英明远见要求中国共产党与苏联共产党援助的条件之下，中国共产党就挺身而出，援助了孙中山先生，益以苏联在各方面的援助，遂使得国民党改组成功，开辟了中国革命完全崭新的局面。

首先在革命旗帜方面，在革命政纲方面，国民党并没有反对帝国主义与反对封建社会制度的政纲。三民主义的民族主义本来限于反满，在反满以后，民族主义早已缺乏内容。即在一九二三年（民国十二年）中山先生所写的《中国革命之经过》，也如此表现。这是历史事实。全部中山全集可以作为历史的证明。反对帝国主义的革命——这是中国革命的一个主要内容，没有反帝,中国革命就将永远不能摆脱半殖民地的地位,而且更将沉沦为日本帝国主义的殖民地。明白揭出反帝革命的旗帜,进行反帝及废除不平等条约的革命运动,这是使中国革命走上完全新的阶段,是中国由旧民主主义革命到新民主主义革命的重大指标。国民党的民权主义,在一九二四年改组以前是旧民主主义性质的东西,此种旧民主主义并没有包含彻底地反对封建社会制度,解放广大劳动人民的内容。必须明白揭出反封建的口号,才使民权主义与民生主义有了新的内容。中国革命民众必由此始能重新获得革命的方向,而动员起来,中国国民党必由此始能重新走上革命的正确道路,而和革命民众结合起来,获得革命的新生命。请问:谁首先给中国民众提出了这个明确的革命纲领? 谁帮助了孙中山先生把这个革命政纲变成国民党的政纲? 请问:这不是中国共产党人是谁? 请问:辛亥革命以后,国民党即和民众疏隔起来,为民众和青年所冷淡,而改组后情形就大不相同,国民党又开始和民众联系起来,国民党又开始为青年所注意,还是不是因为有了新的政纲,有了这反帝反封建的政纲? 而国民党之所以有此,除了孙中山先生的英明远见以及一切真正赞助孙先生这个英明远见的国民党人之外,是不是应该感谢中国共产党? 是不是应该归功中国共产党?"《中国之命运》的作者是亲身经过这一段历史的。大家都扪心自问吧,为什么不把这段历史写出来呢? 请问:抹杀这一段历史,这就是"公"吗? 这就是"诚"吗?

其次,在国民党改组前,国民党的组织情形又如何? 那不是几乎一切都被军阀、政客、贪官污吏、地痞、流氓所把持所垄断的吗? 那不是既无革命的组织、又无革命的宣传的吗? 革命的工农群众及小资产阶级群众不是都关在党外吗? 但改组以后的国民党的组织情形便不同了,直到"清党"为止:国民党的组织情形变得有生气了,成份改变了,国民党的组织变得真象是革命的组织了,因而促进了大革命的胜利。请问:这不是中国共产党人所帮助所规划的功劳是谁的功劳? 大家都扪心自问吧,为什么不把这段历史写出来呢? 请问:抹杀这一段历史,这就是"公"吗? 这就是"诚"吗?

又其次,在国民党改组前,孙中山先生大元帅府所指挥的军队,有那支算得起来革命的军队? 有那支能打得仗的军队? 中山先生进行多少年的北伐,有那次北伐成功了？可是，在改组后，情形不同了，培养革命军官的黄埔学校建立起来了（开始创议组织这个学校的是孙中山先生，廖仲恺先生和俄国顾问，当时《中国之命运》的作者，并不认识这个学校的重要，还不愿当校长呢），由此革命军队也建立起来了，革命军队的政治制度也建立起来了，这样，就很快地打败了陈炯明，又打败了杨希闵、刘震寰，最后得以进行北伐的战争。当时这种革命军队的建立和战绩是中国历史上空前的，中山先生摸索了几十年没有摸到门径，但一旦和中国共产党合作，和苏联合作，几年之间，便有如此伟大的军事成就。国民党势力之所以得到武汉、南京，所以有今天，是谁之功呢？大家都扪心自问吧，为什么不把这段历史写出来呢？请问：抹杀这段历史，这就是"公"吗？这就是"诚"吗？

蒋先生说："……国民党一本我民族固有的德性，以情感道义与责任义务，为组织的精神，他绝不像其他党派，用机巧权术，或残忍阴谋，而以利害自私为结合的本能。"好吧，就看历史吧，历史是做判断的公正人。中国共产党对于国民党的帮助是那么大，那么起决定的作用，一九二四年后国民党所有的革命事业，和中国共产党的名字完全是分不开的。就说打仗吧：两次东征，几路北伐，中国共产党人及其所领导的共产主义青年团员，无不身先士卒，冲锋陷阵，牺牲了多少！蒋先生在为黄埔同学录写序言的时候，也不能不承认共产党人所流的血和国民党人的血是分不开的。但大资产阶级的代表人究竟用了什么"报德"呢？在统一广东后，大资产阶级的代表人既获得了一定的地位，于是就打击到那本来是他所依靠的共产党人身上了。为着达到其打击的目的，就制造了一九二六年三月二十日的所谓中山舰事件。这事件据作者说是共产党阴谋的，但历史教训是很多的，希特勒焚烧国会，不也说是德国共产党人的阴谋吗？当时中国大资产阶级的代表们，所以举行这个三月二十日的罪恶的阴谋，第一步就是为的造成藉口，以便把中国共产党人从国民党中央委员会中，从黄埔军校中，从国民革命军中的主要工作职位上驱逐出来，并为的实行在国民党内限制共产党人。当时进行这种阴谋的人，很明白中国共产党不愿意破坏统一战线，正是以为他们诚实可欺而进行的。请问：这就是"道义"吗？这就是不用"机巧权术或残忍阴谋"吗？这就是不"利害自私"

吗？这就是"公"吗？这就是"诚"吗？

然而，制造三月二十日事件的阴谋的人，还没有准备就在那时把共产党人一网打尽，因为他还没有到达南京，还有利用共产党人之处。现在姑不论当时陈独秀机会主义的领导，业已开始造成许多重大错误，但当时中国共产党人继续主张国共合作，拥护北伐的路线，显然是正确的。正是由于这个路线的正确，中国共产党人英勇地参加了北伐的战斗，当时威振中外的各个主要的国民革命军，充当党代表与政治工作人员的，其大多数不都是中国共产党员和共产主义青年团员吗？中共党人并在全国南北各地组织民众，组织便衣队，组织上海工人三次起义，来响应北伐军，因而造成了中国空前的大革命。大资产阶级代表一方面觉得还有利用共产党人和革命工农的必要，使得自己可以到达南京，获得全国的地位；另方面则早已准备了一旦到达南京，获得全国地位的时候，就要实行"清党"大屠杀。当时共产党人的错误，就是太老实了，没有在发动北伐，发动大革命的时候，同时注意大资产阶级这种反革命的残忍阴谋，而陈独秀机会主义领导的罪恶，就是在于实际上帮助了大资产阶级这种反革命阴谋的顺利实现。一九二七年四月十二日开始的"清党"运动的悲惨，在全国历史上找不到前例，即在全世界历史上亦找不到前例；无数忠勇为国的共产党人，革命工农，以至国民党内真正忠实于孙中山先生革命主义与三大政策的人，都在猝不及防的情况下，流血在大资产阶级刽子手的屠刀下。同胞们！同志们！这就是昨日同盟者的"道义"！这就是大资产阶级的"公"与"诚"！这就是不用"机巧权术或残忍阴谋"，这就是不"利害自私"，而老实被杀的人倒是"机巧权术或残忍阴谋"！倒是"利害自私"！呜呼，吾谁欺，欺天乎！

我们许久没有谈起上述这些事了，我们在抗战中，真是相忍为国的。可是蒋介石先生竟然又提起这些事来，并对共产党加上各种忍心害理的诬蔑。真的，对于我们共产党人，对于一切有正义，有血气的中国人，如果不提起这件事便罢，若是提起这件事，就会热血涌上心来。因为这是血债呀，这是我们共产党人流了血的呀，这是全国无数革命有为的青年和工农劳苦群众流了血的呀，这是全民族精华的血呀！自"清党"以来，死在国民党刀下的人，真是太多了! 真是太多了! 真是太多了!

蒋介石先生说:"当时汪共同谋的内幕,我到了今天,还是不明不白,究竟是汪兆铭利用共产党呢? 还是共产党利用汪兆铭呢? 还是汪共互相利用呢?……"蒋先生发出的问题是可笑的,然而是含有重大阴谋在内的:这就是要说共产党是和汉奸汪精卫有勾结。好吧,我们来说历史! 大家知道! 在大革命过程中,不但当汪精卫还革命的时候,有过"汪共同谋",同时当蒋先生还革命的时候,也有过"蒋共同谋"。当汪精卫还革命的时候,为什么不可以和他同谋呢? 正如当你蒋先生还革命的时候,为什么不可以和你同谋呢? 至于说到"利用",那么历史的事实既然那样清楚,谁存心利用人还不明白吗? 共产党人无"利用"什么人之必要,而只是认为在对革命有利的条件下,有和一定的人们合作之必要;而另有一种人则确是存心利用共产党人的,对他有利的时候就利用,一等到他得了地位的时候,就拿了朋友去屠杀,这里包括汪兆铭,也包括蒋介石。

这里倒要问问蒋先生:"九一八"以后,汪兆铭是和蒋先生同谋很久的。汪兆铭在"汪共同谋"的时期,并没有签订卖国协定,也没有跑出去当汉奸,但在汪蒋同谋时期就完全不同了。汪兆铭当了行政院长和外交部长,提出了"一面交涉,一面抵抗"的卖国政策,签订了《淞沪协定》、《塘沽协定》、《何梅协定》,又发表了"睦邻宣言",因此还和日本交换了大使。抗战后,蒋先生当了国民党总裁,汪兆铭当了国民党副总裁,并被国民党中央委任为参政会议长……而他竟从重庆逃往南京,当起天字第一号大汉奸来。这一切同谋的内幕,我们到了今天还是不明不白:究竟是蒋介石利用汪兆铭呢? 还是汪兆铭利用蒋介石呢? 还是蒋汪互相利用呢?

关于国民革命军内部的分裂,后来绵延十年的内战,蒋先生认为"追原祸始,仍不外乎是由于这汉奸汪兆铭一手造成的所谓'宁汉分裂'的一幕惨剧而来"。这实在未免太看轻作者自己,而太看重了汉奸汪兆铭了。请研究一下:宁汉是怎样分裂的? 岂不是因为一九二七年四月十二日开始的"清党"么? "四一二""清党"的"一手造成者"是谁? 岂不就是你蒋介石先生么? 当时汪兆铭到武汉投革命之机,是在宁汉分裂的局面既成之后,而不是在宁汉分裂的局面既成之前,帝国主义与南京反动政府共同威胁武汉,汪精卫就由动摇而反动起来,到了那时,汪精卫的清共不就马上赶上了你蒋介石先生的清共了吗?

总观作者这一段的深意,似乎以为假如没有武汉政府,则共产党早已一网打尽,早就没有什么"共产党问题"了,因此,作者感到怅恨。可是,作者错了,无论在任何场合,共产党是杀不尽的、死不完的,中国共产党总是"野火烧不尽,春风吹又生",历史早已证明过了。

蒋介石先生还罗列了一大篇关于共产党的所谓"罪状",但那些所谓"罪状"决不能任凭蒋先生想怎样说就怎样说去。多年来所结集的百数十万民族精华的生命,东征北伐的大动力,蒋介石先生尚且不惜加以杀戮,要编造"罪状",有什么费事?还谈什么"良心"?中国共产党人知道,要杀戮必须把被杀戮的人的功绩完全改成罪状,这当然也是"残忍阴谋"中应有的"逻辑"。中国共产党人经历了无数的革命忧患,早已看穿了这批自称代表"仁义道德"、"固有德性"的人们是怎样一种刽子手大王,"司马昭之心,路人皆知","仁义道德"呢?男盗女娼呢?如见其肺肝矣!

这是不错的,"这一段革命的教训太痛苦了,国家的损失太大了,人民的牺牲太惨重了!"但刽子手们的悔祸之心何在呢?

十年内战,始祸者是谁呢?共产党人和革命工农被迫得去为自卫而战,这也不行吗?难道真的"只许州官放火,不许百姓点灯"吗?难道一切共产党人和革命者都要像羔羊一样,不能拿起武器保卫自己,反而甘心去受骗,受捕、受刑、受戮吗?让农民得到土地,使得他们可以很好发展自己的生产,这是我们共产党人在土地革命中所做的工作,同时也就是我们"大逆不赦"的罪名,但这果然是"罪"吗?为全民族人口百分之八十以上的农民谋福利,我们是有罪吗?"军行所至,赤地千里,以破坏我国和平农村"者是谁呢?请查阅你们官方自己在十年中所发表的数目字吧,你们每天总发表昨天在那里那里杀"匪"几百几千几万,今天在那里那里杀"匪"几百几千几万,这所谓"匪"者无他,我"和平农村"之和平农民是也。所谓"剿匪军"者,这里烧一城,那里烧一地,大炮也,飞机也,机关枪也,这些外国所供给的东西,都集中起来轰炸

"我国和平农村"，甚至连"我国和平农村"在田里的稻谷，都要设法加以烧毁而后快。这就是"公"！这就是"诚"！这就是"仁义道德"！

中国共产党和民众在一起，艰苦奋斗，领导红军突破"围剿"，终于保存了中国最优秀的民族精华，锻炼了一支身经百战的民族大军，能够在伟大抗战中抵抗在华敌寇百分之五十以上的兵力，支持了中国半壁河山。倘使只有国民党的军队，没有共产党所锻炼的这支军队——八路军、新四军在敌后抵住那样大数目的敌人，能够独立挡住敌人的进攻吗？如果国民党军队不能独立挡住，则敌人不就早已长驱直入重庆、昆明、西安、兰州吗？中国安得有今天？中国安得被列为四强之一？而国民党当局诸公亦安得仍然安安稳稳地坐在重庆？

蒋先生说："没有三民主义，就没有抗战。没有中国国民党，就没有革命"。但是事实又是如此：没有中国共产党，则三民主义就没有新的内容（首先是民族主义中的反帝废约的内容）；没有中国共产党，就没有大革命以来直至今天的中国国民党；没有中国共产党，则不但大革命的局面不可设想，即六年来大抗战的局面亦不可设想。中国共产党生来就是为民族和人民谋利益的，而它帮助人做好事，本来也没有自夸的必要，但是许多狠心的国民党人对于中国共产党不但采取"过河拆桥"的手段，而且还极尽其造谣诬蔑之能事，共产党人还有一张嘴巴，驳斥这些反革命的诬蔑是完全必要的。

中国共产党人的忠心为国，是天下共见的。在西安事变前，中国共产党人屡次向国民党呼吁停止内战，团结抗战。但有的国民党人以自己的自私度人，却以为这是共产党"走投无路迫而出此"的结果，可是，西安事变爆发了，中国共产党不但没有"趁火打劫"，而且为着民族团结，不记"清党"之役和十年内战的血海深仇，毅然决然主张释放蒋先生。但蒋介石虽被释放了，却还是要设法消灭共产党，八路军，新四军。"以怨报德"——总是资产阶级的哲学。芦沟桥事变爆发，抗战实现，中国共产党及八路军新四军，驰赴疆场，深入敌后，战功卓著，名满全球，但国民党人对之采取了如何的态度呢？不但封锁了八路军新四军的抗战消息，而且仍然在那里大批的捕共产党，杀共产党，骂共产党，打共产党，派遣大批特务钻进共产党中来，企图这样内外夹攻，使得共产党完全"消灭"。甚至在敌后,国民党人领导的军队不打日寇,而去专打那种打日寇的八路军、新四军,形成与日寇共同夹击八路军新四军的局面。然而这些都不叫做"机巧权术",都不叫做"残忍阴谋",都不叫做"利害自私",而却是叫做"至公",叫做"至诚",叫做"不自私"呢!

对于上述这一切,我们也是因为"相忍为国",许久都不愿见之口舌和笔墨。但蒋先生在其所著《中国之命运》中,既然如此集矢于中国共产党,近日国民党又经过中央社发表要求"解散共产党","取消边区"的消息,同时准备武力进攻边区,我们对于是非真相,如果再要缄默,则不但对不起无数流血牺牲的共产党员,而且也对不起全国人民,对不起中华民族,对不起二十二年的历史。

《中国之命运》的第七章:"《中国革命建国的动脉及其命运决定的关头》,这是全书的核心。其中心思想,在实质上说来,即"一个党,一个主义,一个领袖"。其中心思想,就是国民党即中国,中国即国民党。法国专制暴君路易十四"朕即国家"的思想是完全复活了。此章对于全国国民和青年,字里行间,充满了威胁和利诱,要他们都一致加入国民党和三青团;对于共产党则充满了杀机。特别其中所说的"新式封建与变相军阀",显然是对八路军、新四军和各抗日民主根据地而说的。作者说:"大家如果不肯彻底改变封建军阀的作风,和没有根本放弃武力割据的决心,那就是无论怎样宽大,决不会发生什么效果,亦找不出有什么合理的方法了。"首先请研究一下蒋先生及国民党当局诸公的"宽大"。我们很不了解:一直到现在,还在捕共产党,杀共产党,骂共产党,打共产党,派遣大批特务钻进共产党,这些是否就叫做"宽大"?好吧,就说是共产党一万个该杀,但是,共产党以外的许多党派,许多社会集团,许多文化组织与经济组织,一切无党无派的公正人士,一切纯正的青年,甚至一切真正爱国不愿反共的国民党员,他们总算没有八路军、新四军和抗日民主根据地的纠葛了,他们得到过什么"宽大"呢?他们有发表自己思想的自由没有?他们有集会结社的自由没有?他们有读书的自由没有?他们有要求民主的自由没有?他们有要求不当特务的自由没有?那些国民党人例如孙夫人宋庆龄、廖夫人何香凝等等几千几万的人们,有说话和行动的自由没有?不说政治,来说经济吧,在大后方,农民没有要求减租减息的自由不用提了,最近连工厂都没有获得工资的自由也不用提了,但是中小工业资本家有没有发展自己经济的自由? 各种小生产者有没有发展自己生产的自由? 不是一切都垄断干净了吗? 垄断得使他们得不到血本,因而使生产逐渐衰落了吗?难道这一切也都叫做"宽大"的吗?

但是蒋先生及国民党当局诸公的宽大是确实有的,这就是对于土豪劣绅的宽大,对于贪官污吏的宽大,对于几百个反革命特务大队在全中国境内横行霸道无法无天的宽大,对于日本第五纵队的宽大,对于汪精卫汉奸群的宽大,对于日汪奸细陶希圣,吴开先的宽大,对于三十三个投敌将领的宽大,对于洋狗坐飞机的宽大,对于孔令仪小姐携带大批嫁妆坐飞机到美国去结婚的宽大……好了,蒋先生及国民党当局诸公确实有了无数的宽大。但是试问这些宽大对于国家民族有什么利益呢? 除了把国家民族引入绝路,还有什么别的结果没有呢?

其次,请研究一下"变相军阀"。八路军、新四军在敌后抗拒敌人在华半数以上的兵力,国民政府不发枪,不发弹,不发饷,而他们竟能如此作战,这是史无前例的最勇敢的民族先锋队,这就是"变相军阀"吗? 八路军新四军出自民间,实行官兵一致,军民一致,拥政爱民,自力生产,而又为民众所爱戴,这就是"变相军阀"吗? 如果有人硬要加以"变相军阀"之名,则试问:这种"变相军阀"对于国家民族何害? 对于人民何损? 反之,不是越多就越好吗? 不是越多抗日就越有力吗? 不是越多人民就越有保障吗? 我们倒要查查中国境内的真正军阀了,一切反共反人民的东西,不都是真正的军阀吗? 真正的军阀在中国境内横行无忌,跋扈已极,却敢于辱骂共产党人为"变相军阀",真不知人间有羞耻事。

再其次,研究一下"新式封建"。比如陕甘宁边区吧:这里有民主政治,这里有人民的安居乐业,这里有军民的一致热烈发展生产,不断出现劳动英雄,这里的人民与人民,政府职员与民众,军队与人民,大家都相亲相爱如一家人,这里在短短几年之间,便一扫过去在军阀、官僚、党棍、特务统治下的荒凉与贫困,大家逐步走上了丰衣足食的生活,这就是"新式封建"吗? 如果有人硬要加以"新式封建"之名,则试问:这种"新式封建"对于国家民族何害? 对于人民何损？反之，不是越多就越好吗？不是越多就是三民主义实现得更广吗？不是越多就是中山先生遗嘱更可以在最短期间促其实现吗？我们又要查查中国境内的旧式封建了，残酷的惨无人道的压迫与剥削，比秦始皇还厉害百倍的寡头专制政治，几百个横行全国的反共特务大队，这不是中国式的买办的封建的法西斯政治吗？

我们不知道蒋先生所说的"找不出有什么合理的方法"，是否即是指非内战不能解决？若然，我们敢为民族请命！为人民请命！难道十年内战的经验教训还不够惨吗？

蒋先生说："中国从前的命运在外交，……今后的命运，则全在内政……，"蒋先生全书的精神，可以"对内"二字概括之。但是我们知道：今日大好江山还沦陷敌手，就使英美已废除了不平等条约，但那些东西都在沦陷区，不战胜日寇，一切就都是空话。抗战前途还极多艰难，今日基本问题显然是对外——即共同对日，而不是对内——即准备内战。蒋先生提出或者是："精诚团结，奉公守法"八个字，或者是"诈欺虚伪，毁法乱行"八个字，而且认为："这是我们中国命运的分水岭。其决定即在此抗战时期，而不出于这二年之中。"但是有问题还是要请问的：制造磨擦，发动内战，"你的就是我的，我的还是我的"，是否即"精诚团结"？降敌叛国者不加讨伐，抗敌有功者不加奖赏，贪污横行，狼猸当道，封建遍地，专制自私，是否即"奉公守法"？威胁利诱青年去做特务，要他们钻进共产党，钻进国民党以外的一切所谓"异己"党派，"异己"集团，钻进一切民众团体，钻进文化界，教育界，经济界，要他们不做正派人而做两面派，是否即"诈欺虚伪"？拒绝实行三民主义，拒绝实行《抗战建国纲领》，而且所做的适和三民主义及《抗战建国纲领》相反，是否即"毁法乱行"？在此抗战时期，不出于这二年之中，要在国内"决定命运"，是否意味着要在今明两年之内组织国内战线，消灭一切"异党"？我们是希望蒋先生给我们解释这些问题的。因为我们晓得：自从有了法西斯主义或公开地或掩蔽地在中国出现以来，字典上就有许多不同的解释了。如果《中国之命运》竟然成为内战的工具，则蒋先生将何以自解于国人？无怪自一九四三年三月间《中国之命运》一书出版后，几个月来，人们纷纷传说，这是一本对中国人民的宣战书,是为着发动内战的思想准备与舆论准备,"二年决定命运",原来在书中已写得明明白白了。

是的,确确实实有一批大人先生正在阴谋进行取消八路军(新四军早已被取消了)、取消陕甘宁边区的行动,正在准备大内战,甚至命令其特务——狗彘不食的托派匪类在西安公然提出解散共产党,而且由中央通讯社为之传布。但是,中国共产党人与中国人民还尽有自己的明智的头脑与沸腾的热血,他们将继续发挥其大无畏的精神,为着坚持抗战,反对内战而斗争,为着坚持团结,反对分裂而斗争,为着坚持抗日民族统一战线而斗争,为着坚决实行三民主义而斗争,为着最后战胜日本帝国主义与解放中华民族而斗争。同时,正是为着这些,当着反动派敢于进攻他们时,他们也必须准备自卫。我们愿意告诉一切阴谋家,中国共产党是消灭不了的,各抗日民主根据地是消灭不了的。中国民族的生命,幸福与光明是消灭不了的,中国共产党存在的二十二年历史,就是活生生的证据。中国一定要走进步的与光明的道路,中国一定不要走倒退的与黑暗的道路,谁在这条道路上敢于碍手碍脚,谁就一定要碰破其可怜的渺小的头颅。

说共产党人是"自私"的吗? 中国共产党人为着民族与人民,弃家离井,随时随地可为人民的利益抛掷自己的头颅,而没有一个共产党人会拿取人民的血汗积累为个人的私有财产。共产党没有一个发洋财或发土财的人。中国共产党人到处为人民工作,但决不是做官,更不想做大官。谁是"以个人的私欲为前提"? 谁是"以个人的私利为中心"? 请研究一下国民党内部的情况吧! 除了那些真正的爱国的国民党人之外,其中多少人刮削民脂民膏,多少人把民脂民膏变成个人的财产,多少人本来还一无所有,但一朝大权在握,就马上银钱累累,荒淫无耻,尽富尽贵,这不是天下人所共见共闻的吗?

呜呼!"公"也,"诚"也,"不自私"也,一切罪恶,假汝之名以行! 现在确确实实有一大批大人先生,正在想假"公"、假"诚"、假"不自私"之名,要解散共产党,要取消边区,要准备进行大内战,如果不是"以个人的私欲为前提",不是"以个人的私利为中心",试问又是什么呢?

(原载一九四三年七月二十一日延安《解放日报》)

7.《中国之命运》——极端唯心论的愚民哲学(艾思奇)

以蒋介石的名义出版的《中国之命运》里,论到了几个哲学问题。这些问题,蒋介石是当作"革命建国的根本问题"来提出的,这就是说,蒋介石对这些问题的答复,是全书里所表白的一套政治思想的方法基础。这一套政治见解和哲学思想,是以"国父"主义的名义为标榜的,这就是说,作者自认为是继承了孙中山先生真正的三民主义和"知难行易"的思想。但事实上是怎样呢?事实上很可惜,在《中国之命运》里并没有真正的三民主义和知难行易的思想,而只有关于这些思想的一些空洞的名词,以及在这些名词装饰下的中国式的买办封建性的法西斯主义的政治学,和反对科学唯物主义,提倡迷信盲从的法西斯主义的唯心论哲学。

《中国之命运》里的哲学思想,是一种极端不合理的唯心论。由于它的不合理,它和中山先生的"知难行易"思想里任何一点进步因素都是绝缘的。从马克思列宁主义的立场来看,孙中山先生的哲学思想,和科学的辩证法唯物论哲学是有很大距离的,它有着保守的唯心论的方面,但同时不能否认,它也有进步的唯物论方面,但在《中国之命运》里,却完全抛弃了它的进步的唯物论的方面,并用种种附加的引申,扩大了它的保守的唯心论的方面。下面就要说明《中国之命运》里有着怎样一种极端不合理的唯心论,它是怎样和中山先生"知难行易"思想中的进步因素"风马牛不相及"。

一　关于"诚"的思想

在"国民今后努力之方向及建国工作之重点"一节里,蒋介石开头就引用了孙中山先生的一段话:"国者人之积。人者心之器。而国事者一人群心理之现象也。……吾心信其可行,则移山填海之难,终有成功之日。吾心信其不可行,则反掌折枝之易,亦无收效之期也……。夫心也者,万事之源也。"从这一唯心论的说教里,《中国之命运》的作者蒋介石进一步引申出自己的许多论点,因此我们不妨从这里谈起。

任何事情,任何主张计划,只要"吾心信其可行",就一定行得通吗?拿事实来证明,恰恰就有无数相反的例子。秦始皇自以为皇位可以传到万世,因此自己叫做始皇,那信心可够大了,但结果是第二世就归于灭亡。墨索里尼要在意大利实行法西斯主义一千年，信心虽比秦始皇小一点，但看来也似容易些，结果只维持了二十一年，还算一切法西斯国家中寿命最长的。纳粹的军队，曾自称是世界无敌的，的确有足够的信心，但现在在苏联也算碰得头破血流了。国民党统治区的限价政策，在开始实行之前，据说是"成功之券，决可计日而至"的，但差不多一开始就失败得一塌糊涂了。推而言之，就是《中国之命运》里所宣传的一套反民主的法西斯政治主张，反"自由主义和共产主义"的狂妄企图，以及辽远渺茫的"实业计划"的诺言等等，虽然说得津津有味，好像眼前差不多实现了的样子，但实际上也必终归是梦想。谓予不信，请看将来的事实吧。

事实证明，信心并不能决定一切，同样抱着信心去做的事，有的可以成功，有的必归失败。问题在于我们的主张和计划的本身，在于信心的本身，有没有可以成功的客观条件。没有一定的客观条件，即使抱着天大的信心去做，也不过是唐吉诃德对风车的斗争，无结果的盲目冒险。什么是那一定的客观条件呢？一般的说，就是广大民众(尤其是工农劳动的人民)的物质生活发展的要求，就是社会生产力发展的要求。合乎这些发展要求的事情、主张、计划，加上人的主观的努力，是可以成功的。违反了这些要求的行为，无论主观上如何有信心，终归是要失败的。

马克思列宁主义者并不否认"心"的重大作用，马克思自己就说："理论只要一掌握群众，就立刻成为物质的力量。"一年多来，我们在整风中间，学到了一个规律："一切问题要从思想上来解决"，我们不否认思想对于工作的重大意义，但首先的问题是：我们的思想必须是正确的思想，必须是合乎广大民众的物质生活发展要求的思想，必须是合乎社会生产力发展要求的思想。这种思想在实质上本来就是民众自己的思想，不过被领导机关、领导者集中起来，将民众分散的无系统的思想，变为集中的有系统的思想。因此再把这种思想宣传出去，就能够为广大民众乐意接受，通过他们的行动，发生伟大的实际力量，使工作能够有很好的成效。马克思主义就是这样一种思想，中国共产党的思想、毛泽东同志的思想就是这样一种思想。这种思想的正确性，为中共二十二年来所实行的伟大革命事业所证明，为抗战以来的成果所证明，为两年以来实行三三制、生产运动、整顿三风、精兵简政、统一领导、拥军拥政爱民运动与审查干部的成功所证明。所谓从思想上解决问题，并不是说任何思想都可以解决问题，而是掌握正确的、合乎中国具体情况的、合乎中国广大民众的要求的中国的马克思主义思想、毛泽东的思想。这种思想之所以能够有解决问题保证斗争胜利的力量，并不是单纯由于思想本身的缘故，而是由于这种思想在中国社会上有坚强深厚的物质基础，是中国人民实际斗争的反映。

我们唯物论者，对于任何一种思想，必须根据广大民众的物质生活发展要求，来检查它的好坏。有些不合实际的思想，例如《中国之命运》里的反动思想，虽然自己夸张为"如日月经天样明白"，但如果把它拿到地上的民众的行动中间来考验，它就会失败得一塌糊涂。如果一个人，例如蒋介石，在他的政治主张里给民众提出了很多好听的空洞的诺言与计划，而在他的实际行动上却给民众带来了无限的穷困和灾难，那么，不管他的信心怎样高，这种思想，这种主张和计划之必然要破产，也正是"如日月经天样明白"的。

如果说，"心为万事之源"在孙中山先生的思想里，有时还有某些接近合理的因素——当他把这"心"解释为"万众的心"，解释为"人群之需要"的时候，那里面就有着某些可以接近唯物论的桥梁，那么，经过了《中国之命运》的作者蒋介石的引申，附加上中国旧封建时代的"诚"的思想，那合理的因素就完全没有了。蒋介石向"国民"要求说："国民只须遵循主义，按照方略，顺着成功的路线，穷理致知，实践力行……所谓力行与致知，皆须出于至诚。"什么是诚？干脆地说，这里之所谓诚也者，不外就是迷信的代名词。庙宇的菩萨，都要向善男信女要求诚心诚意的去敬它，蒋介石说："诚者成也"，"不诚无物"，又说："不诚则天下无能成的事，至诚则天下无不成之事。"这是说，信仰可以决定一切，不管什么思想，什么主张，只要你诚心诚意，不问是非，硬干下去，蒋介石都可以为你写一张包票："一定成功！"这样一种见解的错误，这种包票之不可靠，只要根据前面所说的一切，就很容易明白。

唯心论的"不诚无物"是完全不对的。在事实上，在唯物论者看来，第一个命题是"无物不诚",第二个命题方可提出"不诚无物"。任何精神、思想、志愿、信心,如果没有客观物质基础,就一切都是空谈。因为物质是本源的,第一位的;精神,"诚",是派生的,第二位的。只有具备了充分物质基础的精神,"诚",才有成功的希望。我们唯物论者的思想日程与工作日程是一、"无物不诚",必须使自己的一切思想意识都符合于广大民众的政治经济要求;二、"不诚无物",将我们的正确的思想意识,坚持下去,绝不动摇,绝不灰心丧志,一定要达到民族解放与社会解放的完全成功。我们的唯物论哲学是与蒋介石的唯心论哲学完全相反的。

对于一切唯心论的说教,我们还可以提出和蒋介石完全相反的证明。"不诚有物","诚则无物"——对于法西斯主义就是这样。法西斯主义者以"国家""民族"的名义来欺骗青年,没有经验的青年们都万分真诚地为他们牺牲了,有什么"物"可得明? 以德国的例子来说,成百万成千万的青年变成了炮灰,德国"民族""国家"所得到的除了巨大的灾难又有什么? 倘若德国的青年不受纳粹党的欺骗,对希特勒没有那样大的诚心,无数青年的生命又何至于变为无物,德国民族的灾难又何至于如此深重呢? 在这样的意义上说,"不诚"反而可以"有物"。问题的关键是在于:法西斯主义者自己的"诚"是没有物质基础的,是违背客观要求的错误思想;法西斯的欺骗宣传,本来是违背社会经济发展潮流的,法西斯主义者的目的,只是要把极少数最大的地主资产阶级养得更肥,而对于大多数民众,对于国家民族,并不打算真正贡献任何一点东西,相反,只是下决心压迫民众,剥削民众。他们口口声声讲"至诚",并不是他们自己真正有什么为国家为民族的诚意,而只是为着要求民众和青年诚心诚意地像羊一样地受他们愚弄,只是为着要得到受编者的"至诚"。对于这样一些骗子表示诚意,自然要一切落空,在这种情形下,"诚则无物"是必然的。因此,站在广大民众的立场上,站在青年的前途和幸福的立场上,对于任何人的任何一种思想主张,都要看一看它在实际上做的结果怎样,而不要只听他说得怎样。我们的哲学首先是"无物不诚"。如果你对于国家民族的任何意见没有科学的客观物质条件,对于广大劳苦人民(他们是国家民族的真正代表者)以及青年(他们是国家民族将来的主人)的现状与前途没有真正"物"的贡献,那我们就说:这证明你的所谓"诚意"是空的,是假的,是骗人的;而我们也就不能那么便宜地对你抛出自己的一片诚心了。

唯心论和宗教是相通的。"诚"字在中国的运用,常被当做是一个迷信的符号。我们的许多寺庙里,许多测字摊上,常常挂着"诚则灵"的招牌,求神问卦的人,必须恭恭敬敬,把纸烛贡品和自己血汗换来的金钱送给和尚道士,以表自己的诚心。至于这样表示之后,是福是祸,仍要靠你自己的运气,和尚道士是管不着的。如果有祸,只算你自己倒霉,不必问为什么,若一定要问为什么,那反而要给你加上一个罪名:"不诚"。在"诚则灵"的号召之下,实际的结果,只是要无数善男信女节衣缩食,把少数寄生的和尚道士养得更肥更胖。蒋介石也有一块"诚则灵"的招牌,其作用正和和尚道士的招牌一样,不过是勒索贡品的幌子罢了。

法西斯主义者的唯心论的哲学,原来是一张空头支票,它所以要对"国民"发出这张"诚"字号的空洞精神说教的支票,就因为它没有任何物质的准备金付给广大民众,尤其是工农劳动人民。试就《中国之命运》里对"国民"所允诺的"三民主义"来看,实际上究竟是什么一回事? 就民族主义来说,谁不知道当前的大问题是日本帝国主义强盗还在我们的国土上横行着,而蒋介石对这事却倒对"国民"表示满不在乎,反而说:"今后的命运,则全在内政。"就民权主义来说,蒋介石没有一个字提到要给全国人民以民主权利,却公然主张"民可使由之,不可使知之"的愚民政策。就民生主义来说,孙中山先生所常常关心的中国民生的最大问题:"耕者有其田",以及国民党统治区眼前迫切要解决的(或者说早就应该解决的)改善工农劳动人民生活的问题,蒋介石也一字不提,却长篇大论地侈谈着三十年五十年以后的"实业计划"。也不怕有人要问:眼前的死生问题尚且解决不了,三五十年后的遥远计划又有什么途径能够实现呢? 如果眼前的人民都饿死了,如果抗战不幸失败了,三五十年以后还有谁来建国,还来建谁的国呢?

蒋介石主张建国工作必须从心理建设开始,在他所举的五个要目——心理建设,伦理建设,社会建设,政治建设,经济建设——中,他认为"心理建设与伦理建设,实为各项建设的起点",而把政治与经济建设放在程序的最后一步,这一个唯心史观的颠倒程序的意义,就是要把物质的诺言推到渺茫的将来,同时又梦想用这空洞诺言来换取国民今天的愚忠。"必须改变国民过去消极和被动的心理,与提高国民对国家和民族的道德。"这种说法,完全是似是而非的。如果所谓"国民",是指全中国广大的民众(以工农占最多数)而言,那么,他们对于国家民族的心理,倒并不是那样消极和被动的,他们的道德,比起少数达官巨富来,是高尚得不可比拟的。现在的问题并不是国民的心理需要达官巨富们来改变,国民的道德需要达官巨富们来提高。现在的问题是贪官污吏腐败政治和经济剥削打击了广大民众,压抑了广大民众对国家民族的高尚道德的发挥,所以现在首先要解决的问题,恰恰不在于"心理建设"、"伦理建设",而在于怎样整顿贪污之风和那种官僚资本垄断下的破产经济和腐败政治,建立新民主主义的经济和政治。只有这样来解决问题,民众对"和平建国"的积极性才会发挥出来,人民对于国家民族的高尚道德才能充分表现出来。这并不是空论,而是事实。共产党领导的陕甘宁边区,以及敌后各抗日根据地实现了真正民选政治的地区就是活的例子。

　　所以,从广大人民的阶级立场看来,大地主大资产阶级的专制主义者以唯心观点来责备"国民"的心理"消极"、"被动",责备他们对国家和民族道德不够,说需要"改变"、"提高",完全是无的放矢。但就大地主大资产阶级专制主义者的阶级立场来说,提出这样的问题来,是有其深刻用意的。从统治的大地主大资产阶级看来,国家民族就是他们自己,不是百分之九十九以上的人民利益代表国家民族利益,而是他们百分之一以下的人的利益代表国家民族利益,他们责备"国民",是因为大多数人民为他们少数人利益的牺牲、拥护始终是消极和被动的,而不是因为"国民"对抗战建国事业被动和消极。他们所要提高的道德,乃是大多数人"诚心诚意"给少数人欺骗愚弄的道德,而不是因为民众真正缺少对国家民族的道德。蒋介石关于心理建设的问题的提法,在事实上就只有这样一个解释;而蒋介石自己对于国家的政治经济统治的实际情况,又证明的确只有这样一个解释。

　　总之,大地主大资产阶级之所以要宣传唯心论的哲学,就因为他们需要把一切道理加以颠倒，而唯心论正符合了他们的这个需要。唯心论可以把白的看做黑的，好的看做坏的。不过为要普遍宣传唯心论，压制唯物论，首先还得要一个物质基础，就是用一切手段剥夺人民的思想言论出版自由，在物质上垄断了政权，在思想上也就垄断了真理，仗着权力，把道理都霸占到自己一方面。一个声明，投敌叛国的军官就被渲染成抗日英雄；一纸"军令"，就可以把坚决抗战的军队诬作"叛军"。明明是腐败政治摧毁了民众的抗战积极性，却说"国民"对国家民族的道德不够高尚。嘴上"公"，实际上是借此为私。嘴上说要"不知有私"，要打破个人利己主义，而反对的锋芒却是向着真正公忠体国的抗日党派和广大民众。"国家""民族"是少数人垄断的，所以"公"也是少数人垄断的。不适合于这统治的少数达官巨富的利益的事，就被认为"私"。这些颠倒是非混淆黑白的道理，我们领教得太多了，中国的人民，受蒙蔽也不会太久了。中国人民的思想、言论、出版自由也有了自己的一部分物质保障，这就是共产党、八路军、新四军和各抗日根据地的存在。所以唯心论的垄断，在中国境内已不能绝对横行，若论唯心论的将来结果，那也只能是唯心的幻想罢了。

二　关于知与行的思想

《中国之命运》里宣传着反理性的唯心论哲学。在"诚"的名义下，蒋介石提高了信仰和迷信，贬低了科学的客观知识。蒋介石对于知识来源的见解，就是明显的证明。依蒋介石的意见，知识不是来自客观事物规律的反映，而是来自人类生来的本性。"知的本源在于人类的本性，不必外求。""就表面说，我们求知，要接受民族的经验和教训，要学习外国的科学和技术。然而就实质上说，知识如果'无得于己'，便不能算是真知。"

何等荒谬，何等腐朽的唯心论！居然可以把民族斗争经验教训所证明的知识和科学技术知识都叫做"表面"的知识，而把人的所谓"本性"里的一种莫名其妙的什么东西（究竟是什么东西，蒋介石没有说清楚）当做所谓"真知"。在二十世纪的四十年代，竟来宣传这种反科学的思想，除了法西斯主义的狂言呓语之外，是找不到它的任何比拟的。请看已经毁灭的法西斯老祖宗墨索里尼怎么说：

"法西斯主义是宗教的概念，人们把握它不是用内在的知觉的报告的观点，而是依据至高无上的信条的观点，用客观意志的观点。它引导个人提高，使它自觉自己是精神界的一员。"

试问这里所说的一切，和《中国之命运》里的见解有什么本质上的分别？法西斯主义的知识论，就是要破坏科学的合理的知识，对人民灌输一种神秘的宗教信仰。汉奸周佛海还未公开投敌的时候说："相信主义要做到迷信的程度，服从领袖要做到盲从的程度。"《中国之命运》里所谓出自"人类的本性"的"真知"，除了把它看做这种盲目的信仰与盲目的服从之外，是找不到别的解释的；因为它把经验的科学的知识都降低到"表面"知识的地位。试问世界上除了实际经验所证明的知识，除了科学知识之外，还有什么真正合理的知识？轻视这种知识，就是轻视理性，反对真理。所以，《中国之命运》里所说的"真知"，实际上是等于"无知"；而蒋介石在"真知"的名义下向"中国人民"要求的，只是糊里糊涂的盲目信仰与盲目服从，浑浑噩噩的跟着腐朽到顶点的大地主大资产阶级去进行反共反人民的冒险，借以维持大地主大资产阶级一党专政的中国式法西斯主义的统治。中国境内蒋介石辈一切反动唯心论宣传，其真正的目的全在于此。

举例来说，蒋介石对于有些革命先烈的英勇牺牲精神所给予的赞扬和解释，就包含着这样的意义：

"为什么清末民初革命的先烈，能够赴汤蹈火，视死如归呢？他们笃信只有革命才可以救国救民，他们就力行革命工作，死生荣辱，置于度外。他们的'知'本于天性，他们的'行'发于真知，才造成推翻三千多年君主政体与二百多年清朝专制的伟大事业。"

这里包含着以下的见解：第一、所谓"本于天性"的"真知"，就不外是能"笃信"。第二、革命先烈之所以能赴汤蹈火，视死如归，就是由于有了这种"真知"。第三、只凭着这种"真知"，就能够完成伟大的事业。这些见解，是对于革命先烈的牺牲精神作片面的赞扬，而对于他们的思想和事业，不给与任何忠实的客观的估计。不错，对于每一个时代的真正革命者的英勇牺牲精神，我们是应该赞扬，应该学习的。但作为一个现在的革命者的我们，作为历史上一切革命事业的真正继承者的我们,对以往的革命者首先应该关心和研究的,是他们的具体的思想和事业,是他们的正确和错误、成功和失败的经验教训。先烈们的牺牲精神是一回事,他们对革命的认识是否能达到了绝对的"真知",又是一回事。除非人类的思想永远不会进步,否则我们就要忠实的承认,过去的革命者,由于时代的限制,他们对于革命的认识,是有限制的。尤其是在马克思主义以前的革命者,由于没有完全的科学方法,只凭形式逻辑或经验主义看问题,他们对于革命的认识是常常不够或错误的。以孙中山先生自己的例子来说,在国民党改组时他就承认过去革命方法的不对,如果说他的"知难"学说有进步意义,那意义就在这里。真正有革命良心的人,应该学习孙中山先生的榜样。所以,对革命事业能够"笃信",并不等于所"笃信"的就全是"真知";而能够笃信,能够"赴汤蹈火,视死如归",也并不就能保证事业一定成功。要保证事业成功,不是空洞的"笃信"可以奏效的,第一、要有正确、完全的认识作为指南;第二,在这正确、完全的认识上建立我们坚强的信心,或所谓"笃信",这就是说,我们的信心或"笃信"是和正确、完全的认识一致的,是分不开的;第三、必须要有群众的力量——物质的力量作基础,必须通过群众的革命斗争去推行我们的事业,才能保证成功——这些就是我们唯物论者的了解。辛亥革命推翻了三千多年的君主政体与二百多年清朝专制。这自然是一大成绩。但民主革命并没有成功,中国的半殖民地制度与半封建制度并没有被推翻。这一方面固然也由于客观条件的限制,另一方面也由于先烈们对革命的认识不够,而这认识不够是包括当时孙中山先生自己在内的。中山先生曾经以为辛亥革命已经是"破坏的革命"的成功,而没有看到,就中国半殖民地半封建社会来说,辛亥革命在破坏方面也是根本没有成功的,这一个不正确的认识,不正是使中山先生的活动始终束缚在军人政客的圈子里,不能与真正革命的群众相结合,而一直到十三年国民党改组以前,总是在自己阵营里碰钉子的原因吗?

把"笃信"当做"真知",用信仰代替知识,以先烈的牺牲精神作为神圣的崇拜的偶像,不谈他们成功与失败的经验教训,这不是尊重先烈,而是想利用先烈的白骨,来骗取青年的热血和头颅,好使青年们跟着买办封建性的法西斯主义者去进行反共反人民的冒险,借以维持国人皆曰可废、天下人皆曰可废的中国国民党一党专政的腐败统治,这难道不是事实吗?

这里已转到了行的问题:蒋介石对"行"是非常看重的,蒋介石自己并认为是在倡导着"力行哲学",有时甚至于把孙中山先生的"知难行易"学说抹去一半,简单地称做"国父的'行易'哲学"。甚么是"行"? 如果只满足于字面上的解释,那么,蒋介石的答复自然也是"革命工作"的"行"。但就实际上来看,蒋介石所谓的"力行",和真正的革命的实践,是根本不同的。第一、蒋介石所要求的"力行",如前面说过的,是凭借"诚",凭借着所谓出于"本性"的"真知",凭借着对于"主义"、对于"领袖"、对于先烈、对于"国父"的偶像化的信仰,那就是宗教式的崇神行为。这是反动的行为,而不是真正革命的行为。真正革命的行为,必须有科学的客观规律知识为指导,必须具体而深刻地了解周围的实际情况,必须正确地认识民众,尤其是工农劳苦民众的希望和要求,必须和广大人民在一起,依照着地上的现实的人民所要求的方向,而不是依照着任何偶像化了的个别人物的要求和他们所谓"如日月经天一样"的什么"主义"去行动。其次,与上面相关联,蒋介石所要求的"力行",是盲从的行为,是要求"不识不知,顺帝之则",是想把封建时代愚民政策的统治施行到今天,所不同的,只是曲解和利用了"科学方法"的名义。蒋介石说:"依照科学方法,每一个人的工作,必遵循分工专职的原理,知者与行者虽有合作的必要,然仍须分工。"这就是说,知者不一定要力行,而行者也不必要有知,这也叫做科学方法吗? 真是冤枉了科学方法! 实际上正是按照科学方法,每一个人的工作虽然有分工专职,而每一个人对于他自己所专的一部分职务,必须具有正确的完全的知识,同时对于整个工作也要具有一般的正确知识,否则就无从完满地担负起自己的分工专职。真正的革命工作,也决不能让一些无知无识的人,例如达官巨富们来干。革命工作里,领导者与被领导者固然是一种分工,然而这种分工决不是知者与不知者的分工,领导者指示总的斗争方向,被领导者也必须善于领会这个方向,并把它正确的应用到自己所处的具体情况里。在这一方面说,被领导者的"知",常常比领导者还需要更加具体,否则是不能完成任务的。这就证明蒋介石所谓的"科学"完全是胡说。再次,蒋介石所要求于"国民"的"力行",不是破坏旧社会建立新世界真正进步革命的行为,而是保守旧社会,遵循既有秩序的行为,这只要看蒋介石反复称赞孔子的"六艺教育",要学者"从六艺的实行得到真知",要学习孔子一流的"礼、乐、射、御、书、数",就可以明白。在革命的时代来宣传孔子一流的"六艺教育",要国民学习封建时代统治者所崇尚的行为,试问这有一丝一毫的革命气味没有呢?

总而言之,《中国之命运》的哲学是愚民哲学,在"真知"的名义下要求人民无知,在"力行"的名义下要求人民盲从。我们应该反对这种欺骗人民的极端有害的哲学,我们应该揭破它的反共反人民反革命的封建买办性的法西斯主义的真面目!

三 关于孙中山的"知难行易"思想

孙中山先生的"知难行易"思想,和蒋介石的所谓"力行哲学",是有根本不同之点的。"力行哲学"是反革命的反理性的愚民哲学,而中山先生的思想则有进步的方面,有合乎科学和理性的方面。在某一方面说,中山先生的"知难行易"思想是反映着中国革命过程中的一些真实情况的。

中国革命,由于它的特殊条件,经过了一个复杂的、长期的过程。这种客观过程,反映在人的认识上,反映在中国革命者对于革命规律知识的掌握上,也就表现为一个长期的摸索和试验的过程。为着这摸索和试验,中华民族曾付出了它的千万优秀儿女的头颅和鲜血。毛泽东同志说:"灾难深重的中华民族,一百年来,其优秀的人物奋斗牺牲,前仆后继,摸索救国救民的真理,是可歌可泣的。"这是中国革命的认识史上的最真实的情形。

中国的革命,是在帝国主义国家侵略刺激之下发展起来的。中国的被侵略,是由于中国本身的落后。封建社会的万里长城,抵挡不了资本主义的洋枪大炮,旧封建社会统治者的思想文化,不仅便利于清朝的统治,更便利于帝国主义对中国的支配。为着挽救中国的危亡,中国必须进步,中国革命中的志士仁人必须从先进国家学取进步的革命思想学说,并善于应用于自己国家的具体情况中。因此,在认识过程上,一方面要依据自己民族的斗争经验和具体国情的认识,另一方面又要吸收先进国家的革命思想学说;这就表现为外国的先进革命理论与中国的革命实践相结合的过程。从太平天国采用基督教的"自由、平等、博爱"的思想起，到"五四"以后中国共产党把马克思主义的普遍真理与中国革命的具体实际相结合为止，思想上的摸索过程和革命的发展过程，是互相照应的。

"直到第一次世界大战和俄国十月革命之后，才找到马克思列宁主义这个最好的真理，作为解放我们民族的最好的武器……马克思列宁主义的普遍真理一经和中国革命的具体实际相结合，就使中国革命的面目为之一新。"（毛泽东）

这一个思想上的摸索过程，也曾是长期的，艰难的，但这种艰难现在已经过去了。我们已经在马克思列宁主义的旗帜下，找到新民主主义的道路了。虽然在找到这条道路以前，中华民族曾经过不知多少失败的痛苦。

孙中山先生亲身经历了这艰难苦痛的过程。他比他以前和同时的资产阶级革命者都伟大的地方，就在于能够自觉到摸索的艰难，因此也就能够不断地向前进步，能够"以俄为师"，探求新的革命方法，抛弃旧的方法，不停止在固定的一点。他在实际行动中，几次和资产阶级革命队伍中的妥协保守的倾向斗争。"辛亥以前反对立宪派，辛亥以后反对和袁世凯北洋军阀妥协，十三年改组国民党又反对西山会议派。"在思想上，能够和旧资产阶级民主主义的已经腐朽、已经过时了的公式作斗争，在屡次试验失败之后，在共产国际和中国共产党的帮助之下，毅然采取了新三民主义的方法。

中山先生之提出"知难"的思想，是表明他能够自觉地认识到把握中国革命规律知识之艰难。就在这一点上，他的思想是有着进步的唯物论的因素的，是合乎中国的客观实际，合乎科学和理性的。就在这一点上，有着孙中山先生对于新事物新知识的不断追求向往的精神，有着在行动上不妥协不灰心丧气的坚毅的精神，这是他以前和同时的一切中国资产阶级革命家都不能相比的。

孙中山先生说："吾人之在世界，其智识要随事物之增加而同时进步，否则渐即于老朽颓唐，灵明日锢，是以智之反面则为蠢，为愚。"（《军人精神教育》）这是一种素朴的唯物论思想。这种思想说明人的"智识"是客观"事物"

的反映,而不是如蒋介石所说,出自什么神秘的"人的本性"。这种思想,说明人类的认识要跟着事物的发展而不断发展,不能停止于任何一个旧的立脚点。"孙文学说"关于"十事"的论证里,也流露着这一种发展的思想。这是中山先生的思想精华,是使中山先生能够在政治上从旧三民主义走向新三民主义的方法基础。既然蒋介石口口声声说要"遵奉国父遗教,继承遗志",那就要首先懂得这一个最重要的遗教和遗志。否则就是口头上的信徒,实际上的叛逆!

这是"知难行易"学说里的进步精神。但我们应该看到,这一个"学说"是五四运动以前中山先生对于自己革命斗争经验的总结。在时代上,他是中国的旧资产阶级民主革命思想的一个构成部分:他本身基本上没有超出旧资产阶级启蒙哲学的范围。他具备着启蒙哲学的进步方面,那就是对于世界的一般的唯物论的理解,对于科学的客观的合理知识的重视。但他同时也有启蒙哲学的弱点,那就是对于社会和革命的认识,不能贯彻唯物论的观点,而依然是唯心论观点。

中山先生不能从物质的经济的基础上去看社会的变化,不能依据社会阶级关系的分析来解决中国革命的问题。因此,他对于自己的革命经验的总结是错误的。第一、说辛亥革命在破坏方面已经成功,却不知道,辛亥以后半殖民地半封建的社会经济基础既然根本没有推翻,所以革命对旧社会的破坏,也并没有成功。第二、说辛亥革命的成功与失败,其原因单纯的在于人的"心"中,单纯地在于"'知'与'不知'之故",却不知道,辛亥以后革命之所以仍然不成功的基本原因,是由于没有找到坚强的革命阶级作为基本的动力,是由于革命营垒的活动依靠了一些反动阶级的军人政客和这些家伙之背叛革命,是由于没有找到反映广大人民要求的反帝反封建的明确的革命纲领,是由于旧民主主义的方法与纲领已经过时,已经无力,并不是由于人们"不知"这一套旧方法旧纲领。这一点,在一九二四至二七年的大革命中完全证明了。

"知难"的思想也有消极的一面,过分夸大这困难,于是得出结论,认为广大群众与知识无缘,只有少数贵族能获得正确知识。其实,本质地说来,正是与此相反。孙中山先生摸索到中国革命"必须唤起民众"的道路确是很困难的，甚至直到国民党改组以后孙先生也还是常常动摇，这正是孙先生本人在历史上长久地自居先知先觉，而视民众为不知不觉，与他们自觉地相脱离相隔绝的缘故。中国的广大农民，不但在知道中国需要土地革命，需要民主政权，需要抗日战争的问题上，并没有像许多大人先生们所经历的那样困难，即在学会分田查田，学会自己办事，学会放枪打游击的问题上，也没有像许多大人先生所断定的那样困难。应该公平地说，只有群众才是真正的先知先觉者，联系群众的领导者，集中了群众的经验，在这一点上说来，实在是后知后觉者，而脱离群众的所谓领导者，则是不折不扣的不知不觉者。孙先生在这一方面的错误见解，就是把领导者看成脱离群众的天生的圣贤才智，而把群众看成盲目无知、平庸愚劣只能闭着眼睛跟领导者走的"阿斗"。因为这一些基本观点的错误，就产生了孙先生所谓的"真平等"、"假平等"、"权能分开"、"军政训政宪政三时期"等一连串的错误观点。三民主义所以能被法西斯主义者和汉奸汪精卫辈所利用，这正是主要原因之一。孙中山先生不知道这样的唯物辩证法：革命领导者是群众的学生，又是他们的先生，领导者只有从人民学习，才能体会人民的思想、感情、要求，这就是给人民当学生，领导者将人民的分散的、无系统的思想、感情、要求总合起来，化为集中的有系统的理论、纲领、方针、政策、办法，再拿此去向人民作宣传，并使之见于行动，这就是向人民当先生。孙中山先生强调当先生的一面，不知当学生的一面，所以变成了唯心论的见解。

"知难行易"学说的这一弱点，就使孙中山先生对于知行问题解决得不正确。知首先是行的反映，其次是行的指导，同时又须受行的考察，这是孙先生所不曾了解的。孙先生把感性的知与理性的知混成一谈，又不知道感性的知正是理性的知之基础，于是把知与行完全对立、完全隔离起来，讲了一大堆"不知亦能行"、"能知必能行"等不符合于事实的玄学。孙先生这种二元论的和唯心论的解释，不仅使后来蒋介石的法西斯化的愚民哲学得到了一个根据，并且使一切食言而肥的诺言专家们得到了一个护符。

这些就是孙中山先生的知难行易学说的弱点。这些弱点，当中山先生与共产党人合作,并且采取了革命行动的新方法以后,是在许多具体的问题上都克服了,例如在改组国民党的时候,中山先生检讨过去的失败经验,已不再认为是革命党人"不知"的缘故,而是依照了"俄国有个革命同志"的说法,认为是国民党内有反革命分子"能乘隙以入","卒至破坏革命事业"的缘故。又在他临终不久以前的"唤起民众"的主张,以及希望"在最短期间促其实现"的"开国民会议"的主张,则是把划分建国为军政、训政、宪政三时期的"阿斗"主义的思想取消了。

蒋介石的《中国之命运》里,完全抹煞了中山先生思想上的这一个进步,尽量利用和扩大了他的旧的弱点,这样,借着中山先生"行易"哲学的名义,来制作一套极不合理的唯心论的、鼓励盲从的、反共反人民反革命的中国式法西斯主义的愚民哲学。

只有当中国共产党人,把马克思列宁主义的辩证法唯物论和历史唯物论应用到中国来之后,中山先生的旧民主主义启蒙哲学对中国社会中国革命的认识上的唯心论的弱点,才完全克服了。根据历史唯物论的科学方法,中国共产党指出革命不成功的原因是由于与帝国主义相结合的封建制度仍然存在,因此提出了反对帝国主义,反对军阀,推翻中国封建剥削制度的纲领。中山先生领导下改组后的国民党也接受了这纲领,使中山先生的三民主义充实了新的内容。又根据中国革命所处的时代条件,中国共产党指出,中国的资产阶级已不能成为领导中国民主革命的坚强的力量,要解决中国革命问题,必须首先依靠广大工农人民群众的力量,尤其是依靠工人阶级和他的政党——中国共产党的领导。中山先生接受了这一个思想的某些要点,在改组国民党后规定了联俄、联共、扶助工农三大政策,使中国的民主革命,使三民主义的实现,获得了真正坚强有力的基础。

中国共产党人把马克思列宁主义的普遍真理与中国革命的具体实践相结合,这结合的过程,是根据了中国社会的具体情况,和中国工农群众广大人民的斗争经验的。中国共产党人始终和广大的人民在一起,发动人民积极斗争的精神,并以"甘当小学生"的态度,从群众中学取领导革命的知识,中国共产党的革命的知识。中国共产党的革命领导者决不以唯心主义的"先知先觉"自居,决不把人民简单地看做不知不觉的"阿斗",相反地,共产党人知道广大人民群众的伟大的积极性与创造力,只有他们,只有人民才是一切革命的真正主人翁。同时共产党人又知道,人民由于长期处在反动统治下面,造成了文化落后,而人民的意见与力量又是分散的不集中的,所以人民迫切需要自己的政党,自己的领袖,自己的先锋队。这种政党、先锋队不是高踞人民之上,而是处在人民之中,与人民的生活息息相关,向人民学习,又教育人民,这样的政党、领袖、先锋队,就是中国共产党。因此,只有中国共产党才能掌握真正适合中国国情的理论知识,才能自诞生以来领导中国人民连续不断地进行了三次惊天动地的革命事业,才能坚持抗战到今天,并在各根据地建立了真正新的三民主义的中国。

这一切事业和思想,都和中国共产党的领袖——毛泽东同志的名字分不开。到了今天,铁的事实已经证明,只有毛泽东同志根据中国的实际情况发展了和具体化了的辩证法唯物论与历史唯物论,才是能够把中国之命运引到光明前途去的科学的哲学,才是人民的革命哲学。

(原载一九四三年八月十一日延安《解放日报》)

8. 谁革命?革谁的命?（范文澜）

蒋介石先生作了一本《中国之命运》,闻已通令全国各党政军民学机关诵读,并提出批评意见。我是一个共产党员,看了这书,颇有所感,未敢缄默,略述所怀。

一、应该学些革命建国的基本知识

"盲人骑瞎马,夜半临深池",那是最危险不过的事情。企图"决定"中国的命运,首先应该学习毛泽东同志的《新民主主义论》,至少应该从"新民主主义论"学得几条基本原理,才不致闹太大的乱子。如果有人自以为是,目空一切,硬想对中国的命运也来一下"独裁",那末,准备着自己连人带马滚到深池里去。

从《新民主主义论》至少该学些什么基本原理呢?

鸦片战争以后,中国已经进入民主主义革命时代。清朝政府不懂得这个道理,誓死反抗潮流,保持封建专制,结果被主张民权共和的同盟会推倒了。一九一四年至一九一八年第一次世界大战及一九一七年俄国十月革命以后,中国已经进入新民主主义革命时代,"中国革命成为世界革命的一部分"。坚持大地主大资产阶级专政的国民党,怕懂得或存心忘记这个道理,誓死反抗潮流,积极输入"舶来品"法西斯主义,与所谓"固有文化"的封建专制主义化合而成新专制主义。结果大背国情,民怨沸腾,暴日乘机侵入,造成中华民族空前的危机。

国民党反动派听着:现在是新民主主义革命时代呀!

现在的中国,在沦陷区,是殖民地社会,在非沦陷区,除几块抗日民主根据地之外,基本上也还是一个半殖民地社会;而不论在沦陷区与非沦陷区,都是半封建关系占优势的社会。这就是现实中国社会的性质,这就是现实中国的国情。针对着这样的国情,中国共产党首先发起了抗日民族统一战线。它是抗日的,又是几个革命阶级民主联合的。在今日,谁能领导人民驱逐日本帝国主义,并实施民主政治,谁就是人民的救星。中国资产阶级如能尽此责任,那是谁也不能不佩服他的,而如果不能,这个责任主要的就不得不落在无产阶级的肩上了。

国民党反动派听着:谁能领导抗日并实施民主政治,谁就是人民的救星呀!

统治殖民地半殖民地半封建社会的政治经济文化,就是我们革命的对象。我们要革除的就是这种殖民地半殖民地半封建的旧政治旧经济与旧文化形态。而我们要建立起来的,则是与此相反的东西,乃是中华民族的新政治新经济与新文化。

国民党反动派听着:睁开眼睛看着什么是革命的对象呀!

中国无产阶级、农民阶级、知识分子与其他小资产阶级,乃是决定国家命运的基本势力。他们必然要成为中华民主共和国的国家构成与政权构成的基本部分。现在所要建立的中华民主共和国,只能是一切反帝反封建的人们联合专政的民主共和国,这就是新民主主义的共和国,也就是真正革命的三大政策的新三民主义共和国。

国民党反动派听着:决定中国命运的广大人民是要建立这样的一个民主共和国呀!

蒋介石先生既说要决定中国的命运,而且也知道"破坏国家整个的生命,就是破坏你本身以及你世代子孙永久的生命,这个关系太大了",那末,就得实践"忠言逆耳、良药苦口"的格言,平心静气读一读"新民主主义论",免得"著作"一部"祸国殃民,最后结果非至害人自害不可"的"圣谕广训"出来,千言万语,画龙点睛处正在反对人民的内战。

二、国民党的革命性

中国广大的工人农民知识分子与其他小资产阶级,是革命的基本势力。而工人农民又是基本势力的骨干。没有他们,就没有革命,也就没有中国。所谓"中国的命运,完全寄托于中国国民党",所谓"没有中国国民党,那就没有了中国",真有那么一回事么? 谁都知道,政党只有领导的作用,它所领导的阶级及其联系的群众才是真实力量的所在。试看国民党领导了那些阶级和群众。

国民党是中国资产阶级的政党,其中占绝对统治地位的是大地主大资产阶级。它的"广大""可靠"的群众是军阀、官僚、政客、土霸、劣绅、闻人、文丐、投机商人、托匪、特务、汉奸、法西斯分子、落后的受欺骗的教员和学生等等。一部分进步的有正义感的党员被压迫歧视甚至被监视,早成党内的寓公。它只在一定时期中与一定程度上有些革命性,而妥协性与反革命性却占了极大的比重。三四年前,大资产阶级的一部分,以汪逆精卫为代表,率领大批党国要人及"广大"群众投奔日寇,在南京开张新店,翻印了一个"国民党",一个"国民政府",一个"领袖",担任敌后方"剿共"的"天职",恰恰说明有了这种从反共发展到叛国的"国民党",那就没有了中国",因之,有了从反共发展到内战的国民党,其去"没有了中国"也就不远。足见反共是亡国的道路,理极明显。现在还在抗战的国民党,在反共反人民一点上也同样克尽"天职",积极进行全党特务化的工作。特务汉奸与汪记"国民党"交流合作,情同一家。在近时,汉奸吴开先乘飞机"逃"归祖国,大受欢迎,汉奸陶希圣"著书立说",俨成"思想界"的泰斗,汉奸庞炳勋、孙殿英等三十三高级将领,前后率部投敌,不受惩处,反蒙辟谣奖饰。(七月二十三日中央社还宣传,"庞总司令"被俘前数分钟,慷慨含悲告部属说"要以国家民族为重,应本以往精神,继续奋斗"。以降敌反共为"继续奋斗",太丢国家民族的脸了!)这些事实,已使全国人民感到国民党敌我混淆,面目模糊,形迹甚为可疑。在最近,中央社公开广播"解散共产党"、"取消边区"的反动要求,并撤黄河防军,集合精锐十六师,企图闪击边区,完成"统一"。更使全国人民惊骇呼号,怒目切齿,绝对反对亡国灭种、大背民意的反共内战。按照"国民不包括反革命分子,不包括汉奸"的原则,以国民为号的国民党,似乎有考虑名义的必要。

孙中山先生的革命精神是值得钦佩的,他的三民主义曾经三变。有同盟会时代以排满为主题的三民主义,有中华革命党时代收起民族主义的二民主义,有国民党改组至大革命时代,接受共产党提出的反帝反封建两大基本任务,联俄容共扶持工农三大政策而重新解释的新三民主义。中国共产党认为在资产阶级民主革命阶段上,共产党政纲与三民主义基本上有相同的部分,就是指的这个真正革命的三大政策的新三民主义。自从一九二七年大地主大资产阶级背叛大革命以来,新三民主义久已高高挂起,无人问津。汪逆精卫于是另制卖国三民主义,替日寇服务。而新专制主义的三民主义则借暴力推行于国内。蒋介石先生竟敢借三民主义之名,公然抬出孔子"民可使由之,不可使知之"那样荒谬的鬼话来侮弄人民。保皇党巨魁梁启超还知道改装门面,来一套"民可,使由之,不可,使知之"的新花样,这里自称"三民主义"者,却提倡愚民政策,肆无忌惮,其思想比梁启超更倒退一个历史时代。要把这种变质冒牌的三民主义作为"国家的灵魂",实在是对国家大不敬。幸而中国广大革命民众并无如此丑恶的"灵魂",因之还能保存国格,坚持抗战,列在四大强国之一。如果"外国人讥笑我们是落后国家,是劣等民族",应由"我们"变质冒牌的三民主义者去承受这个侮辱。

在如此国民党,如此三民主义的统治之下,军事则练兵宗旨,侧重反共,所谓军纪军令,不施于降将叛军,却乱施于忠勇抗日的八路军新四军;党务则收罗大批特务汉奸,当作党的灵魂,阴风惨惨,专以破坏革命屠杀青年为能事;政治则贪风大炽,敲骨剥髓,人民逃死无路,民变到处发生;经济则农村普遍破产,百业凋敝,全国经济命脉垄断在少数金融巨头之手(其中主要巨头是蒋介石);教育则戕贼青年,威胁利诱,强迫接受特务训练,汉奸思想,充当反共的鹰犬。这样做下去,抗日的中国能否存在,已成疑问,何颜吹嘘"三民主义与国民革命的成绩,亦已经昭著于国民的面前",更何颜吹嘘"中国国民党是国家的动脉,而三民主义青年团是动脉里面的新血轮"。如果国民党不放弃反共的宗旨,不改变"革命等于反共"的谬见,即使党和团扩张到异常大,无非增编几千个几万个特务大队,祸国殃民,造更大的孽。中国何辜? 人民何罪? 要供养这一群反动蝗虫来加深自己的灾害!"权利""义务"那一套话头,本意就在劝人反共,真正国民是拒绝这种所谓"权利""义务"的,止有丧失国民资格的"国民",才会享反共的"权利",尽反共的"义务"。

现在事情很显然。抗日、民主是革命,反共内战、专制独裁是反革命。测量国民党的革命性究有多少,止要看它做出来的是些什么事情。

三、谁是真正革命建国者?

中国革命建国的基本势力,也就是决定中国命运的基本势力,决不依靠大地主大资产阶级及其豢养的鹰犬们,而是依靠工人农民以及小资产阶级。抗战六周年来已经极明确的证实了这个真理。而中国共产党正是领导工人农民小资产阶级来完成革命建国决定中国命运的伟大政党。

中国共产党一次又一次的从危境中挽救中国,并昭示全国人民从抗战中建设新中国的实例。试举几件人所共知的大事,足够证明中国共产党在领导抗战建国的事业上起了什么作用和处在什么地位。"九一八"事变以后,"攘外必先安内"正"安"得格外起劲,中国共产党发表"八一宣言",呼吁团结救亡,倡导了民族抗战的先声。中国统治者有其一贯的历史传统,故意造成离心离德,"一盘散沙"的局面,以便从中操纵,即大呼"一个党"的国民党本身,也不过是几十个几百个党的一个联合形式而已。中国共产党发起抗日民族统一战线,耐心组织国内各民族各阶级各党派在抗日旗帜之下,确立了抗日必胜的基础。西安事变突然发生,汪精卫勾结亲日派准备出卖中华民族。中国共产党当机立断,力主和平解决,释放蒋介石先生,因而粉碎了卖国阴谋,结束了十年内战,铺平了抗战的道路。"七七"以后,中日间正式进行大战,全国朝野缺乏理论的指导,议论庞杂,信心动摇,甚至有人留恋汉奸的诱惑,不能忘情于妥协的死路。中国共产党领袖毛泽东同志及时发表《论持久战》、《论新阶段》、《新民主主义论》等著作,并随时发表拯危砭顽的重要论文,指示了抗战的正确路程,建国的具体方针,使沦陷区与非沦陷区人民认识中国命运的归宿地,勇气百倍的向远大目标迈进。国民党顽固反动派掀起皖南事变,企图变解放战争为亡国内战,中国共产党揭破反动黑幕,恰当处理事变,使抗日战争仍得继续进行。抗战初期,国民党将领弃地覆军,节节败退,广大领土,相继沦陷,日寇进攻,势如破竹,腹地都市,岌岌可危。中国共产党领导下的八路军新四军独能深入敌后,收复失地,建立许多抗日民主根据地,牵制在华敌军一半,对抗伪军全部,从此日寇后顾有忧,不敢长驱前进。至今衮衮诸公,得安居重庆西安,穷奢极欲,腰缠累累,可谓得意极矣。过河未半,就动手拆桥,人之无良,一至于此。中国共产党与广大民众密切结合,自力更生,在各根据地,一面抗击敌伪,一面积极进行新民主主义建设,“三三制”的民主政治,丰衣足食的经济发展,思想自由的文化培养,虽在极端艰苦的条件下,无不欣欣向荣,一齐上进,新中国的基础确已奠定。试与大后方政治腐败,经济凋敝,文化衰萎,军无敌意,民不聊生诸现象对照,老朽的旧中国与发皇的新中国俨成两幅不同的图画。从此可知:革命建国的基本势力不是工农和小资产阶级么? 领导革命建国成为人民救星的不是中国共产党么? 抗日与民主,革命与建国是一件事的两面,不是颠扑不破的真理么?

止有不敢正视客观实在的人,才敢闭门自造两套孤立的计划。一套叫做以反共为中心的“革命”计划;一套叫做以饭碗为香饵的“建国”计划。谁都知道,反共反民主,国将不国,还有什么建。即使有所谓“国”者存在,仍不外殖民地半殖民地半封建的国,而所谓建,也无非建一个汪逆精卫式的奴化国,或一个百年来老牌的半奴化国。那时候自然会有太上皇制出榨取计划来,十年实业计划“命定”了束置高阁。

所以事情很显然。止有共产国已经实践的团结抗战民主建设才是革命建国的正确道路,也止有共产党才是领导真正革命建国的伟大政党。企图以反共反人民当作革命,以空谈当作建国的野心家,当心“被人民抛弃,变为向隅而泣的可怜虫"。

四、请问究竟想革谁的命？

抗战已进入第七年了，竟还有人不认识革命的对象，拿着屠刀，想革革命人民之命。其理由是"中国从前的命运在外交，就是操在外国的帝国主义之手，而今后的命运则全在内政，就是操在我们全国国民自己的掌上"。这里所谓"今后"当然指本年一月十一日（中英中美签订新约日）以后而言。如此说来，一月十一日以前，操持中国命运的是一般帝国主义，把近年来英美对华的友好援助与日寇的暴力侵略等量齐观，毫无区别。甚至借中英中美签订新约作口实，宣传中国已得完全解放，似乎日寇侵占中国大部分领土连同"从前"《淞沪停战协定》、《何梅协定》、《塘沽协定》等等卖国"外交"，一律挂在英美外交账上，随新约的签订一笔勾销，从此中国外交大胜利，万事大吉祥，可以"全在内政"了。我们曾学习过"特别字典"，"革命"的意义就是反共，"内政"就是反共内战。"从前"中国还有"外交"的束缚，所以"安内"不够淋漓痛快，"今后"中国完全独立自由，"内政"大有可为，时哉时哉！机不可失。"操在全国国民的掌上"，这是骗人的话，其意是说，操在中国独裁者蒋介石的掌上。

从这个荒谬思想出发，产生另一个荒谬思想，就是"中国命运，其决定即在此抗战时期，而不出于这二年之中"。这等于对中国人民中国共产党公开宣战，说在这"二年"抗战时期内，企图发动反共反人民的内战。

这也算是先礼后兵，"政治家"的"宽大态度吧？指桑骂槐的大叫"那还能算是一个中国的国民？更如何说得上是'政党'？世界上那一个国家的政党，有从事武力和割据的方式，来妨碍他本国的国家统一，而阻碍他政治进入轨道的？这样还不是反革命？还不是革命的障碍？这样革命的障碍，如果不自动的放弃和撤销，怎样能不祸国殃民？不止是祸国殃民，而且最后结果非至害人自害不可"……"那就找不出有什么合理的解决方法了"。骂得好痛快！大概肝火冲昏大脑了吧！其实指骂的那个"政党"，何必老远到"世界上"去找呢？只要不是数典忘"父"，甚至连本人历史也忘了的话，同盟会推倒清朝，国民党反对北洋军阀，不就是这样的政党么？这一大串训斥，好像重逢西太后、宣统皇上、袁大总统、段总理、吴上将军之流的"盛世",恭读解散国民党讨伐孙中山的严谕,又好像寄居在"王道乐土",满口诅咒共产党八路军新四军的咆哮。清朝政府、北洋军阀、日寇汪逆都曾说找不出什么合理解决的方法了,甘心在反革命的死路上挣扎拼命,结果呢? 失败灭亡。

中国共产党是领导中国人民争取民族独立、民主自由、民生幸福的伟大政党,他和人民大众是血肉一体的,他和中华民族是利害一致的,他不怕任何反革命的威胁,也不怕任何反革命的诬蔑。如果有人拿出所谓"合理方法"以外的"方法"来,人民就会把他踢得粉碎;如果拿出"封建割据"、"变相军阀"、"障碍革命"、"破坏统一"、"妨碍建设"等等缺乏政治常识的谰言来,人民就会嗤之以鼻。

请问国民党反动派到底想革谁的命? 想革中国人民之命? 想革中华民族之命? 如果不是,为什么成心发动内战? 难道中国全部沦陷才快意么? 难道十年内战还不够惨苦么?

五、几个忠告

组织一个庞大无比的特务党,幻想在全国实行一个新专制主义,发动内战。二年中"消灭"共产党及一切进步的势力和地区。这种"朕即国家"的荒谬思想,应该放弃。因为现在是反法西斯主义战争和新民主主义革命胜利的时代了。

"军政时期就不能终结","宪政无法开始,训政亦无从推行"。这一类反革命话头,应该收起。因为人民早已拜读过"五五宪法",也亲炙过保甲训政,并不再存些什么幻想了。军政还是"终结"为妙。人民厌苦到"时日曷丧,予及汝偕亡",岂不应了"佳兵不祥"的定论么?

"……须知这并不是中国国民党有什么特殊的力量,而乃是时代与历史的使命所造成的"。这种"我生不有命在天"的落伍思想,应该放弃。"须知"在新民主主义革命时代,历史使命决不会落到专制独裁方面。"殷鉴不远,在夏后之世",清朝和北洋军阀可以借鉴。

总之,凡是中国人,万万不可存反共反人民反革命的思想。从这种思想发生的言论,一定引起日本法西斯通讯机关同盟社发出这样的声明:"蒋介石所著《中国之命运》一书,其论述之方向,那是没有错误的。但由日本人观之,它只是重复了已为帝国声明说尽了的大东亚新秩序论,迎合大亚细亚主义,抄袭汪精卫之和平建国论"。天乎冤哉! 一个堂堂中国国民党总裁,抗日六年的领袖,反法西斯同盟四大强国的领袖之一所著的一本自认为"革命"到了顶点的书,却被我们的敌人誉为"方向没有错误",认为不过是"重复帝国的声明"与"抄袭汪精卫",即使作者不害羞,国民党人不知耻,中国人民是不能饶恕日本帝国主义这种侮辱的。中国人民有责任纠正自己队伍中个别人们与个别集团的思想错误及行动错误,彻底打倒日本帝国主义。我们共产党人告诉日本帝国主义者:我们的"方向"就是打倒你们,解放我们的民族,同时也解放日本人民,纠正我们民族中的一切缺陷、错误、污秽,同时就纠正日本帝国主义的"方向",中日两国同时解放万岁!

(原载一九四三年八月一日延安《解放日报》)

9. 共产国际执行委员会主席团关于解散共产国际的提议书

一九一九年,由于绝大多数战前旧工人政党政治破产之结果,组织了共产国际,它的任务是保卫马克思主义的学说,使其不为工人运动中之机会主义分子所曲解和庸俗化。共产国际曾在许多国家内帮助先进工人底先锋队团结为真正的工人政党,帮助他们动员劳动群众反对法西斯主义和法西斯所准备的战争。为了支持反法西斯主义主要堡垒的苏维埃联邦借以保卫劳苦群众的经济和政治的利益,共产国际曾及时地揭发了希特勒匪帮们以"反对共产国际公约"作为准备战争的武器的真正意义。早在战前,共产国际就已经不断地暴露了希特勒匪帮在外国的卑劣的阴谋活动,而这些活动却以捏造的共产国际干涉别国内政的谎言掩饰着。可是,早在战前,就可以日益清楚地看到:既然各个国家的内部情况和国际形势已经变得更其复杂,那么,要由某个国际中心来解决每个个别国家的工人运动的各种问题是会遇到不可克服的障碍的。世界各国发展之历史道路底深刻差别,他们的社会制度之各不相同的性质甚至矛盾,它们的社会的和政治的发展水平和速率之不同以及工人们觉悟程度和组织程度之各异,决定了每个个别国家工人阶级面前的问题底不同。过去二十五年的事变的进程及共产国际积累的经验已经明确的证明了,共产国际第一次大会所采用的团结工人的组织形式是符合于新兴的工人运动的初期需要的,可是逐渐地已经不能适应工人运动的增长和各个国家内日益复杂化的问题了;而且还证明了,这个组织形式甚至已经变成了进一步加强各国工人政党之阻碍。

希特勒匪帮掀起的世界战争,使各国间情形更加尖锐。它在附和希特勒暴政的国家与爱好自由的、团结在反希特勒同盟之中的民族之间,划下了深刻界限。在希特勒匪帮集团的国家中,工人、劳动者及一切忠诚的人民的基本任务是用一切能想得出的办法,从内部颠覆希特勒匪帮的战争机构,协助推翻担负战争的祸首责任的政府,这样来打击这个希特勒匪帮集团。在反希特勒的同盟国中、为着要最迅速地摧毁希特勒匪帮集团和建立在各民族平等基础上的友谊合作,最广大的人民群众,首先是先进工人们的神圣责任,是用一切方法支持这些国家的政府底作战措施,同时,不能忽略参加反希特勒同盟的个别国家有它自己的特殊任务。例如,在希特勒匪帮占领了的和丧失了国家独立的国度内,进步工人和广大人民的基本任务是展开武装斗争,使它发展成为反希特勒德国的民族解放战争。同时,爱好自由的各民族的反希特勒暴政的解放战争,已经使得它们的广大人民活跃起来了,他们不分党派不分宗教团结在强大的反希特勒同盟的队伍内。此次战争更明显地说明了,为争取最迅速地战胜敌人所必需的民族高潮和群众动员,是能够由各个国家底工人运动底先锋队,在本国范围内,最好和最有成效地实现的。

一九三五年召开的共产国际第七次世界大会,估计到国际形势和工人运动中所已经发生的变化——这些变化要求各支部在解决他们的面前的问题时有更大的伸缩性和独立性——之后,就已经强调了共产国际执行委员会在决定工人运动的各种问题时,需要从每个国家的具体状况和特殊条件出发,一般地要避免干涉各国共产党内部的组织事宜。在考虑和批准一九四〇年十一月美国共产党退出共产国际的决定时,共产国际执行委员会就是遵循这个原则的。

共产党人在马克思、列宁主义创造者底学说底指导下,从来也不主张保存已经变为陈旧了的组织形式,他们永远是使工人运动底组织形式和工作方法服从整个工人运动底基本政治利益,服从特定的具体历史条件及由此产生的各种任务。他们记得伟大的马克思底榜样:马克思曾不断地将进步的工人团结到"国际工人联合会"的队伍中来,而在第一国际完成了他的历史任务,奠定了欧洲各国工人政党发展的基础以后,马克思鉴于创造民族的工人的群众性的政党之迫切必要,就实行了解散第一国际,因为这种组织形式不再符合这一需要了。

共产国际执委主席团从上述各项考虑出发,并估计到各国共产党及其领导干部的成长与政治上的成熟,并因为在这次战争中曾有若干支部提出解散国际工人运动指导中心——共产国际这一问题,更因为在目前世界战争的情形下,无法召开共产国际世界大会,乃由执委主席团提出下列建议,再由共产国际各支部加以批准:解除共产国际各支部对共产国际章程及历届大会决议所规定的各种义务。共产国际执委主席团号召所有参加共产国际的成员集中他们的力量于全力支持并积极参加反希特勒同盟各民族和国家的解放战争,以便最迅速地摧毁劳动人民底死敌——法西斯主义及其同盟者和附庸。

共产国际执行委员会主席团委员　哥德瓦尔德

季米特洛夫

日丹诺夫

卡拉洛夫

柯波莱尼格

库西宁

曼努意斯基

马尔梯

皮克

弗洛林

爱尔柯利

同意此决议者尚有下列各国共产党代表:

比安柯(意)、伊巴露丽(西)、兰汀宁(芬)、波克尔(罗)、拉柯西(匈)

一九四三年五月十五日拟定

（原载一九四三年五月二十七日延安《解放日报》）

10. 中国共产党中央委员会关于共产国际执委主席团提议解散共产国际的决定

一、中国共产党中央委员会完全同意共产国际执行委员会主席团一九四三年五月十五日关于解散共产国际的提议。自即日起，中国共产党解除对于共产国际的章程和历次大会决议所规定的各种义务。

二、共产国际曾完成了它自己的历史使命：它不仅在欧美各国及日本保护了那被机会主义者所糟踏的革命马克思主义，帮助了先进工人团结成为真正的工人政党，支持了社会主义的苏联，百折不挠地反对了法西斯主义与法西斯战争；而且用了它的一切可能帮助了东方被压迫民族的解放运动，帮助了被压迫民族的先进工人组成自己的政党，成为站在一切解放运动最前头的人民先锋队。特别使中国人民不能忘记的，是它用了一切可能的力量，在一九二四年，当孙中山先生在世时，帮助了国共合作的形成，随后又帮助了北伐战争的胜利。再则，当一九二七年至一九三七年期间，中国革命处于最困难地位的时候，它又声援了中国革命的人民。最后，在一九三七年以来的六年抗日战争中，它又号召各国支部及各国劳动人民，帮助了中国人民反对日本帝国主义的侵略战争。总之，在共产国际存在的一切时期中，对于灾难深重的中国人民是尽了它一切可能的力量来给予援助的。但时至今日，正如共产国际执委主席团的提议书上所说，因为各国内部和国际间的情况变得更加复杂，这个原有的组织形式，已经不能适应各国工人运动的继续增长；因为在当前的反法西斯主义同盟的解放战争中，各国共产党更加需要根据自己民族的特殊情况和历史条件，独立地解决一切问题，争取更加广泛与更加迅速的民族高潮和群众动员，借以达到彻底的完全的胜利；因为各国共产党及其领导干部的成长和政治上的成熟；由于这种种理由，故共产国际执委主席团向各国共产党提议解散共产国际。在现在的各种条件下，共产国际之解散是比较其继续存在，更加有利的。由于目前战争情况，不允许召集国际代表大会来讨论共产国际解散的问题,故由共产国际执委主席团向各国共产党作出此种提议。因此,中国共产党中央委员会完全同意这一提议书上所说的理由,批准共产国际之解散。中国共产党中央委员会并指出:在马克思解散第一国际之后,各国工人运动是更加发展了。现在第三国际之宣布解散,无疑将使全世界反法西斯战争的胜利与全人类的解放更加迅速的到来。

三、中国共产党的创立,是一九一九年"五四"运动以后中国工人运动发展的结果,是近代中国历史发展的结果。凡是那里有无产阶级和工人运动,便会有一天出现工人阶级的政党。假使本来没有共产国际,中国共产党亦必将应运而生,这是历史必然的定律。中国共产党从创立时起,即在中国近代史上第一次明确地为中国人民指出了反帝国主义和反封建的道路,而且全党同志以身作则,忠心不贰,为自己民族的一切解放事业而奋斗,流血牺牲,前仆后继。中国共产党在革命斗争中曾经获得共产国际许多帮助;但是,很久以来,中国共产党人即已能够完全独立地根据自己民族的具体情况和特殊条件,决定自己的政治方针、政策和行动。自一九三五年八月共产国际第七次代表大会决定不干涉各国共产党组织事宜之后,共产国际执行委员会及其主席团即遵照此种决定,没有干涉中国共产党的组织事宜。中国共产党所创造的各种革命力量,是中国一切进步方面的支柱,而自抗战以来,即在敌后进行历史上空前艰苦的斗争,这些革命力量完全是中国共产党赤手空拳,不假借任何外力,而独立创造起来的,可以说,在最近数十年的中国革命运动中是史无前例的。革命不能输出,亦不能输入,而只能由每个民族内部的发展所引起,这是马克思列宁主义者从来所阐发的真理,中国共产党的实践,完全把这个真理证明了。在此种情况下,共产国际的解散,将使中国共产党人的自信心与创造性更加加强,将使党与中国人民的联系更加巩固,将使党的战斗力量更加提高。中国共产党人是中华民族最优秀的子孙,他们将继续英勇地站在抗日战争的最前线,和国民党及一切抗日党派、无党无派人士合作,支持国民政府抗战的措施,战胜日寇及其同盟者——德意法西斯,完成独立民主新中国的大业。

四、中国共产党人是马克思列宁主义者。因为马克思列宁主义是科学,而科学是没有国界的。中国共产党人必将继续根据自己的国情,灵活地运用和发挥马克思列宁主义,以服务于我民族的抗战建国事业。中国共产党人是我们民族一切文化、思想、道德的最优秀传统的继承者,把这一切优秀的传统看成和自己血肉相连的东西,而且将继续加以发扬广大。中国共产党近年来所进行的反主观主义、反宗派主义、反党八股的整风运动就是要使得马克思列宁主义这一革命科学更进一步地和中国革命实践、中国历史、中国文化紧密结合起来。这一运动表现了中国共产党人在思想上的创造才能,一如他们在革命实践上的创造才能;表现了中国共产党人一定能够和中国人民在一起,完成中国人民所授予的各种历史大任。中国共产党中央委员会深信我党同志必能完全一致地团结起来,克服自己的缺点,发扬自己的创造性、积极性。果能如此,那末,我们的敌人日本帝国主义虽然还很强大,我们前进路上的困难虽然还很多,我们的任务是一定能够完成的。

一九四三年五月二十六日

（原载一九四三年五月二十七日延安《解放日报》）

11. 论共产国际的解散（延安《解放日报》社论）

昨日本报发表了两个重要文献:共产国际执委主席团关于解散共产国际的提议书和中共中央关于这一问题的决议。工人运动底国际领导中心——共产国际解散了! 这是一件有世界历史意义的事情! 为什么这个对世界革命运动的发展曾经起着如此重大作用的国际组织,这个继续着第一国际底光荣传统和第二国际战前最好时期的传统,领导着各国工人阶级和一切劳动人民为社会主义而斗争的集中的战斗组织,今天需要解散呢? 它的解散对于目前的世界局势和各国共产主义运动的往前发展将会发生些什么样的影响呢?

为着回答这些问题,首先要需弄清楚革命的马克思主义对于组织形式是采取什么态度的。马克思主义者和一切其他原始的社会主义者不同,他们在解决斗争形式和组织形式的问题时,第一、不把运动束缚于某种固定的形式,否认绝对正确的对于革命运动一切阶段都适用的组织形式;第二、他们对于组织形式要求作无条件的历史的考察,必须从运动发展的当前阶段的具体环境中去观察组织形式之是否适宜;第三、他们认为斗争形式和组织形式是服从于无产阶级阶级斗争的基本政治利益的,组织形式是为每个特定时期的具体历史环境及由此直接产生的任务所决定的。从这个观点看来,就可以懂得,任何组织形式由于革命发展的客观条件的变化能够从促进运动发展的形式变成为它的桎梏,这时候,旧的组织形式必须改变。马克思所领导的第一国际的历史,鲜明地说明了这点。这个革命马克思主义对于组织形式的观点,永远是共产国际在组织问题上的领导原则。列宁领导下的共产国际第三次大会在"共产党组织建设,他们工作的内容和方法"这一提纲中开始就说:"(一)党底组织应该适合它的活动的条件和目的……(二)不能有绝对正确的不变的共产党底组织形式。无产阶级阶级斗争的条件在前进中经受着不断的变化,它迫使无产阶级的先锋队经常找寻自己组织底最合适的形式。……"

明了马克思主义对于组织形式的这个基本原理之后,对于共产国际底解散就不会诧异了。就会懂得"共产国际底解散是比其继续存在,更为有利的"(中共中央)了。

共产国际产生于一九一九年,这时候战前的旧的工人政党绝大多数叛变了社会主义,政治上完全破产了;在欧美各国(除在俄国)工人运动中的左派,这时候,既很薄弱,又没有广大的联系与组织,不能有力地来抗击机会主义的叛卖和领导工人阶级的革命战斗;而帝国主义战争,十月革命胜利,资本主义的总危机,阶级斗争提高到空前的高度。这些条件在工人运动面前提出了在各国组织和旧的改良主义的工人政党截然不同的新型的真正马克思主义的政党的迫切需要,和在全世界组织一个统一的集中的国际组织,以领导和帮助新兴的薄弱的各国共产党之迫切需要。共产国际担负着这个伟大的历史使命而出世了。在其存在的二十五年内,共产国际不仅帮助了各国工人阶级底先进分子团结为真正革命的马克思主义政党,而且扶植培养了这些政党的独立战斗的能力和创造的天才,使他们能够最好地和最有成效地解决各个国家面前的极复杂的任务。这在中国共产党的发展史上得到最鲜明的例证。中国共产党的产生和发展是在中国社会内部有其深刻的根源的,是中国革命发展的必然结果。但是我们的党之所以能够从马克思主义者的小组变为全国政治生活底重大因素,所以能够在今天,在毛泽东同志领导下,独立地创造地,依据中国的具体情况和客观条件正确地决定自己的政治方针、政策和行动,对于这一点,共产国际的帮助和指导是曾经有过重大作用的。可是,如果在新兴的共产主义运动初期,在各国党创造和形成的时期,以及在资本主义相对稳定、各国革命斗争的任务比较单纯的时期,集中的国际的中心是必要的、合适的、能够促进发展运动的话,那么,在世界局势激变,各国工人运动面前的问题愈益复杂多变,而各国共产党已经成长,有着丰富的经验和创造的独立作战能力的时候,这个原有的组织形式已经显得陈旧了、不适时宜了,它的继续存在将成为运动发展的障碍。试设想一下,今天的世界状况,那是怎样一幅花样复杂的图画啊!今天的世界,有着以铁与血搏斗着的希特勒匪帮及其同盟者的侵略集团与伟大的爱好自由的民族的反希特勒同盟,在这对抗的营垒之旁站着若干中立国家。不论在侵略集团之内、反侵略同盟之内、中立国之间,各个国家的地位亦是极不相似。以侵略集团说,德国是完全的主人,日寇是半独立的希特勒同盟者,意大利是附庸,罗、匈、芬则是喽罗;以同盟国来说,有社会主义的苏联,资本主义的英、美,半殖民地的中国,殖民地的印度,暂时沦陷失却国家独立的法、比、捷、荷等国;以中立国说,有亲轴心的西班牙,亦有土耳其和瑞典,有在德国四面包围的瑞士,亦有远离战场烽火的南美国家。姑不必论各国内部情况的天壤悬殊,工人运动主观力量的各不相同,即就这个复杂万分的国际关系和状况来说,要由一个国际领导中心来集中地解决一切国家的各种问题,是如何不可设想。一九三五年的共产国际七次大会有鉴于国际形势之日趋复杂,就已经决定了使各国共产党能够独立地根据自己的具体条件和特殊状况来解决本国的各种问题,八年来的经验,已经充分证明了各国共产党及其领导干部已经成长到能够不犯重大错误地正确地决定其本国的内外政策的水平了。运动发展的客观条件,使得国际范围内的集中领导已经遇到不可克服的障碍,而其主观条件,则已成熟到使这种远离本国的中心的领导成为多余的了。这样,旧的形式底抛弃,只会使新的内容更顺畅的发展起来,使运动更向前提高一步。

从上所述亦就可以明了，这个英明的措施，将必然会使得各国的工人运动更进一步的发展，使得各国共产党能够更切合本国的具体条件和历史情况来解决本国革命运动面前的任务，而使它更能成为与千百万群众有密切联系的民族的工人政党；使得它的领导干部及全体党员在提高了的责任感的基础上能够更进一步地依据本国的条件来应用和发展马克思主义的普遍真理，而提高他们的创造才能。我们可以期待，在今后，各国共产党不论在马克思主义的理论上，不论在革命实践上，将会有迅速的飞跃发展和伟大成就。至于各国工人阶级底休戚与共利害相关的意识，那么，恩格斯关于第一国际解散所说的："甚至没有暂时已经变为桎梏的形式的国际联合，亦会继续前进的"，在今天是更加切合的。

对于目前的世界局势，它的影响也是十分重大的。目前的世界局势正处在摧毁希特勒暴政的决战的前夜，毁灭希特勒主义及其亚种，乃是今天头一等的任务，一切力量应该集中于完成这一任务。而希特勒的情况愈加危急，他的政治和军事的地位愈加无出路，那么，他愈加想挑拨分裂同盟国的营垒。在希特勒匪帮手中的挑拨工具之一就是"反共产国际"这个幌子。在战前希特勒就以"反共公约"作为准备战争的工具，而在目前四面楚歌的环境中，戈培尔辈又声嘶力竭地叫喊莫须有的"布尔塞维主义的危险"和"共产国际干涉各国内政的阴谋"来找寻脱逃死亡的出路。共产国际的解散给了希特勒匪帮以当头一棒，使他们的"反共产国际的公约"落了空。这几天轴心宣传的慌乱，柏林发言人对"反共公约"将来如何之只能回答"将来自知"，已经充分暴露了轴心集团之周章狼狈。相反的，同盟各国朝野的交口致誉，证明了此举对于盟国团结和促进彻底摧毁轴心集团的胜利之到来的重大贡献。

总之，共产国际底解散，是为客观条件的变化所准备了的，历史条件成熟了，新的内容生长了，已经陈旧了的、变成桎梏的旧形式之抛弃，只会使新的内容更迅速更顺利地茁长怒放。共产国际底解散将使中国共产党人以更大的责任感，更大的自信心，更大的创造性，坚定地站在马克思主义的立场上，站在革命斗争的先锋岗位上来更好地更有成效地工作，来加强与千百万人民的联系，来进一步巩固党的组织和提高的战斗力，借以服务于抗战建国大业，首先最迅速地摧毁我们民族的死敌——日本法西斯及其德意同盟者。战斗罢！中国共产党人！胜利是我们的。

（原载一九四三年五月二十八日延安《解放日报》）

12. 再论共产国际的解散（延安《解放日报》社论）

共产国际执委主席团关于解散共产国际的提议，已经得到各国共产党的一致赞成，而于六月十日经过国际主席团的决定实现了。我们对这个问题的整个看法，在五月二十八日已经有所论述，现在专就中国从这件事所应得出的教训，再说一说我们的意见。

共产国际的解散，至少应该使所有中国人进一步认识（或者是重新认识）三个东西，就是马克思主义，国际主义和中国共产党。

共产国际的解散，应该使我们对马克思主义有什么新的认识呢？马克思主义从发生到现在，已经有一百年的历史了，在这中间，它曾经历过各种不同的发展条件，但是条件尽管改变，马克思主义却总是向前发展着。二十四年前共产国际的成立，曾表明这个发展是到了一个新的阶段，现在共产国际的解散，表明马克思主义的历史又到了一个更新的和更高的阶段。全世界的马克思主义者今天为什么都赞成解散共产国际呢？这就是告诉我们，全世界的马克思主义者对于马克思主义今后将在全世界一切国家民族继续发展，是有着一致的坚强的信心；这就是告诉我们，马克思主义之将在全世界继续发展，乃是一种具有历史必然性的不可抵抗的现象，而决不以任何国际中心的存在和帮助为其必要前提；这就是告诉我们，中国有些人过去和现在说是马克思主义已经不适用于今天，或特别不适用于中国，其所以还存在于今天的世界和中国者，就因为共产国际的活动云云，这是一种何等的浅见。

马克思主义为什么并不依靠某种国际性的组织形式，而可以在全世界一切国家民族得到发展呢？答案只有一个：因为马克思主义是不受国界限制的科学，正如地球绕日的学说之不受国界限制一样。革命（这是科学应用于具体国家的具体结果）不能输出，也不能输入；但是马克思主义这个革命的科学（这个一切先进人类的世界观和方法论）却必然输出，也必需输入。还在几百年前,明末清初的那些最反动最守旧的昏君和暴君,就已经开始懂得了接受欧洲近代科学的必要,因而改进了几千年来"固有文化"的阴历。辛亥以后,虽然像袁世凯这样愚而好自用的专制魔王,也还知道定"舶来"的阳历为"国历",以迄于今,未见中国因此丧失半点权利。若说社会科学和自然科学不同,则今日中国自中华民国之"民国"、国民党之"党"以下,各种输入的大小制度办法名目,何止千万? 若说马克思主义和其他社会科学又不同,则俄国人列宁接受了德国人马克思的主义,大家试看究竟俄国有没有因此而成为德国的"附庸",如完全"发扬"了独裁者凯撒以来"固有文化"的法西斯意大利那样? 老实说,如果腐败的沙皇大地主大资产阶级专制的俄国,没有幸而变为富强的马克思列宁主义的苏联,则岂但俄国今天确乎要成为德国的附庸,四强弱了一强,即其他三强之命运如何,也正在不可知之数。若说马克思主义尽可适用于其他国家并使其真正富强,独独中国是例外,中国有孙中山主义,而孙中山主义是与外来科学思想不能相容的,这就更荒唐了,这就并不是诽谤外国的马克思主义,而是诽谤本国的孙中山主义了。谁都知道,正是孙中山先生本人,第一个觉悟到国民党改组以前的固有方法不好,因而决心学习俄国革命中马克思列宁主义的"好方法"。民国十三年孙先生给蒋介石先生的一封信里说:

"革命委员会当要马上成立,以对付种种非常之事,汉民精卫不加入未尝不可。盖今日革命非学俄国不可,而汉民已失此信仰,当然不应加入,于事乃为有济,若必加入,反多妨碍,而两失其用,此固不容客气也。精卫本亦非俄派之革命,不加入亦可。我党今后之革命,非以俄为师,断无成就,而汉民精卫恐皆不能降心相从。且二人性质俱长于调和现状,不长于彻底解决;现在之不生不死局面,有此二人当易于维持,若另开新局,非彼之长。故只好各用其长,则各有裨益,若混合做之,则必两无所成。所以现在局面由汉民精卫维持调护之,若至维持不住,一旦至于崩溃,当出快刀斩乱麻,成败在所不计。今之革命委员会,则为筹备以出此种手段,此固非汉民精卫之所宜也。故当分途以做事,不宜拖泥带水以敷衍也。"

在这里,孙先生不但对于马克思列宁主义的科学方法能否和应否适用于中国的问题,做了明确的结论,而且对于当时国民党内一部分顽固地墨守固有方法,顽固地反对马克思列宁主义,"不能降心相从"的人,也做了公允的评价,这些结论和评价,都已经被后来的历史所一一证实了。

　　共产国际的解散,使我们对于国际主义也可以有同样进一步的认识。国际主义,并不是共产国际存在的结果,而是共产国际存在的原因。如果这个真理,在共产国际存在的时候,有些人还是看不清的话,那么在共产国际解散以后,就应该完全看清了。觉悟的人类,有这种国际组织也好,有那种国际组织也好,甚至完全没有任何国际组织也好,其不分国家民族而团结一致,是一件再自然不过的事情。

　　而另一方面,他们无论有一种什么形式的国际团结,总一定自始至终,忠实于其本民族的真正利益,这也是极其显然的。世界上决不可能真正有一个什么民族的特殊利益,要以牺牲其他民族或全人类的利益为条件,也决不可能有一种什么全人类的国际利益,要以牺牲某一民族或各个民族的利益为条件。无奈有些人硬像看见了什么似的,硬说一个国际组织对于一个民族是如何如何的"不妙"。那么看事实吧,以前美国共产党曾不得已而首先退出共产国际,这对于美国共产党的政策究竟有什么影响呢?现在共产国际解散了,这对于(比方说)中国共产党与日本共产党的国际团结又有什么影响呢?唯一可说的影响,就不过是证明了那些造谣者的破产罢了。

　　中国现在还有人要趁这个"最后"的机会,伪善地"称赞"共产国际的解散是国际主义特别是苏联的国际主义的"结束"。共产国际的解散,确如斯大林所说是"恰当和适合时宜",而这种宣传,却应该说是极不"恰当和适合时宜"的。这种宣传极不恰当,因为第一,这些宣传者自称是孙中山先生的信徒,却再一次忘记了孙先生的遗教。孙先生正是在他的民族主义讲演里说:"俄国新变动发生之后,就我个人观察已往的大势,逆料将来的潮流,国际间大战是免不了的。但是那种战争,不是起于不同种之间,是起于同种之间,白种与白种分开来战,黄种同黄种分开来战。那种战争是阶级战争,是被压迫和横暴者的战争,是公理和强权的战争。……推到全世界,将来白人主张公理的,黄人主张公理的,一定是联合起来;白人主张强权的,和黄人主张强权的,也一定是联合起来。有了这两种联合,便免不了一场大战,这便是世界将来战争之趋势。"

可见孙先生自己,就是集民族主义和国际主义于一身的人。第二,这些宣传者自称是国民党人,却忘记了从大革命到抗战,受苏联的国际主义最慷慨最大量的帮助者正是国民党。第三,这些宣传者甚至拙劣地引证斯大林的意见,承认共产国际的解散是"揭破了希特勒匪徒关于所谓'莫斯科'意欲干涉其他国家生活并使之'布尔塞维克化'的谎言",然后又紧接着说,莫斯科过去确是意欲使其他国家布尔塞维克化的,这在逻辑上就不免使自己与希特勒的区别糊涂起来。这种宣传又极不适合时宜,因为第一,现在正是孙中山先生所说公理与强权的国际战争时代,全世界大多数国家民族都已经联合一致,向人类公敌法西斯主义并肩作战,并且正在为最大限度地加强这种战时的和战后的国际团结而努力,因此就应该大大提倡国际主义,而不应该稍微减弱国际主义。第二,即使对于法西斯集团国家的人民和士兵,也只应该大大宣传国际主义,来打击法西斯的狭隘民族主义的欺骗,争取他们走到反法西斯战线方面来,而不应该相反地和法西斯的反国际主义宣传同流合污。第三,在中国来说,加强国际主义的宣传更是迫切需要,因为中国的抗战正在最困难的时期,不但急须开展瓦解放军的斗争,尤其急须取得同盟国以更大的国际主义精神来给予我们更大的军事援助,在这个时候来宣传中国民族的利益与全人类的利益有何矛盾,与整个反法西斯国际战争的利益有何不相调和,当然是非常有害,应该立刻"结束"的。

共产国际的解散,又使我们可以更正确地认识中国共产党,而切实消除过去一切关于它的误解和妄说。今天再没有人能够抹煞事实,不承认中国共产党是中国最民族化的政党了,审查一个政党的民族化,应该有些什么标准呢?应该看这个政党是否与这个民族的广大人民打成一片,得到他们的本心的拥护;应该看这个政党的主张是否适合民族和人民的需要,能使其达到自由幸福的目的;应该看这个政党是否确实一贯为民族和人民的利益而牺牲奋斗;应该看这个政党是否相信和能否发动本民族的人民的创造力量,自力更生,而不依赖或等待外援;应该看这个政党是否能继承这个民族的真正良好的(而不是坏的,早已过时而应该抛弃的)传统作风,并使之与民族的和世界的新鲜事物相结合而发扬光大。从这所有的标准来看,中国共产党都是一个最民族化的政党,在中国所有各政党中,它应该考第一名。

共产国际解散的主要结果之一,就是推动了全世界反法西斯国家的国际与国内团结。中国国内团结的中心关键,就是国共两党间的关系。不可讳言的,这种关系今天还有很多缺憾。同样不可讳言的,过去国民党内一部分人借以反对共产党的理由,就是中国共产党曾是共产国际的支部之一。现在这个"理由"已经消灭了。因为共产党相信马克思主义或国际主义而加以反对之不能自圆其说,我们也在前面讲过了。现在已经没有任何理由,不迅速地将两党间的关系予以调整和改善。国际的形势,一天比一天更加有利于中国的抗战,一天比一天更加不利于日本法西斯,但是环顾国内,一方面虽有八路军、新四军、抗日根据地的民兵,和其他英勇军民的艰苦奋战,虽有陕甘宁边区的积极发展生产,援助前线,改善民生,一方面却是大后方的民生憔悴,士气消沉,这种险象,起于亟待全力准备反攻的今日,真不禁使我们忧心如焚。但是我们相信,只要国内团结能够增进,一切问题都还是不难解决的,国民党人既然十分欢迎斯大林五月二十八日答复英记者的信,那么,他们当然是准备实现斯大林关于加强反法西斯各国国内团结的希望的。我们共产党人,愿意诚心努力与国民党人协商,来共同实现斯大林的希望,并且希望国民党当局能够实现蒋委员长民国二十六年九月二十四日的谈话,实现民国二十七年三月的抗战救国纲领,实现民国三十一年十一月国民党十中全会"对内必须共同团结,共示精诚无间之决心",和对共产党"一视同仁,不特不予歧视,而且保障其公民应得之权利与自由"的诺言。果能如此,则国内困难必可克服,抗战胜利必可促进,中国就算是没有错过今天世界反法西斯战争的有利条件,没有辜负共产国际解散这一件大事了。

（原载一九四三年六月二十七日延安《解放日报》）

13.周恩来关于共产国际解散后,国民党对中共的方针和中共目前对策问题致毛泽东电

毛主席:

在共产国际解散的提议书到后,我们搜集了两方面情报,于本月四日开南局①会议,估计国民党对我方针,并决定我们初步办法如下:

一、估计国民党对我方针:

(甲)抓紧时机及趋向采取政治解决,辅之以军事压迫。一方面企图逼我们,另一方面暗示日寇缓攻。

(乙)政治解决以交出军权、政权为主,至少是军令、政令统一,而最高要求亦有可能重演出溶共政策。

(丙)局部压迫。在军事上,主要在华中、山东进攻;对边区,企图在宁夏方面是其可能冲入的一角;对华北可能多以伪军作为进攻我们的桥梁。在经济上,将更加紧封锁,有可能经过特务与敌伪合作。在政治上,大后方必更加加强宣传攻势,发展自首运动,特别是秘密突击,以进行秘密暗斗。

(丁)为加强宣传攻势,对内必着重于理论反共;对外必着重于政策反共。至要求政权统一,则对内与对外均用之。其方法,如从内部宣传指示,到公开在报纸、杂志、座谈会、报告、小册子上的曲解、造谣、污蔑、攻击,直到文艺各部门。

二、我们目前对策:

(甲)集中力量,多多反映各方面,主要的是当局方面意见。

(乙)主动地向各方面主要是国民党方面,多谈论边区问题及有关问题。

(丙)对国民党谈话内容,着重在麻痹和分化顽固分子,争取广大同情。

(丁)对民主运动方面谈话内容,着重在研究民主合作实际问题、道路问题及实施政策,以教育民主分子。

(戊)宣传对策:在重庆积极宣传抗战,用各种办法宣传我方抗战及建设成绩,宣传各方坚持团结与民主的主张和事实,宣传马列主义的普遍真理,辅

① 即指中共中央南方局。

之以揭发敌伪的某些阴谋和当局政策的矛盾,其方法应特别注意民族化。

(己)外交的活动和宣传应加紧,更加强和美、英自由主义者的实际的联络。

(庚)内部组织却应一方面提高我们〔的〕政治警觉性,另一方面加强我们的责任心和创造性。

(辛)动员党内外干部讨论问题,并发动他们提出今后意见,尤其是要注意马克思主义中国化的具体问题。

恩来

一九四三年六月四日　渝

(选自《南方局党史资料·统一战线工作》,重庆出版社,一九九〇年)

14. 第三国际的解散(读报杂记)(伊人)

共产国际(一名第三国际)诸领袖提议并通过了解散作为国际劳工运动指导中心的共产国际,解除共产国际各支部对共产国际的章程及历届大会的决议所产生的各种任务。就共产国际本身而言,今天毅然出此英断,确有远见卓识。

或问:第三国际为什么要这样决定? 自马克思的倡导,工人组织的形式是国际的。然第一国际存在仅八年,终以不能继续,而宣告夭折。第二国际存在也不过二十五年,由上次欧战爆发之日起,国际主义就一变而爱国社会主义,第二国际即于无形中解体。第三国际成功,一九一九年三月,各国共产党生活于世界革命的号召之下,受着共产国际的指挥,直到于今。我们不妨这样假定:共产国际的存在,是为着世界革命,从这点看,至少,今天谈世界革命,似颇不合时宜。因为:第一,现在人民所从事的是战争,是反侵略战争。在同盟国内的共产党,最大及唯一任务,乃援助本国政府,拥护祖国,反对侵略。这就不是世界革命的形势,所以第三国际也就无须存在了。第二,自史达林执政以来,国家本位的社会主义的理论及建设均已获得实际成功,托洛斯基派的世界革命理论已归清算,苏联国内爱国的民族主义也在抬头。这次抗德战争中,苏联人民所表现的爱国情绪何等忠勇! 可以说,今日的苏联也与抗战的中国一样,是"国家至上","胜利第一"。国际主义的形式慢慢不适用了,"工人无祖国"的口号落伍了,世界革命的远景淡漠下去了。第三,共产国际已有自知之明,像这次解散宣言所陈述的两件旧事,都足资证明:共产国际已趋向于尊重各民族的独立性及特殊性。一九四○年十一月美国共产党退出共产国际,那件事虽说是为要使美国共产党不受佛里斯法案的束缚,而仍能在美国取得合法与公开的活动,然在精神上,或多或少的已放弃了国际主义。照上述三点观察,我们认为共产国际的解散,很合理,也很自然,不问其原因如何,动机如何,其结论将归宿于:放弃世界革命,而代以"国家至上","胜利第一"。

今后中国共产党将怎样演变呢?依据中共党章,中共本为第三国际之一支部,今共产国际既已解散,则今后中共将自成一独立组织,或将考虑是否仍将存在,此诚为国民所关心的问题。中共在抗战开始,曾宣布放弃阶级斗争,终止土地革命,解散苏维埃政府,愿为三民主义实现而奋斗。中国革命所需要的主义政制绝对不是马克思列宁的共产主义和苏维埃政制,此已由中共自己作了公开表示。现在领导中共的共产国际复又自动解散,并使所有共产党人与工人前锋均须支持其祖国政府作战到底。第三国际今日明智的行动,似乎正是今后中共应采取的行动之指针。

(原载《中央周刊》第五卷第四十二期,一九四三年六月)

15. 从共产国际的解散展望世界各国共产党的前途(叶青)

我在《论共产国际底解散》一文中曾说明共产国际底解散是共产国际任务终止和世界革命运动之终止。这是正确的见解。如此,那我们便可进一步指出共产国际底解散,是世界共产党运动之终止了。换成别的话,共产国际底解散,表明一九一九年以来遍于世界各国的共产党运动,走上了消沉底道路。

为甚么呢?

首先,从主义上看。

共产国际所崇奉的主义是共产主义,即马克思底社会主义。马克思底社会主义与其他社会主义底不同之点，当为国际主义与阶级斗争二者。不论怎样，此二者实为最大的分别。因此它们可说是马克思社会主义底特征或重要特征。否则便无所谓马克思社会主义了。

关于国际主义，马克思说："劳动者的解放不是一个简单地方的或民族的问题，反之这个问题关系一切文明国家，其解决必然系于它们的理论与实践的协助。"所以他又说："至少各文明国家底无产阶级底共同行动，是他们底解放底基本条件之一。"因此，"共产党人与别的工党不同的地方只是……他们在无产阶级底国内争斗中要指出无产阶级超于民族的共同利益，而且要把它放在前面。"那末，共产党就根本不是国家的党了。诚然。共产国际即以此为原则而成立起来。各国底共产党只是这个国际共产党底支部，并非独立的组织。从而我们又可知道共产国际之高唱世界革命，亦有其原因了。

这样，共产国际底解散不就是国际共产党底解散吗？既然共产党应该是国际的，那么共产国际底解散就是共产党底解散。虽然各国共产党依旧存在，但已经是民族的而非国际的了。它变质了。否则便只是一个支部遍于世界的共产党解散后所剩下的残余。正如受车裂之刑的人，虽然死亡了，其各部分肢体还是存在一样。

关于阶级斗争，这是马克思社会主义底方法，所以消灭私有财产，实现共有财产的。它在理论上有本质的意义，因而又是马克思社会主义底原则。凡此，一看《共产党宣言》便可以知道。共产国际不仅是遵守阶级斗争和实行阶级斗争，而且是高唱阶级斗争的。它底成立，这是其原因之一。因此它主张无产阶级专政。对于社会国际（全名为社会主义工人国际），即第二国际，则指为阶级妥协，骂为机会主义。这种斗争，从共产国际成立之时起，没有止息过。

那么共产国际底解散不就是意味着阶级斗争底放弃吗？是的。这在其执行委员会主席团底解散决定上表示得很明白。它把共产党底政治任务看成是"全力支持并积极参加反希特勒联盟的各民族和国家的解放战争"。因此，它主张"最广大的人民大众……不分党派……团结"起来。这样，尚存在于各国的共产党就不能不实行阶级妥协，而与它们在共产国际中所责骂的社会党、劳动党、社会民主党一样了。这些党曾随着社会国际遭受共产国际之死亡责骂而遭受共产党的死亡责骂。那么共产国际底明白解散和自动解散又怎么不是各国共产党底讣告呢？当然，各国共产党还是存在着，但却不是共产国际未解散时的样子。今后它们可以"不分党派"地去"团结"了。它们在本质上要发生变化。

以上是从马克思底社会主义方面说明共产国际底解散即为世界共产党运动之终止。换成别的话，依照马克思底社会主义，共产国际底解散就是近二十几年来兴起的共产党运动宣告结束。

其次，从政治上看。

共产国际是马克思社会主义底政党运动之异军突起。原来这个政党运动在共产国际以前可称为社会党运动。在有些国家，则不叫社会党而叫社会民主党或劳动党。但皆属于社会国际或第二国际。并且它们有同样的作风。在共产国际，往往概视作社会民主党。这样当然是对的。但这个政党运动经过了十几年之后俄国底社会民主党出现了显明的对立的两派，即多数派和少数派。多数派在俄文为布尔塞维克，于一九一七年完成俄国革命，掌握政权。列宁以多数派之名毫无意义，改称共产党，以恢复马克思在一八四八年写著名宣言时所用的旧名。及到共产国际成立，统一名称，把它底各国支部悉称为共产党。从此开始了共产党运动，于第二国际之外有一个第三国际了。

共产国际在政治上与社会国际有很大的不同。它因为高唱阶级斗争，遂高唱社会革命。它主张以暴力方式推翻有产阶级底统治，建立无产阶级专政。它倡导独裁，否认自由。它把民主政治看成有产阶级专政予以反对，把苏维埃看成无产阶级专政底形态竭力主张。此外，还有种种不同的地方，如工农联合等。但最足以表示其特征的，应是激烈的阶级斗争、暴力的社会革命、独裁的无产阶级专政。由于暴力和独裁，共产国际实为二十世纪底甲谷班（Jaotins），红色的（或赤色的）甲谷班。这里，我们想起了共产国际自恃为红色国际，而把社会国际看成黄色国际之一事。红色表示革命，黄色表示改良。所以共产国际底作风是激烈的、斗争的、暴力的、独裁的，与社会国际之温和的、妥协的、和平的、民主的气质迥不相同。

共产国际所有的这种政治作风,或者说政治上的特殊色彩,从何而来呢?很明白的,来自俄国底布尔塞维克。如果要它命一个名,那就是布尔塞维克主义。这与温和的、妥协的、和平的、民主的政治作风之被称为社会民主主义者处于对立地位。共产国际要各共产党布尔塞维克化,因此竭力反对社会民主主义。由于列宁为布尔塞维克领袖之故,布尔塞维主义又被称为列宁主义。虽然共产党人以为列宁主义有丰富的内容,但就有的斯大林著作《列宁主义底基础》一书看来,列宁主义如果不是布尔塞维主义,便没有一贯的精神,不能成立。所以当社会国际主张马克思主义时,共产国际则主张马克思列宁主义。

那么共产国际底解散,岂不意味着布尔塞维主义底终止吗?诚然。各国共产党从此丧失其布尔塞维克精神而社会民主主义化。解散决定之强调“爱好自由”,“反对法西斯”,主张“全民解放”及“民族和国家的解放”,其政治意识在实际上与第一次世界大战时的社会国际相同。尚未随共产国际之解散而解散的各国共产党,亦与第一次世界大战时的社会民主党相同。它是变质了。就是道地的布尔塞维克,亦复如此。

以上是从多数派底政治作风方面说明共产国际底解散即为世界共产党运动之终止。换成别的话,依照多数派底政治作风,共产国际底解散就是近二十几年来与社会党运动对立的共产党运动之宣告终止。

很对。总括一句,从马克思底社会主义和多数派底政治作风上看,共产国际解散确实意味着世界共产党运动底终止,因此也就意味着各国共产党底终止了。那末各国共产党还有甚么前途可言呢?当然没有。

不过从事实上看,共产国际底解散只是世界各国共产党底联合或中枢之消灭,而世界各国共产党则依然存在。这似乎谈不到终止或结束。难道世界各国共产党还不是世界共产党运动底基础吗?

诚然。但这只能就组织可言。若就政党来说,一个完全的政党须具备主义、政策(纲领亦可看作政策包括在内)、组织三者。主义是目的,政策是方法,组织不仅是主义底方法,而且是政策底方法,亦即方法底方法。因此可说政党是先有主义后有政策和组织;亦可说政党在有组织后必有主义和政策。共产党与社会党不同的,在主义上是高唱国际主义和阶级斗争,在政策上是主张布尔塞维主义,现在这些皆因共产国际底解散而放弃。那么,共产党就与社会党无别了。丧失特殊性即丧失生存权。共产党是不必要了。它所以存在的是组织,一种形式,有如无灵魂的躯壳。

当然,人底死亡是灵魂先消灭,躯壳后消灭。这就是说,躯壳消灭得慢,要经过很长的时期。而在灵魂方才消灭之时,躯壳还如生活着的一样,皮色新鲜,筋肉跳动。明白这点,那末,现在世界各国共产党之依旧存在,而且同共产国际未解散时一样,便不足怪了。但是它们要步那种躯壳底后尘,皮色渐渐变坏,筋肉渐渐腐化,最后至于化为泥土。这当然是一个长的过程,但却不可避免。

老实说,共产国际底解散就含有各国共产党要各应环境自己打算的意思。因为解散理由是各国情形特殊,非共产国际所能为力,要各国共产党自己去解决。而为了反对希特勒,各国共产党要"不分党派"去谋团结,去参加反希特勒联盟。这所谓解决、团结、参加,是完全自由的,因为共产国际底解散就把各国共产党对于历次大会决议的义务解除了,自可不受任何拘束。这种自由底发展是值得注意的。

从此,各国共产党可有几种情形发生。

第一是变化。这就是说,有些国家底共产党要发生变化。虽然各国共产党在共产国际解散时业已发生变化,有如社会党了,但在将来还要变得更像或者更坏。共产国际存在,对于各国共产党形成一个环境,并有一种力量临于其上以致互相维系,可以保持其本来面目。共产国际解散后,环境一变,力量消失,自易丧其所守。那就不免要变质或变坏了。这是可能有的一种情形。

第二是合并。意即有些国家底共产党要与别的党合并。所谓别的党,当然是社会国际中的党即社会党、劳动党、社会民主党等。因这种党在欧美各国往往有强大的组织和势力,共产党要小些,有时小得很。过去共产党反对它二十九年均无如之何,自己发展不起来,现在又须与联合以共同反对希特勒,为甚么不可合并呢？英国共产党之要求合并于英国劳动党(即工党),即是一个现实的例子,这是已经有的一种情形。

第三是解散。有些国家底共产党要走上解散之途。合并不得的,在无法继续存在时,自不免要宣告解散。而在有些国家,共产党感到处境困难时,亦不免要宣告解散。至于根本不需要共产党的国家,此种解散尤为无可避免。总之,解散成为各国共产党底一种前途。共产国际已经给与一个模范,或造成先例了。共产国际可解散,各国共产党又怎么不可解散呢？

第四是衰弱。各国共产党在共产国际解散后不发生变化、合并、解散的往往要走上衰弱之途。共产国际底解散,使各国共产党失掉援助。此种援助或为政治上的指导或为声势上的作用,至为不一,而对原来幼稚或微弱的共产党,则这种失掉援助还有如一个打击。另外就是在各国共产党发生争执时,无上级的仲裁,不免趋于分裂。但无论政治底错误、声势底削弱、争执底不可解,都是要陷共产党于衰弱之境的。所以衰弱也是可能有的情形。

现在,我们说到这里为止。总括看来,共产国际解散后,各国共产党底命运如果不是变化,就是合并;不是解散,就是衰弱,前途实未可乐观。而把苏德战争发生以后世界革命形势一加展望,更其如此。苏德战争发生,苏联受了德国底侵略和蹂躏,损失甚大,世界革命从此就采取守势,一变而为保卫苏联了。此种保卫工作非常紧张。其需要援助十分迫切。为了这点,不得不解散共产国际。而解散共产国际就是世界革命底守势之进一步的发展。这里,我们可以说世界革命潮流低落业已达到极点。这是铁的事实。共产党,从主义上高唱国际主义和阶级斗争、政治上的大叫布尔塞维主义为特色的国际亦复如此。它底成立和主张俱可作为证明。那末当世界革命潮流低落业已达到极点之时,共产党还有什么前途呢？它底国际组织既已解散,则它在各国的组织之趋于解散或合并、变化、衰弱,便是不可避免的了。所以世界革命潮流低落底形势,就是各国共产党走上解散或合并、变化、衰弱之途那种断言底保证。

因此,我们可以说,共产国际底解散指出了世界各国共产党前途。从此以后,世界各国共产党不是解散,就是合并或变化或衰弱,绝对没有发展可言。俄国多数派改组为共产党以来的世界共产党运动,宣告终止了。

（原载《中央周刊》第五卷第五十一—五十二期合刊,一九四三年八月）

16.第三国际解散与马克思主义(郑学稼)

十月革命,在二十世纪历史中,所占的重要地位,确如当日目击革命状况的美国布尔塞维克同情者约翰·李得所写目击录的书名:《十月震撼了世界》,不仅世界震撼了,而且世界的文化也因之涂上一层红的色泽。

一个国家的文化,能够迅速地影响全世界,除了它的特点或优越性之外,便要靠有组织的宣传。十月革命政权对于后一工作,干得十分好。它成立第三国际,虽然还有别的更紧张的任务,而就宣传新的,或自称为正统的马克思主义的文化而言,的确是达到了目的。

那么,能否说:十月革命政权所宣传的,或对于世界有影响的文化,就是马克思主义呢? 我说是不可能的,正像人们到时势变化时一再声明"世界革命"是"不难看出的"。带着世界性的文化,也含有丰富的民族性。因此,十月革命政权所宣传的文化,是斯拉夫式的马克思主义。

这种主义,表现于代表人类思想的文字或语言中,就是带有世界性的"苏维埃"、"五年计划"、"斯达哈诺夫运动"、"人民委员会"、"布尔塞维克"、"集体农场"、"无产阶级专政"。这些范畴,给以全世界思想上的作用或反作用,交织成一部二十世纪的初期历史!

一般的思想,多是形式的,只有第三国际各机构向全世界所宣传的思想,却带着似乎是确实的内容。我这里用"似乎是"的形容词,并不过分;因为把存在内容过火地宣传,尽管在忠于斯拉夫民族那一点上,是值得赞美,而就事物之本质来说,未免离开了现实。正像常人脑中的花好月圆,过火宣传的"现实",也早就开始了变质。如果我们能相信文化带着惰性,那么,我们便有理由明白,受第三国际宣传影响的人们,对于已变质之十月革命政权所手创的文化,除真正理解者外,难有正确的认识。为什么呢? 因为十月革命是震撼世界的革命,而革命又武装着已影响——如不说是支配——世界文化的马克思主义。

可是,观念的逻辑,不能超越事实的逻辑!因此,变质的文化终有一天在世人面前显露它的真面目。这一过程本来是冗长的,现在却为着它的宣传机构第三国际的死亡,而缩短了时间。

第三国际的死亡和它的出生,却带着浓厚的神话性,目前对那神话的散布,正像在它成立后的宣传。一般哲学家只说:"凡是存在的,那是合理;凡是合理的,都可存在。"只有那些散布者和宣传者却反过来说:"凡是存在的,固然合理,而不存在的,也是合理。"因为,他们不是按任何的事实逻辑走,而且皈依着超越现实的概念逻辑,它又叫做辩证法。

无论如何,第三国际的辩证发展,不是向更高阶段的"扬弃",而向死亡之路走去!对这种异常的辩证发展,如果愿加以留意,那对于第三国际过去在世界文化中所显示的作用,便有新的估计。这种新的估计是必然的,因为第三国际的生和死,本算是一宗震撼世界的大事。

在那一系列新的估计中,我们应说的,是列宁所强调的"无产阶级专政"。依他在第三国际成立会中的演说,这种专政是真正马克思主义的内容,为着受机会主义第二国际的曲解,几乎被人们忘却。他不过使忘却的马克思主义核心重现于世人之前,而且用手创的十月革命政权对世人指示:如果人类确是政治的动物,那么,这一条路是必经之路,总要走上的,只是时期的先后。受他的个人革命先躯和离奇史迹所迷的人们,能够反对他的意见吗?我们虽然不敢说"不能",而反对他的人们,不管有任何个人的辉煌事业,也经不起列宁的反攻。这最好的例证,是考茨基的"没落"。凡是读过列宁所著《无产阶级叛徒考茨基》的人,可以承认这例证。

当然,一个理论的真实性,是用历史的尺度,不是用临时的事业。依列宁的说法,资本主义社会向社会主义的发展,要经过无产阶级专政的阶段。在这阶级中,无产阶级靠着自己的政权,使自己变为存在的阶级,而后皈依"历史的规律"(应该说皈依马克思主义的规律)任国家慢慢地死亡。也就是,经"社会主义",而飞跃入"共产主义"。因此,依列宁的说法,无产阶级专政是跨入"自由王国"的桥梁。问题在此:列宁所手创的政权,是否沿列宁的概念逻辑走呢?一系列的事实为我们证明:无产阶级专政不能实现列宁的天国,因为自由女神惧怕着暴力。马克思在《资本论》第一卷中曾说："资本家到地狱之路,是用善良意见铺成的。"现在,无产阶级专政的信徒,到天国之路,却用成活的人血。一切都是血涂的,而暴力就是血的工厂。过去,一切为着马克思主义,现在一切为着民族主义。民族主义一与无产阶级专政相结合,罗星诺夫的光轮又复映射出来。到这阶段,不仅国家没有衰亡的象征,统治反更加强。

《列宁主义概论》的作者,曾有一个著名的定义,说："列宁主义是帝国主义时代的马克思主义。"由这定义逻辑下去,等于说,马克思主义只适用于帝国主义阶段以前,到帝国主义时代就变为列宁主义。可是,过去第三国际的信徒,却自称为"马列史主义者"。史大林主义是什么呢? 还没有人给与一个定义。但它该和"一国社会主义"有关,因为这一学说,是他所热心的。在帝国主义包围的世界中,一个无产阶级专政的国家,可以单独实现社会主义,这比列宁的主张似乎更具体化。第三国际信徒,不只一次说:十月革命的政权已进入社会主义,若使这是事实,那么,依列宁在《国家与革命》中的说法:社会主义的生产力高过资本主义,何以在这次大战争中生产的奇迹,却在大西洋的彼岸呢? 角色是派定了,广告和预约券已发出了,可是谁也没有把握说出它的开演期,这就是进入天国的桥梁之无产阶级专政的本质。

无产阶级专政是第三国际存在的前提,当这前提变质与动摇时,第三国际的任务——"世界革命"自然也随而取消。这是我要说的第二点。

马克思主义之核心是否无产阶级专政,暂不说它,而世界革命是马克思主义的骨干,却为无可争辩的事实。早在一八四八年的《共产党宣言》中,马克思本着他后日得意的发明品——唯物史观,从资本主义的世界性,逻辑出无产者的世界性,主张世界革命。并用一句驰名的格言:"全世界无产阶级联合起来哟!"为马克思主义国际的行动格言。第三国际既本着这一格言,创立它的各国支部,又把这句话印在各国支部的机关报上。因为第三国际是为这任务而努力,所以他自称为"世界革命司令部"。二十余年这司令部,曾颁布无数次的战斗命令,至于它的命令都难有精确的计算。我大概为它开列下面的清单:第一,开始强调世界革命,后来宣布革命不输出。第二,一度声明"国联是强盗分赃的机关",又后来改称"国联是和平的机关",到国联成为芬兰的祖护者时,又宣布它是不值得什么!第三,当自己从事世界革命时,骂社会民主党员为"社会法西斯",并命令德国共产党为着反对德国社会民主党,而选举希特勒,到纳粹登台,它又以"联合战线"的口号,向"社会法西斯"伸友谊的手。第四,不只一次声明法西斯的罪恶,并用"人民阵线"去对付,但到情势的发展对自己有利时,又以"希特勒主义和别的主义一样,可以赞成,也可以反对"的理论,与希特勒合作,不久又认识纳粹的真面目——"侵略主义"。耶稣说:人们要打你的右脸,你再给他左脸。第三国际虽然不是耶稣主义者,却今天打自己的右脸,准备明天再打他的左脸。任何事物,在第三国际看来是变动的,可以是也可以非的,只要对第三国际的父母有利就够了。像这样的司令部,会有什么奇迹呢?在这里?我们可以了解第三国际解散的必然性。目前人们还在说,第三国际的解散,是为着适合个别民族的要求,是适应各民族历史的特性。各民族历史的特性,当马克思未出娘胎前,早已存在了,为什么马克思不知道它,还拼命在大英博物院中创造着世界革命的理论,并创立第一国际?同时,如果我们把第三国际的各支部,视为总司令部下的各集团军,现在为着各集团军适应各自独特环境而运用其战术,宣布总司令部的组织为不必要,这是根据何种的军事科学呢?若使,还有人相信第三国际的解释,那这个人的概念逻辑,必然是太阳绕地球走!

正因为影响二十世纪文化的"无产阶级专政"与"世界革命",成为批判——如果不说是不——的对象,所以,在第三国际正式向世人告别,人们必然地将眼光回顾到马克思主义的本体。这是我要说的三点。

我这里所说的马克思主义本体,是指他的哲学、社会科学和经济学。马克思主义的哲学,就是辩证唯物论;社会科学就是历史唯物论;经济学就是资本论三大卷所研究的内容。

一般人都知道:马克思的哲学,是结合佛儿巴黑的唯物论与黑格尔的辩证法。依照他的解释,人生思维是物质的产物。但在某些地方,马克思又说:当一个思想可以支配大众时,这思想本身也具有物质的功能。这是十分含混的说法。如果说:马克思的哲学,是建立自己的体系,不对唯物论或唯心论有所偏袒,那上面含混的说法,还不失为一种理论。可是,马克思在哲学思想史中,曾有一个给后人以很坏影响的功绩,即强调唯物与唯心的分野。既然强调这一分野,而自己又不能否认精神的作用,这是马克思哲学的特征之一。其次,数十年来,在哲学思想领域中,由于第三国际建立,辩证唯物论占一优越的地位,但同时许多别的科学,却在否定马克思所强调之物质的决定作用。弗洛伊德的心理学,是他的活证。虽然弗氏强调"性"在精神作用中的地位,值得我们的研讨,并曾受若干的责难,但他之医治精神病象的理论,总非马克思的哲学所能说明。过去,人们对于非马克思哲学所能说明的问题,为着第三国际的威权而忽视,此后,由于这权威的死亡,必然地要加以重新的估计。

马克思主义者常常指摘别人的思维是抽象的唯心的,而称自己的学说为合现实的。但马克思的唯物史观,却不能证实马克思主义者的估计。唯物史观有一个显明的、为众所周知的社会发展的公式,即以为人类社会的变迁从原始共产主义社会——封建社会——资本主义社会——无产阶级专政——社会主义社会——共产主义社会的公式。这个公式,没有一个国家的历史发展可以证明它。它只是编社会发展史之类教科书者便于初学人们的教材,而不是人类历史的真实。因为没有一个近代民族国家,是按这程序而发展的。其次,马克思所生存的十九世纪,历史的研究,还没有近代的成绩,若干的重要文献,还未发掘。就以马克思主义者所自夸之英国资本主义发展史而言,在《资本论》第一卷"劳动日"以下各章中的论述,并不及现在英国历史学派著作的高明。因此,对于英国史,马克思不知"市镇经济阶段"中之后复杂的发展,以为"协作——手工厂工业——机械工业"这个公式,足以说明英国资本主义的特征。第三,缺乏对英国历史之整个知识的马克思,将克伦威尔的革命,视为反对封建的革命,又急速地创立"封建社会——资本主义社会"的公式。——这个公式在中国发生了很大的作用。今日中国自称为马克思主义的历史研究者,都从这一公式证明中国历史中所经的"封建阶段"。我们固然要重视这一问题,但却不必多花脑力。只要质问一点:若使人类历史的发展,有一阶段确如马克思的指示,是由封建社会到资本主义社会,那么,查理曼时代的欧洲,是否封建的欧洲呢? 如果是,那么,查理曼时代的封建社会,能说比希腊及罗马之黄金时代更加进步吗? 人类历史的发展,是遵照各民族的具体条件决不是唯物史观可以全部说明。在这里,我们可以明白:唯物史观是澈底的唯心史观。

马克思的经济学,是发挥英国古典学派学说的产物。从古典学派的展开看去,马克思的劳动价值论,是一个完成品,因为李加图的思想,只有马克思的价值论能够使它成为一个体系。问题不在于马克思对古典学派曾完成何种的贡献,应在于马克思的体系是否正确。依我个人十余年来研究马克思体系的感觉是如此:马克思价值论中的根本问题,和马克思的哲学,很难和谐。在劳动价值论中,马克思以为商品价值的内容,是抽象劳动,这种劳动又和具体劳动相对立。那么,试问:抽象劳动是何种的范畴呢? 既然它和具体劳动不同,那是无从摸索的,是非血肉的;没有定性的东西。用具有这种特殊性的东西,决定商品的价值,不是和物质决定思维的哲学相反吗? 这是第一点。过去马克思主义者,如费尔希丁,如鲁平,一再说:马克思的价值范畴,是带社会性的。费氏在《庞巴卫克是马克思的批评家》中,指摘奥大利学派缺乏这一认识;鲁平在《劳动价值论》中,强调抽象劳动是社会形式,都从这一概念出发。若使说价值的范畴是社会性,那就等于说价值只存在于某特定的社会,由这结论出发,若干马克思主义者认为价值是资本主义社会的产物,以研究价值为中心之经济学,也是资本主义社会的科学。因此,价值是历史的范畴,经济学是历史性的科学。但,另有些"马克思主义者",尤其是史大林主义者,却指摘上述的理论。他们说,如果把抽象劳动视为无物质内容的范畴,怎能解释马克思的唯物论? 如果把经济学视为研究资本主义社会生产法则的科学,那"已进入社会主义社会"的苏联经济,怎会还有经济学的各范畴? 因之,他们一致指斥鲁平论。自然,我们不是为着史大林主义排斥鲁平,接着作下井添石之举,我们却由此明白,马克思的哲学和抽象劳动的概念,有不可调合的矛盾。因为,若使鲁平的批评家的话是合理,我们可以问:如果说抽象劳动,不是视之不见,听之不闻的范畴,那它和具体劳动怎能分别呢? 如果抽象劳动不是历史的范畴,可在各社会中存在,那么马克思所批判之各家的经济学定义,不是自相矛盾吗? 这是第二点。从价值论出发,马克思曾建立了别的规律。如劳动预备军、贫困累增、资本主义危机等学说,自然也值得我们的研究。至于《资本论》第三卷中，马克思对地租发展之史的论述，缺乏历史知识及其所造成的错误，过去为着第三国际的存在，很少人敢公开地非难的；此后，由于人类的健全思想，从第三国际权威中解放出来，可以断言，对于马克思主义，必有新的研讨和结果。

我还要连带地说一点：在目前马克思主义的分野中，除了列宁主义、史大林主义外，还有考茨基主义和托洛斯基主义，考茨基自从被列宁谩骂后，在第三国际光轮照射下，几乎退到暗室中。但这不是说，他的批判布尔塞维克主义的意见，就失去价值。我相信，由于第三国际的解散，和考茨基对无产阶级专政估计之若干的正确，考茨基的思想，在此后，又复受人的注视。

可是，托洛斯基主义呢？

所谓托洛斯基主义，是以"不断革命"为中心。依托氏的见解，沙俄发生社会主义革命，是受不断革命规律的支配。因为，它的内在矛盾，是按这规律而展开，当一个落后国家，堆积的矛盾（民族问题、农民问题、无产阶级贫困问题等等），无法用沙皇专政去解决时，必然发生革命。这个革命，从某一方面说，是资产阶级革命。但这阶级由于迟来，由于与无产阶级同来的缘故，不能不赖无产阶级的援助，同时又怕它的实力。因此，沙皇治下的资产阶级不敢完成它的历史任务，由无产阶级完成之，这就是十月革命。十月革命的政权，若使要长大，那这进一步从事世界革命，只在这一革命成功后，苏维埃的制度，方有保障。托氏不仅以为这一不断革命规律，可说明俄国的历史，还以为可说明东方各国——尤其是中国的历史。

由上面的简述，我们可以知道：托洛斯基主义有一错误之点，那就是把特殊的规律一般化。因为，俄国的历史法则，不就是其他各民族的法则。即使说托氏对沙俄历史的估计是正确，而对于东方历史的推测，却经不起事变的考验。托氏这一错误，是由马克思主义本身而来。因为马克思的学说，是建立在已完成了民族国家历史任务之国家的前提下，对于未完成这历史任务的民族，应走过这一路途，不只忽视而且无知。如果说，中国的历史只按"不断革命论"而发展，还不能使我们完全相信，因为那已经不起历史的试验。十月革命，是不能健忘历史的发展，说明它的不断革命论，因之也是不健全的。

由上面的论述,可以明白,支配十九世纪下半期及二十世纪上半期的马克思主义,为着第三国际的解散,特有新的研讨。为什么要等到第三国际的解散?那不仅由于第三国际有历史的光轮,和第三国际的创造者中有些是人类杰出的革命者(他们已没有一个存在了!)还为着马克思主义的体系,是一个深奥的宫殿,我们可以说:自有马克思主义以来,批判它的著作,已超过发挥它的作品。那原因固然很多,而却有一个现象,那就是批判马克思主义的人,很少读过马克思的著作,即使有读过的也少有人理解。上面所说奥大利学派的杰出者庞巴卫克,就是它的例证。已经理解,并洞知其缺点的人,又为着自己长久期间的努力,和不能独自建立一个新的体系,加上马克思个人之光辉的人格,与马克思主义在思想上的势力,只好违反自己的思想和良心。

但在目前,即在第三国际解散与我们正在建立伟大民族国家的目前,每个中国青年或学者,应该能够逃出那黑暗的支配力。这不仅说,由于伟大的中华民族,自己有独特的文化,无需全盘承受西方的思想,还为着新生中国的客观环境,有许多的机会,允许我们把马克思主义放在显微镜下去检讨。我们或我们的后代,所以有这个工作的兴趣,都为着第三国际曾欠了我们巨额的血债。自然,新生中国的学者,不是为着这一血债而忘却别的,恰适相反,研讨马克思主义,不过是我们建立新文化之一工作而已。我们所以有这一远大的前途,那是恰应十九世纪伟大思想家黑格尔的话:"人类的光明,自东方来",而新生中国,是东方的代表者!

(原载《中央周刊》第五卷五十一——五十二期合刊,一九四三年八月)

17. 国民党当局利用共产国际解散之机,策动特务机关,叫喊解散共产党

中国国民党当局及其特务机关,于不久前,再三通令其所属,乘共产国际解散之机会,发动大规模反共宣传攻势。其方式系采取由特务分子操纵和挟制的所谓"民意机关"或"社会团体",发表通电,要求解散共产党,取消边区。此一反共宣传,由国民党当局策动西安特务分子日寇第五纵队托匪张涤非首先发起,开了九个人十分钟之会议,盗用西安文化界名义发表通电。继之各

地特务分子纷纷效法张匪故智,盗用皖省临时参议会名义及利用特务分子操纵之桂林及鲁山两新闻记者公会名义,并专为发此反共通电而捏造了所谓屯溪各法团,长沙失学失业青年座谈会,洛阳文化界座谈会等非驴非马的名目,经由中央社发表反共电讯。内容不外"共产国际解散,中国共产党亦应解散"之类的同一滥调。其中尤为别致者为长沙特务机关之电文,竟敢提出"电请毛泽东解散共产党及边区政府,即返湘潭原籍,做一个乡社自治员",对中共肆意侮辱,愈出愈奇。所有电文口吻,与南北傀儡如出一辙,据熟悉内幕者云,国民党反动派此种行动,实为与敌伪沟通声气,寻求共同点,故以反共为一致之立场。盖南北汉奸亦正大肆宣传,"经动员中国人民向共产主义作战为新民会政治纲领之要点"(王克敏),及"中共这个世界唯一无二的组织,应该取消"(汪逆《中华日报》)。国民党反动派与日寇汉奸这种反共的唱和,与近日日寇陆军报导部长公开诱降之声明完全一致。有识人士,认为此乃中国抗战阵营内大地主大资产阶级叛变民族利益,企图与汪伪合流投降日寇之前奏,因此国民党反动派之动态,深堪注意云。

（原载一九四三年八月五日延安《解放日报》）

18.毛泽东关于发动制止内战运动给董必武电

必武同志:

一、近日边区周围国方部队纷纷调动增加,仅从河防抽出增至洛川、中部、邻县一带者即达七师(内有一机械师)一炮兵旅之众,连原有部队共达二十余师之多,胡宗南亲至洛川召集进攻会议,战事有于数日(之)爆发可能,形势极度紧张。

二、请你立即将此种消息向外间传播,发动制止内战运动,特别通知英美有关人员,同时找张治中、刘为章交涉制止,愈快愈好。向张、刘交涉时应说自国际解散后,我党中央准备讨论改善两党关系,不负委座期望,现若动兵,全局破裂,绝非国家之福,如何盼复。

毛泽东
午支(七月四日)

一九四三年七月四日

（选自《南方局党史资料·统一战线工作》，重庆出版社，一九九〇年）

19. 八路军朱德总司令呼吁团结，避免内战致蒋委员长电

连日以来，西安军事当局突然尽撤河防之兵，向边区周围开进，准备进攻边区。据查，第一军之第七八师、第一六七师由华阴、渭南开抵邠州、淳化；第二十八师、五十三师由韩城、邰阳开抵洛川；五十七军之第八师由西安开抵中部；驻守河防之炮兵旅以及十六军之重炮营已分别开抵耀县、淳化。第一师已撤离河防，其他部队亦正由河防阵地西开北开中。连日兵车运输络绎不绝。并在若干邻近边区地区，建筑机场，储备油弹。反共宣传亦日益肆无忌惮，日寇第五纵队托派汉奸西安特务分子张涤非辈竟敢伪造民意，要求取消共产党、交出边区，此种宣传，实为军事行动之所谓"舆论准备"，内战危机，空前严重，抗战前途，千钧一发。十八集团军朱总司令有鉴于此，特分电蒋委员长及胡副司令长官宗南，呼吁团结，要求制止内战。兹将两电分志于下：

一、致蒋委员长电

万万火急，重庆蒋委员长，参谋部何总长，军令部徐部长钧鉴：自五月以来，边区周围友军，不断向职部进迫，职部均一再退避，所有经过情形，均经呈报，并电胡副长官宗南制止在案。自六月十八日胡副长官到洛川召开军事会议后，边境突呈战争景象，河防大军，纷纷西调，粮弹运输，络绎于途，道路纷传，中央将乘共产国际解散机会，实行大举"剿共"。慨自抗战以来，职军奉命改编，驰赴战场作战，六年于兹，虽毫无补给，而未尝稍懈。陕甘宁边区为职军唯一之后方，少数留守部队，亦安分守己，保境息民，从事生产与教育，陈周徐郭诸联络参谋，久驻延安，以及胡副长官派来胡侯二联络参谋等，实所目睹，备致赞美。讵意近日形势突变，南线友军已作发动内战之积极准备。沿固原、平凉、长武、邠县、栒邑、淳化、三原、耀县、宜君、洛川、宜川之线，除原有封锁部队十余师外，近复由河防阵地调动增加之兵力不下六七个师，声言大举进攻，消灭边区，打倒共产党。边区军民闻此意外事变，莫不奔走相告，骇

异莫名。窃思当此抗战艰虞之际,力谋团结,犹恐不及,若遂发动内战,兵连祸结,则抗战团结之大业势将破坏,而使日寇坐收渔利,并使英美苏各友邦之作战任务亦将受到影响,心所谓危,不敢不告。除电胡副长官呼吁团结外,谨电奉陈,敬乞明示方针,不胜屏营待命之至。第十八集团军总司令朱德叩午鱼(七月六日)

二、致胡宗南电

限即刻到,西安胡副长官宗南兄勋鉴:自驾抵洛川,边境忽呈战争景象。道路纷传,中央将乘共产国际解散机会,实行"剿共"。我兄已将河防大军,向西调动,弹粮运输,络绎于途,内战危机,有一触即发之势。当此执战艰虞之际,力谋团结,犹恐不及,若遂发动内战,必至兵连祸结,破坏抗战团结之大业,而使日寇坐收渔利,陷国家民族于危亡之境,并极大妨碍英美苏各盟邦之作战任务。边区留守部队,安分守己,保境息民,从事生产与教育。吾兄前派胡侯二兄来延参观,备致赞美。嗣接尊电,拟再派侯兄驻延联络,德等当即表示欢迎。不料近日形势大变,贵方调兵遣将,准备进攻,实为德等大惑不解。谨电奉陈,即希示覆。朱德午支(七月四日)

（原载一九四三年七月八日延安《解放日报》）

20. 八路军朱德总司令关于南线军队炮击边区并陈蒋委员长请予制止电

胡宗南大军进迫边区情形,已志前报。兹悉,我关中分区防军已受胡军炮击,并有分九路大举进攻讯。朱总司令又电蒋、胡请予制止。原电如下;

万万火急,重庆蒋委员长、参谋部何总长,军令部徐部长钧鉴:西安胡副长官宗南勋鉴:顷据留守处萧主任劲光报称:七日下午二时,贵部第八十军第一六五师,向我关中分区警戒阵地发射迫击炮十余发。是日下午五时,又发射数发。贵部第一军第一六七师王师长,于六日到我关中分区南部边境之织田镇看地形。七日,该师复有某团长至我防区附近侦察地形。据民众称:贵部将分九路进攻该区等情。特此奉达,请予制止。朱德午佳(七月九日)

（原载一九四三年七月十日延安《解放日报》）

21. 八路军后方留守处萧劲光主任呼吁团结反对内战致各将领电

近日边区周围部队激增,运输络绎,准备进攻边区,重开内战,民族危机,极端严重,因此第十八集团军后方留守处萧主任特致电各将领,呼吁团结,消弭内战危机。兹特将原电全文录下:

韩城李军长,宜川六十一师邓师长,暂二五师刘师长,洛川五三师袁师长,新州七师徐师长,耀县王军长,一六五师何师长,暂骑二师马师长,富平新二七师严师长,三原陶总司令,邠县彭军长,暂二四师李师长,暂二六师蔡师长,一六七师王师长,七八师许师长,平凉范总司令,西峰一九一师罗师长,固原丁军长,九七师刘师长,暂五二师周师长勋鉴:近日边区周围部队激增,运输络绎,纷传即将大举进攻边区,重开内战。窃维大敌当前,民族危急,岂忍衅起萧墙?敝军在毫无补给之状况下,转战华北,六年于兹。陕甘宁边区为敝军唯一之后方,少数留守部队谨守防地,从事生产、教育,当为诸公所鉴及。当此民族敌人深入国土之际,团结则存,分裂则亡,宋明覆辙,不容重蹈。内战一开,兵连祸结,国家民族何堪设想?劲光以为国内政治问题,宜用政治方法解决,若必采用武力,势将治丝益棼。诸公公忠体国,倘能转达上峰、和平处理,则国之幸,民之福。若必过为已甚,甚且采取闪击战之方式,以为可以压服共产党,则天下恐无此种道理,临电屏营,敬候明教。第十八集团军后方留守处主任萧劲光午鱼(七月六日)

(原载一九四三年七月九日延安《解放日报》)

22. 质问国民党(延安《解放日报》社论)

近月以来,中国抗日阵营内部,发生了一个很不经常很可骇怪的事实,这就是中国国民党领导的许多党政军机关发动了一个破坏团结抗战的运动。这个运动是以反对共产党的姿态出现,而其实际,则是反对中华民族与反对中国人民的。

首先是军队,国民党领导的全国军队中,位置在西北方面的主力就有第三十四、第三十七、第三十八等三个集团军,均受第八战区副司令长官胡宗南指挥。其中有两个集团军用于包围陕甘宁边区，只有一个用于防守从宜川至潼关一段黄河沿岸，对付日寇。这种事实，已经是四年多了，只要不发生军事冲突，大家也就习以为常了。不料近日却发生了这样的变化，即担任河防的第一、第十六、第九十等三个军中，开动了两个军，第一军开到邠州、淳化一带，第九十军开到洛川一带，并积极准备进攻边区，而使对付日寇的河防，大部分空虚起来。

此点不能不使人们发生这样的疑问，这些国民党人与日本人间的关系，究竟是怎样的呢？

许多国民党人肆无忌惮地天天宣传共产党"破坏抗战"，"破坏团结"，难道尽撤河防主力，倒叫做增强抗战么？难道进攻边区，倒叫做增强团结么？

请问干这些事的国民党人，你们拿背对着日本人，日本人却拿面对着你们，而且向你们的背前进，那时你们怎么办呢？

如果你们将大段的河防丢弃不管，而日本人却依然静悄悄地在对岸望着不动，只是拿了望远镜兴高采烈地注视着你们越走越远的背影，那末，这其中却有一种什么原故呢？为什么日本人这样欢喜你们的背，而你们丢了河防不管，让它大段地空着，你们的心就那么放得下去呢？

在私有私产社会里，夜间睡觉总是要关门的，大家知道，这不是为了多事，而是为了防贼。现在你们将大门敞开，不怕贼来么？假使敞开大门而贼竟不来，却是什么原故呢？

照你们的说法，中国境内只有共产党是"破坏抗战"的，你们则是如何如何的"民族至上"，那末，背向敌人，却喊什么"至上"呢？

照你们的说法，"破坏团结"的也是共产党，你们则是如何如何的"精诚团结"主义者，那么，你们以三个集团军(缺一个军)的大兵，手持刺刀，配以重炮，向着边区人民前进，也可以算作"精诚团结"么？

或者照你们的另一种说法，你们并不爱好什么团结，而却十分爱好"统一"，因此就要荡平边区，消灭"封建割据"，杀尽共产党。那末，好吗，为什么你们不怕日本人把中华民族"统一"了去，并且也把你们混在一起"统一"了去呢？

如果事变的结果,只是你们旗开得胜地"统一"了边区,削平了共产党,而日本人却被你们的什么"蒙汗药"蒙住了,或被什么"定身法"定住了,动弹不得,因此民族以及你们都不会被他们"统一"了去;那末,我们的亲爱的国民党先生们,可否把你们的这样什么"蒙汗药"或"定身法"给我们宣示一二呢?

假如你们也没有什么对付日本人的"蒙汗药","定身法",又没有和日本人订立默契,那就让我们正式告诉你们吧:你们不应该打边区,你不可以打边区,"鹬蚌相持,渔人得利","螳螂捕蝉,黄雀在后",这两个故事,是有道理的。你们应该和我们一道去把日本占领的地方统一起来,把鬼子赶出去才是正经,何必急急忙忙地要"统一"这块巴掌大的边区呢?大好河山,沦于敌手,你们不急,你们不忙,而却急于进攻边区,忙于打倒共产党,可痛也夫! 可耻也夫!

其次是党务。国民党为了反对共产党,办了几百个特务大队,其中什么乌龟王八也收了进去。即如中华民国三十二年,亦即公历一九四三年七月六日,抗战六周年纪念的前夕,中国国民党领导的中央通讯社,发出了这样一个消息,说是陕西省的西安地方,有些什么"文化团体"开了一会,决定打电报给毛泽东,叫他趁着共产国际解散的时机,将中国共产党也"解散",还有一条是"取消边区割据"。读者定会觉得这是一条"新闻"罢,其实却是一条旧闻。

原来这件事出于几百个特务大队中的一个大队,受了特务总部队(一名"国民政府军事委员会调查统计局"或"中国国民党中央执行委员会调查统计局")的指令,叫一个以在国民党出钱的汉奸刊物《抗战与文化》上写反共文章出名,现充西安劳动营训导处长的托派汉奸张涤非,于六月十二日那天,就是说还在中央社发表消息这天以前二十五天,就召集了九个人开了十分钟的会,"通过"了一纸所谓电文。

这个电文,延安到现在还没有收到,但其内容已经明白,据说是第三国际既已解散,中国共产党也应"解散",还有"马列主义已经破产"云云。

这也是国民党人说的话儿呢! 我们常常觉得,这一类(物以类聚)国民党人的嘴里,是什么东西也放得出来的。果不其然,于今又放出了一通好家伙！

现在中国境内党派甚多，单单国民党就有两个。其中一个叫汪记国民党的，立在南京以及各地，打的也是青天白日旗，也有一个什么中央执行委员会，也有一批特务大队。此外，还有日本法西斯党遍于沦陷区。

我们的亲爱的国民党先生们，你们在第三国际解散之后所忙得不得开交的，单单就在于图谋"解散"共产党，但是偏偏不肯多少用些力量去解散若干汉奸党与敌人党，这是什么原故呢？当你们指使张涤非写电文时，何以不于要求解散共产党之外，附带说一句（不敢希望放在正文）还有汉奸党与敌人党也值得解散呢？

难道你们以为共产党太多了吗？全中国境内共产党只有一个，国民党却有两个。究竟谁是多了的呢？

国民党先生们，你们也曾想一想，为什么除了你们之外，还有日本人和汪精卫，一致下死劲地要打倒共产党，一致地宣称只有共产党是太多了，因此要打倒，而国民党呢？却总是不觉得多，只觉得少，到处扶持养育着汪记国民党。在整个抗战史上，充满着两个国民党，两个三民主义的记载。但是日本人和汪精卫却十分吝啬，连一个伪共产党也不肯扶植，一个伪共产主义也不肯提倡。你们想想，这是什么原故呢？

国民党先生们，让我们不厌其烦地告诉你们罢！日本人和汪精卫之所以特别爱好国民党与三民主义者，就是因为这个党这个主义当中有可以给他们利用的地方。这个党在第一次世界大战后，只有在一九二四至三七年时期，孙中山先生给它改组了，把共产党人加了进去，形成了国共合作式的民族联盟，才被一切帝国主义者们与汉奸们所痛恨，所不敢爱好，所极力图谋要打倒它。这个主义，也只有在同一时期，经过孙中山先生的手，载在国民党第一次代表大会宣言中的三民主义，改造了三民主义，才被一切帝国主义者们与汉奸们所痛恨，所不敢爱好，所极力图谋要打倒它。除此而外，这个党，这个主义，就在排除了共产党，排除了孙中山精神的条件下，以致使得日本法西斯与汉奸汪精卫也爱好起来，如获至宝地加以养育，加以扶植。从前，汪记的旗子左角上还有一块黄色符号，以示区别，于今索性不要这个区别了，一切改成一样,以免碍眼,其爱好之程度为如何?

不但在沦陷区,而且也在大后方,汪记国民党也是林立的。有些是秘密的,这就是敌人的第五纵队。有些是公开的,这就是那些吃党饭,吃特务饭,但是毫不抗日,专门反共的人们。这些人,表皮上没有标出汪记,实际上是汪记。这些人也是敌人的第五纵队,不过比前一种稍具形式上的区别,藉以伪装自己,迷人眼目而已。

至此,问题就完全明白了,当你们指使张涤非写电文时,所以绝对不肯在要求"解散"共产党之外附带说一句还有敌人党与汉奸党也值得解散者,由于不论在思想上,在政策上,在组织上,你们和他们之间,都有许多共同的地方,其中最基本的共同思想,就是反共反人民。

还有一条要质问国民党人的,世界上以及中国境内"破产"的只有一种马列主义,别的都是好家伙么? 汪精卫的三民主义前面已经说过了,希特勒、墨索里尼、东条英机的法西斯主义怎么样呢? 张涤非的托洛斯基主义怎么样呢? 中国境内不论张记李记的反革命特务机关的反革命主义又怎么样呢?

我们的亲爱的国民党先生们,你们指导张涤非写电文时,何以对于这样许多像瘟疫一样,像臭虫一样,像狗屎一样的所谓"主义",连一个附笔,或一个但书也没有呢? 难道在你们看来,一切这些反革命的东西,都是完好无缺,十全十美,惟独一个马列主义就是"破产"干净了么?

老实说罢,我们很疑心你们同那些敌人党,汉奸党互助勾结,所以如此和他们一鼻孔出气,说出的一些话,做出的一些事,如此和敌人汉奸一模一样,毫无二致,毫无区别。敌人汉奸要解散新四军,你们就解散新四军;敌人汉奸要解散共产党,你们也要解散共产党;敌人汉奸要取消边区,你们也要取消边区;敌人汉奸不希望你们保卫河防,你们就丢弃河防;敌人汉奸攻打边区(六年以来,绥德、米脂、葭县、吴堡、清涧一线对岸敌军,炮击八路军所守河防阵地没有断过),你们也想攻边区;敌人汉奸反共,你们也反共;敌人汉奸痛骂自由主义与共产主义,你们也痛骂自由主义与共产主义;敌人汉奸捉了共产党员强迫他们登报自首,你们也是捉了共产党员强迫他们登报自首;敌人汉奸派遣反革命特务分子偷偷摸摸地钻入共产党,八路军、新四军内施行破坏工作,你们也派遣反革命特务分子偷偷摸摸地钻入共产党八路军、新四军内施行破坏工作。何其一模一样,毫无二致,毫无区别至于此极呢? 你们的这样许多言论行动,既然和敌人汉奸的所有这些言论行动一模一样,毫无二致,毫无区别,怎么能够不使人们疑心你们和敌人汉奸互相勾结,或订立某种默契呢?

我们正式向中国国民党中央提出抗议:撤退河防大军,准备进攻边区,发动内战,这是一种极端错误的行为,是不能容许的。中央社于七月六日发出破坏团结,侮辱共产党的消息,这是一种极端错误的言论,也是不能容许的。这两种错误,都是滔天大罪的性质,都是和敌人汉奸毫无区别,你们必须纠正这些错误。

我们正式向中国国民党总裁蒋介石先生提出要求:请你下令把胡宗南的军队撤回河防,请你取缔中央社,并惩办汉奸张涤非。

我们向一切不愿撤退河防进攻边区与不愿要求解散共产党的真正的爱国的国民党人提出呼吁:请你们行动起来,制止这个内战危机。我们愿意和你们合作到底,共同挽救民族于危亡。

我们认为这些要求是完全正当的。

（原载一九四三年七月十二日延安《解放日报》）

23. 起来! 制止内战! 挽救危亡!（延安《解放日报》社论）

正当全国同胞兴高采烈庆祝抗战六周年的时候,正当盟国朝野纷纷来电庆祝我国坚持抗战的时候,正当边区军民巩固河防,努力生产和教育,力谋克服困难,丰衣足食,准备力量,迎接反攻的时候,忽然来了个晴天霹雳,内战危险有一触即发之势! 消息传来,爱国之士,扼腕太息,全国同胞,忧心如焚,南宋末日的亡国景象,不图复见于今日之中国!

内战危险的紧迫,一方面表现在特务机关以及国民党官方通讯机关中央通讯社的活动。特务机关的反共活动,是经常在进行着的,从未受过政府方面任何制止,而这一次居然由中央通讯社代作喉舌,公然叫嚣着所谓"解散共党组织,放弃边区割据",与日本强盗和汉奸汪精卫如出一吻! 另一方面表现在边区周围非常奇怪的军事调动:国家养兵,所为抗日,人民负担,不为不重,现在黄河对岸,即是日寇,而河防大军,却纷纷调向边区周围,其中有第一军的主力七十八师和一六七师,有第九十军的五十三师、二十八师,有第五十七军的第八师,有以盟国供给我国的重武器武装起来的炮兵旅和炮兵营,并且传闻边区周围正在广筑飞机场,为爆炸边区之用,于是边区南线,连前共计集中了十六个师的大军,而抗日的河防阵地,却完全空虚起来。照目前的情形看来,似乎一切布置已经就绪,只待命令一下,内战立即爆发。

抗战已经六年,日寇深入中国,潼关对岸的风陵渡就是日寇的据点,全国同胞正在行将到来的胜利曙光的鼓舞之下咬紧牙关苦撑抗战,为什么在这样紧急的时候,还会发生丧心病狂的挑拨内战呢?

这只有一种解释,就是我国抗战阵营中,有一部分人,他们乃是日寇的第五纵队,他们乃是希特勒、东条的孝子顺孙,他们要做法西斯,他们看见现在的国际形势,对于他们的祖宗希特勒、东条极端不利,对法西斯极端不利,因而生怕自己的祖宗倒台,要想些办法来挽救法西斯死亡的命运,于是不惜丧尽天良,尽力挑拨内战,硬要致中华民族于亡国灭种的境地。除此以外,再也找不出第二个可能的解释了。

这批日寇的第五纵队,这批法西斯匪徒,就是大地主大资产阶级反动政治代表以民脂民膏豢养的特务分子!

这批反共特务,这批法西斯匪徒,在二十八年冬和三十年春,曾经一手制造过两次反共大磨擦,曾经师秦桧诬岳飞的故智,诬蔑英勇抗战精忠报国的新四军为"叛变",并在这种莫须有的"罪名"之下把新四军军部缴械,军长叶挺将军与大批爱国志士至今仍在囹圄之中。我们英勇的新四军,在被宣布为"叛变"两年有余之后的今天,还在敌后坚持抗战,还在实行抗日民族统一战线,还在拥护和实行三民主义与《抗战建国纲领》,还在拥护国民政府和蒋委员长领导抗战。过去一年中新四军的战绩,作战四千八百余次,死伤俘获与反正投诚的日伪共达四万八千人,这种战绩决不亚于任何忠勇抗战的军队。英勇的新四军以自己的血肉写成的这一部悲壮史诗,是旷古少有,中外罕闻的,凡是稍有人性的人,应当为之感动。但法西斯匪徒,日寇的第五纵队,是连最低限度的人性也没有的,他们有的是十足的兽性。

反共特务为了破坏团结,破坏抗战,向其祖宗尽忠尽孝,发动了这两次大磨擦。但是,他们的阴谋诡计,受到中国人民的抗击,受到了同盟各国正义人士的反对,始终没有达到他们破坏抗战实现投降的目的。

但是,现在这批日寇第五纵队,这批丧尽天良的特务,这批法西斯匪徒,更加变本加厉,要做出比之以前更大的罪恶来了!自从日寇推行所谓"对华新政策"以来,被日寇捕去的国民党中央组织部副部长吴开先居然能坐了飞机"逃"回重庆,而未闻有任何处理,三十三个将级军官叛变投降,反戈攻打抗日军民,而未闻有任何处理,大后方许多刊物公然提倡法西斯主义,未闻有任何处理,这种种倒行逆施,明眼人早已深致诧异。汪逆精卫在沦陷区到处组织"剿共委员会",而特务分子又不失时机,在大后方到处响应,今年三月以来,所谓"共党分子自首运动",各地方的特务报纸盈篇累牍的登载,亦未闻有任何处理。一切反共宣传都诬蔑共产党为"奸党",诬蔑八路军、新四军为"奸军",都是有人授意,证据确凿,抵赖不得。敌人第五纵队这一连串肆无忌惮的罪行,这一连串破坏团结破坏抗战的投降阴谋,到了最近就登峰造极。他们乘着共产国际解散的机会,居然提出"解散中国共产党","共产党交出军权政权","取消边区"等口号,并且动员全国特务,在光天化日之下要进行所谓"谣言攻势"。

好大胆的奴才!好猖狂的匪类!堂堂的中国共产党,是你们能够"取消"得了,能够诬蔑得了的么?要"取消"共产党的,是你们的祖宗希特勒、墨索里尼和东条,他们曾订立过反共公约。但是,就连你们的祖宗,都没有办法达到目的。你们的大哥汪精卫,也想"取消"共产党,但是他也达不到目的。你们这班小奴才,躲在抗日阵营之内,想以阴谋诡计来达到你们的祖宗所达不到的目的,有点不自量力罢!你们在西安,以九个人开了十分钟的会,就能强奸民意,"取消"中国共产党么?你们嫌自己的行为还不够无耻么?你们以为能够支持六年神圣抗战的中国人民是这样软弱可欺,以致你们几个卑鄙龌龊的败类就可以随便强奸民意,达到你们的反革命目的么?

模范的抗日根据地陕甘宁边区,是你们这班奴才所能够诬蔑能够"取消"

的么？你们的祖宗东条和你们的大哥汪精卫岂不老早想"取消"过了么？可是，这里建设起了光明灿烂的新社会，建设起了三民主义新中国的模型，这里对于一切赞同抗战团结的人，人人有民主，人人有政权财权的保障，这里而且人人丰衣足食。你们的祖宗和大哥都无法取消边区，你们这班小奴才有什么办法呢？

你们还想取消八路军么？那就老实告诉你们，二百个东条匪首也不行，何况你们这班丑类！

明白的告诉这批法西斯特务，告诉这批日寇的第五纵队，你们不要想错了，伟大的中国人民，决不会饶恕你们这批蟊贼，放过你们这批害虫。不但中国人民不会放过你们，世界人民也不会放过你们的。你们要投降，你们就干脆点滚蛋吧！你们要想当秦桧、万俟禼、罗如楫，可惜现在已经不是封建专制的时代，你们永远无法为所欲为！

这一批法西斯匪徒，这一批小撮反共特务，这一队日寇的第五纵队与汪逆精卫的应声虫，就是内战的挑战者，就是谣言的制造者，就是团结与抗战的破坏者，就是卖国投降的阴谋家。他们的阴谋手段，是想发动新的内战，这样来使抗战大业功败垂成，使我中华民族陷于亡国灭种的地步，使同盟国四强之一的中国陷于覆亡，这样来断送全世界人类反法西斯战争行将到来的胜利，挽救全世界法西斯匪徒垂死的命运！

这批敌人们第五纵队所极端小心准备的内战，这个历史上的滔天罪行，现在已经到了一触即发的时候！中华民族处在危急存亡的关头，处在最紧急的日子里！如果内战发动，兵连祸结，全国必致糜烂，日寇必然坐收渔利，长驱直入，达到其灭亡中国的企图！

起来吧！当此千钧一发的时候，我们还来得及制止内战的爆发，还来得及挽救危亡！起来吧！不要损失一秒钟，时机是稍纵即逝的，多少懈怠一点，敌人第五纵队法西斯匪徒们的阴谋就可能招致中华民族不堪设想的损失！

我们共产党人，老早已经多次声明过，我们在任何条件下，坚持抗日民族统一战线，坚决拥护中国境内的抗日政府与抗日领袖，坚决拥护孙中山先生的三民主义，一息尚存，此志不懈。我们绝对不愿意打内战。我们的目的，就是坚持团结,坚持抗战,直到最后胜利。但对任何法西斯匪徒的任何挑衅,必须坚决彻底地打回去,藉以挽救民族于危亡。

我们希望蒋介石先生和胡宗南先生,体恤中华民族四万万五千万生灵,追念中华民族五千年悠长久远的历史,顾及后世子孙永远无穷的福利,珍重我国在世界反法西斯盟国中崇高的国际地位,当机立断,命令集中边区南线的大军,归还抗日的岗位。

我们希望国民政府,重整抗战的阵容,对于此次破坏团结,挑动内战的祸首日寇第五纵队分子,处以严刑,对于"取消共产党","取消边区"的汉奸言论,明令禁绝,对于三十三个投敌将领,明令讨伐,使抗战军民,人人自奋,国内团结,藉以巩固,粉碎日寇的"对华新政策",使抗战大业树立在必胜不败的基础之上。

我们作此文时,我们的血在沸腾,我们不禁潸然泪下!我们记起沈钧儒先生的诗:"我是中国人!我是中国人!我是中国人!我是中国人!"

（原载一九四三年七月九日延安《解放日报》）

24. 再接再厉消灭内战危机（延安《解放日报》社论）

自从朱总司令七月四日与七月六日致电胡宗南与蒋介石先生呼吁制止内战危险以来,到现在已经十多天了。"七七"六周年纪念的时候,边区形势极度紧张,延安三万民众,举行大会,发表通电,响应朱总司令的主张,并提出名正言顺的要求:(一)要求政府撤销包围边区的军队,开赴抗日前线;(二)要求政府惩办挑拨内战的特务机关;(三)要求政府讨伐三十三个投敌将领;(四)要求政府审判日本奸细吴开先。同时,在通电中,延安民众大会号召全体人民动员起来保卫边区,保卫中国。自从大会通电发出以后,边区各地和敌后各抗日根据地热烈响应。人民对于日寇第五纵队的罪行表示最深刻的义愤。从千百万人民中发出的这种壮烈的正义的呼声,就把日寇第五纵队特务匪徒的阴谋拆穿了,这些匪徒所小心准备的"闪击"也因而被事先暴露了。这些渺小的害虫,由于原形毕露,理屈辞穷,而更觉得胆寒了。相反的,广大的人民,对于当前的危险,却有了警惕,有了准备,动员了自己的力量,因而造成了胜利自卫的先决条件,不致受反动派的突然袭击。

但是,能不能说内战危机已经过去了呢? 完全不能。不但内战危机的根源仍旧存在,而且每一分钟都有爆发内战的可能。这就是因为,在国民党方面,始终没有执行延安民众大会所提出的四条要求,其中关于撤退军队一项,不但原有包围边区的军队未撤动一兵一卒,就是新从河防及西安一带调上来准备作进攻主力的军队,亦未闻有撤退消息。

内战危机,决不是凭空而来的,这是由于国民党的队伍中,有一批汉奸第五纵队,有一批法西斯匪徒,他们看见自己的祖宗希特勒、东条将要灭亡,拼命想法挽救其祖宗的命运,因而丧心病狂,挑拨内战,要使抗战大业功败垂成。越是国际形势好转,越是反法西斯力量胜利,他们就越是着急,越是拼命挑拨内战,完全不是偶然的,今年三月,大后方出版了一本中国法西斯主义的"经典",学习清朝康熙的"圣谕广训"和希特勒的"我的奋斗",强迫人人诵读。这本"经典"的中心思想,一句话说完,就是要在两年内解决中国共产党,以便实行法西斯主义,这本"经典"公开威吓说:"军政时期不能停止",而其所谓"军政时期",即指是"剿共"内战而言。这本"经典",对抗日则轻描淡写,但却要强迫全国人民人人诵读。从这本书里,可以看见什么呢? 可以看见:我国大地主大资产阶级政治代表,在日寇第五纵队的包围之下,现在是异乎寻常的醉心于实行法西斯专政,醉心于"剿共"内战,公然主张"反共第一,抗日第二"。由此可见,最近内战危机的发生,其根源历历可寻,而要想根本消弭内战危机,则除了彻底铲除日寇的第五纵队外,再也没有别的道路。这些害虫一日不铲除,则内战危险一日存在,反共的"闪击战"时刻可以爆发。越是国际形势对我国有利,对日寇不利,则日寇第五纵队的阴谋活动将越发着急,越发猖狂,内战的危险也将越发严重。

延安民众大会,除了要求撤销包围边区的军队以外,还要求惩办特务机关,讨伐三十三个投敌将领,和审判日本奸细吴开先,乃是完全有理由的,这些要求的达到,乃是消弭内战危机的最低限度的条件。我们说是最低限度,因为如果不这样做,就无法叫人相信,国民党是真正在一心抗日,真正不要内战。

在这种情况下，我们就不能不再来问问国民党人：

第一，你们对于挑拨内战的特务机关，为什么不肯惩办呢？难道他们对抗战有功么？可否请你举出事实，证明那几百个反共特务大队做过一件有利抗战的事情，让我们人民心服呢？据我们看来，特务机关从抗战开始起一直到现在，就没有做过任何一件好事，恰恰相反，他们只在反共反人民的反动事业上用功夫，他们里面什么乌龟忘八蛋都有，成了包庇奸细藏垢纳污的渊薮。很多鼎鼎大名的特务头子，投降敌人，替东条匪首与汪精卫大汉奸服务。他们平日食国家俸禄，无一人为国家尽节，一经招引，立即投降，并且尽率其特务小喽啰，无须改组机构，就能为敌服务，而敌人对他们也信任不疑。我们请问：这样的特务机关，有什么资格食国家的俸禄？有什么必要豢养他们？现在他们企图发动祸国殃民的内战，制造白日见鬼的反共谣言，提倡"取消共产党，取消边区"的汉奸谬论，你们为什么还舍不得惩办这些忘八蛋？

第二，你们对于三十三个投敌叛将，为什么不肯讨伐呢？写个讨伐令，在时间上说，用不到花一点钟，在政治上说，划清敌我界限，足以振奋士气，教育国民与军人的爱国精神，寒敌寇汉奸之胆，提高我国国际信誉，利益非常之大。过去不这样做，已经不好。现在，延安民众大声疾呼的提醒你们了，你们为什么还不做呢？你们在口头上也爱说什么"国家至上，民族至上"，难道容忍大批叛国军官，毫不责备，毫不声讨，这就叫做"国家至上，民族至上"么？

第三，你们对于日本密使吴开先，为什么不予逮捕审问呢？吴开先是明明白白的日本奸细，被日汪捕获，讲好条件，纵令回渝，实施勾引，仍然押其妻母于上海。你们不把吴开先逮捕审讯，反把他待如上宾，究竟是为了什么原故呢？你们这样对待吴开先，人们就怀疑你们一面抗战，一面又与敌人秘密勾搭，实行这样的两面政策，正和你们一面讲什么"精诚团结"，一面又实行反共反人民的两面政策一样，你们对于人民的这种怀疑究竟怎样解释呢？

我们诚恳地向一切真正爱国的国民党人士呼吁，请你们注意这些极端严重的问题。撤退准备进攻边区的军队，惩办挑拨内战的特务机关，讨伐三十三个投敌将领，审判日汪密使吴开先，这四条都是在精诚团结与民族至上的原则下所不能不办的。

在全国人民方面,应该大声疾呼,起来督促国民党实行这四条,如果这四条做不到,那末,抗战危机与内战危机是不会消灭的。

（原载一九四三年七月十八日延安《解放日报》）

25. 延安民众抗战六周年纪念大会关于呼吁团结反对内战通电

国民政府林主席,蒋委员长,各部院长官,各地方长官,各抗日将士,各抗日党派,各抗日团体及全国同胞公鉴:

正当我全国民族团结抗战已经坚持了六年,愈益接近胜利的时候,正当全世界反法西斯侵略战争,主动权已经转移到苏英美同盟方面,德日意法西斯匪帮,已迫近最后失败的时候,不意中国抗战阵营内部竟有一部分丧心病狂之日寇第五纵队,出来响应希特勒、墨索里尼、东条英机、汪精卫、王克敏的反共号召,宣称解散共产党,取消陕甘宁边区。他们包围军事长官,企图将原在抗日阵地的军队转变为反共内战的军队。他们现正积极策动内战,怂恿军事长官,调动队伍,进攻边区。最近一个月来,除原驻陕甘宁边区周围,担任封锁边区的十余师的军队,早已积极准备进攻外,近日又从河防阵地,抽调抗日大军,移作进攻边区之用。根据确实消息,第一军主力第七十八师,第一六七师,已从华阴、渭南开到邠州、淳化,第九十军之第二十八师,第五十三师,已从韩城、郃阳开到洛川,第五十七军之第八师,已由西安开到中部,第十六军之重炮兵营,已由河防开到耀县,原驻西安之炮兵旅,亦已开到淳化。除上述业已开动之部队外,尚有很多军队,正在待命出动。陇海铁路,咸榆公路、西兰公路,兵车运输,络绎不绝,居民惊骇,奔走相告。为了配合此种军事行动,西安的反共特务头子劳动营训导处长著名托派汉奸张涤非,竟敢公开在西安召集会议,假造民意,狂吠解散共产党,取消边区。最奇怪的,是堂堂的中国官方通讯机关之中央社,也持此种破坏团结抗战的反动言论,于七月六日发出广播,通告中外,以为发动内战之舆论准备。内战危机,千钧一发,敌人第五纵队与中国反共分子此种丧心病狂的举措,如果实现,不仅将破坏全国人民六年以来辛苦坚持的抗战大业,并且将严重损害全世界反法西斯同盟国的共同行动。日寇第五纵队包围军事长官,准备发动内战之唯一目的,就是帮助日本帝国主义灭亡中国。他们此种举动,不仅背叛我中华民族解放战争的利益,同时也背叛了同盟国反对法西斯侵略的共同利益。他们此种举动,实际上是替垂死的法西斯主义作支持者,是掩藏在抗战营垒内的亲日派汉奸,因为在此种时机发动内战,除了牺牲民族利益,是绝对没有其他结果的。

在过去六年抗战中,证明中国共产党对于保卫祖国的神圣战争,是无限忠诚的。他是抗日民族统一战线的发起者和坚持者;他曾使西安事变获得和平解决,释放蒋委员长,达到全国的团结抗战。他曾指导了八路军中新四军中及地方民众中的共产党员,团结全体军民在敌后战场上抗击了侵华敌军百分之五十的兵力,而没有得到任何弹药与军饷的援助。新四军甚至被诬为"叛军",但是新四军至今在华中敌后战场坚持着英勇的抗战,而且至今仍然拥护国民政府,没有任何的"叛变"行为。这是全中国每一个老百姓,乃至日寇汉奸,无不知道的。八路军在华北艰难百战,不予奖励,反予妨害。陕甘宁边区为八路军、新四军仅有的后方,少数留守部队自己动手,生产自给,全世界都无此种模范军队。陕甘宁边区的党政机关与民众团体,坚决地实行了三民主义,实行了联合各抗日阶层的"三三制"政策,使一切抗日人民都有人权、政权、财权,都有说话机会,都有衣穿、有饭吃、有事做、有书读,使他们各得其所。现在边区已经成了全国实行三民主义的模范区域,边区人民在抗战中过着民主自由与丰衣足食的生活,比较大后方的惨淡情况,何止高出百倍。不管国民政府怎样至今还没有实行承认边区的诺言,但边区政府却始终表示拥护国民政府。我边区人民对于这样忠实于民族解放利益,这样坚持团结抗战,这样替边区人民做了无数好事的中国共产党,是竭其全力给予拥护的。对于边区现有的一切民主进步设施,认为不仅是关系自己切身利益,而且也是坚持抗战的可靠力量,是全国人民所同声称道的模范建设,我们将誓死保卫这块地方,不许日寇及其第五纵队的阴谋活动来加以破坏。

目前国内政治上许多反常事件,我们长久地忍隐不言,以期相忍为国,渡过难关。不料反共分子的欺压毒焰,继长增高,暴行虐政,有加无已。今竟敢于冒天之下大不韪,调抗战之将士,肆内战之阴谋;反共第一,抗日第二;一党至上,专制集中;反对自由主义与共产主义,无异盗卖法西斯;放弃团结原则与统一战线原则,无异置民族于死地。指挥特务,盗窃民意,今日可以提出解散共产党,取消边区,明日亦何尝不可以发布讨伐令,解散八路军。凡此反常之行为,实属惟恐天下不乱,惟恐抗日胜利,惟恐民族获得解放,惟恐人民获得自由之反革命心理所表现。另一方面,对于投降敌人背叛祖国之三十三个高级将领,却一个也不责备,也不声讨,有时还替他们曲予辩护。对于像吴开先那样受敌人派遣到我抗战首都进行卖国活动的著名大汉奸,却不但不予逮捕,反而容许吴逆仍挂国民党中央委员之名,消遥法外,自由自在地进行阴谋活动。对于像张涤非那样的日寇第五纵队,在西安假造民意,声言解散共产党,取消边区的汉奸活动,不但不加制止,反而给他们广播消息,企图以此欺骗人民,准备军事进攻的舆论。对于今天大后方民生憔悴,民怨沸腾,民情隔阂,民变蜂起等危险情况,则不但不思所以变计,反而一味高压,若惟恐民怨之不普遍,民变之不扩大。华北庞炳勋孙殿英诸军之覆灭,其原因乃在于庞孙领受国民政府军事委员会洛阳第一战区司令长官部之秘密命令,尽一切力量准备进攻太行山区域之八路军(八路军已获有确实证件),丝毫不作对日寇战争之准备,致使日寇乘虚袭击,束手受缚,叛国降敌,不敢声张,反替庞孙作辩护之词。我华中及山东之新四军八路军,苦战奋斗,敌人欲置之死地而不可得,彼乃派遣王仲廉、李仙洲两个集团军,限期东进,务求消灭八路军新四军而后已。共产党则称之为"奸党",新四军、八路军则称之为"奸军",试问天下有这种颠倒是非,混淆黑白的道理么?今日何日?不是正当日德意法西斯国家已面临失败危机,我们为了自己民族的解放,为了与反法西斯各同盟友邦的配合,需要更加加紧自己抗战行动的时候么?为什么竟从抗日前线撤回大量军队,要来进攻陕甘宁边区呢?这有什么理由呢?为什么不打日本人要打中国人呢?抗战时期,只应该团结一切力量,加强反对日本帝国主义这条唯一战线,不应该制造第二条国内战线,这个道理,难道还不明白么?为什么这样痛恨共产党、八路军、新四军、陕甘宁边区,而那样不痛恨我们的民族公敌日本帝国主义呢?撤了河防大军来打地区,难道就忘记了日本人么?那时日本人从"剿共"军背后打来,你们怎么应付呢?庞炳勋孙殿英的覆辙,你们难道完全忘记了么？

我们延安各界人民，今天在此开纪念抗战六周年大会。我们竭诚向国民政府呼吁，向蒋委员长呼吁，向胡宗南副长官呼吁，向正在准备进攻边区的一切官兵呼吁，向全国同胞呼吁，请你们认清日寇第五纵队的阴谋策动是不利于国家民族的，是帮助日寇侵略的。我们请求蒋委员长与胡副长官，立即命令抗日军队仍返原防，保持团结，避免内战。我们掬诚忠告那些接受密令准备进行内战的军官和士兵，共懔国家民族危急存亡之祸，鉴于过去十年内战之惨，不要打共产党，不要打八路军，不要打边区，不要枪口对内。胡宗南副长官曾云："剿共是无期徒刑"，这是一句真话。请你们平心静气的想一想，再打十年内战，能打得出什么结果呢？何况内战一开，敌人乘虚而入，中国马上就会亡国，那里有十年时间，许我们从从容容的打内战呢？我们要求蒋委员长与胡副长官，立即逮捕著名托派汉奸日寇第五纵队分子张涤非，并惩治其破坏团结抗战的反革命活动。我们要求国民政府立即逮捕日汪密使吴开先，并予公审。我们要求国民政府立即明令讨伐通敌叛国的庞炳勋、孙殿英、孙良诚、冀载宇、吴化文、荣子恒、厉文礼、杨汝贤、李振汾、侯冠文、王廷英、杨光有、王瑞亭、赵星彩、于光辉、侯如镛、杨志希、赵瑞、杨诚、李长江、徐继泰、杨仲华、吴漱泉、王劲哉、苏振东、潘胜富、苏景华、张海平、任兰圃、赵天时、薛豪平、于怀安、金亦吾等三十三个将级军官，并移华中山东一带"剿共"之师去"剿伐"他们。我们要求全国爱国同胞一切抗日党派帮助我们制止内战，实现上述各要求。

我们的口号是：

（一）坚持抗战，反对内战！

（二）坚持团结，反对分裂！

（三）坚持抗日民族统一战线！

（四）反对国民党调动河防部队进攻边区！

（五）要求政府撤销包围边区的军队，开赴前线抗日！

（六）要求政府惩办挑拨内战的特务机关！

（七）要求政府讨伐三十三个投敌将领！

（八）要求政府审判日本奸细吴开先！

（九）拥护中国共产党！

（十）誓死保卫抗日民主的边区！

（十一）坚决实行三民主义！

（十二）全体人民动员起来！

　　　　保卫边区，保卫西北，保卫全中国。

（十三）打倒日本帝国主义及其走狗第五纵队！

（十四）中华民族解放万岁！

一九四三年七月九日

（原载一九四三年七月十日延安《解放日报》）

26.晋察冀边区各界制止内战挽救危亡通电

重庆国民政府林主席，蒋委员长即各院部长官，各战区、各地方长官，全国各抗日党派、各抗日团体及全体抗日将士、抗日同胞公鉴：

正当我们晋察冀边区一千五百余万人民，欢欣鼓舞庆祝抗战六周年的时候，我们对于抗战胜利与国家民族的前途，正抱着无限光明的希望，不意晴天霹雳，消息传来，我国军撤开河防阵地，大军包围陕甘宁边区，内战危机，千钧一发，抗战建国大业，眼看就有功败垂成的危险。我们六年来，流血牺牲，所付重大代价，难道就这样被日寇第五纵队特务匪徒们白白出卖了吗？今天，我们全军区人民，又集合在这里，我们痛心疾首，大声呼吁，我们要与全国同胞齐心协力，制止内战，挽救危亡。

六年来，我们不知流了多少鲜血，抛了多少头颅、经历无限痛苦，忍受无限艰难，进行最残酷的斗争，请问所为何来？岂不是为了祖国的生存独立，民族的自由解放。我们的敌人只有一个，那就是日本法西斯强盗。但是，今天，当我们已经熬过了艰难的六年，获得了最有利的形势，正要配合同盟国走上反攻，最后打败日本法西斯的时候，却有人帮助日寇来挑动内战，把对外枪口转向对内，毁坏我民族抗战的长城，替敌人挽回垂死的命运。天下令人痛心的事，还有更甚于此的吗？我们在敌后的人民与全国同胞，旦夕祈祷的，就是国内的团结；我们所深恶痛绝的，就是国内的分裂。六年来，好容易得到了国内的团结，才得坚持抗战至今，才得提高国际的地位，打下最后胜利的基础；若使一旦又变团结为分裂，变抗战为内战，不但国际地位一落千丈，而且亡国的大祸，更将迫在眉睫。想念至此，我们不禁忧心如焚，热泪盈眶。我们迫切地请求当局，临危立断，以国家民族为重，迅速制止挑动内战罪行，挽救团结抗战大局。

挑动内战者的口号是，"取消共产党"，"取消陕甘宁边区"，这种口号，我们在敌后的人民，早就听见敌寇汉奸一再宣传，而且敌人从来就以"反共"、"灭共"、"剿共"等等名义作为"扫荡"进攻的借口，想不到就是这个口号，竟然成了今日大后方反动派的实际行动。反动派之为敌寇所利用，昭然若揭。但是共产党的主张与实践，我们敌后抗日根据地的人民看得最清楚，我们以共产党为国家民族的至宝，以共产党为我们人民的救星。就因为他是忠于国家民族，忠于人民利益，而为日本法西斯所最害怕的劲敌。没有共产党，就不能有我们在敌后的抗日根据地；没有共产党，就不能有我们抗日民主的政治与人权的保障；没有共产党，就不能有我们经济生活的改善与财权的保障。全国没有共产党，则在西安事变的当时，就已沦亡于日寇汉奸汪精卫之手，安得有今日?! 中国共产党，已成了我们国家民族与人民生存的寄托，决不容反动派肆意"取消"，也不是它们妄想，"取消"得了的。至于陕甘宁边区，则是共产党所领导的敌后数十万八路军与新四军唯一的后方，八路军、新四军驰骋敌后，转战万里，收复国土，不顾一切牺牲，都是我们所亲眼看见的。即以我晋察冀边区八路军而言，现已进军伪满，威震塞外。其他军队，不能立足于敌后，而他们却造成历史上空前的伟绩，他们从来没有收到国家的丝毫补给，全凭自力更生，这实在是国军中处境最苦，任务最重，战功最大，最可钦敬的军队。如果进攻陕甘宁边区，"取消"了这孤悬敌后数十万大军唯一的后方，不赏其功，反加其罪，将何以对他们忠勇的将士与抗战的英烈？将何以维系敌后广大的人心？将何以对世界反法西斯盟邦人士？将何以对天下后世？而且陕甘宁边区的存在，又是此次国共合作时早经协定，无任何理由可以"取消"。反动派实全无心肝，如果他们的阴谋得售，不但我政府威信尽坠，更使举世志士，伤心无极，九原烈士，含恨千秋。我们要求政府，立令河防部队回到抗日阵地，限令包围陕甘宁边区军队，全部撤退，严惩日寇第五纵队与特务机关，整饬抗日政府的纪纲，赏功罚罪，奖励前线有功将士，讨伐叛国投敌将领，克服内战的危机，伸张救亡的大义。我们检讨今日国内和平局面所以屡次遭受威胁破坏的最大的原因，还在于法西斯主义的作祟。我们国内，至今还有少数人仍然抱着法西斯主义的思想，这实在是国家民族的祸根。我们必须正告这些人，全中国人民与全世界正义人士与法西斯永远是不能两立的，有法西斯在，就没有民主，就没有自由，就没有和平。法西斯就是暴虐的专政，就是屠杀与战争。目前世界人类所遭受的空前灾难与战争的祸害，就都是法西斯所造成的。我们中华民族，今天为反对法西斯而战争流血，不惜一切牺牲，就为着根绝这个人类的蟊贼，争取永久的和平。因此我们绝对不能允许任何法西斯重新抬头与复辟，更不能允许在我们的国家产生任何法西斯的专制余孽。我们要的是民主、自由、和平的新中国，而不要法西斯暴虐专制的中国。国内有法西斯与人民为敌，就不能免于内战。因此我们竭诚请求我抗日政府，肃清国内法西斯主义与法西斯余孽以杜绝内战的祸根，完成抗战建国的大业。今天内战危机，虽如此紧迫，但是我们对于国家民族的前途，丝毫没有灰心，相反的我们的决心却更加坚定，因此我们相信在目前国际极端有利的形势之下，反动派挑拨内战的阴谋，必遭全国人民的痛击，与全世界反法西斯盟邦政府与人民坚强反对。进行内战者是绝对孤立的，反对内战者是必获胜利的。不管敌寇是如何的挑拨，不管第五纵队如何活动，我们也一定要与全国各抗日军队与一切抗日反法西斯人民，继续坚持统一战线，继续团结抗战，为消灭日寇、汉奸及第五纵队、反共特务匪徒、内战挑拨者而奋战到底，特此通电。

晋察冀边区各界制止内战挽救危亡大会

（原载一九四三年七月十六日延安《解放日报》）

27. 太行军民举行声援陕甘宁边区,呼吁团结反对内战示威大会

苦战六年的太行军民,在十五日赶到清漳河岸某地广场,举行声援陕甘宁边区、呼吁团结、反对内战示威大会,以反对反共特务分子挑动内战的滔天罪行。二万余人先后向会场涌来。大会定下午五时开会,但是忍不住满腔义愤的人群,早在晌午就到了。他们背着枪,打着自卫队鲜明的大旗,吼着"援助陕甘宁边区"的口号。他们用连续数分钟的掌声,选举自己所拥护的人做大会主席团,里面有一二九师刘伯承师长,有中共太行分局代表李大章同志,边区政府杨戎正副主席,边区临参会申邢正副议长,士绅代表李春芳,劳动英雄彭钢旦等十余人。

主席杨秀峰在开会词中以激动的音调,号召边区人民紧急动员起来,他说:"反动派要进攻陕甘宁边区这是中国存亡、人民生死的问题,不只是陕甘宁边区人民的事而是全中国人民的事,特别我们敌后人民关心最切,我们要紧急行动起来,用我们的笔和枪,用我们的热情和热血,以我们的斧头和锄头,誓为争取抗战胜利,为粉碎日寇第五纵队特务分子的罪行,准备迎击敌寇对我们的夹攻,为保卫自己的利益而奋斗。"

(原载一九四三年七月二十日延安《解放日报》)

28. 李鼎铭发表讲演:反共就是反对三民主义,进攻边区就是破坏团结抗战

在延安民公抗战六周年纪念大会上边区政府李鼎铭副主席以持重而兴奋之声调发表其精辟讲演。他首即指出抗战能坚持到今日,是由于国共合作。他接着说:今天国际形势对中国有利,但我们中国人不可以存依赖心理;要打败我们的死敌——日寇,还要靠我们自己努力,配合同盟国反攻,特别是要靠我们的团结力量。但是,目前却有人要反对共产党,反对八路军。共产党、八路军真正实行了三民主义,为什么要反对它呢?李副主席即从自身亲历目睹的事实激昂地说:就民族主义言,六年以来,八路军坚持抗战,得不到任何接济,再接再厉,有进无退,它对国家民族可谓忠心耿耿。以民权主义

言,边区召开了参议会,所有各级政府的人员,都是群众选出来的。边区实行了"三三制"。以民生主义言,边区党政军普遍参加生产,自己动手,并帮助群众发展生产,以培养民力,节省民力,民力有余,则抗战即可坚持到底。现在有人要反对共产党、反对八路军、反对边区,我以为这就是反对三民主义,就是反对团结抗战! 至此,李副主席以坚决的口吻说:如还有人执迷不悟,向边区挑衅,发动内战,无论它是任何党派和军队,我们都是要坚决反对的。李副主席于全场热烈的掌声中结束了他的演词说:"我希望各党各派以及无党无派的人士,打定主意,反对内战,加强团结,中国前途是光明的,最后胜利是我们的。"

(原载一九四三年七月十日延安《解放日报》)

29.续范亭通电全国要求制止内战,挽救危亡

晋西北行署主任续范亭先生,是国民党老同盟会员及孙中山先生之忠实战友。抗战以前,他反对国民党当局的不抵抗政策,恨日寇之侵凌,痛国亡之无日,曾在南京中山陵前,以自己的鲜血,唤醒国人。"七七"事变以后,他更为了团结抗战,忧劳备至。终以体力不济,年来才到延安休养。续范亭先生在获悉国民党反动派撤退抗日的河防驻军,准备进攻边区的巨变后,忧心如焚,深恐抗战建国功败垂成,内战惨祸又将重见于今日,乃发出通电,呼吁国民党先进及全国爱国同胞,速起制止内战,挽救危亡。兹得续先生原电,特发表如后:

(衔略)六年以来,天大祸患之狂言,恰中奸伪之诡计,降临中国,牺牲亿万,始有今日,而国共合作,举国团结,实为胜利之主因。当今国际环境,于我有利,不利条件集于日伪,正宜奋发互励,以竟抗战建国之全功,岂能任性行动,又搞亡国灭种之分裂? 乃以独裁制度,势成包围,特务政策,积弊已深,钳制舆论,进言者目为浮躁,忧世者谓之迂狂,阻抑正大刚直之气,而养成怯懦因循之风,故其衰耗颓场,将至于不可支持而不自觉。今幸国际环境好转,敌寇凶锋已挫,此忧虑警省、改辕易辙、千载一时之良机也。范亭久病之躯,居延两年,亲见共产党努力于教育生产,毛主席以至所有负责者之领导指示,莫

不以加强团结抗战建国为先务。邓宝珊将军赴渝过延,毛主席谈话有:"中国打走日寇以后,应该国内再不打一枪不发一弹"之言。何期不过半月,时局陡变,当局者误信特务之狂言,恰中奸伪之诡计,旬日以来,调集大兵,准备进攻边区,战端重启,纠纷喋血,生民涂炭,敌伪乘隙,误国害民之祸,孰过于此!自杀自乱之惨,何堪设想!百年国仇,誓不戴天。兄弟之党,诸宜谅解。已往历史,早打破武力迷梦,国内纠纷,全可用政治解决。为山九仞,功亏一篑,行百里者,九十而止,此千古之痛事,恨晚节而不终。宋明覆辙,可为殷鉴,民国之世,岂能再蹈。若使我先总理及诸先烈百年奋斗之成果,废于一旦,吾等数十年牺牲流血之代价,尽断送于少数宵小特务间谍之手,此吾人誓死不能甘心者,且六年以来,浴血苦战,可歌可泣之奇迹,都是英雄之结晶,一点一滴之成功,莫非军民之血汗。何物狂奴,敢冒天下之大不韪,挑拨内战,破坏团结,毁灭我举国抗战之伟大成绩!倘迫人太甚,使二百万有组织训练之军民,为了求生自卫,拼命致果,非易与也,若罔顾民主,使日寇幸未蹂躏之一片净土化为沙场,亦何忍哉?谨以至诚,敬请我国民党先进同志及全国爱国同胞,旷视世界大势,痛动与论,制止内战,主张团结,急起直追,挽此危局。即或不谅于一时,亦可谢罪于将来。不然大局既坏,不可收拾,虽有圣人,难以为力。彼时也,国人责我以无言,中央谓我为不忠,吾等将何辞以对?况复曙光在望,胜利已临,非日暮而途穷,胡倒步而逆施?深望举国一致,挽救中华,或打通电作宣言,挽狂澜于将倒,作中流之砥柱,此尽忠于民族,尽忠于党国,尽忠于人民之唯一职分也。愚惑之见,急也择言,先进贤达,诸惟谅察,临疑流涕,不胜迫切盼祷之至。

（原载一九四三年七月十八日延安《解放日报》）

30. 国民党第三次反共高潮迅速破产的原因（毛泽东）

德怀同志:

我宣传闪击已收效,不但七日外国记者纷纷质问张道藩,而且引起英、美、苏各大使开会,根据朱致蒋、胡电警告蒋,不得发动内战,否则停止援助。更因延安紧急动员,使蒋害怕,不得不改变计划,十日令胡停止行动,十一日蒋、胡均复电致朱声明无进攻意，十二日胡下令开始撤退一个师及两个军部（第一军及九十军），内战危机似可克服。此次蒋之阴谋迅速破产，是我抓紧时机捉住反对内战、反对侮辱共产党两个要点，出其不意，给以打击。重庆外国人是与蒋、胡同时（五日）得到朱总电，故能于"七七"纪念日引起质问及各大使干涉。太南打击刘进尚非其时，望用一切办法克服困难，保持国共一年和平，我党即可能取得极有利地位。

毛泽东

午元亥（七月十三日）

一九四三年七月十三日

（选自《南方局党史资料·统一战线工作》，重庆出版让，一九九〇年）

31.坚持抗日民族统一战线，反对蒋介石的新专制主义①（周恩来）

自从建立抗日民族统一战线和开始抗战以来，党内党外，国内国外，对于蒋介石国民党亦即大地主大资产阶级统治的实质，多缺乏深刻的了解。只有毛泽东同志在抗战前就指出他的动摇性与被动性，抗战初期又指出他的妥协性与两面性，到今天更指出他的法西斯性。这些都是历史发展中的重要启示，而且有其时代意义的。因此，我现在便来讲中国的法西斯主义。

在这里，须先回答一些疑问。

有人问：为什么早不说蒋介石国民党是法西斯主义，偏偏现在来说？我们回答：抗战前一段时间里，我们的政策重心在争取他抗战，故强调其可变性与革命性，而只注意其动摇性与被动性就够了。抗战初期，我们的政策重心在争取他长期抗战，全面抗战，故强调持久战，强调团结、进步，反对投降、分裂、倒退，于是就要深刻地认识他的妥协性与两面性。等到现在，他的抗战作用日益减少，反动方面日益扩大，并且著书立说，出了《中国之命运》一书，日益减少，这样下去，必致抗战失败，内战重起。故我们就要公开地揭穿其法西斯实质了。过去只是因他的发展还没有像现在这样坏，故未强调，并不是没

---

①本文摘自周恩来：《论中国的法西斯主义——新专制主义》，全文刊载于《周恩来选集》上卷。——编者

有什么法西斯派。

于是又有人问：蒋介石国民党既是法西斯主义，为什么又能抗战呢？我们回答：毛泽东同志告诉了我们，他是买办的封建的法西斯主义。因为他带买办性，所以当日本帝国主义打进来的时候，他能依靠别的帝国主义去抵抗，并利用民族救亡高潮，起着抗战的革命作用。同时，他又带封建性，所以当同盟国家渐渐重视中国民族抗战的时候，他又回到复古的排外的思想上去，起着反动的作用。并且正因为他是大地主大资产阶级，所以对内总是反对人民，惧怕人民，压迫人民的。他的抗战是决不会彻底的。无产阶级及其政党必须争取和巩固自己在民族民主革命中的领导权，决不能成为大资产阶级的尾巴。这一点，毛泽东同志在抗战前苏区党的代表大会上就警告了我们的。

于是又有人问：法西斯主义是民族侵略主义，蒋介石国民党既还抗战以抵抗日本侵略者，为什么叫他做法西斯主义呢？我们回答：正因为这样，所以毛泽东同志叫他做中国的法西斯主义了，民族侵略主义是法西斯主义的一种特征，不是唯一的特征。季米特洛夫报告中讲的法西斯主义的四种特征，除了民族侵略主义这一点外，中国法西斯主义都是具有的，蒋介石国民党在历史上在现在，都是向人民向劳动群众施行最残酷的进攻，以至于进行镇压革命的内战，实行疯狂猖獗的反动和反革命，成为全中国人民的死敌。只是因为中国已处在殖民地半殖民地的环境中，中国大地主大资产阶级无力对外侵略。至于他对国内各小民族，还不是充满了大汉族主义的民族优越感和传统的理藩政策的思想么？即在对外，国民党还不是有人在提倡大中华联邦应该圈入安南、泰国、缅甸、朝鲜甚至南洋群岛么？季米特洛夫曾经说过，因各国历史社会经济条件不同，在各国民族特性及国际地位不同，所以法西斯主义的发展和法西斯专政本身，在各国所采取的形式也是不同的。斯大林也早说过，德国法西斯主义的出现是表明资产阶级的力量已经削弱，资产阶级在内政方面已经不能采用旧的国会制度和资产阶级民主的方法来维持其统治，因此，就只得采用恐怖的手段。在一定意义上，我们不也可以用于解释中国的大地主大资产阶级的统治么？所以我们也可以说，中国的法西斯主义是中国大地主大资产阶级——实际上就是蒋介石国民党和官僚资本公开的恐怖的专政,亦即特务统治。

于是又有人问:既是这样,为什么只反对国民党内的反动派,而不反对整个国民党呢? 为什么只主张取消法西斯主义,而不提取消法西斯主义的头子呢? 我们回答:这就因为以蒋介石国民党为代表的英美派大地主大资产阶级的两面性尚存在,尚未走到只有反动性的一面的地步,因为他们的抗战旗帜尚未倒下,国民党尚能影响一部分虽然是日渐减少的人民,尚不敢公开以法西斯主义为号召(不仅因为抗战,而且也由于中国大地主大资产阶级的软弱性而不能独立,因而也不敢公开承认)。故我们只反对国民党中的反动派,并不反对那些愿意抗战愿意民主的国民党员,并且还希望他们和我们一道去反对那些反动派。故我们只主张取消法西斯主义,并且还希望这些国民党员能自动地起来取消法西斯主义而真正实行孙中山的革命的三民主义。故我们只主张解散法西斯的特务组织,并不主张取消国民党组织。由于大地主大资产阶级的法西斯主义日渐抬头,甚至于写出一本《中国之命运》,提出最反动的取消中共的主张,故我们今天乃必须强调中国法西斯主义的危险及其实质。这不仅对于中国人民是一种警醒和教育,首先对于我们党内也是一种警醒和教育,并且这是最实际的肃清党内对于大资产阶级的投降主义的思想。

一九四三年八月十六日

(选自《周恩来统一战线文选》,人民出版社)

32. 中国国民党中央执行委员会致国防最高委员会为第五届第十一次全体委员会通过对于《中国共产党破坏抗战,危害国家总报告》之决议案暨蒋介石对于该案之指示

查本会为第五届第十一次全体会议通过对于中国共产党破坏抗战危害国家总报告之决议案一件,又总裁对于本案亦有剀切之指示,除分行中央各部会处及各级党部外,特检同决议案及总裁指示,函达即希

查照为荷。

民国三十二年十月七日

一、对于中国共产党破坏抗战危害国家案件总报告之决议案

本会议听取关于中国共产党破坏抗战危害国家案件总报告之后，备悉中国共产党对本会十中全会决议所采宽大容忍之态度，不但毫无感动觉悟之表现，反变本加厉，加紧进行其危害国家破坏抗战之种种行为，殊深惋痛。

我神圣抗战历六年余之艰苦奋斗，举国一致所企待之伟大胜利，业已在望，中共为争取国家民族永远之自由幸福，把握抗战之最后胜利，深感非先谋巩固国家之统一，即无以完成抗建之大业，所以对中国共产党只冀其不破坏国家统一，不妨害抗战胜利，不惜再三委曲求全，加以涵容，兹仍当本此一贯之精神，交常会负责处理，详为开导，促其觉悟，希望中国共产党能幡然自反，切实遵守其在二十六年九月二十二日所宣言：（一）为实现三民主义而奋斗，（二）取消暴动政策与赤化运动，（三）取消苏维埃政府，期全国政权统一，（四）取消红军改编为国民革命军，受国民政府军事委员会之统辖等四项诺言，以拥护国家民族之利益，军令政令之贯澈，俾抗建大业，确获胜利成功之保障，庶慰国民热切之企望。至于其他问题，本会议已决议于战争结束后一年内，召开国民大会，制颁宪法，尽可于国民大会中，提出讨论解决，本会于贯澈执行完成国家统一、把握抗战胜利之坚决的意志之中，不惜寄予最殷切之期待也。

二、总裁对于中国共产党破坏抗战危害国家案之提示

本席听取中央秘书处关于中共案件之报告，及各委员所发表之意见后，个人以为全会对于此案之处理方针，要认清此为一个政治问题，应用政治方法解决，如各位同意余之见解，则吾人对共产党之言论，无论其如何百端诬蔑，其行动无论如何多方扰乱，吾人始终一本对内宽容之旨，期达精诚感召之目的，当仍依照十中全会之宣言"凡能诚意信仰三民主义，不危害抗战之进行，不违背国家之法令，无扰乱社会之企图与武装割据之事实者，我政府与社会，应不问其过去思想行动之如何，亦不问其为团体为个人，一体尊重其贡献能力效忠国家之机会"。本此方针，始终容忍，竭诚期待该党之觉悟，并应宣明中央对于共党亦别无任何其他要求，只期其放弃武力割据，暨停止其过去各地袭击国军破坏抗战之行为，并望其实践二十六年共赴国难之宣言，履行

该宣言中所举之四点,即:(一)为实现三民主义而奋斗;(二)取消一切推翻国民党政权的暴动政策及赤化运动,停止以暴力没收地主土地的政策;(三)取消现在的苏维埃政府,实行民主政治,以期全国政权之统一;(四)取消红军名义及番号,改编为国民革命军,受国民政府军事委员会之统辖,并待命出动,担任抗日前线之职责。共党果能真诚实践,言行相符,则中央可视其尚有效忠抗战之诚意,自当重加爱护,俾得共同努力,完成抗战建国之大业。

（选自台湾《中华民国重要史料初编——对日抗战时期》第五编）

33.评国民党十一中全会及三届二次国民参政会（延安《解放日报》社论）

九月六日至十三日国民党召集了十一中全会,九月十八日至二十七日国民党政府召集了三届二次国民参政会,两个会议的全部材料现已收齐,我们可以作一总评。

国际局势已到了大变化的前夜,现在无论何方均已感到了这一变化。欧洲轴心国是感到了这一变化的,希特勒采取了最后挣扎的政策。这一变化主要地是苏联造成的,苏联正在利用这一变化,红军用席卷之势打倒了德涅泊河,德国法西斯战争机构快要土崩瓦解了,红军再一个冬季攻势,不打倒新国界,也要打倒老国界。英美也在利用这个变化,罗、丘正在养精蓄锐,等待希特勒摇摇欲坠时打进法国去,丘吉尔把现时还仅有十几个师作战的意大利战场只算作第三战场。总之,欧洲问题已处在总解决的前夜,而其主力军是苏联。世界问题的枢纽在欧洲,欧洲问题解决,就算决定了世界法西斯与反法西斯两大阵线的命运。日本帝国主义者已感到走投无路,它的政策也只能是集中一切力量准备作最后挣扎,它对于中国,则是对共产党"扫荡",对国民党诱降。

国民党人亦感到了这个变化,他们在这一形势面前,一则以喜,一则以惧。喜的是他们以为欧洲解决,英美可以腾出手来替他们打日本,他们可以不费力气地搬回南京。惧的是三个法西斯国家一齐垮台,世界成了自有人类历史以来未曾有过的伟大解放时代,国民党的买办封建法西斯独裁政治,成了世界自由民主汪洋大海中一个渺小的孤岛，他们惧怕自己"一个党，一个主义，一个领袖"的法西斯主义有灭顶之灾。

本来，国民党人的主意是叫苏联独力去拼希特勒，并挑起日寇去攻苏联，把个社会主义国家拼死或拼坏，叫英美不要在欧洲闹什么第二第三战场，而把全力搬到东方先把日本打死，再把中国共产党打死，然后再说其他。国民党人起初大嚷"先亚后欧论"，后来又嚷"欧亚平分论"，就是为了这个不可告人的目的。今年八月魁北克会议的最末一天，罗、丘叫了中国外长宋子文去讲了几句话，国民党人又嚷："罗、丘视线移到东方了，先欧后亚计划改变了"，以及"魁北克会议是英美中三强会议"之类，还要"自卖自夸"的乐一阵。但这已是国民党人的最后一乐，自此以后，他们的情绪就有些变化了，"先亚后欧"或"欧亚平分"从此送入历史博物馆，他们可能要另打主意了。国民党的十一中全会及国民党操纵的参政会，可能就是这种另打主意的起点。

国民党十一中全会诬蔑共产党"破坏抗战，危害国家"，同时又声言"政治解决"及"准备实行宪政"。三届二次国民参政会，在大多数国民党员把持操纵之下，通过了与十一中全会大体相同的对共决议案。此外，十一中全会还"选举"了蒋介石先生作国民党政府的主席，加强了独裁机构。

十一中全会后国民党人可能打什么主意呢？不外三种：（一）投降日本人；（二）照老路拖下去；（三）改变政治方针。

国民党内的失败主义者与投降主义者，适应日本人"对共产党打，对国民党拉"的要求，是一路来主张投降的，他们包围蒋介石先生，时刻企图策动反共内战，只要内战一开，抗战自然就不可能，只有投降一条路走。国民党在西北集中了四十至五十万大军，现在还在由其他战场把军队偷偷地集中到西北，据说将军们的胆气是很豪的，他们说："打下延安是不成问题的问题"。这是他们在十一中全会上听了蒋介石先生对共产党问题的演说："此为一个政治问题，应用政治方法解决"，及全会作了与蒋所说大体相同的决议之后说的话。去年国民党十中全会亦作了与此相同的决议，可是墨汁未干，将军们即奉命作成消灭边区的军事计划，今年六、七两月实行调兵遣将，准备对边区发动闪击战，仅因国内外舆论的反对，才把这一阴谋暂时搁下。现在十一中全会决议的墨汁刚刚洒在白纸上,将军们的豪语与兵力的调动又见告了。"打下延安是不成问题的问题",这是什么意思呢? 就是说决定投降日本人。一切赞成"打延安"的国民党人,不一定都是主观上打定了主意的投降主义者,他们中间有些人也许是这样想:我们一面反共,一面还是要抗日的,许多黄埔军人可能就是这样想。但是我们共产党人要向这些先生们发出一些问题:你们忘了十年内战的经验吗? 内战一开,那些打定了主意的投降主义者们容许你们再抗日么? 日本人及汪精卫容许你们再抗日么? 你们自己究有多大本领,能够对内对外两面作战么? 你们现在名曰有三百万兵,实际上士气颓丧已极,有人比做一担鸡蛋,碰一下就要垮,所有中条山战役,太行山战役,浙赣战役,大别山战役,无不如此。其所以然,就是因为你们实行"积极反共""消极抗战"两个要命的政策而来的。一个民族敌人深入国土,你们越发积极反共与消极抗战,你们的士气就越发颓丧。你们对外敌如此,难道你们对共产党对人民就能忽然凶起来么? 不能的,只要你们内战一开,你们就只能一心一意打内战,什么"一面抗战"必然抛到九霄云外,结果必然要向日本人订立无条件投降的条约,只能有一个"降"字方针。国民党中一切不愿意真正投降的人们的策动,把十一中全会的决议及参政会的决议当作动员舆论、准备发动反共内战的工具,其结果必然要走到此种地步。这叫做自己本来不愿意投降,但因听信了投降派的策动,采取了错误的步骤,结果只好跟着投降派投降。这是十一中全会后国民党的一种可能的方向,这个危机极端严重地存在着。在投降派看来,"政治解决"与"准备实行宪政",正是准备内战亦即准备投降的最好的掩眼法,一切共产党人,爱国的国民党人,各个抗日党派与一切抗日同胞,都要睁起眼睛注视这个极端严重的时局,不要被投降派的掩眼法弄昏了头脑。须知正是在十一中全会之后,内战危机是空前未有的。

十一中全会的决议及参政会的决议可以向另一个方向发展,这就是"暂时拖,将来打"。这个方向与投降派的方向有多少的差别。这是还要抗战,但又绝对不愿放弃反共与独裁的人们的方向。这些人们是可能采取此种方向的,那是因为他们看见国际大变化不可避免,看见日本帝国主义必然要失败,看见内战就是投降,看见国内人心拥护抗战、反对内战,看见国民党脱离群众,丧失人心,使自己处于从来未有的孤立地位这种危机之严重,看见美国英国苏联一致反对中国政府发动内战,因此迫得他们把内战阴谋推迟下去,而以"政治解决"与"准备实行宪政"的空话,作为拖下去的藉口与工具。这些人们历来的手段就是善于"骗"与"拖"。这些人们之想"打下延安"与"消灭共产党"是做梦也不会忘记的,在这一点上,他们与投降派别无二致。只是他们还想打着抗日的招牌,还不愿丧失国民党的国际地位,有时也还顾虑到国际国内的舆论指摘,所以他们可能暂时拖一下,而以"政治解决"与"准备实行宪政"作为拖一下的幌子,等待将来的有利条件,他们并无真正"政治解决"与"实行宪政"的诚意,至少现时他们绝无此种诚意。去年国民党十中全会前后,共产党中央派了林彪同志去重庆会见蒋介石先生,在重庆等候了十个月之久,但是蒋先生及国民党中央连一个具体问题也不愿意谈,把十年内战的责任推在共产党身上,诬蔑共产党、八路军、新四军为"新式军阀","新式割据",暗示两年内一定要解决共产党。今年六月二十八日,蒋先生允许周恩来、林彪等同志回延安,但他即于此时下令调动河防兵力向边区前进,下令叫全国各地以"民众团体"之名,乘第三国际解散机会,要求解散中国共产党,在此种情况之下,我们共产党人乃不得不向国民党及全国人民呼吁制止内战,不得不将国民党各种破坏抗战危害国家的阴谋黑幕予以揭发。我们已忍耐到了极点,有历史事实为证。武汉失守以来,华北华中的大小反共战斗没有断过。太平洋战争爆发亦已两年、国民党即在华中华北打了共产党两年,除原有国民党军队外,又复派遣王仲廉、李仙洲两个集团军入苏入鲁打共产党。太行山庞炳勋集团军是受命专门反共的,安徽与湖北的国民党军队亦是受命反共的。所有这些,我们过去长期内连事实都没有公布。国民党一切大小报纸刊物无时无刻不在辱骂共产党,我们在长期内一个字也没有回答。国民党特务机关逮捕、侮辱与杀戮成千成万的共产党与无辜青年,我们也忍耐下去。国民党毫无理由的解散了英勇抗日的新四军,歼灭新四军皖南部队九千余人,逮捕叶挺,打死项英,囚系新四军干部数百人,这是叛变人民、叛变民族、叛变同盟者的滔天罪行,我们除向国民党提出抗议及善后条件外,仍然相忍为国。陕甘宁边区是一九三七年六、七月间共产党代表周恩来同志与蒋介石先生在庐山会见时,经蒋先生允许发布命令,委任官吏,作为国民政府行政院直辖行政区域的,蒋先生不但食言而肥,而且派遣四五十万军队包围边区,实行军事封锁与经济封锁,必欲置边区人民与八路军后方留守机关于死地而后快。至于断绝八路军接济,称共产党为"奸党",称新四军为"叛军",称八路军为"奸军"等等事实,更是尽人皆知。总之,凡干这些事的国民党人,是把共产党当作敌人看待的,在国民党看来,共产党是比日本人更加十倍百倍地可恨的。国民党把最大的仇恨集中在共产党,对于日本人,如果说还有仇恨,也只剩下极小的一部分。这和日本人对待国共两党的不同态度是一致的。日本法西斯把最大的仇恨集中在中国共产党,对于国民党则一天一天的心平气和了,"反共""灭党"两个口号,于今剩下一个"反共"了。一切日本人及汪精卫的报纸刊物,再也不提"打倒国民党"、"推翻蒋介石"这类口号了。日本人把其在华兵力百分之五十八压在共产党身上,只把百分之四十二监视国民党,近来浙江、湖北又撤退了许多军队,减少监视兵力,以利诱降。日本人不敢向共产党说出半句诱降的话,对于国民党则敢于连篇累牍,呶呶不休,劝其降顺。国民党只在共产党与人民面前还有一股凶气,在日本人面前则一点儿也凶不起来了。不但在行动上早已由抗战改为观战,就是在言论上也不敢对日本人的诱降及各种侮辱言论做出一点两点稍为尖锐的驳斥。日本人说:"蒋介石所著《中国之命运》的论述方向是没有错误的。"蒋先生及其党人曾经对这一句极端侮辱但是完全中肯的话提出过任何驳斥吗?没有也不敢有,日本人看见蒋先生及国民党只对共产党提出所谓"军令政令"与"纪律",但对二十个投敌的国民党中委、五十八个投敌的国民党将领,却不愿也不敢提出军令政令与纪律问题,这叫日本人如何不轻视国民党呢! 在全国人民与全世界友邦面前,只看见蒋先生及国民党解散新四军,进攻八路军、包围边区,诬之为"奸党"、"奸军"、"新式军阀"、"新式割据",诬之为"破坏抗战"、"危害国家",经常不断地提出所谓"军令政令"与"纪律",而对于二十个国民党投敌中委,五十八个国民党投敌将领,却不执行任何的军令政令,不执行任何的法律。即在此次十一中全会与国民参政会,也是依然只有对付共产党的决议,没有任何一件对付国民党自己大批叛国投敌的中央委员与大批叛国投敌的军事将领的决议,这叫全国人民与全世界友邦又如何看待国民党呢! 十一中全会果然又有"政治解决"与"准备实行宪政"的话头了,好得很,我们是欢迎这些话头的,但据国民党几年来一贯的政治路线看来,我们认为这不过是一堆骗人的空话,而其实是为着准备打内战与永不放弃独裁政治这一目的,争取其所必要的时间。

时局的发展是否还可以有第三种方向呢? 可以有的,这在一部分国民党员,全国人民及我们共产党人,都是希望如此的。什么是第三种方向? 那就是公平合理地用政治方式解决国共关系,诚意实行真正民主自由的宪政,废除"一个党,一个主义,一个领袖"的法西斯独裁政治,并在抗战期内召集真正民意选举的国民大会。我们共产党人是自始至终主张这方针的。一部分国民党人也会同意这个方针。就连蒋介石先生及其嫡系国民党,我们过去长期地也总是希望他们实行这个方针。但是依据近几年的实际情形看来,依据目前事实看来,蒋先生及大部分当权的国民党人都无任何事实表示他所愿意实行此种方针。

实行此种方针,要有国际国内许多条件。目前国际条件(欧洲法西斯总崩溃的前夜)是有利于中国抗战的,但投降派则愈欲于此时策动内战以便投降,日本人及汪精卫则愈欲于此时策动内战以利招降。汪精卫说:"最亲善的兄弟终久还是兄弟,重庆将来一定和我们走同一条道路,但我们希望这一日期愈快愈好"(十月一日同盟社),何其亲昵肯定和迫切乃尔! 所以目前的时局,最佳不过是拖一下,而突袭的逆流是很严重的,第三个方向尚无此种条件,需要各党各派的爱国分子及全国人民进行各方面的努力,才能争取。

蒋介石先生在十一中全会上宣称:"应宣明中央对于共产党并无其他任何要求,只望其放弃武装割据及停止其过去各地袭击国军破坏抗战之行为,并望其实践二十六年共赴国难之宣言,履行诺言中所举之四点。"蒋先生所谓"袭击国军破坏抗战之行为",应该是讲的国民党,可惜他偏心地与忍心地诬蔑了共产党,因为自武汉失守以来,国民党举行了三次反共高潮,在这三次反共高潮中都有国民党军队袭击共产党军队的事实。第一次是在一九三九年冬季至一九四〇年春季,那时国民党军队袭占了陕甘宁边区八路军驻防的淳化、栒邑、飞宁、宁县、镇原五城,并且使用了飞机。在华北,派遣朱怀冰击太行区域的八路军,而八路军仅仅为自卫而作战。第二次是在一九四一年一月。先是何应钦白崇禧以皓电(一九四〇年十月十九日)送达朱、彭、叶、项,强迫命令黄河以南的八路军限期一个月一律开赴黄河以北,我们答应将皖南部队北移,其他部队则事实上无法移动,但仍答应在抗战胜利后移向指定的地点。不料正当皖南部队九千余人于一月五日遵命移动之时,蒋先生早已下了"一网打尽"的命令,于六日起十四日止,所有皖南国民党军队果然将该部新四军实行"一网打尽",蒋先生并于十七日下令解散新四军全军,审判叶挺。自是以后,华中华北一切有国民党军队存在的抗日根据地上,所有那里的八路军、新四军无不遭受国民党军队的袭击,而八路军、新四军则只是自卫。第三次是从本年三月至现在,除在华中华北继续袭击八路军、新四军外,蒋先生发表了反共反人民的《中国之命运》,调动了大量河防部队准备闪击边区;发动了全国各地所谓"民众团体"要求解散共产党;动员了在国民参政会内占大多数的国民党员,接受何应钦诬蔑八路军的军事报告,通过了反共决议案,把一个表示团结抗战的国民参政会,变成了制造反共舆论准备国内战争的国民党御用机关,以至共产党参政员董必武同志不得不声明退席,以示抗议。总此三次反共高潮,都是国民党有计划有准备地发动的,请问这不是"破坏抗战之行为"是什么?

中国共产党中央在民国二十六年(一九三七年)九月二十二日发表《共赴国难宣言》。该宣言称:"为着取消敌人阴谋之藉口,为着解除一切善意的怀疑者之误会,中国共产党中央委员会有披沥自己对于民族解放事业的赤忱之必要。因此中共中央再郑重向全国宣言:(一)孙中山先生的三民主义为中国今日之必需,本党愿为其彻底实现而奋斗;(二)取消一切推翻国民党政权的暴动政策及赤化运动,停止以暴力没收地主土地的政策;(三)取消现在的苏维埃政府,实现民权政治,以期全国政权之统一;(四)取消红军名义及番号,改编为国民革命军,受国民政府军事委员会之统辖,并待命出动,担任抗日前线之职责。"

所有这四条诺言,我们是完全实践了的,蒋介石先生及任何国民党人也不能举出任何一条是我们没有实践的。第一，所有陕甘宁边区及敌后各抗日根据地上共产党所施行的政策都是实现孙中山三民主义的政策。绝对没有任何一项政策是违背孙中山三民主义的。第二，在国民党不投降民族敌人，不破裂国共合作，不发动反共内战的条件之下，我们始终遵守不以暴力政策及赤化运动推翻国民党政权与没收地主土地的诺言。过去如此，现在如此，将来亦准备如此。这就是说，仅仅在国民党投降敌人，破裂合作，举行内战的条件下，我们才被迫着无法继续实践自己的诺言，因为只有在这种条件下，我们才失去了继续实践诺言的可能性。第三，苏维埃政权还是抗战第一年就取消了，"三三制"的民权政治也早已实现了，只是国民党至今没有实践他们承认陕甘宁边区的诺言，并且还骂我们做"封建割据"。蒋介石先生及国民党人须知，陕甘宁边区及各抗日根据地这种不被国民党政府承认的现状，这种你们所谓"割据"，不是我们所愿意的，完全是你们迫得我们这样做的。你们食言而肥，不承认这个原来答应了的地方，不承认这个民主政治，反而骂我们做"割据"，请问这是一种什么道理？我们天天请求你们承认，天天要求取消这个"割据"，"以期全国政权之统一"，你们却老是不承认，老是叫我们"割据"下去，这个责任究竟应该谁负呢？蒋介石先生以国民党总裁与国民党政府负责人的身份，在其自己的《中国之命运》中也是这样乱骂"割据"，自己不负一点责任，这有什么道理呢？现在乘着蒋先生又在十一中全会上要求我们实践诺言的机会，我们就要求蒋先生实践这个诺言：请求你采取法令手续，承认早已"取消苏维埃，实现民权政治"的陕甘宁边区，并承认敌后各抗日民主根据地，"以期全国政权之统一"，若是你们依然采取不承认主义，那就是你们叫我们继续"割据"下去，其责任和过去一样，完全在你们而不在我们。第四，"红军的名义及番号"早已"取消"了，早已"改编为国民革命军"了，早已"受国民政府军事委员全统辖"了，这条诺言早已实践了。只有国民革命军新编第四军现在是直接受共产党中央统辖，不受国民政府军事委员会统辖，这是因为国民政府军事委员会于一九四一年一月十七日发表了一个破坏抗战危害国家的反革命命令，宣布该军为"叛军"而"解散"之，以致该军十万人得不到政府的"统辖"，反而天天挨政府的袭击。但是该军不但始终在华中抗日，而且始终实践四条诺言中第一至第三条诺言,并且愿意接受"国民政府军事委员会的统辖",要求蒋先生取消解散命令,恢复该军番号,使该军获得实践第四条诺言之可能性。

十一中全会关于共产党问题文件除上述各点外,又称:"至于其他问题,本会议已决议于战争结束后一年内召开国民大会,颁制宪法,尽可于国民大会中提出讨论解决"。所谓"其他问题",就是取消国民党的独裁政治,取消法西斯特务机关,实行全国范围内的民主政治,取消妨碍民生的经济制度与苛捐杂税,实行全国范围内的减租减息的土地政策,及扶助中小工业,改善工人生活的经济政策。二十六年九月二十二日我党《共赴国难宣言》中曾称:"民之幸福与愉快的生活,首先须切实救济灾荒,安定民生,发展国防经济,解除人民痛苦,与改善人民生活。"蒋介石先生既于这个宣言发表之第二日(九月二十三日)发表谈话,承认这个宣言的全部,则应该不但要求共产党实践这个宣言中的四条诺言,也应该要求蒋先生自己及国民党与国民党政府实践上述条文。蒋先生现在不但是国民党的总裁,又当了国民党政府(这个政府以"国民政府"为表面名称)的主席,应该把上述民主民生的条文及一切蒋先生自己讲给我们共产党人及全国人民的无数诺言,认真地实践起来,不要还是把任何诺言都抛到九霄云外,只是一味高兴,讲的是一套,做的又是一套。我们共产党人及全国人民要看事实,不愿再听骗人的空话。如有事实,我们是欢迎的;如无事实,则空话是不能长久骗人的。抗战到底,制止投降危机,继续合作,制止内战危机,承认边区及敌后各抗日根据地的民主政治,恢复新四军,制止反共运动,撤退包围陕甘宁边区的四五十万军队,不要再把国民参政会当作国民党制造反共舆论的御用机关,在抗战期间召集国民大会,开放言论集会结社自由,废止一党专政,减租减息,改善工人待遇,扶助中小工业,取消特务机关,取消特务教育,实行民主教育,这就是我们对蒋先生及国民党的要求,其中大多数,正是你们自己的诺言。你们如能实行这些要求与诺言,则我们给你们保证继续实践我们自己的诺言。在蒋先生及国民党愿意的条件下,我们愿意随时恢复两党的谈判。

第一个投降与内战的方向,对蒋介石先生及国民党是死路。第二个,以空言骗人,把时间拖下去,而暗中念念不忘独裁与积极准备内战的方向,对蒋先生及国民党也不是生路。只有第三个方向,根本放弃独裁与内战的错误道路,实行民主与合作的正确道路,才是蒋先生及国民党的生路,也才是中华民族与全国人民的生路。但是这个方向,蒋先生及国民党今天尚无任何的事实表示,还不能使任何人相信,因此全国人民仍然要警戒极端严重的投降危险与内战危险。

一切爱国的国民党人应该团结起来,制止第一个方向,停止第二个方向,实现第三个方向。

一切爱国的抗日党派、抗日人民应该团结起来,制止第一个方向,停止第二个方向,实现第三个方向。

前无古人的世界大变化的局面很快就要到来了,我们希望蒋介石先生及国民党人对于这样一个伟大的时代关节有以善处,我们希望一切爱国党派与爱国人民对于这样一个伟大的时代关节有以善处。

(原载一九四三年十月五日延安《解放日报》)

四、重开谈判,两党关系再现转机

1. 毛泽东关于国共关系问题致董必武电

必武同志:

世电悉。观察今年大势,国共有协调之必要与可能,而协调之时机,当在下半年或明年上半年。但今年上半年我们应做些工作。除延安报纸力避刺激国民党,并通令各根据地采谨慎步骤,力避由我启衅外,拟先派伯渠于春夏之交赴渝一行,恩来则准备于下半年赴渝。上月郭参谋见我,要求林、朱、周赴渝,我即以林、周或可先后赴渝答之。郭又提及何白皓电、西北军事二点,我则答以谈判可以何白皓电为基础,反攻时胡宗南部与边区部队,可按比例开赴前方。我并告郭:我党拥蒋抗战与拥蒋建国两项方针,始终不变。另据探息,调统局以已得延安同意派中央社分社驻延并有不日来延之说,此事全属片面意旨,如有人询你时,你可否认之。关于伯渠赴渝事,今日另有线电复你。

毛泽东

丑支午

（一九四四年二月四日）

（选自《南方局党史资料·统一战线工作》,重庆出版社,一九九〇年）

2. 林伯渠、董必武、王若飞关于目前的形势和谈判问题致毛泽东电

毛主席:

一、我们对于目前对国民党谈判有以下的看法:

在蒋的独裁政治下,现时存在着日益严重的困难:

第一,是河南战事失败,在军事、政治、经济、外交各方面所发生的严重影响;

第二,是英美舆论对共的同情与对国的抨击,日益增加,有些论文并露骨的要求直接援助中共军队,以便配合盟军作战;

第三,是财政经济上的无办法,通货膨胀,物价高涨,负担太重,不仅人民不能忍受,就是他所倚靠着统治人民的公务人员及士兵,也已到处发生怨恨;

第四,是对共产党无办法,想打又不敢打;

第五,是国民党内部各派系军队各个人中间的倾轧,离心离德。

蒋在目前对这种情形相当恐慌,曾在国民党中央内表示要改变办法,实行民主,来缓和各方,使孙科及许多倾向民主的国民党员都曾引起很大幻想。但自听了蒋在十二中全会的讲话,强调三民主义是最民主的,国民党以外一部分人不配讲民主,强调自信心及友帮舆论批评不足畏后,又表示大失所望。

估计蒋所以又这样顽固的原因,不仅由于蒋之独裁本质要死而后已,而我在西安谈判之避免刺激,恐怕也增加了蒋以为不难对付盟帮批评及华莱士

来华的梦想。

二、我们从延安出发时的一些估计，必须随情况的改变而改变了，争取和平已不成基本问题，林彪同志过去提案已不适合今天情况，照原订之方针反被蒋利用去加强他们党内对于一党专政的信心，且作向盟帮粉饰团结的工作。同时，使英美难于说话，使小党派不敢硬挺，使国民党内以孙、邵为首要求实行民主的力量也不能抬头，对于促进全国团结抗战进步，决无所得。这种情形，在西安最后数日已稍感觉，到重庆后更为清楚。

三、我们完全同意中央所提二十条每条的精神，今天只有继续给蒋提出，只有继续揭露其欺骗，只有不给他敷衍捧场，才真正对整个团结抗战有利。同时新二十条虽不能马上实现，但可否定过去，成为今后新的谈判的基础。昨天将此文件交给张、王，虽然张、王坚决拒绝接受转递给蒋，但一定会向蒋报告的。估计蒋会咆哮起来，会逢人骂我，说我无诚意。但客观形势，使他们不敢公开和我决裂，更不能打我。新的麻烦是会有的，我们早准备了，我们早就确定问题的解决还要拖一个时期，而新二十条的即时提出，也可以使其重新考虑提示案，重新考虑如何对付华莱士来华，重新考虑十二中全会的决定。我们的看法是否正确，请予指示。还有下面几个具体问题，亦请指示：

1. 张、王既坚决拒绝接收二十条文件，是否需要直接送给蒋和国党中央，这样就是表示超过张、王，估计不可能送到，在送去也会被退回的，因此不好继续与张、王会谈。

2. 我们对外宣传完全照恩来文章发挥。并着重说明我们争取团结抗战的诚意，及暴露国民党对电台封锁抓人等问题上无解决诚意之事实，二十条全文暂不发表，但对华莱士是否需要告知。

3. 国党招待华莱士的一切宴会，拟不出席，并劝各小党派也不出席，而求得单独和华会面，但小党派如出席时我们应怎样？

4. 我们自然无自行修改二十条之权，但如张、王所提意见有可接受的，当向中央请示。同时建议中央在将来具体解决问题需要修改时，请加上忠实实行四项诺言等字句，更能增加中间人士同情。

5. 如果他们交来的提示案内容不好，我拒绝接受，或借此转回延安请示，暂拖下去。

林、董、王

一九四四年五月二十三日

（选自《南方局党史资料·统一战线工作》，重庆出版社，一九九〇年）

3. 林伯渠、董必武、王若飞关于十天来的活动及各方面的动态致毛泽东电

毛主席：

新修改十二条收到后，约定张、王今晚会谈，再交他们。在要释放的人名中，我们加上成都新华日报分馆最近被捕的李椿、张少明两个名字，其余全遵照中央指示进行。

兹将我们十天来的活动及各方动态，摘报如下：

一、我们估计，蒋目前虽极困难，但绝无解决问题诚意（苏英美人士，小党派，地方实力派及孙科、许宝驹、王昆仑，都如此看法），今天只是作出谈判姿态给中外看。华莱士主要是搜集情报，也不便直接干涉他改变态度。具体解决问题，要在英美主力将要在远东战场行动时。所以，我们近几天并不急切去催张、王，平常请客会面时，也只着重要求先恢复电台。总之不闭谈判之门，也不存急切解决之想，而把精力全用在各个方面宣传我在敌后、边区，实行民主抗战成绩及力量，及推动国民党内外一切不满现状的人积极起来，争取民主运动，并使这一运动互相配合。

二、美武官已详谈两次，他目前最关心的是华北、华中敌军行动，是否我们经常有详细情报；我敌后各根据地，那些地区，宜于美机临时降落，并保证空军人员安全。我们表示，只要他们能交涉到派人常驻延安，一切均可满意解决，并建议：如蒋不允，可用降落伞直接去。他们说：先合法争取，万一做不到，再说。他要求送一张胡部封锁边区详图给参谋本部，已允许他。苏武官已谈过。英武官约本周内会谈。

三、小党派及实力派最初对西安谈判曾发生恐我单独解决心理。现经多次会谈及事实证明，都清楚，都说蒋无解决问题诚意，认识我们力量强大，不

怕拖,也不怕打,增加他们争取民主运动信心。黄任之到处宣传新四军在华中民主与经济建设。

四、经过杜炳丞,马哲甲等得知川、康、滇、粤、桂西南各实力派态度,并直接见到刘文辉。据说,李济深已成西南各方拥护中心(包括李、白、张发奎、余汉谋及湘薛,浙黄,闽刘等)。他们中有些人来谈,从东南,经滇、川、康到西北,对重庆马蹄形包围,希望西北来一个军事发动,并妄拟西南在双十节将有一个大发动。我劝说他们不要妄为,要在法令中抓住有利于实行地方自治的东西,放手去做,要使自己比中央更民主进步。蒋把田赋征实交地方办理,是想把人民责难给地方政府,但又增加了地方政府权利,这是他不可解决的矛盾。

五、左翼文化界及妇女界,均开过座谈会,个别和一些教授、学生、工业家谈过,他们都不满现状,要求民主。

六、国民党内可推动争取民主的:

第一、是广大下层党员,但无领导不能起来;

第二、是还保有若干革命传统的元老,但相互又四×宾党;[①]

第三、是许宝驹、王昆仑等,正积极活动,他们的口号是团结抗战,民主建国;

第四、是"合法争取"及"实力准备"(即一切活动,不走到失掉现有地位或被开除,和促进各实力派密切联系)。他们目前办法是:

(甲)集中火力打西西,同一切反西西力量联合行动;

(乙)拥护孙科民主演说,并推动冯、于、居要[②]支持孙;

(丙)出版宣传民主出版物,密切与实力派、小党派及我党联系。他们把我党看为坚持民主的中心势力。

七、有些英美人士希望中共改变名称,可以减少外人疑虑,更易得外国援助,而陈铭枢,孙科及不少中间人士从自身需要出发,也有此主张,需要多解释。

---

①"四码宾党"四字,原电文不清,可能有误。
②"要"字原电码不清,可能有误。——原注

八、虽然蒋今天绝无具体解决问题诚意，但仍不敢有公开拒绝及表示冷落，他们并通知九月五日开参政会，要林出席。

九、中央对上述活动有何意见，请指示。

林、董、王

一九四四年六月五日

（选自《南方局党史资料·统一战线工作》，重庆出版社，一九九〇年）

4. 张治中、王世杰自西安呈蒋委员长报告与中共代表林祖涵商谈情形电

职等二日抵西安，林祖涵同日到达，三日职等偕胡副司令长官往十八集团军办事处作初次访晤，自四日至十一日曾约林祖涵来职等寓所商谈，计经五次，每次半日，林于谈话中表示此来系向钧座报告情况，及请示办法，职等遂详询彼对各项问题之意见，彼所提议，诸多不当。嗣经职等一再驳斥纠正，彼渐将提议降低，综计历次谈话暨林最末次提议各项摘要如下：

一、第十八集团军暨前新四军部队，服从军委会命令至少编为四军十二师，仍守原地抗战。但须受所在地区司令长官之指挥，抗战胜利后，应遵中央命令移动，以守指定集中之防地，其人事由中央加委，其军需照中央所属其他部队同样办法同等待遇。

二、陕甘宁边区，改为陕北行政区，直隶行政院，以现在地区为范围，实行三民主义及中央法令，但现行组织暂不予变更，以后不得发行钞票，该行政区内，中央可以办党办报。

三、希望予中共以合法地位，并盼释放被捕人员，撤除边区军事封锁，对于边区商业交通，首先予以便利。

四、中共当表示忠实实行四项诺言，拥护蒋委员长领导抗战，并领导建国，以上为林祖涵提议之大要，所有商谈详情容再面陈，职等拟不在此间予林以书面意见，当俟回渝请示后提出，并定本月十六日偕林祖涵及其秘书王若飞乘班机返渝，谨并陈明。

民国三十三年五月十二日

（选自台湾《中华民国重要史料初编》第五编）

附：

五月四日至八日的会谈中所表示的各项

甲、关于军事者

一、第十八集团军暨原属新四军之部队，服从军事委员会之命令。

二、前项部队之编制，最低限度照去年林彪所提出四军十二师之数。

三、前项部队经编定后，仍守原地抗战，但须受其所在地区司令长官之指挥，一俟抗战胜利后，应遵照中央命令移动，以守指定集中之防地。

四、前项军队改编后，其人事准由其长官依照中央人事法规呈报请委。

五、前项军队改编后，其军需照中央所属其他军队，同样办法，同等待遇。

乙、关于陕甘宁边区者

一、名称可改为陕北行政区。

二、该行政区直隶行政院，不属陕西省政府管辖。

三、区域以原有地区为范围（附地图），并由中央派员会同勘定。

四、该行政区当实行三民主义，实行《抗战建国纲领》，实行中央法令，其因地方特殊，情形而需要之法令可呈报中央核定施行。

五、该行政区预算，当逐年编呈中央核定。

六、该行政区及第十八集团军等部队，经中央编定发给经费后，不得发行钞票，其已发之钞票，由财政部妥定办法处理。

七、该行政区内国民党可以去办党、办报，并在延安设电台，同时国民党也承认中共在全国的合法地位，并允许在重庆设电台，以利两党中央能经常交换意见。

八、陕、甘、宁边区现行组织，暂不予变更。

丙、关于党的问题者

依照《抗战建国纲领》之规定，予中共以合法地位，停捕人，停扣书报、开放言论、推进民治，立即释放因新四军事件而被捕之人员，及一切在狱之共产党员，如廖承志、张文彬等，并通令保护第十八集团军及新四军之军人家属。

丁、其他

一、中共表示继续忠实实行四项诺言，拥护蒋委员长领导抗战，并领导建国，国民党表示愿由政治途径公平合理的解决两党关系问题。

二、撤除陕甘宁边区之军事封锁，现在对于商业交通，即先予以便利。

三、敌后游击区的军事、政治、经济问题，服从国民政府及军事委员会的领导，一切按有利抗战的原则去解决。林祖涵。五月十一日。）

（选自台湾《中华民国重要史料初编》第五编）

5. 国民政府军事委员会致各战区司令长官、各省政府主席告以张治中、王世杰两部长与中共代表商谈情形电

西安陈长官诚、兴集阎长官锡山、铅山顾长官祝同、柳州张长官发奎、老河口李长官宗仁、恩施孙长官连仲、曲江余长官汉谋、兰州朱长官诏良、郴县薛长官岳、立煌李副长官品仙、陕坝傅副长官作义、云和黄主席绍竑、泰和曹主席浩森、成都张主席群、康定刘主席文辉、永安刘主席建绪、桂林黄主席旭初、昆明龙主席云、贵阳吴主席鼎昌、西安祝主席绍周、宁夏马主席鸿逵、榆林邓总司令宝珊、平凉范总司令汉杰。密。极机密。兹将中共问题商谈情形，电达如下：当林初到西安时，中央曾派王世杰、张治中先往洽谈，经其亲笔签字，交王张两氏转呈中央，中央根据林所表示意见，作成提示案，内容宽大，对中共要求，尽量容纳，于六月五日提交林代表祖涵，讵料林氏忽变更原案，另提出二十条，多系无理要求，直与对敌国谈判无异。王、张两氏当以林氏前后意见不一，拒绝接受，林乃将该二十条改为十二条，虽条文减少，而内容并未变更，复请王、张两氏转呈，王、张两氏以委曲求全，不忍过拂林氏之意，卒予转呈。旋经中央指示，凡中共方面意见，中央政府所能容纳者；该提示案已尽量予以容纳，希望中共能接受提示案，并提出确切之答覆，惟提示案于六月五日交林氏后，据云已电延安请示，但迄今尚未得其只字答覆。尔后商谈情形，当随时电知。军委会。

民国三十三年七月三十一日

（选自台湾《中华民国重要史料初编》第五编）

6. 国民政府对中国共产党问题政治解决提示案

兹以林代表祖涵在西安所表示之意见为基础,作以下之提示案:

甲、关于军事问题

(一)第十八集团军及其在各地之一切部队,合共编为四个军,十个师,其番号以命令定之。

(二)该集团军应服从军事委员会命令。

(三)该集团军之员额按照国军通行编制,(由军政部颁发)不得在编制外另设纵队支队或其他名目,以前所有者应依照中央核定之限期取消。

(四)该集团军之人事,准予按照人事法规呈报请委。

(五)该集团军之军费,由中央按照国军一般给与规定发给,并须按照经理法规办理,实行军需独立。

(六)该集团军之教育,应照中央颁行之教育纲领,教育训令实施,并由中央随时派员校阅。

(七)该集团军之各部队应限期集中使用,其未集中以前及其在各战区之部队,应归其所在地战区司令长官整训指挥。

乙、关于陕甘宁边区问题

(一)该边区之名称定为陕北行政区,其行政机构称为陕北行政公署。

(二)该行政区域以其现有地区为范围,但须经中央派员会同勘定。

(三)该行政区公署直隶行政院。

(四)该行政区需实行中央法令,其因地方特殊情形而需要之法令,应呈报中央核定施行。

(五)该行政区之主席,由中央任免,其所辖专员县长等,得由该主席提请中央委派。

(六)该行政区之组织,应呈请中央核准。

(七)该行政区预算,应逐年编呈中央核定。

(八)该行政区及第十八集团军所属部队驻在地区,概不得发行钞票,其已发之钞票,与财政部妥商办法处理。

(九)其他各地所有中共自行设立之行政机构,应一律由该省政府派员接管处理。

丙、关于党的问题

（一）在抗战期内，依照抗战建国之纲领规定办理，在战争结束后，依照中央决议召开国民大会制定宪法实施宪政，中国共产党当与其他政党遵守国家法律，享受同等待遇。

（二）中国共产党应再表示忠实实行其四项诺言。附拟口头酌定事件如下：

中共如将以上办法实行后，则（一）中央对于撤去防护地区之守备部队，可予考虑，并可恢复该地区与其他邻地之商业交通。（二）中共人员违法被捕者，政府亦可以从宽酌予保释。

一九四四年六月五日

（选自台湾《中华民国重要史料初编》第五编）

7. 周恩来关于国共谈判问题答新华社记者问

一、梁先生在记者招待会上宣布"国共关系已有改进，并将继续改进"[①]。如果说去年十月国民党宣布了改治解决的方针而没有进行谈判，现在中共代表林伯渠同志去渝以后才开始了谈判的话，这样说，关系是比以前有了一点微小的改进。可是，梁先生又说："谈判了三个月之后，国共问题已经有了一部分解决了"。我可以负责声明，任何一个具体的即使是最微小的问题，都没有得到解决，举例如我们要求政府恢复渝延间、西延间电台通信，释放各地被捕人员，停止在报纸上对中共造谣诬蔑的言论等事，都未见有任何解决，更不用说停止封锁边区进攻八路军、新四军等事了。

二、梁先生认为："根本解决问题困难很多"，又说："政府的观点和共产党的观点事实上并无严重分歧。"这完全是一种给国内外关心两党谈判人士一种错觉的说法。实际，双方在解决问题的原则上，有着很大的距离。我们从西安事变以来，既不断向国民党建议，只有立即实行民主，才能增强团结抗

---

①梁先生即国民党宣传部长梁寒操。

战的力量,只有循民主的途径,才能公平合理的解决国共关系与解决国内其他一切政治问题。我们拥护统一,是拥护建立在民主基础上的统一。我们拥护蒋委员长与国民政府,是要求他坚决抗战与真正实行三民主义。这不仅是共产党一党的要求,而且是全国百分之九十九的广大人民的要求。但是国民党统治人士与政府的观点,则完全两样,他们始终不愿意立即实行民主,至今仍坚持国民党的一党统治与限制、削弱和消灭异己的方针,用一种自大和武断的精神,只强调别人应无条件的拥护政府,拥护统一,而不许问这种统一是否对抗战、民主、团结有利。这就是现时双方谈判所以相距甚远的真正原因。

三、梁先生又认为:"根本解决问题的障碍,是在于中共党人一方面宣传他们有意合作,但事实不然,他们所作的事情和他们的说话相反。"梁先生此话完全与事实相反。国民党所希望于中共的,是实行其一九三七年九月二十二日所宣布的四项诺言。七年来,我们已经切实的实行了,过去是这样,现在还是这样。这是有充分事实可以证明的。今年三月十二日我在延安孙中山先生逝世十九周年纪念大会的演说中,已经详细的说到了这点。但问题这是没有得到解决。根本解决问题的障碍,究竟在哪里呢? 一句话,国民党统治人士及其政府始终固执其一党统治与拖延实行三民主义的方针,而不愿立即实行真正的民主,以加强抗战力量,以保证战后和平,这就是解决问题的障碍所在。

四、梁先生所说的过去三个月政府和中共谈判经过,也与事实大有出入。林伯渠同志五月二日到西安后,即与王世杰、张治中两先生作初步商谈。林提议以我在三月十二日演说的基本精神,即要在全国实行民主政治,要循民主途径公平合理的解决国共问题为商谈的根据,张、王不愿。张、王主张先就两党目前有关的军事及边区问题商谈。对于编军数目,林提出现在分散在各敌后游击区的正规军四十七万七千多人,都是久经对日作战有成绩的部队,请政府立即予以编整。为了使问题容易解决,请先给以六个军十八个师的番号,但张、王只主张编四个军十二个师。关于边区问题,张、王主张改为陕北行政区,直属行政院,实行中央法令,林提出区域及现行民主制度不变,实行三民主义。关于党的问题,林要求须予中共以合法地位,停止捕人,停扣书报,开放言论。关于敌后游击区的军事、政治、经济,服从国民政府及军事委员会的领导,但一切都应按有利抗战的原则来解决。关于撤除边区军事经济封锁问题,张、王允先对于商业交通予以便利等等。西安谈话主要内容,就是如此。林与张、王最后一次会谈时,商定将历次会谈双方意见整理成记录,双方签字,各报告其中央以备参考,然后由两党中央作最后决定,这个意思已在记录上注明了。林就在这个记录上首先签字,但王、张未签。记录既系综合双方谈话的意见而成,显非林之一方意见,且又未经双方中央所批准,自更不能作为预备协定,这是稍具常识的人都能明了的事,而梁先生却企图指鹿为马,混淆听闻,实在令人遗憾。

五、五月十七日,林伯渠同志偕张、王两先生飞往重庆。二十一日,我党中央即有复示给林伯渠同志,嘱其向国民党中央提出关于解决目前若干急切问题的意见二十条。其中主要内容,关于全国政治制度者三条:

(一)请政府实行民主政治与保障人民的言论、出版、集会、结社及人身之自由。

(二)承认中共及各爱国党派的合法地位,释放爱国政治犯。

(三)实行名符其实的人民地方自治。

关于两党悬案者十七条:关于编军,为委曲求全计,请政府目前至少给予五个军十六个师的番号,并给以给养、军火、医药等接济。关于地方政府,请政府承认陕甘宁边区及华北、华中、华南各抗日根据地民选政府为合法的地方自治政府。关于封锁和进攻我军问题,请政府撤销对边区及各抗日根据地的军事封锁与经济封锁,停止对敌后我军的军事进攻。关于盟国援助问题,请政府对同盟国援助中国之武器、弹药、药品、金钱,应按正常比例分配于十八集团军及新四军。此外,尚有请政府通令取消"奸党"、"奸军"、"奸区"等诬蔑与侮辱中共、十八集团军、新四军与各抗日根据地的称号,停止特务人员对中共、十八集团军、新四军与各抗日根据地的破坏活动,停止在报纸上对中共的造谣,释放各地被捕人员,停止对《新华日报》无理检查,恢复重庆西安两办事处电台,允许两办事处工作人员有往来渝延间、西延间的自由及在该两地居住与购买生活物品之自由等等。该提案于五月二十二日送交张、王,张、王以条文如此写法,无异暴露国民党之罪状,拒绝转呈政府。林为尊重张、王意见,转报我党中央请示。旋由我党中央复示,在文件上只写关于全国民主政治及编军、停攻、停封锁等十二条,而把请求政府停止特务反共破坏活动等八条改为口头要求,于六月五日送交张、王。张、王亦于同一时间将政府之提示案交林转告我党中央。但张、王仍然拒绝向政府转呈我党提案,嗣经多日争执,张、王始于六月十五日复函称,已将我党提案转呈政府。按双方提案实有极大距离,在政府提示案中,(一)关于我方所迫切要求解决的民主政治,承认各党合法,释放爱国政治犯,释放叶挺等被捕人员,撤销军事封锁与经济封锁,停止军事进攻,按比例分配盟国援华物资,停止特务行动,停止造谣污蔑,恢复电台通讯,停止无理检查报纸,允许渝、西两办事处工作人员有走路自由和购买生活物品自由等项,一字不提;(二)编军数目,只承认四个军十个师,且不顾抗战需要及敌后游击战争环境,要将十个师以外的数十万军队,"限期取消",要将十个师"限期集中使用";(三)对边区政府只要求实行国民党中央政府之法令,不提实行三民主义,不承认为抗日所需要并且已经实行大见成效的现行各项民主设施与民主法令;(四)对各抗日根据地人民选举的各民主政府,要求交还久已离开该地不知何往的所谓"各省政府"接管;(五)要求取消各抗日根据地为着抗日需要而发行的必不可少的地方纸币。

　　由于两党意见距离甚远,我党中央曾邀请张、王两先生来延安商谈。林伯渠同志要求回延安报告谈判经过,以便我党中央根据其报告,对于政府提示案作正式之答复,张、王则称现正在请示中。三个月的谈判经过,就是如此。而梁先生竟谓:"中共并未回答政府条件,反而提出十七条对案,经过修改为十二条,这些条件和三个月前在西安谈判所同意的有显著不同。"这完全不合事实。事实上,我方提案在先,彼方拒绝接受,我方为委曲求全计,将提案二十条改为书面十二条、口头八条,于六月五日交付张、王,彼方提示案亦于同时交付林伯渠同志,并且我们已屡次表示政府提示案与我党意见相差甚远。且我党第一次提案是二十条,非十七条,后分为书面口头两部分,乃是我党中央为委曲求全而这样做的,并非"回答政府条件"。梁先生竟然抹煞事实,用意何在,殊属费解。

六、梁先生最后说:"目前正在处于泯除蒋委员长的条件和共产党的对案之间的分歧。"我党也希望真能很快的泯除这种分歧。梁先生再三声言,肯定中国不会再有内战,这是我党所十分欢迎的。但可惜目前事实,尚与梁先生所谈不甚一致,例如:

(一)在陕甘宁边区周围,即使在最近数月,亦尚有零星的袭扰情形。

(二)在华北,自今年一月二十八日起,阎锡山的第六十一军即取得敌寇同意,最后更订了协定,从汾西地区渡过汾河,侵占汾东地区,向我决死队、八路军大举进攻,直至现在,还未停止。

(三)在华中,国民党李品仙部队最近仍不断向我鄂中、皖中、皖东抗日根据地的新四军部队进攻,而这些部队正在为牵制敌人向我平汉、粤汉两路进攻而战斗着。鄂中根据地最近正因营救了两个美国飞行人员得到了美国空军第十四航空队陈纳德将军的谢函。

(四)在华南,东江抗日游击根据地今年曾先后救出六个美国飞行人员,可是这个区域的东江游击纵队,于五月间,又受到国民党军队罗懋勋部两千余人的进攻。

这些就是军事冲突并未停止,内战危机并未过去的证据。

总之,依照目前形势,要最后战胜日本强盗,国共两党必须团结,国共之间存在的问题,必须从速解决。而这种解决,只有国民党的统治人士立即放弃一党独裁政治,立即放弃削弱与消灭异己的方针,立即实行民主政治,并从民主途径中,公平合理的解决国共关系,才能得到效果。我们共产党人,是以十分热烈的心情期待着这些的。

(原载一九四四年八月十三日延安《解放日报》)

8. 华莱士副总统与蒋介石会谈纪要(一九四四年六月二十一日至二十四日)

1)六月二十一日

一九四四年六月二十一日上午五时,蒋介石在重庆曾家岩官邸与华莱士进行了单独会谈。由宋子文担任翻译。

蒋主席问华莱士先生是否携有罗斯福总统的任何函件,华莱士先生回答说,他并无书面函件,不过携有他离华盛顿前夕与罗斯福总统谈话的札记。华莱士先生说,罗斯福总统曾经谈到中国通货膨胀的情况,不过他本人不愿去重庆讨论这个问题,因为财政部长孔祥熙还在美国。华莱士先生又说,罗斯福总统曾经谈到中国的共产党。罗斯福总统认为,共产党人和国民党的党员终究都是中国人,他们基本上是朋友,"朋友之间总有商量的余地"。罗斯福总统还举出蒲莱安条约(Bryan Treaty)并引证艾尔·史密士(Al Smith)和查尔斯·法兰士(Charles Francis Adams)的话来支持他这一看法。罗斯福总统还表示,如果双方不能够一致,他们可以"找一个朋友来",并且表示他可能充当那个朋友。

……华莱士先生认为,任何足以造成中苏两国不睦的问题都不应悬而不决。蒋主席建议由罗斯福总统出来担任中苏两国之间的仲裁者或者"中人"。(注:蒋主席的这一建议,很明显地是为华莱士先生先前所提罗斯福愿意出任国共之间的仲裁者这一句话所引出来的。华莱士先生对此当时并未发表意见。然而,经过当晚与范宣德先生商议这事之后,次晨早餐前华莱士先生即对蒋主席说明,罗斯福总统并未提议出任中苏两国之间的仲裁人,不过他觉得,美国很愿意——调停苏联与中国之间的关系取得一致,但美国不能在中苏谈判中担任"中人"的角色,也不能成为中苏之间任何协议中的一方或证人。)

华莱士先生说,他感觉到美国人民非常愿意看到中国农业生产效率的提高,因为这将使得真正的工业化成为可能。美国愿意中国成为一个强盛而民主的中国,国内能有一个正常的政治局势。美国一向这样希望而且目前这样的希望益加强烈。华莱士先生相信,无论中国目前的形势如何黑暗,假如中国努力为之,它可以在美国的协助之下和在英国的友好态度之下达成它的目标。战争一旦结束,必须刻不容缓地进行改善情况。

蒋主席表示愿意与苏联取得友好谅解。华莱士先生提到他在塔西根特(Tashkent)与哈立曼(Harriman)大使的谈话。哈立曼大使告诉华莱士先生他最近曾经和斯大林先生有过一次谈话,其中谈到中国。蒋主席要求一看华莱士先生刚才所提的这个备忘录。华莱士先生说他没有这份东西。他只是回忆起斯大林先生曾经强调中国必须团结起来积极进行抗日战争。华莱士先生建议由宋子文博士和范宣德先生会谈这件事情,因为范宣德曾经和哈立曼大使有过多次谈话,他可能对这备忘录的内容知道得比较清楚。(注:当晚,宋博士即向范宣德先生询问此事,并要求能够一读范宣德先生所存的笔记。范宣德先生说,他们能凭借的就是他的记忆,并且告诉了宋博士所有他认为适于告诉他的有关这个备忘录的一些部分。他特别告诉了宋博士,斯大林同意罗斯福总统的看法,认为在这进行这个战争的时期应该支持蒋主席,斯大林先生曾经对于国民党与中国共产党之间正在达成协议一事表示极感兴趣,他这种兴趣是从有效的抗日总比任何思想问题的考虑更要紧一些这一实际事实出发的;斯大林先生曾经就中国对于日本成立的关于库页岛的协议所持的猜疑态度加以批评;同时,斯大林先生感到,美国应该在远东居于一种领导地位。)

在谈话将近结束时,华莱士先生还对蒋主席描述了他在西伯利亚所见到的农业发展情况。谈话到下午六时后结束。

2)六月二十二日

六月二十二日上午四时三十分,蒋介石与华莱士进行第二次会谈。参加会谈的中国方面有蒋介石夫人宋美龄和宋子文、王世杰,美国方面有范宣德、拉铁摩尔、哈沙德。

华莱士先生谈起中国军队的不良表现。他特别提到他所听说的一个故事,那就是:在河南战役里,中国农民对中国军队开枪攻击,因为这些军队见了日本人就逃跑。于是,蒋主席乃对这种情况进行解释。他说,中国打败仗是由于士兵缺乏士气,而这种缺乏士气大部分是由于经济情况所造成。范宣德先生询问蒋主席,他是否正确地了解造成败局的与其说是缺乏装备勿宁说是军队的士气。蒋主席回答说:"两者那是。"(注:次日,由于蒋夫人的请求,蒋主席就他所说关于经济情况如何影响部队士气加以解释。他说,在前线的士兵担心在家遭受通货膨胀痛苦的家庭;他还指出,部队本身生活也大大地受到物价飞涨和物资缺乏的影响,不过,关于后者,他说现在的情形已经比几个月前好些。)

接着,蒋主席就他所认为在目前中国不幸的军事局面中的基本问题加以说明。他说,中国人民业已在极艰苦的情况下战斗了七年,他们期望着外来的援助;他们曾经期望过今年初期在缅甸能够展开一个全面战争,这样将使得中国军队得到援助和喘息;因此,缅甸全面战役的未能发动起来对中国的士气有着决定性的不良影响。中国人民感到他们是被抛弃了。蒋主席然后又提到他与罗斯福总统在开罗的谈话。他说,罗斯福总统曾保证过在一九四四年初期在缅甸进行一个全面战役;但是,在德黑兰会议上,罗斯福总统却推翻了他自己的决定,表示缺乏进行这样一种战役所必要的水陆两用的登陆船只。蒋主席认为,这种翻悔前言在中国引起非常不幸的反应。他提到他与罗斯福总统的谈话,在这次谈话中,他曾经告诉罗斯福总统,除非迅速采取行动打开缅甸,他就不能期望中国继续有效地抵抗日本。近来的发展业已证明他的估计是正确的。华莱士先生说他记得曾经在一次私人谈话或者内阁会议中与罗斯福总统谈过这件事情,不过他不记得其中的细节了。他向范宣德先生问起这桩事情,但是范宣德先生说,他一点也不知道关于开罗会议的细节。(注:在华莱士先生离华的那一天——六月二十四日——蒋主席要求华莱士先生告诉罗斯福总统,他(蒋主席)了解罗斯福总统推翻关于缅甸战役的决定的必要,因此,他并不是在批评罗斯福总统,而是希望提醒罗斯福总统他(蒋主席)当时所作的预言是正确的。)

然后,蒋主席谈到他与美国在华军队的关系。他说,美军军官明显地表示他们对于中国缺乏信心,然而他(蒋主席)"对他的军队继续保有全部信心"。他要求华莱士先生把这件事情报告给罗斯福总统,并且告诉他,虽然美军采取如此态度,他将依然遵守罗斯福总统的忠言。蒋主席带着一点谢罪心情似的(但又很显然在企图闪开这个问题)提到他所谓的牵涉到史迪威将军的一件小事情。他说,在河南战役的初期阶段,他曾经要求史迪威将军以一千吨汽油分给他的空军,而史迪威将军非常断然地拒绝了这个请求,并且说中国军队可以从他们自己的"越过驼峰"而来的供应中得到汽油。蒋主席表示,在这样一种不合作的态度下是难于进行工作的。在回答华莱士先生的问题时,蒋主席说他对史迪威的判断没有信心,他并且说,美国报纸上对中国军队的尖锐批评以及在华美军的态度对于中国的士气产生反面的影响,但是他依然保持着对他部队的信心。华莱士曾经谈到全中国对于蒋主席的惊人情念。在这时候(下午五时),蒋主席、华莱士先生、朱子文博士、王世杰博士和范宣德先生步入会客室继续讨论,直到下午七时半。

范宣德先生随即就上面所谈关于中国军事形势以及中国军队目前所处不利地位等问题加以撮要叙述,并且询问蒋主席关于如何采取行动以求改进有无意见,蒋主席说这个时候并无任何主张。他(蒋主席)又把话题回到开罗会议上关于缅甸战役的决定,他说假如这个战役能够实现,纵使它可能供应中国的物质援助并不会大,其对中国士气的影响一定很大,而且目前的这些失败就可能已经避免。

华莱士先生问到蒋主席关于他的"新生活"运动。蒋主席把这个运动简单地描写了一番,说明它的目的是为了训练人民过更有纪律的生活,并提高他们的思想行动水平。

其次,蒋主席就提到关于在美国报纸上所出现的对中国的批评,并且说这种批评应该制止。他说,中国人民对于外来援助感到失望。

再次,蒋主席即对中国共产党展开了一片冗长的埋怨。他说,中国因为共产党而遭到极大灾害。他说,美国人民不懂得这种情形。虽然中国目前的情况不能完全归罪于共产党,但是他们的颠覆性行动和宣传却对中国的士气产生了很不好的影响。他说起战争的第一年,当时他曾经得到共产党"在法律范围内"的合作,但是他说现在共产党已经不服从纪律,并且拒绝服从他的命令。他说,中国人对于共产党的态度是目前一个主要的因素;中国人民并没有把共产党人看作是中国人,而把他们看做是服从第三国际命令的"国际主义者"。华莱士先生提到第三国际业已解散,但蒋主席认为这个事实却并未改变这个形势。

华莱士先生谈到马特尔·霍尔(Martel Hall)先生对他所讲的话,霍尔先生是纽约花旗银行北平分行的经理,他曾经在一九四三年从北平出发通过共产党地区去到重庆。霍尔先生盛赞共产党,并且说共产党对于蒋主席怀有信心,但是他们觉得蒋主席对于共产党地区内的情况了解不正确。蒋主席说,霍尔先生,正如许多美国人一样(他特别提到卡逊上校)都是受了共产党的宣传。蒋主席并不想对共产党用粗鲁的语言,他愿意欢迎他们回到政府里来。但是,事实是人民和军队的士气之所以低沉是由于共产党的宣传。他说,共产党希望看见中国的抗日垮台,因为这样将加强他们的地位。华莱士先生对于这个说法表示惊讶,蒋主席承认共产党是希望日本失败的,但是他们现在相信这样失败是可以在没有经过中国抵抗的条件下完成的。因此,他们祈祷国民党将先战争结束而告崩溃,因为这个崩溃将使他们取得政权。而相反,如果国民党继续执政直到和平到来,共产党将无机会取而代之。蒋主席说到共产党的巧妙宣传,他们说:他们不是和苏联一起的,他们事实上不过是农村的民主主义者而已。而实际上共产党却是听命于第三国际的。由于共产党和第三国际保持关系,中国政府就不能公开地批评他们,因为中国政府怕冒犯苏联。华莱士先生谈到关于美国共产党人的爱国态度,并且说他不大了解蒋主席刚才所说的中国共产党的那种态度。蒋主席说,美国共产党和中国共产党之间态度的差别可能是由于美国共产党并无夺得政权的可能,而中国共产党却确实在企图夺取政权。他还说,美国是远离苏联的国家,而假如共产党不在中国得势,苏联是不会感到安全的。然后他大笑地说,中国共产党人比俄国共产党人还更共产主义化。

范宣德先生问到关于中共在渝代表林祖涵与以王世杰为首的国民代表之间的谈话进展情况,蒋主席说,他希望共产党能够实践他们所宣传的合作抗日精神。他说,中共提有解决方案,国民党也提有一个方案。国民党的方案是很简单的:拥护(蒋)主席,拥护政府,支持抗战。中国政府要求共产党服从命令,把共军并入中国军队,这是解决问题的首要条件。第二,中国政府要求把现在共产党控制下的地区变为中国行政区域的一个必不可少的部分。假如共产党能够答应以上的两个要求,他们将在中国受到与其他中国人同样平等的待遇,他们将得到政府大赦,而且将有权继续作为一个政党而存在,并享有集会讨论的自由。蒋主席还说,假如共产党答应这些要求的话,那一批美国军官就可以如所邀请进入华北,他们将不和共产党人发生直接联系,而是将在中国政府的名义下去训练"转变了的"共军。华莱士先生问到蒋主席对于解决国共问题是否乐观,蒋主席说,假如共产党表示诚意,解决是可能的。蒋主席还说,假如得到解决,他将比现在所预料的更早实行他的民主方案。他说,他将尽他最大努力去达成解决。

蒋主席随后又回到了关于共产党宣传的这个话题。他要华莱士先生告诉罗斯福总统他对于共产党的宣传是五体投地的佩服。罗斯福总统应该记住,共产党是不能公开使用苏联来为自己撑腰的,他们能够用而且的确做了的是利用美国(的意见)来强迫国民党答应他们的要求。这样一种战术就使得问题的解决成为困难。美国在这个问题上所能给的最大援助就是对共产党采取"超然态度"。这样,他们将会更愿与国民党取得协议。

这时候,王世杰表示愿意就中国政府向共产党所提出的方案略加说明。他说,中国政府要求共产党服从其领导,它并不是要去干涉地方行政,也不是要去撤换表现愿意合作的地方官员或者甚至军官。

华莱士先生说,美国军官感到,中国方面对于把日本军队从满洲转往中国的意义解释得不正确。华莱士先生还指出,假如正如蒋主席所说中共与苏联有联系,那么更有必要把问题求得解决。同时,他表示很欣赏蒋主席适才讲话中的坦白精神。

蒋主席随着又一次建议我们对于共产党采取"冷淡"态度。他说,美国军队希望中国所有军事力量都能用于抗日,但是美军却不了解共产党对中国政府所构成的威胁,并且过高估计了共产党抗日的作用。他接着还说,他懂得罗斯福的政策,并且要求罗斯福总统知道他(蒋主席)是希望这问题获得政治解决的。

华莱士先生问到是否可能获得一个"较低水平"的谅解,好让北方的力量发挥充分用途。范宣德先生问到,如果现在把美军情报送到共产党地区而不必等到取得协议之后,这样蒋主席认为将产生什么反面的效果。蒋主席说:"欲速则不达。"他说:"请你们不要逼吧;请你们认清共产党在抗日战争里并没有什么多大用处。"谈话即在这个含糊的回答中结束。

3）六月二十三日

六月二十三日上午九时，蒋介石与华莱士进行了第三次会谈。参加会谈的中国方面有董显光（翻译）、王世杰，美国方面有拉铁摩尔（协助翻译）、范宣德。

华莱士先生报告了一下他离开美国前与马歇尔将军及国务卿史汀生有关中国局势的谈话，为了说服蒋主席，使他知道我们对"中国共产党"并没有兴趣，我们有兴趣的是进行战争（会谈前夜，他和范宣德先生决定作这种理解以便避免再单独进行共产党问题冗长的讨论）。他谈到远东军事的一般形势并且说明需要进行一切步骤缩短战争和减轻美国生命的牺牲。他认为在华北的美国陆军情报组能够收集情报，这样可以拯救美国飞机师的生命。范宣德先生又强调地指出他很体会蒋主席为了与共产党取得协议面对着与他们商谈的现实问题，但是美国陆军也面对着一个现实问题，为了在华北取得情报，他提出驻在成都 B—29 重轰炸机队特别需要得到情报。他指出美国陆军对共产党丝毫没有兴趣，但是有迫切的原因要进行对日战争驱逐日本出中国。他要求将蒋主席与共产党取得协议的问题与美国陆军取得情报的问题分开处理——实际上是两个问题。

蒋主席完全改变昨晚的态度，说："可以这样做。"他说情报组一组织好就可以动身，不必等待与共产党的协议。不过，他说他们必须受国民政府军事委员会的支配而不受美国陆军支配，并且补充说中国军官也要跟去。他于是强调指出共产党是不听他的指挥的，并且举出实际的例子，他有点动气说美国陆军必须认识到统一指挥是多么重要。美国政府已经使用了不少压力要中国政府与共产党取得协议。但是，对共产党却从没有使用压力。他说美国政府应该发表一个声明要共产党听从中国政府的条件。他说美国的态度是支持了共产党，他要求华莱士先生回到美国要弄清一点，就是，共产党应该听从中国政府的条件。蒋主席为了答复华莱士的话，他说目前没有什么问题会引起中国与苏联之间的矛盾。范宣德先生又提醒说，解决蒋主席与共产党和苏联之间关系的重要问题，不必成为派遣军事观察员到华北去的前提。蒋主席说他批准军事观察员起程。

蒋主席说："我深信罗斯福总统的立场对中国而且对推进战争都是有利的。"但是，他说，"我们现在进行战争，其中一个目的就是要维持秩序。请转告罗斯福总统我愿意接受他的劝告，但是我必须坚持法律与秩序的维持并且坚持纪律必须执行。"

华莱士先生再度强调地指出在中国不应造成一种形势，以至与苏联之间产生矛盾。蒋主席说中国政府为了避免与苏联发生矛盾，而与共产党取得协议，已经远远地离开原则了。他补充说只要无损中国政府主权，什么都可以做，以避免与苏联产生矛盾。在这一点上，华莱士先生再度说明美国政府不可能参与中国与苏联之间的协商。他又说蒋主席解决共产党协议的方案，不过是暂时性的，除非与苏联取得谅解。他又引证哈立曼大使与斯大林先生的会谈说明与苏联取得协议的必要性。蒋主席说他完全同意华莱士先生的意见，并且说中国政府会及早与苏联政府进行会谈。虽然华莱士先生已经指出在协议中美国可能不会有什么帮助，他仍然希望可以想出办法使美国可以协助。

华莱士先生说明为什么与共产党之间的协议可能只是暂时的，原因在于中国的经济情况。并且表示希望政府必须赶紧采取步骤来改进中国人民的经济状况。蒋主席同意这个意见。华莱士先生说共产党所以至今有权有势是由于经济形势。他说一九一六年在俄国产生共产主义革命基本上是由于经济困难。他承认经过七年战争，现在要做出些事情是不容易的，但是他指出将社会不安的罪加诸共产党是件多么轻而易举的事，而事实上，此种不安起源于经济困难。

蒋主席表示只要纪律可以执行，向共产党让步是没有什么关系的。华莱士先生说如果要躲开共产主义，统一必须通过全国人民福利来表现。范宣德先生建议说，防卫共产主义最好的办法是土地改革。华莱士先生说，战争一结束，中国政府必须具有远见并且加紧努力以便避免俄国克伦斯基政府的命运。蒋主席说中国政府正在就这些方面研究问题。

谈话至上午十一点停止，下午五点又重新开始。其间华莱士先生去驻重庆的大使馆，接到罗斯福总统的信要他强求蒋主席批准陆军观察组出发，他并且预先安排了法里斯将军参加下午会谈。参加谈话的有：蒋主席、华莱士先生、法里斯将军和约翰·谢伟思先生（法里斯将军之副官）。

华莱士先生读罗斯福总统信给蒋主席听。范宣德先生将早晨的谈话作了简短的回顾而且问蒋主席是否观察组一组成就可以启程？作这样了解是否正确？蒋主席的回答是肯定的。范宣德先生于是请求解释在怎样条件下观察组可以启程。下面展开讨论"支配"（auspices）是否是正确的翻译来表达蒋主席讲军事委员会与美国陆军观察组的关系所用的字眼，最后认为"支配"虽不是完全切合的翻译，也是所能找到的字中最恰当的了。不论翻译如何，蒋主席的意思不是说该组要接受军事委员会的命令而行动。

法里斯将军于是要求解释几点："美国陆军组是否可以与美军指挥部直接用电信联系。蒋主席说他们可以这样做。法里斯将军说所有收集到的情报中国军事当局可以得到。法里斯将军问了一些问题。蒋主席说他可以与何应钦将军商谈细节。法里斯将军想得到蒋主席全部支持。他得到蒋主席肯定的答复。蒋主席提到用来过说该组的"使团"（mission）这个字，他认为不应如此称呼。根据蒋夫人的建议（她几分钟前参加讨论）决定称该组为"美国陆军调查组"（United States Znvestigation Section）。

蒋主席说他要美国陆军当局记住，由于共产党不接受他的命令，他不能保证该组在共产党区内的安全，但是他愿意给一切可能的帮助。法里斯将军问该组什么时候可以启程，蒋主席回答说该组一组成就可启程。法里斯说该组可能包括十五到二十人。他问蒋主席是否中国军官要随去，是否该组有权自由移动。他解释说该组成员自然不会集中在一起，而要散开执行个别任务。蒋主席说法里斯将军可以去见何应钦将军，谈关于该组的成分。法里斯将军说希望何应钦将军不致从中阻拦使该组不能完成使命。蒋主席说："明天下午四时去见何应钦将军，他会得到我的指示"。（注：此时，法里斯将军与谢伟思先生退席。）

华莱士先生将罗斯福总统送给全重庆市民的卷轴送给蒋主席。蒋主席说："我代表重庆市民接受这卷轴作为无价的象征。他们将永远以感激与景仰的心情记住这种盛意。"

　　蒋主席说他要问华莱士先生几个问题。他要求华莱士先生提一提"远东占领区盟军军政府"（AMGOT）的问题，而且建议罗斯福总统就这一问题使英、美、中三国当局取得一致。蒋主席说在开罗，他曾向罗斯福总统提到为了推行战后中国建设计划，建立一个中美经济委员会。他曾希望孔祥熙博士可能当他在华盛顿时有机会讨论这个问题。他要求华莱士先生给以一切可能的帮助。华莱士先生表示赞成这个意见并且说尽他一切力量来做。

　　华莱士先生提到刚到重庆时关于俄国在远东没有领土野心的评论，对那声明不加解释，他希望加一说明。这一说明自从第一次谈话后就在脑中产生。他说苏联需要一个不冻港在远东，而罗斯福总统建议大连可以变为自由港。华莱士声明在谈论这问题时，他没有得到罗斯福总统指示，所以也不是代表官方发言。蒋主席说他曾与罗斯福总统在开罗时讨论这问题，并且曾表示同意，假使苏联在远东与中国合作，假使中国主权不被分割。

　　蒋主席提到目前中国经济困难（缺乏消费品）并且说孔祥熙博士已在进行谈判，要求增加"飞越喜马拉雅山驼峰"的吨数，每月供给二千吨民用物品。无论从军事或经济的眼光来看，答应这个要求是重要的。蒋主席回答华莱士先生的问题说，这些民用物品包括布匹、药品和零件，华莱士提到可以用运输机C—54号的飞机运输，因为密芝那（在缅甸北部）已在盟军手里，但是他说，要劝服美国陆军准许航运民用物品不是容易的事。蒋主席希望华莱士先生个人参与此事。

　　蒋主席要华莱士先生转告罗斯福总统："假使美国能使中苏之间关系增进，而且能促进中国与苏联代表的会谈，蒋主席非常欢迎这种帮助。"如果美国"发起"这个会议，蒋主席为了取得与苏联之间的谅解，愿意做比对方更大的努力。召开有关太平洋事件的会议是必要的，而美国是最合理的开会地点，蒋夫人插进来说：这会议可以称为"北太平洋会议"。范宣德先生问他们是不是在讲二件互相关联而又分开的二件事情：就是，一个是中苏二国代表会谈他们之间的问题，一个是所有北太平洋沿岸的国家开会讨论一般性的问题。他说最好在任何北太平洋会议之前举行中苏会谈。宋子文博士说北太平洋会议可以作为中苏代表会谈的掩护。华莱士先生说宋子文博士到华盛顿去做召开这种会议的准备是有帮助的。蒋主席说宋子文博士不能离开重庆。他笑着补充道:孔祥熙已不在,蒋夫人又要出国,宋子文博士是他和美国人谈话唯一的口舌了。

会谈到这里结束——下午七时。

六月二十日——从蒋主席住宅乘车到飞机场一小时间(上午十时到十一时),蒋主席作了下面的谈话(蒋夫人翻译),他要求华莱士先生把这谈话作为蒋主席个人给罗斯福总统的口信:

一、罗斯福总统在开罗会议时的态度,他的关心……等等,对中国人民和军队有历史性价值。

二、蒋主席对取消不平等条约以及废除在美国有关排外法案的努力,深表欣慰。

三、华莱士先生作为罗斯福总统的代表访华,为了取得与俄国之间的协调,这件事实表现对中国人民极大友谊。

四、华莱士先生当最黑暗的时辰访华,会提高士气,并且使人希望美国还会继续援华。

五、向总统保证,蒋主席体会到总统在德黑兰改变计划是必要的。不过,蒋主席预见到改变计划的后果。当蒋主席寄给罗斯福总统一强硬直率的备忘录时,那是由于蒋主席预见到现在所发生的事情。若是蒋委员长看到中国崩溃的到来,他会告诉总统,但是中国还没有达到崩溃的时期,如同他预先告诉总统的那样。事情并不像他预计的那样坏。

六、蒋主席非常钦佩总统的人格和他的见识等。

七、当华莱士告诉他总统为了德黑兰之改变计划如何难过,特别有关蒋委员长本人,蒋主席很感动。因此,他又表示欢迎华莱士先生出马促进中苏友谊。

八、中国共产党问题是国内政治问题,不过,他还是愿意取得总统的帮助。他认为中国共产党不是守信的人。他们的签字是无效的。他不愿看到总统由于共产党不遵守委托而受到责备。同样,他愿意得到总统的帮助,若是总统经过成熟的考虑,决定他愿意协助。蒋委员长不会认为总统的协助干涉了中国内政;相反,蒋委员长是总统的一个真正的朋友,他几次三番与共产党来往,懂得他们,不管他们嘴里讲要怎样做,实际上,他们是不会执行的,在这种情形下,总统的威信会受到极大的损失。蒋委员长要总统知道,共产党与中央政府之间的矛盾并不像美国资本家和劳动者之间的矛盾——形势并不相似。

九、蒋委员长切望与总统取得更密切的联系与了解——但是如何呢? 通过国务院的道路太繁杂了。丘吉尔在魏亚立将军的办事处有私人代表处理政治与军事事项,罗斯福总统是否能找到这样一个人? 他可以完成伟大的任务。目前军事上的合作由于人事问题非常困难。他觉得陈纳德是很容易合作的。史迪威有进步,但是不懂政治——外表上,他完全是一个军人。

十、蒋委员长绝对相信孔祥熙博士。帮助孔博士就是帮助了委员长。

十一、蒋委员长一切步骤都趋向民主。他写《中国之命运》,为了使共产党就范。委员长希望共产党成为一个政党。他计划着土地改革的步骤使共产党没有机会煽动社会不安。

十二、他希望战后使农民捐税率降到10%,并且希望改善土地占有制,打散大地主占有的土地。

(选自《中美关系资料汇编》第一辑)

9. 罗斯福总统致蒋介石主席信

副总统华莱士将你7月8日回他6月27日函的电报给我看。我又收到副总统与你谈话的全部记录,读了很感兴趣。华莱士先生将你要求他让我注意的十二项转告我。你友谊地直率地说明了你的意见,我深表谢意。

关于目前正在进行的与中共的谈判,你诚意要以政治方式求得解决,我看到特别高兴。我更欢迎你通过华莱士先生所表示的,愿意求得改善与苏联之间的关系。你建议我以好意斡旋布置中苏两国代表的会谈,我们正在慎重考虑。我想若是中国政府与中共之间预先取得协议,具体布置如何在华北有效地对日作战,那末,任何这类会议会更易于召开。关于这方面副总统又告诉了我你的令人兴奋的见解。你说假使与共产党之间取得协议,民主改革方案可能比预料得更早付诸实现。

　　听说蒋夫人身体不舒服,我很难过,我相信她会早日复原。

敬祝

大安

佛兰克林·D.罗斯福

一九四四年七月十四日于华盛顿

(选自《中美关系资料汇编》第一辑)

第五章　国共合作走向新的阶段

（一九四四年九月——一九四五年八月）

一、国共两党首次公开谈判经过，
共产党提出成立"联合政府"的主张

1. 关于国共谈判的报告①（林祖涵）

各位先生：

国民参政会主席团要我报告国民政府派张文白、王雪艇两先生与中共中央派本人双方谈判的经过，本人对此感到十分兴奋。

国共两党关系当该公平合理的调整，在现政治情况下为十分紧要的事情，不仅参政会同人注意这一问题，全国人民也十分关切。我今天要报告的就是我们与张、王两先生四个月来谈判的过程。在这个过程中，大致有七个重要文件，主席团已印发各位，可请参考。

这次谈判，本人从延安出来，抱着满腔热诚，希望能够解决问题，并很高

_____

①一九四四年九月十五日上午，在国民参政会第三届第二次会上的报告。——编者

兴在西安,与张、王两先生不期而晤。我们的谈判在原则上存在着很大的距离,虽然我们的谈判尚未最后决定,但四个月来,还无结果可以报告。

谈判的重要问题

我们所要求于国民党中央的,第一个是全国实行民主政治的问题。在今天民族敌人正深入国土,抗战尚在艰巨时期,必须全国军民团结一致,必须全国人民都动员起来,才能坚持抗战与争取抗战胜利。日寇是一个工业发达的国家,它是有力量的,它正在我国境内作最后挣扎,我们必须重视这一严重形势。中国有四万万五千万人民,战胜日寇的力量是有的,不过没有团结起来,没有充分的发动起来,今天非常迫切需要将这全部力量团结起来,发动起来。用什么方法来团结全国力量,来发动全国力量呢? 我们认为应该在抗战中实行民主政治,只有民主政治才能团结全国一切力量,动员全国一切力量,以拯救我们民族国家的灾难。我们主张实行三民主义,《抗战建国纲领》和中共提出的《十大纲领》;这三大纲领真正实行,就能团结全国力量。蒋委员长在抗战初期曾说过:"地无分南北,民无分老幼,无论何人皆有守土抗战之责。"我党中央在抗战初期就主张实行民主,动员人民,实现全面全民的抗战;不应该是政府和军队片面抗战。我们对立即实施民主以增强全国团结抗战力量的意见,抗战以来是一贯如此主张,这次谈判也是这样提出来的。

其次,我们从国共两党关系上说,希望解决一些悬案。这些悬案主要是有关军队、政权与党三方面问题。我们在敌后抗战八年,军事政治形势有很多变化。在抗战初期,当时八万红军,政府只承认编了三个师,奉命出动,渡河入晋作战,并得到最高统帅部的命令,要我们组织些敌后游击挺进队,挺进敌后作战。我们自己看来,几年来在敌后艰苦作战做得还好。十八集团军、新四军在晋、冀、察、热、绥、辽、鲁、豫、苏、皖、浙、鄂、粤等省敌人占领区作战,粉碎了许多伪组织,建立了许多抗战政权,使青天白日满地红的国旗能够飘扬在敌人后方。我们经过七年的作战,正规军已增加到四十七万七千五百人,并组织了民兵二百二十万人。我们要求政府先给我们五个军十六个师的番号。同时我们在敌后已建立了十五个抗日根据地,人民选举了自己的政府,管辖了八千八百万人口。我们希望政府承认这些抗日民主政权,管理和指导这些抗日政权。在党的方面,我们要求政府给中共以公开合法的地位,对其他党派也是如此。我们希望政府撤销对陕甘宁边区政府的军事封锁与经济封锁,使边区的人员商旅能够有行动、交通、往返上的自由。

谈判的重要分歧

我们党向政府与国民党中央提出了这样的意见,国民政府曾有一个提示案给我们,张、王两先生要我们照中央提示案来办理。但这两者中间的差别距离很大,以至谈判到今毫无结果。本人现在仅略举几个较大的分歧之点来加以说明。

首先从军事问题来说。中共所领导的在敌后作战的正规部队四十七万五千五百人,八年来在异常艰苦的敌后环境,坚持与发展了华北、华中、东南敌后三大战场,抗击了绝大部分侵华日军与伪军,并成为将来总反攻的先锋部队。为了准备反攻的需要,政府应当奖励它,增强它,首先应该全部编成四十七个师才是合理。西安谈判时我提出请求政府暂编六军十八个师;张、王两先生表示碍难接受。我党中央六月四日提案请先给五军十六师的番号,而政府仍不愿答应,只允许编四军十个师。

特别是政府提示案中的编余部队"限期取消",及已编者"限期集中"二点办法,未能顾到抗战需要与敌后游击战争的环境。因为这些部队是敌后不愿当亡国奴的人民组织起来保卫家乡的抗日武装,他们正是执行了蒋委员长"地无分南北,民无分男女,人人皆有守土抗战之责"的号召,限期取消就等于不要敌后人民抗战,把敌后游击区再交给敌人,这自然是不应该的。

再从对敌后民选地方政府的分歧之点来看。敌后的各抗日政府,全是民权主义性质的。我们在敌后各抗日根据地除汉奸外,一切人民和抗日团体均享有一切自由和权利,政府由人民选举,领导着敌后人民团结一致,坚持抗战,是有很大成效的。我们要求国民政府承认这些敌后解放区民选政府为其所管辖的地方政府,而中央提示案则要取消。这是从抗战利益上不可理解的。

再次,关于党派的公开合法地位,与人民言论集会结社身体自由的保障等问题,依目前情形而论,并未见有何改善。我们略举几例来谈:言论自由问题。政府已表示言论尺度放宽,在实际上我们敌后近几个月来打了不少大胜仗,攻克了很多县城,这战报每月呈送军令部,始终未能发表,送《新华日报》也是被扣;再如人民身体自由,政府自八月一日宣布实行保障的规定,但是实际上,我们一再要求释放叶挺将军,他既非共产党员,去新四军更为政府所劝请,不应该拘禁他。我们要求释放自香港沦陷返粤被捕的廖仲恺先生的公子廖承志。此外还有许多政治犯身囚监中,我们也要求释放,但都未能做到。

七年前的"四项诺言"我党信守不渝

还有,张、王两先生给本人的信中也曾责备我党不实行"四项诺言",这一点也要加以说明。我们去年十二月曾在延安开会认真检查,检查结果,更证明我党对四项诺言确实完全做到了,信守不渝。譬如拿第一条:"孙中山先生的三民主义为中国今日之必需,本党愿为其彻底实现而奋斗"来说,我们对民族主义之实行表现在努力抗战,齐心合力打击日寇,以及对边区境内各民族平等地位的尊重上面;我们对民权主义的实行,表现在边区和敌后各根据地民选政府,实行三三制,保障人民言论集会结社身体等一切自由上面;我们实行民生主义,正表现在陕甘宁边区军队和机关的生产运动,减轻人民的负担,由前年二十万担公粮减到今年只征十六万担,我们不把公家的负担,全部压在老百姓头上。第二条:"取消一切推翻国民党政权的暴动政策及赤化运动,停止以暴力没收地主土地的政策",七年来我们坚守不渝。在农民与地主的关系中,我们是一方面保证交租交息,一方面实行减租减息;我们帮助私人工业的发展,并发展合作社,做到公私兼顾,公私两利。我们也早已实践了诺言,从无也从未曾想过要推翻国民党政权的事情。第三条:"取消现在的苏维埃政府,实行民权政治,以求全国政权之统一",这在各抗日根据地已经切实在实行民权政治,我们并不曾另立中央政府。我们只要求政府承认陕甘宁边区与敌后各抗日民选政府为它所管辖的地方政府。我们是赞成统一的,中国也必须统一,但统一必须是民主的统一。第四条:"取消红军名义及番号,改编为国民革命军,受国民政府军事委员会之统辖,并待命出动,担任抗日前线之责",我们对此也是实行已久,我们的军队在敌后艰苦作战的成绩就是证明。我们的部队几年来从未得到粒弹一饷的接济,而仍坚持敌后战争,拥护国民政府蒋委员长。凡此事实都足以说明我们已经实践了诺言。张、王两先生曾指责我们立法监察的不独立。但是我们在司法方面已做到切实保障各阶层人民的人权财权和地权等等;我们完全依靠人民来执行弹劾政府。所以我们那边绝少贪污渎职事件发生。

虽然,双方的距离还如此远,可是本人可以再度声明:中国共产党是一贯坚持团结抗战方针,耐心的期待政府观点的改变。

谈判经过真相

现在,本人再来说明一下自西安到重庆与张、王两先生谈判的经过。自从国民党十一中全会决议对国共关系采取政治解决方针以后,我们在延安,听到了很高兴,非常赞成。因为自民国二十九年新四军事件后,两党关系很僵,我是参政员,也因封锁而不能出来。我们请军委会驻延联络参谋打电报出来,表示我们愿来重庆,继续谈判,经政府复电同意后,本人因负边区政务,尚需布置春耕关系,直到四月底才能动身。在西安与张、王两先生一共会谈五次。本人初见张、王两先生,主要先请示政府的政治解决究竟是如何解决法? 以及向他们报告边区情形。张、王两先生一再要我提出具体问题来谈,我当时提出以本年三月十二日国父诞辰日周恩来同志的演说作谈判基础,张、王两先生不赞成。他们提议先谈军事及边区问题,我认为也可以。因先报告了中共领导下军队的数目,并问中央可以答应给我们编多少? 张先生要我讲。我说请先给六个军十八个师;张、王两先生认为太多,只同意四个军十二个师。以后会商几次,到最后一次会面时谈话,商定将历次会谈双方意见整理成纪录,双方签字,各报告其中央,由两党中央作最后决定。当时我就照我们双方原先约定的首先在这纪录上签字,但张、王两先生未签。纪录系综合双方意见而成,张、王信里说只是我个人意见,显然不是事实。

到重庆以后,我党中央即来电报提出二十项意见,由我于五月二十二日交张、王两先生,请其转陈国民党中央。张、王先生认为有些条件这样提法无异宣布国民党罪状,不肯接受。本人为尊重张、王两先生意见起见,向我党中央请示,将二十条改为十二条,其余八条改为口头要求,由本人于六月五日送交张、王两先生。张、王两先生同时将政府提示案交给我,但对我党中央提案则不允收转,一直争执到六月十五日,才复信称已转呈政府,但解决办法仍照政府提示案不能变更,谈判遂呈僵局。

当时国民党中央宣传部部长梁寒操先生曾对外国记者发表谈话说,谈判停顿,中共要觉悟才好。有记者跑来问我,我于七月二日有谈话发表在《新华日报》,表示我党的态度是只要对于抗战团结与促进民主有利,我们都可商量。七月二十六日,梁部长又发表不合事实的谈话英文稿,我党周恩来同志于八月十三日曾发表谈话,说明谈判并无结果,并解释此事责任并非在我。但我党中央仍希望谈判能有结果,曾来电请张、王两先生赴延安继续谈判。张、王两先生说此事可以商量。两党谈判的经过情形大致如此。

挽救危局准备反攻应采急救办法

最后,我应当声明:中国共产党很盼望把问题解决,我们所提的意见都是正确的合理的,希望政府能一切从抗战民主团结利益出发,接受我们的合理要求。现在日寇正在作垂死前的挣扎,我们中国的抗战要保持今天的国际光荣地位,要打败日寇,要得到永久和平,都不能坐待盟友的奋斗,需要更靠我们自己的努力,需要团结与动员全国的力量,才足以停止敌人的进攻及准备力量配合盟帮的反攻,我们认为,挽救目前抗战危机,准备反攻的急救办法,必须对政府的机构人事政策迅速来一个改弦更张。这几天参政员诸先生的各项询问,也正说明了我们政府的机构人事到政策都有很多毛病,不能适合今天抗战的要求。因此我坦白的提出,希望国民党立即结束一党统治的局面,由国民政府召开各党各派,各抗日部队、各地方政府、各人民团结代表,开国事会议,组织各抗日党派联合政府,一新天下耳目,振奋全国人心,鼓励前方士气,以加强全国团结,集中全国人才,集中全国力量。这样一定能够准备配合盟军反攻,将日寇打垮。(1944 年 9 月 15 日)

(原载一九四四年九月十七日重庆《新华日报》)

2. 关于中共问题商谈经过①（张治中）

关于中共问题商谈的经过，国民参政会诸位先生要求提出报告，治中奉命代表政府，只把这一次商谈经过，简明扼要，报告如下：

一

在本年一月间，据军事委员会派在十八集团军之联络参谋郭仲容给军令部子条电，说："本月十六日，毛泽东先生约谈，表示目前中共拟于周恩来、林祖涵、朱德总司令中，择一或三人同行到渝，晋谒委座请示，并嘱报告请示可否。"二月二日，军令部复郭联络参谋一电："朱、周、林各位来渝，甚表欢迎，来时请先电告。"嗣接郭联络参谋二月十八日电："毛泽东先生谈，中共决先派林祖涵先生赴渝。"至四月间，又接郭联络参谋来电，请据朱德、周恩来、林祖涵先生说，林定四月二十八日起程。中央据报后，于五月一日派治中和王世杰先生到西安先与林祖涵先生作初步会谈，我们与林先生于二日先后到达西安，计自五月四日至十一日，在西安共会谈五次，会谈中关于林先生表示的意见，都记录下来，作成一四记录，送给林先生看过以后，经林先生增减修改，当面交给我们，并签字于记录上面。当时林先生询问我们可否亦在上面签字，我们以为这是林先生所提出或同意我们一部分的意见，自只应由林先生签字，至于中央的意见，我们当于返渝请示之后，正式提出。现在将林先生签过字的记录原文录下：

自五月四日至同月八日的会议中所表示的各项

（甲）关于军事者

（一）第十八集团暨原属"新四军"之部队，服从军事委员会之命令；

（二）前项部队之编制，最低限度照去年林彪所提出四军十二师之数；

（三）前项部队经编定后，仍守原地抗战，但须受其所在地区长官之指挥，一俟抗战胜利后，应遵照中央命令移动，以守指定集中之防地；

（四）前项军队改编后，其人事准由其长官依照中央人事法规呈报请委；

（五）前项军队改变后，其军需照中央所属其他军队同样办法，同等待遇。

---

① 一九四四年九月十五日下午，在国民参政会第三届第三次会上的报告。——编者

（乙）关于陕甘宁边区者

（一）名称可改称为陕北行政区；

（二）该行政区直隶行政院，不属陕西省政府管辖；

（三）区域以原有地区为范围（附地图），并由中央派员会同勘定；

（四）该行政区当实行三民主义，实行抗战建国纲领，实行中央法令，其因地方特殊情形而需要之法令，可呈报中央核定施行；

（五）该行政区预算，当逐年编呈中央核定；

（六）该行政区及第十八集团军等部队，经中央编定发给经费后不得发行钞票，其已发之钞票，由财政部妥定办法处理；

（七）该行政区内，国民党可以去办党办报，并在延安设电台；同时国民党也承认中共在全国的合法地位，并允许在重庆设电台，以利两党中央能经常交换意见；

（八）陕甘宁边区现行组织，暂不予变更。

（丙）关于党的问题者

依照《抗战建国纲领》之规定，予中共以合法地位；停捕人，停扣书报，开放言论，推进民治，立即释放因新四军事件而被捕之人员，及一切在狱之共产党员，如廖承志、张文彬等，并通令保护第十八集团军及新四军之军人家属。

（丁）其他

（一）中共表示继续忠实实行"四项诺言"，拥护蒋委员长领导抗战，并领导建国，国民党表示愿由政治途径公平合理的解决两党关系问题；

（二）撤除陕甘宁边区之军事封锁，现在对于商业交通，即先予以便利；

（三）敌后游击区的军事政治经济问题，服从国民政府及军事委员会的领导，一切按有利抗战的原则去解决。

林祖涵

五月十一日

附：

去春林彪师长所提四条

（一）党的问题，在《抗战建国纲领》下，取得合法地位，并实行三民主义，

中央亦可在中共地区,办党办报;

(二)军队问题,希望编四军十二师,请按中央军队待遇;

(三)陕北边区照原地区改为行政区,其他各地区,另行改组,实行中央法令;

(四)作战区域,原则上接受中央开往黄河以北之规定,但现在只能作准备布置,战事完毕,保证立即实施,如战时情况可能——如总反攻时——亦可商承移动。

二

因林祖涵先生已有具体意见表示,我们遂于五月十七日同林祖涵先生回重庆,当时中央正要开十二中全会及全国行政会议,虽在百忙之中,仍然将在西安谈话经过及林祖涵先生所表示意见,报告中央,由中央考虑解决此项问题之具体方案,于六月五日约林祖涵先生晤面,即将《中央对中共问题政治解决提示案》文件一种,面交林祖涵先生,其原文如左:

三十三年六月五日中央对中共问题政治解决提示案

兹以林代表祖涵在西安所表示之意见为基础,作以下之提示案:

(甲)关于军事问题

(一)第十八集团军及其在各地之一切部队,合共编为四个军十个师,其番号以命令定之;

(二)该集团军应服从军事委员会命令;

(三)该集团军之员额,按照国军通行编制(由军政部颁发),不得在编制外另设纵队支队或其他名目,以前所有者应依照中央核定之限期取消;

(四)该集团军之人事,准予按照人事法规呈报请委;

(五)该集团军之军费,由中央按照国军一般给与规定发给,并须按照经理法规办理,实行军需独立;

(六)该集团军之教育,应照中央颁行之教育纲领教育训令实施,并由中央随时派员校阅;

(七)该集团军之各部队,应限期集中使用,其未集中以前,凡其在各战区内之部队,应归其所在地战区司令长官整训指挥。

（乙）关于陕甘宁边区问题

（一）该边区之名称,定为陕北行政区,其行政机构称为陕北行政公署;

（二）该行政区区域,以现有地区为范围,但须经中央派员会同勘定;

（三）该行政区公署直隶行政院;

（四）该行政区,须实行中央法令,其因地方特殊情形而需要之法令,应呈报中央核定施行;

（五）该行政区之主席,由中央任免,其所辖专员县长等,得由该主席提请中央委派;

（六）该行政区之组织与规程,应呈请中央核准;

（七）该行政区预算,逐年编呈中央核定;

（八）该行政区暨十八集团军所属部队驻在地区,概不得发行钞票,其已发之钞票应与财政部妥商办法处理;

（九）其他各地区,所有中共自行设立之行政机构,应一律由各该省政府派员接管处理。

（丙）关于党的问题

（一）在抗战期内依照《抗战建国纲领》之规定办理;在战争结束后,依照中央决议,召开国民大会制定宪法实施宪政,中国共产党当与其他政党,遵守国家法律,享受同等待遇;

（二）中国共产党,应再表示忠实实行其四项诺言。

在《中央提示案》面交林祖涵先生之后,并经声明中共如将以上办法实行后,则中央对于撤去防护地区之守备部队,可予考虑,并可恢复该地区与其邻地之商业交通,及中共人员违法被捕者,亦可从宽酌于保释。林先生遂从口袋内取出一函,附有《中国共产党中央委员会,向中国国民党中央执行委员会,提出关于解决目前若干急切问题的意见》文件一份,交与我们阅看。其原文如左:

中国共产党中央委员会向中国国民党中央执行委员会

提出关于解决目前若干急切问题的意见

国共两党合作抗战已历七年,中共谋国之忠诚,抗敌之英勇,执行三民主义,实践四项诺言,拥护国民政府及蒋介石先生抗战建国,始终如一,均为有目所共见;惟目前抗战形势,极为严重,日寇继续进攻,而国内政治情况与国共关系,尚未走上适合抗战需要之轨道,对克服目前困难,击退日寇进攻,并认真准备反攻起见,中共方面,认为惟有实行民主,与增强团结一途,为此目的,中共希望政府方面,解决以下紧急万分的问题,这些问题,有关于全国政治方面者,有关于两党悬案方面者。兹率直坦陈如下:

(甲)关于全国政治者

(一)请政府实行民主政治,保证言论、出版、集会、结社及人身之自由;

(二)请政府开放党禁,承认中共及各抗日党派的合法地位,释放爱国政治犯;

(三)请政府允许实行名副其实的人民地方自治。

(乙)关于两党悬案者

(一)根据抗日需要,抗战成绩,及现有军队实数,应请政府对中共军队,编十六个军四十七个师,每师一万人,为委曲求全计,目前至少给予五个军十六个师的番号;

(二)请政府承认陕甘宁边区,及华北根据地民选抗日政府为合法的地方政府,并承认其为抗战所需要的各项设施;

(三)中共军队防地,抗战期间维持现状,抗战结束后,另行商定;

(四)请政府在物资上,充分接济十八集团军及新四军,自一九四〇年以来,政府即无颗弹片药分钱粒米之接济,此种状况,请速改变;

(五)同盟国援助中国之武器、弹药、药品,应请政府公平分配于中国各军,十八集团军及新四军,应获得其应得之一份;

(六)请政府饬令军政机关,取消对于陕甘宁边区及各抗日根据地的军事封锁与经济封锁;

(七)请政府饬令军事机关,停止对于华中新四军,及广东游击队的军事攻击;

(八)请政府饬令党政机关,释放各地被捕人员,例如皖南事变,被俘的新四军官兵叶挺等,广东的廖承志、张文彬等,新疆的徐杰、徐梦秋、毛泽民、杨之华、潘郚等,四川的罗世文、车耀先、李椿、张少明等,湖北的何彬等,浙江的刘英,西安的宣侠父、石作祥、李玉海、陈元英、赵祥等,此等人员均系爱国志士,请予恢复自由,以利抗日;

(九)请政府允许中共在全国各地办党办报,中共亦允许国民党在陕甘宁边区,及敌后各抗日民主边区办党办报。

以上各条仅举其主要者,中共方面诚恳希望我国民政府,予以合理与尽可能迅速之解决。诚以西方反希特勒斗争,今年可胜利,东方反攻日寇,明年必可开展,而且日寇正大举进攻,威胁抗日防线,若我国共两党不但继续合作,而且能对国内政治予以刷新,党派关系予以改进,则不特于目前时局大有裨益,且于明年配合同盟国举行大规模之反攻,放出坚固之曙光,愿我政府实利图之。

中共中央代表林祖涵

民国三十三年六月四日

此时我们曾对林祖涵先生说:上次于五月二十二日先生提出之二十项,因内容与在西安所表示的意见出入甚大,未便接受,当经先生收回。此次所提出之十二项,项目虽较前减少,但内容并未改变,本不能接受,惟不欲过拂先生的意思,仅允留下,但不能转呈。当时林先生亦说留在你们两位处参考亦好。

三

到了六月六日,我们接到林祖涵先生的来信,对于中央提示案,提出两点声明:第一、认为提示案与中共六月四日正式提出的意见,相距甚远,除将提示案报告中共中央请示外,并请将中共提出的十二条,转请中央作合理解决;第二、对于提示案开头所说的:"以林代表祖涵在西安表示之意见为基础"一语,认为与经过事实不符,他认为西安的纪录,是"最后共同作成的初步意见",他同意"约定各自向其中央请示,再作最后决定"。因此,他还是希望中央考虑中共最近正式提出的意见。我们当即在六月八日,回林先生一封信,就他所声明的两点,提出答复:第一、林先生六月五日交来的函件,因为前后出入太大,曾经声明未便转呈,林先生最后说:"就留在你们两位处参考也好。"所以当时仅允留下,但仍声明不能转呈;第二、在西安谈话中纪录下来经过林先生增减修改,另自缮清再行签字的意见,我们回来以后,已经转呈中央,所以《中央提示案》,就以林先生的意见为基础,并且尽量容纳了林先生的意见,希望林先生能够完全接受。

四

六月十一日,又接到林先生来信,他对我们六月八日的回信,认为"有两点甚难理解":第一、说我们已承认他是中共的代表,就不应该不把中共正式提出的意见转报中央,而只片面要求他个人接受《中央提示案》,他个人如何能够做主? 第二、他承认六月五日面交的中共所提的十二条,诚与西安商谈意见,"略有"出入,但《中央提示案》和西安商谈的意见亦有出入,他以为这种谈判过程中的出入,双方都有,不足为异,他现在已经将《中央提示案》电告中共中央,我们就不应该拒绝将中共提出的意见,转呈中央请示。

其实林先生说不能理解的两点,事实是很显明的。正因为林先生是中共的代表,所以他所表示的意见,当然可以作算的。至于中共随后所提的十二条,内容与林先生的大有出入,而且中共对于服从军令政令的根本观念,并无表示,只是提出片面的要求,所以我们当时郑重声明不能转呈,是不难理解的。但我们因为希望问题早日得到解决,尤不愿大家因此发生误解,所以仍将林先生交来的十二条转呈中央政府。随奉中央提示,以"中央六月五日已以提示案交林代表转达中共,凡中共意见,中央政府所能容纳者,该提示案已尽量容纳,希望中共方面接受"。

六月十五日,我们就将中央的指示,函达林先生,并申述此次商谈之基本精神,须本统一国家军令政令之原则,为改善现状、增强团结的前提。而中共所提十二条的内容,对于如何实行中央政府的军令政令,和改善措施各点均未提及。至于整编部队的数字,在西安时我们就整编部队可能的数字是三军八师,现在中央提示案决定为四军十师,比较我们所说的数字还增加了两师,可见中央尽量迁就的意思。

五

六月十五日我们回复了林先生的信以后,经过十几天,中共方面,对于中央提示案仍无答复,至七月三日,林先生约我们会面,口头提出,对中央提示案有两点商量:第一、关于政治问题,希望中央将"民主"尺度放宽;第二、对于军队问题,希望按五军十六师扩编,同时又说,延安有电报,欢迎你们两位到延安商谈。当时我们就说明:对于民主问题,政府已在采取各种措施,促进民主政治的实现,例如废止图书事先强制审查办法,严令后方各省完成县参议会之设置,及中央即将公布保障人民身体自由的法令,和其他正在拟议中的很多关于民主的措施,不必列举。至于军队扩编数目的问题,中央现在正在励行精兵政策,尽量的紧缩单位,对于中共的要求,已经尽最大限度来容纳,如果拿抗战初期国军数额和现在增加数额来作一对比,就可以了解中央委曲求全的苦衷。最后我们认为像这样谈下去,有点像故意拖延,似乎应该将《中央提示案》作一全面确切的答复,来作具体商讨的基础,不宜再在口头上空言往返,讨价还价,徒增枝节。并表示如在重庆能得到结论之后,我们可以考虑去访问延安的问题。

六

至七月十三日,林先生又来会面,当时他又请中央对他们所提出的十二项有所"指示",而对于中央交给他们的提示案如何答复问题,他并未提及。当时我们以林先生所提各项问题过去多已经加以说明,殊不必再加辩驳,仅答林先生来意已明,我们再另订期商谈而散。

七

到了七月二十三日,林祖涵先生又来一信,内容仍系问及我们对他所提十二项的意见,是否已请示答复,并请我们到延安去。

七月二十五日,我们再与林先生见面,对于他所提十二项内列各项问题,在口头上曾有较详细之解释,并告以中央所提出之提示案,即系中央具体意见,乃中共延久未予答复,并且我们曾说中共如此态度,很像有意拖延,不愿意来解决这个问题。

八

我们在这个期间,曾继续研究这个问题,并且考虑在上一次口头答复之后,应该再有一个书面答复,才比较具体,又于八月五日同林祖涵先生见面一次,曾说明我们预备将上一次口头答复的意见,做成一个书面答复,同时并等你们对中央提示案有确实答复之后,那时我们再考虑进一步商谈,和是否去延安的问题,于八月十日根据前意写成一信,送给林祖涵先生,其要旨如左:

从五月三日在西安晤面起,已逾三月,自六月五日面交中央提示案以后,亦两月余,迄未得中共切实答复,殊出初料之外,此次政府提示案之内容,不但对去年林彪师长所请求各款,几已全部容纳,即对先生在西安表示之意见,亦已大部容纳,中共既表示拥护团结与统一,请即促其接受。

关于中共之十二条意见,第一至第三条,政府提示案中,已剀切申示:在抗战期内励行中共及一切党派所已接受之《抗战建国纲领》,在抗战结束后一年内实行宪政,予各党派以同等地位。意义明豁而具体,若于申示以外,标举若干毫无边际之抽象文句,徒为异日增加纠纷。现在中央政府已定之政策,在依抗战进展,胜利接近与夫社会安定,逐渐扩大人民自由范围,促进地方自治;一方面政府希望中共接受提示案后,随时提出关于励行《抗战建国纲领》之意见,并积极参加参政会及宪政实施协进会之工作,期彼此观点渐趋一致;国家真正统一团结,可以实现,此为政治解决之根本意义。

十二条中关于军队编制、数额、军队驻地、军饷、军械者四条。十八集团军原来编为三师,现在允许扩编为四军十师,在政府励行精兵政策裁减单位之时期中,自属委曲求全之至。关于军队驻地,提示案一面指示集中使用之原则,一面规定在集中前整训指挥系统,实已面面兼顾。至于军饷,则已规定国军享受一律待遇;军械则政府当随军政需要与负之任务为合理之分配。

十二条中要求政府承认"陕甘宁边区"及"华北根据地民选抗日政府"之一条,在陕北边区问题,政府提示案中已提十分宽大之办法,至其他任何地区之行政机构,自当依照提示案,由各该管省政府接管,以免分歧。

其他尚有若干要求,或则与事实不符,或则与事理不合,均已向林先生口头说明,兹不赘述。

九

以后接到林祖涵先生八月三十日来函,以奉中共之命答复我们八月十日的去信,大意是:

（一）认为我们八月十日的信上，含有中共无理拖延的意思，系完全不合事实与错误的见解。因为政府提示案与中共所提之书面十二条与口头八条，原则上相距太远，并举出：1. 提示案对于实行民主政治，承认各党合法，释放政治犯等一字未提；2. 编军的数目和编制外军队的取消及军队集中使用；3. 只要求边区政府实行中央法令，而不提实行三民主义，不承认现行各项设施与法令；4. 取消敌后抗日根据地的人民选出之民主政策等，认为距离太远的事实。

（二）认为根本解决问题的障碍，由于中央政府与中共及"全国广大人民"的观点，有着很大的距离，因为政府始终不愿意立即实行三民大义和民主制度。

（三）希望中央政府在解决全国政治问题与国共关系问题，应把整个国家民族的利益放在第一，应从有利全国团结抗战，有利促进民主的观点出发。后面又重复提到上面已经列举过的"政治问题"，"军队问题"，和"边区"及"华中、华南、华北各抗日根据地"等问题，重申第一项各点所持的态度，同时扩大了许多范围。

（四）申述中共始终忠实执行四项诺言，忠实实行三民主义，坚持民生团结政治解决的方针，证明中共不愿使谈判破裂。

我们看了林先生八月三十日来信之后，使我们感觉诧异。其中所举各项情形的真实性，究竟到如何程度？想各位都会有一个很确当的判断，用不着多加说明。我们是奉命商谈具体问题，从去西安到现在，已经把问题愈谈愈远了，所以远的原因，诸位从以上的文件里，可以看得出。我们不能不引为惋惜。但是我们并不绝望。为了使中共方面，能够确实的明瞭我们的意思，所以随后就复了一信，大意是：

申述中央政府命我们与先生商谈，在求全国之真正统一，亦即求中共切实履行其"四项诺言"，切实拥护全国政权的统一；如先生所说中共始终执行"四项诺言"，则中共对各地国军何致有许多侵犯之事实？中央何致今日尚须命我们与先生商谈服从军令政令等问题？

中央命我们与先生商谈统一，原为未来之宪政与整个三民主义的实施，树立强固的基础。关于民主政治及党派问题,《中央提示案》已有剀切条文,我们八月十日函内复有详细的申说,何以说是"一字不提"? 来函所说的中共在边区及敌后各抗日根据地澈底实行了三民主义,又说在中共的一切地区内,一切人民和抗日团体,均享有一切自由和权利,但有许多事实,迫着我们否认。即如民主与自由,国父遗教,欲以五权分立为民主的正轨与人民自由的保障,中共区域内可有司法权监察权独立的事实? 中共区域内的人民及至共产党员,可有言论自由,身体自由的保障? 我们前函希望对于民主自由等问题,勿提出毫无边际的抽象要求,并请中共随时与中央政府、国民参政会以及宪政实施协进会等切实商讨各项问题的解决办法,不惟至当,且属必要。

说明来函所提种种问题,早已一一奉答,其中一点,即中央提示案对于去年林彪师长和最近先生在西安所提意见,已经"大部容纳",确系绝对真实,但先生依然强调"距离太远",可是距离远的原因,不外是因中共的要求与时俱增,先生在西安所提的较去年林师长所提的多,中共所提的十二条又较先生在西安所提的多,此次来函又于十二条以外,加上所谓"口头八条",要求既与时俱增,距离乃不能不决。例如陕北边区和所谓"其他抗日根据地"问题,林师长所提为"陕北边区照原地区改为行政区,其他各地区,另行改组,实行中央法令";先生在西安签字的文件,并未列入"其他抗日根据地",中共所提十二条中,则要求承认"陕甘宁边区及华北根据地民选抗日政府",先生来函则更以"陕甘宁边区政府及华北华中华南敌后各抗日根据地民选抗日政府"的承认为言。此种逐渐变化,逐渐扩大要求的情形下,倘商谈不能接近,其责任究在谁方?

说明中央政府与国民党决不将一党一派的利益,置于国家民族利益之上,切望中共能够同守此旨。

最后说到只要于事实有益,我们赴延安一节,亦所乐从。兹问中共能否派负责代表来重庆解决本问题? 并派何人代表偕返重庆?

十

这一次商谈的经过和来往有关文件的重要内容,一一报告如上。今日中共问题,为了国家统一团结及争取抗战胜利,建国成功,全国的人民,都热切希望早日得到合理的解决。我们受中央政府之命,负着商谈的任务,当然更抱着最大的热忱和希望。中央政府所求的,只为军令与政令的统一,必须如此,乃能有确实的团结,乃能以举国军民一致的力量,打击敌寇,更必须如此,乃能有利于抗战建国。在这一个大前提之下,中央政府乃委曲求全,尽量容纳中共的意见,这在中央提示案上,都可以明白看出来的。至于民主自由问题,中央政府一向重在实事求是,实在去做,不欲徒托空言,在《抗战建国纲领》原则之下,开放言论,保障人民的自由,扩大民意机关职权,都在着着进行,今后自仍本此方针,继续致力,使战争结束之后,能够顺利推行宪政,那时候党的问题,自然可以解决。现在中共方面,虽然还没有接受《中央提示案》和实行遵守国家军令政令的表示,但是我们希望中共当能本诸团结抗战的真义,以事实和行动来践履诺言,实现国家真正的统一。中央政府决不变更政治解决的方针,而且竭诚期待中共修正其所持的观点,早日解决这一问题,以慰全国同胞的期望。因知诸位先生对这一个问题之关切,特来报告关于本问题商谈经过,并郑重说明中央政府的态度和愿望。还请诸位先生赐教。

（原载一九四四年九月十七日重庆《中央日报》）

附一:

林彪对两党问题所提四项要求①

---

①此项谈判,国共两党先后提出之文件,计有:《林彪对两党问题所提四项要求》(一九四二年十二月二十日)、《中国共产党向中国国民党提出关于解决目前若干急切问题的意见》(二十条)(一九四四年五月十五日)、《中国共产党向中国国民党提出关于解决目前急切的问题的意见》(二十条)(一九四四年六月四日)、《国民政府对中共问题政治解决提示案》(中央提示案)(一九四四年六月五日)、《王世杰、张治中对于中共十二条之复函》(一九四四年八月十日)、《林伯渠复王世杰、张治中函》(一九四四年八月三十日)、《张治中、王世杰复林伯渠函》(一九四四年九月十日)等七件。这些文件在一九四四年九月举行的国民参政会第三届第三次会上,由大会主席团作为林伯渠、张治中报告国共经过的附件,印发全体参政员。其中《林彪对两党问题所提四项要求》、《中国共产党向中国国民党提出关于解决目前急切问题的意见》(二十条)和《中国国民党对中国共产党问题政治解决提示案》(中央提示案)已见张治中《关于中共问题言论经过》,本书只存目录,不附全文。——编者

附二：

中国共产党向中国国民党提出关于解决目前急切问题的意见（二十条）

为克服目前困难局面，击退日寇进攻，并认真准备反攻，中共方面认为唯有实行民主与增强团结一途。为此目的，中共希望政府方面解决若干急切的问题。这些问题，有关于全国政治方面者，有关于两党悬案方面者，兹率直胪陈如下：

（甲）关于全国政治者：

（一）请政府实行民主政治与言论、出版、集会、结社及人身之自由；

（二）请政府开放党禁，承认中共及各爱国党派的合法地位，释放爱国政治犯；

（三）请政府允许实行名副其实的人民地方自治。

（乙）关于两党悬案者：

（一）根据抗战需要抗战成绩及现有军队实数，应请政府将中共军队编为十六个军，四十七个师，每师一万人；为委曲求全计，目前至少给予五个军十六个师的番号；

（二）请政府承认陕甘宁边区及华北、华中、华南敌后各抗日根据地民选抗日政府为合法的地方政府，并承认其为抗日所需要的各项设施；

（三）中共军队防地，抗战期间维持现状，抗日结束后另行商定；

（四）请政府在物质上充分援助十八集团军及新四军：自一九四〇年以来，政府即无颗弹、片药、文钱、粒米之接济，此种状况请予改变；

（五）同盟国援助中国之武器、弹药、药品、金钱，应请政府公平分配于中国各军，十八集团军及新四军应获得其应得之一份；

（六）请政府撤销对于陕甘宁边区及各抗日根据地的军事封锁与经济封锁；

（七）请政府停止对于华中新四军及广东游击队的军事攻击；

（八）请政府通令取消"奸党"、"奸军"、"奸区"等诬蔑与侮辱共产党、十八集团军、新四军及抗日民主地区的称号。此等诬蔑与侮辱的称号过去还是暗中流行，近更公开见诸报纸；

（九）请政府停止特务人员对于共产党、十八集团军、新四军及抗日民主地区的破坏活动。此种活动，变本加厉，中共获有充分证据，如不停止，妨碍团结实重且大；

（十）请政府释放各地被捕人员，例如一九四一年皖南事变时被俘的新四军官兵叶挺等，广东的廖承志、张文彬等，新疆的徐杰、徐梦秋、毛泽民、杨之华、潘同等，四川的罗世文、车耀先等，湖北的何彬等，浙江的刘英等，西安的宣侠父、石作祥、李玉海、陈元英、赵祥等。此等人员，均属爱国志士，久羁缧绁，惨受非刑，请予省释，以利抗日；

（十一）请政府禁止在报纸、刊物上发表对中共造谣诬蔑的言论。例如西安特务人员谓：延安枪毙王实味等数十人，竟伪装王实味等亲友于三月二十九日在西安大开追悼会，在报纸上登载追悼广告与追悼新闻，实则王实味等绝无所谓枪毙情事。似此完全造谣有意诬蔑，应请饬令更正，并制止再有类似此等事情发生；

（十二）又据确息：西安一带特务机关，准备于外国记者团到西北时，沿途伪装各种人物与伪造各种证件向外国人告状，借达破坏中共信誉之目的，闻彼辈所捏造之中共罪状共达十余项之多，似此不但妨碍团结，而且有辱国体，请政府予以制止。彼等伪装伪造，发踪指示，奔走布置，中共获有充分证据，如不制止，难免引起不快之后果；

（十三）请政府允许中共在全国各地办党办报，中共亦允许国民党在陕甘宁边区及敌后各抗日民主地区办党办报；

（十四）请政府停止对重庆中共《新华日报》之无理检查（例如禁登十八集团军及新四军的作战消息，禁登中共文件等）。破坏发行，威胁订户，扣压邮寄等事情；

（十五）请政府发还在三原被政府军队扣留之英美援助十八集团军的药品一万零一箱；

（十六）请政府允许恢复重庆、西安两处电台，以利通讯；

（十七）请政府允许中共代表及十八集团军办事处人员有往来于渝延间及西延间之自由，及允许西渝两办事处人员有在该两地居住与购买生活物品之自由。

一九四四年五月十五日

附三：

中国共产党向中国国民党提出关于解决目前急切问题的意见（十二条）[1]

文白、雪艇先生勋鉴：

敬启者：敝党中央关于解决目前急切问题之意见二十条，自上月二十二日面交两先生未被接受后，弟即向延安方面报告，兹奉敝党中央复电，为了尊重两先生意见，以利谈判，以示我方希望解决问题之诚意，将二十条改为十二条，而把那些小的问题，改为备忘录，兹特抄上一份，请转呈贵党总裁，暨贵党中央商复为荷！专此，敬颂

勋祺！

林祖涵敬启
（民国）三十三年六月四日

附四：

国民政府对中共问题政治解决提示案（中央提示案）[2]（一九四四年六月五日）

附五：

王世杰、张治中对中共十二条之复函

伯渠先生勋鉴：

自五月三日，弟等与先生晤见于西安，往复商谈，迄今已逾五月。自六月五日，弟等以中央政府提示案面交先生，为时已两月有余，迄今尚未得到中共方面之切实答复。此等情形，殊出弟等初料之外。政府在提出提示案以前，特命弟等先赴西安与先生晤谈至两周之久，藉以充分聆悉中共方面之意见，用意已极慎重。政府提示案之内容，不但对于去岁中共代表林彪师长所请求

---

①“十二条”全文见张治中：《关于中共问题商谈经过》，略。——编者
②详见本书张治中：《关于中共问题商谈经过》。——编者

诸款,已已全部容纳,即对先生最近在西安所表示意见,亦已大都容纳,凡斯事实,只须将有关文件,略一比照分析,即可瞭然。着意政治解决,既为中共所表示赞同,团结与统一,亦为中共所宣言拥护。弟等今兹实不能不敦请先生向中共主持诸公剀切敷陈,促其接受政府提示案并迅速见复。至六月五日先生交来之中共方面十二条意见,弟等于六月十五日业将政府指示及弟等观感以书面退还左右。兹因先生一再敦促弟等为更详细之答复,因将政府意旨再为先生群言之?

一、十二条意见中之第一第二第三三条,涉及实行民主政治,保证自由,承认中共合法地位与地方自治诸事。对于此类问题,政府提示案中,业已剀切申示两点:即在抗战期内力行中共暨一切党派所已接受之抗战建国纲领,在抗战结束后一年以内,实行宪政,予各党派以同等地位。此种申示,意义较为明豁,亦较为具体。倘中共欲于此种申示之外,更标举若干毫无边际之抽象文句,如"实行民主政治""保证自由"等等,于事实究竟有何裨益? 徒为异日增加纠纷而已。盖"民主政治"云云,其他云云,中共过去或今日之所信,固未必与国民党党员乃至一般民主主义者之所信为一事也。兹愿与先生告者,计有两事:一、中央政府之既定政策,在依抗战之进展,胜利之接近,与夫社会之安定,而逐渐扩大人民自由之范围,促进地方之自治。二、政府希望中共于接受提示案后,随时提出关于厉行抗战建国纲领之意见,并积极参加参政会及宪政实施协进会之工作。诚能如是,彼此之观点,当不难渐趋一致,国家之正真统一与团结,庶几可以实现。政治解决者,其根本意义,亦即在此。

二、十二条意见中,涉及军队编制数目,军队驻地,军饷,军械者四条。十八集团军过去核定编制原为四万五千人。政府提示案允许编为四军十师,确属从宽核定。由带兵官自行扩编军队,其事原不可为训,且政府正力行精兵政策,一般军队均在裁减单位。于此时期,独允许十八集团军扩编为四军十师,自属委曲求全之至。关于军队驻地,政府亦已考虑至再,提示案一面指示集中使用之原则,一面规定在未集中前受所在地战区司令长官之整训指挥,原则与事实实已兼顾。倘中共所提意见,抗战全期间内军队防地概维现状,试问中央何以计划反攻或指挥作战? 至于军饷,提示案中业已允许第十八集团军享受与一般国军相同之待遇。军械之供给,政府当随时视反攻之需要与各军所负之任务,为公允合理之分配。

三、十二条意见中列有一条,要求政府承认"陕甘宁边区",及"华北根据地民选抗日政府"。陕北边区问题,政府愿予考虑。并已于提示案中提出十分宽大之办法,藉以容纳中共之意见。至其他任何地区之行政机构,自当依照提示之指示,由各该管省政府接管,以免分歧,而杜流弊。

四、十二条意见中尚有若干要求,或者与事实不符,(如要求停止攻击中共某某军队)或者与事理不符(如对中央在陕北办报等事,设定某某条件),弟等已向先生口头说明,兹不赘述。至于十二条意见中所解除陕边之"军事封锁"暨释放若干人犯两项要求,弟等已向先生口头声明,俟此次商谈获有切实结果,当予考虑。

综之,政府对于中共方面之意见,实已极可能范围予以容纳。至于政府之根本意愿,则在军令政令之贯彻与统一。中共提出十二条意见书时,即未将服从中央军令与政令一层列入条款之内,即该书面之引言,亦未将中共对于此一根本问题之今后态度为剀切鲜明之表示。弟等当时不敢转陈者,大半以此。嗣因先生口头声明,谓中共方面对于服从军令,决无问题,弟等乃敢以先生之口头声明与十二条书面一并转陈政府。此又弟等所愿附带的郑重声明者也。端此布达,诸希惠察。并颂时祺。

弟王世杰　张治中敬启

(民国)三十三年八月十日

附六:

林祖涵复王世杰、张治中函

雪艇文白先生勋鉴:

八月十日来函。对敝党十二条意见所作之答复,于收到之后,即转电延安,以往返电码多有讹误,校正费去一些时间,兹将敝党中央命弟奉覆的意见,转告如后,敬请再转达蒋主席及贵党中央:

一、来函说:政府提示案已交给中共两月余,"尚未得中共方面之切实答复",殊出先生等"意料之外",并说这个提示案已能"大部容纳"中共之意见,似含有责备我方之无理拖延之意,应该声明:这是完全不合事实,与错误的见解。因为弟已在屡次会谈中,表示政府提示案,与我党已经提出的书面十二条,及口头八条,在原则上相距太远,无法接受。比如在政府提示案中:(一)关于我方所迫切要求解决的实行民主政治,承认各党合法,释放爱国政治犯,释放叶挺等被捕人员等项,一字未提。(二)编军数目,只承认四个军十个师,且不顾抗战需要,及敌后游击战争环境,要将十个师以外数十万正在抗战的军队,"限期取消",并要将十个师"集中使用"。(三)对边区政府只要求实行国民党中央政府之法令,不提实行三民主义,不承认为抗日所需要,并且已经实行大见成效的现行各项民主设施与民主法令。(四)对各抗日根据地人民边区的各民主政府,要求取消,由于两党意见距离如此之远,但敝党中央仍不愿谈判停顿与破裂,曾命弟邀请两先生去延安商谈,并要弟回延安报告谈判经过以求获得继续商谈之途径,使问题终能在有利抗战团结,有利促进民主的原则下,得到合理解决。两先生对延安之行,已正在请示中,弟固望能早日实现也。

二、国共两党关于全国政治问题,及两党关系问题之谈判,并非自这次弟与两先生谈判开始。远自西安事变和平解决以来,八年之间敝党曾不断向国民党建议,只有立即实行三民主义,实行孙中山先生在国民党第一次全国代表大会所提出的革命的三民主义,才能增强团结抗战的力量,只有循民主的途径,才能公平合理的解决国共关系,解决国内其他一切政治问题。我们拥护统一,是拥护建立在民主基础上的统一,我们拥护蒋委员长与国民政府,是要求他坚决抗战,与实行三民主义。这不仅是共产党一党的要求。敝党于民国二十六年九月二十二日的宣言,曾提出了保证实行四项诺言,八年来这四项诺言,我们早已完全实践了而且至今信守未渝,这是有充分事实可以证明的。今年三月十二日我党周恩来同志在延安孙中山先生逝世十九周年纪念大会的演说中,已经详细地说到了这一点,可以参考。八年来敝党中央,又不断派弟与周恩来、董必武、林彪诸同志,耐心的向国民党中央政府请求解决全国政治问题,与国共关系问题,周董两同志驻渝已有数年,始终并未得到结果。究竟根本解决的问题的障碍在哪里呢？不能不指出是由于国民党中央政府诸公的观点，和我们及全国广大人民的观点，有着很大的距离，政府负责诸公，始终不愿意立即实行孙中山先生的三民主义，及足以团结全国各党派各阶层抗日力量的民主制度。这就是现时双方谈判所以相距甚远的真正原因。

　　三、我们希望国民党中央政府，在解决全国政治问题与国共关系问题上，应把整个国家民族的利益放在第一，而不把一党一派一己的私利放在第一，应从有利全国团结抗战，有利促进民主的观点出发，而不从维护一党统治的方针出发，才能使双方的谈判易于接近，才能使一切问题可以得到公平合理的解决。但是政府提示案及两先生八月十日来信，可惜均不能符合这个期望。比如（一）关于全国政治制度问题，我们所提出的三项要求。（一、请政府实行民主政治与保障人民的言论、出版、集会、结社及人身之自由；二、承认中共及各爱国党派的合法地位，释放爱国政治犯；三、实行名符其实的地方自治）正是反映今天全国人民最迫切的要求，正是今天为着团结全国力量认真准备反攻必须立即实行的措施。如能这样做，不仅对整个国家民族有利，而且对国民党有利的。然而两先生来信，仍坚持"中央政府之既定政策"是要在抗战以后才实行宪政实行民主，批评我们所提民主要求为"毫无边际之抽象文句"，认为于事实无裨益，"徒为异日增加纠纷"。但照我们的经验，在敌后那样的艰难困苦的环境中。人民尚能进行普选，讨论国事，选举抗日政府实行地方自治，哪有大后方反不能实行民主政治的道理。因此一切问题，都看国民党有没有实行民主政治的决心和诚意，如果有，就应该在抗战中期立即实行宪政，而不是推在抗战之后。（二）关于中共所领导的四十七万七千正规军之编制，防地与饷械问题，如果从这个军队过去抗战的成绩，与今天准备反攻的需要来说，他在八年来异常艰苦的战斗环境中，坚持与发展了敌后三大战场（华北华中华南），建立起许多强固的敌后抗日根据地，解放了八千八百余万的人民，组织了二百二十余万的民兵，抗击了侵华绝大部分的敌军与伪军，并成为将来总反攻的先锋部队。为了准备反攻的需要，政府应当奖励他，装备他，增强他，首先就应当全部承认他，才更为合理。我们在建议书中请求政府"编为十六个军四十七个师,目前至少给予五个军十六个师的番号"是为着谈判更容易接近。关于防地,在抗战期间,维持现状,及盟国援华物资请求公平合理分配等,都是适合抗战需要,与无可非难的,而政府提示案的"限期取消",与"限期集中使用"的办法,是未能顾计抗战需要,与敌后游击战争环境。两先生八月十日来信中强调反对带兵官"自行扩编军队"与反对军队防地维持现状,责备我们不守军令的统一,但两先生恰恰忽视了一件平常人都懂得的真理,这就是今天我们中国是在抗战中,我们所扩编的军队,是在沦陷区发动一切不愿当亡国奴的人民组织起来的人民抗日武装,我们的防地,是隔在敌后从敌人手中解放出来并坚持敌后抗战的根据地。如果我们反对在沦陷区发展人民抗日武装,或企图削弱消减这个抗日武装,以及想使敌后解放区的人民抗日武装从该地离开,这一切都会在客观上成为有利于敌人的。

(三)今天陕甘宁边区政府,及华北华中华南敌后各抗日根据地民选抗日政府,其所实行的一切完完全全是革命的三民主义,坚持敌后抗战,就是实行民族主义。抗日政权,完全是民权主义性质的。我们各抗日根据地,除汉奸外,一切人民和抗日团体,均享有一切自由和权力,并行使直接民权,组织三三制的地方政府,我们又实行劳动互助,生产,节约,救灾,开荒,减租减息,精兵简政,普及教育,拥政爱民,拥军优抗,减轻人民负担,改善工农生活等政策,更无一不合乎民生主义的原则。由于我们在边区及敌后各抗日根据地彻底实行三民主义,所以能团结全体人民,克服一切困难,长期坚持抗战,并可以有力反攻。像这样的抗日民主政府,就应当承认他们为合法的地方政府,就应当给他们以地方自治的权力。像这种政府,已经实行大见成效的各项民主设施,与民主法令,就应该加以奖励提倡,推行于全国,这才是真正奉行孙中山先生的革命的三民主义的国民党中央政府所应采取的态度。但政府提示案及两先生八月十日来信,对边区政府只要求实行国民党中央政府之法令,对各抗日根据地人民选举的民主政府与各种有利抗战的民主设施,则要求取消,也是不利于今天敌后抗战的需要的。

四、总之,依照目前形势,要最后战胜日本强盗,国共两党必须团结,国共之间所存在的问题,必须从速解决,而这种解决,只有国民党当轴诸公立即实行民主政治,并从民主途径中公平合理的解决国共关系,才能增强全国团结抗战力量,才能使一切走上轨道,才能停止目前敌人进攻,配合将来的全面反攻,也才能建立战后的国内和平合作,与国际的和平合作的关系,我们共产党人,是以十分热烈的心情来希望国民党当轴在民主与团结的基础上,迅速改变其旧有政策,才能打开目前政治上的僵局,与完成同盟国共同期望的神圣事业。我们这里绝没有乘国民党形势不利而提出什么过高要求,更没有利用国民党处境困难而拖延不愿解决。(有些无知的人正在如此散布谣言)凡所主张,都是为了争取全民族抗战胜利,必须实现的东西。我们是在爱护帮助国民党进步,而不是在冷眼坐视国民党的困难。耿耿忠言,定为国民党贤达所鉴察。希望两先生将上述意见,再向蒋主席及贵党中央转陈。时乎不待,望早决策。我们共产党人始终忠实执行四项诺言,忠实实行三民主义,坚持民主团结与政治解决的方针,以期待国民党中央政府的回答。敝党中央所提邀请两先生赴延安继续谈判一事,不仅表示敝党不愿使谈判破裂之诚心,而且想使国民党中央政府的重要负责人员,亲到边区看看我们是怎样忠实的实行四项诺言与彻底实行三民主义。我们在边区及敌后各抗日根据地的各种建设是很可以为全国实行民主参考的。想因此使后方谈判更易得到解决,未识两先生对此已商得政府,贵党中央同意否?盼能早复,敬颂勋祺!

弟　林祖涵

(民国三十三年八月三十日)

附七:

张治中、王世杰复林伯渠函

伯渠先生勋鉴:

接展八月三十日来示,藉悉一一。弟等前函,在本平心静气之旨,说明中央政府对于中共要求,何者可以容纳,何者可以相当容纳,何者可留待将来考虑,何者无从容纳。弟等之意,在切切实实的商讨,以求问题的解决。来示则故为夸张抹煞之词,与弟等之期待,完全相反。弟等循诵来示之余,雅不欲一一辩证,谨略答一二,尚祈惠察。

一、中央政府命弟等与先生商谈，在求全国之真正统一，换言之，即征求中共切实履行其四项诺言，切实拥护"全国政权统一"，切实服从国民政府军事委员会之指挥。先生来函谓"八年来这四项诺言我们早已完全实践了"。又谓"我们共产党人始终执行四项诺言"。假使中共在过去曾经切实履行各项诺言，何至中共在各地对国军有如许侵犯之事实？假使中共现在尚履行各项诺言，中央何至今日尚须命弟等与先生商谈服从军令政令等等问题？

二、中央命弟等与先生商讨统一，原欲为未来之宪政与夫整个三民主义的实施树立强固的基础。关于如何实现民主政治问题以及党派问题等等，中央提示案中既有恳切条文，弟等八月十日函中复有详细的申说。来示则谓中央对于中共所提此项要求，"一字未提"。弟等真不知先生何故为此不实之言。尤使弟等惶惑者，来示谓"我们在边区及敌后各抗日根据地彻底实行了三民主义"，并谓在中共的一切地区内，"除汉奸外，一切人民和抗日团体，均享有一切自由和权利"。假使事实果如来示所言，弟等惟有感佩。然而许多事实均迫着弟否认。即如就民主与自由而言，国父遗教愿欲以五权分立为民主的正轨与人民自由的保障。国民政府不敢自谓对于此点已经完成一切准备，因此也不敢以业经"彻底实行三民主义"自居。中共区域内果有司法权独立，监察权独立等等事实乎？中共区域内之人民乃至共产党员果有言论自由身体自由等等保障乎？如其未然，则为切实实现三民主义计，弟等何能照来示所言，转请中央政府，将中共的"各项民主设施与民主法令"，予以"提倡，推行于全国"？弟等前函曾促请中共诸公，对于民主自由等问题，勿提出毫无边际之抽象要求，以增加异日之纠纷，而应随时与中央政府国、民参政会以及宪政实施协进会等切切实实的商讨各项问题的正当解决办法。接诵来示后，弟等愈觉弟等前函所言，匪惟至当，且属必要。

对于以上两点，弟等深望中共诸公能祛除一切客气，充分理解，庶几今后商谈不致徒托空言。至于来示中其他抹煞事实之语，弟等早已一一奉答。关于军队编制，军队调动等问题，弟等前函及口头业已有所说明，亦觉无再说之必要。惟尚有一点，弟等不能不郑重声明：弟等前函谓中央提示案对于去岁林彪师长暨最近先生在西安所提意见，已"大部容纳"云云系谢绝对真实之言,无丝毫夸张之意。窃意任何第三者如将林师长所提四条,暨先生在西安签字之件,持与本年六月五日中央提示案逐条比照,应以弟等"大部容纳"之言为真实。顾先生来示,依然强调"距离太远"之言。倘中央提示案确与中共要求"距离太远",其原因究竟何在? 一言以蔽之曰:只因中共方面之要求与时俱增也。先生在西安所表示之意见,较去年林彪师长所提之要求为多。六月四日中共所提之十二条又较先生在西安时所提之要求为多。此次,先生来函又复于十二条之外,加上所谓"口头八条"。要求既与时俱增,距离乃不能不远。譬如陕北边区暨所谓"其他抗日根据地"问题,在林师长所提四条中定为"陕北边区照原地区改为行政区,其他各地区另行改组,实行中央法令"。先生在西安签字文件中并未列入"其他抗日根据地"问题。在六月四日中共所提十二条件中,则要求承认"陕甘宁边区及华北根据地民选抗日政府"。在先生此次来示中,则更以"陕甘宁边区政府及华北华中华南敌后各抗日根据地民选抗日政府"的承认为言。在此种逐渐扩大要求的情形下,倘商谈未能接近,试问其责任究在何方?

抗战建国之工作急待完成。时至今日,我国家民族仍未能具备抗建成功之最低条件(即全国的统一),中央政府与国民党同人诚不能不深自痛疚。尊示谓解决国共关系应把整个国家民族的利益放在第一,而不把一党一派的利益放在第一。旨哉斯言。弟等深信中央政府与国民党决不将一党一派的利益置于国家民族的利益之上。因此切望中共诸公同守此旨,庶几商谈能获进展,一切问题可以得到合理的解决。

至于先生邀约弟等赴延安一行一节,只要于事有益,弟等也乐从,但中共是否能派负责代表来重庆解决本问题,并派何人任代表偕返重庆,倘希见示为荷。端复并颂时祺

弟张治中　王世杰敬启

(民国三十三年)九月十日

3. 如何解决①（周恩来）

今天是我们中华民国三十三年的国庆日子。正当着国内外局势急剧变化的时候，我们有许多感触，也有许多话要说。

目前战争情况，是欧战节节胜利，不久便可直捣柏林，太平洋战争亦着着前进。可是，我们中国正面战场与敌后战场，却成相反的对照：在正面是节节败退，在敌后是节节胜利。为什么我们正面战场这样不能配合盟国胜利呢？为什么我们只能有敌后战场的胜利呢？这是中华民国胜败兴衰的关键，这是中国命运的转变关头，我们必须唤起全中国人民来注意它，解决它。

现在中国正面战场，是处在严重的失败之中。河南战役，四十四天功夫，失掉了四十五个城市，湘桂战役，又连失长沙、衡阳、零陵、宝庆、肇庆、梧州等这样多的大城市。敌人现在已逼近桂林、威胁柳州、甚至昆明、贵阳亦成为敌人窥伺的目标。沿海战役，温州、福州相继失陷。从此，沿海较大的港口都不在我们手里了。这一连串失败的事情，为什么今年会连续发生呢？为什么在日寇已经转入不利的形势下发生呢？这绝非偶然。这是由于国民党政府历来片面抗战、消极抗战、依赖外援、制造内战的失败主义的政策所造成，这是由于国民党在其统治区域实施一党专政，排除异己、压迫人民、横征暴敛的法西斯主义的政策所造成。因此，错误的积累和发展，国民党统治的区域遂在敌人进攻的面前，呈现出抗战以来空前未有的军事、政治、经济、文化各方面的严重危机。

军事方面，国民党当局是历来只许政府抗战，不要人民抗战的。因此，我们在敌后发动人民抗战，便被诬为"武力割据，违抗军令"。而他们在大后方，对人民决不动员，不组织，只有捆绑勒索，于是壮丁越来越少，军队越打越弱，政府也就越抗越没劲了。尤其近年来，国民党政府实行消极抗战、积极反共的反常政策，因此我们在敌后积极抗战，便被诬为"奸党奸军"，加以破坏、进攻。而他们在正面战线，却消极观战，决不出击；敌不来则通敌走私，鱼肉人民；敌小来则勉强应战，敷衍门面；敌大来则节节败退，一让千里。其尤甚者，

---

①本文系周恩来一九四四年十月十日在延安各界举行的双十节庆祝大会上发表的演讲。——编者

是一面标榜抗战,迷惑人民,骗取外援,牺牲盟邦,企图以此坐享胜利的果实;另一面则信使往还,暗通敌伪,企图以此在目前和缓敌人进攻,加紧敌后"扫荡",在将来则预留妥协余地,以便外抗盟邦,造成均势,内压人民,进行内战。这种极端矛盾的两面政策,无论如何是不能长久不被戳穿西洋镜的。所以,英国丘吉尔首相对于国民党政府这次严重的军事挫败,不能不认为"极大遗憾",不能不认为"是最大的令人失望和烦恼的事"。而美国罗斯福总统也公开声明,援华物资由每月二、三千吨空运增加到每月二万吨空运,是一个优异的成就和伟大的事业,以驳斥国民党政府那种以援华物资不足而打败仗的借口。其实,打败仗是由于援华物资不足么?不是,绝对的不是。汤恩伯、薛岳的部队,不都是装备了美国的枪炮么?何以败得那样快,那么惨?胡宗南的部队,不是装备了更多的美国枪炮,还带坦克么?何以潼关以东的一仗,打得那么坏?何以胡宗南现在还保存着那么多的用美国枪炮武装起来的部队,不开往抗战紧急的前线,而专门用来封锁抗日的陕甘宁边区呢?并且,也不是非有美国的物资援助,便不能打胜仗的。河南战役中,能够守虎牢关,守洛阳而打得较好的,偏偏不是用美国枪炮武装起来的汤恩伯军队,而是没有得到美国枪炮的地方系军队。敌后战场,我们八路军、新四军及一切人民抗日军队,不仅被国民党政府阻挡住,得不到盟邦的物质援助,便连国民党政府自己也从未装备过我们的敌后部队,但我们却偏偏能在敌后存在、发展和胜利。另一方面,史迪威上将指挥的在印缅的中国军队,有了美国的枪炮、坦克的装备,不也是打得较好么?可见,中国人民和军队绝不是不能打胜仗的,而且很英勇很坚韧的打着。这就是我中华民族抗战七年多的伟绩。正面战场之所以连打败仗的缘故,绝不是人民和军队不行,而是国民党政府及其指挥者的错误,自私和无能所造成。所以,我们主张争取外援,但这种外援,必须结合在自力更生的基础之上,才有作用,才有力量。我们也主张盟邦的物资援助加多,但这种物资必须装备那能够打仗,而且打得很好的部队,才能打退敌人,反攻敌人。否则,援助愈多,损失愈大,保存实力的也愈多,最后不仅不能得到抗战的胜利,而且反会增加内战的危险。这点,我们盟邦美国的舆论似已有同一认识。美国报纸日前公开指出,华莱士副总统及纳尔逊、赫尔利之相继来华,是为了要解决这一问题。并且说:"如果给中国人民以粮食和装备,它能够担任像任何其他民族一样好的战斗任务"的。

这种西洋镜,现在不仅在外国戳穿了,而且还在国内招致了不可弥补的失败。河南战役所以失败得如此之快之惨的,就是因为汤恩伯、胡宗南军队专心一意反共、反人民,所以敌人一来,仓惶失措,稍一接触,便溃乱四散。这证明反共反人民与抗战,是绝不能并存的,尤其是暗通敌伪、反共、反盟邦,与抗战更不能并存。远者如去年豫北之战,刘进、陈孝强因为预得蒋鼎文指示,可以通敌打共,等到敌人打来仍想以反共为缓冲,结果庞、孙投敌;陈孝强宁可不受八路军之助去打敌,而甘于公开投入敌垒来反共。近者如今年衡阳之战,守城将领明明知道庞炳勋、孙殿英、陈孝强等虽投敌,不仅未受国民党政府通缉,而且还得到国民党当局支持,盟邦虽不断以空运增援衡阳,但当局仍怪外援不够。等到衡阳不守,何能单单责备方先觉等不能死节,还不是上边早给他们暗示了投降的出路么? 语云:上有好者,下必甚焉。你上边可以暗通敌伪,我下边为什么不可以公开投降? 现在既可以两面投机,将来又可以卷土重来,抗敌有罪,投敌有功,这就是军事失败主义的实质。

在政治方面,国民党当局是死死守着一党专政、个人独裁,绝不容许有多党政治、人民民主的。因此,我们在敌后解放了八十三万七千多方公里的土地、解放了九千万的人口,建立了人民普选出来的地方各级政府,便被称为"奸区"、"伪府",绝不承认。而他们在大后方却只有党治,绝无民选。各级参政会,由县而省而全国都是指定的。各级官吏,由保甲长直到国民政府主席都是党部委派的。而这些指定、委派,又为国民党少数统治集团所包办,党内广大党员及民主领袖是得不到这种权利的。所以,与其称为党治,毋宁称为寡头专制。还有国民党当局是一心一意实行法西斯主义政治,而拒绝实行三民主义的。因此,我们在敌后、在边区,忠实于我们自己的诺言,努力实行革命的三民主义,坚持对敌斗争、三三制、发展生产、减租减息等政策,便被诬为"进行赤化"、"违抗政令"。而他们在大后方,却剥夺人民自由,实行官办自治,钳制舆论,摧残文化,垄断专卖,横征暴敛,纵使特务机关蹂躏人权,纵使官僚资本破坏民业,致造成目前最严重的政治经济危机。甚至革命的三民主义,即在国民党内也不容许宣传;联共、容共主张,更被禁止传播。这种政治,请问不是法西斯主义的政治是什么?

这种错误的失败主义和法西斯主义的政策,如果再不改弦更张,而仍要倒行逆施下去,则种种危机还会继长增高,还会更加严重。我们站在中国人民的立场上,眼看着中华民族解放的事业,在这光明胜利的前途上,横梗着这种种危机,真是忧心如焚,焦急万分。

为挽救目前危机,为配合盟邦作战,并切实准备反攻起见,我们中国共产党人主张由国民政府立即召集全国各方代表,开紧急国事会议,取消一党专政,成立联合政府,改弦更张,以一新天下之耳目。这一主张的具体实施,我们认为应该采取下列步骤:第一,这各方代表应由各抗日党派(国共两党及其他抗日党派)、各抗日军队(分国民党中央军、地方军及中共领导的敌后抗日军三方面)、各地方政府(分大后方各省及敌后解放区民选政府两方面)、各民众团体(分大后方及敌后解放区带全国性的各界人民团体)自己推选,人数应按各方所代表的实际力量比例规定。代表总额,为应时局急需且便于召集起见,可不必太多。第二,这国事会议,国民政府应于最近期间召开,以免延误事机,陷大后方于不可收拾的地步。第三,在这国事会议上,根据孙中山先生革命的三民主义的原则,必须通过切合时要,挽救危机的施政纲领,以彻底改变现在国民党政府所执行的军事、政治、经济、文化等等错误政策。第四,在众所公认的共同施政纲领的基础之上,成立各党派的联合政府,以代替目前的一党专政的政府,吸收全国坚持抗战、民主、团结的各方领导人物,罢免失败主义、法西斯主义的分子,以保证真正民主政治的实现。第五,这一联合政府须有权改组统帅部,延纳各主要军队代表加入统帅部,成立联合统帅部,以保证抗战的胜利。第六,在联合政府(的)成立后,应即重新着手筹备真正人民普选的国民大会,准备于最短期间召开,以保证宪政的实施。只有这样的国事会议和联合政府,才是全国民主的真正起点。只有这样的联合统帅部,才能听命政府,协和盟邦,击退敌人的进攻,配合盟国的反攻。如果仍欲以一党包办,伪造民意,即使由国民党再来一次决议,提前到抗战期中召集所谓国民大会与制定宪法,那仍然是党治,不是民治;仍然是伪宪政,不是真宪政。清朝末年,不也是玩过伪装准备立宪的把戏么！结果何补于当时的危机?！今日如再重复这一教训,自毁事小,误国罪大。又如果不变更一党专政的实质,不变更现在执行的各项错误政策,即使国民党政府肯邀请各方参加,那仍然是请客式的一党政府,决不是各党派的联合政府。"九一八"以后,南京国民党政府不也曾召集过国难会议,不也曾请过党外人士参加政府么？结果何补于当时的投降政策?！又如果统帅部不容许各主要军队的代表参加,不服从众所公认的政纲及各党派联合的政府,而仍然排除异己、制造内战,即使国事会议开了,联合政府成立了,那仍然会成为有职无权的伴食宰相,一筹莫展的傀儡机关。民国初年。熊希龄号称的第一流人才内阁,五四以后,胡适之的好人政府主张,都因军人不能服从政治,军事自外于政府,结果何补于军事独裁?！北伐期中,国民革命军总司令部不受当时国共合作的国民政府的指挥,结果遂造成军事独裁,断送革命。

由此可见,我们所主张的以民主为基础的统一,才是真正的统一、彻底的统一。如果统一于一党专政,统一于军事独裁,那便是假统一。结果别的党派被排除,别的军队被吞并,不服的起来反抗,打败的散之四方,于是祸乱相寻,内战频仍,还有甚么统一可说？民国三十三年的历史,还不够寻味么？

同样,我们所拥护的军令、政令的统一,也必须是有利于抗战的"军令",而不是那些失败主义的"军令";必须是合于革命三民主义的政令,而不是那些法西斯主义的"政令"。抗战七年多,我们深入敌后,在外援断绝的条件之下,既受敌伪的反复"扫荡"和烧杀,又遭国民党军队的封锁和夹击,始终屹然不动,坚持至今。我们不仅没有如国民党当局所料,为敌伪顽三方面的夹击而消灭,而且还能够生存,还能够发展,还能够胜利。难道这是偶然么？不,这决非偶然！这是由于我们所服从所拥护的抗战军令,是民主政令,所反对所违犯的是失败主义的"军令",是法西斯主义的"政令"。只要肯打敌人,能打敌人,并懂得怎样去打敌人,我们是绝不会被消灭,而且会继续胜利的。只要肯依靠人民,属于人民,为着人民,我们是绝对能生存,而且会继续发展的。因此,我们敌后战场才能与正面战场失败的相反,得到连续不断的胜利。

我们看,在最近半年内,截止九月为止,中国正面战场沦陷了十万多方公里的土地,而我们敌后战场却从敌人手中收复了五万方公里的土地。正面战场丢弃了四千多万的人口,而敌后战场却又解放了四百多万的人口,正面战场失掉了一百零二个城市,而敌后战场却又夺回了八个城市。正面战场损失了几十万军队,而敌后战场却又扩大了十万正规军。单单拿这几项来做比较,已经够说明我们敌后抗战部队——八路军、新四军和一切人民抗日的部队是多么有功于国家、民族,而正面战场的国民党军队是多么有负于国家民族了。照道理讲,我们不仅应该要求惩办豫、湘作战失败的那些主要负责将领,而且还应该请求奖励敌后作战有功的八路军、新四军及华南抗日纵队的将领。可是,有功不赏,有罪不罚已成惯例。我们还有什么话可说?可是中国人民是知道应该赏谁,应该罚谁的。并且,依照国民政府最近交给我们的提示案,还要我们取消数十万的抗日部队,取消敌后解放区的一切民选政府,这真是没有道理之至。如果我们接受了这两个取消要求,那就等于帮助了敌人,那才真是"破坏抗战,危害国家"呢!可是,敌后抗日部队、敌后人民政权,就是这样可以命令取消的么?谁也知道,这是绝对不应该、不可能的。

我们看,敌后解放区的胜利究竟有多大?截至本年九月为止,综合华北、华中、华南十五个抗日根据地的报导,敌后各解放区现已拥有被解放的人口达九千万,占沦陷区人口(二万零七百八十万)的百分之四十三。敌后各解放区所收复的国土约八十三万七千余方公里,占敌后总面积(一百二十六万三千余方公里)的百分之六十六。敌后各解放区所夺回的城市,现在已达到二十八个。敌后我抗战兵力,正规军(包括八路军、新四军及华南抗日纵队)已达五十七万,民兵游击队约二百二十万,地方自卫军则有数百万。在这些解放区内,共有民选县政府五百九十一县,专员公署八十五处,民选的边区政府及行署十二处。以上各项,陕甘宁边区均不在内。敌后我军所抗击的敌伪,在一九四四年三月河南战役以前,为日军侵华全数(三十四个半师团,约五十六万人)的百分之六四.五,为伪军全数(约七十八万人)的百分之九十五,合起来则为百分之八十四。在目前,虽由于敌人增加兵力于湘桂、粤汉、平汉三路,向中国正面战场作深入的进攻,但敌后我军仍继续抗击侵华日军(据已明位置的三十三个半师团计算,另有六个师团位置不明未算入)的百分之四十九.五,几近半数,而伪军情况则没有变化,合起来尚为百分之七十六.四。敌后我军经常围困或袭击的十万以上人口的大城市有三十八个,为敌占大城市四十五个的百分之八十五。敌后我军经常逼近活动或进行破坏的铁路线,达九千六百多公里,为敌占铁路线约一万公里的百分之九十六。敌后我军完全控制的海岸线约八百公里,经常有我活动的海岸线约六千五百公里。总起来说,我们敌后人民在这七年多所发展起来的抗日部队五十七万正规军及二百二十万民兵总计起来,几已达到国民党现有部队的相等数目。我们敌后人民,在这七年多所建立起来的五百九十一县地方政权,几已达国民党政府失去的七百二十一县的百分之八十二。以这样有功的抗日部队和广泛的人民政权,它已经是全中国人民的解放旗帜和行动指标。没有这个力量,中国就会灭亡。谁要想"取消"这个力量,谁就抹杀中国人民的抗敌意志,就等于断送了全中国。

国民党政府不仅不承认敌后解放区的数十万正规军、数百万民兵和各级民选政府,并且直到现在,国民党军队还不断在各地封锁、进攻,企图消灭这些敌后抗日部队和民主政府。即在目前正面战场最危急的时候,国民党政府用以包围陕甘宁边区及进攻八路军、新四军的兵力,也还有五十六个师及其他地方团队,人数达七十七万五千之众(华南尚未计入),而进攻侵扰的事件始终未停。因之,内战危机亦依然存在。我们坚决要求全国人民、同盟国家和我们一道有效地制止这种内战危机,要求国民党取消反共、反人民的反动行为,以便将我们全国力量都能用到抗敌的战场上去。

还有敌后我抗日部队,在此七年多奋勇血战,除了抗战初期领了一百二十挺轻机关枪和六门反坦克小炮以外,从未得到国民党政府军事委员会之任何轻重武器的装备,即弹药、被服、粮秣、经费以及各项交通、卫生器材的供给和补充,也在1940年起全部停止了。甚至连英美红十字会捐助的一百零一箱药品,也在三原被军事委员会没收了。因此,我们部队之所以能存在、发展和胜利,完全是依靠于中国广大人民的拥护和自力更生的成功。但为着今天更有效地消耗和牵制敌人的进攻,明日更有力地配合盟国的反攻起见,我们有充分权利要求国民政府以应得的军火和物资,来装备和供给我们部队,我们更有充分权利要求问盟国将援助中国军队的武器、弹药及一切器材和物资，按照抗击敌伪数目的比例，以大部分供给八路军、新四军及敌后一切抗日游击部队。我们英美盟邦应该知道，没有中国敌后抗日部队的参加，不仅在中国战场进行反攻成为不可能，即连目前欲制止敌人的深入进攻也成为不可能。我们可断言，拿敌后我们军民的力量、成绩及其所处的战略地位，如果再加以盟国的装备，我们必能达成更高的战斗任务。

现在当魁北克会议之后，英美盟邦正在加增其注意力于中国战场。在重庆刚开过的国民参政会上，蒋主席曾表示继续用政治方式解决国共问题，而参政会又决定派遣五位参政员来延视察，我们除表示欢迎之外，愿乘此国庆纪念再一次重申我们上面的主张。

我们认为改组政府、改组统帅部，成立各党派联合政府、联合统帅部，废除失败主义的"军令"和法西斯主义的"政令"，是挽救目前危机切合时要的唯一正确方案。

我们继续要求国民政府承认敌后全部抗日部队和各级民选政府，坚决反对取消敌后数十万抗日部队和民选政府。

我党中央六月四日所提出的十二条意见书与委托林祖涵同志口头提出的八条，仍应成为今后国共谈判的根据。

我们继续邀请并欢迎国民政府代表张治中、王世杰两先生来延视察和谈判。我们认为问题可以逐步解决，但必须在不违背抗战、民主、团结的大原则之下来解决。

时机太紧迫了，我们切望国民党当局、全国爱国志士、全国人民奋起急图，扭转时局的关键，抗战幸甚！国家幸甚！

（原载一九四四年十月十二日延安《解放日报》）

4. 延安观察家评国内战局，立即改组政府与统帅部

延安观察家关于国内战局发表评论称：最近中国两个战场的军事情势，尖锐地揭破了国民党当局所谓"军令统一"的实质是什么。在完全由国民党统帅部所指挥的正面战场，自本月二日湘敌进陷常宁后之十二日间，先后失

去湘桂路沿线的祁阳、零陵、东安、新宁、道县、资源、全县七城,湘桂路正面的桂林与侧翼的邵阳,均已岌岌可危。同时期中,广东敌自西江与雷州半岛两路侵陷高明、四会、肇庆、开平、新兴、廉江六城。目前自道县南犯之敌,已窜抵湖南最南部之江华、永明。由西江北犯之敌,则已进陷广西之怀集、信都。两线相距已不满一百二十里。此种日丧一城之可耻失败,即今日所谓"服从军令"之代价。当盟国在海上竭力准备进攻菲律宾与中国海岸,在陆空竭力加强滇缅运输与轰炸日寇占领区及其本土之际,重庆腐败无能的统帅部乃竭力造成自己的危险与盟军的困难,而给予日寇以重要的有利阵地与拖延失败的机会。盖西南战场失败的严重性,首先尚不在丧师失地之巨之速,而在其战略的结果。广西的危急,意味着日寇可能由此而敲昆明甚至重庆之大门。另一方面,日寇所最畏忌的盟国空军,亦因湘桂形势的急速恶化而丧失了重要的阵地,且继续感受国民党恶劣军事指挥的危害。退一步说,敌人即使仅仅打通其横贯中国之交通线,并将中国切为两半,此时反攻日寇所造成的不利,亦即不可胜计。蒋介石在国民参政会上的两次演说,没有一个字道及如何挽救当前的危机,或如何改变造成此危机之统帅部的方针与成分,徒然一再强调其阻碍抗战胜利的所谓军令统一。殊不知所谓军令统一一语,诚如参政员王云五、胡霖两氏所说,"原是不成问题的",成问题的只是用什么军令去统一。如必以今日失败主义的军令来统一全国,则无非欲全国军队均向过去的河南战事与现在的湘桂战事看齐,同归于尽而后甘心。这种亡国心理除了帮助敌人,阻碍胜利与引向失败之外,不能有任何别的东西。

试一返观被国民党诬为"不服从军令"的敌后战场,则情形完全相反。这个战场的人民军队,在八、九两月中,连续获得了重要胜利。山东的八路军,在八月下半月与九月上半月中,连克五城,即旧黄河口的利津、乐陵、临邑,胶东半岛尖端的文登和山东东南部的沂水。山东西南部的郓城战役,解放村镇六百余。山东东南滨海区的反"扫荡"战役,歼灭伪军陈三坎一旅,尤与正面战场的日失一城成一极鲜明的对照。此外,沿海各省亦均有许多胜利,如河北八路军攻克北平城北十六里的高丽营,攻入北平东南的青云店与西南的长辛店,以及沧州、雄县、深泽的县城和易县、徐水的城关;活动于南京、上海、宁波三角地带的新四军、攻克南京西南十六里的六郎桥,长江北岸的石庄、张黄港、新生港,攻入太湖西南岸的长兴及南京长兴间的溧水、溧阳三城与宁波的近郊。广州附近的东江纵队,亦攻入广州市郊的龙眼洞。仅就沂水、文登、郓城、长兴四次胜利统计,解放的国土即达一万四千方里,或约一千五百方里。由于敌后最近的连续胜利,中国解放区的人口总数已由八千六百万增至九千万以上。如果所谓军令,是要抗日,要胜利,则敌后战场实为执行抗战军令的模范。但是若国民党所提议的必须将这种有效抗日力量"取消"五分之四,亦即将收复的失地、解放的人民和俘获的人枪送还敌伪五分之四,才叫做"服从军令",则这种所谓军令也者不过是天皇陛下的走狗们所发的叛卖民族利益的卖国军令,中国人民将起而惩治这些实际上的卖国贼,决不许其逍遥法外。

综视中国两个战场的最近情形,可以清楚看出,正面战场的中心问题是立即召集各党各派各界各军各人民团体各地方抗日力量的紧急国事会议,立即废除国民党的寡头统治,彻底改组国民党政府及统帅部,立即将一切卖国贼,投降派,失败主义者,专制主义与法西斯分子全部驱逐出去,并交付人民惩办,由代表抗战利益与人民意志的人们去掌握政令、军令,才能阻止敌人前进,挽救国家危局。至于敌后战场的中心问题则是加强武装。在这里,完全应该按照共产党抗击敌伪军六分之五,而且天天打胜仗,国民党仅仅抗击敌伪军六分之一,而且天天打败仗这种事实,共产党应得盟国援助品的六分之五以上,国民党最多只能得六分之一。而且不能由国民党分配,因为他已无资格做这些事了。如果政府与统帅部不改组,则六分之一的物资交给国民党亦应考虑,因为国民党应负丧师失地与阻碍同盟国胜利之责,把任何一件武器交给他,适以资敌。

(原载一九四四年九月二十三日延安《解放日报》)

5. 大后方舆论界评国共关系

国共问题自上月十五日在国民参政会由两党代表作公开报告后,大后方重要报纸纷纷评论。九月十九日《云南日报》社论认为要获得真正的团结和统一,"唯一的途径,就是先实行民主。不循民主的路线而谈统一,将永远不能获得统一,不能提高国际地位,不能促进经济发展,也不能增强战时力量。"《华西日报》九月十九日社论说:"抗战若要胜利,必须团结,团结若要坚实扩大,必须民主。""一切问题靠民主解决,一切危机靠民主克服。"该报认为"坚决主张立即实行民主,从根本解决中国当前的重大问题"的,不仅"共产党如此,即使其他各党各派和无党派的公平正直真能代表全国民意的人士,更是如此"。《新中国日报》在同一天社论《以民主宪政解决一切问题》中,认为国共两方所争执的许多问题,只是民主宪政的问题。民主宪政没有实行,才产生了中共问题与夫其他政党合法存在的问题。因此"民主宪政不仅是中共的需要,而且是中共以外其他政党一致的主张"。该社论对"中共的努力与敌周旋,表示钦佩之忱"。

(原载一九四四年十月二十日延安《解放日报》)

6. 各党派各阶层代表一致要求改组政府

九月二十四日,在重庆的各党派各阶层代表五百余人举行了一个会议,在这个会议上,大家一致的呼声是要求改组政府。这个消息曾登载于九月二十五日的《新华日报》及十月一日的重庆《大美晚报》(英文版)。兹特《新华日报》所登全文转载于后。

九月二十四日的下午,在重庆迁川大厦礼堂,挤满了五百位为民主中国而呼号奋斗的战士,这里面有国民党的元老冯玉祥先生、覃振先生、邵力子先生、孔庚先生,有国民党的人士钟天心先生、司徒德先生、王昆仑先生、邓初民先生、屈武先生等人,有各党各派的负责人及社会名流张澜先生、沈钧儒先生、章伯钧先生、李璜先生、左舜生先生、黄炎培先生、董必武同志、张申府先生、刘清扬先生、胡子婴先生等人,还有众多的各界青年男女。这真是集各党派、各阶层的男女老幼于一堂,大家只有一颗热的心——爱国家民族的热心,一个期望——立即实现民主的期望。

会场从二点钟不停休地进行到六点钟,始终在热烈紧张的空气中。闷热的天气,炽热的心情,交融成一片火热。激动的慷慨的演说,如雷的掌声,几乎要把全场都爆裂了。寇深矣!祸急矣!山城的人民已经再也无法忍耐了,再也无法抑制他们一腔为国为民的悲愤了！他们的吼声,将鼓舞全国未死的民心,为民主的实现抗战的胜利,作最大的努力！

大会一开始,主席张澜老先生,就慷慨地说:民国已经三十三年了,我们还是有名无实。这是多年来一党专政的结果,是治日少乱日多,如今弄到政治、军事、经济各部门都陷于十分困难之中,非实行民主来唤起民众,团结官民,修明内政,不足挽救危亡,时间将不等人,我们将来要民主,而目前为了挽救危亡,尤其需要民主！

张老先生同我们重庆人民阔别了三年,三年来在成都为民主运动鼓吹不遗余力,会场中人,今天听到他这番语重心长的话,顿时掀起一阵狂烈的掌声。由于张老先生的高龄,左舜生先生代替他来作大会的主席。

冯玉祥先生在掌声中起立说话,他说:民主就是人民是主人的意思,这一点对军队尤其重要。我们中原之战的失利,就是由于军队得罪了主人所致。他感慨地说:如果对民主有认识,就不应该把壮丁糟蹋为弱丁,糟蹋为病丁,甚至死了。他又说……中国先贤说过:"兵未入舍将未敢入舍,兵炊未熟将不敢食",俗话也有"与士卒同甘苦"的话,我们现在带兵的人,统统没有做到。穿老百姓的,吃老百姓的,还不够,还要想穿洋货,那末,失败也可说是报应了。今天如再没有很新的改革,亡国之痛,就在眼前。

司法院副院长覃振先生走上讲台,很激昂感慨地说:民元约法规定主权属于国民全体,从同盟会到辛亥革命,许多革命志士在国父领导下,流血奋斗,为求得民主的实现。如今民国已三十有三年,还要大家来谈提早实现民主,真令人感慨系之。他更激昂地说:民主不容许人不认识清楚,民主的道理是很简单的,假如还有人不认清民主,就是民主的障碍！挽救危亡,实行民主的具体方法,只有大家人人自己起来担当这实行民主的责任。如果要让别人家来担这责任,那一定行不通。他说:现在打仗第一,而军队一碰即溃,兵源如此成问题,从前尚有壮丁可捆绑,现在连可捆绑的壮丁也没有了,国家闹到如此危险地步,我们看看现在局面,应该如何努力？我们全国人民如果个个都能拿出主人翁的责任感与神精来奋斗,国家决不会弄到如此地步。我不相信中国真会在世界民主潮流中落伍,我们要坚决起来做主人,不做牛马。我

们同志也要想想同盟会时的革命精神！（一时掌声四起）

邵力子先生经主席敦请，他表示冯先生已说了，他不准备说话。左舜生先生即宣布大会进入讨论，希望本着原则的二个题目：如何提早实行民主？提早实行民主的具体办法，请大家自由发言。

李璜先生首先起来说话，他说了成都民主运动的情形，并着重指出实行民主的三个前提条件：第一个是言论自由，他说政府虽有放宽尺度的决定，但是真正言论自由是要做到除军事秘密外一概不受检查。我们不要这尺——（鼓掌）第二是身体自由，他说：现在社会死气沉沉，尤其是青年学生在恐怖笼罩下，恹恹无生气，像这样的国家是不能生存的。政府虽有保障身体自由的法令，可是若不能把一切非法捕人机关和军法裁判机关取消，一切由司法机关来办理，则人民身体自由决不能实现。言论自由若没有身体自由的保障，就要落空。他说他曾看到某地一乡公所拘押一百余老百姓，被虐待至死。所以他大声疾呼，我们不仅要为知识分子谋身体自由，更要为老百姓求身体解放！再说第三个集会结社自由，他说：若言论与身体有自由；则引申下去，集会结社必然要自由，不然则是不要有组织的人民，今天要动员人民，尤其必须要人民有组织的自由！

左舜生先生这时特意补充了几句话，他说：政府颁布的身体保障法令，应该是有政治意义的，不应该只是条文。要说一般条文那在约法中早已有了，何必多此一举。可是今天，非法捕人，秘密审判的事情，还是多得很！（掌声大起！）

刘子周先生接着发言，他说：现在军事危机日深，我们非有彻底改革，亡国的危险就在目前。我们再不能蹈宋人"议论未定兵已渡河"的覆辙。我们老百姓已成长为有能力担当主人翁的责任，要争取在亡国危险之前，实行民主，才能救中国。

孔庚先生说了一大段话，他说民主的潮流不可侮，就是秦始皇、汉高祖、明太祖、清朝皇帝在世，杀人如麻，也不能阻止，中国目前不实行民主，就会亡国！

一个青年起立说话：他大声说我们不服气！今天讲话的老是白发飘萧的

老先生,他们为民主奋斗了三四十年,而今还是他们在提倡,这是我们中年人青年人之耻!他引证王云五先生访英回来所记的英国各党派在公园搭台演讲,批评政府,而没有遭到任何干涉为例,说明要实行民主,首先要有言论自由!

第三党领袖章伯钧先生走上讲台,慷慨陈辞,他说,现在要实行民主,只有靠人民自己起来!他说要提实行民主的具体办法,只有遵行民国十三年国父北上宣言所主张的召开国民会议。中国共产党提出举行国事会议,民主同盟各党派及一切民主人士共同主张召开党派会议,实行联合政权这一条路,这是国内的舆论!国外的舆论则是扩大政府,实行民主,不许任何地方有法西斯存在,我们要为实现三民主义而奋斗,就应该主张召开各党派会议,不要等到亡国以后!中国今天有强有力的共产党,有强有力的民主同盟。只有立即召集国民会议,实行联合政府,才能挽救危机!孔副院长在美说参政会就等于美国国会,而今天参政会的职权,根本谈不到是民意机关。我们今天要自己起来,不能等待政府今天颁布一个条例,明天下一个命令!寇深祸急,我们不能坐待亡国了!(一阵狂烈掌声淹没了他说话的声音。)

又一青年起立发言,他同意了章先生所说的话,主张应有具体办法来争取实现民主。他说我们应该做全国人民的示范,敌人快打到重庆来了,时机紧急了,我们必须组织起来,成立一个促进民主的团体,成立决议,发表宣言,号召人民,为民主和抗战胜利而奋斗。我们应不惜流血牺牲,为抗战的胜利民主的实现而努力!(又是一遍掌声)

又一位青年起立发言,从他的衣着的简单可知是一勤苦的人,发言被感情的激荡所影响,致使听众难以听清其全部内容。他是一个武训的崇拜者,他提出民主的重要,非民主不能救危亡,非民主不能团结,不团结就不能统一。他把民主的重要,一再翻复说明。最后他提出了意见书,向主席呈递,向主席下跪作揖。

董必武同志起立讲话,他为刚才这青年坦直精诚的真情所感动而语不成声。噙住了两眶热泪,他说政府要求人民的,人民都做到了。一千二百万壮丁,三千万石的粮食,种种捐税都承受了。而人民所要求的言论身体集会结社三种自由,都没有得到。不实现这三种自由,不实现民主,中国就要亡国,但是光有这三种自由,今天还不能得救。今天的中国政府的政策机构人事都有毛病,政策是等待胜利的政策,机构是叠床架屋的机构,人事是诚如粮食部长所讲好人不来的人事,要解决,一定要彻底改革。我们向参政会提出的是召开国事会议和联合政权。只有这样,才能全面动员起来,团结全国人民,把日寇打出去!(掌声大起)

黄炎培先生说:今天才真正听到了民意,并提议有意见书面送宪政协进会。又说:我们又如小孩子被关在屋里,邻舍已经说我们不卫生,我们应该自己要求走出房子,到花园去游玩!

一位青年起立说:军事形势空前严重,现在不应该是空谈的时候,公车上书的办法也要考虑,我们人民不会说话,是由于几千年长期专制政治下所产生的结果。难道我们真不知道花园美丽吗?我们一定要争取言论自由,不应再存害怕的心理!

邓初民先生接着说:今天已不是应否需要民主的问题,而是如何实现民主的问题。中山先生说,民主是人民作主,所有权应属人民全体,不应在个人或一个集团手中。今天的问题,是民主由什么人来实行的问题,抓强盗,不能由强盗来抓强盗。要抗战不能由反对抗战的人来领导抗战。要实行民主,必须要由赞成民主的人来实行民主,决非反对民主的人能实行民主。(掌声)我很为现状忧虑。今天人事机构不改变,则决不能实行民主。要实行民主的办法,蒋主席的提早实施宪政来还政于民是一个方案,林祖涵先生所提开国事会议也是一个方案,左舜生先生主张各党派联合政权也是一个方案。章伯钧先生开国民会议的主张也是一个方案。兄弟是国民党员,站在本党立场,我主张实行总理遗教召开国民会议,这是总理遗嘱中所说的。总理的主张,也是召开各党派各团体的代表会议。要对得起总理,立即召开国民会议。我本人也有点怕,不想讲话。但民主不是怕能得到的,今天不召开国民会议,就不能实行民主,不民主就不能胜利!(掌声)

沈钧儒先生说:国内外形势,盟邦天天胜利,我们节节失败,真令人着急。大家所讲联合政权,国民会议,其实都很平常,容易做的。问题在政府能否接受,如何实行。政府如要表示对民主的诚意,只要五分钟就可以使言论自由,承认各党派地位,及释放政治犯三点。他特别提到张学良先生为何不释放?杜重远先生生死不明,以及其他政治犯很多都应立即释放。同时提议组织效昆明成都先例,成立重庆民主促进会,并提议以今天发起人及钟天心、司徒德、王昆仑、屈武等先生为筹备人,会场中一致鼓掌赞成。

刘清扬主张组织起来,也赞成开国民会议,以争取民主。随后刘子周、胡子婴等人相继发言,此刻已到六时,也不允许延长下去,主席宣告散会。散会以前,正当阳光从乌云的包围中照射到会场上,散着万条金光,这象征着光明是有望的。

（原载一九四四年十月十七日延安《解放日报》）

二、美国介入国共谈判,
赫尔利就组成"联合政府"问题从中斡旋

1. 美国驻华大使高斯致赫尔国务卿

昨天晚上,蒋介石主席请我去。他把共产党问题谈了一个半钟头,说是华盛顿不了解这个问题,我的责任应该使他了解。下述各节,是蒋氏除了照例谴责共产党不守信用和叛国之外,不断地强调和重复的许多要点:

在世界问题方面,中国的处境是跟着我们走,而我们建议中国应该改善对苏联的关系,这并不是不友谊的。在中共这一内政问题上,中国应该获得美国政府的全部支持和同情。我们的态度可在中国产生关系非常重大的后果。在促使中国和共产党解决纷争时,我国政府的态度无非只能加强共产党的顽固。要中国满足共产党的要求,就等于要中国无条件地投降给一个众所周知的、在外国(苏联)影响下的政党。自从我们的观察组到达延安之后,共产党越来越傲慢,并且拒绝了继续谈判。美国应该叫共产党和中国政府平息纷争,并服从中国政府。

这一点,我们的观察组以及我们的大使馆在接触中共代表的时候都可以做的。此外,观察组可以判断中共军队的实力。我们不应该强调需要中共的部队来打败日本。中共是在一个外国的影响之下;不论该外国也好,中共也好,都不敢驳斥这一点,因为那样做的话,就等于在全中国人民的面前责骂中共。共产党的扩张野心,引使(蒋氏)调派军队以阻止此种扩张;证明一切共产党人都不能信任。不仅如此,蒋介石说共产党合作的问题不能靠引荐一个外国军官指挥中国军队来解决。蒋说,华盛顿有些人似乎相信要他们服从,只是下军事命令的问题,又说,虽然他曾经命令中共攻击日军,可是他们从来没有服从过。

由于我曾得到保证,我可以公开而坦白地谈话,因此我就强调说,美国政府对于中共的事业并无兴趣;然而,我们乐于见到中国内部问题及时解决,这问题表现在中国的武装部队彼此对峙着,而并不面对日本,对日作战,而在战争中的目前危急时期,这是具有特殊重要性的。我对蒋说,我们的观察以及华盛顿得到的报告,都显示国民党和共产党之间的谈判确实破裂是在我们组织陆军观察组去延安之前,我说观察组在延安只是为了军事谍报,我说该组并无政治任务,所称傲慢拒绝继续谈判的原因,不能归于观察组的存在。

(蒋)问我是否认为中国人民赞成共产党,我答我并不认为如此。虽然,我说在目前时期,据说共产党并不实行或宣传共产主义,反而追随并支持国民党的改善大众处境和民主的主义。我的话是这样说的:假如我可以坦白地说,有许多人认为当权的国民党在最近的几年来并没有把他们的主义放在心中的主要地位,其结果,使得大使馆从军界以及其他各界中有时听到一些不乐意的话。蒋委员长说,只有共产党阻碍并拒绝他的政府。如果别的地方存在着不满的报告或论调,这不过是共产党的阴谋,他们利用无智之徒来散布这一类的宣传。

我表示了全部同情蒋介石所遭遇的解决共产党问题时艰难的任务,我说,我们并没有建议中国应该屈服于共产党的要求之下。美国政府所关心的,仅仅在于使中国能泯除存在的危急情况,并使中国能够统一,我们希望中国人自己之间在这个局面下能获得和平的解决方法。

由于获得了坦白说话的允许,我继续以个人的观察为话题,说虽然蒋介石认为共产党不能信任,我们在很长的时间内同样地从共产党听到他们的怨诉,说是不可能信任国民党政府。我认为应该努力消除这种相互之间的不信任。据我个人的看法,可以采取一些步骤来获得解决,通过这些步骤,结果使其他党派中有资格的代表们来参加并分担政府的责任。当然,我是知悉国民党的意思的,国民党认为目前只能是一党政府。我乐于看到这个困难能够克服,但即使不可能在广泛的基础上克服这个困难,不可能给小党派参加政府,那末,也可以求得一个有限度的解决方法,使若干特殊的集团或政党中干练的代表参加政府。应该把这些个人请来,参加某种形式的责任的军事委员会,策划并执行计划,以应付中国目前所面对的严重的战争危机。通过这样的分担责任,也许可能产生一种情况,可以克服现存的批评和猜忌,可以产生一种倾向,使大家共同为中国的统一而努力。关于这一节,蒋介石说,这个建议至少是值得研究的。

这次谈话中整个的空气是友好的。蒋介石说话占了大部分的时间,谈话结束时,蒋重复了他在上文开头时所引的论点。

高 斯

一九四四年八月三十一日于重庆

(选自《中美关系资料汇编》第一辑)

2. 赫尔国务卿致美国驻华大使高斯

一、你的来电已经总统和我详细考虑,我们同意你的意见,即目前应就中国的政府的以及有关军事情况的各项事项,与蒋介石作坦白、友善和积极的商洽。

二、蒋委员长建议应令中共来和政府解决分歧意见,我们已予注意。蒋介石前曾向副总统作类似的建议,而你前电所述的蒋的一般论点,与他向华莱士副总统所说的非常相像。从非共产党影响所及地区的意见分歧的发展来看，从蒋自己所声称的希望和共产党妥协等等来看，这是表示了蒋的思想，令人失望地绝无进展。

三、除非你觉得这种办法不适用，否则建议由你向蒋说明，若是他肯安排一次会晤，你准备就你和华莱士副总统与蒋会谈中的各点与共产党的代表，就相同的一般性的各点在重庆会谈；说明你将向共产党代表指出，中国亟需团结以继续抗战并为和平而作准备。为达成这样的团结，友善与容忍以及互相让步精神是重要的；说明目前具有各种政治思想的中国人应为打败日本而合作，并且说明只要牢记着胜利是主要目标，分歧的意见便可以解决了。你可以向蒋说明，以上所述是总统和我的意见。你可以附带说明，你所报告的你给蒋介石陈说的各项意见，我们予以同意。再者，请向蒋说明在华北的观察组是负有一个军事上任务的，我们认为如果用以达成他所建议的那种目的，是不适当的。

四、再者，我们同意你利用与蒋谈话的机会，提出你，一如来书所称，对于联合委员会的理想。请向蒋说明，总统与我觉得你的建议既合时宜又切实际，并值得予以审慎的考虑。我们不是单单关切与中共的不协调，而且也关切着报导所称中国其他地区非共产党中国人士的不满和与正统意见不合的异论。我们不是关心中共或其他意见不合分子的本身，而是为了联合国，我们自己，同时也为了中国，热望在一个坚强而能容忍的代表性政府的领导下，中国人民能发展并运用他们精神和物资的富源，去进行抗战和建立持久的民主和平，并且，为达到目的，派别的分歧意见可以而且应该消除而发展成为理性上之合作与联合。照我们的信念，达到这目的最有效的机构，是一个在蒋介石领导之下，握有完全的权力的代表中国一切有力分子的委员会或其他组织。当然，我们认识到蒋可能还心存着为达到同一目的的同样或更有效的办法。

再者，你可以随意应用从我们这里取得而写入你的电文中的各个有力论点，和艾其森在八月九日与孙科谈话中所充分表明了的看法。

请将此事通知赫尔利将军、史迪威将军和纳尔逊先生。你可以邀请他们中的一位或数位和你一同去见蒋,若是你觉得这样有用的话。

赫　尔

一九四四年九月九日于华盛顿

(选自《中美关系资料汇编》第一辑)

3. 美国驻华大使高斯致赫尔国务卿和罗斯福总统

一、按照你九月九日下午的 1196 号电报,我在艾其森的陪同下,如约访问了委员长,并进行了大约一个半小时的谈话。他的态度自始至终都是愉快的,而且他显然力求表现出可以接受建议和评论,并且是准备好的、理论的和现实的都可以。但是,我没有感到他对共产党问题的态度有什么基本的变化,或者说他已经认识到,利用他多年来采取的顽固对抗之外的方式,对于中国统一是更实际并更有希望的。有理由认为,根据他的经验和所受教育的背景,他还没有任何真正的关于声望和利用民主的概念。

关于我与共产党代表林祖涵的会谈,最初他利用谈话作为一个讨价的跳板,我向林表明,首先的一个基本点是,共产党必须服从在委员长之下统一军队指挥权和国民政府的控制权的原则。我说,在我当然不会在国共之间斡旋之时,我可以适当地向林表达美国政府的一般看法,即为了共同从日本人手中解放中国和为了中国的未来,全心全意地与国民党团结以实现中国统一是必要的。委员长后来提出一个问题,如果建议与林的会谈实现了,共产党人是否能够不为了他们的目的予以公布,或许暗示美国赞成或支持他们、或者至少是正在他们和国民政府之间斡旋。我说,事情当然取决于委员长,我只是在委员长希望的情况下与林会谈,并且会等待他就此事的进一步谈话。

二、关于联合军事委员会或类似安排的问题,蒋说,他正在考虑达到那一结果的步骤,而且立刻与现在这一届国民参政会交换(看法)。基于我提及国民参政会只是一个咨询机构,他说他设想,我们的建议不是打算改变政府机构,不应在这时尝试做某些事。我答复说,作为一个愿望,我寻求的是小党派的人进入政府;在面临危机的时刻,一个国家的政府能顺利恢复。但是,我的建议并不是立刻改组政府,而是相当于建立起一个战时内阁,使其他党派或组织的行政及军事领导人参加进来,面对目前形势中的问题,并承担起责任。我希望通过这一形式,国民党和共产党人之间现在已如此明显的猜疑能够被逐步驱散,并使中国的统一在适当的过程中会继续有一个令人满意的基础。但是,在我看来,战时内阁既有权威,也负有责任,责任是吸引有建设性的分子到内阁中来面对危机。蒋再次说,他正在"考虑步骤",并希望国民党外其他党派的代表参加政府的"时间会到来"。

三、可否指望桂林的较快陷落会导致所谓的东南联合抵抗运动的具体化,还不知道。同时我从蒋的评论中得到的印象是,他实际上没有(采取)任何步骤,使地方军队和青年分子加入到战线中,除非作为附属他的力量,无条件地服从他的命令。根据我们多方面的消息来源,我们还没有关于尝试或完成有建设性的事情的报告,只是李济深在东南的组织据报已经被说服,为了中国作为一个整体的利益,在这时不要与政府公开破裂。由于日本人的攻势的进展,他们能向东发展,他们在被隔断的地区,仅仅建立起一个没有公开的自治组织。

已经将你的1196号电报通知了赫尔利和纳尔逊。史迪威不在重庆。

高　斯

一九四四年九月十六日于重庆

(牛军译自《美国对外关系》)

4.赫尔利致罗斯福总统

第一部分

今天我将前往共产党军队控制的地区。我是应邀前去与所谓共产党的政治领导人和共产党军队的领导人交换意见的。这是一次短期的和初步的调查,目的在于寻求国民政府和共产党之间达成协议的基础,以便统一中国的军事力量。会谈是机密可靠的。我的这一作法经过委员长和魏德迈的同意和批准,并得到他们的积极协助。

第二部分

委员长的长子蒋经国曾去俄国留学,会讲俄语,在俄国军队服过兵役。

他娶了一位俄国妻子,现在他们生活在一起,并有一子。他回中国前是一名托洛茨基派共产主义者。在重庆的俄国新闻机构向蒋经国将军建议,为蒋介石和斯大林安排一次会谈。您应记得,莫洛托夫曾告诉哈里曼、纳尔逊和我,俄国希望和中国建立更密切的关系。莫洛托夫说,已经给了中国与俄国改善关系的机会,但中国没有采取任何步骤改善与俄国的关系。委员长现在希望与俄国建立密切的关系,他坦率地说,他还不清楚俄国新闻机构是否有权建议召开那种会议。但是,他说将与我保持密切联系。所以,如果在这方面有任何进展,我将通知您。委员长打算先派外交部长宋子文作为他的私人代表去俄国。宋现在正和我一起忙于解决共产党军队的问题。委员长可能让他儿子作为私人代表去俄国,但还没有就这一问题作出决定。委员长表示,他希望您能充分理解他为改善与俄国的关系所采取的每一行动。他表示希望与您充分合作。如果您愿意的话,他将在中俄关系的发展问题上,与您在俄国的大使保持联系。我认为,当哈里曼大使正在华盛顿之际,向您作此报告是适宜的。哈里曼和我曾充分讨论过俄中关系,我们互相理解。我认为,通过我们的共同努力,定能实现您所寻求的关于中俄关系的政策。

一九四四年十一月七日于重庆

(牛军译自《美国对外关系》)

5. 美国总统特使赫尔利与毛泽东会谈记录

1) 一九四四年十一月八日,上午

一九四四年十一月八日上午十时半至十一时二十分,毛泽东主席与美国总统特使赫尔利,在延安举行会谈。中共方面参加会谈的有周恩来、朱德、余先生(翻译)、陈家康(记录);美国方面参加会谈的有包瑞德上校、吴汉民(翻译)。下面是会谈记录。

赫尔利:今天所谈的一切,请不要公布。

我受罗斯福总统的委托作为他的私人代表,来讨论关于中国的事情。我这次来此,还得到蒋委员长的同意和批准。我希望大家理解:美国不愿意干预中国的内部政治,美国相信民主,中国亦相信民主,我们有共同敌人,我们

讨论的问题是如何共同合作,击败敌人与支持民主。

我愿使毛主席和朱将军了解我个人的态度,我是民主主义的信徒,我将鼓励中国民主进程的发展,我的使命是试图帮助统一中国一切军事力量,与美国合作击败日本。

我曾与蒋委员长详谈。他对我说希望与共产党得到谅解,承认共产党作为一个政党的合法地位。再次,他将考虑吸收共产党员参加军事委员会的问题。他承认有必要在公平基础上成立统一机构,在这种机构里,共产党军队将获得和其他军队同样的待遇。

以上所说虽不是我们将要谈的全部,但这是一个简略的提纲,蒋委员长认为这个提纲是可以同意的。我愿意请毛主席、朱总司令考虑以这个提纲作为谈判的基础,并请建议增改或不同意的地方。我们曾与蒋委员长尽力工作,以便得到一个方案,使美国能忠实地和双方商谈。

毛泽东:赫尔利少将在刚才所说的建议究竟是谁的想法?

赫尔利:我们原来的草案有十五页至二十页。我把它压缩成为五点,我相信这五点可以作为谈判的适当基础,中国政府方面是同意的。但这五点并不是一个"同意或拒绝"的文件,而是试验性的方案,是坦率及开诚布公的谈话的基础。

(包瑞德上校说明,毛主席的意思是要知道赫尔利将军所说的是他自己意见,还是蒋的意见。)

赫尔利:原来是我的意见,后来蒋委员长作了若干修改。主要是我的想法,但是我们一起制订的,我尽力提出民主自由,希望中国多党政治的意见。

我的全部意见与目标,就是团结全国一切力量,打败日本,阻止内战流血,巩固中国作为一个强国的地位。如果我们美国能在这方面增加些力量并收到效果,我们会感到高兴。

罗斯福总统切盼中国在四强中获得地位。但内部分裂和内战的中国是无法获得这一地位的。我们对中国共产党和国民党商谈,不把它们当作一般的政党,而把它们当作爱国的政党。我们不希望控制中国,我们只希望中国自由团结。我们亦不愿指导中国应采用何种主义和经济政策,中国可以按照自己的意志选择。我们愿意中国经过民主程序与人民意志来决定政策,而不是经过流血内战。

我曾经以为蒋委员长是激烈反对中国共产党的。但在谈话中,我发现他是真正希望中国的统一自由与人民福利,他相信中国共产党也是为此而奋斗的。他给我的印象是:他是一个爱国的中国人。他甚至表示愿与毛主席见面,使全世界全中国都知道双方都是为了中国统一和人民幸福,双方都希望阻止内战的发生。当我知道蒋委员长毕生是为中国统一与人民福利的时候,我感到高兴,我相信毛主席的主张也是如此。如果蒋委员长与毛主席能在一起获得一项真实永久的协定的基础,那我们都会非常高兴。

毛泽东:感谢你到中国来,帮助中国团结抗日,团结一切力量,快快打倒日寇,重建民主、自由的中国。这是我们的共同意志。

2)一九四四年十一月八日,下午

毛泽东:我们欢迎赫尔利将军到延安,并感谢赫尔利将军帮助中国团结抗战的热忱。中国的事情很难办,这一点在中国多年来和来延已有一些时候的包上校知道得很清楚,还有许多美国朋友也都知道。中国有丰富的人力物力,我们所需要就是团结。但为了团结我们需要民主。换句话说,我们需要在民主基础上团结全国抗日力量。现在全世界反法西斯战争都打得很好,唯有中国正面战场打得不像样子,这是因为中国缺乏民主。现在赫尔利将军代表罗斯福总统来帮助中国的统一事业,促进中国民主团结,我们由衷欢迎。

赫尔利:谢谢!

毛泽东:特别是目前,日寇向中国西南进攻,美军打到菲律宾时需要中国努力配合,但国民党当局所负责的正面战场却天天打败仗。中国人民和盟国朋友都非常着急。希望经过赫尔利将军的努力援助,中国局势能有一个转机,就是从破坏团结、破坏战斗力、破坏民主和盟国关系搞不好的方向,转变到加强团结、加强战斗力、加强民主、和盟国关系搞好的方向。经过赫尔利将军帮忙,能做到这一点,这是全中国人民都会感谢的。今天上午赫尔利将军说要自由的、公开的、坦白的根据他的建议谈话,现在我就按照你所提的方法来谈一谈。

赫尔利：很好。

毛泽东：直到目前国民党还是一个大政党，拥有庞大的军队，这个军队在抗战头两年战斗得比较好，现在总算也还在打日本，国民党当局还没有最终破坏民族团结，这是蒋介石先生新领导的党和政府好的一方面。因此我们一向愿与蒋先生合作打日本，我们从未放弃这一条。

赫尔利：好极了！

毛泽东：但是还应当看到中国存在困难的另一方面，我们的缺点与严重危机。如果不看到这方面，就不能解决问题。

现在中国政府的政策是不利于全中国人民的团结，是妨碍全国人民起来打日本的。我们希望中国政府的政策有一个转变。

现在中国分为三个区域：敌占区，中国共产党人与非党人士所领导的解放区，国民党直接统治的区域。

对于敌占区，国民党当局是不管的；不打算在这个地区内像法国人那样执行抗敌入侵活动和配合同盟军登陆作战。

至于解放区，国民党当局则是拼命妨碍、限制、缩小、消灭。但是解放区还是天天生长。你看解放区这样广大，您就可以理解这就是八年来广大人民艰苦战斗的结果。他们前面要打日本，同时后面又有国民党破坏，他们是处于被前后夹击的非常困难的环境中。关于国民党如何对解放区施行包围、进攻、派遣特务捣鬼等等，可以说是千方百计，一言难尽。

在国民党直接统治的区域，目前存在着严重危机，尤以军事危机为甚。自今年四月初起，在日寇进攻前面，国民党军队已由二、三百万减至一百九十五万。大部分国民党军队是打不得仗，一触即溃的，它们不可能执行重要的战斗任务。在大后方，民不聊生、土匪横行，人民对政府的信任，从未有像今天那样低，各界人民包括大学教授、学生、小党派人士以及国民党员，都对当局不满和怨恨。

以上就是中国三个地区的概况，希望盟国朋友能了解真相。现在日寇进攻中国西南，美军打到菲律宾急需中国配合，我们怎样能很快解决问题，来团结全中国一切力量，配合盟国迅速打败日本，建立自由民主的中国？上午赫尔利将军说:美国要加点力量,来帮助解决这一问题,我们中国人民对此非常高兴。

关于如何解决,赫尔利将军今天上午提出的五点建议,希望作为形成协定的基础。我们感到需要讨论一些与这个基础有关的问题。至于具体条款,我还不准备提出。

大多数中国人民,包括我们共产党人在内,首先希望国民政府的政策和组织迅速来一个改变,不可能达成什么协定。没有这一结果,协议没有稳固的基础。因此必须改组现在的国民政府,以便建立包含一切抗日党派和无党无派人士的联合国民政府。同时,现在政府的不适合于团结全中国人民打日本的老政策,必须有所改变,以适合于团结全中国人民打日本的政策。

改组政府,最重要和最必要,它是挽救国民党直接统治的区域的军事、政治、财政、经济各方面的严重危机的首要问题。解放区尽管面对困难,但没有危机。如果不改组国民政府,就无法振作大后方军队的士气,就无法挽救国民党统治区域的严重危机,虽有大量坦克、飞机等新式武器,也是无济于事的。国民党统治的各种机构,腐化达于极巅;改组政府,首先是为挽救国民党统治区域的危机。如果国民党自以为大权在握,不肯改变,它自己的危机便会无法挽救。

关于"政府民主程序"的问题,我党认为似乎首先应当改组国民政府,成立联合政府,改变政策。可是蒋先生历次所表示的,却是想拖,拖到战争结束一年以后,才来办这件事;有人向他提出改组政府和成立联合政府,他便一巴掌打回去。如果按蒋先生的办法,只有把危机拖长和扩大,使国民政府有崩溃之危险。对于这一危险,不只我们共产党人,就是外国朋友,如许多外国记者,都是感觉到的。如果蒋先生坚持拖延到战后解决危机,并违背建议改组政府的人民,危机将会拖延和扩大,政府会面临崩溃的危险。

因此,国民党统治区域的危机来源,在于国民党的错误政策与腐败机构,中国共产党不是存在危机的根源。没有共产党和解放区,国民党当局很久以前就被日本摧毁了。

现在看一看我们共产党人如何工作。

在沦陷区,我们组织地下军,准备配合盟军作战。

在解放区,我们进行公开工作,组织人民,实行民主,坚持抗战。我们从不妨碍国民党,而国民党却来妨碍我们抗日民主活动,在一百九十五万国民党大军里面,有七十七万五千被用来包围我们,其中有一部分在进攻我们。在这种情况之下,我们还是用一切力量对日作战。

在国民党区域,当局见到共产党人,非捉即杀。从一九三九年起,我们在那里的党便被迫成为地下党。只有在重庆办事处和《新华日报》少数共产党人还被允许公开工作,在西安也只有少数共产党人可以公开活动;在大后方其他各地,我们的党都被迫在地下工作。虽然如此,我们一不罢工,二不罢市,三不罢课,我们还是拥护国民政府打日本。

因此,我愿重说一遍:国民党统治区的危机来源,在于国民党的错误政策与腐败机构,而不在于共产党的存在。我们在敌后战斗的六十三万军队和九千万人民,拖住了日寇的牛尾巴,这样保护了大后方;假若没有这个力量拖住日寇的牛尾巴,国民党早被日寇打垮了。今年六月间国民党当局提出了一个方案,要取消百分之八十的八路军、新四军,还要取消解放区的民选政府。如果八路军、新四军和解放区政府被解散,就没有人拖住日寇的牛尾巴。所以我们说那样的建议只会有害他国民党自己。

上午赫尔利将军所提的要点中,有一条要整编我们的军队,在整编后我们的军官和战士,将获得和国民党军队一样的待遇。这一条主要的恐怕是蒋先生自己写的。我以为应当改组的是丧失战斗力,不听命令,腐败不堪,一打就散的军队,如汤恩伯、胡宗南的军队,而不是英勇善战的八路军、新四军。现在美军观察组参观边区、晋西北、晋察冀等抗日根据地。我们在敌后有几十个根据地,最大的有十七个。我们愿意你们组织几百个人的观察组,到各根据地去看看来做出结论,应当整编的究竟是哪一种军队。中国人民的公意是:那个军队腐败,就应该整编那个。关于薪饷待遇,国民党军队的士兵饥寒交迫,走路都走不动,士兵月薪五十元,只够买一包纸烟。我们的军队,吃得饱,穿得暖,走起路来蛮有劲,现在要我们拿和国民党军队一样的薪俸,那不是要我们军队也和他们一样吃不饱、穿不暖,走路都没有力吗? 这如何使得呢?

我们已谈了很多。对赫尔利将军为了帮助中国不辞劳苦,长途跋涉的热忱,我们在延安的人们深表感谢。中国三个区域的实况,我们感到有必要告诉你我们所说的真实情况。

在不破坏解放区抗战力量及不妨碍民主的基础上,我们愿意和蒋介石先生取得妥协。即使问题解决得少一些,慢一些,也可以,我们并不要求一下解决所有的问题。但是要破坏解放区抗战力量和妨碍民主,那是不行的。

长期以来,我一直愿意和蒋介石先生见面,过去有困难,没有机会。今天有赫尔利将军帮助,在适当时机,我愿意和蒋介石见面,以便达到协议。

赫尔利将军,那好极了!毛主席讲完了没有?

毛泽东:讲完了。

赫尔利:我很高兴听到毛主席的话并很重视,那是一个有远见的步骤。如果我们能让两位会见,我们可能会解决许多困难。那会是一个伟人的会晤。

我了解蒋介石的军队经过了七、八年战争重压,被隔绝起来无法得到共产党军队所能得到的资源。

(当时与会者所谓"资源",是否指外来的。赫尔利答:"不是!"并指我们身上所穿的土制呢衣,说:"国民党就无法获得这样好的材料。")

赫尔利:为国民政府辩护,非我所愿之事。但是我想说一说,过去一年国民政府的军队在北缅和萨尔温江地区赢得了非常杰出的战役,打下密芝那,使雷多公路不久可以开放。由于打赢这些战役需要物资,削弱了其他地区国民政府军队的力量。

这些责备中国士兵的言论,是那些希望中国继续分裂的人们所散布的。我感到毛主席所说的,和我们的敌人所说的,有相同之点。

任何一个中国人,都应比我这局外人更渴望实现统一和平,强盛的中国。因此,我想我们应当设法使中国的领袖们在一起冷静地商讨目前的局势,寻求中国各种力量是否可能团结。但是今天如果已经没有团结中国各种力量之可能,那么我们的努力就会徒劳无功。在我再去和蒋谈话之前,我愿毛主席说明他希望国民政府做些什么。如果局势是已经无望的话,那我何必枉费心力。在上午,我还没有了解感情上存在着这样深刻的鸿沟,和你们这样强硬的对抗。

赫尔利:蒋介石已同意整编军队,已同意改组他的政府。他并说他希望共产党帮助他实行孙中山的三民主义,使民主程序的发展成为可能。

如果中国要统一,避免内部冲突,那么中国领袖们就有必要找出双方都能同意的基础。如果要我这样一个局外人来做解决协定的一切工作,那未免要求过多了。我正尽最大的努力,但我们应有中国领袖的合作,如果我们真希望它实现的话。

我曾与蒋长时间谈话,要他合理地采取有助于全中国利益的行动。我现在要求毛主席也合理一些,要毛主席给我一个声明,他究竟可以做些什么,以便与蒋合作。

毛泽东:这个可以办。

赫尔利:我希望毛主席合理一些,刚才毛主席说话,有重复敌人所说的地方,这是不公平的。蒋苦战八年。他周围的贪污腐化分子利用了他。毛主席应当帮助蒋肃清这些分子。

毛泽东:你承认那里有贪污腐化分子?

赫尔利:是的。

毛泽东:赫尔利将军不应说我表达的看法是中国的敌人的看法。我所重复的是罗斯福总统和丘吉尔首相的话,是孙夫人和孙科先生的话。我想重复这些人的话是可以的吧!说我重复敌人——日本人的话,那是不合事实的。

赫尔利:我的意思不是说日本人,而是说那些希望中国继续分裂的人。

毛泽东:赫尔利将军说这些希望中国团结的人,也谈到中国的缺点和中国缺乏民主。正因为不团结,我们才谈团结,正因为不民主,我们才谈民主。如果中国已经团结,已经民主,那末又何用我们来谈他们呢?

有两类人说中国不团结不民主的。一种人希望中国继续分裂。还有一种人希望中国团结民主,他们批评中国的缺点,但希望使中国团结民主。我的话决不反映前一种人,而是反映后一种人的意见。就是反映希望中国团结民主的人们的意见。

赫尔利:现在我们有一致的意见了! 刚才我不同意的是毛主席还在重复的反对中国的人的意见。

毛泽东:我们必须承认事实,中国缺乏两件事:团结和民主。

赫尔利:同意。

毛泽东:中国必须团结,必须民主。

赫尔利:在几分钟以前,我曾误解毛主席的意思。现在我了解了! 你是要团结民主的。如果毛主席和我一起工作,我们可以使蒋介石和你们一起工作,我们就可促成中国团结,发展民主,肃清贪污,为此,我们必须在一起合作。毛主席同意不同意?

毛泽东:同意。

赫尔利:关于贪污问题,我承认不大熟悉情况。据我大略地观察,我感到没有大量的物质足供大量贪污的消耗。中国政府内虽有贪污,但直至现在,在租借方面,还没有贪污的事情。

现在我很高兴,我理解了毛主席的意思。刚才我曾误解了他。

现在我们应做的,就是设法找寻毛蒋可以会面的基础。他们两个知道中国情形,当然非我局外人能比,以他们的智慧和他们掌握的材料,他们可能达成协议。我现在再问毛主席,是否可以给我一个声明,就类似今天上午我提出的那个一样。

毛泽东:赫尔利将军所提的"为着协定的基础"有几条可以被充分接受。

赫尔利:我请毛主席对此文件加以修改或增加。

毛泽东:那就谈那五要点吧。

赫尔利:好。

毛泽东:第三条最好放到第二条前面,我们完全赞成这一条前一句,后一条要修改一下,促进"进步和民主"就行,不要"程序"等字眼。

赫尔利:好。

毛泽东:现在可以谈原文第二条,即更动后第三条。

周恩来:我们有修改的意见,也有增加的意见。

　　毛泽东:应在"命令"之前,增加"一切有利于抗战,有利于团结,有利于民主的。"

　　赫尔利:我认为关于国民政府与军事委员会,应以毛主席参加为前提。如果有你参加,是否需要增加这些话?

　　毛泽东:需要。

　　赫尔利:这些话是否限制了政府的权力? 它是否有这样的意思,你们有权利表示那种命令你们可以服从,那种命令你们不能服从?

　　毛泽东:是的。这是因为国民政府和军委会的有些命令,如皖南事变解散新四军的命令,我的确无法服从。

　　赫尔利:如果你也在政府里面,难道你愿意限制自己吗?

　　毛泽东:如果我也在其中,我愿自己限制自己。

　　赫尔利:这好像是用政党来限制政府。这样的政府,还不是具有最高权力,过去的弱点还是存在。

　　毛泽东:那么把改组政府放在前面,如何?

　　包瑞德:毛主席的意思,问题在于政府的好坏,好政府的命令应当服从,坏政府的命令则不然。

　　赫尔利:毛主席,我并不怪你不信任曾经欺骗过你们的政府。

　　如果毛主席参加了政府,这个政府便必须有最高权力,便必须是正当的政府。

　　关于改组政府问题,现在请毛主席写一条,修改后作为第三条如何?

　　毛泽东:好。将现在的国民政府改组为由各抗日党派及无党无派人士参加的联合国民政府,并宣布和实行关于改组军事、政治、经济、文化各方面的新民主主义政策。同时改组统帅部,成为联合统帅部,由各抗日军队代表参加。

　　赫尔利:可以加这一条,我们应尽可能公正,以期取得国民政府同意。

　　毛泽东:修改后的第二条,还要加各种自由的规定才好。

　　赫尔利:同意。

　　周恩来:言论自由,出版自由,集会结社自由,信仰自由,居住自由,人身自由。

赫尔利:再加思想自由,向政府请愿要求平反冤屈之自由。

毛泽东:同意。

赫尔利:我不大明白什么叫做居住自由?

周恩来:譬如我在重庆的时候,我要回延安,国民党当局不许我回来。

赫尔利:现在让我们谈第四条吧!

毛泽东:可以把原第二条和第四条合并成为新的第四条,因为都是关于军队的问题。"一个政府和一个军队"这句话可以不要。应加上这样的条文:共产党的军队解放区的民兵,在抗战时期,为有效的对日作战,应维持现状,并帮助其必需品。在战争结束后,按照国防需要,重新规定其编制。关于盟国援助物资,应按照抗战成绩的比例加以分配。

赫尔利:有了联合政府,一切军队就要国家化,不要特别化,这条文如果放进去,反而妨碍前面几条的效力。

毛泽东:这一条可以。但是事实上国民党方面是要提的,不久以前,它不是说要解散我们五分之四的军队吗? 我看先编十几个师,其他让其存在,在敌后继续对日作战,这也可以。

赫尔利:若蒋同意改组,一切要放在联合政府之下。

周恩来:既要服从政府的命令,那末就得被政府承认才好。

赫尔利:国民党军队亦应在内。

毛泽东:一切抗日军队皆应服从联合政府的命令,并应为联合政府所承认,这样好不好?

赫尔利:同意,请毛主席写成一条。

毛泽东:一切抗日军队应遵守和执行联合国民政府及其联合军事委员会之命令,并应为联合政府与其联合军事委员会所承认。联合国所供给的物资,应按照各抗日军队抗战成绩的比例加以分配。

赫尔利:这一条的前一句,我完全赞成。后一句也是公平的,但似乎不必写上。如果毛主席加入了统帅部,毛主席就可在那里坚持,以达到解决问题。问题还在于国民政府和统帅部本身的好坏。

毛泽东:不写上也可以,但必须提出,因为我们没有得到什么东西。

赫尔利:我不责备你坚持这一点。但事实上按照抗战成绩来分配物资会遇到一些困难。第一次世界大战期间,我所参加的部队,作战最力,牺牲最大,被福煦将军称为"马恩河的岩石"。这个部队在建立奇功后被调往后方补充伤亡,它的防地由新的部队接防。按照你的办法,运往前线的军火,应当先给"抗战成绩"最高的"马恩河岩石"部队。可是事实上这些军火不能不先给抗战成绩还不多的接防部队。我以为关于物资分配,只说公平分配就行。

毛泽东:你看如何修改?

赫尔利:第四条后一句可这样修改:应公平分配盟国得来的物资。

毛泽东:同意。

赫尔利:现在讨论第五条,请毛主席提出修改。

毛泽东:中国联合国民政府,应承认共产党及一切抗日党派的合法地位。

赫尔利:修改得非常好。

毛泽东:就是这几条,为了让步不再多提了。

赫尔利:从今天的谈话中,我感觉到毛主席的热忱和智慧。我刚才误解了毛主席的意思,后来明白了。请各位将我误解毛主席的话,从记录上完全勾去!

(牛军译自《美国对外关系》)

3)一九四四年十一月九日,下午

毛泽东:我们所同意的方案,如蒋介石先生同意,那就非常好。

赫尔利:我将尽一切力量使蒋接受,我想这方案是正确的。

毛泽东:以前未解决的问题,今天如能解决,那是中国人民之福。

赫尔利:我没有丝毫阿谀之意,当我说毛主席不仅有非常的智慧,而且有公平的态度。我此次能和毛主席一起工作,实为平生快事。尤其令我庆幸的是,中国人民已经得了这样一位大公无私、一心为人民谋福利的领袖。如果蒋先生表示要见毛主席,我愿意陪毛主席去见蒋,讨论增进中国人民福利,改组政府和军队的大计。如果毛主席愿意见蒋,他将作为我的上宾,我们将以美国国格来担保毛主席及其随员在会后能安全地回到延安,不管会议的成败如何。我希望这个会议能使中国团结起来,打败日本,重建中国。不管毛主席、朱总司令或周副主席,无论哪一位到重庆去,都将成为我的上宾,由我们供给运输,并住在我的屋子里,如果与蒋的会谈得到成功,我们美国就很高兴,如果不成功,我们保证送诸位回延。你们哪一位要去重庆的时候,请随时通知我。

毛泽东:我已经说过,我很久以前就想见蒋先生,过去情况不便未能如愿。现在有美国出面,赫尔利将军调停,这一好机会,我不会让它错过。

现在谈一谈进行步骤。这次赫尔利将军回去,可以把我们所同意的要点,征求蒋先生的同意。现在张治中、王世杰二先生快来了,还有五参政员也决定来此。张、王来时,如同意五要点,那末事情就好办了。我们事前取得同意,我见蒋先生的时候,就可以没有多大争论。就是说,在见面以前,实际问题早已解决。这样的步骤比较适当吧。

赫尔利:如蒋同意,张、王便无来此之必要。

我曾叫张、王同来延安,张、王说他们最好不来,因为谈判已经提到更高的水平,即由毛、蒋间直接谈判的水平。所以结果还是由我一个人来延安。现在毛主席已同意五要点,如果蒋也同意,那么,毛、蒋便可在这五要点基础之上会面。我们美国人或许有太性急的毛病,总喜欢走直路,不许走弯路。我的意见,毛主席与蒋主席见面愈早,问题愈早解决。不然,谈判无期地拖延下去,中国还是继续分裂,甚至在世界和平会议开会的时候,问题还是没有解决,这如何是好呢?所以我感觉愈快愈好。

我在中国不会太久,希望在离开中国以前和你们一起工作,促进中国的统一,肃清目前中国的可悲状况。就是说,我希望能以美国总统代表的资格,对于中国局势有所帮助。

我谅解毛主席不愿过于匆促的意思,并请毛主席原谅我的急于求效的态度。这件事件是很吃力的,可是又要很快地做。

毛泽东:我还不了解蒋先生是否会同意我们的五要点。他如同意,我即可与他见面。我总觉得在我和蒋先生见面时,要没有多大争论才好。

赫尔利:毛主席所说的,很有理由。

毛泽东:我很希望在赫尔利将军离开中国以前见蒋先生,问题也解决了,见面也见了。这个愿望是与赫尔利将军一致的。我刚才已经说过,美国总统代表在此调停,此种好机会我不愿错过。

赫尔利:作为一个美国人,我过分的热切希望中国团结。我希望太平洋两岸两大民主国家将永远携手合作,使全世界人类获得自由。我当回到重庆,尽力使蒋接受五要点。如蒋接受了,毛主席愿意做些什么? 第二步如何? 如蒋见面,在什么地方? 不要在重庆见面,是否可另选一地点?

毛泽东:见面地点当然在重庆。

赫尔利:顶好! 就这样解决吧。

毛主席要我回重庆,拿五要点和蒋商量,并告蒋:"这五要点是毛希望你在和他见面以前予以同意的东西。如你同意,他就可以来看你。"是不是这样?

毛泽东:是的。我的意思,就是在见面以前,把问题都谈妥了事情就好办了。这也并不是讲什么先决条件,而是说事前基本点同意了,见面时就不会有多大争论。我们的代表董必武同志还在重庆,政府代表张、王也在那里。这五要点双方同意之后,应当由双方共同签字,公开发表。

赫尔利:毛主席是否可签字于五要点之上?

毛泽东:可以。

赫尔利:那我也要在这上面签字! 题目可定为"中国共产党与中国国民政府的基本协定"。

毛泽东:今天把文件准备好,明天签字,不知蒋先生愿意签字否?

包瑞德:我以为张、王来此,毫无用处。这五要点,蒋如拒绝,责任就在蒋身上。这五要点,在赫尔利将军见证之下,毛主席已予以接受,蒋如拒绝,赫尔利将军就可以很清楚地告知罗斯福总统:"这五要点,我认为很公平,毛同意了,蒋不同意。"我的意见,参加谈判的人愈少愈好,张、王插足,反会把事情搞糊涂。蒋很容易拒绝张、王,但很难拒绝赫尔利将军的意见。赫尔利将军态度直率而又公道,对他的意见,美国总统不会误会的。

赫尔利:如蒋问:"接受五要点,是否就是不要我在政府里面了?"对这问题,请毛主席告我如何答复。

毛泽东:仍要他在政府里面。

赫尔利:我要再证实一下,你是否和他合作,要他当政府主席。

毛泽东:要他当政府主席。

赫尔利:很好!

我从前以为蒋是不公正的,后来我改变这一意见。觉得他还是公正的。我深信毛主席是真正为人民利益奋斗的。当中国二大领袖在一起,增进团结,消灭内战,使中国真正成为四强之一,这是多么好啊!

毛泽东:再次感谢你帮助中国人民的努力。

赫尔利:我们的谈判进行得这样顺利。我敬佩毛主席的宽大态度。他所希望的各种改革,我完全同意。明天早晨我们签字后我还要赶回重庆去。请毛主席不要笑我的迷信,明天星期五是我的吉日,我生日是星期五,结婚在星期五,第一个小孩生于星期五,获得第一个勋章也在星期五!

4)一九四四年十一月十日,上午

毛泽东:刚才我们商量了一番,拟再向赫尔利将军提些意见:

一、关于我们所同意的文件,请赫尔利将军转达罗斯福总统。

二、关于我们与赫尔利将军商谈的纲领协定,我们已取得中国共产党中央委员会的同意。我们的工作方式是民主的。昨天晚上我们中央委员会开了会,一致通过这一文件,并授权于我代表中国共产党中央委员会在这文件上签字。中央委员会的同志们,对于赫尔利将军帮助中国人民的热忱,大家都很感谢。

三、我今天还不能和赫尔利将军同去重庆。我们决定派周恩来和你同去。因为估计对于许多细节,蒋先生会有意见。周同志在那里,可以和赫尔利将军一道帮助谈判。

赫尔利:很好,完全同意。

毛泽东:总之,我们以全力支持赫尔利将军所赞助的共同纲领,希望蒋先生也在这个纲领上签字。

抗战八年以来,未能得到的东西,今天在赫尔利将军帮助之下,有了实现的希望。在这个纲领下,全国一切力量团结起来,打倒日本,建立新中国。

赫尔利:毛主席这话谈得好极了。最好能写成一个声明给我。

毛泽东:好。

赫尔利:我想了一想,还是由毛主席写一封信给罗斯福总统。我很愿意设法使毛主席和罗斯福总统商量问题,这样可使全世界承认毛主席的地位。

毛泽东:但罗斯福总统是否愿意接受我的信件?

赫尔利:我可以担保罗斯福总统一定乐意接受毛泽东的信件。特别毛主席刚才所说的话,可以写进去,罗斯福总统看了一定会很高兴。

毛泽东:你的心,罗斯福总统的心,我们的心,都是一致的。

我可以写一封信给罗斯福总统,请你转达。你是否可以复一封信给我?

赫尔利:我愿意和你交换信件。我给你的复信,将说明接到你的信并致谢意。

(十日上午十二时四十五分毛主席与赫尔利在文件上签字,并交换信件。赫尔利少将于下午二时乘机离延,同行者有周恩来将军及包上校等。)

(牛军译自《美国对外关系》)

6.赫尔利致罗斯福总统

十一月十日,中共中央主席毛泽东在延安签署了一个建议案,建议国民政府、中国国民党和中共达成协议。建议案的第一条规定:"中国政府、中国国民党和中国共产党应通力合作,为尽快击败日本和重建中国,联合所有的中国军事力量。"建议案规定,组成联合政府,进行某些军事和政治改革,所有抗日党派在政府中享有代表席位。建议案规定,政府应维护孙中山的原则,在中国建立一个民有、民治和民享的政府,并应执行为促进进步和民主拟订的政策。建议案规定,所有抗日军队应遵守和执行联合政府和联合统帅部的命令。建议案最后规定,"中国的联合国民政府承认中国国民党、中国共产党和所有抗日党派的合法性。"共产党表示,他们将承认蒋介石为共和国总统和委员长,如果愿意的话,可在建议案中加一条表示上述意思。

在和共产党完成这个建议案并返回重庆后,我发现国民党和国民政府根本不接受这个提案。不过,几天来国民党、国民政府和委员长一直在为修订或提出建议而工作。我与两党一致同意,在没有达成一致意见或最终否决之前,要对建议案的条款保密。局势非常困难。蒋介石似乎认为,建议案最终会导致共产党控制政府。我认为,他不能证明他的观点是正确的。我正不断与委员长和他的助手磋商,可能会使他们认识到,与共产党达到合理的协议是必要的。蒋宣称,他希望统一中国军队,在政府中给中共代表席位,并为便于组成民主政府,进行一定的改革。但是,他希望这一切不能好像是受共产党所迫而为之。我相信蒋介石本人是急于和所谓的共产党达到协议的。国民党和蒋介石政府中的许多高级官员,以及他的私人助手,都强烈反对他这样做。我想您明了,建议案中几乎所有的基本原则都是我们的。我仍在寻找一个方案,实现统一,却不出现打败任何重要派别的现象。这本身就是个大难题。从统一中国军队和军事形势的严重性来看,我知道时间是时间性因素。尽管如此,我仍尽可能耐心地与各方会商。不过,我正不懈地力争尽早达成协议。

一九四四年十一月十六日于重庆

(牛军译自《美国对外关系》)

附一:

赫尔利九月十二日提出的十点建议

一、中美合作的首要目的是为了打败日本和解放中国而实现中国一切军事力量的联合。

二、与中国合作以实现和俄国及英国较为密切的关系以支持中国的目标。

三、在委员长指挥下统一一切军事力量。

四、为了战争目的集中在中国的所有资源。

五、支持委员长在民主的基础上努力实现政治统一。

六、为中国提出目前和战后的经济计划。

七、规定史迪威将军作为前线指挥官的权限。

八、规定史迪威将军作为委员长的参谋长的权限。

九、准备提交指挥系统表。

十、讨论此后对华租借物资的管理。

宋子文提出,"在民主的基础上"一语应从第五款中删去。委员长同意前六项可作为"一个问题";涉及史迪威的权限的条款,应在一个国际协议中予以确定。

(牛军译自《史迪威指挥权问题》)

附二:

赫尔利十月二十八日提出的五点建议[①]

一、中国政府与中国共产党,将共同合作,实现国内军队统一,以便迅速打败日本和解放中国。

二、中国政府与中国共产党均承认蒋介石为中华民国的主席及所有中国军队的统帅。

三、中国政府及中国共产党将拥护孙中山之主义,在中国建立民有、民治、民享的政府,双方将采取各种政策,促进和发展民主政治。

四、中国政府承认中国共产党为合法政党,所有国内各政党,均予以平等、自由及合法的地位。

五、中国只有一个中央政府和一个军队。中国共产党的官兵,经中央政府整编后,将根据其等级,享受与政府军队同等的待遇,其各单位军火和军需的分配,亦享受同等待遇。

(牛军译自《美国对外关系》)

附三:

毛泽东与赫尔利于十一月十日共同签署的五点协议

一、中国政府、中国国民党及中国共产党应通力合作,为击败日本而统一

---

①此件即《协议的基础》,为赫尔利带到延安与毛泽东主席商讨的主要文件。——编者

所有国内武力,并共同致力于中国的复兴工作。

二、国民政府应即改组为一联合政府,由一切抗日政党及无党派之政治团体所派代表构成之,并应拟定及颁布一民主政策,就军事、政治、经济及文化各事项之改革方案予以规定。军事委员会亦应同时改组为联合军事委员会,由所有抗日军队派遣代表构成之。

三、联合政府应遵照孙中山先生所倡原则,创设一民治、民享、民有之政府。联合政府所采取政策,其目标应为:提倡进步与民主;主持公道及维护信仰自由、出版自由、言论自由、集会结社自由,并给予人民以向政府诉愿之权利,关于人身保护状之权利,以及住宅不受侵犯之权利。联合政府并应采取政策,俾前所规定之"免除恐惧之自由"及"免除匮乏之自由"得以有效实施。

四、一切抗日武力应遵守并实施联合政府及联合军事委员会之命令,并由政府及联合军事委员会予以承认,所有获自友邦之军事分配,应公平分配与各该武力。

五、中国的联合政府承认中国国民党,中国共产党及一切抗日政党的合法地位。

(选自《中美关系资料汇编》第一辑)

7. 国民党于十一月十五日提交美国罗斯福总统特使赫尔利的反建议

一、中央政府承认中共军队,并认为此种承认为必要。中共军队应当遵守和执行中央政府及其国防军委会的命令。

二、中国共产党和中国国民党将共同支持孙逸仙的原则,在中国建立一个民有、民治、民享的政府。两党将制定政策,促进政府民主程序的进步和发展。

根据《抗战建国纲领》的规定,言论自由、出版自由、集会和结社自由及其他民事权力的开放,在战争期间将以不妨碍孙逸仙的三民主义原则和有效进行战争为限,予以保证。

三、中国只有一个国民政府和一个军队,经中央政府整编后,中共军队的官兵在薪饷、津贴、军火及其他配备方面,享受与其他部队同等待遇。

四、中国共产党和中国其他政党将取得合法地位。

(牛军译自《美国对外关系》一九四四年中国卷)

8. 国民党于十一月十七日提交美国罗斯福总统特使赫尔利的 反建议

一、中国国民政府为迅速打败日本和战后重建中国,希望保证有效地统一中国的所有军队。作为战时立法,在国民参政会开会期间,立即承认中共为合法政党。中共军队作为政府军队之一部,在薪饷、津贴、军火和其他分配方面,享受与其他部队同等待遇。

二、中国共产党在爱国战争中和战后重建中充分支持国民政府,将其全部军队交于国民政府和国防军事委员会控制。

三、国民党的目标——中国共产党亦表赞成——是实行孙逸仙的原则,建立一个民有、民治和民享的政府,并将制订政策,促进政府民主程序的进步和发展。

根据《抗战建国纲领》的规定,对言论自由、出版自由、集会结社自由以及其他公民自由权利,予以保障。各项自由权利,仅受抗战期间军事需要之限制。

(牛军译自《美国对外关系》)

9. 国民党于十一月二十一日提交美国罗斯福总统特使赫尔利 的三点建议

一、国民政府,因欲有效完成所有国内武力之统一与集中,俾能从速战胜日本,且对中国之战后复兴,寄其厚望,故愿将中国共产党之武力,于改编后收为国军之一部分,此后该共产党武力,在薪饷、津贴、军火及其他配备方面,即取得与其他部队之同等待遇,并承认中国共产党之合法地位。

二、中国共产党应在抗战建国方面竭诚拥护国民政府,并经由军事委员会将其所有部队,交由国民政府统一指挥。

国民政府愿就中国共产党之高级军官中，遴员参加军事委员会。

三、国民政府愿遵孙中山先生所倡导并经中国共产党表示拥护之三民主义，创设一民治、民享、民有之中国政府。国民政府并愿采取政策，以策进步而促进政府之民主程序。

兹依《抗战建国纲领》之规定，对言论自由、出版自由、集会结社自由以及其他公民自由权利，予以保障。各该自由权利，仅受抗战期间军事安全需要之限制。

（选自《中美关系资料汇编》第一辑）

附：

王世杰奉命提交赫尔利转交周恩来修正国共协议之条件三项

一、国民政府为达成中国境内军事力量之集中与统一，以期实现迅速击溃日本，及战后建国之目的，愿将中国共产党军队加以整编，列为正规国军，其军队饷项军械及其他补给，与其他部队受同等待遇。国民政府并承认中国共产党为合法政党。

二、中国共产党对于国民政府之抗战及战后建国，应尽全力拥护之，并将其一切军队移交国民政府军事委员会统辖。国民政府并指派中共将领以委员资格参加军事委员会。

三、国民政府之目标本为中国共产党所赞同，即为实现孙总理之三民主义，建立民有民治民享之国家，并促进民主化政治之进步及其发展之政策。

除为有效对日作战之安全所必需者外，将依照《抗战建国纲领》之规定，对于言论自由、出版自由、集会结社自由及其他公民自由加以保障。

附记：此系三十三年十一月十九日交下之件，已于同月二十一日由赫尔利转交周恩来。文中"以委员资格"五字系应赫氏之请添入者，经已面呈委座，其余均与委座交下之件同。

世　杰
十一月二十二日

除政府原提三项原则外政府并准备实行次列三项办法：

一、在行政院设置战时内阁性之机构（其人数约为七人至九人），俾为行政院决定政策之机构，并将使中国共产党及其他党派之人士参加其组成。

二、关于中共军队之编制及军械补给等事，军事委员会将指派中国军官二人（其中一人为现时中共军队之将领）暨美国军官一人，随时拟具办法，提请军事委员会委员长核定。

三、在对日作战期间，军事委员会委员长将指派美国将领一人为所属中共军队之直接指挥官。

（选自台湾《中华民国重要史料初编》第五编）

10. 周恩来、董必武与国民党代表王世杰谈话纪要

中共代表周恩来、董必武，应美国罗斯福总统特使赫尔利邀请，于一九四四年十一月二十二日上午，在赫尔利重庆寓所，与国民党代表王世杰进行会谈。国民政府外交部长宋子文，参加这次会谈。下面是会谈纪要。

互相问好后，外交部长宋子文首先声明，我今天不是作为代表而参加的，仅系由于赫尔利将军的邀请，帮助解决中美言语的困难。接着赫尔利将军宣称：我很高兴你们双方代表都到了，国共问题本来是中国人的问题，应当由你们自己解决，我不能作为当事人。而且我所说的话也太多了，今天我不说话，让我听一听你们的话。王世杰博士接着发言：今天我首先要感谢赫尔利将军，为了我们的谈判问题，而不避麻烦。国共问题本来是中国人的问题，应当解决。但这个问题是一个大问题，只能逐渐想办法。我想知道恩来先生有什么意见。周宣称：我很高兴在赫尔利的帮助下，有这样一个机会来解决国共问题。赫尔利将军这样大的年纪，辛苦工作，非常可感。国共问题本来是中国人的事，但已达到这个程度，必须请外国友人加以帮助，我仍然感谢他们的盛意。再者，我也很高兴会见我的朋友宋子文先生。正因为宋先生王先生和我们都是老朋友，所以，我准备直接的并坦白的来谈这个问题。我这次代表中共中央出来谈判，目的在实现民主的联合政府，以利全国团结，抗战胜利和

友邦合作,而国民党方面的协定草案,则没有这个精神,我们是不同意和不满意的。

但由于中国人民的需要,友邦的好意,抗战反攻的急迫,我们一方面仍坚持联合政府的主张,并愿为之继续奋斗。另方面我们也愿从我们协定和你们协定的当中先找到共同点,来作初步的解决,以为民主的联合政府作准备步骤。这是我和董必武同志个人的意见。因此,我须先向你们请教第一个问题,我要请教王先生的是党派合法问题,这是政府建议中所提到的,政府准备采取何种措施,使党派合法。

王世杰先生答称:现在政府还没有具体考虑这个问题,并无具体计划。但我想有一两点意见是可以说的,第一点,政府在采取任何措置之前,必然与各党派协商,以便取得同意;第二点目前是战争期间,所以要在不妨碍进行战争的范围内,允许各党派的合法地位。

周问:其他党派是否也允许合法。

王答称:其他党派也包括在内。

赫尔利将军问:你不是说过,不承认其他党派的合法地位吗?

王答称:那是说,不放在国共之间的协定上面。

周说:好,现在我有第二个问题,根据政府的建议,足以表示国民党并不准备放弃一党专政,王先生的意见如何?

王答称:这首先是一个法律问题。在法律上,目前无从宣布废止党治。因为训政是载在《建国大纲》和国民党党纲上面的。中央委员会无权废止,必须有更大的会议才行,就是蒋先生要废止也不行,我们党员会说他违法。不过政府在实际上并非不准备容纳党外人士。

周接着问:如果邀请中共代表参加政府,请问这种代表还是用观察者的性质,还是有职有权?

王答复:这一点我不能具体答复,因为没有讨论。但我个人意见这个问题要依据法律,再者假使毛先生和蒋先生当面谈判合作,这个问题不是没有办法解决。

赫尔利将军对宋部长说:子文,你听见没有!这是代表的性质问题,究竟有权无权。

宋子文答:听见了。

周宣称:我的第三个问题是关于参加军委会的问题。过去有许多军委会的委员,只是挂名的,不但没有职权,而且并不开会,如果共产党代表参加军委会,其实际职权如何,王先生是否能够见告。

王答称:现在军事委员会每星期至少开会一次,有时两次。

周补充一句:这是会报,不是开会。

王续称:会报与开会相差无几,会报做了决议,不就等于开会。此其一。军委会人数少,是有权的机关,同时军委会又是作战机构,不是参政会,并不由多少票数来决定,意见提出,只要委员长裁可,就可实行,此其二。第三点,我可以说,如果中共参加军委会,其职权不会比其他委员少。

周说:我们要提醒王先生几句,会报不是开会。比如冯玉祥和李济深将军就从没参加开会。

王称:会报仍然是会议。一二委员缺席,不能说不开会。同时军事委员会委员被派为战区司令长官也不来开会。

赫尔利将军问:做了前线司令长官岂不是丧失了军委会委员之权。

王对此问题未作答,但谓不能由于一二委员缺席,就说将来中共代表参加军事委员,也会如此。

周宣称:第四个问题是指挥问题。现在,我们要把国共双方的军队结合起来作战,假使将来美军登陆,那就有三方面的军队,这就引起指挥问题。不知政府是否考虑到设立联合统帅问题? 具体的即指美国统帅问题。

王答称:我对军事布置,实在不知道,张治中将军没有来。原先有设立联合国统帅的建议。你们也知道的,至于是否有进一步的考虑,我的确不知道。

周宣称:我的问题完了,看王先生有甚么意见?

王说:今天赫尔利将军要我来,我事前还不知道和你们碰头。我希望今天讲的,双方都不要泄漏。

周说:我们最守秘密,子文先生知道。

董老说:请放心。

宋子文说:我和恩来先生在西安事变中所谈的话,至少八年,还未泄露出去。

王续称:我希望恩来先生回去和毛先生商量,要给我们这里愿意搞好的人以帮助。这句话只能在这里说,在外边我是不说的。双方意见当然相左,如果得到你们帮助,当然有益于问题的解决。

赫尔利将军说:我在延安时,毛主席告诉我,他们拥护蒋主席,要求实行三民主义,并建立民主的统一的中国。我觉得你们要互相信任,你们都是中国人,许多主张相同,团结起来,就能战胜日本。我坚信共产党是帮助你们的。

王称:这一点很重要。昨天政府的三案差不多把延安方案中的大部分都放进去了。我们当然要民主,但不能说一切限制都没有,因为今天是在打仗。希望你回去商量,作出答复。现在我想问两个问题。第一个问题,周先生,你看,大概的结果如何。第二个问题,请毛先生和蒋先生见面的事,据周先生的观察如何?

周答称:第一个问题很简单,我们主张联合政府,也就是民主政府,我们仍要为这个民主政府而奋斗,我们认为只有民主政府才能求得根本的解决。你们目前尚不接受这个政府,我和董必武同志商量,要想从双方的建议中,找出共同点,以便求得为达到这个民主政府的初步解决,同时也为民主政府奠定准备工作。第二个问题也很简单。毛泽东同志很愿出来,他曾向军事委员会驻延安的联络参谋及赫尔利将军说过他很愿出来,但他出来必须能够解决问题,而不是为了聊聊。现在民主政府问题不能解决,所以还不是他出来的时候。

宋子文说:现在要统一,如不联合一致,不但不成其为四强之一,连国家也不像国家了。

周问:雪艇先生你对发表文件的技术问题怎样? 这完全是我个人问的。

王答称:我看不必外国形式,好像缔结协定一样。我的意见是用双方发表的形式,如民国二十六年九月二十六日的那种形式或其他形式。

周说:我个人意见,这仅是个人的意见,是否采取两党缔约再由政府接受的形式。

　　王说：我也是个人意见，或用两党的形式，或用政府与党派的形式，都好商量。

　　王问：恩来先生，你此次回延，是否要见一次委员长？

　　周答称：我恐怕时间来不及。我告诉过赫尔利将军，我不愿延宕，赶快去延安一趟。

　　宋说：如果蒋主席约见，请雪艇先生用电话通知恩来先生好了。

　　王说：好。

　　周说：我想董必武同志这次可以回去一行了，因为他已一年在外应该回去一看。

　　王说：好，等一会，我向委员长说。

　　赫尔利将军说：很好，希望大家取得协定。这两天大家讨论得太紧张了，今天下午七时半请大家来此吃一顿安静的晚饭。

　　大家说：好。

　　至此互相告别。上午会谈，遂告结束。

（原载《国共谈判文献》，一九四四年）

11.周恩来访晤美国罗斯福总统特使赫尔利谈话纪要
一九四四年十一月二十七日

　　互相问好后，步入客厅就座。赫尔利将军说，今天美国超级轰炸机又轰炸东京。消息很好。周问：西南战局如何？赫尔利将军答称：很坏，局势是严重的。日军计划进攻昆明，桂柳一线敌军有十个师，由越南北进的敌人有四个师，重庆的人心觉得惶恐，那不是无因的。不过不要紧，我们想办法阻止它。而且一定有办法。赫尔利将军问：你已经见过蒋委员长，谈得怎样？周答称：我所谈的和那天与王世杰先生在这里所谈的一样，并说明我们的主张。赫尔利将军说：昨天和昨晚我都和蒋委员长在一起，他的态度改变了一点。周问：你觉得他的态度有了改变吗？赫答称：相当的改变。我对蒋说：你不应该把国共关系拖下去，而不解决。蒋说他（指蒋）没有拖，是我（指赫）拖的。

我说周恩来将军正在等飞机。蒋说,你得早把飞机送他去。现在国民党人中,宋子文的态度倒对你们严肃起来了。我问他为什么?他说:孙科一向主张和共产党讲团结的,他就被人怀疑,如果我也和孙科一样,我也要被人怀疑。我说:为甚么你们心里赞成甚么,口里却说不得。我是共和党,又是罗斯福总统的代表,我有甚么不同的意见就向罗斯福总统提出,我赞成什么,我反对什么,让他去作决定,但一个领袖在作决定之前,必须要有争辩,争辩出来的决定,大家才拥护。我服从罗斯福的意见,因为他是被选举出来的领袖,无论多数少数,都要服从,有时罗斯福也接受我的意见。我觉得你们中国也要实行这种制度。如果一位领袖决定得不好,四年一满,我们就请他走路。不过,国民党方面还有点恐惧。周笑着说:还有恐惧。赫尔利将军说:是的,我们说过,他们恐怕你们只要插进一个脚趾,就会全身挤进来,可是你得进来,你应该进来,中国只有团结才能站得住。国共之间要互相信任。我是共和党,罗斯福信任我。我也信他。我也信任你们,你看,我到延安去,毫无戒备,因为我信任你们。如果能使蒋委员长和毛先生见面,他们两人商谈,就能完成中国的统一。最近,有大量飞机北飞运兵南下,去的一趟是空的,我和蒋委员长提过,要他允许给共产党军队运些武器。他没有拒绝,也没有答应,只能让他考虑一下。赫尔利将军又称:最近罗斯福总统接到报告,谓白俄在新疆占领了一个城市,他很焦急。他要我赶快完成国共团结,不能让俄人进来,你们大概也不愿俄人进来吧。赫又称:罗斯福总统来电报,要我当大使,我准备把使馆接收过来,那边的孩子们都对共产党好,反对国民党,我要对他们说,我们所需要的,不是反对国民党,也不是反对共产党,是要国共团结。周问:你当大使之后,还保留军职吗?赫答称:我要保留军职,还要穿军服,现在是战时,我还要到前线去,如果穿着笔挺的裤子,带上高顶的礼帽,怎样打仗呢?周问:我有几个问题,想弄清楚,以便毛主席问起来,我好回答。第一,我们谈到了联合统帅问题,国民政府有接受之可能?赫答:关于联合统帅,蒋委员长有接受之可能,我告诉你一个机密,史迪威召回之前,蒋委员长曾有一个电报致罗斯福,谓:我可以接受美国的军官来指挥中国的军队,只是不要史迪威。我是办这个交涉的,所以知道得更清楚。罗斯福回了一个电报说:既然如此我们不必要指挥中国军队,只派一个参谋长来。现在共产党也同意要有一个联合统帅,我想是可能做到的。因为蒋委员长本来同意这件事。如果共产党提议,罗斯福一定赞成。周问:你刚才也提过,准备以物资供给我们的军队,你看国民党政府是否可能接受这一提议。赫答称:这件事我要说清楚,以免发生误会。我已向蒋委员长提出,要以物资给共产党军队。魏德迈将军还和我谈过,他很迫切的说,只要得到国民政府允许,他就去组织共产党的军队。旁的军队还要供给粮食,你们的军队就只要供给军火。我们希望供给你们的轻武器,德制机关枪,子弹和手榴弹。将来再派两百个美国军官,不是大的,是上尉阶级的,训练你们使用。不过,蒋委员长对我的提议,既未拒绝,也未答应,他说考虑一下。魏德迈将军说:我们存有军火,我们可以拿五十个运输飞机给你们运送。周问:第三,与供给物质相联的一个问题就是我们军队的编制。据你看,我们军队还是在何应钦将军的参谋部的主持下编制呢? 还是在魏德迈将军的主持下编制呢? 赫答称:当然不会在何应钦的主持下,何应钦是完了,他要到南方前线去指挥部队,而不留在参谋部,魏德迈将军和他斗得很厉害,蒋委员长说他有势力,魏德迈说,我们需要的是将军而不是政客。周问:关于日军的动向还有什么情况? 赫尔利将军答称:美国的战略轰炸是从东西两面夹击日本,一个星期两次,日本是受不了的,所以要去掉美国在中国的空军根据地。目前日军的征兆是企图进攻昆明,并由越南进兵,越南一线交通,是通过山谷的,飞机易于轰炸,我不知道他们为什么出此一着。不过日本在海洋失败之后,是要在中国建立一条走廊。关于保卫昆明的问题,我们和英国人商谈过,这是绝对的机密,我很愿告诉你们,因为我信任你们。我们说,中国人帮助你们英国人打缅甸,你们要帮助中国人守昆明才行。英国人说:好,我们派几个印度兵的师团来。我们说:印度兵到中国,养不起,你们应当在你们自己的地方打,让中国把远征军调回来。这样有经验的军队是可以守昆明的。赫还说,政府已在决定疏散,并以雅州为中心。周说:如果我们军队获得军火供给,我们可以牵制敌人,侧击敌人,我们有百团大战的经验。赫说:那就再好也没有。将来我们从正面打,你们从后面打,是最好了。周问:魏德迈将军有到延安和华北前线去观察的可能吗? 赫答称:魏德迈将军愿意去,麦克鲁将军也愿意去。周问:前次在延安提出的协定原文和毛主席致罗斯福总统的信送去没有? 我好报告毛主席。赫答:送了,罗斯福总统定有答复。也许在路上了。赫氏续称:我还去见宋子文,为了我就任大使的事情。周说:好,我们暂时告别了。

附:周恩来向赫尔利提出的问题

一、所谓军事援助的可能性及目前的内容可否见告?

二、对中国援助的计划可否见告?

三、所谓联合指挥,国民政府有否承认可能?

四、假使国民党完全是请客,一切编制和装备可否由美军直接行使?

五、在谈判中,美军观察组还可做更多的事否?

十二月二日,上午

互相问好后,周称:因返延飞机有了一星期多的耽搁,我已在此耽搁期间内,将政府方面所提的建议三条电告延安,并已得到毛主席的覆电,声明三点:第一点,政府方面所提三项与我们在延安的五条协定距离太远,我们认为联合政府与联合军事委员会是解决目前时局问题的关键,这不能获得蒋委员长的同意,因此也就无法挽救时局。第二点,毛主席谓,国民党的态度至今未变,国民党宣传部长梁寒操三天以前尚在记者招待会上宣称:中国目前所需要者只是军令统一,至于党派合法问题,须留待战后一年再讲。第三点,根据目前形势,我党中央必须召开会,再行讨论,因此,毛主席告我留在延安开会,不随原机打转。

赫答称:请你告诉毛主席,梁寒操的话,不能算数,他根本不懂委员长的意思,委员长说过,他愿意现在承认共产党的合法地位。我希望你们把问题解决,因为我们决定最近就派飞机到北方去运兵,并计划为你们运送军火。王世杰、陈诚、宋子文、张治中这几个人聚在一起,都能作事,孙科差不多每天都到我这里来,他被称为国民党的左派,现在国民党同情你们的人多起来了。我希望你们参加进来,这不过是第一步。请你告诉毛主席,务必参加进来,你们是同我——美国政府合作,只要我们合作,我们就能逐步改组政府。

周说:也许我们之间对于联合政府的提议有不同的了解,参加并无实权,并非联合政府,这就是关键的所在。

赫说:我知道,这不是联合政府,这只是参加政府,但是你们并非毫无所得,第一,你们参加政府,我已向委员长提议,要你们参加行政院,不仅参加军事委员会。第二,你们得着合法地位。第三,你们能与我们合作。第四,你们将得到接济,以及联合的统帅。你们参加一支脚进来,一口咬不下,不妨做三口四口咬。国民党已经僵化了,失却弹性,你们进来,可以大有作为。你们还不了解你们自己的强大,你们一进来,是可以作事的。有人说,蒋这个人是不会改的,也许进一步,就要退两步。我说:如果你们进来,而能拥护蒋,把事情弄好,蒋就没有再退的理由。现在国际局面不好,英法比荷组织了一个委员会,仍是帝国主义政策,要收复原有的殖民地。苏联看见这个局面,也许要在满洲、华北有所作为,目前谣言,新疆兵变是你们干的,我不相信。罗斯福对这个局面很焦灼,来过电报催我,我是主张民主的,我愿意一个在西方的共和国与一个在东方的共和国密切合作。还有,我误了一件事,我把毛主席致罗斯福总统的函件,交给外交公文袋,至今未到,总统有电查询,今天我打电报覆总统,说毛泽东愿意与总统合作。我们现在有一个计划,就是以美国军队,你们的军队和国民党的军队,联合起来打仗,挽救目前局势。我们要求调回在缅甸作战的中国军队,蒙巴顿不高兴,我也不在乎。魏德迈将军现已获得所必需之物质,甚至十四航空队也可能放在他的指挥之下。前几天包瑞德上校和我谈过,他对我这样说:如果我们把共产党拉进来,而能挽救目前局势,那就证明我是对的,你也是对的,你就做了一件特殊的事情。但是,共产党不能像一头羔羊待在重庆,好像放进屠场而束手待毙。我说:共产党应当自己当心自己,好像我们在重庆当心自己一样。总之,共产党是与美国合作,以求改进目前的局势。

周说:赫尔利将军如此好意我当然要报告毛主席。

赫说:很好,你愿意在延安待好久就待好久,不过请你早来。我叫飞机在延安等你。你要等多久时间? 周答:那倒不必,时间很难说,等出来时,再派飞机。

谈至此,互相告别,并约再见。但赫仍下令包瑞德上校要飞机等几天。

（原载《国共谈判文献》一九四四年）

12. 美国驻华大使赫尔利致周恩来先生

亲爱的将军：

感谢你十二月八日的来信。我尊敬你和毛泽东主席根据中国共产党的利益，为与中国国民政府达成协议所作的努力。

为了我在延安时受到的盛情款待，我对你、毛主席和其他人表示感谢。

当必须通过翻译谈话时，误解总是难免的。我的理解是，毛泽东主席基于他的党的利益提出并允许我转交给国民政府的五点建议，只是构成了一个讨论的基础，而不是一个最终"要么采取要么抛弃"的文件。我以为共产党愿意考虑国民政府的建议或修正，我同样以为，答复毛主席建议的三点反建议，也不是国民政府最后的话。因此我把这两个文件都当作是谈判的步骤。

你声明，你们准备公布中国共产党为解决争论而提出的五点建议。我理解，毛泽东主席提出的建议是，在谈判进行时将不公开。

你在信中说，现在是公开毛泽东主席提出的建议的时候了。我不同意，我不认为谈判已经结束，除非你们希望结束。我知道国民政府愿意进一步谈判，我等待你们对此的答复。你还说，五点协议中大部分是我的话。的确如此，而且我不愿在此时公布它们。

如果现在采取任何会关闭进一步讨论的大门的行动，我认为，这对中国和它真正的朋友，将是一个巨大的悲剧。在此危急的时刻，不论是国民政府还是共产党，都应该加倍努力，使中国团结。我已经将此意告诉了国民政府，他们表现出希望继续谈判。我相信国民政府现在正作出一切努力，使中国团结。

向你、毛泽东主席和我们在延安的每一位朋友致以良好的祝愿。

真诚的

赫尔利

一九四四年十二月十一日

（牛军译自《美国对外关系》）

13. 毛泽东致美国驻华大使赫尔利

赫尔利将军阁下：

来信收到，甚为感谢！

十一月间，罗斯福总统选举胜利时，我曾去电祝贺他。在他回给我的电报上说："为着击败日本侵略者，愿意和中国一切抗日力量作强有力的合作"。请你转达给罗斯福总统，我对他的这个方针，表示完全同意，并向他致谢！

请包瑞德上校带此信给你。我希望包上校能够早日回延工作。

其他要说的，均见于周恩来将军给你的信上，我就不多说了。

祝你健康！

毛泽东

一九四四年十二月十六日

（选自《中美关系资料汇编》第一辑）

14. 美国驻华大使赫尔利致毛泽东、周恩来先生

亲爱的毛主席和周将军：

感谢你们十二月十六日的来信和托包瑞德上校带来的口信。我很高兴你们没有关上解决问题的大门，并且我发现中国政府也倾向于继续谈判。我在见到你们中的一位之前，不能告诉你们更多的情况。如果周恩来将军再来重庆，我相信沿着你们建议的路线取得成功的机会，比以往更有希望。良好的祝愿。

一九四四年十二月二十日于重庆

（牛军译自《美国对外关系》）

15. 美国驻华大使赫尔利致毛泽东、周恩来先生

亲爱的毛主席和周将军：

我已经接到了你们十二月二十四日和二十八日的两封来信。前一封信中正式要求国民政府考虑你们的五点建议，后一封信则要求国民政府应首先自动地执行你们补充的四点建议。

你们的第二封信背离了我们原定的议程，即在讨论特殊的细节之前，先就一般的原则达成协议。我认为，我们，我们所有的人，都应按照我们原定的程序，继续努力达成协议。

应你们的邀请，经国民政府同意，我访问了延安，我认识到我正与双方爱国的中国人一起解决问题，他们希望联合起来与共同的敌人战斗。在重庆的逗留使我相信，国民政府方面真诚地希望作出妥协，以使达成协议切实可行。

由于这类事显然不能靠信件或电报来安排，并且周将军不能来重庆，我已确信国民政府将赞成如下建议，现在转告你们：

一、行政院长宋子文将在王世杰博士、张治中将军和我的陪同下，对延安作短期访问，与你们私下讨论这些事情。

二、如果在原则上达成协议，毛主席和周将军与我们一同返回重庆，签署协议。

如果你们能仔细考虑这项建议，并通过递送这封信的人带回答复，我将非常高兴。

致以敬意。

你们的朋友

帕特里克·赫尔利

一九四五年一月七日于重庆

（牛军译自《美国对外关系》）

16. 毛泽东致美国驻华大使赫尔利

赫尔利将军阁下：

一九四五年一月七日来信敬悉。一九四四年十一月间敝党方面所提五条已为国民政府所拒绝。国民政府所提三条，敝党方面又万难同意，因有先由国民政府自动实行释放政治犯等四条之请求，借以证明国民政府是否有诚意在民主基础上解决国事问题。今接阁下来信，提议在延安开两党会议，并有阁下参加，盛意可感。但是鄙人仍恐此会议得不到何种结果，徒劳阁下等之往返。八年来一切两党秘密会议,均证明国民党方面毫无诚意。鄙人现请阁下向国民政府转达敝党方面之下述提议:在重庆召开国事会议之预备会议,此种预备会议应有国民党、共产党、民主同盟三方代表参加,并保证会议公开举行,各党派有平等地位及往返自由。上述提议,如荷国民政府同意,则周恩来将军可到重庆磋商。如何? 敬请见复。顺颂

时祺

毛泽东

一九四五年一月十一日

(载《中共中央抗日民族统一战线文件选编》(下),档案出版社)

17. 美国驻华大使赫尔利致毛泽东先生

亲爱的毛主席:

非常感谢你 11 日的来信。对你反对我提出的在延安举行国民政府官方代表和共产党官方代表会议的建议,我感到遗憾。我相信,国民政府现在准备为达成真正切实可行的协议,作出重要和实在的让步。

我了解到,就在上星期三,政府决定在行政院内按照众所周知的"战时内阁"的路线,组成一个有广泛权力的机构,它将包括非国民党的人士。政府打算邀请中国共产党的代表参与(制订)建立这一机构的重要政策。

这一方式和国民政府提议的其他方式可能还不足以使中国共产党满意,但是,我认为对政府采取如此步骤的建议,未加考虑便予反对,是非常遗憾的。

我作为中国的一位朋友,建议你派周将军或任何其他你选择的代表,来重庆短期访问,与政府商谈这些事情。这不费很长时间,如果他很忙,甚至两三天就足够了。

我送戴拔斯上校带着飞机、带着希望去延安,希望周将军与他一起来重庆。同一架飞机将准备着送他回延安。

谨致我个人的良好祝愿。

帕特里克·赫尔利

一九四五年一月二十日于重庆

（牛军译自《美国对外关系》）

18. 美国驻华大使赫尔利致周恩来先生

亲爱的将军：

　　谢谢你的来电。我听到了你的消息，非常欣慰。我确曾与你讨论到行将在旧金山举行的会议，但我向你说明了，仅只中国国民政府被邀参加会议。我并想判断国民政府应如何在会议中派代表。我无权对此事作一决定，那属于国民政府的特权。完全当然，我向你表示我坦白的意见，就是中国国民政府的主席和大元帅，在国际简称为中华民国的主席和大元帅被承认为中国在会议上的代表，并且按我的意见，主席个人将遴选随伴他的幕僚。在旧金山举行的会议是一个国际间的会议而不是各个国家国内的政党间的会议。中国共产党并非一个国家，并且如我所知，没有国家承认它是一个国家。它是中国的许多政党中的一个。其唯一的与普通政党不同之处是它有它的武装。我并且认为：会议上承认国民政府以外的中国武装政党将毁坏中国统一的可能。我极力主张，由你们的主席毛泽东，作为副主席的你，和我的许多朋友们，仅仅在方法上考虑，你们如何能团结，如何能包括于中国国民政府之中，以及如何能在中国国民政府之下合作。我回来时希望能见到毛主席、你和朱将军，并且能够充分地和你们讨论这种局势。

赫尔利

一九四五年二月二十日

（选自《中美关系资料汇编》第一辑）

19. 美国驻华大使赫尔利致罗斯福总统

　　经过长时间耽搁后，中国共产党的副主席周恩来返回西安。我接到十二月十日（8）日来信。他说共产党不接受国民政府提出的三点建议，共产党不愿继续谈判，并打算公布我于17（16）日第 CFB26572 号电报中报告给您的五点建议案。我简述国民政府的三点建议如下：

一、改编共产党军队,将其列入国民政府军队,与国民政府军队在军饷、装备及其他补给上享受同等待遇。承认共产党为合法政党;

二、中共将全力支持国民政府在抗战期间及战后建国,在国家军事委员会中享有代表席位;

三、共产党和国民政府坚持孙中山的原则,保证实行促进政府民主程序的发展和进步,以及建立民主的人权和公民自由权的政策。

共产党宣称,国民政府拒绝他们的建议,又提出三点反建议,这等于要共产党向国民政府投降。他们的观点是,在中国,只要民主程序不起作用,委员长关于在政府中给予中共有限的代表席位的提议,就不会使他们享有真正的发言权。他们坚持认为,只有在平等的基础上接纳他们,并组成真正的联合政府,他们的权利才有保障。

国民党和国民政府对共产党的提案没有给予应有的考虑。不过蒋介石再次对我说,他过去和现在都非常希望和共产党达成协议。我明确地告诉他,他和他的政府没有利用共产党提出建议这一有利时机来解决问题。他争辩说,他的军事工作太忙,以至未能充分考虑共产党的建议案。现在,他授权行政院院长宋子文和有关的人,和共产党商谈这个问题,找出解决办法。他要求我从中斡旋,重新开始与共产党谈判。他再次向我保证,他现在决心把与共产党达到协议的工作放在首位。他希望我向您转达他的保证。我坚持让国民政府自己重新开始和共产党谈判,并对谈判负责。

前几天出现了一个动向,共产党向我们驻延安观察组的负责人包瑞德上校声明,共产党有一要求英国提供援助的提议,英国提供的援助可以不必得到国民政府的同意。共产党的声明在我看来难以置信。但我正在调查,待我与有关的英国官员商谈后,马上向您报告这一问题。

一九四四年十二月十二日于重庆

(牛军译自《美国对外关系》)

20. 美国驻华大使赫尔利致国务卿

虽然共产党拒绝了中央政府解决目前重庆与延安紧张关系的反建议,但我并不认为进一步谈判的大门确实已关闭了(见十一月二十四日电报)。委员长已向我表示,他打算继续谋求建立友好关系。问题在于,他是否愿意和能够做到宽宏大量,以使共产党满意。

我不相信共产党所采取的立场是一成不变的。当他们的无可置疑地处于强有力的地位时,只要让他们相信,委员长真的渴望在平等的基础上会见他们,他们就有可能愿意对最初的建议案作一些让步。对任何不能使其实际而有效地分享政府权力的空头建议,他们一概不感兴趣。

报告随后寄去。

一九四四年十二月十三日下午于重庆

(牛军译自《美国对外关系》)

21. 美国驻华大使赫尔利致国务卿

答复您十二月二十日第1681号电报。在全部谈判中,我理解,美国的对华政策是:

一、防止国民政府崩溃;

二、支持蒋介石任共和国总统和军队统帅;

三、协调委员长与美军指挥官的关系;

四、促进中国战争物资的生产和防止经济崩溃;

五、为打败日本统一所有中国军队。

这是对我的使命的简略概括。当我到达中国时,委员长和史迪威将军的关系已陷入僵局,战场正被丢失,中国政府正面临崩溃局面。史迪威被召回。美国魏德迈将军被指派接替史迪威,出任委员长的参谋长和驻华美军司令。中国战区与印缅战区分开。在委员长合作下,魏德迈通过如下措施,改组了驻华美军参谋部:

一、撤换一些高级官员,并补充了有才干的人;

二、在委员长指示下,魏德迈在中国参谋部和战区司令部中都作了巨大的变动,重新组织了军队,改变了策略和战略;

三、魏德迈安排了一位美国将军指挥物资供应事务;

四、美国和中国参谋人员第一次联合起来，并以有效地提高军队士气的方式一起工作。

在军队改编期间，我也与委员长讨论了改组政府机构问题。中国只是名义上的共和国。中国政府是个人统治的政府，也许可以称为开明专制。蒋介石和他的政府公认，他们的目标是使中国统一、独立和民主，建立一个民有、民治、民享的政府，促进政府中民主程序的进步。正如您后来注意到的，这些也是中共的目标。批评委员长的人，特别是美国人，责备他在战争中未能建立民主政府。明智的人，很容易看清，在中国建立民主政府是长期和困难的任务，直到中国老百姓得到充分训练，才能完全实现。自从我们到达以后，委员长在内阁和政府机构中确实已实行激进的改革。他会走得更远些。政府中新任的官员正与美国大使馆、美国军事机构和新闻界合作。政府中过去存在撇开大使馆、通过美军解决某些问题的倾向。其结果是，一旦通过大使馆解决问题更快，便撇开军事机构。我们不愿为此诿过于大使馆、军队或中国政府。我们高兴地报告：委员长、外交部、中国国民政府、中国军官、美国军官及大使馆正在合作，共同努力的结果已在军事形势方面表现出来。

在我刚来这里时，蒋介石认为中共是俄国苏维埃政府的工具。现在他相信，俄国政府根本不承认中国共产党是共产党，而且：

一、俄国不支持中共；

二、俄国并不希望中国分裂或内战；

三、俄国希望与中国有更协调的关系。

这些事实进一步使蒋介石相信，中共不是苏联的代理人。他现在感到，可以把中国共产党看作一个与外国无关的中国政党而与之达成协议。我刚到这里时，人们认为战争一结束，或许在战争结束以前，内战就会爆发。蒋介石现在相信通过共产党达成协议，他能：

一、统一中国军队进行抗战；

二、避免中国的内部冲突。

在这里我可作补充。蒋介石已要求苏联允许他派一名私人代表去和斯大林会谈，他已选中了现任行政院院长宋子文担负这一使命。宋子文还兼任外交部长。苏外交部已表示,他们愿在二月底或三月初接待宋。预料这一使命将使俄中关系更密切和更协调。

经委员长和他的内阁成员的赞许、劝说和指示,并应共产党领导人邀请,我开始与共产党及其军事领导人讨论为打败日本而改组、团结和统一所有中国军事力量的问题。打败日本当然是首要目标,但我们都应理解,如果中国两大军事集团间不能达成协议,内战完全有可能发生。我得到共产党领导人的热情支持。他们通过我,向国民政府转送一份组成联合政府和统一军队的计划。共产党也承认蒋介石的领导,保证支持建立"民有、民治、民享"的政府。他们还保证维护一切个人权利,并促进政府中民主程序的发展。当时,国民党和国民政府是有机会与共产党达成协议的。但他们那时忽视或放弃了这一作法。他们说,国民政府不接受共产党的计划。虽然国民政府提出了反建议,共产党没有接受。我们整天与委员长和他的内阁成员会谈,力劝他们放宽国民政府提交共产党的反建议。我们正获得某些成功。委员长声明,他急于统一中共和国民政府的军队,把日本人赶出中国。共产党宣称这也是他们的目的。我说服蒋介石和国民政府的其他人,为了统一中国和防止内战,委员长、国民党和国民政府有必要在政治上对共产党作出慷慨的让步,在国民政府中给他们足够的代表席位。蒋介石指定的一个新的委员会,现在正制订他认为切实可行的计划,并希望在这个计划的基础上,与中共达成一项行之有效的协议。国民党试图避免使用"联合"一词,他们并不打算承诺与中共组成联合政府。国民党仍想保持对中国的一党统治。尽管如此,您应记住,共产党承认蒋介石的领导,几乎接受了他公开宣布的所有原则。国民党公开宣布的原则和共产党公开宣布的原则如果有分歧,也微不足道。

在统一中国军队和联合中国政党的问题上,存在着巨大的反对势力。我们发现,在国民党和共产党的顽固势力中,存在一些反对中国统一的人。反对中国统一的最大势力来自外国。在中国存在大量直接来自某些外国人的公开舆论。他们认为,中国分裂比起建立自由统一民主的国家来,更能明确地保护他们在亚洲的利益。帝国主义国家普遍谈论反对中国统一,它们正为在东南亚重建殖民地和在殖民地重建帝国主义的殖民政府而战。这个集团的所有人都试图使中国人相信,美国人统一和加强中国所做的每一件事,都是介入中国内部事务。所有这些国家和一些英国的自治领在重庆都没有大使馆,它们不仅对政府,而且通过它们的代理人,对后方和敌占区的人民广泛地施加影响。根据这个原则工作的代表机构有:

一、荷兰大使馆;

二、法国大使馆;

三、英国大使馆;

四、加拿大大使馆;

五、澳大利亚大使馆;

六、丘吉尔的私人代表卡登将军。

此外,有一些美国军官和外交官认为,目前的中国政府最终会崩溃,在蒋介石和国民党中支持他的"顽固派"的领导下,不可能作到军事和政治的统一。这伙人的观点是:

一、委员长已经和日本人达成协议;

二、如果没有这种协议,委员长的政府势必会崩溃;

三、共产党不应与国民政府联合;

四、共产党不应允许他们的军队与中国其他军队联合;

五、美国应与共产党,而不是国民党达成协议。

我不受任何帝国主义者和其他反对中国统一的观点影响,但在这里列举他们的观点,是为了使您在赋予他们您认为可以承担的重任之前,对他们有明确的看法。大使馆的官员在这些事情上与我一致。企图使我们相信的最后的理由是,美国统一中国军队,帮助中国赢得战争,防止中国内战,建立自由统一民主的中国人的中国等等,所有这些政策,即使不会完全破坏白人在东方所处的地位,也是有害的。几乎所有这些反对中国统一的论据,一般应属于帝国主义的一贯论点,也是反对大西洋公约原则的人的一贯论点。

这是对您昨天来电的答复。我正通过海军电台发出,因为我发现这比商业电台更为迅速、有效。

一九四四年十二月二十四日于重庆

（牛军译自《美国对外关系》）

22. 美国驻华大使赫尔利致国务卿①

国务院无疑知道，我们一次又一次地收到有关中日和谈或"军事谅解"的报导和谣传。这类谣传和报导在过去七年中相当多。目前，在中外观察家中广泛流传一种谣言或报导，说日本从贵州撤军是中国政府高级官员和日本达成协议的结果。该谣传声称：中国给日本的报偿是同意阻碍美国的军事努力，并对日本和它的傀儡政府在战后中国的地位作出承诺。谣传最后说，中国国民政府的官员一致同意，不与中共达成任何协议。

附属于我们驻延安军事使团的外交代表报告，共产党领导人表示，他们相信关于重庆政府已与日本人达成某种谅解的报导。共产党领导人还说，重庆的中国自由主义者被接二连三的谣传和报导搞得忧心忡忡。我们自己的外交代表还坚持说，一些外国军事和外交观察家也倾向于相信那些报导，认为中国国民政府和日本人已达成某种协议，数量可观的日军现在正从中国战线后撤。

我正向您转达所有的包括我们自己外交官的报告的观点。我必须再次向您说明，我转达这些看法，不过是因为它们有价值。我怀疑所有这些谣传和报导。它们都是由那些断定或者希望中国国民政府崩溃的人、团体或外国政府散布的。臆想国民政府与日本达成了协议是不真实的。因为达成这种协议的实际的基本条件并不存在：

一、我们认为，中国领导人和政府官员相信盟国会打赢这场战争。如果我们相信中国正企图与日本达成协议，毋宁相信中国希望处于战败一方；

二、中国在军事和民用两方面均依靠美国提供租借物资。没有美国的装备，中国既不能在目前的战争中坚持下去，也不能在战后保卫自己。中国战后还将依靠美国的援助；

---

① 本件发自重庆，无发电时间，收到时间为一九四四年十二月三十日。——编者

三、中国国民政府在美国存有价值一亿美元的外汇。如果美国以任何理由猜疑存在谣传或报导中的日中达成协议之说，这笔财产将立刻被冻结。

此外，我们非常清楚：

一、中国国民政府目前正试图与中共达成协议；

二、中国国民政府官员和中国军官正与我们驻华军事机构合作。在过去两个月里，这种合作已加强，并仍在加强；

三、即使有些官员作出上面所说的那种暂时性交易，有现实感的人也知道，在那样的基础上，日本决不会撤除对中国首都，对成都的超级空中堡垒基地，对昆明的印度空运终点站以及其他能从中国空袭日本神经中枢的地区的威胁；

四、我们用中国最高统治者委员长和宋子文等人的话说，那些谣传和报导是毫无意义的谎言。

我认为，那些谣传和报导确是谎言。但应记住，美国和中国当前共同承担的军事行动是防御。谣传和报导或真或假，直到美军司令命令进攻时，才能最后予以证明。如果中国政府和中国军事当局支持进攻并在进攻中与美军合作，就将证明那些谣传和报导是谎言。我们正密切注视形势的发展。

（牛军译自《美国对外关系》）

23. 美国驻华大使赫尔利致罗斯福总统

与我上几次电报相衔接。兹将国共间最近谈判情况摘要呈报给您。您应该记得，国民政府与共产党之间在西安和重庆进行了毫无结果的讨论之后，我去了延安，并带回由中共主席毛泽东签署的（国共）协议的五点建议。中共副主席周恩来将军和我一起回到重庆。国民政府则提出了中共无法接受的三点反建议。周恩来在重庆逗留一个月后返回延安。周恩来与国民政府官员以及与我的会谈是令人满意的，看来能够找到解决办法。最后，周恩来还与委员长进行了会谈。我未参加那次会谈。周恩来告诉我，会谈并不令人满意。目前，委员长除了不打算接受联合政府和联合军事委员会外，准备对五点建议中所提出的所有其他条件作出让步。而且，他愿意给中共代表在政府战时内阁和军事委员会中一席之地。我认为，如果在周恩来离开重庆之前提出这些，中共是会接受的。委员长的立场是反对联合政府，但愿意承认共产党并给予其作为一个政党的代表权。他向我声明，他不愿意造成类似南斯拉夫和波兰的那种局面。十二月八日，周恩来通知我，既然国民政府已经拒绝了中共的五点建议，他不能再返回重庆。我劝他重新考虑。但他在十二月十六日答复说，因为国民党当局没有丝毫诚意，他将不再返回重庆。经我进一步劝说，重开谈判后，毛泽东在十二月二十二日来电说，周恩来正在筹备一次重要会议，因而不能来重庆，周恩来建议在延安与政府代表举行会谈，并愿意请我们驻延安的军事代表包瑞德上校参加这个会谈。我乃派包瑞德去延安，他于二十八日返回(重庆)，并带来一封周恩来的信件。信中称十二月二十二日的电报因"释文上的错误"而不够准确。实际上，他并没有想建议代表去延安，也没想让包瑞德参加这个会谈。周恩来还说，在国共进一步谈判之前，政府首先应该自愿执行另外四点建议。当时我无法解释共产党立场的急剧转变的原因。后来我发现问题出在我们内部。这一点我将在报告后面说明。

我征求了委员长对目前局势的看法后，在一月七日写信给毛泽东和周恩来，对他们在先前五点建议之外又提出要政府首先自愿实现四点新建议表示遗憾。我指出，既然周将军不能来重庆，我愿建议在获得政府同意后，行政院代院长宋子文博士、宣传部长王世杰、军事委员会政治部部长张治中将军和我访问延安，探讨一项解决方法。如果在原则上达成协议，毛泽东和周恩来可以来重庆缔结协定。

下面是政府准备在提议中的延安会谈上提出的建议，供您参考：

一、成立包括共产党和其他非国民党人士参加的战时内阁(它将是名副其实的联合战时内阁)；

二、建立一个由政府代表、共产党代表和美军军官组成的三人委员会，制订出中共军队编入国民政府军队的详细计划；

三、由一美军军官统帅共产党的部队；

四、承认共产党为合法政党。

　　毛泽东在一月十一日的答复中说,政府没有丝毫诚意,将来的谈判应该公开举行,并建议召开国事会议,其预备会议由国民党、共产党和被称为民盟的代表组成。会议的议程应予公开,所有代表应有平等地位。如果国民政府事先同意这一建议,周恩来可到重庆就国民会议问题进行磋商。

　　因为委员长在元旦已宣布要在年内召开国民大会以制订宪法,而(共产党)这个新建议已超出了最初的五点建议和随后的四点建议,委员长是不能接受的。

　　我来中国后一直奉行您的政策,竭尽全力帮助促进中国统一。委员长起初对此计划反应冷淡,但在您的建议之后,他也表示愿对共产党所提出的远远超出他过去所同意的条件让步。委员长现在赞成统一、改革,同意和共产党达成协议。

　　今天上午,我与委员长讨论了共产党的答复。他同意,不论有无共产党参加,他都将立即采取步骤使政府自由化,而不顾目前所处的战争状态。他与政府其他成员正在考虑下星期一宣布成立除国民党以外还包括其他党派代表成员参加的战时内阁。他想邀请共产党参加内阁,而不计较他们最近的拒绝。他打算利用战时内阁在国大召开和宪法制定之前就开始对政府进行自由化和净化。我认为此项措施是迈向组织一个稳定、统一和民主的中国政府的实质性的一步。此项纲领有一缺陷,即它满足了共产党的要求,却不要求我在五项协议中提出的那一点:共产党军队应该服从国民政府。所以,在政府改组期间和在此以后,仍存在着共产党以武力发动内战的威胁。

　　在这里我向您重申阻碍中国统一的因素。简述如下:

　　一、国民党内的保守因素;

　　二、共产党内的坚定反对派;

　　三、所有帝国主义政府代表的反对;

　　四、宋子文博士起初不愿与共产党达成协议,不过,现已倾心赞同。他想赢得避免内战和统一中国的声望;

　　五、此外,我们还遇到了来自我们内部的一些外交官和军官的持续不断的反对,这些人确信蒋介石政府非垮不可。

在共产党与我们分手之前，我们已经克服了所有这些反对因素。从一月一日至今，我一直在探寻这次破裂的基本原因在于：在魏德迈将军不在司令部期间，其麾下的一些军官制订了一项在共产党控制区使用美国军队的计划。这项计划规定，在游击战争中使用由美国人领导的共产党部队。计划以在美国和共产党之间达成一项协议为基础，避开中国的国民政府，直接向中共部队提供美国的给养，并把中共军队置于一美军军官指挥之下。我的任务理所当然是阻止国民政府的垮台，维护蒋介石的领导地位，统一中国的军事力量；同时尽可能地帮助政府的自由化进程，促成产生一个自由、统一和民主中国的条件。已为共产党所知的上述军事计划，向他们提出了他们正需要的东西，给予承认并提供租借物资，摧毁国民政府。如果作为一个武装政党的共产党能成功地与美军实现这种安排，那么我们为挽救中国国民政府所作的努力就将付诸东流。我听到了有关这一计划的风声，直到共产党向魏德迈将军提出毛泽东、周恩来将去华盛顿与您秘密会谈时，我才知道这一计划已提交给共产党了。他们要求魏德迈将军就他们拟议中的访问您一事向国民政府和我保密。在此我插一句，我与魏德迈相互信任，正在通力合作。共产党还不知道我已经了解到他们正竭力绕开我径直找您。我们与共产党之间目前的困难是由一个美国计划造成的，它想不通过中国国民政府来统一美国和共产党的部队。依靠魏德迈强有力的帮助，我们正在澄清这个问题。但我们还未告知共产党，我已经获悉这一军事计划和他们想绕过国民政府和我直接找您的企图。既然已经发现共产党同国民党政府谈判的态度以及对我的态度转变的真正原因，我将尽力促进谈判继续进行。直至再次使共产党相信，他们在取代国民政府的努力中不能利用美国。尽管如此，为使共产党得以参加政府，我仍赞成我们要从国民政府那里争得每一让步。

因此，我提出下列方案，在您业已宣布的即将来临的会议（指雅尔塔会议——译者注）上，您应确保丘吉尔和斯大林同意下列计划：

一、中国所有军事力量立即统一；

二、建立一个自由、统一、民主的战后中国。

您如能确保上述协议，我方能向您提供下列完整计划：中国军事力量的统一;承认共产党为合法政党;所有党派参加中国政府的行政管理;中国政府的自由化;加速民主进程,确立个人基本权利,建设一个自由、统一、民主的中国。然后,我们向蒋介石和毛泽东提供一次与您会见的机会,条件是:会见之前他们之间必须首先达成一项统一中国的协定,并在与您会晤时予以公布。

整个的军事形势表明日本的进攻能力仍保持一个目前的势头。魏德迈认为,麦克阿瑟的胜利可以阻碍(日本)快速而猛烈的西进攻势。这使魏德迈有时间改变战略战术,重新组织昆明和重庆地区的防务。在军事方面和处理与蒋介石政府的关系上,魏德迈干得十分出色。

此报告是呈报给您的,但如果您同意,我并不反对交给国务院。我完全相信斯退丁纽斯,但我们已听到并读到许多有关国务院改组的消息和曾经发生或正在发生的泄密事件。因此,我认为最好将此报告送给您,以便像我们以往的报告那样受到白宫的保护。如果您认为最好不把此报告送给国务院,我希望您请斯退丁纽斯一阅。

一九四五年一月十四日下午于重庆

(任东来译自《美国对外关系》)

24. 美国驻华大使赫尔利致国务卿

序　言

我正着手起草报告。大使馆没有配备这类报告的人员。大使馆只有一名速记员。美国过去从未打算将优秀官员用于目前统一中国军事力量的谈判。我们有负责与共产党联络和观察报告共产党情况的人员,却没有为统一国共军队进行谈判的人员。由于这一原因,除我自己外,大使馆中没有人打算就我正解决的问题作出决定或写出报告。我作此声明不是批评,而是陈述事实。

我们正在同残忍的敌人战斗。我认为,我们为了有利于打败我们的敌人而统一中国军队是正当的。共产党和国民政府的军事力量统一后,是有战斗力的,至少相当于一支有充分装备的美国军队。中国军队统一的结果与过去美国向中国提供的援助相比,其价值更为可观。正如我前次向您报告的那样,我同共产党的谈判已通知委员长和美军司令魏德迈,并得到他们的同意和指导。

我现将这些报告口授给任何(一位)军队的速记员,如您所知,我正根据避免重复和冲突的原则,指导着一个美国在华机构的代表会议,并履行大使的日常职责。对我个人来说,出席那么多会议,还要自己起草报告,太困难了。我已电告国务院,建议为大使馆设立一个机构。希望尽早于适当时予以解决。

第一部分

我在一九四五年一月二十四日第 107 号电报中向您报告,国共谈判已经恢复。但是,应坦率说明,在最初的会议上,双方都极力强调两个集团间达成实质性协议的障碍。政府代表宋子文和共产党代表周恩来都是能干的辩才。

关于这一点,我先提供背景说明,这将准确地概述我参与的国共谈判及其谈判的进展。史迪威曾争辩说,有必要使中国军队联合起来,以取代国民政府军队和中共军队间的互相攻击或监视,这样就能团结一致,将日本人赶出中国。那期间,我一直在与委员长会谈。委员长告诉我,虽然他同意我为努力实现联合而与共产党领导人谈判,但共产党犯下了那样严重的罪行,以致几乎不可能调和。

一九四四年九月十一日,我接到中共军队总司令朱德将军的一份电报。他以中共中央、新四军和八路军的名义,邀请我赴延安,到共产党地区作私人调查,并赴访共产党领导人。我立刻将此邀请通知委员长。他并不反对我与共产党领导人会见,但由于若干原因,希望我推迟访问延安。然后,我开始与一个小组进行了大量工作。这个小组受委员长和国民政府指派与共产党领导人会谈。小组的成员是:现任宣传部部长王世杰和国民政府军委会政治部部长张治中将军。我发现他们受命提出,根据孙中山的思想,中国必须保持一党统治,直到在训政期间为建立民主政府作好准备。他们的观点是,中国还未达到建立两党或多党政府的阶段。在向这两位先生、外交部长和委员长做了大量工作之后,我提出了五点建议,其中一些条款无关宏旨。国民政府表示同意这些建议,我是在与共产党驻重庆代表会谈,并与这些代表和国民政府代表开会磋商之后,提出这些建议的。我只是刚刚开始理解其中的争论之点。十一月七日,我在通知委员长和魏德迈将军、并得到他们的准许和指示后,飞往延安。我受到共产党领导人的热情接待。他们对我在旅途危险的时期乘机来延安,表示极大敬佩。这对于他们似乎有重大意义。在第一次正式会议开始时,毛泽东主席表示,我们的会谈是那样重要,致使我冒着生命危险来会见他。他声明,这一事实使他对我们联合中国军队以打败日本和防止中国内战的热切愿望,有了极深的印象。

与共产党的谈判是在非常有利的气氛开始的。我们在两天两夜中不断争论,赞成、不赞成、拒绝、承认,百折不挠,但却极其友好地反复推敲我的五点建议,直到对这些建议作了最后修改,并经毛泽东签署,作为中共的建议,由我送交国民政府。我甚至可以把五点建议的不必要的细节略去,以便把它们抄在一张纸上。根据协定,直到谈判结束或毛泽东和我同意公布之前,这份文件应当保密。文件现在仍被保密。国民政府已采取各种预防措施,保证文件不被公开。所以,国务院应清楚,如果这个文件被公之于众,将危及我们的谈判,我已将文件概要报告总统。我这次是第一次送交文件全文。这样做是因为我感到,如果我希望在谈判中得到指导、合作和支持,使国务院充分了解情况是重要的。共产党提交国民政府的五点建议于一九四四年十一月十日签署。五点建议的全文于一月三十一日下午七时的 142 号电报中报告。

共产党还授权我告诉蒋介石,他们保证支持并承认蒋介石作为委员长和政府总统。

我在延安患了重感冒,回到重庆第二天,即十一月十一日,我不得不在住所休息。我将一份共产党签署的建议案副本送给宋子文博士和政府小组的其他人,要求他们将文件译出并交给蒋介石委员长。宋子文博士和王世杰博士气急败坏地来到我的住处。宋子文博士当即说:"您被共产党的旧货单子欺骗了。国民政府永远不会答应共产党的要求。"然后,他指出了他在建议中发现的所有缺陷。其中只有一条在我看来值得考虑,那就是共产党说他们希望建立一个联合政府,而实际上他们是要求改变中国政府的名称。我认为,这是细微末节,容易纠正,我坚持认为,共产党的建议至少已经提出了一个基础,在此之上可以达成协议。宋博士和王博士在我之前会见了委员长。他们使委员长相信,在共产党建议的基础上,不可能解决问题。委员长认为,他没有承认自己的党被共产党彻底击败时,不会同意组成联合政府。他还说,五点建议中的计划与孙中山博士在遗嘱中为中国制订的程序相抵触。他说,接受这些建议,就会严重影响为战争所作的努力,在中国形势危急之时引起纠纷。我当然深切同情他,同时我完全理解,国民政府必须维持下去,国民政府的崩溃将引起混乱。

委员长充满善意地说,在他看来,我从共产党那里获得的达成协议的基础,在华盛顿和伦敦可作为同类争端的解决办法予以接受,但是,由于中国人的特殊心理,这将意味着他和他的党完全失败。我建议委员长修改共产党的建议,采用两党、多党或党派代表组成政府的想法,避免使用"联合政府"一词。我认为,国民政府和中共达成协议,将在政治上和道义上加强国民政府,并将防止崩溃。那时已有许多关于崩溃的预言,而且在许多知情人看来已迫在眉睫。我的观点,也是作为中共中央副主席周恩来的观点,没有起作用。周恩来是和我一起从延安来重庆的。政府最终明确地拒绝了共产党提出的解决办法。国民政府提出三点建议作为对案,于十一月二十一日交给我,然后由我转送周将军。国民政府的三点建议全文于一月三十一日下午八时大使馆143号电报中报告。

王博士在谈判中声明,政府的三点反建议是由我准备的,代表了我公平解决问题的思想。我公开答复这个声明说,反建议中没有一个字可认为是我的,也没有一个字是作为我的公平调解思想而转送的。我没有谴责三点反建议的论点。我否认我是三点反建议的制订者。共产党当然不接受三点反建议。我与周将军就三点反建议交换了意见,试图使他理解,接受三点反建议,与国民政府合作,为共同打败敌人而努力联合国民政府和中共双方的军队,是明智的。我指出,政府的三点建议规定,承认中共为中国的合法政党。这时,中共在讨论中开始指责中国政府没有诚意。他们说,中国政府并不希望努力统一中国,它与日本人和东南亚支持帝国主义政府的人一样,企图使中国处于分裂状态。在此期间,指责与反指责如此之多,以致这里无法叙述。

国民政府代表指责共产党在中国内战期间犯下了严重罪行,抗战期间的罪行更多。周恩来与政府的谈判未取得任何显著进展。他返回延安。

　　在报告与中共谈判背景的第一部分的结论中,我愿申明,我在与共产党谈判期间,坚决主张不向有武装的、以暴力反对国民政府的中共提供租借物资或其他援助。来自美国的任何供应给中共的援助,都必须经过国民政府给予那个党。中共从未对我表示出他们希望获得对国民政府的支配权。直到通过政治选举取得这种支配权。共产党要求取消国民党的一党专政的政府。中共同意国民党在政府官员中仍占多数,中共要求在政府制订政策的机构中使自己和中国其他抗日党派享有代表席位。如果在国民政府中给予中共适当的代表席位,共产党会同意把军队交与政府支配。

　　问题的另一方面是,在国民党内部和共产党内部都有人反对中国军事力量的联合。中共以政府无能、腐败和破坏中国民生为理由,反对与国民政府联合。国民党指出,事实是,国民党是作为孙中山的党和改造中国的党而创建,并领导中国经历了一场革命和近八年的抗战。他们认为自己是有成就的,并为中国尽到责任,自然不愿放弃他们在中国的一党统治。

　　我们自己的军队中也有一些人反对中国军事力量联合。他们的理由是,共产党军队比国民党军队强大,我们应撇开国民政府,直接与共产党合作。我认为,这种反对意见是基于错误的和不充足的前提。

　　除了这些因素外,在东南亚的所谓帝国主义殖民主义列强的代表都反对中国统一。帝国主义列强的政策是使中国保持对其自身不利的分裂状态。

一九四五年一月三十一日下午于重庆

(牛军译自《美国对外关系》)

25.美国驻华大使赫尔利致国务卿

　　接一月三十一日下午六时第 141 号电报。第二部分。如报告第一部分所述,周恩来在与政府谈判未取得任何显著进展后返回延安。这期间,我不断与委员长、宋子文、王世杰和张治中将军讨论中共和国民政府的关系。宋子文博士现在至少已成为与共产党谈判的政府小组的非正式成员。我经常在重庆，或过江到委员长在山里的别墅中与委员长会谈。我终于使委员长相信，不同共产党达成协议，我们既不能希望统一中国军队，也不能希望从战争中产生一个强大、自由、统一和民主的中国。我使委员长相信，为了控制联合起来的中国军队，在政治上作出让步是必要的。他开始作出让步。首先，他决定更换他的内阁成员，这导致了中国政府、中国军事机构与美国军事机构及大使馆的关系进一步改善。共产党、美国舆论和其他方面对更换内阁成员的行动的批评是，蒋走的还不够远。当然，这一批评是正确的。但我们这些了解情况的人认为，他已走了很长一段路，并将继续前进。

在一九四五年一月十四日给总统的电报中，我概述了委员长、国民党和国民政府在与共产党的争执中准备作出的让步。委员长准备作出的让步约略如下：

一、在政府中给予共产党代表席位；

二、组成包括共产党和其他非国民党成员的战时内阁（名副其实的战时内阁）；

三、成立由一名政府代表、一名共产党代表和一名美国军官组成的三人委员会，制订共产党军队重新编入国民政府军队的详细计划；

四、由一名美国军官全权指挥共产党军队（我声明，没有美国政府的指示，我不能同意此点。但作为两党的愿望，这一点仍被包括在此）；

五、承认共产党为合法政党；

六、战争结束前召开国民大会，蒋在他的新年文告中已作承诺。

我对委员长指出，他达到这一目的手段有缺陷。我认为，他正作出共产党所期望的让步，却未得到相应的回报。这个回报主要是共产党的军队归附政府，这是谈判的主要目的。报告的第一部分提到，共产党提交给我五点建议。这是他们提出在什么条件下交出军权的唯一文件。

我多次提及委员长和政府的让步。我把它们归纳于此。

我现在追述周恩来返回延安期间的情况。周恩来回延安的第二天，即一九四四年十二月八日，写给我一封信，大意如下：

当我回到这里后，立刻向毛泽东主席和我们党中央详细汇报了谈判过程。经过非常仔细的研究后,我们都感到,蒋介石委员长和国民政府实际上拒绝了作为我们最低要求的五点建议,并提出了他们自己的三点建议,明确反对我们组成联合政府和联合统帅部的主张。我们在这两个建议案中不可能找到任何共同的基础,这就妨碍我为谈判再赴重庆。同时我利用这个机会通知您,作为对各方面的答复,我们考虑公布我们的五点建议,争取引起舆论的注意,改变政府的态度。

毛泽东主席特别要求我对您为中国统一所表现出的同情和作出的努力,代致深厚的谢意和赞赏。

至于我们的军事合作,尽管目前由于蒋介石委员长从各方面加以限制,以致不能轻易解决;但是,为了打败我们共同的敌人,我们非常愿意继续与您和魏德迈将军讨论我们将来军事合作的具体问题,并与包瑞德上校领导的延安观察组保持密切联系。

十二月十一日,我打电报给毛主席,答复周恩来的信说,我让包瑞德上校带一封重要的信给周将军,并希望共产党在收到这封信之前,不要采取任何行动公布五点建议(我和延安的一切通讯记录都无例外地送交国民政府负责谈判的要人,并征得他们的同意。这些要人是:委员长、宋子文、王世杰和张治中)。给周恩来的写于同日,大意如下:

通过翻译谈话总有可能发生误解。我理解,毛泽东根据共产党的利益提出的五点建议由我转交国民政府,只是作为谈判的基础,而不是最终"采纳与否"的提案。我理解,共产党愿意考虑或修改国民政府的建议。同样,我理解,作为对毛主席的答复而提出的三点反建议,也不是国民政府最后的话。所以,我认为这两个文件都是谈判中的步骤。

您声明,您决定现在公布中国共产党为解决争执提出的五点建议。我认为,毛泽东主席的提案在谈判仍进行时,不应被公布。

您在来信中说,现在是公布毛泽东主席的提案的时候了。我不能同意,我不认为谈判已结束,除非您希望它结束。我知道,国民政府愿意进一步谈判。我等待您对这一问题的专门答复。您说五点建议中大部分是我说的,这是真实的。我不同意现在公布它们。

"如果现在采取任何关闭进一步谈判大门的行动,我认为,对于中国和它真正的朋友都是一场莫大的悲剧。在此危急时刻,国民政府和共产党都应加倍努力统一中国。我已将此意告诉国民政府,他们表示愿意继续谈判。我相信,国民政府现在正尽一切努力统一中国。

(应说明,我个人不反对公布五点建议,也不否认我是五点建议的共同起草者之一这一事实,并作为毛泽东签署这一文件的证人,在上面签字。但是,国民政府反对公布五点建议。)

周将军十二月十六日来信答复如下:

从我一开始与美国观察组及您本人建立联系以来,为促进我们打败日本的共同事业充分合作,一直是我们坚定的政策。支持五点建议,是我们动员和联合全国抗日力量的最低限度的努力。不料国民党竟直截了当地反对这些建议,致使谈判陷入僵局,我再去重庆无所裨益。这无论如何不能解释为对美国不满。您不赞成公布五点建议,我们同意。但待时机成熟,有必要告诉人民,以使他们能要求政府改变态度时,应公布五点建议。那时,事前将与您协商。

由于您在延安和毛主席交换文件,并亲自在上面签字,我们愿向您保证,没有您的同意,我们将不公布五点建议。

目前的谈判说明,国民党缺乏诚意。这意味着它将自己置于人民利益之上。我们从未关闭谈判的大门。目前谈判的基本困难是国民党不愿放弃一党专政,不接受组织民主联合政府的建议。接受或反对这个建议,是民主或反民主的实质性标志。

您认为,当前国民政府的人事更动是走向自由民主的步骤。我们认为,只有通过废除国民党的一党专政,组织民主联合政府,才能使中国走向民主,使人民开始走向自由,组织所有抗日军队打击日本侵略者。目前国民党一党政府中的个别人事变动,不能改变现在的国民政府和它的政策。这是我们在谈判中的根本观点。

十二月二十一日(二十),我在答复周将军的电报中说,我相信,如果他愿意再次来重庆,循着共产党建议的一般原则,会比过去有更多的机会取得成功。

十二月二十四日，我接到毛泽东发来的电报。这份电报由军方翻译并转交给我。毛声明，周将军忙于"筹备重要会议"，难以离开延安。毛还声明，国民政府没有足够的诚意保证在五点建议的基础上继续谈判。他提议在延安举行会议，如有可能请包瑞德上校出席。周恩来随后于十二月二十八日写信给我，来信由包瑞德上校带回重庆。信中说，由于"翻译的错误"，看来我误解了上次电报的内容，包瑞德上校会告知我细节（虽然延安美国观察组的临时负责人随后即来电说明，我接到的电报基本上准确地翻译了毛的通知；但是，包瑞德给我的口头通知既没有建议在延安举行会谈，也没有邀请他出席这次会谈）。周将军还在信中说，共产党不愿再抽象地讨论接受他们关于组成民主联合政府的建议，代之以提出四点补充建议。他们要求将补充建议通知国民党当局，"看看他们是否决心实现民主和团结"。这些建议是：

一、释放全部政治犯，包括张学良在内；

二、撤退包围边区和进攻新四军及华南抗日纵队的国民党军队；

三、取消一切限制人民自由的压迫性法令；

四、停止一切特务活动。

周继续说，实行四点建议将表明，废除一党专政和组织民主联合政府有实际可能。

我于一月七日写信答复毛主席和周将军说，周来信阐述的四点补充建议背离了我们原来一致同意的程序，即在讨论特殊细节前，先就一般原则达成协议。我还声明，我相信国民政府真诚希望作出让步，以便有可能解决问题。但这种事显然不能通过电报或信件来讨论。然后，我在得到国民政府赞成后，提议：（一）宋子文、王世杰、张治中和我本人去延安作短期访问，讨论有关问题；（二）如果原则上取得一致意见，毛主席和周将军同我们一起来重庆，缔结一项协议。

毛主席在一月十一日的复信中说：共产党的五点建议已被国民政府拒绝，要共产党接受国民政府的三点反建议是非常困难的。他声明，要求国民政府首先自动实行四点补充建议，包括释放政治犯，以证明政府真诚希望在民主基础上解决国家问题。我说他非常赞赏我建议两党在延安举行会谈,但感到这除了使我徒劳往返,不会有什么结果,因为过去八年所有的秘密谈判已经证明,国民政府没有诚意。毛转而建议,在重庆为拟议的国事会议召集一个筹备会议。筹备会包括国民党、共产党和民盟的代表。会议程序公开,代表人地位平等,并可自由旅行。他声明,如果政府同意这个建议,周将军将过重庆讨论。

我在给总统的报告(一月十四日)中陈明,在魏德迈将军离开期间,美军司令部拟定了一项计划。这个计划阐述了美军将在中共控制地区活动;如何组织共产党军队进行游击战;以及如何装备共产党军队等问题。我说明,共产党已知道这项计划。这使他们确认,他们能撇开国民政府和我,通过军事机构直接与华盛顿联系。

马歇尔将军把我的报告摘要电告魏德迈将军,要求魏德迈向他提供事实根据。魏德迈急忙调查这件事。魏德迈在答复中说我同意他的报告。他在将报告送出之前先交给了我。我附上我同意魏德迈的介绍,但我不同意他说事实上军事计划不是由他的部下泄漏给共产党的。魏德迈暗示,军事计划可能是通过陈诚和宋子文泄漏给共产党的,因为他们都了解这项计划,后者正在与共产党谈判。马歇尔将军在答复魏德迈的报告时,要求他作进一步调查。调查证明,为我送信给毛主席和周将军的密使包瑞德上校在我知道的情况下,与共产党讨论了军事计划的细节。司令部属下的伯德上校已去过延安,他不仅与共产党讨论了军事计划的细节,而且已向司令部报告了讨论的内容。

后来,魏德迈将军要求包瑞德上校和麦克罗将军对此作出说明。他们的说明和伯德上校的报告最终证明,共产党已通过这些军官了解到那项军事计划。

结果,毛主席和周将军于一月九日通过军队电台,打电报提出如下两个建议,直接送魏德迈将军一人过目,并注明"严禁公开"。这两个建议是:(一)延安政府派遣一个非官方组织去美国,向有关的美国官员和公众"介绍并解释"中国问题;(二)如果总统表示希望将毛和周作为反对党的领袖,在白宫接见他们,他们可以立刻启程赴华盛顿,举行一个考察性的会议。如果罗斯福不是马上就发出邀请,毛和周特别要求,对他们去华盛顿的愿望保密,以便保护他们反蒋的政治地位。一份附加的电报表明,共产党希望撇开国民政府和我本人。不过,在以后汇报另一情况时报告这一电报更合适。

如果美国批准包瑞德和伯德在麦克罗指示下交给共产党的计划,如果美国接受上述毛泽东和周恩来的要求,结果将是承认中共是一个武装的交战国。所有上述行动都是基于麦克罗所坚持的主张,即(美国)不论在何时何地发现敌人,都有权以任何有效的手段与之战斗。存在适用这种理论的时期,但在这种情况下,是承认美国军队而不是合众国政府有权制订政策。而合乎逻辑的前提是,只有合众国政府才能决定采取行动,并能指挥军队作为政府的工具来制订有效的政策。但这项计划中的行动与政府的政策相抵触,这将破坏美国扶持国民政府的政策。我的观点是,如果我们军队承认共产党为武装交战国,立刻会在中国引起混乱和内战,导致美国对华政策的失败。我一意识到这种情况,我之反对更甚乎侵略者,这情有可原。结果表明,我的反对是成功的。

魏德迈将军在给马歇尔将军的电报中完全澄清了局势,并对已发生的事件表示遗憾。魏德迈认为,美军与共产党的谈判,不是共产党和国民政府及我之间谈判破裂的唯一原因。我当然承认存在其他原因,但是,共产党把军事计划和与之有关的会议作为证据,由此证明他们可以撇开国民政府和我本人,不光与国民政府达成协议,就可获得美国对有武装的共产党的承认。

有人建议我进一步调查军事人员。魏德迈的参谋长麦克罗将军和包瑞德上校已被同时调离战区司令部。我决定我们最好不要陷入自己内部的无聊争斗。我们应允许结束这一偶然事件。正如随后的来往信件所表明的那样。非常可信的是,当我开始让武官狄拔斯中校作为我与共产党谈判的密使,又不对共产党或国民政府解释替换的原因时,我们立刻能同共产党领导人重新开始谈判。而且,周将军已返回重庆,我们正友好地进行谈判,丝毫未涉及上面所说的我们自己内部的插曲。我重申,国务院在向共产党递送军事计划的问题上不要采取任何行动,否则只会在我们内部继续争吵,并损害我们统一中国军队这一主要目标。魏德迈和我彼此信任,并充分合作。

在有特殊利益的反国民政府的人中,存在着各种情况,逐渐引起注意。这些人要求美国给予特殊考虑,不时接近美国政府的这个或那个代表。他们要求派遣美国政府的代表到他们控制的地区去,要求美国提供武器和装备。只要中国不完全统一,这种接触就有可能继续下去。我重申,对那类要求,不论以什么理出提出,均应(拒绝),除非得到国民政府和美国政府的批准。我们坚定不移的立场是,在中国统一军队和统一政府成为事实之前,所有的武装军阀、武装游击队和中共军队,必须无例外地服从国民政府的统治。

一九四五年一月二十日,我让狄拔斯中校带给毛泽东主席一封信。我在信中表明,我相信国民政府准备作出重要的和具体的让步,以达成一项切实可行的协议。政府决定组成战时内阁,包括非国民党成员在内,并有广泛的权力。政府邀请共产党参加这一重要的决策机构。我建议毛再次派周将军来重庆,与国民政府讨论这些问题,哪怕是很少的几天。

如上所述,周于一月二十四日同狄拔斯来到重庆。现在谈判正在进行。随后即电报的第三部分,将报告这些谈判。在结束第二部分时,我猛然注意到,在报告那些枯燥无味的争论中,两个基本事实显示出来:(一)共产党事实上不是共产主义者,他们正争取民主的原则;(二)国民党的一党专政和个人独裁政府事实上不是法西斯主义,它也正在争取民主的原则。共产党和国民党都走着一条很长的路。但是,如果我们看清楚这条路,如果我们有清醒的头脑,并能宽容和忍耐,我们就能有所作为,但是,在我们努力进行的战争非常需要中国军队联合的时刻,忍耐是困难的。

一九四五年二月七日上午于重庆

(牛军译自《美国对外关系》)

26. 美国驻华大使赫尔利致国务卿

第三部分:国共谈判。

一、一月十日,埃文斯上尉从河南(延安)发给 G‒2 司令部迪克上校一份只给魏德迈"过目"的电报(见二月七日上午八时第18(180)号报告第十六段最后两节）。埃文斯声明，他从周恩来将军那里得到有价值的重要情报，只给魏德迈过目。魏德迈应决定美国方面的处理意见。埃文斯引用周恩来的特别声明说："一定不能让赫尔利将军得到这个情报，因为我们不相信他的判断力。"埃文斯声明，这是一份关于国民政府与日本谈判，出卖美国利益的准确情报。他还声明，事实部分被高级负责人之间通信的副本所证实。谈判包括一些国民政府中最高级军官和政府人士。埃文斯的结论是，这件事是"我从可靠人士那里曾经听到过的最严重的反对可靠盟国的罪行"。

在报告这件事时，希望您相信埃文斯上尉是忠诚的。他的看法是出自真诚的动机，他所得到的基本证据证明、中国国民政府与日本人已达成协议。全部关于蒋介石政府和日本人已基本达成协议的报告，正是根据埃文斯上尉送交的证明文件提出的。这些文件都是为了达到使人们怀疑中国国民政府的目的。说到此，请理解我不是责备外交官和军事人员，他们被谣言迷惑。我以前涉及此事的报告向您表明，我的看法从一开始就是，这种谣传非常不真实，不可相信。

二、二十二份文件最近从延安送到魏德迈手中。魏德迈为了核查，在绝对信任的情况下，把文件交给我。我在将原件缩制成胶卷，收入大使馆档案之后，将其交还。第一份文件包括所谓国民政府与日本人谈判的证据；第二份是共产党制订的"一九四五年摧毁和瓦解傀儡军队的计划和预算"，还附有中共军队总司令朱德给魏德迈的一封信。前一份文件用中文写在无抬头的纸上，没有签字和出处。CFU（原文）封盖着日期。文件简要声明如下：

南京伪政府行政院副院长、财政部部长周佛海，于一九四四年八月去日本讨论和约。当时，小矶对周表示，他欢迎蒋介石在日本与盟国之间调停。一九四四年九月，日本军部副部长柴山（译音）前往南京继续谈判，呈递如下五点原则供讨论：（一）日本与南京政府在平等地位上谈判；（二）美国和日本的军队撤出中国；（三）尊重重庆政府关于将来与英美之关系的意见；（四）一俟重庆政府态度明确，（决定）保证从中国撤出日军；（五）南京政府和重庆政府自己处理它们之间的关系。十月，周佛海派代表去见第三战区司令顾祝同，带给委员长一系列和平建议，包括上述五点原则。南京还声明，如果不能实现和平,日本将移都新疆或张家口,放弃本土,把战争中心移到中国大陆——以此威胁破坏中国经济,取得对美军的优势,并给共产党一个扩张的机会。南京还催促重庆政府,在美军登陆沿海海岸前宣布中立,周要求重庆派一高级官员常驻上海或南京,以保持与日本和伪政权的联系。十一月,顾将军写信给周,表示同意上述建议,并提议交换情报和主动停止对双方和解的攻击。南京伪政权驻日大使(蔡陪)在回宁途中,让一个叫李志豪(译音)的人前往重庆,与蒋介石讨论这些问题。据说李派他儿子、香港中央托拉斯前副经理李英书(译音)代表他。李英书于一九四四年十二月前往重庆。李到重庆以后,有可能会见(陈布雷)。

这就是埃文斯上尉转送的证明重庆正在与日本人谈判的"证明文件"。

我在一九四四年十二月二十三日(二十四日)给国务院电报的第五部分中指出,某些美国外交官和军事人员确实认为委员长在与日本人作交易,否则他的政府就会垮台。我还说明,我不受帝国主义者、中共和反对中国统一的人的那些老生常谈的影响。但是,由于文件中的记录(显然是散布的),我正重新估价那些论点。而事实是,这仍不能证明我们外交官和军事情报人员的那类报告。分析以下的文件,就更充分地揭示了企图揭发国民政府与日本人达成协议的目的。

三、同时从共产党那里收到的第二份文件和声明摘要如下:

目前,中国约有九十万伪军,其中有四十一万游击队,四十九万地方武装。一九四四年,共产党争取了三万四千一百六十七名伪军士兵(约占在华全部伪军的百分之三点八),缴获步枪、装备、迫击炮、野战补给等等二万零八百五十件。如有美国援助,估计一九四五年间,正式数字可增加到九万人,占全部伪军的百分之十。预算分为两部分:(一)用于政治性宣传和收买伪军军官及他们的队伍的财政费用;(二)用于通过伪军在日军战线后方进行怠工和破坏工作的基金。

一月二十三日,朱德将军写信给魏德迈将军,要求美军为此项计划供给中共军队二千万美元,并声明他的军队在战胜日本后负责偿还这笔借贷。

四、这两份文件表明,它们确实有内在联系。在第二份文件中,共产党要求我们提供二千万美元贷款,这是断定我们会接受第一份文件"证明"国民政府不忠诚的证明。在给军队指挥官的报告中,包括一项禁令和其他劝告,禁令的大意是,那些文件不要交给我。这清楚地说明,共产党领导人担心我可能看穿他们的阴谋,还清楚地说明,共产党希望撇开大使馆和国民政府,背着它们,通过我们的军事机构获得财政和军事援助。

虽然朱德将军所要的那类财政援助,最终可能证明要比从美国运来抗日的同等价值的武器和军火更合算,但是,我坚定地认为,这种援助等于在以武器供应有武装的共产党,并因此开一危险的先例。接受共产党的计划,批准朱德将军获得租借物资和财政援助的要求,都将破坏美国的既定政策。这个政策是,防止国民政府崩溃,支持蒋介石为政府委员长和军队统帅。

魏德迈将军和我本人正为这一目标密切合作。他终于指示他的部下,避免参与政治性讨论,至少等到我们在有武装的中共和中国国民政府的争端中作出决定。

有关文件的副本将寄给您。

一九四五年二月七日下午于重庆

(牛军译自《美国对外关系》)

27. 美国驻华大使赫尔利致国务卿

第四部分:以下报告国民政府和中共正在进行的谈判。参加会议的国民政府代表是:行政院院长兼外交部部长宋子文,宣传部部长王世杰,军委政治部部长张治中将军;中国共产党代表是周恩来将军;我本人应两党邀请列席。一月二十四日,在我们结束第二次会谈时,王世杰提出如下建议供考虑:

一、在行政院设战时内阁性质的机构(人数约七至九人)作为行政院决策机关,并使中共及其他党派人士参加;

二、关于中共军队的编制及军械补给等,军委会将指派中国军官二人(其中一人为现时中共军队之将领),及美国军方一人,随时拟具办法,提请军委会委员长核定;

三、在对日作战期间,军委会将指派中国军方二人(其中一人为现时中共军队之将领），及美军将领一人，为中共军队指挥官。以美军将领为总指挥，中国将领二人副之。他们对军委会委员长直接负责，其所属战区之军令政令，皆须统一于中央。

（注意，我当然不能不指出，我无权代表美国政府同意一位美国军官执行计划中指定的任务。）

周恩来将军在充分理解这个提案后对我说，王世杰不是在提案中故意回避问题，就是对中共的主要目的还没有足够的印象。他说，虽然委员长在新年文告中表示有必要早日制定宪法，还政于民，但是王世杰博士的提案却意味着国民党只是在控制政府的前提下作出让步。周恩来重申了他和毛泽东在延安与我谈话时，以及在一九四四年十一月十日毛泽东签署并由我转送的五点建议中所采取的明确立场，即共产党不会把军队交给国民党；只有结束国民党的一党专政组成各党派联合政府，共产党才把军队指挥权交给国民政府，并参加国民政府。周恩来当时进一步声明，他同意指定一个军事机构或委员会，整编和联合中国武装力量。他不同意让那种委员会只整编中共军队。他坚持认为，应整编所有中国军事机构。他赞成美国参与委员会的工作，对整编军队提供计划和指令。

在一次有宋博士、王世杰博士和我本人出席的会议上，我将周恩来的立场转告委员长。委员长指示，他准备按照孙中山的愿望和他的新年文告，于五月四日召开一次大会，目的是制定宪法，还政于民，结束国民党的一党专政。委员长明确声明，他认为，中国所有党派，包括他自己，仅构成中国人民中的约百分之二。把政府权力交给任何政治组织或政党联盟，都不符合中国的最高利益。他认为，他的责任是通过全民参与的会议，而不是党派会议来制定宪法。他表示，他坚信中共实际不是一个民主政党，他们自称为民主党不过是为了控制国民政府。他非常尖锐地指出："共产主义"一词并不意味着"民主"，如果共产党像他们自称的那样民主，他无法理解他们为什么仍称自己为共产党。我向委员长建议说：他正失去宝贵的时间。我再次进言，为了控制共产党的军队，他可以作出政治让步和缩短训政时间。我指出，委员长此时最重要的目标，是把共产党军队统一于国民政府军队。这将是实现中国的主要计划的第一步。这个计划是：(一)统一全部中国军事力量,打败日本；(二)统一中国,防止外部力量使中国分裂；(三)防止内战；(四)由中国人民的会议制定民主宪法,建立统一、自由和民主的中国。

这期间,周恩来把他的全部时间都用于倡议在重庆召开友好的协商会议,这个会议将有国民党、共产党和其他党派的代表参加。他还建议邀请一些无党派人士出席这个会议。我以前曾提议,建立一个两党机构。在一党专政和个人独裁的政府转变为至少在理论上是有宪法和适当法律的民有、民治、民享政府的训政时期,这个机构将为统一制订计划,并充当程序指导委员会,指导所有党派的行动。

在每次争论中,大量的问题都是学院式的。宋子文出色地阐述了国民党的立场和目标,以及国民党领导政府直到今天所取得的成功。周恩来则提出了中共的目标。宋子文的观点是,国民党是中国改革的党,是孙中山的党,是自由主义的党,是有法律根据而非人为的执政党；在经历革命和坚持抗战期间,坚定不移地维护它的主义；它现在对政府负有历史性责任；没有国民党,中国将陷于混乱；他自从担任行政院院长以来,强烈地感到他有责任防止中国出现混乱；这种混乱将由中国国民政府的崩溃引起。他有力和雄辩地表达了他的理由。周恩来反驳说,他同意宋子文提出的大部分论点；但现在时代变了,根据孙中山的愿望和中国人民的愿望,应还政于民。他坚持认为,在过渡期间,指导政府的唯一方法是中国大党的领袖们彼此信任；组成临时性联盟,支撑政府渡过训政时期。宋答复说,他不同意在战争期间放弃权力,那样做将造成导致政府垮台的软弱状态。周在回答中保证,如果作出适当让步,中央政府会得到共产党的无限支持。他还声明,他感到中国必须统一,否则,其他在华有经济利益的国家会使中国分裂,阻碍中国发展经济和在世界各国中占有它的地位。

在此阶段,王世杰博士告诉我,他感到我赞成周恩来目前的立场。我坦率地告诉他,我并不完全同意周恩来的立场,但我们在争论基本观点中纠缠的时间如此之长,以致每个人不过是在重复自己过去说过的话。我对王博士指出,他和其他人与共产党谈判了五年,每个人都说了那么多话,有那么多谈判,却无行动。

王博士和周将军后来被指定组成一个小组,起草一个切实可行的文件。二月三日,王交给我如下草案:

"兹为加强抗战力量,促进全国团结统一,同意国民政府应召开国民党代表与其他党派代表,以及其他若干无党派人士代表的会议,举行会谈,此项会谈人数以不超过××人为度。此项会谈可称为政治协商会议。此项会议应研究:(一)结束训政与实施宪政的步骤;(二)今后施政方针与军事统一的办法;(三)国民党以外党派参加政府的方法。"

对以上问题如获一致结论,当提请国民政府准予实行。在会议期间,各方面避免互相攻击。

那天下午我见到周。他通知我,他正将提案转交延安。他第一次感到我们正达到一个可能完全合作的基础。第二天,我在宋子文陪同下,同委员长讨论了形势。委员长说,他同意上述提案中提出的计划。但他感到,共产党已获得他们一直力图得到的一切。我非常坦率地告诉他,以前能够与共产党一起工作的唯一文件是五点建议。我认为,如果他在五点建议刚提出的时候修改它,共产党会接受合理的修正。那是共产党签署的把军权交给国民政府的唯一的文件。

据信,在最后的建议中,共产党同意实行一项政治计划,但统一武装力量一事,还要看国民党进一步采取什么行动;另一个因素是,在国民政府决定行动之前,必须一致同意缔结政治协商会的协议,这一限制表明,最后成功的机会更少了。

上述的提案已转送延安。委员长现在对我说,如果共产党接受提案中作为最后开价的条款,我们(他)愿意把这些建议与五点建议合并。不过,所有涉及联合政府的条款必须从五点建议中取消,保留共产党军队服从国民政府的规定和所有的民主建议及计划。

全部争论和给您的报告向您表明,中共是不民主的。共产党的目的是在制定宪法或在民主基础上还政于民以前,摧毁国民党统治的政府。政府代表指出,中共的真正目的不是废除国民党一党专政。共产党的全部策略表明,他们的目的是推翻国民党的统治,使中共获得对中国的一党专政。政府代表,包括委员长在内,都说共产党支持民主原则不过是伪装,是企图利用它获得共产党一党专政下的政府权力。政府进一步坚持说,不论出现什么情况,国民党都有责任在长期的混乱阶段领导中国,国民党的目标是制订民主宪法和还政于民。在混乱时期,它不把权力交给所谓的联合政府中的党派小集团。它将指定一个有权制订政策的两党战时内阁,但保留对政府的控制权,直到在民主宪法下还政于民。他们宣称,把政府权力交给党派组织不是还政于民。委员长声明,他希望共产党接受政府的最后提议,这个提议表示了诚意,并尽一切可能保证他们的军队不会被摧毁或受歧视。他要求,在各党派力图确定他们在训政期间的行动步骤时,在政府正从一党专政转为人民民主宪政政府时,所有党派应特别注意,避免任何性质的相互攻讦。

委员长还指出,共产党指责国民政府正与日本人谈判,或已达成协议。这一指责是可笑的。他断言,共产党散布这些谎言的目的,是使美国不信任中国国民政府。他说,那些本意善良但被蒙蔽的美国人接受并报导了这个谎言。他指出,有许多虚伪的宣传,大意是说中共是一个民主的党。他认为,这种宣传与说国民政府正和日本人谈判或已达成协议一样,是不真实的。他说,如果中共真的支持在民主基础上统一中国的计划,他们应停止散布谎言。委员长还声明,共产党自己公布的军事力量是不真实的,不过是为了使世界相信中国严重地分裂;事实上绝大多数中国人民支持国民政府,支持国民政府制定宪法和还政于民的计划。他说,中共既没有改变名称,也没有改变原则。他们说他们现在领导着一个中国的民主的党。他们做这一切的目的,是实行政变,通过政变控制国民政府,把国民政府变成与俄国一样的共产党一党专政的政府。他说,中共成功的希望是基于一个事实,即他们相信,俄国如果参加亚洲战争,会支持中共反对国民政府。尽管如此,政府仍决定采取大胆措施,在战争期间还政于民。所以,政府现在邀请共产党和其他党派代表,在可以自由施行和享有平等地位的条件下,举行会议,以便加强对敌作战和统一国家,为圆满结束训政时期和建立民主宪政政府制订一项计划。委员长说,如果共产党领袖真打算建立一个民主宪政政府,这次给他们充分的机会参加开创工作。周恩来将军于二月十六日返回延安。他认为,他的党会同意作为最后开价的提案中所提出的政协会议。但他指出,应立即结束一党专政,组成联合政府,指导中国通过人民代表大会制定民主宪法,并在此基础上还政于民。

我认为,所有这些都是非常鼓舞人心的,但不能马上实现统一中国武装力量。我说过,我感到中国如不能比现在表现出更大程度的统一,在即将召开的旧金山会议上,它的地位是痛苦的。

我坚信,我国政府决定支持中国国民政府和蒋介石的领袖地位是正确的。我不同意或不支持任何在我看来会削弱国民政府和蒋介石的地位的原则和方法。不过,我一有机会就劝告委员长和宋子文,中国必须自己领导自己,自己作出决定,对自己的国内外政策负责。

魏德迈将军充分了解谈判的进展,他阅读了这份报告。他声明,他认为这一报告杰出地和合乎逻辑地介绍了实际情况。

第四部分完。

新的问题:我已拟就复函,答复您二月十六日(六日)200 号通知,但未发出。您在通知中似乎已将我在谈判中的职责减轻,仅作建议而不履行建议。去年九月九日,高斯大使给总统和国务卿通知时,就采用这种方法。如您现在所知,那不曾得到任何结果,因为缺乏有力的实践性。我决定不发电报,因为我希望见到您,与您当面讨论形势。我热诚希望遵循国务院的每一建议,甚至在我相信这些建议由于缺乏有力的实践而削弱我们的立场和拖延了解决问题时,亦是如此。或许由于谈判的暂时中止,以及我赴国务院述职,会使我对劝告或强迫中国军队统一,增进作战能力,及其对共同努力打败日本这一事业所应尽力的限度,有更清晰的了解。

一九四五年二月十八日上午于重庆

(牛军译自《美国对外关系》)

28.美国驻华大使馆二等秘书谢伟思就与中共领导人谈话的报告

一、送上一九四四年十月九日和十二日与毛泽东主席和周恩来将军非正式的谈话备忘录。

二、摘要:两人都表现出信心和愿望,期待着事情会像他们所想象的那样,不可避免地朝着有利于共产党的方向转变。他们认为,美国使中国局势明朗化而施加任何决定性的压力,必须有待于总统选举的结果。目前,委员长态度强硬,没有马上和解或组成国民政府的希望。共产党将尾追日本人之后,进入新的地区,并已抵达河南东部。毛泽东和周恩来似乎不同意在不彻底改组的基础上,有限地加入国民党政府。

三、请将此报告的副本转送美国驻重庆大使,并送中缅印战区美军司令部,供戴维斯先生参考。

约翰·S.谢伟思

一九四四年十月十二日于延安

总参谋部戴维·D.包瑞德上校

同意转送。

(张琦译自《美国对外关系》)

附一:

谢伟思与毛泽东等谈话备忘录

毛泽东及其夫人昨晚出席了在司令部举行的小型即兴舞会。两人都兴致勃勃,不断地一起跳舞,并与在场的大多数人跳了舞。想起毛泽东平日安详而沉默的样子,这种举止简直堪称浪漫。

黄昏,在舞会的间歇,毛泽东走过来坐在我身旁,谈了约二十分钟。

他的话头从开玩笑似地向我表示祝贺开始,说是答复了中国人批评美援数量少的问题。正当我感到困惑不解时,他解释说,晚报上的文章引用了"国务院发布"的消息(见我十月十日第四十一号报告)。我坚持认为这一定是弄错了,国务院不可能发表上述的声明,并且没有其他迹象表明我们对国民党正在采取这样一条强硬的路线。

他将话题转到国共关系上，承认国民党还不准备妥协，因此眼下没有希望召集非常时期国民大会和改组政府。

当我问到共产党要做些什么的时候，他回答说："我们要等待。我们的忍耐力是经过长期锻炼的"。然后他说，假如美国要对国民党施加任何直接的影响，那也得推迟到总统改选之后。因为总统已经把蒋扶了起来，所以他不会做使蒋丧失信誉的任何事情（这样做也许会使"中国的朋友"激动起来，并使美国的对华政策成为一只政治足球），直至选举顺利结束以后。他笑着问了问总统的运气如何。

他变得严肃起来，重申他以前说过的话，即共产党不会冒同美国发生磨擦的危险，因此要与美国的政策"保持一致"。他又笑了笑，问美国对国民党和共产党的政策是什么。

我提出，决定共产党政策和前途的确实就是日本人，日本人占领的地方越多，他们就把国民党逼得越困难，而共产党就变得越强大。他承认这话有部分的真实性，并说共产党要"收复被国民党丧失的任何领土"，他们的部队已从北方和南方开进河南东部。他明确指出，如果国民党对中国东南部失去控制，那么共产党也将进入这一地区，而且他们即使承认日本人打垮国民党可能意味着对他们会有好处，但他们也认识到这对于同盟国的对日作战有直接的损害，而后者比前者具有更重要的意义。因此共产党想要在民主团结基础上联合，认为这是胜利地进行战争的关键，也是解决中国内政问题的关键。

随后，毛问起卡斯伯格少将在他最近（在解放区）旅行中所得到的印象。我指出他已注意到军队与农民之间的友好关系和实际上的合作。他回答到："当然。如果我们得不到老百姓的支持，我们就不会在这里，也不可能生存至今日。"就此，他把这一重要话题引申到盟军在人民群众支持下在法国所取得的胜利，他们传递情报、秘密侦察，甚至进行破击和军事行动，这正是美国军队在国民党统治区进行登陆或作战时所缺乏的，而这在共产党地区必能得到动员起来的人民群众的支援。

我把话题转回到国共关系上来，并提出一种假设的可能性，即国民党最后也许愿意邀请几位共产党领袖担任国民党政府的职务,或许是内阁的一些部长。他毫不犹豫地说,这没有用,CC系和其他国民党保守集团仍将完全控制政府的下属机构,共产党在此基础上参加政府只会帮助国民党欺骗中国人民和世界舆论。共产党必须是在彻底改革和政府改组的条件下才可参加。

他又回过头来说共产党愿意等待一个时期的那种想法。随后他提到南斯拉夫,指出时间最后已证明米哈伊洛维奇自称反对德国人的主张是虚伪的。铁托不得不帮助公众认识米哈伊洛维奇的动机和行动。共产党也有大量确凿证据证明国民党与日本人及其傀儡保持着同谋关系,但迄今为止他们扣压着没有公布,以期国民党愿意同他们和解和合作,如果最后肯定国民党没有这种打算,他们就会把材料公布出来。当我问共产党怎么知道何时对国民党的和解不再抱有希望,他未作解释,只是说:"时间未到,尚有一线希望。"

约翰·S.谢伟思

一九四四年十月十日于延安

(张琦译自《美国对外关系》)

附二:

谢伟思与周恩来谈话备忘录

周将军非正式来访,一直待到吃午饭,随后谈了一阵子。谈话大部分是一般性问题。但以下几点值得注意。

他分析委员长十月十日的讲话,是蒋长期以来所作的最反动、最不妥协的讲话。第一点("不能用通常的标准来判断中国,因为她是一个革命的国家"),主要是针对国内的评论家。第二和第三点("没有中国,不能赢得战争胜利","我们自己仍具有足够的力量"),是指向外国评论家的。第四点("谈论分裂和内战,是敌人和卖国贼想要阻止我们获得胜利的企图"),是针对共产党的。他指出,这里没有承认外援,没有涉及内政问题(除了把共产党明显地包括在卖国贼之中以外),没有提及民主政治或改组政府。

他认为,讲话又一次表明委员长的态度新近变得强硬了。他举出四种迹象作为论据:(一)目前关于不久将来要召集国民党中央执委会全体会议的报道(大概是讨论与共产党和解和政府改组问题),现在已经销声匿迹了。(二)据说委员长已作了一次尝试,通过吴铁城去封住孙科的嘴。(三)虽然十月二日宣布国民参政会视察团将在一周内来延安,但他们自重庆启程的日子尚未决定。(四)最近发生了几起关于严酷的国内检查制度的事例。

他认为国共谈判不会马上有希望取得结果,或进行任何令人满意的政府改组。

他说,共产党要"等一两个月"以后再决定他们下步的行动。到那时,总统选举已有眉目,会定出一项更明确的美国政策,而日本人对桂林和柳州的进攻不是已经成功就是已经失败。如果那些城市失守,而日本人又继续向前推进,那么全国上下要求国民党改组的压力就会大大增强。

他指出,委员长的政策常常立足于近期打算,现在他把希望寄托于德国人在一两个月内会被打败,到那时美国将要进攻菲律宾,而日本人的进攻,以及中国人民的严重关切,就会被即将发生于中国沿海的大事所牵制。他认为,《大公报》关于开辟"第二条战线"(在沿海登陆)的社论显然是在官方授意下写的。

对于共产党可能在极其有限的基础上参加现政府这样一个假设的问题,他重申了十月十日谈话的观点,即必须彻底改组政府,而新政府必须有权改组和控制最高军事指挥部。随后,他回顾了自己和其他反对派人物在国民党政府任职的经历,那是既无权又似乎被捆挂了手脚。不过,他接着说,共产党应当仔细考虑任何一种建议,并非一定要拒绝它,即使分到的名额不多。他举出国民参政会来比较,共产党明知这个会是用来作为装饰品的,也没有实权,而且分给他们的席位同他们的实力是不相称的。但他们还是接受了这些席位,因为这给他们发表自己观点的机会,以便使公众了解,而且这是他们所希望的开始走向共同管理国家事务的一个小小的楔子。(周将军的态度与毛泽东似乎有点僵硬的声明大不相同,毛泽东主张彻底改组,否则共产党人决不参加。)

约翰·S.谢伟思

一九四四年十月十二日于延安

(张琦译自《美国对外关系》)

29. 美军驻延安观察组组长包瑞德与毛泽东谈话纪要

一、一九四四年十二月八日，我同中国共产党中央委员会的毛泽东主席和周恩来副主席进行了长时间的会谈。会谈开始时，由我首先发言。我说，我已经被告知，周恩来将军不打算返回重庆。毛主席回答说，周将军在那里无事可做。然后我们非常充分而坦率地讨论了目前国民党和共产党之间的谈判。毛主席和周副主席声明的要点如下：

在委员长向我们提出的三点反建议中，主要之点是，共产党的军队必须服从全国军事委员会的改编。这意味着将我们的军队完全置于委员长的控制之下，其结果是他可以裁减我们的军队。然后我们将任其摆布。

作为这种相当于彻底投降的交换条件，在国家军事委员会中总共才给我们一个席位，而这个名额毫无实际意义。当年的重要将领冯玉祥和李济深二位将军，都是国家军事委员会的成员。但是，他们在影响国家军事委员会的决定方面，毫无作用。事实上，整个国家军事委员会已经很长时间没有开会了。

赫尔利将军说，如果我们接受国家军事委员会的这个席位，我们会得到所有的军事报告。这样我们就会了解政府将采取的一切行动，而且我们将处于一种影响决策的地位上。对于赫尔利将军的意见，请恕我们不敢苟同。我们向他明确地说明，虽然有一位共产党人参加国家军事委员会，但是，他对该委员会的了解，绝不会比局外人多，而且他在该委员会的发言权，也决不会比局外人更多。我们了解我们所说的那种情况。

赫尔利将军还说，接受了国家军事委员会的一个代表席位，会使我们的"一只脚跨进大门"，并可以此作为扩大我们的重要性的起点，从而使我们的影响逐渐扩大到最终能控制政府。我们认为，这是一个根本错误的概念，但是我们已经无法使赫尔利将军确信这是一个错误。我们所能说的是，如果被反绑着双手，即使一只脚跨进大门，也没有任何意义。

赫尔利将军、魏德迈将军和麦克卢尔将军都曾对周恩来将军说过，美国愿意与我们进行军事合作。但是，我们在可以接受这一我们非常乐于接受的合作之前，必须先接受委员长的条件。然而在那种条件下，美国却完全没有为我们的安全提供保证。我们感到，我们无法适当地向美国提出任何这类保证的要求。事实上，我们并不认为在这种情况下，美国能保证我们的安全，即使它或许真心希望那样做。我们也无法相信委员长的诚意，凡是不带偏见地研究过国共关系的历史的人，都会通情达理地认为，我们不能对他寄予任何希望。

我们认为，美国的态度有些令人迷惑不解。赫尔利将军来延安时，询问我们会在何种条件下与国民党合作。我们提出了五点建议，其中的基本点是建立联合政府。赫尔利将军同意这些条件显然是公平合理的，而且事实上五点建议的大部分内容是他提出来的。委员长已经拒绝了这些建议，现在美国又来了，并且急切地要求我们接受会牺牲我们的自由的反建议。这对于我们来说，是难以理解的。

我们被告之，我们牺牲自己以挽救局势，将是高尚之举。我们无法明白，将我们置于听凭蒋介石摆布的境地，如何能有助于解救当前的危机。赫尔利将军说，如果我们让步，我们会得到世界的赞扬。但是我们如果被委员长捆住手脚，世界的赞扬对我们毫无用处。

魏德迈将军说，如果我们同委员长达成协议，他就会给我们武器，并且会派美军军官来训练我们的军队，和我们一起工作。我们由衷地欢迎这种帮助，但是不能指望我们付出接受委员长的要求的代价，即我们接受这种帮助要由他批准。我们认为，美国应该充分地认识这一事实，如果我们屈服于委员长强加给我们的种种限制，放弃我们仅有的自卫手段——我们的军队，那末我们就根本不会留下合作的手段了。

在目前的形势下，我们毫无疑问愿意参加政府，而事实是向我们提出的条件，却使我们没有机会参加政府。我们重申，如果双手被反捆着，一只脚跨进大门是没有意义的。

要求我们作出如此巨大的牺牲，对目前的危机负有重大责任的委员长却没有被要求作出什么让步。这对于我们是太不公平了。承认我们党的合法地位，谈不上是让步。我们无法理解，在没有任何实际意义的国家军事委员会中给我们一个席位，也算是让步。

　　不论魏德迈将军如何真诚地希望帮助我们,只要我们接受了委员长的条件,他也就不能帮助我们了.。我们希望在同日本人的战斗中与美国合作,在当前危机的形势下,我们也希望能有所帮助。所有这些事情都被委员长妨碍了。我们已经提出一项合理的解决方案,根据这个方案,我们得到美国的援助是不存在问题的。我们的建议被委员长直截了当地拒绝,他还企图将责任推给我们。

　　美国认为,蒋介石一定会不惜一切代价来保住他的权力。我们不反对这一政策。只要他同日本作战。我们就完全拥护他继续作领袖。但是,我们不准备为了在国家军事委员会中取得一个席位,就放弃自卫的权力。

　　鉴于蒋介石的历史,如果美国愿意继续支持他,那是美国的权力。但是我们相信,尽管美国尽其一切努力,蒋介石也注定会失败。难道魏德迈将军以为,在执行他的各项计划方面,蒋介石会全心全意地予以合作吗? 他当然不会。史迪威将军已经知道了在军事合作方面,对蒋介石能有多大程度的依靠。让美国继续支持蒋介石,直到他把昆明、贵阳、重庆、西安、成都等等都丢掉,那时美国也许会明白,支持蒋介石有多么无用。

　　我们不像蒋介石,我们并非需要别国的支持。我们能够挺立着,靠我们的双脚,像自由的人们一样行走。

　　我们承认,委员长尽管有那么多的缺点,但是他还没有与日本人讲和,我们为此非常感谢他。另一方面,也只有王八蛋才拒绝同日本人作战。

　　在(接受)五点建议的情况下,我们相信,有美国的帮助,我们能够为挽救目前的局势作出一定的贡献。我们宁愿在同日本人的战斗中流尽最后一滴血。我们认为,魏德迈将军知道,如果得到允许的话,我们能提供什么帮助。但是,我们不能被反绑着双手去打仗。我们完全愿意服从以蒋介石为领袖的政府的指挥,如果我们在这个政府中有发言权的话。

　　如果美国放弃我们,我们会万分遗憾,但这不会损害我们对你们的友好情谊。不论何时,现在或是将来,我们都会怀着感激的心情,接受你们的帮助。我们会在美国将军的指挥下,放手和不附带条件地全心全意地履行义务。这就是我们对你们的友好情谊。如果你们在中国沿海登陆,我们会在那里与你们会合,并将听从你们的指挥。

我们已经迎来了美军观察组,而且已经尽了我们最大的努力与之合作。如果观察组继续留在延安,我们感到高兴;如果它撤离,我们将感到遗憾;如果它撤离后又返回,我们会欢迎它的再次到来。如果美国不给我们一支枪、一粒子弹,我们仍会继续与日本人作战,而且我们还是美国的朋友。

在没有任何外部援助的情况下,我们已经同日本人打了七年仗。不论出现什么情况,我们都会继续与日本人打下去。如果美国不帮助我们,还有英国和苏联(我说,在我个人看来,他们不可能指望从英国得到多少帮助。对此他们没有回答。关于苏联我未予评论)。

包瑞德上校说,我们没有能使赫尔利将军明白,"五点建议"是我们最后的答复。他说,他相信赫尔利将军以为,"五点建议"是我们的"讨价"。那是我们的最后条件,我们在"五点建议"中,已经作了我们要作的最后让步。在同意我们的军队接受一个统一的国家军事委员会的指挥方面作了让步,我们在接受委员长作为领袖方面作了让步,在美援物资方面,除了我们应该公平得到的一份外,没有提任何要求。我们不会再作任何进一步的让步。

我们完全理解,赫尔利将军不能保证委员长接受"五点建议"。我们知道他只是说,这些条件是公平合理的,并将尽力使委员长接受这些条款。但是,当蒋介石拒绝这些公平的条款之后,我们不希望赫尔利将军反过来,强迫我们同意需要我们自己作出牺牲的反建议。

假如我们接受了蒋介石的绝对控制,我们就会使自己处于我们所说的那种境地。如果美国对此不能理解,那么我们今天所说的一切就没有任何意义了。在重庆时,周将军尽了最大的努力,向赫尔利将军解释这一点。如果赫尔利将军现在还不理解,他就永远也理解不了了。即使周将军再去重庆,把所有的事情向赫尔利将军再说一遍,也无济于事。

由于蒋介石已经拒绝成立联合政府,我们决定不再让步。我们已经决定采取一个决定性的步骤。我们正向各个我们控制地区的国民参政会建议,组成代表所有这些地区的"联合委员会"。我们将寻求国民政府承认这个团体,但是我们并不指望得到这种承认。组成这个委员会将是组成独立政府的初步步骤。

周将军在重庆时,没有把成立联合委员会的打算告诉赫尔利将军。这一步骤经过长期的考虑,但是周将军直到回到延安,才得知它已被最后确定。

包瑞德上校说,我们现在的立场是关住谈判的大门。我们关住了大门,不过窗户还敞开着,"五点建议"就是窗户。我们愿意在今天、明天、甚至后天,进入联合政府。但是,到了大后天,等到重庆、昆明、贵阳、成都、西安都丢掉了,我们就不会再按照我们最初提出的条件参加进去了。"

二、在全部会谈中,毛主席的态度极其强硬。他对我没有失礼,但有几次大发雷霆。他不断地高喊:"我们不再作任何让步了!""如果蒋介石在这里,我要当面痛骂他。"我说,我以为,在蒋介石看来,"五点建议"是逼他下台的手段。这句话使毛主席特别地愤怒。他呼地一下站起来,大声说到:"他早就应该下台了!"周将军从不动怒,而且特别冷静,他以平静的语言支持毛主席讲的每一个观点。会谈使我感到,对于这两位聪明、无情、坚定、并绝对相信他们的地位具有力量的领袖,我所说的都是白费口舌。

在会谈过程中,为了影响他们的立场,我强调了我个人的看法。将我的意见与他们的回答简述如下:

(一)意见:组成一个联合委员会、进而导致建立一个独立的政府的作法,会给蒋介石一个绝好的机会去宣称,他关于共产党是叛乱分子的一切说法,已经被无可置疑地证明了。

回答:他一直叫喊说我们是叛乱分子,时间太长以致我们都习以为常了。他高兴怎么说就让他说去。

(二)意见:你们会给委员长一个机会,说你们已经与日本人勾结在一起了。

回答:他早就多次这样诬蔑我们了。我们继续抵抗日本,这会证明我们不是与日本人勾结。

(三)意见:谈判失败及你们将与国民政府破裂的消息,会使日本人感到高兴。

回答:不论我们做什么,日本人为了达到他们的目的,都要歪曲事实,这与我们要做的事情无关,即使他们高兴也不要紧。

(四)意见:如果你们与国民党破裂,不仅蒋介石,而且美国的大多数舆论或许也会认为你们是叛乱分子。

回答:时间将会向美国人民证明,我们的事业是正义的。

(五)意见:在这次危机中,你们不进入政府,可能会在美国引起非常不利的反应。

回答:等到真相大白——真相终会大白,美国人民会赞成我们所做的事情。

(六)意见:如果日本人在昆明和贵阳被国民党军队和美国军队击退,你们将会十分难堪。

回答:果真如此,我们会比任何人都要兴高采烈。

(七)意见:如果委员长被打败,而你们没有在他需要的时候帮助他,美国或许会从中国撤走它的全部军队。

回答:美国不可能放弃中国。

戴维·D.包瑞德

一九四四年十二月十日于延安

(牛军译自《美国对外关系》)

30. 周恩来一九四五年一月二十四日由延抵渝向记者发表重要谈话

周恩来同志昨日抵渝,记者特前往询其意见,承发表谈话如下:

去年十一月,我曾和赫尔利将军由延飞渝。彼时,我奉我党中央之命,与国民政府当局,商谈具体实现联合政府问题,不幸竟被拒绝,致无结果而回。现又经过月余,时局日趋严重,为着动员与统一中国人民一切抗日力量,配合同盟国战胜日本侵略者,并为挽救当前危机起见,急须与政府及各方商讨建立民主的联合政府之具体步骤。此次来渝,即系本此方针,代表我党中央,向国民政府,中国国民党,中国民主同盟提议:召开党派会议,作为国事会议的预备会议,以便正式商讨国事会议和联合政府的组织及其实现的步骤问题。我认为:除此并无别途可以动员和统一全中国人民的力量,击退敌人的进攻,配合盟国的反攻,也并无别途可以挽救目前的危机。至于其他一切头痛医头、脚痛医脚的敷衍办法,不管其形式如何,决然无补于事。目前全国人民所期望于国民政府的,实为立即废除一党专政,成立民主联合政府与联合统帅部,承认一切抗日党派的合法地位,取消一切镇压人民自由的法令,废除一切特务机关,停止一切特务活动,释放政治犯,撤退包围陕甘宁边区和进攻八路军、新四军的军队,承认中国解放区,一切抗日军队及一切民选政府的合法地位等等,甚望政府当局速加采纳。

（原载一九四五年一月二十五日重庆《新华日报》）

31. 周恩来一九四五年二月二日提交关于党派会议协定草案

一、党派会议应包括国民党、共产党及民主同盟三方代表。会议由国民政府负责召集,代表由各方自己推出。

二、党派会议有权讨论和决定如何结束党治,如何改组政府,使之成为民主的联合政府,并起草共同施政纲领。

三、党派会议的决定和施政纲领草案,应通过于将来国民政府召开的国事会议,方能成为国家的法案。

四、党派会议应公开进行,并保证各代表有平等地位及来往自由。

（选自张治中:《我与共产党》）

32. 王世杰一九四五年二月三日提交赫尔利关于政治协商会议草案

为增强本国对敌作战之力量,并促进中国统一起见,吾人同意国民政府应邀国民党代表、其他各政党代表及无党派领袖参加一协商会议。此会议定名为"政治协商会议",其会员不得超过若干人。

此会议之任务在考虑:

一、从事结束训政时期,以建立宪政政府之步骤;

二、将来共同遵行之政治决策及军队之一元化;

三、国民党以外各党派参加国民政府之方式。

如政治协商会议获得全体一致之结论,是项结论将提交国民政府考虑并执行。于政治协商会议进行期间,各党派必须停止一切责难。

(选自《中美关系资料汇编》第一辑)

33. 王世杰一九四五年二月十四日在外国记者招待会上的声明

半个月以来,政府代表(我是其中之一)曾与共产党代表周恩来先生在重庆会谈。政府方面曾提出若干重要的让步,下列各项亦在其内:(一)承认共产党为合法的政党;(二)在军事委员会委员中容纳共产党高级人员;(三)为构成一种战时的内阁起见,在行政院内容纳共产党及其他政党代表;(四)组织一个三个人的联合委员会,以考虑改组共产军及他们给养的问题——在该委员会内,政府及共产党代表有同等地位而可能由美军官任主席。但共产党觉得这些提议并不是他们所能接受的,他们拒绝了,共产党提出召开一个各党派的会议,政府之所以允许再次召开一个国共代表及各党各派的领袖会议,以考虑国民大会开会以前关于政治及军事团结的过渡办法,就是接受这个提议的一般的意见。周先生已带了这个提议返延,征求他的党的意见,至于结果如何,则非我所能预料了。过去数月中,美国大使赫尔利将军对两党谈判,努力相助,吾人表示感谢。

(原载一九四五年二月十五日重庆《新华日报》)

34. 周恩来关于数月来国共两党谈判情况的声明

国民政府代表王世杰博士星期三日在外国记者招待会上的声明是不坦白和不公平的。因为他只说了在国共谈判中政府方面提出的所谓让步,而并没有说明在什么条件或前提下,才有这些所谓的让步,第一,国民政府在谈判中,要求中国共产党将其所领导的一切军队移交于国民政府军事委员会统辖。即是说,移交于国民党领导,因为国民政府是国民党一党专政的政府。

第二,在谈判中,国民党坚持其一党专政不能结束。由于有这两个条件或前提,这一切所谓的让步,不是落空,便是没有任何意义,甚至不是让步而是束缚或破坏抗战的力量。具体说来,第一,不把军队移交给国民党政府,便没有中共的合法;第二,国民政府军事委员会的委员从来就不开会,也没有任何权力;第三,在党治下的行政院内设置所谓战时内阁,并无最后决定政策之权;第四,不取消党治和不改变排除异己的军事政策,三人委员会改编中共军队仍等于将中共军队移交于国民政府,而且照打敌人的成绩看来,应该改编的不是中共军队,而是国民党军队。说明了这些,便懂得我代表中共中央为甚么拒绝了国民政府整个的提议,这是一个方面。另一方面,更主要的原因,是国民政府拒绝了我们关于建立民主的联合政府联合统帅部,以统一中国一切军事力量,以改革政治军事经济文化各方面政策的建议。我们又曾向国民政府、中国国民党、中国民主同盟提议:由国民政府召开党派会议,讨论和决定如何结束党治、如何改组政府,使之成为民主的联合政府,并起草共同施政纲领,以便在取得一致同意后,好实现联合政府的方针。国民政府的答案是一种咨询性质的会议,而会议中预定的主要内容是继续维持一党专政,反对民主的联合政府。因此,我必须回延向我党中央报告。至于我们希望国民政府首先释放爱国政治犯,取消一切镇压人民的法令,停止一切特务活动,撤退一切包围陕甘宁边区和进攻八路军、新四军的军队等项,政府当局并未接受。这就是数月来两党谈判的主要内容。数月来两党谈判承美国大使赫尔利将军热忱相助,不断努力,吾人在此表示感谢。

(原载一九四五年二月十六日重庆《新华日报》)

35. 国共谈判毫无结果,周恩来二月十六日飞返延安

一月二十四日由延安飞赴重庆的中共中央代表周恩来同志,在重庆留了三个星期,和国民党政府方面举行了多次商谈。由于国民党当局依然坚持一党专政,反对联合政府,反对人民与民主,并企图吞并八路军、新四军,以致仍和过去一样,未能成立任何协议,恩来同志乃于十六日上午十二时飞返延安。谈判内容,恩来同志于十五日发表之声明内有明确之叙述。此声明登载于

十六日重庆《新华日报》,并将译文交付外国报纸驻重庆之记者。

(原载一九四五年二月十七日延安《解放日报》)

三、国共两党围绕建国问题展开激烈斗争,
中外舆论支持共产党"联合政府"主张

1.一九四五年的任务①(毛泽东)

一九四四年快要完结了,我们在一九四五年的任务是什么呢? 我们有些什么工作在明年要特别注意去做呢? 整个反法西斯战争有很大的胜利,打倒希特勒明年就可以实现。我们唯一的任务是配合同盟国打倒日本侵略者。现在美国已打到雷伊泰岛,并可能在中国登陆,同时,日本侵略者已打通了由东京到新加坡的大陆交通线,中国的沦陷区更加扩大了。敌人是否会停止它的进攻呢? 我看还不会停止,它还有可能再向我国西南部及西北部进攻。在此期间,日本侵略者必定又要玩弄诡计,企图通过中国的投降主义者,引诱中国政府投降。中国内部的状态仍然是不团结,国共谈判毫无结果,中国人民的抗日力量被中国反动派人工地分裂着。正面战场的战事,节节失败,国民党当局仍然固执其为全国人民所不满意的一党专政及其失败主义的政策,拒绝一切有利于抗日、团结与民主的建议。只有艰难缔造的广大的中国解放区,执行了孙中山先生的革命三民主义,即新民主主义,团结各界人民,建立了英勇的军队,粉碎了一切敌人的进攻,并能发动攻势,收复了广大的失地。在此种情形下,我们应该做些什么呢?

必须使全国人民明白,用人民的力量,促成由国民党、共产党、其他抗日

①本文是毛泽东一九四四年十二月十五日在陕甘宁边区参议会上的演讲。

党派及无党无派人士,在民主基础上召集国事会议,组织联合政府,才能统一中国一切抗日力量,反对日本侵略者的进攻,并配合同盟国,驱逐日本侵略者出中国。我们经过林祖涵同志曾经向国民参政会提出了这个问题,后来又向国民党当局用书面提出了,最近周恩来同志又专为此事去重庆谈判一次,但是依然没有结果。在目前,很清楚,单是谈判是不能成功的,希望全国人民一致起来,大声疾呼,要求国民党当局改变现行政策,以便迅速建立民主的联合政府。这是全国人民的总任务,中国人民不论在大后方,在沦陷区,在解放区,都要为此目标而奋斗。只要中国有一个真正实行民主政策的能够动员与统一中国一切抗日力量的联合的中央政府出现了,中国抗日战争的胜利与中国人民的解放,就会很快了。为了这个目的,大家应该想出许多办法来。

在大后方,我们必须援助被反动当局压迫的民主爱国运动,必须动员一切力量抵抗敌人的进攻,必须警惕投降主义者背叛民族投降敌人的阴谋活动。青年们及其他各界,应该有许多人到敌人占领的地方去打游击,广大群众则应当准备在一切敌人可能到的地方就地抵抗。同时,解放区则以自己的英勇作战行动及发动新地区的游击战争,有力地援助大后方。大后方的一切人民,一切爱国党派,都有责任为建立民主的联合政府而努力。大后方已经有许多党派,许多工业家、教授们、学生们,甚至许多国民党人,赞成联合政府的主张,认为这是目前抗日救国的唯一正确道路,但是现在的力量还不够,应该号召广大的人民起来为此而奋斗。

在沦陷区,广大人民遭受敌人的残酷压迫,渴望解放,我们必须帮助他们组织起来,准备在时机成熟时,举行武装起义。配合军队的进攻,里应外合驱逐日本侵略者,解放我们的兄弟姊妹们。这一任务,现在必须提到和解放区工作同等重要的地位。这是十分迫切的工作,不管如何困难都要去做。在这个工作中,法国共产党与法国人民有了光荣的榜样,我们应该学习法国的经验。在沦陷区人民中,应解释民主的联合政府之必要。使他们知道只有这个政府出现了,沦陷区人民的解放就快了,号召他们起来为这个目标而奋斗。

在解放区,现在已经成了抗日救国的重心。截至一九四四年十一月止,这里有了六十五万八路军、新四军及其他人民抗日军队,有了二百多万民兵,有了九千万被解放的人民。一九四四年一年中，我们不论在军事上、政治、经济、文化那一方面，都有了很大的成绩，但是，我们在一九四五年有些什么工作值得特别指出的呢？

我认为，一九四五年，中国解放区应该注意如下各项：

一、扩大解放区。无论那一个解放区的附近，或其较远之外，都还有许多被敌伪占领，而又守备薄弱的地方，我们的军队应该进攻这些地方。消灭敌伪，扩大解放区，缩小沦陷区。我们必须把一切守备薄弱，在我现有条件下能够攻克的沦陷区，全部化为解放区，迫使敌人处于极端狭窄的城市与交通要道之中，被我们包围得紧紧的，等到各方面的条件成熟了，就将敌人完全驱逐出去。这种进攻，是完全必要的与可能的，我们的军队已经举行了很多这样的攻势，特别是今年有很大的成绩，明年应该继续这样做。在一切新被敌人占领、尚未建立解放区的地方，例如，河南等处，必须号召人民组织武装队伍，反对侵略者，建立新的解放区。几年的经验证明，组织众多的经过训练善于执行军事政治各方面任务的"武装工作队"，深入敌后之敌后去袭击敌伪，组织人民，以配合解放区正面战线的作战，有很大的效力，各地都应该这样做。

二、敌人的进攻"扫荡"是不会停止的，我们应该经常警惕，随时准备用反"扫荡"粉碎敌人的进攻，没有这种警惕是不对的。不要以为我们强了，敌人弱了，敌我力量对比形势现在已经改变了，须知敌人还是强的，他决不会忘记向我们进攻。我们还是比敌人弱，我们还要作很大的努力，并执行正确的军事政策及其他政策，才能改变这种形势。只有到了我们占优势的时候，敌人进攻这回事才会成为不可能了。

三、整训现有的自卫军与民兵，增强他们的战斗力。自卫军与民兵数目还不够，各地除某些个别地方不可能再扩大者外，均应尽量地扩大。九千万人民中，除老幼及患病者以外，一切男女公民，均应组织在自卫军中，在不脱离生产原则下，轮流担任保卫家乡与协助军队的任务。从自卫军中挑选精干分子组织民兵，或基于自卫军，在"战斗与生产结合"的原则下，协同军队作战，或者独立自主的作战。九千万人民中，至少应该有百分之五，即四百五十万人当兵，即是说，比现有民兵数目扩大一倍。有些地方，还没有十分重视这个工作。在这些地方,民兵的数量太少了,又缺乏整训,质量也不高。一九四五年必须改变此种情况。自卫军与民兵,均必须不违农时,减少误工,不妨碍生产。在这里,变工的方法是必要的,战斗的民兵组织与生产的变工组织,往往可以互相结合。自卫军与民兵的领导机关,必须是民主选举的。只有这样,自卫军与民兵才能扩大,也才能提高战斗力。民兵的重要战斗方法是地雷爆炸,地雷运动应使之普及于一切乡村中。普遍制造各式地雷,并训练爆炸技术,成为十分必要。

四、整训正规军与游击队。一九四五年,应将全部军队轮番整训一次按着新方法进行整训,举行群众性的练兵运动。

五、在老区域,补充原有军队的消耗数额。在新发展区域,在经济条件许可下,应该扩大军队。不论补充军队与扩大军队,均以不加重人民财政负担为条件,这一点必须谨记,如果违背了这一点,我们就会要失败的。

六、军队内部的团结,非常之重要。我们八路军新四军,历来依靠官兵一致,获得了光荣的胜利。但是,中国军阀军队的军阀主义习气在我们军队里的影响,仍然是存在的。有些部队,这种习气还是很严重,一九四五年,应该进行广大的工作,将军队官兵关系中的一切不良现象,例如:打人、骂人、不关心士兵的给养、疾病及其他困难,对于士兵的错误缺点不耐心教育说服,轻易处罚,以及侮辱或枪毙逃兵,等等恶劣习惯及错误方针,从根本上去掉。许多部队,现在还未重视这一工作,由于不明白这一工作是军队战斗力的极其重要的政治基础。目前开始的一年整训计划,军事整训与政治整训应该并重。并使二者互相结合,整训开始时,还应着重于政治方面,着重于改善官兵关系,增强内部团结,发动干部与战士群众的高度积极性,军事整训才易于实施与更有效果。这一工作的实行,应在每一部队内举行拥干爱兵运动,号召干部爱护士兵,同时号召士兵拥护干部,彼此的缺点错误,公开讲明,迅速纠正,这样就能达到很好地团结内部之目的。

七、加强拥政爱民与拥军优抗两项工作,进一步的改善军民关系。我们八路军新四军和我们解放区人民之间的关系,历来是好的,因此我们能够战胜敌人,巩固与发展解放区。但是,旧军队的习气,同样会传染给我们的,军民关系中的不良现象,例如军队态度横蛮,损害人民利益,纪律不好,不尊重政府等事,也就时常发生。同时,地方对军队帮助不够,优待抗属工作做得不好等等现象,也就存在着。一九四三年,我们曾经指出了这些工作的重要性,但是许多地方还未重视。一九四五年旧历正月,一切解放区,应普遍举行拥政爱民运动与拥军优抗运动,一定要做出显著成绩来。已经有了成绩的,必须继续做,必须检查此两项工作的结果。如果我们的全部军队,官兵上下团结一致,从政治上铁一般的巩固起来了,加上军事技术与战术的训练,又加上人民的拥护,中国人民的抗日救国事业,就有了坚强的保障了。

八、民族统一战线是中国人民抗日救国的根本路线,在解放区,首先表现在各阶级各党派合作的"三三制"政府工作中。这一方面的工作各地有做得好的,有做得差的,各地均应总结经验。共产党人必须和其他党派及无党派人士多商量,多座谈,多开会,务使打通隔阂,去掉误会,改正相互关系上的不良现象,以便协同进行政府工作与各项社会事业。凡参加人民代表会议(参议会)工作、政府工作与社会工作的一切人员,不问属何党派,或无党无派,应该一律被尊重,应该一律有职权。

九、减租,各地均有成绩。但是有些地方成绩少些,明减暗不减及恩赐观点,仍是存在的。另一方面,也有减得太多,或在减租之后不注意交租等现象。这两种偏向,都应纠正,减租之后,租约期满的除在照顾双方利益原则下可由地主收回自种者外,应该重订新约,使农民有地可种。老区域减租未彻底的,应该查租。新区域尚未减租的,应该发动减租。租不减是不对的,减得太过火也是不对的。凡地主因被敌人摧残或其他原因而生活困难的,政府应帮助他们解决困难,给以从事农工商业或参加其他工作之方便,要把这件事当做政府工作之一,借以团结他们反对共同敌人。我们现在是处在农村中,土地问题的正确解决,是支持长期战争的重大关节,希望大家十分注意。

十、今年绝大多数地方都进行了生产运动,有了显著的成绩,这是非常可喜的一件大事。但是也有一部分地方还未着手进行,另有一部分地方成绩不大,再有一部分地方军队方面有成绩,人民方面缺乏成绩。一九四五年,必须绝无例外地普遍举行大规模的生产运动。一切军队,于作战、训练之外,必须从事生产自给,机关学校也是如此。只有特殊情形者,可以允许减少或免除生产。必须动员人民,在自愿原则下,组织生产互助团体,例如:变工队,互助组,换工班等。我们的地方工作人员,必须用极大精力去帮助人民,组织这种互助团体,以便大规模的恢复生产与发展生产,不但应该使人民够吃够穿,而且应该使人民逐渐地有盈余。"耕三余一"的口号,除被敌人摧残厉害的地方外,就是在敌后解放区,也是可能实现的。我们解放区的工业品,必须力求自给,必须争取于数年内达到全部或大部自给之目的。由公营私营与合作社经营这样三方面的努力,达到这个目的是可能的。和生产相辅的是节约,必须尽可能地减少浪费。"发展经济,保障供给",是我们确定不移的财政方针。如果我们不去从根本上发展经济,而去枝枝节节地解决财政问题,就是错误的方针。如果我们努力地发展了公私经济,我们就能支持不论时间多久的战争,而使精力不至于枯竭。这一点非常重要,必须使一切工作人员及全体军民透彻地认识清楚,以便组织他们从事大规模的生产运动。在公营经济中,按质分等的个人分红制度,是在很多部门内可以实行的。并应该实行的"军民兼顾"、"公私兼顾"两个原则,必须注意不要违背。

十一、为着战胜日本侵略者,于充分注意军事、政治、经济之外,还要注意文教工作。我们解放区的知识分子,绝大多数都是好人,他们的缺点甚至错误,可以在工作中改造,他们是人民事业的可贵资本,他们应该被重视。他们中有许多人从事军事、政治、经济工作,另有许多人从事文化、教育、艺术、卫生工作。所有这些人员,都应该被重视。今年陕甘宁边区文教工作会议所指出的方向,各地都可以适用。专制主义者利于人民愚昧,我们则利于人民聪明,我们要使一切人民都能逐渐地离开愚昧状态与不卫生的状态。各地政府与党组织,均应将报纸、学校、艺术、卫生四项文教工作,放在自己的日程里面。

十二、从军队中,农村中,工厂中及政府等机关中,用群众民主选举的方法,选出优秀分子,充当战斗英雄、劳动英雄及模范工作者,给予奖励与教育,经过他们去鼓励与团结广大的群众。这种制度,对于提高军队的战斗力,提高农业及工业的生产力,提高政府机关及一切其他机关的工作能力,数年来的经验,已经证明是极有效果的,各地应该普遍地推广这一运动。

十三、为着战胜日本侵略者,需要广大的有能力的干部。我们现有的干部,比较从前增加很多,但是仍感不足。干部的能力也提高了,但是仍很不够,特别是下级与初级干部,不论是军队的或地方的,他们的文化程度,他们对于政策的了解程度,以及他们工作技术的程度,一般地是不高的,有些则是很低的。这种情况的原因,在于他们忙于工作,领受教育的机会太少。一九四五年,各地干部教育,应该着重于训练军队的(连至班)与地方的(区乡)下级及初级干部,在职的用轮训办法,不在职的用学校办法,有计划地将他们提高一步。

十四、我们工作作风中的一项极大的毛病,就是有些工作人员习惯于独断独行,而不善于启发人们的批评讨论,不善于运用民主作风。当然,这是拿我们解放区的这种作风与那种作风作比较,而不是拿我们解放区与国民党区域作比较。我们解放区是民主的地方,国民党那里是封建的地方,这两个地方是原则上区别的。但是,我们队伍中却有许多人尚未学会运用民主作风,旧社会传染来的官僚主义作风,依然存在。别人提不得不同的意见,提了就不高兴。只爱听恭维话,不爱听批评话。为怕碰钉子,受打击,遭报复,人们不敢大胆提意见,这是一种很不好的作风,这种作风阻塞着我们事业的进步,也阻塞着工作人员的进步。提议各地对此点进行教育,在党内,在党外都大大地提倡民主作风。不论什么人,只要不是敌对分子,不是恶意攻击,允许大家讲话,讲错了也不要紧。各级领导人员,有责任听别人的话。实行两条原则:(1)知无不言,言无不尽;(2)言者无罪,闻者足戒。如果没有"言者无罪"一条,并且是真的,不是假的,就不可能收到"知无不言,言无不尽"的效果。自从整风以来,我们的工作作风有了很大的进步,这是受到了一切善良人民的称赞的,这是很光荣的。但是我们仍有严重缺点,我们许多人中仍然缺乏民主作风,我们一定要改正这个缺点。我们一切工作干部,不论职位高低,都是人民的勤务员,我们所做的一切,都是为人民服务,我们有些什么不好的东西会不得弄掉呢?如果我们改正了这些缺点,那我们就能团结更广大的人民,我们的事业就能获得更大的与更快的发展。

十五、除了上述种种以外,摆在解放区人民面前的极其重要的一项任务,就是想出种种能够促成联合政府的办法来。继续和国民党及其他党派谈判是一种办法,全国人民起来呼吁要求是一种办法,还可能有其他的办法。总之,我们一定要多方努力,将这个适合全民族抗战要求的民主的联合政府,尽可能迅速地建立起来。

我们解放区已做的和要做的工作,当然还有许多,但我以为目前特别值得指出的,就是上述十五项,其他就从略了。各个解放区的情况与工作步骤,在许多点上互不相同,各地应按照自己的特点布置工作,以便适当地完成各项任务。

一九四五年应该是中国人民抗日战争更大发展的一年,全国人民都希望我们解放区能够救中国,我们也有这样的决心与勇气,我希望我们解放区的全体军民一齐努力,不论是共产党人与非共产党人,都团结一致,为加强解放区抗日工作而奋斗,为组织沦陷区人民而奋斗,为援助大后方人民而奋斗,为建立民主的联合政府而奋斗。

（原载一九四四年十二月十六日延安《解放日报》）

2. 一九四五年元旦的广播讲话（蒋介石）

今天是民国三十四年的元旦,乃是我们国父创造中华民国在南京就任临时大总统的纪念日。我们神圣抗战到今天已进入了第九年度,回溯这八年以来,要以去年这一年为危险最大而忧患最深的一年。敌人侵豫犯湘,窜扰桂柳,猖狂冒进,在最深入的时候,侵犯到了贵州境内的独山。我们在这八个月以来,国土丧失之广,抗战同胞流离痛苦之深,国家所受的耻辱之重,实在是第二期抗战之中最堪悲痛的一页,我们在这样饱受艰难痛苦挫败耻辱之中,度过了旧年,迎接着新岁,我们同胞对于抗战的意义与国家的前途,以及全国上下以往的错误和今后努力的方向,应有一个彻底的反省,和一致的觉悟。我今日要首先明告我同胞的,就是去年一年之间,我们中国处境的艰危,不仅是抗战八年中所未有,亦是我们革命五十年以来未曾遭遇过的险境。我在前年对民国三十三年的战局早就声言,如果盟邦攻势不能与我国配合发动,中国所受的封锁不能打开,则去年一年我们中国所遭受的危险是不可以想象的。现在幸而因全国军民的努力,将国家这样最困难的一年,得以渡过,我相信日寇妄想消灭我们中国的时机,已成了过去,我们同胞应知敌寇自去年以来,他已自知其不能避免最后的失败,他唯一的希望,就是不使我们中国以彻底胜利来结束战争。他以为如果我们中国不能以独立完整的国力来结束战争,那么反侵略联合国的胜利,便不是完全的胜利,而他日寇的侵略主义,也还有卷土重来的机会。他既怀抱了这个侥幸的企图,又当去年反侵略战争对欧洲战场全力进攻,而对东亚战场不能双方兼顾的局势之下,当然他要乘此时机,对我们中国冒险深入,企图最后挣扎,作消灭我们抗战力量,促使我们中国崩溃的妄想。我们到了今天,抗战的力量依然挺立,而没有崩溃,国民政府抗战到底的国策,依然为整个中华民族全体同胞所拥护,我们抗战的中心,绝没有为敌寇所动摇,这就是敌寇所显著的失败,也就是我们抗战最后胜利必然实现的明证。我们大家当然要一致警觉,敌人困兽犹斗的挣扎,在今后这一年仍将要继续尝试,或许比去年还要凶猛。但是我们在去年这一年既然能坚忍的挺住,屹立不摇,克服这空前未有的难关,此后只要我们全国军民拿去年危疑震撼的教训,和过去既得的经验,百折不回,再接再厉,自然可使敌人的妄想完全归于幻灭。所以今年这一年只是我们厉志雪耻,发奋图强,转危为安,转败为胜的唯一枢纽,也是我们配合盟邦发动反攻最后的时机。我们必须充实战力,把握战机,以无负抗战的初衷与自身的责任。当此新岁之始,我们每一个官兵,每一个同胞,必须认识新的任务,确立新的信心,来实现新的希望,获得我们最后的胜利。我要趁此机会,对我军民同胞说明我们今年一年的瞻望与我们全国一致共同努力的目标。

我全国同胞们首先要知道,我们国民革命军实在是刻苦耐劳不屈不挠而英勇善战的军队。我们固然不可隐讳自身的缺点,但也不能埋没我们本身的优点。去年一年之中,我们在平汉、粤汉、湘桂各路的战斗,虽然遭逢严重的挫折,但是衡阳的守城之战,坚苦卓绝,守城将士可说是竭尽了我们革命军人的天职,发挥了我们国民革命传统的精神,尤其在缅北滇西的我军,由胡康、孟拱,而克服密支那,以进占八英;出松山、腾冲、龙陵而攻克遮放。这些国军无不是冒恶劣的气候,越峻绝的天堑,向着敌人最新式的要塞工事,对着敌军最坚强必死的顽抗,而英勇进军,终于克奏肤功。可见我们国军在一切战斗条件配合之下,不但是能战,而且是善战。我们国军只要发扬抗战必胜的一贯信心和攻无不克的勇敢精神,来作决定性的攻击,凡是敌人所死守的名城要塞,是没有不可以克服的。这些事实与可能,由于去年滇缅的战役,已经确切证明了,我们国民如能统观全局,正视这种现实,就可于戒慎警惕之中,发生了新的信心,磨励出新的力量,来争取必然到来的胜利。

现在我要为我军民同胞说明,我们今年这一年的瞻望。全国同胞们,我们去年一年最危险的难关虽已渡过,而最后胜利尚未获得。尤其是强敌在境,寇患益深,我们更不能不准备以后继续而来的更多困难和更大的危险。我们必须坚定必胜的信心,发挥无上的勇气,随时随地准备与任何的困难和不测的危险搏斗,而予以克服。因此就要将我们今年这一年的措施和努力,明白的告诉大家。我要为各位同胞特别提出我们今年的努力方向,务必集中于"军事第一"四个字。我们今年真是要一切为了前线,一切为了战斗,一切财力使用于作战,一切人力集中于作战,一切为了挽救失败与争取胜利而努力。更要督促政治经济社会各方面的进步,能配合着军事的要求。现在就我们已经着手和决心进行的事项,作一个概述,而要求我们同胞共同努力。

第一,军事方面:主要的是整军和建军。这一项包括军事机关职权的调整,兵役行政的改革,运输机构的加强,部队待遇的提高,新兵接运的改善,军纪风纪的整饬,总要使前方将士得到充实的给养,迅速的补给,以提高我们战斗精神。尤其重要的我们在今年这一年要为争取抗战最后胜利而彻底实现人力物力的动员。本来我们抗战八年而总动员还没有彻底实施,实在是我们国家最大的耻辱。这是政府与人民所应共负的责任。现在经过去年这样的危险艰难,我们一切缺点弱点都已经发现出来,使我们知所愧悔,知所振奋。我们全国上下以及前方后方的军队官兵,皆应该接受这次现实的教训,利用这次挫折的经验,看清了各部门的缺点和弱点和一切错误之所在,用最大的努力切实改革,积极充实,力求进步,使战斗力量得以加强,战斗条件更趋健全,则去年的失败正是今后胜利的张本,过去这种缺点弱点和错误的存在,政府与社会都有其责任,就政府来说,一方面是战时行政不够积极,不能彻底,另一方面是顾恤人民的困难,不愿增加人民的负担,致使前方与后方苦乐倒置,军队与社会生活悬殊,因之部队待遇无法提高,官兵苦痛不堪言状,结果影响了战斗精神,影响了军纪风纪,最后影响了军事,这真是我们中国特有的困难,也是政府特别疚心之所在。就社会来说,则因为我们同胞这几年来多少存着幸胜的心理,无形之中习于苟安,忘记了抗战初期死中求生有敌无我的决心,松懈了破釜沉舟慷慨热烈的精神,既不能切实遵行总动员的法令,更不能做到密切的军民合作,以致有如此重大的挫折。现在我们同胞从去年这一年深刻的教训,应该知道成功决非侥幸所能得,安全绝非规避所可致,而最后胜利的获得,更必须我们付出真实而宝贵的代价。我们这一战是为了保障民族的生存和自由,更是为谋国家长治久安和世代子孙的幸福,我们此时能多有一分努力,多加一分牺牲,抗战胜利就多一分把握,国家前途必多增一分光明,对于世代子孙亦多留一分余荫和光荣。所以我们真要切实觉悟,以我们一时至暂之痛苦,来求取国家百世永久之安宁。今后这一年是我们为国家尽最大贡献的一年,我们每一个有良知的同胞,切不可失去这一个报国难得的机会。我们真要全国一致同心一德,无论政府军队社会团体以至于个人,都应该尽其所能,尽其所有,以贡献于军事,贡献于抗战。尤其是地主富户,更要认识国民的天职,深明抗战的大义,输财输粟,踊跃自效,以赴义恐后的精神,补社会过去的缺憾。我们要充实兵员,要充实粮饷,要加强战斗力量,要提高将士待遇,要振奋战斗精神,以争取我们最后的胜利。为达成这一个崇高无比的目标,我们一切人力物力财力劳力的牺牲均非所计。有钱出钱,有力出力,都应该毫无保留的贡献出来。男女老幼,前方后方,都应该毫无例外的动员起来。我们抗战开始以来,社会同胞毁家纾难同仇敌忾的精神,本是十分热烈,我们以劣势的装备,抗强暴的敌寇,所恃者就在于这种爱国观念和民族精神。观于最近一般社会人心的憬悟,苟安侥幸心理的涤除,青年从军报国的踊跃,其数额已超过预定的名额,各地献金献粮劳军服务各种运动的风起云涌,可说已恢复到抗战初期的气象。我们国民于创巨痛深之余,能够知耻自强,实在是我们国家民族因祸得福的转机。但是要说到真正的动员以符合求得最后胜利的要求,则我们同胞努力的程度,比之于联合国战时国民的贡献,实在还距离甚远。我们必须把握这个向上的契机,而组织予以发扬和光大。我全国同胞须知我们的国家若要成为现代的国家,我们的民族若要成为自由的民族,而使世世子孙不为奴隶牛马,就必须我们这一代国民能自求进步,人人自勉,为现代的国民,自觉自动,负责尽职,为国家的前途,为抗战的成功而作更进一步的贡献。我们真正要为抗战而刻苦耐劳,为前方来节衣缩食,实行战时生活,适应军事要求,洗雪过去富人不出钱,文人怕当兵,不明抗战大义,不尽国民责任,被人视为落伍民族的耻辱,这是要希望我们社会各界领袖切实倡导的。

第二,政治方面:我今日要明告我们同胞的,我们抗战以来一贯的主张,就是要在抗战之中完成我们建国的大业。我国人深感我们宪政实施和建设是完全受了日寇侵略的阻扰,本来我们在民国二十年以前,早已决定了结束训政的时限,为民国二十年"九一八"事变起,敌寇侵凌,国难严重,举国忙于备战,不能专心于这一个根本的大计。然而我们中央虽在国家多难之状,仍然继续致力于宪法草案的议订,与国民大会的积极筹备。第五次代表大会授权中央全会的决议,至迟要在民国二十六年十一月召开国民大会。但是日寇步步进逼,凶焰日张,"七七"事变勃发,我们要捍卫民族生存,遂号召全国,以发动神圣的抗战,自此以后,军事紧张,国民大会的召集,事实上陷于困难。然而六中全会仍决议于二十九年十一月召开国民大会,终于战事扩大,当时参政会许多同人均主张缓开,乃又因而延期。我们国父的五权宪法,遂乃至犹不克颁布实施,这是我从"九一八"国难以来迄今,引为最大遗恨的一件事。在此十五年之间,我对于宪政,对于民权,在事实上是没有一时一刻不想促其早日实现的。我们革命建国的宗旨,是真正要为国为民,所以要重在实行民权,而不在空言民主。我们革命者应对国家负责任,对人民尽义务,所以我们必求有利于国计民生,而实际从事于宪政的促成。我毕生革命的职责和目的,就在于实现三民主义的民主与五权宪法的宪政。这一个目的,一日不能达到,就是我们国父的遗志一日没有完成,亦就是我对国家对人民对五十年来的革命先烈一日没有尽到责任。现在我们经过长期抗战国家意识与义务观念已深入人心，三民主义也已普遍为国人所崇奉，为了鼓舞国民共同负责建国的热诚，为了平日确定国家宪政基础与百年大计，我觉得我们国民大会的召集，不必在待之战争结束以后。我在去年参政会开会时，已说明此意。我现在准备建议中央，一俟我们军事形势稳定反攻基础确立，最后胜利更有把握的时候，就要及时召开国民大会，颁布宪法，使我们中国国民党在民国二十年受国民会议委托行使之政权，得以归政于全国的国民。我相信我们今后这一年，如果能以全国一致的力量，击败了日寇，更能够以全国一致的团结，来完成三民主义的宪政，则不但我们民权主义得以实行，而且我们民生经济建设的十年计划，也可以因而开始，使我们中国步入于富强康乐的大道，因之我个人认为今年这一年，我们全国同胞必须同心一德，竭尽全力，不只要掌握抗战最后胜利的时机，而且要奠立建国永久的基础。所以我在今天元旦公布，将这个决心报告给全国军民同胞，凡我同胞均应知抗战胜利之日，即是我们建国成功之时。更须知道我们抗战如果遇到障碍，胜利失了保障，则国家民族且将不存，宪政与民权均将无所寄托。为了洗雪日寇阻挠我们建国的仇恨，为了实践我们这一代国民应尽的职责，我们必须排除万难，将抗战胜利与宪政实施毕其全功于一役。我相信我全国军民间胞必能认清国家的前途和国民应负的责任，共同一致竭尽全力，矢忠矢信，奋勉图强，以求最后胜利之实现，与建国大业之完成。

全国同胞们，我们在抗战中过元旦令节，今年已是第八年了。我们抗战初起时，有三句重要的声言：（一）民族的生命，求国家的生存。（二）不仅为自卫独立生存而战，也为维护公理正义与世界和平而战。（三）从抗战中求进步，从抗战中求建国。从抗战胜利以求民族复兴。这八年以来，我们将士的忠勇牺牲，民众的冒死犯难，已经确切奠定了最后胜利的基础。我们中国抗战精神的坚毅光明，也确已博得世界的重视。然而我们在牺牲惨重之余，还没有达成我们抗战的初衷，而去年一年还要遭受这样的严重挫折。日寇的失败固属必然，我们的胜利还没有实现。想到日寇铁蹄蹂躏着我们多少庄严的疆土，敌寇淫威下奴辱着我们多少亲爱的同胞，我们如何能不引为自身的耻辱，能不引为自身的责任。我要求我们同胞人人知耻，惟知耻始能有勇。我更要求我们同胞人人负责,惟负责始能自强。我们必须认识我们所执行的乃是国父所说的公理与强权之战,我们所担负的乃是空前绝后继往开来的神圣使命。我身受国民负托之重,我必尽我天职,竭我全力以报效国家,为国民服务,为将士负责。同时我更希望全国军民同胞当此最后胜利接近的一年,共同一致为国家各尽职责,为抗战贡献一切,集中意志,集中力量,以达成我们驱逐敌寇,光复河山与排除建国障碍的使命,来安慰我们殉国的先烈,来酬答我们盟邦援助的高谊,敬祝我们全国同胞努力奋进,祝我们抗战胜利与建国成功。

(原载一九四五年一月一日重庆《中央日报》)

3. 延安权威人士评蒋介石元旦广播

延安权威人士发表对于蒋介石元旦广播的评论。该评论称:蒋介石在其广播中开始说:抗战"八年以来,要以去年这一年为危险最大而忧患最深的一年"。这句话鲜明地反映了由于国民党失败主义与法西斯主义政策所造成的危机之深刻性。对于陷国家于如此危境的原因,蒋氏要求"全国上下","彻底的反省和一致的觉悟"。可是蒋氏本人却既无反省,又不觉悟。蒋氏说:"过去这种弱点和错误的存在,政府与社会都有其责任。就政府来说,一方面是战时行政不够积极,不能彻底。另一方面是顾恤人民的困难,不愿增加人民的负担,结果影响了战斗精神,影响了军纪、风纪,最后影响了军事。"在蒋氏统治的区域内,人民负担占收入百分之八十左右的时候,蒋氏竟说什么"不愿增加人民负担",确实要有很厚的脸皮才说得出口。蒋氏不但不肯指出蒋氏自己及其一群的法西斯主义与失败主义的寡头专政为一切战争失败与国事败坏的总根源,反而将责任推委给"社会"。就这一点来说,这是由于全国人民痛恨蒋氏法西斯主义与失败主义的寡头专政,达到了空前高度,怒骂指责,无日无之。为了平抑众怒,蒋氏不得不轻描淡写地对于他的政府工作,说了"不够"二字。但随即抬出一个"社会",说什么"社会"也"有其责任",藉以欺骗那些政治水平不高的人们。但是"社会"是一切受蒋氏压迫得透不过气来的人民,已经逐渐清醒起来,他们知道受压迫的人民是不能担负这种责任的,唯一应负责任的是蒋氏及其一群的寡头专政、法西斯主义与失败主义的路线。既然政府的责任只是一个工作做得"不够",而且还有"顾恤人民困难"的深恩厚泽,那么这个政府,就应该万岁万岁。可是蒋氏觉得不然,他又在其广播中说:"我觉得我们国民大会的召集,不必再待之战争结束以后,……我现在准备建议中央,一俟我们军事形势稳定,反攻基础确立,最后胜利更有把握的时候,就要及时召开国民大会,颁报宪法,……归政于全国人民。"岂不有些奇怪?但是一点也没有什么奇怪。最近几个月来形成的极其紧张的政治形势,迫使蒋氏将其早已发出的不兑现纸币,填上一个似乎不很久就有希望的实无日期的日期。可是蒋氏这一声明,决不会有什么积极影响,因为他的这种声明,仅仅将希望寄托在中国人民毫无记性这一点上。可是中国人民是有记性的,他们记得国民党政府开过很多支票。请看:"民国二十三年十月十日为宪政开始日期","民国二十四年四月开国民大会,开始宪政","民国二十九年十一月十二日召集国民大会","抗战结束后一年召开国民大会,制颁宪法"。蒋介石先生,我们要问你:你的票子不是早已填上了许多确定兑现的日期吗?第一张,"民国二十三年十月",第二张,"民国二十四年四月",第三张,"民国二十五年十一月十二日",均在"七七"抗战以前,那时并无"军事紧张,国民大会的召集,事实上陷于困难"的情形,何以一次也不兑现?抗战七年半,不论那一年均比现在的"军事紧张"情形要好些,何以不兑现?你现在开的一张,又答应在"等我们军事形势稳定……的时候",请问你的寡头专制与失败主义路线不改变,你的"军事形势"能够稳定么?"等我们反攻基础确立……的时候",请问在你的寡头专制与失败主义路线之下,你的"反攻基础"能够"确立"么?"等我们最后胜利更有把握的时候",请问何时"更有把握"?你不是历来都说"绝对有把握"么?何以现在忽然觉得缺少把握了呢?你一向压迫人民,垄断抗战,妄自尊大,为所欲为,到了一九四五年元旦,忽以缺乏把握宣告于世,请问你及你的一群,该当何罪?还有什么资格来谈国民大会?孙中山还在一九二五年的临终遗嘱上就主张"召开国民大会",你违背孙中山,从人民手中篡夺政权,建立你的血腥寡头专政,人民不赞成,基础不稳,你就三番五次以召开国民大会空言骗人,过去还有确定日期,现在日期也没有了,抗战胜利的把握也没有了,请问该当何罪? 就拿你的话来说吧,在抗战期内召开国民大会,请问是战前贿选出来而在战后大都投汪附逆了的那个"国民大会",还是重新选举的呢? 如果是前者,谁要那个不但死了,而且臭了,不但臭了,而且烂了的"国民大会"呢? 如果是后者,如何选法? 谁来执行? 谁来监督? 不先消灭寡头专政,彻底改组现在的国民党政府,代之以民主的联合政府,消灭特务机关,给予人民以言论、集会、结社自由,请问有什么民选的国民大会可言? 袁世凯开过洪宪国会,曹锟开过猪仔国会,难道到了今天还有什么独夫民贼胆敢召开什么蒋家国民大会、或猪仔国民大会么? 延安权威人士揭破蒋氏召开国民大会的有心欺骗之后,结语称:为了抵制全国人民所属望的立即建立联合政府,蒋氏搬出了挡箭牌。可是蒋氏及其一群的所谓"国民大会",早已臭名远扬,不搬还可藏拙,搬出一次就会臭气大发一次。孟子说道:"西子蒙不洁,则人皆掩鼻而过之。"西子是个美人,蒙了不洁,人皆掩鼻。一个独夫浑身浸在粪缸里,怎能叫中国人民不掩着鼻子开跑步呢! 若欲人不掩鼻,除非洗掉大粪。

(原载一九四五年一月四日延安《解放日报》)

4. 中国民主同盟发表对时局宣言

最近欧洲情势虽小有变化,但不问德军如何挣扎,德国之无条件屈服,及欧洲整个问题的澄清,要必于本年内告一段落。

美军吕宋登陆,已大告成功,菲律宾的完全解放,当为时已近。继菲岛以后,或即为美军之在华登陆,早则本年夏春之交,至迟亦不至延到今年的夏季以后。

美军一旦在华登岸,并以大量军陆源源开到中国,此时不问欧洲问题是否完全解决,苏联对于远东要必一反其过去之沉默态度,而突趋积极。英国在缅甸至香港一线此时将大事活跃,固不待论,即法国亦必以相当力量,与英军配合,以图恢复安南。

敌人为应付上举情事,以图死里求生起见,其重视津浦、粤汉两线以东,当不在重视两线以西之下,其在中国境内的陆军力量,必远较过去加强。

凡此外在的形势,均促使中国不能不团结统一,否则即不能发动一切人力物力,与美苏英法诸盟邦夹攻,以收将敌人全部击溃之效。

就内在的形势而论,自河南、湖南、广西相继沦陷,人民饱尝颠沛流离之苦,牺牲之大,死亡之多,为抗战以来所无,于是后方各地自卫自救的活动,已渐渐兴起。国共关系,自去年五月双方代表在西安谈判以来,已历时半年以上,且中经友邦有力人士多方撮合,但至今仍无成就可言,甚至我们认为比较轻而易举之事,如释放政治犯及言论集会结社之自由等等,亦未彻底一办。目前全国要求民主之声,自各党派以迄文化界、工商界,自国民党外以迄国民党内,已逐渐趋于一致,然当局则迄无有效办法之表示。

本年元旦,蒋主席发表新年文告,谓:"一俟我们军事形势稳定,反攻基础确立,最后胜利更有把握的时候,就要及时召开国民大会,不必再待之战争结束以后";最近国民党中常会,更有本年五月五日召开六全代表大会的决议,其主要工作,闻即在讨论如何召集国民大会。假定能召开一举国一致而又确能解决当前一切实际问题的国民大会,吾人在原则上自亦赞成之,但目前事实上乃绝少办到的希望。如仅仅将二十五六年所选出之一部分代表,再就无法选举之若干省份指派若干,以足一千四百四十名之额,更益以众百名国民党中委及候补中委为当然代表,以此而欲制定一部全国共遵之宪法,以此而居然"还政于民";并欲以此而成就全国的团结统一,吾人认为必将适得其反。

中国民主同盟,成立已有四年之历史,其一贯的职志,即在突破一切军事与政治之难关,为中国实现民主团结,一以收抗战之全功,一以确立建国的基础。自去年九月召集全国代表大会,并于双十节公布抗战最后阶段的政治主张三十六条,举其要点,则有如下之十项:

一、立即结束一党专政,建立联合政权;

二、召集党派会议,产生战时举国一致之政府,并筹备正式国民大会之召开,及宪法之制定;

三、保障人民言论、出版、集会、结社、职业、身体之自由,废除现行一切有妨害上列自由权利之法令与条例;

四、开放党禁,承认各党派公开合法地位,并立即释放一切政治犯;

五、废除特务及劳动营一类纯粹法西斯之组织；

六、全国一切派系之军队，应本平等待遇之原则，统筹装备、给养、训练、补充之公平，以求得作战指挥之统一，并渐进于军队国家化之正轨；

七、财政绝对公开，凡预算结算及增加人民负担之措施，必须交由现有民意机关审查通过；

八、保障人民之最低生活，改善士兵及公教人员之待遇，对战时战后之受灾人民，尤应统筹救济；

九、立即停止党化教育，保障讲学自由及从事教育职业之自由；

十、促进中苏邦交，加强对英美及其他盟邦之联系，以期彻底合作。

吾人提出上列各项主张，为时已历四月，但对目前情势，仍完全适用。吾人认为在战争未结束以前，必须将此项过渡办法切实做到，中国始有实现民主宪政之可能，否则藉延宕以资敷衍，弄名词以饰观听，则不惟目前一切困难问题无从解决，整个国家民族且有陷于分裂破碎之虞。为国民党计，与其空谈"还政于民"，似不如实行与民合作以免自误误国之为愈也。邦人君子，幸共图之。

（民国）三十四年一月十五日

（原载一九四五年一月二十六日重庆《新华日报》）

5. 重庆文化界对时局进言

"道穷则变"，是目前普遍的呼声，中国的时局无须我们"诡词悚听"，更不容许我们再来"巧言文饰"了。

内部未能团结，政治贪墨成风，经济日趋竭蹶，人民尚待动员，军事急期改进，文化教育受着重重扼制，每况愈下，以致无力阻止敌寇的进侵，更无力配合盟军的反攻，在目前全世界战略接近胜利的阶段，而我们竟快要成为新时代的落伍者。全国的人民都在焦虑，全世界的盟友都在期待，我们处在万目睽睽的局势当中，无论如何是应当改弦易辙的时候了。

办法是有的，而且非常简单，只须及早实行民主，在野人士正日夕为此奔走呼号，政府最近也公开言明，准备提前结束党治，还政于民，足见人同此心，心同此理，无分朝野，共具悃忱，中国的危机是依然可以挽救的。

然而，"日中必慧，操刀必割"，在今天迫切的时局之下，空言民主固属画饼充饥，预约民主亦仅望梅止渴。今天的道路是应该当机立断，急转舵轮，凡有益于民主实现者便当举行，凡有碍于民主实现者便当废止，不应有瞬息的踌躇，更不应有丝毫的顾虑。其有益于民主实现者，在我们认为，应该是：

一、由国民政府立即召集全国各党派所推选之公正人士组织一临时紧急会议，商讨应付目前时局的战时政治纲领，使内政、外交、财政、经济、教育、文化等均能有改进的依据，以作为国民会议的前驱。

二、由临时紧急会议推选干练人士组织一战时全国一致政府，以推行战时政治纲领，使内政、外交、财政、经济、教育、文化等均能与目前的战事配合。

以上两大纲领实为实现民主的必要步骤，政府既决心还政于民，且不愿人民空言民主，自宜采取此项步骤，使人民有实际参与政治的机会，共挽目前的危机。

更就有碍民主实现者而言，则有荦荦六大端，应该加以考虑。

一、审查检阅制度除有关军事机密者外不应再行存在，凡一切限制人民活动之法令皆应废除，使人民应享有的集会结社言论出版演出等之自由及早恢复。

二、取消一切党化教育之设施，使学术研究与文化运动之自由得到充分的保障。

三、停止特务活动，切实保障人民之身体自由，并释放一切政治犯及爱国青年。

四、废除一切军事上对内相克的政策，枪口一致对外，集中所有力量从事反攻。

五、严惩一切贪赃枉法之狡猾官吏及囤积居奇之特殊商人，使国家财富集中于有用之生产与用度。

六、取缔对盟邦歧视之言论，采取对英美苏平行外交，以博得盟邦之信任与谅解。

以上诸大端如能早日见诸实施，则军事形势必能稳定，反攻基础必能确立,最后胜利也毫无疑问,必能更有把握了。

　　故民主团结实为解决国内局势之主要前提,而在今天尤为争取国际地位的必须步骤。今天的时局虽然紧迫,而国际形势却大有利于我们,我们尤应趁此时机,早早决定我们的国策。

　　目前克里米亚会议已告圆满结束,四月二十五日并将由中苏英美法在旧金山召开联合国会议,法西斯和帝国主义已被普遍地宣布死刑,为全人类开出了民主和平的康庄的大道。

　　更以军事而言,苏联的大攻势正以雷霆万钧之力,雄师数路趋指柏林。英美联军更由西线积极进攻,纳粹兽军已陷于四面楚歌之中,不久当在它的巢窟里面遭受屠戮了。

　　美国在太平洋上的进攻,也正和欧洲攻势桴鼓相应。美国的意志,在东方急于要在中国登陆作战,急于期待陆上力量的大反攻,以期能同时及早解决日本,更是切迫如火。

　　今天没有任何力量可以阻止苏联红军及英美盟军的进攻,也没有任何力量可以屈挠同盟国人民的意志。全世界都在吹奏着胜利进行曲,我们中国人民不愿自甘落伍,不愿在这世界战略接近胜利的阶段,仍有自私有利,苟且因循,等待胜利,甚至种下未来祸根的做法。

　　我们恳切地希望,希望全国人士敞开胸襟,把专制时代的一切陈根腐蒂打扫干净,贡献出无限的诚意、热情、勇气、睿智,迎接我们民主胜利的光明的前途。

力　扬	丁　然	于去疾	于　友	于　伶
王　戎	王　采	王　岚	王　琦	王亚平
王冶秋	王复生	王郁天	王深林	王超凡
王治津	王务安	王进英	巴　金	戈宝权
方令儒	方兴严	方学武	文怀沙	毛守昌
禾　波	白　薇	白　杨	甘啸冲	田一文
田　涛	田仲济	司徒慧敏	史伊凡	伍　禾
任　钧	任秋石	朱海观	朱鹤年	老　舍

吉联抗	仲秋元	沈扬	沈浮	沈钧儒
沈静芷	沈经农	沈慧	冷火	宋之的
宋云彬	杜冰波	杜君慧	杜国庠	吕霞光
吕恩	汪子美	汪刃锋	何公敢	何成湘
余所亚	沙千里	李凌	李畏	李士豪
李可染	李声韵	李恩杰	李华飞	吴视
吴茵	吴祖光	吴家骧	吴蔚云	吴组缃
吴藻溪	吴清友	吴泽	但杜宇	辛勤
阮有秋	林谷	林辰	林仲易	林举岱
周而复	周知	周峰	周谷城	周徽林
明敏	金月石	金仲华	金善宝	金锡如
金瑞芩	邵荃麟	孟目的	孟君谋	孟用潜
初大告	阿嘉	岳路	茅盾	胡子
胡风	胡绳	胡文淑	胡守愚	洪深
侯外庐	柳倩	柳亚子	范朴斋	姚木溪
姚雪垠	姚莲子	郁风	郁有哉	施白芜
俞珊	俞励犍	冼群	马义	马宗融
马寅初	马思聪	高集	高崇民	高龙生
高懿	崔小萍	崔万秋	夏衍	夏白
夏迪蒙	徐冰	徐迟	徐昌霖	徐悲鸿
袁水拍	梁希	梁纯夫	梁永泰	梁公在
索开	孙伏园	孙陵	孙源	孙坚白
孙施谊	孙锡纲	秦柳方	秦牧	康性天
祝公健	殷子	殷野	耿霞	凌珊如
郭沫若	郭春涛	郭培谦	郭树权	梅林
许士骐	许幸之	许桂明	许涤新	黄晨
黄蕊	黄若海	黄洛峰	黄宛苏	黄碧野
黄荣灿	黄寿慈	舒维清	堵述初	毕相辉

盛家伦　陈之佛　陈文泉　陈先舟　陈先泽
陈　原　陈润泉　陈鲤庭　陈翰伯　陈翠华
陈烟桥　陈迩冬　陶　金　陶行知　曹靖华
曹　禺　章石林　章汉夫　章勒以　章曼苹
章超群　焦菊隐　陆梦生　陆　治　张正宇
张申府　张西曼　张光宇　张志让　张定夫
张明养　张孟闻　张鸿眉　张静庐　张铁弦
张瑞芳　张　雁　张　磊　张　翼　张骏祥
张维冷　张重英　冯乃超　冯文洛　冯雪峰
傅彬然　傅抱石　华　林　华　嘉　彭燕郊
乔　木　覃　英　覃必陶　舒绣文　曾敏之
汤　灏　阳翰笙　贺礼逊　贺孟斧　黄　巩
项　堃　董时进　董鼎清　叶以群　叶浅予
杨　晦　杨荣国　杨潮声　杨村彬　贾纬廉
邹绿芷　葛一虹　葛　琴　路　翎　路　曦
庄寿慈　虞静子　万　灿　廖静文　廖沫沙
赵晓恩　赵辊如　赵慧深　邓初民　刘清扬
刘厚生　刘白羽　刘火子　刘尊棋　刘砥方
刘铁华　刘运筹　刘义斯　蒋　路　翦伯赞
臧克家　臧云远　潘孑农　潘梓年　潘　菽
潘震亚　霍应人　蔡　仪　蔡楚生　郑君里
郑　敏　卢于道　卢鸿基　薛迪畅　钱歌川
钱辛权　萧　强　萧隽英　戴爱莲　谢冰心
谢　添　龙季子　聂绀弩　韩北屏　韩　涛
罗家正　罗髻渔　严杰人　魏志澄　蓝　马
蓝馥心　苏　怡　顾颉刚

（以姓名繁体字笔画为序）

（原载一九四五年二月二十二日重庆《新华日报》）

6.成都文化界对时局献言

这次世界大战,情势发展至今,民主已成为不可遏拒的洪流,最后胜利,必属民主,已毫无疑义。顺此者生,逆此者亡,更是天经地义不可摇撼的真理。

我国忝为四强之一,在此民主洪流中,任何方面,都还不能和世界大势相应,和盟国军事配合,究其原因,不外政治不民主,以致贪污横行,剥削遍地,广泛人民陷于水深火热之中,一切社会政治活动尚受许多钳制,国民活力,丧失殆尽,中原、湘桂两役,转瞬之间,失地数千里,皆由此故。似此情形,若不改弦易辙,自力更生,则不特不能配合盟军,准备反攻,恐将来甚至不能阻遏敌人攻势。同时旧金山会议之期转瞬即届,而国内团结问题,尚复梦如乱丝,实施民主徒托空言,试问将来我们何以出席厕身于民主国家之列,更何以立言,何以发生力量,瞻望前途,忧虑实巨。

我们文化界同人,目击忧患,为国家民族,实在不忍缄默。大家都认为挽救目前危机,争取抗战胜利,必须立即实行下列诸项:

一、立即给束党治,从速召开各党各派各界各民族组成的紧急会议,共同商定施政纲领,成立举国一致的政府。

二、尽速召开真正能代表民意普选的国民大会,撤销过去由上而下的圈定代表。

三、切实保障人民应享的一切自由,如人身自由、言论出版演出集会结社居住迁徙自由。

四、凡一切限制上面这些自由的法令和设施皆应废除,如审查检查制度,除有关军事机密者外,即不应再行存在。

五、取消党化教育,切实保障思想学术研究自由。

六、释放一切爱国政治犯。

七、切实促进中苏邦交,以期实现英美苏中四国之团结。

八、全国所有抗战军队,应不分派系,给养装备一律平等,一致对外。

九、严惩贪官污吏,取消苛捐杂税,改善公务人员生活待遇。

十、切实奖励生产,紧缩通货,平抑物价,采取紧急措置,克服空前威胁每一国民生存之经济危机。

上列十项,在目前实为迫不急待之要端,时势危急万分,空言民主,预约宪政,早不能获得人民信任,当机立断,犹可挽救,踌躇顾虑,终必误国。千钧一发,谨此献言。

丁聪等一百二十六人(签名略)

(原载一九四五年四月十一日成都《华西晚报》)

7. 昆明文化界关于挽救当前危局的主张

中国到了今天,更迫切的需要实行团结,实现民主了。以整个的国际局面来说,盟国大军,东西夹击德国,乘胜直驱柏林,欧洲战事,短期即可结束。在太平洋方面,跟着菲律宾的解放,琉璜岛的占领,空前强大的美国海空军,行将掩护空前强大的美国陆军,或直捣日寇本土,或在中国沿海登陆,以清算日本法西斯侵略者的罪行。这一举是决定盟国在远东战场上军事胜利的关键。同时,本年四月二十五日,中美苏英将在旧金山召开联合国会议,依照敦巴顿橡树林会议及克里米亚会议的方针,树立世界永久和平制度。这一举又是决定同盟国家"和平胜利"的关键。

以上这些重大事件,无疑的是中华民国抗战建国成败的大关键,这些重大事件无疑的将决定中华民族今后生死存亡的命运。

我们眼看着盟国迎接全面胜利,并着手奠定世界永久和平,回顾中国,是个什么样的状态? 国家今日所处的环境,是中华民族有史以来空前的危机! 在短短的一年内,敌军如入无人之境,由郑州而洛阳,而长沙,而衡阳,而桂林,而柳州,而曲江,而赣州,一连串的军事溃败,沦丧好几省国土,损失无量数物资,使万万人民流离失所,颠沛死亡。不止如此,最近日寇又在湘桂积极增兵,并在安南解除法军及安南军武装,夺取全部安南,以为在大陆上临死挣扎的军事布置。日寇此种行为,更使我国托身寄命的西南一隅,若昆明、成都、重庆等重要城市,遭受威胁,而国命的存亡断续,更将不堪设想了。

在这样严重的局面下政府当局竟没有警惕悔悟的表示。独裁专制,贪污成风,这依然是中国的政治;富人的黄金让它安全存储国外,政府完全靠苛捐杂税与恶性通货膨胀过日子,这依然是中国的财政;借党化之名,行奴化之实,这依然是中国的教育;诚不足以结友,量不足以容人,这依然是中国的外交;最近所谓革新行政,改进人事,也只是对调几个部长,变更几个官衔,旧瓶还装旧酒,原汤仍熬原药,这不止使国人痛心,并且使盟友失望。

盟国正在迎接胜利与和平的时候,中国政府却在坐误时机,自毁前途。大家平心问问,造成这样严重现象的根本原因是什么?每一个愿意尊重事实的人,都知道正确的答案,那就是,国民党内的少数分子要继续维持权位,所以他们不惜抹煞全国民意,拒绝实行民主,对于全国人民一致呼吁的保障言论出版集会结社等自由权利,废除特务制度与集中营等组织,释放政治犯,召集国是会议,组织联合政府,并与全国各党派开诚合作共挽危局等要求,始终不肯接纳。最近国共谈判又宣告破裂,团结一线希望,复被断送。谁能否认我们的政府是在拒绝抗战胜利!

三月一日蒋主席为解释不能团结的原因,发表了一篇演说,允诺在本年十一月十二日召集国民大会,通过宪法,实行宪政。这实际只是蒙蔽国际视听,拖延国内民主的技术。谁都知道,宪法是十年前一党包办的草案,国民代表是十年前一党包办的选举。试问以这样的代表,通过这样的宪法,再来选举大总统,产生新政府,这样的民主有真实的意义吗?试问这样迂回拖延的方式,能够挽救当前千钧一发的危局吗?其实国人呼吁的各党派会议及联合政府,只是目前团结合作的方案,谓如是而后共商政策政纲,如是而后共负抗建责任,如是而后实施宪政,实行民主。目前的团结合作,并无移交政权于各党派,还政于民之说,而蒋主席必斤斤以此辩白于天下,这倘不是搪塞粉饰之词,那就是固执一党独裁的成见了。

迩来重庆成都各界人士又一致起来发表签名宣言,提出具体主张,呼吁民主团结,——用民主的精神实行团结,用团结的国家实现民主,义正辞严,举国同声。我们昆明文化界人士,自知不能推卸国民一分子的责任,不忍坐视国家前途的毁灭,民族生命的沦亡,因此,根据我们共同的信念,坦白提出关于挽救当前危局的主张,以为前趋者之应,以为首倡者之和。我们的主张是:

一、政府应立即邀约全国各在野党如中国共产党，中国民主同盟等各自推选的代表，而后会同各政党代表共同推定社会上无党无派各界进步人士，共同举行国是会议，决定战时的政治纲领，并立即起草图民大会组织法及选举法，筹备召集真能代表人民的国民大会，以通过宪法，实行宪政。

二、国是会议为战时过渡的最高民意机关，由此会议产生举国一致的民主联合政府，以执行战时政治纲领，并共同负担抗战及参预一切国际会议，奠定世界和平的责任。

三、现政府应立即宣布解散特务组织，取消言论出版登记检查制度，释放全国政治犯，切实保障人民身体、思想、言论、出版、演剧、集会、结社、居住、旅行、通信等自由。

四、彻底改组国家最高统帅部，使统帅部成为超党派的国家机构，以统一全国军事指挥，集中全国军事力量，以便配合盟军反攻，彻底消灭日寇，争取抗战胜利，并保障在民主政治基础上实现军队国家化的原则。

丁力等三〇四人（签名略）

（原载一九四五年五月十一日延安《解放日报》）

8.重庆妇女界对时局的主张

过去一年中，欧洲战场，因为英美苏的合作，轴心及其附庸国家，大多已被击碎，亚洲战场，也因美军在太平洋上攻势的活跃，日寇已遭受了严重的打击。这些都说明：和平的民主力量，已呈现了光彩的前途，独裁的法西斯的集团，日渐沦于暗惨的末路。

但是，我们中国怎样呢？在世界局势好转中，我们受了更严重的打击，遭了更惨烈的失败。在去年年底，陪都受了敌人进攻黔边的震撼，中心几乎动摇。而湘桂难胞，颠沛流离，家破人亡，其痛苦之深，损失之巨，远非我们所能想象，局势的严重，为八年来所未有。这就是说，世界局势尽管好转，中国的前途，仍很艰危。

所以形成艰危的原因，重要的就是政治不民主。因为政治不民主，所以广大人民无权过问国家大事，贤能之士不能参加政府组织，一切可资抗战利用的人力、物力不易动员起来，而各党各派，也不能对政府贡献自己的力量，甚至造成国内各方面严重的不团结现象，使抗战陷于无力；在外交上，未能认真增强对英美的关系，改善中苏邦交，已引起盟邦对我国的许多不满；在内政上，官吏肆无忌惮，贪污枉法，人民不敢指责，以致政治充满黑暗；在军事上，兵役政策不良，士兵生活太坏，军民关系、官兵关系不好，以致士气不振，屡遭惨败；在经济上，官僚资本的垄断独占，投机操纵，窒息了全部国民经济的生机，使生产萎缩，物价不断高涨，以致造成目前最严重的民不聊生，公私交困现象。尤以人民言论被控制，思想被束缚，教育受统制，人权无合法保障，党派无合法自由，以致全国力量，消磨于互相猜忌与对立之中。因此政府不能动员人民，人民无法为国尽力，如果我们今天还不促成民主，加紧团结，纵然世界的民主力量可以取得胜利，中国的前途，仍然是黑暗的。

为着挽救当前军事上、政治上、经济上的严重危机；为着能够增强抗战力量，以停止敌人的进攻，及配合盟国的反攻；为着使中国获得光明的前途、为着使中国在世界胜利的局势中不被遗弃、为着保障战后中国的国内和平与国际和平，使中国在打败日寇后不发生内战，不成为未来世界战争的导火线，一切这些，都只有实行民主政治，才能够做到。所以我们热切的期望政府，能立即实行民主。

最近中央曾有决定，不久将召开国民大会，结束训政，实施宪政，这固然是实行民主的途径。但战前所选出的代表，已时隔八年了，人事已有很大变化，决不能代表现时民意。因此，我们主张：请政府立即邀集各党各派及各方人士，举行全国紧急会议，共商国事，成立全国人民一致的政府，立即给人民以言论、出版、集会、结社等基本自由。我们妇女占全人口半数，在今天争取实现民主增强抗战力量的运动中，必须广泛运用我们妇女界伟大的力量，使从事各种工作，努力完成抗建大业。

于立群等八十七人（签名略）

（原载一九四五年二月十三日重庆《新华日报》）

9. 昆明妇女界对目前危局的呼吁

现在各民主国家的妇女们在参加反法西斯战争获得空前胜利的进程中，已经计划怎样保障世界集体安全的和平，奠定人类永久的民主了。中国妇女们却处在不民主无安全的艰危环境中。八年抗战历史，军事失利，政治腐败，财政紊乱，经济恐慌，这是全体国民的厄运，这更增加了我们妇女的痛苦，拿后方的情形来说，农村姐妹们，代替出征的丈夫儿子，负着征实征工的负担，并且成年受着苛捐杂税的剥削，在贫乏饥饿的生活中过着。工厂里女工，一面有粥少僧多的拥挤，一面有厂闭工停的威胁，加以工资微薄，物价高涨，天天用十二小时以上的劳力，换不到养己供家的酬报。职业妇女们在各方"禁用"、"少用"的歧视情形下，必须有人事关系，才能谋得一差半职；若主管人员要位置亲戚故旧，或节赏裁冗的时候，那末先遭殃的多半都是无权无势的女职员。女学生们出了巨大的学费和杂费，获得的仅是落伍的过时的教育，并且青年女子，受着经济压迫，有的课外兼职，心力劳瘁，有的沉迷交际，学业荒弃。以上这些现象，充分证明在政治不良的中国现状之下，妇女界所遭受到的痛苦，实已到了不能忍受的地步。一旦遇到敌人进攻，后方变成前线的时候，我妇女界既无组织，又无训练，惊慌逃难，转徙流离，不幸为敌所获，侮辱蹂躏，体污身死；偶有侥幸逃出，也是颠沛流亡，亲离子散，所遭的灾难，所受的痛苦，真是不堪言状。在民族解放的大战争中，妇女为国民的一分子，牺牲一切，本系国民的义务；不过牺牲应有代价，尽义务必享权利。中国今日的实际情况是怎样？假训政之名，行专制之实。国事一党把持，人民不许过问，宪政一再拖延，民主仍未实现。政权不让公开，党派不能团结。当此盟军着着胜利的时候，反成中国处处危急的关头，瞻望前途，今后我最受压迫的妇女界，将更是如火益热，如水益深。因此，我妇女界再不能长此缄默，逆来顺受，任人宰割，坐以待毙。我们要求立即结束党治实现民主。

只有在民主政治之下，才能彻底肃清贪污，取缔囤积，平抑物价，增加生产，消灭多数人饥寒交迫及少数人挥霍浪费的现象。只有在民主政治之下，才能有言论出版集会结社的自由，才能普遍动员，使妇女界有参加抗建事业的平等机会。只有在民主政治之下，才能统一军令，团结军力，配合盟军，驱逐日寇出中国,使中国得到最后胜利。只有在民主政治之下,中国几千年最受压迫的妇女,才能得到真自由、真平等、真解放。

今日是战争转败为胜,国命转危为安的大关键。一切不容再迟疑,再观望,再推拖,再拖延。我们妇女界主张为挽救当前的危局计,政府应做这几件事:

一、立即召集全国各党派及无党派人士举行国是会议,商讨抗建国策。

二、立即成立举国一致之联合政府,使抗建国策顺利推进。

三、立即明令取消特务组织,及书报杂志之登记检查制度,并保障人民身体信仰言论出版集会结社等等权利。

四、立即严禁一切公私机关歧视妇女,并切实保障妇女之平等地位与职业之机会,俾能真实参加抗建工作。

上面这些条件是实现民主的唯一途径,亦可说是实现民主的先决条件。我们妇女界为求彻底解放,应迅觉悟,力促团结,争取上列各条早日实现!

丁毅等三百一十四人

(名单略)一九四五年三月八日

(原载一九四五年五月十六日延安《解放日报》)

10. 遵义国立浙江大学全体学生促进民主宪政宣言

"火已经烧到了眉睫",这是当前每个人对于国事的共同感觉,因之救火也就成为我们每个人所急不容缓且不容旁贷的责任了。

一年来由于英美苏诸盟友的密切合作,使整个反法西斯战争已进入到蓬勃热烈的胜利阶段,克里米亚会议不单以最民主的精神解决了欧洲的国际问题,而且更进一步的奠定了盟国在政治和军事上的团结合作。在欧洲轴心已经瓦解,法西斯野兽即将在他的老巢被剿灭,在太平洋美军的越岛攻势,已使菲律宾解放了,琉磺岛占领了,东京在饱尝着炸弹的滋味,眼看着法西斯强盗即将崩溃。四月二十五日召开的旧金山会议,特计划着如何结束战争,如何维持战后的世界和平。瞻望前途,摆在全世界民主力量面前的,真是一幅多么光辉灿烂的美景。

然而我们中国呢?一年来由中原会战的失败,直到湘桂沦陷、黔南告急,整个抗战心脏的西南濒于动摇。为时不过数月,而丧地千里,造成了历史上空前未有的败绩,演出了人世间惨不忍闻的悲剧。而今敌人又将完成东南割裂区的扫荡,加紧布置沿海防务,使东南各省所有足资反攻的空军基地尽陷敌手,增加了美军在华登陆的困难,延缓了我们反攻胜利的时机。试问我们将何以对盟友?将何以言配合反攻?而行将举行的旧金山会议,必将决定今后数十年乃至于数百年的国际秩序,决定全世界各国的命运与前途,英美苏诸盟友正在广征民意,作充分之准备,组织全国一致的代表团,以图在会议中争取其地位。我们中华民族,究竟是要求在国际上复兴抑是沉沦,这正是大好时期,时乎不再,试问我们的政府又将作何准备?

　　为什么当全世界反法西斯战争进入到蓬勃热烈的胜利阶段的时候,而我们反遭到如此重大的失败,造成了如此严重的危机呢。这根本的关键就在于政治的不民主。由于政治的不民主,使国内至今还陷于四分五裂的局面,由于政治的不民主,使国家在财政上陷于极端的穷困,以致通货在高度的膨胀,物价在飞跃的上涨。由于政治的不民主,使国家在经济上陷于破产,一方面是生产的萎缩,一方面是官僚奸商的投机垄断,以至民不聊生,社会混乱。由于政治的不民主,造成了政治上的腐败无能,贪赃枉法的风习。由于政治的不民主,造成了士兵生活的极端的恶劣,招致了军事上惨痛的失败。由于政治的不民主,在外交上遭受到盟友的猜疑、轻蔑、谴责。由于政治的不民主,在文化教育上,遭遇到种种的扼制。由于政治的不民主,七八年来陷全国广大青年于极度的苦闷中……情势既已如今日之严重,若再不急图改革,则国家的前途,将何以想象?因此,我们认为要挽救当前的危机,只有立即改弦易辙,停止一党专政,实行民主政治,只有在民主政治中,才可以完成全国一致的团结,使全国一切力量为反攻而集中。因此我们站在国家青年的立场,站在大学青年的立场,必须要求国共两党,在"国家至上"、"民族至上"的最高前提下,捐除成见,精诚合作,共同挽救民族国家当前的危机。我们认为在今天,如果谁还把个人或党派的利益置于民族国家的利益之上,则必然是民族国家的叛徒,全国人民的公敌,必为全国人民所共弃。

　　其次,我们觉得若干年来,政府既已屡次向国人发出召开国民大会、实施民主宪政的诺言,则诺言应该立即兑现。在今天时间既已如此紧迫,空言民主固属画饼充饥,预约民主,也只是望梅止渴,犹豫拖延,当毫无补于事实。同时国民大会之召集,绝不容为一党一派或少数人所操纵、把持,因此首先必须产生一公允合理的新组织,负责召集国民大会,欲使其公允合理,其成员必须包括各党各派的代表,及无党无派的才高望重的人士,只有这样,才可以产生真正代表人民的国大代表,才可以制定真正代表人民利益的宪法,才可以保证国民代表大会不致为少数人所把持操纵利用。同时为了增强反攻力量,保证民主宪政之迅速实现,我们要求政府立即实行下列各端。

一、确切保障人民言论、出版、通讯等之自由,废除军事机密以外的一切检查制度;

二、确切保障人民身体、集会、结社之自由,停止一切除了对敌人和汉奸以外的特务活动;

三、取消一切党化教育之措施,切实保障人民思想学习研究之自由;

四、无条件承认各党各派之合法地位,并保障其公开活动;

五、释放一切爱国政治犯及爱国青年;

六、军队国家化,改善士兵生活,使全国各部队获得平等之待遇,以增强反攻力量;

七、废除二十六年前所选之国大代表,并从速公布国大代表之新选举法,在新选举法中,不得有"指定"、"圈定"、"当然"之类的规定;

八、裁撤并严惩一切腐化的官吏,以刷新吏治;

九、取缔一切囤积操纵、严惩奸商、开发资源,以挽救财政经济之危机;

十、党务费不得在国库中支取。

"天下兴亡,匹夫有责",我们忝为今日国家之大学青年,受国家之护育与培养,更鉴于几年来,青年在民族革命史上的光荣事迹,目睹国家当前之危机,岂容再缄默无言,而实施民主,实属燃眉之急。因此本校全体同学,在一致的要求下不揣微声薄力,特向政府及全国各大中学同学全国同胞作如上之呼吁,愿我全国各大中学同学及全国同胞共起响应之。

(原载一九四五年五月二十日延安《解放日报》)

11. 成都燕京大学全体同学为主张民主团结宣言

中国从来没有比今天更迫切地需要民主,需要团结了。

全世界汹涌着民主的怒潮,全世界飘扬着胜利的捷报。在西方,盟国围攻德国兵临柏林城下,已经判定了纳粹的末日。在东方,无比强大的美国海陆空军,横绝太平洋,跃岛进攻,已经打开了日本的大门;下一步就将在日本本土或者中国沿海登陆,要以最后的一击,致日本法西斯的死命。就在这个时候,全世界的人民,正在痛苦中挣扎出来,怀着欢喜与热望,忙着在布置行将在四月二十五日开幕的旧金山会议,要享受千百万人民多少年来用血泪灌溉成长的果实——胜利、和平。

事实是显然的,没有胜利就没有和平。

但是回顾我们中国,却不能不令人触目伤心,过去短短的一年内,竟然因为政治上的种种错误遭致了军事上严重的溃败,敌骑长驱直入,自郑州而洛阳,而长沙,而衡阳,而柳州,而桂林,而曲江,而赣州,甚且一度进窥贵州,震动陪都,使我国家所赖以寄身托命的西南一隅几濒不保,万万同胞因此困苦颠连,流离失所,失地之多,死亡之众,牺牲之大,为抗战以来所未有,使我中国民族陷入了无比深重的苦难中。

敌人为了据守大陆防御盟军跨海东来的攻势,这种救死的军事行动是不会休止的。最近敌人解除越南法军的武装,增兵湘桂,又在豫南鄂北蠢动,进犯南阳老河口,意料所在,非可易料。

胜利对于我们还是可望而不可即的幻想,反之失败死灭却已是横陈在我们的面前的重大危机了。

这真是我们国运存亡绝续千钧一发的关头。我们深自检讨,实在是悲愤交集。试看政治则贪污成风,贿赂公行;整个行政机关一方面是颟顸不赈,一方面却又暴戾专横。试看经济,则囤积居奇投机取巧日见众多,正常工商业,却日见凋敝,贫富不均,日见悬殊,物价飞涨,民不聊生。试看军政,则浮报兵额,克扣军饷,又因为军队到处苛扰,人民不堪其苦,形成军民对立的不幸现象,以致前线节节败退,更难希望反攻。试看文化,由于摧残与压制,已经奄奄一息。试看教育,则厉行党化,统制思想,学术自由,教育尊严,扫地以尽,以致学业程度低落,学风萎靡不振。以这样恶劣的现状,处这样严重的关头,全国各党各派及各阶层人民仍然分崩离析不能团结一致,甚且相互对峙,耗损抗战实力,与敌人以可乘之机。人民一切基本自由仍被剥削无遗,言论行动都受特务的监视,官僚的欺压。国事不得过问,救国不得尽力。大后方亿兆人民的力量就此因疑虑恐惧而消解,因彷徨苦闷而埋没。眼看着敌寇日益疯狂的垂死进攻而无法抵抗,眼看着即将开幕的旧金山会议而无法提高国际地位,不能不使我们痛心疾首。

最近川中来蓉集训壮丁日见众,燕大同学前往慰问,我们耳听到他们被估拉、买卖、顶替种种惨绝人寰的故事,眼看到他们饥寒交迫,饱受虐待,疾病痛苦,辗转呻吟的非人生活。这种置卫国杀敌的战士于豕狗不如的境地,为国家前途计,我们再也不能沉默了。

我们认为这一切都是政治不民主的恶果。中国要求生存,要求胜利,要求战后的独立自主,和平幸福,只有立即实行民主团结才能集中并动员全国各党派各阶层亿兆人民潜在的伟力,以自拔于危亡,以配合盟军反攻,以彻底消灭日寇,以争取最后胜利,以获致独立自由,以创造繁荣强大的新中国。我们认为彻底的改革,今天实已刻不容缓。

最近重庆、成都、昆明各地的文化界与妇女界,贵州国立浙江大学全体同学,和重庆各大学同学,都曾先后发表宣言,主张民主团结,我们认为这些都是披肝沥胆,赤诚谋国的忠言,也正是我们所希望所主张的。我们愿意竭尽全力,响应,拥护,并为其贯彻而奋斗。所以不揣心微力薄,愿意继他们之后,大声疾呼,坚决地向政府当局,向各党各派,向全国人民作下列的要求和呼吁。

一、结束一党专政:政府应立即结束一党专政。

二、召集国是会议:政府应立即联合各党各派自行推选代表,并共同推定社会上无党无派进步人士,共同举行国是会议,决定战时施政纲领,作为战时最高民意机关。

三、组织联合政府:由国是会议产生举国拥护的联合政府,执行战时施政纲领,改组最高统帅部,便成为超党派的国家机构,以统一全国军事指挥,集中全国军事力量,俾能配合盟军反攻,彻底消灭日寇,争取抗战胜利,并参加一切国际会议奠定世界和平。

四、重选国民大会:国是会议应依据真正民主的原则,重行起草国民大会组织法及选举法,准备召开真正代表民意的国民大会,以制定宪法实行宪政。

五、保障人民自由,现政府应立即解散特务组织,停止党化教育,取消言论出版登记检查制度,切实保障人民身体、思想、言论、出版、演剧、集会、结社、居住、旅行、通信等等自由。

六、立即改革役政:政府应立即改革役政,严禁估拉、顶替、买卖,并改善壮丁待遇,确实保障抗属生活。

七、关于旧金山会议:旧金山会议开幕在即,我国代表团必须能表示举国一致的民意,否则便是自绝于国人,政府更必须确实公布有关大会进行的一切消息。

同胞们:寇深祸急,时乱世危,我们设若不忍坐视祖国的沉沦,民族的败亡,便只有奋起而谋民主团结,全国大中学生与知识分子,尤其应克尽为社会前哨的任务,奔走呼号,实无旁贷。燕京大学全体同学决与全国一切不愿做奴隶的人士共同奋斗到底。

(原载一九四五年五月二十二日延安《解放日报》)

12. 昆明西南联合大学全体学生对国是的意见

历史在跃进,民主在昂扬,祖国在危难中,同胞在水火里。

抗战八年来,国土连年丧失,人民惨遭涂炭。贪污已成泛滥的狂流,特务作为统治的工具;财富集中,通货膨胀,大多数人民不能不陷于饥饿与死亡;统治思想,排除异己,正义的声音被迫归于暗哑;士兵辗转饥寒,接连溃败;外交固执成见,开罪友邦;社会正义全被凌夷,食血者荒度其骄奢淫侈的生活;学术久化日趋贫困,顽固分子大肆其复古谬论。而今天,胜利和民主的欢呼已响遍全球,举世进步的人士都把焦急的眼光投向中国,期待着我们团结一致,迎接盟军在华登陆;期待着我们以民主的姿态参加旧金山会议,建设世界和平。但是政府是故态依然,没有丝毫改革的迹象。这是为什么?因为中国没有民主。

我们高挂了三十四年的假民主招牌，而真正的民主始终没有实现。十年前国民党一手包办，不是以民主方式选出的国民大会，不能代表真正的民意，不能团结全国的力量，所以也不能解救当前的危局。

在这祖国十万分火急的关头，我们——西南联大的二千五百同学，实在不能再安于缄默，不能不以血泪的呼号，感出我们对国是的意见：

一、立即停止一党专政，承认各党派的合法平等地位，集合各党派代表，及资望与能力为国人所崇敬的无党无派进步人士，举行国是会议，组织联合政府，实施紧急的战时措置，筹备召开真正能代表全国民意而不是一党包办的国民代表大会，制定宪法，实施宪政。我们认为这是争取胜利实现民主的总关键，是全国进步人士应该为之呼号奋斗的总目标。

二、立即取消一切特务活动，释放所有爱国政治犯，确实保障人民集会、结社、身体等自由。立即取消有关军事秘密外一切检查制度，确实保障人民思想、言论、出版等自由。

三、立即以崭新手段，没收因人民的饥饿与死亡而发国难财者的财产。没收在美冻结的三万万美金存款，及一切逃亡海外的资金，以充战费。立即停止通货膨胀政策，采取一切有效步骤，使富人负担战费，改善人民生活。

四、立即成立联合统帅部，平等提高全国抗日军队待遇，确实保障出征军人家属生活。

五、立即根绝党化教育，实施战时教育，确实保障公教人员生活。

六、加强与各盟国合作，目前尤应从速敦睦中苏邦交。

总之，没有民主就没有团结，没有团结就没有胜利。民主是一切的前提，而联合政府是目前实现真正民主的唯一方案。只有这样，才能团结全国力量；只有这样，才能解救当前危局；也只有这样，才能获得最后胜利。

全国各党派各法团的先进们，让我们团结一致，争取胜利和民主的实现吧！

全国兄弟姊妹以及忠勇的战士们，让我们为胜利为民主，贡献出一切力量吧！

全国各大中小学的同学们,祖国太危急了,浙大同学已发表了促进民主宪政,呼吁学生界团结组织的宣言。同学们,沉默是逃避责任,散漫不能产生力量。在这祖国千钧一发的关头,让我们团结起来,组织起来,向着胜利和民主进军吧!

这是我们赤诚的呼吁,我们希望它与全国进步人士要求民主胜利的呼声合成巨响,让民主自由的新中国在这巨响中出现。

昆明国立西南联合大学全体学生

四月六日

（原载一九四五年五月二十一日延安《解放日报》）

13.黄炎培等为转捩当前局势献言

寇深祸亟,人心不安,揆厥所由,一因日敌于海上空中,两俱失败,危亡之祸,日迫一日,爰在大陆,进行决战,不惜牺牲,冒险轻进,希图一逞,延其残喘,一因国人在以往敌人未动之时,低估其力量,不求本身之进步与健全,缺乏积极准备与布置,以致敌人一朝蠢动,一切弱点,悉行暴露,不克予以主动有效之堵塞。全国上下若再不急图挽救,将来盟国均告胜利而我独失败,日寇最后虽必歼灭,而我则先自沉沦,当此,岁序更新之际。同人对于当前局势,怵焉忧惧。缅怀领袖于双十国庆纪念节昭示"我们现在正在经过一艰危复杂困难的试炼",魏德迈亚将军最近发表谈话"吾曾目视英国作战精神之坚强,以及苏联斯列两城英勇保卫之成功,中国军民之间,必能而且必须具有同样之坚强及同样团结之决心",闻此嘉言,宁敢忘其"匹夫有责"之议,默尔而息?爰就国民立场,继续三十三年九月一日"民主胜利献言"之后,对转捩战局,巩固胜利基础,复贡其一得,愿政府暨全国同胞垂察。

（甲）关于军事方面者:

（一）提高士兵待遇,使与从军之智识青年一律,无分轩轾,第一步必须做到使士兵均能吃得饱,着得暖;第二步使之均能得到丰富营养。

（二）信赏必公,统一指挥,以利军事之进行。

（三）准许全国各地民众,组织起来,成立自卫单位。政府予以指导与协助，务求政军民合作一致。

（乙）关于政治方面者：

（一）天下为公，精诚团结，政府准许各政党公开，并与各党各派及无党派之在野学者与领袖，互相推诚，切实合作。集中有德有经验之人才，以提高行政效率，肃清过去贪污颓风。

（二）淘汰叠床架屋之机关与其冗员，以撙节国帑。

（三）加强各级民意机关，提高并扩张其应有之职权。

（四）切实保障人身、言论、出版、新闻自由，准许人民对政治发表意见，检举贪污，以开言路。

（五）实施战时教育，使全国青年能学以致用，各就所长，直接或间接对战争作有益之贡献。

（六）释放政治犯，使之得本过去之经验，参加各项战时工作。

（七）刷新外交，加强与各大盟国之团结与合作。

（丙）关于经济方面者：

（一）对战争直接有关之营造工业，免征直接税，无论国营民营工业，量其所必需，一律予以手续便捷之适量贷款，以提高其生产效率。并保证民营工业利润收益，以吸收游离于生产以外之资金。有关生产之管制，宜征取熟悉生产情况者之意见，以期合理。

（二）实施国父"平均地权"、"耕者有其田"之遗教，提高农民之智识与生产水准，藉以改善其生活，增加农产，以裕军粮民食。并即平均负担，保护自耕农佃农，以树立耕者有其田之基础。

（三）为求避免通货膨胀，以稳定币值与物价，俾一般的经济生活得以安定。

（四）累进征收富民捐，并利用私人外汇，以裕国库，使有钱出钱之原则与有力出力同时实现。

（五）政府方面之开支，须分缓急先后，在目下应集中财力，用于军事与生产方面，其他不急之建设费，一律暂行停止。

（丁）关于社会方面者：

（一）厉行节约，无论贫富，均须有定量消费，杜绝一席万金之奢侈风气，对私人华丽广大房屋之建筑，亦须限制。

（二）对于公教人员及工厂工人手工业者，一律予以职业上及生活安定上之种种必要保障，俾能安心工作，以提高其工作与生产效率。

（三）积极救济战区内迁难胞，准许人民自由组织救济团体，在政府指导之下，从事救济工作，对于一切能工作或劳动之难胞，介绍其职业，或量其才能予以适当之生产工作，使难胞之流亡生活得以从此安定。

（四）建立和改善各级真正代表民意之民意机关，使各地人民，对勾结地方土劣于抽丁征粮时，作恶舞弊之不肖保甲长，均有控告申诉之机会，以减少民间之痛苦，俾地方基层政治得以澄清，而民气亦因以发扬。

（五）社会一般之消费、生产、以及其他一切之活动，均须配合战争。凡与战时需要背道而驰者，一律取缔。

当此敌军压境，步步进迫，深入我内地之际，当前之对策，莫要于增高士气，以加强前线力量，发扬民气，以增后方支援前线之实力。同人认为必须如此双管齐下，方足以重扫敌氛，而扭转目下严重之战局。只要战局渐趋稳定、好转，后方人心即能安定。而以上所陈各点，窃谓均属增高士气与民气之必要条件。及今图之，犹未为晚。设再蹉跎时日，坐失时机，不于多方面力求改进，将使亲我之友邦深痛，而仇我之顽敌称快，前途殊不堪设想。先哲有言："生于忧患，死于安乐"，当此全国上下正情深思切，又值一元复始，气象更新之际，大家诚能一心一德，剑及履及，特以上各点，同时积极进行，则同人敢信必能使今日成为转败为胜，转弱为强之起点。今后国运之光昌，当可与日俱进。时乎不再，用敢为此迫切之呼吁，愿我当局诸公暨全国同胞，把握时机，急起图之！

　　　　　　　　黄炎培　褚辅成　王云五　冷　遹　康心如　江恒源

　　　　　　　　张肖梅　江一平　沙千里　史东山　张志让　杨卫玉

　　　　　　　　　　　　　　　　　　　　　　　　　　等六十余人

　　　　（原载一九四五年一月一日重庆《新华日报》）

14. 张申府:一个呼吁

　　渡岁偷闲,遍读渝市各报。深感各方所见,自上至下,由朝而野,特如蒋先生的播讲,毛先生的演说,左舜生、章伯钧两先生的文章,黄任之先生的献言,等等,大体上颇有相同的地方,并非根本合不拢来。而一九四五年最要紧的一体事也就是各方面都在抗战民主的大纛之下,合拢起来。我在年尾作的这个呼吁,大部分也与大家从同;但也有一部分比较具体的颇觉仍可供大家参考。因此愿仍借新华余幅提前发表出来。

　　　　　　　　　　　　——申府自记　三十四年元旦

　　抗战八年以来,许多人民的困苦牺牲,原以难以想象。最近湘桂沦陷,敌侵黔南,人民奔波避难之惨,更是不可言状。目前敌骑业已退回桂北,凡属有识之士莫不承认危机依然潜伏。我们的责任固不在保证敌人是否再来或再犯何处,而在保证我们备有足够抗敌的力量。……而且我们岂但需要能够御敌,我们的最终任务固犹在驱敌于国境之外,恢复一切失土,而得到抗战的最后胜利。还有在国内,倘及今不立定和平统一稳定基础,又谁能料定战后是何局面?

　　在这种情势之下,推拖等待,徘徊观望,客气顾忌,胡混瞎缠,固然只有误国,只有害事;惊慌逃避,悲观绝望,牢骚抱怨,或则逞虚情,斗意气,闹成见,也只见其不识大体;至于趁火打劫,混水摸鱼,发国难财,当然更是可恶万分,应为国人所不齿;就是浮光掠影,人云亦云,蜻蜓点水,蚍蜉撼树式地喊几声空洞的标语口号,道几句无物的旧话常谈,也必于事无济,不会有什么好处。在目前局面之下,要有济于事,共渡难关,一方面不能不希望全体国人,坚定信心,彻底觉悟,切记个人的安危系于国家的存亡,再勿作小己一时的利害打算;同时更不能不希一切有识之士,中流砥柱,堂堂正正,挺身而出,都更切实积极起来,面对国家民族的危难,认明自己的责任,各本所知所能,切实想出种种足以祛除可能的劫数的解数,也就是挽救国家危机的具体办法,而后以集体的力量,力促其举办。

　　在你的部门之内,本着你的专门知识,你看国家应该怎么办呢? 请你坦白地说出来！这就是我对国人的一个衷心的愿望。因为这样，我姑且先就我认为目前以及对将来极端必要的，试举出几条大端原则来，以与大家相商榷。非特抛砖所以引玉，也是为的先尽我的一部分责任。

我说的为国家目前以及将来打算，主要就积极方面而言：

第一、应即由各党派，包括国共在内，以及其他社会有力之士，开诚协商，订定共同纲领，成立全国一致的统一政府，以增加抗战力量，以促进政治进步，由此统一政府切实保障人民言论出版集会结社等自由。

第二、地方政治与中央与地方关系应即本发扬民力、增强实力、平衡发展、互相依存的原则，加以改进，尽量诱发人民对于国家政治的兴趣，尽量容许地方的自治，……

第三、国共判谈应即恢复，站在国家民族的立场，并由其他党派参加。迅速使一切党派上的悬案都得到适当的解决。谈判进行情形并应随时尽可能地公开于社会。

第四、应即决定对敌反攻计划，国内一切武力，并配合盟军，应即全部用以抗击敌人。所有盟国武器、装备、医药等项援助，均应公平适当地分配于一切作战部队。应即打破一切障碍，切实提高士兵的待遇。对于到来的盟军应尽量予以方便与优待。

第五、国内一切武装力量，正规军与游击队，应在改组后的统一的最高统帅部指挥之下，取得最必要最密切的配合，以增进对敌的效率。

第六、对于沦陷区一切抗敌力量应尽可能予以最大接济；对于敌后受难人民应尽可能随时予以必要的安抚；对于收复区域应尽可能依照计划举办革新的复兴建设。

第七、应即进行大后方的民众组织，……

第八、应即进行召集边疆各民族会议，谋得最亲切的联系，激发其奋蓄的力量。

第九、立即加紧推进与英美苏等盟邦的友好关系，派遣特使与民间访问团，分赴英美苏等盟邦，一方洽商对我进一步的援助与军事配合，以及战后互助关系，一方增进彼此的了解，共同奠定战后国际和平的基础。尽可能努力参加盟邦巨头国际会议。在国内并应力持大体,严厉消除一切对各盟邦的误解与怨望。

第十、应由政府有关各部机关,立与全国工商界代表,切实商定增产办法,即行协同执行,以增加抗战实力,并以安定后方民生。今日生产事业仍应偏重人民自发自管,政府应予以发展的方便,施以裨益全盘发展的分配供应,(设计或计划化的意思主要也不外此),而不应加以过分干涉统制。国营事业还应重在示范,而不重在争利。

第十一、应即就全国各方面有理想有学识了解世界趋势兼有教育经验的人士成立战后教育学术设计委员会,切实周到地设计战后教育的根本改革与战后学术的普遍发达。目前研究事业应即参考苏美英成例力使与国防与生产紧密结合。关于目前尚在施行的党化教育,应即予废除;对于学生学习教师讲学应予以极大的积极自由,以期学术研究与青年思想得以焕发。同时脚踏实地提倡淳厚宏教的学风。

第十二、一切政治上行政、业务、机构、人事应即彻底检讨,厉行简化,务期合理,增高效率。对于一切财政、金融、经济、交通、兵役、物价,以及各项公用事业,均应严格站在国家与全体人民立场,施行彻底的革新。

第十三、统一全国救济与慰劳与征募机关,由政府与人民合组,采取分工合作办法,切实举办救济与慰劳事业,随时详尽公布其进行结果,以加强信用。

第十四、由各党派以及其他社会有力人士合组战后和平计划委员会,就政治、经济、外交、军事、社会教育、艺术、文化各方面妥拟战后和平计划,国际国内都努力促进保持和平机关,既以避国际战争的再起,也以防国内斗争的发生,以期国际国内和平顺遂地发展。

在国家目前这样危局之下,并在应该迅求胜利而且痛定思痛的时候,凡属国人都应只知有国,不知其他。今日最要之义应即是把全民族一切力量,不论人力物力,都为国家动用起来。人人应该时时系念"货恶其弃于地也,不必藏于己。力恶其不出于身也,不必为己"的名训,把货把力都为国家发出来,用出来。同时尽力合政与民为一体,尽量保持起来,"政不扰民"的传统。

上面的十四条,实是完全本着这些意思写的。如果无当,只盼大家拿出当的来! 倘或有当,愿大家也不吝予以充实发挥。

还有一点,我认为也是重要的,也愿就此附带一说。这几年来,国人中表现得比较最规矩、最公正,比较最有知识最能感觉,最关怀国家,忍受的苦难也比较最多,最不失为固穷的君子的,就是若干大学教授。今后国家一切改革,总应该对他们多加些重视才是。

(原载一九四五年一月四日重庆《新华日报》)

15. 章伯钧主张先开党派会议,以协议全国军政的统一

第三党领袖章伯钧正在"中华论坛"第三期发表《纪念国父》一文,对国民党当局宣布定于十一月十二日召开"国民大会"一事评论道,如以大会之召集作为对待在野党派所呼吁解决时局之对策,如"党派会议"与"联合政府"之建议,"其结果恐不免徒增纠纷,加添政治的困难"。"如以一党的政府造成选举的事实,则只能认为这是国民党的国民大会,其他党派及广大人民只在宪法公布以后,始有合法的民主权利,那是一种极不可思议的民主程序"。作者着重的关键提醒国民党当局:"国共问题是一个重大事实",中共如不赞成这"既成事实的国民大会",那末,"问题的严重性会自然增加"。因此,他的结论是:我们依然主张先开党派会议(或许名为政治会议),以协议全国军政的统一,共同决定召开国民代表大会的程序,如选举法组织法及处理以往选的代表等问题。若是我们对这些事实忽略了,或轻轻移到国民党政府所指定的第四届国民参政会去解决,那只是主观的看法。

(原载一九四五年六月四日延安《解放日报》)

16. 曾昭抡说,国共谈判的症结,是国民党要消灭人民的军队;
联合政府是不可抗拒的潮流

曾昭抡教授,三月二十八日在西南联大学生自治会所举办的"国事与团结问题座谈会"上的讲话中,针对所谓"军政统一"问题,清晰的解释了"人民的军队"和"党军"的区别,他说:人民的军队是为了人民的利益、平等、自由、

幸福而斗争,并真正枪口对外,打击敌寇,不是为了增强一党势力的"党军"。继即谈到国共谈判中的争论焦点,他说:谈判的症结是国民党要共产党把军队交给国民政府(实际上是交给国民党),然后才谈其他问题。共产党则要先实现一个真正能代表全国人民的民主的联合政府。现在的政府是不能代表人民的。难道把人民的军队从解放了的土地上调开,让日寇仍然进来吗?
(一九四五年四月十日重庆《新华日报》)

曾昭抡教授四月六日晚,又在云南大学召开的座谈会上说,我们中国的执政者一听人提到联合政府就觉得恐怖异常。其实,现在世界各国——除法西斯国家而外——那一个不是包括各种抗战党派的联合政府?这是世界的潮流,不可抗拒的潮流。

(一九四五年四月二十一日重庆《新华日报》)

17. 孙科发表演说,国内团结统一问题只有民主方式才能解决

基督教青年会昨日下午三时举行第三次"会员名人讲座",主讲人是孙院长,题目是《怎样促进民主?》。天气相当热,一间狭长的房子里面挤满了一百几十位青年,中间还夹坐着不少国际友人,当演讲讲得精彩处,那些国际友人也是哄然大笑,全场更是掌声不绝。

孙院长开头说:"民主"在中国,被不少人把它说成一种非常不容易实现的东西,但是"民主"实际上是很平常的事情,民主的意义就是人类求生存的一种办法,不要说人类,也可以说是所有的生物所表现的维持生存保卫生存的活动,都是民主的活动,这是一种"天性"。

接着说道:"今天中国人民大家都关切国内的统一团结问题,这确是中国当前最严重的问题,这个问题,只有民主方式才能解决。要讲民主方式来解决,就是用和平的方法,决不能用武力暴力或高压手段求解决,这种办法是行不通的,目前也不可能行的,也是解决不了问题的。只有用民主的方法,才能求得真正的解决,使大家都心悦诚服。这种民主方法,就是开个会议来解决,因为民主政治,本来就是议会政治,也可以说是协商政治,让大家来讨论。

"有人说:苏联有一党领导,不民主,其实苏联是有民主的,它们有法定的

集会,人民可以自由讨论表决,苏联这个 Sovilt,在俄文就是会议的意思,它决不是一二个人随便可以发号施令,独断一切,而是一定要经过大家讨论,多数通过才能执行的。"

接着孙科院长又说:"中国在清朝末年,也高唱宪政,成立所谓咨政院之类,来一套计划,为什么当时民主不成功? 因为不彻底,清朝无诚意,人民不相信,结果革命起来把清朝推翻了。民国初年成立了议会,也未施行好,也是这个原因。现在政府在中央有参政会,各级有省县参议会,这是试验的第一步;可是时机太紧迫,当前国家的需要已等不及这样一步一步来试验,而要彻底实现民主政治,现在不能再扭扭捏捏了,没有决心是不能贯彻的。"

讲到这里,就进入如何促进民主的本题上来了。孙院长说:"非民主不能立国,我们现在一定要促进它,促进的道路,第一要促成言论自由,目前大家对国事都不敢谈,前些天听到成都茶馆里还贴有'莫谈国事'的标语。现在不仅是报纸上言论不自由,就是集会中讲话也没有自由,前几天美国促进新闻自由的代表来渝,报纸上就有空白欢迎。这一定使他们看到中国言论不自由,印象一定很恶劣"。这时座上响起了一阵掌声。

在掌声中,孙院长更激动地说:"我是坚决反对新闻检查的,除掉有关军事国防秘密以外,不应该有检查。新闻检查是一种愚民政策,专制时代用得着它,为了保护一家或一人的利益,害怕人民知道国事,所谓'民可使由之,不可使知之'的道理就在这里,这就是把人民当奴隶的办法。但现在号称民国,为什么国事人民不能讲,不能晓得,不能发表意见!? 没有言论自由的国家,只有退步,一定失败。轴心国没有言论自由,国事只有少数人知道,少数人来决定,多数人只能服从,这是他们的失败原因之一。"

"民主政治一定要允许反对意见的存在,反对什么? 反对政府的政策。如果只有少数人有言论自由,多数人没有,或则只有在朝党有言论自由,在野党没有言论自由,这样的国家,决非民主国家!"

孙院长滔滔不断的说下去,听众的心弦都随着他的斩钉截铁的语句在跳动。这时候,孙院长语锋一精,以满副坚定的语气说:"中国要培养民主作风,今天的世界民主潮流,国内对民主的要求,是不可抗拒的,任何一个党或一个人,都阻止不住这个浩荡的民主潮流,如果有人想阻止,只是证明他是傻瓜,结果一定要身败名裂。这种阻碍,最多阻碍只能让民主的实现多走一段冤枉路而已,民主在中国是一定要实现的。要是走不上民主的路,中国不能立国,不能建国,内乱将不能停止,这不仅为全国人民所不许,也为国际形势所不许。"

接着孙院长又驳斥了某种反民主论者的借口,他说:"所谓中国实行民主政治的知识程度不够,经验不足,没有训练等等,所有这些,只能使我们更要努力去补救,因为这是落后,落后是中国人民的奇耻大辱,除非我们自甘落后,否则就得学习欧美先进国的作风,迎头赶上。不能开倒车、复古,提倡国粹主义。英美的民主我们要学,第一就要学言论自由"。(掌声)

在这时,孙院长又叙述了一段六七年前的旧事,他说:"在我从欧洲回国经过香港的时候,对新闻记者发表了谈话,第二天看报,只见英文报上登了我的谈话,中文报一字不见,我去问中国报纸方面的人,他们说:给检查机关扣掉了。我又去检查机关,他们说:英文报纸是上流人看的,知识程度高,中文报纸是下层人看的,他们知识低,怕发生不好影响。"说到这里,听的人发出了亲切的哄然笑声。孙院长接着又说:"殖民地的检查老爷们已自配与英人同等了。这种愚民政策,我们政府是不能这样做的,我们不能对老百姓说:你们程度不够! 难道真的是政府万能,人民都是笨伯吗!?"

"这次新闻代表来渝,给他们不好的印象,这种钳制言论,是法西斯政府的勾当,我们不是法西斯政府,检查老爷使我们变成法西斯政府了!"又是一阵狂烈掌声。

孙院长又说:"促进民主的第二个条件是组织,我们讲革命要唤起民众,意思就是组织。各种地方的政治机构,各社团都要依法组织起来,政府只能依法指导,而不应包办,也不应凡组织一个民间团体,就派人监视,这样,就是不相信人民,不给人民组织自由,人民就要反对政府"。

"上面这三个条件是促民主的基本条件,缺一不可,大家来研究怎样促进民主政治,即要争取言论组织的自由,没有这二种自由,所谓宪政都是空话,老百姓也不会发生兴趣。《五五宪草》向全国人民争求了一年意见,并且设立了宪政协进会来主持,但去年一年,收到的意见,不过三百多件,四万万五千万人民,只有三百多件意见,这证明了没有言论与组织自由,一切问题都不能解决。"

"把官治变成民治,现在已是时候了,现在的世界形势,也是民权发扬的时候了! 过去还有德日等法西斯国家陪衬我们,现在他们都快失败,我们是再也不能照老样做下去了!"

孙院长最后的结束语说:"促进民主是不能靠官僚来做,要靠人民的力量,所以大家应从言论和组织自由二方面来共同促进,共同要求,共同来做!"

孙院长的演讲在狂烈的掌声中结束,接着不少听讲的青年起立发问,对国内团结问题和民主前途,表示着青年们诚挚的关切和焦急。

(原载一九四五年四月四日重庆《新华日报》)

18. 我们要怎样的民主——一群无党派人士的意见

抗战八年来,山河一天天缩小,人民忍受的苦痛已经到达了饱和点了,谁也不能再忍受下去了! 为什么八年来的失败是如此深重? 为什么经济危机是一天天的加深? 为什么政治会腐化? 现在日子迫近了,胜利快来到了,我们不能不站出来说话。今天,我们再沉默不说话,我们就对不起自己,更对不起在敌人铁蹄下过着奴隶生涯的父老兄弟们。

我们无党无派,也没有任何私自的企图;我们本着爱护祖国的人民的立场来说话。我们为了自由抛弃了家乡和爹娘,不避一切的苦难在后方流浪了八年,如果我们仅是为了些许的个人享受,那我们早就不愿在后方忍受悲哀的生活了,所以能促使我们咬紧牙关忍苦地活下去,除了民主自由外,还期望什么。

联合国会议召开在即,我们主张立即召开党派会议,组织联合政府,让各阶层的人民都有自由参政的机会,只有这样才可能解决内政上的一切难题。我们不赞成任何由少数人圈选的国民大会代表,中国所有的党派,无疑地是有人民作后援的,因为任何一党都有他的人民,没有人民拥护的党派是决不能有长久的寿命的! 有人不赞成召开党派会议,理由说那是分赃的会议,决不能代表人民,更谈不上民主。这使我觉得奇怪,难道由圈定的国民大会代表才能代表人民?

共产党如果为私自利益而不顾到国家民族利益的话,为什么在敌后解放区能得到人民的拥护呢?更怎能得到后方各界人民的爱戴呢?民主同盟不是为了争取人民的民主自由的话,又怎能和人民站在一起呢?还有其他各党派,……总而言之,各党派都代表着各阶层的人民,所以在目前最好召开党派会议,让各党派都有参政的机会,让人民各阶层的利益都能均匀地顾到,今天沦陷区的人民的数目比后方多,而仅由后方选出"代表"是违反沦陷区人民的意志的!

最后,我们更要大声的呼吁,希望当局赶快取消特务机关,给人民人权保障,我们亲眼看见许多无辜的同学从学校里无故地失踪了,暗杀了。

国家民族到了这样的地步,是谁的过错,我们人民是很清楚的!希望各党派迅速召开会议,组织联合政府,动员一切力量为人民服务吧!假定有任何一党忘记了人民,我们要大声疾呼地告诉他们的命运的灭亡,清朝的灭亡就是一个最好的例子,请那些自私的党派牢记吧!

> 吴　庸　于之明　王阳生
>
> 李望原　迪　之　胡　茜
>
> 严向秋　汤敬文　尹　强

（原载一九四五年三月二十一日重庆《新华日报》）

19. 拉铁摩尔撰文对中国问题主张成立民主的联合政府

美远东问题权威、前蒋介石顾问拉铁摩尔氏,在其近著《亚洲的决策》一书中,对当前的中国问题提出了四点结论:"(一)中国共产党在他们的区域中成绩不错;(二)国共两党可以先进行政治谈判得到一个妥协,然后再解决军事统一问题;(三)一俟中国人民在全国各处有了政权,并有了人民选举的政府,这个政府才能做到军令与军政统一;(四)成立联合政府既为妥协所必要,共产党势力尚不足以选出自己的党人为总统,因此,蒋委员长仍会被选为总统。"拉氏的这几点论断与主张,获得中国民主派人士的赞同。中国民主同盟主办的《民宪》杂志在四月二十五日出版的一期(二卷一期)的短评中,介绍上述拉氏四点结论,并予以评论道:"我们承认拉铁摩尔说的,合于中国当前的需要与事实。"

该杂志同一短评中,把拉氏的论点与赫尔利大使在美国国务院招待记者会上关于中国问题谈话相比较,指出赫氏所谓"中国的政治团结,只有在用以击败日本的军事团结实现以后,才能实现"一节,不合于中国的情况。该短评称:"这一点和我们所见的不同;我们知道中国不先有政治团结,决不会有军事团结。"

(原载一九四五年六月四日延安《解放日报》)

20. 爱卜斯坦在伦敦发表演说,中国未来唯一希望是成立联合政府

曾与中国共产党人士相处五月的美国记者爱卜斯坦,今日于此在援华委员会上发表演说称,中国未来和平的唯一希望,是成立中国联合政府。此政府应在平等基础上按照其实际力量代表一切政党。他说:"中国全体人民是坚决反对内战的,无论是现在或是抗战结束以后"。盟国对中国的援助,应采取供给一切积极抗日的军队以军用品的形式,而不论这些军队的政治色彩如何。

(原载一九四五年四月二十六日延安《解放日报》)

21. 美国《纽约时报》驻中国特派员艾金山撰文指出,国共两党必须根据民主基础拟定一个共同纲领

《纽约时报》记者、前驻中国特派员、一度访问延安的艾金山,一月二十八日在该报发表对林语堂新著《枕戈待旦》一书的书评,原文节要如下:

《吾国与吾民》作者林语堂博士因时常接读外国对中国的批评,恼羞成怒,于一九四三年九月二十二日,搭机返国,察访了半年,于一九四四年三月二十二日重回纽约。《枕戈待旦》一书就是他见闻与观察的杂录。其中一部分是旅行记,一部分是政论。正处于令人焦虑时期的中国,很需要周密而公

正的观察,然而该书却大谬不然。

中国抗战,已逾七年,经历封锁也两年有半。中国人民创造了英勇业绩,林博士既是中国人,自然也可分享其合理的荣耀。中国人民既有许多特性,如能抛开政治专谈民性,一定是很愉快的事情。可是中国政治对人民生活的影响也正像别国一样,它不仅影响作战与经济情况,并影响其文化的滋长。政府的所为与所不为,关系于人民思想与精神发展所系的文化命脉极大。

然而林博士的政治态度却并不怎么深挚。他一方面极力为中国目前的政治辩护,并斥责批评这个政府的言论是为共党宣传,另一方面却一再重述和同意这种批评。他对于中国士兵所受的惊人的待遇表示惋惜,他说:"中国士兵衣不暖、食不饱、装备又坏,忍受着令人难信的艰苦。"同时他有一部分见解与中国官方恰巧相反,认为现在中国人民实行民主政治已有准备。他说:"应该准备实行民主的是政府,人民已不必准备了。"同时,他虽不认为中国政府是法西斯政府,他却写道:"这个政府具有家长政治的一切弊病,拼命要指导人民的思想和行动,而不让人民指导他们自己。"他认为现在言论自由应获准许。他并且懂得,无论如何政府不管是否宪政的,除非人民有权批评他们的领袖,否则断乎不能维持其忠诚效率,他说:"国民党既不开放言论出版自由,保障人民批评的权利,动向自然不会正确。"

但在全书中林氏一再斥责中国共产党,重述国民党关于共产党的宣传,指美国关于中国的批评为中共宣传的应声虫。这样说法自然是轻而易举的事情,但对于解决中国团结的基本问题毫无裨益。问题果能不经内战而获得解决,一定需要双方人士开诚谈判,捐除偏见,现在在自由中国关于中共的情形绝少听闻。一九四四年五月外国记者获准访问延安,和七月美国军事观察组得准赴延以前,国共两方之间几年来没有旅行之便。陕北一向被认为化外的非法地域。

林博士旅行期间最北也只到了西安,这里是政府封锁中共的大本营。他在西安参观过一囚禁怀有"异党"思想的中国人的集中营,书里说起营内"多半是青年,其中有四十个妇女,都在大学或大学以上的年龄,他们或由中共区域逃出,或在自由中国参与共党活动,或有参与的嫌疑",但林博士并没有再北上延安一访中共的首府。如果他能访问延安,一定会发现他所信以为真的那些国民党宣传实在言之过甚。在中国后方确有许多关于中共的荒诞不经的传说,而林博士本人也不能免于受欺。我以为要解决中共问题最好的办法莫如任令人们来往两个区域之间,这样许多误会就会消失。现在就是中国政府也是像盲人瞎马般地研究着这个问题。

美国目前流行一种假设,以为中国执政者非国即共,并无其他前途。林博士对于中共问题的论断,并不足以消释这种见解。但据笔者在中国所得印象,中国的自由主义者虽不满于现政府,也不赞成建立一个共产党政府。他们所希望的是一个进步的代表全民族的政党,具有民主的倾向,保障言论出版自由。我以为美国人士因中国大部人民对现政府不满,就认为他们要求共产党政府,实在是一种错误。

今日中国有不少政治情报绝不可靠。国共两党都有些宣传,真相究竟如何,极难明瞭。林博士对中共所作的一切攻击,中共对国民党也都有相同的攻击,而且同样持之有理。譬如说,林博士宣传中共不打日寇,只打中央军。中共对边区周围的中央军就有确实相同的攻击,他们说中央军打的只是共产党。中国政府说包围边区的部队目的在于自卫,中共也说他们在边区的部队只为了自卫。

每一项攻击都有同等的反驳。不过随共军进入战地的外国记者都认为中共军队的确竭力抗击日寇。有许多在沦陷区跳伞降落的美国航空队多由中共游击队营救出险,对中共尤为感激与赞扬。自然,中央军也有过同样的作为。不过我曾注意考察地名,去年三月每次日本广播与华军接触,事如属实,什九是与共军的冲突。同盟社称他们为"中国红军。"

我认为中国共产党在思想上确是马克思主义者,但目前的政策旨在适应当前中国的要求,实在是一种温和的"民主集中制"。这说法如不失当,它的确有利于农民,而且它几乎把农民理想化了。

不论中共领袖们抱有什么人道主义的动机,他们确实认识中共今后的力量一定出于农民的拥护。林语堂关于这一点倒也说得还公正,他说:"中共是民主的,只因为他们在理论上永远站在为农工谋利的立场,它领导人民自主政府的工作超过国民党,他们有工会、农会、妇女会,他们支持农民,并已减少地租田赋。"

政党拥有军队虽然不合民主政治的做法,但中共认为国民政府的军队全是国民党党军,也许它的任务之一就是灭共;中共保持并发展它的部队,不仅为了抗击日寇,也为了保持政治力量,因为在中国一个政党如果没有武力也就没有政治力量。

中共对于农民今后的命运既已有所作为,他们的确在当代中国作了若干积极而进步的贡献。中国的政治生活,果能不经内战,而把中共包容在内,将是一个奇迹。双方的不能信任起源于政治思想的不同。但是如果国共两党能根据民主基础,共同拟定一个反攻日寇与改革政治的纲领,也将是现代中国一大伟业,任何人再重弹两党争论的老调,只足以阻碍中国政治的发展。当今整个中国至少需要实行一部分中共的措施。(美国新闻处二月八日纽约电)

（原载一九四五年二月二十日重庆《新华日报》）

22. 美国远东问题专家罗辛格评论国共谈判——中国需要一个联合政府

外交政策协会出版的《外交政策公报》,十月二十七日的一期上,刊载了罗辛格关于中国的连载的文章中的第三篇,题目是《重庆与共产党的联合是中国的进步所必需的》。该文评述了国民党与共产党的谈判,下面是他的结论:

……在讨论中所包括的诸问题,不止于两个对立的党之间的私事,这些问题也是国民党和第三个政党,和自由中国的无党无派人士,和国民党内部的争论的问题。在过去几年来,在官方的党内发展了尖锐的争论。立法院长孙科领导着那些认为如果要使中国的牺牲不白费,必须作真诚的让步以求团结各方人士。这些人们也懂得,如果重庆政府要变成代表各爱国党派的联合政府,则国民党必须提出一个进步的纲领,能够获得真正人民拥护的纲领。但是有些反动的官吏,在国民党官僚机构中占据高位的,反对取消一党专政,而力求保持小派系的政治镇压手段。

虽然美国人坦白的对中国问题发表意见,而对重庆政府对团结与民主的态度得到不利的结论,这却并非就是他们忘却了中国政府的贡献。但是美国人都更知道,重庆现正面对着关系全局的决定:或者是扩大政府,大大的增强它;或者削弱它,无论是从内部或者对日关系来说,都是一样。我国自然是关心这个问题的,因为它需要一个强有力的中国,无论在战时或平时都一样。因为不民主的狭隘的统治,是内战的可靠的请帖。很明白的,只有进步的中国才能有力承担这个任务。(《新华日报》纽约通讯)

（原载一九四五年二月二十二日重庆《新华日报》）

23. 美洲十大华侨报纸通电国内要求国民党结束一党专政,迅即建立联合政府

旧金山九日讯,西半球主要的各独立华文报纸,今日要求国民党立即宣布结束一党专政,并建立全国的联合政府。这些报纸于致蒋介石委员长、中国共产党中央委员会主席毛泽东、孙夫人、中国民主同盟各领导者的电报中发表一声明。该电由十家报纸署名,代表北美、南美华文报纸发行总数的绝大部分,原电摘要如下:

自芦沟桥事变爆发中日战争开始以来,至今几乎已历八年了。在保卫我们国家中,我们的战士曾在对敌作战中英勇地牺牲了他们的生命。然而,我们尚未达到全国政治上的团结,而政治上的混乱影响了总的战争努力。

我们见到了我国人民所遭遇的牺牲和困苦,见到了我们国家所遭遇的灾难。良心在激动,它迫使我们负起表示我们意见的责任。我们深信,联合国的胜利有赖于中国政治形势的立即改善,因此,我们特提出下列要求,作为达到胜利的有效办法:

一、取消对于言论及出版的各种限制,参加战争努力的一切爱国党派,应予以同样的合法地位,以加强全国的团结,提高军队及人民的抗战情绪,并更广泛地动员全国的人力和资源,以便更有效地配合盟国对日本的总反攻。

二、国民党立即宣布结束一党专政,还政于民,同时目前政府立即召集各

党各派领袖,组织最高的行政机关,以建立全国的联合政府。

三、在全国的联合政府建立之后,应立即采取确切的步骤以处理国家政治上、军事上及外交上的问题,并在最短期内召集国民大会,以拟定并通过宪法。

该电继称,这些报纸坚决相信,目前政治形势的调整,是我们在我国人民及国家处在现在危局下的唯一挽救办法。

"当我们国家处在危难的时候,我们没有时间作政治上的争斗。当我们面对着死亡时,我们必须团结像一个人一样的战斗,在承认我们过去的弱点时,我们必须加强力量和团结,重建一新的国家。"

十家报纸是:旧金山的《中国世界》、纽约的《中华新闻》及《中国每日新闻》、檀香山的《新中国日报》、温哥华的《中国时报》、多伦多的《中国时报》、古巴的《国民公报》、墨西哥的《公报》、巴拿马的《×公报》及秘鲁的《公言报》。(美国新闻处二月十日电)

(原载一九四五年二月十二日延安《解放日报》)

24. 在宪政实施协进会上的演讲(蒋介石)

各位先生:

中国国民党继承国父遗志,努力国民革命,以实行宪政,完成建国为最大目标。七七抗战发生以前,政府原决定于二十六年一月十二日召集国民大会。不意日寇发动侵略,因此不能不延期召集;但国民党实施宪政之意愿,依然日益加强。第六次中央全会仍决议二十九年十一月十二日召开国民大会,终以战事扩大,当时参政会同人主张缓开,乃又因而延期。于是在前年有宪政实施协进会之设立。本席于本年元旦,复代表政府宣布本年内在军事形势许可以下,即可召集国民大会,制颁宪法,以符国民党建立民国还政于民之宗旨。

就中国国民党既往的历史观察,以实行三民主义,领导国民自求解放,以达到国内各宗族及国际之自由平等为目的。辛亥以来,本党领导国民,推翻清朝专制政府,消灭阴谋帝制之袁世凯,以及打倒继续袁世凯而兴起的一切军阀,及至民国十七年,中华民国完成统一;最近八年以来,不避任何牺牲,备历险阻艰难,领导全国,抵抗日寇的侵略,同时并积极准备实施宪政的工作。凡此事实,均明示中国国民党是一个以解放中国,扶植民权,为其历史使命的革命政党。

我们要在这一次神圣抗战中,完成一个永久统一的国家,惟有统一的国家,才能顺利的推行宪政;亦惟有统一的国家,才能顺利推行各种经济建设的工作,以提高我一般辛劳勤苦同胞的生活水准。而且更唯有统一的国家,才能在战后新世界中,为人类和平福祉而有所贡献。我们在日寇开始侵略以前,本是一个完整的统一国家,到现在除了共产党与他们的军队不受中央命令而外,并没有不奉中央军令的军队,亦没有不奉中央政令的地方政府。

本席迭次宣示,中国共产党问题,是一个政治问题,应用政治方法解决。近来外面对于中央竭诚宽容力谋解决的经过,尚有未明者,因此不得不将重要的经过,加以说明。

这几年来,中央与共产党的会商,已有多次,每次均是悬而不决。而在我们所得到的经验,都是一个要求方才容纳,立刻就来一个另外新的要求。共产党最近的要求是要中央立即取消党治,将政权交给各党各派组织的联合政府,而在我们的政府立场,是准备容纳其他政党(包括共产党)与全国无党派的有志之士参加政府。但在国民大会召集以前,政府不能违反建国大纲,结束训政,将政治上的责任,和最后的决定权,移交给各党派,造成一种不负责任的理论与事实两不容许的局面。政府并又曾请中共参加行政院决定政策的政务会议,类如外国的取对内阁之组织。

八年来在抗战的进行中,国家屡遭军事上的失利与经济上的压迫。我们所以能渡过危机,实由于我们有一个巩固安全而负责的政府领导着的缘故。现在战争仍极严重,前途尚有不少的艰险,国民政府如将一切政权或责任交给于各党各派,则中央政权势必日日在风雨飘摇之中,其结果必使抗战崩溃革命失败,将使国家引起可怖的变化,而陷民族于万劫不复的境地。因为我国情形与他国不同,在国民大会召集以前,我国便无一个可以代表全国人民,使政府可以征询民意之负责团体。大家都知道国民政府之基础,是革命先烈与抗战军民无数生命鲜血的牺牲所构成的,吾人上对国父与先烈,下对后世民族与抗战军民都有不容放弃的责任,在此紧要关头,更必须负责到底,以巩固国家基础,决不以国事为儿戏,使抗战大业功败垂成,以辜负国民与友邦的期望。

我国自民国二十年"九·一八"东三省被日寇侵略以来,此十余年无日不在危疑震撼,狂风暴雨的危舟中进行,中国国民党已负起了伟大艰难领导全国的责任。所谓还政于民,就是交付这样巨大的责任于全体人民,故必须经过国民大会的这个机构,始可有所托付。但在目前状况之下,亦准备其他党派参加政府的组织。

其次,说到军权统一问题。凡是一个独立统一国家决没有军权不统一的,尤其是对外抵抗侵略的时候。如果是真正爱国爱民的政党决不会有妨碍军权的统一,以削弱国家抗战力量,而帮助了敌人的侵略。我们在抗战时期中应集中一切力量,驱逐敌人,所以必需军权统一。共产党不应有独立的军队,这是很明显的道理。现在共产党在各国的宣传,说是他们的军队,如果一旦归中央统一,便不免要被消灭或被歧视;而在国外亦不免有未明事实的人,受这种宣传的蛊惑,甚至夸张共产党的军队力量,与事实并不符合,有时且与他们所宣传的几乎完全相反。抗战以来,八年之中,始终负作战责任的,大家都知道,实际上是政府所统率的国军,现在已有盟国通力合作,政府已准备极强大的军队与配备,以进行反攻,并配合盟军共同作战,以驱日寇于亚洲大陆之外。

本席对于共产党的要求,已曾明白答复,最近政府曾对共产党代表周恩来说:政府准备在行政院内设置战时政务会议,为行政院决定政策之机关,将使共产党及其他党派人士参加,政府并准备组织一个三人委员会,办理整编共产党军队为国军一切事宜。三个委员中,一位代表政府,一位代表共产党,一位是美国军官,如美国政府同意,固然最好,即美国政府不能同意派人,我政府亦必用其他适当方法,担保共产党军队整编后的安全,及与其他国军享受同等待遇。

此外,本席还提出一种办法,以为共产党对于其军队的整编,既不免有无端的疑虑,政府愿意在抗战中,如美国政府同意时,可将共产党军队,在最高统帅节制之下,指定一个美国将官直接统率。不意上面这两种提议,皆已遭受共产党拒绝。所以共产党如果真心诚意愿与国军及盟军联合作战,在政府实已将公允可能的方法坦白诚意的提出了。

抑又有须申述者,自从上年十一月中央与共产党开始会商以来,中央深信各方意见有争执时,果为诚意谋取解决,便不应互相攻评。因此竭力劝告国内舆论,不应有攻击共产党的论调。乃不意共产党即藉此次商谈机会,在国内外广事宣传,并且对政府及国民党肆意抨击。因之国内外人士所听闻者,只为共产党片面之词,且双方会商之时,竟造作各种极可笑的流言,如谓政府已在同日寇洽商和平等语。本席在代表国家的人格与地位,认为此种诬蔑之言,实在不值一驳。

凡我国人,莫不关心于四万万五千万同胞未来之前途,亦莫不深明其本人对于其后世继起者应尽的责任,决不愿重视国家发生内战,亦必能深悉政府历年来委曲求全的事实,准备随时与共产党筹一个根本解决的办法。政府所提出的办法,如此宽大,也已尽量替共产党着想了。如果共产党真正为国为民,有团结一致共同抗战的决心,而并无推倒国民政府,破坏抗战,以谋夺政权的企图,对于政府的提议,实在没有不可以接受的道理。政府嗣后仍将继续寻求合理的办法,以期共产党与其军队均能贡献能力,竭诚效忠国家。

本席所以不厌求详,反复说明中共问题者,实在因为中共问题悬而不决,是目前抗战与建设的障碍。至于实施宪政问题,政府得依下列步骤,促其早日实施。

一、预定于本年十一月十二日国父八十诞辰召集国民大会,以实现宪政(一俟五月间国民党代表大会通过,即可正式决定公布)。

二、自实施宪政之日起,各政党均有合法的平等地位(政府前经向中共宣示,只须共产党愿将其军队及地方政府的组织交归政府,即可承认共产党的合法地位,此项宣示,仍为有效。

三、国民参政会将于近期内举行第四届集会,此届参政员人数及参政会职权,均较以前增大。政府拟在此届参政会集会时,将召集国民大会办法,及其他宪政问题,提出参政会审议。

本席对于抗战的胜利,与吾国民主政治的前途,均甚乐观,日益增强,此种舆论,为全国民心所向,将成为伟大澎湃而不可抑止之力量。深信全国任何团体,任何个人,终必遵循这种舆论的要求,共谋抗战胜利与建国成功之实现。我们宪政实施协进会负有促成宪政,以巩固国家统一与永久福利之责任,故特为各位先生郑重言之。

(原载一九四五年三月二日重庆《中央日报》)

25. 新华社评蒋介石在宪政实施协进会上的演讲

新华社记者评论蒋介石三月一日在宪政实施协进会上的演讲。新华社记者称:蒋氏这个演讲鲜明地反映了国民党内最反动集团的立场和企图。这一集团,坚持寡头独裁及其法西斯主义、失败主义的政治军事政策,反对联合政府,反对民主与人民,阴谋吞并八路军新四军与取消中国解放区。这一反动集团是助长敌人的侵略,造成目前国民党区域军事政治经济严重危机的负责者。蒋氏此次演说,不过是又一次充当这个极端反动集团的代言人而已。统观全篇演说,其要旨不外:(一)坚持党治,严拒民主的联合政府;(二)曲解国共谈判经过,污蔑中国共产党;(三)玩弄所谓"还政于民"与"召开国民大会"的无聊戏法,保持其法西斯独裁。

关于第一点,蒋氏声称:"共产党最近的要求,是要中央立即取消党治,将政权交给各党各派的联合政府,而我政府的立场是:准备容纳其他政党(包括共产党)及无党无派的有志之士参加政府,但在国民大会召开以前,政府不能违反建国大纲,结束训政,将政治上的责任和最后决定权,移交于各党各派,造成一种不负责任的与理论事实两不容许的局面。"这是蒋氏坚持寡头专政,拒绝联合政府的声明表示。也好,与其如国民党政府的谈判代表王世杰氏那样的含糊吞吐,还不如蒋氏这样一掌推开,使人感觉其立场的清楚明确。蒋氏用以拒绝联合政府的"论据",除了所谓《建国大纲》之外,尚有:"如将政权与责任移交各党各派,则中央政府必日日在风雨飘摇之中,其结果必使抗战失败,将使国家引起可怕变乱","因为我国情形与他国不同,在国民大会召集以前,我们便无一个可以代表人民使政府可以征询民意之负责团体","国民政府之基础,是革命先烈与抗战军民无量数生命鲜血的牺牲所构成的……有不容放弃的责任……决不能以国事为儿戏"等项。所有这一切,明眼人一看,都会知道不过是专制主义者的一篇低级遁词,本来不值一驳。但是蒋氏既然那么像煞有其事的津津乐道,我们也就不能默尔而息了。

我们首先要问:所谓不能违反《建国大纲》一说,是那一条法律定下来的?《建国大纲》不过是孙中山先生早年的一种对建国程序的设想,并不是什么神圣不可侵犯的天经地义,孙中山晚年自己就已修改了这种程序。民国十三年孙先生北上时,主张召开各党各派各界各军代表的国民会议,解决国事。孙先生临终时,又在其遗嘱上谆谆嘱咐:"最近主张开国民会议……必须于最短期间,促其实现,是所至嘱。"他的不肖子孙,背叛遗嘱的国民党反动集团及其首领蒋介石,却在孙先生死后二十年的今天,还是背着孙先生自己修改了的那篇所谓建国大纲,当作维持自己独夫统治的护身符,岂不令人笑脱牙齿?按照孙先生遗嘱,召开党派会议,组织联合政府,战胜日本侵略者,然后由联合政府主持,在全部国土上实行无拘无束的自由选举,召开国民大会,岂不正适合今天的需要?所谓组织联合政府将招致抗战失败国家紊乱一说,请问何以见得?十八年来中国并无联合政府,只有蒋介石的独夫统治,难道抗战还未失败,国家还未紊乱么?远的姑且不说,即如去年河南战役以来的事实,几个月内,就使敌军打通了大陆交通线,百万军队望风而逃,豫、鄂、湘、桂、赣、粤诸者,一万万同胞沦陷敌手,难道不算是抗战失败,反而算是抗战胜利?特务横行,贪污猖獗,工商破产,民怨沸腾的国民党统治区域,难道不算是国家紊乱,反而算是国家上了轨道么?中国共产党、中国民主同盟、中国国民党民主派及很多无党无派人士之所以提出立即废止一党专政,组织民主的举国一致的临时的联合的中央政府,难道不正是反映全国人民的公意,为了要挽救由于蒋介石独夫统治所造成的这种抗战失败和国家紊乱的可怕现象么?中国人民对于蒋介石的独夫统治,一刻也不愿意再继续下去了。中国人民宽大为怀,如果成立了联合政府,可能还让蒋介石在这个政府中占上一席,让其痛改前非,将功赎罪以观后效。但是十八年来,尤其是抗战八年来把中国引道到如此水深火热的危境的这个独夫统治,必须立即结束,中国人民是具有了这种坚决意志的。所谓"在国民大会召开以前,中国便无一个可以代表人民,使政府可以征询民意的负责团体",这项论据,也属荒谬可笑。为什么十八年来只有独夫统治,没有人民代表机关?这是谁的责任?我们的独夫将一切人民的自由权利剥夺干净,于今连党派会议也不愿召开,但是它却愿意在今年十一月召开他那个拖延了八年也不愿召开的猪仔国民大会。岂不是因为只要不是猪仔,便是最容易开的党派会议也决不愿意"征询"一下,惟有猪仔才愿"征询"么?我的政权是流血得来的云云,这不是论据,只是一套流氓腔调。视国家为私财,以国事为儿戏,正是独夫的观点。综观蒋氏拒绝联合政府的各项"论据",纯是一片遁辞。其真正理由,乃是反映蒋氏及国民党内的最反动集团,不顾民族国家利害,坚持其一人一派的私利。只有这一点是真的,其他都不过说说骗人而已。

在这个问题上值得注意的,是废止国民党一党专政成立民主的联合政府这一主张,提出来还不过短短几个月,现在已轰动国内外,成了广大人民的主张,使得蒋介石不能不抛头露面,表示正面拒绝的态度。

关于国共谈判毫无结果的原因,新华社记者称:蒋氏委责于中共的企图是失败了。蒋氏力说他的"宽大"和"尽量替共产党着想"。但是他到底是怎样个"宽大"和怎样个"替共产党着想"呢?蒋氏说:"政府在行政院内设置战时政务会议,为行政院决定政策之机构,将使共产党及其他党派人士参加。"但是所谓行政院战时政务会议,如周恩来同志所说:"是没有政治上的责任和最后决定权的"伴食机关,是粉饰独夫统治的花瓶,共产党及其他政党若果参加了这种机关,无异于帮助法西斯主义者、失败主义者来欺骗人民,阻碍抗战胜利。蒋氏既说:"容纳各党各派及无党无派有志之士参加"。但是他同时又说:"在宪政实施之日起,各政党均有合法的平等地位。"这里蒋氏在自己打嘴。照这样说,在蒋氏的"国民大会"未开以前,国民党外的其他政党是没有合法地位的,你要各党各派以下不合法的地位去参加所谓战时政务会议,还说"实在没有不可接受的道理"。试问这样的话,除了蒋氏这样厚颜无耻的人,还有什么人说得出来的么?中共与中国民主同盟一致拒绝了蒋氏这个无聊提议,难道有什么丝毫不对的么?

蒋氏说:"政府并准备组织一个三人委员会管理整编共产党军队为国军的一切事宜,三委员中,一位代表政府,一位代表共产党,一位是美军军官。"蒋氏又说:"可将共产党军队在最高统帅节制之下,指派一个美国将官直接统率。"在这里蒋介石神经错乱,讲疯话了。如果不是疯话,那就应该说:组织一个人民的委员会,管理与整编蒋介石所统率的那些压迫人民与经常打败仗的军队。蒋介石指挥无能,应予彻底查办,由人民组织的委员会指派一个在抗战中立了功勋的中国将官去代替他。此外,给予八路军、新四军以崇高的褒奖,因为八路军、新四军,奋战敌后,抗击了多数的敌伪,收复了广大的国土,解放了众多的人民。只有这样,才算公道。我们不愿请出外国人来压迫异己,仅仅提出中华民族赏功问罪的民族纪律,中国人民定会一致赞成的。

蒋介石说:在国共商谈中,"我们所得到的经验,都是一个要求方才容纳,立刻就来一个另外新的要求"。蒋氏的疯话是这样无穷无尽的,不是吗? 从一九四三年林彪同志赴渝,一九四四年林祖涵同志赴渝,同年十一月周恩来同志偕同赫尔利将军赴渝,今年一月周恩来同志再度赴渝,中国共产党所提出一切建议,蒋氏曾经"容纳"了那一件呢? 即如是轻而易举的释放政治犯,承认各党派合法地位,取消特务,取消镇压人民的反动法令,撤销封锁,承认解放区等等,你在何时"容纳"了呢?

关于蒋氏所谓"还政于民"及"于本年十一月二日召开国民大会、实现宪政"一节,新华社记者称之为在政治上走死路。独夫蒋介石及国民党内最反动的专制主义者们,现在遇到了空前的危机,他们不从顺从民意,废止独夫统治,成立联合政府求出路,却想找寻一件民主的外衣,来包裹其反革命法西斯的躯壳,这就是所谓"还政于民"与"召开国民大会"的实质。

我们的独夫现已穷极无聊,在政治上钻牛角,竟然钻到袁世凯的洪宪国会和曹锟的猪仔议会那里去了。好罢,我们共产党人代表中国人民向蒋氏劝告,叫他不要如此自寻死路也算仁至义尽了,你一定要钻进牛角尖里去,就让你钻去吧。只是一件,要提醒你:在你钻进头出不来时,不要妄想什么人再给你解放,因为这是任何人也解救不了的。袁世凯做皇帝之前,也曾有人劝过他不要如此,他一定不听,做了八十三天皇帝之后,留下了一场"新华春梦",给中国历史添上个无足轻重的插曲,做了个"一双空手见阎王"的枉死鬼。现在有想追他踪迹的,尽可追上去罢。

新华社记者结语称:综观蒋氏演说,最清楚地暴露了国民党内反动集团的立场与企图,与全国人民及海外华侨所自由表达的意见,是完全背道而驰的。目前的国共谈判,早已不是商谈两党之间个别悬案的问题,而是解决着国家民族生命所系的迫切的政治问题。共产党在谈判中所提的要求,不仅是中国解放区九千万人民的要求,而且是中国沦陷区人民,国民党统治区人民及海外侨胞的共同要求,中国民主同盟的宣言,海外侨胞的通电及其他无数文件,足资佐证,就是在国民党内,亦有数量众多的爱国之士对共产党的主张,深抱同感。现在由于国民党反动派的深闭固拒,谈判不得结果,这是全国人民的不幸。蒋氏声称:"政府仍将继续寻求合理的办法",似乎尚有转环余地。果然如此,中共是不会拒绝的。但是所谓"合理办法",实在无需再去寻求,这就是立即废止这个威信扫地的一党专政,成立一个有威信的民主的临时的联合政府来领导抗战,争取胜利,并准备在战后召集真正无拘束的自由选举选出来的国民大会,制定宪法,组织民主的正式政府。我们希望蒋介石不要再耍什么花招,要就照着这个主张去做,要就走你自己的路。我们的立场是坚定而清楚的,任何花言巧语,江湖流氓,借外人以压同胞,逞武力以图异己等等下流无耻行为,让那些下流人物自由自在地去干罢,要想吹动别人一根毫毛,那是没有希望的。

(原载一九四五年三月三日延安《解放日报》)

26. 新华社记者评王世杰谈话

国民党宣传部长王世杰氏七日答外国记者称:"现在政府决将关于国民大会的召集问题,提付国民参政会审议。"新华社记者称:王世杰博士据说在英国学过法律的,现在看来并未学通。所谓国民参政会是个什么东西呢?难道不是独夫蒋介石所委派的一个无聊机关吗?把所谓国民大会的召集问题交给这样一个机关去"审议","审议"的结果说可以召集,根据王博士的法律,难道就可以召集吗? 国民参政会的大多数参政员,都是我们的独夫及我们的博士的那一党的"同志",开国民党大会去决定召集好了,何必要这个机关去"审议"? 自从国民参政会成立以来,根据他的组织法,根据历来的事实,任何决定问题的权力也没有,现在叫他"审议"起国民大会的应否召集来,按照王博士的法律,他说"否"也没有用。假如忽然有用起来,岂非犯法乱纪,参政员们不是有被居觉生先生的司法院拿去办罪的危险吗? 最使人们吃惊的,是王世杰博士的记忆力竟然差到如此程度:你们"领袖"蒋介石不是在三月一日说过"在国民大会召集以前,我们便无一个可以代表人民使政府可以征询民意之负责团体"吗? 六天之后,你就忘记了,似乎有了一个什么"负责团体",而且敢于"审议"起国民大会的召集问题了。据说是"政府决定"的。这个政府不知是世界上那一个国里的? 但是一定不是中国蒋介石那个政府,因为蒋介石刚在三月一日说过:"在国民大会召集以前我们便无一个可以代表人民使政府可以征询民意之负责团体"。这是一个疑案,有请王博士答复之必要。

新华社记者称:王世杰氏又在反对他的"领袖"了。王氏说:"无论如何,我相信政府必将设法,使各党派以及无党派之社会领袖参加国民大会。""无党派",不去说它。至于"各党派",那是注定了没有福气参加这个猪仔大会的,因为按"领袖"的圣旨,他们没有合法地位。圣旨说过:共产党在交出军队以前,民主同盟等各党派在国民大会召开以前,是不给合法地位的。下这道圣旨的时间是三月一日,我们的博士难道忘记了? 或者有意反对你的"领袖"? 二者必居其一。

新华社记者称:蒋介石以下反人民集团的一群,近来丑态百出,越来越不像样子。中国人民必须振作精神,将自己家里不肖子孙们的一切胡言乱语,奇形怪相,歪心秽行扫除干净,整顿家务,好打日本侵略者。整顿之法,就是追问独夫蒋介石丧师失地祸国殃民的责任,坚决反对任何形式的猪仔国民大会,立即废止蒋介石独夫专政,成立民主的联合政府。

（原载一九四五年三月九日延安《解放日报》）

27. 中共中央关于反对国大,坚持结束党治和联合政府等问题给王若飞的指示

若飞:

一、前电已告,逼蒋让步条件并未成熟。且所谓让步,必须是放弃独裁,实行民主。而现在蒋所说的一套,不仅不是民主,且更要以御用国会伪装民主。这更危险可恶。必须公开揭穿,严词驳斥。如能说服民盟,首先在昆、蓉两地,与我配合,给以迎头痛击,那就更好。《解放日报》记者评蒋演讲如收齐,望秘密印发。

二、在蒋演说发表后,更要到处坚持党派会议,结束党治,联合政府及战后无拘束的国大选举一系列主张,以杀蒋之气焰。旧金山会议即使拒绝共、民两方人物出席,但我们仍应提出以作伏笔。蒋在目前很可能一方压迫民主运动,一方收买某些分子。故民主运动一时起伏是必然的,但总的方面仍是发展的。且民主运动要经过压迫,才能从其自身经验和奋斗中强大起来。目前加强各党派联系〔会〕,不急于拿出民主统一委员会来,是对的。周、董马上出去,于政治上既不利,且会使民主运动不能健全发展。望于此点多加解释和忍耐。

三、对参政会我们不争名额,听其委派,在发表后看情形再说。望以此意密告沈(钧儒)、陶(行知)要其不要强调不参加,但亦不要告别人,听之为好。

中央

寅赓

(一九四五年三月八日)

(选自《南方局党史资料·统一战线工作》,重庆出版社)

28. 纪念孙中山批判蒋介石(延安《解放日报》社论)

孙中山先生逝世,到今天恰满了二十年。孙先生生前的革命事业,给了我们什么教训? 孙先生死后的政局变化,又给了我们什么教训? 根据这些教训,中国人民应该怎样继续奋斗,使中国革命的目的完全实现?

关于孙先生的四十年革命生活，他自己曾经作过很好的分析，他把他的一生分为两个时期，而以民国十三年(一九二四年)的国民党第一次代表大会及其宣言为分界："此次改组，就是从今天起，重新做过。古人有言，以前种种譬如昨日死，以后种种譬如今日生。"为什么改组以前的国民党总是失败，"譬如昨日死"呢？据孙先生检讨，这一方面是由于反革命的冒充革命，一方面是由于革命的投降反革命。他说："忆武昌起义时，我从海外遄返上海，当时长江南北莫不赞成革命，即如上海一隅，虽至腐败之老官僚，亦出而为革命奔走。……一般官僚，在未革命之前为清朝出力，以残杀革命党人为能事，在革命军兴之时，又出而口头赞成革命。""此辈反革命派即旧官僚，一方参加革命党，一方反破坏革命党，故把革命事业弄坏，实因我们方法不善。若有办法有团体来防范之，用时待清朝之方法对待之，则反革命派当无所施其伎俩。""现在本党召集此次代表大会，发表此项宣言，就是表示以后革命与从前不同。前几次革命，均因半路上与军阀官僚相妥协，相调和，以致革命成功以后，仍不免于失败。……我们有此宣言，决不能又蹈从前之覆辙，做到中间，又来妥协。以后应当把妥协调和的手段一概打消，并且要知道妥协是我们做彻底革命的大错，所以今天通过宣言之后，必须大家努力前进，有始有终，来做彻底成功的革命。"中国革命从一八四〇年鸦片战争算起，到一九二四即民国十三年已是八十四年，从孙中山开始"致力国民革命"起也已三十九年，但是这以前的八十四年和三十九年都失败了，而在孙先生逝世前仅仅一年之间，不但孙先生个人和国民党全党的政治生命突然由暗淡一变而为光明，由"昨日死"一变而为"今日生"，就是整个中国革命也展开了前所未有的蓬勃局面，可见孙先生所说的这个变化，即是决定历史的大变化。这个大变化为什么早不发生迟不发生，恰恰发生在民国十三年呢？这自然是因为仅仅在民国十三年，孙先生和国民党才正式确定与中国共产党合作，从而与中国广大人民群众开始结合的原故，与共产党和人民相结合，就能够"把妥协调和的手段一概打消"，就能够"有办法有团体"来防范对付反革命，而使中国革命一新面目，这确是孙先生一生中和全部近代中国革命历史上最重大最宝贵的教训。

一九二五年孙先生逝世以后，这个教训继续证明是不可动摇的真理。虽然国民党与共产党的合作在孙先生逝世后,仅仅保持了两年,这两年中国革命的发展却是突飞猛进,一日千里,超过前此中国国民党和中国革命全部历史的总和。但是两年以后,蒋介石叛变了中国革命和孙中山的遗嘱,国民党重演了反革命冒充革命和革命投降反革命的悲剧,于是中国就回到"昨日死"还更黑暗的状态,日本帝国主义就乘虚而入,造成中国罕有的大危机。幸而中国觉醒了的人民和孙中山的真正信徒,这时继续团结在中国共产党的周围,坚持真理十年如一日,终因西安事变的和平解决,获得了团结抗战的前提,又因抗战期间,在华北华中华南敌后战场八年血战,抗击了大部敌伪军,解放了近一万万的人民,从而奠定了在全国实现反攻和民主的基础。中国人民和中国共产党这十八年中的奋斗,其环境当然是万分险恶,与十八年前北伐时期即民国十三年至十五年,完全不可同日而语,但如果前此的顺利成功碰到一场风雨,就受到严重摧残,那么,后来的惨淡经营,就锻炼出了一支不可战胜的力量,足为三民主义普遍实现和中国革命最后胜利的坚强保证。这是可以告慰于孙先生和中国近百年来一切为革命牺牲的志士仁人的在天之灵的。

相反的,革命的叛徒既然反对人民和共产党,就无论怎样极尽独裁专制的淫威,终于一天比一天孤立,以至自己也不能相信自己的谎言。蒋介石不得不再三承认自己的罪恶,承认他和国民党当局在民国十六年以后就一直违反了孙先生的主义。民国二十七年孙中山逝世纪念的时候,他在总理纪念周上说:"我们总理逝世已经十三年,这十三年时间不为不久,但是到了今天,国家受耻辱,人民受牺牲,并且总理的陵寝不能保护,凡是做党员的,以及政府工作人员,军事工作人员,心理上都应该是惭愧。……在我个人感觉到我们什么都不行,如果有一点行,我们的国就不会如此。我们不行的地方,第一是道德不好,……第二是学问不行,……第三是精神也是不够,……无论语言行动,随时都发生错误。……今天我们的国家受到空前的耻辱,当然是我们的罪恶,我应当要负责。但是光我一个人坏,决不至坏到如此。"在第二年四月的国民党党政训练班,蒋介石又说:"我们自认为三民主义的信徒,而不得实行三民主义,甚至从前所说和所作的,实际上违反了三民主义,而无以自解于主义的罪人和先烈的罪人"。"我们作了革命党员,有了主义而不能见诸实行,……这就是不知礼义廉耻,则一个人究竟与禽兽有什么区别呢?"

由此可见,孙中山先生晚年的革命方向,乃是中国人民和中华民族的唯一方向,遵循这一方向的人必然胜利,背叛这一方向的人必然败亡。但是这两条路线的斗争是长期的和残酷的。诚如蒋介石自己所说,他"第一是道德不好","不知礼义廉耻",所以他的一切痛哭流涕的忏悔不过是猫哭老鼠的假慈悲;到了两年以前,同样是为了"纪念总理",一本《中国之命运》就出来了。同样的蒋介石,对他的少数心腹承认自己"无论语言行动,随时都发生错误","所说的和所作的,实际上违反了三民主义",甚至谦虚到弄不清自己"究竟与禽兽有什么区别",而当他同全中国和全世界讲话的时候,居然又是一表衣冠,敢于自封为孙中山的唯一信徒,中国的唯一救主,宣称"没有中国国民党,那就是没有了中国";敢于痛骂"欧洲十八九世纪的学说",说要求民主自由的就是"自比于吉蒲赛人",就是"根本上忘记了他是一个中国人";敢于恐吓共产党,如果不在"这二年之中"把人民的抗日武装和民主政权"自动的放弃和撤销",那么"军政时期亦就一日不能终结,不惟宪政无法开始,就是训政亦无从推行",这就是说,非打内战不可! 蒋介石在这本书里对中国人民下了一个最后通牒。

蒋介石的限于"这二年之中"的这个最后通牒,今天已经满期了,但是蒋介石与中国人民的斗争却还远没有满期。这戏还多着呢! 还是同一个蒋介石,今天又不谈他那个最后通牒的事务了,他现在装着若无其事的样子,大谈其民主,"根本上忘记了他是一个中国人",特别是根本上忘记了他是一个著《中国之命运》的中国人。他说他历来是主张"扶植民权"和对于共产党"竭诚宽容"的,虽然在短短的两年前他还在威胁地说:"军政时期不能结束",就是说,武力消灭共产党,但是现在却决定择于吉日"实行宪政"。于是他的许多代言人都忙着赞美他是"不断进步"了,这些代言人企图以"大公无私"的面貌帮助蒋介石在国内外造成一种印象,似乎他确实在准备变为一个民主派,以前和现在的种种反动措施,不过是他周围的一些次要角色的责任。但是今天是纪念孙中山的日子,让我们纪念一下孙中山的话吧!"一般官僚,在未革命之前为清朝出力,以残杀革命党人为能事,在革命军兴之时,又出而口头赞成革命。"这难道不就是蒋介石及其代言人的写照么？蒋介石及其代言人仅仅在几天以前还在公开为中国的法西斯主义出力,以著作《中国之命运》,进行反共战争,残杀民主主义者为能事,在被中国人民、外国人民、美国政府和克里米亚会议压得无处可躲之时,又出而口头赞成民主。所谓口头赞成民主,就是说,在行动上摧残民主。就是说,召集猪仔国民大会,使蒋介石独夫统治"合法"化,并准备内战的旗帜。事实正是如此。蒋介石虽然在外国人面前把《中国之命运》隐藏起来,不许翻译,虽然在外国人面前宣布保障人身自由和放宽新闻尺度,虽然在外国人面前装出撤销何应钦、陈立夫、孔祥熙的姿势,虽然在外国人面前装出对民主的决心和对共产党的宽容,但是在实际上,他正在加紧准备内战,蒋介石及他手下的一群,正在积极准备一切,一俟某一同盟国军队将日本侵略者打到某种程度时,他们就要举行内战。目前他们对任何一件压迫人民的举动不但不减轻一丝一毫,而且变本加厉,以及他们在军事上特务工作上的种种秘密布置,都足证明这一点。孙中山先生积三十九年革命之经验,教我们千万必须加意防范这种表面冒充民主,内里积极图谋绞杀革命的极端反革命派,使其无所施其伎俩。如果我们置孙先生的遗训于不顾,那就又有重复一九二七年革命人民被残杀的危险。

孙中山先生在天之灵啊！你请放心,中国人民在你死以前和死以后所流的血,实在太多了,现在立誓不忘记你的教训。现在中国人民向蒋介石提出一个试金石,就是成立联合政府,而我们那个"扶植民权"和"不断进步"的"伟大领袖"蒋介石,却正在出死劲反对这个要求哩！他说他要直接"还政于民",决不还政于联合政府,因此他决心维持他的十八年血腥的法西斯独裁政治直到今年十一月十二日,以便在那一天中国能够产生一个由法西斯独裁者所一手造成的"全国民众代表的国民大会"。从形式上看来,蒋介石和中国人民都在赞成国民大会了,但是同一个题目代表着完全相反的内容。中国人民要求一个真正的国民大会,为了保证国民大会不致为蒋介石所强奸,因此坚持必须立即废除蒋介石的法西斯专政,立即成立联合政府,以便首先由民主的力量从全中国的土地上驱逐日本帝国主义的军队和中国法西斯特务机关的恐怖统治,以便首先解放中国人民手上的枷锁,使他们至少得到投票的自由。蒋介石则相反,他要求保障人民手上的枷锁,保证人民不能自由选出自己的代表和提出自己的主张,以便使自孙中山以来一切中国人民争取民主政治的悲壮神圣斗争化为一场指定、圈定、逼选贿选的滑稽戏,以便集合一大群法西斯特务和一小群装潢门面的花瓶来更换独夫蒋介石的名义为"总统",然后向中国人民宣布内战,来一个尸横遍野、血流成河的大惨杀。

但是蒋介石生得太晚了,他的这个把戏,在一九二四年以前,如同袁世凯及北洋军阀那样,还可以骗过孙中山,在一九二七年以前,如同那时蒋介石所主持的"马日"事变,"四一二"事变以前的那样,还可以骗过共产党,而从那时起,中国人民和一切孙中山的真正信徒,就已经决定"以后革命与从前不同",因此蒋介石的把戏无论他自己及其代言人怎样说得有趣,也不能再造成人民的幻想与麻木。相反的,人民的警觉性提高了,他们知道现在正在发生这样一件值得注意的事情:藏着一把杀人刀子在里面的巧笑。

蒋介石说:好! 你们不但不承认我是"革命领袖",竟把我说做军阀官僚,比做清朝政府北洋政府了! 但是这又有什么值得大惊小怪呢? 蒋介石自己说:"有了主义而不实行,简直就是违反主义,违反革命"。难道"违反革命"不是反革命,倒是革命么? 蒋介石又说:"就党外一般人士,尤其是各党各派对我们的观察来说,他们看我们党部就是衙门,看我们党部委员就是官僚,看我们一般党员当作特殊阶级,甚至视作亡清时代的旗下人"。"外面的人对于我们党员和公务人员,都看作是贪官污吏,土豪劣绅,看我们党员和机关人员当中几乎没有一个好人,这不仅是那一党一派是如此嘲弄我们,就是一般国民,也都是如此看法,就是外国人亦是如此看我们。外国有了枪炮和军队可以保国卫民,我们有了军队和枪炮,却反转来祸国殃民"。"尤其是现在有许多高级将领,以为自己作了将领就可以唯我独尊,为所欲为,试问和当年的北洋军阀,又有什么两样呢?" 当然蒋介石在这些地方多半是说他的部下,但是谁不知道,蒋介石十八年来就是这批军阀官僚土豪劣绅的"最高领袖"呢? 蒋介石很伤心地把自己的政府比做清朝政府和北洋政府,但是谁不知道,清朝政府和北洋政府不论怎样罪恶滔天,究竟还没有坏到蒋介石这样的程度,这样的丧师失地，祸国殃民呢？谁不知道，他们究竟还没有像蒋介石的党和政府和军队产生了这样多的降官降将，汉奸敌探呢！是的，中国人民现在并没有像孙中山先生所主张的那样，"把妥协调和的手段一概打消"。"用对待清朝之方法对待之"，中国人民仍可以给蒋介石一条痛改前非，将功赎罪的出路。这就是立即废除蒋介石独夫统治，成立联合政府，但是仍允许蒋介石在联合政府内占一个位置，也算仁至义尽，无以复加了。

蒋介石又说：好，你们这又把我看做流亡政府了！但是这又值得什么大惊小怪呢？第一，有各种各样的流亡政府。有些流亡政府与国内解放运动有密切的合作，自己也有确实在抗战、确实能抗战的军队，回国以后又实行各种民主的设施，这样的流亡政府就比蒋介石政府对国家民族有功和有利得多，其在国内国际的地位也比蒋介石政府巩固得多。另外有些与此相反的流亡政府，则因得不到本国人民的支持，岂不是连参加联合政府的资格都没有么？第二，即使并未流亡，也算是对轴心国宣了战，也算是有"合法地位"的政府，在失去本国人民的支持时，岂不也连参加联合政府的资格都没有么？因此蒋介石面前的问题，并不是什么流亡政府非流亡政府的问题，更不是在他的独裁政府下设立什么"战时内阁"的问题，而是是否由于他自己的顽梗不化，作恶多端，展转因循，刚愎自用，有一天难免要被中国人民撤职查办，甚至交到法庭去受审判呢！

中国人民永远是乐于与人为善的；但是再说一遍，接受孙中山先生毕生革命教训，追随孙中山先生晚年革命道路的中国人民，决不受人欺骗，无论这种欺骗出于什么"伟大领袖"蒋介石，出于什么伪装"中立"的报馆主笔，或者出于其他任何方面，都只能引起中国人民的鄙视和厌恶，中国人民迫切要求真实的民主，迫切要求可靠的团结，迫切要求迅速的反政，迫切要求结束蒋介石的法西斯主义和失败主义的独裁统治，迫切要求有效地改组蒋介石的军事、政治、经济、文化机构，迫切要求孙中山先生的革命理想在他逝世二十周年后不久就能够在全中国普遍实现，迫切要求中国国家民族在民主世界的地位逐步最高，而为了要达到这一切，就必须不再失去宝贵的时机，立即成立联合政府。中国人民决心为联合政府付出一切代价，并且欢迎来自一切方面的对于中国人民这一努力的同情与援助。

（原载一九四五年三月十二日延安《解放日报》）

29. 周恩来就出席联合国会议的中国代表团问题致美国驻华大使赫尔利电

赫尔利将军阁下：

当我在重庆时，承蒙惠以好意，至为感谢。我回延安后，已向我党中央委员会及毛泽东主席作了一个详细的报告。目前在中国既未成立民主的联合政府，而现有的国民政府完全是国民党一党独裁的政府，既不能代表中国解放区的一万万人民，也不能代表国民党统治地区广大人民群众的公意；因之在行将于四月二十五日在旧金山召开的联合国会议上，仅仅由国民党自行选派的代表团，不能代表中国。当我在重庆时，你曾告诉我，派赴旧金山会议的代表团中应包括国民党、共产党和民主同盟的代表，我党中央委员会和毛泽东主席完全同意你的意见。我们作了更进一步考虑，认为国民党的代表应限于代表团人数的三分之一。代表团的人数中其余三分之二应由共产党和民主同盟选派。只有这样才能公正地代表中国人民的公意；不然该代表团便不能处于代表中国的地位，解决任何问题。请将此讯转致美国总统。顺此问好并致敬意。

周恩来

一九四五年二月十八日

（选自《美国与中国的关系》下集，一九五七年）

30. 美国《美亚杂志》发表评论文章：《中国的政治僵局》

二月中旬国民党与中国共产党间谈判的破裂乃是对于中国复活的统一的对日作战努力的希望之严重打击。尽管有各方面逐渐增长的压力，国民党当局却强硬拒绝考虑那将给予各党各派在全国施政中以发言权的联合政府之建立。不错，蒋介石在其三月一日演说曾宣布将于本年十一月召开国民大会以及在立宪政府就职后，各政党将享有平等的合法地位。但对于中国拥护民主的势力来说,两个事实大大地减损了其宣告的价值。第一、蒋明白表示:一党独裁制度将一直保持到通过宪法的时候。二、召开国民大会的诺言(这国民大会原定于一九三七年十一月开会),绝不能保证建立一种民主形式的政府,因为该国民大会主要是由战前国民党指定的人员组成,并预料将批准国民党于一九三六年所公布的宪法草案,这宪法规定建立一个尽可能远离人民对其立法与行政措施之直接控制的强大官僚中央政府。

毫无疑问,自去年十一月国共谈判开始以来,中国的政治形势已经尖锐地恶化了,而中国两大政党间,达到协议的希望显然很少。共产党为答复蒋三月一日的演说所发表的声明乃是流行的不满与紧张之加强的表示。这个声明不仅攻击国民党中的反动分子,且挑出蒋本人作为这些反动分子的主要代言人,并以中国人民的名义要求立即结束其"个人独裁"。

蒋介石于其演说中把相当大部分时间用于辩护重庆政府对共产党的态度上,并指责后者要对中国的缺乏全国统一完全负责。他宣称只有共产党人反对中央政府,指责他们每当前一种要求被满足时便提出新的要求来,述说政府所作的宽大"让步",并重申一旦共产党人同意"将其军队与地方政权并入国军与政府"时,他愿意给予他们以合法地位。蒋介石这一演说中所提到的各点将在下一星期的《美亚》中予以较详细的分析。然而为了提供判断的材料起见,把最近几月以来国共谈判的经过加以简短检讨或许是有用的。

虽然蒋介石作了相反的声明,但共产党仍提出一连串的同样的要求,而这些要求没有一个被重庆政府所接受。共产党驻重庆代表周恩来将这些要求概括如下:"立即废除一党专政建立民主联合政府与联合统帅部,承认一切抗日党派的合法地位,废止镇压人民自由的一切法律,取消特务机关,释放政治犯,停止封锁边区,承认解放区抗日军队与民选政府的合法地位。"

重庆政府拒绝考虑立即成立联合政府,坚持在未召开国民大会与起草宪法以前,重庆政府应保留最高政权。一九四五年一月一日蒋介石宣称:俟战争形势允许时立即召开国民大会,他在今年三月一日的演讲中,则规定一九四五年十一月十二日为召开国民大会的日期,由定于五月举行的国民党代表大会批准此事。政府提出由共产党派代表一名参加军事委员会,并在行政院下面设战时政治委员会,共产党及其他党派均派代表参加该委员会,作为对共产党要求立刻实行民主改革的"让步"。并提议成立由政府官员一人,共产党一人与美国军官一人组成的三人委员会,以布置将共产党军队编入"国军"的事宜。同时也建议委任一位美国军官指挥在蒋介石总的指挥下的共产党军队。

共产党认为这些"让步",完全没有答应他们关于废除一党专政、建立真正的联合政府与联合统帅部的要求。他们指出:军事委员会与提议成立的战时政治委员会都没有决定政策的任何真正权力,他们坚决反对把他们的军队置于国民党的控制下。此外他们坚决主张:在敌后建立的人民政权不应取消。他们继续坚持:只有立即实行民主改革才能解决中国日形严重的军事与经济危机。重庆政权不着手进行这种改革,甚至连开始也不开始,这证实了他们所相信的,即实施宪政,只不过是掩饰统治集团保持其独裁的真正的决心的一种机巧手段而已。

对于中国的政治与经济需要的这两种观点既然是完全相反,它们之间不能找到妥协的基础是不足为奇的。但是,鉴于太平洋上的有利进展与美军可能早期在中国海岸登陆,这种政治形势的强化就特别使人感到遗憾。很显然的,除非中国将其战斗部队统一起来,充分动员其人民并与在沿海地区作战的共产党领导下的游击队建立充分的合作,则中国在行将到来的对日军的陆上攻势中便不能起它应有的作用。

美国在华高级军官们不成问题地知道这样继续存在着的政治危机严重地削弱了中国的作战努力,因而对美国的利益是有危害的。但是美国官方对这问题的处理,似乎是不去照顾其中所包含的基本问题。虽然我们用"斡旋"的方式来促进问题的解决,并严格地集中于帮助改进重庆的军队与军事工业的效率,但我们的政策似乎是避免对正在讨论中的各种政治问题持任何立场。例如,虽然美军如事前与中国沿海的游击队建立密切的工作关系,那对它的在华登陆显然会有方便,但魏特迈将军最近却宣称:他没有被授权给中国共产党游击队军事援助,且在华的一切美国军官需签字发表声明不给那些不属于重庆政府的其他个人或团体以援助。这是很值得注意的。这种政策大抵是根据以下的理论:美国对于中国内政问题,必须谨慎地不加以任何干涉,而只严格地限定在有关联合作战努力的活动以内。然而,在中国,军事问题与政治问题是不能截然分开的,这两个问题,是结下不解之缘似的联系着的。中国所有观察家都一致认为:损害中国作战努力的军事和经济的弊害,只能经由民主的政治的改革,才能得到补救,因为民主政治的改革将约束统治集团的权力,及使惩处官场的腐化成为可能。我们在中国境内的军事行动,受着政治形势的影响,这也同样是不言而喻的。由于顺从重庆的政治敏感,我们没有支持中国游击队及与他们合作,在外交方面来说,或者是对的,但是这将几乎确定不疑的意味着亚洲战争的延长和不必要的牺牲美国人的生命。

另外一种证据说明美国对中国政治形势的态度常常不是根基于现实地掌握一些最主要的问题的,是:某些评论家总认为共产党不肯与重庆"妥协"及坚持保有它的独立武装,是"不讲道理"的。这种态度反映了他们未能认识到:有些问题,是没有"妥协"的基础的;世界上是没有半截民主或部分人民自由这种东西。这种态度也表明不了解以下事实,即目前中国政府是一党专政的政府,在这个一党专政的政府下,任何政治反对派若没有武力作其后盾,他就不能存在;"国军"实际上就是国民党军;在一党专政制未取消以前,要求共产党人把他们的军队合并于国民党军,事实上就是等于要求他们答应解散他们这个政党,听从国民党的军事统治。当中国政治力量一日还依靠对武力的掌握而不是依靠于人民的支持时,就不能期望任何一个政党愿把它的军队交给一个敌党指挥部,这样来自动地签署它自己的死刑,尤其是当这个政党感到那个敌党的领袖们没有把国家的重大利益放在心上的时候。

（原载一九四五年三月二十三日《美亚杂志》译载,

一九四五年六月十七日延安《解放日报》）

31. 美国驻华使馆二等秘书谢伟思就与中共领导人谈话的报告

送上今天与几位中共领导人的谈话备忘录一份。他们是:中共中央主席毛泽东,担任"外交部长"职务的党内第二号政治领袖周恩来,共产党军队的总司令朱德。在谈话快结束对,中国参加旧金山会议代表团的中共成员董必武也加入了谈话。

前一天晚上,周恩来将军已经知道我接到了返回重庆的命令。这次谈话持续了半个下午,还加上吃晚饭的时间,其目的显然是要告诉我有关中共立场和路线的最新情况,这种立场和路线在即将召开的共产党代表大会上将获得通过。

摘要:不管美国采取什么行动,共产党对美国的政策现在和将来都是继续扩大合作。之所以必须采取这一政策是由于:(一)共产党所能做的任何援助美军的工作,都将有利于赢得战争;(二)战后,中国需要美国的援助。共产党对国民党的政策将继续是:(一)一方面,提出批评性意见以敦促国民党采取较为进步的政策;(二)以共产党的五点建议为基础,提出和解方案,导向实现真正的联合政府和名副其实的民主政治。已经决定要建立一个"中国人民解放联合委员会",但实际上还不能在几个月内组成。这个联合会不是一个"政府,而是一个咨询机构,它代表着各个解放区(目前尚未得到中央政府的承认)的人民,讨论他们共同的问题,制定联合作战部署,组织沦陷区人民的抗日运动,鼓舞中国其他地区更加努力作战。共产党拒绝承认在战争结束之前召开的国民大会,他们也拒绝接受这种大会的代表名额,他们坚持代表必须全民自由选举产生。

有三点新的和值得重视之处:

一、同意极少数共产党代表出席旧金山会议,并不能改变他们建立"联合委员会"的决定,他们要继续为此努力。

二、以"中国人民解放联合委员会"命名的这个机构,可能具有国民党和中国人民所不能忽视的意义。它不是解放区各个政府的联合会,而似乎可以解释成为中国人民解放的联合会。其中暗含的威胁是明显的。

三、关于打算什么时候建立这个联合委员会,毛泽东没有明确的态度。但后来周的秘书私下对我说,如果国民党坚持召开它的国民大会,那么就将同时召开会议建立联合委员会。

约翰·S.谢伟思

一九四五年四月一日于延安

（何迪译自《美国对外关系》）

附：

谢伟思与毛泽东等谈话备忘录

下午四点，我应邀来到毛泽东的住所，周恩来和朱德已经在那里。大约有半小时是进行一般性谈话。

他们对于我返回重庆的原因都表示关心，尤其关心这是否会成为我返回美国的原因——推测起来，这可能表示要商谈有关的中国问题（关于我回去的原因我没有收到什么指示）。

毛泽东重申早先表示过的愿望，即美国在政治上的观察以及它同延安的联系将保持下去。他指出，在未来的几个月中，中国局势的发展至关重要。共产党期望在实际接触中取得美国的了解。

周恩来两次坦率地提到，大意是说，令人遗憾的是我不能在延安多逗留十天；我会觉得这次逗留值得并饶有兴味（我认为这暗示着党的代表大会将在这段时间内召开）。

我谈到了军事形势。周并不认为目前存在日军企图夺取西安或汉中的明显迹象，但又认为，他们最终将夺取这两个城市，以便打击美国的空军力员，保护自己的侧翼和重要的交通运输线，使日本人可以在中国进行正在策划的长期作战（共产党认为这是确定无疑的）。

我回想起来说，去年日军发动的河南战役似乎构成了对西安的威胁，当时共产党人曾经提出派部队去参加保卫西安的战斗。这时我们彼此默然相视了一会儿。最后朱德说，去年共产党的建议遭到了拒绝，但是，这一次共产党要等到别人有所要求时再说。他似乎不想再去纠缠这一问题。

随后，毛泽东控制了谈话。他显得格外精神焕发，时而离开他的座位以引人注目的手势加强谈话的气氛，时而离开话题提到过去一些可笑的轶事。周恩来偶尔对毛泽东的观点加以解释或引申。朱德则坐在后面，默默地微笑着。

　　毛泽东简略地回顾了一下最近与国民党举行的毫无结果的谈判的历史背景。他觉得，一般来说外国人并不了解国共争端远非两个普通政党之间的一般口角和尔虞我诈所能比拟。这里的一些争执对于中国的前途带有根本性质，是极为重要的。

　　他接着用一些时间谈论了最近在《经济学家》和《纽约先驱论坛报》上发表的一些文章，怀疑这些文章是否就是外国舆论界对于中国事务缺乏了解的典型。

　　《经济学家》杂志认为，蒋介石宣布在十一月间召开国民大会，这是一种巧妙的手段，因为它是对共产党采取"先发制人"的办法。如果共产党人拒不参加，他们就会铸成大错。毛泽东指出，共产党即使有这种愿望，也不能去参加；这纯粹是一党的大会，大会代表是在九年前国民党进行公开的反共内战的情况下，通过虚伪的选举产生出来的（从那时他们中间的许多人已成了汉奸），他们不能代表几乎占全国三分之二（敌占区和共产党解放区）的人民；在这种情况下，真正的民主不能寄希望于这样一个政党，这个党自从蒋介石于 1927 年反革命以来，已经变成镇压人民和反对民主的党。他坚持认为，对共产党来说，同意召开这样一个伪国大，就是放弃了他们所有的原则和背叛了解放区的人民。因此这将铸成大错（在这个问题上，毛泽东在这次谈话中所讲的基本上是重复他在一九四五年三月十三日所谈的内容，那次谈话见我当日发出的第 10 号报告）。

　　《纽约先驱论坛报》曾说，由于苏联的胜利和美国的重视，例如对延安的观察组发回的电报的重视，使得共产党"增加了他们的要求"和变得"更加不讲道理了"。对此，毛泽东极其详尽地阐明了共产党政策的前后一致和始终不变的性质；甚至在内战期间，共产党是如何号召在全民抗日、承认民主权利、实行全民动员的基础上团结起来的；当国民党对这些要求作出承诺的时候，统一战线是如何在一九三六年至一九三七年期间最终建立起来的；在战争期间，共产党又如何一再要求遵守这些原则，认为这是国家统一和进行胜利抗战必不可少的重要因素（参阅埃德加·斯诺的《西行漫记》一书，可以看到他耐人寻味地确认了这一论点的正确性。斯诺在书中记录了他与毛泽东在一九三六年的谈话。共产党过去和现在的目标的相同之处是极为明显的)。

谈到苏联的胜利和美国的重视所带来的影响时,毛泽东幽默地回忆道,在国共内战期间,当时的口号是"消灭蒋介石";一九四一年一月蒋介石对新四军事件凶恶地反咬一口之后,共产党不得不对中央政府实行公开的抵抗;在一九四三年夏季,中央政府以武力威胁边区时,产生了交战状态。他指出,所有这些例子都说明共产党对蒋介石的态度比现在更加强硬,而这些例子都发生在苏联的胜利和美国的重视之前。

毛泽东在重申共产党的目标始终不变的时候,强调指出,当共产党还处于弱小而又势单力薄的时候,就为此目标而奋斗;现在,不管外部的影响如何,不论赞同与否,他们仍将为此而继续努力。

毛泽东承认,在某种意义上国民党的埋怨是有道理的。他说:"我们的目标并没有改变,但随着中国局势的日益险恶和危急,有越来越多的人认识到我们是正确的,我们的发言权就更大了。国民党的这种埋怨表明他们感到了压力。不管怎样,拖延对他们无济于事。"

接着,毛泽东提议,中共对美国和国民党发表一个简单的政策声明,从中可以看到,像共产党的主要目标一样,他们对美国和国民党的政策也是一贯的,始终不变的。

共产党对美国的政策,现在是而且将继续是寻求美国对中国民主政治的友好支持和合作抗日。但不管美国采取什么行动,不管能否得到美国的一枪一弹,共产党都将尽其所能采取一切方式向美方提供和实行合作。凡是他们能做到的一切,诸如提供情报、气象报告和营救空军人员,中共都视为自己的义务和职责,因为这有助于盟军作战和加速打败日本。要是美军登陆或进入共产党辖区,他们就会发现组织严密和热心抗敌的一支军队和人民群众。

中共将继续寻求美国的友谊和了解,因为这一点对中国战后复兴是十分重要的。(这个论点的详细内容见我第 10 号急件中关于 3 月 13 日我与毛泽东谈话的报告。)

当然,美国是否与中共实行合作,这个问题只能由美国来决定。但是,中共认为这种合作对美国是有利无害的——可以尽快赢得战争;帮助中国的统一和民主事业;使中国的经济在解决土地问题的基础上,通过工业化而得到健康的发展;博得绝大多数中国人民即农民和自由主义人士的永恒友谊。

中共对于国民党的政策一方面是要对它进行批评,设法促其进步和改革;另一方面愿意同它和解,在和解的基础上实现真正的团结和民主,并使全国所有军队同心协力去争取战争的胜利。这种和解的要旨已经包括在中共提出的并经赫尔利签字同意的五点建议之中。这种和解应当意味着国民党与蒋介石独裁统治的结束。如果蒋介石继续担任主席,他和所有武装部队应当向包括全国各党派的联合政府负责。这种和解应当包括承认共产党军队是全国武装力量的一部分,承认各解放区是合法的地方政府。

这种和解和作为其必然结果的联合政府,当然是临时的。因为中国大部分国土仍处在敌人的防线后面或处在敌人的占领之下,联合政府是不可能具有完全的代表性,所以也不可能是彻底民主的(毛泽东把人口划分为:国民党统治区一亿九千万,日占区一亿六千万,共产党解放区一亿)。在当时情况下,这就是最合理的政府,直到全国光复之后,它就可以向完全的民主政体过渡。

共产党并不坚持要蒋介石毫无保留地立即同意成立联合政府,他们愿意谈这个问题,并在党派会议上制定详细步骤。但是,这样一个党派会议必须具有权威,并能作出管理政府和准备向立宪政体过渡的决议。

必须毫不妥协地反对在战争结束之前,在所有其他党派尚未获得合法地位之前,以及新的代表未经全民选举之前,召开国民大会。

共产党将以拒绝承认国民大会或拒不接受其各项规程来进行抵制,因为解放区没有代表名额,所以这是合乎逻辑的行动。当然,今后的行动将取决于蒋介石。"我们不会先动手,我们不会先打第一枪。"

但是,目前所策划的国民大会必将导致内战、蒋介石的借口就是把反对行为宣布是叛乱。如果他继续进行恫吓,他就得诉诸武力(因为这是他所知道和精通的唯一手段),如果我们遭到袭击,我们将予以反击。我们不怕这种后果,因为人民同我们站在一起。日本没有能力彻底消灭解放区,蒋介石强征入伍又未经训练的农民所组成的军队,又怎能办得到呢? 在内战期间,我们的力量要弱小百倍,当时蒋介石没有能够消灭我们,那么今天他又有什么希望呢? 我们并不担心蒋军的美式装备,因为招募来的农民军队是不会有效地利用这些武装向他们的兄弟般的士兵队伍开火的,后者是为了他们的家乡,为了经济民主和政治民主而进行战斗的。我们担心中国要付出的代价是:受苦受难和牺牲生命,财产被毁,国家重建被延误。中国需要和平,更需要民主,因为民主是和平的基础,而中国的首要任务是必须把日本人赶出去。我们认为美国也应该关心这个问题,因为它涉及到美国的切身利益。"

我问,如果国民党分配给中共若干席位,要求其参加国民大会的话,共产党又将怎么办? 周恩来立即断然回答说,他们将予以拒绝。毛泽东表示同意,朱德也点头赞成。周作了以下详细说明:中共参加旧金山会议代表团一事不能被援引为先例。既不能作为共产党关于联合政府的建议的先例,也不能作为关于党派会议的建议的先例。旧金山会议代表是由各党派商定的,因为要由人民来选举他们的代表是不切合实际的。但是,与此全然不同的是,国民大会要通过一部永久性的宪法和建立一个固定体制的立宪政府,国民大会的代表必须由人民自由选举产生,而不能由各政党进行讨价还价或指定产生。

毛接着说,现在各解放区向未得到重庆政府的承认,尽管中共在敌占区同日寇进行艰苦战斗,可是他们得不到指导,支援或军需品。"他们是没娘的孩子"。他们面临着许多共同的问题,他们应当在一起工作与部署,以便进行有效的作战。因此共产党提议,各根据地派代表共同组成一个"中国人民解放联合委员会"。这个组织的目标是:统一各解放区人民的战斗力量;讨论共同关心的问题;制定联合作战的部署,以便最有效地打败敌人;鼓励和组织沦陷区人民的抗日运动;鼓励中国其他地区的人民和政府尽最大努力积极作战。

毛强调说,这个联合委员会不是一个"政府","认为它是一个政府的看法是错误的"。它不具备一个政府的权力或职能,而仅仅是个咨询机构。

具体涉及到委员会的组织形式问题,毛泽东避而不谈,只是说这些细目以后会定出来的。他还慎重地提到，不论是关于成立联合委员会的明确决定，还是它的确切名称，都还没有经共产党正式通过。但是，他面带笑容地说："这大概都会得到通过的。"（实际情况并不令人觉得"不民主"，所有参加党代会的代表在延安已经集中了一段时间了，重要的会议与协商始终在进行着。在所有重大问题上无疑已达成一致协议。因此，党的正式代表大会可能只剩下一些报告的正式提出和通过，新的委员会的选举，以及通过一些已经取得一致意见的决议了。）

我问，组成联合委员会需要多长时间？毛泽东答称，那不是几个月能办到的事，因为边远地区的代表要花很长时间才能到达延安。

我问，组成联合委员会的代表将怎样选举产生？毛泽东不十分明确地回答说，各个解放区的人民参议会将派出自己的代表。他指出，这些参议会是通过普遍投票的办法民主地选举出来的，它代表各个阶级和团体。

我问，解放区以及可能还有沦陷区以外的团体是否包括在内？毛泽东回答说，联合委员会的大门对所有愿意参加的团体都是敞开着的。自然，这个委员会将包括蒋管区的所有团体。但它没有考虑到，在目前情况下，国民党既不赞成，那些团体怎么能够直接参加呢？对此，毛泽东说："我们会给他们留下席位。"

毛泽东强调说，解放区的所有团体，如有可能也包括沦陷区的团体，都要选出代表，联合委员会将完全具有统一战线的性质。

我问，如果国民党同意组织一个联合政府，是否会放弃联合委员会的计划。对此，毛泽东未作正面回答，他说："有各种各样的联合政府。"如果有一个理想的联合政府的话，可以设想，联合委员会就没有必要了，因为这样一个联合政府将把解放区置于其管辖之下，并尽一切可能去帮助中国人民赢得自身的解放。

约翰·S.谢伟思

一九四五年四月一日

（何迪译自《美国对外关系》）

四、中国共产党"七大"和中国国民党"六大"召开，国共合作走向新的阶段

1. 中国共产党第七次全国代表大会在延安召开

中国共产党四月二十三日在延安举行了第七次全国代表大会，这是现代中国历史上的最重要事件之一。这次大会的任务是：在中国反攻的前夜团结全国人民，挽救由于国民党政府错误政策所造成的时局危机，彻底打败和消灭日本侵略者，建立独立、自由、民主、统一与富强的新中国。

大会正式代表五百四十四名，候补代表二百零八名，共七百五十二人，代表着中国共产党全党的一百二十一万党员。大会选出毛泽东、朱德、刘少奇、周恩来、任弼时、林伯渠、彭德怀、康生、陈云、陈毅、贺龙、徐向前、高岗、洛甫、彭真等十五人为主席团，任弼时为大会秘书长，李富春为副秘书长。大会的议事日程共有四项，即毛泽东同志的政治报告，朱德同志的军事报告，刘少奇同志的修改党章报告，与选举中央委员会。

中国共产党领袖毛泽东同志的政治报告，是这次大会的中心议程。报告全文长约六万字，总题为《论联合政府》。毛泽东同志在他的报告中指出惟有成立联合政府（而绝对不是为全国人民所绝对反对的国民党当局一手伪造的所谓国民大会）才是目前中国时局的出路。他的报告详述中国抗日战争中两条路线——国民党政府压迫中国人民实行消极抗日的路线与中国人民觉醒与团结起来实行人民战争的路线，并详述中国共产党在整个新民主主义时期的一般纲领与在目前时期的具体纲领。中国共产党将为联合政府的成立及其民主纲领在全国的实现而坚决奋斗，这一奋斗的最近步骤之一，将为尽可能迅速在延安召集中国解放区人民代表会议，以便讨论统一各解放区的行动、加强解放区抗日工作，援助国民党统治人民的抗日民主运动，援助沦陷区

人民的地下军运动,促进全国人民的团结与联合政府的成立。

中国共产党成立于一九二一年,过去共召集过六次全国代表大会,其时间为:第一次,一九二一年七月,第二次,一九二二年五月,第三次,一九二三年六月,第四次,一九二五年一月,第五次,一九二七年四月,第六次,一九二八年七月。自第六次大会迄今,已达十七年,因为长期处于严重的战争与斗争中,直至今日,始能召集第七次代表大会。此次大会开会时,中国共产党的力量,党内的巩固与团结一致,及其在全国人民中的威信,均较过去任何时期为高。中国共产党现在不仅已拥有一百二十一万党员,并已领导数达九十一万的八路军、新四军及其他抗日正规军,二百二十万的民兵,十九个分布于东北、华北、华中、华南与西北十九个省份的解放区,这些解放区的人口总数已达九千五百五十万。这些数字由于解放区抗日战争继续迅速发展,亦均继续在增大中。因此,中国共产党及其所领导的解放区,实际已成为中国人民抗日救国争取解放的重心。中国共产党的此次大会,无疑地将对中国抗日战争及国内政治的今后发展,产生极端重大的影响。

大会完全依照原定计划于四月二十四日由毛泽东同志作政治报告,二十五日由朱德同志作军事报告,五月十四日、十五日由刘少奇同志作修改党章的报告,六月九日、十日选举新的中央委员会。其余大量时间,均用于各代表团小组、各代表团及大会详细讨论毛泽东同志、刘少奇同志的报告,党章条文与选举的准备工作,其中共开全体大会二十二次。因此,大会得以实现了高度的民主。

大会根据三个报告分别通过了两个简短的决议与新的党章后,于六月十一日胜利闭幕。毛泽东同志在闭幕词中指出大会的美满的成功,要求代表们把大会的民主精神与团结精神带到全党的各个工作部门中去,向全党与全国人民宣传大会的路线,团结全国人民坚持抗日战争的彻底胜利,坚持民族的独立自由,坚持联合政府,坚持制止内战。毛泽东同志说:"正确的政治路线加上团结一致的奋斗,就一定会胜利。"

在闭幕会上,朱德同志、吴玉章同志、徐特立同志也发表演说,庆祝大会在党的历史上空前的成功,并根据辛亥以来四个革命时期的历史经验,说明中国人民必然胜利的各种条件。

（根据一九四五年五月一日、六月十四日延安《解放日报》综合整理）

2. 论联合政府①（节录）（毛泽东）

我们的一般纲领

为着动员和统一中国人民一切抗日力量，彻底消灭日本侵略者，并建立独立、自由、民主、统一和富强的新中国，中国人民、中国共产党和一切抗日的民主党派，迫切地需要一个互相同意的共同纲领。

这种共同纲领，可以分为一般性的和具体性的两部分。我们先来说一般性的纲领，然后再说具体性的纲领。

在彻底消灭日本侵略者和建设新中国的大前提之下，在中国的现阶段，我们共产党人在这样一个基本点上是和中国人口中的最大多数相一致的。这就是说：第一，中国的国家制度不应该是一个由大地主大资产阶级专政的、封建的、法西斯的、反人民的国家制度，因为这种反人民的制度，已由国民党主要统治集团的十八年统治证明为完全破产了。第二，中国也不可能、因此就不应该企图建立一个纯粹民族资产阶级的旧式民主专政的国家，因为在中国，一方面，民族资产阶级在经济上和政治上都表现很软弱；另一方面，中国早已产生了一个觉悟了的，在中国政治舞台上表现了强大能力的，领导了广大的农民阶级、城市小资产阶级、知识分子以及其他民主分子的中国无产阶级及其领袖——中国共产党这样的新条件。第三，在中国的现阶段，在中国人民的任务还是反对民族压迫和封建压迫，在中国社会经济的必要条件还不具备时，中国人民也不可能实现社会主义的国家制度。

那末，我们的主张是什么呢？我们主张在彻底地打败日本侵略者之后，建立一个以全国绝对大多数人民为基础而在工人阶级领导之下的统一战线的民主联盟的国家制度，我们把这样的国家制度称之为新民主主义的国家制度。

---

　　①本文摘自毛泽东一九四五年四月二十四日，在中国共产党第七次全国代表大会政治报告的第四部分。——编者

这是一个真正适合中国人口中最大多数的要求的国家制度，因为，第一，它取得了和可能取得数百万产业工人，数千万手工业工人和雇佣农民的同意；其次，也取得了和可能取得占中国人口百分之八十，即在四亿五千万人口中占了三亿六千万的农民阶级的同意；又其次，也取得了和可能取得广大的城市小资产阶级、民族资产阶级、开明士绅及其他爱国分子的同意。

自然，这些阶级之间仍然是有矛盾的，例如劳资之间的矛盾，就是显著的一种；因此，这些阶级各有一些不同的要求。抹杀这种矛盾，抹杀这种不同要求，是虚伪的和错误的。但是，这种矛盾，这种不同的要求，在整个新民主主义的阶段上，不会也不应该使之发展到超过共同要求之上。这种矛盾和这种不同的要求，可以获得调节。在这种调节下，这些阶级可以共同完成新民主主义国家的政治、经济和文化的各项建设。

我们主张的新民主主义的政治，就是推翻外来的民族压迫，废止国内的封建主义的和法西斯主义的压迫，并且主张在推翻和废止这些之后不是建立一个旧民主主义的政治制度，而是建立一个联合一切民主阶级的统一战线的政治制度。我们的这种主张，是和孙中山先生的革命主张完全一致的。孙先生在其所著《中国国民党第一次全国代表大会宣言》里说："近世各国所谓民权制度，往往为资产阶级所专有，适成为压迫平民之工具。若国民党之民权主义，则为一般平民所共有，非少数人所得而私也。"这是孙先生的伟大的政治指示。中国人民，中国共产党及其他一切民主分子，必须尊重这个指示而坚决地实行之，并同一切违背和反对这个指示的任何人们和任何集团作坚决的斗争，借以保护和发扬这个完全正确的新民主主义的政治原则。

新民主主义的政权组织，应该采取民主集中制，由各级人民代表大会决定大政方针，选举政府。它是民主的，又是集中的，就是说，在民主基础上的集中，在集中指导下的民主。只有这个制度，才既能表现广泛的民主，使各级人民代表大会有高度的权力；又能集中处理国事，使各级政府能集中地处理被各级人民代表大会所委托的一切事务，并保障人民的一切必要的民主活动。

军队和其他武装力量，是新民主主义的国家权力机关的重要部分，没有它们,就不能保卫国家。新民主主义国家的一切武装力量,如同其他权力机关一样,是属于人民和保护人民的,它们和一切属于少数人、压迫人民的旧式军队、旧式警察等等,完全不同。

我们主张的新民主主义经济,也是符合于孙先生的原则的。在土地问题上,孙先生主张"耕者有其田"。在工商业问题上,孙先生在上述宣言里这样说:"凡本国人及外国人之企业,或有独占的性质,或规模过大为私人之力所不能办者;如银行、铁道、航空之属,由国家经营管理之;使私有资本制度不能操纵国民之生计,此则节制资本之要旨也。"在现阶段上,对于经济问题,我们完全同意孙先生的这些主张。

有些人怀疑中国共产党人不赞成发展个性,不赞成发展私人资本主义,不赞成保护私有财产,其实是不对的。民族压迫和封建压迫残酷地束缚着中国人民的个性发展,束缚着私人资本主义发展和破坏着广大人民的财产。我们主张的新民主主义制度的任务,则正是解除这些束缚和停止这种破坏,保障广大人民能够自由发展其在共同生活中的个性,能够自由发展那些不是"操纵国民生计"而是有益于国民生计的私人资本主义经济,保障一切正当的私有财产。

按照孙先生的原则和中国革命的经验,在现阶段上,中国的经济,必须是由国家经营、私人经营和合作社经营三者组成的。而这个国家经营的所谓国家,一定要不是"少数人所得而私"的国家,一定要是在无产阶级领导下而"为一般平民所共有"的新民主主义的国家。

新民主主义的文化,同样应该是"为一般平民所共有"的,即是说,民族的、科学的、大众的文化,决不应该是"少数人所得而私"的文化。

上述一切,就是我们共产党人在现阶段上,在整个资产阶级民主革命的阶段上所主张的一般纲领,或基本纲领。对于我们的社会主义和共产主义制度的将来纲领或最高纲领说来,这是我们的最低纲领。实行这个纲领,可以把中国从现在的国家状况和社会状况向前推进一步,即是说,从殖民地、半殖民地和半封建的国家和社会状况,推进到新民主主义的国家和社会。

这个纲领所规定的无产阶级在政治上的领导权,无产阶级领导下的国营经济和合作社经济,是社会主义的因素。但是这个纲领的实行,还没有使中国成为社会主义社会。

我们共产党人从来不隐瞒自己的政治主张。我们的将来纲领或最高纲领,是要将中国推进到社会主义社会和共产主义社会去的,这是确定的和毫无疑义的。我们的党的名称和我们的马克思主义的宇宙观,明确地指明了这个将来的、无限光明的、无限美妙的最高理想。每个共产党员入党的时候,心目中就悬着为现在的新民主主义革命而奋斗和为将来的社会主义和共产主义而奋斗这样两个明确的目标,而不顾那些共产主义敌人的无知的和卑劣的敌视、污蔑、谩骂或讥笑;对于这些,我们必须给以坚决的排击。对于那些善意的怀疑者,则不是给以排击而是给以善意的和耐心的解释。所有这些,都是异常清楚、异常确定和毫不含糊的。

但是,一切中国共产党人,一切中国共产主义的同情者,必须为着现阶段的目标而奋斗,为着反对民族压迫和封建压迫,为着使中国人民脱离殖民地、半殖民地、半封建的悲惨命运,和建立一个在无产阶级领导下的以农民解放为主要内容的新民主主义性质的,亦即孙中山先生革命三民主义性质的独立、自由、民主、统一和富强的中国而奋斗。我们果然是这样做了,我们共产党人,协同广大的中国人民,曾为此而英勇奋斗了二十四年。

对于任何一个共产党人及其同情者,如果不为这个目标奋斗,如果看不起这个资产阶级民主革命而对它稍许放松,稍许怠工,稍许表现不忠诚、不热情、不准备付出自己的鲜血和生命,而空谈什么社会主义和共产主义,那就是有意无意地、或多或少地背叛了社会主义和共产主义,就不是一个自觉的和忠诚的共产主义者,只有经过民主主义,才能到达社会主义,这是马克思主义的天经地义。而在中国,为民主主义奋斗的时间还是长期的。没有一个新民主主义的联合统一的国家,没有新民主主义的国家经济的发展,没有私人资本主义经济和合作社经济的发展,没有民族的科学的大众的文化即新民主主义文化的发展,没有几万万人民的个性的解放和个性的发展,一句话,没有一个由共产党领导的新式的资产阶级性质的彻底的民主革命,要想在殖民地半殖民地半封建的废墟上建立起社会主义社会来,那只是完全的空想。

有些人不了解共产党人为什么不但不怕资本主义,反而在一定的条件下提倡它的发展。我们的回答是这样简单:拿资本主义的某种发展去代替外国帝国主义和本国封建主义的压迫,不但是一个进步,而且是一个不可避免的过程。它不但有利于资产阶级,同时也有利于无产阶级,或者说更有利于无产阶级。现在的中国是多了一个外国的帝国主义和一个本国的封建主义,而不是多了一个本国的资本主义,相反地,我们的资本主义是太少了。说也奇怪,有些中国资产阶级代言人不敢正面地提出发展资本主义的主张,而要转弯抹角地来说这个问题。另外有些人,则甚至一口否认中国应该让资本主义有一个必要的发展,而说什么一下就可以到达社会主义社会,什么要将三民主义和社会主义"毕其功于一役"。很明显地,这类现象,有些是反映着中国民族资产阶级的软弱性,有些则是大地主大资产阶级对于民众的欺骗手段。我们共产党人根据自己对于马克思主义的社会发展规律的认识,明确地知道,在中国的条件下,在新民主主义的国家制度下,除了国家自己的经济、劳动人民的个体经济和合作社经济之外,一定要让私人资本主义经济在不能操纵国民生计的范围内获得发展的便利,才能有益于社会的向前发展。对于中国共产党人,任何的空谈和欺骗,是不会让它迷惑我们的清醒头脑的。

有些人怀疑共产党人承认"三民主义为中国今日之必需,本党愿为其彻底实现而奋斗",似乎不是忠诚的。这是由于不了解我们所承认的孙中山先生在一九二四年《中国国民党第一次全国代表大会宣言》里所解释的三民主义的基本原则,同我党在现阶段的纲领即最低纲领里的若干基本原则,是互相一致的。应当指出,孙先生的这种三民主义,和我党在现阶段上的纲领,只是在若干基本原则上是一致的东西,并不是完全一致的东西。我党的新民主主义纲领,比之孙先生的,当然要完备得多;特别是孙先生死后这二十年中中国革命的发展,使我党新民主主义的理论、纲领及其实践,有了一个极大的发展,今后还将有更大的发展。但是,孙先生的这种三民主义,按其基本性质说来,是一个和在此之前的旧三民主义相区别的新民主主义的纲领,当然这是"中国今日之必需",当然"本党愿为其彻底实现而奋斗"。对于中国共产党人,为本党的最低纲领而奋斗和为孙先生的革命三民主义即新三民主义而奋斗,在基本上(不是在一切方面)是一件事情,并不是两件事情。因此,不但在过去和现在已经证明,而且在将来还要证明:中国共产党人是革命三民主义的最忠诚最彻底的实现者。

有些人怀疑共产党得势之后,是否会学俄国那样,来一个无产阶级专政和一党制度。我们的答复是:几个民主阶级联盟的新民主主义国家,和无产阶级专政的社会主义国家,是有原则上的不同的,毫无疑义,我们这个新民主主义制度是在无产阶级的领导之下,在共产党的领导之下建立起来的,但是中国在整个新民主主义制度期间,不可能、因此就不应该是一个阶级专政和一党独占政府机构的制度。只要共产党以外的其他任何政党,任何社会集团或个人,对于共产党是采取合作的而不是采取敌对的态度,我们是没有理由不和他们合作的。俄国的历史形成了俄国的制度,在那里,废除了人剥削人的社会制度,实现了最新式的民主主义即社会主义的政治、经济、文化制度,一切反对社会主义的政党都被人民抛弃了,人民仅仅拥护布尔塞维克党,因此形成了俄国的局面,这在他们是完全必要和完全合理的。但是在俄国的政权机关中,即使是处在除了布尔塞维克党以外没有其他政党的条件下,实行的还是工人、农民和知识分子联盟,或党和非党联盟的制度,也不是只有工人阶级或只有布尔塞维克党人才可以在政权机关中工作。中国现阶段的历史将形成中国现阶段的制度,在一个长时期中,将产生一个对于我们是完全必要和完全合理同时又区别于俄国制度的特殊形态,即几个民主阶级联盟的新民主主义的国家形态和政权形态。

我们的具体纲领

根据上述一般纲领,我们党在各个时期中还应当有具体的纲领。在整个资产阶级民主革命阶段中,在几十年中,我们的新民主主义一般的纲领是不变的。但是在这个大阶段的各个小阶段中,情形是变化了和变化着的,我们的具体纲领便不能不有所改变,这是当然的事情。例如,在北伐战争时期,在土地革命战争时期和抗日战争时期,我们的新民主主义的一般纲领并没有变化,但其具体纲领,三个时期中是有了变化的,这是因为我们的敌军和友军在三个时期中发生了变化的缘故。

目前中国人民是处在这样的情况中:(一)日本侵略者还未被打败;(二)中国人民迫切地需要团结起来,实现一个民主的改革,以便造成民族团结,迅速地动员和统一一切抗日力量,配合同盟国打败日本侵略者;(三)国民党政府分裂民族团结,阻碍这种民主的改革。在这些情况下,我们的具体纲领即中国人民的现时要求是什么呢?

我们认为下面这些要求是适当的,并且是最低限度的。

动员一切力量,配合同盟国,彻底打败日本侵略者,并建立国际和平;要求废止国民党一党专政,建立民主的联合政府和联合统帅部;要求惩办那些分裂民族团结和反对人民的亲日分子、法西斯主义分子和失败主义分子,造成民族团结;要求惩办那些制造内战危机的反动分子,保障国内和平;要求惩办汉奸,讨伐降敌军官,惩办日本间谍;要求取消一切镇压人民的反动的特务机关和特务活动,取消集中营,要求取消一切镇压人民的言论、出版、集会、结社、思想、信仰和身体等项自由的反动法令,使人民获得充分的自由权利;要求承认一切民主党派的合法地位;要求释放一切爱国政治犯;要求撤退一切包围和进攻中国解放区的军队,并将这些军队使用于抗日前线;要求承认中国解放区的一切抗日军队和民选政府;要求巩固和扩大解放区及其军队,收复一切失地;要求帮助沦陷区人民组织地下军,准备武装起义,要求允许中国人民自动武装起来,保乡卫国;要求从政治上军事上改造那些由国民党统帅部直接领导的经常打败仗、经常压迫人民和经常排斥异己的军队,惩办那些应对溃败负责的将领;要求改善兵役制度和改善官兵生活;要求优待抗日军人家属,使前线官兵安心作战;要求优待殉国战士的遗族,优待残废军人,帮助退伍军人解决生活和就业问题;要求发展军事工业,以利作战;要求将同盟国的武器和财政援助公平地分配给抗战各军;要求惩办贪官污吏,实现廉洁政治;要求改善中下级公务员的待遇;要求给予中国人民以民主权利;要求取消压迫人民的保甲制度;要求救济难民和救济灾荒;要求设立大量的救济基金,在国土收复后,广泛地救济沦陷区的受难人民;要求取消苛捐杂税,实行统一的累进税;要求实行农村改革,减租减息,适当地保证佃权,对贫苦农民给予低利贷款,并使农民组织起来,以利于发展农业生产;要求取缔官僚资本;要求废止现行的经济统治政策;要求制止无限制的通货膨胀和无限制的物价高涨;要求扶助民间工业,给予民间工业以借贷资本、购买原料和推销产品的便利;要求改善工人生活,救济失业工人,并使工人组织起来,以利于发展工业生产;要求取消国民党的党化教育,发展民族的科学的大众的文化教育;要求保障教职员生活和学术自由;要求保护青年、妇女、儿童的利益,救济失学青年,并使青年、妇女组织起来,以平等地位参加有益于抗日战争和社会进步的各项工作,实现婚姻自由,男女平等,使青年和儿童得到有益的学习;要求改善国内少数民族的待遇,允许各少数民族有民族自治的权利;要求保护华侨利益,扶助回国的华侨;要求保护因被日本侵略者压迫而逃来中国的外国人民,并扶助其反对日本侵略者的斗争;要求改善中苏邦交,等等。而要做到这一切,最重要的是要求立即取消国民党一党专政,建立一个包括一切抗日党派和无党派的代表人物在内的举国一致的民主的联合的临时的中央政府。没有这个前提条件,要想在全国范围内,就是说,在国民党统治区域进行稍为认真的改革,是不可能的。

这些都是中国广大人民的呼声,也是各同盟国广大民主舆论界的呼声。

一个为各个抗日民主党派互相同意的最低限度的具体纲领,是完全必要的,我们准备以上述纲领为基础和他们进行协商。各党可以有不同的要求,但是各党之间应该协定一个共同的纲领。

这样的纲领,对于国民党统治区,暂时还是一个要求的纲领;对于沦陷区,除组织地下军准备武装起义一项外,是一个要等到收复后才能实施的纲领;对于解放区,则是一个早已实施并应当继续实施的纲领。

在上述中国人民的目前要求或具体纲领中,包含着许多战时和战后的重大问题,需要在下面加以说明。在说明这些问题时,我们将批评国民党主要统治集团的一些错误观点,同时也将回答其他人们的一些疑问。

第一 彻底消灭日本侵略者,不许中途妥协

开罗会议决定应使日本侵略者无条件投降,这是正确的。但是,现在日本侵略者正在暗地里进行活动,企图获得妥协的和平;国民党政府中的亲日分子,经过南京傀儡政府,也正在和日本密使勾勾搭搭,并未遇到制止。因

此,中途妥协的危险并未完全过去。开罗会议又决定将东北四省、台湾、澎湖列岛归还中国,这是很好的。但是根据国民党政府的现行政策,要想依靠它打到鸭绿江边,收复一切失地,是不可能的。在这种情形下,中国人民应该怎么办呢?中国人民应该要求国民党政府彻底消灭日本侵略者,不许中途妥协。一切妥协的阴谋活动,必须立刻制止。中国人民应该要求国民党政府改变现在的消极的抗日政策,将其一切军事力量用于积极对日作战。中国人民应该扩大自己的军队——八路军、新四军及其他人民军队,并在一切敌人所到之处,广泛地自动地发展抗日武装,准备直接配合同盟国作战,收复一切失地,决不要单纯地依靠国民党。打败日本侵略者,是中国人民神圣的权利。如果反动分子要想剥夺中国人民的这种神圣的权利,要想压制中国人民的抗日活动,要想破坏中国人民的抗日力量,那末,中国人民在向他们劝说无效之后,应该站在自卫立场上给以坚决的回击。因为中国反动分子的这种背叛民族利益的反动行为,完全是帮助日本侵略者的。

第二　废止国民党一党专政,建立民主的联合政府

为着彻底消灭日本侵略者,必须在全国范围内实行民主改革。而要这样做,不废止国民党的一党专政,建立民主的联合政府,是不可能的。

所谓国民党的一党专政,实际上是国民党内反人民集团的专政,它是中国民族团结的破坏者,是国民党战场抗日失败的负责者,是动员和统一中国人民抗日力量的根本障碍物。从八年抗日战争的惨痛经验中,中国人民已经深刻认识了它的罪恶,很自然地要求立即废止它。这个反人民的专政,又是内战的祸胎,如不立即废止,内战惨祸又将降临。

中国人民要求废止这个反人民专政的呼声是如此普遍而响亮了,使得国民党当局自己也不能不公开承认"提早结束训政",可见这个所谓"训政"或"一党专政"的丧失人心,威信扫地,到了何种地步了。在中国,已经没有一个人还敢说"训政"或"一党专政"有什么好处,不应该废止或"结束"了,这是当前时局的一大变化。

应该"结束"是确定的了。毫无疑义的了。但是如何结束呢,可就意见分歧了。一个说:立即结束,成立民主的临时的联合政府。一个说:等一会再结

束,召开"国民大会","还政于民",却不能还政于联合政府。

这是什么意思呢?

这是两种做法的表现:真做和假做。

第一种,真做。这就是立即宣布废止国民党一党专政,成立一个由国民党、共产党、民主同盟和无党派分子的代表人物联合组成的临时的中央政府,发布一个民主的施政纲领,如同我们在前面提出的那些中国人民的现时要求,以便恢复民族团结,打败日本侵略者。为着讨论这些事情,召集一个各党派和无党派的代表人物的圆桌会议,成立协议,动手去做。这是一个团结的方针,中国人民是坚决拥护这个方针的。

第二种,假做。不顾广大人民和一切民主党派的要求,一意孤行地召开一个由国民党反人民集团一手包办的所谓"国民大会",在这个会上通过一个实际上维持独裁反对民主的所谓"宪法",使那个仅仅由几十个国民党人私自委任的、完全没有民意基础的、强安在人民头上的、不合法的所谓国民政府,披上合法的外衣,装模作样地"还政于民",实际上,依然是"还政"于国民党内的反人民集团。谁要不赞成,就说他是破坏"民主",破坏"统一",就有"理由"向他宣布讨伐令。这是一个分裂的方针,中国人民是坚决反对这个方针的。

我们的反人民的英雄们根据这种分裂方针所准备采取的步骤,有把他们自己推到绝路上去的危险。他们准备把一条绳索套在自己的脖子上,并且让它永远也解不开,这条绳索的名称就叫做"国民大会"。他们的原意是想把所谓"国民大会"当作法宝,祭起来,一则抵制联合政府,二则维持独裁统治,三则准备内战理由。可是,历史的逻辑将向他们所设想的反面走去,"搬起石头打自己的脚"。因为现在谁也明白,在国民党统治区域,人民没有自由,在日寇占领区域,不能参加选举,有了自由的中国解放区,国民党政府又不承认它,在这种情况下,那里来的国民代表?那里来的"国民大会"?现在叫着要开的,是那个还在内战时期,还在八年以前,由国民党独裁政府一手伪造的所谓国民大会。如果这个会开成了,势必闹到全国人民群起反对,请问我们的反人民的英雄们如何下台?归根结底,伪造国民大会如果开成了,不过将他们自己推到绝路上。

我们共产党人提出结束国民党一党专政的两个步骤：第一个步骤，目前时期，经过各党各派和无党派代表人物的协议，成立临时的联合政府；第二个步骤，将来时期，经过自由的无拘束的选举，召开国民大会，成立正式的联合政府。总之，都是联合政府，团结一切愿意参加的阶级和政党的代表在一起，在一个民主的共同纲领之下，为现在的抗日和将来的建国而奋斗。

不管国民党人或任何其他党派、集团和个人如何设想、愿意或不愿意，自觉或不自觉，中国只能走这条路。这是一个历史法则，是一个必然的、不可避免的趋势，任何力量，都是扭转不过来的。

在这个问题和其他任何有关民主改革的问题上，我们共产党人声明：不管国民党当局现在还是怎样坚持其错误政策和怎样借谈判为拖延时间、搪塞舆论的手段，只要他们一旦愿意放弃其错误的现行政策，同意民主改革，我们是愿意和他们恢复谈判的。但是谈判的基础必须放在抗日、团结和民主的总方针上，一切离开这个总方针的所谓办法、方案，或其他空话，不管它怎样说得好听，我们是不能赞成的。

第三　人民的自由

目前中国人民争自由的目标，首先地和主要地是向着日本侵略者。但是国民党政府剥夺人民的自由，捆起人民的手足，使他们不能反对日本侵略者。不解决这个问题，就不能在全国范围内动员和统一一切抗日的力量。我们在纲领中提出了废止一党专政，成立联合政府，取消特务，取消镇压自由的法令，惩办汉奸、间谍、亲日分子、法西斯分子和贪官污吏，释放政治犯，承认各民主党派的合法地位，撤退包围和进攻解放区的军队，承认解放区，废止保甲制度，以及其他许多经济的文化的和民众运动的要求，就是为着解开套在人民身上的绳索，使人民获得抗日、团结和民主的自由。

自由是人民争来的，不是什么人恩赐的。中国解放区的人民已经争得了自由，其他地方的人民也可能和应该争得这种自由。中国人民争得自由越多，有组织的民主力量越大，一个统一的临时的联合政府便越有成立的可能。这种联合政府一经成立，它将转过来给予人们充分的自由，巩固联合政府的基础。然后才有可能，在日本侵略者被打倒之后，在全部国土上进行自由的无拘束的选举，产生民主的国民大会，成立统一的正式的联合政府。没有人民的自由，就没有真正民选的国民大会，就没有真正民选的政府。难道还不清楚么？

人民的言论、出版、集会、结社、思想、信仰和身体这几项自由，是最重要的自由。在中国境内，只有解放区是彻底实现了。

一九二五年，孙中山先生在其临终的遗嘱上说："余致力国民革命凡四十年，其目的在求中国之自由平等。积四十年之经验，深知欲达到此目的，必须唤起民众及联合世界上以平等待我之民族共同奋斗。"背叛孙先生的不肖子孙，不是唤起民众。而是压迫民众，将民众的言论、出版、集会、结社，思想、信仰和身体等项自由权利剥夺得干干净净，对于认真唤起民众，认真保护民众自由权利的共产党、八路军、新四军和解放军，则称之为"奸党"、"奸军"、"奸区"。我们希望这种颠倒是非的时代快些过去。如果要延长这种颠倒是非的时间，中国人民将不能忍耐了。

第四 人民的统一

为着消灭日本侵略者，为着防止内战，为着建设新中国，必须将分裂的中国变为统一的中国，这是中国人民的历史任务。

但是如何统一呢？独裁者的专制的统一，还是人民的民主的统一呢？从袁世凯以来，北洋军阀强调专制的统一。但是结果怎么样呢？和这些军阀的志愿相反，所得的不是统一而是分裂，最后是他们自己从台上滚下去。国民党反人民集团抄袭袁世凯的老路，追求专制的统一，打了整整十年的内战，结果把一个日本侵略者打了进来，自己也缩上了峨眉山。现在又在山上大叫其专制统一论，这是叫给谁听呢？难道还有什么爱国的有良心的中国人愿意听它么？经过了十六年的北洋军阀的统治，又经过了十八年的国民党的独裁统治，人民已经有了充分的经验，有了明亮的眼睛。他们要一个人民大众的民主的统一，不要独裁者的专制的统一。我们共产党人还在一九三五年就提出了抗日民族统一战线的方针，没有一天不为此而奋斗。一九三九年国民党推行其反动的《限制异党活动办法》，造成投降、分裂、倒退的危机，国民党人大叫其专制统一论的时候,我们又说:"非统一于投降而统一于抗战,非统一于分裂而统一于团结,非统一于倒退而统一于进步。只有这后一种统一才是真统一,其他一切都是假统一。又过了六年了,问题还是一样。

没有人民的自由,没有人民的民主政治,能够统一么? 有了这些,立刻就统一了。中国人民争自由、争民主、争联合政府的运动,同时就是争统一的运动。我们在具体纲领下提出了许多争自由争民主的要求,提出了联合政府的要求,同时就是为了这个目的。不废止国民党内反人民集团的专政,成立民主的联合政府,不但在国民党统治区不能实行任何民主的改革,不能动员那里的全体军民打倒日本侵略者,而且还将发展为内战的惨祸,这是很多人都明白的常识了。为什么如此众多的有党有派无党无派的民主分子,包括国民党内的许多民主分子在内,一致要求成立联合政府? 就因为他们看清楚了时局的危机,非如此不能克服这种危机,不能达到团结对敌和团结建国的目的。

第五　人民的军队

中国人民要自由,要统一,要联合政府,要彻底地打倒日本侵略者和建设新中国,没有一支站在人民立场上的军队,那是不行的。彻底地站在人民立场的军队,现在还只有解放区的不很大的八路军和新四军,还很不够。可是,国民党内的反人民集团却处心积虑地要破坏和消灭解放区的军队。一九四四年,国民党政府提出了一个所谓"提示案",叫共产党"限期取消"解放区军队的五分之四。一九四五年,即最近的一次谈判,又叫共产党将解放区军队全部交给它,然后它给共产党以"合法地位"。

这些人们向共产党人说:你交出军队,我给你自由。根据这个学说,没有军队的党派该有自由了。但是一九二四年至一九二七年,中国共产党只有很少一点军队,国民党政府的"清党"政策和屠杀政策一来,自由也光了。现在的中国民主同盟和中国国民党的民主分子并没有军队,同时也没有自由。十八年中,在国民党政府统治下的工人、农民、学生以及一切要求进步的文化界、教育界、产业界,他们一概没有军队,同时也一概没有自由。难道是由于上述这些民主党派和人民组织了什么军队,实行了什么"封建割据",成立了什么"奸区",违反了什么"政令军令",因此才不给自由的么? 完全不是。恰恰相反,正是因为他们没有这样做。

"军队是国家的",非常之正确,世界上没有一个军队不是属于国家的。但是什么国家呢? 大地主、大银行家、大买办的封建法西斯独裁的国家,还是人民大众的新民主主义的国家? 中国只应该建立新民主主义的国家,并在这个基础之上建立新民主主义的联合政府;中国的一切军队都应该属于这个国家的这个政府,借以保障人民的自由,有效地反对外国侵略者。什么时候中国有一个新民主主义的联合政府出现了,中国解放区的军队将立即交给它。但是一切国民党的军队也必须同时交给它。

一九二四年,孙中山先生说:"今日以后,当划一国民革命之新时代。……第一步使武力与国民相结合;第二步使武力为国民之武力。"八路军、新四军正是因为实行了这种方针,成了"国民之武力",就是说,成了人民的军队,所以能打胜仗。国民党军队在北伐战争的前期,做到了孙先生所说的"第一步",所以打了胜仗。从北伐战争后期直至现在,连"第一步"也丢了,站在反人民的立场上,所以一天一天腐败堕落,除了"内战内行"之外,对于"外战",就不能不是一个"外行"。国民党军队中一切爱国的有良心的军官们,应该起来恢复孙先生的精神,改造自己的军队。

在改造旧军队的工作中,对于一切可以教育的军官,应当给予适当的教育,帮助他们学得正确观点,清除陈旧观点,为人民的军队而继续服务。

为创造中国人民的军队而奋斗,是全国人民的责任。没有一个人民的军队,便没有人民的一切。对于这个问题,切不可只发空论。

我们共产党人愿意赞助改革中国军队的事业。八路军、新四军对于一切愿意团结人民、反对日本侵略者而不反对中国解放区的军队,都应该看作自己的友军,给以适当的协助。

第六　土地问题

为着消灭日本侵略者和建设新中国,必须实行土地制度的改革,解放农民。孙中山先生的"耕者有其田"的主张,是目前资产阶级民主主义性质的革命时代的正确的主张。

为什么把目前时代的革命叫做"资产阶级民主主义性质的革命"? 这就

是说,这个革命的对象不是一般的资产阶级,而是民族压迫和封建压迫;这个革命的措施,不是一般地废除私有财产,而是一般地保护私有财产;这个革命的结果,将使工人阶级有可能聚集力量因而引导中国向社会主义方向发展,但在一个相当长的时期内仍将使资本主义获得适当的发展。"耕者有其田",是把土地从封建剥削者手里转移到农民手里,把封建地主的私有财产变为农民的私有财产,使农民从封建的土地关系中获得解放,从而造成将农业国转变为工业国的可能性。因此,"耕者有其田"的主张,是一种资产阶级民主主义性质的主张,并不是无产阶级社会主义性质的主张,是一切革命民主派的主张,并不单是我们共产党人的主张。所不同的,在中国条件下,只有我们共产党人把这项主张看得特别认真,不但口讲,而且实做。那些人们是革命民主派呢? 除了无产阶级是最彻底的革命民主派之外,农民是最大的革命民主派。农民的绝对大多数,就是说,除开那些带上了封建尾巴的富农之外,无不积极地要求"耕者有其田"。城市小资产阶级也是革命民主派,"耕者有其田"使农业生产力获得发展,对于他们是有利的。民族资产阶级是一个动摇的阶级,他们需要市场,他们也赞成"耕者有其田";他们又多半和土地联系着,他们中的许多人就又惧怕"耕者有其田"。孙中山是中国最早的革命民主派,他代表民族资产阶级的革命派、城市小资产阶级和乡村农民,实行武装革命,提出了"平均地权"和"耕者有其田"的主张。但是可惜,在他掌握政权的时候并没有主动地实行过土地制度的改革。自国民党反人民集团掌握政权以后,便完全背叛了孙中山的主张。现在坚决地反对"耕者有其田"的,正是这个反人民集团,因为他们是代表大地主、大银行家、大买办阶层的。中国没有单独代表农民的政党,民族资产阶级的政党没有坚决的土地纲领,因此,只有制订和执行了坚决的土地纲领、为农民利益而认真奋斗、因而获得最广大农民群众作为自己伟大同盟军的中国共产党,成了农民和一切革命民主派的领导者。

一九二七年至一九三六年,中国共产党实行了彻底改革土地制度的办法,实现了孙先生的"耕者有其田"的主张。出而张牙舞爪,进行了十年反人民战争,亦即反"耕者有其田"的战争的,就是那个集中了孙中山一切不肖子孙在内的团体——国民党内的反人民集团。

抗日期间，中国共产党让了一大步，将"耕者有其田"的政策，改为减租减息的政策。这个让步是正确的，推动了国民党参加抗日，又使解放区的地主减少其对于我们发动农民抗日的阻力。这个政策，如果没有特殊阻碍，我们准备在战后继续实行下去，首先在全国范围内实现减租减息，然后采取适当方法，有步骤地达到"耕者有其田"。

但是背叛孙先生的人们不但反对"耕者有其田"，连减租减息也反对。国民党政府自己颁布的"二五减租"一类的法令，自己不实行，仅仅我们在解放区实行了，因此也就成立了罪状：名之曰"奸区"。

在抗日期间，出现了所谓民族革命阶段和民主民生革命阶段的两阶段论，这是错误的。

大敌当前，民主民生改革的问题不应该提起，等日本人走了再提好了。——这是国民党反人民集团的谬论，其目的是不愿抗日战争获得彻底胜利。有些人居然随声附和，作了这种谬论的尾巴。

大敌当前，不解决民主民生问题，就不能建立抗日根据地抵抗日本的进攻。——这是中国共产党的主张，并且已经这样作了，收到了很好的效果。

在抗日期间，减租减息及其他一切民主改革是为着抗日的。为了减少地主对于抗日的阻力，只实行减租减息，不取消地主的土地所有权，同时又奖励地主的资财向工业方面转移，并使开明士绅和其他人民的代表一道参加抗日的社会工作和政府工作。对于富农，则鼓励其发展生产。所有这些，是在坚决执行农村民主改革的路线里包含着的，是完全必要的。

两条路线：或者坚决反对中国农民解决民主民生问题，而使自己腐败无能，无力抗日；或者坚决赞助中国农民解决民主民生问题，而使自己获得占全人口百分之八十的最伟大的同盟军，借以组织雄厚的战斗力量。前者就是国民党政府的路线，后者就是中国解放区的路线。

动摇于两者之间，口称赞助农民，但不坚决实行减租减息、武装农民和建立农村民主政权，这是机会主义者的路线。

国民党反人民集团动员一切力量，向着中国共产党放出了一切恶毒的箭：明的和暗的，军事的和政治的，流血的和不流血的。两党的争论，就其社会性质说来，实质上是在农村关系的问题上。我们究竟在那一点上触怒了国民党反人民集团呢？难道不正是在这个问题上面吗？国民党反人民集团之所以受到日本侵略者的欢迎和鼓励，难道不正是在这个问题上面，给日本侵略者帮了大忙吗？所谓"共产党破坏抗战、危害国家"，所谓"奸党"、"奸军"、"奸区"，所谓"不服从政令、军令"，难道不正是因为中国共产党在这个问题上做了真正符合于民族利益的认真的事业吗？

农民——这是中国工人的前身。将来还要有几千万农民进入城市，进入工厂。如果中国需要建设强大的民族工业，建设很多的近代的大城市，就要有一个变农村人口为城市人口的长过程。

农民——这是中国工业市场的主体。只有他们能够供给最丰富的粮食和原料，并吸收最大量的工业品。

农民——这是中国军队的来源。士兵就是穿起军服的农民，他们是日本侵略者的死敌。

农民——这是现阶段中国民主政治的主要力量，中国的民主主义者如不依靠三亿六千万农民群众的援助，他们就将一事无成。

农民——这是现阶段中国文化运动的主要对象。所谓扫除文盲，所谓普及教育，所谓大众文艺，所谓国民卫生，离开了三亿六千万农民，岂非大半成了空话？

我这样说，当然不是忽视其他约占人口九千万的人民在政治上经济上文化上的重要性，尤其不是忽视在政治上最觉悟因而具有领导整个革命运动的资格的工人阶级，这是不应该发生误会的。

认识这一切，不但中国共产党人，而且一切民主派，都是完全必要的。

土地制度获得改革，甚至仅获得初步的改革，例如减租减息之后，农民的生产兴趣就增加了。然后帮助农民在自愿原则下，逐渐地组织在农业生产合作社及其他合作社之中，生产力就会发展起来。这种农业生产合作社，现时还只能是建立在农民个体经济基础上的（农民私有财产基础上的）集体的互助的劳动组织，例如变工队、互助组、换工班之类，但是劳动生产率的提高和生产量的增加,已属惊人。这种制度,已在中国解放区大大发展起来,今后应当尽量推广。

这里应当指出一点,就是说,变工队一类的合作组织,原来在农民中就有了的,但在那时,不过是农民救济自己悲惨生活的一种方法。现在中国解放区的变工队,其形式和内容都起了变化;它成了农民群众为着发展自己的生产,争取富裕生活的一种方法。

中国一切政党的政策及其实践在中国人民中所表现的作用的好坏、大小,归根到底,看它对于中国人民的生产力的发展是否有帮助及其帮助之大小,看它是束缚生产力的,还是解放生产力的。消灭日本侵略者,实行土地改革,解放农民,发展现代工业,建立独立、自由、民主、统一和富强的新中国,只有这一切,才能使中国社会生产力获得解放,才是中国人民所欢迎的。

这里还要指出一点,就是说,从城市到农村工作的知识分子,不容易了解农村现时还是以分散的落后的个体经济为基础的这种特点;在解放区,则还要加上暂时还是被敌人分割的和游击战争的环境的特点。因为不了解这些特点,他们就往往不适当地带着他们在城市里生活或工作的观点去观察农村问题,去处理农村工作,因而脱离农村的实际情况,不能和农民打成一片。这种现象,必须用教育的方法加以克服。

中国广大的革命知识分子应该觉悟到将自己和农民结合起来的必要。农民正需要他们,等待他们的援助。他们应该热情地跑到农村中去,脱下学生装,穿起粗布衣,不惜从任何小事情做起,在那里了解农民的要求,帮助农民觉悟起来,组织起来,为着完成中国民主革命中一项极其重要的工作,即农村民主革命而奋斗。

在日本侵略者被消灭以后,对于日本侵略者和重要汉奸分子的土地应当没收,并分配给无地和少地的农民。

第七　工业问题

为着打败日本侵略者和建设新中国,必须发展工业。但是,在国民党政府统治之下,一切依赖外国,它的财政经济政策是破坏人民的一切经济生活的。国民党统治区内仅有的一点小型工业,也不能不处于大部分破产的状态中。政治不改革，一切生产力都遭到破坏的命运，农业如此，工业也是如此。

就整个来说，没有一个独立、自由、民主和统一的中国，不可能发展工业。消灭日本侵略者，这是谋独立。废止国民党一党专政，成立民主的统一的联合政府，使全国军队成为人民的武力，实现土地改革，解放农民，这是谋自由、民主和统一。没有独立、自由、民主和统一，不可能建设真正大规模的工业。没有工业，便没有巩固的国防，便没有人民的福利，便没有国家的富强。一八四〇年鸦片战争以来的一百零五年的历史，特别是国民党当政以来的十八年的历史，清楚地把这个要点告诉了中国人民。一个不是贫弱的而是富强的中国，是和一个不是殖民地半殖民地的而是独立的，不是半封建的而是自由的、民主的，不是分裂的而是统一的中国，相联结的。在一个半殖民地的、半封建的、分裂的中国里，要想发展工业，建设国防，福利人民，求得国家的富强，多少年来多少人做过这种梦，但是一概幻灭了。许多好心的教育家、科学家和学生们，他们埋头于自己的工作或学习，不问政治，自以为可以所学为国家服务，结果也化成了梦，一概幻灭了。这是好消息，这种幼稚的梦的幻灭，正是中国富强的起点。中国人民在抗日战争中学得了许多东西，知道在日本侵略者被打败以后，有建立一个新民主主义的独立、自由、民主、统一、富强的中国之必要，而这些条件是互相关联的，不可缺一的。果然如此，中国就有希望了。解放中国人民的生产力，使之获得充分发展的可能性，有待于新民主主义的政治条件在全中国境内的实现。这一点，懂得的人已一天一天地多起来了。

在新民主主义的政治条件获得之后，中国人民及其政府必须采取切实的步骤，在若干年内逐步地建立重工业和轻工业，使中国由农业国变为工业国。新民主主义的国家，如无巩固的经济做它的基础，如无进步的比较现时发达得多的农业，如无大规模的在全国经济比重上占极大优势的工业以及与此相适应的交通、贸易、金融等事业做它的基础，是不能巩固的。

我们共产党人愿意协同全国各民主党派，各部分产业界，为上述目标而奋斗。中国工人阶级在这个任务中将起伟大的作用。

中国工人阶级，自第一次世界大战以来，就开始以自觉的姿态，为中国的独立、解放而斗争。一九二一年,产生了它的先锋队——中国共产党,从此以后,使中国的解放斗争进入了新阶段。在北伐战争、土地革命战争和抗日战争三个时期中,中国工人阶级和中国共产党,对于中国人民的解放事业,作了极大的努力和极有价值的贡献。在最后打败日本侵略者的斗争中,特别是在收复大城市和交通要道的斗争中,中国工人阶级将起着极大的作用。在抗日结束以后,可以预断,中国工人阶级的努力和贡献将会是更大的。中国工人阶级的任务,不但是为着建立新民主主义的国家而斗争,而且是为着中国的工业化和农业近代化而斗争。

在新民主主义的国家制度下,将采取调节劳资间利害关系的政策。一方面,保护工人利益,根据情况的不同,实行八小时到十小时的工作制以及适当的失业救济和社会保险,保障工会的权利;另一方面,保证国家企业、私人企业和合作社企业在合理经营下的正当的赢利;使公私、劳资双方共同为发展工业生产而努力。

日本侵略者被打败以后,日本侵略者和重要汉奸分子的企业和财产,应当没收,归政府处理。

第八　文化、教育、知识分子问题

民族压迫和封建压迫所给予中国人民的灾难中,包括着民族文化的灾难。特别是具有进步意义的文化事业和教育事业,进步的文化人和教育家,所受灾难,更为深重。为着扫除民族压迫和封建压迫,为着建立新民主主义的国家,需要大批的人民的教育家和教师,人民的科学家、工程师、技师、医生、新闻工作者、著作家、文学家、艺术家和普通文化工作者。他们必须具有为人民服务的精神,从事艰苦的工作。一切知识分子,只要是在为人民服务的工作中著有成绩的,应受到尊重,把他们看作国家和社会的宝贵的财富。中国是一个被民族压迫和封建压迫所造成的文化落后的国家,中国的人民解放斗争迫切地需要知识分子,因而知识分子问题就特别显得重要。而在过去半世纪的人民解放斗争,特别是五四运动以来的斗争中,在八年抗日战争中,广大革命知识分子对于中国人民解放事业所起的作用,是很大的。在今后的斗争中,他们将起更大的作用。因此,今后人民的政府应有计划地从广大人民中培养各类知识分子干部,并注意团结和教育现有一切有用的知识分子。

从百分之八十的人口中扫除文盲,是新中国的一项重要工作。

一切奴化的、封建主义的和法西斯主义的文化和教育,应当采取适当的坚决的步骤,加以扫除。

应当积极地预防和医治人民的疾病,推广人民的医药卫生事业。

对于旧文化工作者、旧教育工作者和旧医生们的态度,是采取适当的方法教育他们,使他们获得新观点、新方法,为人民服务。

中国国民文化和国民教育的宗旨,应当是新民主主义的;就是说,中国应当建立自己的民族的、科学的、人民大众的新文化和新教育。

对于外国文化,排外主义的方针是错误的,应当尽量吸收进步的外国文化,以为发展中国新文化的借镜;盲目搬用的方针也是错误的,应当以中国人民的实际需要为基础,批判地吸收外国文化。苏联所创造的新文化,应当成为我们建设人民文化的范例。对于中国古代文化,同样,既不是一概排斥,也不是盲目搬用,而是批判地接收它,以利于推进中国的新文化。

第九　少数民族问题

国民党反人民集团否认中国有多民族存在,而把汉族以外的各少数民族称之为"宗族"。他们对于各少数民族,完全继承清朝政府和北洋军阀政府的反动政策,压迫剥削,无所不至。一九四三年对于伊克昭盟蒙族人民的屠杀事件,一九四四年直至现在对于新疆少数民族的武力镇压事件,以及近几年对于甘肃回民的屠杀事件,就是明证。这是大汉族主义的错误的民族思想和错误的民族政策。

一九二四年,孙中山先生在其所著的《中国国民党第一次全国代表大会宣言》里说:"国民党之民族主义,有两方面之意义:一则中国民族自求解放;二则中国境内各民族一律平等。""国民党敢郑重宣言,承认中国以内各民族之自决权,于反对帝国主义及军阀之革命获得胜利以后,当组织自由统一的(各民族自由联合的)中华民国。"

中国共产党完全同意上述孙先生的民族政策。共产党人必须积极地帮助各少数民族的广大人民群众为实现这个政策而奋斗;必须帮助各少数民族的广大人民群众,包括一切联系群众的领袖人物在内,争取他们在政治上、经济上、文化上的解放和发展,并成立维护群众利益的少数民族自己的军队。他们的言语、文字、风俗、习惯和宗教信仰,应被尊重。

多年以来,陕甘宁边区和华北各解放区对待蒙回两民族的态度是正确的,其工作是有成绩的。

第十 外交问题

中国共产党同意大西洋宪章和莫斯科、开罗、德黑兰、克里米亚各次国际会议的决议,因为这些国际会议的决议都是有利于打败法西斯侵略者和维持世界和平的。

中国共产党的外交政策的基本原则,是在彻底打倒日本侵略者,保持世界和平,互相尊重国家的独立和平等地位,互相增进国家和人民的利益及友谊这些基础之上,同各国建立并巩固邦交,解决一切相互关系问题,例如配合作战、和平会议、通商、投资等等。

中国共产党对于保障战后国际和平安全的机构之建立,完全同意敦巴顿橡树林会议所作的建议和克里米亚会议对这个问题所作的决定。中国共产党欢迎旧金山联合国代表大会。中国共产党已经派遣自己的代表加入中国代表团出席旧金山会议,借以表达中国人民的意志。

我们认为国民党政府必须停止对于苏联的仇视态度,迅速地改善中苏邦交。苏联是第一个废除不平等条约并和中国订立平等新约的国家。在一九二四年孙中山先生召集的国民党第一次全国代表大会时和在其后进行北伐战争时,苏联是当时唯一援助中国解放战争的国家。在一九三七年抗日战争开始以后,苏联又是第一个援助中国反对日本侵略者的国家。中国人民对于苏联政府和苏联人民的这些援助,表示感谢。我们认为太平洋问题的最后的彻底的解决,没有苏联参加是不可能的。

我们要求各同盟国政府,首先是美英两国政府,对于中国最广大人民的呼声,加以严重的注意,不要使他们自己的外交政策违反中国人民的意志,因而损害同中国人民之间的友谊。我们认为任何外国政府,如果援助中国反动分子而反对中国人民的民主事业,那就将要犯下绝大的错误。

中国人民欢迎许多外国政府宣布废除对于中国的不平等条约，并和中国订立平等新约的措施。但是，我们认为平等条约的订立，并不就表示中国在实际上已经取得真正的平等地位。这种实际上的真正的平等地位，决不能单靠外国政府的给予，主要地应靠中国人民自己努力争取，而努力之道就是把中国在政治上经济上文化上建设成为一个新民主主义的国家，否则便只会有形式上的独立、平等，在实际上是不会有的。就是说，依据国民党政府的现行政策，决不会使中国获得真正的独立和平等。

我们认为在日本侵略者被打败并无条件投降之后，为着彻底消灭日本的法西斯主义、军国主义及其所由产生的政治、经济、社会的原因，必须帮助一切日本人民的民主力量建立日本人民的民主制度。没有日本人民的民主制度，便不能彻底地消灭日本法西斯主义和军国主义，便不能保证太平洋的和平。

我们认为开罗会议关于朝鲜独立的决定是正确的，中国人民应当帮助朝鲜人民获得解放。

我们希望印度独立。因为一个独立的民主的印度，不但是印度人民的需要，也是世界和平的需要。

对于南洋各国——缅甸、马来亚、印度尼西亚、越南、菲律宾，我们希望这些国家的人民在日本侵略者被打败以后，能够得到建立独立的民主的国家制度的权利。对于泰国，应当仿照对待欧洲法西斯附属国的方法去处理。

* * *

关于具体纲领的说明，主要的就是这样。

再说一遍，一切这些具体纲领，如果没有一个举国一致的民主的联合政府，就不可能顺利地在全中国实现。

中国共产党在其为中国人民的解放事业而奋斗的二十四年中，创造了这样的地位，就是说，不论什么政党或社会集团，也不论是中国人或外国人，在有关中国的问题上，如果采取不尊重中国共产党的意见的态度，那是极其错误而且必然要失败的。过去和现在都有这样的人，企图孤行己见，不尊重我们的意见，但是结果都行不通。这是什么缘故呢？不是别的，就是因为我们的意见,符合于最广大的中国人民的利益。中国共产党是中国人民的最忠实的代言人,谁要是不尊重中国共产党,谁就是在实际上不尊重最广大的中国人民,谁就一定要失败。

中国国民党统治区的任务

关于我党的一般纲领和具体纲领,我已在上面作了充分的说明。无疑地,这些纲领是要在全中国实行的;整个国际国内的形势,给中国人民展开了这种想望。但是,目前在国民党统治区,在沦陷区,在解放区,这三种地方互不相同的情势,不能不使我们在实行时要有所区别。不同的情形,产生不同的任务。这些任务,有些我已经在前面说到了,有些还须在下面加以补充。

在国民党统治区,人民没有爱国活动的自由,民主运动被认为非法,但是包括许多阶层、许多民主派和民主分子的积极活动是在发展中。中国民主同盟,在今年一月发表了要求结束国民党一党专政和成立联合政府的宣言。社会各界发表同类性质的宣言的,还有许多。国民党内也有许多人,对于他们自己的领导机关的政策,日益表示怀疑和不满,日益感觉他们的党在广大人民中孤立起来的危险性,而要求有一种适合时宜的民主改革。重庆等地的工人、农民、文化界、学生界、教育界、妇女界、工商界、公务人员乃至一部分军人的民主运动,正在发展。所有这些,预示着一切受压迫阶层的民主运动正在逐渐地向着同一的目标而汇合起来。目前运动的弱点,在于社会的基层分子还没有广泛地参加,地位非常重要而生活痛苦不堪的农民、工人、士兵和下层教人员,还没有组织起来。目前运动的另一弱点,是参加运动的民主分子中,还有许多人对于根据民主原则发动斗争以求转变时局这一个基本方针,还缺乏明确的坚决的精神。但是客观形势,正在迫着一切受压迫的阶层、党派和社会集团,逐渐地觉悟和团结起来。不管国民党政府如何镇压,也不能阻止这一运动的发展。

国民党统治区内被压迫的一切阶层、党派和集团的民主运动,应当有一个广大的发展,并把分散的力量逐渐统一起来,为着实现民族团结,建立联合政府,打败日本侵略者和建设新中国而斗争。中国共产党和解放区人民,应当给予他们以一切可能的援助。

在国民党统治区,共产党人应当继续执行广泛的抗日民族统一战线政策。不管什么人,那怕昨天还是反对我们的,只要他今天不反对了,就应该同他合作,为共同的目标而奋斗。

中国沦陷区的任务

在沦陷区,共产党人应当号召抗日人民,学习法国和意大利的榜样,将自己组织于各种团体中,组织地下军,准备武装起义,一俟时机成熟,配合从外部进攻的军队,里应外合地消灭日本侵略者。日本侵略者及其忠实走狗,对于我沦陷区内的兄弟姊妹们的摧残、掠夺、奸淫和侮辱,激起了一切中国人的火一样愤怒,报仇雪耻的时机快要到来了。沦陷区的人民,在欧洲战场的胜利和八路军新四军的胜利的鼓舞之下,极大地增高了他们的抗日情绪。他们迫切的需要组织起来,以便尽可能迅速地获得解放。因此,我们必须将沦陷的工作提到和解放区的工作同等重要的地位上。必须有大批工作人员到沦陷区去工作。必须就沦陷区人民中训练和提拔大批的积极分子,参加当地的工作。在沦陷区中,东北四省沦陷最久,又是日本侵略者的产业中心和兵屯要地,我们应当加紧那里的地下工作。对于流亡到关内的东北人民,应当加紧团结他们,准备收复失地。

在一切沦陷区,共产党人应当执行最广泛的抗日民族统一战线政策。不管什么人,只要是反对日本侵略者及其忠实走狗的,就要联合起来,为打倒共同敌人而斗争。

应当向一切帮助敌人反对同胞的伪军伪警及其他人员提出警告:他们必须赶快认识自己的罪恶行为,及时回头,帮助同胞反对敌人,借以赎回自己的罪恶。否则,敌人崩溃之日,民族纪律是不会宽容他们的。

共产党人应当向一切有群众的伪组织进行争取说服工作,使被欺骗的群众站到反对民族敌人的战线上来。同时,对于那些罪大恶极不愿改悔的汉奸分子进行调查工作,以便在国土收复之后,依法惩治他们。

对于国民党内组织汉奸反对中国人民、中国共产党、八路军、新四军和其他人民军队的背叛民族的反动分子,必须向他们提出警告,叫他们早日悔罪。否则,在国土收复之后,必然要将他们和汉奸一体治罪,决不宽饶。

中国解放区的任务

我党的全部新民主主义的纲领已经在解放区实行了并且有了显著的成绩,聚集了巨大的抗日力量,今后应当从各方面发展和巩固这种力量。

在目前条件下,解放区的军队应向一切被敌伪占领而又可能攻克的地方,发动广泛的进攻,借以扩大解放区,缩小沦陷区。

但是同时应当注意,敌人在目前还是有力量的,它还可能向解放区发动进攻。解放区军民必须随时准备粉碎敌人的进攻,并注意解放区的各项巩固工作。

应当扩大解放区的军队、游击队、民兵和自卫军,并加紧整训,增强战斗力,为最后打败侵略者准备充分的力量。

在解放区,一方面,军队应实行拥政爱民的工作,另一方面,民主政府应领导人民实行拥军优抗的工作,更大的改善军民关系。

共产党人在各个地方性的联合政府的工作中,在社会工作中,应当继续同一切抗日民主分子,在新民主主义纲领的基础上,进行很好的合作。

同样,在军事工作中,共产党人应当同一切愿意和我们合作的抗日民主分子,在解放区军队的内部和外部,很好地合作。

为了提高工农劳动群众在抗日和生产中的积极性,减租减息和改善工人、职员待遇的政策,必须充分地执行。解放区的工作人员,必须努力学会做经济工作。必须动员一切可能的力量,大规模地发展解放区的农业、工业和贸易,改善军民生活。为此目的,必须实行劳动竞赛,奖励劳动英雄和模范工作者。在城市驱逐日本侵略者以后,我们的工作人员,必须迅速学会做城市的经济工作。

为着提高解放区人民大众首先是广大的工人、农民、士兵群众的觉悟程度和培养大批工作干部,必须发展解放区的文化教育事业。解放区的文化工作者和教育工作者在推进他们的工作时,应当根据目前的农村特点,根据农村人民的需要和自愿的原则,采用适宜的内容和形式。

在推进解放区各项工作时,必须十分爱惜当地的人力物力,任何地方都要做长期打算,避免滥用和浪费。这不但是为着打败日本侵略者,而且是为着建设新中国。

在推进解放区的各项工作时，必须十分注意扶助本地人管理本地的事业，必须十分注意从本地人民优秀分子中大批地培养本地的工作干部。一切从外地去的人，如果不和本地人打成一片，如果不是满腔热情地勤勤恳恳地并适合情况地去帮助本地干部，爱惜他们，如同爱惜自己的兄弟姊妹一样，那就不能完成农村民主革命这个伟大的任务。

八路军、新四军及其他人民军队，每到一地，就应立即帮助本地人民，不但要组织以本地人民的干部为领导的民兵和自卫军，而且要组织以本地人民的干部为领导的地方部队和地方兵团。然后，就可以产生有本地人领导的主力部队和主力兵团。这是一项非常重要的任务。如果不能完成此项任务，就不能建立巩固的抗日根据地，也不能发展人民的军队。

当然，一切本地人，应当热烈地欢迎和帮助从外地去的革命工作人员和人民军队。

关于对待暗藏的民族破坏分子的问题，必须提起大家的注意。因为公开的敌人，公开的民族破坏分子，容易识别，也容易处置；暗藏的敌人，暗藏的民族破坏分子，就不容易识别，也就不容易处置。因此，对于这后一种人必须采取严肃态度，而在处理时又要采取谨慎态度。

根据信教自由的原则，中国解放区容许各派宗教存在。不论是基督教、天主教、回教、佛教及其他宗教，只要教徒们遵守人民政府法律，人民政府就给以保护。信教的和不信教的各有他们的自由，不许加以强迫或歧视。

我们的大会应向各解放区人民提议，尽可能迅速地在延安召开中国解放区人民代表会议，以便讨论统一各解放区的行动，加强各解放区的抗日工作，援助国民党统治区人民的抗日民主运动，援助沦陷区人民的地下军运动，促进全国人民的团结和联合政府的成立。中国解放区现在已经成了全国广大人民抗日救国的重心，全国广大人民的希望寄托在我们身上，我们有责任不要使他们失望。中国解放区人民代表会议的召集，将对中国人民的民族解放事业起一个巨大的推进作用。

（原载《毛泽东选集》第三卷，人民出版社）

3. 中国人民胜利的指南——读毛泽东同志的《论联合政府》

（延安《解放日报》社论）

毛泽东同志在中国共产党第七次代表大会上面，做了政治报告，题目叫做《论联合政府》。这个报告，提出了中国人民的基本要求，分析了国际形势与国内形势，对比了抗日战争中两条不同的路线，规定了中国共产党的一般纲领与具体纲领，规定了在国民党统治区、沦陷区与解放区的工作任务，最后，指示了怎样团结全党来实现党的任务。这个五万余言的文献，以马克思主义的科学方法，总结了八年来抗战的经验，总结了二十四年来新民主主义运动的经验，总结百年来中国民主运动的经验，分析了国内国际形势，分析了日寇的国内外形势、国民党统治区与解放区的形势，还分析中国共产党党内党外的形势，规定了各方面的政策和任务。总起来是一句话："走团结与民主的路线，打败侵略者，建设新中国。"总起来是一个任务："中国急需团结各党各派及无党无派的代表人物在一起，成立民主的临时的联合政府，以便实行民主的改革，克服目前的危机，动员与统一全中国的抗日力量，有力地和同盟国配合作战，打败日本侵略者，使中国人民从日本侵略者手中解放出来。然后，在广泛的民主基础之上，召开国民代表大会，成立更广大范围的各党各派与无党无派代表人物在内的同样是联合性质的民主的正式政府，领导解放后的全国人民，将中国建设成为一个独立、自由、民主、统一与富强的新的国家。"

毛泽东同志这个中国人民的舵手，在欧洲反法西斯战争已经基本上胜利结束，全世界的目光转到东方的反法西斯战争的战场上来，以及转到战后世界和平的问题上来的时候，代表中国共产党的中央委员会，向全党提出这个政治报告，其重要性就不仅限于一个中国共产党的范围，不仅限于中国一个国家的范围，而且对于全世界都有其重要性。毫无疑义，在全中国、全世界，不论是共产党人或非共产党人，不论是我们的朋友或敌人，都应深刻注意这个文献，都会加以仔细的研究，都会得出其自己的结论。

要想详细论述毛泽东同志在这个精深博大的报告中所说的一切重要问题，在这里因篇幅所限，不能不有所待。我们只就读后所感，写出几点，供大家研究时的参考。

四万万五千人的中华民族，百年以来处在半殖民地半封建的落后的悲惨的状态中。这个占世界人口五分之一到四分之一的大民族，应该怎样才能求得自己的解放？应该怎样使这个伟大的中国，建设成为独立、自由、民主、统一与富强的国家，而不是停留在不独立、不自由、不民主、不统一、不富强的痛苦重重的状态中？八年来抗战的经验，二十四年来新民主主义运动的经验，一百年来民主运动的经验，中国人民经过了各种各样的试验，屡次的失败，挫折与成功，得出了一条明确的结论，就是必需而且只可能建立一个新民主主义的政治制度，这就是"真正适合中国人口最广大成分的要求的国家制度。因为第一，它取得了与可能取得数百万产业工人，数千万手工业工人与雇佣农民的同意；其次，也取得了与可能取得占中国人口百分之八十，即在四万万五千万人口中占了三万万六千万的农民阶级的同意；又其次，也取得了与可能取得广大的小资产阶级，自由资产阶级，开明士绅，及其他爱国分子的同意"。违反中国人民的这个意志，不要这三种人的同意，可以么？是决不可以的。大地主大资产阶级专政的、封建的、法西斯的、反人民的国家制度，把国家民族引入极其悲惨的道路。国民党反动统治集团，违背了孙中山先生的新三民主义，建立了这种反动的国家制度，其结果是招徕了日本强盗的侵略，从黑龙江退到芦沟桥，又从芦沟桥退到贵州省，而在国民党所统治的区域，则闹得民生凋敝，民怨沸腾，民变蜂起，这样来谈"抗战必胜，建国必成"岂非离题万里？解放区遵照了新民主主义的道路，建立了新民主主义的地方性联合政府，抗战就取得胜利；人民就有了自由；军队就加强了几十倍；农民与地主，工人与资本家，都能调节相互矛盾的利益，合力同心来发展生产，改善生活；知识分子就有了事做，而且所做的事都真正对人民有益；少数民族各得其所；反法西斯的盟邦人士也受到尊重。共产党所一贯主张的，一九二四年以后它为孙中山先生所主张的，一九二七年以后为国民党反动统治集团所抛弃的，这条新民主主义即新三民主义的道路，是抗战胜利，建国成功的唯一道路，这是非常明白的了。如果在一九二四年以前一些时候，这个问题还只是人们心中的一种想望，那末，经过了大革命、土地革命、特别是八年的抗战之后，这个想望已为正面和反面的无量数的事实所证明。毛泽东同志老老实实的实事求是的把这个经验总结了出来,这种老老实实的实事求是的方法,也就是马克思主义的方法。正因为毛泽东同志用马克思主义的方法把中国人民最重要的问题做出结论,所以他的论点是驳不倒的,任凭什么反动派怎样叫嚣,也是无用的。

新民主主义,这是抗战胜利的主义,这是建国成功的主义。而大地主大买办大银行家的失败主义,法西斯主义,是抗战必败的主义,是把中国人民投入黑暗深渊的主义。新民主主义这样一种思想,是从无量数的事实中得出来的真理,而这一真理,这一思想,就像一条红线一样,贯穿在毛泽东同志的整个报告中。毛泽东同志,把这种思想的各方面:政治方面,经济政策方面,军事政策方面,外交政策方面等等,都依据活生生的事实,把它发挥了。自从毛泽东同志的《新民主主义论》,出版以来,已经五年,毛泽东同志把这五年来各方面工作的丰富经验,加以总结,并且进一步指出:中国各阶层的人民,以及爱好和平、反对法西斯的盟国,在新民主主义的中国之中,有自己怎样巨大的福利与美满的将来。因而这个总结,动员了人民来争取光明的中国,反转来指点和促进运动的向前发展。

报告中所解决的一个重大问题,就是政权的具体形式问题。毛泽东同志规定了这个政权的形式,应是"联合政府",在抗战胜利以前,是临时性的联合政府,这种临时性的联合政府,在解放区已经存在了,但在全国则还没有。在抗战胜利后,则是经过人民真正选举的正式的联合政府。中国共产党在抗战初期,在十大纲领中提出"国防政府",在公布国共合作宣言之中提出"实现民权政治",在新民主主义论里面是"抗日统一战线的政府",所有这些,与现在的"联合政府"的口号实质上都是新民主主义的。我党过去这些主张,因国民党内的反动派的阻碍,迄未实现,因之造成现在的危机。但是联合政府的口号,是比之过去的口号,不论在政权的性质上,政权的政策上,政府的成分上,都更加具体化了,更加不易被误会或混淆了,所以它取得一切民主党派民主人士直到国民党内的许多民主分子的同情,它必将成为全国人民一致赞成的口号,一致奋斗的目标,是毫无疑义的。

　　为了促进联合政府的实现,报告中提议"尽可能迅速地在延安召开中国解放区人民代表会议,以便讨论统一各解放区的行动,加强各解放区的抗日工作,援助国民党统治区人民的抗日民主运动,援助沦陷区人民的地下军运动,促进全国人民的团结与联合政府的成立"。对于国民党,报告中说:"我们共产党人声言:不管国民党当局现在还是怎样坚持其错误政策与怎样借谈判作为拖延时间、搪塞舆论的手段,只要他们一旦愿意放弃其错误的现行政策,同意民主改革,我们是愿意和他们恢复谈判的。但是谈判的基础必须放在抗日、团结与民主的总方针上,一切离开这个总方针的所谓办法、方案、或其他空话,不管它怎样说得好听,我们是不能赞成的。"报告中的这些话,以及其他许多地方,都表示了我们共产党人为民族利益人民利益而奋斗的坚强不屈的立场,严肃的态度,完全负责的态度,而我们共产党人,对于朋友,那怕他坚持错误政策,要拖延搪塞的把戏,还是仁至义尽,等待他的觉悟。

　　形势是空前未有的有利,但还有强大的反动势力在;人民的力量是空前未有的壮大,但还有更加壮大的需要,更加固结的需要;党是空前强大和团结了,但还要谨防错误的发生。这是毛泽东同志在这个报告中所谆谆教导我们全党和全国人民的。遵循他所指示的道路做去,中国人民就会有胜利。毛泽东同志沉痛而又兴奋的说:"如果说,中国近百年来一切人民斗争都遭到了失败或挫折,而这是因为缺乏国际国内的必要条件,那末,这一次,就不同了,比较以往历次,一切必要的条件都具备了,避免失败与取得胜利的可能性充分地存在。如果我们能够团结全国人民,努力奋斗,并给以适当的指导,我们就会有胜利。"毛泽东同志在报告中给了全国人民以胜利的指南,我们要细心研究这个报告,遵循他指出的方向,向胜利前进。

(原载一九四五年五月五日延安《解放日报》)

4. 团结的大会　胜利的大会(延安《解放日报》社论)

　　中国共产党第七次全国代表大会闭幕了。自四月二十三日起至六月十一日止,大会历时五十天。代表着一百二十万党员的五百四十七位正式代表和二百零八位候补代表,聚集在自己所手创的模范的新民主主义根据地陕甘宁边区首府延安,共开大会二十二次,八个代表团会议及许多小组会议多次,详尽的听取和讨论了中国人民领袖毛泽东同志的政治报告,朱德同志的军事报告,刘少奇同志的关于修改党章的报告及党章条文,通过了政治决议案,军事问题决议案和新的党章,郑重的民主的以无记名投票选出了以毛泽东同志为首的四十四位中央委员和三十三位候补中央委员,组成了新的全国领导机关。这是中国共产党有史以来最盛大的最完满的一次全国代表大会。

七次大会的举行,正当中国人民处在新的历史变化关头的时候。希特勒已经败亡,全世界反法西斯的战争已经取得了决定的胜利,反对日本法西斯的战争亦已胜利在望,世界和中国走向光明进步的总趋势,已经确切无疑的决定了;但是,日寇还有力量,世界上还存在着强大的反动势力,中国还是不团结的,中国人民仍然是被分裂的,中国存在着严重的内战危机。于是放在中国人民面前的,是明显的两个前途,一个是光明的前途,一个是黑暗的前途。在这样的历史关头,中国的各阶级都对于时局表示自己重大的关心。最近,中国共产党和中国国民党都举行了自己的大会,这决不是偶然的。中国共产党的第七次代表大会,因而有极重要的历史意义。

在这个历史关头召开的中国共产党的第七次全国代表大会,其第一个历史的标志,就是全体一致通过了毛泽东同志的政治报告。

毛泽东同志的政治报告,指出一切中国问题的关键所在,就是两条路线的存在,这两条路线,就是:"国民党政府压迫中国人民实行消极抗战的路线与中国人民觉醒与团结起来实行人民战争的路线。"国民党内主要统治集团,因为坚持反人民的路线,它的力量大为消弱了,它在抗日战争中的作用极大地减少了,并且变成了动员与统一中国人民一切抗日力量的障碍。反之,中国解放区和八路军、新四军,因为坚持了人民战争的路线,它的力量大为增强了,成了全国抗战的重心和主力军。

中国人民,对于这一种情形,应当怎样办呢? 毛泽东同志指出:"中国人民应该要求国民党政府彻底消灭日本侵略者,不许中途妥协。一切妥协的阴谋活动,必须立刻制止。中国人民应该要求国民党政府改变现在的消极的抗日政策,将其一切力量用于积极作战。中国人民应该扩大自己的军队——八路军、新四军及其他人民军队，并在一切敌人所到之处，广泛的自动地发展抗日武装，准备直接配合同盟国作战，恢复一切失地，决不要单纯依靠国民党，消灭日本侵略者是中国人民的神圣权利。任何反动分子，要想剥夺中国人民这种神圣权利，要想压制中国人民的抗日活动，要想破坏中国人民的抗日力量，中国人民在其劝说无效之后，应该站在自己的立场上给以坚决的回击。"

对于代表大地主大资产阶级反动集团的反动路线，可以有两种态度。或者采取上述的毛泽东同志所说的那种态度，或者采取另一种态度，即是替它捧场的态度，替它涂脂搽粉的态度，对它一切服从一切依靠的态度，不放手扩大人民军队的态度，对反动派的无理进攻不站在自己立场上于劝说无效之后坚决给以反击的态度。对于大地大资产阶级反动派的这两种态度，是正确的人民路线与不正确的反人民路线的最重要的最根本的区别之一。

为了争取抗战胜利和人民的民主解放，光是坚持正确的领导路线，反对反动的反人民的领导路线，还是不够的，还必须要有力量，有巨大的革命队伍，这个队伍包括各阶层的人民，即是(一)产业工人、手工工人等雇农，(二)农民，(三)小资产阶级、自由资产阶级、开明绅士、及其他爱国分子。这三种人民都在团结之列，非如此，便不利于战胜民族敌人与建立新民主主义的中国。但是这三种人民之中，最众多的就是农民，它占全国人口百分之八十。农民，这是革命队伍最重要的组成部分。大革命以来三次革命战争的经验证明：如果革命运动没有与农民结合起来，那末，那怕有其他人民群众的参加，革命队伍是没有力量的，是可以轰轰烈烈一时而不能持久的，是在敌人一个或几个严重打击之下就要垮台的；反之，如果革命运动与农民结合起来了，那就成了任何反动派所不能摧毁的力量，就有了粮食，有了军队，有了根据地，有了向前发展的立脚点，就可以在长期斗争中不断增大革命的队伍，吸引其他阶层的人民来参加革命斗争。要打败日寇及其走狗，我们只应该这样做。毛泽东同志再三再四地强调农民的重要性，指出农民是工人的前身，工业的市场，军队的来源，现阶段民主政治的主要基础，和现阶段文化运动的主要基础。毛泽东同志号召广大的知识分子到农村中去，克服自己以城市观点去视察农村的错误现象，把自己与农民结合起来。毛泽东同志指出："两条路线：

或者坚决反对中国农民解决民主民生问题,而使自己腐败无能,无力抗日。或者坚决赞助中国农民解决民生民主问题,而使自己获得占人口百分之八十的最伟大的同盟军,藉以组织雄厚的战斗力量。前者就是国民党政府的路线,后者就是中国解放区的路线。"

对于农民的这两种态度,又是人民路线与反人民路线的最重要的最根本的区别之一。

抗日运动与农民结合了,民主运动与农民结合了,这些运动才找到了基本队伍,才有力量。但是光有农民和其他部分的人民群众,还不足以致富强。要富强,就要城市,就要工人。放在我们眼前的,将有从乡村工作到城市工作的转变,将有从游击战到正规战的转变,这些转变,必须依靠工人及其他广大城市人民的援助。只有展开了广大的工人运动与城市人民民主运动,中国人民才有巩固的基础,来争取新民主主义在全中国的实现。

放手发动群众,壮大人民的力量,打败日本帝国主义,解放人民,建立新民主主义的新中国,这就是中国人民的路线。毛泽东同志在政治报告中,详细规定了中国人民的战斗纲领,这是新民主主义的宪章,其重要性不待指出就可明白,为了实现这个纲领,实现这个宪章,就一定要实行中国人民的路线。实行这条路线,主要决定于两个问题,即是对大地主大资产阶级的态度,和对于农民的态度。实行这条路线,对于大地主大资产阶级反动派采取正确的态度,对农民采取正确的态度,那末,不管还有多少反动派的阻碍,不管中途还有多少波折,中国人民就会有光明的前途。不实行这条路线,对于反动的大地主大资产阶级采取不正确的态度,不同大地主大资产阶级反动派的反共反人民反民主的错误路线进行必要的斗争,或者对反动势力的回击超过了自卫的立场,对于农民采取不正确的态度,或者不要农民,不去为实现农民的民主民生要求而斗争,或者以城市观点去观察农村,因而脱离农民,孤立起来,那末,人民的队伍全被打散,中国人民还有被拖上黑暗的前途的可能。再则,为了实现新民主主义新中国的纲领,还必须发展工人运动与城市人民运动,把这个运动提到很高的地位。没有工人运动与城市人民运动的发展,没有城市,不学会很好管理城市,管理工业,仅仅停止在乡村,满足于乡村,就没有办法从城市中消灭日寇,就没有办法把争取新中国的基础巩固起来。

七大的第二个历史标志,就是依据毛泽东同志的军事学,和十七年武装斗争的经验,制定了人民军事路线的完整体系说,这是朱德同志军事报告中的主要部分。八路军新四军这支人民军队,是我们党的领袖毛泽东同志所亲手抚育起来的。这支军队,没有城市作依靠而依靠乡村,没有国家政权作依靠而依靠自己所创造出来的农村根据地,这样进行了十七年的长期战争,经常以弱敌强,以寡敌众,而能取得胜利。这种战争,就在世界上也是很少前例的。在中国这样一个半殖民地半封建的大国,敌人是强大的,大城市在敌人手里,在这种情况之下,人民能不能组织自己的军队,维持自己的军队,并且能不能以弱胜强以寡胜众呢? 如果可能的话,怎么才会可能呢? 朱德同志的报告,不但原则上回答了这个问题,而且在兵役、养兵、带兵、练兵、用兵、政治工作、指挥、后方勤务、民兵等等具体问题上做了答复。我们的军队——八路军与新四军,彻头彻尾的与旧军队不同,彻头彻尾是人民的军队。彻头彻尾的与人民结合在一起。任何军队,只要他的领导者愿意照八路军新四军的样子做,他就能这样做,并没有什么神奇奥妙,因为"成千成万的军队,成千成万带枪的人,他们是谁呢? 他们是人民,其中最大多数是农民"。这个道理一经指出之后,人民军队的发展就开辟了无限宽广的前途,把二三百万旧军队改造成为人民的军队,就成为可能的和应当的事业。对于八路军新四军来说,今后遵循大会的方针,继续前进,就有把握与人民军更加亲密结合,成为更完善的常胜的人民军队打败日寇及其走狗,使中国人民获得解放。

大会的第三个历史标志,就是新的党章的制定,这意味着党内生活和党与群众的关系,已经而且将要根据毛泽东同志的方针有长足的进步。刘少奇同志的报告,就是我党组织路线的总结与发挥。国民党六次大会的特点之一,是在国民党内建立了公开的个人的独裁;国民党反动统治集团,正在竭力设法把国民党进一步法西斯化。而中国共产党的情形,则正与它作了鲜明的对照。在中国共产党新的党章上,规定了党员的四项义务和四项权利。义务中的第三项是:"为人民服务,巩固与群众的联系,及时反映群众的需要和要求,向非党群众解释党的政策。"权利中的第四项是:"在党的会议上批评党的任何工作人员"。这是具有伟大历史意义的规定。

中国共产党是什么？是中国人民为了自己的解放进行政治斗争的工具。做一个共产党员，对于人民，只有特殊的义务，没有特殊的权利。共产党员，首先是人民的勤务员，然后才是人民的领导者，首先是人民的学生，然后才是人民的先生。人民是自己解放自己，共产党员如果依照教条或狭隘经验，站在人民头上，强迫人民依照自己的主观愿望去进行解放斗争，哪怕这种主观愿望、这种动机是为人民的，结果是办不通的，人民是不要这种自称为共产党员的人的。但是，如果共产党员做人民的学生与勤务员，虚心向人民学习，以马克思主义的立场、观点和方法，把人民的意见集中起来，然后站在人民之中，做人民的模范，与人民一起坚持下去，相信人民自己解放自己，那末，人民就非要这种真正的共产党员不可，因为如果没有具有高度政治觉悟的共产党作为领导者，人民的解放就是完全不可能的。党章上关于党员义务的第三项规定，保证中国共产党永远排除教条主义的或经验主义的对人民的错误态度，那种态度实际上与剥削者对人民的态度有共同之点，即是脱离人民。

党内生活中个人与集体的关系，上级下级的关系，亦是如此。党是依靠党员去进行实际工作的，与领导机关对比起来说，党员是党的主体，领导机关是由党员委托来为党员服务的，是党员用来集中意志、指导党员为人民服务的工具。我们中国共产党员，是马克思主义者，知道如果没有严密的组织，就不能战胜强敌，所以选出自己的领导机关，信任它的领导，并且自愿遵守严格的纪律，服从领导机关所定出的纲领、章程和决议。这是一个方面，这说明了党的集中制是建立在民主的基础之上的。另一方面，领导机关要领导得好，必须对于遵守党的纲领、章程和决议的广大党员，发展他们的自动性、创造性，时常听取党员的批评和意见；在进行自我批评的时候，上级机关不能专门责备下级，而应当首先听取下级对自己的批评，然后来帮助下级检讨自己的缺点与错误。这就是在集中指导之下的民主。这种民主集中制，我党向来是这样做的。但是在党的二十四年历史中，在全党曾有几个短时期做得不够与不好，现在若干地方组织也在有些时候做得不够与不好，有的对发展党内民主做得不好，有的对坚持集中制做得不好。七大通过的新党章，所规定的党员权利第四条,乃是以法律的形式,确定党内的高度的民主,新的党章同时把学习与服从纪律规定为党员的义务,以保证高度的集中。高度的民主与高度的集中相结合,将是今后党内生活的特征,这对于我党更进一步的团结与进步,将有极其重大的作用。

大会最后一个历史标志,而且是最重要的历史标志,就是毛泽东同志的思想被全党一致承认为党的指导思想,为我党一切工作的指针。新的党章,在其总纲中规定:"中国共产党,以马克思主义理论与中国革命实践之统一的思想——毛泽东思想,作为自己一切工作的指针,反对任何教条主义的或经验主义的偏向。"这个总纲,又用极其简洁的词句,叙述了毛泽东思想的内容。经过了二十四年三次革命战争的考验,我们党创造了这个完全适合国情的中国化的马克思主义,并找到了它的代表人物毛泽东同志,这是中国人民伟大无比的胜利,是马克思主义在人类四分之一到五分之一的人口中取得了决定胜利的历史标志。从此以后,中国共产党有了自己的领袖,这就十倍百倍地加强了党的团结,这就标志了党已经成熟,标志了它是将要胜利的党。人民有了自己的领袖,知道只要跟着他一路前进就一定会胜利,就会达到百余年来无数先烈抛头流血以求实现的目标,这就十倍百倍增强了人民的解放意志与胜利信心,十倍百倍增强了人民的力量。这就最后彻底粉碎了国民党内反动派企图分裂伟大的中国共产党的卑鄙阴谋。这就保护人民解放胜利的到来,而且加速这个胜利的到来,日寇及其在中国的同盟者将只有死亡一条路。

大会选出了以毛泽东同志为首的新的中央。在中央委员会之内,包括了经历考验的、对各方面工作有经验的、在人民中有极大威信的、能够执行大会路线的同志的。大会选举的过程,经过了毛泽东同志对于选举方针的指示,自由提名单,介绍,讨论,预选,正式选举的过程,充分表现了毛泽东同志领导下的党内高度民主高度集中的生动活泼的生活。经过每个代表郑重讨论和以无记名投票选出来的新的中央委员会,乃是我党历史上最完善的一届中央委员会,它一定能够保证大会路线的完满实现。

具有伟大历史意义的中国共产党第七次代表大会,是团结的大会,是准备胜利的大会。这个大会已经闭幕了。大会的代表将要回到各自的战斗岗位上去了。我们的代表们,是带着巨大的喜悦但也是极其严肃的心情回到自己岗位上去的。中国民族敌人的被消灭与中国人民解放的胜利是确定无疑的了,但是前途还有重重困难,重重阻碍,另一方面,我们不懂得的东西还多,还要好好努力学习,才能更好的为人民服务,才能称得上毛泽东同志的好学生。毛泽东同志说:"现在我们有了一百二十余万党员,这一回无论如何不要被敌人打散。只要我们能吸取三个时期的经验,采取谦虚态度,防止骄傲态度,在党内,和全体同志更好地团结起来,在党外,和全国人民更好地团结起来,就可以保证,不但不会被敌人打散,相反的,一定要把日本侵略者及其忠实走狗坚决、彻底、干净、全部消灭之,并且在消灭他们之后,把一个独立、自由、民主、统一与富强的中国建设起来。"我们七百多位大会代表们,一定不忘记我们党的伟大领袖的话,并且一定会在工作中把他的意志实现起来!

中国共产党第七次全国代表大会万岁!

党的伟大的英明的领袖毛泽东同志万岁!

消灭日本侵略者!

中国人民解放万岁!

(原载一九四五年六月十四日延安《解放日报》)

5. 中国国民党第六次全国代表大会在重庆召开

中国国民党第六次全国代表大会开幕典礼暨革命政府成立纪念会,于(五月)五日上午九时,在复兴关青年干部学校隆重举行。蒋总裁主席领导行礼后,即席致词,指示大会使命及应注意研讨之点,全词历三十五分钟始毕。全场热烈鼓掌近三分钟,礼成。休息三十分钟后,举行预备会议,仍由蒋总裁主席,到中央委员暨代表吴敬恒、居正、于右任、戴传贤、孙科、张继、邹鲁等六百七十三人。通过:(一)大会议事规则;(二)中央执行委员会提请追认吴铁城同志为大会秘书长、狄膺同志为副秘书长;(三)中央后补执监委员改为出席大会,按依照大会组织法规定,中央候补执监委员得列席,惟本届中央候补执监委员膺选已阅十年,对党均多贡献,爰经全体决议,一律改为出席;(四)推选屈正、于右任、戴传贤、孙宋庆龄、孙科、冯玉祥、邹鲁、陈果夫、张继、邵力子、王世杰、李宗仁、陈诚、张厉生、潘公展、张治中、黄季陆、麦斯武德、迪鲁瓦、土丹参烈、梅友卓、林庆年、周炳琳、向传义、王宗山、冯友兰、齐世英、李锡恩、范予遂、刘瑶章、刘冠儒、马元放、吴绍澍、张邦翰、陈剑如、张炯等三十六同志,组成主席团;(五)组织提案审查委员会,分党务、政治、经济、教育、军事、外交等六组,另设总章审议委员会,其委员名额及人选,均由主席团提请大会决定;(六)决定大会会期十天;(七)提案截止日期,定为七日下午十二时。十一时三十分散会,主席团旋即开会,决定议事日程等事宜。

大会于(五月)二十一日上午十时举行总理纪念周后,举行第二十次大会,蒋总裁宣布第六届中央执监委员会选举结果后,讨论议案,通过对于军事报告之决议文及大会宣言草案。十二时散会。嗣即举行闭幕典礼,蒋总裁领导行礼后,宣读第六次全国代表大会宣言,全场起立,鼓掌礼成。

(根据一九四五年五月六日、二十二日重庆《中央日报》综合整理)

6. 中国国民党第六次全国代表大会对中共问题之决议案(一九四五年五月十七日通过)

大会听取中央关于中共问题之总报告,深以中央以往所采取政治解决之方针为适当。本党领导全国军民艰苦抗战,无时不尽力于团结御侮,以求中国之自由平等;中共在民国二十六年九月,亦曾有四项诺言之宣告。虽频年以来中共仍坚持其武装割据之局,不奉中央之军令政令,而本党始终宽大容忍,委曲求全,其苦心已为中外人士所共见。现值国民大会召开在迩,本党实施宪政还政于民之初愿,不久当可实现。为巩固国家之统一,确保胜利之果实,中央自应秉此一贯方针,继续努力,寻求政治解决之道。所愿中共党员亦能懔于民国缔造,原非易事,抗战胜利,犹待争取,共体时艰,实践宿诺。在不妨碍抗战,有害国家之范围内,一切问题,可以商谈解决。斯则国家民族之大事。本党同志应共喻此旨,以促成之。

(选自台湾中国国民党中央委员会党史委员会编:

《革命文献》第七十六辑)

7. 中国国民党第六次全国代表大会对中共问题之工作方针（一九四五年五月十七日通过）

本党本团结抗战的精神，数年以来，对中共问题坚持主以政治方式力求解决。今后自仍本此既定方针，继续努力。惟根据中央对于中共问题之总报告，中共一贯坚持其武装割据，借以破坏抗战，致本党委曲求全政治解决之苦心，迄无成效。而本党同志在各地艰苦奋斗，遭中共残害，为数已多。追溯往事，能无愤慨？乃中共最近更变本加厉，提出联合政府口号，并阴谋制造其所谓"解放区人民代表会议"，企图颠覆政府，危害国家。凡我同志均应提高警觉，发扬革命精神，努力奋斗，肃军肃政，加强力量，使本党政治解决之方针得以贯彻。兹特提出会后全党同志对此问题之工作方针如下：

一、本党同志应切实深入农工群众，解除农工痛苦，大量吸收农工党员，发展本党在农工社会中的组织。

三、应以革命进取之精神，吸收富于革命性之知识分子，并正确的领导青年。

三、对外应配合政治环境，加强国际宣传；对内应加强党员政治训练，纠正中共之虚伪宣传。

四、一切社团中之本党同志，应加强党团组织，争取第三者对本党之同情。

五、在沦陷区应确立并加强党的领导权，一切军政设施，均须适应党的工作方针，并由中央选派坚强干部深入敌后工作。

六、加强中央及各地对于本问题之统一指导机构。

第六届中央执行委员会，应将上列工作方针，通令全国各级党部，勖勉同志，一致力行。中央并应随时依本方针，规划具体办法，切实施行。

（选自台湾中国国民党中央委员会党史委员会编：

《革命文献》第七十六辑）

8. 新政纲的精神（重庆《中央日报》社论）

我们今日才初读六全代会通过的新政纲，未能作系统的精深的研究。我们今日只揭出最受注目最富意义的三事,或者可以帮助我们的读者理解新政纲的精神。倘如本文能够帮助读者的理解,我们殊不胜荣幸。

第一是新政纲民族主义章中之蒙藏民族自治与边疆各民族地位之平等。三民主义之民族主义所以异于狭隘的国家主义之点有二:其一是民族主义在对外方面,是要达到国际民主主义的理想,其二是民族主义在对内方面,是要扶植各民族经济文化的平衡发展,使其互助交融,以组成自由统一的中华民国。故西南西北诸少数民族地位之平等,与蒙古西藏民族之高度自治,都是民族主义具体的政策,必期一一实施。新政纲特在民族章中重申本党实现这两方面基本政策的决心,而对内方面之第六条尤引起世人的注目。这是我们首先指出之一事。

第二是新政纲民权主义章中之召开国民大会与成立地方各级民意机构。三民主义所以异于消极的民主政治之点,在于宪政必以地方自治为初基。三民主义的民权主义,是间接民权之外,复行直接民权。中国之幅员广大,人口众多,要使人民行使直接民权,惟有完成地方自治,而以县长市长之民选为地方自治完成最后的一阶。

第三是新政纲民生主义章中之国家经济建设计划赋予人民以广泛的企业自由。我们在新政纲尚未决定以前,曾提出企业自由在国家经济建设计划中的重要性。今日初读新政纲,即发现其果如我们所预期。在这一意义上,新政纲是综合放任主义与计划经济之长,不独适合于世界最新的潮流,亦且发挥了民生主义实业计划蕴蓄甚深的精义。

十九世纪民主政治的缺点在于没有计划。纳粹即乘此缺点以大逞其黩武之侵略,一度陷现代文明于战火之中。然而纳粹主义的缺点在于抑制人民的主动,视同机械,役同牛马,可以说:第二次大战时期,民主国家最初的失败在于缺乏计划,极权国家最后的失败在于毁弃自由。我们知道:英美各国的政治经济学者在最近几年间焦心的问题,是在"计划"与"自由"之间,如何去两者之弊而取两者之长,找出合理的路线以改造其政治而复兴其经济。我们的三民主义,远在英美各国发生这问题之前,已有预见。三民主义要策划国内各族平等的联合,要树立民主政治坚实的初基,要实施经济建设计划而界予人民以充分的企业自由,皆与今日民主各国政治经济学者所主张的"积极民主"可以互作确切的印证。

在新时代大潮流之中,三民主义的真价便彪炳于人寰。这个真价,需要我们深为体察,善为领会。二三年前,一般学者总以为计划与自由是互不相容的反对物。这有两个原因,其一是解释计划为统制,其二是解释自由为放任。解释计划为统制,则计划之成立必以自由为牺牲。解释自由为放任,则自由之发展必陷国家于散乱。以统制为计划,有损计划之真价。以放任为自由,亦失自由之本意。二三年来,一般学者始渐知真正的自由,非有计划不能保障,更非有计划不能普及于人民。又渐知良好的计划,非人民主动不能完成,更非人民有主动不能继续进步以臻于更高的境域。两个相反的观念,始有契合之机。三民主义的真价,乃因而特别明白显现了。

三民主义之汇合计划与自由,共有三层的意义。第一,三民主义的建国计划是为自由而计划。这就是说,建国计划的终极目的在于普及自由于全国的人民。第二,三民主义的建国计划之中,人民享有最大的自由。这就是说,在建国大业进行中,政府的统筹与人民的主动是不能缺一的两要素。惟有两个要素互相协力,始可以致大业于完成。第三,三民主义的建国计划,必须导人民自由于单一的轨辙,乃能厚集国力,以立国于世界,而分担世界和平的责任。

这是新政纲的精神之所在。至于详细研究,我们敬留待最近的将来。

(原载一九四五年五月十九日重庆《中央日报》)

9. 六全代会圆满闭幕(重庆《中央日报》社论)

汤之《盘铭》说:"苟日新,日日新,又日新。"《周颂》说:"周虽旧邦,其命维新。"《易》传说:"日新之谓盛德。"在中国国民党第六次全国代表大会举行之前,我们曾以中国国民党的新生,期待于大会。最近几日,我们读过大会决定的政纲及政策,今天我们又读了大会宣言,我们试作一综合的研讨,深信党的新生之期待为不虚。

今日世界史正在重写。世界文明由强权政治横暴的破坏之下再建,而世界文明的再建也就是世界文明的新生。罗斯福总统所提出的四大自由,《大西洋宪章》所规定的八项原则,都是世界文明新生的指标。自十七世纪以来世界文明的构成分之民族主义、民主主义与社会主义,至此乃开辟其崭新的途径,更获得其更新的发展。在此崭新途径的更新发展上,四海一家的理想虽尚未到具体实现的时候,但是全人类的眼光有此远景,而心胸里有此追求的诚意与决心。

中国以五千年古国,与欧美现代文明相接触者百年。这百年之中,民族的觉醒、民主的运动,社会理想的追求,相率兴起,相与汇合,蔚为国民革命。而国民革命更发为反对强权侵略的抗战。国民革命与其最后阶段之抗战,不独为中国五千年历史绝续的开头,亦且为欧美三百五十年历史演变的缩写。简括的说:国民革命与抗战的使命是要把民族革命、民主革命、社会革命,以至于第一次工业革命与第二次工业革命,毕其全功于一役。故当国父倡导三民主义与手订实业计划之初,无人不惊异其理想之过高与工作之过重,且怀疑其是否可以成功。然而时至今日,我们的国家民族已步入此沉重的使命将近完成且必须加速完成的路程。我们的国家民族在一段路程之中,方以平等的地位与联合国共负世界史重写的责任,而独立自由富强康乐的中国史的新页将在世界史的新页中开其端。今日我们面对的问题真是千头万绪。我们当前的工作也真是千辛万苦。我们没有闲暇引革命抗战既得的成绩以自慰。我们只有竭尽心身之力以保持革命抗战已获得的光荣于不替,更进而共竟革命抗战未竟之全功。

六全代会负有检讨这千头万绪的问题而指导这千辛万苦的工作之责任。大会把握着革命抗战成败之枢纽,亦即关系于中国国家民族存亡之机运。革命抗战的完成,国家民族的复兴,皆有赖于中国国民党的新生。惟有新生的中国国民党才能够贯彻革命抗战的方针,保持已获得的光荣,完成未竟的业绩,使富强康乐的中国得以产生于国际社会之林。我们可以肯定的说:中国国民党是国家的骨干,也是民族的象征。从国家剔去了本党,则国家非复中华民国。中国国民党的覆灭就是中国的覆灭,故欲覆灭中国者必先覆灭中国国民党。中国国民党的新生就可以促成中国的新生,故欲保持中国复兴中国者无不期待中国国民党的新生。因此中国千头万绪的问题,有待于本党的解决,本党千辛万苦的工作有待于这次大会决定正确的方针,更有待于本党以新生的气魄,贯彻此正确的方针,以达于最后的成功。

大会的决议虽多,而贯通于其间者不外三点。第一是争取抗战胜利以完成民族革命。第二是提早宪政实施以完成民主革命。三是决定民生主义的经济社会政策,使工业革命与社会革命毕其功于一役。这三点更有其崇高的目的,在使抗战的光荣归于国家,而抗战的利益归于全民。大公至正的精神洋溢于大会宣言政纲决议,实为举世所共见,亦惟赖此大公至正的精神,本党始能上承百代之流以开始中国史的新页。这一新页在世界史重写的今日,自有其不可掩的光芒。

敬祝六全代会的成功。

（原载一九四五年五月二十二日重庆《中央日报》）

10.新华社记者评国民党第六次全国代表大会。违反世界潮流及全国人民的意志,在"民主"的伪装下,坚持独裁,准备内战

中国国民党第六次代表大会于五月五日在重庆开幕,二十一日闭幕。这次大会虽然开在全国人民迫切要求废止国民党一党专政,成立联合政府、实现民主团结、加强对日作战、反对内战的危机的时候,开在中国共产党的第七次代表大会已将全国人民的要求以总结和宣布的时候,但是它对于希望国民党有所改进的国民党员与国内外人士,所给予的却是失望。国民党的大会在该党反动统治集团的支配下,决定拒绝联合政府(这是在全国实现团结统一,保障国内和平与在国民党统治区进行任何最小的民主改革的必要前提);决定仍于今年十一月十二日召集国民党当局一手包办的所谓国民大会;决定坚持独裁的反人民的"统一","绝对禁止违背政府法令及在外交、军事、财政、交通、币制上有任何破坏统一之设施与行动";对于国共谈判,决定"在不妨碍抗战危害国家之范围内,一切问题可以商谈解决",也就是说,准备随时以所谓"妨碍抗战危害国家"的帽子戴在共产党头上,一切问题实行武力解决。国

民党的大会,既然在这些最根本的问题上违反了人民的意志,它对于目前的局势就不但不能澄清和改进,而且更正式地表明了国民党当局已经选择了坚持独裁、准备内战的道路。这样,这次大会所作出的一切"民主"的姿态就只能成为一种显然的伪善。蒋介石向大会提出:"本党在军队中原设之党部,一律于三个月内取消;在各级学校以内,不设党部,三民主义青年团改属于政府,担任训练青年之任务;在六个月内,后方各县市与各省临时参议会,应依法选举,俾成为正式民意机关;制定政治结社法,俾其他各政治团体得依法取得合法地位;本党党部在训政时期所办现有国家行政性质之工作,于本届代表大会休会后,陆续移归政府办理。"这就是说:国民党当局决定如同把他的政权交给他所制造的国民大会一样,把他的军队青年团及其他行政工作(包括他的特务工作)交给实质上毫无变更的国民党政府;使他所制造的各省县市参议会由临时变为正式;其他政党凡合国民党之法者均为合法,不合国民党之法者均为非法。并且所谓撤销军队的党部实质上是什么呢? 实际上是加强国民党法西斯组织控制军队,这等于在一九三八年蒋介石宣布废除小组织,但是实际上是加强了 CC 团、复兴社等法西斯小组织。国民党的这次大会吸收了几乎所有高级军官为中央委员,便是一个明证。国民党统治集团现在实际上是把国民党的各种反民主的活动"国家化",所以蒋介石的开幕词也说,"在实施宪政以后,本党的责任不但不因之减轻,而无宁更为加重。"总之,国民党统治集团决定把独裁的大权由左手"还"给右手,而这就叫做"民主",并且不许不叫做"民主",反对的就是"破坏统一",就是"妨碍抗战危害国家",就不合于"政治结社法"。国民党的大会此外还通过了很多很多"民主"的宣言和决议,在这些文件里,国民党当局对于人民的迫切而易行的要求如减租减息、救济民营工业等等不作明白的规定,却高谈其所谓都市土地的公有,集体农场,消灭剥削,党与国家的超阶段,甚至决定要"抑制遗传缺德分子之生育"、"调剂两性比例"等等,而其中心只是在实际上为大地主大资本家的垄断兼并开辟更多的门路,这是政治上反民主的必然结果。因此,国民党大会的许多漂亮文件只是引起广泛的厌倦与怀疑。合众社二十四日的重庆电讯说:"此间独立的和自由派的中国报纸一般的论题是提醒过去漂亮的决议案和诺言太多,而兑现的太少了。"它转述《国民公报》的社论称:"过去二十年来国民党威信日降,可以归之于这样的事实,即它没有按照它的话去做。"它又转述素来为国民党政府说话的《大公报》的意见:"宣言和决议案无论怎么样,除非他们立即见诸行动,他们就会经常停留在一纸诺言上的。不仅如此,全国的统一和团结,是全国最根本的也是国民党当前的主要问题。这一点如果能够办到,则一切就将自动解决;如果不可能办到,那末,整个八年武装抵抗所作的牺牲就等于什么都没有。国民党的宣言没有充分规定这一点。"国民党第六次代表大会的成就,就是如此。

　　必须提出,国民党的大会是在这种矛盾的情况之下进行的;虽然大会的代表实际上出于国民党内反动集团的指定,他们当中的许多人仍然在各种程度上反映了人民对国民党统治的不满情绪与改革要求,但是这些人的意见一般地不可能在被操纵的大会上通过。例如对于国民大会问题,据中央社宣称:代表们即曾提出《加强民主设施,促成国家统一案》,《确定重新推选国民大会代表,以便实施宪政案》,《请修正国民大会选举法以应需要案》,《请修正国民大会组织法案》等等,但是一切这些重大问题国民党的大会都只以"交中央执行委员会或中央常会慎重研讨之"一句话而不加解决,可是开会的日期却又以"应依照总裁宣示"一句话而解决了。同样,虽然这次大会是为狂热反共与准备内战的反动集团所支配,但由于国内外舆论的压力影响着大会的代表,反动集团终于未敢公开作出反共内战的决议,而只以"在不妨碍抗战危害国家之范围内,一切问题可以商谈解决"这种暧昧的阴谋家的词令来作内战的伏笔,国民党大会所通过的若干漂亮决议虽然只是内战阴谋的装饰品,但是仍然反映了广大人民和国民党员对于国民党大地主大资本家统治在实际上太不漂亮的愤懑反抗,与他们对于共产党所实行的,其他民主党派所主张的民主纲领的同情向慕。国民党大会恢复该党第一次大会承认少数民族的宣言,这是纠正了蒋介石《中国之命运》的错误。大会又通过没收或"征用"中国在美各银行的冻结存款,这也多少表示了对于蒋孔宋金融寡头及其他大存户的不满情绪。大会要求"提高各级党部工作人员素质,特别注重其经历,人格,学识与革命性",这可以看出国民党统治集团是使用着一批怎样的爪牙,而蒋介石本人关于撤销军队学校中党部的提议,更自己答复了国民党的统治到底是做好事还是做坏事的问题。但是军队学校的国民党部既然应该撤销,政府中的国民党独裁为什么反而不应该撤销呢?不但这个问题蒋介石不能答复,其他许多在大会上提出的问题蒋介石也不能答复。在九十两日的国民党大会上,质问的人数达一百几十人,问及旧制资本、平均地权、准备反攻、澄清吏治、改善士兵公教人员生活、花纱布管制局业务失职案,黄金涨价消息泄露案,等等问题,而质问的结果乃是蒋介石的一顿大骂,用中央社的说法则是"总裁莅会致训,勖勉各代表多提供根本问题而有建设性意见。"国民党统治集团在党外的独裁同样也实行于党内,这甚至在细节上都表现出来。国民党这次大会的主席团与新的多至四百六十名的中央执监委员会,不包括蒋介石在内,因为大会主席团的职权是"于总裁不出席大会时轮流主持大会",大会后的中央执监委员会的职权比这当然要更小而且要宣誓"服从总裁命令"。蒋介石虽然要大会"全体一致起立"(而不是无记名投票)"选举"他继续做总裁,但在大会选举以前的开会期间,他的总裁职务却始终没有停止,这种"选举"的价值就可想而知了。

国民党大会的路线既然是坚持独裁、准备内战的路线,而这种路线又不仅违反全世界潮流和全国人民公意,并且也违反多数国民党员的意见,那么,这个路线与其支持者的失败,是不可避免的。中国人民将丝毫不为国民党统治集团的恐吓、欺骗和摧残所动摇。中国人民将继续以一切力量,为争取废止国民党一党专政,成立联合政府、实现民主团结、加强对日作战,反对内战阴谋,为争取独立、自由、民主统一与富强的新中国,而奋斗到底。

(原载一九四五年五月三十日延安《解放日报》)

11.评国民党大会各文件(延安《解放日报》社论)

关于国民党的第六次全国代表大会,昨天新华社已经做了概括的评价,因为这次大会的政纲政策和各项决议宣言,名目繁多,昨天的批评里不及多说,所以我们在这里再略说几句。这些文件可以大致分为三类:第一类反动的,第二类是"漂亮"的;第三类是看似"漂亮",实质却是反动的。

第一类,包括关于所谓国民大会的决议,所谓绝对统一的政纲等等,这些在这次大会的文件中分量虽不多,却是决定性的东西,是国民党统治集团将顽固地加以坚持的,是积极地准备内战,要在今后几年内大规模屠杀中国人民的。这些东西,全国人民必须加以全力反对。关于这些,我们已经多次肯定地指出过,这里暂且不去多说了。

第二类,在这次大会中特别多,这里面固然有许多不着边际的空谈,但也有很多是目前应该做,可以做的,譬如"保障人民言论、出版、集会结社、宗教、信仰及学术研究之自由","保障农民权益,改善农民生活","改善劳动条件、保护童工与女工","切实优待出征军人家属,筹划战后官兵之复业与授业","增加学生公粮,每日定量为二十五市两,以资保健","举办侨民福利及救济事业,对国内侨胞尤应切实保证救济","献金献粮,限于大户,由党的中央干部及政府要员拥有资财者,率先奉行,以资倡导","凡甘愿经商之官吏,勒令辞职,否则严惩"等等。这虽然反映了人民与多数国民党员对于国民党内代表大地主、大银行家、大买办的官僚军阀统治集团的愤懑反抗,但实际上只能成为这次大会的装饰品,《大公报》、《国民公报》、《新民报》等所指不能兑现的空话,就是说的这一类。这一批纲领、决议、宣言和国民党过去通过过的无数同类纲领、决议、宣言一样,国民党统治集团是一定不会实行的、或者是在"实行"中一定加以根本歪曲的。古时有两个寓言,可以从两方面说明国民党大会的这些文件,一个是:一个马夫表示爱护马,天天去刷马的毛,却天天偷减它的食料。马对他说:谢谢你的美意,不要再刷我的毛了吧,只要你不让我饿死就好了! 另一个是,老鼠开会商量对付猫的问题,一个聪明的老鼠说:拿一个铃挂在猫的颈上,猫一走近我们就都听见,可以躲开了。做主席的老鼠问:这个提案很好,但是谁去挂呢? 现在的问题正是如此。从国民党当局方面说,你们说了这样多这样久这样重复的很好听的话,何如休息一下嘴巴,实实在在做出件把好事,甚至只要少做几件坏事,譬如停止书报检查,释放政治犯,取消特务机关,减轻人民负担之类。从国民党党员方面说,你们要求你们党的领导人员改变政策,甚至要限制他们的资产,没收他们的存款,禁止他们的发财,"勒令辞职,否则严惩",这些提案都很好,但是谁去执行呢? 今天的马夫,不还是昨天的马夫吗? 今天的猫不还是昨天的猫吗? 那一天不废止这个反动统治集团的专政,那一天不成立民主的联合政府,就休想这个马夫不但不偷而且增加人民食料,就休想这个猫会自动在颈上挂起铃,在嘴上套起罩子来。但是无论如何,国民党既然正式宣布了这一部分有利于人民的东西,全国人民,首先是国民党统治区的人民与要求民主的国民党员,就必须坚决要求国民党当局的兑现,逼迫他们实践自己的诺言。

比较值得研究的是第三类。如果它们仅仅是"漂亮话",那么害处还会少些,无非是不实行而已;但是事实与此相反,就是说,它们实在是些大坏事,因此国民党统治集团是会要做的,或者是企图做的。这一类里的标本就是所谓节制资本、平均地权。国民党这次的政纲里规定了"凡有独占性之企业及为私人之力所不能办者,均当归国营或公营","都市土地一律收归公有,农地除公营者外,应以最迅速有效之方法,实行耕者有其田,凡非自耕之土地,概由国家发行土地债券,逐步征购并分配之","推行集体农场"等项;在土地政策纲领里对于平均地权又作了补充的规定:"一切山林、川泽、矿产、水力等天然富源,应立即宣布完全归公,其规模较大者归中央经营,其规模较次者归地方自治团体经营";"经战争破坏之都市,政府应于收复后立即颁布复兴计划,其中心市街或码头、车站、公园等附近地带,应归政府全部征收,分别整理,其可租与人民者依地价征收累进地租";"中央应迅速决定在华北(?)及边界地区(?)设置国营农场之处所及范围,并准备移植战后退役士兵及内地过剩农民从事经营";"各乡镇应普设地方公营农场一所,由地方政府利用可垦荒地或征收适当耕地充之";"凡私有土地应即速规定地价,按价征收累进税,并实行涨价归公";"私有土地得施行照价收买并限制分割"等等。看来国民党当局真是"激进"得很,他们的纲领甚至比共产党还要"左"些,独占性的企业,山林、川泽、矿产、水力,乃至都市土地的收归国有,这在抽象的原则上确是对的,是孙中山先生的革命主张。但是问题的实质在于:这个"国"是个什么"国"呢? 如果国家政权是人民的,那么这个主张就是革命的;如果国家政权属于反对人民的代表少数大地主、大银行家、大买办的官僚军阀集团,那么这个主张就不但没有什么革命,而且是一种反革命,因为它不但不能提高生产,而且适足以阻碍生产。正是孙中山先生本人，还在民国元年就曾经说过一段很透澈的话："虽然，国有之策，清朝政府以之亡国，吾之所反对者也。然则向之反对铁道国有者，岂与本政纲抵触者乎？是不然。清朝政府者，君主专制之政府，非国民公意之政府也。故清朝政府之所谓国有，其害实较少数资本家（按指民间资本家）为尤甚。故本会（指同盟会）政纲之次序，必民权主义实施，而后民生主义才可以进行者，此也。"（民生主义谈话）现在的国民党政府，"君主专制之政府，非国民公意之政府也"，它的所谓企业、国营，资源国有，只不过是进一步地扩大官僚买办资本，而吞并民间资本，"其害实较少数资本家为尤甚"，这是抗战八年来所特别明白地证明过的。同样，它的所谓都市土地公有，只不过是为了进一步地扩大官僚买办资本，而吞并民间的地产所有者，并且为了更贪婪地压榨都市居民的血汗，和直接操纵他们的生命。它的所谓征购凡非自耕之土地，征收适当耕地普设公营农场，私有土地涨价归公，私有土地得照价收买并限制其分割等等，只不过是为了进一步地扩大官僚买办资本，而吞并农民、中小地主乃至一部分在野的大地主，并且给他们在乡村的爪牙以无数的同样机会（所谓华北的国营农场，还有内战的阴谋在内）。"耕者有其田"，而且"应以最迅速有效之方法"，比之共产党的实行减租减息，并准备"然后寻找适当方法，有步骤地达到耕者有其田"，真是何等彻底！但是可惜狐狸总拖着一条尾巴：国民党官僚买办土豪恶霸党棍流氓们所"公营"者除外。不但除外，而且还可以向"耕者""征收适当耕地"或"照价收买并限制其分割"，使私营变为"公营"。这样七搞八搞，结果不是公营有其田，而耕者无其田了么？何况还有登记，还有报价，还有地籍整理，还有土地银行，更可以无限制地上下其手，上下其脚呢？因此，国民党大会的"民生主义"，其前途必然是国民党统治集团官僚买办资本的高度大发展，中国资本与土地的高度大集中。但是，试问国民党统治集团除了实行这样的"民生主义"，还有什么样的"民生主义"可以实行呢？

或曰，此言差点，君不见国民党大会这回还通过了一条"发扬革命精神，实行民生主义，以解除将来国家经济建设之困难，而固国本案"乎？君不见这个"案"的第一项办法便是"举办党的重要干部及政府主席官吏之财产登记，并进而加以限制,使地主资本家无法操纵政权,确保政府超然独立,不属于任何阶层之革命性,以获得三民主义之信徒及一切前进分子之信赖与拥戴";而蒋介石在大会开会词中,又坚决宣布"必须消灭一切兼并剥削的现象",并于六届一中全会上,"恭读能知必能行一章"乎? 国民党当局决心不做马夫而做马,不做猫而做老鼠,而且能知必能行,这为什么不好呢? 但是,一九二七年以来的国民党政府,从来都说超然独立,从来没有说过是属于地主资本家阶层的,为什么又似乎从来能知不能行,弄得现在大有地主资本家操纵政权的嫌疑,而要在六次大会一个决议案中力求洗刷这种嫌疑呢? 五月七日吴铁城的党务报告中,还说是"本党历次决定的财政经济金融政策,都极正确",何以不到十天,大会的政治决议,忽然又说是"溯自北伐完成,本党执政已十七年于兹,而民生主义所诏示之节制资本与平均地权两基本原则,迄未完全实现,并从抗战以来,政府关于财政经济金融贸易之政策,既不能相互配合,更未能贯彻发展国家资本及限制私人资本之主张,将使社会财富日趋于畸形之集中,亟应严切注意,力挽颓风,以扫除民生主义之障碍。其次,在抗战期中,农民出钱出力,贡献最大,而生活最苦,乃自二十三年公布《土地法》及二十五年公布施行法,迄今以及十年,多未见诸实施,此次总报告亦犹未述及。此国家制定有关民生之大法,诚应迅予切实执行,不容再事延缓"呢? 岂非"能知必能行"的道理,虽经恭读,仍不见效么? 不要闹这些玄虚了吧! 打开天窗说亮话:国民党政府既已为大地主大资本家所操纵,何不立即结束这一群人的专政呢? 说是要登记和限制他们的财产,可见他们的财产确是太多了,太可恶了,何不干脆请他们立即滚蛋,辞职下野出洋都可以,让全国绝大多数财产不多的人来"获得三民主义之信徒及一切前进分子之信赖与拥戴"呢? 大地主大资本家财产太多了的人操纵政权不好,这是已经确定了,但现在中国就有十九个解放区的政权是不由大地主大资本家操纵的,那里没有什么"颓风"和"民生主义之障碍",更不像国民党前方省区之充满"贪污渎职,虐民营私"的反动派,那里的近一万万农民也不"生活最苦",因为"有关民生之大法"老早"迅予切实执行"了,为什么恭读"能知必能行"的大地主大资本家反而又要讨伐他们,连与他们成立联合政府都不干呢? 那么,国民党当局发表这一套纲领决议宣言,用心所在,岂非不问就可以知道了么?

值得特别指出,国民党大会文件中愈是高谈什么"消灭兼并剥削的现象"、"超然独立的革命性",愈是热衷于所谓反对私有和实行国有,就愈是使我们记起在这几天自杀、被枪毙、被捕或失踪了的人们——希特勒、希姆莱、戈林、墨索里尼等等。这些人不是都讲过这一套,并且讲呀讲的就都成了绝大的大地主大资本家,大工厂大公司大银行的老板的么?国民党的大会以"民主"的糖衣欺骗着世界舆论、中国人民和多数国民党员,然而实际则不但在政治军事党务上进一步加强法西斯的独裁,要求国民党中央委员(将来就是国民党全党)"誓以至诚服从总裁命令,绝对不组织或加入其他政治团体",并以这样的党来定造国民大会、定造宪法、政府及其军队;而且在经济上也是进一步加强法西斯的独占。中国人民与中华民族,除非废除这个法西斯集团的法西斯专政而成立民主的联合政府,前途是能够设想的么?

现在在中国人民面前,同时开了两个大会,同时发表了两套文件,这对于中国人民是一种幸运,因为便于比较选择。每一个客观地比较过的人,都会很快发现;共产党大会的文件,其内容是一贯的,它从事实与逻辑的分析出发,它不说中国人民在现在条件下不能做、不必做以及不准备做的事,它所提出的任务坦白,确定,而且有切实可靠的行动基础,相反的,国民党大会的文件,其内容是矛盾的,反动的和表面"漂亮"实质反动的东西支配着并取消着"漂亮"的东西;它没有事实与逻辑的分析;因而它所规定的工作,如果不是不应做的,就是不能做的,或者虽然应做能做,但是不准许有实行的前提;因而它的措辞也就既武断,又暧昧。它是武断的,因为它不可能诉之于事实与逻辑;它又是暧昧的,因为它不敢坦白、确定地诉之于群众,而只能乞灵于两面三刀的官样文章与阴谋词令。人民是善于判断的,历史是善于判决的,法西斯必须在全世界消灭,而民主必须在全世界胜利。国民党当局如果始终坚持它的反动政策,不管他们自恃有什么"奥援"而冲昏头脑,他们就只能在人民的伟大奋斗中找到自己的失败。

(原载一九四五年五月三十一日延安《解放日报》)

12. 新华社记者评国民党内外政策动向在六届一中全会上举行法西斯式宣誓；和有浓厚法西斯色彩的阿根廷建立邦交；陈诚公开声明将以盟国租借武器，进行内战

新华社记者评论最近国内政治发展称：在通过无数"漂亮"决议纲领的国民党六全大会闭幕后，仅仅过去了两个星期的时间，但是这短短的十几天已经足够地暴露了国民党大会底一切决议的虚伪和欺骗，证明了国民党当局底法西斯主义与准备内战的面目。内战的危险急剧地增长了。在这两星期内发生了三件标志着国民党内外政策发展趋向的大事。这三件大事是国民党的一中全会；国民党政府与阿根廷建立外交关系，及国民党政府军政部长陈诚将使用盟国租借武器进行内战的公开宣告。这三件事标明了国民党当局的国内外政策正按照法西斯主义和准备内战的道路大踏步前进着。

上月底开会的一中全会，本来是国民党六全大会之后的例行会议，并没有足以重视之处。但是在全会开幕典礼上"全体中央执监、候补执监委员"的宣誓，却是在认识国民党底真正面目上所不可忽视的。誓词全文如下："余誓以至诚，遵奉总理遗嘱，服从总裁命令，信仰本党主义，遵守本党纪律，严守党的秘密，绝对不组织或加入其他政治团体，绝对不自私自利，绝对不以个人感情意气用事，如有违誓言，愿受本党最严厉的处分。谨誓。"宣誓时即由蒋介石本人监誓。一个政党对最高领导必须宣誓"服从总裁命令"，否则即须受"最严厉的处分"！除了纳粹党及法西斯党，那里会听过见过？要在"总裁"面前宣誓绝对服从他之后才能就职中执监委，这就除了希特勒党、墨索里尼党外，那里会听过见过？至于"绝对不组织或加入其他政治团体"一语，尤为荒谬绝伦。试问："国民参政会"、"宪政实施协进会"……等等不是政治团体么？依这誓言，那么从参加这些会的总裁蒋介石起一概都应受"本党最严厉的处分"了。一个政党禁止党员参加别的政治团体，等于禁止党员作政治活动，也就是说这个政党无存在之必要了。但是誓词之所以如此荒唐可笑，乃是因为国民党当局不愿承认其他政党合法存在，讳避政党字样的缘故。至于最严厉处分，意义指什么未见新修改的总章，不能断言。但一按前国民党中委邓演达之未经审判即被枪杀，前国民党中委张学良、杨虎城未经法庭即被

长期囚禁,对于国民党中执监委的最严厉处分,当不仅开除党籍而已。因之,一中全会整个说来,虽是一个无足轻重的形式的会议,但这一誓词却极可宝贵,因为它活画出了一副希特勒面孔,短短数十字将国民党当局、六全大会、宣传机关所惨淡经营的"民主"粉饰一下子打得烟消云散了。

另外一件把国民党的好听的空话打得烟消云散的事情,是国民党与阿根廷建立邦交。阿根廷是什么样的国家呢?用中央社的话来说吧:"按阿根廷不独为倾向轴心集团之国家,即其国内政局亦含有极浓厚之法西斯色彩。战前战时与德意日三寇狼狈为奸,阿国成为轴心间谍保护所,对华甚不友好,曾承认伪满。近因美国加以重大压力,而轴心集团局势又日非,始稍改旧态,但其真意是否悔过,尚属疑问。如此国家,竟允其参加联合国会议,殊非贤明之举。"(五月九日中央社总编辑室特派员电)说得不错,补充是多余的了,是否真意悔祸的疑问亦可由中央社自己来回答。美记者不断在报上发表专文,揭露阿根廷的内情,说情势较法西斯时代的意大利还坏。《纽约时报》昨日发表长篇报告,详述阿国政府大规模逮捕自由主义者及批评政府的其他人士,并采取种种压迫措施。杜鲁门总统在回答记者提问时说:他对于此种情势,不甚满意。美国希望阿根廷能在参加旧金山会议时,改变他的内政政策,但已失望。(中央社六月二日旧金山专电)就是与这么一个内政上含有极浓厚法西斯色彩,轴心间谍保护所,对华甚不友好,曾经承认伪满的阿根廷建立邦交,是国民党六全大会后新外交政策的第一个步骤。事实胜于雄辩,国民党今后的外交政策将不是加强与盟国——特别是苏联的"永久友好关系",而是与法西斯残余国家"建立永久友谊"。

最后也是最严重的,乃是本月六日国民党政府军政部长陈诚在外国记者招待会上公然声明:将以租借武器进行内战,声明全文如下:"美国对中国租借武器近来已增加。本人可以向盟邦切实保证,凡租借法案所得到的武器,无论一枪一弹,均用以装备打击敌人的部队,但如中央部队遭受不友好之部队袭击时,若望中央部队不用其所有武器自卫,亦为不近人情之事。"所谓不友好部队,指什么?观其与中央部队对称,可知即为非中央部队是也。声明的意义就在号召国民党中央系部队用"受袭击""自卫"的口号,去进攻非中央系的异己的"不友好部队",首先是八路军、新四军。这个道理很容易明白;自从一九三九年以来,一直到今天,国民党的军队没有一天断过对八路军、新四军的进攻,而且新四军是被国民党当局早就宣布为"叛军"的,八路军是被称为"奸军"的。国民党当局至今矢口否认有准备内战的企图,六全大会还惺惺作态说什么"政治解决"、"一切问题均可商谈解决"之类,现在陈诚的声明就完全揭露了这种虚伪,证明国民党当局在积极准备内战。国民党当局至今口口声声向盟邦保证不用租借武器作内战之用,盟邦朝野亦颇有人为其迷惑,代其保证;现在国民党当局揭下这个假面具了,陈诚的声明公然声明将用所有的租借武器进行内战。

陈诚的肆无忌惮的内战声明,应该唤起全国人民的注意,也应该唤起全世界舆论及盟邦政府的注意。国民党当局的内战准备已经从偷偷摸摸转为公然宣言了,全国人民如果再不注意,再不去揭露他的阴谋,阻止他的准备,那么内战的炮声是很快就会爆发的。国民党当局从暗中准备使用租借武器进行内战转到公然宣言了,如果盟邦政府再以武器供给中国国民党当局,那实际上就是帮助国民党当局进行内战,屠杀中国人民;这不但将破坏太平洋上的反日战争的胜利,而且是对中国人民的极不友谊的举动。中国人民要求盟国——首先美国立即停止对国民党政府的租借武器的供应。我们号召全国人民立即警觉起来,采用一切方法反对国民党当局的法西斯主义国内政策与外交政策,反对国民党当局的内战准备,将抗日人民战争坚持到彻底胜利。

(原载一九四五年六月八日延安《解放日报》)

13.苏联《消息报》评国民党六大及中国形势

《消息报》以长文评述最近国民党代表大会的结果与中国的情势称:中国国民党代表大会是在国际形势有利于中国的时候召开的。在代表大会开会期间。国内政治形势仍然极度紧张,而战争形势甚至更坏。大会各发言人试图以外部的原因,如像盟国援助不够等等,来解释前线的失败。中国军队的军事领袖们,以劣绩作德行,决定向整个世界装饰他们不存在的军事功绩。在中日战争中,已不止一次表明:中国士兵能够顽强地对敌作战,这是无疑的。但是,应当很公允地说:世界各爱好自由民族最近曾以惊惧的眼光注视中国军队怎样在一九四四年的有利条件下,不战而放弃许多重要地方给敌人,而同时,却用他的军队封锁对日本侵略者英勇斗争的八路军与新四军。尽管目前形势有利于攻势战,中国统帅部仍然是消极的,因为某些中国军事领袖对肃清国内民主运动时封锁边区,比对日斗争更为关心。由于作为中国统治的政党——国民党的态度,它实际上拒绝了全国团结的政策,战争与国内政治形势仍然紧张。代表大会议事日程上中心问题之一,是召开国民大会通过宪法。决定于一九四五年秋天召开国民大会以建立立宪政体,诚然是走向中国民主化的一个重要步骤。但是,国民党所试图实行此重大措施的那些方法,无疑是企图完全维持他自己的独裁统治。宣传部长王世杰说:"至于此国民大会的权力和代表资格诸问题,将由国民党中央执行委员或其常驻会决定。"召开国民大会,草拟宪法等等的准备措施,仍然是国民党一手包办的。更甚于此者是,国民党已经以指定代表及宣布中日战争之前选任的代表为有效(当时国民大会的召开因战事而延期),来保证它在国民大会中的压倒优势。国民党经过国民大会"还政于民"这一口号,可能成为口实,在这口实背后,国民党反动领袖们企图更大地增强他们的权力,而却假装要使国家民主化。国民党报纸试图证明,国民党在采取中国民主化的道路,它们把代表大会决议废除军队中的国民党党部表现为这样的措施。可是,由于军队中的主要职位为国民党所占据,政府里面尽是国民党员,这些改革实际上是毫无意义的。国民党关于全国团结的政策仍然毫无改变。这是分裂民族力量的反人民政策,在国内挑起内战的政策,这在国民党对待共产党及中国其他民主团体的态度上尤为明显。中国与国外的一切进步力量,都坚决拥护国内全国团结的达成。中国进步的报纸发表成都文化界的宣言,其中包含要求立即实现的十项要求:第一,要求尽速召开各党各派代表的非常会议,成立全国拥护的联合政府;第二,要求召开全民选出的、将反映人民真实意见的国民大会,并免除那些由上面指派的国民代表大会代表。其他要求为:给予人民民主权利和自由以增强作战努力,完成抗战事业等。特别的一点是要求改善与苏美英的关系。中国人民对其民族解放事业已拿出了很大的力量,我们已开始更多地了解到胜利的达成,不仅需要敌人的败北,而且需要有国家坚决的民主化和全国的团结。

(原载一九四五年六月四日延安《解放日报》)

14. 中共中央负责人声明不参加第四届国民参政会

新华社记者就国民党政府定于七月七日召集新的国民参政会,中共方面是否有人出席一项问题询问中共中央负责人,承其答复如下:

国民党政府决定于今年七月七日召集所谓国民参政会,中共方面没有什么人去出席。这是因为:

一、从去年九月以来,中共与中国民主同盟及其他广大民主人士,一致要求国民党政府迅即取消一党专政,召开各党派及无党派代表人物的会议,成立民主的临时的联合政府,发布民主纲领,实现民主改革,以便动员与统一中国人民的抗日力量,有力地配合同盟国战胜日本侵略者;并由此种联合政府依据民主原则,于全部国土获得解放之后,实行自由的、无拘束的人民选举,召开国民代表大会,制定宪法,选举正式政府。此项主张,实为中国大多数人民公意之反映。但在本党代表与国民党政府代表几次谈判之后,已被国民党政府所拒绝。至于恢复团结与建立联合政府之一些起码的条件,例如取消镇压人民的自由的法令,取消特务,释放被捕的共产党员及一切爱国分子,承认中共及其他民主党派的合法地位,承认中国解放区,撤退包围与进攻中国解放区的军队等项,一项也不愿实行,反而变本加厉,增强了破坏团结与破坏抗战的反动措施。

二、此次所谓新的国民参政会之召集,国民党政府当局事前并未与本党协商,亦未与其他民主党派协商,仍和过去的国民参政会一样,完全由国民党一手包办。依据国民党政府的法令,中共及其他民主党派至今没有合法地位。即就中共方面的参政员而论,亦为国民党当局所指派,并非中共自己所推选。而中共所领导的抗日力量,现已成了战胜民族敌人,解放中国人民的中心力量。国民党政府此种对待中共的态度,不但与民主原则相违背,亦与中共在抗日战争中的地位不符合。

三、尤其重要的,是国民党的第六次全国代表大会,不顾中国人民、中国共产党及其他民主党派的一切反对意见,一意孤行地决定于今年十一月十二日召集那个由国民党一手包办的分裂人民的准备内战的所谓国民大会,而在行将开会的国民参政会上,就要强迫通过许多具体办法,以便实行国民党的反动决议。而如果这样做,就将铸成大错,反民族反人民反民主的大规模内战就会爆发。很明显,这样做的结果,只是帮助了日本侵略者。根据上述各项理由,中共方面已决定不参加此次国民参政会会议,以示抗议。

一九四五年六月十六日

(原载一九四五年六月十七日延安《解放日报》)

15. 褚辅成等七参政员致毛泽东、周恩来电

延安毛泽东、周恩来先生惠鉴:

团结问题之政治解决,久为国人所渴望。自商谈停顿,参政会同人深为焦虑。月前经辅成等一度集商,一致希望继续商谈。先请王若飞先生电闻,计达左右。现同人鉴于国际国内一般情形,惟有从速完成团结,俾抗战胜利早临,即建国新奠实基。于此敬掬公意,伫候明教。

褚辅成　黄炎培　冷　遹　王云五

傅斯年　左舜生　章伯钧

巳　冬

(原载一九四五年六月三十日延安《解放日报》)

16. 毛泽东、周恩来复褚辅成等七参政员电

褚慧僧、黄任之、冷御秋、王云五、傅孟真、左舜生、章伯钧诸先生惠鉴:

来电敬悉。诸先生团结为怀,甚为钦佩。由于国民党当局拒绝党派会议、联合政府、及任何初步之民主改革,并以定期召开一党包办之国民大会制造分裂、准备内战相威胁,业已造成并将进一步造成绝大的民族危机,言之实深痛惜。倘因人民渴望团结,诸公热心呼吁,促使当局醒悟,放弃一党专政,召开党派会议,商组联合政府,并立即实行最迫切的民主改革,则敝党无不乐

于商谈。诸公惠临延安赐教,不胜欢迎之至,何日启程,乞先电示。扫榻以待,不尽欲言。

毛泽东　周恩来

巳巧

（原载一九四五年六月三十日延安《解放日报》）

17. 美国驻华大使赫尔利为褚辅成等七参政员访问延安致国务卿

由如下七个中国人组成的一个委员会于六月二十七日来访问我,他们是:

褚辅成先生(国民党)

傅斯年博士(无党派人士)

王云五先生(无党派人士)

冷遹先生(无党派人士)

左舜生先生(民盟)

章伯钧先生(民盟)

黄炎培先生(民盟)

王云五担任翻译。他说,已经组成一个委员会,讨论中国统一的问题。其中三个无党派人士由国民参政会指定,其他的人自愿参加。他说,委员会已经请求我提供意见和帮助。

我告诉委员会,我赞赏他们发出呼吁的精神。我说,我当然乐于以任何方式帮助委员会。但是我认为,目前对于中国人——国民党、共产党、民盟和其他政党,最重要的是跟随他们的领袖,作出他们自己的决定,并对自己的政策负责。我说,中国人不应要求外国人为他们作出决定。我很希望能有所帮助,但我拒绝向任何一个党派组织提出劝告。如果受到所有的党派要求的话,在以后的讨论中,我将提出建议。

我建议委员会,应仔细审查过去六个多月来国共两党提出的所有建议和反建议,尽力从中找出一个双方都可以接受的原则。我认为,作为美国大使,不论是强调中国共产党的五点建议的优点，还是强调国民党三点建议的优点，对于我来说都是不适当的。在答复有关委员会的评议是否应公布时，我说我赞成新闻有充分的自由，如果不是提供那种给敌人帮助和安慰的报告的话。

我说，当委员会在重庆作出深思熟虑的结论时，我愿意提供一架飞机，送他们去延安，与共产党人进行讨论。我说明，当讨论在延安进行时，如果共产党人和其他人都希望我参加的话，我将乐于接受。我极力主张，所有的中国人都参加评议讨论，不是作为国民党、共产党、民盟和任何其他党派或组织的成员，而是作为热衷于努力建设一个自由、统一和民主中国的爱国的中国人参加。我说，我将保持对进展的了解，并指定史密斯上校作为我的联络员，跟随委员会。委员们表示，他们很高兴我能了解进展情况。

一九四五年六月二十八日于重庆

（牛军译自《美国对外关系》）

18. 中共中央举行盛大晚会欢迎六参政员访问延安

中共中央于昨日下午六时，设宴欢迎甫从重庆飞抵延安的褚辅成、黄炎培、冷遹、傅斯年、左舜生、章伯钧等六先生。宴后并举行盛大欢迎晚会。

当毛主席、朱总司令、周恩来同志等，偕同六位先生进场后，热烈欢迎的掌声震动全场。李富春同志宣布开会后，即由周恩来同志致欢迎词。首称：我代表中共中央欢迎六位在大后方为抗战、民主、团结奋斗多年的我们的老朋友。他们奋斗的业绩我们大家都是知道的，因为不仅中共中央的同志，就是全延的人民，全解放区的人民、军队、共产党员和其他团体，对六位先生能冲破种种困难飞达延安，表示亲切的欢迎。恩来同志继述及：自从抗战以来，我们党坚持抗战、团结、民主的方针，和敌后解放区全体军民八年来始终如一的和敌寇搏斗，曾经得到各位先生的鼓励与赞助。去年国民参政会上，林伯渠同志代表我党提出成立联合政府的方针后，也深得他们的赞助。特别民主同盟诸先生，他们赞同召开党派会议，成立联合政府，打倒日本侵略者。恩来同志最后称：中国抗战民主的事业，应该是中国人民自己起来解决的。我们相信六位先生求抗战胜利、谋全国民主团结的精神，是和我们一致的。中共中央的愿望——也就是全解放区人民的愿望，是树立一个独立、自由、民主、统一与富强的新中国，我们希望六位先生把这个愿望带回给大后方各阶层的人民去。

恩来同志致词毕，黄炎培先生登台讲话。黄先生满面笑容，精神愉快，言词洪亮，无旅途劳顿之色。他首先谈及此次来延的主要目的（黄先生称之为正目的），为促成全国团结。他说，这不是少数人的目的，而是全中国同胞的目的。黄先生继称：时至今日，环顾全球，一种新的趋势，正在日益增长，世界上每个角落，每个国家，都由分而合，走向团结，就是国与国之间也形成大联合，因此产生了五十国参加的旧金山会议。这是今后世界的潮流，是不可抗拒的力量，那一国家顺着这个潮流就有生命，反之，将会失去生命。事到如今，不容许中国不团结，而我们来延就是想促成这个团结。其次第二个目的（黄先生称之为副目的），是想来看看延安，以实现多年的愿望。黄先生说，在延安的一天半中，曾到市上散步，看见了延安的老百姓和商铺，会见了许多新旧朋友，有几点感想：第一，看不到一块荒废的土地；第二，看不到一个游手好闲的人民。其次，中共中央和政府的领袖生活很刻苦，而老百姓的新建筑增多，生活很好。黄先生提到最近毛主席的《论联合政府》报告，说，这报告所提出纲领表示共产党是要实干，而不是说空话的。至此，黄先生从上述的几点感想中，得出一个结论：共产党是进步的，踏实的。他并以"心心相照"的语句，来叙述他对解放区军民的亲切之感。最后他说：有一个延安的老朋友告诉我一句话说：这边的政府，对于每一个老百姓的生活和生命都是负责的。"这句话很使我感动，因为政治上的事，只要做到了这一点就成功了。

左舜生先生继黄先生被邀讲话，首称：在延安的一天半，超过了我未来以前的种种理想。继即简述民主同盟的成立经过，及对于目前中国局势的各种主张。左先生最后谈及：中国需要团结，但只有实现民主才能保障团结，也必须团结才能保障民主。在走向民主团结的大道上，虽然会碰到曲折迂回，但我们的目标很准，同心同德一齐向前，我们相信一定能够达到这个目的。黄、左两先生的讲话，博得到会者的热烈共鸣，二先生的讲话，时被雷动的掌声所中断。讲话毕,在"解放区打胜仗,大后方民主运动正高涨"欢迎歌声中,晚会启幕。晚会共分三部,音乐、秧歌剧、话剧。直至十二时,宾主始尽欢而散。

(原载一九四五年七月三日延安《解放日报》)

19. 中共代表与褚辅成等六参政员延安会谈记录

来延六人与中共方面同意下列两点:

一、停止国民大会进行。

二、从速召开政治会议。

中共方面之建议:

为着团结全国各党派及无党派代表人物,共商国是,以便在民主基础上动员、统一与扩大全中国人民的一切抗日力量,配合同盟国,最后战败日本侵略者,建立独立、自由、民主、统一与富强的新中国起见,并在国民政府停止进行不能代表全国民意的国民大会之条件下,中国共产党同意由国民政府召开民主的政治会议,并提议在召开前须确定下列各点:

一、政治会议之组织,由中国国民党、中国共产党、中国民主同盟三方面各自推出同数之代表及由三方面各自推出三分之一(其数等于每一方面代表数),并经他方面同意之无党派代表人士共同组成之。

二、政治会议之性质

1. 公开的;

2. 平等的;

3. 自由的;

4. 一致的;

5. 有决定权的。

三、政治会议应议之事项

1. 关于民主改革之紧急措施;

2. 关于结束一党专政与建立民主的联合政府(由各党派及无党派代表人物参加的举国一致的政府);

3. 关于民主的施政纲领;

4.关于将来国民大会之召集。

四、政治会议召开以前，释放政治犯。

五、为使政治会议顺利进行起见，在政治会议召开前，应由各方面先作预备性质的协商，以便商定上述四点及其具体内容。

一九四五年七月四日

（摘自金城：《六参政员的五日来去》，一九八五年一月二十五日

《人民政协报》）

20.美国驻华大使赫尔利就与中共代表王若飞的谈话致国务卿

驻重庆的中国共产党代表王若飞将军在他的翻译陪同下，于六月二十八日拜访了大使。（ReEmtel 1067,6 月 28 日。）史密斯上校出席了会议，并将三个小时谈话作如下记述。

大使向王将军回顾了他在使共产党代表和国民政府代表都能参加旧金山会议的问题上所起的作用。他还回顾了他去延安与毛泽东会谈，并且为了与国民政府谈判和达成协议，他曾两次送周恩来和其他人来重庆。大使说，在使共产党和政府间达成公正的协议方面，他比任何人做的都要多。他说，在中国和别的地方，他已经被作为反对中国共产党的人，出现在中国共产党的新闻报道中。他说他认识到，多数的诋毁来自那种人，他们反对中国的国民政府，不希望中国政府与共产党军队联合。

大使承认，他在拟定共产党的五点建议时，曾经帮助过他们。他把建议送给了委员长。没有人如此有力地将共产党的建议推荐给委员长。大使说，他认为那些新闻报道和对他的攻击是一些人企图使国共保持分裂，他们为了自私的目的，希望阻止形成一个自由、统一、民主和强大的中国。

王将军坦率地说明，中国在目前的条件下实现共产主义是不可能的。但是，王将军坦率而友好地说，党现在支持民主的原则，只是作为未来共产主义国家的一个基础步骤。大使说，他已经提供一架飞机，于七月一日将七人委员会和王将军送到延安。委员会已经在邀请他在讨论中给予帮助，但是他不会那样做，除非共产党也邀请他。大使询问了共产党是否会参加一个筹委

会,在过渡期间(过渡期指的是"训政时期"留下来的时间,随着十一月十二日召开的国民大会制定了宪法,"训政时期"大概将结束)自终至终提供劝告和提出改善政府的途径、方式等建议。王将军答复说,这取决于共产党是否有真正的权力。如果那只是一个没有真正权威的委员会,就不会被接受。

大使回顾他曾经将共产党的五点建议送到重庆,当时一些政府的官员说,他已被共产党"耍了"。尽管如此,就在共产党提出四点补充条件时,他感到他在使委员长相信五点建议总的说来是合理的方面,正取得进展。四项补充条件主要是:

一、释放国内的一切政治犯,如张学良、杨虎城、叶挺、廖承志和其他许多仍在监狱里的爱国人士。

二、撤退包围陕甘宁边区的大批国民党军队,以及那些攻击华中新四军和华南游击队的军队。

三、废止一切限制人民自由的压迫性法令。

四、停止一切秘密特务活动。

周恩来将军要求国民政府履行这些条件,以此作为在五点建议的基础上达成协议的先决条件,而这五点建议是他们自己通过大使提出的。这些新的建议破坏了他的努力,因为这使委员长甚至拒绝考虑五点建议。王将军说,如果政府同意四点补充建议,在五点协议方面就不会有什么麻烦。大使指出,如果四点建议被接受,共产党人会获得他们需要的一切,不会进一步需要五点协议。大使指出,政府已经从北方撤退了六万军队,已经有了可观的言论和新闻的自由(共产党的报纸被允许在重庆发行);在战时为解决重要的安全事务,秘密警察是必要的,如美国之联邦调查局和英国之警察总监部。大使说,如果接受五点建议,共产党将成为政府的一部分,他们自己将参与解决包括四点建议在内的问题。

王将军认为,五点建议在作某些改动之后,仍将被共产党接受作为谈判的基础。但是他声明说,他们愿意看到在同意五点建议之前,四点建议先被接受。大使说,委员长已经通知他说,他正准备采取宽大的政治妥协,以解决国家统一问题说明他正在说的是委员长,与政府不同。大使告诉王将军,他认为,共产党的五点建议和国民党的三点建议,包括了两党自己达成协议的足够基础。大使确实感到,共产党人的五点建议略加改动后,会被接受作为谈判的基础。王将军请求,在七参政员安排在延安与共产党人会谈时,大使尽力说服委员长接受四点建议作为进一步谈判的先决条件。大使答复说,由于已经说明的理由,他不能那样做。讨论四点建议只能在与有武装共产党达成协议之后,而不能在此之前。大使坦率地说明,熟悉最近形势的每一个人都认为,如果委员长先承认四点建议,共产党将不会参加任何谈判。大使后来说,事情进展得很迅速,事情的逻辑或许会在没有争吵和正式协议的情况下,为国共争端带来解决办法。

大使说,在他看来,对于国共达成协议,最严重的不利因素是他们之间极端缺乏信任。他表示热切希望国民党、共产党、民盟和其他党派作为爱国的中国人,现在会团结起来,创造一个自由、统一和民主的中国。

一九四五年六月三十日

(牛军译自《美国对外关系》)

21. 赫尔利和蒋介石的双簧已经破产①(毛泽东)

以粉饰蒋介石独裁统治为目的而召集的四届国民参政会,七月七日在重庆开会。第一次会议到会者之少,为历届参政会所未有。不但中共方面无人出席,其他方面也有很多人未出席。定数二百九十名的参政员中,出席的仅有一百八十名。蒋介石在开幕时说了一通话。蒋介石说:"政府对于国民大会召集有关的问题,拟不提出任何具体的方案,可使诸君得以充分的讨论。政府准备以最诚恳坦白的态度,聆听诸位对于这些问题的意见。"所谓今年十一月十二日召集国民大会一件公案,大概就此收场了。这件公案,也和帝国主义者赫尔利有关系。原来这位帝国主义者是极力怂恿蒋介石干这一手的,蒋介石的腰这才敢于在今年元旦的演说里稍稍硬了起来,至三月一日的演说而大硬,说是一要在十一月十二日"还政于民"。在蒋介石的三月一日的演说

---

①这是毛泽东同志 1945 年 7 月 10 日为新华社写的评论。

里,对于中国共产党代表中国人民的公意而提出的召开党派会议和成立联合政府一项主张,则拒之于千里之外。对于组织一个所谓有美国人参加的三人委员会来"整编"中共军队,则吹得得意忘形。蒋介石竟敢说,中共必须先将军队交给他,然后他才赏赐中共以"合法地位"。所有这一切,赫尔利老爷的撑腰起了决定的作用。四月二日,赫尔利在华盛顿发表声明,除了抹杀中共的地位,污蔑中共的活动,宣称不和中共合作等一派帝国主义的滥调而外,还极力替蒋介石的"国民大会"等项臭物捧场。如此,美国的赫尔利,中国的蒋介石,在以中国人民为牺牲品的共同目标下,一唱一和,达到了热闹的顶点。从此以后,似乎就走上了泄气的命运。反对者无论在中国人和外国人中,在国民党内和国民党外,在有党派人士和无党派人士中,到处皆是,不计其数。其原因只有一个,这是:赫尔利蒋介石这一套,不管他们怎样吹得像煞有介事,总之是要牺牲中国人民的利益,进一步破坏中国人民的团结,安放下中国大规模内战的地雷,从而也破坏美国人民及其他同盟国人民的反法西斯战争和战后和平共处的共同利益。到了今天,赫尔利不知在忙些什么,总之是似乎暂时地藏起来了,却累得蒋介石在参政会上说些不三不四的话。三月一日蒋介石说:"我国情形与他国不同,在国民大会召开以前,我们便无一个可以代表人民、使政府可以咨询民意之负责团体。"既然如此,不知道我们的委员长为什么又向参政会"聆取"起"意见"来了。按照委员长的说法,中国境内是并无任何"可以咨询民意的负责团体"的,参政会不过是一个吃饭的"团体"而已,今天的"聆取",于法无据。可是不管怎样,只要参政会说一声停开那个伪造的"国民"大会,就说违反了三月一日的圣旨,犯了王法,也算做了一回好事,积了一件功德。当然,今天来评论参政会,为时尚早,因为参政会究竟拿什么东西让委员长"聆取",还要等几天才能看到。不过有一点是确实的:自从中国人民群起反对之后,就是热心"君主立宪"的人们也替我们的君主担忧,劝他不要套上被称为猪仔国会的那条绞索,谨防袁世凯来找替死鬼。因此,我们的君主就此缩手,也未可知。然而我们的君主及其左右,是决不让人民轻易获得丝毫权力而使他们自己损失一根毫毛的。眼前的证据,就是这位君主将人民的合理批评,称之为"肆意攻击"。据说,"在战争状况之下,沦陷区域势必无法举行任何普遍的选举。因此,在两年以前,国民党中央全会乃有于战事结束一年以内召开国民大会、实行宪政的决定。苦干方面,当时曾肆意攻击",以为迟了。及至他"鉴于战事的完全结束为时容或延长,即使战事结束后各地秩序亦未必能于短时期内恢复,所以主张在战局稳定之时即行召集国民大会",不料那些人们又"肆意攻击"。这样一来,闹得我们的君主很不好办。但是中国人民必须教训蒋介石及其一群:对于违反人民意志的任何欺骗,不管你们怎样说和怎样做,是断乎不许可的。中国人民所要的是立即实行民主改革,例如释放政治犯,取消特务,给人民以自由,给各党派以合法地位等项。对于这些,你们一件也不做,却在所谓召开"国民大会"的时间问题上耍花样,这是连三岁小孩子也欺骗不了的。没有认真的起码的民主改革,任何什么大会小会也只能被抛到毛屎坑里去。就叫做"肆意攻击"也罢,任何这类的欺骗,必须坚决、彻底、干净、全部地攻击掉,决不容许保留其一丝一毫。这原因不是别的,就是因为它是欺骗。有无国民大会是一件事,有无起码的民主改革又是一件事。可以暂时没有前者,不可以不立即实施后者。蒋介石及其一群,既然愿意"提早""还政于民",为什么不愿意"提早"实施若干起码的民主改革? 国民党的先生们,当我写这最后几行时,你们得承认,中国共产党人总算不是向你们"肆意攻击",仅仅提出一个问题,难道也不应该么? 难道你们也可以置之不答么? 你们得答复这个问题:为什么你们愿意"还政于民",却不愿意实行民主改革呢?

(选自《毛泽东选集》第三卷)

22. 边区各团体代表集会发起召开解放区人民代表会议

边区参议会常驻会及边区政府委员会于二十一日下午二时,召开边区各团体代表会议,商讨发起与筹备中国放解区人民代表会议事宜。到会者计有中共中央西北局、十八集团军后方留守处、边区工联、妇联、青联、边区文化协会、市商会、延安大学、解放日报、群众报、中国青年记者协会延安分会、蒙古文化促进会、回民文化促进会、中苏文化协会延安分会、中国文艺界抗敌协会延安分会、中西医药研究会、中国儿童保育会延安分会等团体代表六十余人。

边区参议会副议长宣布开会后,即由边区政府林主席致词,略称:在中国共产党第七次全国代表大会的政治报告中,毛泽东同志曾向各解放区人民提议尽可能迅速地在延安召开中国解放区人民代表会议,以便讨论统一各解放区的行动,加强各解放区的工作,援助国民党统治区人民的抗日民主运动及沦陷区人民的地下军运动,促进全国人民的团结与联合政府的建立。毛主席此项提议已获得边区与各解放区人民热烈拥护。边区人民对中国解放区人民代表会议将在延安召开,尤感兴奋。边区参议会常驻会及政府委员会一致认为亟宜正式发起筹备这一伟大的人民会议,并认为在目前时机下,筹备事宜,刻不容缓,故特召开各界代表会议共商进行。林主席发言后,邢肇荣先生,张宗麟先生,何思敬教授,张曙时同志,钱拯先生,劳动英雄吴满有,边区抗联会崔田夫主任及吴玉章同志等相继发言,一致同意立即通电各解放区,请其派定代表参加筹备召开解放区人民代表会议事宜。继即推选高岗、林伯渠、李鼎铭、谢觉哉、安文钦、马济川、贺运城、王克温(市商会会长)、吴满有等几十人为陕甘宁边区出席解放区人民代表会筹备委员会代表。

（原载一九四五年六月二十三日延安《解放日报》）

23. 陕甘宁边区政府委员会、参议会常驻委员会关于发起召开解放区人民代表会议的通电

各解放区政府参议会并转人民团体政党军队学校报馆公鉴:

敌后抗战,瞬及八年,由于人民的奋起,人民军队的努力,各抗日点区抗日党派的团结,我们已从日本强盗的铁蹄下解放了一万万以上的同胞,包括了东至于海、西至甘肃、北至辽热、南至琼崖十九个大的解放区。这些解放区不仅是新中国的希望,且已成为独立、自由、民主的新中国的榜样。在这些解放区中,我们已建立了或正在建立民选的各党各派及无党无派代表人物合作的民主政府,亦即地方性的联合政府。只是各解放区还尚没有联合的组织,致使抗日工作的加强与抗日力量的统一,尚未达到应有的要求。自今年四月中国共产党领袖毛泽东先生向解放区人民提议从速在延安召开中国解放区人民代表会议后,各解放区人民闻悉之下,欢欣鼓舞,函电纷驰,一致要求立

即召集是项会议。沦陷区及国民党统治区人民亦渴望此项伟大的民主抗日力量之联合，能有以帮助他们的抗日与民主的运动，并提出全国人民的团结及联合政府的成立。陕甘宁边区政府委员会及参议会常驻委员会见此民情迫切，并根据去年边区参议会大会马济川等参议员《请求成立解放区联合委员会提案》，复征及各解放区留延负责人士的意见，金以为应约请各解放区政府参议会从速派定人员，共同筹备各解放区人民代表会议的召开事宜。本日陕甘宁边区各团体代表会议，又一致同意推定高岗、林伯渠、李鼎铭、谢觉哉、马济川、安文钦、贺连城、吴满有、王克温等九人为中国解放区人民代表会议筹备会之陕甘宁边区筹备委员。兹特通电征询各解放区公意，倘荷赞同，请即指派筹备委员三人至九人来延，或即指派各解放区留延负责人士、筹备委员，以便早日成立筹备委员会，议定召集日期、代表人数及产生方法，并收集与准备提案等事。电到，盼即覆示。

陕甘宁边区政府委员会

参议会常驻委员会

中华民国三十四年

六月二十一日于延安

（原载一九四五年六月二十三日延安《解放日报》）

24.迅速召开解放区人民代表会议（延安《解放日报》社论）

中国共产党第七次全国代表大会，向解放区提出一个极重要的号召：迅速召开各解放区人民代表会议。在毛泽东同志的政治报告里，解释了这一个号召的具体内容："我们应向各个解放区人民提议，尽可能迅速在延安召开中国解放区人民代表会议，以便讨论统一各解放区的行动，加强各解放区的抗日工作，援助国民党统治区人民抗日的民主运动，援助沦陷区人民的团结与联合政府的成立。中国解放区现在实际上已经成了全国广大人民所赖以抗日救国的重心，全国广大人民的希望寄托在我们身上，我们有责任不使他们失望。"

为什么必须迅速召开各解放区人民代表会议？因为抗日战争的目前情

势使我们有这样的需要。就解放区的情形来说,在八年的抗战中,解放区人民与军队的奋斗条件是非常艰苦,非常残酷的,但由于实行了毛泽东同志的新民主主义纲领,实行了抗日民族统一战线的全部必要的政策,建立了或在建立民选的共产党人和各党各派及无党无派代表人物合作的政府,把全体人民的力量动员起来,进行人民的战争,因此,虽然在强敌压迫之下,在国民党军队的封锁和不断进攻之下,在毫无外援之下,八路军、新四军和解放区人民仍能从敌人手中收复八十六万方里的国土,解放了近一万万的人民,建立了十九个敌后解放区,最近更不断地收复较大的县城。解放区的抗日救国路线,已被证明为今天中国唯一正确的政治路线;解放区在八年的奋斗中已经聚集了中国历史上旷古未有的强大的人民战斗力量。全国的人民,包括沦陷区人民和国民党统治区人民,都把中国未来的希望寄托在解放区。解放区"成为全国广大人民赖以抗日救国的重心"。

目前又处在这样一个重要的时机:欧洲法西斯国家已被打垮,同盟国家共同最后打败日寇的时期也接近了。解放区人民的面前已提出了一个迫切的任务:准备配合盟军作战,对日寇举行胜利的反攻,收复大城市和一切沦陷区。但在这有利时机面前,是会有很多新的困难出现的。必须估计到日寇临危时的顽强挣扎和疯狂进攻,必须估计到国民党内反动派的内战阴谋,此外,今年解放区还遭遇有相当普遍旱荒威胁。总之,解放区人民面前的任务是非常的复杂艰巨。即使有盟国的帮助,如果不努力大大发展与巩固人民抗日的力量,要完成这样巨大的历史任务是不可能的。而为了这目的,就必须统一各解放区的行动,集中和交换各解放区的经验,更好地贯彻执行全部新民主主义的纲领,以加强解放区的抗日工作,这就必须迅速召开解放区人民代表会议来讨论和决定执行这些任务。

就收复沦陷区的问题来说,这不是一件容易的事情,尤其是目前大部分还在敌人手中的大城市,我们可以预想到反攻中必然碰到的坚固的设防和顽强的抵抗。为着减少收复沦陷区的阻碍,必须组织地下军,以便从内部配合外来的反攻。毛主席在《论联合政府》的报告里说:"共产党人应当号召一切抗日人民,学习法国与意大利的榜样,将自己组织于各种团体中,组织地下军,准备武装起义,一俟时机成熟,配合从外部进攻的军队,里应外合地消灭日本侵略者。"沦陷区的人民,无疑地是迫切期待着这样的时期。"在东西战场及八路军、新四军的胜利战争鼓舞下,极大地增高了他们的抗日情绪,他们迫切地需要组织起来,以便尽可能地迅速获得解放。"但处在敌伪残酷压迫下的人民的斗争,是需要援助的。"我们必须将沦陷区的工作,提到和解放区的工作同等重要的地位上。必须有大批工作人员到沦陷区去工作。必须就沦陷区人民中训练与提拔大批的积极分子,参加当地的工作。"为着对地下军运动给予统一的帮助和领导,也是需要召开解放区人民代表会议来加以讨论和执行的。

解放区人民代表会议的意义,还不仅仅限于解放区本身和沦陷区的抗日工作,也为着争取全国范围的民主改革和统一团结。中国共产党向来就认为,要彻底战胜日本帝国主义与解放中国人民,必须有全中国人民的统一和团结。而真正的团结统一,必须以民主政治为基础。只有在全国范围内实行民主的改革,才能真正动员全国人民的一切力量,彻底消灭日本侵略者,而在全国范围内实现民主改革的先决条件,乃是立即取消国民党的一党专政,组织各党各派及无党无派代表人物的联合政府。因此,中共代表林伯渠同志在去年九月的国民参政会上正式提出迅速组织联合政府的主张,这个主张立刻为国民党区域文化界,妇女界,实业界,学生界及一切民主党派、民主人士所赞成和拥护,成为大后方阶层广大人民的民主运动的共同目标。然而国民党当局却顽固无理地坚决拒绝组织联合政府,同时又在所谓"民主"的伪装下,极力摧残人民的民主运动,坚持独裁政治,坚持召开为少数反动派所一手包办,而为全国人民所一致反对的,粉饰独裁、分裂团结、准备内战的所谓"国民大会"。在国民党当局此种反动政策下,全国的统一团结临到了很大的危机,对于争取抗战胜利,成为绝大的障碍,因此我更需要迅速召开解放区人民代表会议,来讨论如何援助大后方的民主运动,来反对和制止国内战争的危险,来争取实现全国民主的改革,争取全国的团结统一,促进联合政府的成立,以保证抗战的最后彻底的胜利,并保证一个独立、自由、民主、统一与富强的新中国的实现。

　　由于以上的情形,使中国解放区人民代表会议的召集,成为目前迫切的需要。也正因为,当中国共产党本次代表大会提出这一个号召时,立刻获得各解放区人民的热烈赞成和响应,纷纷来电表示拥护。陕甘宁边区政府及边区参议会常驻委员会已召集了各界团体代表会议,开始做了发起筹备的工作。我们相信解放区人民代表会议一定能在全解放区人民的热烈支持和国民党统治区与沦陷区人民的同情赞助之下,顺利地召开起来,"给中国人民的民族解放事业,起一个巨大的推进作用"。

(原载一九四五年六月二十三日延安《解放日报》)

25. 解放区人民代表会议筹委会明日开幕

　　自毛主席在中共七次代表大会上提出在延召开中国解放区人民代表会议的提议后,各解放区人民纷纷响应,边区参议会和政府委员会特邀请边区各界团体商议通电发起筹备,此提议立即得到各解放区人民的热烈拥护与赞同,纷纷迅速选派代表来延参加筹备。至本月八日止,报到的已有二十三个单位,计为:陕甘宁、晋绥、晋察冀,晋冀鲁豫、山东、华中东部、华南、湘鄂赣、鄂豫皖、河南等解放区并有中共中央、八路军总部、新四军军部,解放区职工联合会筹备会、解放区青年联合会、筹备会、解放区妇女联合会、中华文艺界抗敌协会延安分会、蒙古文化促进会、回民协会、东北救亡总会延安分会、延安大学、抗日军政大学、中国医药研究会十三个单位,报到筹备代表共一百一十六人。此外并有青年记者学会延安分会、解放区记者联合会筹备会,中国护士学会延安分会等单位筹备代表尚未赶来报到。筹备盛况足以胜任我解放区人民对于讨论统一各解放区的行动,加强各解放区的抗日工作,援助国民党统治区人民的抗日民主运动,援助沦陷区人民的地下军运动,以促进全国人民的团结与联合政府的成立,推动中国人民的民族解放事业,实具有殷切的热忱。因而,许多代表旅途奔波,星夜赶来,尤以晋绥解放区刘少白老先生冒雨兼程来延,艰苦精神,实在感人。自九日以来各代表按地区团体单位划分小组,研究如何进行筹备事宜,并分别讨论代表选举办法。两日来,各代表在夜以继日的小组讨论中进行,发挥高度的为人民负责精神,郑重细致的讨论代表选举办法,照顾到各界各阶级人民权利,和各地区环境、人口、政治及交通等条件,举行选举困难地区,以及未参加团体单位选举出的在群众有声望的个人;由筹备会小组长联席会议拟定邀请国外华侨、大后方及沦陷区社会学者名流、天主教会长、基督教长老、回教阿訇、战斗英雄、荣誉军人、模范抗属、少数民族(藏、苗、彝)列席参加者二十余人。现各位筹备代表正紧张工作,布置庄严隆重的会场,兹已定于明日(十三日)上午九时在边区参议会大礼堂举行中国解放区人民代表会议筹备委员会开幕典礼,晚上并有盛大晚会。筹委会正式成立后,即加紧筹备中国解放区人民代表会议事宜,此实为中国民主运动中的一件喜讯。

(原载一九四五年七月十二日延安《解放日报》)

26. 中国解放区人民代表会议筹备委员会隆重开幕

中国解放区人民代表会议筹备委员会昨日在边区参议会大礼堂举行开幕典礼。上午九时,各筹备代表面带笑容,兴奋地步入礼堂,礼堂周围张贴各色标语,光彩夺目。在庄严和煦的气氛中,各代表及来宾一一就座,计有华北、华南、华中各解放区各人民团体代表,列席者有华侨、藏、苗、彝等民族,基督、天主教、沦陷区、国民党统治区人士,苏、美、英及朝鲜等国际友人。延安各机关来宾及旁听千余人。首由边区参议会副议长谢觉哉宣布开会,略谓筹备会的开幕是中国人民近百年来进行解放斗争所获得的初步果实。中国人民的解放运动,有了一万万人口的解放区作为中心力量,有了毛泽东同志的英明领导,最后胜利已在眼前;中国人民全希望解放区的力量能迅速统一和加强起来,援助沦陷区和大后方的抗日民主运动,使全国人民获得解放,因此我们要加速筹备工作。大会继即推选主席团当选人为周恩来、续范亭、邢肇棠、高岗、林雨函、李鼎铭、刘少白、奎璧、沈其震、吴玉章、范文澜、赵占魁、吴满有、乌兰夫、刘澜波十五人。边府林主席继即代表筹委小组长联席会报告筹备经过:说明已报道代表计二十六个单位,共一百二十九人,尚在旅途中八人,大会出席人数实到一百一十人,缺席十一人。林主席着重说明筹委会是为适应人民需求,抗战需要而组成;在筹备的实际工作中贯彻了民主的原则,发挥了为人民负责的精神,照顾了各种条件,各阶级各职业团体及各界人士,务期大家同策同力,共图大业,与国民党统治集团包办的"国民参政会"与伪造的"国民大会"完全不同。随即由周恩来同志代表小组长联席会报告关于中国解放区人民代表会议选举事项的决议,起草经过,并按起草决议逐条加以说明。以后有何思敬、吴玉章、吕振羽、张如心、王哲、谢觉哉、王振华、张杰、徐特立、陈克塞、黄齐生等代表各就选举事项草案认真细密反复地写出补充和修正意见;因时间已过午,大会旋即休会。进午餐后,主席团开会采纳了各代表意见进行研究,续推周恩来同志解答疑问及说明补充或修正条文,因为解说圆满,当获得全体筹备代表通过。

大会在进到讨论提案程序时,晋冀鲁豫边区小组提出:《为统一和加强各解放区的工作和行动,应草拟解放区人民代表会议的行动纲领案》,由邢肇棠议长和杨秀林主席说明,应根据各解放区的施政纲领,根据毛主席的《论联合政府》所提出的具体纲领和一般纲领,在征求解放区人民、沦陷区及国民党统治区人民的意见,由常委会聘请有工作经验及专门人才组织专门委员会草拟一解放区人民的行动纲领,当获得全体通过。新四军军部代表潘汉年提出:《中国人民解放区人民代表会议的经费,应由各解放区分担案》。又获得全体赞成与通过。

小组长联席会提出《成立救济委员会案》由伍云甫同志说明:由于解放区人民不断遭受敌伪蹂躏,并由于灾荒,必须有组织的进行救济,同时并应设立专门人员,进行战争罪犯调查。获得全体赞成通过。当选举董必武、李富春、周恩来、沈其震、傅连暲、沈仪之、邢肇棠、成仿吾、王子宜、伍云甫、张学诗、范长江、苏井观、钱之光、沈元恽等十五位代表为救济委员会委员。推选董必武为主任,李富春为副主任,伍云甫为秘书长。

吴玉章同志提议筹委会应拟订办事规则决定交常委会办理。

以后即进行选举筹委会常务委员会,当选人为林伯渠、李鼎铭、谢觉哉(陕甘宁边区),续范亭、刘少白(晋绥解放区),成仿吾、郭任之(晋察冀解放区),杨秀林、邢肇棠(晋冀鲁豫),郭子化、李澄之(山东解放区),沈其震(华中东部解放区),古大存、何思敬(华南解放区),周恩来(中共中央),杨尚昆

（十八集团军总部），潘汉年（新四军军部），蔡畅（妇联），邓发（工联），丁玲（文抗），张宗麟（延大），柳湜（新闻工作者联合会），乌兰夫（蒙古文化促进会），李延禄（东北抗日联军），周泽昭（医大）等二十五人。会议推选周恩来同志为主任，林伯渠、续范亭、邢肇棠、李鼎铭四人为副主任，推选杨秀林为秘书长，齐燕铭、王世英为副秘书长。

在通过大会组织机构后，来宾相继莅临。当毛主席、朱总司令在会场出现时，全场热烈鼓掌欢迎。

（原载一九四五年七月十日延安《解放日报》）

27. 中国解放区人民代表会议筹备委员会通电

全解放区的同胞们！全中国的同胞们！

中国解放区人民代表会议的筹备，自六月二十一日陕甘宁边区政府委员会与参议会常驻委员会发起以来，迅速得到华北、华中、华南各解放区与解放区各人民团体的热烈响应，在短短的二十二天里，各方选出参加筹备工作的代表已达一百二十九人。被选担任筹备工作的同人鉴于解放区人民对于这个代表会议的迫切希望，已于今日（七月十三日）在延安集会，宣告中国人民解放区代表会议筹备委员会的正式成立，并选出周恩来、林伯渠、续范亭、邢肇棠、李鼎铭、谢觉哉、刘少白、杨秀林、成仿吾、郭任之、郭子华、李澄之、沈其震、古大存、何思敬、杨尚昆、潘汉年、蔡畅、邓发、丁玲、张宗麟、柳湜、乌兰夫、李延禄、周泽昭等二十三人为常务委员。

在筹备委员会的成立上，通过《关于中国解放区人民代表会议选举事项的决议》，决定中国解放区人民代表会议于中华民国三十四年十一月在延安举行，希望各地各团体选出的代表统于十一月十二日以前到达延安。为使这个代表会议尽可能反映最广泛的中国人民的意旨起见，筹委会又决定：代表会议的代表，除极大部分由各解放区依地域选出外，解放区各种性质的人民团体，如工人团体、农民团体、妇女团体、青年团体、文化团体、宗教团体等，都有权选出一定数量的代表；此外，筹委会并热诚欢迎中国的各党派，东北、华北、华中、华南沦陷区的人民团体，国民党统治区的人民团体、中国各少数民族的人民团体、南洋及其他海外各地的华侨团体,都能选出自己的代表来参加这个关系中国前途的会议。

全解放区的同胞! 全中国的同胞! 中国解放区人民代表会议的使命,如我们所已再三宣布的,就是:统一各解放区的行动,加强各解放区的抗日工作,援助国民党统治区人民的抗日民主运动,援助沦陷区人民的地下军运动,促进全国人民的团结与全国联合政府的成立。随着中国人民争取中国民主事业的进展,上述的这些重大的使命,是一天比一天更加重大了。我们坚信,解放区人民代表会议的召集,将为中国的最后胜利与全国民主开辟广大的道路。解放区人民代表会议,将是一个加强抗战、配合盟国、准备对日反攻的大会,将是一个加强团结制止分裂与内战的大会,将是一个促成国民党一党专政之迅速结束与民主的联合政府之迅速产生的大会。我们要求全解放区的人民与全中国的人民一致起来协助、监督和指导我们的工作,迅速地慎重地选出自己的代表,以便使这个伟大的会议得以如期召开,并获得伟大的胜利。

中国解放区人民代表会议筹备委员会

七月十三日

(原载一九四五年七月十四日延安《解放日报》)

28. 对日寇的最后一战①(毛泽东)

八月八日,苏联政府宣布对日作战,中国人民表示热烈的欢迎。由于苏联这一行动,对日战争的时间将大大缩短。对日战争已处在最后阶段,最后地战胜日本侵略者及其一切走狗的时间已经到来了。在这种情况下,中国人民的一切抗日力量应举行全国规模的反攻,密切而有效力地配合苏联及其他同盟国作战。八路军、新四军及其他人民军队,应在一切可能条件下,对于一切不愿投降的侵略者及其走狗实行广泛的进攻,歼灭这些敌人的力量,夺取其武器和资财,猛烈地扩大解放区,缩小沦陷区。必须放手组织武装工作队,成百队成千队地深入敌后之敌后,组织人民,破击敌人的交通线,配合正规军

———————

①本文作于 1945 年 8 月 9 日。——编者

作战。必须放手发动沦陷区的千百万群众,立即组织地下军,准备武装起义,配合从外部进攻的军队,消灭敌人。解放区的巩固工作仍应注意。今冬明春,应在现有一万万人民和一切新解放区的人民中,普遍地实行减租减息,发展生产,组织人民政权和人民武装,加强民兵工作,加强军队的纪律,坚持各界人民的统一战线,防止浪费人力物力。凡此一切,都是为着加强我军对敌人的进攻。全国人民必须注意制止内战危险,努力促成民主联合政府的建立。中国民族解放战争的新阶段已经到来了,全国人民应该加强团结,为夺取最后胜利而斗争。

（选自《毛泽东选集》第三卷,人民出版社）

29. 目前紧急要求[①]（周恩来）

目前,抗日战争业已胜利结束,和平建设的新阶段业已来临。为着团结全国各抗日党派,保证国内和平,在民主基础上进入建设新中国的轨道,并巩固国际团结,中国共产党中央委员会特向国民政府提出下列的紧急要求:

一、承认中国解放区的民选政府和抗日军队。

二、撤退包围和进攻中国解放区的国民党军队,避免危害全国人民和扰乱国际和平的内战。

三、划定八路军、新四军及华南抗日纵队接受日军投降的地区。

四、容许中国解放区抗日军队及其代表参加处置日本投降后的一切重要工作。

五、容许中国解放区选出代表参加将来关于处理日本的和平会议及联合国会议。

六、严惩汉奸,解散伪军。

七、释放爱国政治犯。

八、救济被难同胞。

九、承认各党派合法地位。

[①]这是周恩来同志1945年8月中旬为中共中央起草的文件,经毛泽东同志修改过,当时没有发出,后来8月25日发表的《中共中央对目前时局宣言》中包括了本文的内容。

十、取消特务机关。

十一、取消一切妨碍人民自由的法令和对新闻出版物的检查条例。

十二、在一切收复地区,组织地方性的民主的联合政府,容纳中共及各方面抗日民主分子参加。

十三、公平合理地整编军队,办理复员。

十四、立即召开各党派及无党派代表人物的政治会议,商讨抗战结束后的紧急措施,制定民主的施政纲领,结束训政,成立民主的举国一致的联合政府,并筹备自由无拘束的普选的国民大会。

(选自《周恩来选集》上卷)

30. 朱德总司令发布受降及配合苏军作战等七号命令

第一号命令

日本已宣布无条件投降,同盟国在波茨坦宣言基础上将会商受降办法。因此,我特向我解放区所有武装部队发布下列命令:

一、各解放区任何抗日武装部队均得依据波茨坦宣言规定,向其附近各城镇交通要道之敌人军队及其指挥机关送出通牒,限其于一定时间向我附近部队缴出全部武装,在缴械后,我军当依优待俘虏条例给以生命安全之保护。

二、各解放区任何抗日武装部队均得向其附近之一切伪军伪政权送出通牒,限其于敌寇投降签字前,率队反正听候编遣,逾期即须全部缴出武装。

三、各解放区所有抗日武装部队如遇敌伪武装部队拒绝投降缴械,即应予以坚决消灭。

四、我军对任何敌伪所占城镇交通要道都有全权派兵接受,进入占领实行军事管制,维持秩序,并委任专员负责管理该地区之一切行政事宜,如有任何破坏或反抗事件发生,均须以汉奸论罪。

总司令　朱德

一九四五年八月十日二十四时

第二号命令

为配合苏联红军进入中国境内作战,并准备接受日、"满"敌伪军投降,我命令：

一、原东北军吕正操所部由山西绥远现地，向察哈尔热河进发。

二、原东北军张学思所部由河北、察哈尔现地，向热河、辽宁进发。

三、原东北军万毅所部由山东河北现地，向辽宁进发。

四、现在河北、热河、辽宁边境之李运昌部即日向辽宁吉林进发。

总司令　朱德

一九四五年八月十一日八时

第三号命令

为配合外蒙古人民共和国军队进入内蒙及绥热察等地作战，并准备接受日、"蒙"敌伪军投降，我命令：

一、贺龙所部出绥远现地向北行动。

二、聂荣臻所部由察哈尔、热河现地向北行动。

总司令　朱德

一九四五年八月十一日九时

第四号命令

为实现肃清同蒲路沿线及汾河流域之敌伪军，并准备接受敌伪军投降与进入太原之任务，我命令：

一、所有山西解放军统归贺龙指挥，统一行动。

二、在达成任务时，应克服一切困难，击破前进路上一切敌伪之阻碍，如遇抗拒，应坚决消灭之。

总司令　朱德

一九四五年八月十一日十时半

第五号命令

为肃清中国境内交通要道之敌伪军队，并准备接受敌伪军投降，我命令：

所有沿北宁路、平绥路、平汉路、同蒲路、沧石路、正太路、白晋路、道清路、津浦路、陇海路、粤汉路、沪宁路、京芜路、沪杭路、广九路、潮汕路等铁路及其他解放区一切敌伪交通要道两侧之中国解放区抗日军队统应积极举行进攻，迫使敌伪无条件投降。在执行上级任务时，应克服一切困难，击破前进路上一切敌伪之阻碍,如遇抗拒,应坚决消灭之。

总司令　朱德

一九四五年八月十一日十一时

第六号命令

为配合苏联红军进入中国及朝鲜境内作战,解放朝鲜人民,我命令:

现地华北对日作战之朝鲜义勇军司令武亭、副司令朴孝三、朴一禹立即统率所部,随同八路军及原东北军各部向东北进兵,消灭敌伪,并组织在东北之朝鲜人民,以便达成解放朝鲜之任务。

总司令　朱德

一九四五年八月十一日十二时

第七号命令

当我解放区抗日部队进入敌伪侵占之城镇要塞后,我命令各部队司令员负责实施下列紧急军事管制。

一、规定管制区域,指定警戒部队,委任卫戍司令,负责实施军事戒严。

二、划出安置俘虏及日本居留民区域,实施军事管制。

三、登记及逮捕战争罪犯及卖国奸贼。

四、控制一切军事性质机关、仓库、工厂、学校、兵营及要塞,严禁自由出入。

五、控制一切轮船、火车、军用汽车、水陆码头及邮政、电话、电报、无线电机关,实施严格军事纵查。

六、控制一切军用和商用飞机场及其仓库,派兵驻守,严行保护。

七、维持秩序,保护居民,严防反动破坏分子及残留敌探奸细进行破坏活动,如有发现,应行军事制裁。

八、居民中如有抗日武装组织,应令其报告人数武器,归该地区卫戍司令指挥。

九、通告居民不得藏匿敌伪分子及散枪武器,一经发现,应予严惩。

十、管制粮食,煤炭及水电,严禁奸商囤积操纵。

总司令　朱德

一九四五年八月十一日十八时

（选自《中国现代史资料选编》第四册,黑龙江人民出版社,一九八一年）

31. 蒋介石给十八集团军朱总司令、彭副总司令电

延安第十八集团军朱总司令,彭副总司令钧鉴:

现在敌国已宣告正式向四大盟国投降,关于盟邦受降各种问题,正在交换意见,即将作具体决定,本委员长经电令各部队一律听候本会命令,根据盟邦协议,执行受降之一切决定。所有该集团军所属部队,应就原地驻防待命。其在各战区作战地境内之部队,并应接受各该战区司令长官之管辖。政府对于敌军之缴械,敌俘之收容,伪军之处理及收复地区秩序之恢复、政权之行使等事项,均已统筹决定,分令实施。为维护国家命令之尊严,恪守盟邦共同协议之规定,各部队勿再擅自行动,为要。除分令外,希即严饬所部一体遵照。此令。

军事委员会委员长蒋中正

一九四五年八月十一日

（原载一九四五年八月十三日重庆《大公报》）

32. 朱彭总副司令坚决拒绝错误命令致蒋介石电

重庆蒋委员长勋鉴:我们从重庆广播电台收到中央社两个消息,一个是你给我们的命令,一个是你给各战区将士的命令。在你给我们的命令上说:"所有该集团军所属部队,应就地驻防待命"。此外还有不许向敌人收缴枪械一类的话。你给各战区将士的命令,据中央社重庆 13 日电是这样说的:"最高统帅部今日电各战区将士加紧作战努力,一切依照既定计划与命令积极推进,勿稍松懈。"我们认为这两个命令是互相矛盾的。照前一个命令,"驻防待命",不进攻了,不打仗了。现在日本侵略者尚未实行投降,而且每时每刻都在杀中国人,都在同中国军队作战,都在同苏联、美国、英国的军队作战,苏美英的军队也在每时每刻同日本侵略者作战,为什么你叫我们不要打了呢? 照后一个命令,我们认为是很好的"加紧作战,积极推进,勿稍松懈",这才像个

样子。可惜你只把这个命令发给你的嫡系军队,不是发给我们,而发给我们的另是一套。朱德在本月10日下了一个命令给中国各解放区的一切抗日军队,正是"加紧作战"的意思。再有一点,叫他们在"加紧作战"时,必须命令日本侵略者投降过来,将敌伪军的武装等件收缴过来,难道这样不是很好的吗? 无疑这是很好的,无疑这是符合于中华民族的利益的。可是"驻防待命"一说,确与民族利益不符合。我们认为这个命令你是下错了,并且错的很厉害,使我们不得不向你表示"坚决的拒绝这个命令"。因为你给我们的这个命令,不但不公道,而且违背中华民族的民族利益,仅仅有利于日本侵略者及背叛祖国的汉奸们。

第十八集团军总司令　朱德

副总司令　彭德怀

一九四五年八月十三日

（原载一九四五年八月十四日延安《解放日报》）

第六章　国共两党谈判的回忆

1. 参加抗战准备工作回忆（陈立夫）

一个强国处心积虑要侵略一个毗邻的弱国,这个弱国,如果没有一位深谋远虑忍辱负重的领袖,他的亡国命运,是注定了的。中国对日抗战八年,最终竟能胜之,在全世界军事专家看来,无不认为奇迹。

回忆在民国十三年冬国父曾在日本神户发表演说,以《大亚细亚主义》为题,希望日本以亚洲王道文化,来领导亚洲,影响世界,他以结语正告日本说:"(日本)究竟是做西方霸道的魔犬,或是做东方王道的干城? 就在你们日本国民去详审慎择。"可惜当时日本缺乏有眼光的大政治家,不能采纳他的忠告,终于走向霸道的途径,不惜自相残杀。十三年之后,爆发了中日战争。

为抵抗日本的侵略,准备工作十分艰巨。除了军事方面本人未直接参与,所知极少外,内政及外交方面,亦曾略尽绵薄,故略述其所能记忆者如下:

一

当德日意三国在酝酿成立轴心联合组织,尚未签订《反共公约》之前(民国二十六年十一月六日在意签字,史达林立即抢先一步,从外交及组织宣传两方面采取行动,以免将来被日德东西夹击。在西面设法与法国联盟,以减轻本国及法国有单独被德国侵略之恐怖;同时使希特勒一旦战事开端,必将自犯所著《我的战争》(*Mein Kamp*)中所称不能东西两面作战之错误。以后且复与德国共同分割波兰以餍其欲,在东面则渗透其工作于日本少年军人方面,以助长其侵华之气焰。在中国则鼓动学生攻击政府之不敢抗日,在军队中则鼓吹停止"剿共",抵抗日寇,以促成中日之战争。张学良、杨虎城即受"共匪"煽惑之二人,为保持实力,高唱抗日,张并期以"不抵抗将军"之头衔,转加诸中央领袖,终致造成西安之事变。苏联之决策极为高明,惜乎轴心国家之领袖,均见不及此,且无远见,各逞其私,坐失时机,卒致此一组织,有名而无实。希特勒竟自犯错误,东西双方作战,而败于苏联。中日战争,虽我方用尽方法,以求避免,并以争取准备之时间,仍不能使芦沟桥之事变之不爆发。

二

日本之侵华,日益加剧,其时外交部长系当时行政院长汪精卫兼任,其实际交涉工作,由次长唐有壬为之,零碎应付,日见其穷。一日余往谒汪,建议其本乎国父之理想提出远大之计划与日本洽商,至少要使转移日本军阀之目标,使之北进或南进而不西进,以减轻我国之压力,此乃吾人应有之外交政策;并推荐戴季陶先生以任其事,必要时余亦助之。汪认为不可能,亦无意一试。余乃与先兄果夫详商。照此情形,中日战争必不能免,则我方应如何与中共接洽,使之共同抗日,并使苏联不致利用中日战争,帮助中国扩展,惟兹事体大,且须绝对保密,否则足以瓦解"剿共"军心,且足以使日寇侵略之加速。利未得而害先至,故必须请示领袖得其许可,而后进行。

三

在江西"剿匪"期间,吾方最重要之工作,为安定后方,使共党在各省之秘密活动,随起随灭。余为主持我方此项工作者,助余之高级干部大半为美国留学生,且多半为习自然科学及应用科学者。吾人所采取之政策为渗透与招抚,不采杀戮,使共党自首、自新,而予以思想之改造,其有能力者并与录用,故来归者,甚为踊跃,"清党"后十年之间为数几达两万人,其最著者为"共匪"方面主持特工之顾顺章亦经蔡孟临之接洽暗中来归,此一转变,几使共党各地之地下组织全部瓦解。周恩来时在上海,十分机警,迟走五分钟,则亦为吾方人员捕获矣。周逃赴香港，不敢露面，吾人苟欲与之接头，十分困难，遂设法找小岑，黄华表等同志，觅取接头线索。盖据吾人之推测，苏联之策略既为促成中日之战争，而"共匪"又怕吾军之继续进"剿"，苏联势必令"共匪"表示愿意投降，以加强吾人之抗战决心，而"共匪"本身由江西逃至陕北，精疲力薄，亟待休息，唯有采共同抗日之政策，始可图存。而周之寻觅与我方接头之心，实较吾方为最适合之人选，否则将无安全之保障也。民国二十四年秋谌、黄等得周恩来致先兄与余一函要求停"剿"，愿意共同抗日。其函原文如下：

　　果夫、立夫两先生：分手十年，国难日亟，报载两先生有联俄之举，虽属道路传闻，然已可窥见两先生最近趋向。黄君从金陵来，知养甫先生所策划者，正为贤者所主持，呼高应远，想见京中今日之空气，已非昔比，敝党数年呼吁，得两先生为之振导，使两党重起合作，国难转机，定在此一举。

　　近者寇入益深，伪军侵绥，已成事实，日本航空总站，且更设于定远营，西北危亡迫在旦夕。及国共两军犹存敌对，此不仅为吾民族之仇者所快，抑且互消国力，自速其亡。敝方自一方面军到西北后，已数作停战要求。今二、四两方面军亦已北入陕甘，其目的全在会合抗日，盖保西北即所以保中国。敝方现特致送贵党中央公函，表示敝方一般方针及建立两党合作之希望与诚意，以冀救亡御侮，得辟新径。两先生居贵党中枢与蒋先生又亲切无间，尚望更进一言，立停军事行动，实行联俄联共，一致抗日，则民族壁垒一新，日寇虽狡汉奸虽毒，终必为统一战线所击破。此可敢断言者，敝方为贯彻此主张，早已准备随时与贵方负责代表做具体谈判。现养甫先生函邀面叙，极所欢迎。但甚望两先生能直接与会。如果夫先生公冗不克分身，务望立夫先生，不辞劳悴，以便双方迅作负责之商谈，想两先生乐观事成，必不临以鄙言为河汉。

　　颖神驰，伫待回教。专此并颂

　　时祉

　　　　　　　　　　　　　　　　　　　　　周恩来　九月一日

（民国二十四年九月收到）

该函经呈阅后，奉命继续联系，由余等具名口头答复，允予转呈，惟不必立即告以蒋公已允予考虑。此一线索，始终联系未断，以待时机之来临。

四

战事愈来愈近，若干重要问题，必须召开全会商洽。依本党惯例，每届大会或全会开幕之前，必先谒总理之陵，然后返回中央党部开预备会议，会后摄影以留纪念。二十四年十一月一日本党四届六中全会开会照例摄影。正在摄影时，汪精卫突然被刺客狙击，背脊中弹，幸无大碍。刺客为一通讯记者，当场被卫兵枪杀。搜其身上，只获出入证一枚，系孙凤鸣所有，经晨光通讯社所领取者。凶手既死，查究较难，而此次最大之特殊情况，为蒋公未参加照相。于是谣言四起，有人疑为有政治背景；有人则认为主战分子不满外交之懦弱而出此（时汪兼外长）。汪夫人陈璧君女士，则公开在党部扬言，谓蒋公每次参加照相，何以此次不去参加，显有阴谋主使之嫌疑，刺客当场被杀，更有灭口之嫌。众说纷纭，几成政潮之起因。惟此次蒋公何以不参加摄影，因从陵园返回党部，感觉秩序凌乱，精神不佳，故不欲出面参加。不料竟出了大乱子，事虽巧合，终感有理说不清。是日傍晚，蒋公即召余前往，谓此案必须立即澈查，早日破案，庶能澄清谣言，以防政局有变。问余需要多少日子。其时余对此案虽已命徐恩曾、戴笠着手查究，惟刺客已死，通讯社久已屋空无人，丝毫无确实线索可得，竟大胆答允蒋公，试以一星期为期。出后，即从孙凤鸣之入党表上介绍人二人方面入手推究，凡与其直接及间接有关者，一一传询，竟于镇江附近拘获其同谋者贺步光、张明英等人，承认刺汪不讳。当时中央党部对于此案组成有专案小组委员会，陈璧君亦为委员之一，及将人犯交由该委员会审讯，始知谋刺汪者，为汪之小组织中分子，因汪登台后，置彼等工作生活于不顾，忿而出此。该案真相大白，一场风波于焉平息。在全国一致对外之情势下，内部因误会而发生破裂，最为不利，幸余侦破此案，仅费五天时间，蒋公心为之安，对余嘉勉有加。距此案不及两月（民国二十四年十二月二十五日），唐有壬被刺死于上海车站，闻为反日分子之所为，其时余已出国，案情如何，则不能记忆清楚矣。

五

日本图华之野心日益显著，吾方外交除竭力应付外，无他方法以旋转乾坤。迄自伪满成立后，方与日本先后订立《淞沪停战协定》、《塘沽停战协定》、《秦（德纯）土（肥原）协定》与《何梅协定》，以应付及迟缓其侵略，借以争取时间，此种不得已之作为，恰好予"共匪"以最好理由攻击政府之懦弱退让。血气方刚之青年学子，最为激昂，易受煽惑，我政府日夜准备尚感不给，忍辱负重以争取时间，既不能以准备作战之事实告国人，又不能轻易作孤注之一掷，以求一时平抑国人之忿怒，正如"哑巴吃黄连，有苦说不出"，蒋公为应付此种局面，特指定陈果夫、张道潘、谷正纲、刘建群、张厉生、贺衷寒、滕杰、曾扩情及余九人为青年指导委员会委员，以余为召集人。余于二十四年圣诞节前数日奉命去苏联，商谈对日军事同盟，随行者为张冲同志，以其能说俄语也。在启程之前，余曾以书面建议蒋公，谓全国大专学生之高呼抗日，虽其后台为"共匪"，大半仍出诸爱国之热忱。若仅凭党的组织之运用，采疏导与防制之办法，必至有时而穷，其结果徒使本党予青年学生以不革命之影响，损失太大，宜采积极之方法，似宜由蒋公命令教育部转令所有校长率领各该校学生代表二、三人来京，听候蒋公亲自训话，晓谕政府之备战实情，与轻举妄动之危险，以及"共匪"主战之用意，俾代表回校后将亲闻于蒋公者，口头密传其他活动分子，使"共匪"之煽动伎俩无由得售，则收效必宏。此一建议，竟蒙采纳，于二十五年一月十六日付诸实施，果收实效。学校叫嚣之声渐戢，社会亦渐显安定之象。此时余在国外，未能亲见其结果也。此一指导青年工作在余出国期间，奉命由先兄代理。

六

余向来未办理过外交工作，初次尝试，深感惶惑。领袖授以机宜，知此一使命，须绝对保密。故均用化名之护照，余名李融清，张冲为江某（其化名不能记忆清楚矣）。二十四年圣诞节日乘德国邮船 posdam 启程。同船有赴德上任之程天放大使及其随员，二等舱中则有曾经听过余在该校讲演之电雷学校学生二十余人，去德进修者。由上海至马赛航程十余日，保密工作，几乎不可能。然终以计划周详而达成。唯一知晓余等在船上者为程天放大使，但亦不便与余等来往。由马赛搭车抵柏林，蛰居待命赴莫斯科。时希特勒当政，特工密布，即蛰居亦不易。蒋公认为去苏时机未到，命去他国走走，惟随时与程大使以电讯联络。因之余与张冲得观光法国、瑞士、捷克、匈牙利、南斯拉夫及意大利等国，行动十分谨慎，以防遇到熟人，致泄漏事机。其间虽有数次惊险，幸未误事。在国内中央各种会议，报端未见登载余出席之消息，已启外间疑窦，幸余书有亲笔信十数封，由内子从杭州邮寄南京亲友，告以在杭养病，隔数日寄出一封，故尚能应付保密。惟日本方面，首先放出试探之谣言，谓余被派赴苏，苏方对此消息，至为害怕，恐轴心国家因此而早日动手，蒋公乃不得不改变计划，令余返国与苏联大使鲍格莫洛夫在京交涉。余遂与张冲分途返国，以避外人耳目。余经奥国之维也纳、南斯拉夫而达希腊，渡海至海法（现以色列都市），再从"甘如"搭荷兰 KLM 班机抵新加坡，再搭货轮去上海，不料该轮到达香港后，奉命先经日本装煤，抵埠幸未被日本海关上船之检查人员发现，否则余之使命，将被日人暴露，解释不易矣。此一机密之冒险使命，将来有暇，可写成一短篇之写实小说也。

七

余出国已将三月，装病亦不宜太久，及时返国，亦所必需。返国后两事必须同时积极进行，以争取时间，一为与苏联鲍格莫洛夫大使进行交涉，一为与周恩来进行商谈。前者之目的在订两国军事同盟以应付日本之侵略，惟鲍大使于请示后，认为军事同盟反对吾国有利，使日军不敢轻举妄动，唯一旦疯狂之日阀侵华事发，苏联亦必牵入战争，若德国乘机东侵，苏联仍将东西作战，且使苏联被侵之机会增加，殊为不妥，故不愿考虑。余认为其理由亦尚充分，遂退一步要求订一互不侵犯条约，即日本如侵华，苏联不得乘机直接或间接（指援共）侵华；日本如侵苏，我国亦不得联日以侵苏，如此则双方有利，此一原则，鲍大使于得到指示后，同意进行。惟仍绝对保密，经多次磋商，互不侵犯条约之文字，渐渐就绪。一日余与鲍氏倾谈中苏两国之关系，余曰："惟有一个三民主义的中国，对苏联最有利；一个共产主义的中国，非但对苏联无利，而且有大害。"彼不明白，欲余解释，余曰："你能在全世界找到第二个主义，够得上做你们的朋友如三民主义吗？资本主义？法西斯主义？纳粹主义？这些都是你们的敌人,惟有民生主义与共产主义颇有相似之处,如果现在的时候,中国是共产化,日德意轴心联合攻苏的决心更坚,日本侵华也成了他们反共的最好理由,岂不是你们要自速其亡吗！如果将来中国共产化,你想你们能制服一个比你大三倍多人口的中国吗?"他赞成我们的看法,并且将我的话用电报打回莫斯科,苏联外交部档案中当可查到。在讨论中苏互不侵犯条约时,鲍氏曾数次向我保证,一旦中日战争爆发,他们决不帮助中共。在抗战前期及中期,他们确是做到所诺,后来于战争将结束时竟与日本订约互不侵犯,并援助中共,乃造成违约失信之大错。这是共产国家之惯技,固不足为奇。他跟着就说:"中共只有二、三千兵,他们如果不听话,你们就把他们消灭算了。"这时候苏联只希望能促成中日战争,他们就是牺牲了中共,亦所不惜,国家至上,势所必然。一切商量定当后,待至二十六年八月二十一日,由当时外交部长王宠惠同志与鲍大使秘密签字。惟余未径参加。这一条约在抗战爆发后两个多月(九月二十二日)才公开宣布。

八

苏联的态度既已明显,对中共的交涉,自然不难,我们首先决定把周恩来请到上海,惟中共派员与余谈判,必须有第三国际代表参加,这是潘汉年。他们两人必须先得到余之安全保证,始肯来上海,我方则由张冲任联络员。那时候的情形,我们好像是接受中共投降,他们只要我方肯停止"剿共"不提其他条件,他们都可接受。日寇一旦侵华,就是给他们以复活的机会,条件可以随时食言,到了那时候我们已抗战不暇,他们不打日军,我们自难对他们为有效的约束及处分。我们知道他们怎样想法,他们亦知道我们怎样做法,但是为对外必须表示全国一致抗日起见,我们要求他们在战争爆发以后,即需发表《共赴国难宣言》,包括下列四点原则:

一、为彻底实现三民主义而奋斗;

二、取消一切反政府之暴动政策及赤化运动,停止以暴力没收地主土地的政策;

三、取消红军,改编为国民革命军,受军事委员会的统辖,担任抗日战争之任务;

四、取消苏维埃组织，改为行政区，以期全国政权之统一。

后来周、潘二人由我们招待至南京居住，由余直接和他们谈判，使彼等更为放心，经多次磋商，《宣言》及条件的文字都已大体谈妥，周恩来乃欲回延安复命，余乃令张冲陪其去西安，顺便往见张学良，由周口中说出，我们双方对共同抗日，大致已有协议，以免张再唱抗日高调，以保实力。潘则留京续洽，不料事隔数日，西安事变忽起，当时张冲与周恩来都在西安，外人罕知其原因何在也。其《共赴国难宣言》，于"七七"事变后，于同年九月二十二日公布，此后他们就设法扩展军力，不真心抗日。

九

二十五年十二月十二日西安事变之起，杨虎城之罪恶，实较张学良为大，幸蒋公之德威感人，且其住处已移在张之势力范围之内，故终能化险为夷，其详见蒋公自述之《西安蒙难记》，不再赘述。事发之次日，余召潘汉年来见，欲其将国内一致不直张杨之所为以及中央采取严正讨伐之方针，详电第三国际，并述其个人之意见，谓万一蒋委员长有不幸，则日本之侵华，可传檄而定，日军可以中国为基地侵苏，于苏联为最不利，其电报密码存在余处，且惟我方才有电台，可直接通莫斯科，潘同意立即照此意拟电报发出，次晨余又召潘来，请其再发一电，问周恩来是否尚留西安？若然，应由第三国际去电，令周不得有损害蒋委员长之行动，救蒋即所以救苏，潘亦照办，越二日复电来到，谓"两电均收到，尔之观察，甚为正确，已电周速办矣。"余始放心。二十五日蒋公被张护回南京，全国欢腾，余随党内诸先进迎接蒋公从机场返其官邸。众皆散去。余独留，至床边，始知蒋公背部受伤，至为疼痛，亟待休息，惟余仍急急欲知者为周恩来在西安之态度，遂以此为问，蒋公答曰："甚好"。余复以鲍大使之言告之，因中央军已入关，可供蒋公在军事方面作出抉择也，蒋公默而不言，余遂辞出。

十

西安事变，为一最惊险之局面，然民心士气之盛，已可以证明领袖之德威，足以领导抗日，而日本之侵略，自亦日益亟迫。军械之补充自属急需，尤其是飞机、大炮、坦克、高射炮、打坦克车炮等等重武器，在余与鲍大使商谈互不侵犯条约时,已成为附带条件,而各有数目字之决定,遂即由蒋公派张冲前往莫斯科,商谈运输之途径,以及供应之时间。一旦战争爆发,沿海各港口,均不能用,其唯一之路线为新疆。于是余被派往新疆与盛世才督办商洽,如何将汽油运至沿途各站,以供应此类重武器之需用,俾能及时补给我军抗战。此一使命,顺利达成。后来汉口之空战,我军一次击落日机二十余架,使日本空军有一较长时期不敢西侵者,即由此路运来之飞机之得用,而为日方始料所不及者。此类武器虽非最新之一种,但吾方军人战志之坚,杀敌之勇,技术之精,足以补救其缺陷而有余,战后余因此而获得空军奖章,足以自慰。惟蒋公何以会派余赴新,盖有其原因。在北伐出发时,盛世才服务于总司令部参谋处,余则服务于秘书机要科,盛见余指挥科中同仁每日工作几达十余小时之多,衷心钦佩,故当其自赴新疆,击败金树仁,以军事统一新疆后,即电蒋公请派余或齐世英代表中央前往。其时余以事冗不克前去,乃中央仍派黄慕松先生(盛之老师)前去,黄以出言不慎,几被扣留,盖盛为一多疑之人也。后来汪精卫与桂系密谋夺取新疆,勾结张里元部队,不幸密电被译出,张被捕而置死,故盛对汪极恨而恨中央,幸蒋公听余言以亲笔函慰勉之,始告缓和。汪任院长时,有欧亚航空公司飞机一架,因机械故障强迫降落于迪化附近,盛扣留之不放,德国驻华大使,以严厉之态度,要求我政府限时令盛释放,汪两次去电,盛不置理,汪遂恳以余之名义去电为请,次日即予放行,故余之去新交涉,极为顺利。政治上人事关系之复杂,有如是者,可不慎乎!

十一

计划经济之推行,在全世界中以吾国为最早。如用之于人生不可一日或缺之食盐,盐之生产分配运销,均有一定之区域划分,称之曰:"引岸",在某一区域内之人民,必须购用生产之盐,越界则为私盐,设官以管理之。每一盐场之生产成本高低不同,盖盐卤有浓薄之分,天时有晴多雨多之别,不能采取自由竞争之办法,否则天津长芦之盐,其成本仅及江、浙、闽、粤三分之一而及川盐十分之一,且其产量又较多,自由竞卖则沿海诸盐场及自流井之盐场均将倒闭,被时一旦南北发生战争,北军可停止供应食盐,即能制南军以死命。引岸制之重要,于此可见。不料二十六年春,若干立法委员,仅凭一时之理想,起草新盐法,采自由买卖制以打破"引岸"制为主要目的。该法之立法原则,必须先通过中央政治会议。审查此案时,以汪精卫为主席,余以此事之危险,力持反对,余提出两个先决问题,请列席之立法委员答复:(一)中日战争是否可以避免?(二)战争若起,将在何地开端为可能性最大?其答复为事难避免,其开端以北方为最可能。余乃问:"届时若吾方人民缺乏食盐,将如何抗日?"但立委仍予以坚持,余要求退席,汪竭力劝阻,谓可从长计议,后虽将原则修改,以保持所有盐场为主旨,采统购统销办法。不久抗战开始。该法幸始终未成立,而浙、闽盐场,仍为供应东南及中部诸省自由区人民所需食盐之主要来源,而四川自流井之所产,为供应西南诸省之需要勉足应付。一旦余去自流井视察教育,得当地人民大规模之欢迎,主席并提及新盐法,余不胜惊异,彼等何以知中央讨论新盐法之经过,可见民生问题,为人人所注目,而国家重要政策,不可有丝毫错误也。

十二

蒋公之健康,为指挥抗战之重要条件。自起西安事变发生之晚起,蒋公之背骨,因在黑暗中由华清池避居后山而跌折,时感疼痛不堪,虽后来移居牯岭休息,用各种方法医疗,仍无进步。一日余往谒,询悉其情,建议请南京城外一中国骨科土医生杨老头一试。此人为南京电力公司常备之医生,因电气工人,常有因爬电线杆而跌伤者,中央医院及鼓楼医院医生所不能治者,彼能为之医好,最近并将内子全身关节痛治愈。其法用内功之力,双手置人身伤痛处一前一后,上下慢慢移动,为时约一小时,病者感觉伤处发热而舒适,而渐渐痊愈。经蒋公同意,乃由余带其上山,先请其理发、沐浴换穿新衣服,然后往见蒋公,开始诊治。第一日蒋公即感到非常舒适,两手亦能较前高举寸许,于是继续诊治,上下午各一次,两星期而痊愈。蒋公大悦,酬谢其一千元(其平时诊费为五角)。蒋公问余:其治愈之原理何在?彼既不用力按摩,仅用双手在身之前后移动,病者体内即有感应。余答:照余想法此乃人工静电传入病者体内,以助其本身恢复力之不足,其双手为代表电流之两极,故称"内功",对病者而言,亦可称之曰"外援"。故其本人必须早晚两次练功夫,而于治病后自身出汗而感疲倦,盖以己身电力援助他人而损失也。蒋公亦以为然,谓此类技术,应使之多传徒弟,毋使绝传,以存国粹。但今之医师法,而列此种人才为密医,而后加取缔,不亦悲乎!

十三

日本报纸不自责其侵略之罪,而责吾国反日,并公开指 CC(此乃共产党捏造之名词,用以攻击本党忠贞干部者,实际上绝无此一小组织,日人沿用之)及兰衣社为反日之两大中坚势力,以是初来华之重要日人,均希望来见余。二十六年初,日本议员观光团发来南京访问,要求见余,余以茶会招待于寓所,寒暄后,余曰:"君等是否因闻余为反日激烈分子而来见余乎?"彼等大笑。余又曰:"君等知余为坚决反共者,而又认为余为坚决反日者,岂非余为不自量力十分狂妄之人乎? 续曰:"余可正告诸君,反共乃出诸余之理智,故不能改变,余深信中国文化远优胜于共产文化,且共产制度为一极端霸道蔑视人权之制度,与中国之崇尚王道,绝不相容,故余反对之;反日乃出诸余之感情。故随时可以改变,只要贵国不欺侮我们,放弃侵略,诚心与我们友好,则余将首先主张亲日。诸君如能将孙中山先生于一九二四年冬,在神户之讲词《大亚细亚主义》细读一遍,定能知你们今日之侵华政策,为自杀政策。"其团长遂向余直说,谓:日本议会实已无法控制军人,中日前途殊难乐观。余最后告之曰:"中日战争之结果,日本将为资本主义国家所控制,而中国将为共产主义国家所控制,两败俱伤,一无所得。"此语彼等有以笔记下来者,次日并见日本各报。惜乎日本军阀专横无知,战争竟未避免,余言不幸而中。八年战争告一结束,蒋公认为兄弟阋墙,不宜咎其既往,采取王道之过分宽大政策,使日方或能感到以德报怨之厚情,从此能为宏扬亚洲文化作先锋,此一愿望,迄今未衰。

以上十三则均与准备抗战工作有关,唯我方始终希望战事之能避免,鉴于蒋公在二十四年五全大会中所作之外交报告,可以见之。其中最重要之言曰:"和平未到绝望时期,决不放弃和平;牺牲未到最后关头,决不轻言牺牲"。不料"七七"芦沟桥事变终于发生,使我国忍无可忍,和平既已绝望,牺牲在所不计矣。是日清晨,余去中央组织部办公,见满屋坐了中外新闻记者,争先询问:"此一战争,强弱悬殊,如何能打!"余曰:"今日不是能打不能打的问题,而是应打不应打的问题。人家一定要打我们，我们不能挨打，只能抵抗，才有生路，而且全国军民，一致愿意牺牲，催促政府抗战，政府怎能违反民意？"一位美国记者就问："按照双方军力比较，贵国能抵抗多久？"余曰："你是美国人，一定熟悉贵国开国历史，如果那时候，仅以军力作比较，则华盛顿与英国作战，能支持多久？亦决无成功之希望，而事实适得其反。其原因何在？须知民意之向背，才是决定胜负之重要因素，你的计算，忘了精神力量之伟大，单从物质力量一方面着眼，所以错了。华盛顿持久抗战之成功，应该给你以最好的答案。"余续曰："十一年前余随蒋公北伐，当时北洋军阀军力之总和，数十倍于我国民革命军，但是全国绝大多数的人民，站在我们这一边，我们不到三年的时间，竟将军阀全部打倒，统一中国，这亦可以证明民意是战胜者最大的主力，所以我们鉴于士气民意之旺盛，全国上下之一心一德，才有此坚强之信心，抗战到底，不到胜利不止。"记者们闻之无言而退，而我们的极度艰苦时期从此日开始了。

八年抗战之辛酸，留待将来余之健康痊复时再写罢！

（原载《传记文学》第三十一卷第一期）

2. 西安事变前一年国共两党关于联合抗日问题的一段接触（谌小岑）

一九三五年十一月至一九三六年西安事变以前这一段期间，国民党曾由英美派曾养甫出面，同共产党有过一度关于联合抗日问题的接触，具体联系工作是由我担任的。我曾分别通过左恭同中共长江局取得联系，通过吕振羽同中共北方局取得联系，翦伯赞在初期也曾参加过这项活动。兹就记忆所及，就当时形势和接触经过纪其大要于下。

一、中共《八一宣言》在国民党内发生的影响

自从"九一八"事变以后，日本帝国主义对中国步步加紧入侵，全国人民纷起要求团结抗日，收复失地；但是蒋介石一方面对日本侵略采取不抵抗政策，一方面坚持反共内战，继续进攻红军。在这种形势下，中国共产党曾屡次

发表宣言,号召对日作战,反对蒋政府对日寇的卖国停战协定;并采取行动,实行同国民党军人李济深、冯玉祥等联合抗日,积极领导了全国人民的抗日爱国运动。一九三五年八月一日,中共中央发表了号召全国人民建立抗日民族统一战线的宣言,号召一切愿意参加抗日救国的人们,与工农民主政府、工农红军及其他抗日军队一起,共同组织全中国统一的国防政府和抗日联军。这个宣言集中地反映了全国人民"停止内战,一致对外"的迫切要求。它不但获得了全国人民的热烈拥护,而且在国民党内也发生了深刻的影响。

一般说来,国民党内受过孙中山先生教诲的党员大都具有民族主义思想,对于共产党抗日救国的决心也并不怀疑。《八一宣言》发表以后,国民党内许多人都异口同声地提出了"兄弟阋于墙,外御其侮"的中国古训,希望国共两党合力御侮。冯玉祥首先表示响应,公开提出了联俄联共抗日的主张。以宋子文为首的英美派也不得不引起联共抗日的想法。只有那些坚决反共的顽固分子们认为"共产党自然希望打起来,它是惟恐天下不乱的"。

一九三五年年底开始的国共两党关于联合抗日问题的接触,就在这样的形势下,亦即在中国共产党《八一宣言》关于号召建立抗日民族统一战线的影响下发动进行的。

二、曾养甫给我的任务和我们的一些基本看法

一九三五年我在杭州浙赣铁路理事会工作,担任理事会秘书的职务。浙赣铁路理事会理事长是由曾养甫以浙江省政府建设厅长的身份兼任的。我和他是一九一七年到一九一九年在天津北洋大学的同学。一九三四年,他见我在南京失业,邀我去杭州,接谈之下,颇为相投。一般人都认为他是 CC 派的重要角色,事实上他同宋子文也是很接近的。他曾在美国留学,属于英美派。

一九三五年下半年,他到云南去了一些时候,查勘滇缅公路和滇缅铁路的路线(据说当时英国已经同意修筑这条路线)。十月下旬,我因事由杭州去南京,路过上海的时候,在李公朴家中谈到了《八一宣言》,印象很深刻。我还和李公朴交换了意见。我们一致认为这个《宣言》很重要,提得很及时,中共所表示的态度很好。当我到了南京时,适值曾养甫也刚从云南回到南京。我

到他的家里同他见了面。我在谈话中分析了日本帝国主义侵略中国的疯狂性质，最后提到了冯玉祥等联俄联共抗日的主张，征询他的意见如何。他说："我很赞成。"话没有谈完，因来客中止。我当天回到杭州。

一星期后，我接到他一个电报，要我去南京。我到南京同他见面时，他正要出门，简略地以"打通共产党关系"相嘱。他知道我在"五四"运动中加入过周恩来领导的"觉悟社"，同周恩来有过一些关系，也知道我常和一些左派朋友来往。

"打通共产党关系"，我听了这句话之后，在他家里独自待了半个钟头考虑这个问题。在当时情况下，我认为这是一桩极有历史意义的重大事情，也是一项光荣的任务，同时我又是可以想办法进行这个工作的，因此决心把它接受下来。

在进行工作的期间，我几乎天天到曾养甫家去，对有关对日抗战诸多方面的问题都有所谈论。有些问题我们是有过争论的，但有些论断基本上还是取得了一致。

我们都同意这样一种看法：对日本帝国主义的抗战一经发动，就会是长期而艰苦的。我们应当利用广大的空间去争取时间，以待国际局势的变化。我们抗战的主要条件是人口众多，兵源丰富，农民武装起来进行游击战争将会起重大作用。我们认为，一九二七年以后的国民党党务工作的官僚作风是和发动群众武装抗日的要求背道而驰的；而共产党红军动员广大人民群众参加作战的战略，对抗日作战具有决定性的作用。我向他提出了"欢迎红军收复失地"的口号，他表示接受。

在国际关系上，我们同意一方面要争取英美的同情，另一方面也要争取苏联的援助，而且认为联俄与联共是分不开的。

最初，左派朋友对蒋介石是否有对日抗战的决心和诚意是怀疑的。我从李公朴那里得到救国会派在这个问题上所提的一连串的意见：为什么对日本帝国主义的疯狂进攻采取妥协的态度？为什么要取缔学生、工人、各文化团体和爱国人士的抗日救国运动？这同"五四"运动时期北洋军阀的行为有什么两样？为什么不开放人民的言论、出版、集会、结社自由？为什么还要对红军继续作战？蒋介石是否在奉行清末的那种"宁赠友邦，不与家奴"的亡国政策？为什么要提出"攘外必先安内"的口号？……我曾向曾养甫反映了这些意见。

曾养甫对蒋介石是"忠诚无间"的。他总是想着要说服我，使我相信蒋介石终于要进行长期的抗日战争，而且惟有蒋介石才能担当得起领导抗日的责任。他同意我对汪精卫的看法，也认为这个人是妨碍联共抗日的一个危险分子，可是他说，"攘外必先安内"口号的提出，是为了要先求国内"统一"；国共的关系必须先谈好了才能停战。他认为共产党在军事上和宣传上攻击南京政府是国共合作的障碍。但他始终认为同共产党进行关于联合抗日问题的接触是件极关重要的事情。

他还解释说，蒋介石对日本之所以暂时采取妥协的态度，是为了争取时间来完成一些必要的准备。他告诉我，是年九月国民党四届六中全会时，冯玉祥曾公开质问何应钦："为什么不立即发动对日作战，还要等些什么？"何应钦答复说："许多地方，特别是山东这样离日本很近的沿海省区，都还没有防空网。"当时还把山东省主席韩复榘叫来问过。

我们曾辩论过这样一个问题，就是"统一"和抗日政策的关系问题。我认为在南京政府执行对日妥协政策的情况下，是没法求得统一的；惟有采取鲜明的抗日主张和坚决的抗战态度，才能求得统一。曾养甫说我只看到事情的一面。他认为有许多地方军阀是宁肯当汉奸而不愿服从中央的命令；在不能统一调动全国人力物力的情况下，立刻发动战争是很危险的。

我们也曾谈到国共合作成功后共产党的政治地位问题，但没有得出结论。曾养甫认为，这个问题还要好好研究，但是共产党的合法性是肯定的。

这年十二月汪精卫被刺后，行政院改组，蒋介石自兼行政院长（在发表之前，我们都估计行政院长可能是宋子文），南京的抗战气氛渐见浓厚起来。冯玉祥发表为军事委员会副委员长，也是国民党加紧备战的标志之一。曾养甫任铁道部政务次长，他调我到南京任铁道部劳工科长，我同他的接触更加方便了。

一九三六年二月十二日，南京《中央日报》上登载了一篇国民党中央宣传部的文告——《告国人书》。一则曰："万恶之共党即利用此救国之呼声以作其祸国烟幕。""现在横亘于民族前途之大患有二，一为白色帝国主义，一为赤色帝国主义。"再则曰："如甘心为共党所利用，……政府自不得不……予以最严厉之制裁"，云云。我去质问曾养甫，他哭丧着脸说，他不知道究竟是怎么回事，再三叮嘱我暂时停止活动。

这篇《告国人书》，在表面上是说中共正在策动各地文化团体进行救国运动，因此要加以防范，骨子里是否另有文章，我曾同几个朋友加以研究。那时日本正在更换驻华大使，有吉被召回国，有田还没有来。蒋介石对"广田三原则"所要求的承认"满洲国"这一条，是一剂吞不下去的苦药，但对于"共同防共"，则认为最合心意。由此判断，国民党中宣部发表这样一个文告，其目的是在向日本讨价还价，也是可能的，因为继这个文告之后，并没有什么行动。有人告诉我说，这个文告的发表在国民党内曾引起了不小的反响。

我从杭州调到南京铁道部任职不久，就在曾养甫支持下，接办了《扶轮日报》。左恭、千家驹两人负责在该报编了一个取名《民族阵线》的副刊，公开讨论对日抗战的问题，主张开放人民的言论、出版、集合、结社自由，响应共产党《八一宣言》关于成立抗日民族统一战线的号召。不一月，这份报销售达八千份以上，而且也没有出什么乱子。一方面也许是因为特务们知道这个报有曾养甫的背景；一方面也是因为到了一九三六年上半年，南京政府对抗日言论已在一定范围内稍稍开放的缘故。

在进行联系工作的过程中，曾养甫曾一再向我表示，他要争取陈果夫、陈立夫兄弟参加，通过他们同蒋联系，较为方便。同时，他也常提到宋子文的抗日决心和办法。他说，争取英美援助的工作是由宋子文担任的。

一九三六年五月中旬某日，我在陈立夫口授下，笔录了《关于国共联合抗日的四项办法》（详见本文第六节）。从此以后，我的思想就偏向于相信蒋介石是真正在准备抗日而不疑了。

三、具体的联系工作

一九三五年十一月初，当曾养甫对我说了要"打通共产党关系"那句简单的嘱咐之后,我当晚就去找人商量,找到的第一个人是翦伯赞①。第二天我又告诉了左恭②。翦、左都认为这项工作很重要,而且也是有办法好想的。我曾向曾养甫提及,打算到上海找李公朴。他怕救国会分子复杂,容易泄漏秘密,主张先就我自己认为可靠的关系进行联系,但他同意采取多线联系的办法。

当时翦伯赞向我建议,要我向曾说,最好的办法是先把关在监狱的共产党员释放一两个出来,一方面可以表示国民党的诚意,另一方面也可以通过这个办法同中共中央取得联系。他并且具体地提出,最好先释放他的桃源同乡同学董维键。曾养甫同意了这个办法。他用电话通知了中统特务头子徐恩曾之后,翦伯赞和我在徐恩曾所派的一个特务陪同下到卫戍司令部的监狱里见了董维键。董表示只要中统同意,他愿意到湘西找贺龙将军,说贺将军那里有电台可同中共中央联系。董还提到陈立夫正想请他把陈自己写的《唯生论》译成英文。后来中统不同意将董维键释放,这个办法行不通了。我就在十一月下旬同翦伯赞商量后,写信到北平邀吕振羽南来。两个月以后的一个大雪天,翦伯赞又去监狱里看了一次董维键。天那么冷,董连袜子都没得穿。董告诉翦说,他借口眼睛不好,没有跟陈立夫译《唯生论》,也许这就是中统不肯释放他的原因。

我给吕振羽的信大意是说:"近年以来,东邻欺我太甚,惟有'姜府'和'龚府'联姻,方期可以同心协力,共谋对策,以保家财。兄如有意作伐,希即命驾前来。……"不几天工夫,吕即到了南京。翦、左两人都说上海有关系可以找到。十二月初,我们先后到了上海。

最初,翦伯赞介绍了他的一位同乡,董维键的亲戚张祺。张祺当时是一个中共上海市的工作人员。我们谈了两次话,不得要领,大概是因为他负不起这个责任。后来我们找到了中共长江局的关系,就没有再去找他谈,他也没有回信。

---

①我曾于1932年在天津办过《丰台》旬刊,抨击蒋介石、汪精卫的对日不抵抗主义,翦伯赞同志曾在《丰台》旬刊上写过文章,他还邀请吕振羽及其他左派同志向《丰台》旬刊投稿。他们曾把许多进步书报介绍给我阅读。

②我和左恭同志曾同在1933年于南京出版《生力》杂志,主张团结国内一切力量,一致对外。

四、中共黄某某的往返奔波

左恭通过中共长江局的组织关系,介绍了一位黄某人同我见面(左恭说,至今不知他叫什么名字)。我们谈过几次话之后,他表示愿意尽力为国共联合抗日而奔走。最初,黄某曾提出希望国民党方面能派一个人同去延安。我们选定的一个人是在一九三二年因立三路线被捕而投降中统的人,黄某因为此人是中共的叛徒,表示反对,故而作罢。最后,他告诉我中共组织上决定派他去一次延安,向中共中央报告请示。之后,他就走了。

我同黄某谈话时,最初是以国民党代表的姿态以现的。我尽可能地将南京政府准备抗日的许多有关军事上、经济上、政治上的措施向他陈述,并表示了对日抗战最后必然胜利的信心。我还对他说,发动抗日战争的关键就在于国共能够合作;抗日战争是长期的,必须付出很大的牺牲,因此就要动员全国农工群众进行全民性的抗战,才能取得最后的胜利;中共所领导的工农红军所采取的战略战术,最能适应这样的战争。……我还强调了国共当时所进行的战争徒有利于日本帝国主义的看法。

同时,我在同黄某的谈话中,曾以中小地主阶级代表的口气对他说明土地改革是中山先生的主张,国民党员中的中山先生的忠实信徒一定是愿意奉行的,但必须把日本帝国主义赶走以后再进行,这样就可以团结一部分地主,使他们也能参加抗战。

一九三六年四月底,黄某到过一次南京,曾养甫在家里接见了他。他表示希望了解南京方面对联共抗日的具体办法。五月中,陈立夫口授了四项办法之后,我抄了一份交他携走了。同时,我请覃振写了一封信给林老(伯渠)。我同林老的关系曾养甫是不知道的,这封信的交付也没有报告曾养甫。

七月初,黄某回到南京。这一次他显然是从延安来的,因为他带来了周恩来同志亲笔写的几封信。我只记得有一封是给张伯苓,一封是给时子周的。每封都写了十几页信纸,信的内容大意是:把"九一八"事件发生后中共历次发表的关于一贯主张对日抗战的几个文件内容加以重述,表示中共愿意团结一切抗日力量,结成民族统一战线,停止内战,一致对外;但国民党内部有不少亲日派、顽固派从中作梗,不愿同工农红军停战议和,希望国民党内的爱国人士能就成立抗日民族统一战线有所努力,早日发动抗日战争,挽救民族危机。

黄某要求我给他在南京找一个住处,他要以中共代表身份在南京为建立抗日民族统一战线进行公开活动。我曾劝阻他,他不接受。我报告了曾养甫之后,曾要我把他带来的信全部要过来,不让他交给收信的本人;其中只有林老复覃振的一封亲笔信没有通过曾养甫,由我直接交给覃振了。因为一再劝阻黄某不要公开活动,他仍然不听,我就遵照曾养甫的命令,把他送到中统的监牢里关了起来。

一星期之后,中共上海组织向左恭要人。黄某在监狱里曾用剪刀剪断通电的铁丝网希图逃走,也曾写信交我转张学良求救。我对曾养甫说:"两国相争,不斩来使,何况我们正在讲和呢? 把他关了几天,他已经知道南京是不能公开活动的了。"曾同意释放他,并同意由我送他到上海。

曾养甫郑重地嘱咐我,蒋介石对这件事是绝对保守秘密的。他说,有一次,他向蒋报告同中共接触的经过,正谈话间,陈布雷进来了,蒋立刻顾左右而言他。蒋并问过他负责联系的是什么样的一个人,是否可靠,要特别谨慎云云。

我送黄某到上海后,我们约好了一个电报密码以及电台的呼号和时间,他也把他在上海的邮箱号码告诉了我。

不久,陈济棠在广东反蒋失败,曾养甫被任为广州市长,邀我同去。我过上海时,写了一封信给黄某,通知他必要时可到广州找我们。但以后我就再没有见到他。

五、吕振羽和曾养甫的商谈

吕振羽是一九三五年十一月底到南京的。他到南京后,我曾邀他单独同曾养甫见面,谈过两次话。在向曾养甫介绍的时候,我特别强调吕是一个马克思主义的学者,在北平教学多年,学生当中有不少中共党员,此番南来,对打通中共关系,沟通双方意见,定能有很大帮助。

一九三六年一月初,吕振羽介绍的中共代表周小舟到南京同我第一次见面。周小舟是湖南人,谈吐风度一切给我的印象很好,我们这次见面谈得很亲切。我首先说明我的身份表明当时我只是因曾养甫个人的关系以中间人的身份来担任关于商谈国共联合抗日问题的联系工作的。我也把南京政府确在准备抗战的一些事实对他说了。

　　周小舟第一次到南京，只住了两天就走了。三月底，他第二次到南京同我见面，告诉我说，他从北平带几封信来，要我派汽车到下关去接他的行李。他把一封由毛泽东、朱德、周恩来三人具名盖章写给曾养甫和我的信交给了我①。这封信不满五百字，可是写得十分恳切。信的内容我已记不清楚，大意是扼要重申了《八一宣言》关于建立抗日联军和国防政府的主张；对于国民党方面的人发动国共两党联合、停止内战、一致对外的运动，表示欢迎；希望能争取进一步早日实现停战议和，完成准备，发动抗日战争，求得多年来在帝国主义压迫下的中华民族的解放。

　　周小舟还带来了另外几封信：给冯玉祥、程潜等人的信是吕振羽直接找关系交的，没有经过我的手；给孙科的一封信是找王昆仑交的；由林老出名给覃振的一封信，是翦伯赞介绍吕振羽交的；给宋子文的一封信，是我陪同周小舟和吕振羽到铁道部办公室见曾养甫时由周小舟当面交的，曾养甫当时就拆开看了。这封信比较长，我没有读，不知道内容。

　　这次周小舟见曾养甫的时候，还把一份《八一宣言》交给了曾养甫。曾同周小舟谈话的态度很好，称他为"周同志"，并表示希望两党联合抗日能够早日成功。周小舟表示希望就一些有关合作的具体问题进行讨论。他问曾养甫对于共产党所提组织国防政府和抗日联军的主张有何意见。曾养甫说，这类的问题要向蒋介石请示。他对周小舟说，凡是一个政府都是讲求国防的，国民革命军顾名思义就是抗日的，红军既要抗日，就加入国民革命军好了。事后他对吕振羽说："共产党为什么这样不郑重，派一个小孩子来。"（那时周小舟还是一个二十四岁的青年）吕振羽对他说："中共的党员年轻的多，只要能负责解决问题，年轻似乎没有多大关系。"周小舟以后就没有再同曾养甫见

　　①这封信我曾保存了几年，1941年寄放在重庆乡下我的外甥女住的地方，以为可保安全，不料她的住处被日本飞机投下的燃烧弹炸中起火，这封信连同陈立夫口授的四项办法初稿，及其他文件全部被烧掉了。

面了。

那时正是红军在山西"失利"之后,日本驻华大使有田和当时南京政府外交部长张群作了几天"恳谈"。有田回到东京当了广田内阁的外相,宣称中日关系不拘泥于"广田三原则"、重点在共同防共。中日间形势显得有点缓和。

曾养甫要我告诉周小舟,红军在山西"失利",对两党联合抗日问题的商谈是有不好的影响的,但他认为商谈仍须继续进行。

因吕振羽一直住在南京,曾养甫曾在铁道部和他的家里约见过吕振羽多次,有几次谈话我曾参加。最初几次谈话,都集中在交换对当时国内外形势的看法和彼此的诚意的了解,以及一般性地谈论关于国共合作后行将引起的一些政治问题的意见。

吕振羽在和曾养甫的一次谈话中,曾谈到如果国民党方面有诚意合作抗日,就应彼此避免军事上的接触,尤其是停止进攻南方红军的游击队,南京政府应停止对人民抗日言论活动的压迫,为表示合作诚意,国民政府应就这两方面有所表示。

曾养甫说,现在主要的问题是共产党应停止反国民政府的宣传活动,吕所说的两件事,政府现在还不能明令照办,因为双方的合作谈判还没有成功。

吕接着表示,大意是:中共停止反政府的宣传,可以转达;打仗是双方的事情,要挨打的一方不还手是很难的;国民政府如能改变对日妥协的方针,人民对政府才能有信任,反政府的情绪自然会改变为赞成政府抗战,停止攻击的事情应由双方来考虑。

有一次曾养甫对吕振羽说,蒋介石看了《八一宣言》很生气,说共产党不该骂南京政府卖国。曾说到这里,蒋介石的怒气显然传染到了他的身上。他像似发脾气似地说:"共产党有什么了不得,一共不过几万条破烂的枪支。……为什么定要这样攻击委员长?……历史上,力量就是是非。吕先生,你是个历史学家,难道还不明白这样的道理吗?……"

吕振羽回答的大意是:宣传也是双方的事情,这边不也在骂共产党是"共匪"吗?报纸上天天有"朱毛匪"的字样,不也是事实吗?至于历史上的是非,后人自有定论。共产党的力量也不一定靠它的枪支的好坏和多少。我们相信曾先生一定是爱国的,否则就不会同我们坐在这里谈国共合作抗日的事情了。

我在中间打圆场说:"'相骂无好口,相打无好手'。现在既然进行联合抗日的谈话,过去的事情就不用谈它了。"

事后,我劝曾养甫说,他这次谈话的态度过于激动,如果这样谈下去,就会愈谈愈远了。他表示仍应继续谈下去。我随即把这句话转告了吕振羽。

在谈话中,曾养甫曾向吕振羽提出这样一个问题:"共产党是不是想把我们当着克伦斯基政府?"吕振羽的答复大意是说,克伦斯基之所以得到那样的下场,是他自己造成的;国民党政府是否会成为克伦斯基政府,这还得由国民党诸公自己去决定。

四月底,吕振羽在曾养甫家中的一次谈话中,提出了中共方面的四项具体条件,大意是:

(一)释放政治犯,开放抗日的出版、言论、集会、结社的自由;

(二)在现有的国民政府基础上,组织各党派各阶层的联合抗日政府,组织联合的抗日武装部队;

(三)让南方的红军游击队集中并划定防区;

(四)中共可停止土地改革,但须承认现在苏区民主政府的合法地位。

曾养甫听了之后,表示这些问题太大,要请示。

吕振羽说:"我想听听曾先生个人的意见。"

曾养甫的答复是很简单的:"停止土地改革很重要。释放政治犯我想没有问题。将来谈好以后,毛泽东先生、周恩来先生等中共人士都可以作国民政府委员。至于军事方面的问题,我要向委员长请示,不便表示意见。"

六、陈立夫口授的四项办法

自从周小舟带来了毛泽东、朱德、周恩来三人联名盖章的信并会见了曾养甫以后,我就一再向曾养甫建议,应该给一个关于双方联合抗日的具体条件的回信。吕振羽提出了中共方面的四项条件以后,我又催促过。

一九三六年五月中旬的一个上午,我被一个电话邀到了曾养甫的家里,陈立夫已先到那里。我们没有谈什么闲话。曾养甫给了我几张信纸,要我坐在他的书桌旁边,他们两人站在我背后。陈立夫用他那种我听不大清楚的湖州话对我说:"我们现在给他们写四封信。"他要我笔录下来,接着就念出了下列四项办法:他用"K"字代表国民党,"C"字代表共产党。第一项他念了几次我才听懂。

由于全部文件都被日本燃烧弹烧毁,我自然不能一字不差地记下来,但下面所写的可以相信是大致不错的:

(一)K方欢迎C方的武装队伍参加对日作战;

(二)C方武装队伍参加对日作战时,与中央军同等待遇;

(三)C方如有政治上的意见,可通过即将成立的民意机关提出,供中央采择;

(四)C方可选择一地区试验其政治经济理想。

写完了以后,陈立夫问我说:"怎么样?""能这样办自然很好。"我很满意地回答他。但是后来的事实证明,蒋介石集团从一九三八年即抗战发生的第二年起,由于看见红军势力一天天地强大,就开始违背这四项诺言了。

因为这是我第一次同陈立夫见面谈国共联合抗日的问题,我也把联系的经过扼要地向他报告了一下,并表示希望两党合作能早日成功,抗日战争能早日发动。

我当时这样想:陈立夫是蒋介石的心腹,他能提出这样的办法,足以表示蒋介石集团确有诚意进行联合抗日的谈判。这便巩固了我对国共联合抗日可以成功的信心。

我把这四项办法另外抄写了几份,分别交给了吕振羽、左恭和中共长江局的那位黄某某。

在曾养甫去广东以前,吕振羽和他的谈话都集中就双方的四项条件交换意见,没有什么进展。

六月间,吕振羽又向曾养甫重复提出了下列两个具体问题:(一)划定防区让南方红军游击队集中,或指定路线北上并保证安全通过;(二)释放政治犯。

关于释放政治犯的问题,曾养甫当面答复,表示当然可以办到,只要中共方面开名单来,就可照办。这件事后来是办了的。这也是因为西安事变时张学良要蒋接受的条件中也有这一项的缘故。

关于长江流域、珠江流域红军的集中问题,曾养甫向蒋请示后,回复吕振羽说:"暂时可以不必,但可以分散北上。"

在六月间的谈话中,曾养甫表示他愿意自己去一趟延安。他说:"延安的熟朋友很多,我可以去,只要安全不成问题。"又说:"最好能邀周恩来先生来一次南京,我们可以当面解决一些问题。"

七月底陈济棠反蒋失败,曾养甫被任命为广州市长。他对吕振羽说:"我现在要到广州去,不能去延安了。我们打算请张冲去一次。"

曾养甫在动身去广州之前,曾将我同长江局的黄某约好的一份电报密码交给吕振羽,并说:"以后可以用电报谈。"他还指定汉口电台为和延安通报的专用电台。

我建议可否邀吕振羽一道去广州,以免中断联系,曾养甫表示同意。吕振羽即于九月间到了广州。

我又建议如果周恩来不便南来,可请邓颖超来一趟。曾养甫也同意。我除了把这个意见告诉了吕振羽之外,还在广州替邓颖超租好了一幢房子,但她并没有来。抗战发生后,她才到过一次广州。

七、西安事变发生后潘汉年同陈立夫、曾养甫的接触

蒋介石集团由于时刻准备向日本帝国主义投降,所以对于通过曾养甫进行的国共联合抗日问题的商谈保持绝对秘密。这和中共中央屡次公开宣言主张联合一切力量共同抗日的坚决态度和作法成为鲜明的对照。《八一宣言》我还是在路过上海时在李公朴家才见到的,而八月二十五日中共致国民党的信,应该说是进行商谈所依据的一个重要的文件,是继续谈判的基础,可是连我这个负责联系的人也没有让看一看这个文件。蒋介石集团的用心在于不让人民知道中共是坚决主张抗日而他们自己则是在对日妥协的真象。他们对西安事变的歪曲宣传,也正说明这种情形。

大家都知道,西安事变是张学良、杨虎城将军为了要求蒋介石停止"剿共"内战、一致团结抗日而发动的一次有历史意义的事件。由于中共主张和

平解决,蒋介石接受了张、杨的六项条件,答应准备抗日,才得恢复自由。但当时我们在国民党统治区的人们并不知道其中真象。

我因需要照料我的爱人刘峙山生育,于十二月初由广州回到南京。那时曾养甫也在南京。西安事变发生之初,曾养甫和我都相信可望和平解决。在蒋集团亲信讨论应付西安事变办法的会议上,首先主张讨伐张、杨,用飞机轰炸西安的是戴季陶。我同左恭以及其他许多左派朋友谈起来,都认为这是最愚蠢的办法。

几天之后,陈立夫的私人秘书王某来找我,说是接到延安一个电报,问我约定的那个密码怎样译法。我要他拿给我来译,他始终含糊其词,表示不肯。当天深夜两点,他又来过一次电话。

第二天,曾养甫要我去上海找中共关系。我到上海按照黄某约好的信箱写了信去。等了三天,不见有人来联系。第四天,我接到曾养甫的长途电话,要我回南京。他告诉我,潘汉年已经到了一次南京,他和陈立夫同潘汉年在中央饭店谈了一次话,交换了关于解决西安事变的意见。显然,潘可能是由于张冲的联系而被邀来的,因为曾养甫告诉过我,张冲曾去过一次延安。曾养甫说,潘汉年怕见我,但没有说明原因。也许是因为七月间那位黄某被关了几天的缘故吧。潘是以第三国际和中共中央的代表的身份来同陈立夫、曾养甫谈话的,谈话内容是双方同意西安事变可以在停止内战、一致对外的条件下和平解决,让蒋介石回到南京。

此后,抗日民族统一战线就因西安事变在中共主张之下获得和平解决而终于形成了。

（原载全国政协文史资料研究委员会编:《文史资料选辑》第七十一辑）

3.南京谈判始末(吕振羽)

南京谈判,是在一九三五年十一月至一九三六年八月期间举行的前后历时九个月。这是我党在国家民族生死存亡的严重关头,为抗日救亡而同国民党进行的第一场谈判。这场谈判,是在党中央和毛泽东同志领导下,在刘少奇同志指挥下,直接围绕国共联合抗日这个历史要求进行的。它对我党提出的"停止内战，一致抗日"方针的实现和抗日民族统一战线的建立，是作出了积极的贡献的。

一九三五年，日本帝国主义继"九一八"之后，加紧推行吞并中国的步骤，进一步向华北地区发动新的进攻，而国民党政府继续执行其卖国内战政策，构成了中华民族空前严重的危机，威胁到全国人民的生存。在这民族危亡的严重关头，我党根据国内政治情况和阶级关系的改变，提出"停止内战，一致抗日"的主张和建立抗日民族统一战线的政策，采取许多积极措施，推动了全国抗日救亡运动的发展。

日本帝国主义所实行的灭亡中国的侵略政策及其魔爪步步伸向华北、华中等地的侵略行动，同英、美帝国主义在华的利益发生了严重冲突。英、美帝国主义由于在华利益直接受到打击，对日态度开始改变，因而也就影响了以宋子文为代表的中国买办资产阶级中的英美派。他们为了自身的利益，为了小朝廷的统治，也不得不要求抗战，要抗战就必须联共，这也是当时国共两党南京谈判合作抗日的一个背景。

一九三五年冬，我收到一封南京来信。写信人谌小岑，也是湖南人，曾在主办《丰台》旬刊时经翦伯赞介绍而同我相识的。写信时，他在国民党政府铁道部任劳工科长。来信的大意是：东邻侵凌，龚姜两府宜联姻御侮。兄如愿作伐，请即命驾南来，云云。

当时，我任北平中国大学教授、中共北平市委领导下的自由职业者大同盟书记。市委由周小舟同志经常同我联系。我就把谌的来信交给周，请示市委如何处置。周小舟同志说："市委讨论后再答复你。"

数日后，周小舟同志通知我，大意是：市委要你辞去教职，立即去南京，探明此事系何人发动和主持。

同年十一月底，我抵达南京，住进新街口的一家旅馆，当即电话通知谌小岑。谌小岑对我说，此事系南京方面掌握工矿企业的宋子文主持，由铁道部常务次长曾养甫出面。在谈判过程中，曾、谌始终说是宋子文主持的，并说蒋介石还不知道。我说，蒋介石不知道，如果谈判成功能够实行吗？他们就说，将来是要告诉他的。

在到南京后的当天晚上,谌小岑来到我的住处,陪我到鼓楼曾养甫家中,进行第一次会面。我问道:国共合作抗日谈判是曾先生自己的主张吗?曾答:"我是秉承宋子文先生的意旨办事的。"并说:"日本占领东北,又在华北搞特殊化,走私又到了长江流域,看来非抗战不可了。你能找一个共产党方面同我们谈判的线索吗?"我表示,"不敢肯定,但也可能从北平的教授和学生中找到这样一个线索。"当时谌向曾介绍说:"吕振羽先生是北平的大学教授,是用马克思主义研究历史的史学家。"曾说:"吕先生,你是历史学家,如果我们同共产党合作抗日,不会把我们作为克伦斯基政府吗?"我说:"克伦斯基当时搞成那个结果,是他们自己的政治行动形成的,并不是旁人把他们弄成'克伦斯基政府'和那样下场的。"

周小舟同志得到我关于上述情况的书面报告后,于一九三六年一月第一次到南京,我把他安置在新街口北面的一家大旅馆,离我不远。他告诉我,组织决定要我留在南京,和国民党继续进行接触。同时,他向我传达党的指示:一、组织国防政府和抗日联军;二、停止内战,一致抗日,停止进攻苏区,承认苏区的合法地位等。我们要以这些作为国共合作抗日谈判的先决条件。

我随即通知对方,谈判线索已找到。曾、谌二人希望我"继续留在南京。作为中间人,从旁协助谈判"。我根据周小舟同志的意见,向对方提出:"既要我留在南京,我在北平的教授职务就不能担任,因此,我的生活费应当由国方支付。国方必须保证共方往来人员的安全和通讯自由,不得加以检查和扣留。"曾说:"可以保证。"随即他们送来函件,以聘我为铁道部专员的名义,月致二百元车马费。这些钱,也就成了我和周小舟二人在南京期间的生活费和小舟北归的路费。当时,陈伯达在北平中国大学造谣说:"吕振羽把自己出卖给国民党,每月三千元。"完全是别有用心。

在周小舟同志北归前,我陪谌小岑到小舟住处,第一次介绍他们会晤。

周小舟同志北归后,我根据他传达的精神,在和曾养甫的谈判过程中,正式向国民党方面提出了共产党的上述两项先决条件,双方辩论得很激烈。曾说:"国民政府就是国防政府,国民革命军就是抗日联军。"我反驳说:"国民党常自称'党国'、'党军',这就是说,国民政府只是一党的政府,国民革命军只是一党的军队。"曾还代表国方提出了四点反要求,大意是:(一)停止土地革命;(二)停止阶级斗争;(三)停止苏维埃运动;(四)放弃推翻国民政府的武装暴动等活动。事后,我立即把这些情况向周小舟同志作了书面报告。

三月,周小舟同志第二次到南京,传达了向国民党提出的六项原则要求(连同上次两项在内)。大意是:(一)开放抗日群众运动,给抗日爱国人民以集会、结社、言论、出版自由等抗日民主权利;(二)由各党各派各阶层各军代表联合组成国防政府和抗日联军;(三)释放一切抗日爱国政治犯;(四)改善工农群众的生活;(五)停止内战,一致抗日,停止进攻苏区,承认苏区的合法地位;(六)划定地区给南方各省游击队集中训练,待机出发抗日。针对国民党的四点反要求,周小舟同志还传达了党的有关指示精神:(一)阶级斗争,是阶级社会全部历史过程的必然现象,谁也无法停止,也不可能制造出来。在合作抗日的形势下,只要国民党实施适合工农要求的适当政策,改善工农群众的生活,调整阶级间的关系,我们为战胜日寇,加强国内团结,可施用影响,实行战时阶级休战。(二)国民党必须实行孙中山的"二五减租"政策。为了团结抗日,除没收汉奸卖国贼的土地分给无地少地的农民外,我们将考虑在战时暂不没收地主的土地。(三)国民党必须承认苏区的合法地位,但不得改变工农民主政权的性质,并以之作为全国抗日民主政权的示范。(四)在组成国防政府的情况下,国方所提武装推翻国民政府问题将不存在。

在周小舟同志第一次到南京时,我曾提出入党要求和看党的有关统战政策的文件的希望。这一次见面后,周小舟同志正式通知我,组织已批准我的入党要求,一九三六年三月入党,无候补期,为正式党员。并说,我的工作由陈酉生(即王世英)直接联系,以后每次有关谈判问题的秘密通信,一封寄天津陈酉生,一封寄北平周小舟。小舟同志给我看了他随身带来的陶尚行写的关于统战文章的油印本。我问:"陶尚行是谁?"他说:"北方局负责人,是一位很优秀的领导同志。"他还给我带来了党组织给代表的"训令"和秘密通信用的药水。"训令"用药水洗出后,已不完全,只有下面几个字还清楚:"派你为和国民党谈判的代表,望继续……"。小舟同志还带来了有毛泽东、朱德、周恩来、林伯渠等中央领导同志署名盖章,用墨笔书写给宋子文、孙科、冯玉祥、程潜、覃振、曾养甫等人的白绸信件,每封均附我党的《八一宣言》,由我和小舟同志分送到各人负责的机关,有的请人转交。在从北平到南京的路途中,小舟同志把这些信件放在胸前的西装口袋里,我听了不禁捏了一把冷汗。当时,小舟同志赋诗一首示我。诗云:

> 片衫片履到都门,仗足三年悟死生;
>
> 拟向荆卿求匕首,雨花台畔刺赢秦。

我和诗一首。诗云:

> 潜踪南渡到石城,艰危未计死和生;
>
> 为挽狂澜联吴策,残篇断简续亡秦。

五月间,曾养甫在和我谈话时怒气冲冲地说:"共产党有什么了不起的力量,不过四、五万条破枪! 一面和我们谈判,一面骂我们委员长是卖国贼头子。历史上实力就是是非。说我卖国,我就卖国,我有力量,共产党其奈我何?!"对曾的这种嚣张气焰,我很气愤,严词批驳说:贵党和京沪一带报纸不是每天都还在骂"朱毛匪"吗? 至于曾先生所说,历史上也确实有人那样说过,而且那样作过,但历史都给他们一一作出了公正的结论,这是可为殷鉴的。不过我相信国民党有些先生还是赞成抗战的。谌小岑出来打圆场说:算了,算了! 相打无好手,相骂无好口,彼此都是老朋友了,不要生气。回到住处我写下了《祖龙吟》一首:

> 无穷潜蓄在人民,强弱从来系旧新。
>
> 论定是非岂任己,果决成败皆由人。
>
> 祖龙误堕骊山梦,赵高强指鹿马真。
>
> 夫子庙前弹艺客,人人茹古说赢秦。

随后,曾养甫通过谌小岑向我表示:这样转达来转达去,不解决问题,希望共产党派个代表来谈判。于是,约在六、七月之际,周小舟同志第三次来到南京。我把这期间的会谈情况如实告诉了他。他说:"你谈得很好,我完全同意。"接着,周小舟同志以正式代表身份和曾养甫在铁道部二楼曾的办公室举行正式谈判,我和谌小岑参加。在整个谈判过程中,双方都是根据上述各自提出的内容进行折冲的。曾养甫要小舟同志先谈。小舟同志便系统地提出了我方的六项要求和条件,并对国方的四点反要求作了回答,我在旁边作了不少补充。小舟同志说:国民政府作为国防政府的组织形式是可以考虑的。但必须由各党各派各阶级阶层各军代表组成战时民意机关,作为战时最高权力机关,这才能说是可以考虑的,也才能承认国民政府作为国防政府的组织形式。关于红军改编为国民革命军问题,国民党必须保证在军需供应、防区划分和作战任务的分配等方面,均应一视同仁,不得有任何歧视。曾表示:这些都是可以保证的,但必须服从最高统帅部的统一指挥和调遣。红军改编为国民革命军,可以开赴察绥边境一带驻防,待机东进,但不得干预地方政府的事务。会后,小舟同志对我说:以察绥边境为防区,背靠外蒙,未尝不好,然后进入东北,开辟抗日战场,只要国民党在关内真正实行抗战,那也是可以的。对于曾养甫提出的南方各省游击队,由各省分别指定地区集中,改编为国民革命军的问题,小舟同志断然拒绝,说:"绝对不能同意。"这样,曾养甫不得已,说:那就指定路线,让南方各省游击队北上和主力红军会合。小舟同志说,国民党必须保证我们的部队安全通过,不得中途截击。曾养甫答应这不成问题。关于释放政治犯问题,周小舟同志说:凡是以共产党罪名或抗日爱国罪名关进监狱的,都应该一律无条件释放。曾说:这很好办,请共产党提个名单来。(会后,我对周说:可能有没有承认自己是共产党员的,开了名单,国民党可以按名单进行迫害和策反,这是要警惕的。周同意。)但他们出去后,不得进行反国民党的活动。我说:只要国民党真正抗战,这个问题就不存在了。

　　曾养甫又提出:现在是资产阶级民主革命,应由国民党领导。共产党现在不要搞马克思主义,希望共产党和我们一道来实行三民主义,将来社会主义革命,再由共产党单独领导搞马克思主义好了。过去国共合作,国民革命,都是奉行三民主义的。小舟同志批驳说:过去在广州时代、武汉时代,三民主义作为四个阶级联盟的共同纲领。国民党不要三民主义以后,我们领导下的工人、农民的斗争,都是没有违反三民主义的地方。曾说:事实完全不是这样,有很多共产党策动的阶级斗争,有时口头上讲三民主义,实际上都是挂羊头卖狗肉的。我说:曾先生这个说法可不对,现在正式谈判合作抗日,不是来骂架的。要骂架,这就没法谈下去了。曾说:不是我骂架,因为周先生说我们不要三民主义,我才这样说的。我又说:至于资产阶级民主革命和社会主义革命的关系,这是一个极严肃的理论问题,不是一、二句话可以说清楚的。

会谈结束后,谌小岑送周小舟同志至楼下,我故意留后一步,问曾养甫对周代表提出的六项要求有什么意见,希望能给以具体答复。他说,共产党对谈判没有诚意,派一个小孩子来作代表。我告诉他:共产党的干部都是比较年轻的,我看倒不在于年龄的大小,而在于能否负起责任和解决问题。

在周小舟同志离开南京以前,为取得国方对我方六项要求的肯定回答,我至少去找曾养甫面谈过五、六次,谌小岑有时在座,有时不在。面谈的大体情况如下:

第一次,我同曾养甫着重面谈关于国防政府的问题。我说:周代表临走时,要我将国方对他在会谈中所提出的六项要求的答复转达给他,现在请你将国防政府问题作出肯定的答复。曾说:我们已肯定答复过,国民政府即国防政府,周代表也说,以国民政府作为国防政府的组织形式是可以考虑的。因此,这个问题可说是已经解决了。我说:周代表说可以考虑,是有前提的,就是由各党各派各阶级各阶层各军代表组成民意机关,作为战时最高权力机关,问题就在这里。曾说:那好办,我们可将立法院扩大,将各方代表人士包括进去。我说:这绝不能代替战时民意机关。有些立法委员,自己也说他们是柜台里的陈列品,谁也清楚,他们自己立了些什么法,不过是立了些约束和制裁抗日爱国人士的法,丝毫也没有立过制裁汉奸卖国贼和走私集团的法。曾说:扩大立法院的组织以后就不会是这样了。

第二次,我同曾养甫着重面谈关于停止内战,停止进攻苏区的问题。我对曾说:关于这个问题,我曾经向曾先生转达过,周代表在正式会谈中又正式提出过。国民党成百万军队没有一兵一枪去对付日寇和汉奸,而是全部用来进攻苏区,“围剿”工农红军。国民政府几十万全副武装的税警,并不是用去稽查日本、朝鲜浪人和走私集团横行无忌的走私,而是对付民族企业的商品流通和民间的小商品流通。这种十分不合理的现象,只会为亲者所痛,仇者所快,徒然消耗民族抗战的力量。曾强辩说:停止内战双方都有责任。现在,共产党到处煽动群众,打土豪分田地,搞游击战争,共军到处找空子袭击国军,使国军动弹不得,这是更厉害的消耗民族抗战力量,分裂民族团结,破坏中国农村传统的安定情况。我说:事实恰恰相反,红军和南方各省游击队,经常遭到国军的包围和袭击。至于农村的土豪,他们和农民并没有什么平等团结的关系,他们是统治农村和吸尽农民膏血的封建残余。据我所闻,农民打土豪分田地,打游击,完全是被迫的。曾说:我所知道的情况,完全不是这样的。

第三次,我同曾养甫着重面谈关于给抗日爱国人民以集会、结社、言论、出版的自由等民主权利的问题。曾强词夺理地说:本来是自由的,国民政府并没有禁止他们这种活动。现在据我们所知,到处所谓抗日爱国群众运动和所谓"飞行集会"之类的事情,无不是玩弄阴谋的政党密谋策动的。我很生气,反驳他说:难道"七君子"的爱国言论和行动也都是被人阴谋策动的吗?因为发表《闲话皇帝》而被判罪的杜重远先生和邹韬奋先生主编的《生活周刊》,难道也是受人阴谋策动的吗? 曾养甫理屈词穷,只得推说:关于这类事情,是非常曲折、非常复杂的。曾又说:周代表也承认三民主义是广州时期、武汉时期国共合作的共同纲领。共产党在群众运动中散发的宣传品,题目和封面是三民主义,内容无不是攻击政府和谩骂蒋委员长的。我说:问题不在于口头上怎样说,而在于是否认真实行,在孤陋寡闻的我看来,找不出工农群众的阶级斗争有什么违反三民主义的地方。曾说,就说吕先生自己吧!听说你有历史著作出版了。谌小岑也曾说,你是用马克思主义来研究历史的,难道那里面有三民主义吗? 我想那里面只会有马克思主义,不会有三民主义。我就理直气壮地说,曾先生,你很可以这样说,我的著作和陶希圣、胡适、叶青等人的著作比较,只比他们多了些历史真实性和爱国思想。

第四次,我同曾养甫着重面谈关于释放一切政治犯的问题。我说:周代表提出国方应把一切以共产党员和抗日爱国等罪名被监禁的政治犯无条件释放。曾说:只要共产党开个名单来,保证他们以后不从事反对政府的活动,我们就可以按名单释放。我说,这样做就不是无条件释放而是条件很苛刻。在遍布各地的监狱中,究竟关了多少共产党员和抗日爱国的政治犯,恐怕谁也不知道,更不可能知道他们每个人的名字。曾说:任何国家释放被监禁的人出狱,都不能不要他们表示对政府的忠诚态度。我说:至于他们出狱后,如果政府的施政同民族利益和他们本人的利益相矛盾,难道谁能禁止他们的一切反抗行为吗?国方是否无条件的释放他们,周代表说,这是关系到国方是否真正与民更始,有无抗战诚意的问题。因为这些人都是我们民族的精华、抗日的骨干。曾养甫说,吕先生,你这个说法是"书生空谈"。我说,我绝不认为是这样。曾又给我出难题说,如果你现在知道什么人关在哪里,我们马上就可以把他们释放。我便回答说:我的老师董维键,是留美博士和研究英美文学的,还有和他一起的张唯一,听说现在还关在南京的监狱里,受到非人的待遇。曾尴尬地说,我们可以了解了解。后来,董、张二人一起被放出来了。在抗战时期,我在长沙曾碰到过他们。他们高兴地对我说,就是在那个时候他们被放出来的。

以后,大约在六、七月之际,有一次我去找曾养甫,他对我说:"这样的谈判不解决问题,希望周恩来来南京,我或张冲去延安。"不久,谌小岑面交我一份密电码,并说:"南京谈判到此终止,自后由武汉电台和延安电台直接联系。"我以秘密通信告知陈酉生、周小舟两同志。

在谈判过程中,周小舟同志曾传达党的指示,要我设法取得国方的书面材料。因此,国方对我方所提要求的答复和他们的反要求,我都设法要谌小岑写明后给我,谌都是亲笔写在国民党政府铁道部便笺上的。

我在南京谈判期间,得知原在广西红七军任团长的袁也烈同志(原名袁炎烈,此时化名袁映吾),在战斗中负伤,到上海养伤,遭敌搜捕,监禁数年,出来后,又陷在南京。我将所了解的情况,告诉周小舟同志。他向北方局汇报后,让我约同袁也烈同志到秦淮河游艇上会面。此后,小舟同志北归前通知袁到北方局接头。同时,我又通过在南京宪兵司令部当法官的小同乡肖仲阶,要他设法帮助袁离开南京。后来,袁辗转到北方局,恢复了党籍,又投入了火热的战斗。

在此同时,我抓紧在谈判的空隙,完成了写著《中国政治思想史》的工作,袁也烈、李邦彦二人帮助我抄写了这本书的原稿。当时,我曾作诗一首:

夜雨寒灯续旧缘,白山烽火客街黑;

钓鳌来载秦淮月,写就新编劳巨椽。

八月,周小舟同志又一次来到南京,我将所有材料和密电码全部交给了他。他说,他回到北平后马上就要携带这些材料去延安,向党中央和毛泽东同志汇报这次南京谈判的全部经过和情况。小舟同志到延安后,担任了毛泽东同志的秘书。他当时带到延安的这些材料存在中央档案馆。

谈判完全终止后,我就离开了南京。当时的情景,正如我在《谈判——离南京》一诗中所说的:

荷命南来白下时,日侵蒋暴痛离支;

手携"八一"谈联合,面对逆横自护持。

左顾右盼情悻悻,外强中干语刺刺;

无常冷热日邦色,密码交来意态迟。

以上就是关于这次南京谈判的前前后后,是铁铸的历史事实。

最后,我还想讲一点情况:关于南京谈判,一九六一年前后,全国政协副秘书长、《文史资料》主编申伯纯同志,曾找谌小岑写过一份材料。申伯纯曾亲自对我说:"谌小岑写的这份材料,我到档案馆核对了原始材料,材料是真实可靠的。"后来,他又对我说:"这份材料我送周总理看了,总理很重视,并叫我把它送给周小舟看一看。当时周小舟正在北京开会。周小舟看过这个材料后说:'情况就是这样'。"以后,我也问过王世英同志。我说:"关于南京谈判,申伯纯找谌小岑写了份材料。"王世英同志说:"我已看过了。"我讲这个情况的目的,就是为了好让后人从当时谈判双方的参与者所提供的情况中了解事实真相,从中汲取有益的东西。我想这是每一个马克思主义者对待历史所应有的正确态度。

党的十一届五中全会为刘少奇同志平反昭雪,千古奇冤,大白于天下。我由衷地感到高兴。我永远忘不了那在虎穴里战斗的日日夜夜,我更加怀念指挥我们胜利进行斗争的少奇同志。

（原载《群众论丛》一九八〇年第三期,收入本书时文字有删节）

4. 我在国共第二次合作谈判中的一段经历（康泽）

一九三六年西安事变前后，国共第二次合作谈判进行之间，我没有参加，只是在一九三七年五月至九月，我参加了这个谈判。蒋介石为什么不前不后要在这个时候让我参加？我估计我是他手中的一张"牌"，这时用得着我所搞的那一套，所以把我这张"牌"抽出来，打出去。

一、会谈的准备

一九三七年五月间，蒋介石叫我到庐山牯岭去见他。我去的时候，张冲（浙江人，中统特务头子之一）先在会客室。蒋介石见我去了，交两个文件给我，一是中国共产党的宣言稿，二是中国共产党军队改编后的若干问题，蒋介石指着第一个文件对我说："这个宣言稿，我交给邵力子先生看过，他说没有什么意见。你拿去研究一下，有什么意见没有？"他指着第二个文件对我说："这些问题，都谈了一下，有的可以；我拿红蓝铅笔打了问号的，还有点问题，你拿去一道研究一下。"之后他又对我说："你以后就参加国共谈判。现在周恩来他们已经到南京来了，你和立夫先生、张淮南（张冲）一道去和他们谈。"听了他的吩咐以后，我就和张冲一道出来。张冲对我说："这个谈判，我和立夫先生一道参加很久了，我把这经过和你谈谈。"我说："那很好。"于是我们就一面走，一面谈。他说："我跟立夫先生从去年起就参加了谈判。我去年还曾亲自去陕北，与中共负责人洽谈，共产党要求保留他们的军队，老头子原只答应改编三个团，以后增加到六个团，九个团，现在已经说定了，编十二个团，六个旅，三个师。立夫先生还秘密地到莫斯科去过一次。"我问："是从哪条路线去的？"张答："是从东方这条路线去的，从欧洲那边回来的。"好像他还谈过他也去了莫斯科一次，是为蒋经国回国的问题去的。最后张说："这件事情（谈判）多半都是立夫先生接头，只有立夫先生才知道得更清楚。我们一道去南京和立夫先生谈谈如何？"我说："我要去汉口一趟，然后转回南京，请你先走一步，我在一两天内准到。"于是我就和他分手了，他下山回南京，我下山去汉口。"

我在汉口把禁烟缉私处（那时我任该处主任）的事情处理之后，和副主任王元辉研究国共谈判的一些问题。这时我对共产党宣言稿的看法是："前三点(即(一)取消苏维埃;(二)改编红军为国民革命军,受军事委员会领导;(三)"本党(共产党)愿为三民主义之彻底实现而奋斗",是好的;而后面讲的一大套政治主张,则属多余,应该删去。我认为简短一些,说明为什么共赴国难就够了。我对宣言稿整个的意见就是如此。关于第二个文件,这时尚无定见,预备等待商谈以后再说。

我在汉口住了一天半,就起程到南京,先和陈立夫见面。一天晚上我去会他,张冲也在座,我拿出文件来和他研究,他(陈立夫)对待解决的问题指出:"(一)关于边区辖境问题,委员长说过,多划一两县、少划一两县没有多大关系;(二)关于边区隶属问题,不给它隶属于行政院,要它隶属于陕西省政府,不然,他们就要直接找行政院的麻烦;(三)关于边区主任的人选问题,他们要求于右任、张继和宋子文三人中择一任命。"对这第三个问题,陈立夫没有说出他的意见,他似另怀鬼胎。第四个问题,是释放政治犯的问题。陈说:"这个问题,就是要他们开名单来(他是用这个办法难共产党一下),等他们开来之后,我们借口向全国调查,可以任意拖延时间。"第五个问题,是办报的问题,陈说:"这不能准他们。"其余的问题,我现在记不起了,我这次和陈见面,只是听他说,没有表示我的意见,因为那时我是这样的思想,关于政治问题,多半听他的。临走时,只和他作了这样的约定:以后在和周恩来谈判以前,我们三个人先见见面,把预备谈的问题,先商量好一个腹案。

二、派遣人员的布置

蒋介石从牯岭回到南京以后,通知我去见他。他问:"你对这两个文件研究过了吗?"我答:"我都仔细地看过了,这个宣言稿的前面三点,我认为是可以的,后面说的一大套政治主张是多余的,应该删去,以免以后的麻烦,简短一些,只说明为什么要共赴国难就够了。关于那些待解决的问题,我准备和他们谈谈以后再说。"蒋介石表示同意。这次我除了口头报告以外,还把我对宣言稿的意见写了一个书面报告,当时递给他,他在上面批了一个"可"。于是以后我就坚决主张照我的意见修改宣言稿了。我去见蒋时,不见张冲,但我出来的时候,张冲和我一道出来了,可能他是先我而见了蒋的。他对我说:"我们一道到姚副主任家去一趟。"姚是姚琮,当时任军事委员会办公厅副主任,主任是吴思豫。周恩来、朱德和叶剑英当时都住在姚家。到后,一般地谈了几句应酬后,我在姚家午餐,餐后就走了。

第二天蒋介石通知我去见他。他对我说:"你去准备一批副职人员,从副师长到副连长;还有行政人员,从行政专员到县长、区长,将来派到陕北去。"我从蒋介石那里出来,就立即从南京赶到星子海会寺去,在"特训班"和"别动队"里挑选了所需要的一批人员,记得我挑选的副师长有刘伯龙、龚建勋、梁固铭、行政督察专员是刘己达(原任江西省党部委员、别动队设计委员)等。选定之后,恰好蒋介石又到牯岭,我就领他们去见蒋介石(刘己达未到)。蒋见他们时,没有说什么,只是简单地勉励他们好好地去干。在这时候,我了解蒋介石心中的腹案是:改编后三个师之上不设指挥机关,只设一个政治部来统辖,预备要周恩来任这个政治部的主任,我去任副主任。我曾经问过蒋介石:"毛泽东、朱德怎么安置呢?"他回答:"要他们出国到苏联去。"

又一次(大概在一九三七年七月间),我去见蒋介石,我说:"共产党提出的在于右任、张继、宋子文三人中择一去任边区主任,我觉得都不相宜。张继先生对党虽然很忠诚,但很感情用事;于右任先生也是一样,都经不得一拍,共产党对他们好了,他们就会跟着共产党走的。宋子文先生,我对他不很了解,我看好像更感情用事。"蒋介石同意我的看法说:"他们三人都不相宜。"我说:"党的老先生中,丁维汾先生怎样? 丁先生立场很坚定,他任青年部部长时,据说毛泽东当过秘书,丁先生平时处人也很好。"蒋说:"丁先生如果能去,倒是很好的。"我说:"我去征求他的意见好不好?"蒋说:"你去吧。"于是我就到丁维汾家去,把这事的原原本本告诉了他,并征求他的同意。丁说:"这——个——时——候,这——个——时——候,正是抗战的时候,如果蒋先生要我去,我有什么话说呢?"我就马上把丁的话报告了蒋,蒋说:"那今天下午四点钟请他来。"我又把蒋的话转达给丁,丁准时去了。他们相见时谈的什么,我不知道。以后,一次我去见蒋,他对我说:"丁先生将来到陕北去的时候,由你护送他去。"不久,蒋介石就在国民党中央政治会议上提出以丁维汾为边区主任,当即通过,但案子始终放在那里没有发表,后来不知什么原因没有去。

当这一切均已就绪，"七七"事变爆发了。蒋介石希望中共赶快出兵，想借日寇之手来消灭红军。有一次，蒋介石告诉我："快去通知周恩来，叫他们赶快出兵，不要等候改编了，各级副职人员、政工人员、行政人员也都不派了。"我马上打电话通知叶剑英。过了几天，蒋介石又告诉我："他们三个师之上准设一个指挥机构，就叫八路军，由朱德、彭德怀当正副司令。你可以选派一个总部的政治部主任和三个师的参谋长去他们那里。"我保荐李秉中为八路军政治部主任，刘伯龙、龚建勋、梁固铭为师参谋长。但不久，大概在一九三七年八月间，蒋介石叫我去，对我说："参谋长不派了，政治部主任也不派了，只派三个联络参谋和八路军总指挥部的联络参谋，你去准备好人选。"于是我就提出了乔树人（四川人，军校三期生，陆大毕业）为八路军总指挥部联络参谋；肖御寰（江西人，军校五期生，别动队少校指导员）、李德（贵州人，军校六期生，别动队少校指导员）、李克庭（湖南人，军校四期生，特训班中校大队副）为三个师的联络参谋，并引他们去见蒋介石。蒋批发了他们一笔安家费，指示他们说："你们好好地做，要把中央对他们的德意转达给他们，不要去做他们的一些小情报工作，这是做不过他们的。"我觉得蒋介石对他们讲的话不够，为了使这些人去做工作有个准绳，我就根据蒋所讲的略加补充，写成三条书面东西呈蒋，他批了个"可"，我就嘱咐他们照这样去做了。这三条是："（一）传达中央的德意，使他们知所感奋；（二）随时明了该军的行动，俾于发生异动时能事前报告中央，设法制止；（三）倘发生异动，而情况不明，未及时报告中央，是为渎职。"

抗战之初，一次蒋介石叫我去，对我说："你快去和叶剑英商量一下，问他们的部队什么时候出发，从哪条路线出发。"我就马上打电话给叶剑英商量这个问题，叶对我说："现在陕北正在集中三个师，装备好了，每天可以出发一个旅，由潼关以北的一个渡口渡过黄河，经过同蒲路到山西东北部八路军作战的地区去。"我把这结果向蒋报告并建议说："当给他们的给养应该都给他们，使他们在精神上来个痛快。"他回答："可以。"过了几天，我听说八路军有一笔费用（不知是草鞋费还是米津贴）没有领到。我打电话给叶剑英证明属实后，我就请叶去领。他说："我们怎么能领得到呢？"我说："我和你一道去领，我先到军需署去等你。"之后,我和叶剑英一道去会军需署长周守梅。周问:"这笔钱该不该发?"我答:"该发。"周说:"你要负责。"叶剑英才领到这笔钱。

三、对《宣言》稿的争执

一九三七年九月中旬,秦邦宪从延安来南京商量发表宣言的问题。一个晚上,他来找我。我对他说:"你们这个宣言稿,如果只是前面的那一段,只是表示共赴国难的意见,那多好!后面说的一大堆政治主张是多余的。"秦对此和我发生激烈的争执,差不多到了拍桌子的程度。我顽固地坚持我的意见不变,最后他答应拿去修改。过了两天,他把修改过的稿子拿来,我看和我所要修改的差不多了,只剩下几个字眼的问题,即:原稿上写有"已经取得了国民党的同意",我要改为已经取得了政府的同意"(还有两个字我记不起了)。争执很久,没有结果,最后决定暂时搁下来,由蒋介石去决定。于是我们就由他代表共产党,我代表国民党在宣言初稿上签字了。九月下旬,蒋介石通知周恩来、朱德、叶剑英、秦邦宪、张冲和我在南京城内孔祥熙公馆相见。蒋介石对我们说:"《宣言》双方都同意,签了字,是很好的,剩下来这个问题——'政府'和'国民党'几个字的问题,这——个——是,这——个——是——,本来不是要紧的问题……"我看他说不下去了,提出意见说:"这个问题,委员长今天不作决定也可以,考虑一下之后,批下来也好。"这时周恩来和秦邦宪先后都说:"就是今天决定好。"蒋介石就说:"用'国民党'本来没有什么关系,但还是用'政府'好些。"这个问题,就是这样决定了。这个《宣言》这样决定以后,就在国民党《中央日报》上发表了。

在这个宣言发表前约一个星期,蒋介石叫我到中山陵园去见他,我把对《宣言》的双方争执点向他报告之后,要他准备在发表宣言的时候,以他的名义发表一个谈话,谈话的要点,我提供了三点意见:(一)对共产党表示共赴国难,予以称赞;(二)说明这是由于我们三民主义的伟大;(三)要求共产党对自己的宣言用事实表现出来。蒋介石说:"可以。你去写出来。"我说:"布雷(陈布雷)先生写得好些。"蒋说:"好。你去找他,要他写。"于是我去找陈布雷,把事情的经过告诉他,并说:"委员长准备发表一篇谈话,内容(上述三点)请布雷先生准备一下。"他就把要点记下来去准备了。

这时国民党中央宣传部部长是邵力子,他对中共的态度比较温和,关于中共要求在南京办报的事,是找他接头的,听说中宣部已经允许中共办个《新华日报》。

也就是宣言发表前后,我在海会寺接到周恩来转来毛泽东的一个电报,大意是说,在绥德、米脂一带,有所谓"黑旗军"活动,不知究竟,现在是共同一致抗日的时候,大家应该团结……。那时我不知道这件事,也不重视这件事,所以就没有复这个电报。

四、对西安行营的布置

还在八月间的时候,西安行营主任蒋鼎文到南京,蒋介石知道我和蒋鼎文的关系搞得不大好(这是因为我在福建的别动队的球队和蒋鼎文的特务团的球队赛球的时候发生过冲突,因此蒋鼎文对别动队的印象不好),蒋介石叫我同蒋鼎文一道去见他。蒋介石对蒋鼎文说,关于共产党的问题,他(指我)很清楚,交涉都是他在办,我要他来帮助你,叫他到西安行营当第二厅厅长。见完蒋介石之后,我和蒋鼎文一道出来,蒋鼎文问我:"你什么时候来?"我说:"有几个问题,还要请示委员长,有些事要办交代,恐怕要缓几天才能够来。"过了两天,我又去见蒋介石,他对我说:"西安行营你不能去了,南京方面有事情你走不开,你可以推荐一个人到西安行营去,看什么人好。"当时我想了一下,说:"谷正鼎很好。"接着我就把谷的简历向蒋报告说:谷正纲、谷正鼎两人都是留德的学生,后来转到莫斯科中山大学,他们两个的见解主张很多和我们相同,对共产党的态度也和我们一样的坚决,后来又同我一道在莫斯科中山大学(国民党)特别党部负组织部的责任,相处也很好。"蒋介石问:"谷正纲怎么样?"我说:"他们两个对国民党的忠实,都是一样的。大谷热情,有时冲动;小谷细致一些,派往西安行营和共产党办交涉,以小谷比较适宜。"蒋问:"他(小谷)现在什么地方?"我答:在济南(大本营)第六部办事处任副主任。"蒋说:"你打个电报叫他来。"我随即发了电报,小谷接电来到南京,我引他见了蒋介石。蒋对他很满意,立即决定派他代替我到西安行营任第二厅厅长。由于谷是文人,不是军人,不是黄埔学生,我怕他到西安去和那班人相处不好,因此我又向蒋介石推荐了顾希平(顾祝同的堂弟,黄埔第一期,留法学生)去任他的副厅长,蒋也批准了。他们去就职之后,我就让他们去做,以后很少再和他们联系。

（原载全国政协文史资料研究委员会编:《文史资料选辑》第七十一辑）

5.抗战期间参加国共和谈的经过[①](张治中)

皖南事件

一九四〇年十月,两党关系严重恶化。核心问题是军事问题。何应钦、白崇禧奉派和周恩来、叶剑英会商办法,未得协议。何、白遂发表了所谓皓(十月十九日)电,指斥中共:"一不守战区范围,自由行动;二不遵编制数量,自由扩充,三不服从中央命令,破坏行政系统;四不打敌人,专事吞并友军。"认为这四者是磨擦事件发生的根源,决定根据所谓《中央提示案》,对党的问题、陕甘宁边区问题、十八集团军及新四军作战地境问题、编制问题等,作硬性片面的规定,限期电到一月内把部队撤至划定的作战地境内。这种规定,当然于事无补,更且治丝益纷。

到一九四一年元月,就发生了皖南事件。新四军所部一万余人在泾县、太平一带被顾祝同、上官云相所部突然围攻,几乎整个被消灭。结果叶挺被俘,项英战死。重庆政府十七日宣传"新四军抗令叛变",明令撤销番号,把叶挺交付军法审判。中共中央对这事发表谈话,指出皖南事件仅是国民党反动派反共投降大阴谋中的一个步骤,号召全国人民起而制止,并向国民党政府提出:取消一月十七日的反动命令;惩办祸首何应钦、顾祝同、上官云相,恢复新四军番号;恢复叶挺自由,释放被俘干部战士,抚恤死难将士;逮捕各亲日派首领交付国法审判;停止华中几十万大军的"剿共"战争,平毁西北的反共封锁线;严整抗日阵营,坚持抗日到底等条件,作为解决事件的基本方案。

这一抗议,国民党政府相应置之不理,而问题愈闹愈僵,两党的裂痕越来越大了。我对皖南事件事前虽表示反对,终以孤掌难鸣,未能挽回。不过事后在同年三月二日,我曾向蒋上万言书,痛陈对中共问题处理的失策,尤其皖

　　[①]题目是编者加的。——编者

南事件,我认为是招致两党破裂的开始,关系至大。摘录其中重要的几段
如后:

现在共党问题解决的棘手,大半由于若干同志不特未具远大之眼光,甚
至缺乏体认此问题之常识,始终为一种错误之冲动所支配,以致愈演变而愈
出原来之预料。最近对于本问题之经过,谨就所经历者缕陈钧听。当新四军
苏北问题发生后,职每次出席会议(按:指军委的有关会议),即感觉有异样之
空气。职于一月十日曾密向总长(指何应钦)陈述意见,以为对共党问题,应
有冷静之考虑、慎重之措施,勿任有成见而好冲动者为无计划无限制之发展,
总长亦以为然。但未数日,皖南新四军问题爆发。记于一月十五日上午十时
半总长于其办公室召集临时会报,研究善后处置办法。时军令部提出两案:
一为明令撤销新四军番号,一为不撤销其番号,任其渡江北上,以观其动态如
何,再作处置。职当赞成第二案,其时健生(白崇禧)则主张以甲案呈请钧座
裁决。职力持不可,谓吾辈高级幕僚对统帅陈述意见,不妨同时列举多案,俾
统帅有所抉择;并谓如照甲案执行,是否将引起决裂,此时决裂是否为时势所
许可,应加考虑。而健生即厉声戟指起而指摘曰:"你身为政治部长,如何能
说此种话!"职见其感情冲动,已达极点,在彼正欲一逞为快之时,未便再有所
论列。是日下午,原约齐晋谒钧座,报告会议结果,适因本部召集之川康政工
会议,职须亲自主持;又虑在钧座之前,发生争执,诸多不便,因未参加晋谒。
及撤销新四军命令揭晓,职与周恩来之谈话经过,曾经报告察核,兹不赘陈。

然于叶剑英赴延安之后,讵即发生若干毫无取义之动作,如本会办公厅
正式以奉谕名义通报,谓此后应改称异党为"奸党"。此种通报,共党方面自
不难探悉。又如《新华日报》事件之发生。凡此似皆无关宏旨,徒益增问题解
决之困难,实为冲动表现之一斑。尤可骇怪者,某日正开党政军联席会议时,
某同志提出报告,谓周恩来将于明日与居里①会见,当时即有人提议,设法将
周关闭一日,勿令其与居里会见。杂辞讨论,纷纭一堂。职在会议中本不拟
再表示意见,惟见此种情形,不能再忍,因起谓:"此事尚未明了主动者为周抑

①居里是美国罗斯福总统的秘书,以总统私人代表名义来华借名了解中国经济情况,实则策划
援蒋。

为居里，但委员长必已闻悉，现委员长并未交付会议讨论；且此种处置，殊不高明，恐徒然引起居里方面之误会"，始将此议打消。月前职曾向钧座陈述，吾人今日必须把握此局面，不宜听任其继续作毫无约束的发展，致将来发生非所预期之结果，瞻顾当前局势，此种顾虑，似非杞忧而已。

书后建议："为保持抗战之有利形势，应派定人员与共党会谈，以让步求得解决"，"在此朝野彷徨之秋，钧座如能正确指示一般干部以解决共党问题之方针，澄清一切沉闷徘徊之空气，使冲动之感情，无由支配行动，实为当务之急，若犹是听其拖延，其结果将对我无利而有害。"可惜蒋当时不能采纳，一任问题之愈拖愈坏了。

二度和谈

自此以后，顽固派的气焰虽甚嚣张，但双方的商谈仍在不断地进行。当时中共重要干部在重庆的有周恩来、董必武、叶剑英等，彼此都经常保持了接触。特别是一九四二年，中共中央又加派林彪将军到重庆来。林是黄埔学生，蒋当时派我代表商谈。记得曾经谈过许多次，每次都是在我家里（重庆曾家岩的一栋旧式小楼房，名桂园，是向关家租来的），每次差不多都是周、林一道来。谈谈歇歇，歇歇谈谈，前后经过八个月之久，直到一九四三年春天，才由周恩来先生把他们的最后意见一字一句地念给我听，我也一字一句地抄下来。抄完后再念给他们听，认为无误，就是下面的四项：

（一）党的问题，在抗战建国纲领下取得合法地位，并实行三民主义，中央亦可在中共地区办党办报；

（二）军队问题，希望编四军十二师，请按中央军队待遇；

（三）陕北边区，照原地区改为行政区，其他各区另行改组，实行中央法令；

（四）作战区域，原则上接受中央开往黄河以北之规定，但现在只能作准备布置，战事完毕，保证立即实施；如战时情况可能（如总反攻时），亦可商承移动。

这四项，我当时认为是应该可以接受的条款，而且内心觉得中共确已让步，也确实具有合作抗日的诚意，所以心里很高兴，亲笔誊给一次送给蒋看。蒋随即召集一次临时的军事会议。会议中蒋先不置一词,只问大家有什么意见。当时发言的大都表示不能接受,甚至有以傲慢态度嗤之以鼻者。他们对第一条,根本就不愿意给共党以合法地位;对第二条,认为一下扩充为四军十二师,办不到!对第三条,倒少表示意见,只说应由政府决定;对第四条,认为措词含混,应该先遵照皓电规定,把军队撤到黄河以北。总之,充满了偏见与近视。在会议上我虽然一再解说,还是拗不过他们。蒋始终既不表反对,也不说赞同,最后说:"好吧,再说吧!"这样就搁下来了。其实,本来应该而且可以接受的条款而不接受,只有使林彪将军徒然虚此一行了。

在这里,要特别指出一件事。蒋一面不肯接受中共所提四项,一面却酝酿着另一种念头。记得是一九四三年夏季的某一天,蒋约我去说:"我想请毛泽东到重庆来,我们当面谈一切问题,你看好不好?"我听了这话很兴奋,即答:"很好!很好!我完全同意。"他当时就亲笔写了一封给毛的信交我。蒋何以忽有此动机,是不是由于一九四三年五月第三国际宣告解散,曾引起反动派"招降"共产党的幻想,他也存在此幻想呢?不得而知。这时林彪准备回延安去,我在家里为他饯行,就在那天晚上把信交给他。不过,以后并没有听说中共对蒋的邀请有任何的表示,我也没向周恩来查问。但是,这却为一九四五年抗战胜利后毛泽东先生由延安来重庆伏下一笔。

三度和谈

到一九四四年五月间,中共中央又派林祖涵先生到重庆继续商谈,国民党政府派王世杰和我为代表。这段商谈经过也是够曲折艰难的。时间是从五月到十月底,地点是从西安到重庆。整个经过,具见我同年九月十五日在有中共参政员参加的国民参政会的口头并附书面报告《关于中共问题商谈经过》中,兹照录如下:

(略:详见本卷)

从上述报告里,可以看出当时商谈的困难。双方观点既不同,而所提条款又相去太远,当然得不出任何的结果,那是没有疑问的。

同时中共方面林祖涵先生也向参政会做了一个报告,大意是提出组织联合政府、召开国是会议的建议。在反动派看来,当然是更进一步的要求了。

美方调停

商谈既陷于搁浅,林祖涵先生便返回延安。

同年十一月初,赫尔利作为美国总统罗斯福私人代表到中国来,表示愿调停两党争端,双方即开始继续商谈。国民党政府方面,还是王世杰和我。时宋子文正代行政院院长,也有时参加。中共代表是周恩来先生。这次商谈时间也相当长。从十一月到一九四五年的夏天。有时五个人参加,就是王、宋、周、赫尔利和我,也有时仅三个或四个人。这段时间,军事紧张,我曾奉派到各地视察,不能每次会议都参加,还是由王世杰经常出席。据他在一九四五年三月于国民党中央宣传部的讲演(他当时是部长,这篇东西曾印成小册分发各有关方面参考,但未在报端发表),有"谈判经过"一项,全文如下:

谈判可分为两个阶段。第一阶段自五月迄十月底,政府方面负责者为张部长治中及本人,中共代表为林祖涵氏。第二阶段自十一月迄现在,政府方面为张部长及本人,此外宋代院长有时亦参加商谈;并由友邦美大使斡旋其间,中共代表为周恩来先生。

(一)第一阶段。本人与张部长赴西安,洽商十日,最后将林氏要求条件制成笔录,并送请其校对。此文件经林氏订正,两日后送回,并由其亲自签字。其中虽有若干超过范围之处,但本人当时认为尚可提请政府考虑。其大要内容为:

"军事方面:中共军队接受中央军令,最少收编为十二师,待遇与国军平等,军官暂不变更。军需可以照中央经理法规办理。中共军队在抗战期内,不调动,在原驻地抗战。中央政府认为有问题者在此最后一点。

政治方面:中央承认陕甘宁边区并给予高度自治,该边区任用高级官吏,可经中央备案。须实行国民政府颁行之法律,其有适应地方之单行法规须送请中央备案。边区钞票不再印发,由财政部加以整理。解除所谓边区封锁。释放政治犯与承认中共合法地位。"

本人等携回向中央请示,于六月五日将中央提示案,交与林氏;该提示案大体接纳了中共要求。(军队准编十师,其后蒋委员长在参政会中表示十二师之数亦可考虑。)但彼称六月四日奉有中共电令,将条件扩大了;在此扩增的条件之中,中共军队应编为十六师;中央政府并须承认中共的"华北根据地"。

九月间参政会开会时林祖涵氏又突然提出组织"联合政府"召开"国是会议"之要求,当时参政会中本党同志均极冷静忍耐,无片言指责中共,并为不使谈判僵化起见,由大会决定推王云五、傅斯年、胡霖、陶孟和、冷遹等超然人士五人,组织延安视察团,前往视察,然后向政府提出解决办法之报告。彼等原定一个月内起行。但当时因湘桂军事情势不佳,延安态度一天恶化一天,彼等遂屡次延期,直到十月底未克成行。

关于以上第一阶段之谈判,详见三十三年九月十五日张治中在参政会提出之报告及该报告附件。那些文件并见三十三年九月十六日重庆各报。

(二)第二阶段。十一月初赫尔利将军(赫氏当时尚为美总统私人代表)来华,表示愿对中国内部团结问题有所致力。中共亦有电邀请其赴延安一行;彼征得我政府同意后,自愿效奔走之劳。其动机不外两项:(1)从旁协助调解,俾中国获得统一因而增进其国际地位,此于中美两国在未来国际舞台上之合作大有裨益;(2)美军不久将在我国海岸登陆,假使当地驻军为国军自无问题,但如为中共游击队,则因中共不受国民政府命令,问题将趋复杂;倘政府与中共之间能先期谋得政治解决,则美军登陆可减少若干困难。

赫尔利将军于十一月初飞延安与毛泽东氏辩论数日,最后携回毛氏亲笔签字之草案,其主要之要求为组织"联合政府及联合军事委员会"与承议中共之合法地位。该草案原文如下:

"一、中国政府,中国国民党,及中国共产党,一致合作,以期统一中国所有军队,迅速击溃日本,其建设中国。

二、改组现在之国民政府为联合国民政府,包括所有抗日政党代表及无党派之政治团体,立即宣布一新民主政策,规定军事政治经济及文化事业之改革，并使其发生实效，军事委员会应同时改组为联合军事委员会，由所有抗日军队之代表组成之。

三、联合国民政府拥护孙逸仙之主义，建立一民治民有民享政府，实施各项政策，以资促成进步及民主并建立正义，及信仰自由，出版自由，言论自由，集会结社自由，向政府诉愿权，保障身体自由权，居住权，并使无所恐惧之自由，不虞匮乏之自由两种权利实行有效。

四、联合国民政府及联合军事委员会，承议所有抗日军队，此项军队应遵守并执行其命令。自外国取得之供应品，应公平分配之。

五、联合国民政府承认中国国民党，中国共产党及一切抗日团体之合法地位。"

赫尔利将军邀同中共代表周恩来氏飞渝带回以上草案交与我政府。此一草案与林祖涵氏在西安签字之文件，乃至六月四日中共提供之文件。显然又扩大了条件，变更了内容。但是政府仍极度忍耐予以考虑。当时政府认为政府可以容纳中共于政府机关之内，亦可承认中共为合法政党；中共之军队政府亦可承认，但必须经过整编。因承认之后，政府中对于中共军队之待遇与武器既须完全负责，自不能听任中共报多少便算多少；何况中央政府之国军近来亦在依照精兵主义，厉行整编。至于中共所要求之"联合政府"其意义如为立即取消训政或党治，将政府最后决定权，立即移交于各党派，或各党派所共同组织之"联合政府"，则在理论上与实际上，政府均认为不能接受。在理论上，国民党之政权，只能移交于国民大会，不能移交于其他团体，否则便要违反孙中山先生之建国大纲。在实际上，在国民大会未召集前，政府便无新的重心。因之各党派如有争执，便无任何法定机关为之解决或裁决。在此种情况之下，各党派间倘有争执不决之情形发生，政府便只有违法而行动；否则政治便要形成僵局或纷乱状态。现值反攻尚未开始，战事前途尚极严重之时，此种情形，何以应战？七八年来，我国以劣势装备，居然能排万难而抗强敌者大半因为有一个巩固的中央政府之存在。一个旦夕在摇动中的政府决不能应付战事。至于中共所提联合军事委员会（即彼等所谓联合统帅部）之议，政府亦认为甚不合理。因为中共军队如只服从中共所参加之联合统帅部，则彼等随时可以退出政府，造成再度破裂，造成内战，其危险性甚大。此种建议，势不能造成真正的统一。但政府为力求满足中共要求起见，仍作如下之提示案：

"一、国民政府为达成中国境内军事力量之集中与统一以期迅速击溃日本，及战后建国之目的，允将中国共产党军队加以整编，列为正规国军，其军费饷项军械及其他补给与其他部队受同等待遇。国民政府并承认中国共产党为合法政党。

二、中国共产党对于国民政府之抗战及战后之建国，应尽全力拥护之，并将其一切军队移交国民政府军事委员会管辖。国民政府并指派中共将领以委员资格，参加军事委员会。

三、国民政府之目标本为中国共产党所赞同，即为实现孙总理之三民主义，建立民有民治民享之国家，并促进民主化政治之进步及其发展之政策。

除为有效对日作战之安全所必要者外，将依照《抗战建国纲领》之规定，对于言论自由，出版自由，集会结社自由，及其他人民自由，加以保障。"

十一月二十二日本人将此文件当赫尔利大使、宋代院长之面亲交周恩来氏。当对周氏表示谓彼虽不能放弃联合政府之主张而将继续为之奋斗，但同时表示现时可先接受政府方案之意。周氏并谓彼明日将即飞返延安，留延安一二日即返渝，返时即正式解决。因此，当晚赫尔利大使设宴举杯庆祝中国统一，周氏亦举杯答贺，赫尔利大使并拟与本人握手，表示祝贺。予笑答曰"还是等到周先生回渝的时候再说为好"。不幸飞机师生病，兼之气候不好，周氏次日未能飞延安，在渝迟滞了十余日。在此十余日中，桂黔战局日益恶化，十二月初敌军攻占独山，进逼贵阳，周氏于十二月六日始飞延安。

在其启行之前数日,即向邵力子先生及他人表示,将不接受政府提案。十二月六日飞返延安后,便正式复电称我政府无诚意,故无法接受政府提示案。嗣经美大使一再电催周氏来渝续谈,周氏复电谓须先请政府解决四问题:一、取消边区封锁;二、释放政治犯;三、取消限制人民自由法令;四、取消特务警察。

中共提出这些要求,在表面上似乎颇有理由,但实际上并不合理。关于第一点,所谓边区封锁究竟是政府压迫中共,还是中共压迫政府所致,外边人往往不明白。我当初也不大明白,后来我本人曾当面询问军政部陈诚部长,我军驻防陕北边区附近之军队究有若干,陈部长答称彼曾亲往西北巡视,政府用以驻防边区附近的军队只有六个师,余外均为担任河防对敌警戒之军队,与敌隔河对峙,毫与边区无关。陈部长对本人谈话绝不致有谎言。但据我派往边区之联络参谋先后告称:中共屯集边区军队有十二万至十五万之多。众寡悬殊之情形如此,受威胁者实为国军。我曾向周恩来氏说过,如中共军肯开赴前线抗日,国军必可同时撤往他处杀敌。关于第二点,本人曾当面对周氏说过,你们一再提出这个问题,也只是做片面的宣传。我们的公务员党员,有许多被中共杀害了,或捉去不知下落了,但是自从谈判开始以来,我便从来没有允许我们的报纸作宣传。至于所谓取消人民自由的限制云云,取消特务警察云云,我也曾对中共代表问过:在中共区域内有国民政府管制下区域内同等的自由吗?有反对政府的报纸吗?反对党可以存在吗?有司法独立吗?国民政府派在延安的一两个军事联络人员是否出入都有暗探紧紧追随呢?

赫尔利将军对于中共这四项要求也认为无理,于是去电要求其放弃,并促其仍就根本合作问题再加考虑。政府当时并打算让宋代院长张部长和我本人往延安一行,借与毛泽东氏当面一谈。后来周恩来氏来电说,他自己要来重庆。于是政府又决定于去年十一月二十二日所提三项原则之外,再提三项办法,以期充分满足中共之要求:即(一)在政治方面,容纳中共分子于行政院内之战时内阁;(二)组织三人混合委员会以考虑中共军队整编及待遇办法;(三)在抗战期间指派美国军官一人直接指挥中共军队作战。该三项办法系于本年一月二十五日交给周恩来氏,其原文如下:

除政府原提三项原则外,政府并准备实行次列三项办法:

一、在行政院设置战时内阁性之机构(其人数约为七人至九人),俾为行政院决定政策之机关,并将使中国共产党及其他党派之人士参加其组织。

二、关于中共军队之编制及军械补给等,军事委员会将指派中国军官二人(其中一人为现时中共军队之将领),暨美国军官一人,随时拟具办法,提请军事委员会委员长核定。

三、在对日作战期间,军事委员会委员长将指派本国军官二人(其中一人为现时中共军队将领),暨美国将领一人,为原属中共军队之指挥官。并以美国将领为总指挥,中国将领二人副之,该总指挥官等对军事委员会委员长直接负责,在其所属战地之军令政令,皆须统一于中央。

上述苦心孤诣办法,显然为政府方面极重大之让步。当时赫尔利将军一再向我说,政府的提议实际上已完全容纳了中共原提五项要求。但周恩来氏仍然不接受。他说行政院无最后决定权。本人告以行政院对若干问题有最后决定权力,若干问题(如预算案、法律案)则须经国防最高委员会及立法院会议通过。即讲民主,自不能任一个机关对任何事皆有最后决定权。即美总统任用政府各部部长亦须提交参议院通过。周氏亦为语塞。至于委派一个盟邦军官暂任中共军队之指挥,实际上原为周氏前次来渝时自行表示之一种希望。现在则又支吾不肯接受。周氏仅称其来渝目的为提议召开"党派会议",讨论共同纲领。本人不得已,因复询其"党派会议"的方案。周氏答称:由国民党,中共,民主同盟三党派举行会议,商讨办法,结束党治。本人告以我国现有党派,不止三党,且大多数人民均不在党,此种会议纵可召集,无党无派的独立人士亦应酌量请其参加;因之此项会议势不能名之为"党派会议",而须采用其他名称。我又告以政府目的在求解决问题,极不愿以谈判为宣传;如果召集此类会议,在会议期间,彼此必须停止互相攻击。当谈话时,周氏对我以上所说各点,亦承认可以接受。于是双方决定,各就商谈结果,分别作成记录,以便次日交换校正。但次日周氏交来者,仍然是彼最初带来之"党派会议"办法四条,并未将彼与我商定之点列入。我所记录的完全是前一日彼此商定的内容;只有"政治咨询会议"名称,是我一人拟议的。至于周氏办法中所称之"国是会议",我当时曾予以驳斥,彼亦谓可以暂不提出。周氏办法中所谓中共代表来往自由云云,我当时声明决可担保,不必写入办法中,彼亦无异议。现在将周氏办法四条及成所作记录,写在下面:

甲、周恩来四条办法

周恩来先生提出四条,全文如下:

一、党派会议应包括国民党,共产党及民主同盟三方代表。会议由国民政府负责召集,代表由各方自己推出。

二、党派会议有权讨论和决定如何结束党治,如何改组政府,使之成为民主的联合政府,并起草共同施政纲领。

三、党派会议的决定和施政纲领草案,应通过于将来国民政府召开的国是会议,方能成为国家的法案。

四、党派会议应公开进行,并保证各代表有平等地位及来往自由。

乙、我的记录

"兹为加强抗战力量,促进全国团结统一起见,请国民政府约集国民党代表与其他党派代表,以及其他若干无党派人士,从事会商:此项会商人数以不超过××人为度。此项会商可称为政治咨询会议。此项会议应研讨:(一)结束训政与实施宪政之步骤;(二)今后施政方针与军事统一之办法;(三)国民党以外党派参加政府之方式。

以上研讨如获一致之结论,当提请国民政府准予施行。在会议期中,各方应避免相互攻击。"

周氏当时询问可否将我所记录的作为政府提案,由彼电达延安请示。本人当谓,这种会议,本系中共提出,并非政府提案,但如可因此解决问题,则作为政府提案亦无不可,于是周氏便将我的记录作为政府提案,电达延安。此为二月一日之事。但一星期后,周氏又谓延安不能接受这个"政府提案",只允加以考虑,周氏又谓先决条件必须国民党承认立即取消党治,不能将党治之取消延至国民大会召集之时。此后即每以此为借口,延宕谈判之进行。至二月十六日,彼便飞返延安,谓将返延与彼党同志再行考虑上述"政府提案"。赫尔利氏当时提议本人与周氏发表共同声明,宣布谈判经过,亦被周氏拒绝。

周氏离渝后久久未回,至今没有答复。最近中共留渝人来言,延安近正考虑"政府提案",即将予我正式答复;但又称,我方须先答复旧金山联合国会议中共是否可派代表参加? 本人当答复三点,请其电告周恩来、毛泽东两氏。一、国共谈判久而未决,所以不能获得结果者实由于中共要求不断的增加与变更。二、中共毫无互让精神;双方既不赞同武力解决,并且均主以谈判方式解决,彼此均应准备互让。三、政府以谈判求问题之解决,中共则不免以谈判为宣传,以上三点如不改善,此后商谈必无结果。至于中共要求派代表出席旧金山会议问题,本人实有不便向政府启口之苦衷,因中共已拒绝与政府在行政院内合作故也。

以上为自三十三年五月至三十四年三月一日谈判经过的大概情形"。

(原附注)本讲演系于三月六日举行。三月十三日接周恩来氏来信表示,谓中共鉴于蒋主席三月一日在宪政实施协进会所发表之演说①,已决定对于"政府提案"拒绝答复。

他这个报告当然含着片面的主观看法,甚至有歪曲之处。

（摘自张治中:《张治中回忆录》(下),文史资料出版社,一九八五年）

6. 为建立联合政府而进行的一场谈判斗争——记周恩来在一九四四年底的重庆之行(王永钦)

一九四四年,是世界反法西斯战争取得决定性胜利的一年。此时,在太平洋战场上,日美之间的战争正在激烈地进行着。在中国战场上,中国共产党领导的解放区战场已获得局部反攻的胜利,而国民党战场,从九月到十一月间,前方战事失利的消息却一一传来:日军步步紧逼,我广西桂林、柳州、南宁等城市相继失守,日军在完成打通大陆交通线的战略行动后,于十一月侵犯贵州。

如何抢救国民党政府面临崩溃的危险,制止国民党发动反共内战,以便拖住更多的日本军事力量,成为美国十分关注的问题。从一九四四年九月开始,美国介入国共谈判问题。赫尔利在同年十二月二十四日致美国国务卿的电报中,曾经这样概括美国的对华政策,并作为他的来华使命:"(一)防止国民政府崩溃;(二)支持蒋介石任共和国总统和军队统帅;(三)协调委员长与美军指挥官的关系;(四)促进中国战争物资的生产和防止经济崩溃;(五)为打败日本统一所有中国军队"。② 这五条的重点是"支持蒋介石"和"统一所有中国军队",其根本目的在于造成一个以蒋介石为代表的符合美国统治集团利益的统一而稳定的中国。为要做到这一点,解决国共之间久已存在的矛盾,就成为必要的前提。

什么是"国共之间久已存在的矛盾"呢? 关键问题是能否在中国建立一个民主的联合政府。

为了打败日本帝国主义,争取抗战胜利,中国共产党从抗战开始,就不断向全国人民指出结束国民党一党专政和实行民主政治的必要。毛泽东早在

---

①对这个演说,新华社记者曾发表过评论,载 1945 年 3 月 3 日《解放日报》。
②中共中央党史研究室编:《党史通讯》,1984 年第 7 期。

一九三七年五月就已提出了有关联合政府的基本构思①。一九四四年九月十五日,林伯渠代表中共中央在国民参政会上正式提出了组织联合政府的号召,②得到了全国人民广泛热烈的支持。虽然蒋介石对联合政府的主张不断进行抵制和反对,但是,中国共产党仍然以极大的耐心与努力来争取其实现。其间,在美国人的居中斡旋下,周恩来作为中共中央代表曾于一九四四年十一月和一九四五年一月两次去重庆,与国民党商讨建立民主联合政府的具体步骤。本文所记述的,正是一九四四年十一月至十二月这一次谈判的详细经过。

一

一九四四年十一月七日下午,美国总统罗斯福的特使赫尔利将军从重庆飞到延安。赫尔利将军的到来,受到了中共中央毛泽东、周恩来等人的欢迎。

十一月八日上午,中美双方正式开始会谈。中国方面参加的是毛泽东、周恩来和朱德。美国方面参加的是赫尔利和美军驻延安观察组组长包瑞德上校。赫尔利首先表示,美国无意于干涉中国的内政,而只是打算做那些可能有助于最后打败日本人的事情;他已经征得蒋介石的同意,由美国调解代表团来促进民主,"统一中国的军事力量",以便加速打败日本。赫尔利还说:为了达到这个目标,蒋介石准备承认共产党和各少数党派的合法地位,允许共产党以某些形式参加军事委员会。他在会上宣读了一个事先拟好的文件,题为《为着谈判的基础》,共五条,基本精神如他所谈的内容。

当赫尔利读完这个文件后,毛泽东问道:这五条代表了谁的思想? 赫尔利说,这是他自己的观点,不过是我们大家制订出来的。包瑞德提醒他:毛主席是想知道蒋委员长是否同意这些观点。赫尔利回答说:已经同意了。③

八日下午,会谈继续进行。毛泽东首先说明,中国必须有一个由国民党、共产党和其他党派组成的联合政府。他详细地列举了由于国民党的错误政策以及腐败机构所带来的国民党统治区出现的种种严重危机,他强调改组国

---

①《毛泽东选集》(合订本),人民出版社。
②《南方局党史资料·大事记》,重庆出版社。
③〔美〕D. 包瑞德著:《美军观察组在延安》。

民党政府是十分必要的。毛泽东还指出,国民党军队在日寇面前完全丧失战斗力,却用不少兵力包围和进攻坚持抗日的边区和八路军、新四军,需要改组的正是这些国民党军队。周恩来提议,谈判的协议草案要加上言论、出版、集会、结社、居住和人身自由。九日上午休会。下午继续商谈,中共方面首先提出了经过修改的协议草案。赫尔利看过后表示满意,他说:这个方案是正确的,他将尽一切力量使蒋接受。会议又按他的具体意见作了点修改。这个经过讨论后的协定草案是:

(一)中国政府、中国国民党与中国共产党应共同工作,统一中国一切军事力量,以便迅速击败日本与重建中国。

(二)现在的国民政府应改组为包含所有抗日党派和无党无派政治人物的代表的联合国民政府,并颁布及实行用以改革军事、政治、经济、文化的新民主政策,同时军事委员会应改组为由所有抗日军队代表所组成的联合军事委员会。

(三)联合国民政府应拥护孙中山先生在中国建立民有、民享、民治之政府的原则,联合国民政府应实行用以促进进步与民主的政策,并确立正义,思想自由,出版自由,言论自由,集会结社自由,向政府请求平反冤抑的权利,人身自由与居住自由,联合国民政府亦应实行用以有效实现下列两项权利即免除威胁的自由和免除贫困的自由之各项政策。

(四)所有抗日军队应遵守与执行联合国民政府及其联合军事委员会的命令,并应为这个政府及其军事委员会所承认,由联合国得来的物资,应被公平分配。

(五)中国联合国民政府承认中国国民党、中国共产党及所有抗日党派的合法地位。[①]

十日上午,双方继续会谈。毛泽东说,我们决定派周恩来和你同去重庆,因为估计对于许多细节,蒋先生会有意见。赫尔利也说,虽然我认为这些条款是合情合理的,但不敢保证委员长会接受它。然后,根据赫尔利的建议,毛

[①]《中共中央文件汇编》,人民出版社。

泽东和赫尔利分别在协定草案上签了名,并且在上方给蒋介石留出了签字的地方。①

十日中午,赫尔利和周恩来同机飞离延安,同行的还有包瑞德上校。

二

赫尔利将军来到重庆以后,带着五条协定草案忙于见蒋介石和国民政府代表,同他们进行商谈。

周恩来一面静待赫尔利的回音,一面紧张地工作着。他先后同民主同盟、救国会以及文化人广泛交谈,并同美、英驻华使馆官员和军事人员多次接触,向他们介绍国内政治军事形势,强调解放区的成绩及成立联合政府的必要。他广泛地听取各方面的反映,寻求更多的知音和朋友。

蒋介石对在延安商定的那个协定草案并不积极。一连十天无消息。十一月二十日,周恩来致电毛泽东时曾预言:"蒋在目前至多只能接受联合统帅部,请客式政府,决不会答复协定。我们须以联合政府及解放区委员会去逼求,最后关键恐在华盛顿。"②

事实怎样呢?

十一月二十一日上午,周恩来如约来到重庆赫尔利将军的办公室,此时。赫尔利正与国民党的谈判代表王世杰、张治中交谈。赫尔利送走王、张之后,又开始了同周恩来的谈判。

赫尔利首先拿出了国民政府代表刚刚交给他的三条协议草案,接着讲到这几天他与国民政府以及蒋介石是怎样难以谈通,说他们认为承认共产党的合法地位是违反了孙中山的原则,他们也不愿意共产党参加中枢机构。他说星期日(十九日)和蒋介石谈了三个小时,蒋说共产党要搞掉他。赫尔利忽然转而谈到自己的想法,他说:"我的目的实际是罗斯福的意见,就是要造成一个强大的中国,即是令中国来控制亚洲,如果中美合作,以美国的生产能力,加上中国的人口,那就无敌于天下了。"赫尔利似乎表现得不偏不倚:我们既不帮助国民党来打倒共产党,也不帮助共产党来打倒国民党;我和他们说过,

①〔美〕D.包瑞德著:《美军观察组在延安》。
②《周恩来致毛泽东电》,1944年11月20日。

这个谈判,是你们中国的事情,不该一切都要我这个美国人来办,我老了,我也疲倦了。

当赫尔利主动讲完一大段之后,周恩来首先直截了当地问:"蒋主席对于联合政府的态度如何?"赫尔利回答说,我同他已经谈过这个问题,他怕你们插进一只脚,就把他们挤掉。周恩来接着追问:"(政府)对于其他党派的合法地位是否承认?"赫回答说,蒋主席只承认共产党的合法地位,不愿意承认其他党派的合法地位。① 周恩来听了赫尔利将军的一番叙述之后表示愿将这三条协议草案带回去研究,然后再与赫尔利将军商谈。

周恩来带回王世杰提出的三条协议草案回到住处,马上同董必武认真地作了研究和讨论。原来这三条协议草案的基本精神是,将中共的军队加以整编,并将其一切军队移交国民政府军事委员会统辖。然后才能承认共产党的合法地位,才能允许指派中共将领以委员资格参加军事委员会,对于联合政府的事只字未提。国民党顽固坚持其"军令政令的统一",坚持一党专政,态度十分显明。

三

如今,调停者的态度有没有改变?是否仍然坚持赫尔利所签字的五条协议草案的精神呢?了解这一情况,对能否进一步推动谈判将是十分重要的。当日下午四时半,周恩来偕董必武继续与赫尔利会谈。

周恩来开门见山地说:"联合政府是赫尔利将军所赞成的。"接着,周恩来进一步表明,我们党愿在这个基础上求得中国的团结,求得战争的胜利和战后的建设。而国民党所提出的三条协议草案,没有回答这一基本的要求。因此,"我们表示不能同意和不能满意于这一协定的精神"。周恩来把话说到这里,并没有就此僵持下去。他一方面指出,我们仍然坚持联合政府的主张,并愿为实现这一主张而奋斗到底;另一方面,我们很感谢赫尔利将军代表罗斯福总统的好意,很愿意从这个协议草案上找到可以磋商的根据,找到可以经过的桥梁和必要的准备。②

---

① 《周恩来与罗斯福总统代表赫尔利特使谈话记录》,1944 年 11 月 21 日上午。
② 《周恩来、董必武与赫尔利谈话记录》,1944 年 11 月 21 日下午。

为了进一步明瞭此时赫尔利的态度,周恩来接连向他提出了四个问题。第一,赫尔利将军是否仍同意我们为实现中国团结必须以组织联合政府为前提的主张?赫尔利回答说,我不能使用同意的字眼,因为我不是谈判的当事人,我只是见证人;我认为你们联合政府的主张是适当的,但我并不处在同意的地位。周恩来又问,你是否认为联合政府是合理的,是民主的?赫答,毫无疑问是民主的,但你们的原提案也有可以改动之处;至于"联合"字样,他们一定不接受,所以我只能劝你们和政府取得协定。周恩来提出的第三个问题是:赫尔利将军对于促使军事委员会委员能够行使权力问题,是否有更进一步的意见?赫答,最好设置一个同盟国的统帅。你们难于受国民党的指挥,国民党也难于受你们的指挥,有一个同盟国的统帅,便能以公平的态度指挥双方。周恩来提出的第四个问题是:国民党今天不肯承认其他党派的合法地位,将来是否有承认的可能?他并且申明,这些党派都是抗日的,抗日的就应该承认。赫尔利只是说,蒋只肯承认共产党的合法,不肯承认其他党派。[①]

赫尔利最后说,我劝你们赶快参加政府。他所说的"政府",已经不是在延安时所签字的协定草案上所说的联合政府,用赫尔利的话说,"至于'联合'字样,他们一定不接受",而是周恩来所预料的"请客式政府"。[②]

四

十一月二十二日,周恩来、董必武同国民党代表王世杰的谈判在赫尔利的寓所进行。国民党政府外交部长宋子文也参加了。

赫尔利首先声明。今天我不说话,让我听一听你们的发言。在王世杰一番推脱之后,周恩来首先发言。他站在主动的地位,毫不吞吞吐吐,首先说明了这次谈判的目的,继而鲜明地指出,国民党方面的协定草案"我们是不同意和不满意的",但由于中国人民的需要,友邦的好意,抗战反攻的急迫,我们一方面仍坚持联合政府的主张,并愿为之继续奋斗;另一方面,我们也愿意从双方的协定草案中找到共同点,来作初步的解决,以为民主的联合政府作准备步骤。为了试探对方的诚意,周恩来向王世杰提出:根据你们的建议中所提

---

①《周恩来、董必武与赫尔利谈话记录》,1944 年 11 月 21 日下午。
②《周恩来致毛泽东电》,1944 年 11 月 21 日。

到的,政府准备采取哪些措施,使党派合法？王世杰回答,现在政府还没有具体考虑,这个问题,并无具体计划。周恩来接着又问,根据政府的协议草案,足以表示国民党并不准备放弃一党专政,王先生的意见如何？王答,这首先是一个法律问题。"在法律上,目前无从宣布废止党治"。周恩来提出,如果邀请中共代表参加政府,这种代表是属于观察者的性质,还是有职有权？王世杰支支吾吾地说,这一点我不能具体答复,因为没有讨论。坐在一旁的赫尔利,本来声明不说话的,此时却感觉憋不住了,他面对宋子文高声问:"子文！你听见没有？这是代表的性质问题,究竟有权没权？"宋子文只答了一句:"听见了。"周恩来说,我的第三个问题是关于参加军委会的问题,过去有许多军委会的委员,只是挂名的,不但没有职权,而且并不开会。如果共产党代表参加军委会,其实际职权怎样？王说,军委会每星期至少开会一次,有时两次。周恩来当即指出,这是汇报,不是开会。第四是军队的指挥问题,也就是设立联合统帅的问题。王世杰说,我对军事布置,实在不知道[①]。当日下午,周恩来、董必武同志会见蒋介石。蒋介石只是不着边际地说,希望得到延安方面的答复,做到大家重新合作。周恩来重申了这次出来谈判的目的,明确指出国民党不肯接受民主联合政府的主张。而蒋介石却大言不惭地说:"我们革命党,就是为实现民主的,我做的就是民主。别人不要要求,我自会做的。如果要以要求来让我做,那就不好了。人家说我不民主,我不愿辩驳,但政府的尊严、国家的威信,不能损害。"周恩来当即指出:"政府并非国家,政府是内阁,不称职就应该调换或改组。提到要求,一个政党总有自己的要求,当着形格势禁,不能向政府直接要求时,只有向人民公开说话。"蒋介石被驳得无言以对,只好连声说,是的是的。[②]

五

　　经过一段时间国共双方代表的正式谈判以及同赫尔利等人的谈话接触,对于国民政府的态度已经完全清楚。中共中央指出,鉴于国民党的协议草案与我方的五条距离太远,说明国民党的态度至今未变,我们认为联合政府的

---

①《周恩来、董必武同国民党代表王世杰谈话记录》,1944 年 11 月 22 日上午。
②《周恩来、董必武同蒋介石谈话记录》,1944 年 11 月 22 日下午。

联合统帅部是解决目前时局的关键,他们既不同意,则无法挽回时局。为此,党中央需召开会议讨论,请周回延。① 周恩来根据中共中央的指示,将上述意见正式通知赫尔利。

赫尔利接到通知以后,急忙与蒋介石磋商,仍想按照他们设想的方案套住我们。于是在十二月四日下午,赫尔利(此时已任驻华大使)和中国战区美军总司令魏德迈将军派包瑞德上校再次邀请周恩来赴美军司令部谈话。

一见面,赫尔利就故作热情地告诉周恩来:现在我们能够以武器、弹药甚至粮食借给你们,还可以派遣美国军官到你们的军队中去,帮助训练,帮助作战。说来说去,还是想把共产党纳入国民党的轨道,具体条件就是参加国民党的政府。他说,联合政府目前尚不可能,是要参加政府,参加军委会。他并且说,蒋委员长已经答应了。②

于是,一场辩论就从这里开始了。

周恩来针锋相对地指出,联合政府本为毛主席在延安时向赫尔利将军所提出的,赫尔利将军也认为合理。至于参加政府及军委会之举,即令做到,也不过是去几个人做官,毫无实权,无济于事。周恩来很注意借助历史的经验,用事实来说明自己的观点。他说,关于参加政府问题,我们素有经验,先拿别人的经验而言,白崇禧将军不止参加了政府,而且是军训部长,结果毫无实权。周恩来讲到自己从西安事变以来,八年中有近七年的时间留在国民党政府所在地,在做国民政府军委会政治部副部长时,每星期有三次参加军事汇报,但是有意见无法讨论,即令提出,蒋委员长也不过说"好! 好!"而已。他不无感慨地说:"我对这样做客,实在疲倦了。"③

赫尔利带着一种似乎不解的神情问:"这次你们明明知道,只要参加政府,就可获得承认,就能获得物资的供给,你们拿到这些东西,就可以强大起来,为什么一定要谈改组政府问题?"周恩来一针见血地指出:"这是一个救中

<hr>

①《毛泽东致周恩来电》,1944 年 11 月 30 日。
②《美国总统代表,现任美国驻华大使赫尔利将军,驻华美军总司令魏德迈将军约请周恩来副主席谈话记录》,1944 年 12 月 4 日下午。
③《美国总统代表,现任美国驻华大使赫尔利将军,驻华美军总司令魏德迈将军约请周恩来副主席谈话记录》,1944 年 12 月 4 日下午。

国的问题。抗战不仅要军事,而且要政治。兵役、粮食供给乃至生产,都要政府来办理,政府不改组,就无法挽救目前的危局。"周恩来这种原则立场同合乎逻辑的推理巧妙地结合起来的论辩,使得赫尔利和魏德迈都不得不点头表示赞许,认为"这是真的"。①

赫尔利此时把头转向中国战区美军总司令部参谋长麦克鲁将军,请他发言。麦克鲁叙述了时局的危机,讲到日本对于昆明志在必得。他接着说:"我们美国有句话,叫做舍身救火,现在一把火烧起来了,你们得救。"周恩来说:"不错,火应当救,但是要两只手能动,才能救火。现在请我们来做客,也只能坐在旁边看火。"赫尔利接过来说:"我们大家都清楚,如果你们在不满意的条件下,竟能参加政府,那就表示你们是最大的爱国者。"周恩来坚定地回答:"我们参加政府,就要替人民负责,现在我们参加进去,不能负责。这样的政府,我要参加,就是不信上帝,我的良心也过不去。"②

会谈的双方,彼此都意识到已经把话说完。坐在一旁的美军驻延安观察组组长包瑞德上校,起身带着期待的口吻说:"希望周将军回延之后,随原机打转,不要把谈判之门闭了。"周恩来爽朗地说:"门不会闭的,是开着的。但出来的时间却不能定。"③他含笑同他们告别。

十二月七日,周恩来和董必武飞返延安。

*　*　*

周恩来此行,同国民党的谈判并没有取得具体成果,但谁是谁非不难判明。从这次谈判中,我们看到,周恩来代表中国共产党,始终把维护两党的团结合作,视为最大的民族利益,视为处理国共关系的准则。通过这次谈判,也使全国人民看到,中共关于国共合作的愿望是真诚的、坚定的,赢得了各党派以及全国人民的支持和同情。国民党顽固坚持一党专政,遭到了全国人民和

---

①《美国总统代表,现任美国驻华大使赫尔利将军,驻华美军总司令魏德迈将军约请周恩来副主席谈话记录》,1944 年 12 月 4 日下午。

②《美国总统代表,现任美国驻华大使赫尔利将军,驻华美军总司令魏德迈将军约请周恩来副主席谈话记录》,1944 年 12 月 4 日下午。

③《美国总统代表,现任美国驻华大使赫尔利将军,驻华美军总司令魏德迈将军约请周恩来副主席谈话记录》,1944 年 12 月 4 日下午。

海外侨胞的反对,就连参与调停的美国人也表示了一定程度的不满,认为蒋介石"僵化了"。通过这次谈判,还使我们看到,周恩来在复杂多变的环境中,始终掌握大的原则,又努力把原则性和灵活性结合起来,寻求解决国共之间矛盾的途径。同时,也使我们看到,周恩来的那种机敏、睿智、高超的谈判艺术,充分显露出他作为外交家的才华。

(原载《南方局党史资料》一九八八年第一期)

7. 赫尔利将军访问延安([美]D. 包瑞德)

我们首批人员到达延安那天,飞机严重受损。此后,我一直喜欢称这架飞机为"受了伤的鸭子"。它被专门赶来的机械师们修好以后,于九月二十三日飞回了重庆。修理过程中,这架飞机一直露天停放在机场上。在我看来,它显然是一个招惹轰炸的目标,日本人很可能已经知道了这么一架飞机。然而无论其知道与否,都没有轰炸机前来袭击。因为"鸭子"在修理,另一架飞机被派来飞延安的航线。

重庆来的飞机到达延安常常是一桩大事情。十一月七日下午,周恩来和我置身于一大群中国人及在延安的美国人中间,去迎接来自重庆的飞机。飞机降落以后,舱门打开了,舷梯顶端出现了一位个子高高、头发灰白、具有军人风度而又十分英俊的男人。他身穿我见所未见的缝制极其漂亮的军服,胸前佩带着标志各场战争的各色勋表①。勋表那么多,我觉得,除开谢斯起义②那场战争以外,美国打过的战争此人可能都参加了。他,就是帕特里克·J.赫尔利少将,合众国总统的特使。虽然他访问延安的目的,显然无人考虑过向我们通报,但我很快就发现,他来延安是为了在国民政府和中国共产党人之间充当一位调停人。

赫尔利的军人风度和精制服装显然打动了周恩来。他马上问道,这位贵

---

①勋表,军上装左方所佩带的彩色条带,代表勋章。——译注
②谢斯起义,指 1786—1787 年间美国马萨诸塞州的农民起义,领导者为贫农出身、参加过独立战争的军人谢斯。——译注

宾是谁？我告诉周恩来，他是赫尔利将军，几年前他任陆军部长时，我在纽约见过他。周恩来对我说："请您在这儿陪他，等我去请毛主席。"说完，他就消失在漫天灰尘之中。

过了比我想象的时间还要短的一会儿，毛泽东和周恩来乘坐着一辆驾驶室紧闭的破汽车赶来了。这辆车是共产党人在延安唯一的，至少也是我所见过的唯一的机动交通工具。紧跟在车后的，是显然召自机场附近军营的一连士兵。当毛泽东以其应有的礼仪欢迎赫尔利将军时，这个连队排列起来充当仪仗队。赫尔利将军检阅了仪仗队并向其指挥官答礼之后，便伸直身子，挺起胸膛，像一个得意洋洋的小伙子那样高叫印第安人的战争呼号。见到这位尊贵的客人这种全然出乎意料的举止，毛泽东和周恩来的脸上流露出我永远难忘的一种表情。

阅兵式结束以后，毛泽东主席和赫尔利将军坐进这辆破汽车的驾驶室，我也挤进他们之中充当翻译。然而为赫尔利将军翻译是一个困难的任务，因为他谈吐随便，语言不精，而且谈话过程中喜欢东拉西扯，思路难以捉摸。因为见到路边的乡民，将军便谈起自己在俄克拉荷马①的老朋友的奇闻轶事，而这对毛泽东也许毫无意义。一匹受惊的骡子在我们车前停住了，老农民拉着它发愁，便引得赫尔利大叫："打那边抽它，老伙计！"诸如此类脱口而出的话，我都得迅速思索，从容翻译，以便主席和周恩来理解它们的含意。

赫尔利将军和他的秘书——一个名叫史密斯的美国陆军中士，都被安置在窑洞里。这种住所及其中不全的卫生设施，均与迪克西使团使用的一样。这些斯巴达式的简陋设施对于将军来说是否非同一般，他倒没有和我说过。

到达延安不久，赫尔利在我们的谈话中告诉我，三十年代被墨西哥政府没收了资产的辛克莱石油公司，为了与前者谈判签约而付给他一百万美元的报酬。他告诉我的这些在我心中引起了一个想法——也许，墨西哥政府和辛克莱公司，较之他将要在延安为其调解分歧的双方，还更急于签订条约。

国务院《美国外交关系，1944 年，中国》一书第 666 页开始，收录了赫尔

---

①俄克拉荷马，美国州名，位于美国中部。——译注

利将军与毛泽东主席及其他共产党领袖在延安会谈的详细报告。这份报告的来源没有说明，但我一直被告知，它出自赫尔利将军的秘书史密斯中士的手笔。然而，我不知道这份报告最后是怎样送达国务院的。

如果约翰·谢伟思参加了会谈，也许他将负责报告会议议程，但他当时在华盛顿而不是延安。我并非速记员，可由于当时需要进行英汉互译，所以我尚可以用普通书写法作出适当而准确的记录。然而，我认为试图作记录于我并不适宜。

我觉得，赫尔利将军关于自己在辛克莱公司与墨西哥政府谈判签约一事上的功劳的言论，似乎有些自吹自擂的意味。但是，在与毛主席及其他共产党领袖于一九四四年十一月八日上午首次会谈时，他提出会议程序时的姿态，给我们良好的印象。

在我看来，他的开场白似乎倾向于对国民政府和共产党人均持中立态度。将军着重指出，美国无意于干涉中国的内政，而只是打算做那些可能有助于最后打败日本人的事情。他进一步指出，他本人深信，委员长和毛主席都是渴望实现祖国统一与和平的真诚的中国爱国志士。然后，赫尔利将军向毛泽东主席递交了一份文件。他说，这份文件表明了委员长打算与共产党人达成协议的各项条款。

上述《美国外交关系》一书第 659 页，收录了赫尔利将军的文件草案。这份草案出自重庆，标着一九四四年十月二十八日的日期，题目是《协议的基础》，但没有说明它是怎样被送到国务院的。我想，这就是十一月八日第一次会议上递交给毛泽东的关于委员长条款的文件。不过我以前仅仅听过宣读这些条款而没有机会研读它，所以我对文件的措词并无确切的把握。

赫尔利交给毛主席的文件，也可能是载于国务院《美国外交关系》第 666 页的"经过中国政府代表修改的草案"即经过中国政府官员修改的赫尔利将军的草案。这项工作是十一月七日完成的，这样做也许是为了让赫尔利把它及时地带到延安去。然而作为协议基础的文件，不论是赫尔利原来起草的还是经过委员长在重庆的部下修改过的，都没有什么不同，因为二者基本上是一致的。所谓"修改草案"如下：

一、中国政府和中国共产党为了尽快打败日本、重建中国,将为统一全国武装力量而一道工作。

二、中国共产党的部队将遵循并执行中央政府及中央政府全国军事委员会的各项命令。

三、中国政府和中国共产党将拥护孙中山关于在中国建立民有、民享、民治之政府的各项原则,双方将奉行旨在促进政府民主进程之进步和发展的各项政策。

四、中国将只有一个国家政府和一支军队。共产党部队的所有官兵经中央政府改编后,将依其军阶获得与国家军队相同的薪水和津贴;所有部队在分配枪支弹药和军需品方面,将享受相同的待遇。

五、中国政府承认并将使中国共产党作为一个政治党派合法化。中国的一切政党均将被赋予合法的地位。

上述条款中某些语言显然带有美国腔,特别是关于"民有、民享、民治之政府"及"旨在促进政府民主进程之进步和发展的各项政策"等部分。

这些不同寻常的措词没有避过毛主席,因为条款一经读毕他便马上询问,这五条代表了何人的思想。赫尔利将军答道,这些视点是他自己的思想,"不过是我们大家制订出来的"——除开他本人以外,也许还指的委员长及其顾问。这位将军继续说,我觉得,这些条款似乎是公正的;它们并不是作为一种"可取亦可弃"的建议,而是为了开诚布公地与毛主席和其他共产党领袖讨论而提出来的。依据史密斯中士的会议报告,在此时我曾告诉赫尔利将军说,我认为毛主席是想知道委员长本人是否同意所有被提出的观点。将军说,委员长已经同意了。

毛泽东查询这些条款体现了谁的思想,我当时觉得他有些唐突。然而后来,当我阅读这些条款时便觉得,毛泽东提的问题是公正的,因为某些语言听上去的确不像委员长自己惯常的表述方式。

赫尔利将军和共产党领袖之间的第二次会议在同一天下午举行。第一次会议主要由赫尔利将军说明他的观点。我认为,他表达了合众国政府把共产党和国民党联合起来的诚恳愿望。这样做是为了全面抗日,而不是因为任何干涉中国内政的愿望所致。第二次会谈中，议程开始不久就沿着与上午不同的路线进展了。因为第一次会谈时赫尔利将军已经扮演了主要角色，第二次会谈时毛主席便占据了主导地位。

说了几句彬彬有礼的挖苦话以后，毛主席便着手抨击委员长及国民政府。在诸多指控中他坦率地指出，事实上国民党正在反对中国人民的联合，因为它顽固地拒绝与中国共产党达成协议。他宣称，中国必须有一个由国民党、共产党和其他党派组成的联合政府，为此而改组政府是必要的。毛泽东强调，推迟这一改组直至击败日本以后，这就是委员长的决心所在。如果这竟然发生的话，将引起国民党政府的崩溃。

毛泽东坦率地宣称，国民政府的军队已经没有作战能力了，因为它的一百九十五万军队有七十七万九千人被用于监视共产党，而余下的则在近来与敌人的所有战斗中落荒而逃。另一方面，他指出共产党人已经将其所有的力量都投入了对日作战，从而拖住了侵华日军的大部。

至于共产党部队应该得到与国民政府部队相同的薪水和津贴这一建议，毛泽东宣称，国民党部队一名列兵的薪水仅仅够买一盒中国香烟，而共产党的士兵吃得好，穿得暖，身体健康。蒋介石的士兵饥寒交迫，许多人体弱多病，以至于不可能作短途行军。

我赞同毛主席关于国民政府军队之情况的某些说法。我知道，发给他们的贬值货币几乎没有购买力；他们的供应状况可悲之至，特别是缺乏必要的维生素；他们的军服的质量也低劣到了极点；我本人就见过他们行军不足一英里便倒地而毙。然而我觉得，就毛泽东自身的利益而论，他正在犯一个错误。因为谈判一开始就如此激烈地攻击委员长和国民党，我觉得这可能造成赫尔利将军对整个共产主义事业的偏见。

果然，将军对毛泽东关于委员长和国民党的责难作出了迅速的反应。他说，国民政府的军队最近在缅甸北部及怒江一带取得了几次重大胜利。为了在这几仗中取胜，他们不得不从华中战区抽调兵力和军用物资，而这使他们在该战区遭到了日本人的攻击。赫尔利接着说，他觉得主席关于委员长和国民党的言论，听上去似乎是中国之敌的声音，或者说似乎是希望见到中国自我分裂的局面继续下去者的声音。

赫尔利将军对于毛泽东关于委员长和国民党的攻击的回答,显然使毛泽东怔了一下。然而无论这位共产党领袖可能出什么漏子,也无人能指责他思想迟钝。他仅仅犹豫了片刻便有力地反驳道:"将军,我刚才关于蒋介石和国民党的说法,罗斯福总统、丘吉尔先生、孙科博士和孙中山夫人早就说过了,难道您认为他们都是中国的敌人?"

毛泽东强调他说的决非中国之敌的言论,而赫尔利将军对此的回答,我认为也表现了一个谈判者的相当纯熟的技巧。显然,他觉得就毛泽东对委员长和国民党的指责合理与否继续争辩毫无益处。可能因为认识到这位共产党领袖答辩有力,将军采取了新的方针。他宣称自己误解了主席言论的主旨,进而就毛泽东提出的问题承认,中国国民政府内部确实存在着某些贪污腐化的事实。

赫尔利明确承认,毛泽东是真诚希望争取中国内部和平及继续有效打击日本的。这在相当程度上使会谈的气氛显得融洽了。赫尔利将军接着说,委员长打算在全国军事委员会这个中国全部武装部队的指挥机构里给中共一个席位,以证明他希望与共产党人达成协议。

毛泽东对这一建议反应冷淡,他明确指出此举毫无意义。赫尔利将军再三强调,这样至少能够让共产党人的一条腿迈进大门之内。毛泽东却反驳道,如果一个人双手被缚,即使他的一条腿迈进了大门也无计于事。赫尔利将军又申明,共产党人若在全国军事委员会里有一个席位,便能全面参与一切重大的军事计划和作战行动。毛泽东对这一观点依然付之一笑。他强调说,军事委员会的许多成员不仅被封锁了关于该委员会活动的一切消息,而且连这一委员会的全体会议也有许久未曾召开了。

于是,赫尔利将军采取了一个在我看来合理的行动。他说:"主席,如果您认为委员长邀请您参加联合政府的各项条款不够公平,那么您依哪些合适的条件才乐意参加呢?"

毛泽东就此回答说,他希望有点考虑的时间,他还需要和党的其他领导人商量。这次会议召开不久他就说明过,在停止任何分裂抗日根据地力量的行动并坚持民主原则的前提下,中国共产党就乐意与国民党就种种分歧举行谈判。此刻他提出在第二天下午召开下一次会议,届时他将提出自己关于协议的建议。

九日上午我和赫尔利将军愉快地交谈着,我驾驶着使团的吉普车同他参观了延安及其郊区。下午,我们再次举行会谈。共产党的建议在会上交给了赫尔利将军。不过国务院《美国外交关系,1944年,中国》一书没有收录关于这些条款的报告。它们首次被交给赫尔利将军时我是否过目,我也记不清楚了。

然而我清楚记得的,是赫尔利将军读过这些条款之后的发言。他大意是说:在我看来,这些建议完全是合理的,但它们还远远不够。如果毛主席不反对的话,我愿意仔细加以研究,并于明日上午提出我的建议。听到赫尔利表示要从这些条款的扩大化出发来研究他们的提案,共产党人似乎有点吃惊,不过他们并不反对。于是我们中止下来以在次日上午再举行最后一次会谈。

在宣称毛泽东主席对委员长和国民党的尖锐攻击似乎是中国之敌的言论以后,赫尔利将军又不得不退避三舍了。然而我觉得,他还是以熟练的手腕为自己一方施展了谈判技巧。不过我认为,将军提出扩充共产党人的条款从而使之更有利于共产党人的建议。显而易见是越轨了。

我并非律师,我提不出关于“和谈者”(中国人称之为调停人)的特殊品质的要求。但我觉得,如果双方之间的不信任和对立达到了国民政府和中国共产党之间的深刻与激烈程度,那么正确的行动原则最好是不要提议修改某一方的提案,特别是在这一提案如果修改后将有利于该方,而它方却无研究机会的情况之下,更不要这么做。事实上,如果我当时不在现场,我真难相信赫尔利将军会如此行事。

根据自《美国外交关系,1944年,中国》一书第674页开始登录的、史密斯中士执笔的、关于赫尔利将军首次去延安访问并谈判的报告,共产党人所提出的关于同国民政府之间解决分歧的建议,于十一月九日下午经双方会谈讨论并按赫尔利将军的提议作了修改。我清楚地记得,将军认为这些条款是合理的,不过尚不广泛。说完之后,他便把这些条款带回了自己的住处以认真推敲。但只到十一月十日上午最后一次会议举行时,他才提出自己的修改意见。

后来众所周知的《共产党五点建议》的条款如下：

一、中国政府、中国国民党和中国共产党为了尽快击败日本、重建中国，将为统一全中国的武装力量而共同工作。

二、现在的国民政府将改组成为包括所有抗日党派和无党派政治团体的代表在内的全国联合政府。将颁布并实施一项新的对军事、政治、经济和文化诸方面事务进行民主改革的政策，同时，全国军事委员会也将改组成为包括全部抗日军队的代表在内的全国联合军事委员会。

三、全国联合政府将拥护孙中山关于在中国建立民有、民享、民治之政府的各项政策。全国联合政府将奉行促进进步与民主的，倡导正义的，允许信仰、出版、言论、集会结社等自由的，保证向政府请愿上诉、人身不受侵犯、迁徙自由等权利的各项政策。全国联合政府还将奉行使避免恐怖和匮乏的自由权利得以生效的政策。

四、全体抗日军队将遵循并执行全国联合政府及全国联合政府联合军事委员会的命令，并将得到政府和军委会的承认。将公平分配得自国外的军用物资。

五、中华全国联合政府承认中国国民党、中国共产党及所有抗日党派的合法性。

上述条款上，赫尔利将军漂亮的手法十分清晰。如果在场的共产党人以前不曾听说过美国宪法的《人权法案》，那么在这一场合他们便有一个了解其内容的好机会了。中国人历来不会过分地喜形于色，但此时他们很明显地在脸上流露出了自己的感情。赫尔利将军来延安之前，曾经和委员长举行过长时间的会谈。因此，共产党人可能预计赫尔利将力争降低条款的格调，而不会如他们所愿地扩充这些条款以在事实上包括美国宪法赋予其人民的每一项权利于其中。而当这些条款交给共产党领导人以后，十一月十日上午剩下的会议时间大都花在联欢上了。每个与会者都兴高采烈。听上去刺耳的，只有迪克西使团头儿说的一句话——现在要完成的，就是劝导蒋委员长接受这些条款了。

说明这些条款及联欢花了那么长的时间，以至于到我们准备动身赴机场时才结束,连午饭也来不及吃了。当我们即将离开会议室时,赫尔利将军最后提了一个建议。我们站在屋外美丽而明亮的秋日阳光下,他对毛泽东说:"主席,你我在这些条款上签字吧。我认为这是适宜的,它表明我们经过考虑认可了这些条款的合理性。"条款的文本放在一块高度适中的石板上,他们签字了。我清楚地记得,毛泽东不是盖的图章,而是像美国人签署支票一样在两份文本上签了名。文本上仔细地留了一块空白,下面用打字机打下了蒋介石在此签名的字样,以便让委员长表示自己对这些条款的赞同——如果他有此愿望的话。

为了公平对待赫尔利将军,我还想在此说明的是,当他和毛泽东准备签字时他又说:"毛主席,您当然理解,虽然我认为这些条款是合情合理的,但我不敢保证委员长会接受它。"此刻周恩来插话了。大意是,这些条款首先必须径直交给委员长,而不能让宋子文或任何别的国府官员先看到它们。我认为,周恩来的话是一个聪明的警告。

毛主席拒绝了赫尔利要他乘飞机去重庆和委员长讨论条款的建议。但周恩来和他的秘书陈家康(同迪克西使团接头的联络员)将飞往重庆。赫尔利将军建议我和他一起同行。我自七月以来就一直待在延安,也许他以为我渴望去中国的战时首都观光吧。

一大群中国人和外国人到机场为我们送行,其中有周恩来的夫人——我们讲英语时常常称她为"夫人"。即将登机时,我看见周恩来在吻她。这是我首次见到一位中国男子吻别人。中国人是不常用这种方式来表示感情的。

在飞机上,周恩来和我挨着坐。在我们愉快的交谈过程中,我向他提了一个含蓄的问题。我说:"将军"——虽然他根本没有军衔,但我们习惯于这样称他——"您认为苏联和美国谁更民主呢?"

这的确是一个难题。我知道共产党在与国民政府的谈判中急于求得美国的支持,看来周恩来不可能冒险得罪一个美国官员。虽然官阶不高,但对于未来军援的联系来说,这个官员却可能是一个重要的人物。然而另一方面,人人都知道共产党人当时是极其崇拜苏联的。周恩来稍加思索之后回答:"包上校,我们认为苏联在世界上是最民主的。"我认为他的回答很诚实,我尊敬他的毫不含糊的回答。不过他又接着补充道:"但是上校,"他继续说:"我们知道,也许还要过一百年我们才能获得这样的民主。如果我们今天能够享受你们在美国所享受的民主,我们也将十分高兴。"

当时我和周恩来很熟了,对于他是出类拔萃之辈这一点我是不需要任何证明了。但如果我当时尚不明了这一点,那么他的这一回答就不仅充分证明了他的诚实,而且说明他想尽可能不冒犯一位忠诚的美国人。周恩来可能现在不愿意承认他对我说过的这些话了。如果他想否认的话,可以将他的说法与我的说法比较一下。

我于十一月十日返回重庆以后,同迪克西使团的关系实际上就结束了。当时正在组建的控制全部驻华美军战斗行动的驻华作战司令部对我作了新的任用。

周恩来和陈家康回延安之前我还见过他们几次,但多在社交场合,有一次是在约翰·戴维思于十一月十八日为周恩来将军及其秘书举办的午宴上。在场的还有董必武,一位老资格的共产党领袖,他后来代表共产党作为发起人参加了制订联合国宪章的旧金山会议。①

（〔美〕D.包德瑞:《美军观察组在延安》,解放军出版社,一九八四年）

8. 赫尔利将军支持蒋介石②（〔美〕约翰·斯图尔特·谢伟思）

中国——虽然也许不是蒋介石——失去了两个真诚而经验丰富的朋友。它获得了一个新朋友,这位新朋友的热情和雄心是否能弥补他所缺乏的知识和经验,尚待观察。华盛顿对任命一名新大使犹豫了很短一段时间。赫尔利已在中国,并且显然急于想获得这一职位。③ 而且,委员长在史迪威被召回

①旧金山会议,1945年4月25日到6月26日在美国旧金山举行。会议根据1945年2月雅尔塔会议的决议,由中、英、美、苏四国发起,邀请《联合国家宣言》的签字国和参加国参加,会议制定并一致通过了《联合国宪章》和《国际法院规约》。——译注

②本文摘自〔美〕约翰·斯图尔特·谢伟思:《美国对华政策(1944—1945)》,王益、王昭明等译,中国社会科学出版社,1989年4月。——编者

③赫尔利极力想表示,他对外交职务和任何与国务院有关的事都不屑一顾(参见洛贝克《赫尔利传》,第278—279、308—309页);然而,事实上,当8月份人们第一次就他作为总统特使前往中国一事对他进行询问时,他就想谋求大使职位了(见《外交关系,1944年》第6卷,第247—248页)。

（根据赫尔利最初得到的指示，此事应结束他的赴华使命）后一个星期之内，在致罗斯福总统的一封个人署名的电报中，已请求"从更长远的角度"考虑对赫尔利的任命。

在你 10 月 6 日的电报中，你善意地表示，尽管在目前的形势下，不应由一名美国军官统率中国国内地面部队，但你愿意继续让赫尔利将军作为你的有关军事事务的驻华私人代表，虽然你 8 月 18 日给赫尔利将军的最初指示似乎对他被授权与我合作的范围有所限制。

我的确希望你能从更长远的角度考虑赫尔利将军担任你的代表，给他以更广泛的指示，使他能够同我在涉及我们同美国军事关系的许多重大问题上进行合作。例如，在与中共谈判方面，我正在依靠他的帮助，他已经在同他们进行协商。我的目的是要在国军正规部队中增加共产党部队的数量，现在这是我们对日作战中最紧迫的需要之一。我完全信任赫尔利将军。由于他特别富有人情味，同时由于他对待这一问题的态度比较恰当，他似乎同共产党领导人相处得很好。作为你的私人代表，又获得我的完全信任，那么，他在解决这个迄今无法解决的问题上的贡献，对我们的战事将会有极大的价值。

因为此电涉及到赫尔利将军本人，所以我通过现在使用的这条渠道发此电报。①

如果国务院知道这份不是通过正常渠道拍发的电报，它也许会注意到这

---

①全文见《外交关系，1944 年》第 6 卷，第 170 页，并附有下列说明（见该书注释 87）："宋子文致哈里·L. 霍普金斯的没有注明日期的电报附有如下介绍：'委员长要我请你转交下面这封致总统的亲启电报。'该电副本得自纽约海德公园富兰克林·D. 罗斯福图书馆。"该电的一部分电文（基本是第二段全部）见洛贝克《赫尔利传》第 308—309 页。在该书中，电报拍发时间标为 1944 年 10 月 25 日。这看来与内容相符。既然海德公园副本未注明日期，洛贝克中也未提到利用了罗斯福的文件，那么，我们假定赫尔利当时从蒋或宋那里收到了一份副本，看来是合乎逻辑的。两种版本有一处不一致的地方，它刚好位于第二段中间稍靠前面的部分。海德公园本为："我的目的是要在国军正规部队中增加共产党部队的数量。"洛贝克的《赫尔利传》为："我的目的是把共产党部队收编为正规部队。"有几句话看来有点令人惊讶。例如："现在这是我们对日作战中最紧迫的需要之一。"这是赫尔利的一贯论点。但直到六月二十二日，委员长还对华莱士副总统坚持说："请明白共产党对于抗日战争是无用的。"（见《中国白皮书》第 554 页。）又如："他（赫尔利）似乎同共产党领导人相处得很好。"这是蒋几乎无法直接知道的事情（而且赫尔利当时还未到过共产党主要领导人住地延安）。可以推测，即使赫尔利没有参与起草此电，他对此也不是毫无所知。

份电报说明了几个问题①。第一,该电几乎毫不掩饰地要求由赫尔利取代正式任命的大使(高斯),因为如果不是由赫尔利出任大使,那么蒋介石期望由赫尔利以特使身份担任的那种内容广泛的任务就将使大使一职徒有虚名。第二,该电表明蒋介石——我认为还有赫尔利——明确认识到,赫尔利最初得到的指示,事实上是谈判关于史迪威指挥中国部队的问题。第三,它表明,在没有被授权或是同华盛顿磋商的情况下,赫尔利已经开始同中共谈判。但更重要的是,他几乎已经是以委员长发言人的身份在进行调解工作,至少在蒋介石心中是这样认为的("在与中共谈判方面,我正在依靠他的帮助")。这同赫尔国务卿(在他9月9日发的"总统和我"的训令中)授权高斯向共产党方面提出的有限制的严格中立的建议是极为不同的。当时,委员长一经获悉这一建议仅限于向共产党表示美国的关切,而不是向他们提出国民党的条件,就立即不再讨论这个问题。

新大使

　　不管华盛顿在什么样的情况下和什么样的范围内考虑了这些问题,赫尔利于十一月十七日被罗斯福任命为驻华大使。② 可以这样说,试图在国民政府和共产党之间达成一项协议,的确成了赫尔利在下一年大多数时间中首要的和全神贯注的问题。唐·洛贝克在他写的赫尔利传记中宣称,"由于蒋介石的要求",赫尔利接到了一项内容广泛的"新指示"。③ 然而,不论是洛贝克还是其他学者,都没有发现这样一个指示的原文,这样的指示也不可能出自

---

　　①当然不能指责中国人谋求开辟和利用任何通向华盛顿权力中心的渠道一事,这些渠道看来最容易使他们达到自己的目的。事实上,他们极善于并喜欢利用这些间接的和不完全是官方的渠道。如档案记载大量表明的那样,赫尔利自己也认为他很少受正式外交渠道的束缚。

　　②鉴于库比克博士作了那个关于我对政策很有影响的著名推断("掌握控制权的是那少数几个年青人……约翰·佩顿·戴维斯和约翰·斯图尔特·谢伟思",见《美亚文件》第30页),或许我可以作一点个人回忆。当时我正在华盛顿,并曾被哈里·霍普金斯召去讨论中国局势。讨论结束时,霍普金斯先生问我是否认为赫尔利可能是一个很好的大使人选,我列举了几个理由,回答说那将是"一个灾难",几天以后,我看到了赫尔利被任命为大使的报道。历史并没有改变我的看法。

　　③《赫尔利传》,第310页。此处显然是指蒋介石10月25日致罗斯福的信,这似乎很不寻常地表明,给美国大使的指示不是以美国的利益,而是以接受国的愿望为基础。在已发表的资料中,没有任何地方提到罗斯福答复过蒋的这封信。但是,正如罗曼纳斯和森德兰指出的(见《史迪威指挥权问题》,第469页),这是罗斯福同委员长的通信变得"逐渐冷淡和不那么随和,表明罗斯福先生的态度发生了相应改变"的时期。如我们将看到的,罗斯福的电报也不太频繁了。

总统口授,因为赫尔利在一九四四年八月至一九四五年三月之间不在华盛顿。洛贝克援引的,是赫尔利自己"关于美国对华政策的理解"的阐述。赫尔利的这一阐述,是时隔很久又发生了很多事情以后,当国务院开始对他似乎正在作出的某些承诺的含意提出疑问时,他拼凑起来的。①

赫尔利最初卷入国共谈判的方式,看来在下列这份神秘的文件中得到了说明。这份文件是通过有些神秘的渠道发送的,所以,直到几年后的一九四九年才为国务院所知:

建　议

一、我们建议赫尔利将军同目前在重庆的国民参政会中共参议员林祖涵、董必武两先生举行一次会谈,这样的会谈当然属于私人和秘密性质。应该让林、董明白,没有赫尔利将军的同意,他们不能将此会谈公之于众。

二、希望在上述会谈举行时,赫尔利将军将陈述美国和苏联政府对于中国共产党的态度,并强调共产党立即与中国政府达成协议的必要性。我们认为,可以向林、董询问,共产党是否愿意由赫尔利将军进行斡旋,从而与政府达成一项解决办法。也可以向他们表明,如果延安愿意接受赫尔利将军的斡旋,而且赫尔利将军又能事先从中国政府得到不反对他采取这一行动的保证,他将提出一项解决问题的建议。

延安的报纸和电台正在进行十分激烈的反政府宣传,这种宣传仅仅有利于我们的敌人和南京的汉奸政府。它严重妨碍我们的谈判。如果赫尔利将军能说服共产党停止这种宣传,那将十分有益。

要迅速而切实地解决国共问题,就有必要为委员长和共产党领

---

①《外交关系,1944 年》第 6 卷,第 745 页。国务院直到此时还未正式得到大使正在进行什么工作的报告,赫尔利喜好只向总统报告,但即使在这方面,报告也是混乱而零星的,而且仅仅是通过非国务院(陆军或海军)的渠道来进行报告。斯退丁纽斯国务卿曾要求赫尔利作一报告,这一语气相当委婉的要求见《外交关系,1944 年》第 6 卷,第 744 页。赫尔利对自己接到的"命令"、"指示"、"任务"或"政策理解",有很多互相矛盾的其他说明(参见《外交关系,1945 年》第 7 卷,第 107—114、172—177、555—557、772 和 726 页),但他从未引用过具体文件加以证明,并常常回避使用"指示"这样明确的词。

导人毛泽东先生两人亲自进行接触作出某种安排。我们希望赫尔利将军就此向林、董作出暗示。

　　三、如果延安同意赫尔利将军的建议，我们认为，他就应着手起草一份关于解决国共争端的建议，送交国共双方。在起草建议之前，我们愿意向赫尔利将军充分说明在有争议的问题上，政府已经在哪些方面和还可能在哪些方面做出让步。我们希望，赫尔利将军的建议将不会超越我们可能说服政府接受的界限。①

　　　　　　　　　　　　　　　　　　　一九四四年十月十七日

　　因为不知道这份没有署名、又查不出作者的文件的来源，困惑不解的《外交关系，1944年》的编者们就将它含糊地标为："在驻华大使馆中准备的文件。"我认为，不需要作太多设想，甚至也不需要仔细阅读这份文件，就可意识到，准备这份文件的"我们"根本不是美国人，他们只能是同共产党有争执的国民党一方的代表。因为赫尔利将军从未提起过这份文件，所以无从知道他对这份文件的态度。但是，就在这份文件所标日期之后的四天之内，他同共产党在重庆的代表（林祖涵和董必武）有过两次会谈。十月二十三日，他又会

---

　　①《外交关系，1944年》第6卷，第650—651页。此处有一注释（注释三十三）说："档案号893.00/1—1049卷内的所有文件，都来源于国务院1949年1月收自美国驻南京大使馆的一简缩微胶卷。"约翰·F.梅尔比教授曾在南京美国大使馆工作过，后来又是国务院从事整理和编辑《中国白皮书》的小组成员之一，我感谢他对此事提供了其他的补充材料（该材料见于下列这封1971年1月19日写的私人信件）：

　　1949年8月，在《中国白皮书》发表后大约几个星期，我偶尔碰到了曾在南京美国大使馆任首席行政官的哈里·欣德拉。他告诉我，1948年晚秋，大使馆为了避免档案文件在随后的混乱时期被人掠走，匆忙将大使馆档案运出了中国。在此之后，他发现了插在放档案的抽屉后面的一卷文件，所有文件都是重庆时期的。由于不愿冒险把这些文件交付航运，也不愿把它们托付给那些由于携带大量内战留下的破烂而早已超载的人们，他把这些文件拍摄成缩微胶卷，烧毁了原件，把胶卷带回美国。

　　粗略地检查《外交关系》1944年和1945年有关中国的两卷后，就会发现至少有46份文件是以这种奇特而又迟到的方式被保存和递交，才为国务院（和历史学家）所知。《外交关系》的编辑们认为这些文件意义重大，把它们收进该书。所有这些文件都与1944年底的国共关系和赫尔利将军的调停有关，然而它们直到1949年才被送到华盛顿。所以应该这样理解：在谈判进行期间（1944—1945年），除了赫尔利将军自己的简短而且通常不全面的报告外，国务院和华盛顿其他有关部门（包括白宫）基本上是不了解情况的。

见了他们①。十一月七日,他带着一份"(国民党谈判代表)王世杰和张治中将军修改过"的协定草案飞往延安。虽然对普通的调解者来说,这似乎对他的"斡旋"规定了某些限制,但看来它确实反映了赫尔利从事其雄心勃勃的努力时所持有的设想和态度。

一个新姿态

赫尔利的设想之一是不打算"压"蒋介石。人们只能认为赫尔利健忘。要求史迪威将军指挥所有中国军队、特别是包括共产党部队的建议,毕竟是试图强有力地直接"压"委员长。② 正是为了在现场并以个人的方式(即使是劝说式的)施加压力,罗斯福总统才在仅仅几星期前派遣赫尔利赴华。压的办法的确失败了,但是,在罗斯福总统 10 月 5 日和 18 日给蒋介石的两份回电的语气和措辞中,没有任何迹象说明或暗示他已改变了他的基本态度。③

第二个主要的设想,赫尔利的主要使命是"支持"蒋介石。当然,中国是我们的盟国,我们承认国民政府,蒋介石是这个政府的首脑。我们也承认蒋

---

①赫尔利见过共产党代表两次这一事实,可以从他们 1945 年 10 月 21 日致赫尔利的一封信得到证实,见《外交关系,1944 年》第 6 卷,第 655 页。此信的发表揭开了使我至少困惑了多年的一个小小的谜。白修德和贾安娜在他们那本以当代人身份叙述这一时期情况的极有价值的书《中国暴风雨》第 250 页,详细描写了下面这个事件:

甚至早在史迪威被解职前,赫尔利就向本书作者之一透露过,他一直在同重庆的两位共产党领导人谈判。这是极为重要的情报,它意味着美国首次采取积极步骤,阻止中国发生内战。作者向赫尔利大使追问有关情况,但他说不出这两位共产党人的名字。他仔细听了作者对中共代表容貌身材的描述之后,承认说同他进行过谈判的是这两个人,他对圆满解决问题充满了希望。于是本书两名作者急忙去找共产党人士证实此事,并想获知他们对达成一项解决办法的可能性有何看法,以及他们对赫尔利先生的看法如何。共产党方面断然否认他们曾会见过大使。他们声称,他们曾邀请他吃饭,但他从未予以答复;同时他们不知道何时可能请他们参加谈判。于是两个记者又去找赫尔利,把共产党方面的说法告诉了他,要求他澄清此事。但大使除了重复他一直在主持谈判外,不能澄清这一混乱情况。

从未确切搞清赫尔利当作共产党使者的那两个人到底是谁。赫尔利曾在一次例行公事的会议上遇见过他们,但仅仅如此而已。有一点是毫无疑义的,即他们不是延安政府派驻重庆的正式代表。

赫尔利遵照"建议"第一段的严格禁令,很成功地封住了共产党代表的嘴,但他却未能抑制住自己好说的性格,向记者透露了他在"拯救中国"方面取得的进展。如果要弄清该"建议"为何如此强调坚守秘密,可以参考蒋介石 9 月 15 日同高斯大使第二次会谈的情况(见《外交关系,1944 年》第 6 卷,第 573 页):"委员长后来提出了下列疑问:如果举行所建议的同林(伯渠)的会谈,共产党是否会为了自己的目的将其公开,以借此表明,美国政府在赞同或支持他们,或者至少是在他们和国民政府之间进行调解。"

②《史迪威指挥权问题》,第 383—384 页。

③《史迪威指挥权问题》,第 450、468—469 页。

介石是中国战区的总司令。但外交关系通常存在于互相承认的政府之间，而不是与某些特定的领导人相联系。① 例如，以英国为例，如果坚持要我们在战争期间保证支持温斯顿·丘吉尔的领导地位，那就显得奇怪了；当权力转移到工党和克莱门特·艾德礼一边时，我们与英国的关系和对英国的支持并没有发生改变。换一个例子来说，不知道赫尔利是否会提出这样的论点：因为苏联是我们的盟国，我们也就承担了支持俄国共产党，特别是维护斯大林的领导地位的义务。② 换句话说，"支持中国"未必等于"支持委员长"。但赫尔利将军好像从未能对此有所区别。

　　在赫尔利的心目中，至少在开始进行谈判时，似乎还有第三个笼统的考虑。显然，赫尔利认为蒋介石口头承诺，为了同共产党达成一项政治解决办法，要作某些（大概赫尔利认为是重大的）让步。赫尔利在当时的谈话中提到过这个协议，但在他的报告中除了含糊地提了一下外，似乎什么也不愿说。我没有发现有关这个协议已被详细说明或写成文字的记载。例如，他在十一月十三日与约翰·戴维斯的谈话中提到过这件事。戴维斯如此记载："赫尔利宣称，关于解除史迪威将军的职务，他和委员长谈妥的条件之一是，委员长

---

　　①然而，西方国家（包括美国）在同非西方或是不发达国家打交道时，有支持那种很有希望成功的"铁腕人物"一类的领袖的历史传统。以中国为例，西方国家曾支持袁世凯和其后的各类军阀人物，而忽视了中国内部的其他政治力量。从赫尔利狭隘地固执于"支持"委员长这点看来，他在某种意义上（虽然这对中国几乎没有什么好处）就属于受这种传统思想支配的人。

　　②人们也许不应过于相信赫尔利对事物的看法，就是他对斯大林的看法也是如此。1942年有很短一个时期，赫尔利任美国驻新西兰首席外交代表。1946年至1948年我在这个国家工作时，他给人们留下的回忆仍旧十分鲜明。人们经常回忆的一件事是同新西兰全国大选有关的。当时新西兰的总理是工党的精明领袖彼得·弗雷泽，他在争取重新当选，他同赫尔利很快成了好朋友，弗雷泽发现赫尔利有讲演的嗜好，于是经常在竞选期间邀请赫尔利陪他参加各种竞选会议。在这些会议中，美国公使常被作为贵宾加以介绍，并被邀请发表一些看法，每当这种时候，赫尔利总是先狂热地、充满沙文主义情绪大谈一通战争（当时战争处于低潮，特别是就新西兰而言），并且总是以热烈赞扬他的"老朋友、坚定的同盟者和新西兰的伟大领袖"——弗雷泽总理而结束讲演。虽然大家都能同意赫尔利是一个很不寻常的外交家，但由于叙述者所属的党派不同，不同的人对美国共和党人支持新西兰的社会主义者一事的反应也各不相同。在新西兰大选中，弗雷泽（和赫尔利）胜利了。

承诺与共产党达成一项协议。"①

不需要详细重述赫尔利将军进行谈判的情况。这已由赫尔利自己、国务院、菲斯教授和邹谠教授叙述过。如果有人有意搜寻散见于各处的有关文件,就能在《外交关系》一九四四年和一九四五年各卷中查到。② 简而言之,赫尔利带着十分温和的一揽子五点协议前往延安。这是由他起草并得到国民党谈判代表同意的。③ 共产党领导人准备了他们自己的五点协议,要求成立联合政府。当时赫尔利热情地帮助修改和改进了共产党的协议(并同毛泽东一起签署了这份文件)。④ 赫尔利对于他能使共产党同意他认为极为合理的解决办法一事感到兴高采烈。但当他回到重庆,发现这项协议完全不能为蒋介石所接受时,这种高兴情绪也就消失了。⑤ 之后,国民党方面准备了三点反建议的几种草案,其中完全不提联合政府一事,这当然不能为共产党所接受。⑥ 尽管赫尔利竭力使谈判继续进行,但谈判还是停顿了。到一九四五年二月中,谈判显然陷入了僵局。这时,赫尔利前往华盛顿。他在四月经苏联

①约翰·戴维斯1944年11月14日的备忘录:"同赫尔利将军的会议。"(见《外交关系,1944年》第6卷,第692—693页。)戴维斯先生是一位隶属于魏德迈将军参谋班子的外交官,他在这以前一直在史迪威将军的参谋班子里工作。赫尔利在与委员长达成"谅解"这件事上表面上保持沉默,其原因只能作一些推测。在赫尔利认为他已取得这种谅解时,他对在华美国人批评他"出卖"了史迪威一事十分敏感。到事实证明蒋不像赫尔利设想的那样愿意作出让步时,赫尔利已完全倒向蒋一边,此时再把协议公诸于众,丝毫不会提高赫尔利作为谈判者的形象。

②洛贝克:《赫尔利传》,第307—387页;《中国白皮书》,第73—110页;菲斯:《中国的纷乱》,第208—225、255—303页;邹谠:《美国在中国的失败》,第288—345页。

③赫尔利最初的草案见《外交关系,1944年》第6卷,第659页,国民党代表修改过的草案见同书第666页。

④《外交关系,1944年》第6卷,第687—688页。共产党对协议的主要补充是:"现国民政府应立即改组为联合政府,由一切抗日政党及无党派之政治团体所派代表组成之……军事委员会亦应同时改组为联合军事委员会,由所有抗日军队派遣代表组成之。"赫尔利的主要补充是一个完整的权利法案,包括人身保护权以及"免除恐惧之自由和免除匮乏之自由两项权利"这样的具体细节。戴维·D. 包瑞德在《迪克西使团:美军观察组在延安:1944年》(伯克利,中国研究中心,1970年版),第56—76页提供了有关这一事件的颇有意思的细节。包瑞德上校叙述的情况的价值之一是,在进行那些冗长的谈判期间,赫尔利由一位不是担任翻译或速记员的美国人陪同参加谈判,这是唯一的一次。因为中国方面的记载尚未发表,包瑞德上校的目击报告就是仅有的、并非出自赫尔利本人之手的叙述,虽然这一记述仅限于这一事件。

⑤赫尔利显然一直深信共产党的"五点协议"是公平合理的,他坦率承认这主要归功于他参与了起草工作,参见《外交关系,1944年》第6卷,第696、699和734页。

⑥《外交关系,1944年》第6卷,第697—698、703—704和706—707页。关于国民党所使用的策略,有一个很有趣的旁证材料,即宋子文企图以赫尔利本人建议的形式提出国民党的反建议——它同赫尔利在延安签署的协议草案毫不相容,赫尔利拒绝这样做。

返回中国后,试图恢复谈判,但未获成功。直到一九四五年八月,在日本投降和签订了中苏条约后,真正的谈判才随着毛泽东访问重庆而重新开始。这些会谈再次失败。赫尔利在九月底返回美国,并于一九四五年十一月二十六日辞职,把谈判失败归咎于"职业外交官……和帝国主义国家集团"。① 马歇尔使团接着试图收拾残局。

这一系列徒劳无功的行动的一个可悲之处是,没有迹象表明赫尔利对于所卷入的问题的难处和性质有一个清楚的了解。起初这肯定不是他的过错。他没有处理中国事务的经验和知识;他被匆匆派出,只听到最粗略的情况介绍,也没有足够的工作人员。② 但他到达中国后,由于某些不需在此阐述的原因——其中有些是属于个人性格方面的,他顽固地坚持几点根本错误的见解。而且,由于困难不断出现,成功仍不可觅,他发展了一个新的(有时是互相矛盾的)理论来支持这些错误见解。在一九七一年的今天,读者完全可以说,分析历史并参考最近出版的有关文件,当然一九四四年和一九四五年的事情在今天看来要比在当时更为清楚。这在某种程度上是对的。但是我认为,档案记载(包括库比克博士选的文件集,特别是内容非常广泛和有代表性的《外交关系》一九四四年和一九四五年两集中有关中国的两卷)将表明,相当多的美国人(包括那些在国务院和驻外机构的)当时就已看到这些问题,并确曾试图让人们注意它们。③

赫尔利的第一个错误见解是,争取实现中国统一的首要内容是加强对日作战的军事能力。迟至一九四五年一月三十一日,赫尔利还坚持说:

> 我们是在同残酷无情的敌人作战,在我看来,这就证明我们试图统一中国的军事力量以帮助我们打败敌人的行动是正确的。共

---

① 《外交关系,1945 年》第 7 卷,第 722—726 页。

② 赫尔利曾在 1943 年 11 月就有关中国参加德黑兰会议的可能性问题对重庆作了三天访问。赫尔利 1944 年 8 月使华之前只同罗斯福总统进行了一次谈话、同国务院人员进行了一次会谈以简要了解任务。他的工作人员包括一名作为助理人员的陆军军官(爱德华·J.麦克纳利上校)和一名中士速记员,华盛顿曾(错误地)设想他在重庆会同史迪威将军和高斯大使密切合作。

③ 库比克博士那个概述历史的导言在参考和引用文件方面有更为令人不可思议的地方,其中之一是,他仅在一处引用了《外交关系,1944 年》第 6 卷(见《美亚文件》第 24 页注释 39),而全然没有提及《外交关系,1945 年》第 7 卷(该书于 1969 年出版)。

产党和国民政府军事力量的统一,至少将获得相当于美国全副武装的一个军的战斗力。中国军事力量统一的效果值得美国给予它比以往更多的重视。①

的确,在一九四四年八月赫尔利被派往中国时,日本人正在中国发动一场大规模攻势,它有使中国的战争努力遭到削弱或完全被摧毁的危险。但是,这次进攻——日本在中国所作的军事上的最后挣扎——在十二月到达了顶点。到赫尔利作上述报告时,日本人正在后撤;并且如我们已看到的,德黑兰会议的结果表明,不再需要中国在对日作战中发挥任何重要作用。国共两党(以及除赫尔利之外的大多数美国观察家)考虑的最为重要的事情,是日本失败后中国将出现的局势。

此处应该承认,这一点已被下列事实搞得不那么清楚了:即在这个时期,除赫尔利外,与对华政策有关的其他人也认为加强作为短期目标(即更有效地进行战争)的军事能力是可取的,因为这是实现重要的却是很不相同的长期政治目标(即阻止内战发生、避免使中共依附苏联、并在战后实现统一和稳定)的最切实可行的办法。我认为,之所以如此,是因为我们所有的人都完全(正确地或错误地)相信,美国在战争期间的政策主要是建立在军事考虑之上的,因此我们认为,我们的建议除非能表明与战争直接相关,否则就将被置之不理,很少能传到华盛顿制定政策的人们耳朵里。

赫尔利的第二个错误见解是,两党的政治解决不难实现,因为他们的目的和目标没有根本的不同。这是赫尔利极为喜爱的论点,他多次论述过它。举一个例子就足够说明问题了:

……有两个基本事实正在显示出来:(一)中国共产党人实际上不是共产党人,他们在为争取民主原则而斗争;……(二)国民党一党专政、一人专政的政府,实际上不是法西斯,它也在为争取民主原

---

①《赫尔利1945年1月31日致国务卿的第141号电》,见《外交关系,1945年》第7卷,第192页。

则而斗争。①

在此需要再次说明,这不是刚刚抵华的赫尔利的报告;他到中国已经整整五个月,他花了其中四个月的大部分时间同国共两党谈判。② 作为一个美国律师和政界人士,赫尔利饱受法律保护、宪政、民主这些美国政治传统的熏陶,所以自然认为中国的问题能够用采纳美国的法律公式和政治原则的办法来解决,比如建立民有民治民享的政府,实施权利法案、人身保护权等等。这一点在他于延安开始起草五点协议(他一直认为该协议是解决国共问题的"公正"的基础)时已经表现出来了。赫尔利必须具备的但很不幸恰恰又是他所缺乏的,他对自己已陷入的那个沼泽地的地理情况应该有个基本了解。更为具体地说,如果他了解了下列起码的情况,对他是会有帮助的:

一、过去四、五十年的中国历史,特别是中国共产党成立以来的历史;

二、孙中山的三民主义,特别是"训政"理论,它是国民党声称有权垄断政权的理论基础;

三、蒋介石虚弱政权的性质及其构成,以及蒋介石为维持这一政权而操纵控制各政治派别、军事集团及其领袖人物的危险而高超的手段。

一九一一年以来的中国历史是蒋介石和毛泽东都熟悉的唯一意味深长的历史,这段历史的一个令人信服的教训可用一句老话加以总结:"枪杆子里面出政权"。蒋介石心目中的首要问题是控制共产党军队。这在九月十五日蒋介石与高斯大使的会谈中已经表现出来。高斯大使在关于此次会谈的报告中说,蒋介石要求"最重要的是,我(即高斯——译者)要使林(即林祖涵——译者)明白,中国共产党必须无条件服从在委员长领导下统一军事指

---

① 《赫尔利1945年2月7日致国务卿的189号电》,见《外交关系,1945年》第6卷,第211页。这是一份分为四部分的电报的第二部分,此电是赫尔利在谈判开始三个半月之后,第一次给华盛顿作的一个关于谈判的大事记性质的综合性报告。这份报告事实上是在重庆大使馆人员经过长期努力,使他确信这种报告是必要的之后,才由他作出的(同上,第732—734页)。

② 赫尔利既不读文件也不好好听人讲话。他眼睛不好。大使馆工作人员的任务之一是给他朗读电报或其他任何冗长的报告,同他谈话总是听他滔滔不绝地独白。例如,曼斯菲尔德参议员(当时是众议员)1944年11月访问了中国,他在给罗斯福总统的报告中提到:"我见到了帕特·赫尔利少将,我们进行了长时间的谈话,他谈了二小时四十七分钟,我谈了十三分钟……"见《外交关系,1945年》,第7卷,第8页)。如果国会议员尚且如此,可以想见一个小小的二秘能有多少机会。

挥权的原则……"。① 这正是十一月七日赫尔利带往延安的那份曾得到国民党同意的五点协议中的第二点。② 共产党凭借一九四四年底已获得的实力，哪怕仅在原则上也决不会同意这种要求，除非他们在预定将控制这些统一的军队的政府中占有重要席位。这就意味着名符其实地结束国民党的一党专政局面。蒋介石根本不愿意出现这种情况。确实，他不能这样做，因为这样做会招来灾难。③ 所以，兴高采烈地从延安返回的赫尔利被宋子文迎头浇了一瓢冷水："共产党欺骗了你，国民政府永远不会答应共产党提出的要求。"④ 虽然赫尔利不断提出要求、起草信件、派代表往返于延安和重庆之间，但谈判实际上从未打破这个开始就出现的僵局。

赫尔利好像从未明白他试图拉到一起的两个党在根本上是水火不相容的。他以前确曾成功地充当过调解人，例如曾设法使墨西哥政府为它将美国在墨西哥的石油企业国有化一事而向美国赔偿损失。但中国的情况则完全不同。这里的每一方都期望最终获得最高权力，它们仅仅有助于达到这个目的的政治解决方案感兴趣。国民党的立场实质上是："你们投到我们一边来，然后我们按自己的条件实行改革。"对此，共产党回答说："答应按我们的条件实行改革，我们才会考虑参加你们的政府。"问题的关键是对军队和共产党统治区的控制权。这一点双方都不能让步。

掌握在斯大林手中

赫尔利第三个错误见解是，苏联全心全意地同意并答应支持赫尔利所解释的美国对华政策。赫尔利这一信念是以他一九四四年八月同莫洛托夫的会谈为基础的，当时他正在赴华途中。这一信念在他一九四五年四月同斯大林和莫洛托夫的第二次会谈中得到了加强：⑤

---

①《外交关系，1944 年》第 6 卷，第 573 页。

②《外交关系，1944 年》第 6 卷，第 666 页。

③包括国民党从"训政"到宪政的过程和今日的台湾情形在内的历史，都表明蒋介石和国民党极不愿意接受赫尔利的下列建议，即国民党同其他党派分享政权，或是实施法律保护和政治权利。

④《外交关系，1945 年》第 7 卷，第 195 页。

⑤1944 年的访问见《外交关系，1944 年》第 6 卷，第 253—259 页。1945 年的访问见《外交关系，1945 年》第 7 卷，第 338—340 页。再参见哈里曼大使和乔治·M.凯南所作的谨慎的评论，分别见《外交关系，1945 年》第 7 卷，第 341—342 页和 342—344 页。

……请把他们(中国共产党)和苏维埃社会主义共和国联盟区别开来,因为二者是不同的。如我昨天已陈述过的,在这次会谈中,斯大林元帅和莫洛托夫委员反复告诉我,俄国……根本不承认武装的中国共产党是共产党。据我所知,在我们所经历的整个变化多端的时期中,他们对我是说话算数的。俄国不支持中国共产党。俄国不希望中国内战。俄国不希望中国分裂和建立两个政府。俄国希望同中国建立更为密切和协调的关系。

自从我与莫洛托夫先生和斯大林元帅会晤以来,俄国同中国缔结了中苏条约,并互换了正式承认中苏条约所有协议的证书。

我看到一些报道,说苏联做了某些侵犯中国领土完整和独立主权的事情,但坦率地说,我没有发现使我相信这是事实的证据。我相信,美国和苏联在对华政策上仍然是一致的。[1]

赫尔利对其观点所作的这个特别声明饶有趣味的特征之一是,它表明,他直到一九四五年十二月六日还在坚持这一观点,而此时,他已经辞职,结束了他的谈判,苏联则正在占领和劫掠满洲,大规模内战已在中国进行。或许,在努力使国共两党走到一块时碰到的始料不及的困难使他更加确信:苏联的影响是关键所在,苏联采取友善和支持的态度将迫使中国共产党屈服于国民党的条件。这导致他陷入矛盾之中,他违背华盛顿关于优先解决国共关系问题的观点,放弃了他自己关于共产党力量强大的看法,最后竟然要求——但没有效果——美国公开发表支持其立场的政策声明。

首先,赫尔利显然从未看到他下列两个信念之间存在的逻辑矛盾:他既相信中共"根本不是共产党",也完全没有得到苏联任何形式的支持、承认和鼓励;同时又坚定地相信中共肯定会顺从地接受苏联领导人的提示、告戒和指挥。

我们确信,苏联的影响将控制中国共产党的行动。中共不相信斯大林已经同意或将要同意支持中国国民政府和蒋介石的领导。

---

①帕特里克·J.赫尔利将军的证词,见美国参议院外交委员会《远东政策调查》(油印稿,1945年12月5、6、7、10日)第130—131页。

没有苏联的公开承诺,中共将不会改变在这个问题上的看法。①

这必然使赫尔利认为,在中苏条约上写明苏联不支持中共之前,中共是不会领悟现实的:

> 中共仍然认为苏联支持他们,在苏中之间签订一个表明苏联同意支持国民政府的条约之前,没有任何东西会改变他们在这个问题上的看法……

> 共产党的领导是聪明的。当不祥之兆出现时,他们不会视而不见。再多的争辩也改变不了他们的立场。只有事物本身不可抗拒的发展才会使他们改变态度。②

另一方面,罗斯福总统和国务院始终坚持认为,如果蒋介石先同中共达成一项解决办法,他与苏联改善关系的要求就更可能取得令人满意的结果。这一点正是赫尔利从罗斯福那里得到的有关他谈判的唯一一份电报的主要内容。

> 我希望你以我的名义秘密告诉委员长,我认为,在委员长和华北军队之间作一富有成效的安排,将会极大地加速实现把日本人赶出中国的目标,这也是俄国人的意见。我此时不能告诉你更多的东西,但他一定要相信我的话。你可以对他强调"俄国人"这个词。③

不知是为了作到言行一致,还是因为他日益不同意美国关于中国事态的官方报告,并由于愈加接近蒋和宋子文这样的国民党人士,赫尔利逐渐改变了他自己早先关于共产党的实力和重要性的观点。当然,这种变化并没有得到发自延安美国观察组的报告的支持。在中国实地工作的大多数美国观察家继续坚持他们的观点,有时还发表意见认为,共产党正在稳步地增强力量

---

①《赫尔利 1945 年 7 月 10 日致国务卿的 1139 号电》,见《外交关系,1945 年》第 7 卷,第 431 页。

②《外交关系,1945 年》第 7 卷,第 432 页。

③《罗斯福 1944 年 11 月 18 日致赫尔利的一二三号电》,见《外交关系,1944 年》第 6 卷,第 703 页。可以推测雅尔塔会议的准备工作当时已在进行之中。有很多更为明确的声明表明,华盛顿认为国共协议应在中苏条约前达成。例如:再者,总统在致委员长的一份电报中声称,如果中国政府先同中共达成一项有益的安排,这将极为有利于中国代表和俄国代表之间的会谈。此电是作为国务院 7 月 14 日第 955 号电发给驻华大使馆,并由大使馆转给委员长的……《格鲁 1945 年 2 月 6 日致赫尔利电》,见《外交关系,1945 年》第 7 卷,第 852 页;《总统致委员长电见》,见《外交关系,1944 年》第 6 卷,第 245 页。

和扩大领土,换句话说,时间有利于他们。赫尔利从认为国共军队统一会增加相当于"美国全副武装的一个军的战斗力……值得美国给予它比以往更多的重视",改变为贬低共产党的力量:

> 中共武装部队的力量被夸大了。共产党控制的地区被夸大了。追随中国共产党的人数被夸大了。国务院官员、陆军军官、报纸和广播电台在很大程度上接受了共产党领导人关于中国共产党军事和政治力量的说法。①

中共的力量并不会因赫尔利的愿望和报告而改变。在这种执意把同苏联先达成协议作为使中共就范的手段的作法中,存在的首要问题是,它把选择时机的主动权交到斯大林手中。但斯大林并不着急,他不愿意在重庆政府知道有关中国的雅尔塔协议前同它谈判。但是,由于雅尔塔协议也使苏联承担了参加对日作战的义务,所以斯大林坚持,要到德国被最后打败,苏联能够调动足够的兵力到满洲前线之后,才可将雅尔塔协议告知蒋介石,理由是害怕重庆泄密,使日本人对西伯利亚发动先发制人的进攻。所以,他直到一九四五年七月一日才接待蒋介石的特使宋子文;中苏条约直到八月十四日才签字,八月二十七日才公布。赫尔利三月份就获悉了雅尔塔协议,所以他也知道有关推迟告诉蒋的原因。尽管他认为国共协定首先是为有助于抗日战争,但他(和蒋介石)实际坚持推行的行动方针,使国共谈判在日本战败和内战爆发之前实际上无法进行。②

赫尔利采取的战略,随着时间的推移越来越集中于向被"过分夸大"了力量的中共施加压力。此处我所关心的,不是要证明这种战略是不是现实(虽然它确实不现实),而是要指出赫尔利使自己陷入了很少有其他选择的困境。赫尔利首先采取的步骤是,拒绝任何对蒋介石施加"压力"的可能性和公开向所有的人宣布他的使命是"支持"蒋介石。他接着采取的步骤是,以特别的方式开始谈判,以及继续反复重申他采取的每一行动都"得到了委员长及其内

---

①赫尔利1945年7月10日致国务卿的一一三九号电,见《外交关系,1945年》第7卷,第432—433页。

②然而,应该承认,当时无人知道原子弹及其成功的使用将戏剧性地摧毁预计日本会采取的最后顽抗。

阁成员们的同意、启发和指导"①。这些愚蠢和多余的行动,在赫尔利同蒋打交道中,牢牢地束缚了赫尔利的手脚。1944 年 11 月,赫尔利表示:"如果谈判失败,那将是政府的过错,而不是共产党的。"②一九四五年五月他在给杜鲁门总统的私人报告中仍然表示,他认为共产党在"某种程度上合乎情理地"克制着自己。③ 但在倒向蒋介石一边之后,他就只能亦步亦趋了。

美国人"一致行动"

要使苏联只支持国民政府的态度对中共产生有效的压力,那么美国方面必须配合,采取同样坚定和一致的行动,这在逻辑上是至关重要的。于是,赫尔利日益强调下列论点:美国的政策是只援助和支持委员长和国民政府;不能承认或支持中共或其他集团,除非它们承认国民政府的执政地位;没有委员长的事先同意,不能与这样的集团进行军事合作,不能向他们提供武器、援助或其他支援,连讨论这些问题也不许可。

由于在华美国人事实上并不存在这样的一致,所以采取了有力的、激烈的措施以求实现一致。虽然魏德迈将军在使国民党军事组织活跃起来并同它合作的问题上,不久就得出了某些同史迪威观点差别不大的看法,但他很快决定,把"政治"问题留给赫尔利将军处理将是明智的。④ 曾在史迪威将军下面工作过的参谋官员有些被调出中国战区,其余的则被调去训练部队和做

---

①《赫尔利 1944 年 12 月 24 日致国务卿的报告》,见《外交关系,1944 年》第 6 卷,第 747 页。这句话以一定的形式出现在赫尔利的大多数报告中,"内阁"也许是一个美国式的词汇,而不是对蒋政府情形的真实描述。

②《外交关系,1944 年》第 6 卷,第 693 页。

③《赫尔利 1945 年 5 月 20 日致杜鲁门总统电》,见《外交关系,1945 年》第 7 卷,第 107,114 页。

④可是,魏德迈将军似乎并不同意赫尔利的观点,他不像赫尔利那样相信强迫就范(以及同俄国订立一项条约)的作法会成功。在 1945 年 7 月 9 日到马歇尔将军的一封信中,他说:

如果山姆大叔、俄国和英国紧密团结,通过胁迫国共双方作出实际让步来努力实现这两个政党的联合,就可以消除严重的战后动乱,就可以实现及时有效地使用全中国的军事力量来抗击日本人。我之所以经过考虑使用胁迫一词,是因为我相信,以礼貌的外交辞令来继续向双方呼吁,将不能实现统一,三大国必须采取强硬的态度。(见罗曼纳斯和森德兰:《中缅印战区形势危急》,第 383 页。)我认为,可以推测魏德迈将军考虑的是联合政府而不是"这两个政党的联合"。

魏德迈关于国民政府军队战斗力的某些观点可参看上书第 52—53 页。

其他非政策性的工作。① 严禁美国陆军人员讨论任何中国政治事务。② 在陆军工作的外交官被调离（不久前魏德迈还紧急请求让他们继续在军队工作），将由赫尔利提供所有的政治咨询。延安美军观察组的地位被降低到收集日常敌情和气象报告。③ 随着德寇占领国家的解放，在欧洲敌后同游击队和法国地下抵抗运动合作过的美国老兵大批闲暇下来。但是关于在共产党控制的华北和华东广大重要游击区如何发挥他们作用的问题，则全然不受置理。④

重庆的美国大使馆此时经历了可能是最大的动荡。首先，大使馆主要配备的是身为中国问题专家的官员。他们不仅在中国待了多年，而且还在纳尔逊·詹森和高斯大使这样的职业外交官领导下接受过训练，詹森和高斯坚信需要全面的、畅所欲言的客观的外交报告。最近几年，国民党为掩饰自己的缺点，逐渐认为任何长期待在中国、能说和能看中文的美国官方人员都是可疑的。赫尔利现在持同一看法。没有在中国服务过、或至少最近没有在那里服务过，已成为一种有利条件。这被叫作"引进新颖的、没有偏见的观点"。根据赫尔利的要求，他手下的高级官员和大多数负责草拟报告的人被召回美国。⑤ 新的最高下属是一个在拉丁美洲工作过的老外交官，和一位来自弗吉尼亚州里士满的有绅士派头的（能干的）银行家，后者自愿在战争期间为政府服务，大使馆的报告变得比较拘谨和范围狭窄了。报告坏消息的官员们认识到，他们的机密报告可能会由赫尔利转给宋子文一类的中国官员看，这样就会危及向他们提供情报的中国人士。有些人被大使召去，当着宋子文的面遭

---

①例如包瑞德上校，参看《迪克西使团》第78页。

②《外交关系，1945年》第7卷，第233页。要求每个美国官员签署一份声明，说他已读过并理解了此项政策。

③观察组指挥官包瑞德上校的一位后任获悉，陕北山区盛产野鸡（共产党大概是为了其他目的保存弹药而不打它们）。打野鸡成了一项同毛泽东这样的危险人物谈话更为安全得多的工作。

④战略情报局曾讨论过在中国共产党区域里使用这些敌后小组的可能性问题，但所得结果十分令人遗憾。包瑞德上校对此事有所描述，请参看《迪克西使团》，第76—77页。

⑤从赫尔利的观点来看，这些官员大多数都犯有不服从命令、搞破坏活动和对上级不忠诚的罪过。因为在赫尔利回华盛顿述职、乔治·艾奇逊任代办时，他们联名给国务院发了一份电报，此电建议采取新的、较强有力的办法，打破国共僵局，因此可以推理，它批评了赫尔利一直在实行的策略和政策（见《外交关系，1945年》第7卷，第242—246页）。在后面的章节中，我将对此电作进一步的评述。

到粗俗语言的严厉训斥。[①] 在远东公司给副国务卿格鲁和国务院行政首脑助理国务卿霍姆斯的一份备忘录里，表达了华盛顿对此种情况的看法。

> ……在赫尔利将军访问华盛顿期间（一九四五年三月和四月初），他的议论十分明显地表现出，他极为怀疑和讨厌在华的外交官员。这种厌恶感已为从重庆回来的官员们所证实。这些官员表示，这种情况已严重影响了他们和驻重庆及中国其他地方的外交官员的士气。结果，越来越难于劝说在赫尔利将军手下工作过的外交官员返回中国。赫尔利将军对驻华官员的政治报告强施严厉限制，性质同样严重。我们有充分理由相信，赫尔利将军已经下令，只有有利于中国国民政府的政治报告才可以转送国务院。这意味着，关于中国的事态发展，国务院收到的情报将是受限制的和不完全的。显然，我们不能再指望收到关于局势所有方面的确切和客观的报告，而国务院如果要明智和成功地处理对外关系，则非有这种报告不可。无庸赘言，这些限制极大地挫伤了士气，并在有中国事务经验的外交官员中间造成了这样一种印象，即我们当前在处理对华关系方面严重失当。[②]

新闻界也没有被放过。当时在中国的是一批经验相当丰富和颇有能力的新闻记者，其中有白修德、贾安娜、布鲁克斯·阿特金森、理查德·瓦茨、伊罗生、A.T.斯蒂尔、约翰·赫西、达雷尔·贝里根和杰克·贝尔登这样一些著名记者。赫尔利很快发现，这些记者大多数也怀疑"我（赫尔利）所负使命"成功的可能性。[③] 由于无法将他们撤换（虽然他们中许多人自愿离开了中国，去写在国民党的严格新闻检查下不可能发表的著述），赫尔利便调来了

---

①有一类报告好像特别易于激怒赫尔利，这是关于1945年夏季国共武装冲突到处蔓延的报告，其中包括共产党数次声称缴获了美国提供的武器，也许是由于魏德迈将军下了"美国物资"不应用于中国内战的命令，使问题更为敏感，可参见《外交关系，1945年》，第7卷，第406—410页。其他扣压报告或者威胁写报告的官员的事件，是这个时期在重庆工作的官员们众所周知的。

②《外交关系，1945年》第7卷，第349—350页。起草者是埃德温·F.斯坦顿，他从1946年到1953年任美国驻泰国大使，此后便脱离了他漫长而杰出的外交生涯。

③参见赫尔利抱怨白修德的备忘录（没有解释为何这样做），见《外交关系，1944年》第6卷，第673—674页。

一个经过他亲自挑选的新闻官(他没有做过外交工作,也没有在华工作的经验),并在幕后活动以使友好的记者得到访问和派驻中国的机会,这些记者因被邀请同大使住在一起而受宠若惊。① 同时,中国首席新闻检查员(他实际上是受国民党而不是国民政府领导)对他遵循的政策做了如下的官方说明:

> 中国政府的新闻检查机构不允许发出任何破坏(美中)两国政府友好关系的消息。赫尔利大使代表美国总统和政府,因此,任何美国人在中国境内对他进行攻击的言论也不允许发出。②

一九三九年以来,国民党对共产党地区实行了严密的封锁。这样做的一个目的,是封锁有关共产党和他们活动地区(华北的大部分)局势的消息。它采取的措施包括严禁到共产党地区旅行。由于先允许一个新闻代表团,其后又允许美军观察组访问延安,这个旅行禁令在一九四四年春夏最终被打破了。为了向观察组供应物品和提供邮政及其他服务,一架美军总部的飞机开始基本定期飞往延安,并在那里停留一夜。在飞机内有空位时(经常如此),总部就很慷慨地允许记者、高级官员和其他美国在华机构的代表,利用这个工具对延安作短期访问,有时甚至让他们待在延安直到下一班飞机到来。赫尔利在一九四五年春又加强了封锁:从而使封锁不仅是中国方面的事,也成了美国方面的事。陆军答应,没有赫尔利的明确同意,不运送非美国陆军成员去延安。赫尔利还亲自审查那些他所谓的"意识形态记者"。③ 然而,赫尔利的封锁有双重目的,他同国民党一样,想防止对共产党"有利"的消息从那里传出来,而且,他还疑虑日增,担心共产党通过同美国人接触,可能会看出,并不是所有美国人都按赫尔利自己那种铁板一块的观点看待美国政策。这种封锁组成了一个极为严密的防疫圈。

于是压力增大了,美国方面某种形式的一致行动实现了。但已存在了好

---

①亨利·J.泰勒是访问者之一。关于赫尔利未能成功地为亨利·卢斯——他"一贯支持中国国民政府和美国政策"——安排一次访问之事见《外交关系,1945 年》第 7 卷,第 142—143、147—148 页。赫尔利大献殷勤的另一个次要目的,是想尽量减少访问者与记者招待所的常驻新闻团体相接触。

②白修德和贾安娜:《中国暴风雨》,第 249 页。

③战略情报局曾企图派一名经验丰富的代表到共产党游击区从事心理战方面的工作,但未获成功。关于此事的详情,见格雷厄姆·佩克《两种机会》第一版未删节本(波士顿·霍顿,米弗林公司1950 年版),第 638—642 页。

几个月的僵局仍在延续。也许因为意识到自己处境孤立而不自在,赫尔利开始希望华盛顿发表一项声明坚决支持他的政策。[①] 华盛顿没有发表这样的声明。如我们将在后面看到的,华盛顿并未同他站在一起。与此同时,赫尔利查阅档案,希望能从有关政策声明中获得安慰和支持。他能找到的最好东西是赫尔利国务卿在一九四一年十月二十六日与日本驻华盛顿代表谈判时提出的一项条件:

> 美国政府和日本政府将不在军事、政治、经济上支持除以重庆为临时首都的中华民国国民政府外的中国任何政府或政权。[②]

赫尔利不管这个声明与一九四五年的中国局势是否有关,便抓住这根稻草不放。[③] 此后,他不放过任何机会宣称这是"最近一次公开宣布的美国对华政策"。[④]

再次失败

经过长期等待同苏联达成一项条约之后,结局终于到来了,共产党令人惊讶地拒绝正视"不祥之兆"。事实上,整个局面是不可收拾了。显然,这深深触及了赫尔利的自尊心,但反省似乎不是他性格中的突出特点。他一直确信国共两党有相似的目标,实际上接近于达成一项协议。[⑤] 而且赫尔利已经

---

①赫尔利1945年12月在参议院外交委员会作证时,多次提到他曾希望美国政府发表一项支持他的政策声明(参见美国参议院外交委员会《远东政策调查》,特别是该材料的七、八、十四、四十款和注四十)。可是赫尔利于何时通过何种途径要求作此种声明,档案记载得不清楚。

②见洛贝克:《赫尔利传》,第423页。赫尔利从未注意以下事实:(一)准确地说,这不是一个完整的政策声明;(二)所以具体说明"以重庆为临时首都的中华民国国民政府",是为了区别于日本人扶持的汪精卫的"中华民国国民政府",汪精卫政府以南京为首都。

③参见他1945年5月20日致杜鲁门总统电(此电竟以长辈口气说话,见《外交关系,1945年》第7卷,第110页)。

④当然,从1941年11月到1945年中这段时期,有大量美国对华政策声明。赫尔利如果要这样选择,他甚至可以从副国务卿萨姆纳·韦尔斯1942年10月12日对厄尔·白劳德作的时间更近的声明中找到支持:

……本政府希望中国统一,反对中国内战;本政府平等对待中国政府;它不支配中国政府;它不把美国的友谊作为交换条件;它认为中国内部的团结,美国内部的团结,盟国每一国家内部的团结和盟国之间的团结,对于有效地进行反轴心国的战争,对于盟国在获得必将属于它们的胜利时创造和维持公正与和平的环境,是完全必要的(见《外交关系,1942年,中国》,第248—249页)。

⑤赫尔利在几乎每一次会谈中,总是自信地坚持他已使两党达成协议的距离缩短为"这么近了"(伸出拇指和食指比划出大约一英寸的距离)。关于毛泽东熟知这一结论和对这一结论的看法,见《外交关系,1945年》第7卷,第273页。

得出共产党弱小而非强大的结论,那么,共产党决心向国民党挑战(除了赫尔利以外的所有人都说共产党会这样做),并且宁可战斗而不屈服,看来就不合情理了。最后,他还有莫洛托夫和斯大林的亲自保证。共产党这种违反常情的特殊作法一定有某些其他解释。没有什么人受到指责,除非是那些外交官和国务院,特别是那些被赫尔利挤出中国的人员——他们在很久以前曾同赫尔利一样希望中国实现统一,但又曾徒劳地试图指出使赫尔利碰壁的某些很实在的障碍。[①]

赫尔利企图在国共之间达成一项解决办法,这多半是他自找的工作。关于这并没有越出他所接到的命令或指示的明确范围的说法,看来是不可信的。这样说并不是要贬低赫尔利。他正确地认识到国共问题是中国的主要问题。但是,要靠他采取的僵硬的方法和立场,根本不可能解决这一问题。在赫尔利视而不见的,但已在中国蓬勃开展的革命面前,他的能力、耐心和决心全都无济于事。结果,就使赫尔利漫长的社会活动生涯以辛酸、挫折和失败而告终。

院外援华集团把赫尔利使华时期看作是中美关系的高潮,库比克博士和台湾政府显然今天仍然这样看。而对于学者来说,从美国是否本着现实主义的精神处理其外交事务的角度来看,它无疑是个低潮。讨论"谁丢失了中国"毫无用处。中国从来不是属于我们的,因此也无从丢失(库比克博士一类的美国人说中国是我们的。如果我是一个中国人,我就会对他们这种说法感到气愤)。但是,赫尔利的愚蠢和顽固使我们和中国失去了时间和机会。失去的时间是,战争的最后也是最关键时期处于僵局的那十个月。失去的机会是,寻求更现实的方法防止或缓和内战,并保持我们同中国的关系,即使不能像我们曾希望的那样成为亲密朋友和盟友,至少也不成为死敌。

(摘自〔美〕D.包瑞德:《美军观察组在延安》,解放军出版社,一九八四年十二月)

[①]大使馆参赞乔治·艾奇逊曾向赫尔利保证:"据我所知,使馆全体人员没有一个不是全心全意地希望你谈判成功的……"(见《外交关系,1945年》第7卷,第191页)。他这种说法肯定是正确无疑的。

第七章　结束语

1.一九三六年国共两党秘密接触（杨奎松）

一九三六年国共两党秘密接触及谈判,始于一九三五年十二月底,止于一九三六年十一月下旬,前后历时十一个月,双方通过各种渠道进行接触或谈判达十余次之多。此次秘密接触,虽未能取得实质性成果,但它无疑为此后双方之正式谈判及其合作的形成,奠定了初步的基础。

蒋介石的初衷

一九三四年,由于中国共产党在战略指导上的错误,未能粉碎国民党的第五次"围剿",共产党和红军放弃了艰苦经营多年的所有南方根据地,向边远的西南、西北和靠近抗日前线的地区转移。自此,国共两党的军事战略地位及其实力的对比,都发生了重大变化。由于红军已远离中国心脏地区,到达陕北,且红军军力锐减,不再对国民党统治构成严重威胁,而日本帝国主义者对我步步紧迫,猖狂已极,共产党乃发表《八一宣言》,呼吁"停止内战,一致抗日",国人亦群情愤慨,要求抗战,蒋介石遂渐渐开始考虑对共产党的策略,军事上改由地方军阀武装继续进攻红军,政治上则谋求迫使共产党订立城下之盟的可能性。而这种先军事后政治的办法,也是蒋介石历来用于解决地方异己势力的一贯手段。

当然,与前不同,蒋介石这时面临的形势颇为复杂。自一九三一年"九一八"事变爆发,蒋坚持"攘外必先安内,统一方能御侮"的政策以来,日本军队已接连侵占中国东北三省及热河。由于日军入侵全无止境,蒋之统治自然受到严重威胁。因此,当一九三四年和一九三五年红军退出中国心脏地区,蒋介石乘机控制了过去鞭长莫及的西南数省之后,其"安内"、"统一"工作已大致告一段落,"攘外"、"御侮"问题不能不提上议事日程。特别是1935年华北事变的发生,更迫使蒋介石必须加紧解决国共关系问题。

然而,由于共产党问题具有明显的国际背景,因此蒋介石一开始就不能不把二者联系起来考虑,在蒋看来,共产党人的背后是苏联,故对共产党的问题自然涉及到对苏关系问题,尽管对苏交涉是其借以抗衡日本入侵的重要砝码,但在"九一八"事变之后,蒋介石一直等到一九三四年其对红军的第五次"围剿"接近结束之时,他才认真开始着手这一交涉工作①。很显然,蒋介石是把一个具有威胁力的共产党的存在,看成是对苏交涉的障碍的,只是当他相信这种威胁已不再对其统治构成直接危险的时候,他才敢于同苏联发生关系。

从一九三四年秋天开始,蒋介石南京政府小心翼翼地加速对苏交涉的步伐,以应国防之需,然而收效甚微,至华北事变发生,眼见华北五省将蹈东三省之覆辙,沦于日本军阀之手,蒋已不能不暗中考虑"被迫武装抗日"问题②。于是,全力加速对苏交涉,寻求苏联在军事上尽可能的支持,遂成为当务之急。与此同时,政治解决国共关系问题,也自然而然地摆在了他的面前。在一九三五年秋冬之季,在同苏联驻华大使鲍格莫洛夫的秘密交涉中,蒋介石几乎同时提出了两项重大提议:其一,即希望苏联给予直接的帮助直至暗示希望与苏签订秘密军事协定或互助条约③;其二,则明确表示希望苏联促进中国在他领导下的统一,对中共和红军施加影响,使他们最终服从中央政府的统率④。不难看出,随着日本入侵加剧和对苏交涉的迅速展开,蒋介石不能不同时着手从政治上解决与共产党的关系问题了。只是蒋之初衷,是建立在共产党军事上已无力与其全面抗衡的估计上,幻想可以借此机会促使苏联出面,劝说中共承认其权威,把红军交南京政府改编和指挥,以便实现所谓先

①参见蒋廷黻口述,谢钟琏译:《赴俄考察与欧洲之旅》,载《传记文学》第31卷,第6期。
②《苏联外交文件》第18卷,第662页。
③《苏联外交文件》第18卷,第537页。
④《苏联外交文件》第19卷,第35页。

"安内"、"统一",后"攘外"、"御侮"的既定方针①。但是,不论苏联这时多么渴望中国能够实现统一,投入反抗日本的斗争,以便减轻苏联在远东所承受的侵略威胁,它这时没有也不可能接受蒋介石的这样一种提议②。蒋介石只能自己去寻找途径。

于是,自一九三五年底,就有了蒋介石主动寻找共产党的线索,极力打通与中共中央之联系,以便进行秘密接触和谈判,政治解决两党关系的事情发生。

两党代表在莫斯科的秘密接触

就在蒋介石开始寻找途径政治解决国共两党关系问题的过程中,中国共产党驻共产国际代表团团长王明也在共产国际第七次代表大会上,根据共产国际新的统一战线政策精神,公开宣布愿意同国内各个党派团体在"抗日反蒋"的基础上结成统一战线③。共产党人倡言建立全国范围反日统一战线的作法,很快引起了蒋介石的注意。在一九三五年底,南京政府驻苏武官于回国述职期间向蒋提交了一份有关王明在共产国际"七大"的发言摘要④,蒋立即从字里行间捕捉到了共产党正在改变政策的重要信息,随即指派邓文仪马上返回莫斯科找王明进行接触,了解政治解决两党关系的可能性。

一九三六年元旦过后,邓文仪赶回莫斯科,立即直接写信给共产国际执委会秘书处,请其转交王明,请求见面,但未有结果。随后,邓文仪通过原十九路军流亡将领设在香港的抗日反蒋组织——中华民族革命同盟驻莫斯科的代表胡秋原再度与王明联络,终于取得成功。在了解到邓文仪的基本意图之后,代表团决定同意接触,但先以潘汉年出面。

一九三六年一月十三日晚,潘汉年按约定时间来到胡秋原的寓所,与已经等候在那里的邓文仪见了面。双方立即就国共两党关系问题进行了具体的商谈。

潘汉年开宗明义地说明:"王明同志听说你要找他谈谈关于国共联合抗

---

①见《蒋总统集》第 1 卷,第 577 页。

②《苏联外交文件》第 19 卷,第 36 页。

③见《国际新闻通讯》第 15 卷,第 60 期,第 1488—1491 页。

④《潘汉年与邓文仪一九三六年一月十三日谈判情况纪要》。

日救国问题,委托我来先请问你找他谈话,是私人资格,或正式代表南京政府当局?"我们"很想知道国民党与南京政府当局在全国同胞已经要求停止内战,一致抗日的今天,到底有什么表示?"

邓文仪答称:"我这次来莫,完全是受蒋先生之嘱,一定要找到王明同志讨论彼此联合抗日问题。我们曾经在上海、南京等地找寻共产党关系,进行了一礼拜,毫无结果,后起想由四川或陕北直接与红军谈判,但是事先毫无接洽,恐进不去。最近蒋先生看到王明在七次大会的讲演及最近共产国际杂志上的文章,要我立刻来找王明谈彼此如何合作的问题。我们在南京曾召集几次高级干部会议,由蒋先生提出统一全国共同抗日的主张,(大家)完全同意蒋的主张。可以说,联合共党的原则是已经决定了。因此,我可以代替蒋先生与你们谈判合作的初步问题,具体合作条件,双方自然还要请示。"

邓文仪声称:"日本给我们的时间已经不多了。"蒋先生认为,现在要抗日,非首先集中八十师人马不可,否则必受日本失发制人的危险,而现在这八十师人马却被红军牵制住了。国内只有我们和你们两个力量,假如能联合起来,像一九二五年的合作,一定有办法。可惜我们两个主要力量还没有找到联合的道路。"他断言:"我们与红军停战之日,即为与日本宣战之时。所以我希望能早与你们谈妥。"但他同时表示,要合作应解决两个问题,即(一)统一指挥;(二)取得苏联援助①。言外之意,就是要求共产党及红军应在蒋介石领导之下统一起来,准备抗日,并希望通过共产党与苏联的特殊关系,说服苏联向中国提供全面的援助。

实行第二次国共合作的主张,严格地说,是中共代表团首先提出的。还在一九三五年底,他们就接连写出了《第二次国共合作有可能吗?》、《国难声中国共第二次合作的推测》等文章,开始宣传国共合作的思想。但由于此时中共代表团在政治上主张党派团体平等合作的"国防政府"与"抗日联军",对联合蒋介石亦持保留态度②,因此他们无论如何难以接受国民党人要求共

---

① 《潘汉年与邓文仪一九三六年一月十三日谈判情况纪要》。
② 参见杨奎松:《王明在抗日民族统一战线策略方针形成过程中的作用》,载《近代史研究》,1989年第1期。

产党在承认蒋介石及南京政府权威的条件下实行两党合作的提议。几天之后，邓文仪与王明的进一步接谈未能取得任何成果，王明明确表示反对邓文仪关于统一形式的提议，坚持平等合作共同组织国防政府的主张。当然，中共代表团并没有因此完全否定进一步接触与谈判的可能性。经过研究，王明与潘汉年于一月二十三日为邓文仪开具了专门的介绍信，主张邓文仪应前往苏区直接与中共中央协商抗日救国的具体办法①。甚至曾一度决定派潘汉年回国促进这一接触的实现。

国民党代表与中共北方局代表的初步接触

就在邓文仪受命前往莫斯科与中共代表团王明等接触之际，同样受蒋之命寻找共产党线索的国民党 CC 系陈立夫的亲信曾养甫等，亦通过谌小岑，转经翦伯赞，找到了中共北方局的关系，并向后者秘密转达了希望具体磋商政治解决国共关系，合作抗日的意图。

一九三五年十二月底，中共北方局经研究决定，派周小舟及吕振羽前往南京，与国民党进行秘密接触，宣传中共方针，探询对方真实意图。

一九三六年一月，周小舟、吕振羽与谌小岑进行了多次接触。谌小岑根据陈立夫和曾养甫的意图，首先拟定了一个具体的意见书，要求共产党及红军放弃阶级斗争和暴力革命，承认蒋介石和南京政府的权威，赞助其统一中国，以便合作抗日，而周小舟等则根据中国共产党一九三五年八月一日《为抗日救国告全体同胞书》中所列十大纲领提出对案，并特别要求国民党方面首先做到以下四项：（一）立即发动抗日战争；（二）开放民主自由；（三）释放政治犯；（四）恢复民众组织与活动，保护民众爱国运动②。

在这次接触中，国民党方面明确表示愿意承认共产党人在组织上的独立，乃至释放政治犯等，在谌小岑拟就的书面意见中，他甚至主张划定一特别地区来供共产党人实验诸如"集体农场"之类的理想。但其核心的要求十分明确，即（一）协助联苏；（二）红军改编，苏维埃改制；（三）先统一，后抗日③。

---

①转见黄启钧：《关于中共驻共产国际代表团在中国共产党抗日民族统一战线政策形成过程中的作用问题》，载《中共党史研究》，1989 年第 1 期。

②《周小舟给中共中央的报告》，1936 年 8 月 27 日。

③《周小舟给中共中央的报告》，1936 年 8 月 27 日。

蒋介石的"统一"、"合作"的条件及形式,在这里反映得十分清楚,这就是"红军改编,苏维埃改制",而改编改制的标准,自然是依据国民党的军队和政权的形式,即把共产党的军队和政权统统"统一"到国民党的军队和政权当中去。这样一种"统一"与"合作",自然引起了共产党人的强烈反感。周小舟明确认为:"很明显的,他们想要借苏联的力量以要挟日帝,以作投降的条件,也即是取得奴才的地位;又要借抗日的无耻的欺骗,以完成其法西斯的统一。"①

以曾养甫直接负责,由谌小岑出面与中共北方局代表周小舟、吕振羽所进行的这次接触,至一月下旬告一段落。周小舟即返回天津向北方局进行汇报。尽管这次晤谈一无结果,但双方还是交换了通讯联络的方法,为以后进一步的接触作了准备。

董健吾、张子华的陕北之行

一九三六年一月,蒋介石寻找共产党线索的工作还分别通过宋庆龄及覃振等相继发生作用,他们先后找到原属中共特科的董健吾和张子华,并且先后于一月中旬及二月中旬委托董、张二人经西安,转入陕北苏区,以便直接同中共中央建立联系,转达蒋介石政治解决两党冲突的意图。

一月中旬,董健吾受宋庆龄之托,化名周继吾,由孔祥熙的财政部给以"调查员"名义,携宋庆龄用以慰劳红军的一大包云南白药及宋庆龄的电台呼号密码等,赶赴西安,准备进入陕北苏区。但因一时雪大路阻,竟在西安耽搁四十余天②。在此期间,张子华于二月十日左右,亦受覃振、谌小岑等之托,前往陕北。张子华并带有覃振写给林伯渠的亲笔信一封,内称:"目前吾人所负之责任日趋严重,而环境日益险恶。唯一认识,就是谁敌谁友;唯一办法,就是一抗一联。此真千钧一发之时机,不容再误者也。""某同志前来,切盼兄与润兄等决定大计,完成孙先生之国民革命。弟不敏,当赴汤蹈火以从。"③张至西安,恰与董不期而遇。在西北剿总代总司令张学良电询南京蒋介石证实二

① 《周小舟给中共中央的报告》,1936年8月27日。
② 转见《中国青年报》,1981年10月4日。
③ 《覃振致林迈园函》,1936年2月17日。

人使命后,董、张二人即由张学良用专机送至延安,再由东北军原六一九团团长高福源陪同,通过东北军的封锁线,于二月二十七日晚抵达陕北苏区中共中央所在地瓦窑堡。

当晚,袁国平、吴亮平、李维汉等接见了董健吾和张子华。第二天,当时留守瓦窑堡的中共中央主要负责人之一博古,亦接见了董、张二人。据二人称,此次使命的主要策划者,为宋子文、孔祥熙、孙科等,但实际负责者,系曾养甫及其背后的陈果夫、陈立夫兄弟。目的仅在了解共产党可能"输诚"之条件①。若中共肯于向南京政府"输诚",则"蒋可同意:甲、不进攻红军;乙、一致抗日;丙、释放政治犯;丁、武装民众;戊、顷(倾)蒋尚有款"②。同时,二人认为,南京国民党内部目前正在发生分化,CC 系陈果夫等主张联共反日,曾扩情等则反对联共;政学系黄郛、王克敏等亲日,反对联苏联共;其余冯玉祥、陈诚、孙科、张群、于右任、翁文灏等,则极力主张联共抗日。故形势可用③。

对于蒋介石主动寻找共产党谋求政治解决方案一事,中共中央的反应比较灵活和积极。周恩来于三月二日明确认为:"对蒋及南京方面,应答应派正式代表去。"不论蒋之欺骗作用为何,"我必须估计到国际局势方面变化","我们宜利用蒋现时之弱点,抓紧他找我之一环,向全国各方活动,并得与全国群众见面。这千载一时之机,万万不可放松"。至于谈判条件,原则固可依照前此宣言、通电之主张,但应说明有些条件在实行时可以协商,仅以国防政府及抗日联军为根本主张,军事上则应声明红军愿意"东向抗日",及"集中军队与联合行动"④。

参照周恩来之意见,正在山西石楼前线指挥东征作战的毛泽东、彭德怀、张闻天等中共中央领导人,联名于三月五日致电博古等,决定向南京方面提出五项基本条件作为谈判联合抗日具体步骤的前提要求。这五项条件是:"甲、停止一切内战,全国武装不分红白一致抗日;乙、组织国防政府与抗日联军;丙、容许全国主力红军迅速集中河北,首先抵御日帝迈进;丁、释放政治

①《博古致张、毛、彭等电》,1936 年 2 月 27、28 日。
②《博古致张、毛、彭等电》,1936 年 2 月 27、28 日。
③《博古致张、毛、彭等电》,1936 年 2 月 27、28 日。
④《周恩来致张闻天等电》,1936 年 3 月 2 日。

犯,容许人民政治自由;戊、内政与经济上实行初步与必要之改革。"

中共中央完全明白蒋介石所谓"输诚"、"统一"要求的实质内容,在李克农与张学良秘密接触之后,中共中央已清楚地知道:"蒋介石的策略,即取消苏维埃红军,纳入三民主义的轨道,引进共产党代表于国民大会,在共赴国难口号下取消苏维埃制度与暴动策略,接受南京节制,以最后瓦解红军。"①对此,中共中央的对策是:对方提出取消苏维埃,我则提出取消南京政府,主张"全国人民公决,而在抗日救国代表大会中做取消双方政府,成立全国人民公意之政府为度的初步讨论";对方提出取消暴动,我则提出"取消一切国民党的压迫制度、封建剥削,(实行)全国抗日,如此则自无暴动之必要,否则,以暴动战争对付日帝与卖国贼是中华民族的神圣事业"②。但考虑到"蒋等即未充分提取消苏维埃红军、暴动等话,我自己无须提及"③,故在五项条件中对此未稍涉及。

三月五日,在接获中共中央五项条件的指示当天,董健吾在高福源陪同下离开瓦窑堡,拟经洛川返西安再转回南京。林伯渠并有信托董转致宋庆龄。

三月十六日,张子华在前往山西石楼前线汇报工作后,亦赶至洛川,并于次日转往西安。张亦携有林伯渠三月十五日致覃振、于右任、孔祥熙等人的信函多封。林伯渠复覃振信称:"外患日亟,亡国灭种之祸迫于眉睫,凡属华族,应放弃曩昔政治上主张异同之清算,不问任何阶级、任何派别、任何团体、任何武装部队,一同团结,急起直追以求神圣的民族革命战争之胜利,海内贤能应同具此见解也。"④

至此,蒋介石谋求接通与中共中央联络的目的已经达到。但是,由于双方此时仍处于相互隔绝状态,董健吾只有口头转述之条件,张子华也只有林伯渠信函数封,而中共北方局代表周小舟等却于三月前往南京出示有毛泽东、彭德怀、周恩来署名之信件一封,致使国民党方面莫衷一是,不知究竟谁

①《中共中央及军委给李克农的训令》,1936年2月21日。
②《中共中央及军委给李克农的训令》,1936年2月21日。
③《周恩来致张闻天等电》,1936年3月2日。
④《林伯渠致覃振函》,1936年3月15日。

最能代表中共中央。直至四月初谌小岑等再托张子华进入苏区,于五月初接得周恩来之亲笔信之后,国民党方面才渐渐开始改变联络的重点。

国民党初步提出"合作"条件

一九三六年三月底,周小舟和吕振羽相继得到北方局的指示,再度前往南京与国民党代表接触,以商讨双方停战议和共同抗日的可能性。中共北方局领导人刘少奇并以毛泽东、彭德怀、周恩来三人的名义致函曾养甫,表示对政治解决国共冲突的愿望和对国民党政策的不安与疑惑,同时并托周小舟带去一篇以陶尚行的笔名发表的关于阐述中共统一战线新政策的重要文章[①],但根据北方局的指示,周小舟等这次前往南京,主要目的仍旧是探明对方之真实意图和具体条件。其自身条件,除结合当时红军东征所提出的"打通抗日路线"的口号,进一步要求国民党停止拦阻和进攻红军,协商红军北上路线并提供给养外,没有太多变动。[②]

鉴于周小舟带来由中共最高领导人毛泽东等亲笔签名的信件,国民党方面开始高度重视与周小舟等人的商谈。在双方多次交换意见,及陈立夫、曾养甫等人的多次密商和向蒋汇报之后,遂决定正式向中共代表提出四项条件作为进一步谈判的基础。该四项条件是:

一、停战自属目前迫切之要求,最好陕北红军经宁夏趋察绥外蒙之边境。其他游击队,则交由国民革命军改编。

二、国防政府应就现国民政府改组,加入抗日分子,肃清汉奸。

三、对日实行宣战时,全国武装抗日队伍自当统一编制。

四、希望党的领袖来京共负政治上之责任,并促进联俄。[③]

国民党的四项条件,在统一军队和政权的形式问题上,字面上较前灵活。而考虑到红军东征受挫,但仍有重返内地之实力,国民党方面之用心,十分明显的是力图再把红军北逼至外蒙边境。由于国民党有情报证明日本将首先对内蒙古,甚或外蒙古不利[④],此举既可使红军进一步远离内地重要省区,又

[①]《周小舟给中共中央的报告》,1936 年 8 月 29 日。
[②]《周小舟给中共中央的报告》,1936 年 8 月 29 日。
[③]《南京方面第一次对中共代表提出之谈判条件》,1936 年 5 月 15 日。
[④]《潘汉年与邓文仪一九三六年一月十三日谈判情况纪要》。

可促使红军以外蒙为依托而与日本冲突,从而造成苏联之干涉,使日本再也无力南侵,可谓一举多得。

五月十五日,国民党方面正式形成上述文件,曾养甫、谌小岑并分别有信复毛泽东、彭德怀、周恩来等①,只是,鉴于五月初又得到张子华自陕北转来之周恩来信,故曾、谌等不得不将上述文件一式两份,一交周小舟,并附曾致毛、彭、周信;一交董健吾,并附谌小岑信。值得注意的是,在托董健吾转交周恩来的信中,谌小岑对于国民党的条件有着更具体的说明,它表明国民党在军队和政权问题上并没有丝毫的让步与可能。谌在信中写道:"目前南京当局自审其在国际上之地位,对于国防政府与联军之组织,在表面上势难赞同。然兄等尽可求其实质,而不必求其表面与名义。苟中日战争爆发,则现政府之组织势必有所变更,而加强其国防的性质,自不待言。军队编制与番号自必重新组织,亦系当然之事实。欢迎抗日分子之参加,乃势所必然。故今日之问题,在如何发动此一战事耳。""就现势以观察,欲求避免目前国内之矛盾,最好能另辟新土。苟合作成立,民主权利份属当然,惟党与军之行动或有所分别。此则根据此间当局之意旨,非弟个人敢所主张也。"换言之,国民党目前虽希望红军"另辟新土",开往外蒙边界,以避免矛盾,但终极目的仍要以南京为中心来统一共产党的军队与政权,不同意"国防政府"与"抗日联军"的主张。这种态度,自然是这时中共中央所不能接受的。

六月中,中共中央先后收到由董健吾和北方局转来之国民党所提四项条件,以及曾、谌等信。中共中央显然不能同意。毛泽东宣称,曾养甫等人的信件及条件,"满纸联合抗日,实际拒绝我们的条件,希望红军出察绥外蒙边境导火日苏战争"②。

国共代表正式交换意见

正当曾养甫等提出四项条件,交予周小舟、董健吾等带给中共中央之际,周恩来等也在陕北瓦窑堡致函谌小岑等,托张子华带往南京等地,正式邀请曾养甫及谌小岑"惠临苏土,商讨大计","或更纠合同道,就便参观",明确表

---

① 《曾养甫致恩来、泽东、德怀函》,1936 年 5 月 14 日;《谌小岑致翔宇函》,1936 年 5 月 15 日。
② 《毛泽东致彭德怀等电),1936 年 6 月 28 日。

示希望谌等"能推动各方,共促事成"。① 它反映了中共中央对此项接触已日益重视。但其根本主张,仍坚持《八一宣言》之规定。在周致张伯苓信中,他明白主张:"居今日中国,应不分党派,不分信仰,联合各地政府,各种军队,组织国防政府与抗日联军,以统一对外,并开抗日人民代表会议,以促其成。"② 可以想见,双方之意见尚有相当距离。

不过,由于周恩来发出邀请,特别是此后中共北方局正式向国民党方面提出对案,从而使双方的接触正式进入交换意见阶段。

六月下旬,周小舟等根据北方局的指示,再次来到南京,正式提出如下之对案:

一、为求中华民族之生存,C 方确认:(一)立即发动抗日战争保卫中国华北、内蒙,并收复东北失地;(二)联合一切愿意抗日的党派及人民,共同奋斗,严厉制裁汉奸;(三)保障人民民主权利并释放一切政治犯;(四)与日本断绝交涉,并废除损害中国领土主权的条约,实行联合苏联及一切反日的外交。

二、在 K 方承认并确行第一条各项政策时,C 方放弃敌对 K 方的行动,K方停止"围剿"与封锁红军和苏区。

三、C 方确认抗日战争须要有统一的领导与指挥,C 方提议在最近期间召集全国各党及人民团体(不论已立案否)共同讨论具体实现抗日联合战线之一切问题,例如国防政府与抗日联军的名称,红军及其一切抗日部队当然要服从这个政府的指挥。在 K 方决行第一条各项政策时,C 方赞成 K 方在国防政府及抗日联军中占指导地位。

四、C 方在今天无意考虑取消苏维埃组织及红军之提议,C 方也不要求 K方及愿意抗日的其他各派变更原有的政治军事地位。但在将来,依据抗日战争的需要,C 方赞成全中国真正民主的统一。③

上述对案,较前具有相当大的灵活性,特别是它暗示可以改变"国防政府"与"抗日联军"的外在形式,及必要时准备放弃苏维埃与红军之形式,并

①《周恩来致谌小岑函》,1936 年 5 月 15 日。
②《周恩来致张伯苓函》,1936 年 5 月 15 日。
③《雪夫给中共中央的工作报告》,1936 年 7 月 21 日。

且第一次率直地表示在未来政府中可以由国民党占指导地位,这无疑使双方的条件大大地接近了。

经过几天具体交换意见,国共双方代表破天荒地第一次形成了共同的《谈话记录草案》,内称:

一、KC 双方一致确认,为求民族之生存,须立即实现民族革命之联合战线,共同抗日;

二、为使联合战线之巩固与实现,应先消灭国内现有之矛盾,集中力量;

三、C 方提议组织国防政府和抗日联军,K 方在原则上接受此提议,但 C 方须承认 K 方之主导权,C 方代表认为 K 方在原则上接受此提议后,现形势下,应该而且可能成为抗日之主导力量;

四、在上述三原则下,尤其在第三点上相互以文件承认后,K 方将在事实上以秘密方式停止"围剿"红军,红军亦停止反攻的军事行动。同时在 C 方停止反 K 方之行动与宣传的条件下,K 方承认立即停止破坏 C 方组织,及逮捕 C 方人员与群众,并于暗中保护爱国运动(指在 K 方权力范围以内,冀察不在此限度内)。之后 C 方公开发表宣言要求 K 方一致抗日;

五、双方于履行第四点要求后,共同组织一混合委员会,讨论具体实现抗日联合战线之政治形势及统一经济、军事、外交等问题(例如在国防政府成立后,C 方须改变苏维埃之政治形式而统一于国防政府之下),以及联俄诸问题[1]。

由上可知,在这次商谈中,至少在形式上双方代表都作了较多的让步,以至取得了一个得到双方代表共同认可并正式签字的谈判文件。据此,谌小岑立即起草了一个正式协定条款的草案,试图一蹴而就地乘势提交双方领导人,达成协议。

谌小岑的"协定条款"内容如下:

一、K 方为集中民族革命力量,要求集合愿意参加民族革命之一切武装力量,不论党派,在同一目的下,实现指挥与编制之统一;

---

[1]《雪夫给中共中央的工作报告》,1936 年 7 月 21 日。

二、C方同意K方之主张,应于此时放弃过去政治上一切足以引起国内阶级纠纷之活动,K方可承认苏维埃主要区域在民主政府指挥之下作为特别实验区;

三、K方在C方承认全国武装队伍应统一指挥与编制的原则时,即行停止"围剿",并商定其武装队伍之驻扎区域,与以其他国军同等之待遇;

四、K方在C方决意接受K方之上述军事政治主张之原则下,执行(一)抗日民族革命之民主自由,但其限度以不反党国为原则;(二)红军之驻扎区域采商定方式,依双方之同意而决定;(三)苏维埃政权取消指苏维埃之独立于中央而言,其地方组织形式可适当保留;(四)C方之表示与K方所负之义务应在同时实行,其实现方式由双方协议后实行之①。

应当指出,谌小岑起草的这一"协定条款"较之前述之《谈话记录草案》,在双方关系及政府形式等问题上,已有明显区别。但就是这一条款仍未能完全为国民党领导人所接受。在经过陈立夫亲自修改,于七月四日正式形成并提交给中共代表的文件中,这种区别就更为突出。该文件称:

一、K方为集中民族革命力量,要求集合愿意参加民族革命之一切武装力量,不论党派,在同一目的下,实现指挥与编制之统一;

二、C方如同意K方上述之主张,应于此时放弃过去政治主张,并以其政治军事全部力量置于统一指挥之下;

三、K方在C方承认全国武装队伍应统一指挥与编制的原则上,即行停止"围剿",并商定其武装队伍之驻扎区域,与以其他国军同等之待遇;

四、K方在C方决意放弃苏维埃政权的条件下,即以K方为主体,基于民主的原则,改善现政治机构,集中全国人才,充实政府力量,以负担民族革命之任务。②

国民党的上述条件,仍由谌小岑出面,分别递交周小舟、张子华,由二人转送中共中央。但由于谌交给张子华时来说明此为国民党之谈判条件,只说提供中共中央"参考",故张并未专程送交陕北,而是转托上海冯雪峰于方便

---

①《雪夫给中共中央的工作报告》,1936年7月21日。
②《雪夫给中共中央的工作报告》,1936年7月21日。

时交人带去,因此这一件久未送到。另一件虽然送到,但因周转较多,颇费时日,以致竟花了一个多月的时间,至八月下旬中共中央才见到。

国共双方高层直接面商之尝试

由于国共双方联络已经沟通,下层代表的接触已反映出双方上层进一步接近的可能性,鉴于利用中间人来往联络颇费时日和周折,双方上层已日渐感觉到建立直接联系和进行直接会晤的必要性。当七月中张子华带去周恩来邀请曾养甫及谌小岑进入苏区面谈的信件后,曾、谌等立即作出了积极的反映。

七月十九日,曾养甫致函周恩来,反邀周恩来外出晤谈、函称:"黄君来,得悉种切,欲谋迅速解决,盼两方能派负责代表切实商谈。如兄能摒除政务,来豫一叙,至所盼祷。"①

但是,由于此时蒋已平息两广事变,迅速选派 CC 系骨干前往控制广东党政军各系统,曾也被加派广州市长一职,立即赴任,故此一函邀,自告失效。七月底八月初,谌小岑分别交给周小舟及张子华国民党方面联络电台的呼号与密码,希望立即建立直接的电讯联系。同时,谌小岑复信周恩来,表示:"敬邀临西北之游,使得吾兄及诸友畅叙一堂,交换中国革命动向意见,在个人衷心亟为感奋。""其所以至今未能成行者,盖故乎:(一)统一军政组织问题,此间至为重视,然民主方式究能实行至若何程度,当待初部(步)之商讨;(二)停止军事行动问题,希望西北有军事负责人在陇海线西北段择一地点,作一度之会商,我兄如能命驾,更所欢迎;(三)两广问题发生,彼此间不无新的隔阂。""兹特奉上电台符号及密码","如能有所决定,即可约期晤谈,盼能早日面聆教诲也。"②

此时,即七月底八月初,原奉命由莫斯科前往香港同两广势力及十九路军将领联络的潘汉年,在按王明指示信后,也前往南京与陈立夫进行了直接接触。在了解到国民党的基本条件后,即经西安于八月九日转入陕北苏区中共中央所在地,这样,至八月下旬,国民党的上述意见条件及联络密码等,就

---

① 《曾养甫致翔宇函》,1936 年 8 月 6 日。
② 《谌小岑致翔宇函》,1936 年 8 月 6 日。

分别通过周小舟和北方局，张子华及潘汉年，转达给了中共中央。

一九三六年八月十日，当潘汉年到达陕北，传达了共产国际指示及王明来信的内容之后，中共中央召开专门会议，决定"认定南京为进行统一战线之必要与主要的对手"，"依据过去与南京谈判的基础，在忠实进行抗日准备……实行国内民主与实行停止'围剿'等前提之下，承认与之谈判苏维埃红军的统一问题"①，在此后接到共产国际批评前此之"抗日反蒋"策略方针，主张提出"民主共和国"口号的"政治指示"②之后，中共中央更进一步就自己未能高度重视建立全国范围的抗日民族统一战线，争取与蒋介石合作抗日的问题，作了自我批评③，随即立即开始公开的和秘密的加紧同南京政府的联络和谈判工作。

八月二十五日，中共中央开始起草《中国共产党致中国国民党书》，明确表示愿意"在任何地方与任何时候派出自己的全权代表，同贵党的全权代表一道，开始具体实际的谈判，以期迅速订立抗日救国的具体协定"，实现"两党重新合作共同救国"④。

八月二十七日，张子华到达陕北中共中央所在地，带去国民党电台呼号密码及曾养甫之邀请函。由于担心外出不便，并希望直接进行高层会晤，周恩来于九月一日亲笔致函陈立夫、陈果夫及曾养甫，表示欢迎他们能来苏区"直接与会"，"以便双方迅速作负责之商谈"⑤。同时，周并致信胡宗南、陈诚等，希望他们作为"蒋先生最所信赖之人"，"能力排浮议"，劝蒋"立停内战"，"重谋国共合作"⑥。九月八日，毛泽东也分别致信宋庆龄、蔡元培、邵力子、朱绍良、毛炳文、孙蔚如、李济深、李宗仁、于学忠、蒋光鼐、章乃器等，附上《中国共产党致中国国民党书》，呼吁他们为促成国共合作而尽责尽力。

九月二十日，张子华辗转赶赴广州，在递交周信后，于二十七日面见曾养

---

① 《洛、育、稼、凯、泽致朱、张、任同志电》，1936 年 8 月 13 日。
② 《共产国际执委会书记处给中共中央书记处的电报》，1936 年 8 月 15 日。
③ 参见《中共中央关于逼蒋抗日问题的指示》，1936 年 9 月 1 日。
④ 《中国共产党致中国国民党书》，1936 年 8 月 25 日。
⑤ 《周恩来致陈果夫、陈立夫二先生函》，1936 年 7 月 1 日。
⑥ 《周恩来致胡宗南函》，1936 年 9 月 1 日。

甫。曾再度声明国民党对两党关系的基本条件,即七月四日正式提出之四个条件,只有在此四条件之下,才能考虑允许共产党公开活动问题,目前苏区政权在中央政府领导下继续存在问题,和中共代表参加国民大会问题。他并明确表示:两党并非"合作"关系,军队亦须改编①。之后,张用国民党电台致电中共中央,称曾仍希望周恩来能亲自来香港或广州与国民党负责人谈判。十月八日,谌小岑更致函周恩来,称:"兄同意晤谈计划,至为欣慰。""兄等对于前次间所决定之办法原则,必能接受也。现办好太原行营护照六张,通行安全当可不成问题,谈话地点以在广州为最合适,因曾、陈二兄均在此,蒋先生在日内亦南来也。期间以十月底较妥。"②同时,陈诚还致电西北"剿匪"总部特别叮嘱放行。

十月九日,中共中央收到张子华于九月二十八日由广州发来的电报,立即复电表示同意,但要求以国民党暂时不再进攻红军为条件。十四日,中共中央再电广州称:"(一)寇进甚急,我方愿以全力为助,希望宁方坚持民族立场,不作任何丧权让步;(二)我方首先执行停止对国民党军队攻击,仅取防御方针,等候和议谈判集力抗日;(三)欲图和议谈判早日实现,请蒋暂时以任何适当名义停止军队进攻,以便开始谈判,若一面进攻一面谈判,似无此理;(四)在进攻未停止,恩来未出去以前,准备派在沪之潘汉年同志进行初步谈判。"③二十一日,中共中央接广州方面二十日电,同意由潘汉年进行初步谈判,毛泽东遂于二十二日电告潘汉年,要其"直接去见陈立夫"。由此,国共双方下层代表间的接触联络工作告一段落,高层会晤及谈判工作开始进行。

陈立夫与潘汉年的初步谈判

还在九月下旬,即中共中央专门召集扩大的政治局会议讨论共产国际八月十五日"政治指示"之后,中共中央即开始起草《国共两党抗日救国协定草案》,"准备恩来带往谈判"④。该草案显然是参考了中共北方局送来的六月至七月国共双方代表南京接触中所提出的各种文件及记录草案,更具体地设

---

①见《张子华给中共中央的报告》,1936年10月18日。

②《谌小岑致翔宇函》,1936年10月8日。

③《中共中央致叶剑英电》,1936年10月14日。

④《洛、毛致朱、张、徐等同志电》,1936年10月11日。

想了处理双方关系的理解步骤与方法。草案主张：

（甲）从本协定签字之日起，双方立即停止军事敌对行为。

（乙）中国国民党方面承认经过国民政府军事委员会下令停止进攻红军与侵犯苏区，取消经济封锁，并承认经过单独协商一方面调动进攻红军之部队离开，现在区域开赴抗日战线，一方面划定红军必须的与适宜的根据地，给以必需的军械军服军费粮食与一切军用品供给兵员的补充，以便红军安心对日抗战，中国共产党方面承认经过苏维埃政府革命军事委员会下令红军不向国民党部队攻击，承认在抗日作战时在不变更共产党人员在红军中的组织与领导之条件下，全国军队包括红军在内实行统一的指挥与统一的编制，红军担负一定之防线与战线。

（丙）中国国民党方面承认改革现行政治制度，撤废一切限制民主权利之法令，允许人民言论出版集会结社等自由，惩办汉奸与亲日分子，释放政治犯，释放已被逮捕之共产党员，并承认以后不再破坏共产党之组织与不再逮捕共产党之人员。中国共产党方面承认停止以武力推翻国民党政权之言论与行动，承认在全国建立民主共和国与召集根据普选权选举的全国国会时苏维埃区域选举代表参加此国会，苏区实行与全中国一样的民主制度。

（丁）中国国民党与中国共产党共同承认，在全中国未召集国会与民主政府未建立之前为着实行真正的对日武装抗战，有召集基于全国各党各派各界各军选举的抗日救国代表大会或国防会议之必要，此种抗日救国代表大会或国防会议有决定一切抗日救国方针与方案之权。

（戊）中国国民党与中国共产党共同承认，为着实行真正的对日武装抗战，有迅速建立统一全国的军事指挥机关（军事委员会与总司令部），及由此机关采取真正对日抗战的一切实际军事步骤之必要，中国国民党承认，红军军事委员会及总司令部有选派代表参加全国的军事委员会与总司令部之必要，并保证该代表等顺利进行其工作，中国共产党承认，中国国民党人员在此种机关中占主要领导的地位[1]。

---

①《洛、毛致朱、张、徐等同志电》，1936 年 10 月 11 日。

十月上旬，该草案正式形成，并很快由中共谈判代表潘汉年带往上海。与此同时，国民党内上层人物中主张恢复孙中山"联俄联共与扶助工农三大政策"，统一抗日的倾向也日渐突出。宋庆龄、何香凝等于十月下旬正式提出建议书，征求附议签名，立即得到孙科、冯玉祥等许多国民党领袖人物的积极响应，蒋介石也直截了当地告诉冯玉祥，关于同中共妥协问题，他已考虑很久，主要包括三点：（一）"人的问题，这好解决，从前大家在一桌子吃饭，一屋子开会，现在变成对打的冤家"，"如妥协成功，仍在一起对外，并无不可"。（二）党的问题，"这好办，待我们实行宪政时，各党派都可参政，共党当然不能例外"。（三）军队问题，"这是最不易解决的问题，谁敢去领导他们的军队呢？何况现在他们不答应改编；我想还是送他们到外蒙古去吧"！但他同时亦希望冯玉祥和其他人能"想到办法"，使红军"能服从统一与服从领导。"显而易见，在国民党人特别是蒋介石看来，国共对立关系的解决是必要的，且并不十分困难的，问题的症结关键在于军队，军队问题如能解决，其他都容易妥协。

十一月初，陈立夫等人受蒋旨意四处寻找潘汉年谈判。至十一月十日，陈终于在上海沧州饭店与潘晤面。在潘大致说明了《国共两党抗日救国协定草案》的内容之后，陈当即代表蒋介石声明：（一）对立的政权与军队必须取消，（二）目前可保留三千之军队，师以上领袖一律解职出洋，半年后召回按材录用，党内与政府干部可按材适当分配南京政府各机关服务；（三）如军队问题能如此解决，则你们所提政治上各点都好办。他再三声称"蒋先生中心意旨，必须先解决军事，其他一切都好办"，"能否停战，蒋先生意思要看你们对军事问题能否接受来决定，而军事问题双方谈了必须负责，因此必须双方军事直接负责人面谈"。为此，陈建议由潘致电中共中央，请周恩来出来与蒋介石面谈①。

十一月十一日，潘将陈之建议电告中共中央。十二日，中共中央复电潘，称："南京对红军究能容纳至何限度，望询明电告，彼方条件如使恩来出去无

---

①《潘汉年给中共中央的报告》，1936 年 11 月 12、21 日。

法接受,恩来出去无益。近日蒋先生猛力进攻红军,不能不使红军将领生疑。"电称:"据张子华谓,曾养甫云:(一)党可公开活动;(二)政府继续存在;(三)参加国会;(四)红军改名受蒋指挥,照国民革命军编制与待遇,个别变更红军原有之组织。为一致对外,我们并不坚持过高要求,可照曾谈原则协定。"①

十月底,红军为实现"打通国际路线",接取苏联援助的战略计划而进行的宁夏战役失利,军事上一时颇感被动,此时正全面考虑红军及苏区的未来出路问题,决心或者与蒋实现全面妥协,或者分兵重新打入内地,实行战略大转移②,故此时致潘电所谈条件,已较《国共两党抗日救国协定草案》有更多的让步。

十一月十五日,南京国民党电台接获中共中央致潘电后,陈立夫即再邀潘汉年去南京见面,但十六日晚潘到宁后,陈又因蒋召汇报中共谈判条件事赴洛。至十九日双方才正式开始商谈。

陈立夫明确否认存在过张子华概括的所谓曾养甫提出的四条件,称之为"纯属子虚",故仍重申十日所谈原则,要潘转电中央加以说明。由于双方缺少相互接近之可能,此次会谈未及深入即告结束。但陈事后仍托张冲非正式转告潘汉年,说明坚持十日原则,实系蒋意,个人无可奈何,相信周如能与蒋面商,条件可斟酌③。据此,潘当晚通过南京国民党电台电告中共中央:"据陈先生转告蒋先生意见:(一)红军可缩编至三千人,其余由宁方编遣;(二)师长以上官佐由宁资遣出洋考察,半年后回国按材录用;(三)可派代表参加国会及在各军政机关工作,但须先由我方提出适当名单,由彼酌量任用,如以上各点能解决,至释放在狱之共党及以后停止逮捕共党当不成问题云。"④

十一月下旬,中共中央接获潘汉年来电后,接连两电潘汉年,拒绝派周恩来前往谈判,并明确表示:"国共十年对立,今求联合,完全是也只能是为了对日抗战,挽救中国于危亡地位,在当前则尤为保卫华北与西北,抗拒日寇进攻

---

①《潘汉年给中共中央的报告》,1936 年 11 月 12、21 日。
②参见杨奎松:《中国红军打通国际路线战略方针的演变》,载《中共党史研究》,1988 年增刊。
③见《潘汉年给中共中央的报告》,1936 年 11 月 12、21 日。
④见《潘汉年给中共中央的报告》,1936 年 11 月 13、21 日。

而有停止内战共同救国之迫切需要。彼方之同意谈判，其出发点当亦不能外此。然如皓电所言，殊不见有任何之诚意，无诚意则失去谈判基础，只好停止以待他日。"因此，中共中央决定，先从各方面造成停止进攻红军的运动，酝酿一处，发动一处，到处响应，"以此迫蒋停止剿共，此是抗日统一战线的中心关键"。在蒋尚有大举"围剿"红军之可能时，彼方必然步步进逼，要价日增，"此时实无谈判之余地"①。

十二月初，陈、潘再度会谈。陈虽终于表示某些让步，同意红军大部不由国民党方面编遣，但只同意保留三万人，并坚持其他各点。为此，中共中央再度表示拒绝，决心以战争求和平。

十二月十二日，由于蒋决心推行大规模"剿共"军事计划，终于迫使张学良、杨虎城等发动了西安事变，一举扣留了亲临西安督阵的蒋介石等人。西安事变的爆发，使蒋计划中的大规模军事"剿共"方案，和把红军赶往外蒙的设想，一时间再无实行之可能。而东北军、西北军与红军公开结盟，更使蒋迅速实现在其领导下统一中国的梦想，有一朝破灭之可能。事到临头，蒋介石不得不审时度势，顺水推舟，同意在"统一中国，受他指挥"的条件下，"停止剿共，联红抗日"②。于是，自一九三五年底一九三六年初开始的国共两党秘密接触与谈判，在经历了众多周折几近夭折之际，竟于一夜之间达成了正式的妥协。蒋终于被迫放弃了以武力压服或驱赶共产党至外蒙的计划，决心真正坐到谈判桌前来，完全用政治方法解决国共两党的关系问题了。

2. 一九三七年国共两党谈判合作 (杨奎松)

一九三七年的国共两党谈判，是决定以后将近八年的两党合作历史的关键。这一谈判前后历时约九个月，其间虽历经波折，困难丛生，但鉴于民族存亡已系于千钧一发之际，国共两党最终仍旧捐弃前嫌，实现了最大限度的妥协与合作。

---

①《中共中央致潘汉年电》，1936 年 11 月 22、27 日。
②《周恩来致中共中央电》，1936 年 12 月 25 日。

西安事变之后的两党交涉

一九三六年十二月二十五日，随着张学良亲送蒋介石飞洛转宁，西安事变宣告和平解决。此一事件的和平解决，不仅使得因事变而起的国内紧张局势顿形缓解，而且使得蒋介石大规模"围剿"红军的计划停顿下来。于是，整个国共关系也迅速出现转机。

由于蒋在事变期间亲口许诺"停止剿共，联红抗日"，中共方面在事变后一度对形势颇感乐观，周恩来等明确认为：中国的政治生活已经"走入一个新的阶段的开端，就是：子、进攻红军战斗走向停止；丑、对外退让政策将告终结；寅、国内统一战线的局部形成；卯、陕甘两省变成抗日根据地之现实的可能性"[1]。他并相信，蒋必会实践诺言改组政府，故应立即"准备政府改组后我方去南京谈判之纲领"和宋子文"过渡政府"登台后"我方去沪人选及所要接洽各问题"[2]。他们没有过多考虑蒋在武力胁迫下的许诺，是否真正具有诚意；而不论蒋出于何种动机作出承诺，其是否容忍中共与张学良、杨虎城结为联盟，以致造成一种足以威胁南京政府一统天下的军事政治实体？

一九三六年底一九三七年初，蒋介石及南京政府首先扣押了张学良，并予以惩办，同时即逼迫杨虎城引咎辞职。紧接着，蒋令顾祝同来陕处理善后及改编事宜，并派大军以演习为名再度向西安进逼[3]。一时间风云突变，西安空气又骤然紧张起来。局势的变化使中共中央倍感不安，他们断言，这是南京方面"用分化与威胁手段夺取张杨两军，以孤立红军"的诡计[4]，其目的显然在摧毁西北的半独立局面，使东北军、西北军和红军相互隔离，"然后慢慢宰割"[5]。为了巩固西安事变所形成的东北军、西北军、红军三位一体的统一战线局面，避免被南京各个击破，中共中央一方面电令潘汉年速与陈立夫接洽，说明自己反对内战之立场，一方面则全力争取"巩固张杨两军团结于红军周围"，以"拥蒋迎张"为口号，联合东北军、西北军积极备战。

---

① 《周恩来选集》（上卷），第73—75页。
② 《周、博致中央书记处电》，1936年12月29日。
③ 《何应钦致李默庵电》，1936年12月31日。
④ 《洛甫、毛泽东致周、博电》，1937年1月2日。
⑤ 《洛甫、毛泽东致周、博电》，1937年1月2日。

　　国民党此时虽急于瓦解红军与东北军、西北军的军事政治联盟,但它无疑已不能以战争方式来解决问题了,同时,因西安事变和平解决,蒋罢兵而归,它自然也难以再次兴兵讨共。因此,陈立夫明确告诉潘汉年,西北之善后,南京决取政治方式解决,希望中共置身事外,"以免外交发生困难及不利于双方谈判之进行"。他并委托张冲前往西安,接周恩来"从速秘密来京见蒋先生,面商一切"①,极力使西安事变善后与红军之改编,能够分开解决。

　　一九三七年一月八日晚,潘汉年携张冲到潼关后,独自进入西安,转达蒋托张转告之三事:(一)张学良须留京工作;(二)西北问题政治解决;(三)周恩来可到奉化见蒋,继续前在西安的谈判。但张学良的被扣,已使中共方面对蒋之谈判诚意多少有些怀疑。还在四日潘电转述蒋、宋责备中共不该宣布西安协议时,毛泽东即断言,破坏协定与破坏信义的是南京政府,主张除非南京政府顾全信义,"撤兵释张改组政府",否则"周恩来无去南京之必要",因此时"无人能证明恩来去宁后,不为张学良第二"②。故张冲此次西来,并未能使中共中央改变认识。周恩来只根据毛泽东的指示托潘带去附蒋函一封,内称:"来承占谈,只以大兵未撤,汉卿先生未返,难以抽身。一俟大局定当,即入都应约。如先生认为事宜速决,请先生以手书见示,保证撤兵释张,则来为促进和平赞助统一,赴汤蹈火亦所不辞。""盖凡能为对内和平对外抗战尽力者,我方愿率全力为先生助也!"③

　　中共中央此时的目的,仍在巩固西安事变所取得的成果,特别是三位一体军事政治联盟,因此,他们同样支持杨采取较强硬的立场,以争取使张学良回陕,实现西北半独立局面,故这时杨所提方案,实际反映的正是三方的共同要求。杨之方案主张:(一)西安行营应以张学良为正主任,顾祝同、杨虎城副之,或设陕甘绥靖公署,张正杨副,行营驻洛阳;(二)除潼关、华阴一带外,陕甘各地由东北军、十七路军及红军分别驻扎,东北军驻咸阳、平凉、固原、兰州、凉州、天水地区,十七路军驻洛川、韩城、华县、泾阳、西安地区,红军则驻

　　①《汉年致毛、周电》,1937 年 1 月 4 日。
　　②《毛泽东致周、博电》,1937 年 1 月 5 日。
　　③《周恩来致蒋介石函》,1937 年 1 月 10 日。

延长、延川、延安、淳化、庆阳地区,并一部陕南商铭,一部甘肃凉州①。

对于西安方面的主张,蒋自然不能同意。据其对张冲言,陇海路系国防之命脉,中央已投资一亿元以上,今年即可接通新疆,一旦对日作战它就可以接取苏联之援助,故中央军非驻陇海线不可。同样,西安为陇海线之枢纽,并为黄河一带对日抗战之后方根据地,行营也非设西安不可。但为便于西北问题之解决,蒋显然试图利用中共渴望和平的心理,促使中共对杨虎城等发生影响。因此,他一方面表示同意红军驻延长、延川、延安、淳化、鄜县、庆阳及凉州等地,只不同意驻商铭;一方面则扬言,红军如确能"顾念国家艰难,为整个民族着想",力劝杨主动接受中央建议,中央当视同一体,否则,"不仅周与蒋所谈一切无从实现,且蒋亦不能制止南京讨伐行动矣"②。

蒋之建议为二:(一)东北军全部驻甘肃,十七路军除少数外,全部移驻外县;(二)东北军调往豫皖,十七路军移驻甘肃。一月十九日,蒋致函杨虎城,要求杨放弃任何西北特殊化的设想,并明白告诉杨虎城,张学良已不能再回陕甘,杨必须在二十三日以前决定是否接受其建议③。

扣押张学良,是蒋拆散西北三位一体的军事政治联盟的极为关键的一着。由于张之被扣,西北三位一体中最为强大的东北军已陷于群龙无首之境,西北之统一战线已受到极大削弱。加上蒋之态度强硬,中央军又大兵压境,东北军与西北军内部更加分化和矛盾。故中共中央虽一度主张要求张回与要求陕甘防区不变二事"目前不应让步",相信"在力求和平的总方针下争此二着之实现,这种可能性是存在的",但当周恩来等明确认为"此时作战"胜的把握少,各方响应少且迟",结果东北、西北军仍将分化之后,中共中央终于决定"原则上不反对蒋之方针,并应劝告西安服从南京统一方针",接受甲案。不过,毛泽东等对此仍颇感疑虑,担心"是否有保证让步而确能停止战争",因此他坚决要求蒋示以手书,保证:(一)和平解决后不再有战争;(二)停止"剿共",发给经费;(三)暂时容许一部红军在陕南驻扎,以解决粮食困

---

①转见李云汉:《西安事变始末的研究》,台北近代中国出版社,第225—226页。

②《汉年致毛、周电》,1937年1月2日。

③转见李云汉:《西安事变始末的研究》,台北近代中国出版社,第225—226页。

难;(四)下令马步芳停止进攻河西红军①。一月二十二日,在得到中共同意接受蒋之建议的电报后,宋子文即以蒋之名义面告潘汉年:(一)如红军能迅予劝告张杨部队服从中央统一计划,不再阻挠统一,则西安事变解决后,定当联合抗日,给养补充概由中央负责,何至疑中央军继续进攻;(二)防地仍照原议,只能驻陕北一带和凉州以西,给养困难西安方面暂由杨虎城接济,陕南部队可由我方协助;(三)对马部已下令停攻,未见服从;(四)至保证书事,蒋先生谓何必多此一举,一切概由宋子文转达亦即证明。但对此中共中央并不能满意,毛于当日即复电潘,请其坦言相告:"红军干部所担心的是继续剿共战争的危险问题,这种可能如果存在,红军束缚于渭水与黄河之间是危险的。因为现有红军实数,即照过去一样仅发很少伙食费,每月也需五十万元,以后停止打土豪将决无办法,这是第一;庆阳、淳化、鄜县、延安等县粮食极少,官兵久驻也绝无办法,这是第二。因此要求:第一,蒋给我们以亲笔信,信内说明停止剿共,一致对日,再则指定驻地与允许按月发给经费。第二,同意红军一部驻陕南,我们并不要求商铭大道及汉中等要地,但请指定柞水、镇安、洵阳、安康、汉阳、紫阳、石泉、镇巴等县,上述各县本来大部分是苏区。至红军主力则请指定庆阳、合水、正宁、宁县、西峰、枸邑、淳化、中部洛川、鄜县、甘泉、清涧、宜川、瓦窑堡、安边、预旺等十五县三镇。"随后,毛又进一步提出:防地请再增神木、府谷、葭县,连同河西、陕南部队及地方武装与游击队,经费每月至少要一百二十万。显而易见,考虑到与东北军、西北军的联盟已受到严重威胁,为了确保日后有一个足够的生存环境,中共中央明显提高了谈判的具体条件。

然而,此时问题的核心在于如何劝说东北军与西北军接受甲案。特别是东北军失去统帅后内部截然分为两派,少壮军官们强烈地要求救张回陕,周虽"苦口斡旋"至"舌敝唇焦",但亦只做到"杨(虎城)、于(学忠)、孙(蔚如)、何(柱国)诸人已完全同意服从中央","东北军大多数师团干部坚定要求张汉卿回西安一行,与东北军干部见一面,训话一次,即行撤兵,否则要打"。为

---

① 《毛泽东、周恩来致汉年电》,1937 年 1 月 21 日。

此,毛泽东、周恩来不得不反复致电南京,要求蒋允许张回陕一次,或写亲笔信给杨、于、孙、何、王及东北军将领,总之,"速设办法勿使事态决裂"。同时,为不背弃朋友,中共决定了与东北军及西北军同进退的方针,一方面商定于二月一日起开始向甲案指定的渭北地区撤退,一方面向南京要求允张复权就职回陕训话,并做好自卫战争准备。可是,随着少数少壮军官枪杀王以哲的"二二事件"发生,主战派迅速陷于困境,主和派自然占了上风,所谓西北善后问题由此开始遂逐渐告一段落。

西安谈判及其初步协议

在东北军、西北军开始根据甲案向指定地点集结时,中共也应南京方面的要求开始撤退陕南的红军。考虑到甲案已基本实现,中共与南京方面都开始积极谋求正式谈判。二月四日,毛电潘邀请张冲来延安"商决各种合作问题"。五日,张亦代表蒋欢迎周于国民党三中全会前"来杭面晤",他并亲来西安接周前往。但三天后,蒋又改变主意要西安行营主任顾祝同先与周"商得大概"。蒋并称:"对恩来除多说旧感情话以外,可以派亲信者间接问其就抚后之最低限度之方式,与切实统一之办法如何,我方最要注意之点,不在形式之统一,而在精神之统一。一国之中,决不能有性质与精神不同之军队。简言之,要求共同实行三民主义,不做赤化宣传工作。若此点同意,则其他当易商量。"[1]

二月八日,国民党中央军宋希濂部开入西安。九日顾祝同及行营也来到西安。张冲及潘汉年亦同日到达。十日,张冲首先与周恩来进行接触。张提出两种解决办法:(一)先按指定区域调防、派驻联络人员并予以接济;(二)然后将苏区改为特别区,试行社会主义,红军改编为国军,维持原有领导,但加派政训工作联络员,各边区武装则编为地方团队。至于接济,张表示至多只能六十万。对此,周根据与中共中央商定的意见答称,目前与顾所谈只是交换意见,因顾不能解决基本问题,改变制度名称是尊重蒋的意见,故仍须见蒋方能解决。而对改编问题,周提出应编十二个师四个军组成一路军、照中

①《中华民国重要史料初编》第五编(一),第 262、264、265、266 页。

央军待遇,如目前缓改,则每月接济至少百万;否则,须送粮百万并增加清涧、宜川、中宁、预旺四县驻防贷粮。第二天双方再谈,周根据中共中央十日关于致国民党三中全会电精神作出明确表示中共的意见主要有几点:(一)共产党过去被捕人员应分期释放,以后不再逮捕和破坏,到适当时并应公开;(二)共产党今后不再实行暴动政策与没收地主土地,而实行抗日纲领;(三)同意苏区政府取消改特区,实行民主制度;(四)同意红军改为国民革命军,其番号、编制、饷额、补充照国军待遇,政训处派人联络,但军官保持领导不变;(五)其他超过千人者集中陕甘,千人以下者改为团队;(六)中共政府及军队代表应参加国民大会、国防委员会或军委会,但暂不参加政府。同时,周再次提出增加金积、灵武为防地,并主张以中宁等地与陕南交换。

中共中央致国民党三中全会电主要包含五项要求与四项保证:(一)停止一切内战,集中国力一致对外;(二)开放言论集会结社之自由,释放一切政治犯;(三)召集各党各派各界各军的代表会议,集中全国人才共同救国;(四)迅速完成对日抗战之一切准备工作;(五)改善人民的生活。同时保证:(一)在全国范围内停止推翻国民政府之武装暴动方针;(二)苏维埃政府改名为中华民国特区政府,红军为国民革命军,直接受南京中央政府与军事委员会之指导;(三)在特区政府区域内,实施普选的彻底民主制度;(四)停止没收地主土地之政策,坚决执行抗日民族统一战线之纲领。毫无疑问,这一重大的原则性让步对于国共双方达成最终谅解,具有重要意义。

二月十二日,周恩来与顾祝同进行正式磋商。在周提交了中共中央致国民党三中全会电之后,双方很快达成一项协议草案。规定:

(一)共产党承认国民党在全国的领导地位,停止武装暴动及没收地主土地,故应坚决实行御侮救亡的统一纲领,国民政府允许分期释放在狱共党,不再逮捕和破坏,并容许适当时期公开;

(二)苏维埃制度取消,现时苏区政府改为中华国民特区政府,直接受国民政府领导,实施普选制,特区内行政人员由地方选举,中央任命;

(三)红军改编为国民革命军,接受军事委员会与蒋之统一指挥和领导,其人员编制饷额补充同国军待遇,其领导人虽由军委会任命,其政训工作人

员自任,以中央派少数人员任联络,其他各边区赤色部队改为地方团队;

(四)共党得派代表参加国民会议讨论,军队得派代表参加国防会议;

(五)希望三中全会关于和平统一团结御侮、容许民主自由、改善人民生活,有进一步的表示。

双方一致同意以此为解决国共关系问题的基本办法,同时并进一步就驻地及给养等具体问题交换了意见。之后,顾于十三日致电蒋报告了此一协议草案,并称,如此一基本办法一时不便旅行,"拟请定一临时办法即暂划一地区俾其驻扎,每月酌予接济",但据云以现有全数官兵,每月至少非七十万不能生存①。

不过,对于此一协议,双方这时似乎都不十分看重。周确信,即使现在蒋同意他去南京,也"一时谈不得结果",因为蒋"始终不承认国共合作,而看做红军投降,似无共产党独立地位"。因此,他主张不抱幻想,反而应降低交涉规格,派刘伯承来与其旧交顾祝同的参谋赵启禄具体商谈临时防地及接济办法。而蒋则确如周所预料,此时正暗下决心,要把"共党非人伦、不道德的生活,与无国家、反民族的主义","根绝净尽"②。因此,他极力设法做到"编共而不容共"③,特别是控制共产党的军队。在他给顾祝同的复电中,他明确要求顾"不可与之说款项之多少,只可与之商准留编部队人数之几何为准。当西安事变前只允编其三千人,后拟加为五千人,但五千人之数尚未与之明言也。今则时移情迁,彼既有诚意与好意之表示,中央准编其四团制师之两师。照中央编制,八团兵力已在一万五千人以上之数,不能再多,即可以此为标准,与之切商"。且"其各师之参谋长与师内各级之副职,自副师长乃至副排长人员,皆应由中央派充也。此仅对军事而言,至其他关于政治者,待军事办法商妥后,再由恩来来京另议可也"④。

要让共产党接受蒋介石的条件,这时连顾祝同也颇多怀疑。因此,在顾接到蒋十六日的电报之后,直到十九日他才派其参谋赵启禄约刘伯承谈话,

---

①《中华民国重要史料初编》第五编(一),第262、264、265、266页。

②《蒋总统秘录》第十册,第192页。

③《蒋总统秘录》第十册,第192页。

④《中华民国重要史料初编》第五编(一),第262、264、265、266页。

言语间闪烁其辞,说是据何柱国转达口信和蒋鼎文电话,知道蒋希望中共能转而信仰三民主义,及军队只编一万五千。而到第二天夜,赵不能不再访刘伯承,又一次非正式地告诉刘,经何之转话和蒋鼎文电话可概括为三点提议:(一)党取消,都信仰三民主义;(二)特区实行民治;(三)红军编两个师八个团一万五千人。不难想象,这种提议自然要引起中共方面的反感。但随着二十一日国民党三中全会通过了《关于根绝赤祸之决议案》,正式提出所谓彻底取消红军与苏维埃政府,根本停止赤化宣传及其阶级斗争的解决共党问题"最低限度之办法"①,中共中央不得不重新考虑对策。二十四日,周恩来提出了进一步的谈判方针并得到了中央的赞同。这就是:(一)可以服从三民主义,但放弃共产主义信仰绝无谈判余地;(二)承认国民党在全国的领导,但取消共产党绝不可能,惟国民党如改组成民族革命联盟组织,共产党可整个加入这一联盟,但仍保持其独立组织;(三)红军改编后人数可让步至六七万,编制可改四个师,每师三个旅六个团,约一万五千人,其余编某路军的直属队;(四)红军改编后共党组织饰为秘密,拒绝国民党组织,政训人员自行训练,可实施统一的政训纲领,但不辱骂及反对共产党;(五)苏区改特别区后,俟共党在非苏区公开后,国民党亦得在特别区活动②。同时,周亦准备于不得已时同样对谈判采取拖延政策,并且主张,在无法妥协时应以断然行动自动取消苏维埃及改变红军名义与编制,造成主动。

中共的反映多少产生了一些反响。二十六日,张冲受命由宁飞赴西安,与周谈判。在二十七日的谈判中,张首先即转达了蒋之新提议,这包括:(一)共党服从三民主义;(二)政治犯分批释放,共党现时秘密,宪法公布后公开;(三)特别区因与中央法令不相合,可名行政区;(四)国民大会共党代表人数俟周来宁后商定;(五)对各党派早不歧视,周来时可带来加入政府做事之共产党人员名单;(六)国防会议俟组织后共党可参加;(七)政治问题已相距不远,周与顾将军待问题大体商定后即可去宁,至改编人数可加倍,两师八团可改为三师九团。蒋之提议无疑较前有明显让步,这使双方重新有了进一步接

①《中国国民党历次代表大会及中央全会资料》(下),第433—435页。
②《洛、毛致周并告彭、任、叶电》,1937年3月1日。

近的可能。周当即表示，对于国民党三中全会宣言决议的某些措辞，中共将保留日后声明的权利，但双方今日确有政治上的接近与成功，故希望国民党不要怕红军，应看到红军是可用以促成全国统一团结及努力抗战的力量。周称，国民大会人数及组织选举法须赴宁后再商；至红军改编，若番号名称易于刺激，可将军改为师，惟总人数不能差得太远，且应首先裁减老弱，改地方部队为团队，先发遣散费。次日双方再谈，周具体提出红军改编为六个师，每师三团，总指挥部在外，至少六七万人。但张"极诚意"的告周，蒋一味压缩编制，并非轻视红军，只是无能为力，怕其壮大，故估计最多只能编四个师四万人。对此，周自然只能表示无法做到，因而托其先代为解决临时接济给养及河西、陕南部队问题。

张冲与周恩来的这次谈判，使中共中央对蒋之意图有了较深入的了解。由于此时双方谈判的焦点事实上已集中到核心的军队问题上来，而随着河西部队的失利，红军人数已接近国民党可能接受人数，因此，中共中央决定再度调整谈判条件。三月一日，中共中央电告周恩来："关于谈判方针：（一）红军编五万人，军饷照国军待遇，临时费五十万，以此为最后让步限度，但力争超过此数。（二）二十七、二十八、二十九、三十各军及地方部队不在五万人之内，均改保安队及民团，在特区行政经费内开支。（三）要求遣散老弱，收回苏票之善后费。"至此，双方军事谈判开始急转直下。

一日，顾、张与周正式谈，同意先接济三十万元，并允许为正在困境中的河西及陕南部队送款。对于改编数，周提六师二十四团，顾答应三师十二团，张则私下建议四师十六团，主张其余两师改为两个徒手工兵师，由经委会出钱修路，张之建议立刻得到中共中央赞同，张闻天与毛泽东致电周恩来，称：我们今天的中心是在谈判成功后，我们在南京政府下取得合法地位，使全国各方面的工作得以开始。因此，"红军主力编为四师十六团及两个工兵师共六万人的提议，一般的可以接受，把红军数目夸张太大，使对方恐惧，对于我们亦不利"[1]。

---

①《洛、毛致恩来电》，1937 年 3 月 3 日。

三日,南京方面复电顾、张,只同意三师九团。四日上午顾、张商量改为四师十二团,随即由张通知周。根据中央指示精神,周与张就军事问题达成如下协议:

(一)将现有红军中之最精壮者选编为四个步兵师,计容四万余人,四师并设某路军指挥部;

(二)将现有红军中精壮者选编为两个工兵师,计容两万余人,指定工程,担任修筑;

(三)原有红军军委直属队,改为统帅四个师的某路军总指挥部的直属队;

(四)原有红军的地方部队改为地方民团、保安队及特别行政区的警卫队,经费另定;

(五)原有红军学校办完这一期结束;

(六)原有红军的医院、工厂保留;

(七)编余老弱残废由中央负责解决,给资遣散;

(八)以上各项经费由中央统筹。

四日,顾、张将以上结果电告南京,南京五日复电仍坚持三师九团。五日,顾、张联名再电,至六日午始得复电同意十二团之数,但仍只允编三师。当日张、周再谈,张提按国防师编三师六旅十二团,每师可编炮兵、交通、特务各一营。周虽当面指责张、顾失信,但实际已意识到"编国防师(一师两旅四团)确较编整理师一师三团为好",因整理师四师"在装备组织上,恐不及(国防师)三个师",况国防师每师一万二千人,加上总指挥部四千人,三师已达四万之数。故随着毛泽东复电"如蒋坚持三个师时,亦只得照办"后,西安之谈判遂大体就绪。

八日,周恩来、叶剑英与顾祝同、张冲、贺衷寒会谈,决定将一月来之谈判结果由周形成文字,然后电蒋。该文件内容如下:

甲、政治问题:

(一)中国共产党承认服从三民主义的国家及国民党在中国的领导地位,彻底取消暴动政策及没收地主土地政策,停止赤化运动,要求国民政府分批

释放共产党,容许共产党在适当期内公开;

(二)取消苏维埃政府及其制度,现红军驻在地区改为陕甘宁行政区,执行中央统一法令与民选制度,其行政人员经民选推荐,请中央任命,其行政经费请由行政院及省政府规定之;

(三)红军取消,改编为国民革命军,服从中央军事委员会及蒋委员长之统一指挥,其编制、人员、给养、补充,统照国军同等待遇,其各级人员由自己推选,呈请军委会任命,政训工作由中央派人联络;

(四)政治方面请求参加国民大会;

(五)军事方面请求参加国防会议。

乙、改编问题:

(一)改编现有红军中之最精壮者为三个国防师,计六旅十二团,步兵团及其他直属之工炮通信辎重等部队;

(二)在三个国防师之上,设某路军总指挥部,其直属队为特务营工兵营等;

(三)红军原有之骑兵三个团及一个骑兵连,共约一千四五百人马,拟编骑兵一个团;

(四)改编后的经费、给养、补充,统照国军同等待遇。

丙、善后问题:

(一)编余的老弱残废,统请中央负责解决,给资遣散;

(二)红军中之地方部队,改编为地方民团及行政区的保安队,其数目及经费,由行营及省府商定之;

(三)编余的精壮人员改编为徒手工兵队,担任修路,工兵人数及经费由中央点验后确定之;

(四)红军学校约四千五百人(连工作人员),请办完这一期后结束,优秀者送军校或陆大训练;

(五)红军中的医院、工厂,请予保留;

（六）河西方面请停止马军长继续进攻,如无效,请即许可自卫增援。①

谈判反复与周恩来杭州之行

这时,南京方面已推翻先前之"甲案",迫使东北军同意调往豫皖,并开始压迫杨虎城去职,西北之三位一体实际已不复存在。同时,由于中共经济窘迫,开始按月接受国民党提供之经费、粮食、车辆等帮助,加上谈判进展顺利,中共让步大,国民党方面某些人自然颇想趁热打铁,把谈判名符其实地搞成"收编"。蒋亦指示编后军队中须加派副佐人员,政训工作应派人参加。因此,顾祝向与贺衷寒等于两天后即将原议大加修改,使之明显具有收编性质。新条文如下:

甲项

（一）中国共产党今后服从三民主义的国家及中国国民党的领导,彻底取消暴动政策及没收地主土地政策,停止赤化运动,请求国民政府分批释放共产党,容许其在适当期内公开各节,可面报领袖候核。

（二）取消苏维埃政府及其制度,改编军队,指定现在之地区,遵照地方行政区之规划,执行中央统一政令,其行政人员得由地方及中央任命。

（三）取消红军,改编为国军三个师（编制如附表,一四二四人）,服从军委会及蒋委员长一切命令。

（子）各级军政人员第一步得由部队长保荐呈请军委会任命;

（丑）各级副佐人员由中央于改编后逐渐派遣;

（寅）政工工作由中央召集原有政工人员加以训练,与新派人员一同回部队工作;

（卯）现有骑兵改编问题及设指挥部一节,候请示后再定。

（四）请求参加国民大会及国防会议,由中央决定后通知。

（五）部队改编后应积极整理,以备国防上需要及随时调动至前线参加作战。

（六）各事接洽妥善,望将中国只能实行三民主义而不能实行共产主义之

---

① 《周恩来给中央书记处的报告》,1937年3月8、11日。

真谛宣告国人。

乙项

（一）编余老弱残废给资遣散问题，可将人数造表呈报请核办。

（二）编余精壮改编为徒手工兵队问题，依前项办理。

（三）地方部队改编为地方民团或行政区保安队问题，其数目及经费可由行营及省府定之。

（四）现有学校即予结束，择优分送中央军校分校训练，其余分派部队服务。

（五）现有医院与工厂已经派人视察核得酌予保留。

（六）改编后凡编制人员，给养补充照国军同一待遇。

（七）所拟录用之军事及政治工作人员，须核报批准方得任用。[①]

国民党方面的反复使周恩来深感不满，照新的条文不仅苏区将被一分为三，民选制度不能提，特别是连军队指挥、人员任用等也失去自主，编制也被压至三万，这无论如何难以让共产党人接受，甚至张冲也觉"太不够格"，一再劝顾，但顾坚持行政区按省划分，指挥机关只能设临时的，副佐及政训人员一定要派。鉴于此，中共中央召集会议，决定致电周，告以："贺、顾所提各点太不成话，其企图在于欲使我党放弃独立性，而成资产阶级政党之附属品。""彼方所提如：（一）划去民选；（二）分裂苏区；（三）派遣副佐人员；（四）取消政治工作人员；（五）缩小红军至二万人；（六）地方部队由行营决定；（七）改要求为请求；（八）服从一切命令；（九）置西路军不提等，均须严拒，申明无从接受。我们的最后限度：一、三个国防师组成某路军领导不变，副佐不派，学校必须办完本期，政工人员不变，每师人数一万五千余，编制表自定，服从国防调动，西路军立即停战；二、苏区完整、坚持民选，地方部队不能少于九千人。"同时，"抗战准备"、"民主制度"、"改善民生"、"释放政治犯"、"民意的国民大会"等，"必须与苏区问题同时解决"，并应停止西安谈判，"要求见蒋解决"[②]。十三日，中共中央再电周转张冲："顾、贺提案完全不能接受，因其带

---

① 《周恩来给中央书记处的报告》，1937 年 3 月 8、11 日。
② 《中共中央书记处给周恩来的指示》，1937 年 3 月 12、16 日。

有侮辱性,已经引起我方干部极大愤慨。""周提十五条,关于国民党方面,我们认为不满意,关于共产党方面,亦当须部分修正。""故谈判须重新作起,两星期内周回延开会。"①

十四日早,周得中共中央电,遂直接抄送顾、张,并准备立即返延。中共此举顿时使西安气氛紧张起来。顾不得不请张转告周,称"此事实为贺所弄坏",要张根据原案再谈,但仍为周拒绝。周称:"贺案作废固好,原案作基础我方仍有意见,如每个国防师人数至少一万二千,骑兵要求一个团、地方武装人数亦应有规定,河西问题没有办法,等等,这些均须回延安讨论。"当然,为使对方不致引起误解,在顾坚持下,周仍于十五、十六两日与顾、张等接连举行了两次会谈之后,才返回延安。

十六日,周返回延安。之后,于十九日携中共中央已经草拟之谈判条件回到西安。二十日,周将该文件示张,它包括中共方面承认之十条与要求国民党之五条,其主要为:

甲、中共方面承认:

(一)承认革命的三民主义及国民党在中国的指导地位;

(二)取消暴动政策及没收地主土地政策,停止赤化宣传;

(三)取消苏维埃政府及其制度,现有红军驻在地区改为陕甘宁行政区,执行中央统一法令与民选制度,其行政人员经民选推荐中央任命,行政经费另定之;

(四)红军改编为国民革命军,服从中央军委及蒋委员长之统一指挥,其编制人员给养及补充统照国军同样待遇,其各级人员由自己推荐,呈请中央任命;

(五)改编现有红军中之最精壮者,为三个国防师(六旅十二团及其他直属之工炮通讯辎重等部队),在三个师上设某路军总司令部,其直属队为特务营、工兵营、炮兵营、辎重营、交通队、卫生队、修械所、教导队等,红军原有骑兵合编为一个骑兵团,红军改编后之总人数,不少于四万三千人;

①《中共中央书记处给周恩来的指示》,1937年3月12、16日。

（六）苏区地方部队改编为地方民团及行政区的保安队，其数目及经费另定之；

（七）编余的精壮人员改编为徒手工兵队，担任修路工程，其人数及经费另定之。编余的老弱残病，由中央给资安置；

（八）红军学校俟本年第一期结束后，改办随营学校；

（九）红军中的医院工厂保留；

（十）关于增加红军防地，另定之。

乙、国民党方面保证：

（一）彻底实现和平统一团结御侮的方针，全部停止"剿共"；

（二）实现民主自由权利，释放政治犯，共党在适当时期公开；

（三）修改国民大会组织法及选举法；

（四）修改国防会议条例；

（五）关于准备对日抗战工作，改善人民生活的具体方法与步骤，另行商定之。

对于中共之新条件，张自然感到难以接受，但为便于见蒋起见，张劝周不必示顾以全文，以免因顾不满而走不脱。因此，当日见顾，周仅反复强调河西问题及将原案概括为五点，即：

（一）陕甘宁行政区可以改为边区，民选改为地方推荐；

（二）红军改编后人数须见蒋后定；

（三）总部目前不能提临时的；

（四）派副佐人员目前甚困难；

（五）政训人员只能谈到联络。

此时，因蒋已电约"恩来兄二十二至二十五日到沪再约地相晤"[①]故顾已不加留难。随后，周即与张冲于二十二日同机飞往上海，并很快转赴杭州，与已经等候在那里的蒋介石进行谈判。

二十四日，周恩来先以中共对修改国民大会组织法和选举法之意见函蒋

---

① 《蒋中正致长安顾主任转张冲同志电》，1937 年 3 月 16 日。

予以谈明。二十五日，周再晤宋美龄，向之提交了中共之十五条书面意见。次日，周见蒋，复重申中共条件，同时并声明：中共愿意"拥护蒋委员长及国民党，A.领导全民族的抗日，保证领土主权完整，达到民族独立和解放；B.实现国内和平统一、民主自由，达到民权主义为成功；C.改善人民生活，发展国民经济，达到民生的幸福"。但"A.中共非投降，红军非改编，而是为民族国家利益愿意拥护蒋委员长的统一领导和指挥，这种合作立场完全是诚意的、互信的，愿意坚持到底的；B.中共这种大的改变，必须给以解释的机会与时间，并望谅解其困难"，因此须声明和解决的：（一）苏区改成边区（十八县）；（二）红军改编三个师后，人数请容许在四万人以上；（三）请设立指挥总部；（四）中央军政人员只任联络；（五）学校办完这一期；（六）增加红军防地；C.以后一切都力求成为一片，是向心的而非离心的，并愿以拥护统一及抗日之精神影响各省。"蒋介石对此答称，这些小节不成问题，即使未谈好，也坚决不会再打。国民大会、国防会议，几个月后可以参加。行政区可以是整个的，惟为应付各方，须由中共推一南京方面的人充当正的。可以成立四万余人三个师及考虑设总的指挥部。至于粮食接济等，可告顾祝同解决。他决不会派人破坏部队。蒋特别谈到过去的两党合作，称过去合作的失败双方均须检讨，要保证永久合作，就要不只图目前，而且要计及将来。为此，蒋突出强调了纲领与领袖两个问题，特别是共产党组织与蒋介石个人和与共产国际的关系，以及如何服从蒋的问题，要求中共中央商量出具体办法，然后再派周出来见他。

三月三十日，周恩来返回西安，随即回延安汇报杭州谈判结果，得到中共中央的肯定。四月九日，周直接电蒋，称："归肤施后述及先生合作诚意，均极兴奋。现党中央正开会计议纲领及如何与先生永久合作问题。"会毕即南下晤蒋。同时，中共中央开始草拟《御侮救亡复兴中国的民族统一纲领》《民族统一联盟组织规约》，及讨论修改国民大会组织法与选举法。显然，在中共中央看来，国共谈判已开始接近于最后的成功了。

第二次西安谈判与第一次庐山谈判

四月十五日，蒋在久未得中共方面消息之后，再派张冲回到西安，催促中共迅速弄好"双方合作纲领及编制人事等"，"勿拖延"。但这时正值中共河西部队全军覆没,中共中央因蒋、顾等言而无信颇感不满,以致顾不得不百般解释,表示"弟心力能尽之处始终无不竭尽绵薄",希望"贵方诸同人仍本初衷,体念全般,顾全事实,勿因局部关系而于无可奈何中产生愤慨"①,据此,在反复交涉后,周始于二十六日返回西安。

二十八日,周与顾、张谈,顾极重视改编问题,希望五月十日左右即可解决。周则表示,和平基础已定,惟须将纲领确定,延安方可发表宣言与名义,并开会解释,此事往返时间较长,改编至少须六月开始。且人数必须四万五千,还应见蒋解决。周同时将《御侮救亡复兴中国的民族统一纲领草案》交给了顾祝同。当日,顾即电蒋说明了此种情况②,周亦电蒋征询见面时间。但五月三日顾、张表示,此纲领不论由何者提出,均非一时所能解决,故应由共产党首先发表宣言以便五月中即可实行改编。顾称,此实蒋意,他无论如何要先了解中共宣言内容,否则难以复蒋。对此,周认为:"如与商妥纲领,发表宣言并非难事,否则无所根据。"中共中央亦相信,"坚持两党发共同宣言为有利,此宣言在共同纲领确定之后发表",如要我党单独发,"则第一、彼党须同时发宣言,第二、我党宣言中不得不驳复三中全会宣言及根绝赤祸文件中我党及人民不能忍受之许多东西"③。

此时,国共双方在政治方面实际上仍有众多分歧。特别是中共发表对国民大会法规之修改意见后,蒋立即电顾称"共党近日对实行草案之宣传及其对国民大会选举修正意见仍以反对本党为唯一对象,毫无异于过去之行动","如其果欲诚意合作,应嘱即予彻底改正,从速停止此项宣传"④。而周见电后,却以书面意见断然答复如下:"甲、自贵党三中全会各项决策发表以来,贵党对共党之文字攻击与谩骂致散见各报,竟其持论与前无异,共党同志阅之屡受刺激";"乙、对国民大会选举法的修改意见,共党所提与贵党中全会所修改者确有原则上之差别,共党本其所见继续要求,此乃自由发表政治意见,早应为民主政治所许";"丙、以上各事共党言论并未足越民主政治范围,贵党同

① 《顾祝同致周恩来电》,1937 年 4 月 19 日。
② 《中华民国重要史料初编》第五编(一),第 262、264、265、266 页。
③ 《洛、毛、博致周电》,1937 年 5 月 5 日。
④ 《蒋中正致长安顾主任电》,1937 年 5 月 4 日。

志果欲以实施政策为天下倡者,则以实现共党之要求为最能合于民主自由"。① 同时,根据中共中央指示,周并两次电蒋,强调改编程序问题,主张:"(一)确定共同纲领;(二)发表边区政府及师长以上名义;(三)实行军队改编,中央实行释放政治犯;(四)目前先由周发表书面谈话。"

鉴于西安谈判难于解决问题,张冲于五月八日电蒋报告协商结果,试图就此告一段落,携周返宁面蒋。张电称:"(一)关于军队数目,结果勉强商得削至十五个团之数,编成三个国防师,统率于一个指挥部,受行营节制,详情由顾主任报告。(二)关于匪区善后问题:(1)编余老弱请中央给资遣散;(2)编余精壮改为徒手工程队,请中央指定工程,担任修路;(3)原有该军地方部队改为民团保甲或行政区保安队;(4)原有学校限本期办完结束;(5)医院及工厂请予保留;(6)以上费用请中央发给。此乃系初步商酌,应先派一观察团调查后再核办法。"②九日,蒋电顾,同意派团视察及见周,决定不日来洛,再约期会面,并要顾就纲领及改编以外之中共要求事先与周谈好。

十日,在张要求下,周进一步提出了组织"民族统一联盟"及改组国民党的问题,并递交了早已拟就的《民族统一联盟规约》,准备与顾面谈。但顾却接连提出派团视察问题。根据中共中央意见,周于十五日表示同意,不过同时声明:第一,不能称为视察团,应为考察团;第二,不能让康泽及其共党叛徒进入苏区。十八日,双方商定视察团改名为中央调查团,于二十三日出发,由叶剑英陪同。该调查团二十六人分为四组:第一组旨在了解中共最近活动,及其对合作之意向;第二组旨在了解红军情况,及有无改编意图;第三组旨在了解红大和教育机关,看其有无违反三民主义之处;第四组旨在了解地方行政和民众状况,看其是否真要取消苏维埃。

二十三日,蒋至洛阳,因故未便见周,遂改约牯岭会面。在与中央电报往返后,周决定二十七日飞沪再转往牯岭,同时拟就了与蒋商谈的两方面问题,其关于两党关系方面包含以下各点:

(一)纲领;

---

① 《周恩来致淮南兄并转墨三主任函》,1937 年 5 月 7 日。
② 《中华民国重要史料初编》第五编(一),第 262、264、265、266 页。

（二）联盟或改组国民党；

（三）释放共党；

（四）释放七君子；

（五）停止全国"剿共"并派员联络；

（六）发表共同宣言或共同声明；

（七）发表边区名义及其委员会（林、张、秦、董、徐、高、郭及张冲、斌丞）；

（八）改编红军，发表名义，三师或四师（朱、彭、林、贺、徐、刘），正规四万五千，工兵一万，地方一万，学校五千，残废老弱及工厂一万；

（九）经费正规六十万，学校五万，地方行政及武装十五万，遣散及善后六十万，收回苏票一百二十万；

（十）各边区部队大者编为独立团，零星者编为团队；

（十一）修改国大选举法及参加国会；

（十二）修改宪法草案；

（十三）国防会议；

（十四）办报；

（十五）取缔北平凶殴学生，西安扣留书报（解放报），上海逮捕共党文化人员，破坏两党合作；

（十六）取缔利用土匪流氓会党破坏红军苏区行为；

（十七）增加红军防地。[①]

二十七日，周飞沪，之后于六月四日经南京转庐山。至庐山后，周首先就应当商谈的问题提交了一份提纲。它包括：

各项重要问题：

（一）纲领及组织问题；

（二）停止"剿共"，释放政治犯及整理各边区问题；

（三）边区政府组织问题；

（四）改编红军为三或四个师，计四万五千人，学校五千人，地方部队约一

---

①《洛、博、毛致周电》，1937 年 5 月 25 日。

万人,工兵约一万人,遣散约一万人,共计八万余人;

(五)经费正规军队每月约六十万元,学校五万元,地方行政及部队经费约十五万元,临时费、遣散及善后约六十万,收回苏票约一百二十万元,红军驻地亦请增加;

(六)修改国大选举法,至少宣布重选,国民党及各党派要规定名额由其自选,学生会及文化团体亦要有代表名额,并给人民以选举自由,发展对宪法草案的讨论等;

(七)召集国防会议,划分军区,积极布置国防,整理军队等问题;

(八)提议召开各党各派各界各军会议,磋商国是及讨论宪法草案原则。

一般问题:

(一)人民抗日自由问题;

(二)陕甘宁边区政府名单;

(三)总部及师长名单;

(四)军队政治工作以改设政治部为宜;

(五)共党办报问题;

(六)取缔破坏两党合作的行为和组织;

(七)外交方针;

(八)国防军事;

(九)国防经济;

(十)改组政府问题。

六月八日,蒋与周正式谈判。针对周所提各点,蒋表示如下:

(一)共党根据以前声明发表对外宣言,内中须提到在国民大会开会以前将停止对外活动;

(二)政府在上项宣言发表后,即发表三个师的番号,并委任师长,三个师仍照十二个团编制,人数可容至四万五千人,其编制办法与顾主任商定。三个师以上之总部不能设立,朱毛等同志须离开军队出来做事;

(三)边区政府仍由中央方面派正的官长(可由中共推中央方面的人),边区自己推荐副的,事情仍由边区自己办;

（四）经费照人数编制的一般规定发给，行政经费亦照规定发给，善后费用可由中央另发；

（五）各边区由共方派人联络，经调查后实行编遣，其领袖须离开；

（六）在狱共党可由共方开单，分批释放；

（七）国民大会之二百四十名指定名额中，可指定共党出席代表，但不以共党名义出席；

（八）国防会议现尚未规定会期，开时可容共党干部参加；

（九）对其他各党派不必谈合作，对党外人才，由中央尽量收容，最近庐山训练班即拟收容各方人员训练，陕北如有人来受训亦可。此外并拟召集各方人来庐山谈话；

（十）凡有破坏合作与共党为难者，由蒋先生自负责任解决，但为避免国内外恐惧与反响，共党应避名就实，不必力争目前所不能实现之要求。①

针对周提出之成立民族统一联盟的建议，蒋更进一步提出了所谓"彻底合作"的考虑，这就是：

（一）成立国民革命同盟会，由蒋指定国民党的干部若干人、共产党推出同等数目的干部合组之，蒋为主席，有最后决定之权；

（二）两党一切对外行动及宣传，统由同盟会讨论决定，然后执行，关于纲领问题亦由同盟会加以讨论；

（三）同盟会在进行顺利后，将来视情况许可，可扩大为国共两党分子合组之党；

（四）同盟会进行顺利后，可与第三国际发生组织关系，以代替共党关系，并由此坚固联俄政策，形成民族国家间的联合。②

蒋的谈话使周颇难接受，在关于实行组织合作的原则及边区政府组成等问题上，周均表示了不同意见。特别是关于军队指挥与人事问题，周与蒋"争论很久"，蒋只让步到可在三师之上设一政治训练处代行指挥之权。之后，周复与宋子文、宋美龄及张冲"往返磋商"，请代为转达意见，"仍不能解决"。

①《参见周恩来致洛、毛、博电》,1937 年 6 月 15 日。
②《参见周恩来致洛、毛、博电》,1937 年 6 月 15 日。

转并托宋子文转告:"(一)共党目标不要太大,易引起外间恐惧;(二)共党要首先取得全国信用;(三)共党不要使蒋太为难,以便将来发展。"①不得已,周只好决定回延讨论再作答复。

对于庐山谈判,中共中央总的来说还是肯定的。这时中共首先看重的是国民党的某种合作愿望,蒋在庐山的谈话无疑就是一个证明,其次,中共注重的是保持自身独立性问题,能实现边区和红军自办,这对中共是有利的。因而,其他问题在中共中央看来主要是形式问题,是应当争取但并非不可做某些妥协的。故周回延后,即电张冲表示:"归来转达蒋先生领导合作诚意,党中同志极感兴奋,目前正在磋商一切具体办法并起草宣言,一俟拟就即当首途南来。"②不过,在军事指挥问题上,中共中央仍旧决心力争完整的指挥系统,因而周恩来再三致电张、蒋称"惟总的指挥机关及主持人选,此间同志均认为非有此实无法进行改编,尤以朱同志去留影响极大",故"请予改变处置",以"渡此难关"③。在顾祝同电周,称蒋对此实难让步,望"体念委座处境之苦"④。之后,中共中央虽准备在其他方面做让步,但在此点上却决心尽力坚持。二十五日,中共中央再度提出了新的谈判方案,其主要内容为:

甲、两党合作问题:

(一)原则上同意组织国民革命同盟会,但要求先确定共同纲领,以便奠定同盟会及两党合作之政治基础;

(二)同盟会组织原则在共同承认纲领的基础上,可同意国共两方各推出同数干部组织最高会议,并以蒋为主席,承认其依据纲领有最后决定之权;

(三)关于同盟会将来发展之趋势及与第三国际关系问题,可不加反对,但目前应着重共党之独立;

(四)应使同盟会成为政治上两党合作的最高党团。

乙、目前具体问题之解决:

(一)准备七月中发表宣言;

---

①《参见周恩来致洛、毛、博电》,1937年6月15日。
②《周恩来致张淮南电》,1937年6月22日。
③《周恩来致张淮南电》,1937年6月22日。
④《顾祝同致叶参谋长转周恩来电》,1937年6月26日。

（二）宣言发表后蒋若同意设总的军事指挥部，红军即待其名义发表后改编，否则即于"八一"自行宣布改编，采用国民革命军誓师名义，编三个正规师共四万五千人，总部编三千人，地方部队编一万人；

（三）陕甘宁边区在七月内自动实行民主选举，并向蒋推荐张继、宋子文、于右任三人择一任为边区行政长官，林伯渠为副长官，其下各行政部门由我方推荐负责人选，请行政院任命；

（四）朱毛出处问题力争朱为红军改编后的指挥人，军事或政治名义可不拘，原则上毛不拒绝出外做事，但非至适当时机则托故不出。①

二十四日，考虑到国民党方面已经预先提出最高会议之成员（即蒋介石、宋子文、陈立夫、陈诚、邵力子），中共中央亦决定以毛泽东、朱德、周恩来、博古、林伯渠为代表。二十九日，中共中央又进一步确定了边区政府中中共方面的负责人选。同时，中共并准备派博古、林伯渠等与周同去与蒋做下一阶段的谈判。

第二次庐山谈判与两党合作的形成

七月七日，周、博、林应蒋邀经西安飞至上海，准备转往庐山。此时恰逢芦沟桥事变爆发。但因战端初开，局势尚不明朗，故蒋在军事指挥权问题上仍旧锱铢必较，毫不让步，并不急于立即解决红军改编问题。当十四日周等到达庐山后，首先得知的，就是蒋这时提出的红军改编后"各师须直接隶属行营，政治机关只管联络"的消息。尽管张冲表示，周等在沪所陈宣言已得蒋"阅正"，所陈同盟会纲领也已"承允讨论"，但蒋在军事指挥机关问题上出尔反尔，竟至准备完全取消中共军权，这自然使周颇感意外。周于次日函蒋，称"现在华北炮火正浓，国内问题更应迅速解决，其最急者为苏区改制与红军改编之具体实施"，然而此次所提"关于军队统率问题，与前次庐山所示，又有出入，实使来惶惑"，"缘上次在庐，承面告三师以上不能设指挥总部时，来即陈说在改编后不能无统率机关以管理人事经理教育指挥等事的困难。先生当答以可由政治机关如政治主任来管理联络。来彼时曾反问，政治机关如何能

---

①《中共中央书记处致叶剑英电》，1937 年 6 月 25 日。

指挥军事,先生曾说:我要你们指挥,你们亦实能指挥,这是没有问题的。面谒后,来以政治名义管理军队究极不妥,曾向子文先生及蒋夫人再三陈说三个师以上的统率机关应给以军事名义,因先生坚持未允,来乃归陕北磋商,中间并一度来电重申前请",至不得已时,才"据此再三向党中军中诸同志解释",取得了谅解。此次反复,"与来上次在庐所面聆及归陕向党中诸同志所面告者,出入甚大,不仅事难做通,且使来一直失信于党中同志,恐碍此后各事之进行"①。周同时提出关于谈判的十二条意见,明确要求蒋同意发表中共宣言,发表陕甘宁边区政府名义,划定十八县之疆界,共同派人赴南方联络与传达两党合作方针,以改编红军游击队。

此时,中共中央"为大局计",已承认平时设指挥人事之政治处制度,"要求设正副主任,朱正彭副"②,故双方在设立政治处问题上已经有了取得妥协的可能。十七日,周、博、林与蒋介石、邵力子、张冲等谈,双方对政治问题已没有太多争论,但军事指挥问题仍谈不拢。蒋接周信后虽略有让步,从"政治机关只管联络",让步到"政治主任只能转达人事指挥",却仍坚持"三个师的经理教育直属行营",且三个师的参谋长由南京派,政治主任要周恩来或林伯渠,不要军人,其意仍要由他来掌握军权。由于此点根本不能通融,周等于"力争无效"之后,遂返回宁沪"暂观时局变化"③。而中共中央的态度更为明朗,即决心"采取蒋不让步不再与谈之方针",要周等回延④。显然,由于中日战端已开,中共相信蒋已失去进一步讨价还价的资本,且自己之让步已至最后限度,故只能采取拖延政策。

果然,七月二十七日,蒋再也沉不住气了,遂电催中共照庐山所谈在十日内改编完毕以便南京发表三个师的番号,及各师旅团长与政治主任名单,并建议以康泽为副主任⑤。对此,中共中央表示:"(一)八月十五日则编好,二十日出动抗日;(二)三个师以上必须设总指挥部,朱正彭副,并设政治部,任

---

① 《周恩来致委员长函》,1937 年 7 月 15 日。
② 《洛、毛致叶转周、博、林电》,1937 年 7 月 17 日。
③ 《博、林、周致洛、毛电》,1937 年 7 月 21 日。
④ 《洛、毛致周转林电》,1937 年 7 月 20 日。
⑤ 《蒋中正致长安蒋鼎文电》,1937 年 7 月 27 日。

弼时为主任,邓小平为副主任(不要康泽),以便指挥作战;(三)三个师四万五千人,另地方一万人,设保安正副司令,高岗为正,萧劲光为副,军饷照给;(四)主力出动后集中作战不得分割;(五)担任绥远方面之一线。"①于是,中共一面申请各种补助,一面即下令迅速集中红军主力于三原进行改编,决定借此机会设立总指挥部,并"不管南京承认与否,实行在军委领导下之全权指挥"②。

七月三十一日,南京下达了三个师的番号,并同意照中共所提之人数及编制改编。八月二日蒋鼎文转蒋介石电,邀用"约同朱毛诸先生即来京面商大计"③。三日,蒋再电周,要红军立即向绥德、榆林及延安集中,以便出发抗日。四日,蒋又正式颁布了红军改编后的师旅团番号,并经蒋鼎文电台中共中央:"顷奉委座面谕:(一)限期贵部能于八日迟至十日出动,本月二十五日集中大同完毕工作";"(二)正副总指挥及宣言仍须得抗日实现时发表;(三)政训主任及师旅团长均已照单发表,惟参谋长仍由中央选派"。显而易见,因战争关系,蒋虽仍然力图干预,但已不能再纠缠于指挥权不放,只得承认其设立总部了。

八月九日,朱德、周恩来、叶剑英飞往南京,以提交中共对国防问题之各项意见,并与国民党谈判红军改编出动等各项具体问题。十一日,三人出席了国民政府军事委员会军政部召集的谈话会,这标志着国民党开始允许共产党公开化。但在隔日与康泽、邵力子、张冲正式就共产党公开问题举行的谈判中,因康泽将中共起草的为公布国共合作的宣言大加删改,并坚持派参谋长和政治部副主任,双方仍旧未能达成一致协议。然而,由于蒋已开始实际调动红军参加作战,中共也立即以一一五师第一旅为先遣兵团依照蒋令向前运动,国共军事合作实际已经开始,因此政治形式上的分歧,已不能成为两党关系的重大阻碍。故一方面中共决定在宣言问题上做出某些让步,除坚持党的近期奋斗目标必须写上外,凡国共合作与两党亲密团结之类的话可统统取

---

①《洛、毛致周、博、林电》,1937 年 7 月 28 日。
②《毛致朱、彭、任诸同志并告剑英电》,1937 年 7 月 28 日。
③《蒋鼎文致肤施周恩来电》,1937 年 8 月 2 日。

消;另一方面则坚持(一)发表我党宣言,同时蒋发表谈话,(二)发表边区组织,(三)发表指挥部,(四)发给平等待遇之经费,(五)发给平等待遇之补充器物,(六)红军充任战略的游击支队;同时拒绝政治部副主任,只接受联络参谋①。而国民党亦很快同意中共派人去南方以改编各地游击队,并开始部分释放在狱之中共党员。十八日,蒋并正式发表朱德为第八路军总指挥、彭德怀为副总指挥,拖延甚久的指挥部问题遂告解决。

军队指挥权问题解决之后,宣言及边区政权问题自然突出起来。由于担心蒋搞阴谋,"红军受命出动后即变为蒋之属下,被以命令行之,彼时党的问题与边区的问题由彼解决,甚至将不许发表宣言,并取消苏区"②,故中共中央此时仍极为谨慎,部队主力尚未全照蒋令出动,决心以此为迫蒋全面解决问题之手段。

三十日,康泽通知中共,边区政府已决定以丁维汾为正、林伯渠为副,发表宣言则须在部队全部出动集中之后。周于九月二日据中央意见答称:"(一)中共宣言与蒋先生谈话请照庐山蒋案,同时签字,即时发表;(二)边区政府请以林伯渠为长官,张国焘为副长官,即日颁命,以便取消苏府实行善后;(三)八路军总部及各师高级参谋其任务仅司联络,务请受命者认识清楚,以免发生误会;(四)八路军政治主任,副主任,弟方久已推选任弼时、邓小平,今忽任命周、林,万难接受,请即改委任、邓二人,以利团结。"

由于战争形势异常危急,九月之后,国民党方面一再催促中共军队尽快出动。为表不抗日诚意,自中共中央洛川会议后也已派出两个主力师转赴华北前线,但仍留一个师不动以为迫蒋让步之手段。中共之目的已很明确,即要蒋立即发表中共宣言,承认中共合法,边区坚持林正张副,"不要国民党任何人",甚至南京派来之高级参谋和政治部副主任,也"全部坚决拒绝,不许其进入营门一步"。当然,高级参谋改为联络参谋并改派红军同意之人选则不拒绝。

九月中,经博古、叶剑英与康泽等进一步交涉,国民党方面终于做出了新

---

①《朱、周、叶致中共中央电》,1937 年 8 月 13 日。
②《洛、毛致博、林、彭、任电》,1937 年 8 月 18 日。

的让步,同意照中共意见重新修改宣言,以同时发表中共宣言与蒋之谈话来宣布共产党之合法化,确定高级参谋为联络性质,同时对边区政府组织以丁维汾暂不到职,由林代理正职为方式表示妥协。这样一来,中共中央所争取的目标实际上已基本达到。随着九月二十二日中共宣言公开发表和二十三日蒋介石发表谈话承认共产党合法化,以及八路军最后一个师出发奔赴抗日前线,国共两党历经九个月的艰苦谈判终于取得实质性成果,第二次国共合作事实上由此形成了。

3. 一九三七年底至一九三九年初国共两党关于大党问题的谈判(杨奎松)

一九三七年底至一九三九年初是国共两党第二次合作比较好的时期。在这一阶段,国共两党围绕着如何加强组织上的进一步合作和统一,进行了多次谈判与协商。尽管这次谈判时断时续,且双方始终存在严重的意见分歧,最终也不可能达成一致,但就整个抗战期间的两党关系而言,这一阶段的谈判仍旧是值得重视的,因为它毕竟反映了国共双方在抗战初期为密切两党关系曾经进行过的努力,和他们之所以不能达成一致的关键所在。

合作之初的两党交涉与分歧

一九三七年"七七"事变后国共合作的形成,自始就是一种特殊环境作用的结果。从此前两党谈判的曲折经过可以看出,由于日军在华北和上海的大举进攻,双方虽然于九月下旬公开发表了正式宣告两党合作的宣言与谈话,决心开始合作,但它们之间实际上还存在着许多尚未解决的矛盾。特别是在国民党必欲保持其一党独裁,而共产党又决心利用战争环境冲破其统制政策,确保自身独立与发展的情况下,这种矛盾事实上就更难解决。因此,双方合作刚刚开始,一系列的分歧和问题就很快出现了。

九月十六日,在未与中共代表切实达成最后协议的情况下,西安行营代主任蒋鼎文就急匆匆致电朱德总司令,通知其"委座派赴军部之高级参谋赵锦文、刘伯龙、李放六、乔波梗,政治部副主任李秉中等五员已抵长安"①,试图立即介入共产党人的军事行动,掌握其动向。与此同时,根据中共方面所得情报,国民党中央党部一面通知其各级党部"说明收编红军"旨在"不许其投靠苏俄",一面则要求其下属"调查共产党个人与组织情形"并"利用威吓利诱分化共产党内部"。鉴于这种情况,中共中央从两党合作一开始就处于一种高度警戒的状态之中,并想方设法地阻止国民党公开地或秘密地派人到共产党的军队和边区里来。

九月二十四日和二十五日,朱德和周恩来分别致电蒋鼎文和康泽,告之派驻高级参谋一事已"引起八路军全体将士不安","佥认中央既信八路军可以为国效力,即应信任其自主作战,若欲派人监军,转使内生疑惧,有碍战斗"②。二十七日,中共中央进一步提出边区问题要求解决。这包括:"(甲)承认边区的民选制度,特区政府由人民选出可以由南京加委;(乙)加委林伯渠、张国焘、秦邦宪、董必武、徐特立、谢觉哉、郭洪涛、马明芳、高岗九人为特区政府委员,以林伯渠为行政长官,张国焘为副长官(坚决拒绝丁维汾,因为他是最先提倡反共及反共最坚决之一人,全苏区人民誓不承认);(丙)设民政、建设、教育、农工、财政五厅(反对设处)及保安司令部;(丁)特区范围包括宜川、鄜县、洛川、淳化、枸邑、正宁、宁县、合水、庆阳、西峰镇、镇原、预望堡、环县、盐池、定边、靖边、横山南部、安边(包括瓦窑堡)、米脂、绥德、清涧、葭县、吴堡、神府苏区、延川、延长在内;(戊)特区经费每月十五万元,另善后、遣散费六十万元;(己)保安师编九千五百人。"中共中央并称,以上六项已是最低限度,"必须要求国民党全部同意",为此将"坚持到底,不达目的不止"③。甚至中共中央开始明确拒绝国民党派人来边区参观和考察,试图以此来向国民党上层施加压力。

这时,共产党与国民党正在进行两方面的交涉,即陕甘宁边区和南方各边区游击队改编问题的交涉。边区问题由博古、叶剑英与康泽等进行谈判,

①《蒋鼎文致西安第十八集团军办事处林代表转朱总司令玉阶电》,1937年7月16日。
②《周恩来致剑英转康兆民兄电》,1937年9月25日。
③《中共中央书记处致伯渠电》,1937年9月27日。

但双方始终难以谈拢。迟至十月十九日,康泽仍旧坚持:"(甲)联络参谋必须到差;(乙)边区范围确定十八个县,但县份为适应目前形势应可调换;(丙)边区行政长官人选丁维汾仍须挂名,由林伯渠代理,此系最大限度;(丁)善后费及保安队等必须与边区问题同时解决。"而南方游击队的改编问题,开始则由于中共中央与其南方游击队的各个领导人联络不便,接连出现与中共此时方针不同的情况。先是闽粤边根据地何鸣部被当地国民党人以改编为名予以缴械,后又出现湘鄂赣根据地谈判代表同意国民党向其派遣副司令等高级军政人员的情况。对此,中共中央毫不犹豫,立即予以否认。中共中央认为,"南方各游击区是今后南方革命运动的战略支点","国民党企图拔去这些战略支点"。因此,为保存这些战略支点,必须向国民党要求:(一)用几个月时间由中共中央派人去传达方针;(二)各游击队调动之前或同时,邻近二百里以内的中央军、保安队及民团亦须调动,并不得再派部队前去;(三)按照附近驻军民团保留数目,保留同等数目之游击队,以保护原有游击区及其家属;(四)游击区内实行民选制度;(五)游击区内土地关系不得变更;(六)国民党不得派任何人员和部队侵入及破坏苏区。同时,在上述问题解决后,南方部分游击队集中时,国民党不得干涉其领导、指挥及其作战,并不得安插任何人到部队中来。故中共中央致电博古等,令其立即依据以下原则与国民党交涉南方游击队事,这就是:"(甲)集中五分之三,留下五分之二于原地改为保安队,反对全部集中;(乙)改为保安队者须加整理,坚决反对投降主义,同时严防国民党之暗算;(丙)集中五分之三为一个军,反对国民党插入任何人。"①

　　自九月下旬至十一月下旬两个月左右的时间里,国共双方断断续续地进行了各种形式的接触和谈判,但始终没有能够在主要问题上达成一致,陕甘宁边区问题毫无进展,南方游击队问题仅仅商定了以叶挺为新编第四军军长,以统率集中后的游击队。不仅如此,考虑到日军已攻入山西、绥远,"整个陕北已成直接抗战区域,又为八路军直接后方",中共中央一方面断然通令

---

①《洛、毛致博、叶电》,1937 年 9 月 30 日;《中共中央致云逸电》,1937 年 9 月 1 日。

"奉南京军政部命令将陕北之镇原、正宁、宁县、庆阳、合水、枸邑、淳化、鄜县、甘泉、安定、靖边、清涧、米脂、绥德、吴堡、葭县等二十余县划为八路军补充区";一方面电令博古等务必力争上述共二十七个整县及神木、府谷、横山三个半县,再加上安边、西峰两个市镇让国民党承认为我所有①,谈判任务更加艰巨。

　　由于战争的发展,国民党军队难以抵御日本军队的大举进攻,华北地区大部分渐渐落入敌手,华东地区也危在旦夕,中共中央早就估计中国政局将起大变化,故不仅提出了"争取在彼时达到改造政府,改造军队,实行三民主义与十大纲领"的政治目标,而且相信"华北正规战争基本结束,游击战争阶段开始"。八路军将成为主体,故更应发挥独立自主精神,"放手发动群众,扩大自己,征集给养,收编散兵,应照每师扩大三个团之方针,不靠国民党发饷,而自己筹集供给之"②。因此,共产党人在谈判中某些具体条件的提高也是不可避免的。特别是十月初中共领导的"西救"被西安国民党新成立的"抗敌救亡会"吞并③,十月底国民党又公然查封中共中央机关刊物《解放》在西安所设之分销处④,同时国民党领导人公开反对"国共合作"的口号宣传乃至反对共产党人进行政治宣传活动之后,中共中央更加反感其"自大主义"和"统制政策",因此必欲冲破之。在这种情况下,国共合作从一开始就出现了严重的分歧和困难。

关于密切组织合作的初步谈判

　　一九三七年十一月底王明等中共领导人从莫斯科回国,带回了共产国际关于"抗日高于一切"的指示,引起了中共中央对统一战线工作的进一步重视。十二月九日至十二日,中共中央召开专门的政治局会议讨论统一战线的方针问题。会议决定按照国共两党"共同负责,共同领导,互相帮助,互相发

---

　　①《张、毛、张致博、叶电》,1937 年 11 月 4 日。

　　②《毛泽东致周、朱、彭、任电》,1937 年 9 月 29 日、11 月 8 日。

　　③《中共陕西省委致国民党陕西省党部的一封公开信》,1937 年 10 月 10 日;《中共陕西省委与国民党陕西省党部争论的真象》,1937 年 11 月 11 日。

　　④《中共陕西省委致国民党陕西省党部的一封公开信》,1937 年 10 月 10 日;《中共陕西省委与国民党陕西省党部争论的真象》,1937 年 11 月 11 日。

展"的方针进行工作,因而决定改变前此之部分作法,争取与国民党尽快取得相互间的真正谅解与合作。在与蒋谈判问题上,会议明确主张在边区名称及长官人选方面作出让步,同时允许派联络参谋,且不拒绝国民党派团参观边区,区域要求也以保证边区安全及需要为主,不着眼于扩大,但行政制度坚持民选,经费力争每月五万,至少三万元,遣散及善后费要求三十万元,新四军力争两个纵队,并应要求国民党同意共产党人公开办报。

由于王明同共产国际及苏共领导人有着一种特殊的关系,一心指望取得苏联直接援助来抗击日本军队的蒋介石对于王明的回国自然格外重视,因此于十二月上旬接连发出邀请。十二月十八日,王明、周恩来等应蒋之邀来武汉,很快即与蒋介石等就国共关系等问题开始了积极的交涉和谈判。

十二月二十日晚,王明、周恩来等与蒋进行了第一次正式交涉。王明首先就当前抗战形势、两党关系、合作任务等问题说明了中共中央的主张,进而并向蒋转达了苏联方面关于愿意帮助中国政府组织二十万机械化部队和建立与战争相适应的军事工业的具体提议。随后,博古代表中共中央就前此谈判中的边区政府人选、联络参谋、国民党参观团等问题表示了中共方面已决定接受国民党方面意见的态度。然后,周恩来则进一步就密切两党关系以及改进抗战政策等问题提出具体建议,这包括成立两党关系委员会,决定共同纲领,出版报纸,建立国防军事机关,征兵委员会,扩充并改造军队,协助政府组织,扩大国防参议会为民意机关等。对此,蒋当场表示:"所谈极好,照此做去,前途定见好转,彼想也一过如此。""彼也认为外敌不足虑","只要内部团结,胜利定有把握"。最后,蒋表示今后两党关系中共代表可与陈立夫"共商一切"。当晚,王、周等续与陈立夫谈,陈亦同意中共方面关于进一步调整两党关系和制定共同纲领的意见①。于是,王明、周恩来等立即开始准备起草共同纲领,对时局宣言以及关于边区等问题的协定条款。在关于边区等问题的书面意见中,中共方面明确主张:(一)边区管辖范围定为下列各县:延安、甘泉、鄜县、洛川、延长、延川、安塞、安定、保安、靖边、定边、淳化、栒邑、宁县、正

---

① 《陈、周、博、叶致洛、毛并中共中央政治局》,1937 年 12 月 21 日。

宁、镇原、固原、海原、靖远、盐池、环县、庆阳、合水二十三县;(二)边区组织设边区行政长官一人,副长官一人,下设民政、财政、教育、建设、农工各厅及保安司令部;(三)边区行政长官人选以丁维汾正,林伯渠副,丁维汾因公不赴任,由林伯渠代理,边区行政委员会定为八人,人选为丁维汾、林伯渠、张国焘、徐特立、高自立、马明芳、高岗、成仿吾,各厅长由委员分别担任之;(四)保安队依边区各县之大小而设一中队至一大队,另设八路军补充师以收纳编余壮丁及指定征募区之新兵;(五)经费中央每月补助十万元;(六)边区善后遣散诸费特定为三十万元。

十二月二十六日,国共两党正式成立"两党委员会",并召开了第一次会议,国民党方面的正式代表为陈立夫、刘健群、张冲及康泽,共产党方面的代表为周恩来、王明、博古、叶剑英。当天,会议决定每五天会商两次,并一致同意起草共同纲领,推定由周恩来与刘健群共同担任起草工作。但实际上刘并未参加起草工作。

三十日,名曰《中国人民抗日救国纲领》的两党共同纲领起草工作结束,中共代表团与中共长江局讨论通过,决定送交两党委员会。该草案共分两部分,即"争取抗战胜利纲领"和"初期建国纲领"。其主要内容如下:

(一)争取抗战胜利纲领:

1.坚持长期抗战,争取最后胜利;

2.健全和扩大征募兵役运动,培养大批军事和专门技术人才,加强政治工作,造成政治坚定、武器精良的全中国统一的国民革命军;

3.充实和强固全中国统一的国民政府,加强国防机构,设立增强抗战力量的相当民意机关,肃清贪污腐化,使全国政治机构和一切从政方针能适合抗战胜利的需要;

4.建立军事工业,加速整理交通,并实施战时经济政策;

5.有钱出钱,有力出力,实行合理负担,帮助贫苦同胞,救济难民失业,优待抗日军人家属及伤残官兵,实行国难教育,动员组织和武装民众,建立巩固后方,肃清汉奸敌探;

6.积极组织和帮助被敌占领区域之民众及武装队伍的对敌抗战行动,组织和奖励国外侨胞努力于保卫祖国的事业；

7.联合回、蒙、藏、满、苗等各民族共同抗日救国；

8.没收日寇汉奸卖国贼之财产土地,先作国家战费和优待抗日军人及其家属经费；

9.联合直接受日本帝国主义压迫的民众和民族——日本国内劳苦大众及高丽、台湾等民族——打倒共同的仇敌；

10.扩大国际宣传,联合一切同情中国自卫斗争的人民和国家,取得其精神上和物质上的援助。

(二)初期建国纲领：

A.关于达到民族独立方面

1.彻底肃清日寇在中国的一切经济政治军事势力,收复一切被日寇占领之土地；

2.与其他订立有不平等条约的国家和平谈判,以逐渐达到根据平等互惠原则重订双方有利之新约；

3.国内汉、回、蒙、藏、苗夷等各民族在政治上、经济上、文化教育上一律平等,各民族有自决或自卫之权；

B.关于实现民权自由方面

4.召集由普选权选出的全中国统一的国会,建立全中国统一的民主共和国；

5.保障人民有言论、出版、集会、结社、居住、营业、信仰等自由权利；

6.保证男女在政治、经济、社会地位各方面一律平等；

7.划清中央与地方职权,实行地方自治制度；

C.关于争取民生改善方面

8.平均地权,使耕者有其田；

9.节制资本,使国家工业化；

10.福利劳动,使生产力迅速发展；

11.救灾治水,禁烟济难,使民生安定；

12.普及教育,使人民文化水平不断提高；

13. 根除苛杂,实行统一的累进税;

14. 利用外资,使有益于国家建设。

在此纲领之后,中共方面并提出附件四条:

(一)共同纲领商定后,由蒋先生向全国提出,以便两党据此以号召全国人民,共同遵守,共同努力;

(二)两党对此纲领须共同负责,力谋实现;

(三)全国政府及军队在蒋先生领导下须本此纲领定出具体方案,负责实施;

(四)凡违背此纲领者须受到制裁。

三十日,中共代表将纲领草案正式提交两党委员会,并将边区问题之书面意见交康泽办理。但是,由于国民党正百般求助于苏联,要求苏联出兵相助,以挽救战争危局,而苏方已婉言相拒,因此中共与苏联的关系愈加受到重视。于是,此次会议上国民党方面撇开纲领草案不谈,直截了当地要求中共帮助劝说苏联出兵。然而,在出兵问题上,中共早与苏方取得一致,因此双方虽反复讨论终于不得要领。

由于中共在苏联出兵问题上的态度,一些始终对共产党抱有敌意的国民党人再度找到了挑衅的借口,国共之间的磨擦又开始有所增多,甚至连刚刚得到国民党批准开业不久的武汉中共《新华日报》报馆也遭到捣毁。紧接着,国民党人开始极力宣传"一个主义"、"一个领袖"、"一个政党"、"一个军队"的主张,以至公开写文章发社论要求取消"封建割据"的共产党及其政权和军队[1]。在一九三八年一月二十四日的两党委员会上,国民党代表康泽、刘健群也公开指责八路军不贯彻中央军令,游而不击,要求中共学广西派的样子,把军队交给中央,军校亦为中央分校,军政及教育、经理、人事与中央统一,重要领导人离开军队到中央来服务,他们并建议与八路军交换干部和分散使用八路军。

此时,国民党派驻八路军的联络参谋已经确定,关于新四军和边区问题

---

① 见《武汉日报》,1938 年 2 月 6 日;《扫荡报》,1938 年 2 月 7 日。

国民党也已针对中共提案拟定具体办法。对于新四军,国民党同意编为四个游击支队,和以陈毅、张鼎丞、张云逸、高俊亭为各支队司令,但月经费只给一万五千元,遣散费及开拔费只给四万元。对于边区,同意丁正林副,丁不到位由林代理,但要丁派两人去边区做事;所辖区域只允十八县,不得增加;行政经费只给两万余元,善后费只给二十万元,补充师名义不给。由于在经费、编制等问题上相差颇多,中共方面不得不派彭德怀和叶挺继续与国民党方面进行交涉。但实际上,国民党在经费及编制问题上的态度,正如王明等所估计的那样,正是"蒋及其左右不愿我们扩大部队,扩大领土"①的表现。不仅如此,蒋这时还加派其嫡系的将领胡宗南率六个师移驻西北,一方面加强对西北战略要地的防御力量,另一方面则明显地是为了防备共产党。

鉴于国共之间出现的这一系列问题,共产党人敏感地意识到双方矛盾的症结所在。考虑到国民党正在进行的"一个党"的宣传,中共代表团于二月六日开始设想在对国民党进行正面反击的同时,用提出建立民族革命联盟的方式来解决巩固两党合作关系的问题。至此,国共两党通过组织一个大党来密切组织联系的问题,渐渐开始提上议事日程。

围绕大党问题的两党谈判

一九三八年二月初,王明以毛泽东的名义起草了关于批驳国民党"一个党"主张的公开谈话,明确表示了中共决不放弃政治信仰和决不放弃共产党组织的坚定态度②。此一谈话立即引起了国民党方面的反应。在该谈话登出的第二天,蒋即约见周恩来,表示他在主义信仰上不欲限制各方,尤信孙中山所说三民主义与共产主义并不矛盾,此说任何人不能修改或反对。对于有些报刊言论,蒋认为不能代表国民党及他个人,并称对各党派亦无意取消或不容其存在,他本人对一党政权也不赞成,愿意延请各方人才参加,只是他希望各党派"溶为一体",比如共产党可加入国民党成为一个派别,取消共产党的组织。他声称,两党存在总免不了冲突与竞争,你们共产党讲策略,共产党隐蔽在国民党内来发展不是好策略吗?将来在国民党内,最革命最能干的就会

---

① 《陈、周、博致中共中央书记处电》,1938 年 1 月 2 日。
② 见汉口《新华日报》,1938 年 2 月 9 日。

成为国民党的基础。当然,国民党也可以改变名称,各党都取消而加入为一派,总之党内是可以有派的。对于这一点,周坚定地说明,党不能取消,国共两党都不可能,只有从联合中找出路。蒋表示可以研究,并约周与陈立夫等进一步商谈。而在随后周与陈的谈话中,周更加明确地表示了自己的态度,陈则提出,可在两党以外组织三民主义青年团,两党共同加入。很显然,国民党方面对于组织一个大党来解决两党关系问题,也已有所考虑。

二月十日之后,国民党人关于取消共产党的议论和宣传暂时告一段落,但问题尚未解决。二十七日,中共中央开始召开专门的政治局会议,讨论两党关系的解决办法。会议提出了三种合作办法:(一)实行共同纲领;(二)恢复大革命时期的国共合作方式;(三)组织包括各党派在内的民族革命联盟。会议显然倾向于"建立一种包括各党各派共同参加的某种形式的民族革命联盟",并主张这种联盟的建立应当依据下列三点:"(一)各党、各派、各团体拟定一统一战线纲领,作为各方宣传行动共同遵守的方针;(二)由各方代表组成一自上而下的,即中央与地方的统一战线组织,以规划抗日救国的大计和调整各党派、各团体间的关系;(三)参加此联盟之各党派,仍保存其政治上和组织上的独立。"[1]三月二十四日,王明等以中共中央名义致送《对国民党临时全国代表大会的提议》时,正式向国民党提出了此一设想[2]。

毫无疑问,共产党人此时所主张的民族革命联盟,与国民党人所谓"溶为一体"的组织形式,并没有多少共同之处。蒋介石明确认为,"本党是创造民国领导革命的唯一大党","不仅共产党要尊重本党,服从领导,国内现存一切党派,都必然消融于三民主义之下"[3]。在这种情况下,国民党一方面宣布组织国民参政会,吸收各方面人士参政议政;另一方面却决定建立三民主义青年团,试图以此来达到控制青年乃至"消融"各党之目的。因此,当国民党临时全国代表大会宣布建立三民主义青年团之后,国民党人就立即向包括共产党在内的各党派提出建议,要求他们共同参加组织三民主义青年团的工作。

---

①王明:《三月政治局会议的总结》,1938年3月1日。

②《中共中央对国民党临时全国代表大会的提议》,1938年3月1日,实际交给国民党的日期为3月24日。

③见《蒋总统集》,第1037页。

考虑到三青团的建立可能有助于共产党对国民党施加影响，中共中央显然"准备赞成成立三民主义青年团主张"①，试图"使三民主义青年团实质上成为各阶级各党派广大革命青年的民族联盟"，并"经过三民主义青年团去改造国民党，一方面以青年团的力量推动国民党进步，另一方面经过它使大批革命青年加入国民党，发展与巩固国民党内部的革命力量"②。但事实上，这种目的是难以达到的。

就在国民党刚刚召开全国代表大会，宣布准备实施具有进步意义的《抗战建国纲领》不久，国共之间的磨擦就接二连三地公开表现出来。此时，国共两党间除新四军问题基本解决外，边区问题仍旧没有谈出结果，而且河南、安徽、江西、湖南、福建乃至湖北和陕西，都不断发生逮捕和杀害中共党员与新四军留守人员的情况。六月以来，甚至又在西安出现了国民党陕西省党部下令解散西安十三个正在积极活动中的救亡团体，封闭其机关，逮捕其领导人的严重事件。而国民党公布的三青团组织章程，更清楚地反映出国民党试图全面垄断青年运动的心理。面对这种情况，共产党人不能不在《新华日报》上公开要求国民党"惩办摧残新四军伤病兵及后方人员家属的凶手，赔偿被难人员家属的损失，立即释放西安被捕救亡分子，并恢复被封救亡团体的活动"，同时强烈呼吁"国民政府明令各省将一切新旧政治犯释放，并颁布保障救亡团体的法令"，"消除现在各机关随便捕人，乱封团体，乱禁书报的现象"③。当然，尽管国民党当局对此迟迟不予反应，这时人们仍旧没有把问题归结到国民党的上层，多半只是表示"这些现象的发生，当然主要的原因是由于地方政治的黑暗"，而国民党中央则"缺乏采取坚持实现自己的法令和纲领的步骤和具体方案"④。因此，中共代表这时仍旧在努力通过谈判来解决双方之间存在的分歧，并且在边区等问题始终不得要领的情况下，还进一步提出了扩编八路军为三军六师的建议希望能够得到蒋介石的认可。

事实上，此时共产党力量的壮大已经引起了蒋介石的某种担心，问题并

①《任弼时代表中共中央向共产国际报告大纲》，1938 年 4 月 14 日。
②《毛、朱、康、陈、刘致陈、周、博、凯电》，1938 年 5 月 12 日。
③见汉口《新华日报》，1938 年 6 月 9 日。
④见汉口《新华日报》，1938 年 6 月 9 日。

非仅仅出现在下层。人们只要注意一下国民党中央常务委员会五月三十一日第七十九次会议《关于对党外各种政治团体及其分子之态度的决议》和国民政府军事委员会五月十日及六月二十一日第三〇八〇号、四二二九号训令，就不难看出这些磨擦突然加剧的主要原因。这些决议和训令明确指示国民党人，对于其他党派团体及其分子，除非"放弃其原有主张确认本党三民主义为最高准绳"，"服从本党及本党领袖"，"恪守国法严守军纪"，否则应"随时严密防范"并"严予取缔"。不难看出，国民党上层此时的方针已十分明确，即或者把共产党合并到国民党中去，或者必欲遏制其发展，乃至全力削弱之。在这种情况下，关于八路军扩编的谈判自然没有结果，蒋介石甚至还亲下密令处决了原黄埔军校学生、中共陕西省委重要负责人宣侠父，以防其对他所熟悉的那些国民党高级将领发生影响①。不仅如此，蒋还把边区问题也交给行政院去处理，有意使事情复杂化。

八月十二日，西安行营主任蒋鼎文通知第十八集团军驻西安办事处负责人林伯渠：行政院来电边区问题由陕省就近解决，并已派来彭绍贤、谷正鼎等三人前来交涉。十六日，中共中央电示林，必须坚持二十三县，但可用清涧、绥德、米脂三县改换同原、海原、靖远三县，月经费要十万元。然而，实际上彭、谷等似乎并无解决问题的诚意，他们竟不顾过去谈判的基础，坚决主张实行专员制，不要边区政府，区域也只允十七县，不得增加，以致双方争执不下，谈判竟无法继续。

鉴于两党关系难以取得进展，中共中央在随后召开的六届六中全会上再度重申了加强两党组织上合作的极端必要性。毛泽东明确认为，目前的合作方式"对于长期合作是不利的"，"这种形式太不密切，许多问题不能恰当的及时的得到解决"，因此有必要把"国民党本身变为民族联盟，各党派加入国民党而保持其独立性"，或者"各党共同组织民族联盟，拥戴蒋介石先生作这个联盟的最高领导人，各党以平等形式互派代表组织中央以至地方的各级共同委员会，为着执行共同纲领处理共同事务而努力"。他同时"正式向国民党

---

①蒋介石8月3日见周恩来时亲口承认宣侠父是他下令逮捕的，后来蒋鼎文在同西安第十八集团军办事处林伯渠的谈话中也承认宣是蒋下令逮捕的，只是当时他们都没有承认宣已被杀害。

同志申明:我们停止在你们内部作招收党员组织支部的活动,不管统一战线采取何种的共同形式,我们都是这样做",而所有加入国民党的党员还将向国民党提交他们的名单①。

十月一日,周恩来在六中全会尚未结束之际就返回武汉,于四日向蒋递交了毛泽东和王明给蒋介石的信,并转达了中共中央的有关提议。根据蒋的要求,周于八日复以书面形式说明了中共中央的建议,蒋则立即将周之书面说明分别交给陈立夫、朱家骅、康泽及其青年干事会研究和讨论。

十四日,蒋约周谈,表示中共加入国民党及三青团的问题必须由国民党常委会进行讨论,但他同意三青团可以修改章程允许中共党员参加,待进一步研究后即可考虑实行。但此后由于战局危急,广州及武汉先后失守,此事未能取得结果。至十二月六日,蒋再约周谈,态度已又有改变。蒋称:跨党的办法讨论后大家不赞成,共党既信三民主义,最好合成一个组织,力量可加倍发展。如果这种办法可以谈,他拟于到西北后约毛泽东等面谈,如全体合并做不到,可否一部分党员加入国民党而不跨党,因为大家害怕共产党的"革命转变"。周答称:共产党相信三民主义,不仅因其为抗日出路,而且因其为达到社会主义的必由之路,国民党员则不必如此想,故国共终究是两个党。跨党并改变名称正是为了取得互信,但如认为时机未到,可采用他法,少数人退党而加入国民党,不仅失节失信仰,而且于国有害无益。六天后,蒋再约周及王明等谈,态度更为坚决。蒋称:"共产党员退出共产党,加入国民党,或共产党取消名义将整个加入国民党,我都欢迎,或共产党仍然保存自己的党,我也赞成,但跨党办法是绝对办不到。我的责任是将共产党合并国民党成一个组织,国民党名义可以取消,我过去打你们也是为保存共产党革命分子合于国民党,此事乃我生死问题,此目的如达不到,我死了心也不安,抗战胜利了也没有什么意义,所以我的这个意见,至死也不变的。"他进而断言:"共产党不在国民党内发展也不行,因为民众也是国民党的,如果共产党在民众中发展,冲突也是不可免。"对于周恩来等谈到的其他合作方式,蒋亦认为无用,声称:

①毛泽东:《论新阶段》,载汉口《新华日报》,1938 年 10 月 12—14 日。

"根本问题不解决，一切均无意义。"①

　　一方拒绝跨党，主张合并，一方坚持不放弃自身独立性，国共两党关于组织合作的谈判至此走入了死胡同。一九三八年底—一九三九年初，国共两党在政治及军事方面的磨擦明显增多。特别是在尚未解决疆界问题的陕甘宁边区和国共双方政治军事正处于势均力敌之际的河北敌后地区，国民党人必欲实现自己的统治，而共产党人则竭力反其道而行之，加上蒋有意下令不许部队跨越战区，并示意河北鹿钟麟要求八路军退出河北归还第二战区，矛盾和冲突自然愈演愈烈，越发不可调和。中共方面虽于十二月底复派彭德怀前往重庆面见蒋介石请求根本解决华北指挥关系等问题，并指示周恩来向蒋说明"各地反共捉人事，要他解决"，但蒋显然不以为然。他反而一再催问延安方面对于他提出的合并两党为一大党的主张有何意见，并表示："根本问题不解决，不仅敌人造谣，即下级也常不安定，影响上级意志。"言外之意，合并问题不解决，磨擦就难以避免，他也无能为力。

　　鉴于这种情况，中共中央不得不彻底放弃在组织合作方面进一步密切两党关系的设想。为表明自己对蒋之建议的坚定态度，"打断蒋此种念头"，中共中央及周恩来分别于一九三九年一月二十二日和二十五日致电和写信给蒋介石，明确表示"我民族团结之基础和骨干，实为国共两党之合作"，"凡关心中华民族命运者，无不企盼国共两党之巩固的与长期的合作"。"敝党扩大的六中全会决议及毛泽东同志代表敝党致先生信，均诚挚具体的提出国共两党长期合作之主张和方法……但两党为反对共同敌人与实现共同纲领而进行抗战建国之合作为一事，所谓两党合并则纯为另一事。前者为现代中国之必然，后者则为根本原则所不许。共产党诚意的愿与国民党共同为实现民族独立、民权自由、民生幸福之三民主义新中华民国而奋斗，但共产党绝不能放弃马克思主义之信仰，绝不能将共产党的组织合并于其他任何政党。"尽管中共中央在信中仍旧表示愿将自己"保证两党长期合作办法，及敝党所能让步之点及其一定限度，恳切提供先生及国民党全党同志之前"，请其"慎重考

———————————

①《陈、周、博、吴、董致中共中央书记处电》，1938年12月13日。

虑"①,但事实上,国共两党关于组织"一个大党"问题的谈判,已经由于双方意图完全背道而驰而无法继续了。至此,自一九三七年以来国共两党进一步密切组织合作的努力,也告一段落了。

4.一九三九年至一九四〇年国共两党关于军事问题的谈判

（杨奎松）

国共两党在抗战期间的冲突和磨擦是多方面的,但在这种种冲突和磨擦中,最为关键的实际还是军事上的冲突和磨擦。一方必欲发展强大并不为对方所制,一方则必欲遏制乃至削弱对方实力以防其威胁自身统治。在这种情况下,军事问题的商谈自然经常成为国共两党谈判的中心议题,特别是在一九三九年——一九四〇年军事磨擦初起,国共两党仍旧对于通过谈判方式来解决这种冲突抱有某种希望的情况下,就更是如此。

军事磨擦的发生和加剧

国共两党最早的军事纠纷出现在河北地区。河北本是第一战区所辖之作战区域,而八路军则属于第二战区之建制。但早在一九三七年战争之初,由于抗击日军的需要,蒋介石就已经命令八路军前往河北敌后"将其后方联络线切断,使其陷于援尽粮绝之困境"②。一九三八年三月,蒋及何应钦、白崇禧、徐永昌、陈诚与周恩来、叶剑英等会商,复决定将黄河左岸第一、二两战区合并为一个战区统一指挥,组织野战兵团和挺进支队向敌后之冀、鲁、热、察及平汉、津浦线之间的山地进发。至六月,八路军各部和国民党部分武装均已受命前往上述地区进行游击战争,国民党并委任鹿钟麟为河北省政府主席。由于这时滞留敌后的杂色武装较多,鹿钟麟等又刚到河北,尚无力统一河北军政和党务,而共产党人在此早已植下根基,甚至已经建立起来了部分地方政权,因此国共间虽间有磨擦发生,但考虑到种种因素,鹿等仍不能不设法与中共协商解决分歧。八月二十日前后,鹿率其省党部负责人等曾专程前往第十八集团军总部与彭德怀、朱德等商谈。双方议定:(一)原由八路军建

①《中共中央致周恩来转中国国民党总裁蒋先生电》,1939年1月22日。

②《蒋中正致阎长官转第八路军朱总司令电》,1937年9月28日。

立的冀中、冀南行政专区分区政府人员不变;(二)为统一民运决定组织河北总动员委员会,以鹿为主任;(三)八路军在河北之正规军和游击队须得朱、彭同意或委任方可指挥,河北专区分区之地方武装须经过所属军分区司令员方可指挥,冀察晋边区政府所管理之冀中各县仍为河北省府所辖,但省府命令须经过该边区政府同意才能生效①。

　　然而,随着鹿钟麟渐渐确立了对国民党在河北各色武装的统一领导地位,重又开始谋求在军事、行政及党务和民运等各方面切实实现自己的权力,而共产党在河北的势力又远非鹿所能统御,加以双方地域交错,互不能让,军事上时遭日军进攻,却又难以配合,致使双方矛盾日深,军事上的磨擦自然愈加不可避免。自一九三八年秋冬之交开始,因鹿试图解散中共建立起来的冀南行政公署,这种磨擦很快就变得白热化了。

　　对于解决河北乃至整个华北日益加剧的国共军事磨擦问题,鹿钟麟的态度很明确,即取消中共冀中、冀南行政主任公署,在冀之八路军主力一二九师及其所属部队,立即归还第二战区战斗序列,其所编各种游击队一律交归省府指挥,不准携去,"庶拔本塞源,以弥隐患",如此节做不到,至少应"令八路之在冀境者悉数开入冀中,抑或分担津浦、平汉铁路,总以划分军区不相混较为妥善"②。但中共中央的态度则截然相反,在其一九三八年十二月二十三日给即将去西安参加将领会议的彭德怀的指示中,要他向蒋提出:"凡八路军占优势而为主力的地区,一切军队、包括友党之游击队及地方自卫队,应归八路军指挥;凡友军占优势地区,一切部队概归友军指挥。所谓地区应以战略区域为单位,争取委任朱德为一个战区的副司令长官。"同时,"为坚持敌后抗战之利益,华北之军事指挥与政权应该合一,即军事兼地方官,而不是省主席兼游击司令"。故华北各区重新划分时,应不照过去省界,而依游击战之形势定之,"某些省区及其所属各县之行政长官,应要求委任八路军将领及政治工作人员充当之"。为此,中共中央甚至表示在必要时,"我们可以表明放弃某些地区如冀中、冀南、平原之一部给鹿及其他友军,在该地区中之八路军及其游

①《朱、彭致中共中央书记处并转胡服等电》,1938年8月25日。
②见《中华民国主要史料初编》第五编(二),第252—253页。

击队可以退出或完全听从指挥,该地区中八路军所委之县长亦可让出,我们可不再去发展武装力量,以求实现以划分区域为基础的增进合作与消弥磨擦"。据此,彭上书蒋介石,建议"在八路军任主力的地区,友军及地方武装应受八路军指挥";"华北行政区应照军事关系重新划分",并以各区军事长官兼任行政区主任;同时彭提议"委任一二〇师副师长肖克兼热冀察边游击司令,一一五师副师长聂荣臻为晋冀察边游击司令,一二九师副师长徐向前兼津浦北段游击司令,萧劲光为陕北河防司令";"一一五师、一二〇师、一二九师等三个师请准许改编为军,军辖二师或三旅,并请增编八路军总部一个炮兵团及一个特务团"。另因八路军"现有人数十二万(陕北河防部队及华北游击队在外),且以伤兵残废日多,原有四万五千人经费实在不够支配,请增加月费一百万元"①。

　　由于此时蒋合并中共之计划不成,已渐下决心从各方面限制共产党之扩张,故彭德怀在重庆与蒋之谈判自然不能取得任何成果。蒋只同意内行营主任程潜及战区长官阎锡山、卫立煌等派员协同进行调查,同时则下令各战区禁止未奉军委会命令擅自开往它区,不得兼管行政,并调兵增援河北、山东。而在一九三九年一月下旬举行的国民党五届五中全会上,国民党更通过了明确的限制共产党发展的决定。这样一来,国民党人自然更加理直气壮。鹿钟麟竟致电朱、彭,要求八路军立即退出河北,并将游击队交其指挥,同时到处任命专员、县长,制造双重政权,解散中共各级民政组织,甚至不惜加紧军事磨擦行动以求多占地盘便利于即将开始的谈判。面对这种情况,中共中央进一步决定采取强硬立场,故电示朱、彭等在与国民党方面的谈判中,坚决申明以下主张:(一)敌后抗战形势,要求军、政、党、民之一致,应由当地高级指挥官兼地方行政官,因此,为真正统一指挥及统一行政起见,要求撤换鹿钟麟,以朱德为冀察战区总司令兼河北主席,石友三副之;(二)冀、察、鲁三省为山西、中原、西北之屏障,三省之八路军只应增加,不能减少;(三)敌后抗战形势证明建立边区是正确的,因此晋察冀边区、冀中、冀南现行政权不仅不能取

①转见《两次大战与中国前途》,1985年版,第149—151页。

消,而且山东及其他地区亦应依照战略形势重新划分行政区域,维持原有省界是错误的,取消晋察冀政委会、冀中、冀南行政公署决不能从;(四)政府发饷甚少,八路军及游击队不能不就地筹粮,故停止征粮颇难从命;(五)对于非理进攻,必须反击,决不轻言让步。

自一九三九年开始,国共之间的军事磨擦已经在华北及西北各地四处蔓延开来。由于八路军已经提出撤换鹿之要求,蒋却令朱、彭等直接与鹿会商解决一切,彭等干脆不予理睬,决心争取实现中共中央所提出的在河北以八路军为主和以朱、彭为河北省府主席的"根本方针"。与此同时,陕甘宁边区亦因辖区不明,国民党有意造成双重政权,且开始全力贯彻五届五中全会限共决定,以又必欲取消中共政权,而接连发生土桥、龙州堡、瓦窑堡、镇原、宁县、枸邑等事件①,国共双方军事冲突不断。另外,山西、山东、河南、安徽等省,也相继发生各种军事的和政治的纠纷。事情很明显,国共关系正在出现严重危机,甚至可能出现大规模的对抗和冲突。

为制止军事磨擦而进行的初步交涉

一九三九年春,国民党中央执委会先后颁布《防制异党活动办法》并制定《共党问题处置办法》等,明令党政军民各级组织务必在所有地区全面恢复和强化国民党的统治,或"实行联保连坐法使人民不敢与异党分子接近而受其利用",或取缔一切与异党有关并受其影响之武装队伍、政权组织和民众团体,为采取各种严格防制政策纵然发生磨擦,"亦应无所避忌"②。由此可见,国民党这时实际上是已经下定决心不惜与共产党刀枪相见了。只是其"对付共产党员之态度,可分为二种,上层注重'理性之折服',以'严正'对之;中下层当予以事实上之'打击',以'严厉'对之"③,故其一方面责令各级组织"严厉"打击共产党的势力,另一方面却仍旧继续与中共中央的代表进行"理性"的谈判,力图以"严正"之态度来"折服"共产党的上层领袖。但是,此时中共中央的态度同样变得很强硬,毛泽东公开主张:"他们要打,我们没有办法",

---

①"土桥事件"发生于1938年12月—1939年1月;"龙州堡事件"和"瓦窑堡事件"均发生于1939年3月;"镇原事件"和"宁县事件"则发生于1939年4月;"枸邑事件"发生于1939年5月间。

②《限制异党活动办法》,1939年4月。

③《共党问题处置办法》,1939年6月。

"来而不往非礼也"。不仅军事上坚决抵抗,而且要准备更高的谈判条件①。

六月七日,周恩来向陈诚提交了关于"合理与公正"的解决两党冲突问题的建议。其要点为:

(一)陕甘宁边区问题:

1. 依照原定十八县,即延安、甘泉、鄜县、延长、延川、安定、靖边、定边、保安、安塞、淳化、栒邑、正宁、宁县、合水、庆阳、环县、盐池,划为陕甘宁边区,其编制、组织系统及施政方针及经费另定之;

2. 沿黄河之清涧、绥德、米脂、吴堡、葭县五县及神木、府谷各一部分划为第十八集团军河防部队之警备区及第十八集团军之补给区,并给以保证;

3. 在A、B两项划定区域外,第十八集团军于陕甘宁三省地区不另驻兵,但医院、兵站及办事处不在此例;

4. 在A、B两项划定区域内,中央不另派兵驻扎;

5. 边区地方行政,归边区政府负责主持,以前陕甘两省政府派去之县长及保安队,应撤回或改组;

6. 河防警备区应单独划为一专员区。

(二)河北问题:

1. 允许中共党员及八路军代表有参加河北各级政府之权,河北省政府应予改组;

2. 承认第十八集团军为河北作战主力,应负晋察冀边区作战之责;

3. 冀察战区党政委员会分会应有中共负责者及民众团体代表参加;

4. 原则上应承认冀中、冀南两专员公署的存在;

5. 国共两党应各派代表在河北组织共同委员会。

(三)第十八集团军问题:

1. 第十八集团军应准予扩编为三军九师,并增加军饷;

2. 扩编后的十八集团军应准予建立各直属兵种。

继周恩来致送书面提议给陈诚并转交蒋介石后,蒋即于十日专门约周进

---

① 毛泽东:《后方军事工作的政治方针》,1939年5月5日。

行谈话。蒋在谈话中明确表示了下述意见：（一）关于共党问题之症结，目前不在陕北几个县，而在共党应有根本的进一步之真诚，服从中央命令，执行国家法令，为全国革命之模范，而不自居于整个国家体制之外，造成特殊关系，为一般封建者为借口；（二）余为全国革命领袖，完全以理智的及持平的态度处理国事，绝不偏听任何人或某一人之报告而有所偏倚，余之权衡一切，完全以国家民族整个利益为前提，余为革命计，决不能有所迁就或姑息；（三）共党为求解决问题，先造成特殊事实，以强迫的态度对余，余为革命领袖，自不许有此种加诸余也；（四）欲求目前各地纠纷之适当解决，必须共党首先真诚恪守中央命令，使事态平复，如此余决不致有亏待共党也；（五）余对人对事，向以仁爱为本，对共党亦无不如此，乃至责备，皆所以爱护共党；（六）吾人今后一切实施与行动，皆应合乎国家统一与独立为唯一原则，故吾人之求统一，实为整个国家民族之利益着想，此种利益，自亦为共党所共有也[1]。

蒋介石是否能够完全以理智与持平的态度处理国事，而不偏听偏信，这在共产党人看来是颇值得怀疑的。尽管中共中央这时还没有把蒋视为他们所痛恨的"顽固派"，对蒋或多或少还寄予某种程度的希望，但他们也决难相信蒋会超脱党派观念来对待国共两党关系问题。其实，就在与周谈话的当天，蒋一方面对周表示"爱护共党"，一方面却下令西北各军全面"监围""陕北奸伪"[2]。与此同时，面对前不久刚刚发生的陕北镇原、宁县事件和湖南平江惨案，蒋之态度也很鲜明，即只相信国民党人的报告，而丝毫也听不进去共产党人的说法[3]。这表明，坚持以党治国和一党专政的蒋介石，是不可能真正超脱于党派观念之外的，恰恰相反，正是从党派观念的角度出发，蒋这时实际上在内心深处已经把日益壮大的共产党看成是与日寇一样危险的"敌奸"[4]了。只是大敌当前，国民党还只能以日本为主要的威胁，而对共产党则只能以限制和削弱为主，不能全力打击。

国民党此时解决中共问题的腹案从陈诚等负责制定的《共党问题处置办

---

①《蒋总统秘录》第十二册，第80—81页。
②《蒋中正致朱长官、胡副长官代电训令》，1939年6月10日。
③见《蒋总统秘录》第十二册，第82页。
④《蒋中正致朱长官、胡副长官代电训令》，1939年6月10日。

法》中可以看得很清楚。该《办法》称：

（一）军事方面：

1. 八路军与新四军之军政军令必须统一于中央，旧八路军之番号即应饬令取消并通报全国；

2. 正规军只有驻地，并无防区，八路军与新四军自应服从上级司令部之指挥调遣，不得要求划给区域；

3. 游击部队可划定游击区域，但非得军事委员会之命令不得脱离驻地，尤不得越出其活动范围，八路军与新四军派遣游击部队事先须请示中央，否则即以违抗军令处置；

4. 八路军与新四军必须遵守军政部统一规定，绝对不准自由招募，尤其不准就地筹粮或收缴民枪，乘机扩充私有武力；

5. 陕北河防警备区改派其他部队接防，十八集团军另调第二战区防务；

6. 游击根据地之规定及当地政权之建立，应由主管战区司令长官协同战地党政委员会决定，而委派地方官吏及征收赋税，则仍应归各该所隶省府办理；

7. 共党军队政训工作应照军委会政治部所颁布之宣传纲领及其他规定之政训工作办法行之，而政工人员之编制与人事亦应悉依政治部命令行之；

8. 在八路军与新四军之驻在区，军事委员会得指定中央与之互派联络员，监视其整个活动；

9. 共党不得以其军队或他种名义随地设立办事处，以为秘密工作与通讯之掩护，嗣后所有各地办事处非经呈准中央者一律封闭。

（二）党务方面：

1. 党内党外均应一致遵照抗战建国纲领，以实行三民主义为最高原则，任何纠纷皆当取决于领袖；

2. 共党在各地不得有任何公开或秘密之组织，如个别共产党员在各地公私机关团体服务者，必须开列名单呈报中央，否则一经发现，即以战时非法活动论罪；

3. 共党外围组织"民先队"与"救国会"应即令取消，其分子一律由中央指定机关接收训练；

4. 共产党员非经中央特许,绝对不准服务于各部队机关及军事性质之学校、交通及产业机构中；

5. 共党应即停止违反本党政策之种种荒谬宣传及共产主义思想之传播,关于"统一战线"、"新阶段"、"拉丁化运动"、"新启蒙运动"、"民主政治问题"与"少数民族问题"等反动宣传活动,即应取缔；

6. 共党不得单独设立机关报与杂志及印刷前述种种宣传品之书店,违者即行封闭。

(三)行政方面：

1. 绝对否认共党所谓"陕甘宁边区"之组织,中央应即决定认此为地方问题,授意各该省政府自动以种种必要手段恢复管辖权力；

2. 共党在华北各省游击区内组织之地方政权,应即令移交冀察战区党政委员会分会；

3. 教育与训练机关必须绝对统一于中央,"陕北公学"与"抗大"应令停办,或归中央接收；

4. 任何地区不得建立违反本党立场及中央法令之经济制度。

(四)目前亟待解决之问题：

A. 陕甘宁边区：

1. 调整陕北行政区域及人员,划绥德、清涧、米脂、吴堡、榆林、葭县、横山、安定、府谷、神水、延川等十一县为第一行政区,以延安、保安、安塞、延长、甘泉及靖边之一部等七县为第二行政区(必要时可增划甘省之合水、环县及庆阳之一部分归陕西第二行政区),洛川、宜川、鄜县、宜君、中部等五县为第三行政区；第一、三行政区之专员、保安司令及各县县长由本党遴选忠实精干有斗争经验之同志担任,第二行政区则准由中共保荐,由省府任命；如上述办法实行困难,则就伪边区目前所占据之区域成立陕北行政委员会,直属陕西省政府管辖,其人选得由共党提出名单中之一部分向陕西省政府推荐,经核准后任用；

2. 加强"边区"党务,由中央遴派大员赴陕北及邻近"边区"各县办理党务,积极训练干部,吸收党员,组织民众,对"边区"组成极坚固之封锁网,并会同当地军政负责人,组织党团,策划指导一切,逐渐肃清其势力。

B.八路军新四军:

1.统一编制及确定名额,八路军新四军之编制应与其他国军之编制名实一致,其兵额亦应有限制,由军委会派员点编后不得再以任何名义组织游击队或其他武力,其后非因作战伤亡不得擅自补充或扩编;

2.确定作战任务及区域,由军委会明令定之,嗣后只准在指定区域内执行任务,非得军委会命令不得越出范围;

3.各地方当局分别与该军之负责人切实约定,不得与地方发生关系,并不得作民众运动。

C."晋察冀边区":

1.伪"晋察冀边区政府"及其所组织之各县地方政权应严令解散,限期移交各该省政府管辖,所发行之货币,责令其负责收回,否则以军饷作抵;

2.充实冀省之行政机构及人员,由本党中有斗争经验之精干同志充任各县县长,并与当地党部游击队密切联系,积极与共党斗争。

D.其他:

1.抗大、陕公、妇女大学、工人大学等学校,先勒令停办,听候改组;

2.《新中华报》、《新华日报》、《解放》、《群众》等一律禁止发行;

3.共党的组织停止发展,不得在各机关、各部队、各学校、各团体中吸收群众①。

由上所述,可以清楚地看出,国民党这时对于共产党的存在和发展,实际已成惊弓之势,其虽不能痛下决心消灭共党,但无论公开还是秘密,都已决定全力削弱共党,特别是注意使其在群众中逐渐失去存在基础,并且在政治、经济,尤其是地域上严格限制其存在。但与前不同的是,国民党此时已不可能提出控制中共军队或合并共产党的问题了。特别是随着国民党对华北敌后的政治和军事日益失去控制,中共军事力量及其政治影响力在华北敌后迅速

—————————————

①《共党问题处置办法》,1939 年 6 月。

发展并有进一步向南推进之势，国民党已不能不渐渐改变策略，从一度寄希望于军事压迫逐渐转为用政治和军事两手策略来设法限制其发展了。

国共两党的初步军事谈判

一九三九年九月，蒋介石一面电令晋、冀两省军政当局进一步采取措施限制共党发展，一面再度开始找共产党代表商谈政治解决两党间军事冲突的办法。在九月十三日与王明、博古等人的谈话中，蒋再三表示《防制异党活动办法》他并未最后批准，但中共进攻他，他和国民党不过为自卫而已。对于王明等说明，国民党军事、政治、经济力量均较中共强大，共产党自顾不暇，绝不能也不希望进攻国民党，以及送交的国民党河北民军司令张荫梧下发的消灭八路军的密令，蒋则声明绝不知情，惟希望共产党要注意大问题，不要总占小便宜，进而表示愿意指定专人与中共代表继续接洽解决一切问题。

随后，国民党开始具体讨论解决河北军事磨擦的办法。程潜首先提议将河北游击队之精良者编为正规军，其余编为地方团队受省府指挥，此外各种游击队、先遣队，凡未经呈准备案者，一律取消，违者按匪剿办。经国民党党政委员会及陈诚等研究后，决定：（一）冀察战区总司令部不设副司令，共党代表一人可允许充任省府委员或党政委员会分会委员；（二）战区所有部队均归战区总司令统一指挥，十八集团军在该战区之部队亦应加入战斗序列，由总司令直接指挥；（三）各保安队及游击队应交省府统辖整补，将来任务由战区省府适宜规定之；（四）冀中公署仍照前令撤销，冀南公署暂改省府行署，仍以原主任为主任，但须由省府另派一副主任，一切均受省府命令指挥；（五）双专员双县长撤销，原专员县长中有成绩并确能遵守中央命令者，由省府加委任用；（六）民众团体之整理另商具体办法。与此同时，鉴于共产党方面一再要求，蒋亦主张适度让步以便阻制，防止其自由发展，在何应钦主持下，国民党军政部军务司也正式拟定了第十八路军扩编方案，该方案提出："（甲）第十八集团军可扩编为三军六师三个新编旅，增加经费三十万元；或（乙）扩编为三军六师三个补充团，增加经费二十余万元；但（丙）扩编后（一）游击区归战区指挥；（二）各单位设政训处，组织人事由政治部定之；（三）各军、师联络参谋由军令部指派之；（四）各军师长由朱总司令委任；（丁）扩编十八集团军之附加条件:(一)取消特殊组织;(二)军政军令统一中央;(三)不得征收民枪及团队枪支;(四)取消征募;(五)不得擅自扩编及擅委名义;(六)驻地由军委全指定,不得要求划区;(七)经费可先增加五至十万元,令其统筹办理。"

一九三九年十一月中,国民党中央经过反复磋商后,决定首先与中共谈判解决八路军人事经理及其经济制度等问题。十四日前后,何应钦及贺耀组接连与叶剑英进行商谈,要求中共军队不得在华北擅发纸币,并提出中央应有权派人到八路军中去,有权统一经理制度和监督经费的使用情况。叶当即答复说,钞票非八路军所发,此为河北地方政府的问题,应由中央转知各地方政府共谋解决。至人事任免,事实上早已统一,八路军团以上干部都已呈请过中央委任。对于经费问题,叶表示八路军全都用在军队本身,并未移作他用。但何等仍旧坚持己见,很快又提出正式的三项条件:(一)国家行政之统一必须保持,尤其法币之发行,与国家经济财政关系重大,更因有与他国助我有关,故其发行权必须统一于中央,所有十八集团军在冀南发行之钞票,必须立即收回销毁;(二)为统一对内对外之宣传,以正国际视听,第十八集团军各军师政治部,应照中央规定与其他军师政治部一律办理,政治部人员应由军委会政治部委派;(三)国军之人事经理均系一于中央,十八集团军乃最革命之军队,其人事经理亦应统一于中央,步兵团长以上,特种兵营长以上,应呈请军事委员会委员长任命,另中央经费应直接发到师部,师军需处长应由军需署委派。以上各项若能切实办到,则中央可准予增编三个师,或按乙种军编制增为三个军。对此,叶进一步明确表示,钞票问题纯为冀南行政公署之事,此事只有八路军代表参加河北省府后方能过问;八路军的人事经理问题早已按中央要求办理,惟政治部及军需署派人办不到;至扩编为三个师或三个乙种军亦不可能,八路军已达二十三万人,因此请准予扩编为三个甲种军九个甲种师。

正当双方开始就军事问题进行谈判之际,国共两党间在华北及西北的军事磨擦突然急剧地白热化起来。先是蒋鼎文声言中共陕北河防薄弱,调派骑二师径入陕甘宁边区,力图借此以所谓"镇压十八集团军在陕北种种暴行"①。之后阎锡山在晋西发动事变,对于山西新军进行大规模的军事压迫。同时,陕北宁县、合水等地又接连爆发国民党正规军对八路军的较大规模的军事冲突,蒋鼎文并派二十八师等化装成保安队乘机夺取七里镇等陕北战略要地,以致中共中央决定调派王震的三五九旅回援陕北,双方为此反复交涉,使军事谈判一时几乎陷于中断。然而,双方关于划界的设想和交涉,却由此开始提上议事日程了。

十一月二十三日和二十五日,张冲受命约博古等谈王旅回陕事,表示蒋对此十分关注,要求部队撤回。同时张称,国共两党关系要根本解决,"最好划定一定区域,使部队不致犬牙交错,引起双方之疑忌,酿成冲突"。张认为:"政治上实行宪政,地区上有适当划分,为最好巩固团结方法。"希望中共考虑,他并提出了划河北、察哈尔、热河及东北给中共的意见。博古对此表示愿与中共中央商量,但怀疑国民党多数领导人是否同意。张则确信关键在蒋,表示他可对蒋去说②。但十二月山西阎军与新军爆发大规模军事冲突,特别是十二月中旬原为双重政权的甘肃宁县、镇原被国民党九十七师袭占,国共冲突达到高潮,因此两党谈判再度受到影响。蒋似乎对自己的军事力量一时又充满了信心,故而把朱德接连提出的强烈抗议当成了耳旁风,以为其不过"虚声恫吓吓,有意捣乱","甚恐我军进剿也"③。不过,事实上中共却并非是"虚声恫吓吓",它此时不仅开始以武力援助山西新军,而且明确决定在西北、华北、华中及长江流域中共军队占优势的地方采取攻势,而不是守势。这样一来,国民党在华北地区军事上的劣势很快就显露出来了。

一九四〇年一月初,蒋已多少意识到国民党在西北的军事力量还不足以给中共以致命的打击,故开始考虑在西北暂时采取缓和策略。一月四日,何应钦约叶剑英谈话,称"所谓边区,委座从未承认",且林祖涵去年二月十二日致行政院函亦只说到十八县,今忽要求二十三县,未免矛盾甚多。其意不如

---

①国民政府军令部战史会档案(二十五)2074。

②《中共南方局致中共中央书记处电》,1939 年 11 月 25 日。

③《蒋总统秘录》第十二册,第 91 页。

划一专员区,取一折衷办法,并使军政分离。何同时特别提到王旅事,称阎、邓均有电说明事前并未下令该旅西渡,故请照委座令将该旅撤回。至陇东冲突,何说,迭据报告,均说明系十八集团军部队先行进攻,现已电萧劲光转饬停止军事行动,并派大员前往调查。叶答复说,关于边区名称等,早有行政院三三三次会议予以通过,当时只因人选问题未能求得一致,以致未能实行。至王旅事,须向延安报告,但该旅开回,一因巩固河防,二则因要确保延安与晋冀间之联络线,闻中央有将高桂滋军开驻陕北之意,如此问题将更加复杂。对于陇东事,叶则要求双方派遣代表前去调查。

五日,张冲受命找叶进一步谈。张要王旅回到河东去,至少要敷衍一下面子。叶剑英称,王旅撤回可以,但须在中央军队陆续从边区周围撤走才有可能。在中央目前在边区周围调兵遣将并攻占宁、镇两城的情况下,王旅无过河可能,反有继续增兵的必要。且现在要王旅过河,如目的在于调高桂滋军前去,以便截断晋陕,这更无可谈。目前重要问题在于停止陇东军事行动,明令承认边区与扩军,不在王旅过河与否。故如中央能够办到:(一)把边区周围军队调赴前线,陕甘驻军恢复骑二师进军前之状态;(二)绝对不增调任何军队赴绥德、吴堡、清涧,陕北行政专员何绍南撤职;(三)解决边区问题;(四)承认扩军,则王旅过河当可商量。六日,张冲再来,转达何应钦对中共以上意见的答复。据张说,何表示:(一)已下令陇东停止军事行动,着朱绍良派人调查解决,并谓中央军可后撤;(二)何绍南决不再去,高桂滋军亦不调;(三)边区问题解决困难甚多,尤其陕甘宁三省当局反对,可否找一折衷办法;(四)扩军事于事态平息后,由何负责向蒋提出实行。但叶等表示:(一)调查应由双方派人去;(二)对边区问题之解决等须按原决定发表,绝无折衷余地。九日上午,张冲又来,称蒋、何已内定解决方案如下:(一)撤换何绍南;(二)骑二师放回洛川以南;(三)高桂滋不调;(四)解决边区问题,以免再发生冲突;(五)八路军扩编为三军六师;(六)王旅过河东,冀南纸币停止发行。下午,叶剑英复与何谈,何确表示相同意见,但其解决边区问题之方案仍是主张改边区为专员区,并只划给十四县,即从原定的十八县中划出淳化、栒邑、正宁、宁县四县,说是该四县接近公路和西安,常生磨擦。叶当即表示不能接受，并声明扩军非九师不可。谈判未能取得进展①。

多半是出于对外政治影响的种种考虑，国民党最高层这时还没有以武力取消陕甘宁边区的具体设想，其拒不承认边区政府，强制推行双重政权，以致鼓励下层以各种方法与中共争夺民众和地盘，目的不过在于阻制中共的发展，并迫使中共在边区问题上按照国民党的愿望作出让步。因此，当围绕边区问题的磨擦有发展成为军队间的大规模对抗和冲突时，国民党人就不能不想方设法加以缓和了。不仅蒋介石要张冲转告中共代表他对此事绝不知情，故已电告蒋鼎文、朱绍良"望其勿闹"②，而且在西安负责与林伯渠具体商谈边区磨擦问题的程潜也一再推卸责任，声称调动军队进兵边区是 CC 系干的，《防制异党实施方案》是政治部发的，并非他们的责任。然而，不论国民党人如何解释，对边区的磨擦和进攻本身，已经更进一步促使共产党坚信，只有坚定不移地采取强硬对策，才能使国民党限制及削弱自己的阴谋不致得逞。

一月十日，中共中央根据重庆国共谈判的情况，召开政治局常委会，决定应付方针如下："（甲）边区问题：（一）要二十三县，少一县不行，因前定十八县经行政院通过，近来发表，又复增兵包围，百计进攻，非二十三县不足保障八路军后方之巩固，且陇东五县、关中三县、绥德五县，久经划作八路军防地，惟有直隶边区行政，才能避免冲突；（二）王旅不能撤，要求增调两旅，因陕北在二战区范围，并非另一战区，增援河防极为正当，蒋曾迭电巩固河防，王旅调来正符蒋令……现在因蒋鼎文、朱绍良增派大兵包围边区，故八路军非增调两旅开驻鄜、洛、淳、枸、庆、合一带，则后方无保障，前线不安心，请蒋、何迅速批准，否则实行移驻，勿怪擅自行动。但如彼方撤退包围，恢复八月状态，则我方增调之兵自可令其停止，否则非调不可；（三）为巩固河防避免磨擦，不但何绍南不能再来，并须委任八路军人员为专员，五县县长均改委八路人员，

①关于这几天谈判情况目前所见国民党方面与共产党方面所存资料记载略有不同。分别见《中华民国重要史料初编》第五编（四），第221—224页；《转叶、董、凯致中共中央书记处电》，1940年1月9日等。

②关于这几天谈判情况目前所见国民党方面与共产党方面所存资料记载略有不同。分别见《中华民国重要史料初编》第五编，第221—224页；《转叶、董、凯致中共中央书记处电》，1940年1月9日等。

所有磨擦人员均须调走,何绍南亦须逮赴法庭,追治贪赃贩烟及遗误河防动员等罪;(四)二十三县之有双县长者,遗笑中外,妨碍行政,制造磨擦,应立即撤退,否则民众起而驱逐,我们无法制止;(五)八路有在二十三县境内动员民众实行三民主义与抗战建国纲领之全权,陕甘两省有加以妨碍者,须严处之;(六)陇东事件必须合理解决,我方派谢觉哉为代表;(七)承认陕北河防区归八路负责;(八)肤施县党部有企图暗杀我中央人员之消息,请速为制止;(乙)阎部新旧冲突问题:(一)只宜调停不宜战争;(二)旧军将领许多通敌,敌军有配合旧军进攻新军之事,值得注意;(三)八路拥护阎长官,拥护一切抗日力量,反对一切汉奸,对此次斗争仅处调停地位,并未参加何方;(四)晋东南晋城、阳城等七县,孙楚惨杀抗日人员,中央军则公开助孙楚,殊为不合;(丙)河北问题:(一)委任朱德为冀察总司令兼河北主席,贺龙为察哈尔主席;(二)撤销鹿钟麟、石友三,拒绝庞炳勋;(三)如不顾事实一意孤行,引起严重冲突,我们不能负责;(丁)竹沟惨案问题:(一)惩凶;(二)抚恤;(三)恢复原状;(戊)八路扩军问题:(一)三军九师;(二)二十二万人;(三)月饷四百四十万元(每人平均二十元计);(己)新四军问题:(一)三个师;(二)五万人;(三)月饷一百万元;(庚)补充子弹一千万发,以利作战,现在弹药消耗殆尽。”①隔日,中共中央又再度强调:“目前可先解决边区与扩军问题,其他待机提出。”而边区问题,中共中央进一步主张:“(一)坚持二十三县,少一县不行;(二)可将淳化、栒邑、正宁、宁县、镇原五县划出,如此则二十三县范围如下:(A)甘肃三县:庆阳、合水、环县,(B)宁夏一县:盐池,(C)陕西十九县:鄜县、甘泉、肤施、安塞、安定、延长、延川、清涧、绥德、米脂、吴堡、葭县、神木、府谷、榆林、保安、靖边、定边;(三)但原有关中苏区,即淳化、栒邑、宁县各一部分,仍须在边区范围内,否则当地民众决不同意;(四)二十三县境内实行民主制度,彼方原有行政机关地方武装等,一律撤销;(五)撤销以破坏边区为目的之一切特务机关,但党部不在内;(六)边区名称为陕甘宁边区;(七)边区政府委员会由边区参议会选举,国府加委,不得委派别人;(八)主席林伯渠;

---

①《中共中央书记处复转叶、董、凯电》,1940 年 1 月 10 日。

(九)边区行政经费每月津贴二十万元;(十)撤销咸榆公路及陇海铁路上一切阻拦制度,以后不得扣留阻拦来往人员;(十一)马师(即骑二师)撤退洛川以南,其他包围之军队一概撤退,恢复八月的现状,我方即不再调兵来边区。"中共中央同时说明:"陇东五县自彼方进攻后,我亦展开游击战争,逮捕所有彼方人员,广泛发展民众运动,现彼方九十七师已撤退,表示和平,我亦停止军事行动,与保护已捕人员,但民运仍继续发展决不停止。"

毫无疑问,要国民党接受中共中央的上述条件是绝不可能的。十七日至十九日,何应钦及张冲等接连找中共代表谈条件,最终只做到:(一)边区名称陕北行政区;(二)暂时隶属行政院;(三)县数十五县;(四)十八集团军扩军三军六师;(五)王旅至少要有一部分过河东,以给中央面子。面对这种情况,要想缓和国共关系于一时,似乎非由共产党方面作出让步不可。但中共中央的估计恰恰相反,他们确信:"我们对磨擦如逆来顺受,将来磨擦逆流必更大,顽固派气焰必更高。"因此,"现在的问题不是如何让步问题,而是提出更高的要求问题",因为就是照国民党的方案一时解决了,"也还不可太平"。故中共中央电示博古等:"中央前电所提边区扩军等条件都是最低限度的,正当的,合理的,不能再让步。在彼方军事限共到处发展情况下,稍一让步,即可造成彼方向我进攻的机会。故如彼方能承认我方所提各点,则可照此解决,否则,我们须考虑增加扩军数与经费数,并以晋察冀鲁四省及豫东、皖北、苏北全部划为我军防地,方于抗日有利。边区问题在目前形势下,不仅二十三县不能少,而且须考虑增加至二十八县方能巩固后方,否则,敌在华北、西北之军事磨擦将无止境,抗日阵地将大受破坏也。"①

一月下旬,国共之间的谈判始终在进行之中,双方围绕边区及扩编问题不断交换意见。何应钦先提出边区划十二县,两个专员区,军队三军六师,后又让步到边区十六县,军队仍三军六师,在中共方面提出增加六个补充旅后,遂又同意增加三个补充团,并建议划河南、河北给中共,以换取陕甘宁边区。至博古等依照中共中央意见公开抗议国民党在西北及华北制造磨擦之后,何

①《中共中央书记处给中共南方局的指示》,1940 年 1 月 25 日。

又反复声明各地磨擦绝非中央指使,张冲亦再三表示边区军队问题已尽最大努力,至多只能争到边区十八县,且淳化、枸邑、正宁、宁县四县须与绥德等四县调换,军队实不能再加。但二月十三日,蒋召集何应钦、程潜、徐永昌等研究谈判方案之后,却只同意给陕北行政区十四县,至多十六县,或者以察绥二省及晋省之三分之一来交换陕北行政区;至于军队,只同意十八集团军扩为三军六师并加若干补充团,同时要求中共军队担任归德绥远之防务。

其实,关于边区和扩编问题这时已经不是双方分歧的关键之所在了。二月九日,中共中央已决定将谈判重心移到以下八点:(一)下令停止全国磨擦;(二)停止向山东、河北两省增兵;(三)讨伐通敌的石友三;(四)令阎制止旧军进攻新军,恢复八路军之兵站;(五)撤退马禄侵入鄜县南部之队伍;(六)委任朱德为鲁察冀热四省战区司令官兼河北主席,彭德怀为第二战区副司令长官;(七)撤销咸榆公路陇海铁路对付共产党八路军之检查站,取消西安之劳动营;(八)撤销对共产党八路军新四军之书报禁令①。同时,中共中央明确规定了自己的近期目标。这就是,要"将整个华北直至皖南江南打成一片,化为民主的抗日根据地,置于共产党进步势力管理之下,同时极大发展鄂中与鄂东,以便与全国工作相配合"。而在一九四〇年,则决定"陈毅猛烈发展苏北","其在江南者一直发展至淞沪、沪杭、苏嘉三路全线,并超过沪杭路直达海边","扩大军队三万至五万",项英部巩固皖南,力求扩军;胡服"将皖东全部江苏一部化为巩固根据地",新四军"四五支队应由一万扩大到四万以上",并决不让任何反动派隔断我徐州浦口区域;"李先念部力争鄂中、鄂东,坚决建立政权,扩大军队至三万以上,坚决消灭程汝怀";"彭雪枫部确实掌握黄河以北(即淮河以北)陇海路以南,西起开封,东至海边,将此整块地区化为巩固根据地","扩大军队至四万";"陈、罗、徐、朱将陇海路以北黄河以南化为巩固根据地,扩大军队至十五万,坚决消灭沈鸿烈,坚决建立政权,造成华中与华北的战略枢纽","刘、邓坚决消灭石友三及一切反动派,决不让朱鹿顽固派稍为猖獗,将整个直南豫北化为巩固根据地";另外朱、彭发展晋东南,聂

---

① 《中共中央书记处给中共南方局并告北方局电》,1940 年 2 月 9 日。

荣臻等确保五台、冀中,萧克确保平西,贺龙等发展晋西北及绥远,总之,中共中央要求猛烈扩大军队和根据地,只是"在晋冀察绥等省以巩固为主,从巩固中扩大之,在鲁豫苏鄂皖等省以扩大为主,从扩大中巩固之"①。由此可见,共产党人这时并没有指望从谈判桌上得到所希望得到的东西,事实上,也不可能从国民党蒋介石那里得到所要求的东西,而随着其军事实力的不断加强,确实也不必再像过去那样千方百计地去说服国民党人接受自己的主张了。

关于新四军问题的谈判

到一九四〇年的春天,国共两党在西北和华北的军事磨擦已渐渐告一段落了,经过这一阶段的磨擦,国共两党在西北和华北的军事优劣已表现得十分明显。由于陕甘宁边区有兵十团以上且回援较易,国民党在西北虽已有五个军及大约十个整训师,但"仍有兵力不足之虞"②。至于山西、河北、山东,用中共中央自己的话来说,就是"晋西北顽固势力已全部肃清,(河北)石、高已溃败,残部退山东之菏泽,朱怀冰一个师大部被消灭,鹿、朱退(河南)辉县","在华北特别在汾离公路、白屯公路、长治、磁县、大名之线以北,我们已占绝对优势,山东境内我顽两方尚在对峙中,惟我有政权之县份已达四十县"③。这也就是说,国民党不仅在西北还没有左右军事的实力,而且在华北,特别是在河北及晋西北,它实际上已经再也没有力量对共产党人发号施令了。于是,无论是共产党还是国民党,这时都不约而同地开始把自己的注意力逐渐地转移到华中地区来了。

华中地区,特别是江浙地区,向来是蒋介石国民党极端重视的战略要地,其虽陷于敌手,但蒋仍旧丝毫不能容忍共产党人染指其间。还在一九三九年九月,当蒋得知新四军第四支队进入皖东时,即曾要求其撤回。其后,皖东国民党程汝怀部即开始对进入皖东的新四军"以匪论剿"④。但至一九四〇年,新四军仍在华中地区获得长足的发展,于是,蒋更明令已在长江下游及淮河流域的新四军统统撤回皖南,同时批准了"以肃清淮河流域及陇海路东段以

①《中共中央及中央军委关于目前形势和任务的指示》,1940 年 2 月 10 日。
②国民政府军令部战史会档案(二十五)2074,第 973 页。
③《中共中央书记处致中共中原局电》,1940 年 3 月 14 日。
④《严立三致重庆军委会蒋委员长电》,1939 年 9 月 7 日。

南附近地区异党为目的"的"剿共"方案,决定政治军事双管齐下,"于六月中旬以前肃清该地区内非法活动之异党"①。鉴于这种情况,一度坚持对蒋此类命令"一概置之不理"②的中共中央,遂不能不一面决定调派八路军南下增援,一面同意与国民党进行正面的交涉。

四月初,新四军以叶挺及项英名义致电国民党,说明江南狭小,渡江困难,且兵多江北土著,希望不予南调。随即,新四军政治部主任袁国平于十一日亲赴上饶与第三战区谈判。战区参谋处长岳星明首先提出:(一)江北部队必须南调,如交通困难,可逐渐以小部队分批南调,不限时日;(二)今后战区作战重心在苏南与浙西,新四军皖南兵力过多,宜向苏南增移,以加强敌后及作战布置;(三)苏南地区可酌量扩大,在主力与叶飞、张云逸部移苏南条件下,以郎溪为后方交通线;(四)新四军兵力分散,作用不大,今后宜改变,战区保证不分割建制和指挥。袁当即提出五点:(一)扩大作战区域;(二)扩大兵员;(三)改变包围新四军的状况,取消进攻命令;(四)保护新四军家属;(五)皖北部队不能调,因江南地域狭小,难以周旋。国方代表说明,扩大作战区域可以商量,扩大兵员可由战区代办,包围不是事实,家属自当保护,惟皖北部队仍应逐渐南调。至此袁同意:(一)叶部可允南调,但四、五支队尚须说明,在四、五支队尚未南调前,请先指定其在江北之一定任务;(二)军部苏南必须扩大地区,增加军费;(三)请划定郎溪、广德、溧水、宜兴为新四军的作战区;(四)开拔费二十万元;(五)待叶挺军长回军部后即报各开拔。其后,双方商定东调时皖南留一个团掩护江北部队过江,军部则先率两团东进江南,同时划定镇江、丹阳、延陵、直溪桥、薛埠、竹桥、社渚、钟桥、郎溪以西和南漪湖以北大茅山两侧地区为新四军的作战区域。但战区司令长官顾祝同对江北部队南调问题仍旧寸步不让,扬言新四军江北部队"必须立即南调,否则以抗命论罪"。为此,项英要袁答称,江北部队南调必须经延安同意,虽可极力促成,但尚不能做具体决定。目前应电示江北李品仙立即停止进攻,否则难以解决。

----

①《剿办淮河流域及陇海路东段以南附近地区非法活动之异党指导方案》,1940年9月20日。
②《中共中央书记处致胡服等同志电》,1940年3月5日。

对于国民党要新四军全部去苏南的计划,中共中央很快即意识到其中所隐含着的祸心。他们于二十日致电项英:"(一)蒋顾阴谋是想把新四军江北、江南部队全部陷死在苏南敌后狭小区域,以求隔绝八路军新四军之联系,以求在适当时机消灭新四军;(二)皖北、皖东、淮南、苏北,是我军在全国的最重要的战略地区之一,是打破蒋介石把八路军全部困在敌后,尤其是消灭新四军之阴谋的重要斗争地区;(三)在与顾谈判中,绝对不能答允四、五支队和叶、张两团之南调,现在和将来,全部或一部均不能南调,这些部队的南调,不会对江南部队有帮助,而只使江南部队更孤立更困难,故目前对顾可用各种办法借口延搁之。"①据此,项电袁对顾推诿,表示自己只有权解决江南及管文蔚部的问题,江北部队不由其管。经过反复争论,袁与三战区终于达成初步协议,规定:(一)对四、五支队问题不作决定,呈报蒋请示办法;(二)管部南调决定自五月起增加经费三万元,南调后至指定地区即给以名义、任务与经费;(三)皖南留一团并留指挥机关一部;(四)军部先率两个团移苏南,直属队陆续转移,开拔费两万元;(五)作战区域为镇江、丁庄铺、延陵至郎溪及溧水至南漪湖之大茅山两侧地区。

就在新四军与第三战区谈判之际,国民党中央实际上已经开始正式考虑通过划界的方法,来根本解决两党间军事关系问题了。四月十六日,国民党军委会副参谋总长白崇禧上书蒋介石,称共党"袭击友军,制造内战,扩张势力",实"包藏祸心",然而在抗战之现阶段中,若断然处置,则投鼠忌器,若听其演变则滋蔓难图。为此,白建议"于适当地带,划定第十八集团军作战之区域,同时令新四军编入十八集团军战斗序列,一律集结于此区域内,授以攻敌任务,指定攻击目标,如此则既可限制其之活动范围,复可免除滋生事端之口实,若其不遵约束,抗命称兵,则彼罪恶既彰,自当绳之以法,而是非可大白于天下矣"。白提议之方法为:(一)在漳河以北之地带,划定第十八集团军作战区域,并明白规定中共活动之范围,只限于此区域不得有所逾越;(二)将黄河以南之豫鲁皖苏等省之新四军或与该军有关之游击队,一并集中于指定区

---

①《中共中央书记处致项英电》,1940 年 4 月 20 日。

域以内,彼此既有明确之界限,可免相互磨擦,减少祸端;(三)严格限制其军队之人数与编制,不得擅缴民枪,滥事扩充,同时对于在本区域范围以外之共产党宣传及其活动,亦当设法取缔,以免民心动摇;(四)十八集团军在指定区域内之行政官吏,由十八集团军荐请中央委派①。

白崇禧之建议显然颇符合国民党众多高层领导人此时的心理。故几天之后,国民党军令部第一处就受命正式拟定了划分十八集团军和新四军作战区域四种方案上报审批:(一)"变更战斗序列,将第十八集团军及新四军划为一个战区(冀察),委朱彭为战区总副司令案",两军全部开入旧黄河河道以北(指自山西介休、平遥、太谷、长治,河北邯郸、馆陶,到山东齐河以北)之冀察两省和晋东北及冀鲁交界地区;(二)"不变更战斗序列,明确律定第十八集团军及新四军之作战区域案",第十八集团军开赴旧黄河以北,新四军集中江南京芜地区分别执行作战任务;(三)"就第十八集团军及新四军现在态势,按兵力大小划分数个作战区域案",即划分冀中、冀北、晋东南、晋北、晋察冀、京芜六个区域为第十八集团军及新四军的作战区域;(四)"就十八集团军及新四军现在分布情形,于黄河以北及长江以南划分两个作战区域案"。根据方案制定者所列理由,此四种方案中之 A 案显然最具吸引力。其理由为:"(一)在目前一般之态势,冀察战区除南部少数县外,已为该集团军非法占据,根深蒂固,非短时间可以收复,故委以冀察战区总副司令,亦仅系加委之手续而已;(二)战区之作战地境稍有固定永久性质,既经明确划分,任务与防地自然明显,则其越境非法行动无所藉口,我之监视亦较容易;(三)派遣国军再度进入冀察战区亦难恢复原有之地位,且易惹起更不良之结果;(四)冀察有平律通保及张家口各大都市,平津平绥平汉津浦等铁路线,为倭寇侵略地之后方,该团军如遵行该方面之作战任务,于抗战前途亦属有利;(五)委以崇高之名义,减少其非法占据之地域,且足以表示中央宽大之怀。"②根据上述理由,国民党中央决定以第一方案为基础,制定全面解决两党军事关系的划界谈判草案,与中共重开谈判。这样一来,前此之谈判均告停止,两党又开始

①《中华民国重要史料初编》第五编(四),第224—225页。
②国民政府军令部战史会档案(二十五)2074,第979页。

正式举行划界谈判了。

两党划界谈判及其失败

五月三十一日,周恩来于赴苏联治疗臂伤后首次返回重庆。六月初见蒋,说明中共极愿争取时局好转,但国民党有人故意将时局弄坏,"中共是要发展,但第一,不是要超过国民党;第二,更非要独霸,而愿合作;第三,主要在敌占区与敌汪争群众",并且诚意抗战拥蒋反汪,惟对国民党"反共"、"溶共"、"剿共"行为必坚决反抗。将再度表示:《防制异党办法》并未批准,从未看到反共文件,称一年来许多事件的确先由中共引起,但只要军事上服从命令,一切事都可解决。同时,蒋要周与何应钦具体商谈。

关于划界问题,由于国民党人已多次提出,故中共中央已有所考虑,开始同意用划界的方法来缓和两党矛盾。毛泽东明确表示,要"争取划界,我们不超出界外,避免同国民党引起大的冲突,以减少国民党的恐惧情绪,争取抗战时间的延长"。但中共中央此时关于划界的设想,与国民党显然有重大的区别,他们基本上希望就现有态势略作调整,而不是全面向北集中自己的力量。

六月中旬,周恩来根据中共中央商定的意见,向国民党正式提交了全面解决两党关系的具体方案。其内容如下:

(一)请实行抗战建国纲领所规定之人民集会结社言论出版之自由:

1.请明令保障各抗日党派之合法存在;

2.请即释放一切在狱之共产党员,并保障不因党籍信仰之不同而横遭扣留、拘禁、非刑与歧视;

3.请停止查禁各地抗日之书籍杂志,对《新华日报》之出版发行请予以法律之保障,禁止各地非法扣留,并允许该报登载中共之文件决议及其领导人之言论文字;

4.请通令保护第十八集团军及新四军之军人家属,一律按抗战军人家属优待,禁止非法扰骚和残害。

(二)请在游击区及敌占领区内实行《抗战建国纲领》所规定之指导及援助人民武装抗日,并发动普遍的游击战,对各该地区之地方政权,请予开放,实行民主,对当地民众组织,力予扶植,使各党各界之人才,均充分发挥反对敌伪斗争之能力与效用。为加强经济战争,避免敌人吸收法币,夺取外汇起见,请批准各游击根据地发行以法币为基金之地方流通券。

(三)关于陕甘宁边区第十八集团军及新四军问题:

1. 请明令划定延安、延长、延川、保安、安定、安塞、甘泉、鄜县、定边、靖边、淳化、枸邑、宁县、正宁、庆阳、合水、环县、盐池,及河防之绥德、米脂、吴堡、葭县、清涧共二十三县,为陕甘宁边区,组织边区政府,隶属行政院,并委任林祖涵同志为边区政府主席;

2. 请扩编第十八集团军为三军九师,其所属游击部队按战区所属游击部同等待遇;

3. 请增编新四军为七个支队;

4. 为确定战争职责及避免误会和冲突计,请规定第十八集团军新四军与友军作战分界线;

5. 请依同等待遇,按时补充第十八集团军新四军以枪械、弹药、被服、粮秣及卫生通信交通等器材。[1]

针对中共所提方案,国民党方面很快于七月二日根据前定方针提出复案如下:

(一)关于党的问题,俟宪法颁布后再谈;

(二)关于陕甘宁边区问题,中央决定区域为绥德、米脂、吴堡、葭县、清涧、延安、延长、延川、保安、安定、安塞、甘泉、鄜县,及定边、靖边两县之各一部(县城不在内),以上十五县(内定边、靖边不完整),名称改为陕北行政区,其行政机关为陕北行政区公署,暂隶属行政院,但归陕省政府指导,并直接管辖该区内所属各县。区公署设主任一人,县以下之行政机构一律不得变更。区内政令一律遵照政府现行法令办理。区内主任及各县县长准由十八集团军保荐请政府任命。十八集团军在陕甘宁留守部队一律撤至该区内。

附记:

1. 除此以外,其他任何地方一律不得援例;

---

① 《周恩来关于陈蒋十条给毛主席的报告》,1940 年 1 月 19 日。

2. 各方面公务人员以及公物等件经过该区时应给予便利；

3. 区内不准擅自发行钞票；

4. 在绥德须设立军事委员会办事处及驻军；

5. 区内人民有反共情绪者，一律不得加以仇视。

（三）关于十八集团军及新四军作战地域问题，中央决定：

1. 发表朱德为冀察战区副司令，免去第二战区副司令长官职务；

2. 〈第一案〉将十八集团军全部与新四军全部调赴河北省境内，并将新四军加入冀察战区之战斗序列，扫数调赴该战区；〈第二案〉将十八集团军之大部分及新四军之全部调赴河北省境内，其十八集团军之一部留置晋北作战，但所留部队应编入第二战区之战斗序列，但山西之政治党务军事，驻军不得干涉，绝对服从第二战区司令长官之命令；

3. 冀察战区之地域为冀察两省全部，其地境线为冀察两省与其他各省之交界线；

4. 战区地境为临时性非永久性，亦非政治性，军事委员会之命令绝对不受限制；

5. 十八集团军及新四军于奉命后，一个月内全部开到河北省；

6. 十八集团军及新四军调赴冀察战区河北省后，不得在原驻各地设立留守处办事处通讯站及其他一切类似机关；

7. 冀察战区发表后，十八集团军新四军非奉军事委员会命令不得擅自超出战区地境线外，该战区内之作战行动应绝对服从该战区长官之命令；

8. 冀察战区内之军队不得干涉地方政治及党务，北平与天津二市仍直属于中央，并不得擅自发钞票；

9. 冀察二省主席由中央遴选任命，省府委员得由战区总司令保荐三至五人；现任庞、石二主席须各率所部分别驻扎大名蔚县附近，以便执行职权；

10. 十八集团军及新四军开入冀察战区后，除军事委员会另有命令规定外，其他各战区以及任何地方一律不得再有十八集团军及新四军名义之部队。

（四）关于十八集团军及新四军编制问题，中央决定：

1.十八集团军除编为三军六个师三个补充团外,再增加两个补充团,不准有支队(师之编制为整理师两旅四团制);

2.新四军编为两师(师之编制为整理师两旅四团制),

3.十八集团军及新四军应遵守下列各条:

(1)绝对服从军令;

(2)所有纵队支队其他一切游击队一律限期收束,编军之后不得再委其他一切名义或自由成立部队;

(3)军事委员会随时派员点验;

(4)人事经理遵照陆军法规办理,经费暂以军为单位,直接向军需局请领;

(5)对于所属官兵之待遇,须遵照中央规定之饷章,军事委员会随时派员点验。[①]

比较此时国民党军令部前此所制定的方案一,可知其仍旧极力在谈判条件上做文章,不仅陕甘宁边区要缩为不足十五个县,名称也要改为陕北行政区,而且冀察战区只允在两省内部,甚至连个战区总司令的名义也不肯给。

国民党的这一方案自然是共产党所不能同意的。在双方几度交换看法后,国民党不得不开始让步。但是,国民党的让步非常有限。至7月中旬,国民党方面遂决定以中央提示案的方式向中共表明自己的最后态度,力图迫使中共方面同意在这个文件的基础上达成妥协。

"中央提示案"较前案有明显不同者在于:

(一)关于陕甘宁边区问题,同意增加甘肃之合水、环县及庆阳之一部,使之名义上的辖区达到十八个县。

(二)关于十八集团军及新四军作战地境问题,决定取消冀察战区,将冀察两省及鲁省黄河以北地区并入第二战区,朱德仍任第二战区副司令长官,在作战指挥上应服从战区司令长官之命令,惟朱德直接负责冀察两省及鲁北

[①]见《中国国民党第一复案》,1940年7月2日;并见《中共中央南方局致中共中央电》,1940年7月3日。

晋北之一部,十八集团军和新四军全部须扫数调赴冀察两省及鲁北晋北。①

"中央提示案"是七月十六日拟定,二十日发出,二十一日送达周恩来的。该案仍不愿承认陕甘宁边区原定十八县之实数,在作战区域问题上虽让至军令部四月提案之地境,但却转而取消战区设置,不给中共以独立的指挥权。且此案仍旧坚持十八集团军只允扩编至三军六师三个补充团,新四军只允扩编二师之数,这与中共要求无疑相差甚远。

七月二十七日,周携"中央提示案"飞回延安。据八月中旬中共中央政治局会议及有关指示可知,中共中央的要求主要集中在以下几点:(一)可以承认陕北行政区的名义,但管辖区域须照现在地区不变;(二)扩军问题十八集团军必须三军九师,新四军必须三师,照调整师编制,经费共二百万元;(三)改组冀察两省政府,省府主席由中共推荐;(四)同意划分作战区域,但不能限于旧黄河以北,最好应包括华北五省在内,或以新黄河为限;(五)承认人民在敌占区有游击权和组织游击队的自由,等等。据此,周于政治局会后起草了新的谈判复案,在八月二十五日飞返重庆继续商谈。中共新的复案内容如下:

(一)悬案应行解决者:

1.请依陕甘宁边区现在所辖之区域划为陕北行政区,其区内组织另以命令定之;

2.请扩编第十八集团军为三军九师,其编制照甲种军及调整师办理;

3.请改编新四军为三个师,其编制亦照甲种军及调整师办理;

4.请改组冀察两省政府,两省政府主席由中共方面保荐,省府委员应包括各抗日有关方面人员。

(二)关于划分作战区问题:

1.同意第十八集团军及新四军应划定作战地区及与友军之作战分界线;

2.但为实行上项原则,应请中央解决以下各项问题;

3.各抗日党派之全国合法权:

---

①《中华民国重要史料初编》第五编(四),第227—230页。

(1)请中央明令保障各抗日党派及各抗日人民团体之合法存在;

(2)请即释放一切在狱之共产党员及其他抗日分子,并保障不因党籍信仰之不同而横遭扣留拘禁非刑与歧视;

(3)请停止查禁各地抗日之书报杂志,对《新华日报》出版发行请予以法律之保障,禁止各地非法扣留,并允许该报登载中共之文件决议及其领导人之言论文章;

(4)请通令保护第十八集团军及新四军之军人家属,一律照抗战军人家属优待,禁止非法骚扰和残害。

4.中国人民之敌后游击权:

(1)请明令指导及援助在敌占地区扩大发展抗日的人民武装游击队;

(2)请明令规定在敌占地区实行政权开放,建立民主的抗日政权,并扶植抗日的民众组织之发展;

(3)请明令规定各抗日游击区有发行以法币为基础的地方流通券之权,以加强各该区的经济战争,封锁敌人吸收法币夺取外汇。

5.第十八集团军新四军之作战权:

(1)请规定以华北五省为第十八集团军及新四军部队之作战地区,并规定其与友军在该区内作战之分界线;

(2)请依同等待遇按时补充第十八集团军及新四军的枪械弹药被服粮秣及卫生通讯交通等器材;

(3)请依扩军成例,先行补充十八集团军及新四军一批枪械器材以便继续作战。①

要实现上述目标,即使就中共自身的估计,也是极不乐观的。周至重庆接连见白崇禧、陈立夫、张治中等国民党高级官员之后,这种认识更加强烈。八月二十八日,周见蒋后,更明显意识到两党关系实际上一时没有解决的可能。因蒋对周所表示山东应属中共战区范围,各地游击部队仍须留原地作战,明确反对,声称"如果八路军、新四军不能开至黄河北岸,则一切问题都不

---

①见《中国共产党复案》,1940 年 8 月。

能解决"，甚至认为共产党如听命令有诚意，则抗战必胜，否则必失败。至于周所谈五十万军队如何能在冀察两省狭小地区生存与作战的问题，蒋亦只是坚持说有办法，要周与何应钦谈，并提出让中共把游击队等统统交当地战区司令长官指挥。其后周与何谈，周仍以五十万军队难以全部开入冀察两省，且新四军南调部队不多，南方游击部队却很大为由，强调国民党方案之不可能，以至何不能不转而要周再提具体方案。

由于周已清楚地意识到"国共谈判，仍是拖延"，"决以五十万军队要抗战，无法生活与之针锋相对作斗争"，故前定之全面解决问题的方案实际已失去讨论价值，周不能不再提新方案，以便敷衍。九月五日，经中共中央同意，周遂很快向国民党方面提出了新的解决办法三条：

（一）扩大第二战区至山东全省及绥远一部；

（二）按照十八集团军新四军及各地游击部队全数发饷；

（三）各游击部队留在各战区划定作战界线，分头击敌。

中共中央之新条件，其实不过把八月方案中关于军事问题的解决办法特别加以强调而已，内中并无太多新东西。然而，这时国民党根据自身实力，无论如何也不愿意让共产党人得到更多的利益，生怕一步不慎有使共产党进一步发展壮大之可能，因此极力想最大限度地使其受到抑制，故他们虽明知条件苛刻，却决心即使与中共发生重大军事冲突，也决不让步。在他们看来："共党三年来由三万扩大到五十万，再一两年定不止一百万，那时还有国民党活路？"特别是随着中共一九四〇年在华中地区的兵力不断增加，至十月苏北黄桥之役国民党韩德勤部严重受挫，中共军事渐占优势，蒋介石国民党遂不得不下破釜沉舟之决心了。

十月十九日，参谋总长何应钦及副总长白崇禧联名致电第十八集团军朱总司令、彭副总司令与新四军军长叶挺，指责中共军队：（一）不守战区范围，自由出动；（二）不遵编制，各部自由扩充；（三）不服从中央命令，破坏行政系统；（四）不打日人，专事军事吞并，故决予纠正外，特命令第十八集团军及新四军之各部队，"限于电到一个月内，全部开到中央提示案第三问题所规定之本地境内,并对本问题指示其他各项规定,切实遵行"①。随即,国民党停发中共军费,其军令部并拟具《剿灭黄河以南匪军作战计划》上报蒋介石批准,开始进行军事"剿共"的具体准备。白崇禧甚至扬言:"此次对于军事已有把握,不至再败",云云②。

考虑到与国民党难免一战,中共中央一方面加紧做应战准备,一方面为避免皖南新四军军部突出于国民党江南重兵围困之中,同时亦为有利于政治宣传,决定公开表示同意新四军北移之议。只是在十一月九日朱、彭等复电何、白时称:"兹奉电示,限期北移。德等再三考虑,认为遵行命令与俯顺舆情,仍请中央兼筹并顾。对于江南正规部队,德等正苦心说服,力劝其顾全大局,遵令北移。仍恳请中央宽以限期,以求解释深入,不致激生他故,重增德等无穷之罪。对于江北部队,则暂时拟请免调,责成彼等严饬军纪,和协友军,加紧对敌之反攻,配合正面之作战,以免操之过激,转费周章。"③这也就是说,中共准备在江南新四军军部北移问题上作出让步,但对于国民党要求中共放弃华中地区的问题,则丝毫也没有松口。因此,两党关系依旧是剑拔弩张之势。

十一月三十日,军令部次长刘为章与张冲约见周恩来和叶剑英,正式转达蒋之意见,即蒋同意在《中央提示案》内容不变的情况下,中共军队北移可展缓,但至十二月底为止,黄河以南之十八集团军必须移至黄河以北,长江以南之新四军必须移至长江以北,至明年一月底,新四军亦须全部移至黄河以北④。十二月八日,周、叶复见刘,表示新四军北移问题已就地与顾祝同商洽,但因请求补发饷弹等项尚未得具体之解决,且长江交通被敌控制渡江不易,而江北国民党军队又有围攻之势,以致新四军北移尚难实现,故拟由项英副军长来渝直接与中央交涉新四军北移过程中江北国民党军队不致切断其交通联络线和停止扣发饷弹两问题。次日,刘再见周、叶,告之蒋对项来表示拒绝,称新四军北移问题已电顾负全责就地解决,同时说明停发军饷系军政部

①《何应钦、白崇禧致朱彭总副司令、叶挺军长电》,1940年10月19日。
②《中共中央书记处致关贺聂彭等电》,1940年11月1日。
③《朱、彭、叶、项复何应钦、白崇禧电》,1940年11月9日。
④《中华民国重要史料初编》第五编(四),第330—331页。

下令,现因新四军已开始遵命北移,故已同意十八集团军经费可发至十二月底,新四军经费可发至明年一月底,如届期能达成命令,则将继续发给经费。周、叶等对十八集团军和新四军整个北移的问题不予明确答复,刘已注意到这种交涉绝不能达到迫使共产党就范的目的,因此刘在就与周等谈判情况向蒋、何提交书面报告时即明白主张:"尔后除按既定计划,以武力实际行动以观后果外,口头上之谈判,似无继续必要。"①于是,蒋于十二月九日亲下手令要求十八集团军及新四军务,必在十二月底和明年一月底分别北移完毕,"毋得再误"②。并密电顾祝同,若新四军届时仍未遵令北移,则"应立即将其解决,勿再宽容"。但为显示其"仁至义尽",蒋仍再度于十二月二十五日与周见面,"以极感情的神情"告周:"你们一定要照那个办法,开到河北,不然我无法命令部下。苏北事情太闹大了,现在谁听说了都反对你们。""我难道愿意内战吗?愿意弄塌台吗?现在八路、新四还不都是我的部下?我为什么要自相残杀?""只要你们肯开过河北,我担保至一月底绝不进兵。""如果非留在江北免调不可,大家都是革命的,冲突决难避免,我敢断言,你们必失败。"

然而,时至于此,事情已不可挽回了。国民党人几乎一开始就不相信共产党会轻易就范,其"剿共"之军事布署已层层下达并布置就绪,只待一声令下。虽然新四军皖南军部只晚于传令四天即开始转移,但蒋已于同时下令第三第五两战区立即全力"肃清辖区内之匪军"。于是,皖南事变于骤然间爆发了,国共两党军事谈判全面中止了,甚至国共两党关系也由此开始发生了重大的变化。

5.一九四二年至一九四三年国共两党军事谈判(杨奎松)

皖南事变之后,国共关系严重恶化,各种联络均告中止。但一九四一年十二月太平洋战争爆发以后,中国正式宣布对日及德、意三国宣战,巩固国内统一战线,乃至进一步发展国际反日统一战线的任务再度成为当务之急,故以一九四二年林彪由苏联回国为契机,双方重又开始继续前此之交涉,试图

---

①《中华民国重要史料初编》第五编(四),第332—335页。
②国民党军令部战史会档案(二十五)2074,第52页。

重新缓和两党关系。

关系缓和的初步迹象

一九四一年十二月二十九日，一九三九年前往苏联治病的原第八路军一一五师师长林彪由苏联回国，抵达新疆迪化，随即经新疆督办盛世才电告蒋介石。蒋对林彪回国似颇感兴趣，当即通令西安—兰州党政军一律不得留难，并应极力加以影响。于是，一九四二年一月五日林飞抵兰州后，立刻受到国民党方面的热诚款待。十六日，林抵西安，更倍受重视。不仅党政军各方分别宴请和谈话，且蒋之嫡系将领胡宗南还专程由前方赶回西安与林晤谈。在一月三十一日的谈话中，林彪根据毛泽东的指示大谈国共合作共同建国之必要，断言："只要求得抗战胜利，不再内战，而采取各国新机器与技师，建立非帝非社之三民主义国家，则不出数十年，不但能由半殖民地而一跃为独立国，且可成为世界上头等强国。"若磨擦则不仅不能使国力迅速增长，且必造成内战重现之根基。林认为，如内战则必为持久战，况前度国民党反共时，"共产党无军队无领袖无经验，而尚能揭竿而起演成十年之大内战而不决，今则拥有雄师七十万，有能干之党首，有丰富之经验，如重开内战，其战祸之烈可想而知"。"且共军万一内战，其时必能获外国军火援助，则中原鹿死谁手未可料也。"至于两党间之分歧，林归纳为两点，即如何实行三民主义和如何在公平的基础上实行军令政令之统一，表示中共决非怀疑三民主义，并愿意在公平的基础上实行统一军令政令。对此，胡亦示以同情，称之为"新言论"，甚至当场表示愿意重新调整与陕甘宁边区的关系，可以考虑为八路军补充作战武器，让其干部到战区医院治病，进而还专门派军医处长前来第十八集团军驻西安办事处为中共干部看病，并亲自押车为林彪送来大批军事书籍，以示其诚意。

在此前后，国共关系开始进入较为缓和的时期，双方固然仍未恢复前此之各种关系，但军事磨擦已明显减少。当然国民党并没有停止发布防共文件，甚至在六月间还召集军事会议讨论对中共军队的布防和行动问题，以致中共中央一度相信国民党西北"剿共"决心已定，但毛泽东仍旧力图谋求缓和。七月初,中共中央再度公开表示:"我们愿尽自己的能力来与国民党当局商讨解决"过去国共两党间的争论问题,来与国民党及各抗日党派商讨争取抗战最后胜利及建设战后新中国的一切有关问题。"①与此同时,毛泽东致电驻重庆的中共代表,要求其立即开始与国民党方面就缓和两党关系进行商谈,并具体指示其谈话内容为:(一)要求国民党联络参谋返回延安;(二)询问释放在皖南事变中被捕的新四军军长叶挺的可能性;(三)询问日苏间如发生战争国民党将采取何种方针;(四)表明中共中央要求在目前及战后加强两党合作,建立三民主义国家的坚定态度,询问国民党方面的意见;(五)要求见蒋。②毛确信,在太平洋战争爆发之后,苏、美、英三大国结为一气,"影响到国共关系亦不会很坏","在此国际总局势下,国民党战后仍有与我合作的可能,虽然亦有内战的另一种可能,但我们应争取前一种可能变为现实,因此就必须估计到日本战败从中国撤退时,新四军及黄河以南部队须集中到华北去,甚或整个八路军、新四军须集中到东三省去,方能取得国共继续合作的条件"。这也就是说,中共一九四〇年谈判时之所以坚决拒绝国民党关于以旧黄河划界,将中共军队全部移至黄河以北的方案,主要原因只是在于,此一方案无论在实行中或实行后,都有使中共军队陷入被敌围困或受其夹击之严重危险。但鉴于苏、美、英此时均将参加对日作战,抗战胜利已指日可待,届时将不存在类似情况,恰恰相反,那时若仍旧与强大的国民党保持这种犬牙交错的地域关系,特别是继续占有华中地区,势必要与国民党发生重大冲突且为其所制,故中共中央此时已开始考虑战后实行国民党前此提出之《中央提示案》的必要性和可行性问题了。这样一来,一度成为国共间严重障碍的国民党的划界方案,又渐渐成为可供讨论的基础了。

蒋介石约毛泽东谈判

七月三日晚,中共驻重庆代表董必武遵照中共中央电示与国民党代表王世杰谈约两小时。十一日,国民党方面复以张治中与周恩来及董必武谈。共产党代表主要表示了以下几点:(一)抗战胜利中共有坚定信心。(二)在取

①《中国共产党中央委员会为纪念抗战五周年宣言》,1942年7月7日。
②《毛泽东致董必武电》,1942年7月2日。

得胜利前必遭空前困难。(三)克服困难办法主要是国共合作,障碍两党团结的军事政治问题总可谈得解决办法。这是因为:A.中共军队在委员长领导下抗日,其历史不同,有其自身特点,想把它一下子变成另一种特殊,绝难做到,在真正民主共和制下,中共并无永远保持特殊军队之意;B.政权问题,中共虽有局部的和临时的政权,但为抗日需要,中共至今尚无与中央政权对立的全国性政权系统,这与内战时期另有中央政权是不同的。(四)请联络参谋速归延安。(五)请中央指派人员和中共代表经常接洽。(六)请中央了解中共"七七"宣言所表明之政治态度。同时,周、董都先后提出请国民党释放叶挺及廖承志的问题,并要求见蒋,对于派回联络参谋事,王、张都满口应承,见蒋亦同意转达,唯一强调军政统一问题,称此为解决两党关系之症结。故而王、张一面要周、董考虑具体办法,一面则明确提出进一步商谈是否仍应以何、白皓电即《中央提示案》为基础。而在商得结果之前,他们一致表示不好转达释放叶挺等事。

七月二十一日,周恩来应邀见蒋,双方谈得较为融洽。蒋对派回联络参谋及指定代表与中共谈判事均一口答应,并当即指定张治中、刘为章与中共谈判,指定卜士奇任日常联络,原来之联络参谋继续去延安工作。蒋之态度表明,国民党也在努力谋求改善两党关系,以便在新的国际形势下稳定国内政局,取得美、英进一步信任,促使其在中国投入更多的人力和物力。特别是新疆盛世才这时突然开始改变过去依赖苏联的态度,转而归顺重庆中央政府,且西北回民骚动亦得以顺利解决,蒋自然更加渴望将共党问题也一并加以解决。为此,蒋于八月十四日再度约周见面,告以:"目前战争正殷,敌人不会自撤,中国须自身弄好,则敌人不足惧,国内问题应好好解决。"出于这一原因,他准备一周后去西安约毛泽东一晤,要周电告延安方面答复意见。

蒋约毛谈国共关系,说明蒋对解决两党关系这时相当重视。实际上,毛这时对国共关系的好转也颇具信心。毛认为,由于"目前英美不愿中国内战,美国表示援华军火不得用于反共,丘吉尔'七七'致蒋贺电中有'抗战五年由于坚持统一战线'的话",国民党态度正在好转。"国民党内部过去有一部分人倾向武力解决,但始终未下决心。现因国内外情势变化及我们坚持合作政

策,他们已有改取政治解决的表示。"据此,我们现在也可以向国民党表示:
"在战后或反攻阶段具备了北上条件时,我黄河以南部队可以开赴黄河以
北。"因此,毛对蒋之约谈十分重视,当即复电周:"毛现患感冒不能启程,拟派
林彪同志赴西安见蒋,请征蒋同意。"当周去电兰州,向正在兰州视察的蒋介
石报告后之第二天,毛又电周:"依目前局势我似应见蒋,我感冒已十日,过几
天要动也可以,惟既已电兰请示,已不好变更,或俟蒋复电后再说。"

　　八月二十二日,中共中央政治局会议决定先派林彪去西安见蒋,看情况
再定毛是否见蒋。周亦深感不摸蒋介石的底,担心毛见蒋无益,故一再劝毛
不必表示见蒋愿望。然而毛却鉴于英美苏日益接近,世界大势已为之一变,
影响到中国政治前途国共两党势必要做长期合作的打算,因而确信有见蒋必
要。毛明确表示:"目前不在直接利益我方所得大小,而在乘此国际局势有利
机会及蒋约见机会,我去见蒋,将国共根本关系加以改善,这种改善如果做
到,即是极大利益,哪怕具体问题一个也不解决,也是值得的。"周为此于九月
五日再电毛,强调"见蒋时机尚未成熟",其理由在于:(一)蒋虽趋于政治解
决,但他之所谓政治,是要我们屈服,决非民主合作;(二)蒋对我党我军的观
念,仍为非合并即大部消灭;(三)蒋对人的观念仍包藏祸心;(四)国民党对
于国际局势的看法与中共相反,他们多认为英美苏此时正需要中国拖住日
本,这正好便利于他们解决西北及国内问题;(五)故中共"七七"宣言,蒋实
际以为是由于苏联让步,而中共不得不屈服;(六)在这种情况下毛出来见蒋,
蒋正可利用此一机会打击地方势力和民主势力,而陷我于孤立。特别是一旦
届时蒋"藉口留毛长期驻渝,不让回延(此着不能不防)"。"于我损失太
大。"[①]对此,毛仍坚持:(一)林彪见蒋时,关于我见蒋应说我极愿见他,目下
身体不大好,俟身体稍好即可出来会见,惟可不确定时间;(二)何应钦、朱家
骅及CC系都将在国共谈判时起破坏作用,地方势力及某些小党派亦不愿国
共好转,故对上面部分人须极力警戒,不听他们挑拨的话;(三)国内关系总是
随着国际关系为转移,自苏德战起,英美苏好转,直到今天,国共间即没有大

---

①《周恩来致毛泽东电》,1942 年 9 月 5 日。

的冲突,特别是英美苏订立具体的同盟条约和滇缅路断后,蒋已下亲苏和共决心,我们估计这个好转的总方向是定了,目前任务是促成谈判,促成解决具体问题;(四)故在此接近国共解决悬案相当恢复和好时机,对于国民党压迫各事,应极力忍耐,不提抗议,避免一切枝节问题,以求悬案之解决与和好之恢复。因此,毛此时事实上仍准备见蒋,只是看林彪见蒋结果而已。

林彪代表毛泽东与蒋初步接洽

九月初,中共方面得到国民党正式通知,林彪可于日内赴西安见蒋。十四日,林在国民党联络参谋周励武陪同下乘车前往西安,并于十七日抵达。然蒋已于日前离西安返回重庆,留话要林转往重庆面谈。随后,毛命林在西安与国民党各方接谈后即赴重庆。林据此在西安停留近一月,先后与李宗仁、胡宗南、范汉杰、谷正鼎等洽谈,并与蒋制定的与共产党接谈的国民党代表张治中见了面。张声称,何、白皓电他是起草人之一,当时国民党方面并无驱逐共产党军队于华北绝境之意,且当时华北敌情也并不严重。至边区磨擦,蒋向来没有以武力压迫陕北之意,或许有个别人有此主张也难说,但不是蒋。张表示欢迎中共"七七"宣言的进步表现,强调国共关系应当在根本问题上求得接近,否则枝节问题仍是谈不通的。另林所谈战后中共军队愿意北移一事,张当即表示,战后中共军队另划地区是适合时代潮流的,但绝不可形成国中有国的现象。

十月七日,林彪到达重庆,复于十三日在周恩来陪同下见蒋。双方寒暄后,林即说明毛泽东本拟亲自来见蒋,只因当时有病未能前来,待身体康复后仍愿来与蒋一晤。蒋问林:"汝此次来渝,毛润之先生有何意见转告余否?"林称:"我未动身以前,延安方面接得校长电报,毛先生即提出中共中央会议讨论,并约我数度谈话,其所指示者,大抵系根本问题——如中共对于抗战建国之观察,与国内统一团结问题,以及对于委座之期望等。"接着,林围绕如何抗战建国与团结统一,以及两党争论问题谈约一小时。林特别转告毛泽东的意见,希望国共两党今后"应彼此接近,彼此相同,彼此打成一片",称"此三句口号已成为中共普遍成熟之思想,见之于中共'七七'宣言,且已成为政治上全党所一致遵从之行动,谁也不能动摇。因此,就中共言,不仅现在决不采取违反此种思想之畸形政策,即到将来亦必如此;不仅现在要拥护委座,即到将来,亦必拥护"。林进而表示:"过去外面传说国共分歧之所在,不外主义与党的问题。但此二者皆可趋于一致。即如共产主义与三民主义实具有共同之理想,所谓'天下为公,世界大同',即此两主义根本一致之观点。""只要彼此不采取主观主义与教条主义,而能认识救国之需要,以共趋于救国之鹄的,则客观需要如何设施,即如何设施,自然能归于一致。""我党名称虽为共产党,实际即为救国之党,过去所制定之所谓十大纲领、三大纲领,语其所旨,不外求民族之独立,民权之平等,与民生之自由","至于将来社会条件如何成熟,是否需要社会革命,此完全为将来未定之问题,也许为吾人今身之所不克亲见"。故"今后如能做到'彼此接近,彼此相同,彼此打成一片',则将来国共两党也许可以合而为一"。基于此,林批评国民党"一部分人总是希望挑起内战",强调"中国社会之特点,决不容国内再发生战争,否则,必为全国社会之所反对"。林并称:"中国地域辽阔,万一内战不能避免,则我回旋之地,绰有余裕,一处不能固守,他处可以防御,平原不能抵抗,山地可以持久,而且我国经济,尚在自给自足时代⋯⋯我到处可以种棉织布,生产稻麦,虽至山地,亦有包谷可食,故就经济条件言,对于国内党派问题,亦不是用兵所能解决⋯⋯总之,无论就中国社会、地理、经济与军事各方面而论,皆希望中国从此能统一团结,而不可发生内战。"蒋对林之谈话初则频频点头,至听到批评国民党有人主张内战时,则一再看手表,明显地不愿再听了。谈话就此而止。[①]

十五日,张治中约林彪、周恩来谈。林进一步提出中共中央对于此次谈判的具体要求,即"三停三发两编"(停止全国军事进攻,停止全国政治压迫,停止对《新华日报》的压迫;发饷,发弹,发药;及同意中共编十八集团军为三军九师,编新四军为十八集团军之一个军)。张当即打断话头,要求中共方面不要再提老一套,如真想缓和空气,最好多谈一般原则,不涉及具体问题;如真要解决问题,则必须改变态度,不可片面要求国民党方面让步。

中共方面此时为谋求缓和,其谈判方针与前已有较大不同。它主要包含

---

①《中华民国重要史料初编》第五编(四),第236—242页。

以下几点:(一)军队可以不扩充;(二)作战区域战后可以有所调整;(三)边区必须合法化;(四)共产党员必须享有公民应得之权利与自由。毛泽东认为,这一态度将不难为国民党所接受。故毛在林见蒋后仍对亲去与蒋谈判深感兴趣,要求林"到第二次见蒋请提出征询他关于会面的时间地点等"①。但国民党方面在具体谈判条件上,比毛所估计的要苛刻。正如其联络参谋陈宏谟等此时与周、林谈话时所表示,两党谈判中心在于八路军能否接受命令,听从调遣,而不在于是否承诺战后照皓电要求集中。因此,周恩来等根据各种情报得出如下判断:"蒋及国民党负责诸人(连何应钦、康泽在内)均倾向于政治解决中共问题,以代替全面军事破裂,可是,第一:他们并不急于解决,因为他们认为时间愈延长愈好",时间愈长则我们困难愈多;"第二、他们所认识的政治解决,乃是我们听命(服从调遣、统一编制、奉行法令等)于他们的领导下,决非民主的合作和平等的协商;第三、他们政治解决的中心,仍以军事为主,而以能否服从调遣变更防地为前提,将一切其他问题归之于不听调遣,便无法改善关系;第四、他们决不先提要求……要看我们能做什么让步"。周估计,与蒋进一步谈判只能出现以下结果:(一)如不解决具体问题,则目前可在表面上缓和而实际上绝不放松压迫;(二)如愿解决问题,必须我先让步(必须是军事上而且是防地上让步),我将没有具体收获;(三)如我们只作口头上让步(如表示愿听调遣但实际困难一时尚难移动),他们亦照样口惠而实不至;(四)如我们能做某些让步(如广东东江游击队改编、湖北撤退等),他们亦可实行某些让步,但不会实现我们全部要求;(五)如林向蒋始终不提全部要求,口头上表示愿听调遣,申明困难,请求接济,蒋高兴时或可答应给点药品之类;(六)如林向蒋提全部要求,而不提愿听从调遣事,蒋必默默不语,且使关系弄僵,不利于目前形势之缓和。鉴于此,周提议,目前应重在缓和两党关系,重开谈判之门,而不应急于解决问题。至于在步骤上应先谋缓和,只谈大的原则,不及具体,于见蒋时亦可表示愿听调遣,但说明困难,请求停打并准予接济;于见张(治中)时除要求停打外,说明愿听调遣但有困难,某些防地

①《毛泽东致恩来转林彪电》,1942 年 10 月 25 日。

或可移动,惟必须首先解决许多困难。十月二十八日,毛致电周,"同意所提方针,重在缓和关系,重开谈判之门,一切不宜在目前提的问题均不提。林在二次见蒋后即回延"。毛泽东接受了周恩来的意见,同意了周对蒋之估计,决定暂时不去见蒋了。

国共两党正式谈判与失败

就在中共中央决定首先力谋缓和,争取重开谈判之门后不久,国民党先是于十一月中旬派遣其中央委员郑延卓专赴陕甘宁边区发放救济款,紧接着又于十一月十二日至二十七日召开了五届十次中央全会,会议专门就中共问题通过了特种委员会《关于今后对共产党政策之研究结果案》,公开表示:"对共产党仍本宽大政策,只要今后不违反法令,不扰乱社会秩序,不组织军队割据地方,不妨碍抗战,不破坏统一,并能履行二十六年九月二十二日共赴国难之宣言,服从政府命令,忠实的实现三民主义,自可与全国军民一视同仁。"①这种情况立即引起了中共中央的高度重视。中共中央明确认为:"十中全会的这一决议,对于从一九三九年到现在四个年头的国共不良关系,做了一个总结,是对我们今年'七七'宣言的回答,开辟了今后国共两党继续合作及具体地谈判与解决过去存在着的两党争论问题的途径","它是严厉的,但却是表示时局好转的开始的"。"至于今后不允许我们再组织军队,我们可以这样做。关于国民党允许给我们以公民应得的权利及自由,我们应表示欢迎,要求实现。"②据此,毛泽东主张尽快开始与国民党的正式谈判,并首先向仍在延安的郑延卓透露了中共方面关于具体解决两党关系的主要意见。这就是:边区区域维持现状,人员加以委任,军队则请编四军十二师,此外"停捉停打停封,发饷发弹发药"。毛并称赞蒋是全面人才,说国民党大有希望,现在应实行七分资本三分封建的民生主义,议会制的民权主义,至于社会主义须条件具备后实行,它不会在英美德日之前,只会在他们之后,且三民主义也可以发展到社会主义。十二月一日,毛并致函蒋介石,称:"前承宠召,适染微疾,故派林彪同志晋谒,嗣后如有垂询,敬乞随时示知,自当趋辕聆教。郑委

---

① 《中国国民党历次代表大会及中央全会资料》(下),第793—794页。
② 《中共中央关于国民党十次全会问题的指示》,1942年11月29日。

员延卓兄来延宣布中央德意,惠及灾黎,军民同感,此间近情已具告郑兄,托其转陈,以备采择。"①

中共方面的积极反响,同样颇为国民党方面所重视。在蒋通过情报了解到中共方面态度后,也迅速作出反应。十二月十六日,蒋再度召见周恩来与林彪,说明:统一团结问题,国民党是诚意的,不是政治手段,希望能真团结,大家在政令下工作。为此,各政治团体要集中起来,所有问题应求解决,并要整个解决,很快的解决,越快越好,不要拖拖沓沓的零碎的解决。只要其活一天,决不会让中共吃亏,中共是爱国的、有思想的,是国家的人才,国家是爱惜人才的。但蒋在谈话中对于中共方面所提军队数目,乃至其组成、地区及干部使用等,明显地有不同意见,对于如何解决边区与中共关系问题,也还没有具体办法,而对取消新四军问题则绝不让步。甚至当林彪谈话中提到新四军时,蒋竟断然予以制止,称:"你们既然拥护政府、委员长,而又提新四军,在报纸上、文章中皆是新四军,承认新四军等于不承认政府,今后切勿再提新四军。"

对于国民党蒋介石的上述表示,周恩来等也开始改变前此估计,试图立即与国民党进行具体谈判了。就在蒋与周、林等谈话的当天,周即致电中共中央,主张"主动的找张治中谈下列问题":(一)中共要求合法化,也欢迎国民党至边区和敌后组党办报;(二)军队扩编一定数目,实行统一军制;(三)边区改行政区,人员不动,实行中央法令,华北各省政府改组,并划行政区;(四)作战区域战后重新划分,目前可依情况作适当调整。十八日,中共中央复电称:(一)在允许合法化条件下,可同意国民党列边区及敌后办党;(二)军队要求编四军十二师,新四军在内;(三)边区可改为行政区,人员与地境均不动;(四)黄河以南部队确定战后移至黄河以北,但目前只能做准备工作,不能实行移动,此乃完全为事实所限制,绝对无法移动,惟东江部队在适当情况下,目前可加以调整。据此,周恩来与林彪很快拟就与国民党谈判之条件,于二十四日正式向国民党代表张治中口头提出,二人并声明:如认为这些条件

---

①《毛泽东致蒋介石委员长函》,1942 年 12 月 1 日。

可谈,即请委员长指示林师长留此继续谈,如认为相差太远,则请委员长指示他的具体方针交林师长带回延安商量。该条件如下:

(一)党的问题:在抗战建国纲领下取得合法地位,并实行三民主义,中央亦可在中共地区办党办报;

(二)军队问题:希望编四军十二师,请按中央军队待遇;

(三)陕北边区:照原地区改为行政区,其他各地区另行改组,实行中央法令;

(四)作战区域:原则上接受中央开往黄河以北之规定,但现在只能作准备布置,战事完毕保证立即实施,如战时情况可能(如总反攻时),亦可商承移动。[①]

其实,国共之间此时的分歧与前并无二致,国民党五届十中全会之决议并未丝毫改变其必欲于事实上取消共产党之军队、政权之目的,所谓对共产党"可与全国军民一视同仁",不过是在共产党"不组织军队割据地方","不破坏统一"的前提之下,并非只要中共撤离某些地区或将军队限制在一定的数量之内,况且,在一党专政的理论熏陶下,相当多数的国民党人对于共产党之存在亦难以忍耐,在这种情绪支配下,国民党对共产党上述要求自然只能拒之于千里之外。在国民党军令部研究后经何应钦上报蒋介石的书面意见中,可以看出双方实际上相距是何等之远。对于中共要求合法化问题,该意见明确表示反对,声称"如准其取得合法地位,则尔后不但对其公开分子之活动难于防制,即对其潜伏分子之防制,彼亦可于受到清查时立即公开,以取得法律上之保障,且其党既取得合法地位,则不便绝对禁其于前后方各地(尤其是学校),设立机关吸收党员,结果将使防制工作完全失效"。对于中共要求编四军十二师问题,该意见亦明确反对,认为"我如允予考虑,即使将来不再作更多之要求,而名义饷款给予之后,彼在军政上是否即肯收束,在军令上是否即肯听命,殊无把握",如此"无异多予以几个擅自扩军之工具,一经彼等在沦陷区内加以配置,则此十二个师所分布之地方,将变成十二军区,彼等既有

①《中华民国重要史料初编》第五编(四),第248页。

正式国军名义,即可发号施令,并征丁征粮,所有地方合法政府均难以拒绝,且番号既多,扩充更易,其尔后实力将更见扩张"。对于中共要求承认边区现状问题,该意见同样表示反对,因据说中共在陕甘宁所占地区已达二十九个县区之多。至于中共所说战后开赴黄河以北问题,该意见则以该命令"乃系一作战命令,并非分割疆土"为由予以反对,称:"战后军队必须复员,再开往黄河以北有何用处,且此项命令久未遵行,已失时效,应即取消,藉使将来分散制裁,更易收效。"①基于上述,该意见明确认为:"(一)判断林、周等此次所提四项要求,系根据本党宽大政策而来,其目的在对于党政军各方面取得合法地位,不能认为有悔过诚意;(二)本党宽大政策之真正作用,应为瓦解中共,绝非培养中共,故林、周所提四项,不能作为商谈基础。""如须商谈则应以下列原则为基础:(一)中共不应有军队,其军队须由各战区长官各就驻在于战区内者,切实点验编遣整训,并指挥其作战,不得再自立系统及保留变相武装;(二)中共不应在各地方擅立非法政府,其各地非法政治组织须一律取消,由各该省府派员接管,恢复原有行政系统及区划;(三)以上两项办到后,始可予中共以合法地位。"②该意见断言:目前情况已与一九四〇年制定《中央提示案》时有较大不同,"当时因国际环境关系,对中共重在羁縻,现则中共绝对不能造反,我如能解决即解决之,如其时机未至,则不妨使其停止于非法地位","以期动摇其内部,增加其苦闷,俾便将来解决"③。

当然,以上意见在国民党当权者中也并非都认为适当,至少在蒋看来,仍应有折衷之办法。故再三讨论后,国民党对谈判条件的态度又有变动。一九四三年一月九日,张治中约见周、林,称其干部会认为中共所提四项与中央希望相距较远,与何白皓电即《中央提示案》精神也相距较远。其多数意见主张中共交出军队,但因如此目前不能做到,故最后决定仍以《中央提示案》为基础,且正式谈判仍由何、白出面主持。周、林表示,四项条件与《中央提示案》精神并无不合者,所谓距离亦仅军队数目与移动时间而已。周在致毛电

①《中华民国重要史料初编》第五编(四),第223—326页。
②《中华民国重要史料初编》第五编(四),第248页。
③《中华民国重要史料初编》第五编(四),第251页。

中称:"我们答以何白皓电精神为谈判基础,并非估计他们条件可接近,目前可解决,而是为了更站在有理的地位,不使谈判弄僵,一方面套出他们的具体条件,使林抓住此条件返延,另方面证明不是我们弄僵,而是他们故意为难。"由于看来"目前条件不会接近",周显然计划以此来结束此次谈判。对此,中共中央于二月初复电表示同意,其甚至愿意在军队数目上以减少一两个师来进一步表示诚意。

这样一来,国共此次谈判事实上尚未展开即告失败。随着何应钦前去印度,两党接触也告停顿,国民党特种委员会并且通过决定,在目前情况下原则上不解决问题,一切留待以后解决。故在三月何回重庆后于二十八日接见周、林时,连《中央提示案》也不置可否了[1],其后,两党军事磨擦再度频繁起来。而随着五月共产国际宣告解散,国民党更估计中共陷于严重困难,故而更无意于与中共谈判解决种种问题。六月四日,张治中正式通知周恩来:谈判"须搁一搁",至此,两党之接洽与谈判自然完全中止了。

6. 一九四四年国共两党政治谈判(杨奎松)

一九四四年国共两党谈判自五月始至九月止,前后仅不足五个月,但它却是抗战以来两党关系的一个重要转折点。这次谈判不仅第一次将国共两党之间的矛盾冲突公之于众,而且导致共产党从根本上骤然改变了对国民党一党专政的中央政府的态度,从而使得两党之间的矛盾焦点迅速从军事转为政治,国共谈判也因此成为维护国民党一党专政和否定国民党一党专政的一种斗争手段。

再度谈判之起因

自一九四三年五月共产国际解散后,国共关系一度由于国民党人借机在政治上乃至军事上向共产党人施加压力,和共产党人公开进行政治的和军事的反抗,而处于白热化阶段。这时,一方面是毛泽东对国民党突然在陕甘宁边区附近调兵遣将极为不安,担心"破裂的可能性很大",反复强调做好应付

---

[1]《中华民国重要史料初编》第五编(四),第250页。

破裂的准备,并大规模地对国民党的反共宣传进行政治反击;一方面蒋介石却也在那里怀疑"共匪猖獗之目的,在引起内乱,破坏抗战局势,减低政府威信与丧失国家在国际上之地位",因此决心"对匪决策仍取守势,围而不剿,必须用侧面与非正面方法以制之,万不宜用公开或正面的方式以求解决也"①。然而事实上,双方这时都并无动武之意图。作为力量对比尚嫌薄弱且分散的共产党一方自不必说,就是具有较大优势的国民党一方也因国际国内种种原因掣肘而不敢轻举妄动。蒋认为,中共"唯一阴谋,在激怒我向匪进攻,如我进攻迁延不决,则匪势更张,国际舆论对我更劣;如我速战速胜,则匪不过迁移地区,不能根本消除其匪党,而我国内战争既起,复不能根本解决,则国家威信仍有损失,无论胜与不胜,而一经用兵追剿,则彼目的达矣"②!故蒋这时为取得美国政府的信任和援助,竟不得不向美国保证,对中共虽必须"加以制裁","但决不加以武力讨伐"③。

既要加以制裁,又不能加以武力讨伐,其结果仍旧只能同此前一样,一方面公开将中共各种言行斥之为"破坏抗战,危害国家",责令党政军各部门全力加以"防御";一方面却不能不继续表示"此为一个政治问题,应用政治方法解决"④。这种作法到头来只能是使政治军事磨擦不断,形势依旧是难以缓和。

可以肯定,蒋介石这时并不存在任何通过政治方法根本解决国共两党关系的幻想。但碍于自己不能独立战胜日本,必须依靠美、英政府在政治、经济和军事上的全力支持,而美、英与苏联结盟,苏联又暗中支持中共,这种错综复杂的关系不仅使国民党不能对共产党断然施行战争,而且还迫使国民党不能不极力做出种种政治姿态,显示国内政治统一和稳定,以争取国际上的信任。因此,蒋一方面坚持"防共"、"限共",一方面又不得不再度设法与中共缓和冲突。

一九四三年十月五日,国民党代表王世杰受命与中共代表董必武商谈,

①《蒋总统秘录》第十三册,第59—60页。
②《蒋总统秘录》第十三册,第59—60页。
③《总统蒋公思想言论总集》第三十七卷,第268页。
④《中国国民党历次代表大会及中央全会资料》(下),第840—841页。

寻求缓和双方冲突的办法。董当即说明，首先必须恢复七月以前边区周围的军事状况，使延安与外界恢复联系，然后才能谈其他，十一月十二日，蒋于宪政实施筹备会开幕时亲与董谈，请周恩来来重庆，说"如请他出来什么都好谈些"，并对董所提恢复六月以前边区状况，明确表示要董放心，甚至坦率地许诺："决不会在国内动武的。"

对于国民党之缓和表示，共产党在十月初也作出了反映。五日，中共发表了最后一篇批评国民党十一中全会决议的文章，同时表示了愿意恢复国共两党谈判的姿态。次日，各中共报刊一夜之间全面停止刊登揭露国民党的稿件，"风平浪静以示缓和"。毛并要董告诉国民党，中共不相信国民党政治解决具有诚意，"但延安欢迎政治解决不愿破裂"①。不过，鉴于国民党刚刚利用了参政会来公开抨击共产党，对于蒋要周再去重庆一事，毛自然颇不以为然，称："周三年在渝无事可做，在国民党未真想合理解决问题以前不拟出来，各事可由董谈判，如至真能合理解决问题时，周可以出来。"

一九四三年十一月下旬，蒋介石应美国总统和英国首相之邀出席了开罗会议。会间，蒋力图使美、英两国领导人相信，共产党人对抗日毫无积极意义，但不料他却被劝告应当与延安方面合作，直至组织一个联合政府，以改变其一党政府的性质②。由于国民党此时估计自己"无论军事与经济危局，决不能支持至半年之久"③，蒋自然不能不进一步作出姿态，一面下令停止反共宣传，并开始撤换对陕甘宁边区增防的主力部队，一面则找共产党重开谈判，电邀林伯渠、朱德、周恩来前往重庆。

一九四四年一月，国民党联络参谋郭仲容正式向毛泽东提出，希望派林伯渠、朱德及周恩来赴渝谈判边区和军事问题，并再度提出实行何、白皓电的问题。毛答称，林、周或可先后赴渝，并可以何、白皓电为基础。随即中共中央决定先派林伯渠于三月十二日之后前往重庆"晋谒委座"④，并于二月十七日正式通知了国民党联络参谋郭仲容。显而易见，在国民党主动采取了实际

---

①《毛泽东致董必武电》，一九四三年十月五日。

②〔美〕伊里奥·罗斯福：《罗斯福见闻秘录》，新群出版社1947年版，第154—155页。

③《总统蒋公思想言论总集》第三十七卷，第207—208页。

④《毛泽东、周恩来致董必武电》，1944年2月8日。

的缓和步骤之后,共产党也开始同意与国民党在某种程度上重开谈判。毛认为:"观察今年大势,国共有协调之必要与可能,而协调之时机,当在下半年或明年上半年,但今上半年我们应做些工作,除延安报纸力避刺激国民党,并通令各根据地采取谨慎步骤,力避由我启衅外,拟先派林伯渠于春夏之交赴渝一行,恩来则准备于下半年赴渝。"①不难看出,中共中央同样是从国际政治局势的可能发展趋势出发来考虑国共关系缓和之必要的,只是其考虑的角度与国民党不同,它所考虑的主要不是如何取得国际间的信任以取得援助,而是意识到战争可能很快结束,战后苏、美、英合作的情况一时不会改变,结果必然会促使中国走向和平与统一,故必须事先有所准备,并影响各方,争取有利之前途。因此,毛一方面不能不准备与国民党再开谈判,以探测新形势下国民党对于根本解决两党关系的具体条件;一方面则公开表示"我党拥蒋抗战与拥蒋建国两项方针,始终不变"②,以创造谈判与合作的气氛。

西安初步谈判

一九四四年四月二十九日,林伯渠由延安动身准备经西安转赴重庆与国民党进行初步接洽和谈判。至此,两党谈判拉开帷幕,但事实上,此次谈判从一开始就是一场政治宣传战。还在林动身前来谈判之前,蒋介石就已经发布训示,要求国民党负责人员此次应注重其宣传性。"各负责人员,每次与林祖涵谈话情形与内容,可逐日予以公开发表。"尤应注意对国际之宣传,注意:"(一)说明中共之国际性,使欧美人士明了其阴险可怕,实不同于欧美各国之共产党;(二)指出中共系百分之百的实行共产主义,其所谓奉行三民主义者,纯系挂羊头卖狗肉之伪装;(三)切实说明中共军队完全为乌合之众,实不堪一击,其到处招兵买马,添购枪炮,无非欲借数量之扩充,以补质量之低劣。"③故国民党这时对于与林伯渠之谈判本身,其实并不重视。其此时制定之"极机密"的"应付对策"、"应付之要点"等文件明确认为,"奸伪目前党政军各方面均感苦闷","林之来此似有谋相安一时之意义",但"奸伪野心在逐

---

① 《毛泽东、周恩来致董必武电》,1944 年 2 月 8 日。
② 《毛泽东、周恩来致董必武电》,1944 年 2 月 8 日。
③ 《蒋总统训词:关于外籍记者赴延安及林祖涵来之准备注意事项》,1944 年 3 月 15 日。

步取得政权,欲其放弃既拥之武装及侵占割据之地盘,真正服从军令政令,势不可能,如此林之来此,可视为夺取政权过程中之一种步骤"。其不过试图"以对等谈判之态度,再与中央高谈合作",并以"猛烈之宣传""陷中央于失败之困境",故其"乃以谈判不成为目的,决不以谈判成功为目的也"。因此国民党的应付方针,也是"注重其宣传性,而不期待其成功",其甚至把策反中共谈判代表林伯渠,"设法使其表示愿意脱离延安",也当成自己的计划内容之一[①]。

共产党人这时对于两党谈判,自然也并不抱太多幻想。毛估计,蒋不过是"暂时改变对我斗争方式(军事反共转到政治反共为主)"。要改变国民党对共产党的政策,只有根本改变国民党的统制政策和一党专政的现状才有可能。因此,为取得战后对共产党有利的形势,防止国民党对共产党实行全面压迫,中共中央在重开两党谈判之际,立即展开了争取民主民权的宣传攻势。三月十二日,周恩来公开发表了《关于宪政与团结问题》的长篇谈话,要求"从民主途径解决国共关系"。他明确提出了实行民治,反对党治的问题,强调国民党必须首先保障人民的民主自由,开放党禁,和实施地方自治。要求禁止非法搜查、非法逮捕、秘密刑讯、秘密处死,以及强迫集训和严格限制人民的各种自由,反对把各党各派看做"奸党"、"异党",禁止其活动,并时时企图消灭他们。同时,他明确提出关于国共关系政治解决的原则和条件,这就是解决办法"应该是双方的与公平合理的",中共坚守一九三七年的四项诺言,国民党则应当:(一)承认共产党在全国的合法地位;(二)承认边区及各抗日根据地为其地方政府;(三)承认八路军新四军及一切敌后武装为其所管辖所接济的部队;(四)恢复新四军的番号;(五)撤销对陕甘宁边区及各抗日根据地的封锁和包围[②]。联系到中共中央这时给林伯渠的六项具体条件,即承认陕甘宁边区现状,编中共军队为六军十八师,至少四军十二师,照中央军编制和待遇,战后移防黄河以北,以及发饷发弹发药等,可知其必为国民党所

①国民党中央执行委员会:林伯渠来渝后我方应付对策,1944 年 3 月;林祖涵来渝事件应付要点,1944 年 3 月,国民党中央执行委员会档案(一)。

②周恩来:《关于宪政与团结问题》,1944 年 3 月 12 日。

不能接受。

四月十六日,经过反复讨论和修改,国民党拟定了《中共问题政治解决办法草案》,其内容如下:

一、方针:国家军令政令必须统一。

二、进行步骤:

(一)军令军政问题:

1.绝对服从军令严守纪律;

2.人事应遵照中央法规办理;

3.军需必须独立,严格遵守编制,员额及给与规定;

4.军队教育应遵照中央颁行之教育纲领、教育训令实施,并由中央随时派员校阅。

(二)关于十八集团军问题:

1.十八集团军可准增编一个军,即共编为两个军(每军三师每师三团);

2.编制按照国军通行编制,由军政部颁发;

3.不准在编制外另设支队及其他名目,以前所有者应一律取消;

4.军费由中央按照国军一般给予规定发给;

5.该集团军各级部队长、副部队长人选,准予按照人事法规呈保请委;

6.该集团军如保送干部前来西安或桂林军官训练团受训,可予照办。

(三)关于政令问题:

1.严格遵守政府现行法令规章;

2.实行新县制;

3.取消现有一切破坏政令之行为。

(四)关于陕甘宁边区问题:

1.名称:改为陕北行政区,其行政机构称为陕北行政公署;

2.区域:陕西省之绥德、米脂、吴堡、葭县、清涧、延长、延川、延安、保安、安定、安塞、甘泉、鄜县及定边靖边之各一部(定边县城不在内),甘省之合水、环县及庆阳之一部(县城不在内),以上共十八县(内三县系一部分);

3.隶属及管理:陕北行政公署暂隶属行政院,但归陕西省政府领导;

4.组织:区公署设主任一员,其详细组织,由政府以命令定之,县以下之行政机构,一律按照中央现行规定,不得变更;

5.人事:区公署主任由中央简派,其所辖各县县长,依照各省通例办理;

6.其他各地区所有不合法行政组织,一律取消,由各该省政府派员接管,恢复其原有之行政系统及区划。

(五)以上四项如中共均能确实遵办以后,政府可准予中国共产党之合法地位。①

这一方案的核心,显而易见是要共产党接受自两党谈判合作以来所从来没有接受过的那些苛刻条件,它自然也是共产党所不能接受的。其与共产党上述之谈判条件相比,实不啻南辕北辙。国共双方这时在谈判条件上不仅不做丝毫退让和妥协,反而都变得更加强硬,这充分反映出双方早在正式接洽之前就已经对经过这次谈判达成相互谅解不抱任何期望。

五月二日,林伯渠及王若飞等到达西安。而为便于控制在重庆的谈判进程,国民党方面代表张治中与王世杰等,也于同日飞抵西安,以期事先了解中共此次谈判之具体意图。四日,双方在西安开始进行正式接触,张首先表示,他们是代表国民党中央及蒋先生来欢迎的,因郭参谋电报中说林有病,须乘飞机赴渝,而飞机每月只有二日和十六日两次,故蒋派他们先来西安商量一个具体解决问题的轮廓。但当林说明中共意见去年林彪等已谈过多次,不得要领,要求他们提出一个解决问题的具体办法时,他们却一再表示他们不能提办法,现在亦不能向蒋请示,故坚要林提,以探中共之条件。

六日,双方再谈。张出示其去年所记林彪所提四条件,要林表示意见。林提出周恩来《关于宪政与团结问题》之谈话可作为中共中央意见。张、王当即反对,称周提五条太抽象,而"恢复新四军番号"及"共产党抗击百分之五十八的敌人"太刺激,不能用做讨论基础,林彪提案今天也不应再做讨论基础,主张先从军事问题交换意见。结果张提三军八师,林提六军十八师,双方争论不下而终。其后七日、八日双方再谈。张最终提议以林彪提案四军十二

①《中华民国重要史料初编》第五编(四),第255—256页。

师为限,林同意以此作为最低条件向中共中央请示。而对于军队作战区域、人事、经济、边区及党的问题等,亦原则上交换了意见,张、王倾向照林彪提案解决。

九日,随张、王同来之参政会副秘书长雷震将国民党代表整理的关于四次商谈之初步意见以书面形式送交林伯渠,请其签字认可,以便上报蒋介石。该书面意见如下:

(甲)关于军事:

(一)十八集团军、原属"新四军"之部队,服从军事委员会;

(二)前项部队之编制,最低限度希望照去年林彪所提出四军十二师之数;

(三)前项部队经编定后,暂仍驻扎其现在地区,但(子)统各受其所在地司令长官之指挥;(丑)中央军事委员会于作战上有必要时,得随时令其向指定之地点调动;

(四)前项军队改编后,其人事准由其长官依照中央人事法规定呈报请委;

(五)前项军队改编后,其军需应独立,由中央按照经理法规定,派员办理。

(乙)关于陕甘宁边区:

(一)名称:改称为陕北行政区;

(二)该行政区直属行政院,希望不属陕西省管辖;

(三)区域:以现有地区为范围(附地图),并由中央派员会同勘定;

(四)该行政区当实行中央法令,其因地方特殊情形而须要之法令,应当呈报中央核定实行;

(五)该行政区预算当逐年编呈中央核定;

(六)该行政区及十八集团军等部队,经中央编定发给经费后,不得发行钞票,其已发之钞票,由财政部决定办法处理;

(七)该行政区当即由中央派员办党办报;

(八)陕甘宁边区现行组织,暂请不予变更。

（丙）关于党的问题：

希望于抗战期间依照抗战建国纲领之规定予中共以合法地位，并盼逐渐开放言论，推进民治，及释放因新四军事件而被扣之人员，及廖承志、张文彬。

（丁）其他：

（一）中共当重申实行四项诺言；

（二）希望撤销陕甘宁边区之军事封锁，首先对于商业交通予以便利。

由于上述意见并不能完全反映林伯渠的意见，也不能作为双方认可的初步意见，故林于当日在此书面意见的基础上进行了某些修改，然后于十一日签字后交予张、王。其修改后的文字如下：

（甲）关于军事者：

（一）第十八集团军原属"新四军"之部队服从军事委员会之命令；

（二）前项部队之编制，最低限度为去年林彪所提出之四军十二师之数；

（三）前项部队经编定后，仍守原地抗战，但须受其所在地区司令长官之指挥，一俟抗战胜利后，应遵照中央命令移动，以守指定活动之防地；

（四）前项部队改编后，其人事准由其长官依照中央人事法规定呈报请委；

（五）前项部队改编后，其军需照中央所属其他军队同等待遇。

（乙）关于陕甘宁边区者：

（一）名称：可改称为陕北行政区；

（二）该行政区直属行政院，不属陕西省政府管辖；

（三）区域：以原有地区为范围（附地图），并由中央派员协同勘定；

（四）该行政区当实行三民主义，实行抗战建国纲领，实行中央法令，其地方特殊情形而须要之法令，可呈报中央核定实行；

（五）该行政区预算当逐年编呈中央核定；

（六）该行政区及十八集团军等部队经中央编定发给经费后，不得发行钞票，其已发行之钞票由财政部决定办法处理；

（七）该行政区内，国民党可以去办党办报，并在延安设电台，同时，国民党也承认中共在全国的合法地位，并允许在重庆设电台，以利两党中央能经常交换意见；

（八）陕甘宁边区现行组织暂不变更。

（丙）关于党的问题：

依照《抗战建国纲领》之规定予中共以合法地位，停止捕人，停扣书报，开放言论，推进民治，立即释放因新四军事件而被捕之人员及一切在狱之共产党员，如廖承志、张文彬等（包括新疆被押人员在内），并通令保护第十八集团军及新四军之军人家属不受损害和歧视。

（丁）其他：

（一）中共表示继续实行四项诺言，拥护蒋委员长领导抗战并领导建国，国民党表示愿由政治途径公平合理地解决两党关系问题；

（二）撤销陕甘宁边区之军事封锁，现在对于商业交通予以便利；

（三）敌后游击区的军事、经济、政治问题服从国民政府及军事委员会的领导，一切按有利抗战的原则去解决。①

林伯渠修改张、王书面意见并签字认可，一方面是由于林在受命前来谈判前，中共中央曾强调过林的和平使命，不主张谈判破裂，其条件也有最高最低之分，另一方面，则显然是把上述意见当成了双方在正式会谈中经过讨价还价之后所达成的初步结果，误以为"这是他们准备承认的基础"，可由"双方共同签字各自向其中央请示，再作最后决定"②，借此与其周旋，并非将其当作自己单方面的条件。然而实际上，张治中等却只是以此来摸中共的底。同时，作为国民党内在国共关系问题上的"温和派"，张等此举也是力图通过这种压低中共条件然后再上报蒋的办法来在国民党造成一种解决问题的空气。故在十二日张、王给蒋介石的电报中和此后张、王等正式汇报中，他们都始终强调这是林伯渠单方面的意见，而并非双方会谈之结果。

不过，不论从何种角度，上述意见都绝不可能为共产党或国民党所接受。其毕竟与国共两党各自的腹案相差太远。由此注定了此次商谈之失败。

---

① 《中华民国重要史料初编》第五编（四），第 158—159 页；并见林伯渠致毛泽东电，1944 年 5 月 12 日。

② 《林伯渠致毛泽东电》，1944 年 5 月 10 日。

重庆谈判之激荡

四月中,日军发动豫湘桂战役,首先由开封附近攻取豫中,守备河南的国民党汤恩伯部四十余万人竟不堪一击,溃不成军,一时舆论大哗,民怨沸腾,以致随着国共谈判开始,世人多开始瞩目于共产党。延安此时不断得到情报,国民党统治区人民或寄希望于国共合作,或相信"只有准备小红旗欢迎八路军了",而国民党军则不是勾心斗角,就是贪污腐化,花天酒地,令人发指,连美国在华人员也明显地开始重视中共的军事力量,这种情况的出现,确为中共中央早先所未能料到。

国民党在政治上和军事上的失败,成为共产党发展进步力量的大好时机。还在五月初,当毛泽东刚得到林伯渠五月六日关于双方头一次正式接触的电报之际,毛就已经意识到前此条件应当有所变更。故特别电告林伯渠,林彪前提四点不应再作为谈判基础。当林实际上仍旧是大致根据林彪所提条件的精神与国民党代表达成了"初步意见"之后,毛立即决定根本变换谈判角度,重提谈判方案。在毛看来,国共之争还没有定局,将来就看谁有力量,事实上国民党"因为没有民主,进行反共教育,使部队完全失去战斗力",现在最强的只有八路军和新四军。因此,"中央的方针是坚持发展自己,不受限制",在国民党焦头烂额之际,应当提出更高条件,迫使其让步,"即国民党不答应也不要紧",能解决党的合法化、承认边区政府、军队扩编和防地战后移动这几点,也是好的。据此,毛于五月十五日致电林伯渠、董必武等,提出了全面解决国共关系的新方案。该方案强硬主张:

(甲)关于全国政治者:

(一)请政府实行民主政治,与言论、出版、集会、结社及人身之自由;

(二)请政府开放党禁,承认中共及各抗日党派之合法地位,释放爱国政治犯;

(三)请政府允许实行名符其实的人民地方自治;

(乙)关于两党悬案者:

(一)根据抗战需要、抗战成绩,及现有军队实数,应请政府将中共军队编为十六个军,四十七个师,每师一万人,为委曲求全计,目前至少给予五个军十六个师的番号；

（二）请政府承认陕甘宁边区及华北、华中、华南敌后各抗日根据地民选政府为合法的地方政府，并承认其为抗日所需的各项设施；

（三）中共军队防地抗战期间维持现状，抗战结束后另行商定；

（四）请政府在物资上充分援助十八集团军及新四军；

（五）同盟国援助中国之武器、弹药、药品、金钱，应请政府公平分配于中国各军，十八集团军新四军应获得其应得之一份；

（六）请政府撤销对于陕甘宁边区及各抗日根据地的军事封锁与经济封锁；

（七）请政府停止对于华中新四军及广东游击队的军事攻击；

（八）请政府通令取消"奸党"、"奸军"、"奸区"等诬蔑与侮辱共产党十八集团军新四军及抗日民主地区的称号；

（九）请政府停止特务人员对于共产党十八集团军新四军及抗日民主地区的破坏活动；

（十）请政府释放各地被捕人员；

（十一）请政府禁止在报纸刊物上发表对中共造谣诬蔑的言论；

（十二）又据确息，西安一带特务机关准备于外国记者团到西安时，沿途伪装各种人物与伪造各种证件向外国人告状，藉达破坏中共信誉之目的，请政府予以制止；

（十三）请政府允许中共在全国各地办党办报，中共亦允许国民党在陕甘宁边区及各抗日民主地区办党办报；

（十四）请政府停止对重庆中共《新华日报》之无理检查、破坏发行、威胁订户、扣押邮件等情事；

（十五）请政府发还在三原被政府军队扣留之英美援助十八集团军的药品一百零一箱；

（十六）请政府允许恢复重庆、西安两处电台，以利通讯；

（十七）请政府允许中共代表及十八集团军办事处人员有往来于渝延间及

西延间之自由,及允许西渝两办事处人员有该两地居住购买生活物品之自由。①

　　对于此二十条,中共中央并不认为完全符合自己的利益。正如毛所说,像"四十七万精兵"只编五军十六师,"实际上对我没有好处",但关键是"有理",以便借机解决一些问题,并可在"判明彼方毫无诚意时,准备对外发表"。为此毛告诫林伯渠及董必武:"林案已被何应钦否决,年来情况亦大有变更,故须另提新案。"而上述方案中,有几点必须坚持,加"军队决不能少于五军十六师";"边区应正名为陕甘宁边区,以符实际";"边区及敌后各根据地应请政府允许发行地方纸币";"边区及敌后各地之民主设施,不能变更";"彼方承认中共可在全国各地办党办报",等等②。

　　中共中央的新方案及指示电,因林与张治中等转宝鸡飞重庆而未能及时收到。五月十九日,林在重庆见蒋,尚未提及此案。至二十一日看到电示后,才在二十二日约张、王等传达中共中央意见。张、王看后沉默良久才尖锐地表示反对,说,全文是宣布罪状精神,完全没有实践诺言及拥蒋表示,这说明你们无决心解决问题诚意。此条件与西安谈判内容不符,为何又不以林彪案为谈判基础,是否我们这样欢迎你,以为示弱可欺? 希望考虑修改二十条内容词句,并告你们中央。林答称,二十条全文都是要实事求是解决问题,西安初步之谈判意见,约定各自向自己中央请示,并非最后决定,且前曾提六军十八师,现提五军十六师,已有让步。二十条内容字句在此地无研究修改余地。双方争辩达两小时,最后张、王商量后表示坚决拒收中共二十条,并拒绝转达蒋。

　　对于张、王的强硬态度,林、董等有如下估计:"在蒋的独裁政治下,现时存在着日益严重的困难,第一,是河南战事失败……第二,是英美舆论对共的同情与对国的抨击日益增加……第三,是财政经济上的无办法,通货膨胀,物价高涨,负担太重……第四,是对共产党无办法,想打又不敢打;第五,是国民党内部各派系军队各个人中间的倾压,离心离德。蒋在目前对这种情形相当恐慌。"蒋之所以又这样强硬,除其独裁本质外,"我在西安谈判之避免刺激,

　　① 《毛泽东致林伯渠电》,1944 年 5 月 15 日。
　　② 《毛泽东致董必武转林伯渠电》,1944 年 5 月 15 日。

恐怕也增加了蒋以为不难对付盟邦批评及华莱士来华的梦想"。因此，"我们从延安出发时的一些估计，必须随情况的改变而改变了，争取和平已不成基本问题，林彪同志过去提案已不适合今天情况，照原定之方针，反被蒋利用去加强他们党内对于一党专政的信心，且作为向盟邦粉饰团结的工作，同时使英美难于说话，使小党派不敢硬挺，使国民党内以孙、邵为首要求实行民主的力量也不能抬头，对于促进全国团结抗战进步决无所得"。故新二十条的提出，必对整个抗战团结有利，其"虽不能马上实现，但可否定过去，成为今后新的谈判的基础"。即使"蒋会咆哮起来，会逢人骂我，说我无诚意，但客观形势使他仍不敢公开和我决裂，更不敢打我"，于我并无不利。

这时国民党正在召开五届十二中全会，鉴于政治军事连连失败，英美舆论批评甚多，其内部明显地发生了严重的意见分歧，党的威信日跌。特别是河南之战败，充分显示其军队之无战斗力已至极点。据中共方面情报：四月十七日前，全一战区花天酒地，四月十七日敌有蠢动，当日洛阳长官部完全紊乱，战区司令长官蒋鼎文及高级将官纷纷抢运眷属赴陕，计被敌机炸死于洛阳至潼关铁路线者达千人。渑池失守时，敌掳去官太太小姐等即达三百余人。洛阳此次损失粮食两千万包以上，一战区汽车三百五十余辆被敌完好开走，守城之刘茂恩部六千人被歼，四千人投敌，余皆散尽。孙蔚如部系一战区所剩最完整者，也损失半数以上，仅余万人。汤恩伯部十五个师，只剩两万，步枪不足一万。一战区全部重武器、大炮、重机枪、弹药仓库等统统损失殆尽。就连蒋鼎文率长官部由洛阳出逃至洛宁时，竟只剩一个司机和雇用的两个农夫，后收容十一个士兵作卫队，也被民众攻散。"其溃散紊乱情况之狼狈，实抗战以来所仅见。"面对这种情况，中共中央无疑不愿再任由国民党为所欲为，也不再担心由于自己过于强硬而产生的后果了。

五月三十一日，毛致电林称："请向张王声明，拥蒋及执行四项诺言等，屡经声明，故未重述于上次文件中，为尊重他们意见，故将其加入于此次文件。又二十条均属事实，请求政府解决极为必要，为尊重他们意见，改为十二条，其余八条作为口头要求，仍请政府考虑解决。"显而易见，中共中央已决心不作退让，坚持进攻态势，其只不过出于策略考虑而将形式略为变换而已。

六月五日晚,国共两党代表再度商谈。林伯渠提出中共中央修改后的十二条书面意见,张、王仍旧坚持拒收,同时却提出国民党正式拟定的《中央政府提示案》,要林转达中共中央。双方几经争执后,张、王同意将中共中央十二条留下"参考",林始同意转达国民党之提案。次日,林将国民党之提示案电告了中共中央。该案内容为:

(一)关于军事问题:

1. 第十八集团军及其在各地之一切部队,合共编为四个军十个师,其番号以命令定之;

2. 该集团军应服从军事委员会命令;

3. 该集团军之员额按照国军通行编制,不得在编制外另设纵队支队或其他名目,以前所有者,应依照中央核定之限期取消;

4. 该集团军之人事,准予按照人事法规呈报请委;

5. 该集团军之军费,由中央按照国军一般给予规定发给,并须按照经理法规办理,实行军需独立;

6. 该集团军之教育应照中央颁行之教育纲领教育训令实施,并由中央随时派员校阅;

7. 该集团军之各部队,应限期集中使用,其未集中以前,及其在各战区内之部队,应归其所在地战区司令长官整训指挥。

(二)关于陕甘宁边区问题:

1. 该边区之名称定为陕北行政区,其行政机构称为陕北行政公署;

2. 该行政区域以其现有地区为范围,但须经中央派员会同勘定;

3. 该行政区公署直隶行政院;

4. 该行政区须实行中央法令,其因地方特殊情形而需要之法令,应呈报中央核定实行;

5. 该行政区之主席,由中央任免,其所辖专员县长等,得由该主席提请中央委派;

6. 该行政区之组织,应呈请中央核准;

7. 该行政区预算,应逐年编呈中央核定;

8.该行政区及第十八集团军所属部队驻在地区,概不得发行钞票,其已发之钞票,应由财政部妥商办法处理;

9.其他各地区所有中共自行设立之行政机构,应一律由各该省政府派员接管处理。

(三)关于党的问题:

1.在抗战期内,依照抗战建国纲领之规定办理,在抗战结束后,依照中央决议召开国民大会制定宪法实施宪政,中国共产党与其他政党,遵行国家法律,享受同等待遇;

2.中国共产党应再次表示忠实实行四项诺言。①

比较国民党前定之政治解决腹案,并联系到将近两周前国民党已接到中共之新条件,不难看出,此一提示案并非其由衷之言。根据历次谈判经验,国民党在这种情况下,早已放弃谈判的努力。然而这次不仅对中共所提方案无动于衷,而且干脆放弃原定腹案,在一向锱铢必较的军事和边区问题上承认自己不止一次否定过的条件,这无疑是一种斗争策略。即照前定方针,至谈判已见不成之端时,反示以主动和宽大,以利宣传。而其文章实际早已作在其中,如四军十师以外之中共军队必须"限期取消",编后军队要"限期集中使用",中共不得发行钞票,陕甘宁以外之中共政权须交国民党"接管处理"等。国民党清楚地知道这些条件是中共不能接受的。如此,自然可使自己取得主动,而陷中共于被动。在美国副总统华莱士即将到中国来考察援助条件之际,此举颇有些意味深长。

但是,不论国民党这时如何动作,对于共产党人已经毫无意义了。

六月初,中共中央召集会议,明确提出了由共产党而不是由国民党来担负起解放中国的责任问题。于是,无论在国在共,继续进行的谈判渐渐失去其本身的意义了,它不能不迅速演化成为一场名符其实的宣传战。

宣传战的演进与中止

六月六日,林伯渠以信函的形式对张、王五日拒绝转交中共《关于解决目

---

①《中华民国重要史料初编》第五编(四),第269—271页。

前若干急切问题的意见》(即十二条)一事,作出说明:(一)提示案与中共十二条相距甚远,陈允将提示案转交中共中央外,请将中共十二条转交国民党中央考虑;(二)提示案称此案系"以林代表祖涵在西安表示之意见为基础",与事实不符,西安草签者只是"最后共同作成的初步意见","约完各自向其中央请示再作最后决定",故应以中共中央正式意见为准。① 八日,张、王复函称,林五日交来中共中央条件时,已明确表示拒绝转交中央,林最后请留下参考方允留下,而西安谈判纪录系林亲笔增删修改并缮清签字的意见,自然转呈中央并示为林之意见。十一日,林再函张、王就此提出异议,表示"谈判是两党的公事,非个人的私事",前者"我未坚持自己主张,同意以两先生所提最低限度之数目向我党中央请示",如今中共中央意见有所"出入",则应以中央意见为准,"不让贵党中央了解我党中央方面意见,只片面的要求我个人接受贵党中央提案,试问我个人如何能够作主,谈判如何能够进行,两先生又如何能够负责"②。至此,张、王不得不于十五日致函林称:"关于六月四日所附中共提出《关于解决目前若干急切问题的意见》一件,以未便一再拂先生之意,业经转呈中央。顷奉中央指示,'中央于六月五日已以提示案交林代表转达中共,凡中共方面意见,中央政府所能容纳者,该提示案已尽量容纳,希望中共方面接受'等因,特以转达。"至中共十二条,"对于自身如何实行中央之军令政令,改善措施,整编部队之点,均未提及,而所提者,均为片面要求,此种态度,均非对中央政府应有之态度"③。

在此之前,中共中央鉴于张、王拒绝转交十二条,曾由毛泽东致电林,提出:"张、王既然不愿考虑我党中央所提意见,又不愿将此意见转交蒋,又不承认我党合法地位,又不以平等地位对我党中央,而片面地提出所谓提示案,我党中央坚决不能接受,望立即将所谓提示案退还张、王。"在张、王同意转交十二条以后,其遂改变策略,提出要张、王来延一谈,并指示立即将十二条及国民党之提示案秘密提交正在重庆访问的美国副总统华莱士,和在中间人士及

①《林伯渠致张治中、王世杰函》,1944 年 6 月 6 日。
②《林祖涵致文伯、雪艇先生函》,1944 年 6 月 11 日。
③《张治中、王世杰复林伯渠先生函》,1944 年 6 月 15 日。

记者中传观。显然,中共中央已决心以此来影响各种中间势力乃至美国政府的政策,争取时局进一步向有利于自己的方面转变。

利用谈判来争取舆论和美国政府的同情,更是国民党早已拟定的目标。在刚刚向中共提交了显示中央"诚意"的提示案,宣布允许中共编四个军并照现在区域划定陕北行政区之后,蒋即劝告美国副总统华莱士相信:"(一)中共无意与政府再谈判解决纠纷;(二)中共已放弃对日作战之任务,展开夺取政权之阴谋,并企图乘国难时机,完成其必备条件;(三)中共展开之阴谋,非一孤立问题,而为国际共党世界革命阴谋之一部,且获国际共党之支持,有既定之步骤与预定之目标,非到达终点,不半途废止;(四)政治谈判与军事行动同为共党争取利益,达到目的之手段,决不以政治谈判予对方为解决纠纷之途径;(五)除非国民政府统治中国之政权交其掌握,则纠纷永无止境,而内战难免爆发。以此,吾人对解决中共问题之方法,认为须重新考虑,由谈判妥协之决策,已失时效,而非对症之药。"他甚至断言,国民党之所以"士气沮丧,军事失利",均因政府不予严厉制裁,反与谈判而起,故扬言:"尚中共继续行动越轨,以武力实现其阴谋,中国政府为伸张纪纲,而无法避免用武力时,将被迫予以军事制裁。"①对照蒋十个月前生怕动用武力而中中共激将之计的日记,可知此时蒋已再不能耐。只要美国表示同情,其势必决心对中共施以军事打击。但无奈美国人对蒋之说法颇不以为然,反力主调和,且对中共不无好感。这种情况意味着蒋争取美国政府理解其苦心的努力仍旧一无进展,其与共产党照旧得继续周旋下去,争取舆论的工作还得继续做。

七月二十六日,国民党中宣部长梁寒操依据前定关于"混乱"中共宣传之策略,故意发布关于谈判的"乐观消息",声称"国共关系已有改进","政府的观点和共产党的观点事实上并无严重分歧","国共问题已经有了一部分的解决",问题的症结只是由于中共言行不一。随即,张、王致函林伯渠,再度"剀切敷陈",说明难于接受中共十二条之原因②。照原定方针,国民党此种作法

---

①张九如:《美国介入国共和谈的第一步——蒋主席与美国副总统华莱士三次会谈记录》,载台北《传记文学》第三十四卷第四期;并见《蒋总统秘录》第十三册,第145—148 页。
②《王世杰、张治中致林祖涵先生函》,1944 年 8 月 10 日。

旨在使中共"缕举繁琐节目诉苦也"①。而中共方面确也很快作出反映,先是周恩来于八月十三日发表公开谈话逐条批驳梁寒操歪曲事实②,继而八月三十日林亦复信张、王详述中共要求之公平合理,批评国民党提示案只从"一党一派一己的私利"出发,"(一)关于我方所恳切要求解决的实行民主政治,承认各党合法,释放爱国政治犯,释放叶挺等被捕人员等项,一字未提;(二)编军数目,只承认四个军十个师,且不顾抗战需要及敌后游击战争环境,要将十个师以外数十万正在抗战的军队'限期取消',并要将十个师'集中使用';(三)对边区政府,只要求实行国民党中央之法令,不提三民主义,不承认为抗日所需要并且已经实行大见成效的现行各项民主设施与民主法令;(四)对抗日根据地人民选举的各民主政府,要求取消"③。然而事情并非就此而止。国民党人的这种宣传手段反而促使共产党采取更为激烈的对策。正当国民党密谋利用9月召开的参政会全面公开谈判过程,以显示政府之"光明磊落,开诚相与",暴露中共"毫无诚意"之际,共产党人也在准备对国民党发起致命的攻击了。

九月四日,中共中央电示林、董等,鲜明地提示:"目前我党向国民党及国内外提出改组政府主张时机已经成熟,其方案为要求国民政府立即召集各党各派各军各地方政府各民众团体代表,开国事会议,改组中央政府,废除一党政治,然后由新政府召开国民大会,实施宪政,贯彻抗战国策,实行反攻。"中共中央估计:"此项主张国民党目前绝难接受,但各小党派、地方实力派、国内外进步人士,甚至盟邦政府中开明人士会加赞成,因此,这一主张应成为今后中国人民中的政治斗争目标,以反对国民党一党统治及其所欲包办的伪国民大会与伪宪。"十分明显,由于国民党政治腐败、经济混乱、军事节节失利,其长期实行一党独裁所形成的积怨已经日益膨胀起来,此时不论国民党在宣传上再施展何种策略,一旦共产党提出废除一党专政问题,陷于被动的只能是国民党,其舆论最终也必然倾向于共产党一边。

---

①国民党中央执行委员会:《林伯渠来渝后我方应付对策》,1944年3月;《林祖涵来渝事件应付要点》,1944年3月,国民党中央执行委员会档案(三)。

②《周恩来关于国共谈判问题答记者问》,1944年8月13日。

③《林祖涵致王世杰、张治中先生函》,1944年8月30日。

九月十五日，国民党在参政会上公开允许国共双方就谈判问题进行报告。林伯渠就此公开提出了"希望国民党立即结束一党统治的局面，由国民政府召集各党、各派、各抗日部队、各地方政府、各人民团体的代表，开国事会议，组织各抗日党派联合政府"的主张①。进而，延安《解放日报》发表毛泽东亲自修改的文章，斥责国民党"在整个谈判中，抱着自大与武断之精神，企图以国民党一党一派之私利，超越于民族利益之上，而强迫他人服从之"。声言：共产党并非不拥护政令军令之统一，问题在于它是否是代表人民意志的政令和有利于抗战的军令，对国民党"法西斯的政令"和"失败主义的军令"共产党决不服从。因此，今天"必须彻底改变现在国民党政府所执行的军事、政治、经济、文化等项政策，必须彻底改组政府与统帅部，把那些投降派、失败主义者、专制主义者与法西斯分子赶出去，由真正能代表人民利益的人去掌握政令军令，使其能代表全国各方面的力量及人民的意志。必如此，方能真正挽救目前的危机及争取抗战胜利"②。十月十三日，中共中央更以林伯渠的名义致函国民党代表，坦率地表示："现在唯一挽救时局的办法，就是要求国民政府与国民党，立即结束一党专政的局面……，成立各党派联合政府"，"此计不决，则两党谈判即使可能解决若干枝节问题，至于关系国家民族的重大问题，必不能获得彻底解决。"③

时至于此，国共两党谈判已经完全改变了性质。一方面，国民党公开了两党谈判中双方来往文件，意在指责中共破坏谈判，使共产党方面陷于困境；另一方面，中共则开始公开否认国民党政权的合理性，从而于事实上否定了谈判对手的资格。由此，不仅两党矛盾冲突大白于天下，相互形成对峙，而且双方实际上已失去进一步商谈之基础，虽然出于宣传目的，双方这时都未表示停止谈判的努力，但事实上此次谈判至此已经彻底失败了。

①《林伯渠在国民参政会上关于国共谈判问题的报告》，1944年10月15日。
②延安《解放日报》，1944年9月19日。
③《延安权威人士评国共谈判》，载延安《解放日报》，1944年9月19日。

7.一九四四年底至一九四五年初国共两党关于联合政府问题的谈判（杨奎松）

在一九四四年五月至九月国共两党谈判刚刚失败之后,紧接着发生的这次谈判,是抗战以来美国政府第一次正式介入国共谈判。由赫尔利,这位随后成为美国驻华大使的美国总统特使直接促成和参预的这次谈判,其谈判的中心议题,即联合政府问题,甚至也是美国人早先就倡议过并一直深感兴趣的。但是,与共产党所取得的这种表面上的一致,并不足以抵御来自与自己有着共同利益的国民党所施加的压力,于是,一度试图说服国民党的赫尔利又完全成了蒋介石的说客。这次前后持续了四个月的谈判自然只能归于失败了。

美国介入国共谈判问题的提出

远在美国正式提出希望介入国共两党谈判之前,美国在华的外交官们就曾经通过各种渠道向其政府提交过有关国共两党关系的种种报告。这些报告在很大程度上都只是在重复一个近似的话题,即国民党和共产党的冲突正在导致一场内战,就其相互关系而言,日本实际上只不过是一个次要的敌人。因为蒋介石的目的在于封锁、孤立乃至消灭共产党;而中共迫于压迫也只好保存实力,与国民党针锋相对。由于蒋政权独裁、腐败、失去人民拥护,而共产党享有民众的支持,并且廉洁奉公,两强相争的结果,势必使蒋介石不顾一切地把美国拖入一场新的战争的泥沼,从而把中共推向苏联一边,最终将导致美苏之间的严重冲突。为避免出现这种情况,美国最好从现在起就开始与中共发生关系,以阻止其倒向苏联,同时对蒋介石政权施加压力,以谋求中国政治民主化①。因此,不论美国这时出于何种目的把中国推上世界大国的政治地位,它在内心深处不能不对蒋介石国民党政权的统治满腹狐疑。在一九四三年十一月二十二日至二十六日召开的开罗会议上,美国总统罗斯福甚至直截了当地告诉蒋介石:"他这种政府决不能代表现代的民主",蒋"必须在战争还在继续进行的时候与延安方面握手,组织一个联合政府",因为美

----

①《美国对外关系,1942年,中国卷》,第99—101、207—221页;《美国对外关系,1943年,中国卷》,第25—29、193—199、258—266、397—398页。

国将不会情愿陷入在中国发生的任何内战①。

随着一九四四年春以后,在中国所发生的一系列军事上的溃败,使得美国政府对于改变国民党政权的一党性质,特别是促进中国国共两党在政治上和军事上的统一团结,有了更加强烈的感受。为此,美国总统罗斯福于一九四四年六月专门派遣其副总统华莱士前来中国,劝说蒋介石用民主政治的方式和平解决国共两党冲突,以便集中力量反对日本。正是在这次交涉中,美国方面首次提出了愿意帮助调解两党关系的问题。在华莱士与蒋介石的初次会谈当中,华莱士即明白表示:"国共之争,各执一词,究竟真相如何,非外人所宜置评。"但"西北方面现有武装精良、战力充沛之师甚众,中国政府不以抗日,而以监视共军;延安方面受封锁威胁,亦以其武力不用于抗战,而以对付国军,同室操戈,相互牵制之兵力达数十万人,曷胜惋惜!"华莱士相信,共产党人之目的,不外改革政治,"设中央采纳其若干建议,并准其参加政府,共同致力于抵抗侵略,革新政治,则延安当会改变其反中央之态度,而与政府团结合作"。故华莱士建议蒋"修正对延安之策略,稍作让步,俾由谈判途径解决争端",而为便于达此目的,避免前此之种种弊病,"应邀一第三者参与,以证明曲直,折衷偏差"。华莱士并转达罗斯福的话称:"国共两党,不宜延续内争,务须促其团结,一致抗日,倘两党不能直接商谈合作,则可邀一友人从旁促成,吾人愿任此一友人。"对于华莱士之表示,蒋虽不便公然拒绝,但亦明确表示怀疑,称"中共乃一全无信义之党徒,罗斯福总统出任调解将有啼笑皆非之苦",除非罗斯福总统甘愿冒此风险,否则不如"暂转超然态度"②。

在华莱士的尝试受挫之后,美国方面很快又进一步开始考虑改变国民党的政府结构以解决党派分歧问题,主张成立"一个代表中国所有有影响的集团并在蒋介石领导下拥有全权的委员会或某种团体将是实现这个目的的最有效的机构"③。最早提出此项动议的美国大使高斯甚至主张应当通过谋求实现具有战时内阁性质的联合军事委员会的办法来使蒋介石来一个"彻底的

---

① 〔美〕埃利奥特·罗斯福:《罗斯福总统见闻录》,新群出版社1947年版,第154—155页。

② 张九如:《美国介入国共和谈第一步——蒋主席与美国副总统华莱士三次会议记录》,载《传记文学》第三十四卷,第四期。

③《美国对外关系,1944年,中国卷》,第563—564页。

大转变",在中国建立一个代表所有党派和各种分子的统一战线,"这些党派和分子应当和蒋介石共同负起制定并实行重新开展抵抗、恢复军民双方的抵抗精神的计划的责任"①。很显然,从七月上旬起开始产生的这些提议,与两个月之后共产党提出的改组政府和统帅部的主张,颇有某些相似之处。

八月三十日和九月十五日,美国大使高斯为此与蒋介石进行了两度会谈。据说,高斯在谈话中并没有设想立即改组政府,他只是打算建立一个有其他政党和集团的军政领导人参加的军事委员会,以参与解决目前局势中存在的问题并分担责任。然而,美国方面的建议恰好与共产党人这时的政治主张"不谋而合"了,甚至连双方提出建议的日期也是那么一致。当林伯渠代表中共中央在国民参政会上公开提出废除一党专政,改组政府和统帅部之际,恰好高斯也向蒋介石全盘托出了美国政府关于改变国民党政府结构以容纳共产党及其他政党的问题。蒋介石对高斯表示,他已经在这方面有所考虑,比如像国民参政会,就是为达到这一目标而采取的行动,他同样希望其他政党参加政府的时刻能够到来,但目前决不是改变政府结构的时候。现在的问题是应当通过美国大使让中共知道:他们必须无条件地接受委员长领导下统一军事指挥权的原则和国民政府的政治监督②。

让美国大使来转达蒋介石已经对共产党人说了足足七年的"口头禅",其寓意是一目了然的。蒋显然已经对美国驻华外交官的作用产生了严重的不信任感,疑窦丛生。

关于美国外交人员同中共方面的关系,自然不像蒋所疑虑的那样严重。但是,如果像谢伟思先生后来所一再声明的那样,有关联合政府的提议他们只是事后"才与闻其事",因而与"共产党提高他们的赌注一事"毫无关系③,却也不尽恰当。可以肯定,谢伟思还在高斯与蒋介石谈话之前,就已经向毛泽东透露了美国政府的有关意图。从我们目前看到的谢伟思与毛泽东的谈话可以知道,还在高斯与蒋谈话一周前,即八月二十三日,谢伟思就已经同毛

①《美国对外关系,1944 年,中国卷》,第 124—126 页。
②《美国对外关系,1944 年,中国卷》,第 573—574 页。
③〔美〕约翰·斯图尔特·谢伟思:《美国对华政策,1944—1945》,中国社会科学出版社 1980 年版,第 87—88 页。

谈起了联合政府问题，只是我们从谢伟思四天后的备忘录中看到的只是毛本人的提议，关于谢伟思的谈话却无从了解。好在有资料表明，当时正是谢伟思告诉毛，美国政府有训令给高斯，要其促成中国联合政府，他问毛的意见当如何实现。对此，毛直率地表示，"国民党必须改造它自己和改组它的政府"，目前的方法只能是由全国各党派抗日的群众团体派出代表召集一次临时性的全国代表大会，以蒋为临时主席，改组政府和制定新的宪法，完成有关民主政体和立宪制度的准备工作，直至监督选举和召开国民大会，转交权力为止。在此期间，政府须对代表大会负责[①]。值得注意的是，正是在此之后，周恩来于八月二十六日告诉谢伟思，中共中央正在考虑向国民党提出关于组织联合政府问题的具体建议。九月一日，中共中央更召开会议，决定立即提出联合政府问题，借美国需要共产党而不满国民党之机，迫蒋让步，在此行不通之时，则提出建立"解放委员会"的政权组织，进一步向蒋施加压力。同时会议决定派出骨干部队向南方挺进，在国民党后方建立大的战略支点，抑制战后国民党可能对自己发动的军事进攻。

中共中央这时的策略，是建立在这样一种估计的基础上的，即美国要打日本，需要中国帮助，而由于蒋靠不住，且华北敌后及华东华南沿海地区大都掌握在八路军、新四军手中，美军登陆作战必须依靠中共，故需要我们是确定了。其出于自身利益考虑，虽仍旧必须承认蒋政权，但从打垮日本出发，美国又非得设法压迫蒋改变政策不可，因此联合政府不是没有组织之可能。当然，中共是做好了最坏的准备的，它已估计到，即使蒋坚持不变，对其也并无大碍。

中共中央上述估计的基础，由于美国军方很快取消了在中国的大规模登陆作战计划及其利用中共军队的方案而迅速改变了。就在林伯渠于九月十六日公开表明了中共关于组织联合政府的立场之后不久，与蒋介石在军事指挥权问题以及使用中共军队问题上始终充满激烈矛盾的中缅印战区司令史迪威将军，被罗斯福解除了职务，中缅印战区也同时被取消了。这标志着，美

---

①见《毛泽东等中央领导人与谢伟思的六次谈话》，载《党史通讯》，1983 年第 20、21 期。

国对中国在对日战争中的军事作用已经不予重视了,美国的目光已经迅速移向了战后。这样一来,在国共之间,美国政府政策的倾向性也愈益明确了。在这种情况下,积极开始介入国共冲突的美国总统特使赫尔利自然成为表现美国对华政策转变的一个晴雨表。

对于美国对华政策上的这种急剧变化,中共中央自然难于了解,因此他们此时仍旧对美国压迫蒋改变立场寄以希望,故不仅指示各级放手与美方配合,要重庆的代表注意与美方重要人士如赫尔利等联络,而且明确决定了要美国帮助的政策。与此同时,蒋介石通过处理史迪威事件时与赫尔利的交往,也深切地感觉到赫尔利对蒋之"特别富有人情味",故开始试图利用赫尔利的特使身份使之对在中共问题上再度按其意志发挥作用。为此,国民党代表这时明确建议赫尔利"同目前在重庆的国民参政会中共参政员林祖涵、董必武两先生举行一次会谈",以"陈述美国和苏联政府对于中国共产党的态度,并强调共产党立即与中国政府达成协议的必要性。我们认为,可以向林、董询问,共产党是否愿意由赫尔利将军进行斡旋,从而与政府达成一项解决办法。也可以向他们表明,如果延安愿意接受赫尔利将军的斡旋,而且赫尔利将军又能事先从中国政府得到不反对他采取这一行动的保证,他将提出一项解决问题的建议"。当然,这种建议不应超出政府可能的界限①。于是,赫尔利在一种十分特殊的条件下,竟受到国共双方共同的欢迎而介入于国共谈判之中了。

一厢情愿的延安协定

十月十二日,赫尔利正式开始了调处工作。他在这一天向蒋提出了一个"改造中国""十点建议",其中最主要之点即在于改善中苏关系以巩固国民政府之地位,同时在蒋领导下统一军队,并在民主的基础上实现政治统一②。由于赫尔利在来华之前曾预先访问过苏联,并得到苏联外交人民委员莫洛托夫关于苏联与中国共产党没有任何关系的保证,故赫尔利对于严重困扰着蒋

---

①《美国对外关系,1944年,中国卷》,第650—651页。
②《美国对外关系,1944年,中国卷》,第651—659页。

介石的所谓"国际共党之阴谋"①已深感释然。他一来到中国，就首先将这个消息通知了蒋介石，并且因此对巩固蒋及国民政府的地位和解决共产党问题充满信心。在他看来，只要蒋能够设法与苏联搞好关系，并在民主化问题做些让步，实现军事及政治的统一并不是十分困难的。

十月十七日，赫尔利主动约请中共在重庆的代表林伯渠和董必武去其住处会谈。在林、董首先陈述了前此两党在政治军事等问题上的严重分歧和中共对于解决两党关系的既定主张之后，赫尔利表示，他和林、董谈话是蒋允许的，蒋甚至也允许他必要时前往延安，这表明蒋的态度已变缓和了。他声称，中共武装组织训练都好，力量强大，是决定中国命运的一种因素，而中国现政府确不民主，需要改进，但蒋现为抗日的领袖，这是全国人民公认的事实。因此，国共两党仍应加强团结，他就是罗斯福总统派来帮助中国团结的。他决不会偏袒任何一方。次日，赫尔利又约林、董吃饭，双方再度进行会谈。赫尔利进一步称，蒋十五日与其谈话时专门说，他个人对共产党的观点已完全改变，但部下还不明了。并说林、董和他一样爱国家，赫尔利可以信任他们并与之交谈。故赫尔利认为蒋的态度已经变好了，可以在此基础上谈判实现合作了，国共合作后，中共应取得合法地位，有言论出版集会等自由，在军事领导机关中也应有中共党员参加，分配军事物资也不应偏于那一党派。他计划先约张治中、王世杰与林、董谈，得出初步结果后由他同蒋商量，蒋同意后他便到延安来和毛主席谈，求得双方合作的基础，最后蒋、毛见面，发表宣言，实现合作。

赫尔利关于蒋已改变对共产党态度的说法，究竟是赫尔利的一厢情愿，还是蒋故施小计，这还无从查证。但有一点是肯定的，即蒋这时对共产党的态度并没有丝毫变化。就在赫尔利向中共代表保证蒋已转变态度的两天之后，特即发布手令，要沦陷区的国民党人迅速发展武装与共党斗争。蒋并在日记中称："共党之组织要素：一、暴力（即压迫）残杀；二、特务（即控制监视）束缚。共党之训练宗旨：一、消灭民族性，发展国际性（毁灭本国历史与伦

---

①张九如：《美国介入国共和谈第一步——蒋主席与美国副总统华莱士三次会谈记录》，载台北《传记文学》第三十四卷，第四期。

理);二、消灭人性,发展兽性(强分阶级使怨恨斗争)。共党之宣传伎俩:一、欺骗国际,伪装民主;二、挑拨社会,诬蔑政府为专制为贪污。共党之最后目的,在保障民主政权的口号下,采取渐进之政治攻势,以突变为全面之叛变。"但共党在独裁方面虽然已有成效,惟在沦陷区内决不能持久,"只要我军到达其地,民众亦必欢迎我为其解放",故与中共之争夺,"惟在我本身之组织能否健全与深入下层群众耳"①。因此,当十月二十一日蒋将国民党方面的解决方案交给赫尔利时,赫尔利当即发觉蒋之态度仍旧过于苛刻,用赫尔利后来告诉中共代表的话来说,此一方案的内容就是:"叫你们在前面打,他在后面打,意思就是消灭你们。"故赫尔利不得不当场退回,并说:"如果我是共党,我也不会接受。"他问蒋,为何不能与中共军队并肩作战?蒋答复说,无适当人指挥。赫尔利声称自己愿意去充任两军的联络,赫尔利并告诉林、董说,他当时甚至劝蒋应该当机立断了,要实行民主就实行,要释放政治犯就释放,不能再等云云②。

十月二十八日,赫尔利不能不直截了当地提出他自己的方案了,这一被称作"协定的基础"的方案分为下列五点:

(一)中国政府与中国共产党将共同合作,求得国内军政之统一,以便迅速打败日本和解放中国;

(二)中国政府与中国共产党均承认蒋介石为中华民国的总统及所有中国军队的统帅;

(三)中国政府及中国共产党均拥护孙中山之主义,在中国建立民有、民治、民享之政府,双方将实行各种政策,以期促进和发展民主政治;

(四)中国政府承认中国共产党为合法政党,所有国内之各政党,均予以平等、自由及合法之地位;

(五)中国只有一个中央政府和一个军队,所有官兵不论属于中共军队还是用于政府军队,均将根据其等级得到同等的待遇,各部队在装备及供应的

---

①蒋经国:《我的父亲》,台北正中书局 1976 年版,第 38—39 页。
②董必武、林伯渠致毛主席电,1944 年 10 月 24 日。

分配方面,均将得到同等对待。①

借用这时正在延安的美国年轻的外交官谢伟思后来所说过的一句话,就是"赫尔利好像从未明白他试图拉到一起的两个党在根本上是水火不相容的",他完全是按照美国的法律公式和政治原则在考虑问题,而对自己正在陷入的那个泥沼地的地理情况却几乎是一无所知②。甚至当十一月七日蒋介石国民党把一个经过实质性变动实际上已经是国民党的方案交给赫尔利时,赫尔利竟然没有充分意识到它们之间的本质区别。新的方案内容如下:

(一)中国政府与中国共产党将共同合作,求得国内军队之统一,以便迅速打败日本和重建中国;

(二)中国共产党之军队应服从并执行中央政府及其军事委员会之命令;

(三)中国政府及中国共产党均拥护孙中山之主义,在中国建立民有、民治、民享之政府,双方将实行各种政策,以期促进和发展民主政治之程序;

(四)中国只有一个中央政府和一个军队,中共军队经中央政府整编后,其官兵的薪俸和给养按等级享受与政府军队同等待遇,其各部队装备和军需品之分配亦将得到同等待遇;

(五)中国政府承认中国共产党并将使之为合法政党,所有国内之各政党,均将得到合法之地位。③

新方案把原方案之"解放中国"改为"重建中国",其意显然在肯定国民党过去之统治秩序;把双方"承认蒋介石为中华民国的总统及所有中国军队的统帅",改为单方面要求中共军队"应服从中央政府及其军事委员会之命令",自然是不让共产党与国民党具有平等地位,并重申军令政令之统一;其强调中共军队经中央政府整编后始得平等待遇,更是突出表明了其必欲取得中共军队指挥权的强硬态度,至于其把"促进和发展民主政治"改为"促进和发展民主政治之程序",取消原案中给予各党派"平等、自由"的规定,同样清楚地说明了国民党丝毫也不打算改变其一党专政的决心。

---

①《美国对外关系,1944 年,中国卷》,第 659 页。

②〔美〕约·斯·谢伟思:《美国对华政策》,中国社会科学出版社 1980 年版,第 104 页。

③《美国对外关系,1944 年,中国卷》,第 666 页。

十一月六日,中共中央开始正式准备应付赫尔利来延谈判的问题。很显然,中共中央不了解赫尔利方案的内容,因此根据他们以往的经验,他们并不对谈判抱以任何幻想。但事出意外,他们碰上了一个从未遇见过的暂时还只会用美国式思维来解决问题的对手,于是,结果竟异乎寻常地符合共产党人的意志。

十一月七日,赫尔利乘专机飞抵延安。次日上午十时半双方开始进行正式的谈判。赫尔利首先说明了自己的使命,是帮助中国一切军事力量实现统一,来与美国合作击败日本。进而说明蒋曾向他表示,愿意与中共取得谅解并承认共产党的合法地位,甚至同意考虑吸收共产党人参加军事委员会,及其在公平的基础上成立统一机构等问题。在此基础上,赫尔利宣读了由国民党修改过的那个方案,希望能够"很自由、公开、坦白的"就此进行讨论。

下午三时,双方继续谈判。毛泽东首先欢迎赫尔利来延安,随即表明了愿意继续"与蒋先生合作打日本"的立场。但是,毛紧接着历数国民党对"解放区""拼命妨碍、限制、缩小、消灭",共产党在军事上、政治上和经济上却陷于严重危机的情况,进而提出,要实现中国的团结统一,配合盟国迅速打败日本,关键在于"必须改组现在的国民政府,建立包含一切抗日党派和无党派人士的联合政府,同时,现在政府的不适合于团结全中国人民打日本的老政策,必须有所改变,而代之以适合于团结全国人民打日本的政策"。否则的话,不足以挽救国民党"直接统治区域的军事、政治、财政、经济各方面的严重危机"。毛明确指出:"国民党统治区域的危机来源于国民党的错误政策与腐败机构,而不在于共产党的存在。相反,我们在敌后战斗的六十三万军队和九千万人民,拖住了日寇的牛尾巴,这样保住了大后方,假若没有这个力量拖住日寇的牛尾巴,国民党早被日寇打垮了。今年六月间国民党当局提出一个方案,要取消我们军队百分之八十,还要取消解放区的民选政府,这方案如果实行,就没有人拖住日寇的牛尾巴,就只有害他国民党自己。"据此,毛批评赫尔利上午所宣读的方案中有关由国民政府改编中共军队的条款说:"这一条主要的恐怕是蒋先生自己写的。我认为应当改组的是丧失战斗力、不听命令、腐败不堪、一打就散的军队,如汤恩伯、胡宗南的军队,而不是英勇善战的八路军、新四军。"毛泽东的激烈批评使充满幻想的赫尔利深感意外。他一面指责毛的说法"和我们的敌人所说的,有相同之虞",一面则不能承认自己并不了解国共之间"存在着这样深刻的鸿沟"。为设法达成谅解,赫尔利竟大幅度开始改变国民党的方案,并且亦从自己的方案上后退。他进而断言:"蒋委员长已同意改组军队,已同意改组他的政府。他并说他希望共产党帮助他实行孙中山的三民主义,使民主程序的发展成为可能。"赫尔利随后要求毛泽东对方案"加以修改或补充"。

必须指出,无论是在国民党的方案中,还是在赫尔利的方案中,都不存在着改组政府的条文。国民党的方案不用说了,就是赫尔利的方案里,对于现在政府的合理性,也没有提出任何疑问,它充其量只是要求国民党承认共产党的合法性,而共产党应当承认国民党统治的"中国政府"为唯一政府,承认蒋为唯一统帅,并将军队交予该政府和统帅指挥而已。改组政府并成立联合政府,这纯粹是共产党人提出的要求。赫尔利承认改组政府以组织有各个党派参加的联合政府,这无疑使得双方有了共同讨论的重要基础,但却显然与国民党的主张背道而驰了。

由于达到了预期的目标,中共中央迅速采取了相对灵活的策略。双方在不长的时间里很快就协定达成了完全一致的意见。第二天晚上,中共中央开会通过了这一协定,毛泽东明确认为,由于国民党还有二百万军队并且得到国际社会的承认,共产党只有六十三万军队,且地区分散,因此今天还要和腐败的国民党政府达成妥协。但此协定承认了解放区和中共军队的地位,攻破了国民党一党专政,使共产党由此获得了合法权利,结果仍旧是对共产党有利而对国民党不利的。

十一月十日,上午十二时四十五分,毛泽东和赫尔利分别在协定上签了字。下午二时许,赫尔利乘飞机返回重庆,周恩来亦同机前往,以继续与国民党方面的谈判。

赫尔利功败垂成

赫尔利与中国共产党达成的协定草案内容如下:

(一)中国政府、中国国民党与中国共产党共同工作,统一中国一切军事

力量,以便迅速击败日本,重建中国;

(二)现在的国民政府应改组为包含所有抗日党派和无党派政治人物的代表的联合政府,并颁布及实行用以改革军事政治经济文化的新民主政策,同时,军事委员会应改组为由所有抗日军队代表所组成的联合军事委员会;

(三)联合国民政府应拥护孙中山先生在中国建立民有、民治、民享之政治原则,联合国民政府应实行用以促进进步与民主的政策,并确立正义、思想自由、出版自由、言论自由、集会结社自由、向政府请求平反冤抑的权利、人身自由与居住自由,联合国民政府亦应立即实现下列两项权利,即免除威胁的自由和免除贫困的自由之各项政策;

(四)所有抗日军队应遵守与执行联合国民政府及其联合军事委员会的命令,并应为这个政府及其军事委员会所承认,由联合国得来的物资应被公平分配;

(五)中国联合国民政府承认中国国民党、中国共产党及所有抗日党派的合法地位。

这一协定由于明确肯定了共产党与国民党的平等地位,根本上否认了国民党的一党专政,对于共产党人无疑是一种空前的胜利。故毛泽东在协定签订当天致罗斯福总统的感谢信中,明确宣称:"这一协定的精神和方向,是我们中国共产党和中国人民八年来在抗日统一战线中所追求的目的之所在。"①同样,多半是由于从美国民主政治的观念来理解这一协定在统一和团结中国两大政党问题上的意义,赫尔利也极其兴奋地陶醉于自己所取得的胜利之中,他断言,毛泽东为解决这一最困难问题而表现出来的"光辉的合作精神"及其"智慧和热忱","是对于统一中国的福利及联合国家的胜利的贡献"②。在他看来,"在修正草案中的基本原则几乎全是我们的"③。因为他成功地使毛泽东承认了"所有抗日军队应遵守与执行联合国民政府及其联合军事委员会的命令"这一重要条件,而联合政府等等不仅符合民主政治的原则,而且又

①《毛泽东致罗斯福总统函》,1944 年 11 月 10 日。
②《赫尔利致毛泽东函》,1944 年 11 月 10 日。
③《美国对外关系,1944 年,中国卷》,第 699 页。

丝毫无损于蒋介石的领袖地位。

然而,兴冲冲地返回重庆的赫尔利一到重庆就被浇了一头的冷水。当宋子文看到赫尔利与中共达成的协定草案时,立即气急败坏地赶到赫尔利的寓所,指责他被共产党人的旧货单子欺骗了①。张治中与王世杰则批评赫尔利不提军队数目,更不应在协定中将国民党与共产党相提并论。而在随后赫尔利与蒋介石的交涉中,蒋亦明白告他,承认这一协定,将意味着他和他的党完全失败,不仅如此,如果接受这一协定,必然导致中共控制政府②。很明显,国民党之立场依然如故,即决不承认中共的平等地位,更不承认所谓联合政府,必须保持国民党对政权和军权的全面垄断。赫尔利对此自然颇不理解,他明确认为,蒋"不能证明他的观点是正确的"。为此,赫尔利对张、王等大加斥责,说:"你们谈了五年了,为什么不能解决问题?你们不要骗共产党,你们说军队好,贪污腐化是敌人造谣,毛告诉我,贪污腐化的事孙夫人、孙科都谈过,新闻记者也报导过,我看你们就是这样的人。你们说共产党不愿团结,我到延安看毛他们都是爱国分子,提出要求既不是社会主义的,也不是共产的,而是民主的。他们是愿团结的,我看到你们不愿团结。"对于蒋所谓共产党要搞掉他的说法,赫尔利亦当面表示反对,称共产党所要求的是团结,他们要求团结比你们更迫切。你们的恐惧只是表示你们的虚弱。

不能说赫尔利这时的愤懑只是装腔作势。赫尔利并不了解国民党。他得到了一个在他看来是十分满意的协定,却被国民党毫无道理的推翻了,这不能不使他气恼。甚至在他把这种情况报告罗斯福后,罗斯福也同样相信赫尔利有必要坚持那个他这时甚至还不了解的协定。他只是告诉赫尔利以他的名义向蒋施加压力,向蒋说明无论罗斯福还是"俄国人",都认为有必要与共产党人进一步妥协③。但是,当蒋介石把这种妥协认定是一种足以要其性命的陷阱之后,不论是谁都不会使蒋让步。赫尔利终于退缩了。

二十一日,赫尔利接受了国民党方面提出的复案,并同意转送共产党代

----

①《美国对外关系,1945 年,中国卷》,第 195 页。
②《美国对外关系,1945 年,中国卷》,第 180 页。
③《美国对外关系,1944 年,中国卷》,第 703 页。

表。但他向国民党人声明,这个建议中没有一个字是他的,也没有一个字是作为他的公平调解思想而转送的。在当天上午,赫尔利在他的办公室里向周宣读了国民党提出的复案,这就是:

(一)国民政府为达成中国境内军事力量之集中与统一,以期实现迅速击溃日本,及战后建国之目的,允将中国共产党军队加以整编,列为正规国军,其军队饷项军械及其他补给,及其他部队受同等待遇,国民政府并承认中国共产党为合法政党;

(二)中国共产党对于国民政府之抗战及战后建国,应尽全力拥护之,并将其一切军队移交国民政府军事委员会统辖,国民政府并指派中共将领以委员资格参加军事委员会;

(三)国民政府之目标本为中国共产党所赞同,即为实现孙总理之三民主义,建立民有民治民享之国家,并促进民主化政治之进步及其发展之政策。除为有效对日作战之安全所必须者外,按照《抗战建国纲领》之规定,对于言论自由、出版自由、集会结社自由,及其他人民自由加以保障。①

赫尔利在宣读后即向周说明,在你们所提方案中,我认为最重要者,就是承认共产党的合法地位以及参加决策机构。但他们认为承认共产党合法地位是违反孙中山的原则的,我已经争过了。但蒋委员长现在还是只肯承认共产党的合法地位,不愿承认其他党派的合法地位。他们开始也不愿意你们参加中枢机构,因为这是神经中枢,一切军队调动和外国物资的来源与分配都要经过那里。我也说服他们接受了。至于联合政府,他们是怕你们插进一个脚趾,会把他们挤掉,我叫他们不要怕,他们认为我从延安回来就被共产党包围了,所说的都是共产党的话。但蒋仍告诉我,他允许你们参加政府,但不愿写在这个建议上。赫尔利解释说,我原来不知道实际情形,所以在延安时,毛泽东提出意见后我也添上一大堆,现在看来,也许他们这个建议才是谈判的基础。赫尔利的意思很明白,即他试图告诉周,他已经为共产党争到了所有目前可以争到的东西。但周当场表示,共产党只参加军事委员会而不参加政

---

① 《中华民国重要史料初编》第五编(四),第294页。

府,结果仍然不能参加决策,军事委员会的委员都是挂名的,不但没有实权,而且从不开会。

当天下午,在具体研究之后,周恩来与董必武再度拜会赫尔利以了解进一步商谈的可能性。周接连提出几个问题:其一,赫尔利将军是否仍同意我们为实现中国团结必须以组织联合政府为前提的主张?赫尔利答称,作为一个见证人而不是当事人,他不能使用同意这个字眼儿,但他认为联合政府的主张是适当的和民主的,问题在于国民党不能接受"联合"这个字眼儿,而他也不能单方面表示同意共产党方面的意见,所以他只能转而劝共产党与政府间取得谅解。其二,周问,参加政府是否说我们只能处于观察者的地位,而不能有实权?赫尔利答称,是的,参加政府并不等于有实权,但事在人为,你们可由此求得政策的改革。其三,周问,这次参加军事委员会怎样才能行使委员的权力?赫尔利答,这次委员应该行使权力,而且能够行使权力,因为军事委员会将成为最高统率机关,有国民党参加,有共产党参加,也有美国方面参加,并最好设置一个同盟国的统帅,你们难于受国民党的指挥,国民党也难于受你们的指挥,有一个同盟国的统帅便能以公平的态度指挥双方。最后,赫尔利声称:"我劝你们赶快参加政府,你们一步一步的干,咬东西不能一口咬掉,要一口又一口才能咬掉。"他同意周等带此复案回延安商量,但要周走前先与国民党代表交换一下意见。

二十二日上午十一时,周、董到达赫尔利的住处,与国民党方面的宋子文、王世杰等谈。周直截了当地表示:"我这次代表中共中央出来谈判,目的在实现民主的联合政府,以谋全国团结、抗战胜利和友邦合作,而国民党方面的协定草案,则没有这个精神,我们是不同意和不满意的。"但就个人而言,我们愿意从双方的建议中,找出共同点,以便求得为达到这个民主政府的初步解决,同时也为民主政府奠定准备工作。由于国民党代表从周的态度中感觉到某种解决问题的愿望,蒋介石立即于当天下午召见周、董,表示,我们革命党,就是为实现民主的,我做的就是民主,不要要求,我自会做的。如果要以要求来给我做,那就不好了。政府的尊严、国家的威信,不能损害。周则说明,对三民主义国家及三民主义的元首是应该尊重的,但政府并非国家,政府是内阁,政府不称职,是应当调换的改组的。提到要求,一个政党总有自己的要求,当着形格势禁,不能向政府直接要求时,只有向人民公开说话。

随后,由于延安下雪,飞机不能降落,周等未能立即返回,遂开始在重庆起草给国民党的复案。二十九日,周将复案及其备忘录用电报拍延,其内容如下:

(一)国民政府为达成中国境内军事力量之集中与统一,以实现迅速击败日本与重建中国之目的,允将国防最高委员会改组为包含所有抗日党派和无党派政治人物的代表的联合的国防最高委员会,并由这个联合的国防最高委员会决定和颁布用以改革军事政治经济文化的新民主政策,并改组行政院使之成为各抗日党派的联合内阁,改组军事委员会,使之成为各抗日军队代表所组成的军事委员会。

(二)中国共产党对于国民政府之抗战及战后建国,决全力拥护之,其一切军队应遵守与执行改组后之国防最高委员会及军事委员会的命令,同时国民政府允将中国共产党军队编列为正规国军,由联合国得来物资应被公开分配。

(三)国民政府之目标,为实现孙中山先生之三民主义,建立民有、民治、民享之国家,并实行用以促进民主与进步的政策,因此,国民政府承认中国共产党及其所有抗日党派为合法政党,释放爱国政治犯,并在有利于抗战的前提下确立正义、思想自由、出版自由、言论自由、集会结社自由、人身自由、居住自由、免除威胁自由及免除贫困自由等。如国民政府一时不能改组其国防最高委员会及其行政院与军事委员会,中国共产党愿提出备忘录三点:

1. 中国敌后解放区根据战争之需要与人民之要求,将先组成中国解放区联合委员会,以统一敌后各解放区政府军事的领导,并便于参加今后的联合国防最高委员会;

2. 为适应目前战争最迫切之需要,中国战场应设立联军统帅部,由美国方面的代表担任统帅,中国所有抗日军队应有负责代表参加此统帅部以统率在中国战场的所有抗日军队,并负责进行各军的编制、装备、训练和补给;

3. 中国共产党及其军队愿重申诺言,坚持彻底的抗战胜利,坚决反对内战,保证决不向中国任何抗日部队进行军事挑衅,并保证在陕甘宁边区及敌后解放区彻底实行孙中山先生的三民主义,彻底实行民主政治,给一切抗日党派以合法权利,保障一切抗日人民的人权政权地权财权及言论出版集会结社信仰居住之自由。

周恩来在电报中特别说明,我们复案关于以国防最高委员会代替国党董事会议,然后由该委员会改组行政院和军事委员会,系采纳了孙科的意见,即是用现有形式放进我们的内容,其他各点仍然将原有五条都放进去了。估计蒋在目前绝不会接受,故附去备忘录三点。备忘录第一点是以解放委员会逼联合政府,你不做我必争;第二点是拉美国,今天美国做统帅,利多害少;第三点是向国内人民说的,并给赫尔利及魏德迈两人做保证的,因赫尔利和魏德迈都一再声明美国有数十架飞机等着运东西给我们。

但是,由美国人来充当国共两支军队的统帅,其结果对共产党是否真的有利呢?十一月下旬,国民党方面也开始在美国统帅权问题上做文章①。因此,毛泽东得到周电后,立即表示复案目前不宜交出,仍应坚持五条协定,关于联军统帅部问题以取慎重态度为宜。同时,中共中央要求周等立即回延,并开始切实着手准备成立解放委员会。随着周恩来等撤回延安,并奉命表示在国民党没有诚意就五点协定进行商谈前将不再返回后,国共谈判重又陷入僵局。

毫无希望的再谈判

周恩来走后,赫尔利与魏德迈及美军驻延安观察组组长包瑞德等接连开会讨论如何恢复国共谈判的问题。由于赫尔利从周恩来八日的来电及其有关渠道中得知中共不仅拒绝就国民党的反建议进行谈判,而且有意公布五点协定内容,和准备成立解放委员会,因而大发脾气。赫尔利于十一日致电毛泽东,声称现在还不是结束谈判的时候,不应公布谈判过程中的文件。"如果现在采取任何关闭谈判大门的行动,我认为,对于中国和它真正的朋友都是一场莫大的悲剧。"②包瑞德也为此找到中共驻重庆的代表王若飞,在说明他

---

① 《中华民国重要史料初编》第五编(四),第294—296页。
② 见《党史通讯》,1984年第8期。

同样不赞成美国支持蒋介石的错误政策,并相信中共要求是合理的之后,要求中共了解:华盛顿今天还是支持蒋的,多数美国人,包括罗斯福和赫尔利对中共也还不了解,因此蒋还有恃无恐。故中共不应使赫尔利太为难,不要把事情推进得太快,成立解放委员会势必使蒋有所借口,以致成为公开分裂,这对共产党未必有利。王若飞明确告诉包瑞德,谈判不成功,是蒋的反动顽固,并非中共之过。延安若宣布协定,也会明白说明赫尔利的作用并表示感谢,不会损害他的威信。不仅如此,中共至今仍然希望美国有力量有办法来促成两党的实际合作。

考虑到各方面的因素,中共中央于十二月中决定暂缓成立解放委员会,继续联合政府的宣传。毛泽东并在十二月十五日对陕甘宁边区参议会的演说中,公开表明了这种态度。十六日,周复信赫尔利,同意不公布五点协定,并表示没有关闭谈判大门,问题在于:只有废除国民党的一党专政,组织民主联合政府,才能使中国走向民主,使人民开始自己走向自由,组织所有抗日军队打击日本侵略者,而国民党一党政府中个别人事更动等等不能改变现在的国民政府和它的政策。因此在国民党不愿改变态度时,继续谈判无所裨益①。

中共中央的态度使赫尔利多少感到庆幸。十九日,赫尔利开始表示完全谅解共产党人的立场,称谈判不成是因为蒋不愿接受民主,责任在蒋,可能需要罗斯福总统说话来施加压力。同时,国民党人也再度提出继续谈判,并要求赫尔利重新进行调解工作。据此,赫尔利于二十一日再电周恩来,希望周能重新出来谈判。毛于二十二日复电称:"在目前,吾人认为国民政府尚无根据我们提议五条方针来进行谈判的诚意,而周恩来将军又因有某种会议需要准备,一时难以抽身,故我们提议请你先派包瑞德上校来延一谈。"②然而此一建议遭到国民党方面的拒绝。蒋介石明确认为,包瑞德恐已受中共宣传,故无参加调处之必要。二十八日,周也再度致电赫尔利,进一步说明:"关于国民政府有无可能接受我们提议的建立民主的联合政府方针来进行谈判问题,我们不愿再继续抽象的探讨。我们特提出下列意见,请阁下转致有关方面,

①见《党史通讯》,1984 年第 8 期。
②《周恩来致戴克海玛上校转毛泽东致赫尔利将军函》,1944 年 12 月 22 日。

以觇其有否决心实行民主和团结。我们认为国民政府果欲向国内外表示其与民更始之决心,应先自动的实行:(一)释放全国政治犯,如张学良、杨虎城、叶挺、廖承志及其他大批被监禁的爱国志士;(二)撤退包围陕甘宁边区及进攻华中新四军华南抗日纵队的国民党大军;(三)取消限制人民自由的各种禁令;(四)停止一切特务活动,诚能如此,则取消一党专政,建立根据人民意志的民主的联合政府的可能性,方可窥其端倪。"①对此,蒋断然视作"趁火打劫"。赫尔利亦复电表示"至感遗憾","因与吾人原定先谋原则上之同意,再讨论细节之程序相违"。为促使双方再度商谈,赫尔利在周不愿前往重庆的情况下,经国民党同意,遂提议:"(一)行政院宋代院长子文、王世杰博士、张治中将军及余本人,同赴延安,作短期之勾留,与阁下面商一切;(二)若原则上已获同意,则毛主席及周将军应与吾人同回重庆,以完成协定。"②

赫尔利之所以对国共谈判仍旧急切地抱以期望,多半是由于他这时对国共两党的判断。他断言,国共两党"公开宣布的原则如果有分歧也微不足道","共产党事实上不是共产主义者",同样,国民党的一党专政和个人独裁政府事实上也"不是法西斯主义",他们都在争取民主原则而努力③。因此,只要找到适当的途径,就不难达到目的。而不论采取何种步骤,只要能使中国军队归于统一,问题就容易解决。然而,不论赫尔利的判断是否正确,客观上是否存在这样的适当途径呢? 值得注意的是,此时,赫尔利已将其使命理解为:"阻止国民政府的垮台,维护蒋介石的领导地位,统一中国的军事力量;同时尽可能地帮助政府的自由化进程,促成产生一个自由、统一和民主中国的条件。"

一九四五年一月一日,蒋介石发表元旦公告,宣布他将要"还政于民",准备在战争结束前即召开国民大会,以此来对抗中共的联合政府主张。随后,蒋正式同意赫尔利关于携国民党代表前往延安谈判的提议,并约集五院院长商论组织所谓战时行政会议问题,决定以此来包容各党派代表。会议决定在

---

①《周恩来致赫尔利将军》,1944 年 12 月 28 日。
②《中华民国重要史料初编》第五编(四),第 297—298 页。
③见《党史通讯》,1984 年第 8 期。

国民党原来三点反建议的基础上,再提三项办法:

(一)在行政院设置战时内阁性之机构(其人数约为七人至九人),俾为行政院决定政策之机关,并使中国共产党及其他党派之人士参加其组成。

(二)关于中共军队之编制及军械补给等事,军事委员会将指派中国军官二人(其中一人为现时中共军队之将领)暨美国军官一人,随时拟具办法,提请军事委员会委员长核定。

(三)在对日作战期间,军事委员会委员长将指派本国军官二人(其中一人为中共将领)暨美国将领一人,并以美国将领为总指挥官,中国将领二人副之。该总指挥官对军事委员会委员长直接负责,在其所属战地之军令、政令,皆须统一于中央。[①]

蒋介石的这一条件较前在形式上确有相当让步,但由于国民党及其政府实际上实行的是蒋个人的独裁统治,行政院并无实际决策之权,因此,此一条件的要害仍在使共产党交出军队,并继续维持其独裁统治。只不过为避免中共反感,蒋采纳了赫尔利等人的建议,形式上要一美国人来指挥罢了。

不料,中共中央对赫尔利去延安谈判的建议颇不感兴趣。毛泽东在一月十一日给赫尔利的复信中进一步提出新要求,这就是:"在重庆召开国事会议之预备会议,此种预备会议应有国民党、共产党、民主同盟三方代表参加,并保证会议公开举行,各党派有平等地位及往返自由。上述提议,如荷国民政府同意,则周恩来将军可到重庆磋商。"[②]

在赫尔利相信国民党方面已经做出重要妥协的情况下,共产党人的反映颇让其大惑不解。他很快把问题归结为美国驻华军事人员擅自向中共透露美军司令部关于与中共军队合作的计划,认为包括包瑞德在内的美国军事人员使中共领导人误以为他们可以撇开国民党和自己而直接与华盛顿取得联系。因为据说在九日毛泽东等人曾通过军方电台秘密建议亲自去美国说明他们的立场。对此,赫尔利很快采取行动制止了美国驻华军事人员同中共中央的直接接触,并将所有有亲共倾向的人员赶回国去。他断言:"如果我们军

---

①《中华民国重要史料初编》第五编(四),第294—295页。
②《毛泽东致赫尔利将军信》,1945年1月11日。

队承认共产党为武装交战国,立刻会在中国引起混乱和内战,导致美国对华政策的失败。"①同时,赫尔利于二十日将国民党准备成立有各党派代表参加战时内阁的计划具体通知了中共中央,进一步劝说中共中央务必利用这一机会将谈判进行下去②。这一劝说终于发生了他所盼望的反响。

在得知国民党的让步之后,中共中央意识到国共两党再度谈判已经不可避免。出于整个国内外形势还不允许与蒋公开对立,美国政府以及民主党派和国民党内孙科等相当一批"民主派"都渴望两党达成妥协,中共中央遂决定再派周恩来前往重庆与国民党谈判,本着重宣传联合政府之主张,并做到仁至义尽。据此,周一到重庆即声明:此次前来仍本既定方针,即"与政府及各方面商讨建立民主的联合政府之具体步骤",也就是商谈关于"召开党派会议,作为国事会议的预备会议,以便正式商讨国事会议和联合政府的组织及其实现步骤","其他一切头痛医头脚痛医脚的敷衍办法,不管其形式如何,决然无补于事"③。而后,周等在重庆开始同各民主人士和国民党中民主派进行广泛的接触,宣传中共关于必须结束一党专政的主张。

由于赫尔利在通知中共国民党让步条件的内容时,只谈到国民党准备同意组成有各党派代表参加的战时内阁,而未涉及军事问题,因此周一到重庆,就得知了这一消息。周根据中共中央商定的方针,当即予以拒绝。毛亦明确表示,国民党这一补充办法中的军事条款,"是将中国军队,尤其将我党军队隶属于外国,变为殖民地军队的恶毒政策,我们绝不能同意"④。在和周反复交换意见后,甚至赫尔利也一面对中共拒绝美国统帅事表示遗憾,一面承认:"你们不接受三条是对的,我到任何时候都愿赞助你们的五条。我要是蒋,只要将五条中联合政府名义改为联合行政院或联合内阁,便可签字。"显然,这样一来,国民党精心制定的方案还未出台就被否定了,谈判自然被中共完全掌握了主动,不得不转到中共所提的党派会议问题上去了。

国民党头一回合就遭败绩,这不能不使蒋深感不安。二十九日,蒋召集

① 见《党史通讯》,1984 年第 8 期。
②《美国对外关系,1945 年,中国卷》,第 181 页。
③《中共中央抗日民族统一战线文件选编》(下),第 788 页。
④《中共中央抗日民族统一战线文件选编》(下),第 789 页。

国民党中常委元老、五院院长及党团负责人等谈话,为之鼓气,蒋称,国共谈判,赫尔利上次由延安带回之五条,完全上了中共的当。中共后来又提四条,又让我们让步。这次周来渝,更无诚意,要价更高,又提出结束党治问题,与我党为难。我受总理之命,以党建国,只能还政于民,决不能还于其他党派,决不能把政权让给别人。赫尔利糊涂,完全以为他们有道理,为他们说话。美国人不懂中国情形,完全说不通。但蒋承认,美国人最近好了一点,对中共也有点不满了,因为他们本来承认美国人任统帅,现在不承认了。蒋声称,不要怕共产党,我们一定能够消灭他们。等美国人与中共谈不通了,也就会讨厌共党的。事情很清楚,蒋之让步,说到底也不过是耐着性子虚与周旋,以便让美国人自己"觉悟"罢了。

基于蒋之方针,自一月三十日之后,双方谈判很快照共产党人的要求转入到党派会议的问题上去了。为达到"逼其拒绝或退守"之目的,经过三次商谈后,周于二月三日将他起草的《关于党派会议的协定》草案交给了国民党代表王世杰。其内容如下:

(一)党派会议应包含国民党、共产党及民主同盟三方代表,会议由国民党负责召集,代表由各方自由选出;

(二)党派会议有权讨论和决定如何结束党治、如何改组政府,使之成为民主的联合政府,并起草共同施政纲领;

(三)党派会议的决定和施政纲领草案,应通过于将来国民政府召集的国事会议,方能成为国家的法案;

(四)党派会议应公开进行,并保证各代表有平等地位及来往自由。

与此同时,王世杰也将国民党的方案正式递交周恩来。不过国民党人已将党派会议的名义取消,而代之以"政治咨询会议"实际上否定了共产党要求的本质内容。其主要条文如下:

为加强抗战力量,促进全国团结与统一,国民政府同意召开有国民党代表与其他党派代表,以及其他若干无党派代表参加的会议,此项会议可称之为政治咨询会议。此项会议应研讨:

(一)结束训政与实施宪政之步骤;

（二）今后施政方针与军事统一之办法；

（三）国民党以外党派参加政府之方式。

对以上问题如获一致结论，当提请国民政府准予实行。在会议期间，各方应避免互相攻击。①

看了国民党的方案，周当场声明，王世杰的提议文中没有改组政府的肯定字样，文字表现也不平等，故仍应以中共提议的文字为讨论基础。王则表示：（一）以"国民党以外党派参加政府"之表述，实即为改组政府，文字不提改组政府，为的是他便于向国民党人解释；（二）文字还可以修改；（三）人数不宜过多，无党派人士总要几个；（四）提出国事会议名称会约束党派会议的商讨，其提案中并无约束中共之处；（五）所谓"一致结论"，即表示在会议中可不受表决的拘束；（六）至于公开进行，有发表公报和主张方式行之，平等地位、来往自由等，绝对保证，希望不写在文字上。对此，周说明，他将把国民党人的意见报告延安，关于会议的协定及文字究如何决定，待报告双方中央后再行商榷。周在次日致毛电建议，只要在党派会议协定中我党不受任何拘束，今后仍是拖的局面，故以此作为初步协商，似无不利之处。惟党派代表比例、改组政府之原则、公开进行等，仍须确定，整个文字亦须依平等精神修改。但是，三日，毛接连电周："除坚持废除党治外，请着重特务、自由、放人、撤兵四条，请直告赫尔利、宋子文、王世杰，如这条不先办到，不能证明废党治行民主不是骗局。""除非明令废止一党专政，明令承认一切抗日党派合法，明令取消特务机关及特务活动，准许人民有真正自由，释放政治犯，撤销封锁，承认解放区，并组织真正的民主的联合政府，我们是碍难参加政府的。至于会议名称、成分及方式，可以从长考虑。"②

毛泽东的电报表明，中共中央这时对于会议的具体形式及协定文字，并不十分计较，它所重视的是国民党是否真正让步，敢于现在开始放弃党治办法。但实际上这是不可能的。国民党人一再告诫赫尔利："中共的真正目的不是废除国民党的一党专政。共产党的全部策略表明，他们的目的是推翻国

---

① 《中华民国重要史料初编》第五编（四），第302—303页。
② 《中共中央抗日民族统一战线文件选编》（下），第790页。

民党的统治,使中共获得对中国的一党专政。""共产党支持民主原则不过是伪装,是企图利用它获得共产党一党专政下的政府权力。"因此,"不论出现什么情况,国民党都有责任在长期的混乱阶段领导中国"①。他们甚至已经开始成功地使赫尔利意识到:"中共是不民主的。共产党的目的是在制定宪法或在民主基础上还政于民以前,摧毁国民党统治的政府。"②在这种情况下,周恩来只能明确告诉毛,"据我所知,蒋绝对不会承认结束党治、国事会议、联合政府等",因此,坚持我提之协定内容,除成分和加入无党派人士、名称可商量外,其他文字不能修改,另以口头要求其实行放人、撤兵、自由、特务等四条会更有利,以便胜利回延。九日,周即将上述要求通知了王世杰,说明准备回延讨论。至此,谈判的大门实际上又再度关闭了。

十日,赫尔利约宋子文、张治中、王世杰与周恩来再谈。双方一上来就各自阐明了自己的主张,周并再度声明必须回延讨论,而召开党派会议前必须首先改善环境,实现放人等四项主张。赫尔利不得不极力转环,想敷衍局面,并提出发表一由他和宋子文已经起草好了的共同声明以说明谈判所取得的进展。但周断然予以拒绝,称此声明完全有利于国民党,致使会议不欢而散。下午,赫尔利又找周进行解释,要周起草声明,并告周他马上就要回美国一次,他愿意告诉罗斯福总统:国共关系已经接近,但尚未得到结果。周当即反对,说:(一)你同意的五条方针,蒋基本上未接受;(二)党派会议蒋只接受其形式,连名字都改了,实质并未接受;(三)四项要求蒋要等到协定成立后才能实行,而联合政府的协定又不能达到,这些都说明我此行是失败的,应该以此真相告诉罗斯福。周并表示,他将写一书面声明交赫带回。毛于十二日亦电周对此作法表示赞同,称:"断然拒绝赫尔利完全正确,我们必须坚持八条(即指周之党派会议协定四条和中共中央所提口头要求四项),并先做四条,否则将长独裁之志气,灭民主之威风。"特别是在美国明确扶蒋政策之后,我们必须设法改掉此政策,为此应不怕他们生气,不怕他们大骂。

十三日,在周准备回延之前,蒋再次召见了周。蒋明确表示,必须无条件

①见《党史通讯》,1984 年第 8 期。
②见《党史通讯》,1984 年第 8 期。

实行统一,国民党是革命的,它只能以政权交还人民,决不能听由各党派掌权,因此,他不能同意周所提出的党派会议协定,而所谓改组政府成立联合政府,实际就是推翻政府。现在的党派都是不合法的,只有在国民大会以后,人民才有权组党。事实进一步表明,在这种情况下进行国共两党谈判,是毫无希望的。

十四日,国民党代表王世杰在外国记者招待会上单方面宣布国民党在同中共谈判中所做出的重要努力和妥协,批评中共拒绝接受政府提议[1],试图以此来显示国民党在统一和民主问题上表现的诚意,借以影响美苏,加强其国际地位。但周于十五日则针锋相对地发表声明予以否认,称王的说法"是不坦白和不公平的",周批评国民党所提出的方案完全是以坚持一党专政为目的的,其不仅以中共交出军队为条件,而且干脆就拒绝成立民主的联合政府和联合统帅部,对中共提出的党派会议,也同样是要求以继续维持一党专政,反对联合政府为前提。对中共提出的首先实行释放政治犯等项要求,更是不予接受。因此,自己不能不回延安报告。言外之意,此次谈判只能不得而终。只是,周没有忘记在声明中对赫尔利几个月来的"热忱相助","表示感谢"[2]。

十五日,周在将书面声明分别递交赫尔利及各国记者之后,乘机返回了延安。接着三月一日蒋在重庆宪政实施促进会演讲中公开否定党派会议主张,扬言将单方面于十一月十二日召开国民大会,双方更形对立。周于三月七日致信王世杰表示:"归延后即向我党中央报告在渝谈判经过,佥认蒋主席当日谈话,其内容与先生所云大有出入。同时,先生所提之政治咨询会议草案,亦与敝党意见相距太远,但尚准备敝党之主张作成复案,送达贵党,以供研讨。忽后蒋主席三月一日之公开演说,一切希望,均已断绝。盖蒋主席不仅已向国内外公开声明不能结束党治,不能召集党派会议,不能同意于各党派和无党派人士合组的联合政府之主张,而且更进一步宣布国民党将于今年十一月十二日召集那个在全国尚无自由,各党各派尚无合法地位,大部分国土尚未收复,大多数人民不能参与等条件下,由国民党一党政府所一手包办

---

[1]见延安《解放日报》,1945年2月17日。
[2]《中共中央抗日民族统一战线文件选编》(下),第791—792页。

的完全儿戏的分裂性质的所谓国民大会。此实表示政府方面一意孤行,使国内团结问题之商谈再无转圜余地。""敝党方面自无再具复案之必要矣。"①几天后,中共中央发出通知,准备于中共召开第七次代表大会之际公开宣布组成中国人民解放联合会的主张②。同时,毛泽东提出准备全国胜利问题,主张军队发展到一百五十万以上,人口发展到一亿五千万以上。这样两党继续谈判妥协的希望无疑就此熄灭了。由赫尔利出面促成的这次国共谈判,算是彻底失败了。

---

①《周恩来致王世杰函》,1945 年 3 月 7 日。
②《中共中央抗日民族统一战线文件选编》(下),第 802—804 页。